De Boor-Newald

Geschichte der deutschen Literatur

Band III/1

GESCHICHTE
DER DEUTSCHEN LITERATUR

VON DEN ANFÄNGEN BIS ZUR GEGENWART

VON HELMUT DE BOOR

UND RICHARD NEWALD †

DRITTER BAND / ERSTER TEIL

C. H. BECK'SCHE VERLAGSBUCHHANDLUNG
MÜNCHEN MCMLXXIII

DIE DEUTSCHE LITERATUR
IM SPÄTEN MITTELALTER

ZERFALL UND NEUBEGINN

VON

HELMUT DE BOOR

ERSTER TEIL

1250–1350

Mit einem bibliographischen Anhang von
Klaus P. Schmidt

C. H. BECK'SCHE VERLAGSBUCHHANDLUNG
MÜNCHEN MCMLXXIII

ISBN Leinen 3 406 04724 6

Vierte Auflage. 1973
© C.H. Beck'sche Verlagsbuchhandlung (Oscar Beck) München 1962
Druck der C.H. Beck'schen Buchdruckerei Nördlingen
Printed in Germany

INHALTSÜBERSICHT

VORWORT

Viel später, als ich gehofft hatte, kann ich endlich den nächsten Band meiner Literaturgeschichte abschließen. Die übermäßigen Anforderungen, die eine Professur an einer großen deutschen Universität heute stellt, lassen für eigene wissenschaftliche Arbeit kaum noch Zeit und Atemraum. Die ernste Gefahr besteht, daß von der idealen Doppelaufgabe der Forschung und Lehre, die dem Universitätslehrer gestellt ist, die Forschung bis zum Versiegen eingeschränkt werden muß, um neben den sachlichen Amtsverpflichtungen auch nur die Lehre wissenschaftlich verantwortbar durchzuführen. Es ist ein bedenklich ungesunder Zustand, daß erst die Entpflichtung in hohem Lebensalter die Freiheit gewährt, sich eigener Forschung zu widmen, wie auch mir erst die Emeritierung wieder Zeit und Muße gegeben hat, diesen Band zu vollenden.

Von dem geplanten dritten Band der Literaturgeschichte erscheint hier nur die erste Hälfte. Es hat sich als nützlich und notwendig erwiesen, den Band zu teilen, und ich bin dem Verlag dankbar, daß er dafür Verständnis gehabt hat. Nicht nur die Fülle des Stoffes zwingt dazu. Die Dichtung der klassischen Epoche ist bei aller persönlichen Eigenart ihrer großen Dichter eine geistige Einheit, erfüllt von einem festen Kultur- und Bildungsbewußtsein einer führenden Eliteschicht, das die Dichter trug, und dem sie vollendeten Ausdruck gaben. Dem Jahrhundert nach der Stauferzeit ging dieses Bewußtsein verloren. Die Auflösung unverrückbar scheinender politischer und sozialer Ordnungen und gültiger Bildungswerte ruft eine Vielfalt literarischer Erscheinungen hervor, die sich um die Bewältigung der zerrissenen Gegenwart bemühen. Auch bedeutende Dichter der Zeit konnten gestaltlos Gewordenes nicht bewahren oder Werdendes zu Gestalt zwingen. Dem Betrachter begegnet eine verwirrende Vielfalt dichterischer Bemühungen, denen die einigende Kraft einer Idee fehlt. Sehr Verschiedenartiges liegt durch- und ineinander, ohne sich zu einer überschaubaren Ordnung zu fügen. Bei dieser Lage muß eine zusammenfassende Darstellung oft mehr das Wollen als das Können werten und auch Dichtern und Werken geringeren Ranges eine Aufmerksamkeit schenken, die ihre künstlerische Leistung nicht fordern dürfte. Zudem ist der Leser des Bandes in einen literarischen Bereich einzuführen, der wenig bekannt und durchgearbeitet ist. Sollte eine wirkliche Anschauung der Literatur dieser Epoche erreicht werden, mußte der Stoff breiter dargestellt werden als in der klassischen Epoche, und der allgemeine Hintergrund, aus dem die Literatur verständlich wird, mußte ausführlicher gezeichnet werden.

Die Grenze für die Aufteilung des Bandes mußte nach der Anlage des
ganzen Werkes chronologisch gezogen werden. Aber es ist nicht leicht,
den sachlich einleuchtenden Einschnitt zu führen. Wenn ich etwa die
Mitte des 14. Jahrhunderts gewählt habe, rund also das Jahrhundert
von 1250 bis 1350 darstelle, so war der leitende Gesichtspunkt das Nachwirken und Ausschwingen der Anstöße, die von der großen Dichtung
der Stauferzeit inhaltlich wie formal ausgingen. Für die Lyrik und Epik
ergibt sich das evident. Das große Epos in allen seinen Spielarten klingt
in der ersten Hälfte des 14. Jahrhunderts aus; die späteren Erzeugnisse
in diesem Bereich, der Apolloniusroman Heinrichs von Neustadt, Wisse-
Colins Neuer Parzival, die Spätformen der Virginal und des Wolfdietrich sind ein Ende; Werte und Formen der klassischen Epik sind
verbraucht. Auch die Kleinepik, die sich erst seit der späten Stauferzeit
zu entfalten beginnt, Novelle und Schwank, hat ihre große Zeit in diesem Jahrhundert. Zwar leben die Stoffe weiter, aber als fest geformte
Gattung erscheinen sie nur so lange, als sie von dem Formgefühl und
Formwillen der klassischen Zeit getragen werden. Dasselbe darf von der
Historiendichtung gesagt werden. Für die Lyrik geben die großen Sammelhandschriften des frühen 14. Jahrhunderts die Grenze her. Sie haben
den Ertrag von anderthalb Jahrhunderten in die Scheuer gebracht, und
danach kann man von höfischer Lyrik nicht mehr reden.

Der Band ist also in diesem Teil eine Darstellung des Weiterlebens,
der Wandlungen und des Ausklangs der überlieferten höfischen Gattungen und der klassischen Form. Er konnte sich jedoch nicht darauf
beschränken. Neues und Andersartiges macht sich so energisch geltend,
daß es berücksichtigt werden mußte. Lehrhafte und religiöse Dichtung
drängt die alten Gattungen beiseite und bestimmt das Gesicht der Zeit.
Und was in ihr beginnt, wächst über die Zeitgrenze dieses Bandes weiter fort. Eine gewisse Mechanik der Aufteilung war unvermeidlich. Der
Aufbau der Darstellung nach Gattungen, der entsprechend der Anlage
des vorigen Bandes beibehalten ist, kann dabei zu Hilfe kommen. Was
in dem hier behandelten Jahrhundert in Ansätzen vorhanden ist, seine
breiteste Entfaltung aber erst danach erreicht, wurde als Ganzes dem
zweiten Teil vorbehalten. Das gilt vor allem für die Prosa als literarische
Form. Bis zur Mitte des 14. Jahrhunderts herrscht noch der Vers als
gültige Art literarischer Darbietung entschieden vor. Ansätze zu ge-
schriebener Prosa finden sich im Bereich der praktischen Literatur, im
Rechtsbuch, in der Urkunde, in der Chronistik einerseits, in der Predigt, dem religiösen Traktat, der Erbauungsschrift andererseits. Man
kann fragen, wieweit diese Dinge noch in die Aufgabe einer Geschichte
der Literatur fallen, sofern sie dem künstlerisch gestalteten Wort gilt. Als
grundsätzlich neue Erscheinung wird die Wendung vom Vers zur Prosa
jedoch Beachtung und Darstellung verlangen; sie wird als Ganzes

tiefen, und es ist zu hoffen, daß in einigen Jahrzehnten eine besser gegründete Darstellung an ihre Stelle treten kann.

Mit welchen Gefühlen und Erwartungen ich den Band abschließe
und ihn so, wie er geworden ist, der Öffentlichkeit vorlege, hat Wilhelm
Scherer in einer Besprechung von Karl Biedermanns großem Werk,
Deutschland im 18. Jahrhundert, das 1880 abgeschlossen wurde, vortrefflich ausgedrückt. Er sagt dort: Gerne würden wir in einer Darstellung, wie die gegenwärtige, öfteren Hinweisen auf die Unvollstän-
digkeit unserer Kenntnisse begegnen: „denn wem kann sie sich peinlicher aufdrängen als demjenigen, der ein Gesamtbild zu entwerfen versucht. Wie oft wird er gezwungen innezuhalten, wo die Freude des For-
schens und Entdeckens erst recht begönne! Tausend Nebenpfade win-
ken: wer nicht die Selbstbeherrschung hat, daran vorüberzugehen, wird
nie ans Ziel gelangen. Die Möglichkeit einer Gesamtdarstellung beruht stets auf unzähligen Compromissen des darstellenden Schriftstellers
mit dem forschenden Gelehrten, und in der Regel wird sich der letztere
dem ersteren unterordnen müssen. Immer werden sich ihm durch den
Versuch künstlerischer Gestaltung, die auf eine Totalität hinstrebt, neue
Gesichtspunkte aufdrängen, die er dann, nach den Grenzen menschlicher Lebenskraft und Arbeitszeit, unmöglich erschöpfend prüfen und
durchführen kann."

Mein herzlicher Dank gilt meinen treuen Helfern bei der Fertigstel-
lung des Textes, bei der Sammlung und Sichtung der Literatur und bei
den Korrekturen: Dr. Ursula Hennig, Dr. Dieter Haacke und Frau
Ursula Schulze.

Berlin, Anfang 1962   Helmut de Boor dem zweiten Teil zugewiesen. Auch die große Mystik des späten 13. und frühen 14. Jahrhunderts ist darin einbegriffen. Nur die frühen Ansätze einer eigentlich literarischen Prosa mit dem Lanzelotroman als Mittelpunkt werden schon jetzt einbezogen. Dem zweiten Teil ist auch das religiöse Drama vorbehalten. Seine Anfänge und bedeutende Schritte in seiner Ausgestaltung fallen noch in die Zeit dieses Bandes. Doch seine volle Ausbildung zu den großen Volksschauspielen gehört erst dem späten 14. und dem 15. Jahrhundert an.

Am willkürlichsten mag der Schnitt bei der eigentlich religiösen Dichtung geführt erscheinen. Hier habe ich mich erst sehr spät und aus Gründen rein äußerlicher Ausgewogenheit der beiden Teile dazu entschlossen, in diesen Band nur die episch erzählende Dichtung, Bibeldichtung und Legende, aufzunehmen. Sie steht nicht nur sachlich der Epen- und Historiendichtung am nächsten. Sie ist auch innerhalb der großen Literatur des späten Mittelalters diejenige Gruppe, die jetzt ihre eigentliche Blütezeit hat. Das gilt vor allem für die epische Bibeldichtung; sie versiegt nach der Mitte des 14. Jahrhunderts. Aber man hat dieses Jahrhundert auch die goldene Zeit der Legendendichtung genannt, mit Recht, sofern man dabei an die Verslegende denkt. Alles andere, zumal den großen Komplex der Mariendichtung, habe ich in den zweiten Teil verlagert. Wie die beiden Halbbände als ein einheitliches Ganzes geplant waren, werden sie auch erst zusammen ein geschlossenes Bild der deutschen Literatur im späten Mittelalter ergeben.

Man wird gegenüber den beiden ersten Bänden auf Schritt und Tritt spüren, auf wie unsicherem Grunde der dritte Band errichtet werden mußte. Die Literatur dieser Zeit ist bei weitem nicht so gut erforscht, daß die Darstellung irgendwie endgültige Ergebnisse zusammenfassen könnte. Die Texte sind weit verstreut, die Ausgaben meist sehr veraltet oder bloße Handschriftenabdrucke. Fragen der Echtheit und Unechtheit, der literarischen Quellen und Abhängigkeiten, der Zusammenhänge mit dem lateinischen Schrifttum der Zeit, der Interpretation im großen und im einzelnen sind vielfach kaum angegriffen, geschweige denn gelöst. Dadurch ist die Art der Darstellung vorgezeichnet. Sie wird weit mehr sammelnd und beschreibend als deutend sein müssen. Sie wird Fragen vielfach mehr aufwerfen als beantworten und ganze Fragenkomplexe, die noch nicht spruchreif sind, ausklammern. Wer eine Gesamtdarstellung der Literatur dieser Zeit schreibt, muß das Wagnis der Vorläufigkeit und des Irrtums auf sich nehmen. Sie käme nicht zustande, wollte man die nötigen Voruntersuchungen abwarten oder selber durchführen. Dennoch mußte sie gewagt werden, damit einmal eine lesbare und geordnete Gesamtübersicht vorhanden ist. Künftige Forschung mag sie in allen Einzelheiten überholen, richtigstellen und ver-

ERSTES KAPITEL

EINLEITUNG

Das Jahr 1250, das Todesjahr des Staufers Friedrichs II., bedeutet, wie in der Einleitung zum vorigen Band ausgeführt ist, eine Zeitwende und wurde von der Mit- und Nachwelt als eine solche empfunden. Sie reißt die Literatur in ihren Strudel mit hinein; auch eine literarhistorische Überschau darf hier eine Grenze setzen. Die große Generation um die Wende vom 12. zum 13. Jahrhundert schuf sich ihr Welt- und Menschenbild aus dem Glauben an eine politische, soziale und religiöse Ordnung, die im einzelnen bedroht werden konnte, deren Gültigkeit aber unantastbar war. Das Jahrhundert, das im folgenden zur Darstellung kommt, kann man als eine Zeit des Verfalls der Ordnungen bezeichnen. Sie verlieren nicht ihre ideelle Gültigkeit, wohl aber ihre praktische Wirksamkeit. Eben dies, diese Diskrepanz zwischen dem, was gültig war, und dem, was wirklich war, empfanden die Mitlebenden, die nur die Verwirrung, nicht das Ziel eines langwierigen historischen Umschichtungsprozesses erkennen konnten, als eine quälende Unrast und Verworrenheit. Sie sind erfüllt von einer Sehnsucht nach Ordnung und Sicherheit, die sich – mindestens in der Literatur – weit mehr auf die Werte und Formen der vergehenden Zeit richtet, wie sich Schiffbrüchige an die treibenden Planken des zersplitterten Schiffes klammern, als auf eine Zukunft, die es hoffnungsvoll zu gestalten gilt. Zu sehr wurde die Ordnung der Welt statisch als eine gottgesetzte Ordnung aufgefaßt, als daß ihre Relativität und Wandlungsmöglichkeit begriffen werden konnte; die vielstimmig ertönende *laudatio temporis acti* ist in dieser Zeit mehr als ein geläufiger Topos. Man kann sich gegenüber dem Phänomen des Zerfalls der Ordnung nach Lebenslage und Temperament verschieden verhalten. Man kann davor die Augen schließen und leben und dichten, als sei noch alles im Lot. Man kann die Wirklichkeit kritisch betrachten – doch sieht der kritische Blick kaum mehr als einzelne Symptome – oder die Not der Zeit beklagen. Man kann sich in den Strudel der Zeit stürzen und ehrenvoll oder rücksichtslos seinen Platz behaupten, oder man kann der bösen Welt und ihrer Flüchtigkeit den Rücken kehren und sich ganz dem Dienst des Ewigen widmen. Dem Zerfall der Ordnungen entspricht eine Zersplitterung des Verhaltens und – literarisch gesehen – eine unruhige Vielheit der dichterischen Erscheinungen und Ausdrucksformen, die auch dem bedeutenden Dichter die Geschlossenheit der klassischen Leistung versagt.

Die Auflösung der Ordnungen wird politisch besonders klar an dem Zustand, den wir das Interregnum nennen. Die große politische

Konzeption des Reiches als Fortführung des Imperium Romanum, unter der das Hohe Mittelalter gelebt hatte, war in der Stauferzeit zum letzten Mal als gültige Wirklichkeit erlebt oder doch gedacht worden. Das Tegernseer Antichristspiel hatte ihr einen großartigen dichterischen Ausdruck gegeben, Walthers politische Spruchdichtung war von ihr inspiriert. Aus der Überschau der Ferne sehen wir heute die Symptome des Reichszerfalls schon seit dem Tode Heinrichs VI. (1197) sehr deutlich. Die Doppelwahl Philipps von Schwaben und Ottos IV., die das langdauernde Widerspiel von Ghibellinen und Guelfen einleitet, die Verlagerung der staufischen Politik nach Italien und damit das Ausscheiden Deutschlands als Zentrum der Reichs- und Weltpolitik, der Aufstieg und das zersplitternde Gegeneinander der partikularen Kräfte in Deutschland, die Bildung territorialer fürstlicher Gewalten sind deutliche Zeichen. Die Wahl schwacher Gegenkönige am Ende von Friedrichs Regierung kündigt die Zustände des Interregnums an, die kurze Regierung Konrads IV. ist für Deutschland ohne Bedeutung; sein Italienzug (1251) endet nach erfolgreichen Anfängen mit Konrads frühem Tode 1254. Aufbruch und Ende des jungen Konradin, des Enkels Friedrichs II. (1267/68), sind nur noch tragischer Ausklang. Was wir in Spalten und Rissen sich vorbereiten sehen, war für die Masse der Mit- und Nachlebenden, für die Generation des Interregnums, eine Katastrophe. Friedrich II. war ihnen der letzte Kaiser. Sehr bald war seine Person von Sagen und Anekdoten umrankt, an ihn knüpfte sich die Vorstellung vom Kaiser im Berge, der einst wiederkehren wird, und er wird in der Tat der „letzte Kaiser", der am Ende der Tage nach Jerusalem ziehen und die Krone auf dem Altar des Tempels niederlegen wird. Als mit der Wahl Rudolfs von Habsburg (1273) in Deutschland wieder eine starke Herrscherpersönlichkeit erscheint, sind Ziele und Mittel der Politik verändert. Hausmachtbildung und Wiederherstellung von Recht und Frieden in Deutschland stehen im Mittelpunkt, Romfahrt und Kaiserkrönung als Ausdruck imperialen Strebens bleiben unausgeführte Pläne minderen Ranges. Unter Rudolfs nächsten Nachfolgern, Adolf von Nassau (1291–98) und Rudolfs Sohn Albrecht (1298–1308), ist von ihnen keine Rede.

Die Weltpolitik wird jetzt von zwei Mächten bestimmt, von Frankreich und von der Kurie; Deutschland wird zum Spielfeld ihrer Pläne. Die weltgeschichtliche Auseinandersetzung zwischen Imperium und Sacerdotium hatte mit dem Siege des Papsttums unter Innozenz IV. geendet, als Friedrich II., seit dem Konzil von Lyon (1245) im Banne der Kirche, 1250 starb. Aber 50 Jahre später hört auch die zweite der großen Weltmächte des hohen Mittelalters auf, weltbestimmend zu sein. Mit der Wahl des Franzosen Bertrand de Got, Erzbischofs von Bordeaux, zum Papst (Clemens V.) im Jahre 1305 wird die Abhängigkeit der päpstlichen Politik von Frankreich zur endgültigen Wirklichkeit. Die „babylonische Gefangenschaft" der Päpste in Avignon beginnt; sie endet erst 1377 mit der Rückkehr Gregors XI. nach Rom. Nachdem noch Heinrich VII. (1308–13) im Auftrag des Papstes in Rom zum Kaiser gekrönt worden war, löst sein Nachfolger Ludwig der Bayer (1314–47) die Kaiserwürde aus der Bindung an die Krönung durch den Papst. Im Bann des avignonesischen Papstes Johannes XXII. zieht er 1327 nach Rom, wird als volksgewählter Kaiser 1328 von Vertretern des Volkes gekrönt und setzt einen Gegenpapst ein. Der Kurverein von Rense (1338) bestätigt endgültig die Wahl durch die Kurfürsten als einzige Rechtsgrundlage des gewählten Königs, unabhängig von der Bestätigung durch den Papst. Ludwig selber verfocht weitergehend die These, daß die Königswahl auch Recht und Titel des Kaisers verleihe. Karl IV. (1347–78) ist der letzte deutsche König, der auf einem Romzug (1355) die Kaiserkrone empfängt.

Die große Weltordnung des hohen Mittelalters, ruhend auf den beiden weltweiten Mächten Reich und Kirche, symbolisiert durch die Lehre von den zwei Schwertern, legendär gegründet auf die Ordnung der Welt durch den Kaiser Konstantin und den Papst Silvester, war zerbrochen. Eine Vielheit territorialer und nationaler Gewalten bestimmt das zerrissene politische Bild des späten Mittelalters.

Doch auch die innere Ordnung war in Bewegung und Auflösung geraten. Die Silvesterlegende berichtet, wie Kaiser und Papst gemeinsam die Ordnung der Welt auf die Zweiheit von Geistlichen und Laien ständisch begründen. Die ständische Ordnung bleibt die soziale Ordnung des Mittelalters. Sie wird immer wieder in der einfachen Formel *pfaffen unde leien* zusammengefaßt, die Gruppe der Laien weiter aufgegliedert in Adel und Bauern, so daß die Formel lautet *pfaffen, ritter und gebûre*. Der Bauernstand, die ruhende Unterschicht, ist ein Stück der sozialen und wirtschaftlichen Ordnung; politisch und kulturell, und damit auch literarisch, scheidet er aus. Das politische wie das geistige Leben wird durch die beiden tragenden Stände, Geistlichkeit und Adel, bestimmt; beide Stände sind in einer Stufenleiter hierarchischer Gliederung auf die Spitze, Kaiser und Papst, zugeordnet.

Dieses schematisch bewußt übereinfachte Grundgerüst entspricht natürlich nicht der politisch-sozialen Wirklichkeit und ihren mannigfachen Gliederungen, Spannungen und Überschneidungen. Aber es war als Idee gültig, und es war eine kulturelle Wirklichkeit. Die deutsche Literatur des 11./12. Jahrhunderts war ausschließlich von Geistlichen getragen, die selber von Geburt adligen Standes waren, und soweit ein Publikum sichtbar wird, ist sie auf den führenden Laienstand, den Adel, berechnet. Der vornehme Dichter des Ezzoliedes redet seine Hörer *iu herron* an. Das Annolied als Propaganda der Heiligsprechung Erzbischofs Anno von Köln muß die Großen von Kirche und Staat zu erreichen und zu beeinflussen suchen. Der Dichter der „Hochzeit" realisiert das Brautsymbol des Hohen Liedes als das Verhältnis der Seele zu Gott im

Bilde von Werbung und Hochzeit eines vornehmen Herren. Die Bußpredigt des selber ritterbürtigen Heinrich von Melk richtet ihr Wort an die beiden führenden Stände, den Priester und den Ritter. Kaiserchronik und Rolandslied, für fürstliche Auftraggeber von Geistlichen gedichtet, sind adlige Werke, und das Rolandslied verherrlicht Rittertum im Dienste Gottes.

Die geistliche Literatur des 11./12. Jahrhunderts wird von der ritterlichen Dichtung der Stauferzeit abgelöst. Von Rittern für adlige Hörer oder Leser gedichtet, bewegt sie sich ausschließlich in den Bereichen des Rittertums. Artus und seine Tafelrunde, Dietrich und seine ritterlich denkende und handelnde Gefolgschaft werden der ideale Ausdruck ritterlichen Wesens. Herren und Damen sind Träger und Ziel einer adligen Lyrik. Die Helden der antiken Erzählstoffe kleiden sich in ritterliches Gewand, selbst die hassenswerten heidnischen Gegner erhalten Anteil an ritterlicher Erscheinung und Gesinnung. Die Kreuzzüge sind gewaltige Unternehmungen, in denen sich die beiden Weltmächte Imperium und Sacerdotium zur Befreiung der heiligen Stätten der Christenheit zusammenfinden. Sie setzen dem ritterlichen Adel ein erhabenes Ziel und erhalten ihre befeuernde Kraft aus dem Zusammenstimmen höchster religiöser und adliger Idealität, ritterlicher Tat im Dienste Gottes. Auf dem Boden des heiligen Landes entstehen feudale Staatsgebilde, aus der innigen Verschmelzung ritterlicher und religiöser Impulse erwachsen die geistlichen Ritterorden der Johanniter, der Tempelherren, des Deutschen Ordens. So ist es kein Zufall, daß die ritterliche Legendendichtung den vornehmen Heiligen wählt, die Bischöfe Servatius und Ulrich, den ritterlichen Georg, das heilige Kaiserpaar Heinrich und Kunigunde. Gregorius, der Sohn aus der Inzestverbindung zweier fürstlicher Geschwister, folgt dem inneren Anruf seiner ritterlichen Art und steigt nach Sturz und Buße zur höchsten geistlichen Würde empor. Der fürstliche Ritter Willehalm von Orange wird zum ritterlichen Heiligen, dem der Ritter Wolfram von Eschenbach eines der schönsten Gebete der mittelhochdeutschen Dichtung weiht.

So zeichnet sich in der Dichtung ein Bild von ausgesprochen ständischer Exklusivität ab. Fürsten und Fürstinnen, Ritter und Damen, Päpste, Kirchenfürsten und Prälaten sind allein würdig, Träger und Figuren der Dichtung zu sein, und exklusiv ist auch der Kreis, für den diese Dichtung geschaffen war. In Band 2 ist dargelegt, daß der Bereich des Höfischen sich mit dem des Ritterlichen nicht deckt, sondern innerhalb des ritterlichen Standes eine kleine, hochgebildete Eliteschicht ausgrenzt. Wie dünn diese Schicht war, wird in der Darstellung dieses Bandes mehr als einmal sichtbar werden.

Die ganze Breite des menschlichen Lebens in seiner sozialen Vielgestaltigkeit kommt in der höfischen Dichtung der Stauferzeit nicht zur Anschauung. Der Bauer und der Bürger, der Kaufmann, der Handwerker, der Jäger und Fischer erscheinen nur als notwendige Staffage; nirgends sind sie um ihrer selbst willen da. Das gilt selbst für die bäuerliche Umwelt, in die sich der aussätzige Ritter in Hartmanns Armem Heinrich zurückzieht, und die Figur der Meierstochter wird für den höfischen Bereich nur möglich, indem sie aus dem legendären Typus der jungfräulichen Märtyrerin konzipiert wird. Rudolf von Ems kann den Kölner Kaufmann Gerhard nur darstellen, indem er ihn ritterlich, ja königlich stilisiert. Die Stadt als soziales Gebilde fehlt in den ständischen Formeln, die die Gesamtheit des Volkes zusammenfassen. Und doch geraten eben jene Schichten in Bewegung, die bisher politisch und kulturell bedeutungslos waren. Auch das kann hier nur vereinfachend angedeutet werden.

Das 13. Jahrhundert ist das Jahrhundert des Aufstiegs der Städte zu Reichtum und Macht. Sie erkämpfen ihre Privilegien, kodifizieren ihre Stadtrechte und beginnen, sich zu Bündnissen zusammenzuschließen, um ihre Rechte zu wahren und ihren Handel zu fördern. Die Hanse sollte der bedeutendste und weitreichendste dieser Zusammenschlüsse werden. Wer die Urkunden des 13. Jahrhunderts aufmerksam liest, sieht, wie die Geldwirtschaft den auf Naturalwirtschaft gegründeten Lebensstil des landsässigen Adels bedrängt. Die Urkunden sprechen immer wieder von Verpfändung oder Verkauf von Landbesitz gegen bares Geld, nicht selten unter der ausdrücklichen Begründung, daß die Not dazu zwingt. Die Stadt zieht Menschen aller Schichten an, auch der Adel siedelt in die Stadt über und tritt mit den führenden kaufmännischen Geschlechtern des Patriziates in Verbindung. Man hat die Zeit, in der sich unsere Darstellung bewegt, geradezu als die Zeit des aufsteigenden Bürgertums bezeichnet.

Auch die bäuerliche Unterschicht gerät in Unruhe, und zumal dort, wo ein freies Bauerntum sich kräftiger erhalten hatte, kommt es zu bedrohlichen Bewegungen von politischer Bedeutung.

Schon 1233 sagen sich die Stedinger Bauern von der Herrschaft des Erzbischofs von Bremen los; ein in die zeitgemäß-ritterliche Form des Kreuzzugs stilisierter Heereszug ist nötig, um die Revolte grausam niederzuschlagen. Die schweizerischen Waldstätte lehnen sich seit den dreißiger Jahren des 13. Jahrhunderts gegen die landesherrlichen Ansprüche der Habsburger Grafen auf und finden dabei Unterstützung der Staufer. Im Jahre 1291, dem Todesjahr Rudolfs von Habsburg, schließen die Waldstätte den Bund, aus dem dann die schweizerische Eidgenossenschaft erwächst. Der Sieg des bäuerlichen Aufgebots bei Morgarten (1315) über das Ritterheer Herzog Leopolds I. von Österreich begründet nicht nur die Freiheit der alten Bauernlande des eidgenössischen Bundes von der landesherrlichen Oberherrschaft der Habsburger. Die Erweiterung des bäuerlichen Bundes durch den Anschluß städtischer Gemeinwesen (Luzern, Zürich, Bern) im Lauf der ersten Hälfte des 14. Jahrhunderts sieht die beiden neuen Mächte im Aufstieg zu politischer Eigengeltung und bereitet die Loslösung der Schweiz aus dem Reichsverbande vor. Wie hier die mittelalterliche feudale Ordnung an dem bäuerlichen und bürgerlichen Freiheitswillen zerbricht, so kündigt der Sieg bei Morgarten auch das Ende der militärischen Bedeutung des Ritterstandes an. Dasselbe bedeutet im Nordwesten des deutschen Kulturbereiches, in Flandern mit seiner hochentwickelten Stadtkultur, der Sieg der städtischen Unterschicht, der Zünfte, in der Schlacht bei Kortrijk (1302) über das französische Ritterheer. Auch hier vollzieht sich, noch entschiedener als in der Schweiz, nicht nur die politische, sondern auch die kulturelle, sprachliche und literarische Lösung aus dem Reich.

Wir haben zu fragen, was diese soziale Unruhe und Umschichtung für das literarische Leben bedeutet, und wie sie sich in der Literatur der Zeit spiegelt. Deutlicher und klarer zeichnet sich da die bäuerliche Seite ab. Natürlich nicht als eine aus dem Bauernstand aufwachsende Literatur, auch nicht als eine romantische oder sentimentale Sicht auf das Leben des Bauern als ein einfaches, glückliches, naturverbundenes Dasein. Jeder Vergleich mit der Bauerndichtung des 19. Jahrhunderts ist auch für den Meier Helmbrecht unzulässig. Weder gab es die Sehnsucht nach dem einfachen Leben, noch den säkularisierten Kulturpessimismus, aus dem sie entspringt. Der Bauer wird ausschließlich als Stand gesehen und nur soweit beachtet, als er die ständische Ordnung bedroht. Bauern-dichtung des späten Mittelalters ist Gegendichtung. Der Bauer wird mit den Augen der führenden Stände betrachtet, der *rusticus*, der *dörper*, der dumme und der plumpe Bauer. So lebt er in der Schwankdichtung, so hat ihn zuerst Neithart von Reuenthal gezeichnet. Doch haben wir (vgl. Bd. 2 S. 365 ff.) gesehen, daß es Neithart nicht um den billigen Spott des Gebildeten über den Ungebildeten geht. Indem er seine Dorfgecken als Parvenus stilisiert, die sich ritterliches Kleid und Gebaren anmaßen, rührt er an die soziale Frage und warnt vor der Bedrohung der gültigen Ord-nung. Die höfische Gesellschaft erlustigte sich daran als an einer bloßen Parodie; sie nahm Neitharts Bauerndichtung unter ihre anerkannten Gattungen auf und verharmloste sie. Doch die Zeitkritik wandte sich dem Thema wieder zu, die Spruchdichtung, die politische Satirendich-tung des Seifried Helblinc, die kritische Geschichtsdichtung Ottokars von Steiermark setzen sich mit dem Empordrängen bäuerlicher Ele-mente in ritterliche Lebensform auseinander. Es geschieht als Abwehr aus ritterlichem Denken. Auch hier ist es die Sorge um das Unwirksam-werden einer als gültig behaupteten Ordnung, um die Zersetzung eines auf bestimmten gesellschaftlichen und sittlichen Forderungen ruhenden Standes durch Menschen, die nicht durch ihn geformt sind. Vom Bauern her, aber aus derselben Sorge um die Zerstörung der alten Ordnung, behandelt der Meier Helmbrecht die Frage in tiefer Grundsätzlichkeit. Immer geht es um die Gültigkeit der Grenzen, nicht um die Anerken-nung von Rechten. Nur ein einziges Mal wird von dem modernen und vorurteilslosen Stricker die soziale Revolte ohne Parteinahme als erlebte Wirklichkeit gesehen. In seinem Gedicht „Die Gäuhühner" schildert er die soziale Gärung im *göu*, der bäuerlichen Grundschicht, und spielt dabei auf ein reales Vorkommnis in Österreich an.

Weit weniger erscheint in der Literatur die Stadt als politisches Ge-bilde, der Bürger als eigenständige Lebensform. In der Kleindichtung novellistischer oder schwankhafter Art kann die Stadt zum Milieu, der Kaufmann zur handelnden Figur werden. Aber immer geht es dabei um die Geschichte, um ihren amüsanten oder lehrhaften Gehalt, nicht, wie im ritterlichen Epos, um die dichterische Gestaltung einer gültigen Lebensform. Wir werden bei dieser Literatur von der Vertauschbarkeit des Milieus zu reden haben; dieselbe Geschichte kann in ritterlicher oder bürgerlicher Umwelt spielen. Das ist eine Erweiterung der dichterisch möglichen Welt, und es bedeutet viel, daß die Stadt darin entdeckt und literaturfähig wird. Indessen ist das aus dem Wesen der literarischen Gattung begründet, und nicht die Entdeckung der Stadt, sondern die Entdeckung der Gattung ist das Primäre. Der Bürger ist eines der Kostüme, die sie wählen kann. Die Geschichtsdichtung, die Ereignisse der jüngsten Vergangenheit behandelt, wäre am ersten der Ort, wo die Stadt wenigstens als politisches Gebilde in Erscheinung treten müßte. In den großen österreichischen Reimchroniken, auch im Fürstenbuch des Wiener Bürgers Jansen Enikel, bleibt sie doch nur eine Randerscheinung. Als politisches Eigengebilde mit ihren sozialen Schichtungen und Spannungen erfaßt die Stadt eigentlich nur Gottfried Hagen in seiner kölnischen Chronik.

Für die Literatur spielt die Stadt vielmehr in ganz anderer Weise eine Rolle. Die gebildete städtische Oberschicht, in der sich die großen Handelsherren mit der Stadtritterschaft und den geistlichen Prälaten traf, tritt in ihrer Weise das Erbe der Höfe der Stauferzeit an. Sie nimmt Literatur mäzenatenhaft in Pflege und entfaltet literarische Interessen. Aber was diese „Bürger" wollen, ist gerade nicht eine neue und eigene bürgerliche Dichtung. Soweit sie nicht religiöse Bedürfnisse literarisch erfüllten, wollten sie sich als eigentliche Erben der höfischen Gesittung und damit auch der höfischen Dichtung fühlen. Die bürgerlichen Auftraggeber Konrads von Würzburg verlangten entweder höfisch stilisierte Legenden oder höfische Romane. Die Manesse in Zürich sammelten höfischen Minnesang und protegierten das Minnedienstspiel des Johans Hadloub. In Magdeburg veranstaltete der Patrizier Brun von Schönebeck unter dem Namen „Gral" ein Ritterspiel mit den Bürgern benachbarter Städte, zu dem er mit höfisch gereimten Botenbriefen Einladungen ergehen ließ, und das er in einer uns verlorenen Dichtung geschildert hat.

Man hat für die hier zu behandelnde Epoche von der Verbürgerlichung der Literatur oder geradezu von bürgerlicher Literatur gesprochen. Das ist weder für die Thematik noch für die Dichter dieses Jahrhunderts gerechtfertigt. Am wenigsten sollte man den Begriff des Bürgerlichen auf die große Gruppe literaturschaffender und literaturverbreitender Männer anwenden, die wir künftig als wandernde Literaten bezeichnen und vor allem als Spruchdichter kennenlernen werden. Ganz zweifellos stammen sie zum großen Teil aus bürgerlicher oder besser negativ: aus nichtadliger Schicht und unterscheiden sich nach Stand und Lebensauffassung von ihren großen Vorbildern Walther von der Vogelweide und Reinmar von Zweter. Doch zu ihrem Wesen gehört das „Bürgerliche" gerade nicht. Dabei ist es nicht so wichtig, daß sich in ihrer Schar auch Männer adliger Herkunft oder geistlicher Ausbildung befunden haben. Entscheidend ist, daß sie aus der sozialen Ordnung herausgetreten sind, ortlos in einer Welt, in der die ständische Gliederung noch gültig war, ein bezeichnendes Phänomen in der Zeit der Auflösung alter Ordnungen. Sie sind ein neuer sozialer Typ, der mit sich selbst und mit der Welt um Orientierung ringt, nicht mehr fähig, in der alten Ordnung Platz zu finden, nicht stark genug, sie zu überwinden und zu anerkannter Eigengeltung zu gelangen. Sie sind das genaue Gegenteil des bürgerlichen Lebensstils seßhafter Ordnung und Wohlanständigkeit, den erst ihre literarischen Erben, die handwerklich ansässigen, zunfthaft organisierten Meistersinger repräsentieren. Erst bei ihnen darf man von bürgerlicher Kunstübung reden. Auch suchen die wandernden Literaten in ihrer Dichtung weder bürgerliche Themen noch ein bürgerliches Publikum. Sie fühlen sich nicht als Neuerer, finden vielmehr ihre Berechtigung gerade als Erben der höfischen Dichtung und Kultur. Sie sprechen die „Herren" an, beschäftigen sich in Ruhm und Tadel mit den Fürsten und ihren Höfen und erhoffen von ihnen Gönnerschaft und Unterhalt, so als hätte die Zeit seit Walther von der Vogelweide stillgestanden.

Auch wenn wir ganz allgemein nach dem Publikum der späten Dichtung fragen, ist die Bezeichnung „bürgerlich" zum mindesten schief. Zweifellos nimmt der Stadtbürger am literarischen Leben mehr als früher teil. Wir haben ihn soeben in seinen Spitzen als Mäzen und Sammler höfischer Kunst, also als Erben einer vergehenden hohen literarischen Kultur, kennengelernt. Andererseits macht es die ungemeine Ausbreitung religiös-erbaulicher und moralisch-didaktischer Dichtung gewiß, daß breitere Kreise mit andersartigen literarischen Interessen und Forderungen angesprochen wurden, zu denen sicherlich auch das städtische Bürgertum gehörte.

Aber selbst die im eigentlichsten Sinne bürgerliche, ohne den Hintergrund der Stadt nicht denkbare literarische Leistung, das große religiöse Drama, beginnt außerhalb der Stadt und unabhängig von ihr. Das älteste Osterspiel in deutscher Sprache, das Spiel von Muri, das bald nach der Mitte des 13. Jahrhunderts gedichtet worden ist, lebt formal aus den Mitteln, die die höfische Epik ausgebildet hatte, und setzt eher ein adliges als ein städtisches Publikum voraus. Die Marktschreierszene des Krämers zum mindesten spricht mit ihren Anspielungen auf Minnedienst, Minnesang und Schönheitspflege der höfischen Dame in eine adlige Hörerschaft hinein. Und der Zusammenbruch des thüringischen Landgrafen Friedrich bei der Aufführung des Zehnjungfrauenspiels zu Eisenach (1322) zeigt uns den Hof und seinen Adel als Publikum. Erst die großen mehrtägigen und volkreichen Schauspiele seit dem späten 14. Jahrhundert sind im eigentlichen Sinn städtisch-bürgerliche Leistungen. Noch weniger kann die didaktische und erbauliche Dichtung als spezifisch bürgerlich bezeichnet werden. Die Zeitkritik des Seifried Helblinc ist aus landadliger Perspektive an adlige

Hörer gerichtet. Der „Jüngling" des Konrad von Haslau und der „Magezoge" wollen Erziehungslehren für junge Edelleute bieten. Adlige Herrentugenden sind Gegenstand spruchmäßiger Didaxe. Ottokar von Steiermark, selber ein Ritter, kann in seiner Landeschronik nur ein ritterliches Publikum vor Augen haben, und selbst Gottfried Hagens kölnische Chronik ist nicht schlechthin „bürgerlich"; sie ist eine Parteischrift der städtischen Aristokratie.

So werden wir vorsichtiger von Verbreiterung des literarisch interessierten Publikums sprechen und dabei neben dem Stadtbürgertum vor allem den Landadel im Auge haben. Minnesang wird jetzt überall im Lande geübt, ohne noch an literarisch interessierte Höfe gebunden zu sein. Diese Landadelsschicht wird auch ein wichtiger Interessent für die didaktische und erbauliche Dichtung gewesen sein. Wie jedes Ausfließen einer geistigen oder künstlerischen Bewegung in die Breite bedingt auch diese ein Sinken der Qualität zugunsten der Quantität, einen Verlust des Gefühls für Angemessenheit zugunsten von Wirksamkeit. Die Masse der Dichtung nimmt seit der Jahrhundertmitte ebenso zu wie die Zahl der Literaten, die sie produzieren. Im gleichen Maße aber nimmt die Leistung ab. Die Geschichte der hohen Dichtung der Stauferzeit konnte um wenige große Namen gruppiert werden. Die Literatur des späten Mittelalters will weit mehr als Geschichte von Gattungen und Typen geschrieben werden. Mit wenigen Ausnahmen ist der namentlich bekannte oder anonyme Dichter, ob mehr oder weniger begabt, besser oder schlechter geschult, nur als Repräsentant einer Gattung, sein Werk als Nuance in einem farbigen Gesamtbild wesentlich.

Damit enthüllt sich uns das Schwinden des Elitebewußtseins, von dem die exklusive höfische Gesellschaft der Stauferzeit getragen war, als ein bestimmendes Zeichen der Zeit. Höfische Epik wird zum bloß interessanten Stoff, höfische Lyrik zur Konvention, und beides wurde auch von nichtadligen Dichtern geübt, die höfisches Wesen nicht mehr von innen heraus nacherlebten. Das höfische Dichten versiegte, weil der Boden verdorrte, aus dem es erwuchs. Auch der adlige Stand wurde in die Krise der Auflösung hineingezogen. Die ewigen Klagen um das Schwinden höfischer Gesittung und Gesinnung sind mehr als nur ein Topos begehrlicher Wanderdichter. Die großen literarischen Höfe der Stauferzeit sind mit ihren Trägern zugrunde gegangen. Der italienische Hofhalt von Friedrichs unehelichem Sohn Manfred mit seinen deutschen „Meistern" und „Fiedlern" wird in Ottokars Reimchronik mit Recht bereits als eine Entartung geschildert. Die neue Art landesfürstlicher Verwaltungspolitik bedroht die Geltung des Ritterstandes ebenso wie die wachsende Unsicherheit seiner überkommenen wirtschaftlichen Grundlagen und das Schwinden seiner militärischen Bedeutung. Die Abhängigkeit der „Herren" von der Finanzkraft der Städte ist ebenso eine Wirklichkeit wie das Eindringen unadliger Elemente in den Rat der Fürsten und in beherrschende Verwaltungsstellungen. Die Kluft zwischen den großen Landherren und dem in bescheidenen Verhältnissen lebenden landsässigen Adel vergrößert sich, wie es uns zumal der Seifried Helblinc veranschaulicht. Der Meier Helmbrecht macht eindrücklich klar, daß die Schuld an der Möglichkeit solchen Pseudorittertums, wie der junge Helmbrecht es übt, bei dem Ritterstand liegt, der nicht mehr fähig und willens ist, sich solcher Elemente zu erwehren, weil der Ritterstand selber nicht mehr intakt ist. Ottokar von Steiermark geißelt das Verhalten fürstlicher Herren, die Bauernsöhne zu Rittern machen, um ihre Heere damit aufzufüllen. Die Klagen über die Veräußerlichung und Verrohung ritterlichen Wesens sind schon seit spätstaufischer Zeit an der Tagesordnung, und der Stricker kann in seinem Dialoggedicht „Die beiden Knechte" dem Vertreter ritterlichen Standesbewußtseins einen Gesprächspartner gegenüberstellen, der die Ritterwürde wegen der damit verbundenen Mühen und Kosten rationalistisch ablehnt und das bequemere Dasein des nicht zum Ritter geweihten Edelknechtes empfiehlt. Raubrittertum ist nicht nur sittliche Verrohung wie im Meier Helmbrecht, es ist die Folge eines Notstandes, der wenn auch verwerfliche Versuch, die Diskrepanz zwischen den Anforderungen des Standes und der tatsächlichen wirtschaftlichen Lage auszugleichen. Die große Legendensammlung des Passional, ein Werk aus dem Kreise des deutschen Ritterordens, das also für ritterliche Hörer gedacht ist, erzählt die Marienlegende vom „Raubritter und seinem Kämmerer", einem Ritter, der seine schmalen Einkünfte durch Straßenraub aufbessert. Das kleine Epos von Karl und Elegast präsentiert uns den „edlen Räuber"; der Ritter Elegast führt, nachdem er bei Karl dem Großen in Ungnade gefallen und seiner Güter beraubt ist, in der Not das Leben eines Raubritters, ohne daß seine edlen sittlichen Qualitäten angetastet werden.

So stoßen wir überall auf die Lockerung und Verwirrung der überkommenen Ordnungen als Zeichen der Zeit und betrachten sie mit Recht als den Hintergrund, gegen den wir die literarische Bewegung der nachstaufischen Zeit zu sehen, aus dem wir sie zu beurteilen haben. Die etymologische Ableitung des Wortes *werelt* von dem Verbum *werren* (verwirren), die Hugo von Trimberg in seinem Renner (V. 2 250) vorträgt, konnte nur damals erfunden werden.

Das war die Stunde der Kirche, um als ordnende und haltende Macht hervorzutreten und auch literarisch die Führung wieder zu übernehmen, die sie vor der höfischen Periode besessen hatte. Auch die Kirche blieb von den Erschütterungen der Zeit nicht unberührt. Wir verzeichnen stichworthaft, was für die literarische Entwicklung wichtig ist. Der Zusammenbruch der politischen Machtstellung des Papstes um die Jahrhundertwende ist schon erwähnt. Das Erlahmen der Kreuzzugsidee, endend mit dem Verlust von Akkon (1291) als des letzten christlichen

Bollwerks im Heiligen Land, ging voraus. Er wurde als Markstein empfunden und hat die Laienwelt tief bewegt. Im inneren Gefüge der Hierarchie begann eine ständische Umschichtung. Der Anspruch des Adels
auf die leitenden Stellen in der Kirche wurde unsicher; neben die alten
benediktinischen Herrenklöster traten die neuen Ordensgründungen,
die in der Auswahl ihrer Mitglieder, ihren Lebensgewohnheiten und
ihrer Wirkungsweise die ständischen Grenzen durchbrachen. Wir gehen
hier nur auf die beiden wichtigsten und zeitbestimmenden Orden, die
Dominikaner und Franziskaner, ein. Der in spätstaufischer Zeit beginnende Aufstieg der Bettelorden setzt sich fort und ist eine der wichtigsten Erscheinungen in der innerkirchlichen Entwicklung des späten
13. Jahrhunderts. Die religiöse Dichtung unserer Periode setzt die seel-
sorgerische und volkserzieherische Wirksamkeit der Predigerorden voraus. Ihre Ansiedlung in der Stadt bedeutet eine Erweckung des Bürgertums zur Teilnahme am geistigen Leben; ihre gepredigte und weithin
auch vorgelebte Nachfolge Christi in Armut und Demut wirkte tief in
die Laienwelt hinein und schuf in den angeschlossenen oder von ihren
Ideen entzündeten Laiengemeinschaften die Möglichkeit eines Lebens
freiwilliger Armut und demütiger Frömmigkeit in der Welt. Die heilige
Elisabeth, franziskanisch geprägt, von dem Dominikaner Konrad von
Marburg geleitet, machte tiefen Eindruck und wurde für das späte
Mittelalter zur typischen Heiligen der Nachfolge Christi in Armut,
Demut und Barmherzigkeit.

Die Aufgabe von Predigt und Lehre führt beide Orden zur Erkenntnis der Wichtigkeit theologischer Bildung. Den Dominikanern war sie
schon von ihrem Gründer mitgegeben; die Franziskaner folgten nach,
sobald sich ihre lose Gemeinschaft frommer Lebenshaltung zu ordens-
mäßiger Festigkeit konstituiert hatte. Beide Orden hatten ihre Lese-
meister in den Klöstern, ihre zentralen Studienstätten in ihren Ordens-
provinzen, ihre Lehrer in der Hochburg wissenschaftlicher Studien in
Paris. Die großen Scholastiker Thomas von Aquin und Albertus Magnus
waren ebenso Dominikaner wie die großen Mystiker Eckhart, Tau-
ler und Seuse. Auch die Franziskaner hatten bedeutende Theologen
und Mystiker in ihren Reihen. Scholastische Systematik und mystische
Versenkung, die beiden wesentlichen Haltungen der Theologie des
13./14. Jahrhunderts, sind weitgehend dominikanisch geprägt. Wieviel
davon in die Laienlehre und in die religiöse deutsche Dichtung Eingang
gefunden hat, ist erst an wenigen Stellen systematisch untersucht und
bleibt eine Aufgabe der Zukunft. Wichtig ist, daß jetzt auch Laien theologische Probleme aufnehmen und sich an der religiösen Dichtung beteiligen: der Wiener Arzt Heinrich von Neustadt überträgt den Anticlaudianus des Alanus ab Insulis in deutsche Verse, der Magdeburger
Patrizier Brun von Schönebeck schreibt eine dickleibige Auslegung des

Hohen Liedes, die Spruchdichter vom Marner bis zu Frauenlob wagen sich an theologische Fragen und streiten über das Recht des Laiendichters, mit dem Geistlichen darin zu konkurrieren. Es ist eine bezeichnende Verschiebung gegen die geistliche Dichtung der vorhöfischen Zeit, daß wir nicht immer mehr sicher sind, ob der Verfasser einer religiösen Dichtung Geistlicher oder Laie war.

Damit ist gegeben, daß sich die Rolle der Laienwelt im religiösen Leben verändert und aktiviert hat. Wir haben schon in Band 2 von „Laienfrömmigkeit" gesprochen und damit die vereinfachenden Vorstellungen und Darstellungen der Lehr- und Glaubenstatsachen bei Laien und in Dichtungen für Laien gemeint. Die Gültigkeit der Lehre selber war unbezweifelt; alle Versuche, ketzerische Ansichten in den Dichtungen der Stauferzeit aufzuspüren, müssen mit großer Vorsicht aufgenommen werden.

Die Ketzerbewegungen in Oberitalien und Südfrankreich haben in der hohen Stauferzeit in Deutschland keine spürbare Rolle gespielt. Das ändert sich in spätstaufischer Zeit. Auch jetzt bleiben es aufs Ganze gesehen Randerscheinungen. Aber die Kirche schreitet mit der dominikanisch geleiteten Inquisition systematisch gegen sie ein, und die Unruhe, die sie vor allem in die städtische Unterschicht tragen, veranlaßt die weltlichen Herren, der Kirche ihren Arm zu leihen. Die Allgemeinheit wird aufmerksam, die Chronistik verzeichnet die Ereignisse. In der deutschen Literatur wird wenig davon spürbar, doch treten in die alte Formel *kristen, juden unde heiden* die Ketzer als eine eigene Kategorie ein, einzelne Zeitkritiker erwähnen sie mit Abscheu, am eingehendsten und mit verzerrten Angaben über ihre Lehren der für die Zeiterscheinungen wache Stricker. Ketzerische, d. h. von der Lehrmeinung der Kirche bewußt abweichende, die Glaubenssubstanz angreifende Anschauungen dürfen wir in der Literatur nicht erwarten; wir registrieren nur die Unruhe, die sie bringen, als Zeitsymptom.

Streng ist davon die Kritik zu trennen, die an der Kirche als politischer Macht und an der Geistlichkeit in ihrer Lebensführung geübt wird. Sie berührt weder das Glaubensgut noch die grundsätzliche institutionelle Geltung und Leistung der Kirche. Höchstens die Vielstimmigkeit und Intensität der Kritik, der oft wiederholte Vergleich von dem, was die Kirche leisten sollte, und dem, was sie ist, läßt ein wachsendes Unbehagen spüren. Die Schärfe der politischen Invektive gegen Rom und die Kurie hat seit Walthers politischen Sprüchen bis zu denen Frauenlobs aus dem Anfang des 14. Jahrhunderts nicht abgenommen. Mit bemerkenswerter Einstimmigkeit wird während des Interregnums die päpstliche Politik für die friedlosen Zustände in Deutschland verantwortlich gemacht, und in dem großartigen Gemälde, das Ottokar von Steiermark von dem Fall Akkons entwirft, wird die Schuld mit vernichtender Schärfe der Herrschsucht und Habgier der Kurie aufgebürdet. Die alten, nie verstummenden Vorwürfe über Sittenlosigkeit und Simonie klingen weiter; stärker als früher tritt weltliche Lebenshaltung und Machtstreben der Pfaffenfürsten hinzu, eine Folge der landesfürstlichen Entwicklung in der politischen Struktur. Der Pfarrer oder der Mönch wird zum herkömmlichen Partner der Ehebruchsschwänke, und mit besonderem Behagen werden Geschichten erzählt, in denen er der Ertappte und Hereingefallene ist. Der Stricker kann in seinem Pfaffen Amîs einen vornehmen Geistlichen zum Helden listiger, eulenspiegelhafter Streiche machen und ihn doch als geachteten Abt selig sterben lassen. Solch leichtes Spiel wäre in der deutschen Dichtung der vorhöfischen Zeit nicht denkbar gewesen. Dennoch dürfen wir es nicht zu ernst nehmen. Die lateinische Dichtung der Ottonenzeit, die kühnen Parodien der Vaganten hatten längst Verfänglicheres gewagt. Dort zwar blieb es *intra muros*, jetzt tritt es unter das Volk. Aber auch jetzt bleibt es Literatur, und die Ehrfurcht vor dem Priester als Glied der Kirche und Mittler des Heils ist unerschüttert. Mehr als je sucht der Laie in der Unruhe der Zeit Trost und Halt bei der Kirche. Ihr Wort wird ersehnt; nach dem Zurücktreten geistlicher Dichtung während der hohen Stauferzeit wird religiöse Dichtung aller Art zur wichtigsten Erscheinung in der Literatur des späten 13. und des 14. Jahrhunderts.

Doch machen sich in der religiösen Dichtung neue Züge frommer Bewegtheit geltend. Die geistliche Dichtung der vorhöfischen Zeit hat etwas von statischer Ruhe, wenn man sie mit der unserer Epoche vergleicht. Dort standen die großen Welt- und Heilsgeschehnisse im Vordergrund, die erhabenen Personen der Trinität, der Teufel als Verkörperung des Ur-Bösen und zwischen ihnen mehr die Menschheit als der einzelne Mensch. Beichtdichtung und Sündenklagen lassen eher „den Sünder" als den sündigen Einzelmenschen reden, und erst seit der Mitte des 12. Jahrhunderts, im Gedicht vom Recht und bei Heinrich von Melk, erscheint der Mensch in seinen irdischen Lebensbedingungen mit ihren Forderungen und Gefahren. Diese frühen Ansätze kommen jetzt zu vollem Durchbruch. Die Sehnsucht des einzelnen Menschen nach Geborgenheit weckt den Drang zur Nähe am Heiligen und Göttlichen. Vor die hohen Personen der Trinität, die in erhabener Ferne walten, tritt die Schar der Heiligen als leichter erreichbare, dem Herzen und Gemüt vertraute Mittler und Helfer. Wie sie in den Bildern und Reliquien ihrer Kirchen und Altäre, als Schutzheilige und Namenspatrone unmittelbar zugegen sind, so macht sie die Legendendichtung in ihrem Leben und wunderbaren Wirken auch dem einfachen Gemüt verständlich und vertraut. Wir haben gesehen, wie in vorhöfischer Zeit die Legende zunächst in die Heilsgeschichte eingebettet erscheint (Mittelfränkische Reimbibel) und als Einzeldichtung erst im späten 12. Jahrhundert zögernd versucht wird. In der höfischen Zeit wird Legendendichtung vor allem als literarische Leistung gewertet. Jetzt bricht sie in breitem Strom hervor. Kalendarische Legendensammlungen begleiten den Jahresablauf mit den Geschichten der Heiligen.

Erzählende Bibeldichtung wird fast nur noch im Deutschen Orden gepflegt, und wo sonst biblische Geschichte erzählt wird, durchflicht sie sich mit legendärer Ausschmückung. An Stelle der Genesisdichtungen der frühen Zeit erscheint die Adamslegende. Die legendäre Kindheit Jesu, die Höllenfahrt Christi nach pseudo-evangelischen Schriften werden wichtiger als die Evangelienberichte selber, Nebenpersonen der Evangelien oder legendäre Personen der urchristlichen Zeit werden interessant: Maria Magdalena, Pilatus, Nicodemus, Veronica, Stephanus. Alles drängt nach Anschauung und Vorstellbarkeit. Der unmittelbarste Ausdruck ist auch hier wieder das geistliche Drama, das im späten 13. Jahrhundert aus der Liturgie in die Selbständigkeit, aus dem Latein ins Deutsche, aus der Kirche auf den Markt hinaustritt. Aus dem feierlichen Kern der Osterliturgie werden die großen mehrtägigen, volk- und szenenreichen Spiele der Spätzeit, die die Passion, das ganze Leben Jesu, schließlich das Weltgeschehen von der Urzeit bis zum Jüngsten Gericht umspannen und alles in unmittelbare, gegenwärtige, bis zur Roheit gehende Anschauung umsetzen. Himmel und Hölle, Gott und Teufel bevölkern den Marktplatz der Stadt, das alltägliche Leben mischt sich mit heiligsten Vorgängen, religiöse Erschütterung wechselt mit greller Lustigkeit, ernste Hymnik mit saftigem Witz.

Auch die großen Tatsachen der Heilsgeschichte drängen nach Anschaulichkeit. Der Erlösungsentschluß Gottes wird zur Verhandlung der göttlichen Tugenden, die sich als Töchter Gottes verkörperlichen, vor dem Antlitz Gottes. Die Höllenfahrt Christi wird zum Einbruch des *rex gloriae* in die Burg des Feindes, Christi Himmelfahrt zur triumphalen Heimkehr des Siegers im blutberonnenen Streitgewand. Das Jüngste Gericht wird wie in der bildenden so in der dichtenden Kunst zur gewaltigen Tribunalszene, und im sinnbildlichen Spiel von den zehn Jungfrauen wandern die verstoßenen törichten Jungfrauen am Schluß mit mahnenden und klagenden Gesängen durch das Publikum.

Der Wunsch nach Nähe und Anschauung verlangt nach dem Miterleben. Leiden und Sterben Christi werden aus dogmatisch bedingten Heilsvorgängen zu irdischen, dem menschlichen Mitfühlen offenstehenden Wirklichkeiten; der Mensch Christus gewinnt für das Frömmigkeitsleben eine vorher nicht gekannte Bedeutung. Gespiegelt in den Leiden Marias oder in unmittelbarem Nachempfinden frommer Versenkung wird das Mit-Leiden, die Compassio, zu einer wichtigen Form spätmittelalterlicher Frömmigkeit. Auch hier entfalten sich Ansätze des 12. Jahrhunderts; die Erlebnisform der Bernhardischen Compassio wird jetzt zum volkstümlichen Besitz. Der Blutschweiß in Gethsemane, der Schmerzensmann, die Qualen der Kreuzigung in allen Einzelheiten, die heiligen Wunden des Gekreuzigten sind Gegenstand der betrachtenden Versenkung und herzbewegten Darstellung; die Passionsspiele führen diese Szenen mit fast sadistischer Genauigkeit vor. Besonders wird Maria zum Medium der Compassio. Die Mutterfreuden Marias werden ebenso intensiv und unmittelbar nacherlebt wie die Schmerzen des mütterlichen Herzens bei den Leiden und dem Tode des geliebten Sohnes. Maria auf dem Gang nach Golgatha, unterm Kreuz, in der Pietà-haltung, das sind nicht nur Bilder; die Dichtung findet ergreifende Töne für die Klagen der gequälten Mutter.

Nichts ist im religiösen Leben und Dichten der Spätzeit so bedeutsam wie der Aufstieg der Mutter Gottes zum Zentrum volkstümlicher Frömmigkeit. Auch hier sind wir den Anfängen im 12. Jahrhundert begegnet; in ganzer Fülle entfaltet sich der Kult Marias in der Dichtung erst seit der späten Stauferzeit. Der Mariendichtung ist ein eigenes Kapitel zu widmen, das aus Raumgründen dem zweiten Teil dieses Bandes vorbehalten bleibt. Vor allem ist Maria die gnadenreiche Helferin des sündigen Menschen, wie sie die bildende Kunst im Bilde der Schutzmantelmadonna gestaltet hat. Die dichtende Kunst findet den Ausdruck dafür in der unabsehbaren Zahl der Marienlegenden, die seit dem Theophilus des 12. Jahrhunderts von dem hilfreichen Wirken Marias für den Sünder zu berichten wissen. Nichts kann da die furchtbare Unerbittlichkeit des Jüngsten Gerichtes erschütternder veranschaulichen als die Tatsache, daß auch Marias Fürbitte vor der gnadenlosen Gerechtigkeit des göttlichen Richters machtlos verstummen muß. Zugleich aber ist Maria die hohe Himmelskönigin, erhaben über alle Heiligen und Engel, die Nächste am Thron Gottes und am Ohr des göttlichen Sohnes. Ihr Leben, von dem die biblischen Berichte so wenig wissen, wird von ihrer Geburt bis zu ihrem Sterben und zu ihrer leiblichen Himmelfahrt immer wieder erzählt; Marienleben und Marienlegenden, Marienklage und Marienpreis sind ein unerschöpflicher Gegenstand epischer, lyrisch-hymnischer und dramatischer Dichtung. Mariologische Thematik macht sich in der Dichtung überall geltend, bis zu der spekulativen Ineinssetzung Marias mit der göttlichen Sapientia, vor aller Schöpfung mit Gott vereint und Teilhaberin am Schöpfungswerk.

Wird so das Göttliche in der Vielzahl der heiligen Helfer und durch die Beschäftigung mit den anschaulichen Einzelheiten in eine Nähe vertraulichen Umgangs gerückt und sozusagen zu einem Stück des irdischen Alltags gemacht, so geht die Mystik einen anderen Weg der Gottnähe und Gotteinung in dem vollkommenen Aufgehen des Menschen in Gott, in der Entselbstung der Unio mystica. Bei den großen Mystikern theologisch gebändigt, wird sie, zumal bei deren geistlichen Anhängerinnen, den Nonnen von Engelthal, von Töss und anderen, zu einem ekstatischen Visionswesen, einem sinnlich-übersinnlichen Brauterlebnis. Auch das wird im einzelnen erst im zweiten Teil zur Sprache kommen, zumal der Einfluß der Mystik auf die religiöse Dichtung des hier behandelten Jahrhunderts, gemessen an der großen Wirkung der mystischen Predigt, auffallend gering zu sein scheint.

Im großen kann man vielmehr sagen, daß die Zeit, von kleinen, mystisch bewegten Kreisen abgesehen, rationalistisch gerichtet ist. Die

Entdeckung der Welt als eines Bereiches der Schönheit und Freude durch die höfische Gesellschaft und in ihrer Dichtung hat weitere Kreise nie berührt. Wie unsicher sie gegründet war, haben wir schon in der Hochblüte des höfischen Weltoptimismus an der inneren Krise im Leben Hartmanns von Aue, am Alterserlebnis Walthers von der Vogelweide erfahren. In die Schönheit der höfischen Welt klingt das *Memento mori* hinein, der Gedanke an das Schicksal der Seele nach dem Tode stellt den Menschen vor die Entscheidung zwischen dem Vergänglichen und dem Ewigen, die Einsicht in die Eitelkeit auch der höfischen Welt schafft das Bild der Welt als einer Frau von höfischer Herrlichkeit mit dem von den Zeichen der Verwesung entstellten Rücken. Von Walther erstmals entworfen, wird es in der Spätzeit von Konrad von Würzburg, von dem anonymen Dichter des Gedichtes vom Weltlohn und von einem Spruchdichter, der sich der Guotære nennt, in grauenvoller Deutlichkeit wiederholt, und von Frauenlob in dem großen Disputationsgedicht zwischen Minne und Welt erneut heraufbeschworen.

Die alten Leitgedanken der vorhöfischen geistlichen Dichtung – die Gewißheit des Todes, die Vergänglichkeit alles Irdischen, das Schicksal der Seele nach dem Tode – behalten ungebrochen ihre mahnende und werbende Kraft. Wenn sie in der Dichtung der nachstaufischen Zeit wieder so beherrschend hervortreten, so können wir nicht daran zweifeln, daß sie in der „klassischen" Zeit nur literarisch zurückgedrängt waren, in Lehre und Leben aber ihre Bedeutung immer behalten haben. Wir müssen vom Denken bis zur metrischen Form mit einer literarischen Unterströmung rechnen, die die vorhöfische mit der nachhöfischen Zeit lebendig verbindet, und die wieder an die Oberfläche durchbricht in dem Augenblick, da die höfische Welt und ihr diesseitsbestimmtes Leitbild ihre überzeugende Kraft verlieren.

Dennoch ist die späte Dichtung nicht einfach eine Fortsetzung der vorhöfischen. Die Anschauung von „Welt" hat sich gewandelt. Auch sie wird nicht mehr wie damals statisch gesehen als das Spielfeld im Widerspiel der göttlichen und teuflischen Mächte. Sie ist die Wirklichkeit geworden, die den Menschen umgibt, gegenwärtig und handgreiflich nahe in der Vielfalt ihrer Erscheinungen und Ordnungen. In ihr muß sich der Einzelne einrichten und verhalten, und der bloß negative *contemptus mundi* ist zum mindesten nicht mehr der einzige Weg durch ihre Gefahren. Die Zeit und ihre Menschen verlangen Anweisung für ein Leben in der Welt, sittliche Führung durch die Vielfalt der Lebenserscheinungen aus erfahrenem Munde. Die Verdichtung von Lebenserfahrung zu Lebenslehre ist die alte Domäne der Spruchdichtung. Von dem alten Herger über Spervogel und Freidank haben wir didaktische Dichtung der Lebenslehre durch die höfische Zeit verfolgen können. Jetzt erringt sich lehrende Dichtung nicht nur aus geistlichem Munde einen beherrschenden Platz in der Literatur und bedient sich der verschiedensten Formen. Sofern sie ihren Bezugspunkt im Jenseits sucht und ihre Anweisungen unter dem Gesichtspunkt des Seelenheils und der Gottgefälligkeit gibt, ist sie ein Teil des religiösen Erziehungswerkes; man kann nicht von einer autonomen Morallehre sprechen. Aber indem sie ihren Blick auf das Leben des Menschen im Diesseits richtet, sein Verhältnis zu seiner Umwelt, den Mitmenschen und den Dingen der Welt zum Gegenstand hat und das richtige Verhalten in der Welt als eine autonome Aufgabe anerkennt, kann man sie eine weltbezogene Morallehre nennen.

Die dichtenden Moralisten der Spätzeit machen sich über die Welt und die Menschen ebensowenig Illusionen wie die geistlichen Dichter der vorhöfischen Zeit. Auch in ihren Augen ist die Welt schlecht, sind die Menschen böse. Aber ihr Urteil gründet sich nicht mehr auf die axiomatisch festgelegte Tatsache der grundsätzlichen Sündenverlorenheit der Welt. Es erwächst aus der praktischen Erfahrung, die sich ihnen in der Wirrnis der Zeit immer wieder bestätigt. Die Statik des Weltbildes der vorhöfischen Zeit löst sich in die bewegte Vielheit der Wirklichkeit. Sich in ihr zu behaupten, ohne ihr zu verfallen, ist ein legitimes Anliegen des Menschen, das nur mit Klugheit zu bewältigen ist. So sehr die Didaktiker der Zeit in dem traditionellen Typendenken der geistlichen Morallehre befangen bleiben, so steht ihnen neben der Sünde, die gegeißelt wird, die Torheit, die verlacht wird. Zumal die Schwankdichtung, die in dieser Zeit eine gültige Form moralischer Belehrung ist, handelt von Klugheit und Torheit und freut sich am Sieg des Klugen über den Toren; denn so ist die Wirklichkeit der Welt.

Die Fähigkeit zur Erkenntnis des Bösen und des Törichten soll zugleich die Heilung bringen. Dem Pessimismus der Weltbetrachtung antwortet ein aufklärerisch wirkender Erziehungsoptimismus. Unermüdlich ergeht der Appell an die menschliche Einsicht, und der Glaube ist unerschütterlich, daß die Erkenntnis der Fehler und Mängel ihre Überwindung ermöglichen und die Besserung des Menschen und der Welt herbeiführen müsse. Weit über die unmittelbare Didaxe hinaus fühlt sich die Dichtung im Auftrag moralischer Belehrung und Erziehung. In dem Augenblick, da die große höfische Dichtung aufhört, vorbildhaft zu sein, und zu bloßer Literatur wird, tritt die Fülle der kleinen Erzählungen, Schwänke, Beispiele und Fabeln hervor, die entweder schon durch ihren Stoff eine Lehre erteilen oder sich durch ein abschließendes *fabula docet* als moralische Erzählung legitimieren.

Auch die ritterliche Dichtung der höfischen Zeit sah erzieherische Aufgaben. Sie begründete ihre sittlichen Forderungen aus dem Glauben an die Veranlagung und Verpflichtung des Edelgeborenen zu edlem Verhalten und stellte in der Dichtung ideale Leitbilder auf, die diese

Forderungen erfüllten. Aus der ständischen Idealität lebte auch die höfische Didaktik, die Sprüche Walthers und noch Reinmars von Zweter oder die Lehren des alten Winsbecken an seinen Sohn. Ihr Erstarren und Versagen ist ein Zeichen der Zeit. Man hat auch hier eine Wendung vom Adligen zum Bürgerlichen sehen wollen und die Didaktik unserer Periode bürgerlich genannt. Auch das geht nicht an. Die didaktische Dichtung unserer Zeit setzt nicht ein bürgerliches Leitbild an die Stelle des adligen. Sie geht von dem Menschen als solchem aus, sie kennt die Mängel der menschlichen Natur und bekämpft sie. Der religiöse Hintergrund, die Mahnungen an den Tod, die Vergänglichkeit und das Seelenheil, sind ernste Anliegen der Menschen insgemein. Vor Gott steht der Mensch so nackt und bloß wie der Kaiser in der moralischen Novelle vom nackten Kaiser, so wesenlos in seiner ständischen Zuordnung wie die Seligen und Verdammten in den Bildern und Gedichten vom Jüngsten Gericht. Wenn die moralischen Erzählungen den Menschen in die Wirklichkeit eines ständischen Milieus einordnen, so steht er doch nur stellvertretend für „den Menschen". Der Bruch des vierten Gebotes im „Kotzemære" bleibt derselbe, ob ein Ritter, Bürger oder Bauer ihn begeht. Die Laster und Torheiten, die speziell einem Stande zugeschrieben werden, sind Nuancen allgemeiner Laster und Torheiten; Simonie ist eine Form der Avaritia, einer allgemein menschlichen Sünde, die nur durch den Bruch der priesterlichen Würde ihren gravierenden Akzent erhält. Nicht die Wendung vom Adligen zum Bürgerlichen, sondern die Wendung vom Ständischen zum Menschlichen ist der entscheidende Vorgang.

Indessen leben und gedeihen die alten großen Gattungen der staufischen Dichtung, der Versroman in all seinen Arten und die hohe Minnelyrik, in dieser Zeit kräftig weiter. Ein großer Teil des vorliegenden Bandes wird gerade diesen Gattungen gewidmet sein. Sie setzen in Denkweise, Stoffen und Formen fort, was die hochstaufische Dichtung als gültig geschaffen hatte. Sogar die alten Literaturlandschaften bleiben umrißhaft erkennbar. Der Artus- und Aventiurenroman hat noch immer seine festeste Heimat im alemannischen Südwesten, der heroische Roman um Dietrich von Bern im bayrisch-österreichischen Bereich. In der Lyrik scheint sich die Nachwirkung der Wiener Hofschule stärker in Österreich, des schwäbischen Kreises um Gottfried von Neifen stärker im schwäbisch-schweizerischen Raum zu konzentrieren, und in Thüringen und seinen östlichen Ausstrahlungsgebieten ist ein Fortwirken Heinrichs von Morungen deutlich zu spüren. Zu der sozialen Verbreiterung der Schicht, die solche Literatur schätzt und hervorbringt, tritt eine räumliche Erweiterung über die alten Literaturlandschaften hinaus. Wie deutsche Siedlung und deutsche Kultur nach Osten vordringen, so auch deutsche Hofkultur und ihre Dichtung. Man kann hier von einem Nachholbedarf reden, der höfisches Wesen und Dichten dort zu einer Spätblüte bringt, als sie in den alten Kernlandschaften schon zu versiegen oder zu entarten beginnen.

Das große Beispiel ist Böhmen unter Ottokar und dessen Sohn Wenzel II. Dort hatten nach dem beginnenden Verfall des Wiener Hofes schon Reinmar von Zweter und der Tannhäuser zeitweise Unterkunft gefunden. Unter Wenzel, der sich selber im Minnesang versuchte, erwuchs eine eigene, nicht unbedeutende ritterliche Dichtung in Böhmen mit Ulrich von Etzenbach als Mittelfigur. Sie wirkte in die tschechische Nachbarschaft hinein und gab Anstoß zur Übersetzung deutscher Werke ins Tschechische. Was sich in Böhmen begab, wiederholte sich in kleinerem Maßstab in Schlesien, in Brandenburg und am Hofe Wizlavs von Rügen. Fürstliche Dichter üben sich im Minnesang und begünstigen deutsche Dichtung. Die wandernden Literaten spenden den östlichen Fürsten ihren Preis, der bedeutendste unter ihnen, Heinrich Frauenlob, selber ein Kind des östlichen Mitteldeutschland, bewegt sich in dem Raum von Böhmen bis Dänemark, ehe er den Weg nach Mainz findet, wo er starb und kostbar begraben wurde. Im äußersten Nordosten erzeugt der Deutsche Orden eine eigene, durch sein geistliches Rittertum bedingte Literatur in einer mitteldeutschen Literatursprache, die ihren Anteil an der Ausbildung der deutschen Hochsprache hat. Andererseits lösen sich im Nordwesten Flandern und Holland wie aus dem politischen so auch aus dem sprachlichen und literarischen Bereich Deutschlands. Sie entwickeln in enger Anlehnung an Frankreich eine reiche eigene Dichtung und strahlen sie weiter in das benachbarte Rheingebiet aus. Der untere Rhein, in der Stauferzeit nach dem Abwandern Veldekes literarisch fast stumm und ohne Verbindung mit der höfischen Dichtung des Oberrheins, wird literarisch lebendig und wirkt seinerseits weiter nach Niederdeutschland, das unter den Impulsen, die von Westen und von Süden hinaufreichen, seinerseits eine eigene Literatursprache zu entwickeln und in ihr zu dichten beginnt.

So stoßen wir auf die langdauernde Nachwirkung einer literarischen Tradition, die auf der Autorität der klassischen Dichtung beruht. Mehr als ein Jahrhundert bleiben die von diesen Vorbildern ausgehenden Antriebe lebendig. Mit Wirnt von Grafenberg und Rudolf von Ems als wichtigen Mittlerfiguren findet die Epik in Konrad von Würzburg, Albrecht (von Scharfenberg) und Ulrich von Etzenbach noch einmal führende Dichter von Rang, bis sie vor der Mitte des 14. Jahrhunderts in ihren Ideen, Motiven und Formen ausgebraucht ist und versandet. Ebenso lebt der klassische Minnesang mit Gottfried von Neifen als entscheidendem Mittelsmann fort und wird in der ersten Hälfte des 14. Jahrhunderts in den großen Sammelhandschriften magaziniert. Johann von Würzburg, Konrads jüngerer Landsmann, gibt um 1300 dem Nachfolgebewußtsein Ausdruck in den Bildern vom *stupfelman*, dem Ährenleser auf dem Acker der großen Dichtung, und von dem Zwerg, der auf den Schultern eines Riesen sitzt.

In der Literaturgeschichtsschreibung begegnen wir für diese Zeit den etikettierenden Begriffen des Epigonentums und des Eklektizismus. Wilhelm Scherer faßt in seinem Kapitel „Die Epigonen" alles zusammen, was in den anderthalb Jahrhunderten seit Ulrich von Zazikhofen und Wirnt von Grafenberg, den Zeitgenossen der „Großen", bis etwa

2*

1340/50 gedichtet worden ist, Weltliches und Geistliches, Erzählendes
und Didaktisches, ohne auch nur eine gattungsmäßige oder chronologische Gliederung zu versuchen. Es gibt für ihn nur noch eklektische
Nachahmung oder absinkende Roheit. Wir haben zu fragen, wieweit
eine solche Beurteilung stichhaltig ist.

Äußerungen wie die Johanns von Würzburg scheinen sie zu rechtfertigen. Aber andere widersprechen ihr. Frauenlob erhebt als Wortführer seiner Generation in Str. 321 Einspruch gegen das epigonale
Unterlegenheitsgefühl. Die *sehenes blinden* behaupten, die höchsten Meister seien dahin, niemand könne sie an Kunst und Wissen erreichen.
Aber sie irren. Wie Gott Regen und Wind heute wirken läßt wie vor
2000 Jahren, so springt ewig der Quell der Weisheit. Wem Natur die
Gabe gegeben hat, der schöpft heute aus seiner Unerschöpflichkeit so
gut wie die Früheren. Aus demselben Geltungsbewußtsein, das sich
gegen die Vorstellung einer unerreichbaren Klassik wehrt, ist die be-
rüchtigte Strophe 165 hervorgegangen, in der sich Frauenlob vermißt,
aus dem Grunde des Kessels zu schöpfen, wo Reinmar, Wolfram und
Walther nur den Schaum abgeschöpft haben. Ihr anmaßender Ton muß
aus der Situation verstanden werden. Sie steht in dem Streitgespräch
mit Regenboge über den Vorrang von *wîp* oder *frouwe* und ist hervorgerufen durch Regenboges Str. 164, in der dieser seinem Gegner die
großen Klassiker als unerreichte und unerreichbare Vorgänger entgegen-
gehalten hatte. Als Albrecht, der Dichter des Jüngeren Titurel, sein gewaltiges Epos über den Titurelfragmenten Wolframs aufbaute, tat er es
unter Wolframs Namen: „ich Wolfram von Eschenbach" sagt er wie
jener. So eng fühlte er sich Wolfram verbunden, als sein Nachfahr aber
auch als sein Vollender. Der Dichter des Wartburgkrieges schafft um
1250/60 der Zunft der wandernden Literaten ihre „Ursprungsgeschichte".
Wenn er die großen Alten – Walther, Wolfram, Reinmar von Zweter,
den Tugendhaften Schreiber – im Wettstreit auftreten läßt, so gewiß nicht
aus demütigem Epigonengefühl. Er macht sie zu seinesgleichen, indem er sie in Stil und Haltung gelehrter Spruchdichter auftreten und
singen läßt. So sprechen Gleichberechtigte von verehrenswerten Vor-
gängern.

Gewiß hat es, wie stets nach großen Zeiten dichtender wie bildender Kunst, echte
Epigonen gegeben, die nichts anderes wollten, als sich in Art und Form der Vorbilder
mehr oder weniger geschickt bewegen. Zumal im Minnesang treffen wir die geschmackvollen Dilettanten, die sich dabei bescheiden. Aber man braucht nur Wolfram mit Albrecht zu vergleichen, den echten Walther neben den des Wartburgkrieges
zu stellen, um zu wissen, daß es so einfach nicht geht.

So stark die Bindungen an die Vorbilder sein mögen, so haben wir
sie doch aus einem anderen, dem Mittelalter gemäßen Gesichtspunkt zu
beurteilen, dem des Traditionsbewußtseins und der Autorität. Es ist der

in der mittelalterlichen Wissenschaft geschaffene Aspekt der *auctoritas*, unter dem die Theologie lebte. Sie hatte in ihrer jahrhundertelangen Geschichte einen Schatz von Autoritäten gesammelt, auf die man sich berufen, die man interpretieren, deren Gültigkeit man aber nicht bezweifeln durfte oder wollte. Als „Epigonen" haben sich die Theologen darum gewiß nicht empfunden, und auch wir wenden den Begriff des Epigonentums auf sie nicht an. Wir kennen die Quellenberufungen der klassischen und nachklassischen Epik und müssen sie als Phänomen, wenn auch nicht immer als Substanz, ernst nehmen. Sie drücken die Notwendigkeit aus, durch Autoritäten legitimiert zu sein. „Hat er gelogen, so lüge auch ich", so deckt sich schon der alte Pfaffe Lamprecht in seiner Berufung auf seine Quelle, den Alexanderroman des Alberich von Besançon. Und wie man auch den Vorwurf Gottfrieds gegen Wolfram, als er ihn den *vindære wilder mære* nannte, im einzelnen interpretiert, es ist der Vorwurf eines in verpflichtender Autorität ruhenden Geistes gegen die Eigenwilligkeit eines ungebändigten Genius. Die Späteren fanden diese Autorität dann in den Werken der Dichter der hohen Stauferzeit. Nur in dieser Form darf man den Begriff der Klassik für das Mittelalter verwenden.

Nichts kann verkehrter sein, als die Dichtung der Zeit an der modernen Forderung der Originalität zu messen. Weder die Dichter selbst noch ihr Publikum haben Originalität verlangt; sie wäre ihnen nicht als Verdienst, sondern als Vorwurf erschienen. Dichterisch schaffen heißt, dem Vorgegebenen und Gültigen eine angemessene und schöne Form geben. Wer mittelalterliche Dichtung verstehen und beurteilen will, muß sie von der Form her zu erfassen suchen. Die große Wirkung, die in der Epik von Konrad von Würzburg, in der Lyrik von Gottfried von Neifen ausging, die Bewunderung, die Frauenlob bei seinen Zeitgenossen und Nachfahren errang, sind durch die virtuose Beherrschung der Form in Sprache und Stil bedingt. Die unermüdliche Wiederholung derselben Inhalte, der Ketten von Abenteuern, Festen, Schlachten, derselben genormten Vorstellungen von Schönheit, Pracht und Glanz, derselben Motive des Handelns in der Epik, des Fühlens in der Lyrik wirken auf den modernen Leser epigonal und eklektizistisch und erzeugen das Gefühl der Eintönigkeit. Die Zeitgenossen nahmen sie mit unablässiger Begier auf wie ein Kind das zehnmal gehörte Märchen, an dem es keine „originelle" Abweichung duldet. Denn auch das immer Wiederholte behält gültigen Aussagewert, solange die Denk- und Erlebnisweise gültig ist, aus der es hervorgeht. Darum konnte Minnesang um 1270 so klingen wie um 1200, weil und solange die höfische Minne eine anerkannte Form des Erlebnisses der Liebe war. „Gegendichtung" wird erst dann und dort laut und wirksam, wo der Boden des Höfischen entweder nicht bereitet oder nicht mehr fruchtbar war. Die Schwankdichtung setzt ein neues, höfisch nicht geschultes oder nicht mehr gebundenes Publikum voraus; Steinmars Herbstlied kündigt an, daß höfisches Minnedenken am Ende seiner Kraft ist.

Wenn wir trotzdem spüren, daß sich in den höfischen Gattungen gegenüber der Dichtung der hohen Stauferzeit etwas geändert hat, so sicherlich nicht in der Richtung auf eine bewußte Andersartigkeit. Es entspringt vielmehr gerade aus dem Beharren. Der Spätzeit fehlt das Erregende der Neuentdeckung. Die Dichtung der hohen Stauferzeit ist Erlebnisdichtung, nicht des Einzelnen, aber einer Generation. Alles war zu leisten, um für ein neues Lebensgefühl die Stoffe und Formen zu finden, die es ausdrückten. Es quillt von Leben, und die schöne Form bändigt es in *zuht* und *mâze*; das Leben wie die Dichtung suchen ihren Stil. Die nächsten Generationen treten in ein stilisiertes Dasein ein, die Normen für die Gesellschaft und die Dichtung liegen fest, nichts ist mehr problematisch. Die höfische Dichtung der Spätzeit ist, aufs Große gesehen, eine Kunst der Variation. Man spürt es am deutlichsten an der Form. Solche Kunst sucht ihre Aufgabe in virtuoser Übersteigerung und pretiösem Manierismus zu erfüllen. Ansätze dazu, etwa in Wolframs Altersstil, in Gottfrieds Klangspielen, in Strophen- und Reimkünsten der klassischen Lyrik, werden weiter gesteigert über Neifen, Winterstetten, Lichtenstein zu Konrad von Würzburg und anderen in der Lyrik, von Wolfram zum Jüngeren Titurel, zum Wartburgkrieg und zum Lohengrin in der Epik, zu den komplizierten Strophengebilden und der dunklen Gelehrtensprache der späten Spruchdichtung. Die Möglichkeiten der Sprache werden bis zur Überanstrengung ausgeschöpft, das Seltene in Wort und Reim gesucht, die Bildsprache überraschend und verwirrend übersteigert. Die Parallele zum Barock ist nicht zu Unrecht gezogen worden. Der Verlust der *mâze* ist eines der Charakteristika der späten Zeit.

Neben der barocken Bewegtheit steht die mechanische Erstarrung. Die schöne, gebändigte Freiheit des klassischen Verses mit seinem erzogenen Gefühl für die rhythmische Nuance entwickelt sich zu einer schematischen Norm. So etwa schon im Epenvers Konrads von Würzburg. Von ihm aus ist es nicht mehr weit bis zu dem mechanischen Prinzip der Silbenzählung. Nicht zufällig wird es in der Dichtung des Deutschen Ordens, der nach strenger Regel lebenden ritterlichen Gesellschaft, zuerst ausdrücklich ausgesprochen und angewendet. Das Empfinden für Rhythmus versiegt, Silbenzählung geht Hand in Hand mit der Vernachlässigung des Worttons und duldet Tonbeugungen schwerer Art. Das abgestimmte Verhältnis von Satz und Vers geht verloren, harte Enjambements zerhacken den Gang der Diktion. Nur der Reim scheidet noch Vers und Prosa, so etwa im Gedicht von Landgraf Ludwigs Kreuzfahrt oder in der späten Dichtung des Deutschen Ordens. Hadloubs kunstvolle Strophen wirken wie auf dem Papier errechnet und ohne rhythmisches Gefühl zurechtgemacht.

Auf der anderen Seite macht sich eine regellose Freiheit in Metrum und Reim geltend, die gegenüber dem klassischen Vers als Verwilderung wirkt und zum Teil auch so aufgefaßt werden muß. Aber wir müssen doch auch mit der Fortsetzung der vorhöfischen Freiheiten rechnen, die unter der Schicht der höfischen Dichtung mit ihrer gebändigten Form fortgelebt haben. Im niederdeutschen Bereich ist die geräumige Freiheit des Verses immer lebendig geblieben und wird dort auch von der Forschung nicht geleugnet. Mir scheint, daß sie auch in oberdeutscher Dichtung anerkannt werden muß. Dieselben Freiheiten der Senkungsfüllung, der Taktzahl, der Kadenzen, der sogenannten Unreinheiten des Reimes, stellen sich wieder ein. Einerseits wird die mündlich weitergegebene Erzähldichtung, andererseits eine von der höfischen Literatur ihrer Intention nach abseits liegende geistliche Dichtung die alte Formfreiheit bewahrt haben, die jetzt wieder zur Geltung kommt. In unseren kritischen Ausgaben oft willkürlich ausgetilgt, in der metrischen Forschung kaum beachtet, müßten diese freieren Formen untersucht, systematisch dargestellt und in ihrem literarischen Geltungsbereich bestimmt werden. Beides aber, die formale Erstarrung wie die auflösende Freiheit, verrät, daß die Zeit des Verses als alleinige Form dichterischer Darbietung dem Ende entgegengeht. Die Prosa als legitimes Darstellungsmittel steht vor der Tür.

Was an der Form ausführlicher darzulegen war, der Verlust der *mâze*, gilt auch für die Inhalte. Darüber ist in den einzelnen Kapiteln das Nähere zu sagen. Minnedenken und Minnedienst, die tief erregenden neuen Erfahrungen der hohen Stauferzeit, werden zum Gewohnten, zunächst noch ein auszeichnendes Merkmal adlig-höfischer Gesellschaftskultur, später auch von Unadligen gekonnt und geübt. Das erzogene Gefühl für die Ausgewogenheit von Sinnlichkeit und Sublimierung, von Begehren und Verehren geht verloren. Unmittelbar ergriffenes Gefühl wird zur Sentimentalität, der unechten Gefühlsform der Gefühlsarmut, in der Gattung des sentimentalen Liebesbriefes, im tändelnden Spielen mit dem Minnetode. Neifens anmutige Sinnlichkeit vergröbert sich. Moralische Enge erlaubt Minnedenken nur noch im Bereich ehrbarer Werbung und ehelicher Bindung, oder sie zieht sich hinter den allgemeinen Preis der Frau als höheres Wesen zurück. Gesundes Gefühl für die Unechtheit des Minnetreibens wagt ironische Kritik.

Das zweite große Anliegen der staufischen Dichtung, die Aventiure als dichterische Gestaltung vollkommenen Rittertums, verliert in ähnlicher Weise ihren inneren Sinn des Dienstes und der Bewährung. In der großen Epik war sie um des Helden willen da, der sie besteht und sich in ihr bewährt: Erec, Iwein, Parzival, Gawan sind geprägte Figuren. In der späten Epik ist der Held um der Aventiure willen da. In sich wesenlos und austauschbar ist er nur noch der Anlaß, gefahrvolle und wunderbare Ereignisse geschehen zu lassen. Aventiure wird Selbstzweck, Quantität ersetzt den Verlust von Qualität, willkürliche Häufung und Übersteigerung des Stoffes machen Spannung zur Routine. Der späte heroische Roman geht denselben Weg von dem Ernst der Bewährung im Untergang zur Entpersönlichung des Helden, zur seelenlosen Übersteigerung blutrünstigen Schlachtgeschehens und gehäufter Abenteuer in erfindungsarmer Wiederholung genormter Motive. Am Ende unserer Periode ist die Fülle dessen, was die höfische und heroische Epik bereitgestellt hatte, ausgelaugt und auch stofflich verbraucht; die große Versepik geht unrühmlich zu Ende.

Der Verlust der Idealität und der *mâze* bedeutet nicht ohne weiteres eine Wendung zur Wirklichkeit, oder literarhistorisch gesprochen, zum Realismus. Verlust heißt nicht bewußte Abkehr; er ist ein Phänomen, kein Programm. Die krasse Handgreiflichkeit des Wunderbaren und Schrecklichen in der Aventiure, das Kolossale der Schlachten, die übersteigerte Sentimentalität der Minne oder umgekehrt die grob-komische Minne- und Tageliedparodie sind keine Wendung zur Wirklichkeit. Sie sind der Gegenausschlag des Pendels in eine neue, effektvolle, naturalistische Unwirklichkeit. In der Hand bedeutender Dichter, schon in Neitharts stolzierenden Dorflümmeln, in Steinmars Herbstlied, in der Schilderung von Helmbrechts Haube, in dem Gedicht vom Weinschwelg kann auch dies zu bedeutender Dichtung werden. Aber mit Realismus hat es nichts zu tun. Dennoch stellt sich das Problem des Realismus für diese Zeit. Die Wendung zur Wirklichkeit ist unverkennbar. Nur vollzieht sie sich nicht in den alten Gattungen, sondern kündigt sich in dem Aufkommen neuer an. Ich denke vor allem an die geschichtliche und pseudogeschichtliche Dichtung, an Stücke wie den Fall von Akkon in Ottokars Reimchronik, an die Chronistik des Deutschen Ordens, an das Gedicht von der Schlacht bei Göllheim. Hier geht es zwar nicht um historische Richtigkeit, wohl aber um unmittelbare Wirklichkeit des Geschehens. In der novellistischen und schwankhaften Dichtung wird der Weg zur Wirklichkeit nicht grundsätzlich, doch vielfach echt gegangen, am edelsten und sichersten im Meier Helmbrecht, am programmatischsten in Strickers Gedicht von den Edelsteinen. Spruch- und Lehrdichtung zielen kritisch auf die Wirklichkeit und ihre Brüchigkeit ab; ihre Metaphorik sucht Bilder aus der Wirklichkeit. Die Gespräche des Ritters mit seinem Knappen im Seifried Helblinc breiten ein reales Bild der österreichischen Zustände um die Jahrhundertwende vor uns aus.

Hier liegt das eigentlich Neue der Zeit: der Drang, die Welt in ihrer Vielgestaltigkeit und Fragwürdigkeit zu erfassen, sie dichterisch zu gestalten und zu bewältigen. Die alten, aus einer idealen Weltkonstruktion hervorgegangenen Gattungen waren dazu nicht fähig; eben deswegen werden sie unzeitgemäß und klingen aus. Wenn wir dennoch auch in ihnen realistische Züge aufspüren und sorgfältig registrieren, so muß uns klar sein, daß sie ein Bruch des Gesetzes der Gattung sind, ein Zeichen, daß es mit der Gattung nicht mehr stimmt. Wir haben das zuerst bei dem Versuch des Stricker gesehen, in seinem „Daniel vom blühenden Tal" (vgl. Bd. 2, S. 194f.) nicht einen idealen, sondern einen listigen Artushelden zu zeichnen. Und wir sehen jetzt, wie der Pleier in einer Gegendichtung, dem „Garel vom blühenden Tal", den Mißgriff des Stricker zurechtrückt und zeigt, wie es im Artusroman zuzugehen hat. Es ist übrigens kein Zufall, daß in der späten höfischen Epik der eigentliche Artusroman gegen andere Typen des idealen Aventiuren- und Minneromans zurücktritt; die bedeutenden Epiker der Zeit, Konrad von Würzburg, Ulrich von Etzenbach, der Dichter des Reinfried von Braunschweig haben keine Artusromane geschrieben.

In diesem Zusammenhang kann darauf hingewiesen werden, daß der überragende Einfluß der französischen Epik zurückgeht. Noch der höfische Bearbeiter des Eckenliedes hatte gemeint, sich eines französischen Artusromans bedienen zu müssen, um darauf sein neues Erzählgerüst aufzubauen. Im äußersten Südwesten arbeitete Konrad von Würzburg nach französischen Vorlagen, ließ der elsässische Graf von Rappoltstein die französische Fortsetzung von Chrestiens Parzival ins Deutsche übertragen. Es ist jedoch bemerkenswert, daß weder Konrad noch die Verfertiger des „Neuen Parzival" ihre französischen Quellen selber lesen konnten. Aber Heinrich von Freiberg greift für die Fortsetzung von Gottfrieds Tristan nicht auf dessen französische Tristanquelle, den Tristanroman des Thomas, zurück; er stützt sich auf Eilhart von Oberge. Und weder der Dichter des Jüngeren Titurel oder des Lohengrin noch Ulrich von Etzenbach oder der Dichter des Reinfried von Braunschweig – um nur die wichtigsten zu nennen – berufen sich auf eine französische Vorlage oder haben eine solche unseres Wissens benutzt. Soweit nicht lateinische Quellen an die Stelle treten – Etzenbachs Alexandreïs, Heinrichs von Neustadt Apollonius – werden in Anlehnung an die klassische deutsche Epik bis zu Rudolf von Ems Figuren frei erfunden und Erzählmotive frei verkettet.

Statt der Artuswelt gewinnt die Wunderwelt des Orients wieder stärkere Bedeutung, weil sie eine geglaubte Wirklichkeit ist. Ulrich von Etzenbach erneuert den Herzog Ernst und schickt seinen Wilhelm von Wenden ebenso ins Heilige Land wie Johann von Würzburg seinen Wilhelm von Österreich. Der Held des Reinfried von Braunschweig durchfährt den fernen Orient mit fast forscherlicher Gründlichkeit. Auch sonst spüren wir vielfach den Einbruch realistischer Züge. Konrad von Würzburg macht aus dem Feenwesen der schönen Meliur in seinem Partonopier eine Prinzessin, die Nigromanzie studiert hat, Ulrich von Etzenbach entwirft in seinem Wilhelm von Wenden ein Gemälde landesfürstlicher Staatsverwaltung, Johann von Würzburg malt die Allegorie der Aventiure im Anfang seines Wilhelm von Österreich mit zahlreichen realistischen Einzelheiten aus.

In der Lyrik ist Ähnliches, wenn auch schwächer und später, zu spüren. Das Tagelied als solches ist nicht realistisch. Aber die Figur des

Wächters, der zunächst nur Typus und Stimme ist, wird realisiert – der käufliche, der ängstliche Wächter, – und Steinmars grundsätzliche Kritik konfrontiert das literarische Schema mit der Tageliedsituation als Wirklichkeit. Realistische Züge schleichen sich in die genormten Schönheitsbeschreibungen ein. Hadloub gar wird an einer Stelle seines in allen überlieferten Gattungen sich tummelnden Gesamtwerkes zum wirklichen Neuerer: in jenen Gedichten, die erlebte Augenblicke seines Minnedienstspiels lyrisch nacherzählen, und in der berühmten Schilderung der Manessischen Liedersammlung. Aber damit tritt er aus dem Bereich des traditionellen Minnesangs hinaus.

So erweist sich das Neben- und Ineinander von Altem und Neuem als Merkmal der Zeit, mit der wir es hier zu tun haben. Es gibt kein Programm, selten auch nur ein Bewußtsein einer neuen Kunst in einer neuen Zeit, wie es bei dem Durchbruch der höfischen Dichtung der Fall gewesen war und etwa in Gottfrieds Literaturexkurs zum Ausdruck kommt. Auch in der Literatur treffen wir auf das Phänomen des Zerfalls alter Ordnungen, die theoretisch noch gültig sind, ihre Wirksamkeit aber verloren haben. Die schöne Geschlossenheit der großen staufischen Periode weicht einer interessanten Unruhe, Unsicherheit und Vielfalt auch in der Literatur.

ZWEITES KAPITEL

DREI LEITGESTALTEN

1. KONRAD VON WÜRZBURG

Wir stellen drei Dichter voran, in deren Werk das meiste von dem sichtbar wird, was das späte 13. Jahrhundert zu leisten vermochte: Konrad von Würzburg, Albrecht (von Scharfenberg) und Heinrich von Neustadt. In ihrer Dichtung haben wir die letzte bedeutende Nachblüte der klassischen staufischen Dichtung und ihr Verblühen. Sie sind in jenem einleitend entwickelten Begriff „Epigonen" mit dem Bewußtsein, eine große Tradition fortzuführen, und sie sind doch zugleich von der Wahl ihrer Gattungen und Stoffe bis in Stil und Sprache hinein Zeugen des Zeitenwandels. Sie sind Kinder ihrer Zeit und oft mehr unbewußt als bewußt Vorklang und Durchbruch von Neuem.

Keiner kommt Konrad von Würzburg gleich an Vielseitigkeit seiner Gesamtleistung, an virtuosem Können und an Einwirkung auf die Dichtung seiner eigenen und der folgenden Generationen. Immer wieder werden wir seinen Namen als Stilvorbild zu nennen haben, und wenn die klassische Kunst wenigstens als formales Muster, zumal im alemannischen Südwesten, noch bis tief ins 14. Jahrhundert nachwirkt, so ist dies der Faszination zu verdanken, die von Konrads vollendeter Beherrschung von Sprache, Stil und Verskunst ausgegangen ist. Und wenn wir uns gegenwärtig halten, daß in der ästhetischen Theorie des Mittelalters die Poesie in den Bereich der Rhetorik gehörte, daß mithin Dichtung vor allem als eine formale Aufgabe angesehen wurde, so muß eine gerechte Würdigung von Konrads Werk von seiner formalen Leistung ausgehen. Wir erinnern uns, daß Gottfrieds literarischer Exkurs vornehmlich von formalen Gesichtspunkten aus wertete. Wenn er an Hartmann die *cristallînen wortelîn* als dessen höchsten Vorzug pries, so würde er auch die flüssige Glätte von Konrads Vers- und Erzählstil zu würdigen gewußt haben. Konrad selber sah in Gottfried von Straßburg sein hohes Vorbild. Die blühende Fülle und die Musik von Gottfrieds Sprache und Form hat er bis zu der üppigen Virtuosität der „geblümten Rede" weitergebildet, als deren Meister er gilt.

Ich habe einleitend versucht, die geistige und gesellschaftliche Situation zu skizzieren, in der sich der Dichter des späten 13. Jhs. befand. Für die großen Dichter der Stauferzeit, Epiker wie Lyriker, war die schöne Form ein notwendiger Bestandteil einer Kunst, die das neue Ideal eines schönen, zuchtvoll gestalteten Lebens vor einer Gesellschaft darstellte, die sich an diesem Ideal zu bilden bestrebte. Nach Form und Inhalt war hier alles neu; die Auseinandersetzung mit der Idee, die Problematik des neuen, höfischen Daseins in der Welt gab der klassischen Dichtung ihre Fülle und Kraft. Inhalt und Form standen in der notwendigen Relation des Außen und Innen zueinander, die schöne Form hatte echten Ausdruckswert.

Das war in der Zeit Konrads von Würzburg nicht mehr möglich, zum mindesten nicht mehr selbstverständlich. Für einen Dichter der nachgeborenen Generation bestand die Gefahr, daß sich die vollkommen durchgebildete Form von einem konventionell gewordenen Inhalt verabsolutierend löste. Sie bestand in besonderem Grade für einen Mann mit einem so außerordentlichen, virtuosen Formtalent wie Konrad von Würzburg, und man kann nicht übersehen, daß er ihr mit zunehmendem Alter erlegen ist. Wir besitzen von ihm lyrische Gedichte, die wirkliche kleine Kunstwerke sind, rhythmisch beschwingt, graziös und musikalisch. Aber wir kennen auch andere, in denen die vollkommene Beherrschung der formalen Mittel zum spielerischen Selbstzweck wird. So wird Lied 26 aus lauter Schlagreimen angefertigt, d. h. je zwei benachbarte Silben reimen miteinander:

> *Gar bar lît wît walt,*
> *kalt snê wê tuot: gluot sî bî mir.*

Oder in Lied 30 reimen zwei Zeilen untereinander Silbe um Silbe:

> *Swâ tac erschînen sol zwein liuten*
> . . . .
> *dâ mac verswînen wol ein triuten.*

Eine erstaunliche Kunstfertigkeit! Aber keine Dichtung mehr, nicht einmal mehr Virtuosentum, sondern Kunststücke, bei denen Allerweltsthemen, in Lied 26 der Natureingang, in Lied 30 die Tageliedsituation nur noch Anlaß zum technischen Experiment werden.

Konrad ist ein Meister des dichterischen Bildes; er kann sich darin mit den Besten der klassischen Zeit messen. Er hat von seinem großen Vorbild Gottfried von Straßburg gelernt, Erzählung durch Bilder und Metaphern anschaulich und prächtig zu machen. Aber er hat nicht immer den Sinn für *mâze.* Der geblümte Spätstil will mit dem Bild nicht mehr erhellend, sondern erstaunlich wirken. Nicht die Kühnheit des einzelnen Bildes ist Konrads Gefahr, sondern die Überfülle der Bilder und ihre Isolierung zum Selbstzweck. Sein großer Marienpreis, die „Goldene Schmiede", in dem er den ganzen Schatz von Bildern um die Himmelskönigin sammelt, den die Jahrhunderte geschaffen hatten, erträgt, ja fordert die Bildfülle, weil sie sinnhaft zum Wesen dieses preisenden Werkes gehört. Aber in der Vorstufe dieses Prunkwerkes, dem Erlösungsleich, findet sich eine Strophe, an der die Ablösung der Bilder vom Gehalt ebenso exemplarisch zur Anschauung kommt, wie die Überfüllung mit Bildern, und damit die Gefahr des geblümten Stils. Zeile 125 ff. redet der Dichter Maria an:

> *Hilf uns von dem wâge unreine*
> *clebender sünden zuo dem stade,*
> *daz uns iht ir agetsteine*
> *ziehen von gelückes rade.*
> *dînen sun den crûcifixen*
> *heiz uns leiten ûz dem bade*
> *der vertânen wazzernixen,*
> *daz uns ir gedœne iht schade.*

(Hilf uns aus der unreinen Flut der klebenden Sünden zum Gestade, auf daß uns ihre Magnetsteine nicht vom Glücksrade herabziehen. Deinen Sohn, den Crucifixus, heiße uns aus dem Bade der verruchten Wassernixen herausführen, damit uns ihr Gesang nicht schade.)

Hier schwebt eine Gesamtvorstellung vor. Die alten, mythisch veranschaulichenden Gefahren der fernen Meere – Lebermeer, Magnetberg und Sirenen – werden mit dem christlichen Bilde vom Meer der Sünden verbunden. Aber der einfache Gedanke von Marias hilfreicher Fürbitte für den Sünder wird darin so überbildert, daß die einzelnen Bilder sich ineinanderschieben. So werden die beiden Bilder von der Sünde als Flut, in der der Mensch zu ertrinken droht, und als Magnetberg, an dem die Schiffe zerschellen, syntaktisch und vorstellungsmäßig verquickt. Und schon in der nächsten Zeile sind Flut und Schiff vergessen: der Magnet zieht nun plötzlich den Menschen vom Rade der Fortuna, das seinerseits in dem Hilferuf des Sünders an Maria wieder sachlich nicht angemessen das ewige Heil bedeuten muß. Der Reim *crûcifixen* auf *wazzernixen* ist nicht nur ein Überraschungseffekt; er ist eine gesuchte Dissonanz zwischen dem höchsten Symbol leidenden Erlöserwillens und den sinnbetörenden Figuren der antiken Fabel, deren Gesang ein neues, viertes Bild der Sündenverlockung wird.

Konrad ist ein guter Erzähler; seine kleinen Versgeschichten sind vortrefflich straff gebaut und werden zum Vorbild guter mittelhochdeutscher Novellistik. Aber sein Ehrgeiz geht auf den großen Roman, und seine erstaunliche Leichtigkeit im Versemachen verlockt ihn zu einer Redseligkeit, die seinen Altersstil beherrscht und ein Gefühl eleganter Leere hinterläßt. Zumal sein letztes, unvollendetes Werk, der Trojanerkrieg, reizend in vielen anmutigen Genrebildern, zerfließt als Ganzes zu peinlicher Breite. Das Minnegeständnis zwischen Paris und Helena ist auf den alten Topos der Sinnenverwirrung aufgebaut. Paris versichert, daß ihm vor Helena die Worte versagen, Helena will vor

Scham kaum reden können. Aber das Liebesgeständnis des Paris ergießt sich unaufhaltsam mit allen Regeln rhetorischer Kunst in fast 500 Versen, und Helena übertrifft ihn in ihrer Antwort noch bei weitem; sie verbraucht fast 900 ebenso wohlgesetzte Verse. Überall stoßen wir bei dem eminenten Formkünstler auf die Gefahr, die Form zu verabsolutieren.

Dieser erstaunlich begabte Mann, der im Zentrum einer späten Wiedererweckung des klassischen Formideals steht, ist wohl wirklich ein Kind der mainfränkischen Bischofsstadt Würzburg. Dort wird er etwa 1225/30 geboren sein, um die Zeit also, als Walther von der Vogelweide dort starb und begraben wurde. Von seiner Jugendzeit wissen wir wenig; zur Zeit, da er uns literarisch greifbar wird, ist er nicht mehr in der Heimat tätig. Soweit seine Werke Gönner und Besteller nennen, findet er sie in Straßburg und vor allem in Basel. Dort in Basel ist er auch ansässig geworden, besaß dort Haus und Familie und ist daselbst im Jahre 1287 gestorben.

Nicht nur seine neue Heimat, sondern wie gesagt auch seine Gönner und Auftraggeber hat Konrad am Oberrhein, vor allem in Basel gefunden. Das ist entscheidend. Konrad wird als junger Mann gleich vielen seiner dichtenden Zeitgenossen Förderung und Anerkennung an Fürstenhöfen gesucht haben. Aber es ist nicht mehr „der Hof", wo er sein Glück macht, es ist die Stadt. Nicht zufällig findet er seine Gönner in den aufstrebenden Bischofsstädten des Oberrheins mit ihrer wohlhabenden, kulturell aufgeschlossenen Oberschicht, in der sich aufstrebendes Kaufmannstum und stadtsässig gewordener Adel trafen, und zugleich mit einer reichen, weltoffenen Geistlichkeit. Hier fand höfisch verfeinerte Lebensart und damit höfische Dichtung eine neue Heimstatt, nachdem die großen literarischen Höfe der Stauferzeit ihre Rolle ausgespielt und keine echte Nachfolge gefunden hatten.

In diese Schicht führen uns die Besteller der Werke Konrads von Würzburg hinein. Den Aventiurenroman von Partonopier und Meliur hat Peter der Schaler bestellt, einer der führenden Köpfe in der Baseler Stadtpolitik, und zwei andere Basler Bürger, Heinrich Marschant und Arnold der Fuchs, waren fördernd an dem Entstehen des Werkes beteiligt. Die Pantaleonlegende wurde auf Bestellung des Johannes von Arguel gedichtet, eines Basler Patriziers und politischen Gegenspielers des Schaler. Auch die Alexiuslegende nennt zwei wohlbekannte Basler Großbürger als Besteller: Johannes von Bermeswil und Heinrich Isenlin. Hinter dem Trojanerkrieg steht Dietrich an dem Orte, Angehöriger einer stadtadligen Basler Familie und Küster, d. h. Schatzmeister des Basler Münsters. Die Silvesterlegende wurde für einen Basler Prälaten gedichtet, den Domherren und späteren Bischof Leuthold von Roeteln. Einen Straßburger Gönner, den Dompropst Berthold von Tiersberg nennt die Versnovelle von Heinrich von Kempten, und wenn Edw. Schröders ansprechende Vermutung zu Recht besteht, so geht der große Marienpreis der „Goldenen Schmiede" auf die Anregung des Straßburger Bischofs Konrad von Lichtenberg zurück, desselben Kunstfreundes, mit dessen literarischen Interessen wir die Entstehung der kleinen Heidelberger Liederhandschrift (A) in Verbindung bringen.

In diesen Kreisen also bewegte sich der Dichter Konrad von Würzburg. Auch als Lebensform stellt er einen neuen Typus dar. Er rückt in die Nähe der bildenden Künstler, die als Maler, Bildhauer, Goldschmiede, selber ansässige Bürger, auf Bestellung arbeiten, Kunsthandwerker im besten Sinne. Konrad selber hat sich so gesehen, wenn er seine Kunst im Prolog zum Trojanerkrieg mit anderen Handwerken vergleicht, dem Bogenschützen, dem Schneider, dem *kurdiwæner*, d. h. dem Verfertiger feiner Lederwaren aus Korduanleder. Wenn er auch zugleich das Selbstbewußtsein des Künstlers besitzt, der seine Begabung als göttliche Inspiration empfindet, so zeigt doch sein Bestreben, sein Tun gegen das anderer Handwerker vergleichend abzuheben, daß er sich ständisch dieser Gruppe zugeordnet wußte.

Konrad von Würzburg ist nicht nur sehr produktiv gewesen, er war auch ungemein vielseitig. Es gibt wenige Gattungen von Literatur, in denen er sich nicht versucht hat; die Grenze des für ihn Möglichen liegt im Bereich des Geschmacks. Bildung und Anstand der städtischen Oberschicht, für die er tätig war, bestimmen den Umkreis, in dem seine Dichtung sich bewegen durfte. Daher ist es schon aus inneren Gründen unmöglich, daß er die zweideutig-lüsternen Schwänke verfaßt hat, die man ihm auf Grund ihrer stilistischen Gewandtheit hat zuschreiben wollen. Er ist ebensosehr Lyriker wie Epiker und hat auf beiden Gebieten die verschiedensten Formen gepflegt, in der Lyrik Minnelied, Spruch und religiösen wie weltlichen Leich, in der Epik den großen Roman in verschiedenen Spielarten, die novellistische Kleinerzählung, die Legende und die allegorische Erzählung.

Wir behandeln hier Konrad zunächst als Epiker. Über die Reihenfolge seiner epischen Werke herrscht eine nicht unbestreitbare, auf Untersuchungen der Stilentwicklung gegründete Übereinkunft. Die frühesten Werke mögen noch vor der Basler Zeit entstanden sein; den Kern bilden die Dichtungen, die er auf Bestellungen seiner Basler und Straßburger Gönner verfaßt hat. Für unsere Darstellung scheint mir indessen die gattungsmäßige Überschau wichtiger als die chronologische Ordnung.

Konrad hat drei große Epen verfaßt, jedes wieder ein Sonderfall innerhalb der höfischen Themenstellung. Das früheste, der Engelhard, ist ein Freundschaftsroman mit legendärer Schlußwendung. Der in Basel entstandene Partonopier ist ein echter Aventiurenroman, die Fahrt des Ritters in ein feenhaftes Wunderland, und, nach zahlreichen Verwicklungen, seine endliche Vereinigung mit der gefundenen und wieder verlorenen Schönen. Der Trojanerkrieg, Konrads letztes, von ihm nicht mehr vollendetes Werk, ist fabulös ausgestalteter Stoff der Antike, aufgefaßt und dargeboten als ein Stück Historie.

Vier epische Kurzerzählungen sind uns überkommen, auch sie von sehr verschiedener Art: die heitere historische Anekdote von dem

Ritter Heinrich von Kempten und Kaiser Otto, das Herzemære, die tragische Minnenovelle vom gegessenen Herzen, weiter die legendenhafte kleine Erzählung Der Welt Lohn, die Begegnung des Dichters Wirnt von Grafenberg mit der Frau Welt, und die historisierend aventiurenhafte Erzählung vom Schwanritter, die uns als Lohengrinsage am bekanntesten ist.

Wir besitzen weiter von Konrad drei Verslegenden in höfischer Stilisierung. Die Silvesterlegende, uns schon aus der Kaiserchronik bekannt (vgl. Bd. I, S. 228), gilt dem großen Kirchenfürsten, dem Neuordner der Welt, die Legende von Alexius verherrlicht demütiges Büßertum, die Legende von Pantaleon ist Märtyrerlegende.

Für sich steht das Turnier von Nantes, ein Abkömmling der großen Turnierschilderungen des hochhöfischen Romans. In seiner episodischen Isolierung ist es ohne eigene erzählerische Absicht vielmehr ein Stück politisch-aktuelle Panegyrik.

Unter den Epen dürfte der Engelhard das früheste sein. Es ist uns nur durch einen späten Frankfurter Druck von 1573 bewahrt; der Text unserer kritischen Ausgabe ist also eine Rekonstruktion, die keine sichere chronologische Einordnung aus formalen Gründen gestattet. Es nennt keinen Gönner, aber das kann Schuld des späten Druckers sein, den der verjährte Name nicht mehr interessierte. Doch ist die Beurteilung als Frühwerk berechtigt; es ist das stilistisch einfachste von Konrads großen Epen und mit seinen 6500 Versen daher das für uns eingängigste und lesbarste.

Konrad hat nach einer lateinischen Quelle gedichtet. Dem Stoff nach gehört der Engelhard in die weltliterarisch weitverzweigte Tradition der Freundschaftsgeschichten, der wir in der Dichtung von Athis und Profilias im Kreise der frühen thüringischen Hofdichtung (vgl. Bd. II S. 56 ff.) schon begegnet sind. Konrads Gedicht ordnet sich dem Typus zu, den wir nach dem lateinischen Urbild als den Typus von Amicus und Amelius bezeichnen. Er ist durch die legendär eingefärbte Freundschaftsprobe der Aussatzheilung durch das Blut der Kinder charakterisiert. Konrad will sein Gedicht als Exemplum dafür gelesen wissen, wie Gott die Treue wunderbar belohnt. Daher beginnt er mit einem kunstvollen, dem Eingang von Gottfrieds Tristan nachgebildeten Hymnus auf die – heute in der Welt verachtete – Treue, und er betont den exemplarischen Sinn seiner Erzählung immer wieder mit jener Neigung zum Lehrhaften, die ihm wie seiner ganzen Zeit eigen ist.

Zwei junge Knappen, Engelhard, der Sohn eines armen burgundischen Edelmannes, und Dietrich, Herzogssohn von Brabant, zwillingshaft gleich in ihrer äußeren Erscheinung, gewinnen durch ihre Schönheit, Tugend und gesellschaftliche Vollkommenheit Ehre und Ansehen am dänischen Königshof, wo sich zarte Fäden der

Minne zu der Königstochter Engeltrud anspinnen. Dietrich wird als Herzog in sein väterliches Reich zurückgerufen und vermählt sich. Engelhard bleibt am dänischen Hofe, gewinnt die Liebe Engeltruds, wird in einer Minnestunde durch seinen Neider und Rivalen, den englischen Prinzen Ritschier, überrascht und dem König verraten. Um die Ehre der Geliebten zu schützen, leugnet Engelhard und soll sich im gerichtlichen Zweikampf mit Ritschier von der Beschuldigung reinigen. Es gelingt ihm, in der rechtlichen Frist seinen Freund Dietrich herbeizurufen, damit dieser, sein Doppelgänger, als Unschuldiger an seiner Stelle mit Ritschier ficht und ihn daher besiegen kann. Engelhard gewinnt Engeltruds Hand und wird König in Dänemark. Seiner Ehe entsprießen zwei Kinder. Inzwischen wird Dietrich in seiner Heimat vom Aussatz befallen und von den Seinen verstoßen. Gott offenbart ihm durch einen Engel im Traum die einzige Heilungsmöglichkeit: das Blut von Engelhards Kindern. Er zieht zu seinem Freunde, verhehlt aber zunächst die Botschaft des Engels. Doch entlockt ihm Engelhard schließlich das Geheimnis seiner Arznei; er opfert seine Kinder, indem er selber ihnen das Haupt abschlägt und das Blut auffängt. Im Bade des unschuldigen Blutes wird der Aussätzige heil und schön wie zuvor. Die Kinder aber findet man, von Gott wunderbar wieder zum Leben erweckt, fröhlich spielend; eine Spur, die sich wie ein roter Seidenfaden um ihren Hals zieht, bleibt als sichtbares Zeichen von Gottes Wundertat.

Konrads eigene dichterische Leistung ist die Ausgestaltung des ersten Teiles zum Minneroman zwischen Engelhard und Engeltrud. Der exemplarische Ablauf einer vorbildlichen Minne soll zur Anschauung kommen. Hier hat wohl der Wilhelm von Orlens des großen Vermittlers Rudolf von Ems Pate gestanden. Gleich jenem stellt er seine Erzählung in einen geographisch realen Raum. Wie Wilhelm ziehen die jungen Knappen zu ihrer Ausbildung an einen fremden Hof, wo sie alle Herzen gewinnen. Wie Wilhelm wird Engelhard von der Gewalt der Minne bis zum Hinsiechen ergriffen, dem das Liebesgeständnis der Königstochter ein Ende macht, wie bei Wilhelm wird das Geheimnis der Minne offenbar und führt zu Ungemach und Bedrohung. Einen Augenblick scheint das fast als Casus angelegte Motiv der Doppelminne der Königstochter zu den beiden auswechselbar schönen und edlen Freunden ein psychologisches Problem heraufzubeschwören. Aber es löst sich für unser Gefühl äußerlich: die Ähnlichkeit der Namen Engelhard und Engeltrud gibt in den Erwägungen des Mädchens den Ausschlag. Dem mittelalterlichen Leser wird die symbolische Bezüglichkeit der Namen Tieferes besagt haben; gemahnt doch Engeltruds verwirrendes und klärendes Spielen mit dem Gleichklang der Namen von fern an Tristans Verwirrung durch die Namensgleichheit der beiden Isolden, und Konrad wird Gottfrieds tiefsinniges Spiel von Zweiheit und Einheit in der Verschlingung der Namen der beiden Liebenden Tristan und Isolde vor Augen gestanden haben. Aber von Gottfrieds Tiefe der Minneauffassung läßt Konrad hier nichts spüren. Minne bleibt Gebärde, die sich in anmutig klangvollen Reden Ausdruck sucht. Auch war sie ja nicht Sinn sondern nur Voraussetzung der eigentlichen Handlung. Sie ist vergessen, sobald die Freundschaftsprobe einsetzt.

Das Schwert auf den ehelichen Lagern der heimlich vertauschten Freunde bleibt ohne Gefühlsgehalt nur ein äußerliches Treuezeichen der Männer, und in die letzte Freundschaftsprobe, das Opfer der Kinder, ist die Frau weder aktiv noch passiv einbezogen, wiewohl die lateinische Quelle den Ansatzpunkt dafür geboten hätte.

Zwischen den beiden Freundschaftsproben besteht stofflich und ethisch eine bedenkliche Diskrepanz. Das echte Opfer der zweiten Probe wird durch Gottes Eingreifen wunderbar erhöht. Die erste Probe dagegen, der verfälschende Tausch im Gottesurteil, ist moralisch anfechtbar. Für sich allein ist das gefälschte Gottesurteil ein Schwankmotiv; so hat es der Stricker im „Heißen Eisen" verwendet. In ernsthafter Erzählung wird ein Gefühl der Peinlichkeit schwer zu vermeiden sein. Nicht einmal Gottfrieds überlegene Ironie hat es auszulöschen vermocht; Konrad, dem Gottfrieds gedankliche Kühnheit fehlt, erzählt einfach nach, was er in seiner Quelle vorfand. Ebenso verbleibt er im zweiten Teil, der Aussatzheilung, an die legendäre Mechanik seiner Quelle gebunden. Hartmanns großes Vorbild in der Durchseelung des Aussatzmotivs, die geniale Umkehrung, daß der Kranke das Opfer zuerst annimmt, die wunderbare Heilung aber gerade aus dem Verzicht entspringt, hat ihn nicht beeinflußt. Die Erscheinung des Engels im Traum des siechen Dietrich hat den vollen Ablauf des Mirakels bereits festgelegt. Keine seelische Erschütterung oder Wandlung ist nötig; alles muß so geschehen, damit sich Gottes Wunderkraft bewähren kann. Auch in der Schilderung von Dietrichs Krankheit geht Konrad andere Wege als seine großen Vorbilder. Gottfried hatte es abgelehnt, Unappetitliches darzustellen, Hartmann widmet der physischen Erscheinung der Krankheit des armen Heinrich kein Wort; die häßliche Wirklichkeit war aus der schönen Welt höfischen Daseins schweigend verbannt. Konrad und seine Zeit verlangen dagegen gerade die deutliche Anschauung; er würde auf seine detaillierte Schilderung des Aussatzes als dichterische Leistung stolz gewesen sein.

Schon an diesem ersten Roman wird Art und Grenze von Konrads Begabung deutlich. Er ist nicht der Mann des großen Wurfes, weder in der kompositorischen Durchdringung und Ordnung eines umfänglichen Stoffes, noch in der Gestaltung starker Gefühle und Leidenschaften. Er ist im Kern ein nüchterner Bürger einer zum Rationalismus neigenden Zeit. Wo er Gefühl darstellen will, wirkt er leicht unecht. Denn Gefühl ist bei ihm nicht von innen nacherlebt, sondern erdacht, daher findet er für seinen Ausdruck nicht das rechte Maß. Die Grenze zur Sentimentalität, der Gefühlsform des Rationalismus, war schon bei Konrad Fleck und Rudolf von Ems erreicht; bei Konrad ist sie überschritten. Seine Stärke liegt in der liebevollen Gestaltung des Einzelnen. Die Begegnung der beiden schönen Jünglinge auf dem Wege zu Hofe, die anmutigen

Episoden und Bilder der Minnehandlung, die glückliche Heiterkeit über dem Schlußbild mit den ahnungslos spielenden Kindern, aber auch die eingehende Schilderung des Aussatzes – darin kommt Konrads Begabung zur Wirkung. Und dazu steht ihm die Beherrschung des Wortes und der Form zu Gebote, die mehr als alles andere die Zeitgenossen fasziniert hat und deren Zauber auch heute noch nicht erloschen ist.

Konrads nächstes großes episches Werk, der Aventiurenroman von Partonopier und Meliur, ist schon in Basel entstanden. Er ist nach einem französischen Roman gedichtet, und hier stoßen wir auf die Grenzen von Konrads Bildung. Beherrschte er das gelehrte Latein, so war ihm das höfische Französisch fremd; er brauchte den in dem Gedicht genannten Heinrich Marschant als Dolmetscher, um sich seine Quelle, den Partonopeus de Blois des Denis Piramus, verdeutschen zu lassen.

Der Partonopier ist zwar kein Artusroman, aber doch ein Roman des märchenhaften Abenteuers. Der junge Partonopier, Grafensohn von Blois, gelangt, auf der Jagd verirrt, auf einem wunderbaren Schiff in ein herrliches Land und eine Burg, wo er kein lebendes Wesen sieht, aber von unsichtbaren Händen aufs vollkommenste bedient wird. Im Dunkel der Nacht und ebenfalls unsichtbar gesellt sich Meliur zu ihm, die Herrin von Land und Burg, deren Liebe er genießen darf, solange er nicht begehrt, sie zu sehen. Der Kern der Erzählung ist also das Märchen von Amor und Psyche, und wie in diesem geht es darum, wie der Held durch seine fürwitzige Neugier die Geliebte verliert und nach langer Sehnsucht zuletzt wiedergewinnt.

Konrad erzählt seine französische Quelle genau nach. Was wir inhaltlich über das Werk aussagen, trifft im Grunde den französischen Dichter. Aber mir scheint, daß es auch den deutschen trifft, und daß Vorlage und Nachdichtung aus der gleichen rationalistischen Geistesart geschaffen sind, einer Geistesart, die zugleich für die Zeit und wohl speziell auch für den Basler Besteller bezeichnend ist.

Entscheidend ist, daß die Erzählung aus der Sphäre des Märchenhaften in die Realität transponiert wird. Meliur, die handelt und lebt wie eine Fee des Märchens, ist keine Fee, sondern eine menschliche Königstochter von Konstantinopel, die nur durch ihre Kenntnis oder noch realer durch ihr Studium der *Nigromanzie* fähig ist, wunderbare Dinge zu leisten, und die ihre Zauberkunst in Bewegung setzt, um den Geliebten und künftigen Gemahl zu erproben und zu erwählen. Der klassische Aventiurenroman beließ dem Märchenhaften seine Atmosphäre, seine Eigengesetzlichkeit. Im dichterischen Raum war wirklich, was im realen Raum unwirklich war. In Konrads Darstellung ist diese immanente Eigengesetzlichkeit in eine lernbare Technik verwandelt, ein Stück Gelehrsamkeit – dem gelehrten bürgerlichen Dichter wird das Wundersame zugänglich, indem er es rationalisiert. Damit geht der Zauber des Märchenhaften verloren und wird der menschlichen Willkür ausgeliefert. Im Märchen von Amor und Psyche herrscht das unverbrüchliche

Gesetz alles Magischen. Psyches Neugier rührt an dies Gesetz; sie ist Schuld mit unausweichlich tragischen Folgen auch für den unschuldigen Teil, und nur höhere Gnade vermag diese Folgen aufzuheben. Hier verhält sich Meliur zwar so, als ob sie unter dem Gesetz des Magischen stände. Aber sie beherrscht es ja gerade auf Grund ihres Studiums der Nigromanzie. Alles ist von ihr in Szene gesetzter Apparat. Bezeichnend dafür ist die Zeitbegrenzung von dreieinhalb Jahren, wie die Wirkung des magischen Liebestrankes in Eilharts Tristan zeitbegrenzt ist, während Gottfried ihn zum Symbol erhöht, indem er ihn aus der Zeitgebundenheit löst. Es ist eine Prüfungszeit, und der Geliebte besteht die Prüfung nicht; darum wird er verstoßen in das heillose Leben des minnesiechen Mannes. Aber Meliur muß nicht so handeln, sie könnte aus eigener Machtvollkommenheit ihre Bedingung außer Kraft setzen.

Dem entspricht die Mechanik von Partonopiers Schuld. Magie wird durch Magie gebrochen. Mit Hilfe einer Zauberlaterne erblickt Partonopier die schöne Geliebte. Zugleich ist damit aber auch die Kraft ihrer *Nigromanzie* dahin. Meliur vermag das Geheimnis ihres verborgenen Minneverhältnisses nicht mehr zu hüten; es ist den Augen der Welt preisgegeben, und sie fühlt und handelt als die in ihrer weiblichen Ehre verletzte Dame. Aber auch Partonopier handelt nicht aus eigenem Entschluß. Er sehnt sich aus dem Wunderreich der Meliur nach den Seinen zurück und erhält schließlich die Erlaubnis zu einem Besuch in der Heimat. Dort machen ihn die religiösen Zweifel der Mutter und des Erzbischofs innerlich schwankend, so daß er es auf deren Rat unternimmt, das Geheimnis mit Hilfe der Zauberlaterne zu enthüllen. Eine solche Geschichte gehört in den Urtypus der Melusinensage; die Umwelt mit ihren Einflüsterungen verführt den Gatten, das magische Gebot zu brechen. Allein wiederum: was dort in der Tat ein Wesen der Dämonenwelt war und unter dämonischem Gesetz für immer verschwinden muß, das ist hier ja nur eine Prinzessin mit magischen Fähigkeiten, und der Verdacht teuflisch-dämonischer Herkunft enthüllt sich vor dem Augenschein als schrecklicher Irrtum. Und darum ist auch nichts unwiederbringlich zerstört. Aus aller Minneverzweiflung wird der Held durch die Vorsorge hilfreicher Personen – Meliurs Schwester u. a. – gerettet und über aventiurenhafte Verwicklungen auf dem gangbaren Wege des Ritterromans, dem Sieg im Turnier, der glücklichen und endgültigen Wiedervereinigung zugeführt.

Die Geschichte von Partonopier und Meliur ist im Kern eine Erzählung, die sich, wie der verwandte Schwanritter, als kurze Versnovelle von 1000 Versen erzählen ließe. Stofflich ist sie zu einem Versroman aufgeschwellt durch Zutaten, die mit dem Kernstück nichts zu tun haben. Es ist einerseits das gewaltige Turnier, auf dem Partonopier als Sieger Meliurs Hand gewinnt, vor allem aber ein umfängliches Zwi-

schenstück während Partonopiers Rückkehr in die Heimat: die siegreiche Hilfe, die er dem von Sarazenen schwer bedrängten jungen
König von Frankreich gewährt. Das ist nicht Aventiure, sondern stammt
aus der Sphäre der Chansons de Geste, ist poetisierte Pseudohistorie,
fern aller Zauber- und Märchenwelt.

Konrad war beauftragter Übersetzer, nicht gestaltender Dichter. Die
Abweichungen vom Original bleiben im Rahmen dessen, was wir bei
mittelalterlichen Übersetzern gewöhnt sind. Sie sind vor allem stilistische Verbreiterungen, so daß Konrads Werk das Original um mehrere
Tausend Verse an Länge übertrifft. Konrads Eigentum ist somit die
schöne Form. Darin ist der Partonopier wohl der Höhepunkt seiner Ependichtung: völlige Sicherheit der formalen Mittel noch ohne die Aus-
schweifungen der virtuosen Redseligkeit seines Altersstils. Konrad ist
nirgends tief, aber er ist glänzend. Die Schilderung von Meliurs Insel-
reich kommt erstmals einer wirklichen Erfassung von Landschaft nahe.
Das von unsichtbarer Geschäftigkeit umgebene Wunschdasein des Helden in der Wunderburg, die zärtliche Idylle der Liebesnächte mit der unsichtbaren Geliebten sind spannend und süß. In dem vertierten Waldleben des verstoßenen Partonopier läßt Konrad alle Künste realistischer
Veranschaulichung mit der zeitgemäß-sentimentalen Übersteigerung der
Liebesklage wirkungsvoll zusammenspielen. Über allem, auch dem ins
Breite zerfließenden zweiten Teil, liegt der Zauber von Konrads virtuoser
Beherrschung von Sprache und Vers.

Der Trojanerkrieg, das letzte große Erzählwerk Konrads, blieb
unvollendet. Es bricht nach über 40000 Versen kurz vor Hektors Tode
ab und wurde von einem unbegabten Nachahmer zum Abschluß gebracht. Die Quelle ist derselbe französische Trojaroman des Benoit von
St. Môre, den schon Herbort von Fritzlar (vgl. Bd. II S. 50 ff.) fast 100
Jahre früher übertragen hatte. Konrads Werk blieb durch das ganze
späte Mittelalter beliebt, und sein pseudohistorischer Stoff führte dazu,
daß es in späte Überarbeitungen der gereimten Weltchroniken eingefügt
wurde.

Der Trojanerkrieg ist Konrads zugleich glänzendstes und am wenigsten geglücktes Werk. Es zeigt die vollkommen virtuose Beherrschung
aller formalen Mittel, es zeigt aber mehr noch als die beiden früheren
Epen, daß dem Dichter die Gestaltungskraft für einen großen, szenen-
und figurenreichen Stoff fehlte. Auch hier wieder sind es die kleinen,
genrehaften Einzelbilder, die uns erfreuen, so etwa das bukolische Hir-
tendasein des jungen Paris. Der gewaltige Umfang des Werkes wird indessen durch stilistische Breite erzielt. Die Leichtigkeit des Verses wird
bei dem alternden Dichter zu unaufhaltsamer Redseligkeit, die sich an
der eigenen Virtuosität des Wortes berauscht. Seine ausgedehnten

Beschreibungen entspringen auch hier dem Wunsch nach genauer Veranschaulichung; nichts wird der Phantasie des Lesers überlassen. Die vielfach eingelagerten Betrachtungen bestätigen den Eindruck, daß Konrad seinem Wesen nach nüchtern und rationalistisch veranlagt war. Vor allem aber liebt er es, die Reden seiner Personen zu rhetorischen Prachtstücken auszugestalten. Ich erinnere an das oben erwähnte Minnegeständnis von Paris und Helena, das durch Hunderte von Versen hinströmt. Es steht in einem auffallenden und für Konrad aufschlußreichen Gegensatz zu der dürftigen und unanschaulichen Erzählung von der Entführung selber. Blaß bleiben auch die handelnden Gestalten. Götter wie Menschen, Griechen wie Trojaner, Männer wie Frauen in diesem figurenreichen Epos sind höfische oder ritterliche Typen, und nirgends wird Rede zur Offenbarung eines Charakters.

Das Gedicht beginnt mit der Geburt des Paris, dem warnenden Traum, der zu seiner Aussetzung führt, mit Paris' Hirtenleben und dem Hochzeitsfest der Thetis, bei dem das verhängnisvolle Urteil des Paris ergeht. Hier führt uns Konrad in seine Auffassung der antiken Götterwelt ein. Anders als Heinrich von Veldeke, der das antike Götterwesen in weiser Distanz auf sich beruhen ließ, entwickelt Konrad eingehend die rationalistische Auffassung des Euemeros: die Götter sind Menschen wie wir, die sich durch zauberhafte Beherrschung der Naturkräfte und kluge Erfindungen göttliche Verehrung erlistet haben. So kann das große Götterfest mit der ganzen betörenden Kunst Konrads zum höfischen Pfingstfest, können die Göttinnen zu höfischen Damen stilisiert werden. Wie zwei irdische Könige verhandeln Jupiter und Priamus darüber, in wessen Gefolge der schöne Hirt Aufnahme finden soll, und das Urteil des Paris wird zu einer breiten Prozeßhandlung mit gerichtlicher Rede und Gegenrede ausgesponnen, die ein Schiedsspruch zum Ende führt. Die Reden der drei göttlichen Damen freilich entwickeln ihre Argumente nicht mehr aus höfisch-adligem Denken. Pallas begründet ihre Gabe der Klugheit vom Standpunkt des Kaufmanns her: Klugheit ist nötig, um Besitz zu erwerben und zu erhalten. Die Lehren der Venus über die Reinheit und Unbedingtheit der Minne sind trotz des Gottfriedzitates (V. 392 f.) weit von Gottfrieds Tiefe entfernt. Sie sind von der zeitgenössischen Didaktik her bestimmt. Die Lehre, daß die Minne den Menschen zum Toren macht, mit den üblichen biblischen Belegen – Adam, Simson, Salomo und David – könnte ebenso in dem Renner des Schulmeisters Hugo von Trimberg stehen. Und Gottfrieds Leidensinbrunst wird zu nutzbarer Lehre: Liebe wird um so besser, je mehr Ungemach sie leiden muß.

Diese Darlegung der Minneauffassung ist umso wichtiger, als Konrad bemüht ist, dem antiken Stoff möglichst viel Gelegenheit zu vorbildlichen Minneszenen abzugewinnen. Neben dem zentralen Paar Paris und

Helena stehen Jason und Medea, Achilles und Deidamia. Zumal der große Minnemonolog der Medea wird nach klassischen Vorbildern zu einem artistischen Meisterstück des inneren Dialoges zwischen Liebe und weiblicher Scham ausgestaltet, dem ein ebenso ausführlicher, kunstvoll antithetischer Kommentar des Dichters zu Medeas Seelenzustand folgt. Bei aller Verpflichtung gegenüber den großen höfischen Vorbildern ist für Konrad doch die Minneauffassung der Spätzeit maßgeblich: zugleich sensualistisch und reputierlich. Die sehr rasche Erreichung des letzten Minneziels vereint sich mit dem entschiedenen Streben nach dessen ehelicher Sanktionierung. Wir werden derselben Wertung der Minne bei Heinrich von Neustadt wieder begegnen. Nur fehlt diesem die glänzende formale Begabung; was bei ihm nackt zutage tritt, wird bei Konrad durch die glatte Schönheit der Diktion überdeckt.

Am wenigsten hat Konrad die Masse der kriegerischen Ereignisse zu bewältigen vermocht. Hier fehlt dem Stadtbürger das, was Albrecht, der Dichter des Jüngeren Titurel, besaß und was dessen Massenschlachten wie die Wolframs beseelt: die unmittelbare Beziehung zum kriegerischen Rittertum und das immer noch lebendige Bewußtsein einer idealen Aufgabe des Ritters. Wir finden bei Konrad, wenn auch auf höherer künstlerischer Stufe, dieselben Ingredienzien der Schlachtschilderung wie bei dem simplen Dichter der späten Dietrichepen: ein ungestaltetes Figurengewimmel und eine Mischung aus äußerster ritterlicher Prachtentfaltung und seelisch unberührtem Schwelgen in Wunden, Blut und Leichenhaufen. Zumal die erste Zerstörung Trojas durch Herkules wird zu einem Blutbad von erschreckender Roheit, die vor keinem Wehrlosen Halt macht und die Frauen wie Vieh als Beute verteilt. Aber auch hier sehen wir, wie es Konrad um schöne Eloquenz, nicht um seelische Bewegtheit geht. Der Unglücksbote bringt dem König Laomedon die Botschaft vom Eindringen der Griechen in die Stadt in 70 wohlgesetzten weder von der Not der Situation noch von seelischer Erschütterung bewegten Verszeilen.

Es war das Ziel von Konrads Ehrgeiz, es den Meistern im breiten Epos gleichzutun. Nach unserem heutigen Urteil ist der große Roman nicht Konrads eigentliches Feld. Wie wir in seinen Epen am lebendigsten von den Details, den Bildern und Episoden angesprochen werden, so scheinen uns die kleinen Verserzählungen seine beste und geschlossenste Leistung zu sein. Die Kleinerzählung ernster oder schwankhafter Art wird, wie wir einleitend sahen, erst in der zweiten Hälfte des 13. Jahrhunderts beliebt. Die klassische Zeit hat sie wenig gepflegt, obwohl französische Vorbilder für beide Arten vorhanden gewesen wären. Für den Schwank, dessen großer Ausbreitung später nachzugehen ist, darf man in Deutschland den Stricker den eigentlichen Schöpfer nennen.

Der Schwank fehlt dem Repertoire des exklusiven Würzburger Dichters, des Erbwalters feiner höfischer Bildung in der Dichtung. Es wäre wohl zu viel gesagt, wenn man ihn als den Schöpfer der höfischen Versnovelle bezeichnen wollte. Aber er war, wenn nicht der erste, so doch der erfolgreichste Dichter, der sich darin versucht hat. Ohne sein Muster und sein Vorbild ist die weitere Entwicklung dieser Gattung nicht zu denken.

Wie es scheint, hat Konrad sich der Versnovelle früh zugewendet. Nur eines der vier hierher gehörenden Gedichte, der Heinrich von Kempten, nennt einen Auftraggeber, den Straßburger Dompropst Berthold von Tiersberg, der dies Amt von 1260 bis 1275 innehatte. Wenn wir mit einem Aufenthalt Konrads in Straßburg vor seiner Seßhaftwerdung in Basel überhaupt rechnen dürfen, so fiele er in diese Zeit, und dann eher in die späteren 6oer als in die 7oer Jahre. Der Schwanritter könnte in seinem verlorenen Anfang den Besteller genannt haben. Man wird diesen in einem Mitglied der in der Nähe von Würzburg beheimateten Familie der Rienecker suchen dürfen, die neben den Grafen von Cleve und von Geldern als Abkömmlinge des Schwanritters hervorgehoben werden. Damit wird die übliche Chronologie zweifelhaft, die den Schwanritter zu Konrads Spätwerken rechnet. Die beiden anderen, Herzemære und Weltlohn, tragen keine Gönnernamen; sie gelten wohl mit Recht als frühe Gedichte.

Diese kleinen Erzählungen sind wirkliche Kunstwerke. Sie bewegen sich in ritterlicher Umwelt und wollen höfisch verfeinerter Unterhaltung dienen. Sie wollen aber auch als Exempla genommen werden, d. h. durch Unterhaltung belehren. Wie in die großen Epen Exkurse eingelagert sind, die aus einem Ereignis oder einem Verhalten eine oft recht banale Lehre ziehen, so wird der kleinen Erzählung die Lehre zugefügt, die man daraus entnehmen kann. Das entspricht dem Geschmack der Zeit und ihrer Neigung zur Didaktik; auch die Strickerschen Schwänke legitimieren sich ja durch die angefügte Moral.

Das Herzemære, die Geschichte vom gegessenen Herzen, ist eine Wandergeschichte, die sich in Frankreich an mehrere Troubadours geheftet hat, in Deutschland in der Brennenberger-Ballade an den Minnesänger Reinmar von Brennenberg.

Ein Ritter und eine Dame, die Frau eines anderen Ritters, sind durch innige Minne miteinander verbunden. Um den Argwohn ihres Gatten einzuschläfern, bittet die Dame den Geliebten, sie einige Zeit zu meiden und ins Heilige Land zu ziehen. Er stirbt unterwegs aus Minnesehnsucht und beauftragt sterbend seinen Knappen, sein einbalsamiertes Herz der Geliebten als Zeichen seiner Treue zu überbringen. Der Gatte trifft den heimkehrenden Knappen, erpreßt von ihm das Geheimnis des Kästchens mit dem Herzen, nimmt es ihm ab und läßt es von dem Koch als seltsamen Leckerbissen zurichten, den er seiner Frau vorsetzt. Dann enthüllt er ihr, was sie gegessen hat, und mit dem Gelöbnis, daß keine irdische Nahrung mehr ihre Lippen berühren solle, bricht sie tot zusammen.

Der Kern der Geschichte ist die Idee einer letzten, überrationalen Liebesvereinigung, die das irdische Leben sprengt und überdauert. Der Sehnsuchtstod des Ritters auf Kreuzfahrt, die Überhöhung des Minnedienstes über den Gottesdienst, entspricht sachlich dem Minnetode von Gregorius' Vater bei Hartmann. Die Bezeichnung des Ritters als *der sende marterære* aber weist zu Gottfried hinüber, auf den sich Konrad denn auch in der Einleitung ausdrücklich beruft, um sein Gedicht, das *von ganzer liebe* handeln soll, zu rechtfertigen. Und in der Tat: diese Abwertung der Ehe vor der Minne, diese Liebesvereinigung im Tode ist dem Tristan nahe, und nirgends hat Konrad von Würzburg so viel von dem Wesen seines großen Meisters begriffen wie in diesem kleinen Frühwerk. Der Tod der Dame ist ein wirklicher Liebestod; nicht Ekel vor der unmenschlichen Speise sondern tief erschütterte Emphase der Liebe führt ihn herbei. Keine irdische Speise darf danach ihre Lippen noch berühren. Damit wird der Vorgang und die Speise selber ins Sakramentale erhoben, wie Gottfried das Leben und Sterben seiner Minnehelden zur Eucharistie und dem sakramentalen Genuß des Brotes in Beziehung gesetzt hatte. Und wie der junge Konrad sich gemüht hat, seinen Meister gedanklich zu erfassen, so hat er auch eine Erfülltheit des schönen Wortes mit echter Empfindung erreicht, wie wir es später selten bei ihm finden. Die letzten Worte der Dame sind fern jeder Sentimentalität wahrhafte Erhebung über Leben und Tod.

Indessen, der Abstand zwischen Meister und Schüler kann nicht verborgen bleiben. Konrad ist kleiner und zärtlicher als Gottfried. In den Abschiedsreden der Liebenden fehlt die mystische Inbrunst von Gottfrieds großer Abschiedsszene, und hier wird der Zug zum Sentimentalen spürbar, dem die Zeit und mit ihr Konrad verfallen ist. Man stelle die tiefe symbolische Bedeutung des Abschiedskusses bei Gottfried gegen Konrads leichtwiegende Prägung:

224 *ir liebten münde rôsenrôt*
vil senfter küsse pflâgen.

Den Abschluß bildet ein *exemplum docet*. Geschult an Gottfrieds Minnebußpredigt führt Konrad den Gegensatz der feilen Minne (Z. 562) zur reinen und echten Minne durch. Es geschieht in der Form der *laudatio temporis acti*, einer Grundhaltung in einer Zeit, für die die höfische Welt schon zu einer historischen und eben darum zu einer exemplarischen Erscheinung geworden ist. Der letzte Vers aber setzt noch einmal ein Gottfriedsches Siegel unter das Ganze und nimmt dessen Welt der *edelen herzen* wieder in die Gegenwart hinein: *kein edel herze sol verzagen.*

Neben das Exemplum der lauteren Minne stellt der junge Konrad von Würzburg das Exemplum von der Eitelkeit der Welt in der kurzen Erzählung von Der Welt Lohn. Es ist kaum eine Erzählung, es ist eigentlich nur ein lebendes Bild.

Der Held ist Wirnt von Grafenberg, der Dichter des Wigalois. Einleitend wird er – wohl in Anlehnung an Hartmanns Armen Heinrich – als Vorbild höfischer Lebenshaltung gezeichnet. Während er in einem Buch über Minneaventiure liest, tritt eine herrliche Frauenerscheinung zu ihm ins Gemach, Frau Welt, die ihrem treuen Diener ihren Lohn verspricht. Als der Dichter sich über eine so schöne Herrin glücklich preist, kehrt sie ihm ihren von Verwesung zerfressenen, von Ungeziefer wimmelnden Rücken zu, und der Dichter erkennt die grauenvolle Gefahr der Weltverlockung; er verwandelt sein Leben, indem er das Kreuz nimmt und sich dem ritterlichen Dienst für Gott im Heiligen Lande weiht. Konrad schließt mit der Mahnung, die Welt fahren zu lassen, um die Seele zu bewahren.

Die Welt in ihrer Verführung zu personifizieren, ist ein altes theologisches Anliegen. Aber das spezielle Bild der „Frau Welt", der schönen herrlich gekleideten Dame mit dem schaurig verwesenden Rücken, ist doch erst als eine Erfindung der höfischen Welt verständlich. Und wenn man zweifelt, ob Walther von der Vogelweide in seinem berühmten Alterslied der Schöpfer dieses Bildes gewesen ist, so ist es doch bisher nicht gelungen, es in Literatur oder bildender Kunst vor ihm nachzuweisen. Anders als bei dem alternden Walther werden wir bei Konrad kein persönliches religiöses Umkehrerlebnis suchen, so wenig wie seine Legenden Ausdruck persönlicher Frömmigkeit sind. Die Thematik der Weltabkehr lag in der Stimmung der Zeit; wir werden ihr vielfach wiederbegegnen. Sie an dem Beispiel eines bekannten Repräsentanten der höfischen Dichtung zu entwickeln, gibt dem Gedicht eine eigene Aktualität, und Konrad wird gewußt haben, in welchen Kreisen bürgerlicher Frömmigkeit er damit Anklang finden würde. Ihn selbst hat vor allem die artistische Aufgabe gereizt, den Kontrast von leuchtender Schönheit und grauenhafter Verwesung durchzuführen. Wie er denn im Engelhard sich nicht gescheut hat, die Zerstörung des menschlichen Leibes durch den Aussatz grell zu schildern, so hat er im Gegensatz zu Walthers höfischer Vorsicht seine Kunst aufgeboten, um den abstoßenden Rücken der Frau Welt mit allen abscheulichen Einzelheiten anschaulich zu machen.

Sicherlich später ist das Gedicht, das im allgemeinen Otte mit dem Barte genannt wird, mit dem letzten Herausgeber aber besser Heinrich von Kempten heißt. Es ist eine historische Anekdote, dem Schwank näher als irgendein anderes Werk Konrads. Nach seiner Angabe hat er es einer lateinischen Quelle nacherzählt.

Der Ritter Heinrich von Kempten hat sich den Zorn Kaiser Ottos zugezogen, der ihm mit dem unwiderruflichen Schwur bei seinem Barte den Tod androht. Heinrich sichert sein verwirktes Leben durch den kühnen Griff nach dem Bart des Kaisers, der damit wehrlos unter dem Schwert des Ritters liegt. Später rettet Heinrich auf einem Feldzug in Italien unerkannt das Leben des Kaisers. Er sieht von seinem Badezuber aus, wie der Kaiser in einem Hinterhalt überfallen wird, wirft sich nackt mit seinem Schwert unter die Feinde und befreit den Herrscher. Versöhnung und reicher Lohn sind das fröhliche Ende.

Es ist das anspruchsloseste und gerade dadurch am unmittelbarsten ansprechende Werkchen Konrads. Gut komponiert, rasch und einfach durchgeführt, zeigt es, wo Konrads wirkliche Begabung lag. Form und Inhalt sind aufeinander abgestimmt; anmutig glatt, ohne virtuose Spiele fließt der Vers dahin, ein Diener des unterhaltsamen Inhalts. Das *fabula docet*, so äußerlich angeklebt es wirkt, darf auch hier nicht fehlen: *Darumbe ein ieslich ritter sol gerne sîn des muotes quec*. Unverzagte Mannhaftigkeit findet ihren Lohn; auch im Leben gibt es eine ausgleichende Gerechtigkeit.

Die letzte der kleinen Erzählungen, der Schwanritter, gilt als Werk der späten Zeit Konrads. Lückenhaft und spät überliefert, gibt es keinen sicheren Anhalt zur Datierung. Doch sahen wir, daß die hervorhebende Erwähnung des fränkischen Geschlechts der Rienecker als Abkömmlinge des Schwanritters und damit auch Gottfrieds von Bouillon auf einen Angehörigen dieses Geschlechts als Auftraggeber schließen läßt oder wenigstens auf huldigende Werbung des Dichters um die Gunst dieses Geschlechtes verweist. Das läßt an ein Frühwerk Konrads aus seiner Würzburger Zeit denken. Die Anknüpfung bot der Schwan als Helmzier der Rienecker und die Tatsache, daß die damaligen fränkischen Rienecker dem niederrheinischen Geschlechte der Grafen von Loon entstammten, jenem Geschlecht, das den jungen Heinrich von Veldeke protegiert hat, Nachbarn der ebenfalls auf den Schwanritter zurückgeführten Grafengeschlechter von Cleve und Geldern.

Auch der Schwanritter gibt sich als historische Erzählung, eingeordnet in die Zeit Karls des Großen als des Schöpfers und Hüters der gültigen Rechtsordnung. Stofflich gehört er in den Sagenkreis vom dämonischen Helfer, der wieder verschwinden muß, wenn er nach seinem Namen gefragt wird. Am bekanntesten ist die Geschichte durch die Anknüpfung an Lohengrin, den Sohn Parzivals, geworden, die zuerst Wolfram vollzogen und im 16. Buch des Parzival skizziert hatte. Ein Dichter aus der Nachfolge des Jüngeren Titurel hat es dann zum Gegenstand einer eigenen epischen Darstellung gemacht (vgl. S. 108 ff.). Bei Konrad bleibt der Schwanritter namenlos wie das Jenseitswesen der ursprünglichen Erzählung. Doch wird er nicht dämonisch als der gute Helfer aus der Geisterwelt gesehen, der seine Aufgabe autonom erfüllt. Er ist ein Gesandter Gottes, und indem das Erscheinen des geheimnisvollen Ritters als Gottes wunderbares Eingreifen für Witwe und Tochter des Gotteskämpfers Gottfried von Bouillon gedeutet wird, erhält die Erzählung ein legendäres Gepräge. Was Konrad indessen vor allem reizte und die Führung seiner Erzählung bestimmte, war der prozessuale Vorgang. Konrad hat, auch darin ein Nachfahr seines Meisters Gottfried von Straßburg, ein ausgesprochenes Interesse für Rechtsvorgänge. Im Trojanerkrieg entwickelt er das Urteil des Paris, in der Silvesterlegende die Disputationsszene in der Form des Prozesses. In der Klage der Kunst wird der Prozeß der Kunst gegen die falsche *milte* vor dem Richterstuhl der Gerechtigkeit zum tragenden Grundmotiv. Und im Engelhard ist der Zweikampf als Gottesgericht der eigentliche Gegenstand der ersten Freundschaftsprobe. Man möchte sich vorstellen, daß Konrad ein schulgebildeter Rechtskenner war, der mindestens zeitweise in einer Kanzlei gearbeitet hat. So wird auch die Handlung des Schwanritters als Rechtsvorgang durchgeführt. Die Frauen von Brabant bringen ihre Klage gegen Gottfrieds Bruder, den Herzog von Sachsen, der ihnen Gottfrieds Erbe streitig macht, vor Karls höchsten Richterstuhl. Durch das Erscheinen des fremden Ritters wandelt sich der Prozeß in einen gerichtlichen Zweikampf. Das ist der eigentliche Inhalt des Gedichtes; der Prozeß wird mit Reden und Gegenreden durchgeführt, der Rechtskampf in seinen wechselnden Phasen eingehend dargestellt. Dagegen bildet die Wundergeschichte nicht mehr als einen Rahmen. Auch hier rationalisiert der Dichter unwillkürlich. Das Verschwinden des Schwanritters nach der verhängnisvollen Namensfrage ist in Konrads Darstellung ohne Geheimnis; sein Verlassen von Frau und Kindern wirkt mehr als Eigensinn des Ritters denn als leidvolle Unwiderruflichkeit eines außermenschlichen Gesetzes.

Zu den „kleinen Erzählungen" Konrads rechnet man gern auch das Turnier von Nantes. Indessen ist es keine eigentliche Erzählung. Es sieht aus wie ein isoliertes und verselbständigtes Stück eines höfischen Romans, in dem ja ausgedehnte Turnierschilderungen als Versammlung glänzenden Rittertums seit Hartmanns Erec und dem zweiten Buch von Wolframs Parzival fast unerläßlich sind. Konrads unmittelbares Vorbild dürfte indessen Rudolf von Ems gewesen sein; denn wie dieser führt auch Konrad Könige und Herren aus Ländern der Wirklichkeit im ritterlichen Zweikampf zusammen und gibt ihnen durch genaue Beschreibung ihrer authentischen Wappen noch mehr Gegenwärtigkeit. Aber dies Turnier ist eben nicht Episode eines Romans, sondern nur noch Bild und Schilderung. Wir haben zu fragen, was Konrad damit gemeint hat.

Der Held des Turniers ist der englische König Richard. Er allein trägt einen Namen; alle anderen Teilnehmer des Turniers, sogar der Führer der Gegenpartei, der König von Frankreich, bleiben namenlos. Richard allein wird uns durch eine eigene einleitende Szene in seiner grenzenlosen Freigebigkeit vorgestellt. Als seine Ratgeber seine freigebige Verschwendung eindämmen wollen, verabredet er mit den armen Rittern, die er beschenken will, daß sie vor seinem Palast einen Auflauf inszenieren sollten, dann werde er als Gegenwehr mit seinem kostbaren goldenen und silbernen Tafelgeschirr nach ihnen werfen. Und so geschieht es. Richard wird auch als der einzige Sieger in den Einzelkämpfen des ersten Turniertages herausgehoben, und bei den Massenkämpfen des zweiten Tages ist er der Führer der siegreichen Partei.

All das zeigt den Sinn des Gedichtes. Es ist ein Fürstenpreis, gerichtet auf einen englischen König Richard. Ein englischer Richard – das mag die Gedanken der damaligen Hörer zunächst auf Richard Löwenherz ge-

lenkt haben, den Prototyp königlichen Rittertums und fürstlicher Freigebigkeit. Aber er war längst dahin; der Fürstenpreis braucht einen
Fürsten der Gegenwart, und das kann nur jener Richard von Cornwall
sein, der bei der zwiespältigen Königswahl von 1257 von einem Teil
der Kurfürsten zum deutschen König gewählt wurde und durch seine
Freigebigkeit als ein neuer Richard Löwenherz seine Anhänger lohnte
und neue erwarb. Das Turnier findet zu Nantes statt. Diese Hauptstadt
des Königs Artus ist sicher nicht zufällig gewählt; der Glanz eines Artusfestes sollte auf das Turnier und dessen Helden fallen. Aber die Teilnehmer sind keine Artusritter, sondern Könige und Fürsten der Gegenwart. Es sind aber auch keine Engländer, die Richard um sich schart, es
sind – außer dem König von Schottland – deutsche Fürsten. Der Gegner ist der König von Frankreich, der die Herren und Ritter von *Walhen*
anführt, und programmatisch spricht Konrad Z. 278 aus, daß dort
„welsch und deutsch" einander gegenüberstehen sollten. Der König
von Frankreich aber war bei der Doppelwahl von 1257 derjenige, der die
Kandidatur von Richards Gegner Alfons von Kastilien, einem Enkel
Philipps von Schwaben, propagierte.

Eine weitere auffällige Tatsache kommt hinzu. Der Oberdeutsche
Konrad von Würzburg nennt unter den Deutschen keinen einzigen
oberdeutschen Fürsten. Es sind ausschließlich nieder- und mitteldeutsche, von Dänemark über Sachsen, Brandenburg, Meißen und Thüringen bis Cleve und Brabant. Hinter dieser Gruppierung sind historische
Reminiszenzen spürbar. Man kann, ohne sich auf Einzelheiten festzulegen, von jenem Bereich reden, in dem einst der Welfe Otto IV. seine
feste Stütze hatte, der Schützling Englands in seinem Kampfe mit dem
Staufer Philipp, dessen Machtschwerpunkt in Oberdeutschland, in
Schwaben und am Oberrhein lag. Jetzt stand ein Engländer, ein Namensvetter und Neffe von Richard Löwenherz, ein Sohn Johanns I., für
den Otto IV. bei Bouvines gefochten hatte, gegen den Enkel Philipps
von Schwaben – mindestens als stimmungsmäßiger Hintergrund mußte
dieser staufisch-welfische Gegensatz auch damals noch lebendig sein.

All das drängt dazu, das Turnier von Nantes in die Jahre 1257/58 zu
verlegen, als Richard in Deutschland gewählt und in Aachen gekrönt
worden war, also wirklich König genannt werden konnte, und noch ehe
er 1259 nach England zurückkehrte und der Krieg zwischen England
und Frankreich beigelegt wurde. Nur damals konnte das Gedicht die
Aktualität haben, die es als Fürstenpreis erfordert. Es ist die Huldigung
des jungen Dichters an einen Fürsten, der von seiner Freigebigkeit
reden machte, und von dem er sich einen Lohn erhoffte. Das Gedicht hat
keine weite Verbreitung gefunden; nach 1259 bestand in Deutschland
kein Interesse mehr an dem Thronkandidaten jenseits des Meeres, der
nur noch eine Figur in der päpstlichen Politik war.

Mit der hier skizzierten Auffassung kehren wir zu der alten Datierung zurück, die das Gedicht für ein Erstlingswerk Konrads hielt. Gemeinhin wird es heute als Spätwerk betrachtet. Aber diese Meinung gründet sich auf eine Chronologie der Werke Konrads, die allein auf stilistischen Merkmalen beruht. Mir scheinen die inhaltlichen Indizien schwerer zu wiegen. In der Atmosphäre von Basel und der politischen Situation zur Zeit Rudolfs von Habsburg wüßte ich das Gedicht schwer unterzubringen.

Kürzer dürfen wir die drei Legenden Konrads behandeln. Der Legende das äußere Gewand höfischer Formkunst umzulegen, war seit Veldekes Servatius und Hartmanns Gregorius eine gewohnte literarische Leistung geworden, und wiederum geht der Weg zu Konrad über Rudolfs Barlaam und seine verlorene Eustachiuslegende. Alle drei Legenden sind bestellte Arbeit aus der Basler Zeit. Es war für den virtuosen Meister des Verses eine Arbeit, die ihm leicht von der Hand gegangen sein dürfte. Wie der fromme Bürger seinem Heiligen zu Ehren ein Bild bestellen mochte, so konnte er ihn auch durch ein Dichtwerk ehren lassen, das er von einem Meister des Faches anfertigen ließ. Der Name des Bestellers steht darin, wie die Stifterfigur auf dem Heiligenbilde kniet. Doch haben die drei Legenden ihr zeitgeschichtliches Interesse als Ausdruck des im späteren 13. Jahrhundert mächtig anwachsenden Heiligenkultes. Wie für die weltliche Novelle wird Konrad für die Verslegende ein lange nachwirkendes Stilvorbild. Seine Legenden liegen noch vor der Zeit der großen Legendare, insbesondere ist ihm die Legenda aurea nicht bekannt gewesen oder von ihm nicht benutzt worden.

Dem Dichter selbst waren die Legenden kein inneres Anliegen. Er hat drei Heilige ganz verschiedener Art zu verherrlichen gehabt, und allen läßt er die gleiche Kunst angedeihen. Das eine ist Silvester, der große Papst, dem die Bekehrung des Kaisers Konstantin gelang, und der aus der Hand des Kaisers die kirchenpolitisch so wichtige und umstrittene Schenkung erhielt. Nicht zufällig also ist der Besteller ein geistlicher Herr, der später zur Würde eines Bischofs von Basel aufsteigen sollte. Die uns bekannte lateinische Quelle ist im ganzen sehr getreu nachgedichtet. Es ist die bei weitem umfänglichste von Konrads Legenden, weil es ihn auch hier wieder gereizt hat, die große Disputationsszene als einen Rechtsvorgang mit dem Schiedsspruch des Kaisers sehr breit auszuführen. Dagegen tritt die konstantinische Schenkung ganz in den Hintergrund; Konrad war kein politisch interessierter Mann. Neben den heiligen Kirchenfürsten stellt der Alexius den weltentsagenden Asketen. Alexius, der Sohn eines edlen und reichen Römers, verläßt an dem für seine Hochzeit mit einer Verwandten des Kaisers bestimmten Tage Elternhaus und Vaterstadt, lebt als Bettler in Edessa, kehrt unerkannt ins Elternhaus zurück, wo er arm und von der Dienerschaft verhöhnt in einem Winkel unter der Treppe haust und von der Mildtätigkeit lebt. Erst nach seinem Tode wird seine Heiligkeit durch eine göttliche Stimme bekanntgemacht, seine Geschichte offenbar, seine Grablegung mit allem kirchlichen Pomp vollzogen. Der Pantaleon endlich ist eine Märtyrer-legende aus der Zeit der Christenverfolgungen. Pantaleon ist Arzt, erst heimlich, dann öffentlich Christ. Er erregt durch eine Wunderheilung den Neid der Zunftgenossen, wird von ihnen beim Kaiser Maximian denunziert und findet nach vielen durch Gottes Wunderhilfe vereitelten Versuchen der Marterung den Tod.

In das Gesamtwerk Konrads gehört gleichwertig auch seine Lyrik, das Minnelied und der Spruch. Seine Lieder werden später in dem Kapitel über die Lyrik eingehender besprochen werden; hier sind sie nur soweit zu behandeln, wie sie das Bild des meisterlichen Formkünstlers ergänzen. Der in seiner Thematik besonders stark festgelegte, in seiner Form anspruchsvolle und virtuoser Handhabung offene Minnesang mußte Konrad bei der Art seiner Begabung besonders reizen. Bis zu welcher Verkünstelung er das virtuose Formspiel treiben konnte, haben wir eingangs gesehen. Doch sind das Experimente, nach denen der Lyriker Konrad von Würzburg nicht beurteilt werden darf. Er ist am höfischen Geschmack der staufischen Spätzeit gebildet; seine Lyrik ist gekennzeichnet durch die leicht beherrschte Bildsprache und den rhyth-mischen Fluß. Wie zu erwarten, ist Konrad ein Meister des Rhythmus. Er liebt mehr den leichten als den gewichtigen Schritt. Neifens spielende Leichtigkeit bedeutet ihm mehr als Reinmars gemessene Würde, und aus dem Kreise um Neifen hat er auch den Refrain übernommen, der von Hause aus ein Bestandteil des Tanzliedes ist. Konrad baut gern kunstvolle Strophen und wird wohl auch in der musikalischen Kompo-sition virtuos gewirkt haben. Vor allem aber ist seine Kunst – und auch dies hat er von Neifen und Winterstetten gelernt – Reimkunst, schmei-chelnder Klang der sich suchenden Worte. Die oben angeführten Bei-spiele virtuosen Reimspiels sind nur extremer Ausdruck seiner Lust am Spiel der Klänge. Der Reim erhält, was wir schon bei Neifen und zu-mal bei Winterstetten beobachten konnten, eine neue Funktion. Zum Endreim, der die rhythmischen Bauelemente gliedert und zugleich zur Strophe bindet, gesellt sich in wachsendem Maße der Binnenreim, der, vom rhythmischen Fluß überspült, das Gefühl eines sanften, klingenden Hinströmens erzeugt. Und dieses Hinströmen flutet gern auch über die Zei-lenenden fort, bindet mehrere Reimzeilen zu einer einheitlichen rhythmi-schen Folge und stellt die alte gliedernde Funktion des Endreims in Frage.

Aus den klassisch vorgezeichneten Bahnen auszubrechen, lag nicht im Wesen Konrads und der Gesellschaft, für die er dichtete. Konrad war ein Mann der feinen Bildung. So konnte er sich nicht wie sein Nachfahr Hadloub darauf einlassen, Gattungen der niederen Poesie unbesehen zu übernehmen und durch Vermischung von Gattungen neue Effekte zu erzielen. Ihm war die dörperliche Poesie Neitharts ebenso verschlossen wie der wirbelnde Tanzleich des Tannhäuser oder gar das schlemmerische Herbstlied seines Zeitgenossen Steinmar. Nur das klassisch Anerkannte war ihm gemäß, und so bleibt ihm vom *genre obiectif* nur das Tagelied, das er in den beiden Liedern 14 und 15 in der hergebrachten Dreiteiligkeit aus Wächterruf, klagender Weckrede der Frau und Abschiedsumarmung mit geläufiger Gewandtheit durchführt. Nur eine einzige bezeichnende Vermischung der Gattungen hat sich dieser Hüter klassischer Formtradition gestattet. Die Lieder 19; 23 und 31 setzen mit einem Natureingang ein wie ein Minnelied, biegen aber dann in die Thematik des Spruches um: Schelte der tugendlosen Reichen, schwindende Freigebigkeit und Ehre. Und Lied 24 füllt zwei kunstvolle Liedstrophen mit Spruchinhalt aus. Das führt zu Konrads Spruchdichtung hinüber.

Mit seiner Spruchdichtung reiht sich Konrad in die Schar der wandernden Literaten ein, die mit ihren lobenden und scheltenden, lehrenden und religiösen Sprüchen ihr Brot suchen und die, meist kärglicher begabt als der vielseitige Würzburger, der Wende vom 13. zum 14. Jahrhundert ihr Gepräge geben helfen. In diesen Sprüchen sucht Konrad wie seine Artgenossen den adligen Herren und den Hof zu erreichen; sie bestätigen damit, daß es in Konrads Leben eine Periode des Wanderns gegeben haben muß. Konrads Spruchreihen (18; 25; 31; 32) sind thematisch wenig originell und abwechslungsreich. Auch bei ihnen kommt es auf die Form an. Wie alle späten Spruchdichter baut Konrad kunstvolle und umfängliche Strophen. Der Ton 32 hat 15, Ton 31 hat 19, Ton 25 hat 20 Zeilen. Besonders die umfangreichen, drei- bis sechszeiligen Stollengebäude und die Verwendung langer Zeilen sind für diese Gattung bezeichnend. Auch hier ist natürlich der vielfache und unerwartete Reim Konrads Ehrgeiz, doch dem lehrhaften Gehalt und logischen Bau entspricht die rhythmische Struktur. Dem fließenden Überströmen der Reime und dem Klangspiel der Binnenreime im Minnelied steht im Spruch der Reim mit der alten Funktion des Gliederns und Bindens gegenüber; Binnenreim erscheint nur ganz sparsam. Wie der seltene Reim, so soll das überraschende Bild reizen, so wenn den Dichter in dem Memento-mori-Spruch 32, 256 (S. 63), in dem alle Dinge an die Vergänglichkeit mahnen, der Gedanke an die Hölle anficht: *swenn ich in einer badestuben sitze*, oder wenn zweimal für den Toren das Bild der Fledermaus gewählt wird. Darum liebt Konrad auch die alte Form des *bîspels*, das eine kleine Fabel oder Geschichte, gern die Tierfabel, moralisch ausdeutet.

Im übrigen ist Konrads Repertoire arm. Er ist kein eigentlich gelehrter Dichter, obwohl er Latein konnte. Ein paar Bilder aus dem Physiologus oder der gelehrten fabulösen Naturgeschichte wiegen nicht schwer, und in seinen wenigen religiösen Sprüchen spüren wir kaum etwas von jener theologisch-scholastischen Gelehrsamkeit, die er in der Goldenen Schmiede mancherwärts hervortreten läßt. Er prunkt nicht mit geheimnisvollem Wissen, das seinem Sinn für Klarheit widerspräche. Er schränkt sich auf die klassischen Bezirke des Spruches ein und auch dies nur mit Auswahl. Nur einmal greift er in eine literarische Fehde, den Streit zwischen dem Marner und dem Meißner, ein. Aber sein Spruch 32, 286 gegen den Meißner ist nicht grob und giftig; er wirkt durch überlegene Ironie. Konrad fehlt politisches Interesse und seinem Werk daher der politische Spruch. Einzig mit 32, 316 begrüßt der Zeitgenosse des Interregnums den Aufstieg Rudolfs von Habsburg, des „Adlers von Rom", dem sich der „Löwe von Böhmen" unter seine Klauen schmiegen mußte. Bei Konrad fehlt auch der offenbare Heischespruch. Denn so sehr in seinen Sprüchen die Freigebigkeit eine Rolle spielt, so bleibt sie immer ein allgemeines Thema ohne plumpe Direktheit. Das Äußerste an persönlicher Beziehung gestattet sich der Spruch 31, 20; aber wie behutsam nennt er selbst in dieser Klage über verlorene Gunst seine früheren Gönner *mîne friunde*, und wie wandelt er die Anklage wegen Kargheit in Sorge um ihre Ehre und Würde. Auch als Bittender bleibt Konrad delikat.

Moralische Betrachtung, Lebenserfahrung und Verfallsklage sind die eigentlichen Inhalte seiner Spruchdichtung, weil sie die klassischen Inhalte sind. Und wenn sich hier Ehre und Schande in immer neuen Variationen mit Freigebigkeit und Kargheit decken, so spricht darin natürlich das Lebensgefühl eines Mannes, der vom Auftrag reicher Gönner lebt, aber es ist doch zugleich eine alte Wertung. Der karge Reiche ist längst eine stehende Figur der Spruchdichtung, wie das Lob der Freigebigkeit ein alter Topos ist. Auch die Klage um den Verfall durch das Schwinden von Ehre, Scham und Zucht ist gewiß in Konrads Zeiten gerechtfertigt, aber auch sie ist mindestens seit Walther ein ererbtes Motiv. Auch andere Motive – äußerer und innerer Adel, der böse Ratgeber, Treulosigkeit – gehören zum alten Bestand, und wenn andere Themen individueller erscheinen: kein Mensch ist vollkommen und kann es allen recht machen (25, 81; 101); Einigkeit macht stark (32, 121); erprobte Freundschaft ist besser als laue Verwandtschaft (32, 136); verlorenes Gut ist verschmerzbar, verlorene Zeit unwiederbringlich (32, 271), so ist die geprägte Formung allgemeiner Lebenserfahrung älteste Domäne aller Spruchdichtung überhaupt. Selten und blaß bleiben preisende oder lehrhafte Sprüche aus dem Bereich der Minne, die für Konrad nur literarisches, nicht persönliches Anliegen war. Dagegen bewegt ihn von innen her Lob und Ehre der Kunst. Konrads kunsthandwerklich bestimmtes Selbstgefühl ist uns schon in der Einleitung des Trojanerkrieges begegnet; der schöne Spruch 32, 301 setzt den dort ausgebreiteten Gedanken vom Wert der Kunst als einer inneren Gabe, die keiner Gerätschaft bedarf, in die knappe Form spruchhafter Prägung um. Der Gedanke war ihm wichtig. Und aus dem Selbstbewußtsein des Könners verlangt er im *bîspel* vom Hund und Esel (32, 166 und 181) vom Publikum das Unterscheidungsvermögen zwischen guter und minderwertiger Kunst – und natürlich die richtige Verteilung des Lohnes.

Diesem Thema gilt auch das umfänglichere Gedicht, die Klage der Kunst, das wir mit Recht an Konrads Lyrik anschließen. Schon die kunstvolle Form, 32 achtzeilige Strophen mit vierfach durchgeführtem Kreuzreim, weist nach der Lyrik hinüber. Thematisch ordnet sich die Klage der Spruchdichtung zu; es ist die von Konrad und seinen Artgenossen unermüdlich wiederholte Anklage, daß die gute Kunst bei den Herren und an den Höfen leer ausgeht, während die *künstelôsen* dort ihr Glück machen. Doch an die Stelle des knappen, konzentrierten Spruches tritt eine ausführliche, allegorische Erzählung. Darin liegt auch das literarhistorische Interesse des Gedichtes. Die Klage der Kunst ist ein frühes Beispiel für den Spaziergang als Einleitung einer Allegorie. Der Dichter wird durch „Frau Wildekeit" auf einen herrlichen Anger geführt, wo unter einem Zelt die Gerechtigkeit mit einem Hofstaat von 12 höfischen Tugenden thront. Einzig die Kunst erscheint in einem zerrissenen Gewande. Sie führt Klage gegen die *valsche Milte*, die die Würdigen ungelohnt läßt, während sie die Unwürdigen reich macht. In einem, wie wir sahen für Konrad bezeichnenden, Prozeßverfahren mit Rede und Gegenrede, Zeugenvernehmung und Urteilsspruch wird der Kunst ihr Recht zuteil. Wer rechte Kunst nicht liebt und doch als *milte* gelten will, dem soll die Gunst der höfischen Tugenden versagt sein, und er wird zu einem freudlosen Leben verdammt. Konrad *(Kunze)* wird beauftragt, der Welt den Richterspruch zu verkünden. Die kunstvolle Form verbindet sich mit einem kunstvollen Stil, vorzüglich in der Virtuosität seltener Vierreime, und macht dieses Gedicht von der Kunst selber zu einem Beispiel der hohen Kunst der geblümten Rede. Auch dieses Gedicht möchte man kaum in die Zeit der Seßhaftigkeit in einem städtischen Gemeinwesen verlegen. Es ist die Tonart der wandernden Literaten, die ihr Auskommen an den Höfen und bei dem reichen Hochadel suchen, und weist abermals auf eine Periode des Wanderns in Konrads Leben.

Dem Spruche nahe steht auch der formal recht einfache weltliche Leich Konrads: *Venus diu feine diust entslâfen*. Hier geht es Konrad wirklich einmal um die Gegenwart. Venus und ihr Sohn Amor sind von dem Kriegsgott Mars verdrängt. Anknüpfend an Walthers ersten Reichs-

spruch klagt Konrad über die Rechtsunsicherheit und Faustrechtsherr-
schaft, über Raub, Brand und Zerstörung und über die Lust der Ritter
am rohen Fehdehandwerk. Das ist das Bild der spätesten Stauferzeit
oder des Interregnums. Die Minne – und das heißt hier zugleich auch
die höfische Zucht und Bildung – ist am Erliegen. Das Heilmittel freilich,
das Konrad empfiehlt, hat mit Politik nichts zu tun; es ist reizend spie-
lerisch und naiv. Venus und Amor sollen die Männer zur Minne entzünden, dann werden sie *rîten und strîten* vergessen, und es wird eine
idyllische Welt der Minnefreuden entstehen. Er selber nennt dies Gedicht einen Tanz, den er den Frauen gesungen hat, und dies offensicht-
liche Jugendwerk ist in der Tat am Stil des höfischen Tanzleichs Winterstettens geschult.

   Weit kunstvoller und preziöser dagegen ist Konrads religiöser Leich,
der Preis des Erlösungswerkes und Marias, durch deren Mutterschaft
Gott in die Welt gekommen und die Erlösungstat möglich geworden ist.
Er führt uns hinüber zu dem großen Lobgesang auf Maria, den wir die
Goldene Schmiede nennen. Dieser Marienpreis von 2000 Versen
trägt seinen Namen daher, daß der Dichter in den ersten Versen sein
Herz als Goldschmiedewerkstätte darstellt. Er sollte aber besser das
„Goldene Geschmeide" heißen, das in dieser Schmiede gefertigt worden
ist. Er wurde vermutlich von dem bedeutenden Straßburger Bischof
Konrad III. von Lichtenberg bestellt, dem Konrad von Würzburg in
dem Spruch 32, 361 huldigt, und unter dessen Episkopat der Bau des
Straßburger Marienmünsters neuen Ansporn erhielt. Wohlberechnet
setzt Konrad den Preis des Straßburger Meisters Gottfried in den
Prolog.
   Das Gedicht ist ein einziges, endlos ohne Absatz und Atempause
strömendes Lobpreisen ohne erkennbare Disposition oder Gedanken-
führung. Bild schlingt sich in Bild, alles, was die Jahrhunderte an
Mariensymbolik und preisenden Bildern gefunden haben, ist hier
zusammengetragen. Das Gedicht ist kein Marienleben; es enthält nichts
Erzähltes, oder wo es doch geschieht, wie die Erwähnung von Marias
Schmerzen unter dem Kreuz, da nur um der Antithese willen: deine
Schmerzen sind für uns Freude geworden. Konrad kennt die Compassio nicht, die eine der tragenden Züge in der spätmittelalterlichen
Mariendichtung ist. Er sucht nicht das menschlich nahe Verständnis,
sondern das hohe, reichverzierte Bild. Zu den Mariensymbolen gehört
die Brautsymbolik des Hohen Liedes. Auch sie ist verarbeitet, doch nur
als Bild unter Bildern. Mystik ist diesem Dichter ebenso fremd wie die
Gefühlsfrömmigkeit der Compassio.
   Konrad war kein Theologe. Doch gleich in den ersten Zeilen spricht
er vom Wesen seines Gedichtes: Es soll nicht nur Gold sein, er möchte

auch *liebten sin* wie Edelsteine darein fassen, d. h. zum Lobpreis soll die Auslegung treten. In der Tat greift er theologische Fragen auf und zeigt, daß er in scholastischer Theologie zu Hause ist. Maria ist ihm vor allem die Theotokos und damit das Heilswerkzeug der Erlösung. Der Gedanke, daß Maria schon vor aller Schöpfung erwählt worden sei, beschäftigt ihn wie andere Dichter seiner Zeit. In V. 717 ff. spricht er nicht nur von dem Vorwissen Gottes von Marias künftiger Gottesmutterschaft; eine Formulierung wie

> 722 *ob du dâ lîphaft wære niht,*
> *so was doch ie mit hôher state*
> *dîn bilde und diner sêle schate*
> *vor sîme antlitze swebende,*
> *vil schône was ie lebende*
> *dîn forme in der gehügede sîn*

weist deutlich auf scholastisch-spekulative Gedankengänge und Terminologie hin, und wenn (V. 689 ff.) Maria als die Sapientia bezeichnet wird, die am Schöpfungswerk beteiligt war, da sie und ihr Sohn von Ewigkeit ungetrennt waren, so wird hier Maria aus allem Geschaffenen herausgenommen und damit ihr Ruhm zu höchster heilsgeschichtlicher Höhe erhoben.

Das Eigentliche aber ist auch hier für Konrad die Form. Hier hat er das Außerordentliche leisten wollen und geleistet. Noch mehr als sonst hat er seine Kunst der seltenen Reime, Wörter und Bilder angespannt. So wird die „Goldene Schmiede" ein Musterbeispiel der geblümten Rede, der am höchsten geschätzten Form des Wortkunstwerkes. Er selber hat sie V. 60 ff. ausgezeichnet charakterisiert. Die dichterische Sprache nennt er „die Blüte der süßen Rede", die mit *ræselehten sprüchen* floriert und mit *violînen worten* geziert sein muß, d. h. mit schönen Bildern und auserwählten Wörtern. Darunter aber muß der Dichter *wilder rîme kriuter* mischen, d. h. seltene und seltsame Reime finden. So wird wirklich dies Marienlob zu einem Werke zierlich-üppiger Schmiedekunst, ein kostbares und funkelndes Sakramentshäuschen, in dessen Mitte die Jungfrau und Mutter steht, die Gottgebärerin, Heilsbringerin und gnadenvolle Fürbitterin, die große Zentralgestalt in der Frömmigkeit des späten Mittelalters.

2. ALBRECHT, DER DICHTER DES JÜNGEREN TITUREL

Mit Konrad von Würzburg allein wäre die Spätblüte höfischer Dichtkunst nicht genügend erfaßt. Neben sein vielseitiges Gesamtwerk müssen wir das eine ungeheure Epos jenes Albrecht stellen, der sich als Dichter des sogenannten Jüngeren Titurel nennt.

Gehen wir vom Formalen als der wichtigsten künstlerischen Leistung des Mittelalters aus, so ist in Konrad der eine Weg bezeichnet, der von Gottfried von Straßburg über Rudolf von Ems führt. Albrecht geht den anderen Weg, der von Wolfram herkommt. Für Albrecht ist der Stil, namentlich der manirierte Altersstil seines großen Meisters Wolfram vorbildlich; er sucht ihn in der metrischen wie der sprachlichen Form zu überbieten und in seinen letzten Möglichkeiten auszuschöpfen. Gerade in der kunsthandwerklichen Behandlung von Form und Sprache wird die ganze Breite der Möglichkeiten im *ornatus difficilis*, der geblümten Rede, noch einmal deutlich: bei Konrad die elegante, graziöse, leicht spielende helle Abart, bei Albrecht ein kühnes und mühevolles Eindringen in dunkle Tiefen der Sprache, eine tiefsinnige Verschnörkelung und Verrätselung, die das *profanum vulgus* von der Teilnahme an den erhabenen Dingen der Dichtung ausschließt.

Der Jüngere Titurel läßt sich zeitlich und örtlich ziemlich genau festlegen. Eine Anspielung in der Mitte des Werkes (Str. 2946) spricht von Richard von Cornwall noch als von einem Lebenden, und Berthold von Regensburg zitiert und paraphrasiert einige Strophen aus dem Schluß des Gedichtes. Richard wie Berthold sind 1272 gestorben. Damals also mußte das Gedicht nicht nur wesentlich fertig, sondern auch, wenigstens in Teilen, öffentlich bekannt gewesen sein.

Noch weiter führt das vielbesprochene Fragment einer Widmungsdichtung an einen Pfalzgrafen Ludwig, dessen Erhebung zur höchsten Würde des Reiches bevorstehe. Hier muß es sich um Ludwig II., den Strengen, von Bayern handeln, der nach Richards Tod aussichtsreicher Kandidat auf die Königskrone war. Diese Aussicht wurde durch die Wahl Rudolfs von Habsburg (1. 10. 1273) zunichte, und, wie aus Str. 5883 hervorgeht, war Albrechts Hoffnung auf Unterstützung durch diesen Gönner vergeblich. Ludwig hat offenbar die Widmung, die zugleich Pflicht zur Unterstützung in sich schloß, nicht entgegengenommen; darum ist auch keine der vielen Handschriften des Jüngeren Titurel mit dieser Widmung versehen. Da auch Albrechts ursprüngliche Gönner und Anreger, drei Fürsten, „die in der Mitte Deutschlands zu Hause sind", versagt haben (Str. 5767 ff.), sieht sich Albrecht ohne die nötigen Hilfsmittel und schließt sein Werk zunächst offenbar mit den religiös-betrachtenden Strophen 5883–5899 ab, deren letzte eine deutliche Schlußformel ist. Dann aber hat er sich auf Drängen von Kunstkennern entschlossen, dem Werk ein „gutes Ende" zu geben, und es in wenigen hundert Strophen rascher und flüchtiger, als es sonst sein Wesen war, abgerundet.

Der Dichter nennt sich nur ganz knapp Albrecht. Die näheren Angaben über seine Person, die das Widmungsgedicht enthalten haben dürfte, sind uns bei dessen fragmentarischer Überlieferung verloren. Wer war dieser Albrecht?

Das ganze Riesenepos ist um die Bruchstücke von Wolframs Titurel (Bd. II, S. 122 ff.) herum komponiert, und Wolframs Parzival bleibt stets in Sichtweite des Dichters. Er nimmt Wolframs Titurelbruchstücke, sie nach seinem kunstvolleren Formprinzip umarbeitend, in sein Epos auf. Er fühlt sich so sehr als Fortführer und Vollender des Wolframschen Planes, daß er sich mit ihm identifiziert und durch den größten Teil des

Gedichtes die Fiktion aufrecht erhält, es sei Wolframs eigenes Werk. Als solches ist es im Mittelalter gelesen worden – schon Johann von Würzburg las es um 1300 so! – und sicherlich war es der eigentliche Träger von Wolframs fortdauerndem Ruhm im 14. und 15. Jahrhundert. Auch die ersten Wiederentdecker des Gedichtes im 18. Jahrhundert nahmen es zunächst als Werk Wolframs von Eschenbach. Wir dürfen hier schwerlich von Plagiat oder auch nur von Mystifikation sprechen. Der Dichter fühlt sich als den legitimen Vollender dessen, was Wolfram geplant hatte; er war nur der Mund, durch den der Meister sprach. Doch mit Str. 5883 nennt sich plötzlich der wirkliche Dichter, eben Albrecht, und zwar ausdrücklich als Verfasser des ganzen Werkes. Man kann vermuten, daß er sich in der Widmung an Ludwig, dessen Gunst er suchte, mit seinem wirklichen Namen nennen mußte, und daß damit zugleich die Wolframfiktion unmöglich wurde.

Sonst erfahren wir über den Dichter nichts. Frühzeitig hat man ihn mit dem Dichter Albrecht von Scharfenberg identifiziert. Auch von diesem wissen wir unmittelbar nichts. Wir kennen ihn nur durch Ulrich Füetrer, einen bayrischen Maler und Dichter aus der zweiten Hälfte des 15. Jahrhunderts, der jenen fürstlichen und gelehrten Hofkreisen des späten Mittelalters nahestand, in denen zum letztenmal der Versuch gemacht wurde, Ritterwesen und Ritterdichtung neu zu beleben. Sein großes „Buch der Abenteuer“, das eine Reihe höfischer Epen – darunter auch den Trojanerkrieg Konrads von Würzburg – in den skelettierten Rahmen des Titurel einarbeitete, nennt Albrecht von Scharfenberg als den Verfasser zweier dieser Romane, des Seifrid de Ardemont und des Merlin, und zählt in seinem Widmungsgedicht an Herzog Albrecht IV. von Bayern den Scharfenberger neben Wolfram und Gottfried zu den großen Dichtern der klassischen Zeit. Es liegt nahe, diesen Albrecht von Scharfenberg mit dem Dichter Albrecht des von Füetrer so hochgepriesenen Jüngeren Titurel gleichzusetzen. Werner Wolf, der beste Kenner und verdiente Herausgeber des Jüngeren Titurel, hat es so zuversichtlich getan, daß er Albrecht von Scharfenberg als Verfassernamen in den Titel seiner Ausgabe eingesetzt hat. Wirkliche Sicherheit wird aus unserem Quellenmaterial nicht zu gewinnen sein. Auch ob der Dichter Ritter oder Geistlicher war, ist nicht sicher zu entscheiden, doch spricht die Grundhaltung des Werkes trotz aller betont kirchentreuen Frömmigkeit des Verfassers entschieden für ritterliche Herkunft, und sie würde zur Sicherheit, wenn wir uns dazu entschließen, die Angabe des Dichters, daß er seinen drei fürstlichen Gönnern gegenüber verpflichtet sei, sein Leben im Kampfsturm zu wagen, wörtlich und nicht nur allegorisch aufzufassen.

Der Jüngere Titurel war ein vielgelesenes Werk, wie die zahlreichen (57) Handschriften beweisen. Es war auch ein wirklich lange lebendiges Werk. Noch 1462 nennt

Püterich von Reichertshausen, der denselben Kreisen angehörte wie Ulrich Füetrer, den Titurel das *haubt ob teutschen buochen*. Er rühmt sich, selber ein Exemplar zu besitzen und an 30 gesehen zu haben. Er sagt aber zugleich, daß „keiner der rechte" gewesen sei, er hat sich also mit der Frage des authentischen Textes beschäftigt und die starken Verschiedenheiten im Text bemerkt. In der Tat zeigt die Art der handschriftlichen Überlieferung, das Vorhandensein mehrerer unter sich beträchtlich abweichender Textgruppen, daß dies Buch in mehrfachen neuen Auflagen bearbeitet worden ist. Es erreichte auch noch die Druckpresse; 1477 sah der bekannte Straßburger Drucker Mentelin darin noch ein lohnendes Verlagsobjekt. Und noch 1491 legte Graf Gerhard von Sayn in seinem Testament seinen Söhnen die Lektüre des Titurel als eines Adels- und Tugendspiegels nachdrücklich ans Herz.

Das ist das Ende der literarischen Nachwirkung dieses großen Werkes. Erst die romantische Wissenschaft hat es wiederentdeckt, ihr Bild vom religiösen Rittertum daran geformt und es überschwenglich gepriesen. Karl Lachmanns scharfe Kritik, durch Wilhelm Scherers weithin gelesene bürgerlich-liberale Literaturgeschichte populär gemacht, hat dann dieses „ungenießbare Epos voll von Zweikämpfen, Kriegen, Turnieren, Seefahrten" in einen Verruf gebracht, der bis in Ehrismanns Literaturgeschichte spürbar ist. Doch ein Werk, das über 200 Jahre lebendig fortgewirkt hat, wird man nach den geistigen Quellen seiner Wirkungskraft befragen müssen.

Gerhard von Sayn hat es als ein moralisch-gesellschaftliches Lehr- und Erziehungsbuch verstanden und empfohlen. Er hat damit die Absicht des Dichters richtig erfaßt. „Der Verlauf dieser Aventiure", so sagt er in Str. 65, „ist nichts als eine Lehre. Sie ist mit Tugenden begonnen; ihr Haupt, ihre Brust, ihre Seiten, ihre Füße sind ganz mit Tugenden untermischt." Von Kopf bis Fuß also eine Tugendlehre. Moralisch-lehrhafte Zwecksetzung eines erzählenden Dichtwerkes entspricht der Denkweise der Zeit. Wesentlich ist, was der Dichter zum Inhalt seiner Lehre macht.

Stofflich knüpft Albrecht, wie gesagt, an Wolframs Titurelfragmente an und baut sie zu einem ungeheuren Erzählkonglomerat aus. Eine genaue Inhaltsangabe ist nicht leicht; es genügt, die großen Aufbaulinien zu zeichnen. Das Werk beginnt mit der Geschichte des Grals und der Gralsfamilie, die Albrecht aus Troja herleitet. Im Mittelpunkt dieses Teiles steht die Gestalt des Titurel und der Bau des wunderbaren Gralstempels. Die nächsten Großabschnitte handeln – an Wolfram unmittelbar anknüpfend – von der Minne Tschionatulanders und Sigunes; die Zugehörigkeit der beiden jungen Minnenden zum Gralsgeschlecht ist auf lange hinaus die einzige Verbindung mit der Gralsgeschichte. Die Kinderminne des leuchtenden Paares, Tschionatulanders Orientfahrt mit Gahmuret, die Kämpfe im Dienste des Baruc, Gahmurets Rittertod bilden die Einleitung, die zum Höhepunkt führt: zur Geschichte des Brackenseils. Sigunes Forderung treibt Tschionatulander auf die Suche nach dem Brackenseil, dessen sich Orilus bemächtigt hat. Daran entzündet sich die Feindschaft zwischen Tschionatulander und Orilus, die schließlich zum tragischen Ende des jungen Helden führt. Doch geht die Geschichte bis dahin weite Wege. Tschionatulander kommt an den

Artushof und wird in den Kreis der Tafelrunde aufgenommen. Dort wird das Brackenseil vorgezeigt und seine Inschrift verlesen; es wird offensichtlich zu hoher symbolischer Bedeutung erhoben. Ein Riesenturnier, in dem sich Tschionatulander hervortut und sich die Todfeindschaft des Orilus zuzieht, beendet das Artusfest. Der Zweikampf mit Orilus um das Brackenseil wird verabredet, aber wegen Orilus' Turnierschäden hinausgeschoben. Zunächst zieht Tschionatulander von neuem in den Orient, wo in einer gewaltigen Schlacht Rache für den Tod Gahmurets genommen wird. Nach der mit mancherlei Abenteuern erfüllten und von vielen Episodenhandlungen unterbrochenen Rückkehr Tschionatulanders erfolgt der endliche, entscheidende Zusammenstoß mit Orilus. Diesem gelingt es, Tschionatulander zu besiegen und zu töten, da er fälschlich in den Besitz des Glücksringes gekommen ist, der von dem Baruc Tschionatulander zugedacht war. Damit biegt die Geschichte in die Bahn von Wolframs Parzival ein. Mit dem Bilde der trauernden Sigune und ihren Begegnungen mit Parzival wird der Faden der „Sigunehandlung" – soweit man von einer solchen reden kann – aufgenommen. Wolframs Parzival wird dabei als bekannt vorausgesetzt. Um Substanz zu gewinnen, füllt der Dichter diesen Teil mit ritterlichen Abenteuern Parzivals auf der Gralsuche aus, die Wolfram nur hinter der Szene andeutet, bis Parzival die Würde des Gralkönigs erreicht. Hier knüpft der Schluß an den Anfang, die Geschichte des Grals, wieder an. Ziemlich zusammenhangslos, offensichtlich rasch zu einem notdürftigen Abschluß drängend, wird die Geschichte Lohengrins mehr angedeutet als ausgeführt, und endlich von der Übertragung des Grals nach dem fernen Indien berichtet, so daß nicht Feirefiz, wie bei Wolfram, sondern Parzival selber in das ferne Fabelreich des Priesterkönigs Johannes versetzt wird.

Indessen nicht dies Äußerliche, der Handlungsverlauf, ist das Wesentliche. Der Jüngere Titurel ist ein Kolossalgemälde der ritterlich gestalteten Welt in ihrer echten Repräsentation, insofern als in ihrer äußeren Erscheinung innerer Wert sich offenbart. Das Gedicht will wirklich weltumspannend sein; das gilt zeitlich wie räumlich wie auch strukturell. Zeitlich wird es in den Ablauf der Geschichte eingeordnet, wobei Geschichte bestimmt ist teils durch die alte Weltreichfolge, teils durch die als Geschichte gefaßten Geschehnisse der Romanliteratur. Wenn die Gralsfamilie auf Troja zurückgeführt wird, wenn zwei indische Fürsten die Namen Alexander und Philippus tragen, weil sie ihre Herkunft auf Alexander den Großen in seiner Indienherrschaft zurückführen, wenn gegen Artus ein römischer Kaiser Lucius zu Felde zieht, der durch die Namen Konstantin, Maxentius und Octavian in die römische Kaiserreihe eingeordnet wird, wenn Baligan und Terramer aus Wolframs Willehalm zu Nachkommen des Baruc gemacht werden, die 200 Jahre später, zur Zeit Karls des Großen, gelebt haben, wenn endlich die Lohengringeschichte auf 500 Jahre nach Christi Geburt festgelegt wird, so liegt all dem das Streben nach Weltumspannung im Historischen zugrunde. Troja, Alexander, römisches Reich, Karls neues Imperium – das sind welthistorische Positionen, zu denen die Geschehnisse des Romans in Beziehung gesetzt werden, um die grundsätzlich zeitlose Welt der Artus- und Gralsgeschichten nicht nur chronologisch zu fixieren, sondern in ihrer Geltung historisch zu bestätigen.

Damit ist zugleich auch schon die räumliche Weltumspannung gegeben. Orient und Okzident, Europa, Asien und Afrika sind Heimat der zahllos auftretenden Personen und wechselweise Schauplatz der Ereignisse. Dem *orbis christianus* steht gleichgewogen der heidnische Orient gegenüber. Ist so Rittertum als ideale Haltung zu zeitlicher wie räumlicher Allgeltung erhoben, so wird ihre ideale Allgeltung darin spürbar, daß die Grenzen zwischen den verschiedenen Ausprägungen von Rittertum sich verwischen. Gralswelt, Artuswelt und ritterlich gesehener heidnischer Orient stehen unter dem Zeichen der gleichen ritterlichen Idealität, die aus den drei Kräften: ritterliche Ehre, reine Minne und Gottes Huld gefügt ist. Die deutliche Scheidung von Artusrittertum und Gralsrittertum als ein Stufenbau, die Wolframs Parzival in den Kontrastfiguren Gawan und Parzival gesetzt hatte, ist hier aufgegeben. Trotz aller Geheimnisfülle und kirchlichen Weihe, die den Gralsbezirk umgibt, bewegen sich die zum Gral gehörigen Gestalten, zumal das tragende Paar Tschionatulander und Sigune, in der Welt des Artus und des Baruc nicht anders denn andere Figuren; was sie auszeichnet, ist nur die Fähigkeit, ritterliche Idealität am reinsten und vollkommensten zu verkörpern. Aber auch die Überwölbung von Christentum und Heidentum durch die gleiche Vornehmheit ritterlicher Gesinnung, wie sie in Wolframs Feirefiz Gestalt geworden war, wird hier zu einer völligen Verwischung der Grenzen, die Wolfram in seinem Willehalm trotz allem so klar eingehalten und in Feirefiz' heidnischer Unfähigkeit, den Gral zu sehen, symbolisch ausgedrückt hatte. Zur geographischen Ubiquität fügt der Bau des Gralstempels die kosmische, indem in seiner Struktur und Ausstattung ein symbolisches Abbild des Weltalls gegeben werden sollte. Und wenn am Ende – über den Schluß von Wolframs Parzival hinaus – Gralsreich und indisches Priesterkönigreich des Johannes nicht nur verwandtschaftlich gebunden, sondern in eins verschmolzen werden, so wird damit eine Allumfassung der Gralsherrschaft und des Gralsgedankens erreicht.

Auch des Gralsgedankens! Denn hinter und über der zeitlichen und räumlichen Umfassung steht die ethische, um derentwillen – als Lehre! – das Werk gedichtet und gelesen wurde. Es ist gedacht als die höchste Steigerung des bei Wolfram entwickelten ritterlichen Ethos. Anders als

Konrad von Würzburg, der in seinem Meister Gottfried von Straßburg vor allem ein formales Vorbild sah, ist Albrecht bemüht, Wolfram innerlich zu begreifen, und er ist von ihm ergriffen. Das bedeutet nicht, daß er Wolfram kongenial gewesen ist, auch nicht, daß er Wolframs Absichten überall verstanden hat. Albrecht ist Kind einer anderen Zeit als Wolfram, und man muß beides bei ihm sehen: die echte Wolframnachfolge und die Zeitbedingtheit. Albrecht ist nicht der große Gestalter, der den Stoff transparent zu machen und in den Geschehnissen Ideen aufleuchten zu lassen vermag. Er legt Erzählung und Lehre auseinander. In der Häufung von Stoffmassen unterscheidet er sich nicht von anderen Dichtern späthöfischer Epen, und in der lehrhaften Wichtigkeit der religiös-moralischen Auslegungen folgt er dem Zuge seiner Zeit. Aber was er an Lehre bietet, ist aus einem echten Verständnis für Wolframs Auffassung von Rittertum hervorgegangen.

Von hier aus erhält das Brackenseil seine besondere Rolle. Albrecht entwickelt es, neben dem Gral, zu einem Ding von symbolhafter Bedeutung. In Str. 1505 ff. wird berichtet, daß die Inschrift des Bandes am Artushof vorgelesen wurde. Sie wird in ihrer fast übernatürlichen Fähigkeit geschildert, Freude in aller Herzen zu entzünden und die Hörer sich zu Sonnenhöhen aufschwingen zu lassen. Ja, so tief geht die Wirkung, daß man darüber Krankheit, Wunden und Schmerzen vergißt. Aber der Wortlaut wird hier noch nicht mitgeteilt, er bleibt bis Str. 1873 ff. verborgen. Albrecht verfährt also mit dem Brackenseil so wie Wolfram mit dem Gral; er spannt die Neugier, indem er es zuerst nur in seiner Wirkung erscheinen läßt und viel später erst in seinem Wesen enthüllt.

Die Inschrift selbst, 54 siebenzeilige Strophen lang, übersteigt alle realen Möglichkeiten einer Edelsteinstickerei auf einem noch so langen Leitband eines Hundes. Einleitend wird sie nochmals zu exemplarischer Bedeutsamkeit erhoben: sie gibt Lehre für das Heil aller Menschen. Nach der pompösen Anrede im Stil späthöfischer Minnegrüße geht sie zu einer umfassenden, wohlgegliederten Tugendlehre über. Ein erster Teil entwickelt, an den Namen des Hundes Gardeviaz = *hüete der verte* anknüpfend, einen Spiegel jener christlichen Tugenden, die zur Erringung der ewigen Seligkeit führen, wie es refrainhaft in jedem Strophenschluß unterstrichen wird. Ein zweiter Teil, mit Str. 1892 neu einsetzend: *Du solt ouch ritters orden wol üeben ordenliche*, entwickelt an einer Reihe von Tiersymbolen und ihrer Bezugsetzung zu menschlichen Körperteilen – Auge, Ohr, Kehle, Haupt usw. – eine ritterliche Tugendlehre. Abermals zieht die letzte Zeile in abwandelndem Retrainstil jeweils das Fazit. Sie variiert den Kerngedanken von Str. 1892, daß echtes Rittertum in dieser wie in jener Welt Heil erwerben kann. Dieser Teil gipfelt in einer umfänglichen Minnelehre, wobei edle Minne als Quell männlicher Freude und Würde gewertet wird. Beide Teile zusammenfassend sprechen dann Str. 1909/10 von der Würde der Geistlichen und der Frauen als den Trägern unsrer Sælde bei Gott und in der Welt. Mit diesem Abschluß ist jedoch die Inschrift noch nicht zu Ende. Es folgt nochmals eine Tugendlehre, diesmal unter der Allegorie der zwölf zum Kranze gewundenen „Blumen der Tugend", einer im späten Mittelalter sehr beliebten Allegorie. Es sind wiederum Tugenden im christlichen Sinne, Wegweiser in die himmlische Seligkeit, Schutz vor dem Sturz in die Hölle. Unter allen Blumen wird hier die fünfte, die *Mâze*, am ausführlichsten behandelt, und, indem Luzifers *superbia* als *Unmâze* interpretiert wird, zur eigentlichen Haupttugend erhoben. So schließt denn auch dieser Teil und damit die ganze Inschrift mit zwei Strophen, die den Begriff der *Mâze* im ritterlichen Raum betrachten und vor den beiden Extremen des „Verliegens" und „Verfahrens" – den Verschuldungen Erecs und Iweins – warnen. Danach meldet sich der Dichter wieder zum Wort und berichtet von der tiefen und erhebenden Wirkung der Verlesung auf den Kreis der ritterlichen Hörer.

Hier ist der Sinn von Albrechts Werk konzentriert, und hier können wir ihn in Einklang und Gegensatz zu Wolfram fassen. Ganz wolframisch ist seine Auffassung von *schildes ambet*. Wolframs altes Sigunenwort: du mußt meine Minne unter Schildes Dach erringen, wird zum Leitwort für Tschionatulanders Leben, Leisten und Sterben. Für Albrecht wie für Wolfram gibt es nur die ritterliche Welt; sie allein ist darstellenswert. Sie umfaßt Christen und Heiden zu einer idealen Einheit, erfüllt die Welt mit ihren Taten und erfüllt sich selbst in ritterlicher Tat. Nur durch diese kann der Mann Wert erringen; *wirde* ist eines von Albrechts zentralen Wörtern, das wie *êre* äußere Wertschätzung mit innerem Wertgefühl in sich vereinigt. Bei aller Artusfreudigkeit fehlt seinem Werk daher – von geringen Episoden abgesehen – das märchenhafte Abenteuer, wie seinem Orient die Wundervölker der üblichen Orientfahrten fehlen. Um so unermüdlicher zeigt er seine Helden in den ritterlichen Mutproben von Schlacht und Turnier. Auch der Artushof wird nach dieser Richtung vereinseitigt; die großen Artusfeste sind vor allem von Zweikämpfen und Massenturnieren erfüllt, und Artus selber wird in der Luciusepisode zum Führer eines Ritterheeres im Kriege und zum ritterlichen Zweikämpfer.

Schlacht und Turnier aber werden zu gewaltigen Massenszenen entfaltet; denn dem Dichter gilt es, die ritterliche Welt in ihrer Fülle darzustellen. Ihm geht es in hohem Maße um Repräsentation. Darum ist es ihm gar nicht so sehr um spannende Vorgänge und Abenteuer zu tun wie um Schilderung und Darstellung eines Ideals in Szenen und Figuren. Sein Werk ist nicht nur Tugendlehre, sondern zugleich ein unerschöpfliches Handbuch der Repräsentation und Etikette, der *wirde* in Haltung und Selbstdarstellung. So ist auch das Märchenhafte nicht in die Vorgänge, sondern in die Erscheinung verlegt. Die verschwenderische Fülle unüberbietbaren Reichtums und märchenhafter Kostbarkeit in Waffen und Rossen, Kleidung und Schmuck läßt Rittertum, dessen verrohendes Absinken die Sittenschilderungen der Zeit uns deutlich machen, noch einmal in einer Traumwelt von pomphafter Großartigkeit als die edelste Blüte menschlichen Daseins aufleuchten. Die goldenen Berge Indiens, wo das Gold in Klumpen und die Edelsteine wie Geröll in den Flüssen herumliegen, haben es ihm angetan. Aber nicht von der bürgerlichen Sicht des Sammelns und Besitzens, sondern als Daseinssteigerung hochsinniger Fürsten in dem unerhörten Prunk ihrer Erscheinung und der unermeßlichen Betätigung ihrer Freigebigkeit.

Der Kern des Gedichtes ist ein Minneroman. Wolframs hoher Preis der Minne im ersten Titurelbruchstück ist von Albrecht übernommen worden. Der Minnelehre gilt ein wesentlicher Teil der Brackenseilinschrift. Die Frau wird neben dem Priester, dem Vermittler des ewigen Heils, als Spenderin des irdischen Heils gepriesen. Damit ist die zentrale Rolle der Minne in Albrechts Werk und in seinem Wertsystem gegeben. Albrecht geht auch hier von Wolframs Minneauffassung aus. Die Minne muß rein sein, damit sie Wert besitzt. Reine Minne beflügelt den Mann zur Übung der Tugend. Sie ist auf *triuwe* und *stæte* gegründet, unverbrüchliche Bindung beider Teile an den einen, nie auswechselbaren Partner. Im Namen der Minne und für die Dame seiner Wahl übt der Ritter seine Taten; die Minne entflammt zu höchster kriegerischer Leistung, das Minnezeichen am Helm bekundet den ritterlichen Dienst. Solche Minne, vorbildlich von Tschionatulander und Sigune gelebt, ist von Gott anerkannt und gesegnet. Die Scheidung von echter und falscher Minne *(unminne)* gehört zu Albrechts gern abgehandelten Themen. Die wahre Minne führt zu ewiger Freude, die falsche ist Werk des Teufels und führt zur Hölle. Als Lehrer solcher falschen Minne, die nur Sinnenlust ist, nennt Albrecht *Ovidium den lecker*, der die Ehre der Frauen befleckt hat, und vor dessen Lehren er warnt (Str. 263 ff.). Albrecht hat also Wolframs großes Anliegen erkannt, die beiden Pole, um die das höfische Denken kreist, Minne und Gott, in Einklang zu bringen und damit das Problem „Welt und Gott" zu lösen.

Indessen steht die Minne und alles, was höfische Freude heißt, immer unter dem Schatten des Leides. Entzündet Minne das Herz des Ritters zu höchstem Mut, so führt ihre Forderung ihn immer von neuem in das Wagnis des Lebens. Und damit ist es Albrecht ernst. Der durchschnittliche Weg des Artusritters durch viele Fährlichkeiten zum glücklichen Ende der Hochzeit mit der erwählten Dame ist für Albrecht nicht gültig. Keines der von ihm durchgeführten Minneverhältnisse endet in solcher Glückseligkeit. Wie der Hauptheld Tschionatulander im Kampfe fällt, so vor ihm Gahmuret, so nach ihm Orilus, und neben ihnen stehen alle minnenden Paare unter dieser Drohung oder müssen sie erfahren. Die Frauen, die ihre Ritter in den Kampf schicken und Rittertaten von ihnen verlangen müssen, weil nur so Minne ihren Wert bewährt, werden selber von dem Schlage vernichtet, der den Ritter fällt. Ihre Klagen, üppig überschwellend und die Umgebung mit in ein Meer des Weinens und Klagens reißend, bedeuten für sie das Ende lebenswerten Daseins. Gleich Sigune verwerfen sie alle Freuden, siechen und sterben sie hin. In den Klagen um den Einzelnen klingt wie in Wolframs Willehalm der allgemeine Jammer und das große Leid des Rittertums, daß es die Edlen in den Tod zwingt.

Der Tod aber wird von Albrecht zugleich mit dem ganzen Schauder der Vergänglichkeit und der religiösen Angst vor dem Schicksal im Jenseits erlebt. Das Grundgefühl dieses Mannes, der so viel überschwenglichen Glanz auf seine ritterlichen Gestalten fallen läßt, ist das Gefühl der Eitelkeit der Welt. Er wird nicht müde, an sie zu erinnern und den Blick auf das Heil der Seele zu lenken. Dabei ist es nicht wichtig, daß er in kirchlichen Formen denkt, den sterbenden Gahmuret an Seelgerätstiftungen mahnen läßt, im Ende des Romans einige der Hauptfiguren ein Kloster gründen läßt, in das sie sich zurückziehen. Wesentlich, weil ein Zeichen der Zeit, ist das Wissen um die Vergänglichkeit als dunkler Hintergrund des strahlenden Hochbildes, das er entwirft, ist die Weltangst des *Memento mori* in seinen lehrhaften Betrachtungen, die aus der Freudenwelt der klassischen Artusepik verbannt war. Darin offenbart sich Albrecht als ein Mann an der Wende der Zeit. Der letzte, der das Wunschbild des höfisch gebildeten Rittertums mit begeistertem Ernst aufnahm, stellt es zugleich unter die Schwere der Weltverzweiflung und sieht es als ein Stück Vergänglichkeit.

Darum zerbricht die von ihm festgehaltene Idee der höfischen Dichtung, daß es möglich sei, Gott und der Welt zu gefallen, dennoch unter seinen Händen. So sehr er sich bemüht, vorbildliches Rittertum und reine Minne als Wege zu Gottes Huld darzustellen, treten ihm doch Gott und Welt als dualistische Gegensätze auseinander. Es hat symbolische Bedeutung, daß Wolfram den Gral in der Gralsburg, d. h. im ritterlichen Gehäuse zeigt, Albrecht ihn dagegen aus dieser weltlichen Sphäre wegnimmt und ihn im Wunderbau des Gralstempels einschließt. Und es ist ebenso bezeichnend, daß Albrecht als der erste Interpret von Wolframs Parzivalprolog (Str. 21 ff.) diesem eine religiöse Deutung gibt und seine Auslegung in einem breiten Preis des Taufsakramentes ausklingen läßt. In der Inschrift des Brackenseils, dieses zentralen Gegenstandes der Dichtung, sind jene Tugenden vorangestellt, die zur ewigen Seligkeit führen, und dann erst, sauber getrennt, diejenigen behandelt, die zur Ehre führen. Der Priester wird durch seine Tonsur *(corona)* dem König mit seiner Krone an Würde gleich. Er steht aber noch höher als der König; denn dieser kann nur irdische Freuden schenken, der Priester aber kann dank seiner Gewalt den Sünder zu ewiger Freude führen. Aber auch die Frau und mit ihr die Minne wird bei aller konventionellen Erhöhung in die dualistische Sicht eingeordnet. Der alte Satz Walthers von der Vogelweide: *rehte als engel sint diu wîp getân* tritt dualistisch auseinander: was die Frauen in der Vergänglichkeit sind, das sind die Engel in der Ewigkeit. Und auch die Frau wird mit dem Priester kontrastiert: die Frauen sind uns Wegweiser in dieser Welt, die Priester weisen den Weg zu Gott.

Unter solchem Aspekt müssen auch die ethischen Werte Wolframs, die bei aller religiösen Erfülltheit autonome Überzeugungskraft von innen her haben, in die typischen Begriffe der gültigen Moraltheologie verwandelt werden. Auf keinem anderen Felde spürt man so deutlich den Abstand zwischen Wolfram und Albrecht. Wolframs lebensbestimmender Begriff der *triuwe* wandelt sich in lehrbare moralische Anweisungen, innere Haltung wird zu moralischer Tadellosigkeit. Wolframs verinnerlichte *kiusche* wird zur Tugend der *continentia*, der fleischlichen Enthaltsamkeit und Bewahrung der Jungfräulichkeit veräußerlicht. Man vergleiche die zarte nächtliche Szene zwischen Parzival und Condwiramurs in der Kemenate von Pelrapeire mit der taghellen Entblößung Sigunes vor Tschionatulander beim Abschied des jungen Helden. Das ist nicht lasziv gemeint sondern symbolisch; es bezeichnet die Grenze der Hingabe, die für Albrecht außerhalb der Ehe gezogen ist: Preisgabe ohne Verletzung der Virginität. Es zeigt aber zugleich, wie nahe Lüsternheit und Prüderie beieinander wohnen können.

So erkennen wir Albrechts religiöse Haltung als die des kirchentreuen Laien. Er lebt in den gültigen Lehren der Kirche und aus der Einbettung in ihr Heilswirken. Mystische Züge sind seinem Wesen fremd. Der Gralsbereich ist zwar geheimnisvoll wie bei Wolfram, doch nicht im religiösen Sinne mystisch. Auch der Gral ist vielmehr ethisch gesehen; er ist für Albrecht ein Symbol der durch Tugend erreichbaren Seligkeit. Albrecht betont mehrfach, daß jeder durch Tugend zum Gral kommen kann, auch wer ihn niemals sieht. Man hat mystisches Denken oder wenigstens mystische Erlebnisform in dem Wunderbau des Gralstempels sehen wollen. Doch die Fülle von Licht und Glanz darf nicht zu einer mystischen Deutung verführen; es ist nicht das Licht der Gottheit, in das der Mystiker versinkt. Der Überschwang an Glanz und Kostbarkeit, mit der Albrecht den Tempel ausstattet, ist auch hier repräsentativ gemeint, letzte Steigerung der prunkenden Hülle, in die Albrecht alles kleidet, was seiner idealen Ritterwelt zugehört. Wohl aber hat der Tempel allegorischen Wert und wird damit zum Zeichen der Zeit. Er ist richtig als ein Abbild des Kosmos erkannt worden, in dem Himmel, Erde und Meer umspannt sind.

Noch in anderer Hinsicht interessiert uns der Bau des Gralstempels. Er wird in allen Einzelheiten sowohl in seinem kostbaren Material wie in seiner architektonischen Struktur so genau geschildert, daß im 14. Jahrhundert zweimal der Versuch gemacht worden ist, Bauwerke nach seinem Muster zu errichten: das Kloster Ettal durch Ludwig den Bayern, die Karlsburg in Prag durch Karl IV. Und die moderne Forschung hat mehrfach versucht, Albrechts Wunderbau auf Grund seiner Beschreibung zu rekonstruieren und ihn in die Geschichte der Baustile vergleichend einzuordnen. Doch scheint mir das Entscheidende, daß sich dem Leser aus allen Details kein plastisches Gesamtbild ergibt. Wolframs Gralsburg steht vor uns, gerade weil er der schöpferischen Phantasie des Hörers Spielraum läßt. Albrechts Gralstempel gewinnt eben dadurch, daß er beschreibend in lauter reale Einzelteile zerlegt wird, nicht Gestalt. Das liegt nicht nur daran, daß Wolfram der größere, der dichterischen Mittel bewußtere Dichter ist, es liegt zugleich an dem Wandel der Zeit. Albrechts minutiöse Ausbreitung der Details gehört wie die genauen Beschreibungen des Aussatzes und des verwesenden Rückens von Frau Welt bei Konrad von Würzburg in das Bestreben nach realistischer Deutlichkeit. Wie dort das Abstoßende, so wird hier das Geheimnisvolle in die Nähe gerückt, in allen Einzelheiten greifbar gemacht und in einer aufgehäuften Fülle kostbarer und schöner Dinge materialisiert. Und eben damit wird es der Weihe des Geheimnisses und der höheren Anschaubarkeit der Idee beraubt.

Aus der überschwenglichen Begeisterung für Rittertum als Repräsentation höchsten menschlichen Daseins ergibt sich Stil und Form. Ein einheitlicher Stilwille ist mit einer bewundernswerten, nie erlahmenden Kraft durchgehalten. Man mag ihn als Schwulst bezeichnen, sofern man nur keine ästhetische Abwertung damit verbindet. Wo Superlative der Pracht, des Reichtums, der Tugend, der Minne, der Taten und Leiden auszudrücken waren, Gigantik der Heere und Schätze, Ströme des Blutes und der Tränen, und wo dahinter die Emotion eines davon ergriffenen Dichters stand, würde der glatte ebene Stil eines Hartmann von Aue unangemessen sein. Auch der Stil sucht das Superlativische, das Bewegte und Erhabene. Wolframs Altersstil bot den gemäßen Ansatzpunkt. Die metrische Form war durch Wolframs Titurelfragmente vorgegeben. Die in sich schon schwierige Titurelstrophe wird durch die Einführung von Binnenreimen in dem ersten Langzeilenpaar noch kunstvoller gemacht. Wolframs Strophen werden entsprechend umgedichtet. Harte Enjambements, häufige Strophensprünge lösen die feste Architektonik der Strophe bewußt auf. Verschnörkelung und Verdrehung des Satzbaues bis zur Unverständlichkeit des Sinnes dürfen nicht als Ungeschick angesehen werden; sie gehören zu den Erfordernissen eines dunklen und erhabenen Stils. Die sprachlichen Mittel: seltene Wörter oder Wortformen, Umschreibungen statt einfacher Ausdrücke, eine üppige, oft dunkle Metaphorik, seltsam klingende Fremdwörter, Häufungen und Reihungen von Synonymen, breit ausschwellende Wortwiederholungen, überraschende und gesuchte Reime schaffen ein Stilganzes, das sich nach der rhetorischen Schultheorie dem *ornatus difficilis*, nach der mittelhochdeutschen poetischen Terminologie der geblümten Rede zuordnet. Es sind, wie man sieht, weitgehend dieselben Stilmittel, deren sich auch Konrad von Würzburg bedient. Aber wie verschieden formt sich dasselbe Material unter den Händen zweier so wesensverschiedener Dichter! Konrads leichte Formbegabung sucht das Flüssige, Elegante, scheinbar Mühelose noch in den schwierigsten Experimenten. Albrecht scheint immer mit einem inneren Drange zu ringen; für das Kolossale seiner dichterischen Inspiration bedarf er das Gewaltige des Ausdrucks, für den kostbaren Inhalt das seltene, erlesene Wort. Konrad von Würzburg hat eine ganze Stilschule geschaffen. Albrecht ist gewiß nicht ohne Nachfolge geblieben, aber seine dunkle Eigenwilligkeit war dem mittelmäßigen Dichter unzugänglich, und wo Nachahmung versucht wurde, wie bei Hadamar von Laber oder bei Egen von Bamberg, schlägt sie leicht ins Absurde um.

3. HEINRICH VON NEUSTADT

Wenn wir den beiden bedeutenden Vertretern einer höfischen Nachblüte als dritten Heinrich von Neustadt hinzufügen, so nicht deswegen, weil sein Können und seine Leistung auf gleicher Höhe ständen. Er erscheint hier vielmehr gerade als Repräsentant für das endgültige Versiegen der Impulse, die von der höfischen Dichtung der Stauferzeit ausgegangen sind.

Der in Wien ansässige Arzt Heinrich aus Wiener-Neustadt ist im Jahre 1312 urkundlich nachgewiesen; er ist also um eine Generation jünger als die beiden anderen. Für seine Dichtungen können wir weder eine absolute noch auch nur eine sichere relative Chronologie geben, setzen sie aber mit Recht um die Jahrhundertwende an. Wir kennen von ihm einen umfänglichen Versroman, den Apollonius von Tyrland, und daneben religiöse Dichtung. Je nachdem, wie man die Überlieferung beurteilt, handelt es sich um nur ein einziges oder um zwei Gedichte. Das religiöse Hauptwerk, das Heinrich von Gottes Zukunft genannt hat, d. h. vom Erscheinen Gottes auf Erden, ist eine Heils- und Erlösungsgeschichte bis zum Antichrist und zum Jüngsten Gericht. In eine der drei Handschriften dieses Werkes ist eine Visionserzählung, die Visio Philiberti, eingefügt. Sie wird von manchen Forschern als ein ursprünglicher Teil des Werkes betrachtet, von den meisten jedoch als ein selbständiges, erst sekundär in das Erlösungsgedicht eingefügtes Stück angesehen. Wie dem auch sei – jedenfalls finden wir bei Heinrich von Neustadt wie bei Konrad von Würzburg und dem Stricker weltliche und religiöse Dichtung nebeneinander.

Im allgemeinen gilt der Apolloniusroman für älter als die geistlichen Gedichte. Indessen ist nicht zu übersehen, daß Heinrich schon während der Abfassung des Apolloniusromans mit dem Antichriststoff beschäftigt gewesen sein muß. Er flicht sehr

seltsam in den Abenteuerroman die eschatologischen Völker Gog und Magog und
die Endzeitgestalten Elias und Enoch ein, und er ist hier wie in dem religiösen Gedicht
von der Überzeugung erfüllt, daß das Kommen des Antichrist unmittelbar bevorstehe. Die Möglichkeit muß daher offen bleiben, daß das Gedicht von Gottes Zukunft
mit der eschatologischen Thematik seines letzten Teiles vor oder neben dem Apollonius entstanden ist. Jedenfalls dürfte die Antichriststimmung bei Heinrich wie beim
Wilden Alexander (vgl. S. 198) und bei Ottokar von Steiermark (vgl. S. 327) mit der
Erschütterung durch den Fall von Akkon zusammenhängen, die dichterische Tätigkeit des gelehrten Arztes also bald nach 1291 anzusetzen sein.

Das große epische Hauptwerk Heinrichs ist der Apollonius von
Tyrland. Einer der bekanntesten griechischen Romane, der zu einem
Stück Weltliteratur wurde, ist hier, unseres Wissens zum erstenmal,
deutsch nachgedichtet worden. Das verlorene griechische Original war
früh ins Lateinische übersetzt worden und ist im Mittelalter in mehreren
lateinischen Rezensionen weit verbreitet. Der Apolloniusroman gehört
dem Typus des alexandrinischen Familienromans an: die Glieder einer
Familie werden weit verstreut, erleiden schwere und seltsame Schicksale und werden am Ende wieder glücklich vereint. Nur lose, als eine
Art Vorgeschichte, ist dem eigentlichen Apolloniusroman die Episode
des bösen Königs Antiochus vorgeschoben, der mit seiner schönen Tochter in Blutschande lebt und alle Freier dadurch abzuschrecken sucht, daß er
ihnen ein Rätsel aufgibt – die Verrätselung seines eigenen Verhältnisses
zu seiner Tochter – und den Versagenden den Kopf abschlagen läßt.
Eine solche Geschichte verlangt ihre Abrundung, indem zuletzt einer
das Rätsel löst und dem Greuel in irgendeiner Form ein Ende macht. Indessen vermag Apollonius das Rätsel zwar zu lösen, wird aber von dem
Wüterich dennoch bedroht und eben dadurch auf seine Abenteuerfahrt
getrieben, die ihn nicht wieder zu Antiochus und dessen Tochter zurückführt.

Soweit der antike Roman den Stoff hergibt – Apollonius' Erwerbung
der Lucina, die Geburt der Tochter auf einer Seereise, der Scheintod der
Lucina und die Versenkung ihres Sarges im Meer, ihre Auffindung,
Wiedererweckung und Aufnahme in den Dianatempel zu Ephesus, das
Aufwachsen der Tochter Tarsia, ihr Raub durch Piraten, ihr Verkauf in
ein Freudenhaus und die Bewahrung ihrer Keuschheit, endlich die
Wiedervereinigung der Familie und der Aufstieg des Helden zum Kaiser
von Rom – hält sich Heinrich wesentlich an den Ablauf der lateinischen
Vorlage. Doch das macht noch nicht einmal ein Sechstel von Heinrichs
Gedicht aus. Er gestaltet sein Werk zu einem eigentlichen Abenteuer-
roman spätmittelalterlichen Geschmacks aus, indem er die 14 Jahre von
Apollonius' Umherirren mit einer Masse von Abenteuern eigener Er-
findung ausfüllt. Heinrich war ein belesener Mann und hat sich seinen
Stoff von vielen Seiten zusammengesucht. Er scheint byzantinische
Quellen oder wenigstens Motive gekannt zu haben; aus der heimischen

Literatur haben ihm sowohl der abenteuerliche Heldenroman wie der Aventiurenroman des Artustypus und der Orientroman von der Art des Herzog Ernst das Material geliefert.

In der Stoffhäufung erkennen wir den Spätling. Die reihende Kettentechnik des klassischen Romans gab die bequeme Grundlage dazu her. Aber während dort ein kompositorischer Wille zu finden ist, der die einzelnen Abenteuer in den Dienst einer fortschreitenden äußeren und inneren Handlung stellt (Hartmanns Erec) oder um ein festes Hauptthema kreisen läßt (die Wiedersehensabenteuer im Tristanroman), kommt es Heinrich nur noch auf Masse an. Sein Aufbau greift wieder auf die primitive Reihung des vorhöfischen Romans vom Typus des Salman und Morolf zurück. Von bewußter Komposition und innerer Motivierung kann man nicht mehr reden. Erlebnisse und Abenteuer wachsen am Wege; sie werden von dem Helden durchgemacht, glücklich beendet und sind vergessen. Sie stehen auch in keiner Beziehung zu dem Grundgedanken des griechischen Romans, der Trennung von Gliedern einer Familie, die glücklich wieder vereint werden. Vielmehr wird Apollonius zum Minneritter stilisiert und durch mancherlei Frauenminne hindurchgeführt, die Heinrich, da er nur die durch die Ehe sanktionierte Verbindung gelten läßt, jeweils in einem Ehebund enden läßt. Aber diese Ehen sind nicht von Dauer. Auch wo der Tod im Kindbett nicht hilfreich eingreift, zieht der Held weiter, und die Ehe ist vergessen. Das gilt sogar von der wunderschönen Diamena, der Prinzessin vom Goldenen Tal. Ihre Erringung wird zu einer Art Höhepunkt in Apollonius' Wanderleben gemacht und mit jener liebevollen Ausführlichkeit erzählt, die im Artusroman dem letzten und endgültigen Frauenabenteuer zukommt. Allein auch sie sinkt in Vergessenheit, als Apollonius die Liebe der Mohrenkönigin Palmina, einer Art Belakane, gewinnt und genießt. Auch sie bleibt natürlich Episode, denn das Endziel, die Wiedervereinigung mit Lucina, der legitimen Gattin des griechischen Romans, lag ja fest.

Dieser späte Dichter vermag aus der vorangehenden Literatur nur noch Bausteine zu sammeln, nicht mehr damit zu bauen. Denn er hat keinen inneren Zusammenhang mit der dichterischen Welt des Rittertums. Der ritterliche Dichter des Jüngeren Titurel besaß ihn noch von seinem Wesen her, der künstlerisch fein empfindende Konrad von Würzburg fand den Zugang über Form und Geschmack. Beides gilt für den gelehrten Arzt Heinrich von Neustadt nicht. Der Verlust der *Mâze*, des höfischen Strebens nach gebändigter Zurückhaltung auch im Stofflichen der Aventiure, wird deutlich spürbar. Was in der „Krone" des bürgerlichen Dichters Heinrich von dem Türlin (vgl. Bd. II S. 195 ff.) begann, wird bei Heinrich von Neustadt zum Prinzip: ein Roman ist für ihn eine Kette vereinzelter Episoden, die ihre Berechtigung nur noch aus ihrer eigenen Erstaunlichkeit ziehen. Indem die Episoden an Zahl und willkürlich wachsen, verliert die einzelne an Gewicht, und anstatt die Phantasie zu erfüllen und zu sättigen, erzeugen sie Unersättlichkeit.

Die großen Antriebe des höfischen Ritterepos, Minne und Ehre, sind kraftlos geworden. Sie sind nur noch Worte. Zumal die höfische Minne ist veräußerlicht und verdorrt. Der Dichter redet Frau Minne oder Frau Venus an wie ein höfischer Dichter, und er kennt noch die Stichworte und Metaphern, die ihre Gewalt ausdrücken. Aber sie sind doch nur noch Formeln für ein sinnliches Begehren, für das der ehrbare Bürger zwar recht drastischen Ausdruck findet, das er aber aus bürgerlichem Moraldenken alsbald durch die Ehe sanktioniert. Wie bezeichnend ist es für ihn, daß er die Liebe Tristans und Isoldes (V. 166 ff.) der Minne als ʹmoralische Schuld vorhält! Am deutlichsten wird die Entseelung der Minne in der Szene an der aus Wolframs Parzival entlehnten Wundersäule im Palast des indischen Königs Candor (V. 12 890 ff.). In ihrem Spiegel sieht der Fürstensohn Printzel von Barcelona, daß sein Weib tot ist. Candor tut das mit einer Handbewegung ab: *waʒ ist der not!* und bietet ihm eine andere Frau an. Ebenso geht es bei Palmer von Syrien. Ihm verrät die Wundersäule die Untreue seiner Frau. Aber Candor weiß Rat; er trägt ihm die Hand seiner Nichte an, und alles ist in Ordnung.

Wie die Minne, so sind auch andere Elemente höfischer Weltdarstellung nur noch feste Formeln: die Schilderung der Natur, die Beschreibungen weiblicher Schönheit und ritterlichen Glanzes. Heinrichs mehrfach geäußerte Verachtung des Bäurischen ist nicht mehr dem Gegensatzgefühl des höfisch gebildeten Ritters, sondern des studierten Bürgers entsprungen. Nicht mehr das höfische Gegenwort *dörperlich* sondern das gelehrte *rusticus* würde es passend ausdrücken. Ritterliche Pracht ist nicht mehr, wie im Jüngeren Titurel, als Wesensausdruck nacherlebt. Zumal der letzte große Prunkaufzug des zum Kaiser aufgestiegenen Apollonius ist ein ins Phantastische übersteigertes Hoffest, das der Bürger einer fürstlichen Hauptstadt mit Devotion anstaunt.

Das Phantastische aber wird in der Literatur dieser Art zugleich das Nahe und Handgreifliche. Heinrich zeichnet mit den starken, deutlichen Linien des Holzschnittes. In doppelter Weise bricht die Realität in die Phantasiewelt ein: als grelle Überdeutlichung des Fratzenhaften wie des Kostbaren und als biedere Gegenständlichkeit des Alltäglichen. Wenn Apollonius den hungernden Tarsiern seine Getreidevorräte zunächst zum Selbstkostenpreis überläßt, so ist das die noble Geste des Kaufmanns, nicht des Königs. Erst nachträglich besinnt er sich auf die königliche Pflicht der *milte* und überläßt das gezahlte Silber den Bürgern zur Verbesserung und Verschönerung ihrer Stadt. Und es ist eine kleine, aber bezeichnende Wendung, daß Apollonius die Pflicht des Ritters, sich nicht zu verliegen, „aus den Büchern hat lesen hören". Das ist unwillkürlich die Form, in der sich der literaturkundige Bürger Ritterwesen aneignet; Apollonius, der geborene Ritter und Fürst, hätte es aus innerer Anlage wissen müssen.

Solche anschauliche Greifbarkeit bestimmt Form und Stil. Heinrichs Stil ist ein Gemenge aus den alten, blaß und duftlos gewordenen Wort- und Stilblumen der höfischen Dichtung und einer prosanahen, nüchternen, aber oft anschaulichen Aussageweise. Die Werbungsbriefe der drei Grafen um die schöne Lucina (V. 1998 ff.) sind zunächst im schwülstigen Stil der sentimentalen Liebesbriefe gehalten, für die Rudolf von Ems im Wilhelm von Orlens zuerst das Stilmuster aufgestellt hatte, und die zu den beliebten Feinheiten der späten Epik gehören. Aber sie enden ganz nüchtern mit dem Angebot einer Morgengabe, die in gutem Bargeld ausgedrückt ist. Die moralischen Betrachtungen, die die Ereignisse begleiten und kommentieren, sind oft aus guter, volksläufiger Erfahrung geschöpft. Und wo die Bildwahl nicht ererbt ist, sondern aus der Erfahrungswelt des Dichters stammt, ist sie von herzhafter Realistik: der faule Schoßhund als Bild des sich verliegenden Ritters, die Sau mit ihren Ferkeln als Bild der wimmelnden Schar der Feinde. Auch der Form wird nicht mehr die Sorgfalt der klassischen Vorbilder oder gar Konrads von Würzburg zuteil. Der Reim ist noch rein, aber die Metrik wird lässig, und der Vers ist ohne Gefühl für Rhythmus gebildet.

Wir haben diesem als dichterische Leistung mittelmäßigen Roman so viel Aufmerksamkeit gewidmet, weil wir ihn als Exponenten einer ganzen Gruppe und einer Zeit verstehen wollen. Wir haben ihn am klassischen Aventiurenroman abgemessen, und Heinrich gibt uns ein Recht dazu, weil er aus dessen Stoffen und Formeln lebt. Bei Heinrich und seinen Artgenossen, denen wir begegnen werden, ist die Linie ausgelaufen, die mit Veldeke und Hartmann eingesetzt hatte. Was Konrad von Würzburg und Albrecht, jeder in seiner Weise, mit Glück versucht hatten, das große höfische Epos noch einmal lebendig zu machen, das gilt eine Generation später für Heinrich nicht mehr. Das höfische Epos als lebendige dichterische Gestalt ist tot, seine Kraftquellen sind versiegt, seine Ideen nicht mehr gültig. Aber wird ein so negatives Urteil Heinrich von Neustadt gerecht? Eine so profilierte literarische Gattung wie das klassische Epos setzt eine kulturelle Führungsschicht, eine soziale und geistige Elite voraus, die sie trägt. Diese ist in den politischen, sozialen und wirtschaftlichen Umschichtungen der späten Stauferzeit und des Interregnums zugrunde gegangen oder von robusteren Schichten beiseite gedrängt. Wenn Konrad von Würzburg in den Städten des Oberrheins ein gebildetes Bürgertum antraf, das sich als Erbe des höfischen Wesens empfand und für Konrads rückgewandtes Kunststreben empfänglich war, so hat Heinrich von Neustadt in Wien nichts Entsprechendes gefunden – oder nicht gesucht. Will man sich ein Bild davon machen, für wen er gedichtet hat, so stellt man sich gern die lebenslustigen, wohlhäbigen und ehrenfesten, doch fern aller höfischen

Bildungsansprüche lebenden Wiener Bürger vor, die der hübsche Schwank von der Wiener Meerfahrt (vgl. S. 268 f.) uns so anschaulich zeichnet. Solches Publikum, für das auch Jansen Enikel seine Weltchronik geschrieben hatte, hat kein Kunstwerk gewollt, sondern Stoffdarbietung. Die aber gibt Heinrich redlich, anschaulich und in abwechslungsreicher Fülle. Wir mögen den kulturellen Niveauunterschied spüren und feststellen. Aber wir dürfen nicht vergessen, daß in diesem Bürgertum ein gutes Stück Zukunft lag – auch literarische Zukunft. Ein Werk wie Heinrichs Apollonius weist zum Volksbuch hinüber, das ja auch die alten Stoffe und Formeln des ritterlichen Epos festhält. Und wenn wir in unserer Literaturforschung bestrebt sind, dem Volksbuch und anderen literarischen Erscheinungen ähnlichen Niveaus aus ihren Vorbedingungen gerecht zu werden, so dürfen auch Heinrich von Neustadt und seine Artverwandten eine ihnen angemessene Würdigung verlangen. Sie sind zukunftsvoller als Konrad von Würzburg und Albrecht. Sie haben sich noch nicht von der überkommenen Versform befreit, das ist ein epigonaler Zug bei ihnen. Aber die Prosa als Dichtform, die solcher Art des Erzählens angemessen wäre, steht vor der Tür, und Männer wie Heinrich von Neustadt haben ihr den Weg bereitet.

Neben dem Unterhaltungsroman steht Heinrichs nicht unbedeutende religiöse Dichtung. Das Gedicht von Gottes Zukunft handelt von dem Erlösungswerk und dem Jüngsten Gericht; in dem Gespräch zwischen Leib und Seele der Visio Philiberti erklingt das *Memento mori* und wird der Gedanke von der Eitelkeit alles Irdischen eingeprägt. Auch im Bereich der religiösen Dichtung entfernt sich Heinrich von Neustadt weiter von der Tradition und Thematik der höfischen Zeit. Der Dichter des Jüngeren Titurel versuchte bei aller betonten Kirchenfrömmigkeit Wolframs Gedanken des gottberufenen Rittertums als Versöhnung zwischen Gott und Welt noch festzuhalten. Konrad von Würzburg blieb mit seinen höfischen Legenden und seinem Marienpreis im Rahmen dessen, was grundsätzlich auch bei seinen klassischen Vorbildern möglich gewesen wäre. Heinrich dagegen schlägt Themen an, vor denen die Vereinbarkeit von Weltdienst und Gottesdienst dahinfällt. An die Stelle des vorbildlichen Ritters mit seiner Zuversicht, durch ritterlich-ethisches Verhalten Gottes Huld zu erwerben, tritt wieder der Mensch in seiner Sündenverlorenheit und Erlösungsbedürftigkeit. Das Wiederemportauchen der großen religiösen Themen der vorhöfischen Zeit nach dem Zusammenbruch der ritterlich-höfischen, autonomen Idealität, auf das ich einleitend vorbereitet habe, wird uns hier erstmals an einem konkreten Beispiel greifbar.

Das Gedicht von Gottes Zukunft beginnt mit dem traditionellen Einleitungsgebet, das der studierte Mann mit gelehrten, zum Teil griechischen Gottesbezeichnungen schmückt, und in dem er Gott aus der wunderbaren Ordnung seiner Schöpfung im Sinn der mittelalterlichen Kosmologie preist. Das Werk ist ein großes heilsgeschichtliches Gemälde. Heinrich nennt als seine Absicht, den Anticlaudianus des Alanus ab Insulis deutschen Lesern zugänglich zu machen.

Alanus, nach seiner Geburtsstadt Lille ab Insulis (Lille = franz. *l'île* aufgefaßt) genannt, gehört zu den bedeutenden französischen Theologen des 12. Jahrhunderts aus zisterziensischen Kreisen. Geboren um 1130, lehrte er zeitweise in Paris, lebte danach in Südfrankreich und ist 1202 in Citeaux gestorben. Sein Anticlaudian will ein Kontraststück zu dem Antirufinus des Claudianus sein, der zur Zeit des Kaisers Theodosius lebte und in Rufinus einen mit allen Lastern ausgestatteten, die Welt in Verwirrung bringenden Menschen dargestellt hatte. Ihm setzt Alanus in einem großen allegorischen Gedicht den von der Natur geschaffenen, von Gott mit einer Seele begabten vollkommenen Menschen entgegen.

Indessen gilt nur der Hauptteil des ersten der drei Bücher von Heinrichs Gedicht der Verdeutschung des Alanus und bildet die große allegorische Einleitung einer Erlösungsdarstellung. Die breit ausgeführte allegorische Erzählung, die zu einer Lieblingsform sowohl der Tugend- wie der Minnelehre des späten Mittelalters wurde, begegnet uns hier zum erstenmal in deutscher Dichtung. Auf einem Spaziergang gerät der Dichter zu dem typischen elysischen Ort all solcher Allegorien. Auf einer schönen Aue trifft er in einem allegorisch ausgedeuteten Prunkzelt eine wundersame Frau, die Natur, deren Kleid mit den Attributen ihres Wesens – den Planeten, der Sonne, dem Mond, dem Tierkreis, den Elementen – geziert ist. Um dem zunehmenden Verfall der Sitten zu begegnen, hat Natur ein Consilium der Tugenden einberufen, die unter Führung der Caritas eintreffen. Nach dem Bericht der Natur über die Menschenschöpfung, den Sündenfall und die Verheißung, die an Seths Fahrt zum Paradies geknüpft ist, beschließen sie, einen vollkommenen Menschen zu schaffen und ihn mit allen Tugenden auszustatten. Die Natur als eine schöpferische Kraft, Helferin Gottes beim Schöpfungsakt, ist ein Gegenstand, der das Denken seit dem 13. Jahrhundert zu beschäftigen begann. Da aber die Natur wohl fähig ist, Irdisches zu bilden, nicht jedoch, Seele zu verleihen, wird Prudentia abgeordnet, damit sie Gott um eine Seele für den erschaffenen Leib bitte. In einem von den *septem artes* gebauten, in all seinen Teilen allegorisch ausgedeuteten Wagen tritt Prudentia die Fahrt durch die sieben Himmel bis zum Firmament an. Darüber hinaus vermögen die fünf Rosse, die den Wagen ziehen, die fünf Sinne, nicht zu gelangen. Gottes höchster Himmel bleibt dem Wissen aus Sinnenerfahrung unzugänglich. Doch Misericordia kommt Prudentia zu Hilfe. Auf dem Roß Auditus – weil Glaube durch Hören des Wortes gewonnen wird – reitet sie durch die neun Engelchöre zu Gott, der ihrer Bitte Gewährung verspricht.

Die so von der Natur leiblich gebildete, von den Tugenden vollkommen ausgestattete, von Gott mit Seele begabte Person ist aber bei Heinrich, anders als bei Alanus, Maria. Damit gewinnt er den Anschluß an den Hauptteil seines Werkes, die Erlösungsgeschichte, die er nunmehr unter heilsgeschichtlichem Aspekt erzählt und auslegt. Schon im ersten Buch beginnt er mit der „Zukunft" Gottes in der Geburt des Gott-Menschen durch Maria, die irdisch-leiblich gezeugt und daher selber noch der Erlösung bedürftig ist. An Hand der Vita Sanctae Mariae rhythmica, die wir als Quelle der zahlreichen Marienleben noch kennenlernen werden, berichtet Heinrich von der Verkündigung, von den Prophetien des Alten Testamentes und von den Zeichen, die Christi Geburt begleiteten. Die biblische Geburtsgeschichte ist verschwunden; die Verkündigung an die Hirten ist nur noch eines der Zeichen bei Christi Geburt, und von den drei Königen werden ebenfalls nur die Zeichen erzählt, die sich in ihren Landen begaben, nicht ihr Weg ins jüdische Land und die Anbetung des Kindes. Die „Zeichen" sind heilsgeschichtlich wichtiger als die Ereignisse. Das Buch endet mit der Begründung von Fleischwerdung und Tod Gottes als notwendiger Voraussetzung für die Erlösung der Menschheit.

Das zweite Buch gilt der Erlösungsgeschichte bis zum Pfingstwunder. Es beginnt mit einem Lobgesang auf die Erlösungstat, der als ein Werk des heiligen Bernhard bezeichnet wird. Heinrich stellt sich ganz unter das Zeichen von Bernhards Versenkung in Christi Liebesfülle im Leiden und verwendet als Leitfaden seiner Darstellung den pseudobernhardinischen *Sermo de vita et passione domini*. So wird Jesu Erdenwirken mehr hymnisch preisend als erzählend rasch überblickt; der eigentliche Bericht setzt erst mit dem Judaskuß ein. Auch die Ereignisse, die zur Kreuzigung führen, werden ganz kurz behandelt, Pilatus, Herodes, Kaiphas nur eben genannt; allein Christi Geduld im Leiden, nicht die Tatsachen des Leidens sind wesentlich. Breit und lebendig wird die Darstellung erst in dem Augenblick, da sich Christi Leiden im Schmerz Marias spiegeln. Maria unter dem Kreuz und die Pietà stehen gefühlsstark im Mittelpunkt.

Das dritte Buch endlich ist eine Darstellung der letzten Dinge, beginnend mit der Antichristlegende, in die die Sage vom Endkaiser bereits eingeordnet ist. Die Herrschaft des Antichrist und die zauberisch-teuflische Nachbildung der Wundertaten Christi sind breit ausgeführt. Das Wirken und der Tod von Elias und Enoch sind zu einer mächtigen Kreuzfahrt der Christen gegen die von dem Antichrist losgegebenen Völker Gog und Magog und die Amazonen ausgestaltet; in dem Entscheidungskampf unterliegen die Christen. Die Vorstellung, daß der Antichrist schon geboren, das Ende also nahe sei, gibt der Darstellung eine Kraft der Unmittelbarkeit; es ist die Stimmung des Abendlandes nach dem Fall von Akkon. Den Gipfel des Buches bildet das Endgericht mit den drei Anklägern: dem Teufel, der eigenen Missetat, dem ganzen Kosmos; mit den drei Zeugen: Gott, dem Schutzengel, dem eigenen Gewissen; mit dem fünffachen Richtspruch: der Trinität, des Gottmenschen Christus, der Apostel, der Engel und Heiligen und der Sünder untereinander. Vergebens rufen die Verdammten die Hilfe Marias an, vergebens ist Marias Fürbitte bei Christus unter Berufung auf ihre Mütterlichkeit. Gnadenlos spricht die Gerechtigkeit das verdammende Urteil, dem der furchtbare Fluch der Verdammten auf Gott, auf das eigene Dasein und auf die Schöpfung folgt mit der lästerlichen Absage an alle Ehre und alle Compassio mit Christi Leiden. Der Höllensturz der Verdammten, der festliche Einzug der Seligen im Himmel beschließt mit hohem Klang das Werk.

Heinrichs Gedicht wurzelt mit der betonten Nennung von Bernhard an bevorzugten Stellen, mit der Benutzung von Alanus, Anselm und der bernhardinisch bestimmten Vita rhythmica in der neuen, gefühlsstarken Theologie des 12. Jahrhunderts, die in der deutschen Dichtung der höfisch-ritterlichen Zeit nicht zu Worte kam, jetzt aber in der Frömmigkeit der gebildeten Laienwelt mächtig durchbricht. Das Mit- und Nacherleben der Leiden Christi bestimmt diese Frömmigkeitshaltung; darum wird die Absage an die Compassio durch die Verdammten des Jüngsten Gerichts der entscheidende Ausdruck ihrer Verzweiflung und Verteufelung. Vorbild der Compassio ist Maria; in ihr und durch sie erlebt der Christ das Leiden des Herrn. Maria unter dem Kreuz und mit dem Leichnam des Sohnes im Schoß werden bildhafter und wortreicher Ausdruck des Leidens im Miterleiden.

Aber noch ein zweiter, für die Spätzeit bezeichnender Zug geht durch Heinrichs Werk, ein religiöses Weiterleben ritterlicher Vorstellungen. Wie das 13. Jahrhundert aus seinem ritterlich-höfischen Denken heraus das höfische Marienbild geschaffen hatte, so erscheint hier Christus als Ritter. Das Erlösungswerk stellt sich für Heinrich als eine Fehde zwischen Gott und dem Teufel um den Besitz der Menschheit dar. Christus wird als der ritterliche Streiter geschildert, der „kühn wie ein Riese" auf den Kampfplatz tritt (V. 2 203 ff.), als der Kriegsheld, der blutberonnen, mit zerhauenen Waffen aber mit der Siegesfahne in der Hand siegreich aus dem Kampf um sein Erbland zurückkehrt und vom Vater in einer pomphaften Siegesfeier empfangen wird (V. 4681 ff.). Das wird mit dem Sinn der Spätzeit für Handgreiflichkeit ganz realistisch ausgemalt: manche Engel waren erstaunt über ein solches Festgetümmel und fragten nach dem Anlaß. Denn da vor Gott tausend Jahre kürzer als ein Tag sind, hatten manche Engelchöre die Abwesenheit Christi aus dem Himmel noch gar nicht bemerkt. In dieselbe Richtung der Veranschaulichung gehört es, wenn das Auftreten von Elias und Enoch gegen den

Antichrist zu einer kreuzzugshaften Heerfahrt ausgestaltet ist, zu der die getreuen Christen aufgerufen werden, und in der sie als Gottesritter ihr Leben lassen.

Neben dem großen heilsgeschichtlichen Gedicht hat die Visio Philiberti wenig literarische, wohl aber zeitgeschichtliche Bedeutung, weil in ihr das alte *Memento mori* wieder aufklingt. Die Thematik vom Streit der Seele mit dem Leib, der Herrin mit dem Knecht, dem 12. Jahrhundert wohl vertraut, war in der deutschen Dichtung verklungen, seit Hartmann von Aue sie in seinem „Büchlein" ritterlich-ethisch abgewandelt hatte. Nun ist sie wieder da und von unmittelbarer Wirkung in der Vorstellung Heinrichs, daß der Antichrist schon im Kommen sei.

Im Gesamtwerk Heinrichs steht der Apolloniusroman nach seinem Umfang und nach dem literarhistorischen Interesse, das er geweckt hat, im Vordergrund. Als dichterische Leistung ist die „Zukunft" bei weitem überlegen, und wenn wir fragen, wo Heinrichs innerer Anteil lag, so kann kein Zweifel daran sein, daß sein wesentliches Anliegen nicht mehr der ritterliche Roman mit seiner dem Diesseits zugewandten Idealität gewesen ist, sondern das Heil der Seele.

LITERATUR

KONRAD VON WÜRZBURG

Lit.: Ehrismann 2 Schlußband, S. 35–54.
Eduard Hartl, Verf.-Lex. 2 Sp. 913–28.
Edward Schröder, Studien zu Konrad von Würzburg I–V. GGN 1912 S. 1–47; GGN 1917 S. 96–129.
Paul Gereke, Textkritisches und Metrisches zu den Dichtungen Konrads von Würzburg. Beitr. 37 (1912) S. 212–44, 432–69; Beitr. 38 (1913) S. 501–29.
Albert Leitzmann, Zu den kleinen Dichtungen Konrads von Würzburg. Beitr. 62 (1938) S. 361–83.
Hans Laudan, Die Chronologie der Werke des Konrad von Würzburg. Diss. Göttingen 1906.
Arnold Galle, Wappenwesen und Heraldik bei Konrad von Würzburg. Zugleich ein Beitrag zur Chronologie seiner Werke. Diss. Göttingen 1911; auch: ZfdA 53 (1912) S. 209–59.
André Moret, Un artiste méconnu Conrad de Wurzbourg. Lille 1932.
Kurt Herbert Halbach, Gottfried von Straßburg und Konrad von Würzburg. Klassik und Barock im 13. Jahrhundert. Stuttgart 1930.
Otto Deter, Zum Stil Konrads von Würzburg mit einem Beitrag zur Chronologie. Diss. Jena 1922 (Masch.-Schr.).
Hans Butzmann, Studien zum Sprachstil Konrads von Würzburg. Diss. Göttingen 1930.
Elisabeth Rast, Vergleich, Gleichnis, Metapher und Allegorie bei Konrad von Würzburg. Würzburg 1936 (Diss. Heidelberg).
Irmgard Riechert, Studien zur Auffassung von „êre" bei Konrad von Würzburg und Rudolf von Ems. Diss. Freiburg i. Br. 1952 (Masch.-Schr.).
Werner Kluxen, Studien über die Nachwirkung Konrads von Würzburg (bes. in den epischen Gattungen). Diss. Köln 1948. (Masch.-Schr.)

ENGELHARD

Ausg.: Moriz Haupt. 2. Aufl. von Eugen Joseph. Lpz. 1890.
Paul Gereke, Halle 1912 (Altd. Textbibl. 17).
Lit.: Karl Helm, Zum Engelhard. Beitr. 47 (1923) S. 155–58.
Rudolf Raab, Reimwörterbuch zu Konrads von Würzburg Engelhard. Diss. Wien
1955 (Masch.-Schr.).
Marie-Luise Gräff, Studien zum Kunst- und Stilwandel des XIII. Jhs. Gotfried von
Straßburg, Tristan und Isolde. Rudolf von Ems, Willehalm, Konrad von Würzburg,
Engelhard, Reinfried von Braunschweig. Diss. Tübingen 1947 (Masch.-Schr.)

PARTONOPIER

Ausg.: Karl Bartsch, Wien 1871.
Lit.: Otto Kunz, Reimwörterbuch zu Konrad von Würzburg Partonopier und
Meliur (Vers 1–10 050). Diss. Wien 1952 (Masch.-Schr.).
Alexander Hofböck, Reimwörterbuch zu Konrads von Würzburg: Partonopier und
Meliur, 2. Teil. Vers 10 051–21 784. Diss. Wien 1955 (Masch.-Schr.).
André Moret, L'originalité de Conrad de Wurzbourg dans son poème „Partonopier
und Meliur". Lille 1933.
Albert Leitzmann, Zu Konrads Partonopier. Neophil. 23 (1938) S. 175–85.
S. P. Uri, Some Remarks on Partonopeus de Blois. Neophil. 37 (1953) S. 83–98.

TROJANERKRIEG

Ausg.: Adelbert von Keller, Stuttgart 1858 (StLV 44).
Karl Bartsch, Anmerkungen zu Konrads Trojanerkrieg. Tübingen 1877 (StLV 133).
Lit.: Karl Basler, Konrads von Würzburg „Trojanischer Krieg" und Benoîts de Ste
Maure „Roman de Troie". Leipzig 1910 (Diss. Berlin).
Dennis Howard Green, Konrads „Trojanerkrieg" und Gottfrieds „Tristan". Vor-
studien zum gotischen Stil in der Dichtung. Waldshut 1949 (Diss. Basel).
Gust. Klitscher, Die Fortsetzung zu Konrads von Würzburg ‚Trojanerkrieg' und ihr
Verhältnis zum Original. Diss. Breslau 1891.
Stefan Schnell, Mittelhochdeutsche Trojanerkriege. Studien zur Rezeption der Antike
bei Herbort von Fritzlar und Konrad von Würzburg. Diss. Freiburg i. Br. 1953
(Masch.-Schr.).
Günther Schade, Christentum und Antike in den deutschen Trojaepen des Mittel-
alters (Herbort von Fritzlar, Konrad von Würzburg, Der Göttweiger Trojanerkrieg).
Diss. FU. Berlin 1955 (Masch.-Schr.).

HERZEMÆRE

Ausg.: Edward Schröder, in: Kleinere Dichtungen Konrads von Würzburg I. 3. Aufl.
Berlin 1959 (mit Nachwort von Ludwig Wolff).
Lit.: Gertrud Kürmayr, Reimwörterbuch zu Konrads von Würzburg „Alexius",
„Der Welt Lohn", „Herzmaere" und zum „Peter von Staufenberg". Diss. Wien 1947
(Masch.-Schr.).

HEINRICH VON KEMPTEN

Ausg.: Edward Schröder, in: Kleinere Dichtungen Konrads von Würzburg I.
3. Aufl. Berlin 1959 (mit Nachwort von Ludwig Wolff).
Lit.: Edward Schröder, Der Straßburger Gönner Konrads von Würzburg. ZfdA 38
(1894) S. 27–29.
Kurt Kampf, Vorgeschichte von Conrads von Würzburg poetischer Erzählung
Otte mit dem Barte. Diss. Köln 1922 (Masch.-Schr.).
Lutz Röhrich, „Kaiser Otto" oder „Heinrich von Kempten"? GRM 32 (1950/51)
S. 151–54.

DER WELT LOHN
Ausg.: Edward Schröder, in: Kleinere Dichtungen Konrads von Würzburg I.
3. Aufl. Berlin 1959 (mit Nachwort von Ludwig Wolff).
Lit.: Gertrud Kürmayr, Reimwörterbuch ... Diss. Wien 1947 (Masch.-Schr.) (genauer Titel s. oben unter Herzemære).

SCHWANRITTER
Ausg.: Edward Schröder, in: Kleinere Dichtungen Konrads von Würzburg II.
3. Aufl. Berlin 1959 (mit Nachwort von Ludwig Wolff).
Joachim Kirchner, Ein Fragment aus dem Schwanritter. ZfdA 67 (1930) S. 70–72.
Lit.: J. F. D. Blöte, Das Aufkommen des Clevischen Schwanritters. ZfdA 42 (1898)
S. 1–53.

SILVESTER
Ausg.: Paul Gereke, Halle 1925 (Altdt. Textbibl. 19).
Lit.: Gustav O. Janson, Studien über die Legendendichtungen Konrads von Würzburg. Diss. Marburg 1902.

ALEXIUS
Ausg.: Paul Gereke, Halle 1926 (Altdt. Textbibl. 20).
Lit.: Gertrud Kürmayr, Reimwörterbuch ... Diss. Wien 1947 (Masch.-Schr.) (genauer Titel s. oben unter Herzemære).

PANTALEON
Ausg.: Paul Gereke, Halle 1927 (Altdt. Textbibl. 21).

GOLDENE SCHMIEDE
Ausg.: Wilhelm Grimm, Berlin 1840.
Edward Schröder, Göttingen 1926.
Leopold Zatočil, Drei Prager Bruchstücke. 1. Konrad von Würzburg: Die Goldene
Schmiede. In: Sborník Prací Filosofické Fakulty Brněnské University. Brno 6 (A 5)
1957 S. 63–66.
Lit.: Edward Schröder, Aus der Buchgeschichte der sogenannten „Goldenen
Schmiede". GGN Fachgr. 4, N. F. 2, 9. Göttingen 1939.

TURNIER VON NANTES
Ausg.: Edward Schröder, in: Kleinere Dichtungen Konrads von Würzburg II.
3. Aufl. Berlin 1959 (mit Nachwort von Ludwig Wolff).
Karl Kochendörffer, Zum Turnei von Nantheiz. ZfdA 28 (1894) S. 133–36.

KLAGE DER KUNST
Ausg.: Edward Schröder, in: Kleinere Dichtungen Konrads von Würzburg III.
2. Aufl. Berlin 1959 (mit Nachwort von Ludwig Wolff).

JÜNGERER TITUREL

Ausg.: Karl August Hahn, Quedlinburg u. Leipzig 1842.
Werner Wolf, bisher Bd. 1 (bis Str. 1957), Berlin 1955 (DTM 45).
ders., Bern 1952 (Altdt. Übungstexte 14). (Auswahl)
ders., Zwei neue Bruchstücke des Jüngeren Titurel, in: Festschrift f. Wolfgang
Stammler. Berlin 1953. S. 66–77.
Kurt Nyholm, Die Tübinger Titurelbruchstücke. ZfdA 89 (1958/59) S. 100–34
Gerhard Eis, Fragment aus Albrechts Titurel, in: Colligere fragmenta. Festschrift
Alban Dold. Beuron 1952. S. 265–66.
Lit.: Eduard Hartl, Verf.-Lex. 1, Sp. 40–48.
Ehrismann 2, Schlußband, S. 70–74.

Hellmut Rosenfeld, Verf.-Lex. 5, Sp. 28–31.

Conrad Borchling, Der jüngere Titurel und sein Verhältnis zu Wolfram von Eschenbach. Göttingen 1897.

Werner Wolf, Grundsätzliches zu einer Ausgabe des Jüngeren Titurel. ZfdA 76 (1939) S. 64–113, 79 (1942) S. 49–113 und S. 209–48.

ders., Zu den Hinweisstrophen auf die Wolfram-Fragmente in der kleinen Heidelberger Hs. des Jüngeren Titurel. ZfdA 82 (1948/50) S. 256–64.

ders., Wer war der Dichter des Jüngeren Titurel? ZfdA 84 (1952/53) S. 309–46.

ders., Nochmals zum „Ehrenhof" im Jüngeren Titurel. ZfdA 85 (1954/55) S. 311–13.

ders., Der Jüngere Titurel, „das Haubt ob teutschen Puechen". Wirk. Wort 6 (1955/56) S. 1–12.

ders., Zur Verskunst der Jüngeren Titurelstrophe, in: Festschrift f. Franz Rolf Schröder, Heidelberg 1959. S. 163–77.

Christa Müller, Studie zum „Jüngeren Titurel". Zur Wandlung der Epik des 13. Jh.s in Deutschland. Diss. Tübingen 1958 (Masch-Schr.).

Lars Ivar Ringbom, Graltempel und Paradies, Beziehung zwischen Iran und Europa im Mittelalter. Kungl. Vitterhets Historie och Antikvitets Akademiens Handlingar. Del 73, Stockholm 1951.

HEINRICH VON NEUSTADT

Gesamtausg.: Samuel Singer, Berlin 1906 (DTM 7).

Lit.: Ehrismann 2, Schlußband, S. 93–96.

Samuel Singer, Verf.-Lex. 2, Sp. 318–20.

Emil Öhmann, Italienisches bei Heinrich von Neustadt. Neuph. Mitt. 55 (1954) S. 134–43.

Hans Fromm, Ungarisches Wortgut bei Heinrich von Neustadt. Ural-Altaische Jahrbb. 31 (1959) S. 89–94.

APOLLONIUS

A. Bockhoff und Samuel Singer, Heinrichs von Neustadt Apollonius von Tyrland und seine Quellen. Ein Beitrag zur mhd. und byzantinischen Literaturgeschichte. Tübingen 1911.

Samuel Singer, Apollonius von Tyrland, in: Aufsätze und Vorträge. Tübingen 1912. S. 79–103.

Walter Schürenberg, Apollonius von Tyrland. Fabulistik und Stilwille bei Heinrich von Neustadt. Diss. Göttingen 1934.

Walter Schoenebeck, Diss. FU. Berlin 1956 (Titel s. unter Reinfried von Braunschweig).

Helga Andorfer, Die Reimverhältnisse in Heinrichs von Neustadt „Apollonius von Tyrland" V. 1–4125. Diss. Wien 1952 (Masch-Schr.).

Helene Paul, Die Reimverhältnisse in Heinrichs von Neustadt Apollonius von Tyrland, Vers. 4126–8386. Diss. Wien 1953 (Masch-Schr.).

Johanna Rauch, Reimwörterbuch zu Heinrich von Neustadts Apollonius von Tyrland 8387–13510. Diss. Wien 1952 (Masch.-Schr.)

Elfriede Sonntag, Die Reimverhältnisse in Heinrich von Neustadt's „Apollonius von Tyrland", Vers 13513–17028. Diss. Wien 1952 (Masch-Schr.).

Hildegard Gamsjäger, Heinrichs von Neustadt „Apollonius von Tyrland", Vers 17029–20644. Eine Reimuntersuchung. Diss. Wien 1952 (Masch.-Schr.).

GOTTES ZUKUNFT

Marta Marti, „Gottes Zukunft" von Heinrich von Neustadt. Quellenforschungen. Tübingen 1911.

Edith Bauer, geb. Lenz-Bülow, Heinrichs von Neustadt „Gottes Zukunft". Eine Reimuntersuchung. Diss. Wien 1959 (Masch.-Schr.).

DRITTES KAPITEL

DIE SPÄTE HÖFISCHE EPIK

In dem Werk dreier führender Männer des späten 13. Jahrhunderts sind wir dem Epos der Spätzeit begegnet. Das umfängliche Versepos in seinen verschiedenen Möglichkeiten ist immer noch eine beliebte und viel gelesene Gattung. Wir besitzen eine Fülle von derartigen Werken ritterlicher und bürgerlicher Dichter, und eine Reihe von meist kurzen Fragmenten verlorener Epen, die eine eigene Behandlung nicht erfordern, lassen ahnen, wie viel einmal vorhanden gewesen sein mag. Auch unter den erhaltenen Epen ist weniges von künstlerischer Bedeutung. Der Typus des Aventiurenromans erweist sich als in seinen stofflichen und formalen Möglichkeiten erschöpft; er ist durchschnittliche Unterhaltungsware geworden.

Hier treffen wir auf ein eigentliches Epigonentum, das nichts anderes will als Vorgebildetes fortführen. Alles liegt dazu bereit: Stoffe und Motive, Figuren und Namen, die in immer neuer Zusammenfügung erlauben, neue Abenteuerketten abzuspulen, und ein Wortschatz, ein Stilgepräge, eine metrische Norm, die es jedem halbwegs Geschickten erlaubt, ansprechend zu erzählen. Was dem literarisch interessierten ritterlichen oder auch schon bürgerlichen Publikum dargeboten wird, ist die Fortsetzung des höfischen Unterhaltungsromans, wie er von Ulrich von Zazikhofen und Wirnt von Grafenberg geschaffen, von Männern wie Heinrich von dem Türlin, Berthold von Holle und dem Stricker weiter gepflegt worden war. Es sind belesene Eklektiker, deren Literaturkenntnis bis zur vorhöfischen Dichtung, zum Rother, Roland und Herzog Ernst zurückreicht. Wenn sie sich mit Vorliebe auf die großen Meister und Schöpfer des ritterlichen Epos, bemerkenswert oft auf Wolfram, viel seltener auf Gottfried berufen, so haben diese mittleren Begabungen von jenen kaum mehr als Einzelheiten gelernt. Viel eher ist ihnen die scheinbar einfache Glätte Hartmanns von Aue zugänglich. Vor allem aber scheint mir Rudolf von Ems, zumal durch seinen Wilhelm von Orlens, eine wichtige Vermittlerrolle zu spielen, die näherer Untersuchung wert wäre. Für die Spätesten sind dann längst nicht mehr die Klassiker unmittelbar vorbildlich, sondern deren Wiedergeburt in Konrad von Würzburg und Albrecht (von Scharfenberg), sofern sie nicht überhaupt darauf verzichten, der Form noch aufmerksame Pflege zu widmen, sich vielmehr ganz auf die Wirkung des Stoffes verlassen und den Vers nur noch als eine tote Tradition weiterschleppen.

1. SPÄTE ARTUSEPIK

Der eigentliche Artusroman führt sein Dasein noch eine Weile fort, indem ein Ritter der Tafelrunde, sei es ein klassisch überlieferter oder ein frei erfundener, zum Haupthelden gemacht wird. Der Typus steht seit Chrestien und Hartmann fest; er läßt sich nur noch variieren. Der verhältnismäßig bedeutendste und jedenfalls fruchtbarste Vertreter dieses Genus ist ein Dichter, der sich der Pleier nennt, ein Mann doch wohl ritterlicher Herkunft, vielleicht Angehöriger eines Ministerialengeschlechtes aus der Gegend von Schärding im österreichischen Innkreis. Seine Dichtung wird in die Zeit zwischen etwa 1260 und 1280 fallen. Wir besitzen von ihm drei umfängliche Artusromane: Garel vom blühenden Tal, Tandareis und Flordibel, Meleranz. Die Titelhelden sind Mitglieder des Artuskreises und durch Verwandtschaft miteinander verbunden, so daß man von einer Art Zyklus reden könnte. Alle drei sind nach dem bewährten Schema aufgebaut: eine „Aventiure" bricht in ein Artusfest ein; sie treibt den Helden auf eine Fahrt, auf der er eine Kette von Abenteuern glücklich besteht, um endlich mit der oder zu der Herrin seines Dienstes zurückzukehren. Ein großes Fest am Artushof bildet den glücklichen und glanzvollen Abschluß.

Eigenes Interesse hat nur der erste und wohl früheste der drei Romane, der Garel vom blühenden Tal. Schon sein Name setzt ihn in Beziehung zu dem Daniel vom blühenden Tal, dem einzigen Versuch des Strickers in der Gattung des ritterlichen Aventiurenromans (vgl. Bd. II, S. 192 ff.). Der Pleier übernimmt aber auch den Gesamtplan und eine ganze Reihe wichtiger Motive des Strickerschen Romans. Doch ist er nicht der plagiierende „Dichterling", als der er lange gegolten hat. Ihn leitet eine besondere Absicht. Der Held des Strickerschen Romans ist in seinen Augen kein Artusheld, wie er zu sein hat. Denn Daniel erringt seine Erfolge nicht durch ritterliche Kühnheit, sondern durch Überlistung seiner dämonischen Gegner. List aber gehört in die Atmosphäre des Schwankes, und Strickers Pfaffe Amîs (vgl. S. 237f.) durfte sie üben. Im Artusroman verstößt sie gegen das Gesetz der Gattung, und der Pleier rückt das kritisch zurecht. Schon der biblische Name Daniel ist im Artuskreise nicht erlaubt; der Pleier ersetzt ihn durch den Namen eines anerkannten Gliedes der Tafelrunde. Garels Weg beginnt mit Aventiuren der Hilfe für Schwache und Bedrängte, in denen der ritterliche Kampf mit einem mannhaften Gegner und die noble Behandlung des Besiegten einen guten Ausgleich schaffen. Das war bei Hartmann zu lernen. Ebenso hartmannisch ist der bedrängte edle Greis mit seiner umworbenen schönen Tochter. Der edle Ritter Gilan endlich, der alle überwundenen Ritter zwingt, in seinem Lande ein eingeschlossenes Leben zu führen, bis er selber überwunden wird, und der, von Garel besiegt, glücklich ist, des selbstgeschaffenen Zwanges ledig zu werden, ist deutlich dem Mabonagrin des Erec nachgebildet. Hier also, bei Hartmann, fand der Pleier sein richtunggebendes Vorbild. Dann folgen wunderbare Abenteuer, und für sie hat der späte Heldenroman Farben und Motive geliefert. Der furchtbare Riese und sein noch schrecklicheres Weib, die edle Ritter und Frauen in unwürdiger Gefangenschaft halten und denen gute Zwerge zitternd dienen müssen, stammen ebenso von dort, wie der höfische, herrlich gerüstete Riese der Einleitungsszene dem Typus des Eckenliedes zugehört. Eben hier finden nun auch die Abenteuer aus dem Strickerschen Roman ihre Stelle – und ihre Umdeutung. Bei dem Unhold mit dem Medusenschild wird die Strickersche – und schon antike – List des Spiegelkampfes ausgeschaltet; Garel besiegt ihn im kühnen Kampf des Artusritters und erringt dadurch zugleich, wie es sich im Artusroman gehört, die Minne der schönsten Frau. So sind noch verschiedene Wundererlebnisse des Helden aus List in Tat umgewandelt. So wird zumal das große Schlußtableau, die Massenschlacht gegen den Herausforderer Ekunaver, zu einem gewaltigen Rittergemälde umgeformt. Sie wird in voller Entfaltung höfisch-ritterlicher Tugenden ohne Elefanten und ohne burleske Schwankepisoden durchgefochten und in großer Versöhnung edel zum guten Ende geführt. Artus selber wird, ganz der klassischen Tradition entsprechend, dem eigentlichen Kampf ferngehalten. Noch einmal will hier ein ritterlich gesinnter Dichter artushafte Vorbildlichkeit nicht ohne Sinn für die ethische Haltung hartmannischer Gestalten zum Leben erwecken, und zwar in einer bewußten Gegendichtung gegen den Roman des Strickers, in dem er die Zersetzung des Höfischen spürte. Daß er damit Anklang gefunden hat, zeigen die bekannten Fresken in Schloß Runkelstein bei Bozen, in denen um 1400 Szenen aus diesem Epos dargestellt wurden. Männer von solcher literarischen Gesinnung mögen auch jene hochmütige Abfertigung der Strickerschen Dichtweise geprägt haben, auf die dieser in seiner Frauenehre (vgl. Bd. II, S. 416) ironisch-selbstironisch antwortet.

Der Reiz des Garel liegt eben in der Tatsache, daß er eine Gegendichtung ist. Er fehlt den beiden anderen Epen, dem Tandareis und dem Meleranz. Sie sind wirklich nur noch Nachklang, Variationen über das oft gespielte Artusthema des Ritters, dessen Abenteuer Frauendienst sind. In diesen beiden Romanen wird die Minne zum Hauptthema, während sie im Garel, der dem Aufbau des Strickerschen Daniel folgen wollte, nur nebenbei als notwendiges Ingrediens eines guten Artusromans angebracht werden konnte.

Der Pleier steht noch in der guten Stil- und Verstradition des höfischen Epos. Daß er sich dabei in besonders hohem Maße der direkten Anleihen bei seinen Vorbildern: Hartmann, Wolfram, Wirnt bedient, darf nicht als Plünderung, sondern muß als Huldigung für die unerreichbaren Vorbilder gewertet werden. Er hat ein leichtes Formtalent, dem der Vers noch glatt und sicher fließt. In den Schilderungen weiblicher Schönheit und kostbarer Gewänder, in Kampfgemälden und zierlichen Reden weiß er noch von der höfischen *Mâze* auch im Darstellen, und dem Edlen und Vornehmen gebührt noch der Vorrang vor dem Übertriebenen und Grellen. Doch spürt man das bereits allzu Handfertige und Ausgeleierte des höfischen Stils, die Gefahr, die der ganzen späten Epik droht, daß das Glatte und Gekonnte zugleich das Flache und Leere wird.

Wesentlich unbedeutender ist, was sich sonst im Genre des Artusromans darbietet. Hatte der Pleier durch den Beinamen seines Helden Garel bewußt auf seine Vorlage hinweisen wollen, so tun es die beiden Romane Wigamur und Gauriel von Muntabel dadurch, daß sie ihren Helden ein Geleittier mitgeben. So wie Iwein der Ritter mit dem Löwen heißt, so Wigamur der Ritter mit dem Adler, Gauriel der Ritter mit dem Bock.

Der uns unbekannte, der Sprache nach ins östliche Schwaben gehörige Dichter des Wigamur scheint auch durch den Namen seines Helden auf ein Vorbild zurückzuweisen, den Wigalois des Wirnt von Grafenberg. Eine französische Quelle für den Roman hat sich nicht auffinden lassen; er gehört wohl in die Schicht später Unterhaltungsliteratur, deren Verfasser ihre Geschichte aus den gängigen Figuren, Motiven und Szenen des Artusromans selber zusammensetzen. Der Name Wigamur ist schon dem Tannhäuser in seinem Leich Nr. IV mit den Literaturparodien bekannt und wird dann im Jüngeren Titurel mehrfach erwähnt. Wenn er wirklich die Erfindung unseres Dichters für den Helden seines Romans ist, so würde man diesen für ziemlich früh halten müssen. Dem entspricht der übliche Ansatz „um 1250". Doch ist zu erwägen, ob der Name nicht in anderem Zusammenhange erfunden und von dem Dichter dieses Epos nur übernommen ist. Denn nach Stil und Wesen möchte man es gern in eine spätere Zeit versetzen. Die ganze hölzerne und armselige Erzählweise, der ungepflegte Stil, die Hilflosigkeit in Vers- und Reimkunst würden eher auf einen jener späten Dichter des 14. Jahrhunderts weisen, die zu der höfischen Dichtung nur noch über den Stoff Zugang haben. Hält man an der frühen Datierung fest, so wird man statt der zeitlichen eine gesellschaftliche Ferne von der höfischen Welt annehmen müssen, einen Dichter, der nicht nur außerritterlicher Herkunft ist, sondern auch keinen Kontakt mit einem höfisch gebildeten Publikum besaß. Vielleicht stoßen wir hier auf einen wandernden Dichter, der den höfischen Roman in sein Repertoire aufnahm, ihn aber für den simpleren Geschmack eines abseitigen, landsässigen Rittertums zubereitete. Daß wir mit höfischen Stoffen im Repertoire wandernder Dichter zu rechnen haben, zeigt die Programmstrophe XV, 14 des Marner.

Der Held Wigamur wird als Kind von einem Meerwunder geraubt und fern von Menschen aufgezogen wie Lanzelot und Wigalois. Als törichter Knabe wird er wie Parzival in die Welt entlassen, allmählich zum Ritter zugeschliffen und bei Artus aufgenommen. Wie Iwein durch ritterliche Hilfe zu seinem Löwen kommt, so kommt Wigamur zu seinem Adler, ohne daß dieses Begleittier je eine Funktion erhielte. Ebenfalls wie Iwein siegt er in einem Rechtsstreit zwischen zwei Frauen für seine Schutzbefohlene. Der Streit geht um eine Wunderlinde und einen Wunderbrunnen, der als Jungbrunnen und Spender jedes gewünschten Trankes ähnliche Qualitäten hat wie der Gral bei Wolfram. Die Wiederbegegnung mit dem unbekannten Vater in einem Zweikampf, der durch rechtzeitige Erkennung noch glücklich abgewendet wird, setzt Kenntnis des Biterolf (vgl. S. 173 ff.) und der jüngeren Hildebranddichtung voraus.

So werden entseelte Teile höfischer Dichtung aneinandergekettet und ein stoffreiches Ganzes zusammengebastelt, dessen anfänglicher Leitfaden – ein Held ohne Namen und menschliche Bindungen zieht aus, um sich durch Bewährung in Aventiure Ebenbürtigkeit im Heldenkreise zu erringen – rasch verloren geht. Ritterliches Wesen ist diesem Dichter fremd. Seine Darstellungen sowohl von Kämpfen wie von Turnieren entbehren eigener Sachkunde oder eines Nacherlebens aus innerer Anteilnahme, und die Umwandlung der Turnierpreise aus der höfischen Geste der Frauenhuld in eine handfeste Geldsumme rundet diesen Eindruck ab. Ebenso weiß dieser Dichter die Entfaltung höfischen Daseins nicht zu handhaben, den Glanz der Feste, die Schönheit der Menschen, die Freude an Musik und Tanz, den zärtlichen Einklang von menschlichem Gefühl und sanfter Natur – all das, was trotz aller Wiederholung, Verdünnung oder Übersteigerung das gebildete Publikum immer wieder entzückt haben muß, läßt er vermissen. Die verzärtelte oder überspannte Seligkeit der Minne, aus der der späthöfische Roman sonst lebt, ist diesem Manne verschlossen. Königliches Gebaren scheint sich ihm in reichlichem Auftischen von guter Speise und Wein zu erschöpfen, und die obligate Tugendprobe, die ohne Sinn eingefügt ist, findet in einer Badewanne statt. Trotz seiner Kenntnis des Stofflichen der Romanliteratur fehlt dem Dichter eine eigentliche literarische Bildung. Man spürt es seinen grotesken Namenserfindungen an, daß er nicht weiß, wie Menschen des Artuskreises zu heißen haben, und selbst einen so geläufigen Ländernamen wie *Marroch* (= Marokko) verwendet er ungescheut als Personennamen. Nur die Szenen des tumben Knaben, drastischer und gröber als die des jungen Parzival, liegen diesem Dichter und locken ein wenig eigenen Gestaltungswillen hervor. Der einzige Vorzug in unseren Augen, die Kürze neben der Aufschwellung in den meisten späten Epen, ist nicht Konzentration, sondern Unfähigkeit zu dichterischer Entfaltung oder Berechnung auf die Fassungskraft seines Publikums.

Kürze ist auch der Vorzug des Gauriel von Muntabel. Der Name des Dichters, Konrad von Stoffeln, ist nur in einer der beiden Handschriften überliefert, doch könnte er der alemannischen Mundart nach authentisch sein und der Dichter tatsächlich vom hegauischen Hohenstoffeln stammen. Zeitlich ist er nicht festzulegen; die im ganzen noch gebildete und am klassischen Vorbild erzogene Sprache läßt eher an eine nicht zu späte Zeit denken. Die beiden Handschriften, die das Gedicht überliefern, stellen zwei stark voneinander abweichende Bearbeitungen dar; die Donaueschinger ist um rund 1000 Verse umfangreicher als die Innsbrucker. Mir scheint viel dafür zu sprechen, daß die längere Fassung die ursprünglichere, die kürzere eine ungeschickte Zusammenstreichung ist, die namentlich die Erlebnisse des Helden nach der Wiedergewinnung seiner Feengeliebten betroffen hat. Dies wäre auch deswegen nicht unwichtig, weil es die Donaueschinger Handschrift ist, die den Namen des Dichters nennt.

Der Stoff ist für einen Roman nicht ausreichend, er genügte für eine Versnovelle. Der Held Gauriel verliert durch den Bruch eines Schweigegebotes seine feenhafte Geliebte und zugleich seine ritterliche Schönheit und Gestalt. Beides kann er wiedergewinnen, wenn er die ihm auferlegte Tat, die drei besten Artushelden zu überwinden und mit ihnen als seinen Gefangenen in das verschlossene Land der Geliebten einzudringen, glücklich vollbringt. Durch eingeordnete oder angehängte Abenteuer wird dieser geschlossene Stoff zu einem kleinen Roman aufgeschwellt.

Der Dichter ist kein großer Erzähler. Der Anfang, der nach dem Topos des allegorischen Spaziergangs geformt ist, läßt nur mühsam erraten, daß es sich um eine Feenminne mit dem auferlegten Gebot des Schweigens über die Geliebte handelt. Das Motiv vom entstellten Menschen, der sein ursprüngliches Aussehen wiedererwerben möchte, kommt kaum zur Entfaltung. Man könnte hier etwas wirklich Neues erwarten. Der höfische Roman kennt keinen häßlichen Helden. Hier wäre die Möglichkeit gegeben, den Kontrast zwischen der entstellten Erscheinung und dem unentstellten Rittersinn des Helden erzählerisch auszunutzen und den Gedanken des inneren Adels daran zu entwickeln, der von der äußeren Erscheinung unabhängig ist. Aber dazu ist dieser Dichter nicht fähig. Die Tatsache der Entstellung ist auf weite Strecken vergessen; Gauriel handelt wie ein normaler Ritter und wird von seiner Umwelt wie ein solcher behandelt. Und nicht die immanente Kraft der gelösten Aufgabe bewirkt die Rückverwandlung Gauriels, es muß erst die übliche Wundersalbe des Artusromans zur Anwendung kommen.

Das Begleittier, das auch diesem Helden nicht fehlen darf, ist ein Bock, weder ein heroisches noch ein symbolisches Tier, Zeuge einer verflachten, nicht mehr aus lebendigen Kräften gespeisten Phantasie. Auch hat es Gauriel nicht mehr durch eine helfende Tat erworben, sondern einfach aufgezogen. Das Eingreifen der beiden Tiere, Löwe und Bock, in den Zweikampf Gauriels mit Iwein, namentlich aber der Tod beider Tiere in diesem Kampfe zeigen, daß kein Gefühl für Symbolwerte mehr da ist. Die beiden Tiere sind nur noch Wesen der realen Welt und werden daher beim Ausgleichsgespräch mit einer juristischen Formel gegeneinander aufgerechnet; der Löwe gilt nicht mehr als der Bock. Tiefere Seelen- und Gemütsregungen vermag Konrad nicht darzustellen. Im ganzen ist er ein durchschnittlich glatter Hartmannepigone, der einen dürftigen Stoff mit den erlernten Stilmitteln recht und schlecht zu erzählen weiß.

Indessen sind diese Stilmittel hier noch handwerklich beherrscht. Selbst solche äußerliche Beherrschung fehlt jenem großen Erzählkonglomerat, das den letzten Ausklang des höfischen Aventiurenromans bildet, dem Neuen Parzival, wie das Werk sich nennt. Es ist als ergänzender Einschub in Wolframs Parzivalepos gedacht und überliefert, übertrifft aber mit seinen fast 37000 Versen Wolframs ganzes Werk erheblich an Umfang. Ein ausführlicher Epilog, in dem der Dichter sich in allegorischer Einkleidung und geblümtem Stil versucht, gibt uns ziemlich genaue Auskunft über die äußeren Umstände der Entstehung. Als Verfasser des Epilogs und Hauptbeteiligter an dem Werk nennt sich Philipp Colin, als seinen Mitarbeiter erwähnt er Claus Wisse. Beides sind Straßburger Goldschmiede aus guten Bürgerfamilien. Colin indessen verarmte und vertauschte sein Handwerk des Goldschmiedes mit dem des Verseschmiedes. Im Auftrage des Grafen Ulrich von Rappoltstein übertrugen die beiden in den Jahren 1331–36 ein französisches Buch ins Deutsche, ohne doch – was bei Straßburger Bürgern verwundert – französisch zu können; sie benötigten die Dolmetscherdienste des Juden Sampson Pine. Bürgerliche Dichter also versuchen sich an einem der großen Stoffe der klassischen Zeit, um ein Werk zu ergänzen, das von dem ritterlichsten aller staufischen Dichter geschaffen war. Sie sprechen unumwunden aus, daß sie es als Broterwerb tun. Philipp Colin ernährt sich durch den Auftrag des Grafen und hofft, mit dessen Unterstützung seine Goldschmiedewerkstatt wieder eröffnen zu können. Der Gönner und Besteller ist hier noch ein Glied des alten Hochadels, und wenn sowohl seine Gemahlin wie seine Tochter den Namen Herzelaude tragen, so wird deutlich, wie die Stoffe der klassischen Epik in diesen Kreisen noch lebendige Wirkung hatten.

Das „französische Buch", das den beiden Literaten als Vorlage diente und das sie getreu übertrugen, ist die unförmige Fortsetzung, die der unvollendete Parzivalroman Chrestiens von Troyes im Lauf des 13. Jahrhunderts erhalten hat. Sie wurde in mehreren Etappen durch drei Fortsetzer allmählich ausgebildet, von denen das deutsche Werk zwei, den Gauthier von Dourdan und den Manessier, namentlich erwähnt. Den Wust dieser späten französischen Aventiurenmassen nach Dichtern, Stoffen und Versionen zu sichten, ist Aufgabe der französischen Literaturforschung. Von den beiden Straßburgern ist die französische Vorlage als Ganzes übertragen worden; uns beschäftigt es als ein Werk des höfischen Ausklanges im Deutschland des frühen 14. Jahrhunderts.

Welch ein Abstieg aber, seit der bürgerliche Dichter Konrad von Würzburg für gebildete Männer in Straßburg und Basel seine höfisch stilisierten Epen und Kleinerzählungen dichtete! Ein Abstieg im Geschmack des adligen Auftraggebers, der kein Gefühl für den Unterschied zwischen Wolframs hoher Kunst und der wüsten Stoffhäufung der späten Chrestienfortsetzer besaß, und ein Abstieg in der künstlerischen Leistung der von ihm beauftragten Dichter. Der „Neue Parzival" ist ganz roh und ohne innere Verknüpfung zwischen Wolframs 14. und 15. Buch (*Chastel marveil* und Feirefizbegegnung) eingeschoben worden. Er steht vor uns als eine kaum gegliederte Masse von ineinander verknäuelter oder primitiv aneinandergeketteter Artusaventiure. Es ist ein Romantypus, den in Deutschland zuerst Heinrich von dem Türlin mit seiner „Krone" eingeführt hat, und den die Riesenepen der Chrestiennachfolge in Frankreich ins Unabsehbare getrieben haben. Die Doppelanlage von Chrestiens und Wolframs Parzival bot mit ihrer Gawanhandlung neben der Parzivalhandlung die Möglichkeit zu vielfältiger Aventiure. Denn Gawan ist ja der typische Aventiurenheld. So ist auch hier kaum die Hälfte des Werkes Parzival gewidmet. In der anderen Hälfte herrscht vor allem Gawan, doch auch andere Artushelden: Gaheries, Segremors, Boors können streckenweise zu Protagonisten werden. Vor allem aber ist Parzival selber in einen Artushelden zurückverwandelt. Er kommt zum Gral, aber er kommt dahin als Artusritter auf Aventiurenfahrt.

Die Geschichte vom Gral ist in der höfischen Epik nach zwei Richtungen hin entwickelt. Die eine, von Chrestien eingeschlagen, von Wolfram zur Höhe geführt, macht den Gral zu einem religiösen Mysterium, das dem ganzen Gedicht sein Gepräge gibt. Parzival muß aus dem Artuskreise ausscheiden, um Herr des Grals zu werden. In Frankreich hat Robert von Boron dem Gral mit seiner Deutung als Abendmahlschüssel und mit der blutenden Lanze als Longinusspeer den christlich-legendären Hintergrund gegeben, in Deutschland hat der Dichter des Jüngeren Titurel um den Gral den Wunderbau des Gralstempels errichtet, um die Weihe des Grals greifbar und sichtbar zu machen. Auf der anderen Seite bleibt der Gral eines der Wunderdinge, um die sich Aventiure entfalten kann, jedem Artusritter erreichbar. Wo die Gralsuche und -findung zu einem Gawanabenteuer unter anderen wird, wie abermals schon in der „Krone", da bewegen wir uns auf dieser Linie. Auf ihr finden wir auch Wisse-Colin und deren französische Vorbilder. Denn auch bei ihnen gelangt Gawan mehrfach in den Gralbereich. Der Weg dorthin ist Aventiurenfahrt, und wenn zugleich Abendmahlskelch und Longinusspeer aus dem Gedichte Roberts von Boron übernommen sind, so bleiben sie reine Dekorationsstücke. Ein tiefer Abstieg geht von Trevrizents religiös ergriffenem Gralsbericht bei Wolfram zu dem Gralsbericht des Amfortas bei Wisse-Colin, den er nach seinem eigenen Wort *durch kurzewîle* (V. 27 212) gibt. So sind denn auch nicht Schüssel und Speer, sondern das zerbrochene Schwert, mit dem einst Amfortas' Bruder durch Partinias getötet worden war, Hauptgegenstand des Interesses. Das Schwert wird zum artushaften Märchending. Wer es zusammenfügen kann, wird dadurch als der herrlichste Ritter offenbart, er übernimmt damit aber auch die Rachepflicht an Partinias. Erst mit dessen Überwindung hat Parzival seine Gralaufgabe vollendet, und schauerlich entweiht der auf der Zinne der Gralsburg aufgesteckte Kopf des getöteten Gegners das Wolframsche Mysterium. Parzival aber läßt das ihm angebotene Gralkönigtum mit einer Handbewegung liegen, um sich neuer Aventiure zuzuwenden.

Das Wesen dieser späten Aventiurenketten ist ihre bloße Stofflichkeit, wie wir es oben am Apolloniusroman des Heinrich von Neustadt entwickelt haben. Keine Idee ist mehr darin lebendig. Die Helden sind nur noch Figuren, deren Namen vertauschbar wären, ihre Taten und Erlebnisse ließen sich mit immer den gleichen Motiven und Formeln beliebig weiter fortsetzen. Die Helden durchstreifen ein Land voller wilder Wälder und herrlicher Burgen wie ein Raritätenkabinett, ernten beiläufig Tat und Ruhm und eilen unbewegt weiter zur nächsten Attraktion. Auch Frauen stehen allenthalben am Wege; sie werden entführt, befreit, nach Laune des Dichters genossen oder unberührt gelassen, jede die allerschönste, keine beseelt. Condwiramurs seelenvolle Lieblichkeit haben die beiden Straßburger Goldschmiede nicht begriffen; bei ihnen ist sie nur eine unter vielen.

Solche Entleerung des Artusrittertums legt seine primitiven Wurzeln bloß. Es verbleibt das Recht des Stärkeren, das Faustrecht, geregelt durch einen mechanisierten Ehrenkodex, und ein ebenso mechanischer Zufall, der alle Wege dieser Ritter zum besten lenkt. Ihre Frömmigkeit ist so mechanisch wie ihre Ritterethik; die bewegende Frage nach Welt und Gott ist verstummt. Auch der Teufel wird zur Aventiurenfigur und als solche von Parzival überwunden. Die Kennzeichnung des weltlichen Strebens nach Ehre als sündige Seelengefährdung durch den Waldbruder bei der unheimlichen Kapelle bleibt, wie alles in diesem Roman, eine folgenlose Episode. Die späte deutsche Epik hat die drei großen Abenteuerbereiche – die Orientwunder der abenteuerlichen Kreuzzugsdichtung, die Naturdämonen des heroischen Romans und die Zauberwelt des Artusbereiches – mannigfach miteinander vermischt und dadurch wenigstens eine große Abwechslungsmöglichkeit gewonnen. Die französische Vorlage von Wisse-Colin hat die Artusgattung rein, damit aber auch eintönig gehalten. Kaum irgendwo sind dämonische Wesen zu bezwingen – für sie tritt an jener einen Stelle der Teufel ein – und die Heidenwelt der Chansons de geste hat nirgends Eingang gefunden. Märchenhafte Zauberdinge werden zum Teil als *Nigromanzie* ins Reale gerückt und ritterliche Kraft- und Waffentaten wiederholen sich in unermüdlicher Eintönigkeit.

Wisse und Colin sind Übersetzer; für Stoff und Komposition sind sie nicht verantwortlich. Wohl aber für Form und Stil. Wir merken, wie auch die formale Leistung der klassischen Zeit jetzt ihre nachwirkende Kraft verliert. Wie bei Heinrich von Neustadt ist nicht nur die geringe Begabung dieser beiden Dichter daran schuld. Die literarische Kunstsprache ist tot; man kann nicht mehr reden wie die Klassiker. Die Sprache drängt zur gewachsenen Mundart, die Form zur Prosa. Mit ihrer elsässischen Mundart, ihren holprigen Versen, ihren primitiven Reimen stehen Wisse und Colin an der Schwelle neuer künstlerischer Möglichkeiten: der Prosaroman, das Volksbuch liegen in Griffnähe vor ihnen. Aber da sie keine schöpferischen Geister sind, wird ihnen die Mundart nicht zum Quell kraftvoller Erneuerung, die Prosa nicht zur Befreiung von dem Zwang einer erstorbenen Tradition. Ihr hochadliger Auftraggeber verlangte offenbar den Vers des französischen Vorbildes und die ausgelaugten Formeln des höfischen Stils. So stümpern sie sich durch ihr Riesenopus hindurch und schieben es in Wolframs Meisterwerk ein, fühllos dafür, wie gerade dadurch ihre Unfähigkeit offenbar wird.

2. SPÄTE TRISTANDICHTUNG

Wie Wolframs Parzival fand auch Gottfrieds Tristan in der Spätzeit Fortsetzer und Ergänzer. Dem schwächlichen Versuch Ulrichs von Türheim, dem Gottfriedschen Torso einen Abschluß zu geben, sind wir früher (vgl. Bd. II, S. 187 f.) begegnet. Es war eine knappe Notlösung, in der die Wiedersehensabenteuer Tristans und Isoldes ziemlich summarisch behandelt sind. Zwei späte elsässische Tristanhandschriften des 15. Jahrhunderts enthalten Gottfrieds Werk mit Ulrichs Fortsetzung; sie fügen aber außerdem ein weiteres, dem Tristankanon nicht zugehöriges Abenteuer hinzu, in dem sich Tristan der Verkleidung als Mönch bedient.

Dieses ursprünglich selbständige Gedicht Tristan als Mönch ist vermutlich im nördlichen Elsaß entstanden. Eine Quelle ist bisher nicht nachgewiesen, doch liegt die Vermutung nahe, daß ein französisches Gedicht als Vorlage gedient hat. Als Typus gehören die Wiedersehensfahrten Tristans mit ihren Listen und Verkleidungen in eine Entwicklungsstufe des Tristanstoffes, die vor seiner höfischen und seelischen Verfeinerung liegt. Sie bekunden eine derbere, vorhöfische Erzählfreude, stehen den Schwänken vom betrogenen Ehemann nahe und widersetzen sich im Grunde einer höfischen Beseelung. Das wird an diesem Gedicht sehr deutlich. Tristan findet im Walde die Leiche eines unbekannten Ritters und läßt durch den getreuen Kurvenal verkünden, daß Tristan, im Kampfe gefallen, tot im Walde liege. Die Leiche wird nach Cornwall überführt, um dort bestattet zu werden. Tristan begleitet den Leichenzug als Mönch, offenbart sich Isolde und genießt – der untröstlichen Königin als geistlicher Helfer und kundiger Arzt beigegeben – mit ihr ungestörte Liebesfreuden. Eine Geschichte, die ganz offenbar nur erträglich ist, wenn sie als Schwank oder sehr frivole Novelle mit leichter Hand gezeichnet wird. Dieser Dichter hat sie ernst genommen und mit den Mitteln des späthöfischen Repräsentationsstils behandelt. Er bietet als Rahmen den Glanz eines Artusfestes auf und widmet einen beträchtlichen Teil seines Gedichtes den rührseligen und rhetorisch wohlstilisierten Totenklagen an der Leiche des falschen Tristan, ohne im geringsten die Ironie der Situation auszunutzen. Vollends peinlich wird Markes Klagerede mit ihren Tönen von Reue und Selbstanklage, die wohl nach dem Muster von Markes echter Klage an Tristans Totenlager im Schluß des Tristanromans stilisiert ist. Unausgenutzt bleibt auch die fast notwendige Feinheit, daß Isoldes Liebe die Vertauschung erspürt und den lebenden Geliebten erkennt; auch sie klagt ausgiebig, bis ihr Tristan die Wahrheit durch einen Brief plump und umständlich entdeckt. Denn der Dichter hat nichts von Gottfrieds Minneauffassung begriffen. Der Vergleich Markes mit Isengrim, der seine *friundin* Hersant der Pflege des Fuchses Reinhart anvertraut hat, läßt erkennen, in welcher Sphäre die Minneauffassung dieses Dichters beheimatet ist, zeigt aber auch zugleich, in welchem Stil das Ganze hätte behandelt werden müssen.

Der Dichter ist mit den Stilmitteln der höfischen Epik so vertraut, daß es gerechtfertigt ist, sein kleines Werk noch dem 13. Jahrhundert zuzuweisen. Er steht in seiner freieren Metrik und in seinem Stil nicht unter dem Einfluß von Konrad von Würzburg. Das kann bei der mächtigen Wirkung, die Konrad gerade auf die Dichtung am Oberrhein gehabt hat, nur bedeuten, daß unser Tristangedicht vor der Zeit von Konrads Aufenthalt in Straßburg und Basel, d. h. vor etwa 1260, anzusetzen ist.

Ganz am Ende des 13. Jahrhunderts ist noch einmal der Versuch gemacht worden, Gottfrieds Torso zu Ende zu dichten. Er führt uns nach Böhmen und in die lebendigen Bestrebungen der böhmischen Könige und des Hochadels hinein, höfische Kultur zu pflegen und deutsche Dichtung aus dem Geiste dieser Kultur zu fördern. Den Anfängen sind wir schon früher begegnet. Schon Reinmar von Zweter und der Tannhäuser haben sich zeitweise in Böhmen aufgehalten und bei Wenzel I. Förderung gesucht, haben sich aber auf die Dauer dort nicht halten können. Die erste große Periode deutscher Literaturbestrebungen in Böhmen fällt erst in die Zeit Wenzels II. (1278–1305), des Sohnes des großen Ottokar, mit Ulrich von Etzenbach als bedeutendstem Vertreter. In dieser Zeit lebte auch der Vollender von Gottfrieds Tristan. Es war Heinrich von Freiberg, wahrscheinlich nach der meißnischen Bergwerksstadt Freiberg benannt, tätig aber im Böhmen Wenzels II. und im Dienste von Männern aus dem hohen böhmischen Adel. Über seine Person wissen wir nichts Sicheres. Er war, gleich Konrad von Würzburg, ein bürgerlicher Literat von einiger gelehrter Bildung und einer nicht ungewandten formalen Fertigkeit, der je nach Auftrag verschiedenartige Stoffe in verschiedenen Stilformen zu behandeln vermochte.

Neben der Tristanfortsetzung sind zwei kleine Gedichte unter seinem Namen überliefert, ein religiös-legendäres, das die Geschichte vom Kreuzesholz behandelt, und ein persönlich-aktuelles über die Ritterfahrt des böhmischen Adligen Johann von Michelsberg nach Paris. Mit seinen Gönnern, Raimund von Lichtenberg für den Tristan und Johann von Michelsberg für die Ritterfahrt, gelangen wir in die beiden letzten Jahrzehnte des 13. Jahrhunderts; die Ritterfahrt Johanns hat wahrscheinlich 1297 stattgefunden. Ein viertes kleines Werk, die Schwankerzählung vom Schrätel und Wasserbären (vgl S. 268), die man ihm auf Grund stilistischer Merkmale hat zuschreiben wollen, ist schwerlich von ihm. Stilmerkmale trügen allzu leicht; diese launige Parodie auf höfischen Aventiurenstil setzt eine innere Freiheit voraus, die wir dem ernsthaften Handwerker Heinrich nicht zutrauen können.

Denn Heinrichs Tristanfortsetzung ist tüchtige Handwerksarbeit. Der Dichter hat sich eifrig in die Stilkunst seines großen Meisters eingelesen und sie mit Geschick nachzubilden versucht. Allein bei näherer Betrachtung wird deutlich, wie sehr es bei formaler Nachbildung bleibt. Nicht darauf kommt es an, daß Heinrich seinen Stoff den vorhandenen deutschen Tristandichtungen, dem alten Eilhart und der Tristanfortsetzung Ulrichs von Türheim, also einem von Gottfried abgelehnten Erzählstrang, entnommen hat. Auch nicht darauf, daß er vielleicht jüngere französische Quellen gekannt hat. Wesentlich ist, daß er sie nicht im Geiste Gottfrieds neu hat durchleuchten können. Denn Gottfrieds tiefe Auffassung der Minne, die Leuchtkraft des Unio-Gedankens, die Erhebung des Sinnlichen zum *insigel* eines Höheren, die Todesbereitschaft und Todeserfülltheit der liebenden Seligkeit sind diesem Fortsetzer verschlossen. Heinrich steht in der typischen Minneauffassung der zeitlich benachbarten Epik. Nicht ohne Lüsternheit faßt er Minne als Lust und ordnet sie in ritterliche Aventiure ein. *Sîn manheit und ir* (d. i. Isoldes) *minne* (V. 1421) reizen Tristan zur Rittertat im Artuskreise, eine völlig ungottfriedische Sehensweise. Heinrich nimmt die alte, von Gottfried ausgeschiedene Geschichte von Tristans und Isoldes Verurteilung zu einem schmählichen Tode wieder auf, verzeichnet dadurch Gottfrieds Marke im Sinne des vorhöfischen Wüterichs und führt die Liebenden in ein erneutes Waldleben, an dem wir den Abstand von Meister und Nachahmer ermessen können.

Unter der Hülle der von Gottfried erlernten Stilformen schaut der Mann einer anderen Zeit auf Schritt und Tritt hervor. Eine Neigung zum Intimen, Biederen, Genrehaften ist allenthalben zu spüren. Szenen wie Isolde Weißhand in schamhaft neugieriger Erwartung im Brautbett, wie die Kissenschlacht der Artusritter bei Marke, oder wie Tristans Aufzug und Auftreten als Narr sind nicht ohne Fähigkeit künstlerischer Veranschaulichung geschrieben und mögen für sich genommen lebendiger und wahrhafter sein als die leergewordene Idealität abenteuernder Artusritter. Aber in einer Fortsetzung von Gottfrieds Tristan empfinden wir sie als Stilbruch. Ähnlich steht es mit Heinrichs Neigung zum Lehrhaften und Gelehrten, die ja auch bei Gottfried nicht fehlt. Aber was bei diesem organisch in das Kunstwerk eingeschmolzen war, wird bei Heinrich lehrhafte Glosse. So wenn er V. 1325 ff. das Wort *tavelrunde* erklärt oder wenn er das Nachlassen der unbedingten Wirkung des Minnetrankes und damit Tristans Hinwendung zu Isolde Weißhand rational, nämlich astrologisch begreiflich zu machen sucht: aus der zeitweisen Verdunkelung (*eklypsis* V. 238) des gemeinsamen Sternes von Tristan und Isolde. Eine magische Wirkung paralysiert die Kraft einer anderen. Vollends nicht mehr verständlich ist diesem Manne und seiner Zeit jene Absolutheit, die Gottfried der Tristanminne verliehen hatte. Auch Heinrich lebt und denkt aus der religiösen Bedrängtheit seiner Zeit. Er läßt Tristan über das Sündhafte seines Verhältnisses zu Isolde nachdenken (V. 269 ff.). Er stimmt die Totenklage Kurvenals an der Bahre seines Herrn auf das Thema vom Lohn der Welt (V. 6620 ff.), und in seinem eigenen Nachwort macht er das Schicksal des liebenden Paares zum Exemplum der Vergänglichkeit und mahnt zur Hinwendung an die wahre Gottesminne.

All das liegt weit ab von Gottfrieds Gestaltung und Deutung des Tristanstoffes. Man soll Heinrich darum nicht tadeln oder es seiner dichterischen Unzulänglichkeit zuschreiben. Er hat getan, was er konnte, und wird mit der geschickten Nachbildung von Gottfrieds Stilkunst seiner Zeit genug getan haben. Kein großes Kunstwerk läßt sich mehr als äußerlich „fortsetzen", zumal wenn ein Jahrhundert und

seine geistigen Wandlungen zwischen dem Original und der Fortsetzung liegen.

Sehen wir Heinrich von Freiberg richtig als einen Mann der formalen Begabung,
so bestehen keine Bedenken, ihm auch die beiden kleinen Werke zuzuweisen, die
unter seinem Namen überliefert sind. Daß sie in einem schlichteren Stil gehalten sind
als die Tristanfortsetzung, spricht nicht dagegen; verschiedene Gattungen erlauben,
ja fordern eine verschiedene Stilhaltung. Die Legende vom Kreuzesholz, ohne
Gönnernamen überliefert, gehört in den Strom von Legendendichtung, der seit der
Mitte des Jahrhunderts zu fließen beginnt, und wird in diesem Zusammenhang
(S. 546) zur Sprache kommen. Die Ritterfahrt des Johann von Michelsberg
nach Paris und seine beiden Turniersiege dort müssen in Böhmen Aufsehen erregt
haben; auch die zeitgenössische Chronistik gedenkt ihrer. Man kann sich des Ein-
drucks von Parvenuhaftigkeit nicht ganz erwehren. Um einige Grade zu deutlich
und ernsthaft-geflissentlich wird diese „Tat" des böhmischen Herrn im alten Heimat-
lande alles Rittertums behandelt. Man soll nicht überhören, daß man dahinten in
Böhmen auch etwas von ritterlichem Wesen versteht. Wir möchten wohl glauben, daß
sich die an Rittertum übersättigte französische Hofgesellschaft über den wackeren
Böhmen, seinen Aufzug und die Wucht seines Turnierens heimlich amüsiert hat. Daheim wurde sie so ernst genommen wie ein halbes Jahrhundert vorher die Turnier-
fahrten Ulrichs von Lichtenstein. Wenn Heinrichs Gedicht auch sicherlich eine
bestellte Arbeit oder doch ein wohlberechneter Preis des begüterten Herrn gewesen
ist, so wird ihm das Unternehmen, das er zu schildern hatte, auch wirklich imponiert
haben.

3. ABENTEUERLICHE MINNEROMANE

Neben der zuerst besprochenen „Artusgruppe" des späten Romans
steht eine andere, die einen Geschmackswandel deutlich erkennen läßt.
Wenn wir die Namen der Haupthelden hören: Reinfried von Braunschweig, Wilhelm von Österreich, Wilhelm von Wenden, Friedrich von
Schwaben, so sehen wir sie in der geographischen Wirklichkeit des deutschen Reiches und nicht im märchenhaften Nirgendslande der Artuswelt
angesiedelt und mit geläufigen Namen der Wirklichkeit benannt. Wir
haben schon am Wilhelm von Orlens des Rudolf von Ems erkannt, daß
solcher Standortwechsel nicht äußerlich und zufällig ist, daß er vielmehr
eine bewußte Abwendung von der Artuswelt anzeigt. Hier geht die
literarische Traditionskette von Rudolf von Ems über den Engelhard
Konrads von Würzburg. Es scheint, als habe sich diese Geschmacksrichtung erst durchgesetzt, als der Artusroman schon im Verklingen war;
von den uns erhaltenen Epen dieser Gruppe ist wenigstens keines vor
dem letzten Jahrzehnt des 13. Jahrhunderts verfaßt worden.

Indessen bedeuten sie keine Abkehr vom Abenteuerlichen überhaupt,
nur sieht das Abenteuer anders aus als im Artusroman. Es ist in den
Orient verlegt, eine Fortführung oder ein Wiederaufleben der Orientabenteuer aus den frühhöfischen Romanen der großen Kreuzzugszeit.
Der Orient aber und seine Wunderländer und Wundervölker waren

eine ethnographische Realität, gewährleistet durch Isidor, den Alexanderroman, die Geschichten von Herzog Ernst. Insofern liegt auch in
ihnen eine Hinwendung zur Wirklichkeit. Und diese Welt war eben
jetzt noch einmal aktuell geworden, da das große Abenteuer der Kreuzzüge zu Ende ging und der Verlust von Akkon (1291), als Schlußstrich
empfunden, die Christenheit noch einmal tief bewegte. Es ist gewiß kein
Zufall, daß damals die Dichtung vom Herzog Ernst in breitem höfischen Stil erneuert wurde (Herzog Ernst D), aller Wahrscheinlichkeit
nach durch denselben böhmischen Hofdichter Ulrich von Etzenbach,
der auch den Wilhelm von Wenden und einen Alexanderroman verfaßt
hat. Doch was vor reichlich 100 Jahren ein Vorstoß in unbekannte Fernen war und als unerhört Neues begierig aufgenommen wurde, ist jetzt
etwas Bekanntes oder doch Gewohntes geworden. Und zwar in doppelter Weise. Einerseits gab es den wirklichen Orient der Kreuzzüge,
längst allen romantischen Glanzes bar, ein Feld blutig-grausamer
Kämpfe zwischen Heiden und Christen und politischer Intrigen der
christlichen Staaten und Gruppen untereinander. Dahinter aber lag
immer noch der geheimnisvolle Orient der unerhörten Reichtümer und
seltsamen Naturwunder, von niemandem wirklich betreten, aber durch
Sage und Dichtung jedermann vertraut und durch den Jüngeren Titurel soeben noch einmal in all seiner Pracht heraufbeschworen. Beide
Orientbilder sind in der späten Epik nicht klar geschieden, und so gehen
auch die beiden Heidenbilder neben- und durcheinander, die damit verbunden sind. Einerseits ist der Heide der widergöttliche Feind, für den
es nur mitleidlose Vernichtung gibt. Andererseits nimmt er an Glanz
und Gesinnung des höfischen Rittertums teil als der „edle Heide“, der,
von Wolfram geprägt, über den Jüngeren Titurel der späten Epik als
gültige Figur zugeführt wurde.

Doch sind diese Epen als bloße Abenteuerromane noch nicht genügend charakterisiert. Die Helden dieser Romane sind – im Gegensatz
zum alten Herzog Ernst – Minnehelden, das Orientabenteuer ist entweder tätige Erwerbung der Geliebten oder leidvolle Trennung von ihr.
Ihre Erringung oder die Wiedervereinigung mit ihr ist das Sehnsuchtsziel in allen Widerwärtigkeiten und trotz aller am Wege lockenden
Frauenschönheit. Die Minneauffassung dieser Romane aber weist nach
Gottfried hinüber. In Bildern und Wendungen, die aus Gottfrieds Gedanken der Unio inspiriert sind, wird die unlösliche Verschmelzung
zweier Herzen und Leiber zu neuer Einheit gepriesen und der Gedanke
des Herzens- und Wesenstausches mannigfach variiert. Seit Konrad von
Würzburg den Weg zu Gottfried als stilistischem Vorbild gewiesen
hatte, war auch Gottfrieds Minnevorstellung wieder entdeckt und, wenn
auch oft verharmlost und versüßlicht, zu neuem Leben erweckt worden.
Wenn man im späten Artusroman von einem Epigonentum Hartmanns

reden kann, so hier von einer Gottfried-Renaissance, aus der auch die eben besprochene Tristanfortsetzung des Heinrich von Freiberg hervorgegangen ist, und die wir in der sentimentalen Versnovelle wieder antreffen werden.

Der bedeutendste Dichter dieser Gruppe ist der unbekannte Schweizer, der das unvollendete oder in der einzigen Handschrift wenigstens unvollendet abbrechende Epos Reinfried von Braunschweig verfaßt hat. Da er die Katastrophe von Akkon erwähnt, muß er nach 1291 gedichtet haben. Seine Sprache verweist ihn eindeutig in die Schweiz, sein Bekenntnis, daß er *âne geburt* sei (V. 12820 f.), zeigt, daß er unritterlicher Herkunft ist. Die Widmung an eine Dame namens Else, die ihm doch sein Werben nicht lohnt, trägt nichts ab.

Seinen Stoff entnimmt der Dichter der Sage von Heinrich dem Löwen und dessen Kreuzfahrt. Die Beheimatung des Helden in Braunschweig und der Traum seiner Gattin Yrkane, die ihn als Löwen sieht, machen das gewiß. Die Erzählung bricht in der Handschrift mitten im Satz ab, als Reinfried auf der Heimreise an einem unbekannten Strand allein zurückgelassen wird. So fehlt sowohl das Löwenabenteuer, das durch den Löwentraum, als auch das Motiv der unerkannten Heimkehr, das durch den geteilten Ring vorbereitet wird. Die Orientfahrt selber gliedert sich in einen kreuzzughaften Teil, in dem der Held das heilige Land befreit und die heiligen Stätten besucht, und einen Abenteuerteil, dessen Höhepunkt der Besuch des Magnetberges bildet. Die beiden Teile haben ein ganz verschiedenes, von der Gattung her bestimmtes Heidenbild. Im ersten Teil gilt der alte gnadenlose Gegensatz von Christentum und Heidentum aller historischen oder historisierenden Kreuzzugsdichtung. Rauben, Brennen, Ausmorden von Frauen und Kindern erscheint hier als *ritter îchez rîten*. Im zweiten Teil dagegen herrscht die edle Gleichheit von Christen und Heiden des Ritterromans. Ja, die in Wolframs Gestalten der Gyburg und des Rennewart aufkeimende Achtung vor der religiösen Überzeugung des heidnischen Gegners weitet sich hier zu der erstaunlichen Einsicht, daß dem überwundenen persischen Königssohn die ihm auferlegte Taufe erlassen wird, da ein gezwungener Christ ein schlechter Christ sei und die Zwangstaufe den edlen Heiden nur in *zwîvels überkraft* werfen würde.

Die Orientabenteuer Reinfrieds werden mit Recht auf die des Herzog Ernst zurückgeführt; die meisten Abenteuer und Wundervölker des älteren Epos tauchen hier wieder auf. Allein sie sind anders gesehen als dort. Im Herzog Ernst sind es Stationen auf der notvollen Fahrt des einsamen, schiffbrüchigen Helden. Im Reinfried geschieht die Fahrt freiwillig mit dem Perserkönig, zu dessen Reich der Kaukasus mit den Greifen und die Pygmäen gehören. Darum nehmen diese Wundervölker auch an der großen Schlacht zwischen den Königen von Assyrien und Askalon als Hilfsvölker teil und sind damit in die Wirklichkeit des ritterlichen Schlachtgemäldes eingeordnet.

Und auch die letzten Fahrten zu den Sirenen und zum Magnetberg sind freiwillige, gut vorbereitete Expeditionen. Reinfried ist Entdeckungsreisender und als Typus mehr dem Alexander des Alexanderromans als dem Herzog Ernst verwandt.

Die Orientfahrt Reinfrieds erfüllt indessen nur den zweiten Teil des Epos. Der erste, weit mehr als nur Einleitung, ist ein Minneroman mit dem Ziel der Erwerbung der dänischen Königstochter Yrkane. Er verdient als Eigenleistung des Dichters mehr Aufmerksamkeit, als ihm bisher zuteil geworden ist. Er spielt im Raume Niederdeutschland-Dänemark und blickt nach Mitteldeutschland, England, Brabant hinüber. Das ist der Raum, den zuerst Rudolf von Ems literaturfähig gemacht hat und der bei Konrad von Würzburg im Engelhard und im Turnier von Nantes wiederkehrt. Die Geschichte beginnt wie ein Artusroman mit der Aufforderung zu einem von Yrkane ausgerufenen Turnier, dessen Siegespreis ein Kuß der Prinzessin ist, und mit Austritt und Sieg des Helden. Das Motiv der Minne aus der Ferne wird verwendet; sie treibt Reinfried zur Teilnahme an dem Turnier. Heimliche Minne, Verleumdung, gerichtlicher Reinigungskampf und endliche Vereinigung der Liebenden lenken die Erzählung in die Bahn von Konrads Engelhard.

Überhaupt steht der Dichter des Reinfried zu Konrad von Würzburg in Beziehung. Dessen Stil leichtfließender, glatter Verse, zierlicher Eloquenz, bis zur Ermüdung variierender Wiederholungen, geblümter Rede hat keinen begabteren Nachfolger gefunden als diesen Schweizer, der auch seinem ganzen Wesen nach als Artgenosse Konrads erscheint, ein gebildeter, in der höfischen Literatur belesener bürgerlicher Literat. Doch ist er mehr als Nachahmer. Er hat über Konrad von Würzburg den Weg zu Gottfried zurückgefunden und hat diesen unter allen Späten vielleicht am besten verstanden, obwohl er selber viel lieber Wolfram, einschließlich des Jüngeren Titurel, zitiert. Seine eigenste Schöpfung ist der verleumderische Ritter, die Gegenfigur des Ritschier von England im Engelhard. Aber wie dieser von Hause aus untadelige, tapfere und edle Ritter das liebende Paar nach dessen erster Minnebegegnung beobachtet, wie aus dem inneren Nachleben des seelischen Zustandes des glücklichen Rivalen Neid und Argwohn in ihm aufkeimen, wie sich daraus eine begehrliche Minne zu der Königstochter entwickelt, wie das sittliche Gefüge seiner Persönlichkeit langsam zerstört wird bis zu dem Versuch, die Hingabe der Prinzessin zu erpressen, und nach ihrer empörten Zurückweisung bis zur Verleumdung bei ihrem Vater wegen unkeuscher Beziehung zu Reinfried – das ist mit einer beachtlichen Fähigkeit zu psychologischer Analyse dargestellt. Der Dichter fühlt die Qualen der unerwiderten Liebe verstehend mit, wenn er den Unglücklichen mit einer gottfriedischen Wendung als „Minnemärtyrer" bezeichnet. In der Tat ist seit Gottfrieds König Marke in der höfischen Epik nicht wieder die Zeichnung eines gebrochenen Charakters versucht worden, dessen sittlicher Kern durch ein unerlaubtes und unerfüllbares Begehren zersetzt wird. Ich wüßte keinen anderen Dichter von Minneromanen, der Gottfrieds Minneauffassung so verstanden hätte wie dieser, und dem es so sehr um eigentliche Psychologie der Minne zu tun gewesen wäre. Denn auch den Minneszenen selbst weiß dieser Dichter seelische Wahrheit zu geben. Man muß lesen, wie die Botschaft von der Not der Geliebten in Reinfrieds frohes Turnierfest einbricht, wie er mitten aus dem Festgetümmel in atemlosem Ritt durch das Land hetzt, um zum Termin des gerichtlichen Zweikampfes noch zurechtzukommen. Das hat weit größere Kraft als die entsprechenden Szenen in Konrads Engelhard. Und dann der Höhepunkt: wie Reinfried nach dem Sieg noch verwappnet und unerkannt vor die Geliebte reitet und sie schweigend auf sein Roß hebt, wie sie ihm schweigend, ohne Abwehr folgt, wie die beiden davonreiten, die Welt um sich vergessend, bis die Verfolger sie einholen und aus ihrer Versunkenheit reißen – das hat etwas von der unbedingten Kraft der Minne, wie Gottfried sie verstanden hatte.

Wie Gottfried setzt sich auch dieser Dichter in Exkursen mit den Vorgängen auseinander. Er nimmt die echte Minne gegen die Wirkungen in Schutz, die aus falscher Minne erwachsen. Es klingt durchaus gottfriedisch, wenn er argumentiert: jener Ritter wußte doch, wie es um die beiden stand. Drängte er sich da ein, was kann die Minne dafür, wenn ihm davon Weh geschieht. Überhaupt ist dieser Dichter einer der wenigen, die das Phänomen „Minne" wirklich zu analysieren versuchen und sich nicht bei der üblichen Minnetopologie beruhigen. Da gelingen ihm dann so hübsche Dinge wie die psychologische Analyse des Kusses (V. 2374 ff.) mit Anwendung des gottfriedischen *insigel*-Begriffes oder die Erläuterung der Tatsache, daß nur Eine unter tausend, und vielleicht gar nicht die Schönste und Verlockendste, gerade die Minne dieses Einen zu erwekken vermag (V. 8762 ff.).

Dem Dichter hat es überhaupt die Psychologie angetan. Darum stellt er seine Gestalten gern in Augenblicken des Schwankens vor einer Entscheidung dar und liebt die lang ausgesponnenen Selbstgespräche, in denen sich seelische Zustände enthüllen. Auch andere psychologische Situationen als nur die Minne beschäftigen ihn, so die des zur Taufe gezwungenen Heiden, so die Frage, warum der Schreck unerwarteter großer Freude ebenso tödlich wirken kann wie plötzlich einbrechender Schmerz (24110 ff.), also die Rückwirkung psychischer Erregungen auf die Physis. Auch sonst erläutert und erklärt er gern. Die Wundererscheinungen des Orients sind ihm nicht mehr unreflektiert hingenommene Tatsachen. Immer wieder stellt er sein Publikum als Zweifler dar, die seine Geschichten als Lügenmären verwerfen möchten, und belegt die Wahrheit dessen, was er erzählt. Wie er die Abenteuer Reinfrieds zu geographisch-ethnologischen Erkundungsfahrten macht, so behandelt er die Erscheinungen, denen der Held begegnet, naturwissenschaftlich. Für die Entstehung der Wundervölker, die doch wie die normalen Menschen von Adam herstammen müssen, gibt er gleich drei mögliche Erklärungen, eine legendär-mythische, eine astrologische und eine natürliche aus fratzenhaften Zwangsvorstellungen der schwangeren Frauen und deren Rückwirkung auf die Frucht, und diese hält er für die wahrscheinlichste.

Als echter Nachfahr höfischer Dichtung erweist sich dieser Dichter auch in seiner religiösen Haltung. Sie ist die statisch-unreflektierte, doch für Wesen und Verhalten irrelevante Frömmigkeit des höfischen Menschen. Wie die Messe zum Anbruch bedeutsamer Tage gehört, so das Gebet zu angstvollen Situationen. Aber die ausführlichen Gebete sind rhetorische Kunstwerke, nicht Ausdruck erlebter Frömmigkeit, und den üblichen Beginn seines Werkes mit einem Gebet kennt dieser Dichter so wenig wie sein Vorbild Gottfried. Nur in der überragenden Bedeutung der Marienverehrung spüren wir den Dichter der Spätzeit. Ist die Kreuzfahrt Reinfrieds die Erfüllung eines Gelübdes um die Geburt eines Nachkommen, so geschieht die Fahrt selber ohne tiefere Frömmigkeit. Die Mahnungen und Ansprachen im Kampfe zeigen wenig gläubige Inbrunst, der Besuch der heiligen Stätten wird mehr topographisch exakt als fromm erhoben dargestellt, und die Exkursionen mit dem Perserkönig bleiben vollends ohne religiösen Gehalt.

Breit angelegt und unermüdlich wiederholt ist die Verfallsklage, das Abmessen einer unerfreulichen und gesunkenen Zeit an den idealen Gestalten und Zuständen der Vergangenheit. Auch dies ist bei unserem Dichter mehr als der übliche Topos; es ist lebendige Zeitkritik, die die alten führenden Stände, Fürsten, Rittertum und Geistlichkeit nicht schont und deutlich auf wirkliche Verfallserscheinungen der Gegenwart abzielt. Das Werk will aufrütteln und belehren und ordnet sich damit der breiten Sittendichtung des späten Mittelalters zu. Doch ist auch hier die Blickrichtung mehr ethisch als religiös. Es ist noch aus dem Glauben an das hohe höfische Ideal der ritterlichen Ehre und der hohen Minne geschrieben, und das alte Ziel – Gott und der Welt gefallen, – ist diesem Dichter noch erfüllbar in der Wiederbelebung der höfischen Lebensgestaltung der klassischen Zeit. Von einer bürgerlich-moralischen Sichtweise ist kaum etwas zu spüren, wie auch die Stadt und der Bürger wenig in Erscheinung treten.

Das Epos, zumal sein erster Teil, dürfte sich getrost über die Leistungen des hochhöfischen Durchschnitts, eines Konrad Fleck, Wirnt von Grafenberg, selbst Rudolf von Ems stellen, wenn es nicht in die virtuosredselige und verflachende Breite des epigonalen Erzählstils verfiele. Es ist sehr viel stilistischer Leerlauf in dem Werk, Wort und Vers um des Wortes und Verses willen. Auch dies geschieht gewiß nicht ungewandt. Zumal die Reden und Selbstgespräche sind das gegebene Feld zur Entfaltung geblümter Rhetorik. Das lange Werbungs- und Minnegespräch (V. 3131–3769) etwa ist ein Musterbeispiel zierlicher Wendungen und stilistischer Kunstfertigkeit. Aber wie in aller späten Epik ertrinkt das Wesentliche in der Flut der Worte, Verse, Glossen und Exkurse. Der Falkentraum Yrkanes, inhaltlich völlig Kriemhilds Falkentraum im Nibelungenliede nachgebildet, wird auf 80 Zeilen ausgewalzt, und indem er ins einzelne vergegenständlicht wird, ist das Geheimnis des Symbols, das der Dichter des Nibelungenliedes wahrte, zugunsten der Handgreiflichkeit zerstört. Wie in aller späten Epik wird auch hier die starke Gemütserregung und deren heftiger Ausdruck gesucht, und an Sentimentalität steht der Reinfrieddichter hinter seinen Zeit- und Artgenossen nicht zurück.

Ein wenig jünger als der Reinfried von Braunschweig ist ein Minneroman, der Wilhelm von Österreich, als dessen Verfasser sich Johann von Würzburg nennt. Er datiert den Abschluß seines umfänglichen Gedichtes genau auf das Jahr 1314 „da man vor Aschberg lag". Johann, seiner Sprache nach wirklich Ostfranke, ist demnach ein jüngerer Landsmann Konrads von Würzburg, dessen Stil ihm vorbildlich war.

Gönner und Freunde fand Johann in Schwaben. Im zweiten Drittel seines Gedichtes erwähnt er rühmend einen verstorbenen Grafen von Hohenberg und Haigerloch, vornehmlich aber einen Eßlinger Bürger Dieprecht, den er als Liebhaber und Schreiber höfischer Literatur preist und dem er dafür dankt, daß er ihm auch sein Buch geschrieben habe. Wie Konrad in dem mächtigen Basel scheint also Johann im bescheidneren Eßlingen mindestens zeitweise Brot und Heimat gefunden zu haben. Sein werbender Blick aber war nach Österreich gerichtet. Den Herzögen Leopold und Friedrich – das ist Friedrich der Schöne, der Gegenspieler Ludwigs des Bayern – hat er sein Werk gewidmet, mächtigen österreichischen Geschlechtern darin gehuldigt. So wird der Bayernhaß Johanns, der mehrfach zum Ausdruck kommt, gerade im Jahre 1314, dem Jahr der Doppelwahl Friedrichs und Ludwigs, nicht literarische Reminiszenz, sondern aktuelle Parteinahme im politischen Geschehen sein.

Darum wird der Held des Gedichtes zu einem österreichischen Königssohn gemacht. Ein anderer Leopold, der Babenberger Kreuzfahrer und Gönner Reinmars von Hagenau, ist Wilhelms Vater und wird als tapferer Kreuzzugsheld verherrlicht. Der Name Wilhelm dagegen ist weder bei den Babenbergern noch bei den Habsburgern heimisch. Es ist ein Name poetischer Tradition von Chrestiens Guillaume d'Angleterre über Wolframs Wilhelm von Orange und Rudolfs Wilhelm von Orlens bis zum Wilhelm von Wenden des böhmischen Ulrich von Etzenbach. Inhaltlich ist der Wilhelm von Österreich ein Minneroman und beginnt gleich dem Reinfried mit dem Motiv der Liebe aus der Ferne. Er schildert, wie der Wilhelm von Orlens und Konrads Engelhard, die zarte Minne kindlicher Herzen mit dem von Veldeke her fortgeübten Fragespiel der unschuldigen Seelen, was Minne sei. Sie werden durch den Willen der Eltern auseinandergerissen, um in Prüfungen von mancherlei

Art ihre Standhaftigkeit zu bewähren und endlicher glücklicher Vereinigung entgegengeführt zu werden. Letzter Quellpunkt dieses Romantypus bleibt die Geschichte der Kinderminne von Floyris und Blancheflur, und wir haben gesehen (vgl. Bd. II S. 173 ff.), wie dieser Stoff sich von vorneherein sentimentaler Zärtlichkeit zuneigt. Auch im Wilhelm von Österreich sind die Liebenden, der österreichische Königssohn Wilhelm und die heidnische Königstochter Aglye, durch die Religion, nicht aber durch soziale Schranken getrennt. Doch spielt der religiöse Gegensatz in ihren Trennungsschicksalen keine wesentliche Rolle. Vielmehr wird die nahe Hoffnung auf Erfüllung ihrer Liebe wie in Rudolfs Wilhelm von Orlens zweimal durch politische Verlobungen an einen mächtigen König oder Königssohn zunichte, bis endlich Wilhelm nach Abenteuern und Kämpfen im Orient zum ersehnten Ziel gelangt.

Minneroman und Orientabenteuer, im Reinfried von Braunschweig hintereinandergeschaltet, werden hier ineinander verwoben. Wie überall in diesen späten Romanen ist hier der heidnische Orient in die zeitlose Idealität höfischen Rittertums einbegriffen. Wilhelm bewegt sich unter Christen und Heiden gleichen Rechtes, doch immer kann – abermals wie im Reinfried – das alte Kreuzzugsdenken durchbrechen und sich in gnadenlosem Kampf ausleben.

Indessen, so sehr Johann seinen Helden mit allen ritterlichen Tugenden ausstattet, so liegt sein Interesse und seine Stärke nicht bei der kriegerischen Tat. Er will einen sentimentalen Minneroman schreiben. Als Wilhelm in den Krieg ziehen soll, ruft dies nur einen jammernden Brief an Aglye hervor. Nichts von ritterlichem Hochgefühl bei ihm, keine Forderung, Minne *unter schildes dach* zu gewinnen, bei ihr. Wilhelm und Aglye sind wahre Antipoden von Tschionatulander und Sigune. Denn Johann ist ein Mann der zärtlichen Gefühle, und eben dazu leistet der Brief die besten Dienste. Die langen Trennungszeiten der Liebenden geben Anlaß zu zahlreichen Briefen voller schmachtender Gefühlsergüsse; man kann fast sagen, daß der Roman um diese Briefe komponiert ist. Sie sind zugleich – was wieder bei Rudolf von Ems zu lernen war – eine stilistische Aufgabe, an deren Lösung Johann seine ganze Kunst setzt. In ihren fein gedrechselten Phrasen kommt eine sentimental überzüchtete Minneauffassung zu Worte, die ihre letzte Wurzel in Gottfrieds Unio-Vorstellung hat, wie die Anrufung Gottfrieds, des *zârten maister clâr* (V. 2 062) zeigt. Denn so sehr auch Gottfrieds Inbrunst des Einheitsbekenntnisses verzierlicht und sentimentalisiert ist – Johann und sein Publikum haben etwas von der süßen Gewalt dieses großen Dichters verspürt. Johann ist auch Sprachbeherrscher genug, um etwas von echtem Gottfried nachklingen zu lassen, das hoch über dem erotischen Begehrenszwang Heinrichs von Neustadt steht. Der Absolutheit gottfriedischer Minnekraft freilich werden wir nicht begegnen; es ist doch alles nur schönes Wort und edle Gebärde. Die Liebenden sind nicht handelnd Ergreifende, sondern durch leidvolle Mißgeschicke Getriebene, und Minneleid wird zu Tränenseligkeit. Der ganze Roman ist überhaupt auf starke Gemütsbewegung angelegt. Ihr gilt etwa die Alyant-Episode in der großen Schlacht gegen Walwan, wo sich zwei vorbildliche Minneritter, Alyant und Wilhelm, begegnen, und wo der Tod Alyants, endlos beweint, auch die geliebte Helena in Liebeskummer sterben läßt. Vor allem aber krönt sich das Schwelgen in Tränen im Schluß des Romans, der – gegen die Gewohnheit – mit der seligen Vereinigung der Liebenden nicht zu Ende ist, sondern die Zerstörung des Glücks durch den Tod darzustellen wagt: Wilhelm wird auf der Jagd von heidnischen Feinden überfallen und erschlagen, um Aglye gleich Isolde über der Leiche des Geliebten sterben lassen zu können. Ausdruck dieses Strebens nach Gefühlsbetontheit ist das persönliche Hervortreten des Dichters in Anreden an die Romanhelden, an allegorische Figuren oder an sein Publikum. Doch im Übermaß der Verwendung dieses alten wolframschen Stilmittels wird nicht nur der schwindende Sinn für klassische *mâze* deutlich, sondern zugleich auch sichtbar, wie sehr es hier nicht um echte Anteilnahme, sondern um stilistische Kunstfertigkeit geht.

Solchem Streben nach einem Seelenroman wird das Stoffliche und Erzählerische minder wichtig sein. Johann ist kein guter, insbesondere kein plastischer Erzähler. Die Ereignisse bleiben oft unklar und verworren, die Motivierung macht ihm wenig Kopfzerbrechen, und es kann geschehen, daß sich wesentliche Begebnisse hinter der Bühne abspielen, während auf der Bühne ein konventionelles Prunkturnier vor sich geht. So wenig wie der ritterliche Kampf bedeutet für Johann im Grunde die fabelhafte Aventiure, die sich nur in einer großen Episode, der Befreiung der Königin Crispin von der Zaubergewalt des dämonischen Merlin, entfalten darf. Es ist daher nicht innerlich begründet, daß Johann seinen Roman durch die Begegnung Wilhelms mit der personifizierten Aventiure und die Erwerbung des Hundes „Fürst" einleitet, der allenthalben Aventiure aufstöbert. Es geht dem späten Dichter vielmehr nur darum, ein modernes Kunstmittel, die rational erdachte, in allen Einzelheiten ausdeutbare Allegorie, anzubringen. Sie war im lateinisch-gelehrten Schrifttum längst vorgebildet; in der Anticlaudianübersetzung des Heinrich von Neustadt sind wir ihr begegnet. Die volkssprachige Dichtung bemächtigt sich ihrer erst im späten 13. Jahrhundert und entwickelt sie rasch zu einer zeitgemäßen Lieblingsform, die dem Wunsch nach verstandesmäßiger Erfassung entgegenkommt. Das Wesen, das Wilhelm trifft, ist nicht mehr „Frau Aventiure" der klassischen Dichtung. Es ist ein konstruiertes Wunderwesen mit Menschenantlitz, Rubin-

krone, elfenbeinernem Hals, Straußenaugen, Flügeln, Fischschuppen-
leib und Löwenfüßen, die Stück für Stück allegorisch ausgelegt werden.
Und wie die Gestalt selber, so wird ihr Lebensraum wunderlich geschildert und allegorisch erklärt: der brennende Berg mit den Sälen
der echten und der falschen Minne, die Mühle, die das Rad der Welt ist,
getrieben von den beiden Figuren „Alter" und „Jugend", der vier-
köpfige Vogel, der vier Arten menschlichen Verhaltens versinnbildlicht,
und anderes mehr. Hier sehen wir den Weg, der auf den allegorischen
Roman zuführt, gipfelnd im Rosenroman und religiös gewendet in der
Pilgerfahrt des träumenden Mönchs. In Johanns Roman ist diese neue
Ausdrucksform der Spätzeit noch äußerlich an den Typus des ritterlichen
Minneromans angeklebt, folgenlos für den Ablauf und – gleich dem
allegorischen Hund „Fürst" – vom Dichter rasch vergessen.

Johann selber sah sich, wie wir schon einleitend bemerkt haben, als
einen Ährenleser auf dem Felde der klassischen Kunst, als Zwerg auf
der Schulter eines Riesen. Er fühlte sich als ein Nachgeborener, doch
auch, gleich seinem älteren Landsmann Konrad, als Bewahrer einer
großen künstlerischen Tradition in einer Zeit verrohenden Verfalls.

Unter solchem Aspekt würde Johann gewiß einen Mann wie Heinrich
von Neustadt gesehen haben, mehr aber noch den Dichter des F r i e d r i c h
v o n S c h w a b e n, der den Wilhelm von Österreich zitiert, also später
als Johann von Würzburg gedichtet hat. Dieser unbekannte Schwabe bedeutet in der Tat den traurigen Ausklang des ritterlichen Minneromans.
Auch er will einem fürstlichen Hause, den schwäbischen Herzögen, eine
fabelhafte Vorgeschichte geben, und er hat seinen Gönner in einem Mitglied des großen schwäbischen Hauses der Herzöge von Teck, dem er
huldigend den Namen Vivianz gibt. Den Namen des Helden, Friedrich,
entnimmt er wohl dem staufischen Geschlecht, wie er auch Schwäbisch-
Gmünd, die alte Stauferstadt, zur Hauptstadt Schwabens macht.

Kern und Grundriß des Gedichtes liefert eine Geschichte von der bösen Stiefmutter mit Verwünschung und Erlösung der unschuldigen Stieftochter Angelburg.
Durchgeführt ist sie unter Verwendung zweier Märchentypen. Der erste ist der aus
Konrads von Würzburg Partonopier bekannte Typus von Amor und Psyche: die in
einen Hirsch verwandelte Jungfrau kann erlöst werden, wenn der Held eine bestimmte
Zeitlang mit ihr lebt, ohne sie zu erblicken. Indem Friedrich dies Gebot verletzt, tritt
eine neue Verwünschung in Kraft. Sie ruht auf dem Grundriß der Schwanjungfrauen-
sage. Angelburg und ihre beiden Hofjungfrauen werden in weiße Tauben verwandelt,
die täglich in einem Brunnen auf einem Berge baden. Sie können erlöst werden, wenn
der Held den Brunnen findet und die Federhemden raubt. Nach vielen Abenteuern
und Gefahren gelingt die Erlösung, die Liebenden werden vereint, die böse Stiefmutter wird nach Märchenrecht verbrannt.

Das Interesse, das dieses späte Machwerk erweckt, ist stoffgeschicht-
lich bedingt. Der Held nimmt auf der Suche nach der Geliebten den

Namen Wieland an und lenkt unsere Aufmerksamkeit auf die Sagengestalt von Wieland dem Schmied. In der deutschen Dichtung ist er nur noch als Name vorhanden; der Dietrichheld Witege wird formelhaft Wielands Sohn genannt. Aber im Norden bewahrt die Eddasammlung ein Wielandlied mit einem sehr urtümlichen Kern und einem jüngeren Rahmen. Eben diese Rahmenerzählung hat motivliche Beziehung zu dem Friedrich von Schwaben. Drei Brüder, deren einer Wieland ist, rauben drei Schwanenjungfrauen ihre Schwanenhemden und nehmen sie zur Ehe. Dem entspricht die Dreiheit der schwäbischen Brüder (Friedrich, Heinrich und Ruprecht) und der in Tauben verwandelten Jungfrauen, die am Ende mit den drei Brüdern verheiratet werden. Ein Zusammenhang wird sich schwerlich leugnen lassen, ihm näher nachzugehen, ist hier nicht der Ort, zumal die Ungunst der Quellenlage sichere Aussagen nicht gestattet. Uns interessiert das literaturgeschichtliche Faktum, daß ein Erzählstoff, der nicht Gegenstand buchepischer Darstellung geworden ist, offenbar noch im Anfang des 14. Jahrhunderts in liedhafter Tradition fortgelebt hat, deren sich der Dichter des Friedrich von Schwaben bedienen konnte.

Was er daraus gemacht hat, ist freilich schauderhaft. Wieder einmal sind wir an der letzten Grenze der Nachwirkung höfischer Epenkunst angelangt. Ein Balladenstoff ist mit bänkelsängerischer Roheit zu einem Buch ausgewalzt. Eine Reihe von konventionellen, primitiv aneinandergeketteten Abenteuererlebnissen füllt die Suche Friedrichs nach der verlorenen Geliebten aus. Ein großer zusammenhängender Erzählblock, die Gefangenschaft Friedrichs bei der Zwergenkönigin Jerome und das erzwungene Minneleben mit ihr, ist vermutlich eine Zutat eines noch späteren Erweiterers, wodurch auch der umfängliche Schlußteil, Angelburgs Tod und Friedrichs Ehe mit der verlassenen Zwergengeliebten, als Werk dieses Zudichters aufgefaßt werden müßte. Die Erzählweise ist ganz roh, direkt und rein stofflich bestimmt. Von künstlerischer Formung weiß dieser Dichter so wenig wie von Verfeinerung menschlicher Haltung oder von zartem Empfinden. Der Fluch der Stiefmutter über Angelburg gibt ein genaues Programm der künftigen Ereignisse. Wo etwas früher Geschehenes im Lauf der Erzählung noch einmal berichtet werden muß, geschieht es in voller Ausführlichkeit unter Wiederaufnahme ganzer Versketten, in denen sogar das damals Gesprochene noch einmal wörtlich wiederholt wird. Doch hat das mit der Formelhaftigkeit volkstümlich-balladesken Stils nichts zu tun, es ist nur ein Zeugnis der Unfähigkeit und Trägheit dieses Dichters. Und so ist auch seine sprachliche Fertigkeit gering. Die Verse sind rhythmisch holprig, die Reime roh. Wenn seine Sprache gelegentlich kräftig wirken kann, so ist auch dies die Folge seiner Primitivität; von einem künstlerischen Willen kann bei diesem Dichter keine Rede mehr sein.

4. ERBAULICHE ABENTEUERROMANE

Wenn wir in der Reihe der Dichter, die aus Minne und Orientabenteuer ein spannendes Romangefüge zimmern und es zum Ruhme eines Mäzens als fabelhafte Vorgeschichte eines Fürstengeschlechtes ausgeben, Ulrich von Etzenbach und seinen Wilhelm von Wenden noch nicht behandelt haben, so nicht aus chronologischen Gründen. Im Gegenteil, der Wilhelm von Wenden ist sicher älter als die drei eben behandelten Romane. Was ihn für sich stellt, ist der erbaulich-legendäre Einschlag. Ein ritterlich-höfisches Leben wird mit seinen Schicksalen und Wechselfällen dargestellt, um zu zeigen, wie Gott alles wunderbar hinausführt, wenn man sich seiner Gnade anvertraut und sich ihrer wert erweist. Doch wird daraus keine Legende. Das Leben erfüllt sich im Diesseits, und der Lohn Gottes ist nicht der Heiligenschein, sondern die Rückkehr in ein glückseliges Leben höfischer Ehre und Freude. Das menschlich ergreifendste Beispiel einer solchen zugleich höfischen und erbaulich-belehrenden Erzählung hatte Hartmann von Aue in seinem Armen Heinrich gegeben. Auch den Guten Gerhard des Rudolf von Ems mit der exemplarischen Bedeutung der Kernerzählung und ihrer Demutslehre für die Rahmengeschichte darf man hier erwähnen.

Zu dieser Gruppe gehören neben dem Wilhelm von Wenden zwei kleine, nicht sehr bedeutende, aber hübsch erzählte Versromane, die älter sind als das umfängliche Werk Ulrichs und die wir darum vorausnehmen. Das kleine Epos, das wir nach dem französischen Namen der Heldin *La bone Dame* Die gute Frau benennen, ist sicher alemannisch und steht in der guten Formtradition Hartmanns.

Die fabelhafte Quellenberufung auf ein Buch, das Karl der Große habe schreiben lassen, ist der historisierenden Schlußnotiz zu verdanken, die von der Heldin das Geschlecht der Karolinger herleitet. Ihr Gemahl wird am Ende Karlmann genannt, ihre Kinder sind Karl und Pippin. Dagegen ist das Vorhandensein einer französischen Vorlage nicht nur durch den französisch zitierten Namen der Heldin und deren Zeichnung nach einem vom deutschen Typus abweichenden Schönheitsideal – sie ist schwarzhaarig (V. 2530 ff.) – gesichert, sondern auch durch die Fülle von französischen Ortsnamen, die Landeskenntnis verraten. So wird auch die Person des Vermittlers wichtig; es war ein aus *Munferrân* (Montferrand) stammender Kaplan eines Markgrafen, ein Franzose also, von dem der Markgraf die Geschichte gehört hat, worauf er dem Dichter den Auftrag erteilt hat, sie deutsch nachzuerzählen. Über die Person des Markgrafen sind nur Vermutungen möglich. War es, wie meist angenommen wird, Markgraf Heinrich V. von Baden, der 1242 starb, so wäre das kleine Gedicht noch vor 1250 entstanden. Formale Erscheinungen lassen solche Datierung zu, ohne sie zu fordern.

Die Erzählung besteht aus zwei ihrer inneren Haltung nach nur schlecht ausgeglichenen Erzählteilen. Der erste, offenbar nur als Einleitung geplant, ist unversehens zu einer eigenen Minnegeschichte herangediehen, die fast die Hälfte des kleinen Epos beansprucht. Sie verläuft nach dem verbreiteten Typus, daß der Held bestrebt ist, sich durch ritterliche Taten der Gunst seiner Dame, die zugleich seine Lehensherrin ist, wert zu machen, um ihr schließlich in Bedrängnis beizustehen und dadurch ihre Hand zu erringen. Dieser Teil steht unter dem Zeichen ritterlicher Minne. Frau Minne – nicht Gott! – wird geradezu handelnde Person, die mahnend und beratend eingreift und den Helden endlich dem ersehnten Ziele zuführt. Thema und Idee dieses Teiles sind hartmannisch, nicht gottfriedisch. Minne ist als erziehende und befeuernde Kraft aufgefaßt: *swie wênec ers genüzze, daz ez in niht verdrüzze* (V. 1277 f.). Nichts führt auf die Thematik des zweiten Teiles hin: Demut und Weltentsagung.

Unvermittelt weckt der Anblick bresthafter Armer im Herzen des Helden die Einsicht in die Eitelkeit der Welt und in die seelengefährdende Wirkung von Macht und Reichtum, und alsbald folgen Entschluß und Tat. Das junge Paar läßt alles hinter sich und zieht bettelarm in die Fremde. Damit ist ein verbreitetes Erzählschema erreicht, das im Wilhelm von Wenden des Ulrich von Etzenbach wiederkehrt. Im Elend gebiert die Frau Zwillinge. Äußerste Not zwingt dazu, die Frau als Dienerin zu verkaufen, und nachdem der Vater durch einen unglücklichen Zufall auch die Kinder verloren hat, ist die Familie zerstreut, bis sie nach mancherlei Schicksalen durch Gottes gnädige Führung wieder vereint wird und das Paar in seine alten Ehren zurückkehrt.

Letzte Grundlage dieses Erzähltypus ist der griechische Roman mit seinem Schema der zerstreuten und nach vielen Widerwärtigkeiten wiedervereinigten Familie. Der Verkauf der Frau, im christlichen Mittelalter undenkbar, weist noch auf solchen Ursprung hin. Legendär erbaulich umgeprägt wird der Stoff dem Abendland zu frühest in der Eustachiuslegende bekannt, im Gewande höfisch-ritterlicher Erzählweise erscheint sie zuerst im Guillaume d'Angleterre des Chrestien von Troyes. Die mannigfachen Varianten dieser höfischen Erbauungsgeschichte lassen sich weder zum Stammbaum ordnen noch auf Chrestien als gemeinsamen Ursprung zurückführen. Auch hier müssen wir neben buchmäßigen Quellen an mündliche Erzähltradition mit ihrer abwandelnden und motivmischenden Kraft denken. Das gilt, soweit ich sehe, gerade auch für die „Gute Frau", die auf der mündlichen Erzählung eines französischen Gewährsmannes beruht.

Das Besondere dieser Geschichte ist, daß die Frau als eigentliche Heldin im Mittelpunkt steht. Weder der Mann noch die Kinder haben eine eigene Geschichte. Gottes wunderbare Führung wird an dem Wege der Guten Frau klar. Sie steigt dank ihrer Schönheit und Tugend von der Dienerin einer Bürgersfrau zur Gemahlin des Grafen von Blois und nach dessen Tode zu der des Königs von Frankreich auf, um, alsbald wieder verwitwet, vor einer erzwungenen dritten Heirat in einem Bettler den verlorenen Mann wiederzufinden. In beiden Ehen bleibt sie durch wunderbare Fügungen von den Männern unberührt, so daß sie dem ersten Gatten schuldlos wieder zu Handen kommt. Der Sinn der Begebnisse ist also nicht höfisch: unverbrüchliche Bewahrung getreuer Minne, sondern legendär: Schutz weiblicher Keuschheit durch Gott. Der ursprünglich angeschlagene Leitgedanke von Weltflucht und Askese ist aufgegeben. Die glanzvolle Laufbahn der Dame, der unerkannt und elend im rechten Augenblick wiederkehrende und wiedererkannte Gatte, endlich auch das Wiederfinden der verlorenen Kinder, das ist erbaulicher Unterhaltungsstoff, spannend und rührend wie die gleich zu besprechende Geschichte von der unschuldig verstoßenen Frau. Und der Lohn Gottes ist die Wiedereinsetzung in die alte Herrlichkeit; Rückkehr in die Welt also und nicht Weltflucht ist letztes Ziel. Es ist der Gedanke von Hartmanns Armem Heinrich, die Möglichkeit, Gott in der Welt zu dienen, die höfische Lösung des bedrängenden Problems, Gott und der Welt zu gefallen.

Die schlechte Komposition des Ganzen zeigt, daß wir es mit einem Dichter ohne große Gestaltungskraft zu tun haben. Das bestätigt sich in der Art seines Erzählens. Seine in dieser Zeit wohltuende Knappheit beruht auf einer Armut an erzählerischer Begabung. Dem Gedicht fehlt nicht nur die Phantasiewelt der Aventiure oder der Orienterlebnisse. Ihm fehlt auch Glanz und Farbe höfischer Ausstattung. Fast wie ein Protest gegen den höfischen Erzählstil wirkt das Aussparen aller Beschreibungen, die Selbstbeschränkung auf ein knappes, realistisches Erzählen. Aber wenn man sieht, wie gerade auch Höhepunkte des Geschehens ganz blaß, fast notizenhaft dürr bleiben, so Hochzeit und Beilager des Paares als Abschluß des ersten, die Szenen der Wiederfindung als Abschluß des zweiten Teiles, so beginnt man an absichtlicher Gestaltung zu zweifeln. Man kommt zu dem Ergebnis, daß dem Dichter nur ein ziemlich trockener mündlicher Sachbericht des französischen Kaplans zu Gebote stand, und daß ihm das mangelte, was bei solcher Stoffvermittlung notwendig war: die gestaltende Phantasie. Damit fehlen auch stilistische Merkmale zu einer näheren zeitlichen und typologischen Einordnung. Irgendwann nach Hartmann und vor dem virtuosen Spätstil Konrads von Würzburg muß dieses glatt aber profillos erzählte Werk liegen.

Auch der Roman von Mai und Beaflor ist Erbauungslektüre. Über die äußeren Umstände – Dichter, Quelle, Datierung – läßt sich noch weniger aussagen als bei der „Guten Frau". Gewisse stilistische Momente, so die gelegentlich eingestreute, geblümt-allegorische Rede in der sonst maßvollen Erzählweise, die Freude an realistischen Einzelheiten, die in schmerzlichen Augenblicken durchbrechende überströmende Sentimentalität verbieten eine zu frühe Datierung; ich glaube, daß man mit 1270/80 etwa das Rechte treffen wird. Die Quellenangabe ist sehr dürftig.

Der Dichter will seinen Stoff aus dem mündlichen Bericht „eines Ritters" nach einer prosaischen Chronik erhalten haben. Die Reime sind wenig mundartlich gefärbt; man wird auf das westliche Oberdeutschland verwiesen, ohne eine genauere Bestimmung treffen zu können.

Der Stoff ist eine in höfisches Gewand gekleidete Abwandlung der Crescentia-Genoveva-Geschichte. Wir sind ihr schon in vorhöfischer Zeit in der Kaiserchronik und der selbständigen Crescentialegende (vgl. Bd. I, S. 206 ff.) begegnet und haben dort ihre späthöfische Neubearbeitung erwähnt, die uns nun aus dem Geschmack dieser Zeit am erbaulichen Unterhaltungsstoff verständlich wird. Der Roman von Mai und Beaflor gehört einer anderen Variantengruppe an, in der die Intrigantenrolle der bösen Schwiegermutter übertragen ist, deren Verleumdung zur Verstoßung der unschuldigen Frau führt. Außerdem sind andere Erzählelemente eingebaut, so namentlich zu Beginn das Motiv des Apolloniusromans, die sündige Liebe des Vaters zu der schönen Tochter, die sich ihm hier durch Flucht entzieht. So kommt sie, auf einem Schiff ins Meer hinaustreibend, durch Gottes Fügung nach Griechenland und wird dort zur Gemahlin des Grafen Mai erhoben. Die Handlung spielt in pseudoantiker Umgebung zwischen einem zeitlos christlichen Rom, wo Beaflors Vater als Kaiser herrscht, ihr Pflegevater Senator ist, zugleich auch ein Papst residiert, und einem verritterten Griechenland, der Heimat von Mai.

Die Geschichte ist als Exemplum demütiger Geduld gestaltet, Beaflor in Nachfolge Marias gesehen. Wenn sie als „arme Magd Gottes, gehorsam allen seinen Geboten" gezeichnet wird, so stehen dahinter Marias Worte bei der Verkündigung. Daß der Pflegevater bei Beaflors wundersamer Heimkehr mit dem Kinde äußert, es müsse Christus zu ihr in das Schiff gekommen sein und sie *ze gemahelen* genommen haben, ist eine fast ans Blasphemische grenzende Anspielung auf die göttliche Empfängnis des Jesuskindes. Immer wieder wird Beaflors Demut unterstrichen und bis zur Unglaubwürdigkeit gesteigert. Ihr entspricht die Größe von Gottes endgültiger Gnadengabe, die Wiedervereinigung der Liebenden und ihr Aufstieg zur römischen Kaiserwürde.

Die höfische Einstilisierung geschieht durch die Umformung zur Minnegeschichte. Was bei der „Guten Frau" hintereinandergeschoben war, ist hier organisch verflochten. Die beiden Namen Beaflor und Meie sind sprechende Namen aus dem Bereich der typischen höfischen Naturwelt. Beaflor ist zugleich vorbildlich höfisch erzogene Dame; ihre Erziehungslehre ist auf dem Hartmannschen Begriff der *Mâze* gegründet: *ze mâzen nider unde hô soltu dîn gemüete tragen.* Die Darstellung der sündigen Verwandtenminne hat Hartmanns Gregorius zum Vorbild: unrechte Minne als Sinnenverwirrung durch den Teufel, Bangen um die Ehre, wenn die Sache herauskommt; nur daß die fromme List der Tochter hier die fluchwürdige Tat abzuwenden vermag. Die Minnebeziehung zwischen Mai und Beaflor beginnt mit dem Topos des Minnegesprächs der unerfahrenen Liebenden, das hier – nach Beaflors Erlebnis mit dem Vater – ungeschickt wirkt. Die Minneauffassung ist bestimmt durch das Ideal der Virginität beider Partner und durch die schablonisierte Unio-

Formel Gottfrieds von Straßburg. Höfische Etikette bestimmt das Verhalten der Menschen. Gegen ihren demütigen Willen ausgestattet und gekleidet, wie es einer Kaisertochter gebührt, wird Beaflor dem Meere preisgegeben; selbst die Krone auf ihrem Haupt darf nicht fehlen. Erst nach der Schwertleite fühlt sich Mai wert, die Jungfrau zu heiraten, und sein Hilfszug nach Spanien, als Kreuzfahrt gegen die Heiden stilisiert, hat nicht nur den kompositorischen Zweck, Mai aus der Heimat zu entfernen und damit die Verleumdungsintrige mit den gefälschten Briefen möglich zu machen, sondern auch den dekorativen, Mai als vorbildlichen Ritter zu zeichnen.

Der Stil ist maßvoll, an Gottfried und Hartmann geschult und bis auf einige Paradekunststücke frei von der virtuosen Redseligkeit der Konradnachfolger. Die Blässe der auf *mâze* gestellten Erzählweise wird belebt durch kleine Züge genrehafter Realistik, so wenn die Kostbarkeiten für die heimliche Flucht durch die Hintertür des Palastes aufs Schiff gebracht werden, wenn die alte Königin, Beaflor im Bade belauschend, die mädchenhafte Unentwickeltheit von Beaflors Körper feststellt, wenn der Kaplan sich weigert, den falschen Brief mit dem Mordbefehl vorzulesen und weinend davonläuft, wenn nicht vergessen wird zu erwähnen, daß Beaflor in denselben Kleidern wie bei ihrer Flucht aus Rom dem Meer preisgegeben wird, nur daß die Krone nicht mehr auf dem bloßen Haar sitzt, d. h. daß sie die Frauenhaube darunter trägt. Auch dieser Dichter wird von der großen klassischen Stiltradition getragen, und auch ihm gelten die entscheidenden Maßstäbe – Zucht, Ehre, *Mâze*, Schönheit, Tugend, Freude – als verbindlich, in jener Weise verbindlich, daß für eine durchgeformte Gesellschaft auch genormte Begriffe wesentlich und werthaltig bleiben.

Voll in der blühend virtuosen Stilentfaltung der Spätzeit steht erst der Wilhelm von Wenden des Ulrich von Etzenbach. Denn so, und nicht mit dem bislang üblichen Namen Ulrich von Eschenbach haben wir nach der Aussage der Handschriften diesen bedeutendsten Dichter der böhmisch-deutschen Hofkultur zu nennen, über die schon bei Heinrich von Freiberg zu reden war. Wo Ulrich zu Hause war, wissen wir nicht. Seiner mitteldeutschen Sprache nach möchte man seine Heimat im deutsch besiedelten Teil Nordböhmens suchen, doch ist weder dort noch in dem nördlich benachbarten Sachsen ein passender Ortsname nachweisbar. So wird man mit einem bei der Einwanderung der Familie mitgebrachten Beinamen rechnen müssen. Ulrich war gewiß nicht ritterbürtig, gehört seinem ganzen Typus nach vielmehr zu jenen schulgebildeten und belesenen bürgerlichen Literaten, die für die deutsche Literatur seit dem späten 13. Jahrhundert von so großer Bedeutung wurden. Ulrichs Lebenszeit läßt sich aus seinen Werken ungefähr

bestimmen. Er hat seinen Alexanderroman (vgl. S. 114 ff.) 1271 unter Ottokar begonnen, muß also spätestens 1250 geboren sein. Er vollendete ihn
1286 unter Ottokars Sohn Wenzel II., dem das Werk gewidmet ist. Der
Wilhelm von Wenden ist jedenfalls nach 1287, vermutlich um oder bald
nach 1290 gedichtet. Die Abfassungszeit des Herzogs Ernst D (vgl.
S. 91) ist nicht festzulegen.

Hier beschäftigt uns der Wilhelm von Wenden. Seinem Stoff nach gehört er eng
mit der „Guten Frau" zusammen in die Nachfolge der Eustachiuslegende und des
Guillaume d'Angleterre, dem der Held auch seinen Namen verdankt. Doch bestehen
im dichterischen Aufbau so tiefgreifende Unterschiede zu dem Werke Chrestiens, daß
von einer Übertragung jenes klassischen Werkes durch Ulrich keine Rede sein kann.
Seine Quelle war anderer Art, doch sind seine Quellenangaben leider nicht eindeutig.
Der nur in der jüngeren und schlechteren Dessauer Handschrift überlieferte Prolog
besagt, daß der Auftraggeber Meister Heinrich der Walch – wahrscheinlich der königliche Protonotar Henricus Italicus – das Buch durch einen böhmischen Dominikaner
erhalten hat. Das ließe an eine lateinische Quelle denken. Dagegen spricht jedoch
V. 2333 *als mir der rede bediuter jach*. Ulrich hat also einen Dolmetscher verwendet, und
da er gut Latein konnte, wäre das bei einer lateinischen Vorlage nicht nötig gewesen.
Wir werden mithin eine französische Vorlage annehmen müssen; Ulrich hat dann so
wenig französisch gekonnt wie Konrad von Würzburg und die beiden Übersetzer des
Neuen Parzival.

Bedeutsamer ist die Absicht des Gedichtes. Es preist in der Verherrlichung eines
fabelhaften Vorfahren, eben jenes Wilhelm von Wenden, den gegenwärtigen Herrscher. Dieser war Wenzel II., seit 1287 verheiratet mit Guta, der Tochter Rudolfs von
Habsburg. Ihr wird in dem Namen Bene der Heldin des Romanes gehuldigt und die
Gleichsetzung in V. 4668 ff. unter dem Vokabelspiel mit *bene* und *guot* ausdrücklich
vollzogen. Vermutlich gab die Geburt von Zwillingen im Jahre 1289 den eigentlichen
Anstoß für dieses Huldigungsgedicht, in dem die Zwillingssöhne des Helden eine so
große Rolle spielen.

Über den Typus dieser erbaulichen Geschichte und ihre letzte Wurzel
im griechischen Roman ist soeben bei der „Guten Frau" gesprochen
worden. Auch hier endet die Geschichte höfisch mit der Rückkehr in die
Welt und den alten Herrscherglanz. Die Bekehrung des Landes zum
Christentum krönt das edle Herrscherleben; das Ende im Kloster ist nur
ein frommer Topos. Grundanliegen ist auch hier der Wunsch, Gott in der
Welt zu dienen und zu gefallen. Im einzelnen bestehen wesentliche
stoffliche Abweichungen zur „Guten Frau". Wilhelm und Bene sind
ein heidnisches Herrscherpaar. Die ganze Leuchtkraft des im höfischen
Sinne vollkommenen Fürsten geht von ihrer strahlenden Jugend aus.
Nichts scheint zu fehlen. Da bricht mit der unwiderstehlichen Kraft
seiner göttlichen Wirkung in dieses Leben der Name „Christ" ein, den
Wilhelm von zwei Pilgern hört. Die Unruhe des göttlichen Anrufs ver
wandelt das Leben der Weltfreude mit einem Schlage. Sie läßt Wilhelm
nicht mehr los. Gekleidet wie jene Pilger will er selber ausziehen, um
das Geheimnis des Namens Christ zu ergründen. Die armen Kleider, die
er sich machen läßt und in seiner Kammer verbirgt, werden sein neues,

inneres Glück, während er nach außen das Leben eines reichen Fürsten noch eine Zeitlang weiterführt. Schließlich bricht Wilhelm, von Bene begleitet, zur Pilgerfahrt auf. Unterwegs gebiert Bene Zwillinge. Wilhelm zieht heimlich weiter; die Kinder werden verkauft, Bene bleibt in guter Obhut einer Bürgersfrau zurück und wird später als Herzogin zur Herrscherin des Landes berufen. Wilhelm kommt ins heilige Land, wird dort getauft und in Kreuzzugskämpfen ein Vorkämpfer der Christenheit. Als die Sehnsucht ihn wieder nach Hause treibt, findet er Bene als Herzogin des Landes vor und erkennt in zwei kühnen Räubern, die das Land unsicher machen, die verlorenen Söhne wieder.

Der erbauliche Stoff ist ritterlich-höfisch durchfärbt. Die bewegende Kraft der Minne tritt vor der ehelichen Liebe zurück, aber der Glanz des Rittertums darf einem höfischen Huldigungsgedicht nicht fehlen. Die Pilgerschaft in Armut ist nur kurze Zeit festgehalten, ja eigentlich nur Fassade. Denn Wilhelm läßt seinen Kämmerer reichliche Mittel mitnehmen, mit denen er seine Frau gut ausgesteuert zurücklassen und seine eigene Seereise sorglich proviantieren kann. Nicht bettelnde Askese, sondern ritterliche Tat im Heidenkampf ist Wilhelms Dienst für Gott; damit ordnet sich Ulrichs Gedicht den späthöfischen Orientromanen zu. Zur Taufe wird er kostbar ausgestattet, diese als ein glänzendes Fest begangen. Zugleich aber läßt sich Wilhelm nochmals auf christliche Weise zum Ritter machen; Rittertum in christlicher Weihe wird so als die Form bezeichnet, in der sich der Dienst Gottes in der Welt vollziehen darf. Unversehens mischt sich jedoch Frauenrittertum in den Gotteskampf, wenn Benes Name mit goldenen Buchstaben auf Wilhelms Speer eingelassen ist. Auch Bene bleibt immer Dame; aus einem stillen, doch nicht ärmlichen Leben wird sie zur Herzogin berufen. Die Keuschheitsprüfung bleibt ihr bis auf eine sanfte Mahnung zur Wiederverheiratung erspart. Am weitesten von der höfischen Bahn werden die beiden Söhne abgeführt. Es ist dem Dichter dabei sichtlich peinlich, sie in diesem Huldigungsgedicht als Räuber in den Wald zu schicken. Hier wenn irgendwo ist Ulrich durch die Quelle gebunden. Um so erstaunlicher ist es, daß keine andere Behandlung des Stoffes diesen bezeichnenden Zug kennt; an ihm müßte die Quelle, wäre sie auffindbar, zu erkennen sein. Doch selbst die Räuber werden möglichst ins Höfische stilisiert. Sie leiden unter dem Zwang zu ihrem bösen Gewerbe, sie nehmen den unerkannten Vater, der als Unterhändler zu ihnen kommt, ehrerbietig auf, lassen seine Mahnreden zuchtvoll über sich ergehen und sind sofort bereit, ihm zu folgen und sich der Gnade der Herzogin anzuvertrauen.

So ist alles in ein sanftes Licht getaucht; auch die Armutslegende muß sich höfischer *Mâze* beugen. Wo Wilhelm als Fürst auftritt, zu Anfang und am Schluß, entfaltet sich das Bild eines reichen und vornehmen Hoflebens, eine idealisierte Wirklichkeit des böhmischen Hofes. Wilhelms

Übernahme der Herrschaft wird zu einem wirklichen Regierungsakt mit der Bestellung von Amtleuten und der Aufstellung eines Finanzplanes unter Ausscheidung der fürstlichen Hofhaltungskosten; das ist die neue territorialfürstliche Staatsverwaltung. Auch Benes Wahl zur Herzogin geschieht aus staatspolitischer Begründung mit einer sehr anschaulichen Schilderung der verheerenden Folgen der Herrscherlosigkeit und der daraus erwachsenden inneren Zwistigkeiten, die vielleicht auf eigener Anschauung des Dichters aus der Zeit von König Wenzels Minderjährigkeit beruht. Dem Bürgertum ist hier ein achtbarer Raum gegeben. Ein Stadtbürger tritt in der Reichsversammlung auf und gibt die entscheidenden Ratschläge, die zur Wahl Benes führen. In solchen eingehend und wirklichkeitsnah geschilderten Staatsakten spüren wir nicht nur das sachliche Interesse des hohen politischen Beamten, der den Auftrag gab. Es ist der Drang der Zeit zur Anschaulichkeit und Wirklichkeit überhaupt, dem Ulrich auch sonst in vielen kleinen Zügen Rechnung trägt.

Dem höfischen Willen entspricht die höfische Form. Reim und Vers sind gut und mit gemäßigter metrischer Freiheit behandelt. Die überschwellende Lust am blühenden Stil der eigentlichen Konrad-Schule fehlt; ein gemessener, oft ein wenig blasser Anstand des Ausdrucks sind für das stilistische Bestreben Ulrichs entscheidend.

5. LOHENGRIN

Alle bisher in diesem Kapitel behandelten epischen Gedichte stehen trotz ihrer individuellen Besonderheiten mindestens in einer gemeinsamen Formtradition. Es sind alles Reimpaarepen, und das bedeutet zugleich eine Stiltradition, die ihren Ausgang von den klassischen Vorbildern Hartmann und Gottfried nimmt und durch die Vermittlung vor allem Wirnts von Grafenberg und Rudolfs von Ems dem großen Erneuerer Konrad von Würzburg zugebracht wird. Wolfram von Eschenbach wird zwar oft genannt, und es gibt wohl kaum einen späten Epiker, der nicht auch bei ihm seine Anleihen gemacht hat. Allein eine eigentliche Wolframnachfolge mit bewußter Bildung des eigenen Stils an Wolfram und mit Fortbildung von Wolframs Manier haben wir bisher nur einmal angetroffen: bei dem Dichter des Jüngeren Titurel. Ihm stand ein solcher Schatz an seltenen und blühenden Wörtern und Bildern zur Verfügung, und er besaß eine so große sprachgestaltende Phantasie, daß er aus dem Vorbild Wolframs einen eigenen Stil entwickeln konnte, den man sofort wiedererkennen muß, wo andere ihn nachzubilden versuchen. Der Jüngere Titurel hat auf manche späte Dichter Einfluß gehabt, aber er hat wenig wirkliche Schule gemacht. Mitstrebende und Nachfolger finden wir eher in der späten Spruchdichtung mit Frauenlob, und in der allegorischen Dichtung mit der Minneburg und Hadamars von Laber Jagdgedicht als prägnantesten Erscheinungen. In der erzählenden Epik hat sein Vorbild dagegen wenig Nachfolge geweckt. Das höfische Strophenepos, an dem schon Wolfram gescheitert war, hat sich auch durch Albrechts Autorität nicht durchsetzen können. Eigentlich steht nur ein einziges Werk in seiner Nähe: der Lohengrin. Denn der Wartburgkrieg (vgl. S. 418 ff.), mit dem der Lohengrin in einem immer noch nicht geklärten Zusammenhang steht, ist nicht Epos, sondern ein seltsamer Seitentrieb der Spruchdichtung. Der Lohengrin dagegen ist eigentliche Erzählepik, und wie sein Dichter sich schon in der Stoffwahl zur Wolframnachfolge bekennt, so in der Formwahl einer kunstvollen Strophe und im dunklen Stil zur Schule des Titureldichters.

Das Gedicht stellt vor mancherlei Rätsel, die bisher nur zum Teil gelöst sind. Der Dichter ist der Sprache nach ein Bayer. Er nennt sich nicht unmittelbar. Aber in den drei abschließenden Strophen 763–765, in denen er über seine Kunst spricht, ergeben die Anfangsbuchstaben der Stollen und Abgesänge das Akrostichon *Nouhusius*, das wäre: der von Neuhaus, der Neuhäuser. Trotz der geltend gemachten Bedenken wird man den Namen des Dichters darin sehen dürfen. Er war schwerlich Geistlicher, da er den Orden der Ritterschaft höher stellt als alle Mönchsorden (Str. 538). Seine ausgezeichneten Rechtskenntnisse und politischen Interessen lassen ihn vielmehr als einen gebildeten Laien erscheinen, der als politischer Beamter in der Kanzlei eines bayrischen Herzogs denkbar wäre. Dann würde auch die in einem literarischen Denkmal ungewöhnliche, im lateinischen Urkundengebrauch aber geläufige Latinisierung des Namens begreiflich. Das Gedicht ist sicher jünger als Albrechts Titurel, sicher älter als 1290, da der Dichter dem Herzog von Bayern die Kurwürde und das Reichsschenkenamt zuschreibt, die in jenem Jahre endgültig an Böhmen übergingen. Man wird die 8oer Jahre des 13. Jahrhunderts als Entstehungszeit festlegen können.

Die Schwierigkeiten für Text- und Entstehungsgeschichte liegen im Anfang des Gedichtes, spezieller in den Beziehungen dieses Anfangs zum Wartburgkrieg einerseits, zu einem zweiten Lohengringedicht andererseits. Dieses, das den Helden Lorengel nannte, ist uns nur aus einer späten meistersingerischen Bearbeitung des 15. Jahrhunderts bekannt, muß aber weit früher vorhanden gewesen sein, da schon das oben erwähnte Gedicht Friedrich von Schwaben die Namensform Lorengel kennt. Sicher ist, daß die ersten 67 Strophen des Lohengringedichtes nach stofflichen und sprachlichen Anzeichen Teil eines eigenen Gedichtes sind, den der bayrische Lohengrindichter übernommen und fortgeführt hat. Und sicher stammt ein Teil dieser Partie aus dem Rätselwettstreit des Wartburgkrieges, dem das Lohengringedicht auch seine Strophenform entnommen hat. Unsicher ist, ob wir in dem späten Lorengelgedicht bzw. dessen älterer Vorstufe das Werk zu sehen haben, auf dem die Anfangspartie des Lohengrinepos beruht, und unsicher ist der Umfang dessen, was der Lohengrin aus dem Wartburgkrieg entlehnt hat. Der Herausgeber des Wartburgkrieges rechnet mit den ersten 32 der 67 Strophen, Krogmann im Verfasserlexikon will die ganzen 67 Anfangsstrophen als eine Entlehnung aus dem Wartburgkrieg auffassen, obwohl sie in keiner Handschrift dieses Gedichtes enthalten sind. Mir scheint der Gedanke erneut erwägenswert, ob zwischen den beiden Werken nicht ein reziprokes Verhältnis anzunehmen ist, in dem Sinne, daß der Lohengrindichter nur die mit seinem Stoff nicht zusammenhängenden Rätsel aus dem Wartburgkrieg übernommen hat, während umgekehrt die unzusammenhängend und verstreut in den beiden Haupthandschriften des Wartburgkrieges vorhandenen Strophen über Artus und Lohengrin sekundär aus dem Epos eingedrungen sind.

Wir wenden uns der literarischen Betrachtung des Gesamtwerkes zu. Den Anstoß zu dem Gedicht hat gewiß die flüchtige Skizze gegeben, die Wolfram im Schluß des Parzival von der Lohengrinerzählung entwirft. Die Geschichte als solche gibt den Stoff zu einem umfänglichen Buchepos nicht her. Höchstens ein Drittel der 767 zehnzeiligen Strophen gehört der Kernfabel an, dem gottgesandten Schwanenritter, der im gerichtlichen Zweikampf das Recht der schutzlosen Herzogin von Brabant erweist, sie zur Frau gewinnt und sie wieder verlassen muß, als sie das Verbot der Namensfrage bricht. Alles übrige sind Zutaten, die mit diesem Stoff nichts zu tun haben: zwei große Kriegszüge, die an die Person König Heinrichs I. geknüpft sind, und in denen der Held sich wie in anderen Ritterromanen als herrlichster Ritter bewährt, der historische Kampf Heinrichs gegen die Ungarn und eine fabelhafte Schlacht gegen die Sarazenen unter den Mauern von Rom. Den Abschluß bildet eine chronikalisch gehaltene Übersicht über das Haus der Ottonen bis zu dem letzten Kaiser aus diesem Hause, dem Bayernherzog Heinrich II. Den Anfang bildet die eben besprochene Anleihe aus dem Wartburgkrieg als Vorbereitung der Fiktion, daß Wolfram das Gedicht während des Wartburgkrieges vorgetragen hat. Diese Fiktion hält der Dichter lose aufrecht, indem er Strophen einflicht, in denen sich Wolfram an seinen Gegner Klingsor wendet und ihn auffordert, die Erzählung fortzuführen. Wie der Dichter des Jüngeren Titurel läßt also auch dieser sein nur wenig jüngerer Landsmann sein Werk als Leistung Wolframs erscheinen.

Die epische Ausweitung ist dem Stoff in der Hand dieses Dichters, dessen Stärke nicht die Komposition ist, nicht gut bekommen. Allein die Tatsache, daß er den Schwanenritter schon vier Wochen vor dem Kampftermin erscheinen läßt, und daß auch zwischen Elsas verhängnisvoller Frage und Lohengrins Enthüllung seiner Herkunft mehrere Tage vergehen, zeigt, wie wenig der Dichter von der poetischen Forderung des Stoffes und von der Wirkung magischer Gesetzlichkeit begriffen hat. Der Stoff lebt aus der höchsten Konzentration auf die beiden entscheidenden Augenblicke. Auch Konrad von Würzburg hat seinem Schwanenritter erzählerische Breite gegeben. Aber das Entscheidende hat er gewahrt: die Ankunft des wunderbaren Retters im Augenblick der höchsten Not und die unmittelbar zerschmetternde Wirkung der Frage. Der Lohengrindichter hat das geopfert, um für die Entfaltung fürstlicher und kirchlicher Repräsentation Raum zu gewinnen. Und damit zeigt er, daß er im Grunde nicht Dichter, sondern ein historisch-politischer Kopf ist, der seinen Stoff in ein dichterisches Gewand hüllt. So wird ihm die Schwanrittergeschichte, die selber als historisches Faktum genommen wird, zum Ansatzpunkt für ein großes historisches Zeitgemälde. Den geschichtlichen Stoff entnimmt er seiner Angabe nach einer *kronika*, womit eine erweiterte Fassung der „Sächsischen Weltchronik" gemeint ist. Fürsten und Kriege der Ottonenzeit erscheinen im Bilde der idealisierten ritterlich-höfischen Gegenwart, und der märchenhafte Sagenheld fügt sich als Reichsfürst und ritterliche Glanzgestalt darin ein. Der Dichter hat seine Chronik gut studiert, und der Bayer ist auch geographisch und politisch am Rhein und in Italien bis ins Detail gut bewandert. Fürstliches Dasein bedeutet ihm Repräsentation. Entfaltung darstellerischer Pracht und höfischer Etikette ist eines seiner wesentlichen Anliegen. Um den kaiserlichen Gerichtstag repräsentativ vorzubereiten, benötigt er die vier Wochen zwischen Lohengrins Ankunft und dem Zweikampf. Beratungen der Stände, bei denen auch die Vertreter der Städte ihr Wort mitreden, verschwenderische Festespracht, die sorgfältig vorbereitete und eingeteilte Reise von Antwerpen nach Mainz füllen sie aus. Die eingehende Schilderung einer Reiherbeize während der Reise zeigt, wie sehr dem Dichter an einem allseitigen Bild adliger Lebensführung gelegen ist, kleine realistische Details wie der Schneidermeister bei der Toilette oder das *priutelhuon* als erste Speise der Vermählten nach der Hochzeitsnacht sind für die Spätzeit bezeichnend. Und da der Dichter wie der des Jüngeren Titurel ein kirchlich frommer Mann ist, wird alles von der Weihe kirchlichen Zeremoniells umgeben. Ein Kaplan erblickt den Schwan zuerst, ein „heiliger Abt" erkennt in dem Schwan einen Engel, der Bischof von Lüttich, der Taufpate Elsas, ist die bedeutendste politische Figur des Landes, und die kirchliche Prachtentfaltung wetteifert mit der weltlichen.

Das Reich, vertreten durch den Kaiser und die Fürsten, zumal die sieben Kurfürsten, ist diesem Manne, der den Zusammenbruch des Interregnums miterlebt haben muß, eine ungebrochen gültige Macht. Heinrich wird in eigentlicher Regententätigkeit vorgeführt, in der Wahl seines Sohnes Brun zum Kölner Erzbischof, in politischen Ausgleichsverhandlungen mit Karl von Frankreich über den Besitz von Lothringen. Um Repräsentant des Reiches zu sein, muß Heinrich I. für den Dichter zum Kaiser werden, und in der autonomen Wahl zum Kaiser durch die Fürsten, der die Krönung in Rom durch den Papst nur den notwendigen Abschluß gibt, sowie in der Auffassung, daß der Papst die Krönung nicht verweigern darf, bekundet sich ein sehr modernes staatspolitisches Denken. Die beiden großen Kriege, den Ungarnkampf und die Sarazenenschlacht, führt Heinrich als *bellum iustum:* Friedensschutz des heimischen Bodens und Verteidigung der Christenheit.

Das Vorbild für seine Schlachtschilderungen fand der Dichter bei Wolfram; zumal die Sarazenenschlacht, an der auch der griechische Kaiser, und das heißt die gesamte Christenheit, teilnimmt, ist bis in

Einzelheiten der großen Schlacht von Aliscanz nachgebildet. Das Fernziel von Wolframs Baligan, Rom und damit die Weltherrschaft zu erobern, scheint hier, da die Heiden vor Rom lagern, fast erreicht. Der gewaltigen Übermacht der Heiden steht auch hier die viel kleinere, entschlossene Schar der Christen gegenüber, mit dem Kreuz gezeichnet und von Kreuzzugsdenken erfüllt, und es fehlt nicht an dem wunderbaren Eingreifen Gottes: Petrus und Paulus fechten als Ritter im Christenheer, und ein Himmelsbrief verkündet, daß nach der Schlacht die Leichen der gefallenen Christen schneeweiß, die der Heiden schwarz erscheinen werden. Auch die Technik der zweiseitigen Darstellung der wogenden Schlacht hat der Dichter seinem Vorbild abgesehen, ebenso die Flucht der geschlagenen Heiden auf die Schiffe. Wie schon bei Wolfram werden die gefangenen Heidenkönige ehrenvoll entlassen und nehmen die Gebeine der gefallenen Könige in die Heimat mit. Freilich fehlen in diesem Idealbild auch Züge harter Realistik nicht, so in den bewegten Marodeurszenen auf dem nächtlichen Schlachtfeld, so in der Erschlagung flüchtender Sarazenen durch die Bauern, deren Häuser sie vorher verbrannt hatten.

Hat Wolfram das Vorbild für die Darstellung gegeben, so nicht für die Auffassung des Stoffes, zumal nicht für die Gralsauffassung des Dichters. Gral- und Artuswelt fallen noch mehr zusammen als im Jüngeren Titurel. Lohengrin ist zugleich Gralsritter und Artusritter, und mindestens im Anfangsteil ist Artus geradezu Herr des Grals. Der wunderbare Glockenton, der Hilferuf der bedrängten Elsa, wird von Artus vernommen, und Artus und die Seinen befragen den Gral, der wie im Jüngeren Titurel kirchlich eingebettet ist, in einer kirchlichen Zeremonie und erhalten durch eine Inschrift am Gral den Auftrag für Lohengrin.

Die Minne tritt in diesem Gedicht zurück. Sie bewegt den politisch interessierten Dichter nicht, aber sie darf nicht fehlen. Auch sie ist unwolframisch und spätzeitlich gesehen, konventionell und sinnlich. Wie es sich gehört, entzündet sich Minne sogleich im Herzen Lohengrins und Elsas, so daß sie bei der Tafel das Essen vergessen. Zum höfischen Fest gehört auch hier der Tanz, bei dem Lohengrin Elsa führt, und überall, wo er auftritt, fliegen ihm die Herzen der Frauen zu. All das ist epischer Durchschnittsstil. Aber weit von Wolframs hoher Wertung der Minne führt die kleine Szene ab, in der der Dichter schalkhaft andeutend Lohengrin, den Gralsritter und Gatten Elsas, in ein lockeres Liebesspiel mit der Lombardenkönigin verwickelt.

Die Beziehung der Lohengrindichtung zum Jüngeren Titurel wird vor allem in der Form deutlich. Der Dichter wählt, wie schon erwähnt, eine kunstvolle Strophe als metrischen Baustein, nicht die Titurelstrophe, vielmehr eine Strophe des Wartburgkrieges, die sich der Familie später

Spruchstrophen zuordnet und den Meistersingern als „Klingsors schwarzer Ton" bekannt ist. Der formal nicht sehr gelenke Dichter hat Mühe, den Ansprüchen einer so komplizierten Strophe zu genügen. Nicht immer ist das metrische Schema der z. T. sehr langen Zeilen richtig erfüllt, und der offensichtlich angestrebte regelmäßige jambische Bau ist nur mit harten Tonbeugungen und durch den Ansatz starker Synkopen und Apokopen der unbetonten Silben, d. h. durch Einführung oberdeutsch-bayrischer Mundartformen zu erreichen. Lebendiges Gefühl für sprachlichen Rhythmus fehlt; die Verse sind auf dem Papier gemacht. So mangelt dem Lohengrindichter auch die Sprachgewalt des Titureldichters, die bei aller Maniriertheit immer wieder zur Bewunderung zwingt. Die dunkle geblümte Rede des Lohengrindichters wirkt mühsam. Er vermag den hohen Stil, den seine feierliche Form verlangt, nicht durchzuhalten, vielleicht nicht einmal zu begreifen. Auf weite Strecken ist seine Dichtung nur in Strophen umgesetzte Reimpaardichtung, und man sehnt sich nach dieser einfachen Form der erzählenden Darstellung.

6. ANTIKE STOFFE

Das späte 13. und frühe 14. Jahrhundert ist die Zeit der großen Reimchronistik und der Geschichtsdichtung überhaupt. Sie wird ein eigenes Kapitel füllen. Aber sie steht nicht isoliert und zufällig da. Sie ist ein wichtiges Zeugnis für die Wendung von der Idee in die Wirklichkeit, die sich in der zweiten Hälfte des 13. Jahrhunderts vollzog. Zuerst wird sie im Gesamtwerk des gelehrten Ritters Rudolf von Ems sichtbar; vom zeitlich und örtlich lokalisierten Roman (Guter Gerhard, Wilhelm von Orlens) geht er über den antiken Historienroman (Alexander) zur Weltchronik fort. Er wird auch darin zum Vorbild der weiteren Entwicklung. Wir sind der Neigung, Romangeschehen als geschichtliches Geschehen erscheinen zu lassen, schon in der Romangruppe begegnet, die ihre Helden in einer geographischen Wirklichkeit ansiedelte und als Stammväter von Fürstenhäusern zu geschichtlichen Figuren machte. Wir haben gesehen, wie der Dichter des Jüngeren Titurel bemüht war, dem zeitlosen Gralsgeschehen historische Perspektive zu geben, und wie vollends der Lohengrindichter eine sagenhafte Erzählung nur noch benutzt, um ein historisch-politisches Gemälde zu entwerfen.

Die antiken Erzählungen von Äneas, von Troja, von Alexander waren für das Mittelalter Geschichte und werden der Spätzeit dadurch wieder interessant. Der Äneasstoff freilich hat zu unserem Erstaunen keine neue poetische Bearbeitung gefunden. Wohl aber ist der Auftrag an Konrad von Würzburg für den Trojanerkrieg aus diesem Interesse hervorgegangen, und fast gleichzeitig mit diesem Spätwerk Konrads greift in Böhmen Ulrich von Etzenbach den Alexanderstoff neu auf. Das Mittelalter sieht Geschichte nicht perspektivisch, d. h. nicht als Wandel von menschlicher Lebensform, politisch-sozialer Gestaltung und Weltauffassung. Der einzige entscheidende Wandel ist der religiöse: das Erscheinen Christi auf Erden und die damit eingeleitete Umwandlung der Welt in einen *orbis christianus*. Aber der damit aufbrechende, alle Geschichte bewegende Gegensatz zwischen Christentum und Heidentum ist doch nur irdische Spiegelung der Urfeindschaft zwischen Gott und Satan. Antikes, mohammedanisches und an der Ostgrenze des Reiches unmittelbar gegenwärtiges slavisch-preußisches Heidentum stehen auf einem Plan und sind nur verschiedene Ausprägungen des Teufelsreiches. Jupiter und Mohammed werden in der Dichtung von Griechen und von Sarazenen gleichermaßen verehrt und angerufen. Für solche Geschichtsdeutung ist alles geschichtliche Geschehen im Grunde zeitlos und überzeitlich; alles kann immer geschehen oder geschehen sein. Alexanders wunderbare Taten und Erlebnisse sind nicht ferner oder näher als die des Herzog Ernst, der zur Zeit Kaiser Ottos lebte, oder die Heinrichs des Löwen. Jede Vergangenheit kann als Gegenwart erlebt und darum auch nach dem Bilde der Gegenwart gestaltet werden. Wenn der ritterliche Dichter die antiken Helden äußerlich als Ritter darstellen, innerlich als Ritter denken lassen kann, so entspringt das aus der tief begründeten Zeitlosigkeit mittelalterlichen Geschichtsdenkens.

Unter diesem Gesichtspunkt muß auch die Alexandreïs des Ulrich von Etzenbach gesehen werden. Sie ist auf Anregung des Salzburger Erzbischofs Friedrich (II.) 1271 unter dem Böhmenkönig Ottokar begonnen worden und war als Huldigung für diesen großartigen Herrscher gedacht, der in seiner Macht- und Prachtentfaltung an Alexander gemahnen konnte. Vollendet wurde sie erst 1286 und wurde Ottokars Sohn Wenzel gewidmet. Für Ulrich war nicht mehr der alte französische Alexanderroman maßgeblich. Er besaß eine glänzende Quelle in der 1184 erschienenen, weit verbreiteten Alexandreïs des Walther von Châtillon, eines französischen Geistlichen aus Lille. Das ist eines der vielen Zeugnisse dafür, daß die lateinische Poesie die französische aus ihrer führenden Stellung zu verdrängen begann. Ulrich hat sich ganz auf Walthers großes Hexameterwerk gestützt, das sich seinerseits wieder auf die historisch orientierte Alexandergeschichte des Curtius Rufus gründete. Wie Walther teilt Ulrich sein Gedicht in zehn Bücher ein; als belesener Mann kannte er auch andere Alexanderdichtung, namentlich die Historia de preliis, und hat sie zur Ergänzung herangezogen.

Alexander ist bei Walther und entsprechend bei Ulrich der große Feldherr und Eroberer, nicht der romanhafte Held zahlreicher wunderbarer Abenteuer und Entdeckungsfahrten. Das Schwergewicht liegt bei dem Alexander bis zum Indienzug, nicht bei dem Durchstreifer der letzten Fernen. Die Indienfahrt beginnt erst im letzten Drittel des Werkes und wird, mit der Schlacht gegen Porus im Mittelpunkt, in Wirklichkeitsnähe belassen. Die Candace-Episode wird mit bemerkenswerter Nüchternheit behandelt, und es fehlt Alexanders Brief an Aristoteles mit seinen vielen Wunderberichten, z. B. der lieblichen Episode des Mädchenwaldes. Erst das zehnte und letzte Buch befaßt sich mit Alexanders Wunderfahrten, aber es registriert sie mehr, als daß es sich an ihnen berauschte. Ulrich verbleibt auch hier in der kühlen Haltung des historischen Berichterstatters und damit wohl im Rahmen seines eigenen, rational bestimmten Naturells.

Das Epos ist ein gelehrtes Werk und daher mit Glossen und Exkursen durchsetzt. Die Glossen knüpfen moralische, nicht selten recht hausbackene Betrachtungen an die Ereignisse. Die Exkurse flechten Erzählungen aus der griechischen Sage ein, wie etwa bei der Eroberung von Theben die Geschichten von Niobe, Ödipus, Eteokles und Polyneikes, oder sie gestalten Alexanders Zug nach Troja zu einer wahren Forschungsreise aus. Und zum ersten Male in deutscher Dichtung wird der Name Homers in Ehren genannt in jener berühmten Szene, da Alexander am Grabe des Achilles steht.

Das große Anliegen Ulrichs aber war – hier wie im Herzog Ernst – über seinen Helden und dessen Umwelt den Glanz des höfischen Fürsten und des idealen Rittertums zu legen, den vorbildlichen Herrscher zu malen, und zwar nicht in der Märchenferne von Artus' Nirgendsland, sondern in der geschichtlichen Wirklichkeit, die in jener Geschichtsauffassung ohne Tiefenwirkung zugleich gegenwärtige Wirklichkeit ist. Und damit konnte die Alexandreïs zur idealisierenden Huldigung des großen Ottokar werden. Aller Glanz königlicher und ritterlicher Tugenden ist auf Alexander vereinigt, alles Geschehen, das ja vor allem kriegerisches Geschehen ist, wird unter dem Aspekt vorbildlichen Rittertums gesehen, ergänzt und bereichert durch die Regierungstaten des vorbildlichen Fürsten. Auch auf den besiegten Gegner fällt das Licht ritterlicher Humanität. Darius, zunächst als Gegenbild Alexanders mit Zügen der Superbia und Luxuria ausgestattet, für die der Dichter den ritterlichen Tadel des *sich verligens*, nicht den religiösen der Sünde bereit hat, gewinnt im Unglück an Größe. Darius wird der in Demut und Würde gefaßte Unterliegende, so daß sich das große Gemälde des erbarmungsvollen Siegers bei dem sterbenden Feinde, in dem er Seinesgleichen erkennt, entfalten kann.

Die Schwierigkeit solchen Unternehmens für den mittelalterlichen Dichter liegt in der festgelegten Tradition des kirchlichen Alexanderbildes. Alexander ist Heide und Träger des letzten heidnischen Weltreichs vor dem römischen. Für die Sittenprediger ist Alexander das Exemplum der Unersättlichkeit, der letzte Akt des Alexanderromans, die Paradiesfahrt, ist aus der Sicht christlichen Vanitas-Denkens konzipiert, die Demutslehre des Paradiessteines und die Vergänglichkeitsbetrachtungen am Grabe des Weltherrschers dürfen als Abschluß nicht fehlen. Auch Ulrich ist über diese Zwiespältigkeit nicht hinweggekommen. Alexanders Heidentum wird in seinem Dienste heidnischer Götter sichtbar. Andererseits lebt Alexander aus einem Sendungsbewußtsein, das zunächst an den Fortuna-Gedanken geknüpft ist, aber für einen Dichter des 13. Jahrhunderts seinen Ursprung nur in dem einen, wahren Gott haben kann. Darum benutzt Alexander in diesem Zusammenhang religiöse Formeln: der höchste Gott; der Gott, der alles geschaffen hat, und ähnliche, die im christlichen Bereich geprägt sind, ohne spezifischen Bezug auf die christliche Lehre zu haben, ein vorahnendes Wissen des Gottgesandten um das Wesen dessen, der ihn gesandt hat.

Auch die Züge der Maßlosigkeit, die dem höfischen Begriff der *Mâze* zuwiderlaufen, hat Ulrich nicht tilgen können. Zwar war die Dissonanz zwischen edelmütigen Taten und Episoden des erbarmungslosen Hinmordens von Einwohnern eroberter Städte für ein Denken nicht unerträglich, das vom Kreuzzugsgeschehen her das Hinmetzeln heidnischer Gegner als vereinbar mit ritterlicher Haltung zu sehen gewohnt war. Doch auch sonst war aus dem Alexanderbilde der Zug der Superbia nicht zu entfernen, und in der interessanten Betrachtung V. 8961 ff. scheint so etwas wie ein dichterisches Programm aufzuleuchten. Bis hierher war Alexander das Vorbild ritterlich-herrscherlicher Tugend. Aber Macht und Reichtum haben ihn nach der Eroberung Persiens verdorben: *er trahte niuwan hôchvart*, er vergaß die Treue gegen seine Freunde und – hierin wird der Wandel symbolisch deutlich – er befahl, als Sohn Jupiters verehrt zu werden. Er wollte „mehr als Mensch sein", d. h. aus den gottgesetzten Ordnungen treten und damit die Welt zerstören. Eine Zeitlang scheint diese Linie festgehalten zu werden. Der Tod des Parmenio und des Clitus sind als Flecken auf Alexanders Ehrenschild gezeichnet, und weit später, bei dem im Alexanderroman sonst bisher nicht vorkommenden Zug Alexanders zur Hölle (V. 24 859 ff.) wird dieser Gedanke der zerstörten Ordnung nochmals aufgenommen. Der Teufel ruft die Natur um Hilfe gegen den Mann an, der gegen sie handelt, und sie verspricht, ihn zu verderben, da er ihre *mâze* zerbricht und wider Gott lebt. Doch Ulrich ist kein großer Gestalter, der seinen Stoff unter eine Idee zwingt. Im ganzen verbleibt es bei dem Glanzbild des höfischen Fürsten als Verherrlichung Ottokars von Böhmen.

Den alten Schlußgedanken der Vanitas aber, der fünf Fuß Erde, die dem Weltbeherrscher zuletzt verbleiben, entfaltet Ulrich kunstvoll und mit unmittelbarer Ergriffenheit. Am Grabe des großen Herrschers sprechen „weise Meister" diesen Gedanken in immer neuen Variationen aus, und gewiß hat der Tod Ottokars auf dem Marchfelde und der jähe

Zusammenbruch seiner hochstrebenden politischen Pläne den Dichter dabei ebenso bewegt, wie den bedeutenden Chronisten Ottokar von Steiermark (vgl. S. 195 ff.) in seiner Darstellung von König Ottokars Fall. Der Alexanderroman gilt wohl mit Recht als erstes der uns bekannten Werke Ulrichs. Er steht in der Beherrschung der formalen Mittel und der kompositorischen Straffung hinter dem Wilhelm von Wenden zurück und entfaltet jene gewandte Redseligkeit späthöfischen Virtuosentums, die wir von Konrad von Würzburg kennen, die aber bei diesem kühlen, verstandesbestimmten Manne nicht den musikalischen Reiz hat, den Konrad seinem Meister Gottfried hat ablauschen können. Im Herzog Ernst und im Wilhelm von Wenden findet Ulrich gleich dem ihm wesensverwandten Rudolf von Ems einen ihm gemäßeren, immer noch glatten, aber einfacheren Redestil.

Den zehn Büchern des Alexanderromans ist ein elftes angefügt worden, das eine Episode, Alexanders Zug gegen die Stadt Tritonia, nachträgt. Die Frage, ob wir es mit einem Alterswerk Ulrichs oder mit der Zudichtung eines anderen zu tun haben, kann, soweit ich sehe, nur im letzten Sinn entschieden werden. Der Stil harter Enjambements und syntaktischer Verrenkungen, der auffallend an den Stil des Gedichtes von Landgraf Ludwigs Kreuzfahrt (vgl. S. 210 ff.) erinnert, ist mit Ulrichs gewandter Glätte unvereinbar, und auch das Verhalten zum Stoff und zur Gestalt Alexanders stimmt mit dem übrigen Werk nicht überein. In sich ist diese kleine Zudichtung mit ihrer Darstellung der weisen Verwaltung eines Gemeinwesens, ihren staats- und naturrechtlichen Abhandlungen, ihrer allegorischen Psychologie und Tugendlehre nicht uninteressant und einer Analyse ihres gedanklichen Gehaltes wert. Wir nehmen diese Zudichtung als ein weiteres Zeugnis für das Interesse an deutscher Dichtung in Böhmen. Wie Heinrich von Freiberg fand der Dichter dieses Anhangs seinen Gönner in einem Mitglied des Hochadels, dem mächtigen Borso II. von Riesenburg.

Wie der Alexanderroman, so hat auch der Trojaroman zu immer neuer Darstellung gereizt. Neben dem glanzvollen Spätwerk Konrads von Würzburg steht eine zweite Bearbeitung desselben Stoffes, die wir nach dem Fundort der einzigen Handschrift den Göttweiger Trojanerkrieg nennen. Doch gehört das Gedicht nicht nach Österreich; seine Sprache verweist es ins Alemannische, speziell in die Schweiz. Über den Dichter und die Entstehungszeit gibt uns das Werk keine Auskunft. Eine Kenntnis von Konrads Gedicht ist nicht erweislich; von Konrads Stilkultur hat der Verfasser keinen Hauch verspürt. Auch die Quellenfrage ist ungelöst. Weder die für das Mittelalter maßgeblichen Trojaberichte des Dictys und des Dares (vgl. Bd. II, S. 51) noch der auf sie gegründete französische Trojaroman kommen in Frage. Unlängst ist eine weitere lateinische Prosa unter dem Titel Excidium Troiae publiziert worden, ein dürrer Sachbericht nach antiken Quellen von der Geburt des Paris bis zur Gründung Roms mit raschem Ausblick auf das Imperium romanum unter Augustus und Tiberius und damit auf die Geburt und den Tod Christi. Das wenig verbreitete Werk, das als Lehrbuch im Stil des Lehrer-Schülergesprächs angelegt war, wirkt wie ein Exzerpt aus einer umfänglicheren Darstellung. Es enthält einige Angaben über die Jugend des Paris, die im Göttweiger Trojanerkrieg und z. T. auch bei Konrad von Würzburg wiederkehren, und das Göttweiger Epos teilt mit dem Excidium den weiteren Ausblick auf die Gründung Roms und gibt wie jenes einige freilich völlig wirre Notizen zur römischen Kaiserzeit, die aber mit dem Excidium nichts zu tun haben. Dieses nannte Kaiser, die zur Zeit Christi herrschten, der Trojanerkrieg suchte offenbar Kaiser der Christenverfolgungen und Märtyrerlegenden zusammen: Decius, Diocletian, Nero – in dieser Reihenfolge! Auch sonst kann keine Rede davon sein, daß das Excidium die Quelle des Göttweiger Trojanerkrieges gewesen wäre. Zumal die höchst seltsame, für dieses Werk bezeichnende Angabe, daß Troja durch den Verrat des Äneas gefallen sei, findet keine Stütze im Excidium. Dieses fördert uns für die deutsche Trojadichtung nur insoweit, als es darauf hinweist, daß es noch weitere lateinische Darstellungen des trojanischen Krieges gegeben hat, die von den „klassischen" Quellen des Mittelalters abweichen, und deren Reflexe in der volkssprachigen Dichtung zu spüren sind.

Indessen war es dem Schweizer Dichter eigentlich gar nicht um eine Geschichte des Trojanischen Krieges und des Falles von Troja zu tun. Ihm ging es um die Lebensgeschichte der beiden Brüder Paris und Hektor im Stil der irrenden Ritter des späten Artusromans. Der Untergang Trojas interessiert den Dichter nur als Teil dieser Lebensgeschichten, als Rahmen um die Kriegstaten und den Tod der beiden Helden, die freilich nach Stil und Art gegen die artushaften Erlebnisse des Hauptteils notwendig abstechen müssen. Aber Stilgefühl war nicht die Stärke dieses Dichters.

Die Erzählung beginnt mit Geburt und Jugend des Paris, dem Traum der Hekuba und seiner unheilvollen Deutung, der Aussetzung des Paris, seiner Auffindung durch den Hirten und sein Hirtenleben, in dem sich seine Heldenart schon offenbart, bis zu dem Urteil des Paris, der Enthüllung seiner Herkunft und dem Aufbruch, um seine Eltern zu suchen. Aber man muß sich durch mehr als 10000 Verse hindurchlesen, ehe Paris nach Troja gelangt und der Raub der Helena in Szene geht. In dieser Partie nun entfaltet sich die Aventiure des irrenden Ritters in zahllosen Kämpfen mit Rittern, Räubern und Riesen, mit gelegentlichen Zwergen- und Drachenkämpfen, mit Befreiung von schönen Frauen und Beistand für bedrängte Herrscher. Der klassische und nachklassische Artusroman, in erster Linie Wirnts Wigalois, liefert das Material, aber auch die Räuberkämpfe aus dem Erec tauchen wieder auf, die unerkannte Begegnung der Brüder Hektor und Paris wird nach dem Vorbild von Wolframs Begegnung zwischen Parzival und Feirefiz erzählt, der Drachenkampf geht nach dem Vorbild des Wolfdietrich vor sich – kurz, wir sind in der seelenlosen Stoffhäufung des späten Aventiuren- romans. Die Erzählweise ist eintönig, die ritterlichen Kämpfe ver- laufen kurz, schablonenhaft und ohne Glanz und enden mit dem stereo- typen Abschlagen des Kopfes, und vollends versagt der Dichter in gro- ßen Schlachtschilderungen. Für Minne hat der Dichter wenig Sinn. Kurz und sachlich gewinnt Hektor die Minne der von ihm befreiten Pictorie und heiratet sie sofort. Ja, daß zwischen Paris und Helena, der jung- fräulichen Tochter des Agamemnon, eine Minnebeziehung besteht, die durch das Verlöbnis Helenas an Menelaos bedroht wird, muß man eher erraten, als daß man davon erfährt, und die Entführung geschieht ohne ein einziges Wort der Zärtlichkeit oder überhaupt irgendeiner Gemüts- bewegung. Der Dichter ist unberührt von der Minneseligkeit des senti- mentalen Romans im Stil Johanns von Würzburg.

Der Dichter nennt sich häufig stolz: ich, Wolfram von Eschenbach. Das hat er vom Jüngeren Titurel gelernt, aber er ist nicht einmal fähig, diese Fiktion durchzuhalten. Ebensooft redet er von Wolfram in der dritten Person. Vers und Reim beherrscht er noch einigermaßen nach den Regeln der klassischen Zeit, und das höfische Vokabular ist ihm vertraut, bleibt aber in seiner Hand totes Kapital. Man möchte dieses Werk ohne Geist und Charme für sehr spät halten, und dafür spricht auch die Neigung des Dichters, die Ereignisse mit knappen senten- ziösen Urteilen zu begleiten. Aber Stil und Form sind, wie wir immer wieder feststellen werden, unsichere Wegweiser für chronologische Fest- legungen.

7. EPISCHE DICHTUNG
IM RHEINISCH-NIEDERDEUTSCHEN RAUM

Mit all dem, was wir bisher behandelt haben, sind wir im oberdeut- schen Raum verblieben. Die alten Literaturlandschaften erweisen sich weiter als produktiv; immer noch bleibt der alemannische Südwesten in der höfischen Epik führend und findet in dem gebürtigen Franken Kon- rad von Würzburg den Dichter, der alte Tradition aufnimmt, abwandelt und an zwei weitere Generationen weitergibt. Gewiß verwischen sich die Grenzen, doch auch in der Spätzeit ist der Boden Österreichs für den Artus- und Abenteuerroman weniger fruchtbar. Wien mit Heinrich von Neustadt bedeutet nicht dasselbe wie Basel mit Konrad von Würzburg, und Bayern hat in der Wolframnachfolge des Jüngeren Titurel und des Lohengrin einen eigenen Stil gefunden. Neu hinzu tritt im deutsch- slavischen Grenzbereich Böhmen mit den bewußten höfischen Be- strebungen der Přemysliden, namentlich Wenzels II., und mit so beachtlichen Gestalten wie Ulrich von dem Türlin und später Heinrich von Freiberg und Ulrich von Etzenbach. In Mitteldeutschland dagegen ist es still geworden. Die literarische Bedeutung des Thüringer Hofes war an die glänzende Gestalt des Landgrafen Hermann gebunden und ging unter seinen Nachfolgern, dem frommen Ludwig, dem Gatten und Denkverwandten der heiligen Elisabeth, und dem politischen Heinrich Raspe verloren. Er lebt nur mehr als Mythus im Wartburgkrieg fort. Noch schweigsamer ist der rheinische Nordwesten, seit Heinrich von Veldeke nach Thüringen abwanderte und den Ruhm des thüringischen Hofes begründen half. Hier vollzieht sich seit Beginn des 13. Jahrhunderts die entscheidende Loslösung der nordwestlichen Sprach- und Kulturprovinzen, Flandern und Holland, aus dem politischen, geistigen und literarischen Raum des deutschen Reiches. Der Limburger Heinrich von Veldeke war sich der Verbundenheit noch bewußt; er dichtete seinen Äneasroman so, daß er auch in hochdeutschem Munde vortragbar blieb. 80 Jahre später, ca. 1260, beginnt der gebürtige Flame J a c o b v o n M a e r l a n t sein ausgedehntes und reichhaltiges Werk mit einem Alexanderroman, dem bald weitere umfängliche Epen (Gral, Merlin, Trojanerkrieg) folgen, in einer ganz auf der niederfränkischen Mundart gegründeten neuen Literatursprache, die keine Verbindung mit der Sprache der höfischen Dichtung Deutschlands mehr sucht und will, und neben und nach ihm erblüht eine erstaunlich reiche und vielseitige Dichtung in dieser Sprache, die nun nicht mehr deutsch, sondern flämisch oder holländisch heißen muß. Die engen politischen und kulturellen Beziehungen zu Frankreich werden geistig und literarisch fruchtbar; in einer schier unersättlichen Aufnahmebereitschaft wird hier im späten 13. und im 14. Jahrhundert die große französische Dichtung des 12. Jahrhunderts in all ihren Gattungen nachholend übersetzt.

Es ist ein reiches Land, dem eine alte, mächtige, höfisch kultivierte Adelsschicht und ein rasch aufblühendes, finanzstarkes und selbstbewußtes Stadtbürgertum in Gegenspiel und Ausgleich ein lebendiges kulturelles Gepräge geben. Weitgespannte Handelsbeziehungen reichen über den deutschen Nachbarraum um Köln südwärts den Rhein hinauf und ostwärts nach Niederdeutschland mit seinen Hansestädten hinüber. Mit der kommerziellen Verbindung geht eine geistige Hand in Hand. Aus einem literarisch kaum in Erscheinung tretenden Grenzbezirk deutscher Sprache ist ein Land mit einer eigenständigen Literatur geworden, deren Einwirkung weit nach Nord- und Mitteldeutschland hin zu spüren ist. Den starken religiösen Impulsen, die von der Mystik Jan van Ruusbroecs und Gert Grootes ausgegangen sind, wird später nachzugehen sein. Hier haben wir es mit den Einflüssen auf die weltliche Dichtung, speziell auf die ritterliche Epik zu tun.

Von dieser Voraussetzung aus will ein Werk betrachtet werden, dessen literarische Stellung etwas Rätselhaftes hat, für dessen Beurteilung aber in jüngster Zeit ganz neue Gesichtspunkte geltend gemacht worden sind, die eine organischere Einordnung in die Literatur des 13. Jahrhunderts verheißen. Dies Werk ist der Prosaroman von Lanzelot. Ein sicheres Urteil wird erst möglich sein, wenn sowohl die begonnene Textpublikation als auch die Forschungen des finnischen Gelehrten Pentti Tilvis abgeschlossen vorliegen.

Der mächtige Lanzelotroman, von dessen auf drei Bände berechneter Ausgabe allein der bisher erschienene erste Band 642 Textseiten umfaßt, ist uns als Ganzes nur in späten Handschriften des 15. und 16. Jahrhunderts überliefert. Er scheint sich damit in die Mode der großen Prosaromane des spätesten Mittelalters einzuordnen, unter denen er höchstens durch die Kultur seiner Sprache und seines Stils auffallen würde. Allein die noch ins 14. Jahrhundert gehörende lückenhafte Würzburg-Berliner Handschrift und ein kleines, der Mitte des 14. Jahrhunderts angehörendes Fragment in Marburg weisen weiter in die Zeit hinauf, und ein niederdeutsches Bruchstück in München, ein hochdeutsches in Amorbach im Odenwald aus dem 13. Jahrhundert führen bis in die späthöfische Epoche zurück. Ja, die übliche Datierung des Amorbacher Bruchstückes auf etwa 1225 ließe den Prosalanzelot fast zu einem Zeitgenossen von Wolframs Willehalm werden.

Mitten in einer Zeit also, da die großen Dichter der klassischen Stauferzeit in ihren Versepen das allein maßgebliche Vorbild für alle erzählende Dichtung aufgestellt und die Kultur des Verses zu höchster Vollkommenheit gebildet hatten, stände hier ein Werk, das den Vers verschmäht und in Prosa erzählt. Keineswegs ist es ein abseitiger, kümmerlicher Versuch, sondern ein schon an Umfang gewaltiges, an Beherrschung von Sprache und Stil beachtliches Werk, das sich mit der Wahl seines Stoffes aus dem Artuskreise unmittelbar neben Hartmann, Wolfram, Wirnt von Grafenberg stellt. Es steht da, ohne deutsche Vorläufer und ohne jede Nachwirkung in der deutschen Literatur des ganzen nächsten Jahrhunderts, das über Rudolf von Ems und Konrad von Würzburg im Banne der Versdichtung bleibt, und das nicht einmal in Didaktik, Chronistik und anderen Sachbereichen die diesen gemäßere Prosaform wagt.

Das Werk bleibt ein Rätsel, solange man es in die klassische Zeit und in den oberdeutschen Raum mit seiner strikten Gebundenheit an das klassische Versepos hineinstellt. Darum wirken die Forschungen von Tilvis für den Betrachter der literarischen Entwicklung des 13. Jahrhunderts wie eine Befreiung. Tilvis löst den großen Lanzelotroman aus der Bindung in die klassische Zeit durch den Versuch, das Amorbacher Fragment in einer erneuten paläographischen Analyse erst ins Ende des 13. Jahrhunderts zu versetzen, und seine Idee, daß wir in dem Werk eine am Niederrhein entstandene Übersetzung eines verlorenen flämischen Originals zu sehen haben, dessen sprachliche Spuren noch in der späteren hochdeutschen Übersetzung nachweisbar seien, würde es in einen Raum verlegen, wo die bindende Autorität der großen oberdeutschen Versepik nicht wirksam war. Damit gewinnt das Münchener Bruchstück, das Tilvis für das älteste hält, und dessen niederdeutsche Sprache er als ripuarisch, d. h. als die Sprache des Originals zu erweisen sucht, größte Bedeutung. Doch auch die spätere Würzburg-Berliner Handschrift mit ihrer ripuarischen Sprachgrundlage würde dann mehr Beachtung verdienen als bisher. Die vor einigen Jahrzehnten aufgefundenen Reste eines mittelniederländischen Prosalanzelot (Rotterdamer Fragmente) geben dieser Theorie weitere Festigkeit, auch wenn ihr Text als unmittelbare Vorlage der deutschen Übersetzung offenbar nicht in Frage kommt. Auch der Herausgeber des Lanzelot stellt eine flämisch-niederländische Vermittlung zur Erwägung, will sich aber von dem frühen Zeitansatz des Amorbacher Fragments und damit von der Vorstellung eines hochdeutschen Originals nicht lösen. Aber mit dessen Ansiedlung im Nordwestteil des Ostfränkischen, vielleicht in der Nähe des Amorbacher Fundortes, rückt doch auch er es aus dem Zentrum der großen Ependichtung heraus.

Über all dies ist das letzte Wort noch nicht gesprochen. Auf sicherem Boden stehen wir dagegen in der Quellenfrage. Hinter dem deutschen Prosalanzelot steht der weit verbreitete französische, und in Frankreich ist der nicht isoliert. Seit dem Anfang des 13. Jahrhunderts kommt dort der Prosaroman als neue Form des Erzählens auf, und als der französische Prosalanzelot um 1220 geschrieben wurde, hatte er schon Vorläufer. Es ist eine gewaltige Kompilation aus verschiedenen, daneben auch in Versform bekannten Erzählungen. Von diesen galt nur ein freilich breiter Teil dem Helden Lanzelot. Daneben umfaßte er die Gralgeschichte und die Erzählungen von Merlin und endete mit Artus' Tode. Der deutsche Roman hat ebenso wie eine Gruppe der französischen Handschriften die beiden ersten Teile, die Geschichte des heiligen Grals und den Merlin, beiseite gelassen, beginnt also mit der Herkunft und Jugend Lanzelots, bringt dann – mit einer großen Auslassung – das eigentliche Lanzelotbuch und behält die darauf folgenden und damit zusammenhängenden Erzählungen von der Gralsuche und vom Tode des Königs Artus bei.

Die Verschiedenartigkeit der einzelnen Teile dieses Erzählkomplexes schimmert noch in der deutschen Übersetzung deutlich durch. Namentlich die beiden ersten Stücke von Lanzelots Herkunft und Jugend unterscheiden sich in ihrer fast chronistisch-historischen Art deutlich von den späteren, die in Stil und Art typischer Artusroman sind. Sie werden zu einer Einheit zusammengefaßt in ihrem ethischen Bestreben, alles Verhalten und Handeln aus dem Begriff der unantastbaren ritterlichen Ehre abzuleiten. Eben jene ersten Teile aber zeigen, wie ausgezeichnet sich die Prosaform für episches Erzählen eignet. Die eingehenden, oft sehr individuellen, nicht an das höfische Schönheitsklischee gebundenen Personenbeschreibungen, die rasche, dem Alltagsstil nahe Dialogführung, die eingehende Charakterisierung einer zwiespältigen Natur wie König

Claudas, gewaltiger Ritter und verschlagener Politiker, zeigen neue
Möglichkeiten, die der stilisierten Sprache des Verses versagt sind, und
auch die Entwicklung der zentralen Idee, der ritterlichen Ehre, gewinnt an Kraft der Veranschaulichung, indem die Helden der Handlung
fast kasusartig in zwiespältige Situationen geführt werden, in denen der
innere Dialog das Für und Wider ausbreiten und die Entscheidung vor
unseren Augen reifen lassen kann.

Erstaunlich ist, mit welcher Sicherheit der deutsche Übersetzer den
Prosastil beherrscht und sich der Aufgabe bewußt ist, das Prosawort
künstlerisch zu behandeln. Man liest diese Prosa, die als etwas ganz
Neues erst zu schaffen war, mit Spannung und Genuß.

Doch so völlig einsam steht der Prosalanzelot nicht da. Es sind Reste
einer Handschrift des späten 14. Jahrhunderts ans Licht gekommen, die
eine niederdeutsche Prosaübersetzung der französischen Chanson de
Geste Girart von Roussillon enthielt. Das französische Gedicht gehört dem 12. Jahrhundert an. Eine nähere Datierung der deutschen
Übersetzung ist nicht möglich, auch fehlen genaue Untersuchungen
über das Verhältnis der Übersetzung zum Original und über mögliche Zwischenstufen zwischen dem französischen Versepos und der
niederdeutschen Prosa. Darum notieren wir hier nur das Vorhandensein
eines deutschen Prosaromans, der nach Ausweis des Originals recht um-
fangreich gewesen sein muß und der auf jeden Fall wesentlich älter ist
als die Erzeugnisse der Prosamode des 15. und 16. Jahrhunderts. Man
nehme ferner noch hinzu, was auf S. 128 f. über die Kitzinger Alischanz-
fragmente gesagt wird.

Der Girart führt in den Bereich der Chanson de Geste. Diese in Frankreich so
beliebte Literaturgattung hat in der oberdeutschen Versliteratur merkwürdig wenig
Beachtung gefunden. Nach Wolframs Willehalm gibt es nur die unmittelbar an ihn
anschließenden Dichtungen, die Fortsetzung im Rennewart des Ulrich von Türheim,
die Vorgeschichte im Willehalm des Ulrich von dem Türlin, und sonst nur noch die
erweiternde Modernisierung des Rolandsliedes durch den Stricker. All das ist vor oder
sehr bald nach 1250 entstanden; danach erlischt das Interesse für diese Gattung in
Oberdeutschland. Im alemannischen Südwesten kommt sie nicht gegen den höfischen
Aventiurenroman, in Österreich nicht gegen die heimisch-heroischen Stoffe zumal des
Dietrichkreises auf.

Dagegen gibt es im flämisch-holländischen Bereich eine Fülle von
Epen dieser Gattung, und von hier aus geht die Wirkung ins benachbarte niederrheinische Gebiet hinüber. Darin liegt das literarische Interesse eines großen Kompilationswerkes, des sogenannten Karlmeinet. Es ist in ripuarischer Mundart verfaßt, man hat es ohne sicheren
Grund in Aachen lokalisieren wollen. Das Werk kann frühestens um
1300 verfaßt worden sein, da es die mittelniederländische Bearbeitung
des Speculum historiale des Vinzenz von Beauvais durch Maerlant

(ca. 1290) gekannt und benutzt hat. Der Titel Karlmeinet, d. i. *Carolus magnitus*, der junge Karl der Große, ist irreführend. Er deckt nur den ersten Teil des Gesamtwerkes, Karls Jugendgeschichte, und dort allein kommt auch dieser Name im deutschen Gedicht vor. Das Ganze will ein Leben Karls des Großen sein und sollte besser das „Buch von Karl" heißen. Es ordnet sich damit in das Bestreben der Zeit nach zyklischer oder biographischer Abrundung ein. Schon die großen klassischen Epen zeigen Ansätze zu solcher Tendenz; Gottfried wie Wolfram schicken eine ausführliche Geschichte der Eltern ihrer Helden voraus, und Wolframs Parzival schließt mit dem Ausblick auf Parzivals Sohn Lohengrin und den Priester Johannes. Wolframs Willehalm erhält seine Vorgeschichte und seine Fortsetzung. Auch die chronikalisch-historisierende Haltung des Jüngeren Titurel, des Lohengrin und anderer später Epen gehen in dieselbe Richtung.

Der Karlmeinet ist um vier Erzählkerne aufgebaut: Karls Jugendgeschichte mit der Erwerbung der schönen heidnischen Königstochter Galïe, die Geschichte von Morant und Galïe nach dem Motiv der unschuldig verleumdeten Frau, das Rolandslied und die novellistische Geschichte von Karl und Elegast. Eigene Eingänge und Schlußformeln der einzelnen Teile weisen darauf hin, daß ursprünglich selbständige Dichtungen als Ganzes übernommen und verarbeitet worden sind. Um sie zu verbinden, wird ein historisches Zwischenstück vor allem nach Vinzenz von Beauvais eingeschoben, und dem Ganzen wird, abermals nach dem Speculum historiale, ein Abschluß gegeben, der bis zum Tode des großen Kaisers führt.

Das Gedicht von Morant und Galïe ist schon in Bd. II, S. 59 ff. als Einzelwerk aus der Zeit um 1200 behandelt. Der Rolandsteil ist eine Bearbeitung von Strickers „Karl" (vgl. Bd. II S. 193), dem auch schon eine Jugendgeschichte Karls vorausgeschickt war. Sie wird im Karlmeinet nach anderer Quelle ausführlich erzählt. Es ist die Geschichte des früh verwaisten Königssohnes, der, von ungetreuen Halbbrüdern oder Reichsverwesern zum Küchendienst erniedrigt und in seinem Leben bedroht, von treuen Erziehern und Vasallen geschützt und gerettet wird. Sie fliehen mit ihm nach Spanien und treten in den Dienst des Heidenkönigs Galafer von Toledo, dem sie in seinen Kämpfen gegen den Heiden Bremunt, den gewalttätigen Werber um Galafers schöne Tochter Galïe, siegreich beistehen. Der junge Karl zeichnet sich durch Heldentaten aus, gewinnt die Liebe Galïes, wird von Galafer zum Ritter geschlagen und erkämpft mit dessen Hilfe sein heimisches Reich Frankreich wieder. Die Verräter werden vertrieben, gefangen und gehenkt. Dann kehrt Karl in Verkleidung als Bettler nach Toledo zurück, entführt Galïe und bringt sie nach mancherlei Abenteuern nach Frankreich, wo sie getauft und mit Karl vermählt wird.

Das Ganze ist reich an spannender und bewegter Handlung und einfach, aber klar und kräftig gezeichneten Charakteren der Treuen und der Ungetreuen, erfüllt von liebevoll und anschaulich geschilderten Episoden, überhaucht vom Glanze ritterlicher Kultur. Es muß nach einer sehr gut erzählten Quelle gearbeitet sein, die wir nicht kennen, deren Vorzüge aber selbst die plumpe und umständliche Art des ripuarischen Nachbildners nicht hat zerstören können.

Neben dem großen Gemälde aus Geschichte, heroischem Abenteuer und Minne steht die novellistisch umgrenzte, von wenigen Personen getragene Erzählung von Karl und Elegast. Karl wird von einem Engel der Befehl Gottes überbracht, in der Nacht auf Stehlen auszugehen, sonst sei es um sein Leben geschehen. Besorgt um seine Fürstenehre gehorcht Karl dennoch dem göttlichen Auftrag, reitet heimlich aus und stößt auf den von ihm wegen einer geringen Schuld vertriebenen edlen Ritter Elegast, der sich von Raub und Diebstahl nähren muß. Er schließt sich ihm unerkannt unter dem Namen Albrecht an, um die Schatzkammer des mächtigen Eckerich, Karls Schwager, zu berauben. Karl erfährt dabei Elegasts Treue und die verräterischen Ränke Eckerichs, der Karl am nächsten Tage überfallen und töten will. Eckerich wird im gerichtlichen Zweikampf von Elegast überwunden, seiner Schandtaten überführt und hingerichtet, Elegast zu hohen Ehren erhoben und mit Karls Schwester vermählt. Die hübsche, nur zu weitschweifig und zu wenig pointiert erzählte Geschichte ist die ziemlich getreue Übersetzung des mittelniederländischen Gedichtes von Carel ende Elegast. Eine eigene Bearbeitung derselben Geschichte ist in einem mitteldeutschen, rheinfränkischen Gedicht des 14. Jahrhunderts auf uns gekommen.

Für diesen Teil des Karlmeinet ist die niederländische Vorlage sicher, und da der sammelnde Bearbeiter das Speculum des Vinzenz von Beauvais neben dem lateinischen Original auch in der mittelniederländischen Übersetzung Maerlants benutzt hat, so ist es nicht unwahrscheinlich, daß auch die beiden ersten Teile, Karls Jugend und Morant und Galie, deren Quellen nicht nachweisbar sind, auf niederländischen Gedichten nach französischer Vorlage beruhen. So wird der Karlmeinet zum wichtigsten Zeugen einer literarischen Beeinflussung des Niederrheins durch die blühende niederländische Literatur. Ob das ganze Werk in seinen verschiedenen Teilen der überarbeitenden Tätigkeit eines und desselben Mannes unterworfen war, ist noch nicht geklärt. Doch steht fest, daß die Hand des Kompilators, der den historischen Einschub nach Vinzenz von Beauvais verfaßt hat, auch in der Jugendgeschichte Karls zu spüren ist. So liegt es nahe, an einen letzten Redaktor für das Ganze zu denken. Die einzelnen Teilstücke dagegen haben ihm bereits als selbständige Dichtungen vorgelegen. Was dieser Redaktor selbst hinzugetan hat, spricht nicht für ihn. Die aus dem Speculum historiale entnommenen

Partien, Karls Kriege mit Sachsen, Langobarden und Ungarn, seine verschiedenen Heiraten, seine Kaiserkrönung, sein fabelhafter Zug ins heilige Land usw. sind ungeordnet, dürr und poesielos erzählt. Die Nachdichtungen der poetischen Quellen sind unter seiner Hand umständlich und weitschweifig geworden. Er erläutert in lehrhaftem Tone oft recht selbstverständliche Dinge, die ihm für sein Publikum nicht faßlich schienen, und er erhebt keine künstlerischen Ansprüche an Stil und Form. Auch das Ganze ist nicht komponiert. Der Redaktor begnügt sich mit dem Nacheinander der verschiedenen Erzählungen, von denen nur die beiden ersten Teile durch die Person der Galie zusammengehalten werden. Sein Werk verbleibt im Zustande des Aggregates.

Ganz am Ende der hier behandelten Epoche, vielleicht auch erst nach 1350, wird noch einmal ein Abenteuerroman, der Johan ûz dem Virgiere (d. h. aus dem Baumgarten), aus dem Flämischen übersetzt, wie der Dichter, den der Herausgeber ins südliche Rheinhessen versetzt, mehrfach angibt. Die flämische Vorlage kennen wir nur indirekt aus einem gedruckten flämischen Volksbuch. Nur diese Herkunft, nicht das Gedicht selber ist von Interesse. Aus zehnmal wiederholten, aber offenbar immer noch nicht verbrauchten Motiven wird wieder einmal die Geschichte eines irrenden Ritters zusammengefügt. Es ist das Motiv des Findlings, der, als Sohn des Kaisers von Rom aufgezogen, sich durch frühe Heldentaten auszeichnet, und der, nachdem er von der angeblichen Mutter wegen einer Ungeschicklichkeit als Findling gescholten wird, auszieht, um seine Eltern zu suchen. Das Motiv des unerkannten Zusammentreffens von Vater und Sohn in einem rechtzeitig abgebrochenen Kampf bringt die Erkennung und die versöhnende Zusammenführung des Vaters mit der Mutter, einer französischen Königstochter, während Johan selber natürlich Liebe und Hand der Kaisertochter erringt.

Interessanter ist uns, daß sich in den bisher literaturarmen niederrheinischen und niederdeutschen Gebieten ein Nachholbedarf an den Stoffen der klassischen Epik Frankreichs und Oberdeutschlands bemerkbar macht. In der Stauferzeit hatte Niederdeutschland keine eigene, durchgebildete Literatursprache. Niederdeutsche Dichter wie Eilhart von Oberge, Albrecht von Halberstadt und Wernher von Elmendorf suchten ihr Glück am Rhein oder in Thüringen und lebten sich in die dort gültige Sprache der Dichtung ein. Oder aber man ging den Umweg über die lateinische Bildungssprache; der Herzog Ernst wurde in Magdeburg, Hartmanns Gregorius in Lübeck in lateinische Verse übertragen, wobei der Lübecker Abt Arnold als Übersetzer bekennt, wie schwer ihm Hartmanns alemannische Sprache zu lesen war. Bis ins Ende des 13. Jahrhunderts war die mitteldeutsche Literatursprache Thüringens in Niederdeutschland maßgeblich. Der gelehrte Magdeburger Patrizier Brun von Schönebeck (vgl. S. 497 ff.) verfaßte 1275/76 seine umfangreiche Auslegung des Hohen Liedes in dieser Sprache, und der Dichter der Braunschweigischen Fürstenchronik (vgl. S. 202 f.) bemühte sich, sein heimisches Niederdeutsch hochdeutsch einzufärben.

Das ändert sich seit dem Ende des 13. Jahrhunderts. Ähnlich wie einige Jahrzehnte früher in den Niederlanden und von dort befruchtet beginnen Bestrebungen, in der eigenen, heimischen Sprache zu dichten und sich auch die ritterlich-höfischen Stoffe anzueignen, die man bisher nur in einer fremden Sprache, französisch, flämisch oder oberdeutsch lesen konnte. Was uns davon erhalten blieb, ist freilich trümmerhaft und dichterisch nicht sehr bedeutend und läßt sich mit der Fülle und Kraft der niederländischen Ritterepik nicht vergleichen. Aber wir wissen doch von vier solchen Versuchen: einem Tristan, einer Alischanzschlacht und je einem ripuarischen und niederdeutschen Floire. Nur dieser letzte ist vollständig erhalten, alles übrige sind spärliche Bruchstücke.

Von besonderer Bedeutung sind die Bruchstücke eines Tristan in ripuarischer Sprache, ein Pergamentblatt des frühen 14. Jahrhunderts, das ein Stück aus dem Schluß des Tristanromans enthält. Es erzählt von Tristans tödlicher Verwundung nach dem höfischen Roman des Thomas, der Gottfrieds Quelle gewesen war, nicht nach der Fassung des Béroul, die durch Eilharts Tristrant in Oberdeutschland bestimmend wurde und von den beiden Vollendern von Gottfrieds Torso verwendet worden war. Dort erhält Tristan die Todeswunde bei einem Minneabenteuer seines Schwagers Kaherdin, hier bei der Hilfe, die er einem Namensvetter, Tristan dem Zwerg, gewährt, um dessen entführte Geliebte wiederzugewinnen. Einzelne Abweichungen von der Thomasversion, zumal die bedeutendste, daß Tristan der Zwerg – der diesen Beinamen in dem niederdeutschen Bruchstück übrigens nicht trägt – dem Helden nicht glauben will, daß er Tristan sei, weil Tristan tot sei, was man an *spellen und an lieden* beklage, sind noch ungeklärt. Für eigene Erfindung des knapp erzählenden niederdeutschen Dichters wird man sie schwerlich halten. Hat er das Gedicht von Tristan als Mönch gekannt oder eine Thomasversion benutzt, in der diese Geschichte aufgenommen war? Das Bruchstück stammt aus dem von Gottfried nicht mehr gedichteten Schluß des Romans. Man hat die Möglichkeit erwogen, daß wir es auch hier nur mit einer Fortsetzung Gottfrieds zu tun haben könnten. Das scheint mir unwahrscheinlich. Wir kennen zwei Übertragungen von Gottfrieds Werk ins Niederdeutsche, aber beide sind später, und beide sind, wie zu erwarten, mit den Fortsetzungen Ulrichs von Türheim bzw. Heinrichs von Freiberg versehen. Auch deutet nichts an Stil und Sprache des in Vers und Reim sorgfältigen Dichters auf eine Kenntnis von Gottfrieds Gedicht hin. Wir werden vielmehr glauben dürfen, die Reste einer eigenen niederdeutschen Tristandichtung nach französischer Vorlage in der Hand zu haben.

Der lieblichen Erzählung von Floire und Blancheflur sind wir schon in frühhöfischer Zeit im Trierer Floyris (vgl. Bd. II, S. 31 f.) und in hochhöfischer Zeit in Konrad Flecks Floireroman (vgl. Bd. II,

S. 173 ff.) begegnet. Das beliebte, leicht zur Sentimentalität neigende Motiv der Kinderminne, versetzt in die Welt des Orients und verbunden mit dem christlich-heidnischen Gegensatz, war für die Spätzeit wie geschaffen. Die beiden niederdeutschen Gedichte, die diesen Stoff behandeln, sind von den älteren hochdeutschen Dichtungen unabhängige Neugestaltungen nach einer französischen – über Flandern gewanderten? – Vorlage. Das ältere, uns nur in dürftigen Bruchstücken erhaltene, gehört seiner Sprache nach an den Niederrhein und ist noch ins späte 13. Jahrhundert zu setzen. Das jüngere entstand im niedersächsischen Gebiet, vielleicht in der Gegend von Osnabrück, wird im frühen 14. Jahrhundert gedichtet sein und ist uns in mehreren Handschriften vollständig erhalten. Der Dichter beruft sich auf ein französisches Buch als Quelle, ohne daß wir eine entsprechende französische Fassung nachweisen können, er hat aber auch das ältere ripuarische Gedicht gekannt und, soweit die Bruchstücke ein Urteil zulassen, es kürzend ausgeschrieben. Vielleicht ist auch die Berufung auf das französische Buch nur aus dem ripuarischen Vorgänger übernommen. Der Dichter erzählt einfach, ohne dichterischen Schmuck, auch ohne Ausbreitung höfisch-ritterlicher Repräsentation in der breiteren Versart, die im Niederdeutschen gültig ist. Ihm geht es um den Stoff mit seinen allgemein menschlichen Gefühlswerten und Erlebnismöglichkeiten.

Höchst merkwürdig sind endlich die aus Kitzingen am Main stammenden Bruchstücke einer Schlacht bei Alischanz aus dem Anfang des 14. Jahrhunderts. Es war eine von Wolframs Willehalm ganz unabhängige knappe Nacherzählung der französischen Bataille d'Aliscans. Die Bruchstücke berichten von der großen zweiten Schlacht, in deren Mittelpunkt der starke Renoard (Wolframs Rennewart) steht. Es ist eines der seltsamsten, hölzernsten und ungewandtesten Stücke mittelhochdeutscher Literatur, das wir kennen. Nicht zu Unrecht sagt der Herausgeber Leitzmann, es mache „den Eindruck eines hingeworfenen Konzepts". Doch kann davon nicht die Rede sein; denn die sprachliche Mischung von ripuarischen und oberfränkischen Elementen ist nur erklärlich, wenn wir mit einem Original und einem Abschreiber rechnen. Der Abdruck Leitzmanns versucht den fortlaufend geschriebenen Text in Verse abzusetzen, und dem Verfasser scheint wirklich etwas von Versen vorgeschwebt zu haben. Aber was sind das für Verse! Solche Monstra an Unrhythmik gibt es in der mittelhochdeutschen Dichtung nicht wieder, und was hier als Reim gelten soll, hat selbst in der frühmittelhochdeutschen Weitherzigkeit der Assonanzen nicht seinesgleichen. Andererseits ist der Reimvorrat von einer kläglichen Armseligkeit; reichlich 32% aller Zeilen enden auf *dar(e)* oder *gar(e)*, weitere fast 8% auf *dô* oder *sô*, die meistens untereinander, selten mit anderen Wörtern reimen, recht oft aber überhaupt keinen Reimpartner haben. Und solche isolierten Zeilen sind, selbst bei weitherziger Auslegung des Begriffes „Reim", auch sonst nicht selten. Endlich sind jene *dar, gar, dô, sô,* aber auch andere „Reimwörter", im Zusammenhang oft nicht nur unnötig, sondern einfach störend, bloße Anhängsel, um einen Reim zu erzwingen. Solche Erscheinungen gibt es auch sonst bei unbegabten Dichtern, nie aber in so aufdringlicher Häufung.

Man wird zu dem Gedanken verlockt, daß wir es eigentlich mit einem Prosastück zu tun haben, dem ein hilfloser Bearbeiter den Anschein einer Versdichtung geben wollte. Verbinden wir dann diese Vorstellung mit der sprachlichen Zweischichtigkeit, so zeichnet sich etwas wie eine Textgeschichte ab: ein ripuarisches Original in Prosa, eine ostfränkische Übertragung mit dem Versuch, Reime wenigstens vorzuspiegeln. So müssen wir wohl den Weg denken, nicht umgekehrt. Denn der Weg vom Niederrhein nach Oberdeutschland entspricht bei einem Prosawerk nicht nur unseren allgemeinen literarhistorischen Einsichten besser, er wird auch durch einige der wirklichen Reime nahegelegt, die nur im Ostfränkischen, nicht im Ripuarischen rein sind. Das bliebe des näheren zu untersuchen.

Wie dem auch sei – Künstler waren hier nicht am Werk. Auch als Prosaerzählung bleibt das Stück stümperhaft, zumal wenn wir die gute, gekonnte Prosa des Lanzelotromans danebenhalten. Die ostfränkische „Bearbeitung" schließlich mag dann dem Original noch seine letzten Qualitäten verdorben haben. Sie kann in der Gegend gemacht worden sein, wo sich die Blätter gefunden haben. Es wundert uns nicht, daß dies Machwerk nicht über den Ort seiner Entstehung hinausgedrungen ist. Und hier ist einmal dem Buchbinder eine Handschrift zum Opfer gefallen, um die wir nicht zu trauern brauchen.

LITERATUR

PLEIER

Lit.: Ehrismann 2, Schlußband, S. 58–60.
Eduard Hartl, Verf.-Lex. 3, Sp. 903–09.
Paul Egelkraut, Der Einfluß des Daniel vom Blühenden Tal vom Stricker auf die Dichtungen des Pleiers. Diss. Erlangen 1896.
Otto Seidl, Der Schwan von der Salzach. Nachahmung und Motivmischung bei dem Pleier. Dortmund 1909.
John Lancaster Riordan, The Pleier's Place in German Arthurian Literature. Univ. of California Diss. 1944.
ders., A Vindication of the Pleier. JEGPh 47 (1948) S. 29–43.

GAREL VOM BLÜHENDEN TAL

Ausg.: Michael Walz, Freiburg i. Br. 1892.
Lit.: Leonhard Kupsa, Reimwörterbuch zum „Garel von dem blühenden Tal" von dem Pleier. Diss. Wien 1930.

Helmut de Boor, Der Daniel des Strickers und der Garel des Pleiers. Beitr. Tübingen 79 (1957) S. 67–84.

MELERANZ

Ausg.: Karl Bartsch, Stuttgart 1861 (StLV 60).
Lit.: Franz Kurzmann, Reimwörterbuch und Verzeichnis der Reimwörter zu Pleiers „Meleranz". Diss. Wien 1930.
Franz Hofmann, Der Meleranz von dem Pleier in der Bearbeitung Ulrich Füetrers. Diss. Wien 1933.

TANDAREIS

Ausg.: Ferdinand Khull, Graz 1885.
Lit.: Richard Rothleitner, Reimwörterbuch zu Tandareis und Flordibel von dem Pleier. Diss. Wien 1932.

WIGAMUR

Ausg.: Johann Gustav Büsching (nach W), in: von der Hagen-Büsching, Deutsche Ged. d. MAs. Bd. 1. Berlin 1808.
Carl von Kraus (nach S und M, mit Parallstellen aus W), in: Mhd. Übungsbuch, 2. Aufl., Heidelberg 1926, S. 109–61, 287–88.
Lit.: Ehrismann 2, Schlußband, S. 57–58.
Hugo Kuhn, Verf.-Lex. 4, Sp. 962–64.
Gregor Sarrazin, Wigamur. Eine literarhistorische Untersuchung. Straßburg 1879.
Walther Linden, Studien zum Wigamur. Halle 1920.

KONRAD VON STOFFELN

GAURIEL VON MUNTABEL

Ausg.: Ferdinand Khull, Graz 1885.
Friedrich Keinz, Mitteilungen aus der Münchener Kgl. Bibliothek. 6. Aus dem Gauriel. Germania 31 (1886) S. 85–87 (Münchener Fragment).
Lit.: Ehrismann 2, Schlußband, S. 88–89.
Eduard Hartl, Verf.-Lex. 2, Sp. 908–10.
E. v. Roszko, Untersuchungen über das epische Gedicht Gauriel von Muntabel. Programm Lemberg 1903.
V. Sennig, Der Gauriel-Dichter als Nachahmer Hartmanns von Aue. Beiträge zu einer literarhistorischen Würdigung. Programm Triest 1909.
Karl Deck, Untersuchungen über Gauriel von Muntabel. Diss. Straßburg 1913.

WISSE-COLIN

NEUER PARZIVAL

Ausg.: Karl Schorbach, Straßburg 1888.
Lit.: Ehrismann 2, Schlußband, S. 471.
Eduard Hartl, Verf.-Lex. 2, Sp. 833–37.
Kurt Marquardt, Die Verskunst des Neuen Parzifal. Hrsg. von Else Habering. Königsberg 1916.
Edmund Kurt Heller, Studies on the Alsatian Parzival. Germ. Rev. 5 (1930) S. 109–26.

TRISTAN ALS MÖNCH

Ausg.: Hermann Paul, MSB Phil.-hist. Kl. 1895. S. 317–427.
Hermann Paul, Nachtrag zu Tristan als Mönch. MSB Phil.-hist. Kl. 1896. S. 687–91.
Lit.: Ehrismann 2 II 1, S. 334–35.
Hans-Friedrich Rosenfeld, Verf.-Lex. 4, Sp. 498–501.
Fedor Bech, Zur Kritik und Erklärung des von H. Paul herausgegebenen Gedichtes:

Tristan als Mönch. ZfdPh 29 (1897) S. 338–45.

Albert Regis, Tristant als Mönch. Wohlau 1910 (Diss. Straßburg 1909).

Kurt Seick, Metrische Untersuchungen über das mhd. Gedicht „Tristan als Mönch".
Diss. Greifswald 1911.

HEINRICH VON FREIBERG

Gesamtausg.: Alois Bernt, Halle 1906.
Lit.: Ehrismann 2, Schlußband, S. 68–70.
Erich Gierach, Verf.-Lex. 2, Sp. 261–65.
Ernst Kraus, Über Heinrich von Freiberg. Germania 30 (1885) S. 1–18.
Carl von Kraus, Studien zu Heinrich von Freiberg I/IV. In: MSB. Phil.-hist. Abt.
Jg. 1941. Bd. II. Heft 5/6.

TRISTAN

Ausg.: Reinhold Bechstein, Leipzig 1877.
Gilbert Trathnigg, Fragment von Heinrichs von Freiberg Tristan aus St. Pölten.
ZfdA 73 (1936) S. 175–76.
Lit.: Samuel Singer, Die Quellen von Heinrichs von Freiberg Tristan. ZfdPh 29
(1897) S. 73–86.
Friedrich Wiegandt, Heinrich von Freiberg und sein Verhältnis zu Eilhart und Ulrich.
Diss. Rostock 1879.
Carl von Kraus, Zum Tristan des Heinrich von Freiberg. In: Wissenschaft im Volks-
tumskampf. Festschrift für Erich Gierach. Reichenberg 1941. S. 155–67.
Hugo Lieske, Höfisches Leben und ritterliche Gesellschaft bei Heinrich von Freiberg.
Diss. Greifswald 1922.
Maria Müller, Der Stilwandel von der höfischen zur späthöfischen Dichtung, gezeigt
am Tristan Heinrichs von Freiberg. Diss. München 1950 (Masch.-Schr.).
Anneliese Hilbrink, geb. Beckmann, Der weltanschauliche Gehalt in Heinrichs von
Freiberg Tristan im Vergleich mit seinen Quellen. Diss. Marburg 1954 (Masch.-
Schr.).
Willy Krogmann, Ein nazzer vilz. Beitr. 60 (1936) S. 394–97. [Zu Tristan V. 2169.]

RITTERFAHRT DES JOHANN VON MICHELSBERG

Anton Wallner. In: Reinhartfragen. ZfdA 63 (1928) S. 190–94.

REINFRIED VON BRAUNSCHWEIG

Ausg.: Karl Bartsch, StLV 109 Tübingen 1871.
Lit.: Ehrismann 2, Schlußband, S. 87–88.
Hermann Schneider, Verf.-Lex. 3, Sp. 1046–51.
Oskar Jänicke, Zur Kritik des Reinfried von Braunschweig, ZfdA 17 (1874) S. 505–18.
K. Eichhorn, Reinfried-Studien I. II. Programm Meiningen 1892.
Paul Gereke, Studien zu Reinfried von Braunschweig. Beitr. 23 (1898) S. 358–483.
Albert Leitzmann, Zum Reinfried von Braunschweig. Beitr. 47 (1923) S. 142–52.
Elsa Mathilde Skrabal, Reimwörterbuch zum „Reinfried von Braunschweig" mit
ausgewählten Studien zur Reimtechnik. Diss. München 1937.
Marie-Luise Gräff, Diss. Tübingen 1947 (Titel s. unter Konrad von Würzburg:
Engelhard).
Karl Hoppe, Die Sage von Heinrich dem Löwen. Ihr Ursprung, ihre Entwicklung
und Überlieferung. Bremen-Horn 1952.
Walter Schoenebeck, Der höfische Roman des Spätmittelalters in der Hand bürger-
licher Dichter. (Studien zur ‚Crône', zum ‚Appollonius von Tyrland', zum ‚Reinfried
von Braunschweig' und ‚Wilhelm von Österreich'.) Diss. FU. Berlin 1956 (Masch.-
Schr.).

9*

Friedrich Wilhelm Wentzlaff-Eggebert, Kreuzzugsdichtung des Mittelalters, Berlin 1960 S. 287–90.

JOHANN VON WÜRZBURG

WILHELM VON ÖSTERREICH

Ausg.: Ernst Regel, Berlin 1906 (DTM 3).
Werner Fechter, Ein Karlsruher Bruchstück des Wilhelm von Österreich, ZfdA 80 (1943) S. 83–85.
Edward Schröder, Mhd. Bruchstücke aus Duisburg II. Zum Wilhelm von Österreich. ZfdA 68 (1931) S. 92–95.
Leopold Zatočil, Drei Prager Bruchstücke. 3. Johann von Würzburg: Wilhelm von Österreich. Sborník Prací Filosofické Fakulty Brněnské University. Brno 6 (A 5) 1957. S. 69–70.
Lit.: Ehrismann 2, Schlußband, S. 92–93.
Willy Krogmann, Verf.-Lex. 3, Sp. 650–57.
Friedrich Göhrke, Die Überlieferung von Johanns von Würzburg „Wilhelm von Österreich" nebst einer Reimgrammatik. Diss. Berlin 1912.
Eckart Frenzel, Studien zur Persönlichkeit Johanns von Würzburg. Berlin 1930.
Eugen Mayser, Studien zur Dichtung Johanns von Würzburg. Berlin 1931.
Bernhard Beckmann, Sprachliche und textkritische Untersuchungen zu Johann von Würzburg. Emsdetten 1937 (Diss. Berlin)
Hermann-Josef Bierbaum, Der Stil Johanns von Würzburg in geschichtlicher Beleuchtung. Diss. Marburg 1953 (Masch.-Schr.).
Rudolf Schnuchel, Ein Beitrag zum Erzähl- und Aufbaustil im „Wilhelm von Österreich". Diss. Göttingen 1955 (Masch.-Schr.).
Walter Schoenebeck, Diss. FU. Berlin 1956 (Titel s. unter Reinfried von Braunschweig).
Friedrich Wilhelm Wentzlaff-Eggebert, Kreuzzugsdichtung des Mittelalters. Berlin 1960. S. 290–93.

FRIEDRICH VON SCHWABEN

Ausg.: Max Hermann Jellinek, DTM 1 Berlin 1904.
Lit.: Walther Mitzka, Verf.-Lex. 1, Sp. 696–97.
Ehrismann 2, Schlußband, S. 90–92.
Hans Woite, Märchenmotive im Friedrich von Schwaben. Diss. Kiel 1911.
Carl Pschmadt, Die Quellen des Friedrich von Schwaben. ZfdA 53 (1912) S. 309–28.
Max Hermann Jellinek, Zum Friedrich von Schwaben. ZfdA 57 (1920) S. 133–36.
Herbert Wegener, Studien zum Friedrich von Schwaben. Diss. Kiel 1934.

DIE GUTE FRAU

Ausg.: Emil Sommer, ZfdA 2 (1842) S. 385–481.
Edward Schröder, Zum Text der Guten Frau. ZfdA 48 (1906) S. 504–06.
Lit.: Ehrismann 2, Schlußband, S. 19–21.
Hans-Friedrich Rosenfeld, Verf.-Lex. 2, Sp. 127–28.
Wilhelm Eigenbrodt, Untersuchungen über das mhd. Gedicht ‚Diu guote vrouwe'. Diss. Jena 1907.
Edward Schröder, Der Dichter der ‚Guten Frau'. In: Untersuchungen und Quellen zur germ. und roman. Philol., Johann Kelle dargebracht. Prag 1908. Bd. 1. S. 339–52.

MAI UND BEAFLOR

Ausg.: (Alois Joseph Vollmer), Leipzig 1848.
Lit.: Ehrismann 2, Schlußband, S. 62–64.

Albert Leitzmann, Verf.-Lex. 3, Sp. 217–18.
Otto Wächter, Untersuchung über das Gedicht ‚Mai und Beaflor‘. Diss. Jena 1889.
Ferdinand Schultz, Die Überlieferung der mhd. Dichtung ‚Mai und Beaflor‘. Diss. Kiel 1890.
R. Sprenger u. Ferdinand Schultz, Zu Mai und Bêaflôr. ZfdPh 28 (1896) S. 437–47.
Alle Van der Wal, Reimstudien zu Mai und Beaflor. Diss. Groningen 1929.
Albert Leitzmann, Zu Mai und Beaflor. ZfdA 67 (1930) S. 283–84.
Ernst Scheunemann, „Mai und Beaflor“ und Hans von Bühels „Königstochter von Frankreich“. Eine vergleichende Untersuchung zur Darstellung im hohen und späten Mittelalter. Breslau 1934.
Hiltrud Rau, Die Sprache von Mai und Beaflor auf Grund einer Reimuntersuchung. Diss. München 1946 (Masch.-Schr.).

ULRICH VON ETZENBACH

Lit.: Ehrismann 2, Schlußband, S. 82–84.
Hans Friedrich Rosenfeld, Verf.-Lex. 4, Sp. 572–82.
Friedrich Repp, Reimwörterbuch zu Ulrich von Eschenbach. Reichenberg 1940.
Wilma Dziobek, Problemgeschichtliches zur mhd. Epik Ulrichs von Eschenbach. Diss. Breslau 1941.

WILHELM VON WENDEN

Ausg.: Hans-Friedrich Rosenfeld, DTM 49, Berlin 1957. Wichtig für die Namensform ist die Einleitung S. V–XX.
Lit.: ders., Zum Wilhelm von Wenden Ulrichs von Eschenbach. Neophil. 12 (1927) S. 173–86.
Käthe Leonhardt, Quellengeschichtliche Untersuchungen zum Wilhelm von Wenden des Ulrich von Eschenbach. Jena 1931 (Diss. Tübingen).
Friedrich Wilhelm Wentzlaff-Eggebert, Kreuzzugsdichtung des Mittelalters. Berlin 1960. S. 280–83.

ALEXANDREÏS

Ausg.: Wendelin Toischer, StLV 183 Tübingen 1888.
Lit.: Hans Paul, Ulrich von Eschenbach und seine Alexandreis. Berlin 1914.
Margot Huehne, Die Alexanderepen Rudolfs von Ems und Ulrichs von Eschenbach. Würzburg 1939 (Diss. Jena 1938).
Friedrich Repp, Der Anhang zum Alexander Ulrichs von Eschenbach. ZfdA 68 (1931) S. 33–66.
Hans-Friedrich Rosenfeld, Zum Alexander-Anhang Ulrichs von Eschenbach. ZfdA 68 (1931) S. 275–83.
ders., Der Kreuzfahrtdichter und Ulrichs von Eschenbach Anhang zum Alexander. ZfdPh 56 (1931) S. 395–410.

HERZOG ERNST D

Ausg.: Friedrich Heinrich von der Hagen, in: von der Hagen-Büsching, Deutsche Ged. d. MA.s. Bd. 1. Berlin 1808.
Lit.: Hans-Friedrich Rosenfeld, Herzog Ernst D und Ulrich von Eschenbach. Leipzig 1929.
Hermann Meier, Zum Reimgebrauch im Herzog Ernst D und bei Ulrich von Eschenbach. Diss. Marburg 1930.

LOHENGRIN

Ausg.: Heinrich Rückert, Quedlinburg und Leipzig 1858.
Lit.: Ehrismann 2, Schlußband, S. 79–82.
Willy Krogmann, Verf.-Lex. 3, Sp. 55–79.

ders., Studien zum Wartburgkrieg. ZfdPh 80 (1961) S. 62–83.
Ernst Elster, Beiträge zur Kritik des Lohengrin. Beitr. 10 (1885) S. 81–194.
Friedrich Panzer, Lohengrinstudien. Halle 1894.
Wolfgang Golther, Lohengrin. Romanist. Forschgen. 5 (1890) S. 103–36.
Leopold Textor, Untersuchungen über den Sprachgebrauch im Lohengrin. Diss. Greifswald 1911.
Dora Busch, Studien zum II. Teil des Lohengrin. ZfdA 69 (1932) S. 305–20.
Gösta Langenfelt, Stockholm i Lohengrinsagan. Historisk Tidskrift n. s. 19 (1956) S. 35–40.

GÖTTWEIGER TROJANERKRIEG

Ausg.: Alfred Koppitz, DTM 29 Berlin 1926.
Lit.: Ehrismann 2, Schlußband, S. 52.
Josef Klapper, Verf.-Lex. 1, Sp. 325.
Karl Langosch, Verf.-Lex. 5, Sp. 114–15.
ders., Die Sprache des Göttweiger Trojanerkrieges. Leipzig 1933 (Diss. Berlin 1932).
Valeria Gramatzky, Quellenstudien zum Göttweiger Trojanerkrieg. Diss. Berlin 1935.
Günther Schade, Diss. FU Berlin 1955 (s. S. 74 unter Konrad von Würzburg, Troanerkrieg).

EXCIDIUM TROIAE

Ausg.: E. Bagby Atwood u. Virgil K. Whitaker, Cambridge Mass. 1944.

PROSAROMAN VON LANZELOT

Ausg.: Reinhold Kluge. DTM 42. Berlin 1948. Bisher nur Bd. 1.
Amorbacher Bruchstück: Edward Schröder, Ein Fragment eines mhd. Prosaromans aus dem Anfang des 13. Jahrhunderts. ZfdA 59 (1922) S. 161–62.
Münchner Bruchstück: Hans Naumann, Altdeutsches Prosalesebuch. Straßburg 1916. Nr. 25. S. 105–08.
Würzburger Handschrift (Berlin Ms. Germ. Fol. 876): ungedruckt. Anfang und Ende mitgeteilt ZfdA 3 (1843) S. 435.
Lit.: Joseph Klapper, Verf.-Lex. 3 Sp. 23–27.
Cola Minis, Verf.-Lex. 5 Sp. 592–98.
Ehrismann 2, Schlußband, S. 5–6 u. 436.
Edward Schröder, Der deutsche Lancelot in Prosa, ein Werk aus dem Anfang des 13. Jh.s ZfdA 60 (1923) S. 148–51.
Pentti Tilvis, Mittelniederländisches im Prosa-Lancelot I. Neuphil. Mitt. 52 (1951) S. 195–205.
ders., Prosa-Lancelot-Studien I/II. Helsinki 1957.
Kurt Ruh, Lancelot. Deutsche Vierteljahrsschr. 33 (1959) S. 269–82.

GIRART VON ROUSSILLON

Ausg.: E. Jacobs und Elias Steinmeyer, Bruchstücke eines niederdeutschen Prosaromans. ZfdA 30 (1886) S. 76–82.
Bernhardt. Neue Bruchstücke des niederdeutschen Girart de Roussillon. ZfdA 45 (1901) S. 1–18.
Hans Naumann, Altdeutsches Prosalesebuch. Straßburg 1916. Nr. 36. S. 147–60.
Lit.: Jan van Dam, Verf.-Lex. 2, Sp. 50–51.
Wolfgang Liepe, Elisabeth von Nassau-Saarbrücken. 1920 S. 37.

KARLMEINET

Ausg.: Adelbert von Keller, StLV 45. Stuttgart 1858.
Märta Åsdahl Holmberg, Ein neues Bruchstück des Karlmeinet. ZfdA 87 (1956/57) S. 60–65.

Lit.: Ehrismann 2, Schlußband, S. 468–70.
Jan van Dam, Verf.-Lex. 2, Sp. 762–67.
Karl Bartsch, Über Karlmeinet. Ein Beitrag zur Karlssage. Nürnberg 1861.
Elisabeth Müller, Stiluntersuchung des 'Karlmeinet' (1,1–216,28). Diss. Bonn 1930.
Jan Akkerman, Studien zum Karlmeinet. Der dritte Abschnitt der Kompilation und sein Verhältnis zum ersten. Amsterdam 1937 (Diss. Amsterdam).
Märta Åsdahl Holmberg, Karlmeinet-Studien. Lund/Kopenhagen 1954.

JOHAN ÛZ DEM VIRGIERE

Ausg.: Robert Priebsch, Heidelberg 1931.
Lit.: Robert Priebsch, Verf.-Lex. 2, Sp. 643–46.
Edward Schröder, Der Text des „Johan uz dem Virgiere". ZfdA 76 (1939) S. 114–21.

RIPUARISCHE TRISTANBRUCHSTÜCKE

Ausg.: K. W. Titz, ZfdA 25 (1881) S. 248–51.
Hans Lambel, Germania 26 (1881) S. 356–64.
Lit.: Ehrismann 2, 2, 1, S. 334.

NIEDERDEUTSCHE BRUCHSTÜCKE VON FLOIRE UND BLANCHEFLUR

Ausg.: Heinrich Schafstaedt, Programm Mülheim 1905.
Otto Decker, Flos und Blancheflos. Kritische Ausgabe des mittelniederdeutschen Gedichts. Rostock 1913.
Lit.: Jan van Dam, Verf.-Lex. 1, Sp. 623–24.
Ehrismann 2, Schlußband, S. 18 und 689.
Ludwig Wolff, Verf.-Lex. 5, Sp. 223.
Lorenz Ernst, Floire und Blantscheflur. Studie zur vergleichenden Literaturwissenschaft. Straßburg 1912.
Hans Teske, Untersuchung zu den mittelniederdeutschen Epen. 1. Die Einordnung der Mülheimer Bruchstücke von Flors und Blanzeflors. Korrespondenzbl. d. Ver. f. nd. Sprachforschg. 51 (1938) S. 61–64.

SCHLACHT BEI ALISCHANZ

Ausg.: Albert Leitzmann, ZfdPh 48 (1919) S. 96–114.
Lit.: Albert Leitzmann, Verf.-Lex. 1, Sp. 63–64.
Ehrismann 2 II 1, S. 287.
Hermann Suchier, Über das niederrheinische Bruchstück der Schlacht von Alischanz. Germ. Studien. Supplement zur Germania. Bd. 1 (1872) S. 134–58.
Albert Leitzmann, Zu den Kitzinger Fragmenten der Schlacht zu Aleschans. In: Untersuchungen und Quellen zur german. und roman. Philol., Joh. Kelle dargebracht. Bd. 1. Prag 1908. S. 387–99.

VIERTES KAPITEL

DIE SPÄTE HELDENEPIK

Wie der höfische Aventiuren- und Minneroman lebt auch das Heldenepos kräftig in die Spätzeit fort. Es findet eigentlich erst jetzt seine volle Resonanz und vermag mehr neue und eigentümliche Formen zu entwickeln als das höfische Epos. Schon rein stofflich verschiebt sich das Bild gegen die klassische Zeit. Die dort behandelten Stoffe treten ganz zurück; sie haben offenbar ihre gültige Form erhalten, in der sie entweder unverändert fortdauern oder von dem Geschmack der späteren Zeit abgelehnt werden. Das erste ist mit dem Nibelungenlied der Fall. Es ist in allen folgenden Jahrhunderten weiter abgeschrieben worden, ist über seine Heimat Österreich weit hinausgedrungen und hat sogar eine niederländische Übersetzung (Fragment T) gefunden. Aber auch darin drückt sich seine klassische Geltung aus, daß es in späterer Zeit – mit einer einzigen wesentlichen Ausnahme (vgl. S. 144f.) – keine tiefergreifenden Abänderungen oder Zusätze erfahren hat. Es steht in unangreifbarer Höhe da, klassisch noch für die Zeit Maximilians, der es nach einer sehr guten alten Handschrift in sein vornehmes Ambraser Heldenbuch aufnehmen ließ. Oder aber die Dichtungen der staufischen Zeit kamen aus der Mode. Vom Waltherepos besitzen wir nur die Bd. II S. 199 ff. besprochenen dürftigen Fragmente, und allein der belesene Dichter des Biterolf verrät noch eingehende Kenntnis dieses Werkes. Das Kudrunepos ist uns einzig durch Maximilians Sammeleifer in seinem Heldenbuch bewahrt, und wir besitzen vom Stoff der Kudrun nur eine seltsame Verarbeitung des 14. Jahrhunderts, die auf S. 145 f. zur Sprache kommt.

Aus der spätstaufischen Zeit lebt dagegen der Wolfdietrich fort und erfährt bezeichnende Umformungen und Erweiterungen. Nicht zufällig ist es dieser älteste heroische Abenteuerroman, dem die Beliebtheit der Spätzeit gilt. Wir sehen, wohin der heroische Roman steuert: in das Fahrwasser der bloßen Aventiure. Ansätze, die schon im Bereich des heroischen Liedes vorhanden waren, werden aufgegriffen und ausgenutzt. Siegfrieds Jugendtaten, die im Nibelungenliede möglichst zurückgedrängt wurden, finden jetzt ihre eigene epische Gestaltung (vgl. S.143f.). Vor allem aber ist es die in der klassischen Zeit ganz im Hintergrund stehende Figur Dietrichs von Bern, die nun hervortritt. Aus Anspielungen im angelsächsischen Waldere wissen wir, daß Dietrich wie Siegfried frühzeitig auch zum Helden von Kämpfen mit dämonischen Wesen geworden sein muß. Wie bei Siegfried werden sie in die Jugendzeit des Helden verlegt, und aus diesem alten Kern erwächst in der zweiten Hälfte des 13. Jahrhunderts ein ganzer Kranz von Jugendtaten Dietrichs, Kämpfe mit Riesen und Zwergen, Drachen und dämonischen Heiden, und aus solchen Einzelerzählungen fließt zum Ende der Epoche das große Konglomerat der Virginal zusammen, wo primitiver Stoffhunger Abenteuer an Abenteuer kettet. Der heroische Roman geht zur gleichen Zeit und in derselben Weise wie der höfische Aventiurenroman zugrunde, durch Stoffaufschwellung aus seelenloser Phantastik bei zugleich schwindender Verantwortung für Form und Stil. Indessen ist dies nicht der einzige Weg, den der heroische Roman in der Spätzeit einschlägt. Das zweite wesentliche Anliegen ist die Verritterung und Verhöfischung in Stoff, Stil und Form. Hier könnte man von einer gewissen Nachfolge des klassischen Heldenepos, insbesondere des Nibelungenliedes sprechen, und in der Tat geht der Dichter desjenigen Romans, der diesem Ziel am konsequentesten zustrebt, des Gedichtes von Biterolf und Dietleib, von dem Nibelungenlied und dem Waltherepos aus, die ihm durch und durch vertraut waren. Denn auch die Dichter jener klassischen Epen wollten ja im Sinne der höfischen Zeit modern sein und ihre Werke mit Glanz und Wesen höfischer Ritterlichkeit durchdringen. Die einzigartige Leistung des Nibelungendichters freilich, aus ritterlichem Denken heroisches Wesen in seiner eigenen Größe zu begreifen und nachzuerleben, wiederholt sich nicht. Weit mehr scheint das Waltherepos, jünger und weicher schon in seinen Ursprüngen, zu einem eigentlichen Ritterroman umgebildet worden zu sein und das Wesen des Höfischen in bloßer gesellschaftlicher Repräsentanz aufgefaßt zu haben, wie es die späten Nachfolger tun. Erinnern wir zugleich an dieselbe Tendenz in der Nibelungenklage, so sehen wir hier den Weg des spätheroischen Romans vorgezeichnet. Auch die dämonischen Gegner des heroischen Aventiurenromans werden in die Tendenz zur Verritterung und höfischen Vergesellschaftung einbezogen, der Riese im Eckenlied, die Zwerge im Laurin und der Virginal, so wie es schon im Nibelungenliede mit den dämonischen Hortbesitzern geschehen war.

Neben den aventiurenhaften Erzählungen mit Helden aus dem altheroischen Kreise lebt der eigentlich heroisch-historische Kernroman fort, und hier tritt jetzt die Gestalt Dietrichs von Bern beherrschend in den Vordergrund. Das Doppelepos von Dietrichs Flucht und Rabenschlacht setzt verlorene vorhöfische und hochhöfische Dichtung um Dietrich voraus, und das Sproßepos von Alpharts Tod zeigt, wie dichterische Erfindung am vorgegebenen Stoffe fortspinnt. Überall ist hier Dietrich eng mit dem Hunnenkönig Etzel verbunden. Wir beobachten ein deutliches Bestreben zu einer Kreisbildung um den großen östlichen Völkerhirten Etzel schon in der klassischen Zeit; sie setzt sich in der Spätzeit verstärkt fort. Der Hof Etzels wird Sammelplatz aller Helden, wie er sich eindrücklich schon im Nibelungenlied repräsentiert. Von

Etzel, der selber ruhend bleibt, strahlen Tat und Leistung seiner Helden aus. Der bedeutendste darunter ist eben Dietrich von Bern, um den seinerseits wieder eine Heldenschar gesammelt ist. Das Vorbild des Artuskreises ist deutlich. Aber die Wurzeln liegen an anderer Stelle: im Kreise der Gefolgsmannen um den Gefolgsherrn im heroischen Liede. Aus solcher Tendenz zur Kreisbildung werden auch die Figuren der ursprünglich selbständigen Helden Biterolf und Dietleib an den Kreis um Dietrich und Etzel herangezogen und Sintram, ursprünglich Held einer eigenen Erzählung, in den Abenteuerknäuel der Virginal eingeordnet. In den Gedichten vom Rosengarten zu Worms erscheint dann die kreisbildende Tendenz innerhalb der Heroik vollendet: die rheinisch-burgundischen Helden messen sich im Kampfe mit den östlichen. Schon die verlorene Notiz im Nibelungenliede, daß sich Siegfried einmal an Etzels Hof aufgehalten hat, scheint diesem Streben entsprungen zu sein, und die merkwürdige Angabe des ganz späten, aber kenntnisreichen Anhangs zum gedruckten Straßburger Heldenbuch, daß Dietrich Siegfried im Rosengarten getötet habe, und daß Kriemhilds Rache eigentlich Dietrich gegolten habe, schließt die Kreisbildung ab. Dabei ist es bezeichnend, wie die Führung von Dietrich auf Etzel übergeht. Die älteste Form der Rosengartendichtung sieht in Dietrich nicht nur den Haupthelden, sondern den alleinigen Führer der östlich-gotischen Gruppe. Erst die jüngeren Bearbeitungen des Rosengarten versuchen, den Dietrichzug zu einem Etzelzug mit Dietrich nur als Spitzenkämpfer umzustilisieren, und der Biterolf greift das Motiv auf, macht aber den Weg nach Worms vollends zu einem groß angelegten Unternehmen Etzels.

Dennoch bleibt der Unterschied zum artushaften Aventiurenroman unverkennbar. Die altheroische Dichtung, aus geschichtlicher Wirklichkeit erwachsen, an geschichtlichen Personen entwickelt, blieb, wie in Band II S. 152 ff. dargelegt worden ist, an diese sachliche Wirklichkeit gebunden. In ihrer Schicksalsverflochtenheit blieben ihre Helden dem Leid und der Dunkelheit des irdischen Daseins ausgeliefert, dem Tod und Untergang gegenübergestellt. Daraus erwächst ihre Psychologie, bestimmt sich ihre sittliche Haltung als Selbstbehauptung im Schicksal. Daran ändert auch die späte Epik nichts. Bewährung im Untergang hat noch der Dichter, der den Alphart neu erfand, als Herzpunkt heroischen Verhaltens begriffen, und Dietrich bleibt der Vertriebene, dem sich der Sieg durch den Schlag des Schicksals zu um so bitterer Niederlage wandelt. Die späte, einsame und kampflose Heimkehr nach der Nibelungenkatastrophe, die ihm die Dichtung des 13. Jahrhunderts gönnt, ist Elegie, nicht Aufschwung.

Auch der Dietrich der Jugendaventiuren wird nicht zum irrenden Ritter des Artusromans. Nicht nur bleibt auch hier die sachliche Wirklichkeit gewahrt, politisch als oberitalienisches Reich mit Verona-Bern als Zentrum und geographisch als die Gebirgslandschaft der österreichischen Alpen. Auch die dämonischen Gegner – Riesen, Zwerge und Drachen – bleiben trotz aller Genormtheit näher an der Wirklichkeit der volksläufigen Vorstellungen. Es fehlt jene Traum- und Zaubersphäre echter Artusabenteuer, und wo sie eingeschwärzt wird – wie z. B. die mechanischen Kunstwerke im jüngeren Rosengarten (die Zauberlinde) oder im Eckenlied (die mechanischen Brückenwächter) – wirkt sie stilwidrig.

Den heroischen Helden fehlt die Isoliertheit des Artushelden. Der uralte Ursprung des heroischen Liedes als Gefolgschaftsdichtung wird nie vergessen. Der Wolfdietrich ist ja von Hause aus eine Gefolgschaftsdichtung, gegründet auf die unverbrüchliche Treue zwischen dem Herrn und seinen Mannen, verkörpert in der schönen Figur des alten Berchtung von Meran und dessen Söhnen. Gerade Dietrich, der *friuntlaos man* des Hildebrandsliedes, der Mann ohne Sippe, wird um so mehr der Herr eines Gefolgschaftskreises, als der er ja schon im Nibelungenliede erscheint. Auch der abenteuernde Jung-Dietrich hat mindestens seinen alten Erzieher und Berater Hildebrand zur Seite, und wo man ihn alleine ausreiten läßt, sind in Gefahr und Not seine Getreuen zur Stelle, um ihn zu befreien oder die Not mit ihm zu teilen. Es scheint, daß Albrecht von Kemnaten im Goldemar den allein reitenden Dietrich in Annäherung an den Typus des Artusritters gewagt hat und daß er in der ältesten Eckendichtung darin einen Nachfolger gefunden hat. Aber der Sigenot und die älteste Virginal geben Dietrich wenigstens Hildebrand als Begleiter oder Retter bei, die Erweiterungen der Virginal bieten die ganze Schar seiner Helden auf, und der Dichter des Laurin, einer Paralleldichtung zum Goldemar, gibt Dietrich auf seine Abenteuer im Zwergenreich eine Gruppe von Mannen mit. So war Dietrich schon im angelsächsischen Gedicht bei seinen Riesenkämpfen von seinen Mannen umgeben. Die Rosengärten endlich mit ihren Zwölfkämpfen ruhen ganz auf dem Grundgedanken des Gefolgschaftskreises.

Vor allem fehlt im späten Heldenroman die Minne als treibende und beflügelnde Kraft. Zwar mangelt es nicht an Frauengestalten, auch nicht an dem Wissen vom Wert und der Höhe der Frau, der in Not und Bedrängnis Schutz und Hilfe des Helden sicher ist. Im Goldemar und in der Virginal werden Kampf und Aventiure aus der Hilfe für bedrängte Frauen entwickelt, im Biterolf ist der dritte Abschnitt der großen Kämpfe vor Worms die Einlösung eines Gelübdes, das Rüedeger gegenüber Brünhild getan hatte. Aber das hat mit Minne nichts zu tun, und auch darin bleibt Dietrich der Einsame, daß ihm keine Frau zugeteilt ist. Sein Verlöbnis mit Herrat, von dem schon das Nibelungenlied weiß, ist alles andere als die Erfüllung eines Minneverhältnisses. Es wird ihm von Helche förmlich aufgedrängt und zur Vorbedingung von Etzels Hilfe

gemacht, und im Fluchtepos nimmt er es „seufzend" als fatale Notwendigkeit hin: was unvermeidlich ist, soll man geschehen lassen (Dietrichs Flucht V. 7629/30). Wie es scheint, hat Albrecht von Kemnaten im
Goldemar auch darin die Haltung des artushaften Ritterromans angestrebt, daß der junge Dietrich beim Anblick der von den Zwergen entführten Königstochter die Gewalt der Minne erfahren sollte und die Aventiure aus Minne durchfocht. Dasselbe war offenbar auch die Grundabsicht
des ältesten Virginaldichters. Aber weder Eckenlied noch Sigenot sind
auf dieser Bahn fortgegangen, und der Dichter des Laurin korrigiert auch
hierin den Goldemar, indem die gefangene Frau nicht Minne erweckt;
sie ist die Schwester Dietleibs und Gattin Laurins, und Dietrich wird aus
aller Minnebindung herausgehalten. Selbst der extrem höfisch bestrebte
Dichter des Biterolf sieht Rittertum nur als Waffentat und gönnt keinem
seiner Helden eine Minnehandlung. Und die Figur Kriemhilds im ältesten Rosengarten ist vollends parodistische Kritik an der Gestalt der
artushaften Minnedame. Der Typus Goldemar-Virginal erweist sich als
ein episodisches Experiment, dem sich die sehr männliche Gattung des
Heldenromans bald wieder entzieht.

Sehr deutlich wird das Streben nach Verhöfischung dagegen in der
Form. Nibelungenlied, Waltherepos und Kudrun hatten der Strophe des
gesungenen Liedes Anerkennung und Geltung für das höfisch stilisierte
Buchepos errungen. Die Nibelungenstrophe war die Grundlage von
Weiterbildungen im Walther und in der Kudrun geworden, eine frühe,
unstollige und langzeilige Strophenform, wie sie auch die früheste Lyrik
bestimmte. Eine kurzzeilige Epenstrophe kennen wir daneben aus vorhöfischer Zeit im Gedicht von Salman und Morolf. Die Strophe als
Form heroischer Epik lebt auch in der späten Zeit fort. Die vierzeilige
Langzeilenstrophe bleibt beliebt: Alpharts Tod, Rosengärten, Wolfdietrich. Indem die verlängerte Schlußzeile der Nibelungenstrophe aufgegeben und eine Strophe aus vier gleichen Langzeilen gebildet wird,
entsteht der nach dem jüngeren Hildebrandsliede so genannte „Hildebrandston", der durch regelmäßige Verwendung des im Nibelungenliede schon vereinzelt auftretenden Zäsurreims zu einer achtzeiligen
Kurzversstrophe mit Kreuzreim weitergebildet werden kann. Eine
eigene sechszeilige Kurzversstrophe mit Schlußdehnung verwendet das
Gedicht von der Rabenschlacht.

Allein auch hier setzt auf doppeltem Wege eine Annäherung an die
höfische Dichtung ein. Schon die Klage hatte den Schritt zum Reimpaar
als der angemessensten Form epischer Verserzählung getan. Gerade
einige auf höfische Feinheit bedachte spätere Epen: Laurin, Biterolf,
doch auch Dietrichs Flucht sind ihr darin gefolgt. Auf der anderen
Seite wurde die Strophe höfisch, d. h. nach dem Vorbild der höfischen
Liedstrophe, umgeformt. Die sogenannte Eckenstrophe ist ein prächtiges

dreizehnzeiliges rhythmisches Gebilde im Stile nachwaltherscher Lyrik
mit zwei dreizeiligen Stollen und einem breiten Abgesang. Sie heißt nach
dem Eckenliede, dürfte aber Erfindung des Goldemardichters Albrecht
von Kemnaten sein. In dieser Strophe ist die Mehrzahl der aventiurenhaften Jungdietrich-Epen, außer dem Goldemar das Eckenlied, der Sigenot
und die Virginal gedichtet.

Der heroische Roman, namentlich in seiner aventiurenhaften Form, blieb im ganzen
Mittelalter ein beliebter Lese- und Vortragsstoff. Die handschriftliche Überlieferung
reicht fast nie ins 13. Jahrhundert zurück; ihr Schwerpunkt liegt erst im 15. Jahrhundert. Der Laurin, die Rosengärten, das Eckenlied und die Virginal aus dem
Dietrichkreise und der Wolfdietrich werden zum festen Bestandteil von Sammel-
werken, die als „Heldenbücher" dem Geschmack einer breiten, bürgerlichen, stoff-
hungrigen Leserschaft angepaßt werden. Und während der höfische Versroman mit
ganz wenigen Ausnahmen den popularisierenden Buchdruck nicht mehr interessierte,
sondern durch die Prosaauflösungen der sogenannten Volksbücher ersetzt wurde,
gelangte der heroische Abenteuerroman in die Druckpresse und wurde in Einzel-
drucken oder im gedruckten Heldenbuch zur Lektüre breiter Schichten. Es ist bezeichnend, daß die heroisch-historische Epik davon ausgeschlossen bleibt. Ihre Tra-
ditionsgeschichte endet vielmehr in der großen Ambraser Handschrift Kaiser Maximilians. Nibelungenlied, Kudrun, Dietrichs Flucht und Rabenschlacht und der
höfisch verfeinerte Biterolf fanden darin Aufnahme. Hier ist es das antiquarisch-
romantische Interesse einer rückschauenden, gebildeten und gelehrten höfischen
Schicht, die, wie sie sich noch einmal im Glanz des idealen Rittertums spiegelt, die
vornehme Form der Prachthandschrift wählt.

Mit der Leser- und Hörerschaft der aventiurenhaften Heldengedichte
hängt es wohl zusammen, daß sie einer lebendigen Fort- und Umgestaltung ausgesetzt waren. Die großen Werke der klassischen Zeit hatten
die Autorität der endgültigen Leistung. So viele Handschriften aller
Jahrhunderte wir vom Parzival, vom Tristan oder vom Nibelungenlied
besitzen, so ist in ihnen das Werk unangetastet geblieben. Die Vollender
von Gottfrieds Tristan, von Wolframs Willehalm haben die Substanz
des Grundwerkes unberührt gelassen. Ganz anders die späten Helden-
romane. Sie alle besitzen wir in einer Reihe weit von einander abliegen-
der „Fassungen". Sie sind vom Augenblick ihrer Entstehung an einer
weitgehenden Freiheit der Umgestaltung und Zudichtung anheimgege-
ben. Keinen von ihnen besitzen wir in der Gestalt, die der erste Dichter
ihm gegeben hatte, und während wir bei Werken der klassisch-höfischen Literatur versuchen können, aus den Handschriften den Wortlaut
des Originals in allen Einzelheiten wiederzugewinnen, müht sich die
Forschung bei den aventiurenhaften Heldenromanen darum, auch nur
die ungefähren Umrisse einer „Urfassung" herauszuspüren, und die
Verschiedenheit der Ergebnisse solcher kritischen Scheidekunst zeigt
warnend, auf wie unsicherem Boden wir hier gehen.
   Die epische Heldendichtung ist nicht nur mit der Verwendung der
Strophe dem gesungenen Liede näher geblieben. Wir müssen uns für

den ganzen Zeitraum neben dem breiten Buchepos sangbare und gesungene, liedhaft-balladeske Formen vorstellen. Von dem Marner, einem wandernden Literaten aus der Mitte des 13. Jahrhunderts (vgl. S. 324 ff.), besitzen wir zwei „Programmstrophen", die uns Einblick in das reiche Repertoire eines solchen wandernden Vortragskünstlers geben. Da tauchen dann neben lyrischem Lied und Didaktik auch Stoffe der heroischen Dichtung auf: Siegfrieds Tod, Ecke, Albrands Tod, also das Hildebrandslied in seiner tragischen Form. Der feine Konrad von Würzburg nennt einen Rivalen, den Meißner, etwas herablassend „einen der von Ecke sang". Die Ballade ist im skandinavischen Norden eine gültige Form geblieben, in der auch Stoffe der Heroik weitergelebt haben. Sie war in ihrer Entstehung adlige Hofkunst und ist erst später zum Volkslied geworden und in der Tanzballade der Fischerbevölkerung der Färöer bis in die Gegenwart lebendig geblieben. Reste solcher balladesken Gestaltung heroischen Stoffes sind auch in Deutschland noch zur Zeit des Buchdrucks vorhanden gewesen und in die Masse der Fliegenden Blätter eingegangen: das jüngere Hildebrandslied, das niederdeutsche Lied von Koninc Ermenrikes Dot.

Es ist wohl sicher, daß es im Bezirk der spätheroischen Dichtung einen Austausch zwischen mündlicher Dichtung und Buchliteratur gegeben hat. Wir werden Gelegenheit haben, darauf hinzuweisen, wie sehr der Stil des gesungenen Liedes Einfluß auf die Buchdichter gehabt haben kann. Es ist aber auch denkbar und nicht unwahrscheinlich, daß die Buchdichtung selber noch im Hinblick auf mündliche Vortragbarkeit gestaltet worden ist. In dem älteren Sigenot mit seinen 44 Eckenstrophen besitzen wir ein Gedicht, das eine einzelne Episode aus Dietrichs Riesenkämpfen knapp und geschlossen erzählt, ein Vortragsstück von höchstens einer halben Stunde Dauer, das für die gedächtnisstarken Vortragskünstler jener Zeit ohne weiteres zu bewältigen war. Ähnliches müssen wir uns nach den Zeugnissen des Marner und Konrads von Würzburg für die älteste Form des Eckenliedes vorstellen, und die Aufnahme der Anfangsstrophe dieses Gedichtes als Melodieprobe in die Sammlung der Carmina Burana zeigt uns, daß diese Gedichte noch gesungen vorgetragen wurden oder werden konnten. Und wenn der Sammler des sogenannten Dresdner Heldenbuches, Kaspar von der Rhön (1472), seine Vorlagen aufs roheste zusammenstreicht, damit sie „auf einen Sitz" gelesen werden können, so hat auch dieser stumpfsinnige Spätling noch die Möglichkeit des Vortrages und die Fassungskraft einer Zuhörerschaft im Auge. Auch für die Urform des Rosengarten, der Virginal, des Alphart lassen sich solche Erwägungen anstellen. Die Großformen der handschriftlich überlieferten Fassungen erlauben dagegen nur noch ans Lesen zu denken. Auftraggeber und Käufer wollten sie zur Lektüre besitzen, und wenn daraus vorgelesen wurde, geschah es im privaten Kreise und nicht mehr „auf einen Sitz". Aber die größere Freiheit und Beweglichkeit in der Behandlung der Stoffe und Gedichte, die dem mündlich überlieferten Liede eigen war, ist geblieben; es fehlt die strenge Herrschaft des autoritären Buches.

1. NIBELUNGEN UND KUDRUN

Wenden wir uns jetzt der Darstellung der späten Heldenepik in ihren einzelnen Werken zu, so haben wir es, wie schon angedeutet, ganz vorwiegend mit Dietrichdichtung zu tun. Dietrich von Bern ist der große populäre Held, und wo immer in didaktischer, historischer oder religiöser Dichtung der Blick bewundernd oder tadelnd auf die Heldendichtung fällt, wird der Name Dietrichs genannt. Konnte ein Hofdichter doch sogar auf den Gedanken verfallen, seinem Gönner, dem Böhmenkönig Wenzel II., dadurch zu huldigen, daß er ihm in einem pseudoheroischen Gedicht Dietrich von Bern als Gegner gegenüberstellte. So wird dieses Kapitel im wesentlichen zu einer Geschichte der Dietrichdichtung werden. Das wenige, was sich sonst im Bereich der heroischen Ependichtung findet, nehmen wir voran.

Der Stoff des Nibelungenliedes hat keine neue Gestaltung mehr erfahren. Wohl spüren wir an flüchtigen Reflexen und Andeutungen, daß ältere oder andersartige Darstellungen sowohl von Siegfrieds Tod wie vom Untergang der Burgunden bis ins späteste Mittelalter bekannt gewesen sein müssen. Allein uns ist nichts davon bewahrt, und wir können über ihre Lebensform als Dichtung nichts aussagen. Man wird weniger an eine verlorene Buchepik denken als an ein Fortleben in Formen mündlicher Tradition. Neben der klassischen Gültigkeit des Nibelungenliedes wird der Schauder vor dem Stoff eine Rolle gespielt haben, dessen dunklen Ernst und harte Konsequenz der weichere, zugleich sentimentale und sensationshungrige Geschmack der Spätzeit ablehnte.

Diesem Geschmack waren die abenteuerlich-glücklichen Jugendtaten Siegfrieds angemessener. Freilich besitzen wir auch über diese keine Dichtung aus späthöfischer Zeit. Wir kennen nur das ganz späte, erst in Drucken des 16. Jahrhunderts überlieferte Gedicht vom Hürnen Seyfried, das seinerseits wieder die Grundlage eines Volksbuches und einer „Tragödie" des Hans Sachs wurde. In der allein erhaltenen Form ist es auch erst im frühen 16. Jahrhundert gedichtet worden, soweit man bei diesem Erzeugnis einer kunstlosen Literaturfabrikation von Dichtung reden kann. Aber es hat ältere Dichtung benutzt, und so wenig eine allgemein anerkannte Analyse des Gedichtes auf seine quellenmäßige Zusammensetzung hin bisher gelungen ist, so ist doch ganz deutlich, daß wir mit zwei hauptsächlichen Komponenten zu rechnen haben. Die eine sind die bekannten Jugenderlebnisse des Helden: das Aufwachsen als unbekannter Wildling beim Schmied, der Drachenkampf mit der Erwerbung der Hornhaut durch das Bad im Blut des Drachen und die Gewinnung des Zwergenhortes. Solche Jung-Siegfried-Dichtung ist uns auch in der Edda überliefert; sie reicht also bis in die Zeit des germanischen Heldenliedes zurück. In der deutschen Literatur läßt sie sich durch Hagens Erzählung in der dritten Aventiure des Nibelungenliedes und durch die Thidrekssaga bis in den Anfang des 13. Jahrhunderts zurückverfolgen. Diese Erzählungen werden damals in mündlicher Form gelebt haben. Aber der aventiurennahe Stoff reizte zu Ausgestaltungen, die ebenfalls spätestens in der Mitte des 13. Jahrhunderts vorhanden gewesen sein müssen. Die Thidrekssaga erzählt eine breit ausgesponnene Geschichte von Siegfrieds Geburt. Auf Siegfrieds Mutter Sisibe ist das Motiv der unschuldig verfolgten Frau angewendet, das wir in der Crescentiaerzählung und in dem Gedicht von Mai und Beaflor kennengelernt haben. Die verleumdete und verstoßene Sisibe gebiert ihr Kind im Walde und stirbt. Der glücklich gerettete Knabe wird von einer Hindin gesäugt und vom Schmied aufgefunden und angenommen. Daran schließen sich dann Siegfrieds Jugendtaten an. Das kann man sich nicht mehr gesungen, sondern nur noch als buchmäßiges Kurzepos gestaltet vorstellen.

Ein paar Jahrzehnte später dürfte jene Geschichte gedichtet worden sein, die als zweite und beherrschende Komponente in den Hürnen Seyfried eingegangen ist. Hier ist Siegfried zum ritterlichen Heldenjüngling stilisiert, der Kriemhild, die von einem Drachen entführt worden war, mit einem Aufwand von Aventiure, Gefahr und Sentimentalität befreit und zum Weibe gewinnt. So, wie der Verfasser des gedruckten Hürnen Seyfried die Geschichte berichtet, kann sie freilich ursprünglich nicht ausgesehen haben. Man hat den bestimmten Eindruck, daß dieser Wirrkopf, der zu einer klaren Handlungsführung unfähig war, ähnlich wie sein Artgenosse Kaspar von der Rhön seine Vorlage aufs roheste zusammengeschnitten hat, und er hat die Verwirrung noch gesteigert, indem er Bestandteile des alten Liedes vom Zwergenhort hineingearbeitet hat. In seiner ursprünglichen Gestalt muß dieses Gedicht zu der Gruppe jener Werke gehört haben, die heroischen Rohstoff mit den Mitteln und aus dem Geiste des Aventiurenromans modernisiert haben, ein Artgenosse ähnlicher Gedichte aus dem Dietrichkreise, und wie diese kaum vor der zweiten Hälfte des 13. Jahrhunderts denkbar.

Beide Erzählungen aber, die epische Weiterbildung der frühen Jung-Siegfried-Lieder und der späthöfische Aventiurenroman von Kriemhilds Erlösung vom Drachenstein, haben noch im 14. Jahrhundert getrennt voneinander gelebt. Denn wir besitzen aus der Mitte dieses Jahrhunderts wenigstens das Inhaltsverzeichnis einer vermutlich in Mainz angefertigten Bearbeitung des Nibelungenliedes (Darmstädter Aventiurenverzeichnis m), die beide Siegfrieddichtungen in das Nibelungenlied eingeschoben hat, und zwar getrennt voneinander an verschiedenen Stellen des Epos. Es ist ein schmerzlicher Verlust, daß wir nicht die Handschrift selber besitzen; sie würde uns ein klareres Bild davon vermitteln, wie die beiden Erzählungen von Jung-Siegfried ursprünglich ausgesehen haben.

Erst in jüngster Zeit ist uns ein in jeder Weise ungewöhnliches Weiterleben des Kudrun-Stoffes bekannt geworden. Erstaunlich ist schon der Fundort und die Form der Überlieferung. Unter den Schätzen hebräischer Handschriften der Esra-Synagoge in Alt-Kairo hat sich eine leider stark beschädigte Sammelhandschrift des späten 14. Jahrhunderts gefunden, die in hebräischen Schriftzeichen deutsche Gedichte aufgezeichnet hat. Mehrere davon gelten jüdisch-alttestamentlichen Themen, zeigen also, daß es im 14. Jahrhundert eine eigene jüdische Dichtung in deutscher Sprache gegeben haben muß. Aber zwei Stücke behandeln Stoffe allgemeinen, nicht spezifisch jüdischen Charakters. Das eine ist eine bispelhafte Behandlung einer Fabel vom sterbenden Löwen, über den in seiner Schwäche die anderen Tiere herfallen. Das andere Stück nennt sich Ducus Horant, d. h. der Herzog Horant, und ist diejenige Dichtung, die uns hier etwas angeht.

Der schlechte Zustand der Handschrift und die bisher vorliegende unzulängliche Ausgabe gestatten nur vorläufige Aussagen. Die zweimal in der Handschrift vorkommende Jahreszahl 1382 legt das Alter der Handschrift, nicht das der Dichtung fest. Wo die Handschrift entstanden und wie sie nach Kairo gekommen ist, wissen wir nicht. Eine genauere mundartliche Bestimmung der deutschen Sprache des Gedichtes ist wegen der Eigenart der Umschrift ins hebräische Alphabet jedenfalls vorläufig noch nicht möglich. Sicher scheint mir, daß die lautlichen Merkmale des späteren Jiddischen zumindest nicht ausgeprägt vorhanden sind, daß es sich also auch um eine deutsche Dichtung nichtjüdischer Herkunft handeln kann. Auch im Inhalt und der Art der Stoffbehandlung spricht kaum etwas für eine ursprünglich jüdische Dichtung.

Soweit der verstümmelte und zerstörte Zustand des Textes erkennen läßt, handelt es sich um eine Brautwerbungsdichtung, in der Personen und Motive der Kudrun und des König Rother miteinander vermischt sind. Das Werk beginnt mit dem üblichen Eingang solcher Brautwerbungsgeschichten: der junge König Etene ist Herr über ein weites Reich mit Italien als Zentrum, Dänemark, Spanien, Ungarn als Vasallenstaaten. Ihm dienen auch drei Riesen: Witolt mit der stählernen Stange, Asprian und Wate. Er soll auf Rat seines *gesellen*, Herzog Horant von Dänemark, heiraten. Auf den Hinweis eines „alten Pilgers" wird die schöne Hilde, Tochter des wilden Hagen, dafür erkoren. Horant wird als Bote ausgesandt, um durch seinen süßen Gesang die Jungfrau zu erwerben. Zu Schiff, begleitet von seinem Bruder Morunc und den drei Riesen, bricht Horant auf.

Die Ineinanderarbeitung des Rother und der Kudrun wird sofort deutlich. Der Rother steuert das italisch-lombardisch-normannische Reich und zwei der drei Riesen bei. Die Hauptfiguren: Etene (= Hetele), Hagen, Hilde, Horant sowie Wate, wenn auch in abgewandelter Rolle, stammen aus der Kudrun. Der weitere Verlauf zeigt dieselbe Motivmischung aus den beiden Erzählungen; zumal das Motiv, daß Horant vorgibt, von Etene vertrieben zu sein, entspricht dem Rother. Mit der Aufnahme Horants in das Gefolge Hagens bricht der Text ab.

Uns interessiert das Verhältnis des Ducus Horant zu dem Kudrunepos der spätstaufischen Zeit. Er ist, zumindest in dem erhaltenen Teil, ein Hildeepos. Ob das Gedicht auch den Kudrunteil enthalten hat, ist mir zweifelhaft. Der Titel stellt Horant in den Vordergrund, und es ist deutlich, daß Horants Gesang die entscheidende Rolle bei der Gewinnung Hildes gespielt hat, und daß die Kaufmannslist der Kudrun nicht verwendet worden ist. Horant aber gehört im Kudrunepos als Figur mit eigener Rolle nur dem Hildeteil an, im Kudrunteil tritt er in die Schar der Mannen ohne eigene Rolle zurück. Dann könnte der Dichter des Ducus Horant die ältere und ursprüngliche Dichtung in der Hand gehabt haben, die allein von Hilde und ihrer Entführung erzählte und mit der Schlacht auf dem Wülpenwert endete – jene Dichtung, die schon der Pfaffe Lamprecht in seinem Alexanderlied zitiert (vgl. Bd. I S. 232 ff., Bd. II S. 201). Da erhält die Namensform des werbenden Königs besondere Bedeutung. Sie lautet Etene (oder Itene) gegenüber Hetele des Kudrunepos. Und damit entspricht sie der ursprünglichen nordischen Namensform: Hedinn schon bei Bragi um 800 und bei Snorri, Hithinus bei Saxo Grammaticus. Hier liegt zweifellos etwas Älteres als das Kudrunepos vor, und mir will auch anderes, so das Fehlen der Kaufmannslist, die im Kudrunepos erst eine sekundäre Motivdoppelung ist, und die zentrale Rolle, die die magische Kraft von Horants Gesang spielt, altertümlicher erscheinen als die Darstellung im Kudrunepos. Andererseits weisen der Erzählstil, die Ausbreitung höfisch-festlichen Gepränges, die Freude an Episodischem, die Charakterisierung Hildes als schöner noch denn Isolde und Helena, das Zurücktreten der kämpfeiischen Gesinnung auf ein Werk späthöfischen Stils, und alles scheint eher auf einen versöhnlichen Ausgang, nicht auf die erbarmungslose Härte der Schlacht auf dem Wülpenwert zuzustreben. Hier bleibt künftiger Forschung noch so gut wie alles zu tun.

2. DIETRICHEPIK

Neben so spärlichen Nachklängen der beiden großen klassischen Heldenepen steht die für die klassische Zeit verlorene Dietrichdichtung jetzt in voller Blüte und Mannigfaltigkeit da. Um eine Übersicht zu haben, gliedern wir den ganzen Komplex in drei Hauptgruppen: die alte heroisch-historische Dietrichepik, die Aventiurendichtung um Jung-Dietrich und die Rosengartendichtungen, denen sich das Epos von Biterolf und Dietleib zuordnet.

a) historisch-heroische Dietrichepik

Aus der klassischen Zeit besitzen wir keine heroische Dietrichdichtung als Nachbarn des Nibelungenliedes. Das Doppelepos, aus dem allein wir heroische Dietrichdichtung kennen, Dietrichs Flucht und Rabenschlacht, ist in der überlieferten Form erst ein Werk des späten 13. Jahrhunderts. Doch besteht kein Zweifel, daß es eine heroische Dietrichepik auch in der klassischen Zeit gegeben haben muß, und daß die späten Epen Umarbeitungen älterer Fassungen sind, die wir aus den Nacherzählungen der Thidrekssaga wenigstens teilweise zurückgewinnen können.

Den ältesten historischen Kern bildet die „Rabenschlacht", die Schlacht bei Ravenna, hinter der als historisches Ereignis die Eroberung Ravennas durch Theoderich den Großen und damit die Entscheidung in seinem Kampf gegen Odoakar um Italien steht. In der heroischen Dichtung ist sehr früh die erstaunliche Umdeutung erfolgt, daß Dietrich als aus seinem angestammten Lande Vertriebener am Hofe des Hunnenkönigs lebt und mit dessen Hilfe die Schlacht bei Ravenna zur Wiedereroberung seines Stammlandes schlägt. Schon das althochdeutsche Hildebrandslied (vgl. Bd. I S. 65 ff.) setzt diese Umformung voraus. Bei dem Dichter dieses Liedes heißt der Gegner Dietrichs noch Odoakar. In jüngerer Dichtung, spätestens im 10. Jahrhundert, ist als Dietrichs Gegner der große Gotenkönig Ermanarich eingetreten, der in der heroischen Dichtung von früh an als dunkle Gestalt erscheint. Er wird zum Vernichter der eigenen Sippe und damit auch zum Feind und Vertreiber des zu seinem Neffen gemachten Dietrich. Der Gotenname ist in der deutschen Dichtung verklungen; Dietrich heißt nach dem Sippennamen der Amelunge. Die mittelalterlichen geographisch-politischen Vorstellungen beherrschen das Bild: Dietrich ist Herr der Lombardei (Lamparten) mit dem Zentrum in Verona (Bern), Ermenrich ist Kaiser in Rom.

Die Rückkehrschlacht Dietrichs bekommt ihre besondere Prägung dadurch, daß eine zweite, sagenhistorisch sehr alte Erzählung in sie einbezogen worden ist: der Tod der jungen Söhne Etzels. Die Nibelungendichtungen hatten dieses Ereignis in Gudrun-Kriemhilds Rachetat eingeordnet. Im Norden tötet sie die eigenen Kinder und bereitet Attila daraus eine grausige Mahlzeit als Teil ihrer Rache für die Ermordung ihrer Brüder durch Attila. Die deutsche Nibelungendichtung mußte das umdeuten. Kriemhild liefert ihren Sohn aus der Ehe mit Etzel dem Schwert Hagens aus, um dadurch den Kampf der Hunnen gegen die Burgunden zu erzwingen. In der Dietrichdichtung werden Etzels junge Söhne Dietrich auf seinen Heereszug mitgegeben und seinem besonderen Schutz anvertraut. Sie finden in oder während der Rabenschlacht den Tod durch die Hand Witeges, eines viel umrätselten Sagenhelden, der als alter Waffengefährte Dietrichs später in Ermenrichs Dienste übergetreten ist. In einer älteren Stufe der Rabenschlachtdichtung, die uns durch die Thidrekssaga verbürgt ist, fallen sie als junge, aber vollwertige Mitstreiter in der Schlacht selber. In der deutschen Rabenschlacht sind sie noch kindliche Knappen, die vor dem Kampf zusammen mit Dietrichs jungem Bruder Diether in sicherer Obhut zurückgelassen werden. Die drei Knaben entweichen ihrem Hüter Elsan und stoßen durch eine unglückliche Verkettung weit ab vom Schlachtfeld auf Witege, greifen den Verräter nur leicht bewaffnet an und fallen nacheinander unter seinem Schwert. Erst nach der gewonnenen Schlacht erreicht Dietrich die Unglücksbotschaft; er kehrt trotz seines Sieges zu Etzel zurück, gibt sich dessen Rache anheim, erhält aber durch Rüedegers Vermittlung Verzeihung und neue Aufnahme an Etzels Hof. Damit ist die Situation erreicht, die der Schluß des Nibelungenliedes erforderte.

Dietrichs Flucht vor Odoakar bzw. Ermenrich ist die Voraussetzung der Rabenschlachtsituation. Sie brauchte nicht episch dargestellt zu sein und war es wohl im heroischen Liede nicht. Wenigstens finden wir in der späteren Fluchtdichtung keinen Kern, der sich als heroisches Lied denken ließe. Doch in der Zeit der heroischen Buchepik hat sie eine eigene Gestaltung gefunden. Auch in der Abwehrschlacht gegen Ermenrichs Überfall durfte Dietrich nicht einfach unterliegen. Nach dem Vorbild der Rabenschlacht wandelt ein außerhalb der Schlacht liegendes Ereignis den Sieg in Niederlage um. Hildebrand und eine Gruppe von Mannen Dietrichs geraten in einen Hinterhalt Ermenrichs; um seine Freunde vor schimpflichem Tode zu bewahren, muß Dietrich sein Reich aufgeben und als armer Flüchtling zu Fuß in die Verbannung gehen, bis er durch Vermittlung Rüedegers bei Etzel Aufnahme findet. So berichtet es das erhaltene Fluchtepos.

Wie alt diese Erzählung ist, ist ungewiß. Die sentimentalisierte Übersteigerung der Mannentreue ist schwerlich in der Zeit des heroischen Liedes denkbar; sie dürfte erst Erfindung ritterlicher Epik sein. Hermann Schneider hat gemeint, sie auch der Generation des Nibelungendichters noch nicht zutrauen zu dürfen; ihm ist sie erst in späthöfischer Zeit möglich. Aber dabei steht er wohl zu sehr unter dem einseitigen Eindruck der einzigen großen Leistung der Stauferzeit im Bereich des heroischen Epos, eben des Nibelungenliedes. Das Thema innigster Verbundenheit zwischen König und Gefolgschaft hat die vorhöfische Dichtung lebhaft beschäftigt und in ihr plastischen Ausdruck gefunden: im Rother, im ältesten Wolfdietrich, in der französischen Chanson de Geste und von dort im Rolandslied und verfeinert in Wolframs Willehalm. Auch im Nibelungenlied findet die Treue der Gefolgsherren zu ihrem „Manne" Hagen in der Weigerung, ihr eigenes Leben durch Hagens Auslieferung zu retten, einen unbedingten Ausdruck. Vieles spricht dafür, die Entstehung des ältesten Fluchtepos in die Zeit der vorhöfischen Epik zu verlegen.

Die beiden Epen: Dietrichs Flucht, neuerdings richtiger, weil vom Dichter beabsichtigt, das Buch von Bern genannt, und Rabenschlacht sind in allen vier Handschriften als Doppelepos überliefert. Sie gelten als Einheit, obwohl sie sich formal unterscheiden. Das Fluchtepos ist in Reimpaaren abgefaßt, die Rabenschlacht in einer sechszeiligen Strophe. Als Dichter nennt sich in Dietrichs Flucht V. 8000 Heinrich der Vogler. Doch gilt er mit Recht heute nicht mehr als Dichter beider Epen, nicht einmal mehr als Dichter des ganzen Buchs von Bern, sondern nur noch als der Verfasser des letzten Teiles und als Überarbeiter des Ganzen. Er nennt sich an einer markanten Stelle, einer politischpolemischen Einlage, in der er sich mit Blick auf die traurige Gegenwart über guten und erzwungenen Dienst ausläßt und leidenschaftlich für die Rechte des Adels gegen die Fürsten eintritt. Da dieselbe Parteinahme in der Einleitung wiederkehrt, wird man auch diese dem Vogler zuschreiben. Sie entwickelt an Dietrichs Ahnherrn Dietwart, den er mit Artus vergleicht, das Idealbild eines Fürsten und kontrastiert es zu dem Verfall der Gegenwart mit allen Vorwürfen, die wir aus der zeitgenössischen Spruchdichtung kennen. Wir werden in Heinrich dem Vogler einen jener unritterlichen wandernden Literaten sehen müssen, wie sie im Kapitel über die späte Spruchdichtung (vgl. S. 407 ff.) charakterisiert werden. Er war sicher Österreicher und dürfte dort in den Zeiten der schweren Spannungen zwischen dem Landesherren und dem Adel gedichtet haben. Man kann an die Zeiten Ottokars von Böhmen denken, besser aber wohl an die Spannungen zwischen dem Habsburger Herzog Albrecht und dem österreichischen Hochadel, die sich in der Adelsverschwörung von 1295/96 entluden. Er wäre dann ein Zeitgenosse des sogenannten Seifried Helblinc (vgl. S. 398 ff.), doch anders als jener ein entschiedener Parteigänger des aufrührerischen Adels gewesen.

In diesem Doppelepos ist die Rabenschlacht ein sachlich einheitliches, nur stilistisch aufgeschwemmtes Gedicht, das nach Inhalt und Form seinem verlorenen klassischen Vorgänger nahestehen dürfte. Das Fluchtgedicht dagegen ist ein Konglomerat von Erweiterungen und Wiederholungen. Als Kern denken wir uns ein altes Fluchtepos mit nur einer Schlacht, deren Sieg durch die Auslösung der gefangenen Mannen ver-

loren ging und in Vertreibung gewandelt wurde (Buch von Bern 2543
bis ca. 5250). Später sind dann noch zwei weitere Schlachten hinzugefügt worden als Wiedereroberungszüge, die ebenfalls beide siegreich
verlaufen, dennoch aber ohne hinreichenden Grund mit Dietrichs
Rückkehr zu Etzel enden. Es sind phantasielose Wiederholungen nach
dem Schema der Rabenschlacht: Hilfsangebote Etzels, Helches und der
Etzelhelden mit Aufzählung der einzelnen Heeresstärken, Aufbruch und
Heereszug, Schlacht und Sieg, Rückkehr zu Etzel, gesteigert nur in der
Ballung von Massen, in der Einbeziehung neuer Heldennamen aus
anderen Epen, in Dauer und Blutrünstigkeit der Schlachten. Nur die
letzte Schlacht (6985–10 152) ist das Werk Heinrichs des Voglers. Die
zweite, mit Mailand als Mittelpunkt, könnte noch der späten Stauferzeit
angehören.

Vor diese Schlachtenkette ist eine Vorgeschichte gesetzt: Dietrichs Ahnen. Auch
sie ist nach dem Prinzip phantasieloser Wiederholung aufgebaut: Lob der Tugenden,
Ehe, Kinderzahl und Tod. Jeder Ahnherr erreicht, gleich den biblischen Patriarchen,
ein vielhundertjähriges Alter. Jeder hat Kinder in phantastischer Fülle, von denen
jeweils nur ein Sohn überlebt. Eine wirkliche Erzählung, rund 1900 der 2540 Verse,
wird nur dem Ahnherren Dietwart zuteil in der Form einer Werbungsgeschichte nach
der üblichen Schablone. Nur bei Dietwart wird auch das Lob der Tugenden zu einem
breiten Fürstenspiegel entfaltet. Alles Übrige ist inhaltsloses Füllsel. Zu Dietrichs
Ahnen gehören auch Ortnit und Wolfdietrich, deren Schicksal in Anlehnung an die
Wolfdietrichdichtung knapp berichtet wird. Der Stil dieser Einleitung scheint in
seiner späthöfischen Blässe von dem Hauptteil mit seiner Lust an grellen Effekten ab-
zustechen. An einen anderen Verfasser braucht man darum nicht zu denken; die
ereignisarme Vollkommenheitsschilderung erzeugt einen anderen Stil, und die gleiche
politische Stellungnahme verrät Heinrich den Vogler als Verfasser.

Der liedhafte Kern der Rabenschlacht, der allenfalls kurzepische der
Flucht waren zu epischer Breite zu dehnen. Das ist weder durch Erfindung neuer Episoden noch durch Entfaltung höfischer Schilderungen
geschehen, worin das Nibelungenlied hätte Vorbild sein können. Sie
wird durch eine uns ermüdende Variierung weniger kriegerischer Elemente erreicht. Eigentlich werden wirklich nur Schlachten dargestellt.
Die wenigen neuen Episoden, die sich finden, der verabredete Zweikampf Dietleibs mit Wate in der „Flucht", das Turnier vor Padua nach
dem Vorbild des Biterolf in der Rabenschlacht, sind ganz äußerlich
und willkürlich eingeflochten. Die Schlacht und ihre Vorbereitung –
Aufgebot, Sammlung, Ausmarsch – interessieren den Dichter vor allem
in ihren militärischen Details: Marschwege, Patrouillenritte, Über-
fälle, Umgehungsmanöver, Frontalangriffe. Die Schlachten selber sind
nach jenem seit dem Rolandslied überlieferten Schema des Nacheinander scharfhafter Zusammenstöße mit dem Zweikampf der Führer in
großer Eintönigkeit dargestellt. Den Dichter beschäftigt nicht die Tat,
sondern das Phänomen. Er wird nicht müde, mit einer hier fast schöpfe-

rischen Phantasie Blut und Wunden, Schmerz und Tod in immer neuen, krassen Bildern vor Augen zu führen. Damit fügt er sich in die Lust der Zeit an dem grell gesteigerten Naturalismus, der, die Mâze der klassischen Zeit durchbrechend, so wenig Wirklichkeit ist wie die ideale Stilisierung der Artusepik. Er steht dem blutigen Geschehen, das er darzustellen hat, nicht mit der Trauer Wolframs im Willehalm, der schaudernden Bewunderung des Nibelungendichters, sondern mit einem wollüstigen Grauen, fast mit Abscheu gegenüber.

Der Übersteigerung des Grauens entspricht die Exaltation des Gefühls in Wort und Gebärde bei den Gestalten seines Werkes, aufs höchste und bis ins Abstruse gesteigert in Dietrichs Verzweiflung an den Leichen der Söhne Etzels. Denn dieser Mann ist nicht groß, nicht einmal empfindsam; der kleine Dichter mit kleinen, bürgerlichen Gefühlsmöglichkeiten vermag großes Gefühl nur durch Übertreibung zu erfassen. Seine Gestalten sind nicht Charaktere, sondern Typen in primitiver Schwarz-Weiß-Manier. Während die Aventiurendichtung dem unübertrefflichen Helden dämonische oder heidnische Gegner von immanenter Bösartigkeit gegenüberstellen konnte, stehen sich in heroischer Dichtung Menschen gleicher Artung gegenüber. Am Nibelungenliede haben wir gesehen, wie auch der Gegenspieler in seiner dunklen Größe seelisch erfaßt werden konnte. Aber nur ein großer Dichter konnte sich aus dem zeitbeherrschenden dualistischen Schema des Denkens in Gut und Böse losmachen. Schon die Nibelungenklage hat das nicht mehr begriffen. Der Ermenrich der Dietrichdichtung, belastet durch seinen rollenmäßig vorgezeichneten Willen zur Vernichtung der eigenen Sippe, wird zum schwarzen Schurken, feige, verschlagen, mit immanenter Lust am Bösen keiner menschlichen Regung zugänglich. Und der Dichter wird nicht müde, die künftigen Höllenstrafen des bösen Kaisers auszumalen.

Alles ist auf den Gegensatz von Treue und Untreue gestellt, in höchster Zuspitzung in jener Szene des Fluchtgedichtes, wo Dietrich ohne Zögern sein Land aufgibt und ins Elend geht, um seine sieben Gefolgsmannen auszulösen, während Ermenrich ohne weiteres bereit ist, den eigenen Sohn, der in Dietrichs Hand ist, einem schmählichen Tode auszuliefern. Und so ist auch Dietrich von einer Schar der Getreuen umgeben, die jedes Ungemach mit ihm teilen. Ermenrich dagegen lebt in der Einsamkeit des Gewaltherrschers. Die beiden hervorragendsten Helden auf seiner Seite, Witege und Heime, sind zwiespältige Figuren. Einst Dietrichs Freunde und Genossen – so erscheinen sie in den Jugenddichtungen – sind sie aus unbekannten Gründen zu Ermenrich übergegangen und dienen ihm lustlos und mit schlechtem Gewissen. Vor allem aber steht seit alters ein böser Ratgeber neben ihm, der ungetreue Sibeche, der den Kaiser zu allem Bösen anstachelt, so zu der

sinnlos-grausamen Hinmordung der Frauen und Kinder in dem durch
Witeges Verrat wieder in seine Hand gefallenen Ravenna. Doch wird
Ermenrich durch den bösen Berater nicht entlastet, vielmehr in seiner
bösartigen Schwäche vollends enthüllt. Nach dem Zeugnis des Anhangs
zum Straßburger Heldenbuch scheint es ein deutsches Gedicht gegeben
zu haben, das die Figur Sibeches psychologisch zu erklären versuchte.
Einst, so wurde darin erzählt, war er der getreue Sibeche, bis seine
schöne Frau durch den bösen Kaiser entehrt wurde. Da beschloß er, der
ungetreue Sibeche zu werden und den Frauenschänder durch seine
bösen Ratschläge ins Verderben zu stürzen. Eine novellistische Erzählung dieser Art, die von fern an die Lukrezianovelle erinnert, würde sich
in unser Bild des späten 13. Jahrhunderts gut einfügen, und die Gestalt
Sibeches mußte für eine Zeit besonderes Interesse haben, in der die
Spruchdichtung immer wieder auf die bösen Ratgeber der Fürsten schilt
und bei ihnen die Schuld an dem Verfall fürstlicher Ehre und Rechtlich-
keit sucht.

In der Behandlung der Form stehen beide Gedichte, das stichische
Buch von Bern und die strophische Rabenschlacht, in der Freiheit der
heroischen Epik, die selbst im Nibelungenlied noch spürbar ist. Mag
hier die Lässigkeit eines unbegabten Dichters daraus Nutzen ziehen, so
ist es grundsätzlich falsch, die Form dieser Gedichte an den strengen
Forderungen der höfischen Reimpaarepik zu messen oder den Versuch
zu machen, sie durch textkritische Eingriffe zu glätten. Sie leben aus
anderen Formgesetzen und Formtraditionen als jene.

Die Ereignisse des Nibelungenliedes hatten Dietrich aller Getreuen außer Hildebrand beraubt; auch Etzels Verluste waren so ungeheuer, daß an eine Waffenhilfe für
einen neuen Zug gegen Ermenrich nicht mehr zu denken war. Doch wußte man von
Dietrichs Tod in der oberitalischen Heimat. Man kannte das Grabmal des Theoderich in Ravenna, und die Legende erzählte von dem Ende des arianischen Ketzers,
daß ihn der Teufel in der Gestalt eines schwarzen Rosses entführt habe. Am Kirchen-
portal von St. Zeno in Verona ist die Szene abgebildet.

Wir besitzen keine deutsche Dichtung von Dietrichs Heimkehr,
wohl aber erzählt die Thidrekssaga ausführlich davon. Es hält Dietrich
nicht mehr am Hunnenhof; einsam, nur von Hildebrand und Herrat
begleitet, bricht er auf, um sein Land wiederzugewinnen oder zu sterben.
Unterwegs erfährt er von Ermenrichs Tode; er wird von den Getreuen
empfangen, sie erheben sich gegen Sibeche, der die Herrschaft usurpiert
hat, in einer letzten großen Schlacht gewinnt Dietrich sein Reich wieder.
Der Heimweg Dietrichs aber ist mit einer Reihe von Erlebnissen ausgestattet, und er führt über einen merkwürdigen Umweg; vorbei an
Bechelaren, wo Dietrich Rüedegers Tod beklagt, durch das Gebiet eines
Jarls Elsung, der die einsamen Helden überfällt, aber von ihnen besiegt
und erschlagen wird. Elsung und sein Überfall verweisen auf das Bayern-

abenteuer des Nibelungenliedes, und der sonderbare Name seiner Residenz *Babilon* dürfte von dem Nordländer aus *Baieren* entstellt sein. Es ist der Weg der Nibelungen, und man hat für dieses Stück der Saga Beziehungen zur Nibelungenklage angenommen. Dann erst wenden sich die einsamen Reiter südwärts über die Alpen, hören vom Tode Ermenrichs, erfahren aber auch, daß an der Grenze Alibrant, Hildebrands Sohn, Wache hält. Die uralte Begegnung Hildebrands mit seinem Sohn, einstmals mit dem Rückkehrzug der Rabenschlacht verbunden, findet hier Aufnahme. Aber in tiefer Umgestaltung: die späte Heimkehr darf nicht noch einmal mit dunkler Tragik belastet werden. In der Rückkehrerzählung der Thidrekssaga treffen wir zuerst auf eine Erzählung vom Vater-Sohn-Kampf mit versöhnlichem Ausgang. Hildebrand weiß, wem er begegnen wird; er will den Sohn nur erproben und seinen Übermut dämpfen. Ehe Blut fließt, kommt es zur Überwindung des Sohnes durch den Vater, zu Erkennung, Versöhnung und Heimritt zu Uote. Die Tragik des heroischen Liedes ist getilgt, Ernst in Spiel, seelische Not in draufgängerisches Vergnügen verwandelt, der Scheinkampf ist der Gefahr der Burleske ausgesetzt.

In deutscher Sprache kennen wir diese Neuformung erst viel später aus dem balladesken Jüngeren Hildebrandsliede, das in vielen Handschriften und Drucken des 15.–17. Jahrhunderts bis nach Holland und Dänemark verbreitet war. Zu der Zeit aber, wo der norwegische Erzähler den Scheinkampf von Vater und Sohn mit dem versöhnlichen Ende einer deutschen Quelle nacherzählte, um die Mitte des 13. Jahrhunderts, nennt der Marner unter seinen Programmstücken *des jungen Albrandes tôt*, d. h. das alte tragische Hildebrandslied in Form und Sprache des 13. Jahrhunderts und schon mit dem Namen Alebrant statt Hadubrant für den Sohn.

Beide Prägungen stehen zeitlich nebeneinander, die tragische als einzelnes Vortragsstück, die versöhnliche im Kontext eines größeren Zusammenhanges. Es fragt sich, wie die Heimkehrerzählung der Thidrekssaga zu beurteilen ist. Der Sagaschreiber könnte sie selber erfunden und aus verschiedenen deutschen Quellen zusammengesetzt haben. Zu diesen würde dann ein versöhnliches Hildebrandslied gehört haben. Er müßte dazu aber das Nibelungenlied und die Klage, vielleicht – für die heimlichen Vorbereitungen zum Aufbruch – auch ein Waltherepos gekannt und benutzt haben. Das ist sehr wenig wahrscheinlich; denn die Quellen, nach denen er die Geschichte vom Untergang der Nibelunge nacherzählt hat, kannten das Bayernabenteuer nicht. So will es mir einleuchtender erscheinen, daß eine deutsche Quelle, von der uns nichts erhalten ist, den Dietrichepen diesen Rückkehrbericht hinzugefügt, das Ganze zum Zyklus gerundet und einen Ausklang geschaffen hat, wie dem Nibelungenlied der elegische Ausklang der Klage beigegeben worden war. Dann aber wäre es verlockend, sich vorzustellen, daß auch die Geschichte von Hildebrand und seinem Sohn für diesen Rückkehrbericht und in ihm zum versöhnlichen Ausgang umgebildet worden ist, weil die milde Herbststimmung dieser einsamen Rückkehr eine Belastung durch neue Tragik nicht mehr ertrug. Aber mit solchen Erwägungen sind wir an der Grenze des Erkennbaren angelangt.

Der mächtige Gotenherrscher Ermanarich, der Schöpfer eines Großreichs im Südosten Europas, das 375 unter dem Stoß der Hunnen zusammenbrach, hat sich nach den Berichten der Historiker damals hochbetagt selber den Tod gegeben. Es hat alte heroische Dichtung über diesen Gotenkönig gegeben, in der er von Anfang an als eine dunkle Gestalt erscheint. Verschiedene Erzählungen, in denen er die Rolle des „Vernichters der eigenen Sippe" trug, sind mit seinem Namen verbunden worden: die schändliche Ermordung seiner Neffen, der Harlunge, die Vernichtung seines eigenen Sohnes. Darüber weiß wieder die Thidrekssaga aus deutschen Quellen zu berichten, die uns verloren sind. In der erhaltenen Heldenepik ist Ermenrichs Rolle ganz auf das Gegenspiel gegen Dietrich beschränkt; nur gelegentliche Anspielungen zeigen, daß den Epikern des 13. Jahrhunderts und nach Ausweis des Straßburger Heldenbuches noch den Sammlern des 15. Jahrhunderts andere Erzählungen bekannt gewesen sind. Sie zu rekonstruieren, ist Aufgabe der Heldensagenforschung, nicht der Literaturgeschichte.

Da taucht sehr spät ein niederdeutsches Lied von Koninc Ermenrikes Dot auf, in einem Druck, der auf 1560 datiert und dem Lübecker Drucker Balhorn d. J. zugeschrieben wird, in einer Entstellung, die dem Namen des Druckers würdig ist. Es berichtet von einem Zuge Dietrichs und seiner zwölf Helden gegen den *Koninc von Armentriken*, bei dem Dietrich dem König den Kopf abschlägt. Es ist bis heute ein Wunschtraum der Sagenforschung, in diesem späten Lied den letzten Nachhall eines alten deutschen Ermanarichliedes zu finden, das den alten Hamdismál der Edda entspricht. Dort ziehen zwei Brüder aus, um den grausamen Tod ihrer Schwester Svanhild durch Ermanarich zu rächen. Sie vermögen den Feind zu verstümmeln, aber nicht zu töten und finden bei diesem Rachezuge selber den Tod. Nichts läßt sich im Gefüge der beiden Lieder unmittelbar vergleichen, alles müßte in dem deutschen Lied aufs tiefste umgestaltet sein. Um so deutlicher sind die Beziehungen zur deutschen Dietrichdichtung. Dietrich ist Ermenrichs Feind, die Zwölfkampfdichtung vom Typus des Rosengartens gibt den Grundzug her, eine merkwürdige Helferfigur, ein riesiger Knabe, der unter den Feinden wütet, hat seinen nächsten Verwandten in dem ungeschlachten Heldenknaben Rennewart in Wolframs Willehalm. Ritterliches Kostüm und ritterliches Denken bestimmen die Darstellung. Das Geschehnis ist in sprunghaften Balladenstil gekleidet und stellt sich damit in die Nähe der dänischen Balladen von Dietrichs Zug mit zwölf Helden gegen König Isung, die ihrerseits wieder aus der Zwölfkampferzählung der Thidrekssaga herstammen. Es scheint sicher, daß unmittelbare literarische Ver-

bindungen zwischen den dänischen Balladen und dem deutschen Liede
bestehen, wobei es unentschieden bleiben mag, ob das niederdeutsche
Lied ein einsamer südlicher Ausläufer der skandinavischen Balladen-
dichtung ist, oder ob es ein deutsches Lied gegeben hat, das die verwandten dänischen befruchtet hat. Aber auch dieses Lied würde die ritterliche Dichtung des 13. Jahrhunderts voraussetzen; sagenhistorische
Spekulationen haben lange den Blick für die literarischen Bedingungen
verstellt, unter denen das Lied steht.

Auf der Grundlage des alten Epos von Dietrichs Flucht, jedoch vor
der letzten Bearbeitung im Buch von Bern, entstand um die Jahrhundertmitte das kleine Heldenepos, das sich selber am Schluß Alpharts Tod
nennt. Nur in einer späten, unsorgfältig geschriebenen und lückenhaft
bewahrten Handschrift auf uns gekommen, erweckt es unser Interesse
durch zweierlei. Es ist stofflich sicherlich eine Neuschöpfung seines
Dichters; den Dietrichhelden Alphart hat es schwerlich gegeben, ehe
der Dichter dieses „Liedes" ihn und seine Rolle als heroisch sterbender
Heldenjüngling erfand. Es zeigt uns mithin den Typus des Sproßepos,
und wir sehen, wie auch das hohe Mittelalter am heroischen Grund-
stoff weiterbildet. Nur darf man den Erfindungswillen eines solchen
Dichters nicht zu hoch einschätzen. Er war eingelebt und eingelesen
in den Dietrichstoff, wie mancherlei Anspielungen auf Gestalten und Geschehnisse zeigen, die uns aus deutscher Dichtung garnicht, aus dem
Erzählschatz der Thidrekssaga nur zum Teil bekannt sind. Aus den gegebenen Erzählelementen des verzweigten Dietrichstoffes nimmt der
Dichter seine Bausteine, und es gibt kaum wesentliche Züge der Erzählung, die nicht anderswo vorgeformt wären.

Dietrich und Ermenrich, Hildebrand und Uote, Witege, Heime und Sibeche sind
vorgeprägte Figuren. Die Ausgangssituation – Ermenrich will seinen Neffen Dietrich
aus dessen Lande vertreiben – ist die des Fluchtepos. Der Wartritt – bei dem Alphart
nach übermenschlicher Leistung den Tod findet – ist seit dem Hildebrandsliede eine
Grundsituation der Dietrichdichtung, und Dietrichs Sieg in einer Schlacht vor den
Toren von Bern beendet das kleine Epos, wie er das kriegerische Geschehen im
Fluchtepos abschließt. Einzelne Episoden weisen auf andere Vorbilder, so der Scheinkampf Hildebrands mit seinem Neffen Alphart auf den Scheinkampf des alten Hildebrand mit seinem Sohne in der jüngeren Fassung des Hildebrandsliedes. Die Figur
des leuchtenden Heldenjünglings selbst, den seine unbezähmbare Kühnheit in den
Tod treibt, ist durch Alebrand einerseits, den Wolfhart des Nibelungenliedes andererseits vorgezeichnet.

Wesentlicher ist das kleine Epos durch seine Stilform. Es weicht entscheidend von dem Stilvorbild ab, das durch das Nibelungenlied geschaffen worden war. Das breite Gemälde der ritterlich-heroischen Welt
und die eindringliche Beschäftigung mit dem seelischen Zustand der im
Schicksal sich bewährenden Menschen sind diesem Dichter fremd. Er

entfaltet seinen Stil aus dem kurzen sangbaren Lied, wie wir es für das 13. Jahrhundert neben dem Buchepos vorauszusetzen haben. Im Alphartepos ist der Versuch gemacht, aus dem mündlichen Lied eine Stilform des heroischen Epos neu zu entwickeln. Es steht auch darin nicht allein; mindestens für die Rosengartendichtung gilt dasselbe Stilprinzip. Von hier stammt die formelhafte Durchprägung, die ganz anderer Art ist als die Formel des Nibelungenliedes. Dort ist sie im wesentlichen ein Mittel der Verknüpfung und Verweisung, der Vor- und Rückdeutung, allenfalls der Charakterisierung (*Gîselhêr daz kint, Volker der spilman*). Hier ergreift die Formel die Darstellung selber; Szenen, Vorgänge, Reden sind formelhaft geprägt und kehren am gegebenen Platz wieder. Das ist Stil der Ballade. Die Syntax bewegt sich in einfachen, knappen Sätzen. Nirgends ist das Milieu ausgebreitet, nirgends Haltung seelisch motiviert. Die Handlung bewegt sich rasch und sprunghaft. Eigentliches Darstellungsmittel sind Gebärde und Dialog. Starke einfache Farben, heraushebende Hyperbolik sind die Mittel der Eindringlichkeit. Die Behandlung von Rhythmik und Reim ist lässig und frei; das Nebeneinander von Nibelungenstrophe und Hildebrandston, die überkurzen und überlangen Zeilen, die Unreinheiten des Reimes darf man nicht schematisch dem schlechten Schreiber zur Last legen; auch sie gehören zum Stil des volksläufigen Liedes.

Die gestaltende Kraft des Dichters ist freilich gering. Den Weg vom Lied zum Epos vermochte er nur zu gehen, indem er weitschweifig wurde und Stilmittel des breiten Epos mit denen des Liedes vermengte. Auch bedurfte er der stofflichen Erweiterung. Mit dem Tode des jungen Helden Alphart wäre ein Liedinhalt zu Ende, nicht aber unser Gedicht. Ein zweiter Teil erzählt davon, wie Dietrich Helden zum Kampfe gegen Ermenrich werben läßt, wie ein Hilfsheer heranzieht und sich den Durchgang durch die Alpen erkämpft, und das kleine Epos endet mit einem großen Schlachtgemälde, das der breiten Dietrichepik getreulich nachgebildet ist.

Seinem Ethos nach ist das Gedicht ritterlich, nicht heroisch. Die Helden stehen nicht im Schatten des Schicksals, sondern unter den Regeln eines ritterlichen Ehrenkodex. Die stark unterstrichene Thematik des Gedichtes ist die Forderung, daß nicht mehrere gegen einen kämpfen dürfen, und es ist die Schande der beiden Ermenrichhelden Witege und Heime, daß sie dieses Ehrgebot verletzen und zu zweit über den jungen Helden herfallen. Daneben spielt das Gebot eine wesentliche Rolle, seinen Namen nicht freiwillig zu nennen, solange man dem Gegner unbesiegt gegenübersteht. Solche Normen ritterlichen Verhaltens werden von dem Dichter in die Beleuchtung der *laudatio temporis acti* gesetzt: *daz was hie vor niht site* bemerkt der Dichter zu dem Verhalten Witeges und Heimes. Sie brachen das Gottesrecht, das früher in klarer Geltung stand. An einer anderen Stelle ist es ein alter Ritter, der seine jüngeren Genossen daran erinnern muß, was Sitte und Anstand im Kampf erheischen. Das sinkende Rittertum soll mit diesem Gedicht angesprochen und an seine Pflichten und Werte gemahnt werden. Damit ist nicht gesagt, daß der Dichter ritterlichen Standes war; seine Vertrautheit mit dem Stil des Liedes läßt ihn eher unter jenen Wandernden suchen, die wie der Marner durch den Vortrag von Liedern vor einem Publikum, wie sie es gerade fanden, ihren Lebensunterhalt erwarben.

b) aventiurenhafte Dietrichepik

Neben den in der Geschichte wurzelnden Heldenepen stehen die Abenteuerromane um den jungen Dietrich. Wie schon erwähnt, war Dietrich als Riesenkämpfer bereits in spätheroischer Zeit bekannt, und hier bot sich der Ansatzpunkt für eine breite, um die Gestalt des jungen Dietrich gesponnene Aventiurenepik.

Von den Gedichten dieser Gruppe: Goldemar, Eckenlied, Sigenot, Virginal, Laurin und Wunderer gehören die ersten vier formal enger zusammen; sie sind in der kunstvollen Eckenstrophe abgefaßt, während der Laurin in Reimpaaren, der Wunderer wohl im Hildebrandston gedichtet waren. Ältere Forschung hatte die vier Gedichte in der Eckenstrophe aus formalen und stilistischen Gründen alle dem gleichen Dichter, Albrecht von Kemnaten, zugeschrieben, der sich als der Verfasser des Goldemar nennt. Der Gedanke an die Verfassereinheit ist aufgegeben, doch behält der Name Albrechts Interesse.

Von dem Goldemar besitzen wir nur ein kleines Fragment, die ersten neun Strophen. Unsere stoffliche Kenntnis wird durch eine Anspielung im Reinfried von Braunschweig (um 1300; vgl. S. 92 ff.) und eine ganz knappe Inhaltsangabe im Anhang zum Straßburger Heldenbuch aus dem Ende des 15. Jahrhunderts ergänzt. Dietrich reitet von Bern aus, um in einem Gebirgswald gegen Riesen zu fechten. Er trifft auf eine Zwergenschar, die eine Jungfrau – nach dem Anhang des Heldenbuches die Tochter des Königs von Portugal – in einen Berg führen. Von Minne entzündet stellt Dietrich die Zwerge zunächst noch freundlich zur Rede; in der Antwort des Zwergenkönigs Goldemar bricht das Fragment ab. Das Heldenbuch gibt an, daß Dietrich die Jungfrau dem Zwerge *mit grôȝer arbeit* abgewann, aus dem Reinfried erfahren wir, daß Dietrich dafür mit den in Goldemars Dienst stehenden Riesen fechten mußte.

Der Inhalt ist durchschnittlich. Die Befreiung einer von Zwergen entführten Jungfrau wiederholt sich im Laurin, die Riesenkämpfe in den übrigen Gedichten des Kreises. Von Interesse ist der Name des Dichters und das, was er über seine Absichten aussagt. Denn ein Dichter

Albrecht von Kemnaten wird von Rudolf von Ems in seinen beiden
literarischen Exkursen im Wilhelm von Orlens (V. 2244 f.) und im
Alexander (V. 3252) rühmend, doch ohne Nennung seiner Werke erwähnt. Dieser Dichter war also schon um 1230 bekannt; der Goldemar
würde danach das älteste der aventiurenhaften Dietrichgedichte sein.
Bei Rudolf, dem Wahrer des höfischen Stils in spätstaufischer Zeit,
würde das Lob dieses Mannes Verwunderung wecken, wenn er nur
eine durchschnittliche heroische Abenteuererzählung verfaßt hätte.
Allein Albrechts Prolog zum Goldemar verdient Beachtung. Die Eingangsstrophe stellt sich zur heroischen Dichtung sichtlich kritisch: die
Helden wollten nichts als streiten und sich gegenseitig totschlagen, sagt
der Dichter tadelnd, und der galt als der beste, der viele *âne schulde* er-
schlug. Die zweite Strophe dann, in der sich Albrecht nennt, gibt sein
Programm kund: Dietrich, dem der Sinn stets nur nach Kämpfen stand,
war *gên vrouwen niht ein hovelîch man*, bis ihn eine *vrouwe wol getân*, eine
hôchgeloptiu meit „bezwang“. Was hier als Programm aufgestellt wird, ist
die Verhöfischung des heroischen Stoffes, Dietrich als Minneheld, seine
Kämpfe als Dienst für die Frau und um die Frau. Diese Absicht Albrechts, die Gestalt Dietrichs in die Beleuchtung des Artushelden zu
rücken und damit in den Kreisen modernen Literaturgeschmacks hoffähig zu machen, war es, die ihm Rudolfs Lob eingetragen hat.

Etwas Weiteres wird dadurch verständlich. Es gehört zum Gattungsstil der heroischen Epik, daß sie anonym bleibt. Albrecht ist die einzige Ausnahme; denn die
Nennung Heinrichs des Voglers in Dietrichs Flucht muß, wie wir sahen, anders beurteilt werden. Sie steht an einer betont politischen Stelle, und die Art, wie Heinrich
sich ausdrückt, zeigt, daß sich hier nicht ein Epiker zu seinem Werk, sondern ein
politischer Journalist zu seiner Meinung stellen und seinen Auftraggebern empfehlen
wollte. Der höfische Roman dagegen kennt die Namensnennung des Dichters seit
Veldeke und Hartmann. Auch mit diesem Stilbruch gegen die heroische Gattung
bekennt sich Albrecht als höfischer Dichter, sein Werk als höfisches Werk.

War Albrecht, wie man vermutet, Alemanne, so hat er den heroischen
Dietrichstoff in die alemannische Literaturlandschaft der Artusepik übertragen und ihrem Geschmack angepaßt. Endlich hätte dann Albrecht
als der Erfinder der Eckenstrophe zu gelten. Er war auch darin der
höfische Dichter; die traditionelle Strophenform hat er beibehalten aber
sie im Sinne der hochhöfischen Lyrik nach Walther von der Vogelweide
ganz neu gebildet.

Albrecht hat mit diesem Bestreben Schule gemacht. Eckenlied, Sigenot und Virginal haben seine Strophenform, zum Teil in leichter Umbildung, übernommen. Der Dichter des Laurin dürfte nicht nur in der
Stoffwahl (Zwergenabenteuer), sondern auch in der ritterlich-höfischen
Stilisierung des Zwergenreiches ein Nachahmer Albrechts gewesen sein,
und in der Virginal kehrt dieses höfische Zwergenbild wieder. Das

bliebe noch im Äußerlichen, im Stil und im Kostüm. Wesentlich weiter geht das Eckenlied. Nicht nur, daß es die Riesen ganz verrittert; es führt zwar nicht für Dietrich, aber doch für Ecke den Gedanken der Minne als antreibender Kraft ein. Und vor allem: der Dichter benutzt einen französischen Artusroman als Grundskizze für die Handlungsführung seines Gedichtes. Ein echter Nachfahr Albrechts in seinem eigentlichen Anliegen wäre der Dichter der ältesten Fassung der Virginal gewesen, wenn unsere Rekonstruktionsversuche richtig sind. Denn dieses Gedicht stand unter der höfischen Thematik von Aventiure um der Minne willen; es wollte erzählen, wie der noch ganz jugendlich unerfahrene Held unter Leitung von Hildebrand ausritt, um in der Hilfe für die von einem unholden Heiden in ihrem Zwergenreich bedrängte Königin Virginal Aventiure zu erfahren, und wie er die Minne der jungfräulichen Königin mit dem sprechenden Namen gewann. Ein alemannischer Nachfahr Albrechts hätte in seinem Geist, geschult schon an dem gewandten Stil Konrads von Würzburg, dieses älteste Virginalepos gedichtet. Das erhaltene Virginalepos freilich hat diesen Kern so entstellt und so sehr mit Stoffmassen überschüttet, daß der alte Grundriß darunter verschwindet.

Unter den dämonischen Gegnern Dietrichs sind die Riesen offensichtlich die ältesten; denn Riesen dürften in der Stelle des angelsächsischen Waldere mit *fifela* gemeint sein. Riesenkämpfe Dietrichs sind wesentliche Bestandteile im Goldemar und in der Virginal, in die Zwölfkämpfe der Rosengärten sind Riesenkämpfe mindestens eingeflochten. Drei Gedichte beschränken sich ganz auf das Thema des Riesenkampfes: das Eckenlied, der Sigenot und ein Gedicht über die Kämpfe Dietrichs mit dem Riesenpaar Grim und Hilde. Das Gedicht selber ist verloren, doch aus der Nacherzählung in der Thidrekssaga und aus ergiebigen Anspielungen im Sigenot kennen wir es inhaltlich recht genau.

Das Eckenlied ist uns, wie alle Gedichte dieses Kreises, nur in späten, unter sich stark abweichenden Fassungen bewahrt. Das Zitat einer Strophe des Gedichtes in den Carmina Burana (Str. 69 der Ausgabe) führt immerhin in den Anfang des 14. Jahrhunderts, die Eckenerzählung der Thidrekssaga in die Mitte des 13. Jahrhunderts zurück. Bei keinem anderen dieser Gedichte sind wir der liedhaften oder allenfalls kurzepischen Vorstufe so sicher wie bei dem Eckenliede; nach den oben erwähnten Zeugnissen des Marner und Konrads von Würzburg war es beliebter Vortragsstoff wandernder Dichter und Vortragskünstler. Wir haben auch die Möglichkeit, hinter der episch breiten, höfisch stilisierten Dichtung die Umrisse des alten Liedes wiederzuerkennen. Hier waren Ecke und sein Bruder Fasolt noch ungefüge Riesen, die drei Königinnen auf Jochgrim noch die drei in Tiroler Volkssagen bekannten Wetterdämoninnen und der Inhalt noch sehr einfach: Dietrich besiegt den Riesen Ecke, der von den drei Unholdinnen auf Jochgrim gegen ihn ausgesandt war, und schlägt ihm den Kopf ab. Er reitet weiter nach Jochgrim, bezwingt unterwegs Eckes Bruder Fasolt und wirft Eckes Kopf den unholden Weibern vor die Füße.

Wir hüten uns, dieses Lied, wie der Marner es vorgetragen haben könnte, in seinem Alter zu überschätzen. Denn es ist zum Zweck einer etymologischen Erklärung geschaffen. Dietrichs Schwert Eckesachs, das schon Veldeke kennt, und dessen Name einfach „das Schwert mit der scharfen Schneide" bedeutet, wird zum „Schwert des Riesen Ecke", der zu diesem Zweck erfunden ist. Nicht anders verhält es sich mit dem Gedicht über Dietrichs Kampf mit dem Riesenpaar Grim und Hilde; der Name von Dietrichs Helm Hildegrim, d. h. Kampfmaske, wird auf die ursprünglichen Besitzer bezogen, bzw. die riesischen Vorbesitzer sind um des etymologischen Namensspiels willen erfunden. Als Typus sind Dietrichs Riesenkämpfe älter; die beiden etymologisierenden Lieder jedoch brauchen nicht vor dem 13. Jahrhundert entstanden zu sein.

Ein solches Lied war nicht buchgemäß. In der zweiten Hälfte des 13. Jahrhunderts hat ein rheinischer Dichter das österreichische Lied aufgenommen und für ein Publikum mit höfischem Geschmack zubereitet. Dazu wählt er einen besonderen Weg: er nimmt seine Umbildung nach dem Muster eines Artusromanes vor. Der späte französische Prosaroman vom Papageienritter (14. Jahrhundert) enthält eine Episode, die mit dem Eckenlied nahe verwandt ist. Ein riesiger Ritter, den kein Roß tragen kann, ist ausgezogen, um durch den Kampf mit dem Papageienritter (d. i. Artus) die Hand einer Dame zu erringen. Er wird von Artus besiegt und hinterläßt dem Sieger sterbend seine kostbare Rüstung. Danach hat Artus mit dem ebenfalls riesigen Bruder des Toten zu kämpfen, überwindet ihn und schont ihn. Die Episode löst sich aus dem Gefüge der späten französischen Prosa so deutlich als ursprünglich selbständige Erzählung heraus, daß man ihr eine Vorstufe in Versen sicher zuschreiben kann. Und sie stimmt im gesamten Ablauf und in so vielen Einzelheiten mit dem Eckenlied überein, daß an einem direkten Zusammenhang nicht zu zweifeln ist.

Auf dieser Grundlage schuf der rheinische Dichter ein zierliches kleines Versepos. Der Riese Ecke wird zu einem riesengroßen Ritter, die Wetterfrauen zu höfischen Königinnen, deren eine Ecke wappnet und aussendet. Ihre Burg Jochgrim wird ins kölnische Land verlegt, die alte österreichische Alpenwelt zum Abenteuerwalde des höfischen Romans verallgemeinert. Der Dichter war ein formal nicht unbegabter Mann, der lebendig zu beschreiben verstand. Der in seinen kostbaren Waffen dahinstürmende Riesenjüngling auf der Suche nach Dietrich, der staunende Schreck der Leute in Bern, der vom Waffenglanz durchleuchtete, von Vogelsang durchtönte Wald, das steht eindrücklich und lebensvoll da. Nichts ist Ecke vom Riesen geblieben, nicht einmal die traditionelle

Stange. Dietrich ist auch hier der Friedfertige und Zaudernde. Er wird in dieser Rolle durch einen Verstoß gegen höfische Regeln charakterisiert; selbst die Aufforderung im Namen der Frauen, sich dem Gegner zu stellen, stimmt ihn nicht um. Der Kampf ist ritterlich, langdauernd und wechselvoll, und aus ritterlichem Denken erwächst Dietrichs Klage um den edlen Gegner, den er töten muß, da er sich nicht ergeben will, und seine Selbstvorwürfe, daß er den Wehrlosen unritterlich erstechen muß. Der Kampf mit Eckes Bruder Fasolt sinkt dagegen ab. Auch dieser erscheint zwar in ritterlichem Kostüm, aber seine langen Zöpfe und sein Auftreten als wilder Jäger, der mit Hunden ein Waldfräulein hetzt, lassen seine dämonische Natur unverwandelter bestehen.

Auch dieses Gedicht besitzen wir nicht in seiner ursprünglichen Gestalt. Das späte 13. oder frühe 14. Jahrhundert hat daran weitergedichtet. Der erste Teil, Dietrichs Kampf mit Ecke und Fasolt, ist allen späteren Fassungen gemeinsam; hier ist das Werk des älteren Dichters wohl ziemlich unangetastet geblieben. Alle erhaltenen Fassungen aber hängen in unersättlichem Stoffhunger weitere Riesenkämpfe Dietrichs an. Eine ganze Riesensippschaft, Männer wie Weiber, nun wieder ganz im Stil gewaltiger Unholde, die mit Stangen und Bäumen fechten, versucht nacheinander, den Tod ihres Verwandten Ecke zu rächen und wird in ermüdender Wiederholung von Dietrich erledigt. Der Schluß, Dietrich bei den Frauen auf Jochgrim, ist in der ältesten Handschrift des 14. Jahrhunderts verloren. Die späten Handschriften und Drucke des 15. und 16. Jahrhunderts berichten ihn verschieden, und das Dresdner Heldenbuch, das dem alten Schluß wohl inhaltlich am nächsten bleibt, kürzt und entstellt das Gedicht in seiner gewohnten Weise so sehr, daß der alte Schluß daraus nicht mehr wiederzugewinnen ist.

Ein besonderes Problem ist der ursprüngliche Anfang des alten Eckenliedes. Die in den Carmina Burana zitierte Strophe, die in den erhaltenen Bearbeitungen mitten in der Erzählung steht, ist für sich genommen eine typische Einleitungsstrophe, in der sich als Dichter ein Helferich von Lutringen oder Lune nennt. In den Bearbeitungen ist dieser Helferich zu einer Figur des Gedichtes gemacht, einem Ritter, der, von Ecke tödlich verwundet, Dietrich vor dem Riesen warnt. Die Strophe kann wegen ihrer Form nicht dem vorhöfischen Gedicht angehört haben; sie ist, wie gesagt, erst aus der nach Walther liegenden Entwicklung der lyrischen Strophik möglich. Wir werden sie als Einleitungs- und Programmstrophe jenes rheinischen höfischen Epos nehmen müssen, das den späteren Umarbeitungen zugrunde liegt. Erst diese haben die Figur des verwundeten Ritters erfunden und ihm den Namen Helferich gegeben, wobei sie die alte Einleitungsstrophe recht unorganisch in diese Episode verpflanzt haben.

An das Eckenlied schließt sich das Gedicht von Sigenot unmittelbar an. Seine Schlußstrophe zeigt, daß es als eine Art Einleitung zum Eckenlied gedichtet ist. Es ist ein typisches „Sproßlied" und setzt neben dem Eckenlied auch das verlorene Gedicht von Hilde und Grim als bekannt voraus. Wir hören von einem weiteren Riesenabenteuer Dietrichs. Es erzählt, wie Dietrich, einsam ausreitend, dem Riesen Sigenot begegnet, der den Tod seiner Verwandten Hilde und Grim an Dietrich rächen will und ihn gefangennimmt. Es berichtet weiter, wie Hildebrand zur Suche nach seinem jungen Herrn ausreitet, von dem Riesen ebenfalls gefangen wird, sich aber befreien, den Riesen überwinden und Dietrich retten kann.

Wir besitzen das Gedicht in einer ursprünglichen, knappen Form von 44 Strophen und einer erweiterten, in zahlreichen späten Handschriften und Drucken verbreiteten von rund 200 Strophen, die aus dem knappen liedhaften Gebilde durch eine ausführliche Schilderung von Dietrichs Ausritt, durch breite Auswalzung der Kampfszenen und kleine unwesentliche Episoden ein kurzes Leseepos zu schaffen sucht. Das Gedicht ist uns wichtig, weil es das alte Motiv der Gefangenschaft Dietrichs bei Riesen ausnutzt, und weil es in seiner trockenen Kürze etwas davon ahnen läßt, wie die liedhaft vortragbaren Stücke dieser Art ausgesehen haben mögen. Stellen wir die jüngere, wohl im Elsaß entstandene Bearbeitung dagegen, die nach Sprache und Stil ans Ende der Periode gehören dürfte, so haben wir einmal die Möglichkeit, am Text selbst zu beobachten, wie ein später Bearbeiter mit den alten Gedichten verfährt. Es wird dabei erneut klar, daß keine philologische Kritik den älteren Bestand aus einem jüngeren Gedicht mit wirklicher Sicherheit hätte herauslösen können.

Das letzte Stadium in der Entwicklung des heroischen Aventiurenromans wird im Bereich der Dietrichdichtung in dem Erzählknäuel erreicht, dem wir nach der weiblichen Hauptfigur den Namen Virginal geben. Früher wurde es auch mit anderen Titeln – Dietrichs erste Ausfahrt, Dietrich und seine Gesellen, Dietrichs Drachenkämpfe – benannt. Das Gedicht steht auf einer Linie mit den Ausklängen des Ritterromans im Neuen Parzival und im Friedrich von Schwaben, teilt mit ihnen die Begier nach Stoffmengen, deren kompositorische und stilistische Bewältigung nicht mehr als künstlerische Aufgabe erfaßt wird, und wird in seiner letzten Fassung gleich jenen ins 14. Jahrhundert gehören.

Die Virginal sucht alle Elemente ihrer Gattung in sich zu vereinigen und in ermüdender Wiederholung auszubeuten. Eine ganze Welt von Riesen, Zwergen und Drachen, von Rittern und Frauen bewegt sich in der Alpenszenerie, die zum genormten Hintergrund dieser Dietrichgeschichten geworden ist. In mehreren späten Bearbeitungen überliefert, durch einige Fragmente aber doch bis zur Wende des 13. zum 14. Jahrhunderts zurückverfolgbar, ist das Gedicht offenbar beliebter Lesestoff der Spätzeit gewesen und hat, wie einige Prachthandschriften zeigen, auch die Gunst der reichen Oberschicht genossen. Dabei hat die Virginal

wie alle heroischen Aventiurenromane das Schicksal gehabt, freien Um-
und Weiterdichtungen zu unterliegen, so daß sie in mehreren weit aus-
einandergehenden Fassungen auf uns gekommen ist.

Das Stoffkonglomerat der verschiedenen Fassungen hat die Forschung
zur Entwirrung gereizt, und es ist gelungen, einen gewissen Wachs-
tumsprozeß zu erkennen. Den Kern bildet das erste Stück des Gedichtes,
etwa ein Viertel des Ganzen. Hier stimmen die Hauptfassungen in Aufbau und Wortlaut weitgehend überein, und diesem Stück gebührte zu
Recht der Titel: Dietrichs erste Ausfahrt. Der Dichter geht von dem
feststehenden Wesenszug seines Helden aus, des bis zur Feigheit gehenden Zauderns, aus dem die unwiderstehliche Heldenkraft vorbricht,
wenn die Not ihn zwingt. Der Dichter des Nibelungenliedes hatte
daraus seine hohe, überlegene Dietrichsgestalt entwickelt. Der nicht unbegabte Dichter dieses ersten Teils der Virginal versucht den jugend-
lichen, fast noch kindlichen Dietrich von hier aus zu erfassen. Er ist
noch ganz unfertig, noch ganz Zögling des alten Hildebrand. Von ihm
wird er über Aventiure unterrichtet und zum erstenmal in Aventiure
geführt. Beschämt darüber, vor den Frauen schweigen zu müssen, wenn
von Aventiure geredet wird, aber durchaus nicht willens, ihre Notwendigkeit zu begreifen, reitet er unter Hildebrands Leitung, ein wenig
neugierig, aber innerlich widerstrebend und mit seinem Meister zürnend
in die von Aventiure erfüllte Alpenwildnis ein. Sie ist von Riesen, Zwergen, Drachen bevölkert und von einer Frau, der Königin Virginal, beherrscht, die, von einem „wilden Heiden" bedrängt, diesem einen regel-
mäßigen Jungfrauentribut entrichten muß. Aus dem widerstrebenden
Zauderer Dietrich wächst in der Not der jugendstrahlende Held, dem
zum Schluß die Hand der jungfräulichen Königin zuteil wird. Wir können von dem Versuch reden, die besondere, von dem Typus des höfischen Helden abweichende Eigenart Dietrichs aus seiner frühen Veranlagung psychologisch zu entwickeln.

Was Dietrich erlebt, ist die Welt der heroischen Aventiure, die zuvor
im Goldemar, im Eckenlied und im Laurin literarisch festgelegt worden
war. Der Dichter versucht, sie dem höfisch-artushaften Aventiure-
begriff anzunähern in der von Hildebrand gegebenen Definition der
Aventiure als leistende Tat für die Huld schöner Frauen. Doch bleibt sie
im Motivlichen trotz aller Ritterlichkeit der Zwerge und Riesen artus-
fern, ein Stück literarisch zubereiteter alpenländischer Volksglaube. Auch
die Charaktere der Helden sind in der heroischen Dichtung geformt,
nicht etwa aus dem Bereich der Tafelrunde gesehen. Neben Dietrich
stehen der erfahrene graue Waffenmeister Hildebrand und der junge
Draufgänger Wolfhart, wie wir sie aus dem Nibelungenliede kennen.
Auch der Zauderer Dietrich bleibt erhalten, aufgegeben aber ist Dietrich
der Frauenlose. Die Tat um der Frau willen und die Erringung der

Schönsten durch den Helden – das war das Programm Albrechts von Kemnaten gewesen, darin ist der älteste Virginaldichter Albrechts Schüler. Zugleich aber war er ein stilistisch begabter Schüler Konrads von Würzburg, dessen gewandten, zierlichen und leicht geblümten Stil er gut zu handhaben wußte. Die alte Virginal war vielleicht der konsequenteste und geglückteste Versuch, heroische Abenteuerdichtung bei Schonung ihrer Eigenart nach dem Stil des Aventiurenromans neu zu formen. Der Einfluß Konrads von Würzburg verlangt einen zeitlichen Ansatz nach 1260. Die Sprache scheint auf einen Alemannen als Dichter zu weisen, und auch das doppelte Vorbild Albrechts und Konrads würde für den alemannischen Raum sprechen.

Dieses älteste, aus den späteren Fassungen umrißhaft, zuweilen auch noch textlich herauslösbare Werk wurde von mehreren Bearbeitern durch neue Stoffmassen erweitert. Vor allem heben sich zwei geschlossene Komplexe heraus, die ältere, ursprünglich selbständige Erzählungen einarbeiten. Die eine ist die Geschichte von dem Helden Sintram, der schlafend von einem Drachen überrascht und im Rachen davongeschleppt wird, und den Dietrich und Hildebrand befreien, indem sie den Drachen erlegen. Der Gerettete führt seine Retter auf seine Burg Arona, wo sich zu ihrem Empfang ein breites Gemälde höfischer Lebensfreude entfaltet. Auch dieser Zudichter sah seine Aufgabe in der höfischen Einstilisierung der heroischen Abenteuerwelt, löste sie aber mit geringerer Gestaltungskraft als der Dichter der Urfassung; er lebt aus der durchschnittlichen Routine des späthöfischen Epigonentums. Die Verlegung des Abenteuers nach Arona führt aus Tirol in die Westalpen, wo die Sintramgeschichte offenbar einmal zu Hause gewesen ist, da sie in der schweizerischen Volkssage fortgewirkt hat. Das deutet abermals auf einen alemannischen Dichter, den wir uns noch gegen Ende des 13. Jahrhunderts tätig denken dürfen. Mit dieser Erweiterung kommt das Motiv des Drachenkampfes in das Gedicht hinein, das der letzte Bearbeiter dann ebenso unermüdlich wie phantasielos variiert hat.

Ungefähr gleichzeitig wird – von einem Rheinfranken? – der zweite große Erzählkomplex eingefügt worden sein, der den Anspruch auf den Titel Dietrich und seine Gesellen erheben könnte. Er füllt die gute Hälfte des Virginalgedichtes aus, so daß man eher von der Ineinanderarbeitung zweier selbständiger Gedichte sprechen könnte. Die Erzählung kreist um die Gefangenschaft Dietrichs auf der Burg Mutar und seine Befreiung durch seine Gefährten. Der Burgherr Nitger erscheint in zwiespältiger Beleuchtung; zwölf Riesen stehen in seinen Diensten, aber eigentlich beherrschen die Diener den Herrn. Halb gezwungen hält er den von einem der Riesen hinterlistig gefangenen Dietrich in Haft. Nitgers schöne Schwester Ibelin nimmt sich helfend und schützend des gefangenen Helden an, bis seine Gefährten ihn auffinden, die Riesen überwinden und ihn befreien. Gewiß ist auch Nitger nur ein verritterter Dämon; denn dieser Teil der Erzählung zeigt den Grundriß des Laurintypus: der tückische Dämon und dessen Helfer einerseits, die hilfreiche Frau oder Schwester des Dämons andererseits, die den Helden der Erzählung rettet und dann oft von ihm heimgeführt wird.

Wir dürfen glauben, hier auf den abgewandelten ältesten Kern der abenteuerlichen Dietrichdichtung zu stoßen, die Gefangenschaft Dietrichs bei Riesen und seine Befreiung durch Witege, die das angelsächsische Walderegedicht erwähnt. Der Dichter der Virginal spielt einmal (Str. 377 f.) auf Riesenkämpfe an, die Dietrich in Britannien durchgefochten hat, also auf eine andere Version des alten Grundmotivs, und er zählt dabei nicht zufällig dieselben Helden als Dietrichs Begleiter auf, wie sie der Laurin kennt und wie sie im Hilfszug gegen Nitger als Hauptfiguren wieder auftreten. Wir stoßen auf eine Erzähltradition von Riesenkämpfen Dietrichs, seiner Gefangenschaft bei ihnen, seiner Befreiung durch seine Gefährten, die älter ist als unsere erhaltenen epischen Dichtungen. Wieweit die Rolle der hilfreichen Frau darin ursprünglich ist, bleibt ungewiß. Der Kompilator der Virginal jedenfalls muß sie in seiner Quelle vorgefunden haben; er hatte keinen Anlaß, eine Rolle zu erfinden, die im Erzählganzen Schwierigkeiten macht. Das Ziel der Erzählung heißt ja Virginal, nicht Ibelin. Deren selbstlose, nicht ungefährliche Hilfe muß unbelohnt bleiben; sie verschwindet, nachdem sie das Ihre getan hat.

Die Befreiung Dietrichs geschieht nach dem Erzähltypus der Zwölfkämpfe; jeder Riese wird von einem der Dietrichhelden in einem verabredeten Zweikampf überwunden. Es ist das Erzählschema der Rosengartenkämpfe (vgl. S. 169 ff.), nur daß hier natürlich alle riesischen Gegner den Tod finden müssen. Dem ungewandten Erzähler gelingt es nicht, den eintönigen Ablauf des Schemas durch individuelle Züge zu beleben. So wie ich die Gedichte vom Rosengarten beurteile, ist es mir unwahrscheinlich, daß diese das Vorbild für die Riesenkämpfe der Virginal abgegeben haben. Das seltsam unmotivierte Auftreten von Riesen auf seiten der Wormser Helden in den Rosengartendichtungen scheint mir eher das Umgekehrte nahezulegen.

In dieser Verbindung des alten Virginalgedichtes mit den Erzählungen von Sintram und dem Drachen und mit Dietrichs Gefangenschaft bei den Riesen hat man das Werk zu Ende des 13. Jahrhunderts gelesen. Bunt, stoffreich, ohne viel Sorge um kompositorische Verknüpfung und Einheitlichkeit der Charaktere und des Geschehens, genügte es dennoch dem Stoffhunger des 14. Jahrhunderts noch nicht. Ein letzter Bearbeiter ist dem primitiven Bedürfnis entgegengekommen mit neuen Drachen- und Riesenkämpfen in stumpfsinnig-typischem Ablauf, mit dem Aufgebot von Hilfsheeren, mit höfischen Ausstattungsfesten und namentlich mit unendlichen Boten- und Briefsendungen, die die einzelnen Episoden äußerlich verbinden. Etwas Neues ist nur in einer der späten Fassungen hinzugekommen, die Begegnung Dietrichs mit Libertin von Palermo. Hier wird ein weiteres typisches Motiv des Artusromans eingeordnet: der Kampf zweier edler Gegner, der in Versöhnung und Freundschaft endet.

Der Verfertiger dieses letzten Konglomerates ist ein wahrer Wirrkopf in allem, was Komposition und Handlungsführung betrifft. Ihn interessiert nur noch der Stoff als einzelner, spannender und aufregender Vorgang. Und eben deswegen interessiert er auch uns, weil er im Bereich des Heldenromans den letzten Verfall aller künstlerischen Bildung repräsentiert, die noch aus dem Erbe der klassischen Dichtung lebt, wie wir sie in derselben Zeit, der ersten Hälfte des 14. Jahrhunderts, für den höfischen Roman beobachtet haben. Er unterscheidet sich von jenen spätesten „höfischen" Dichtern vorteilhaft nur in der Form. Die kunstvolle Strophe mit ihren formalen Anforderungen gab noch dem letzten Nachfahren mehr Halt und Anmut als das einfache, leichter verwildernde Reimpaar mit seinem geringeren formalen Eigenwert.

Straffe Komposition und Handlungsführung waren auch nicht die Stärke der älteren Fortdichter des Virginalkomplexes. Sie wirken mehr durch Schilderung und Beschreibung, durch lebendige, genrehafte Episoden. Es ist zu fragen, wieweit auch dieses gattungsmäßig bestimmt ist, nachdem ein prägender Kopf das Vorbild geschaffen hatte. Denn auch Eckenlied und Laurin sind durch dieses Stilmerkmal gekennzeichnet. Die Neigung zur realistischen Einzelheit in der späten Dichtung kam dem entgegen. Da ist der besondere Rahmen der Handlung, die alpine Szenerie; sie ist zwar noch kein geschlossenes Landschaftsbild, zeigt aber doch beachtliche Ansätze, die schroffe Berglandschaft in realistischen Einzelheiten anschaulich zu erfassen. Es sind neue, gegenständliche Züge auch in dem festlichen Gesellschaftsleben: die Dame mit dem Hündchen im Schoß oder dem Psalterbuch in den Händen, zahme Eichhörnchen und Hermeline, die in den weiten Ärmeln spielen, die seidenüberdachten Planwagen, auf denen höfische Mädchen singend fahren. Es ist weiter die auch in anderen späten Dichtungen zu beobachtende Freude an der Musik, zumal am Zusammenklang vom Chorgesang der Jungfrauen mit den Instrumenten, und es ist endlich ein bestimmter Typus eines ein wenig grobschlächtigen, selbstzufriedenen, nicht eben tiefgründigen Humors in den derben Neckereien der Helden untereinander. All das zusammen erzeugt den Eindruck einer fest umschriebenen Anschaulichkeit, einer Wirklichkeit mitten in aller abenteuernden Phantastik, die nur dieser Gattung eigen ist.

Unter den aventiurenhaften Dietrichdichtungen steht das kleine Epos vom Zwergenkönig Laurin für sich, nicht durch den Stoff, sondern durch die Form. Der um 1250 wirkende Tiroler Dichter wählt statt der traditionellen Strophe das Reimpaar und bekennt sich damit, wie vor ihm der Dichter der Nibelungenklage, nach ihm der des Biterolf, zum

Stilvorbild des höfischen Epos. Wie ein solches beginnt der Laurin denn auch mit einer einleitenden Schilderung des Helden und seines Hofkreises, die stets zu Aventiure bereit waren, wenn sie *êre* und *frümekeit* (V. 15) verhieß. Wie etwa im Iwein wird das Geschehen durch die Erzählung eines der Helden von einer Aventiure, hier des Rosengartens, ausgelöst, wie dort ruft eine unscheinbare Handlung, hier das Zerreißen des Seidenfadens, der Laurins Rosengarten umspannt, den dämonischen Gegner auf den Plan: die Aventiure kann sich entfalten. Sonst freilich steht der Dichter im Banne der heimischen Stilform; Sorglosigkeit in Motivierung, Metrum und Reim, starke Formelhaftigkeit des Erzählens weisen zum Typus der heroischen Aventiurendichtung hinüber. Auch die Figuren sind typisch: der weise, allerfahrene Meister Hildebrand, der zunächst zögernde, dann im Kampfzorn unwiderstehliche, Feueratem blasende Dietrich, die übermütigen, dafür gedemütigten Gesellen, hier zumal Witege, später Wolfhart.

Inhaltlich ist wohl auch hier tirolisches Volkssagengut unmittelbar oder mittelbar verwendet, um eine Dietrichaventiure zu formen. Der herrliche Rosengarten im wilden Gebirge, der Berggeist als sein Besitzer, die Forderung von Hand und Fuß als Sühne für den Frevel, wohl auch der unerklärte Name Laurin können Elemente der Volkstradition sein. Ein nicht eben hochbegabter, aber auch nicht ungeschickter Dichter hat sie aufgegriffen und zu einem Abenteuer des jungen Dietrich zusammengefügt; wir haben keinen Anlaß, ein älteres Laurinlied oder -gedicht anzunehmen. Ob ein literarischer Zusammenhang zwischen dem Laurin und dem Goldemar des Albrecht von Kemnaten besteht, wobei dann der Goldemar der Gebende gewesen sein müßte, oder ob es sich nur um Gleichheit der benutzten Motive handelt, läßt sich bei der Kürze des Goldemarfragments nicht feststellen. Doch haben wir oben S. 140 gesehen, daß der österreichische Dichter des Laurin sich stärker an die Tradition hält als der Alemanne Albrecht von Kemnaten. Geläufige Erzählmotive sind verbunden, um eine einfache Fabel zu konstruieren. Nachdem das Abenteuer des Rosengartens bestanden ist, wird Dietrich mit seinen vier Begleitern von Laurin in das Zwergenreich im hohlen Berg eingeladen, durch einen Zaubertrank betäubt und gefangen. Sie finden dort eine menschliche Jungfrau, Künhild, die Schwester Dietleibs, die von dem Zwerg entführt worden war, doch von ihm in Ehren gehalten wird. Sie hat die aus Märchen und Sage bekannte Stellung zwischen den Parteien, die menschliche Frau oder Braut des Dämons, die den Helden gegen die Hinterlist des Dämons beisteht, sie verbirgt oder errettet, dem dämonischen Bräutigam aber verbunden bleibt und den Ausgleich erreicht. Auch hier gelingt es Künhild, die Helden zu befreien. Doch ist die Gewinnung Künhilds weder Ziel der Aventiure noch wird sie eigentlich als Erlösung gestaltet. Laurin wird überwunden, aber er bleibt verschont, wird nach Bern mitgeführt und schließlich in Dietrichs Kreis aufgenommen. Die dämonische Zwergenwelt wird verrittert, wie im Eckenlied der Riese verrittert worden war. Zwar bleiben alte dämonische Züge bewahrt: die kleine Gestalt – Laurins Roß hat die Größe eines Rehs –, die unabsehbare Massenhaftigkeit und der unüberbietbare Reichtum der Zwerge, die Unsichtbarkeit und magische Gegenstände, die diese aufheben, übermenschliche Kraft, die an einen Kraftgürtel oder einen Ring gebunden ist. In seiner Ordnung aber ist der Zwergenstaat ein ritterliches Gebilde. Ritterlich gerüstet fechten die Zwerge im ritterlichen Schema: Speerbrechen, Sturz vom Roß, Schwertkampf. Sieg und Ergebung vollziehen sich nach den Spielregeln des ritterlichen Zweikampfes. Laurins Verhältnis zu Künhild, wenig ausgeprägt, ist dennoch Minne. Die Zwerge sind Heiden, sie beten ihre Götter an. Die Krönung des Ganzen ist Laurins Bekehrung zum Christentum, die ihn befähigt, anerkannter Freund und Geselle im Kreise Dietrichs zu werden.

Das kleine Epos, das sich in verschiedenen Bearbeitungen bis nach Niederdeutschland und Dänemark verbreitete, lockte Spätere zur Aufschwellung. Gegen Ende des Jahrhunderts hat ein Alemanne, der in den weiten Kreis der Schüler Konrads von Würzburg gehört, eine stilistisch und metrisch glättende und stark verbreiternde Umarbeitung vorgenommen. Er legt sich den Namen des Heinrich von Ofterdingen zu, des sagenhaften Teilnehmers am Wartburgkriege. Vor allem aber ist eine breite Fortsetzung zu nennen, die Laurins Oheim Walberan, den Herren der Zwerge im Orient, zum Helden hat. In der einfachen Form anreihender Doppelung, die wir aus der frühhöfischen Erzähltechnik kennen, wird ein Rachezug Walberans gegen Dietrich flüchtig erfunden. Auch hier geht alles ritterlich zu: Sammlung und Einteilung des Heeres, Meerfahrt nach Venedig, Fehdeansage durch einen Boten, Heerlager vor der Stadt Bern. Doch Laurins Freundestreue darf sich nun bewähren. Nachdem im Vorkampf Wolfhart von dem Zwergenfürsten Schiltunc überwunden worden war, tritt Dietrich gegen Walberan zum Zweikampf an. Aber Laurin wirft sich dazwischen; die Kämpfenden werden getrennt und versöhnt, und im großen Schlußfest endet alles freundlich und prächtig.

Als abseitigen Sproß der aventiurenhaften Dietrichdichtung erwähnen wir kurz ein Gedicht, das nach Dietrichs dämonischem Gegner der Wunderer genannt wird. Seine späte und diffuse Überlieferung im Dresdner Heldenbuch, in Drucken, in einem Fastnachtspiel und einem Spruchgedicht läßt über den ursprünglichen Inhalt und die originale Form nur Vermutungen zu.

Es beruht motivlich wie die Fasoltepisode des Eckenliedes auf dem Sagentypus vom wilden Jäger. Der Wunderer verfolgt mit seinen Hunden seit drei Jahren eine Jungfrau, die den Namen Sælde trägt und die er zu freessen droht. Man kann das Gedicht als die vergröbernde Form der Anpassung an den Artusroman bezeichnen. Die verfolgte Jungfrau sucht nach dem Artustypus Schutz am Hofe König Etzels. Dieser selbst und Rüedeger lehnen es ab, mit dem Ungeheuer zu kämpfen. Da nimmt sich Dietrich, der wie in den übrigen Gedichten dieses Kreises noch als junger Zögling Hildebrands erscheint, sich aber doch am Hofe Etzels befindet, der Verfolgten an und überwindet den dämonischen Verfolger. Der erfindungsarme Dichter holt seine Motive aus späten Epen, dem Wigamur, den jüngeren Wolfdietrichen; man wird darum der frühen Datierung „vor 1250" skeptisch gegenüberstehen müssen.

c) Rosengärten und Biterolf

Als eine dritte Gruppe von Epik um Dietrich von Bern werden gemeinhin die Gedichte vom Rosengarten zu Worms behandelt, in der alten Überlieferung als der „Große Rosengarten" bezeichnet zum Unterschied vom Laurin, dem „Kleinen Rosengarten". Es besteht kein Anlaß, für das in mehreren stark von einander abweichenden Fassungen überlieferte Gedicht mit sagengeschichtlichen Vorstufen zu rechnen. Der belesene Dichter der ältesten Fassung hat für sein Gedicht, das einer bestimmten Tendenz dient, die Erzählelemente von verschiedenen Seiten zusammengesucht. Für den Hofhalt in Worms mit Kriemhild als Mittelpunkt hat er das Nibelungenlied benutzt, er hat aber auch andere Nibelungendichtung gekannt. Personal und Umwelt Dietrichs von Bern sind in der heroisch-historischen Dietrichdichtung ausgebildet. Der mit einem Seidenfaden umspannte Rosengarten als Kampffeld ist dem Laurin entnommen. Aus dem Erzählschatz der Chanson de Geste stammt das an Hildebrands Bruder Ilsan geknüpfte Motiv der Moniage: der alte Recke, der ins Kloster gegangen ist, in einem entscheidenden Augenblick aber die eingeborene Heldenkraft wieder erwachen fühlt und mit seinen alten Waffen große Taten verrichtet. Das eigentliche Hauptmotiv endlich, die Zwölfkämpfe, haben wir soeben schon in der Virginal vorgefunden. Es ist, letztlich wohl auf antiker Grundlage beruhend, in Deutschland schon früh im lateinischen Walthariusepos vorhanden. Die Thidrekssaga erzählt – nach niederdeutschen Quellen? – von Dietrichs Zug mit zwölf Helden gegen einen König Isung von Bertangaland, das ist Britannien, und dessen zwölf Söhne. Die Erzählung hat mit dem Rosengarten nur die Zwölfzahl der Kämpfe und Dietrich und Siegfried als Haupthelden gemein. Die Ansiedlung Isungs in Britannien aber lenkt den Blick auf die oben erwähnte Anspielung der Virginal, daß Dietrich Riesenkämpfe in Britannien ausgefochten habe. Ohne den Dingen im einzelnen nachgehen zu können, möchte ich die Vermutung wagen, daß das Zwölfkampfmotiv an Dietrich zuerst in seinen Riesenkämpfen geknüpft worden ist, und daß daraus einerseits die Isungerzählung der nordischen Saga, andrerseits die Zwölfkampferzählung der Virginal umgebildet worden ist. Aus diesem Bereich hat der Dichter des Rosengartens das Motiv des Zwölfkampfs entnommen und darum der Wormser Mannschaft auch einige Riesen zugeteilt.

Aus solchen Elementen ist eine Erzählung aufgebaut, deren eigentliches Anliegen es war, den rheinisch-burgundischen und den gotischen

Heldenkreis einander gegenüberzustellen, noch enger: die beiden größten Helden beider Kreise, Siegfried und Dietrich, sich im Kampfe messen zu lassen. Die Sympathie des Dichters ist eindeutig auf seiten Dietrichs, dessen Sieg über Siegfried Sinn und Höhepunkt der Dichtung ist. Das Zwölfkampfschema erlaubte epische Breite und Vermannigfaltigung.

Das Gedicht vom Rosengarten war wie die Dietrichabenteuer beliebte Lektüre des späten Mittelalters. Keine Handschrift des 13. Jahrhunderts ist auch nur bruchstückhaft erhalten, der Schwerpunkt der Überlieferung liegt im 15. und 16. Jahrhundert. Das Gedicht gehört zum festen Bestand der geschriebenen und gedruckten Heldenbücher. Es hat weiteste Verbreitung gefunden; alle deutschen Landschaften sind daran beteiligt. Reste einer niederdeutschen Bearbeitung und einer tschechischen Übersetzung zeigen das Weiterwirken von Thüringen und Böhmen aus. Und wie die Gedichte der Dietrichabenteuer ist auch das vom Rosengarten einer weitgehenden Freiheit tiefgreifender späterer Umformung unterworfen gewesen. Wir unterscheiden nicht weniger als fünf inhaltlich und textlich weit auseinandergehende Fassungen. Alle Versuche, einen „Ur-Rosengarten", d. h. die ursprüngliche Dichtung des 13. Jahrunderts, textlich wiederzugewinnen, bleiben ganz unsicher, und selbst die Rückgewinnung des Grundtextes der beiden wichtigsten Fassungen A und D ist ein zwar reizvolles, aber sehr fragliches Unterfangen.

Den einfachsten und, wie wir meinen, ursprünglichen Grundriß weist die Fassung A auf. In ihr ist Kriemhild die Besitzerin des Rosengartens, der, nur durch einen Seidenfaden umzäunt, von zwölf Kämpfern, Riesen und Helden, behütet wird. Sie fordert Dietrich mit einem Trutzbrief heraus, dem Sieger winkt ein Rosenkranz und ein Kuß Kriemhilds als Lohn. Dietrich sammelt zwölf Ritter um sich und zieht an den Rhein. In zwölf Einzelkämpfen bleiben die Berner stets Sieger. Der Höhepunkt ist der Kampf Dietrichs mit Siegfried. Dabei ist Dietrich auch hier in der für ihn typischen Haltung des Zauderers gezeichnet, der nach anfänglicher Verweigerung des Kampfes mit dem unverwundbaren Siegfried zum unwiderstehlichen Helden wird, nachdem sein Kampfzorn geweckt ist. Dieser verdichtet und symbolisiert sich in dem Feueratem, den er schnaubt, und mit dem er Siegfrieds Hornhaut erweicht, so daß er ihn verwunden und damit bezwingen kann.

Dieses Gedicht, dessen älteste Form wohl um die Mitte des 13. Jahrhunderts in Österreich entstanden sein könnte, ist offenbar ein Stück Aventiure artushafter Art. Der wunderbare Garten als Ort des Kampfes, die Dame als dessen Besitzerin, die Herausforderung zum Bestehen der Aventiure, die Riesen unter den zu bezwingenden Hütern, vor allem der minnigliche und symbolische Preis, Kuß und Kranz, sind Requisiten aus der Artuswelt. Dennoch ist weder inhaltlich noch stilistisch ein höfischer Ritterroman nach dem Typus des Biterolf entstanden oder geplant gewesen. Nicht die Wirklichkeitsnähe der heroisch-historischen Dichtung als solche, auch nicht die Einbeziehung des Moniage-Typus aus dem Bereich der Chanson de Geste sind entscheidend. Es ist vielmehr der Blick dieses Dichters auf die ritterlich-höfische Welt überhaupt. Das wird vor allem in der Figur Kriemhilds und in ihrer Beurteilung offenbar. Diese Kriemhild ist nicht die Kriemhild des Nibelungenliedes, weder die sanfte Liebende des ersten noch die große Heroine des zweiten Teiles. Sie ist die frei verfügende und kapriziöse Dame der Artusdichtung, eine vergröberte Orgeluse. Aber als solche wird sie abgewertet. Ihr Verhalten wird von Dietrich und anderen immer wieder als *hôchvart* getadelt, der Zug wird unternommen, um diese zu beschämen. Am unumwundensten bezeichnet Biterolf (Str. 111) Kriemhilds Verhalten als *affenheit*, die Annahme ihrer Herausforderung als Torheit. Und ihr Vater Gibeche muß sich (Str. 174) von Dietrich vorwerfen lassen, daß er seine Tochter schlecht erzogen hat, da er ihr zu seinem eigenen Schaden den Willen läßt. Als Abwertung, ja sogar als Persiflage von Aventiure erscheint auch der groteske Schluß, in dem der starke Mönch Ilsan gleich 52 Gegner erledigt, sich 52 Kränze und Küsse verdient und dabei mit seinem rauhen Bart Kriemhilds zartes Gesicht blutig kratzt. Nicht nur äußerlich ist die Schönheit der stolzen Dame damit zerstört. Und in der alten Schlußzeile des Gedichtes: *keinen garten hegete mê Kriemhilt diu schœne meit*, spricht der Dichter selber sein Urteil.

Diesem Dichter geht es nicht um Aventiure, überhaupt nicht um höfisches Wesen. Heldentum ist ihm nicht Rittertum, sondern Haudegentum, genau das, was Albrecht von Kemnaten in der Eingangsstrophe des Goldemar getadelt hatte. Ihm gilt die Kraft der Faust und die Wirkung des kräftigen Wortes. Dietrich bedroht die Boten der Herausforderung mit dem Tode – das ist Stil des 12. Jahrhunderts – und der Liebling des Dichters ist der rauhe, polternde Mönch Ilsan, der seine Klosterbrüder terrorisiert, und dem sie statt der versprochenen Gebete nur Flüche und Verwünschungen nachsenden. Auch der ritterliche Zweikampf reizt den Dichter nicht als solcher; die eigentlichen Kämpfe werden kurz und eintönig berichtet, wesentlich sind ihm die Streitreden vor und nach den Kämpfen und episodische Zwischenspiele. Dies alles ist bewußter Kontrast zur höfischen Dichtung.

Der Dichter war offenbar ein Mann der alten Schule, der sein Publikum nicht an den gebildeten Höfen suchte, und in dem eine Stimme der österreichischen Opposition gegen den höfischen Artusroman zu Worte kommt. Er steht auch nicht in der Nachfolge des Nibelungenliedes mit seinem Willen, heroischen Stoff höfisch zu durchlichten. Obwohl er das Nibelungenlied sicher gekannt hat, schließt er sich ihm auch stofflich nicht an. Der Vater der Burgundenkönige heißt ihm richtig Gibeche, er nennt Giselher nicht, er vermeidet den Namen Burgunden und spricht nur einmal von Nibelungen.

So ist auch sein Stil nicht von der gepflegten Buchepik des Nibelungenliedes und dessen Verwandten bestimmt. Er spricht und gestaltet im Stil des balladesken Liedes und steht darin dem Alphart nahe. Seine Strophen im Hildebrandston behandeln die Metrik sehr frei, sein Reim ist nicht durchweg rein. Sein Stil ist geprägt von Formelhaftigkeit und unbekümmerten Wiederholungen. Die Darstellung ist sprunghaft, die Komposition sucht nicht logische Durchführung, sondern die Wirkung kräftiger Pointen, die Figuren sind holzschnitthaft, kraftvoll, ohne seelische Verfeinerung. Er versteht sich auf einprägsamen Dialog mit volkstümlich geprägten Redewendungen und entfaltet namentlich in der Rede einen kräftigen, oft grob zupackenden Humor. Das älteste Gedicht mag noch mündlich vortragbar gewesen sein, zum Repertoire wandernder Literaten gehört haben und breite Wirkung auf den Burgen und selbst in der Gesindestube des landsässigen, literarisch anspruchslosen Adels angestrebt haben.

Diese uns unbekannte, nur in Umrissen greifbare älteste Dichtung entsprach gerade wieder dem Geschmack des spätesten Mittelalters. Sie vor allem war es, die mit mancherlei Zutaten und Ausweitungen von gleicher geistiger Haltung im 15. und 16. Jahrhundert gelesen wurde. Im späten 13. Jahrhundert ist sie dagegen Umgestaltungen unterworfen worden, die sie dem an höfischer Dichtung erzogenen Geschmack annehmbarer machen sollte. Die wichtigste ist die Fassung D, für die man Entstehung in Mitteldeutschland (Thüringen?) angenommen hat. Die auffallendste stoffliche Neuerung ist die Einbeziehung Etzels. In der neuen Einleitung ergeht die Herausforderung nicht mehr an Dietrich, sondern an Etzel, der Dietrich erst zur Teilnahme aufruft, sie geht nicht mehr von Kriemhild, sondern von Gibeche aus und sie stellt als Kampfpreis voran, daß der besiegte Herrscher sein Land dem Sieger abtreten und dessen Lehensmann werden soll. Soweit ich sehe, steht der Umdichter unter dem Einfluß Konrads von Würzburg und der von ihm geprägten Stiltradition. Das würde die Entstehung der Neufassung auf frühestens 1270/80 festlegen. Damit wäre sie jünger als das Gedicht von Biterolf und Dietleib (vgl. S. 174 ff.), und trotz gewichtiger Gegengründe würde es dabei zu bleiben haben, daß der große Zug Dietleibs und der Etzelhelden gegen Worms den Anstoß gegeben hat zu der Einbeziehung des Rosengartens in den Kreis der Taten und Ereignisse, die um den großen Hunnenkönig gruppiert sind.

Die Orientierung auf Etzel war indessen nicht das einzige Anliegen dieses Bearbeiters. Er hat den alten Kern aus der neuen Konzeption heraus nicht konsequent umgeformt, sondern sie ihm nur lose übergeworfen. Im eigentlichen Rosengartenzug ist Etzel auf weite Strecken ein ganz vergessener Statist; im Kerngefüge verbleibt es bei dem Widerspiel zwischen Dietrich und seinen Mannen einerseits, Kriemhild und Siegfried andererseits. Die stoffliche Annäherung an den Biterolf sagt aus, daß der Umdichter vor allem darauf aus war, den alten Rosengarten im Sinne der späthöfischen Auffassung höfisch zu machen. Er steigert den Rosengarten zu einem wirklichen Wundergarten, macht aus dem einfachen Seidenfaden eine kostbare Borte, setzt in seine Mitte eine wunderbare Linde, in deren Ästen künstliche Vögel mit Hilfe eines Mechanismus vielstimmig singen können und unter deren Schattendach Kriemhild mit 500 Jungfrauen thront. Im Eingang preist er das Fechten um Ehre und zuliebe schöner Frauen, das er Aventiure nennt, als Sinn heldischen Daseins, und Dietrich ist sofort bereit, solche Aventiure zu bestehen. Die Zweikämpfe werden verrittert, Ausstattung, Banner und Schildzeichen der Helden beschrieben, der Ansturm zu Pferde eröffnet die meisten Kämpfe, die ausführlicher und sachkundiger variiert werden. Siegfrieds Kraft entzündet sich neu an dem Denken an Kriemhilds Kuß, und auch Dietrich wird erst durch Hildebrands Hinweis auf die zuschauenden Frauen zu letzter Anstrengung befeuert. Vor allem wird versucht, Kriemhild zu entlasten, was freilich bei dem Konservatismus des Umdichters nur unvollkommen gelingt. Aber die gröbsten Ausfälle sind doch gemildert, die Kußszene mit Ilsan bleibt ihr erspart, und sie hat das höfische Recht der Dame, schlichtend und trennend einzugreifen, um das Leben der Besiegten zu schützen. Sehr deutlich heben sich vor allem jene Szenen heraus, in denen Etzel und Rüedeger eine Rolle spielen, die also eigene Neudichtung des Bearbeiters sind. Zumal Rüedegers Botengang zu Kriemhild, der sein deutliches Vorbild im Biterolf hat, ist mit allen äußeren und inneren Merkmalen glanzvollen höfischen Auftretens und höfischer Gesinnung ausgestattet. Was im ganzen herauskommt, ist bei der geringen Gestaltungskraft und der Zaghaftigkeit des Dichters gegenüber der Tradition doch nur ein Kompromiß; das Höfische liegt wie ein loser Schleier über dem alten, handfesten Kern.

Noch weiter scheint eine nur in drei Fragmenten erhaltene Bearbeitung – Rosengarten F – in der höfischen Neugestaltung gegangen zu sein, mit der Einführung einer Botin Kriemhilds an Dietrich, der Einflechtung von episodischen Minnehandlungen und der Übersteigerung von Pracht, Reichtum und Zeremoniell. Die Bearbeitungen C und P endlich erweisen sich als Mischredaktionen aus A und D oder nur als stilistische Glättungen.

Dem Kreise um Etzel und Dietrich gehört auch das Epos von Biterolf und Dietleib an, das uns nur durch das Ambraser Heldenbuch bewahrt ist. Das umfängliche, oft weitschweifige Epos ist in der Forschung bisher fast nur sagengeschichtlich, nicht literaturgeschichtlich betrachtet worden. Sein uns unbekannter österreichischer Dichter, sicher ritterlichen Standes, mag um 1260 oder noch etwas später gewirkt haben. Die erzählerisch lebendigste Episode von einem Zuge Etzels gegen eine feste Stadt im Preußenlande und deren langwierige Eroberung (1387 ff.) wirkt mitten in dem Gedicht, das sonst weit mehr auf Schilderung als auf Handlung ausgerichtet ist, wie ein Bericht aus eigener, den Dichter persönlich bewegender Erfahrung, so daß der Versuch einer festeren Datierung zwischen 1260 und 1270, bald nach einem der beiden Preußenzüge Ottokars von Böhmen, 1254 oder 1268, viel für sich zu haben scheint.

Mit dem Helden Dietleib hat der Dichter eine alte Sagenfigur aufgegriffen, die ursprünglich nach Niederdeutschland gehört, bei ihm aber mit der Steiermark verknüpft ist. Die Belehnung von Biterolf und Dietleib, Vater und Sohn, mit diesem Lande bildet den festlichen Ausklang des Werkes. Ruhm und Preis des Landes Steiermark schließen das Gedicht ab, ein Ausdruck warmer Heimatliebe des sicherlich steirischen Dichters. Über Dietleib wissen wir einiges aus der Thidrekssaga. Aber der dort berichtete Auszug des jungen Wildlings zu Dietrich bietet kaum mehr als eine allgemeine Grundlage. In unserem Gedicht ist der junge Dietleib so vollständig zum vorbildlichen Königssohn stilisiert und erzogen wie der junge Siegfried im Nibelungenlied. Als solcher zieht er in die Welt hinaus, und wenn er als jung und unerfahren gezeichnet wird, so hat er nichts von Parzivals knabenhafter *tumbheit*, sondern die Ungeübtheit eines jungen Edelknaben in ritterlichem Kampf. Daß Dietleibs Zug nicht mehr Dietrich, sondern Etzel aufsucht, gehört in den großen Konzentrationsvorgang um den Hunnenherrscher als Sammelpunkt alles heimischen Rittertums.

Das Epos gliedert sich deutlich in zwei Teile. In dem ersten wird erzählt, wie Biterolf heimlich aus seinem spanischen Königreich aufbricht und Weib und Kind verläßt, um in den Dienst Etzels, des größten aller Könige, zu treten. Lange Zeit lebt er unerkannt aber hochgeschätzt an Etzels Hof und ficht in seinen Schlachten mit, insbesondere in jenem Preußenkrieg, bei dem er in jahrelange harte Gefangenschaft gerät. Als sein Sohn Dietleib heranwächst, treibt es den noch knabenhaft jungen Helden hinaus, den Vater zu suchen. Der Auszug des jungen Wigalois auf die Suche nach seinem unbekannten Vater hat hier offenbar das Vorbild abgegeben. Am Rhein hat Dietleib einen Zusammenstoß mit Hagen, Gernot und Giselher, die vom Sachsenkrieg heimkehren und die in der zwielichtigen Auffassung des Waltherepos erscheinen. Trotz seiner Unerfahrenheit bleibt Dietleib Sieger, trägt aber seitdem einen Groll gegen die Wormser im Herzen. Auch er gelangt unerkannt zu Etzel und lebt neben seinem Vater am hunnischen Hof, bis ein versehentlicher, doch noch rechtzeitig getrennter Zusammenstoß von Vater und Sohn im Schlachtgetümmel zur großen Erkennungsszene führt. Der unbekannte Kampf von Vater und Sohn, der glücklich endet, ist nach dem Hildebrandstoff in seiner versöhnlichen Umformung gebildet. Den Dichter des Biterolf hat diese zugespitzte Situation so gereizt, daß er Biterolf auf dessen Zug zu Etzel noch einen anderen glücklich endenden Zusammenstoß mit einem Verwandten, dem jungen Walther, erleben läßt.

Den zweiten Teil des Epos bildet der große Vergeltungszug Dietleibs gegen die Wormser Könige mit Hilfe von Etzel und dessen Helden, darunter auch Dietrich, der zum Kampf mit Siegfried ausersehen wird. Hier hat das ältere Gedicht vom Rosengarten Pate gestanden; auf dem einfachen Grundriß der alten Fassung A hat der Dichter sein pompöses Prachtgemälde ritterlicher Kämpfe und fürstlicher Vorbildlichkeit entfaltet.

Denn dies ist die eigentliche Absicht des Dichters: die Umformung eines ursprünglich heroischen Stoffes in einen ritterlich-höfischen. Kein zweiter Dichter eines Heldenepos hat das so einheitlich und so folgerichtig durchgeführt. Mit der Verwendung des höfischen Reimpaarverses, den er glatt und sicher mit der Weitschweifigkeit des späthöfischen Ritterromans handhabt, hat er sich nicht nur äußerlich zu diesem Streben bekannt. Er ist tief durchdrungen von den Lebenswerten des ritterlichen Daseins und ritterlicher Gesellschaftsformen. Als Österreicher benutzt er Stoffe der heimischen Sagendichtung, um sie zu veranschaulichen. Er ist mit dem klassischen heroischen Roman, zumal dem Waltherepos und dem Nibelungenlied, innigst vertraut. Dort hatte er lernen können, wie ritterliches Wesen und ritterliche Repräsentation am heroischen Stoff entfaltet werden konnte; insoweit ist er mehr als nur stofflich ein echter Schüler des Nibelungendichters. Aber was jenen zum großen Dichter machte, das fehlt ihm: die Erfassung des Wesens des Heroischen als Behauptung der sittlichen Persönlichkeit im Schicksal.

Seine Helden kennen keine seelischen Konflikte, kaum seelische Regungen; ihr Verhalten orientiert sich an der gesellschaftlichen Regel. Daher gibt es auch kaum Handlungen, sondern fast nur Geschehnis und Zustandsschilderung. Seine Helden sind nur Figuren in einem breiten personenreichen Panorama ritterlicher Konvention. Die weiblichen Gestalten sind höfische Damen, und der Dichter weiß von der Verehrung, die ihnen gebührt. Aber er kennt keine Minnehandlung, denn Rittertum ist ihm vor allem kriegerische Tat. Die Schar der schönen Frauen, die den Kämpfen vor Worms zuschauen, ist wesentlich Staffage, ihre Anwesenheit höchstens beflügelnde Anfeuerung zu sportlicher Höchstleistung, aber keine Frau ist das Ziel von Ausfahrt und ritterlichem Kampf. Denn auch Rüedegers Kämpfe vor Worms im Frauendienste Brünhilds sind nicht Minnedienst, sondern höfische Konvention.

Die großen Kämpfe vor Worms, Massenkämpfe wie Einzelkämpfe, werden nach genau verabredeten Regeln angelegt und durchgeführt. Sie liegen auf der Grenze zwischen Turnier und Fehde; denn beides, sportlicher Zweikampf und blutiges Gefecht (*spiln oder strîten* V. 8470), sind dem Dichter Lebensinhalt des Ritters, in beiden kommt der Sinn ritterlicher Lebensweise zur Anschauung: edle Menschen messen in edler Form ihre Kräfte miteinander. Die Welt ist der Raum, in dem edle Ritter einander begegnen. Der Anlaß ist unwesentlich. Es geht nicht um Herrschaft oder Besitz, tödlichen Haß oder wilde Rache; der große Aufwand hat einen im Grunde törichten Ursprung: die angeblich gekränkte Ehre des Knaben Dietleib bei seinem Ritt durch Gunthers Land. Das ganze Unternehmen ist eigentlich nur ein riesiges Duell. Auch ist der Anlaß rasch vergessen; denn wichtig ist die Entfaltung ritterlicher Repräsentation. Rittertum wird zu einem gefährlichen Sport als Ausdruck erhöhten Lebensgefühls, gespielt vor einem Kranz schöner Damen, die sachkundig auch dem blutigen Zusammenprall der Massen zusehen. Gegnerschaft auf Tod und Leben beeinträchtigt weder das Bewußtsein ständischer Zusammengehörigkeit noch die individuelle Hochschätzung des Gegners.

Dieses mit allem Pomp entfaltete Prachtgemälde ritterlicher Erscheinung und Leistung in endlosen, blutigen, doch fast nie tödlichen Einzelkämpfen wie im wogenden Gefecht der Massen ist offenbar nicht Abbildung einer Wirklichkeit, sondern deren ideale Stilisierung. Darin liegt die Verwandtschaft des Biterolf mit der Artusdichtung, und wie diese führt er seine Helden als Muster der Vollkommenheit einem glückhaften Ende zu. Insbesondere denkt man an den von ritterlicher Begeisterung getragenen Jüngeren Titurel, mit dem der Dichter des Biterolf die Gesinnung, nicht aber das Pathos teilt. Doch bleibt das Gedicht nicht nur stofflich von dem Typus des Artusromans geschieden. Es kennt nicht den schweifenden Ritter, dem Aventiure begegnet, nicht die Welt der Zauberburgen und Fabelwesen. Es geht von der Wirklichkeit aus und bleibt ihr verbunden. Es bewegt sich in wirklichen Räumen und Zeiten, und mit der Genauigkeit eines Chronisten gibt der Dichter an, wenn er etwas nicht weiß oder nicht überliefert gefunden hat. Der heroische Roman wird damit zum Ritter- und Fürstenspiegel.

Das fand der Dichter in seinem Vorbild, dem hochhöfischen Heldenroman, dem Nibelungenlied und wahrscheinlich noch mehr dem Waltherepos, vorgebildet. Aber was dort organischer Teil eines wahrhaft epischen Ganzen war, wird hier fast ausschließlich Selbstzweck. Das nun lenkt den Blick zu Rudolf von Ems hinüber, zu seinem Guten Gerhard und vor allem zum Wilhelm von Orlens, den wir (vgl. Bd. II S. 182 ff.) als Fürstenspiegel interpretiert haben. Wie mir scheint, hat der Dichter des Biterolf bei der Schilderung der Kämpfe um die preußische Stadt Gamali Züge aus dem Kampf um Nivelle im Wilhelm von Orlens vor Augen gehabt. Auch Rudolf bewegt sich im Raum der Wirklichkeit und benutzt eine wenig ausgesponnene Handlung, um in seinem Helden Wirklichkeit zu vorbildlicher Idealität, zum „Spiegel", zu steigern. Aber sie ist mannigfaltiger und lebendiger als die des Biterolf, in dem Rittertum nur noch als Konvention, fast möchte man sagen, als Comment erscheint. Der Abstand zwischen Wirklichkeit und Ideal ist offenbar größer geworden, der lebendige Pulsschlag schwächer, das Ritterliche zur Form erstarrt. Wie der späte Aventiurenroman in der Übersteigerung der Aventiure immer verblasener und leerer wird, so erscheint hier der von der Wirklichkeit herkommende Ritterspiegel-Roman gerade durch Übersteigerung der Repräsentation von Kraft und Sinn entleert. Was im Hochgefühl der staufischen Epoche Ausdruck echten Lebensgefühls war, wurde Schablone. Die Zeit vermochte es nicht mehr zu tragen, sie konnte nur noch damit spielen und sich daran ergötzen.

Hier hat ein Mann Rittertum noch einmal als Form und Gehalt ernst genommen, ohne das Versiegen des Gehaltes zu spüren. Mitten in der Wirrnis des Interregnums dichtend, läßt er seinen Helden mit einem Lorbeerzweig als respektiertem Friedenszeichen des Reiches durch die Lande reiten (V. 3152 ff.). Während die Zeit bereits herannahte, daß die Ritterheere Leopolds von Österreich den Fußvolkscharen der freien Städte- und Bauerngemeinschaften der Schweiz unterlagen, hat er noch einmal dieses große Prachtgemälde ritterlicher Erscheinung, ritterlicher Daseinsform und ritterlichen Kämpfens entworfen.

Von hier aus geht der Dichter eines seltsamen, nur fragmentarisch erhaltenen Gedichtes noch einen Schritt weiter; wir nennen es Dietrich und Wenezlan. Von der Verherrlichung ritterlichen Daseins in den Gestalten der heroischen Dichtungswelt kommt er zur persönlichen Verherrlichung eines höfisch gesinnten Fürsten, also zum höfischen Preisgedicht. Der Dichter erhöht den Böhmenkönig Wenzel II. (1278–1305), den Sohn des großen Ottokar, indem er ihm Dietrich von Bern, den größten aller Helden, im Zweikampf gegenüberstellt. Wie im Biterolf vollzieht sich der Kampf im Rahmen eines ritterlichen Unternehmens, das halb Kriegszug halb Ritterfest ist. Wie dort sind die beiden Fürsten die höchsten Exponenten ihrer Parteien, wie dort bilden neben den Rittern auch Damen, darunter die Königin, einen Zuschauerkreis. Der Zweikampf – wie im Biterolf halb Ernst halb Sport – verläuft in dem gebotenen Schema des sich Messens zweier gleichwertiger Helden. Er dauert den ganzen Tag mit wechselndem Erfolg. Mit einem Stoßseufzer des durch Wenezlan bedrängten Dietrich bricht das Fragment ab. Dem ganzen Tenor nach dürfte ein ehrenvoller Ausgleich, etwa durch das Eingreifen der Königin, und ein festlicher Ausklang das Gedicht abgeschlossen haben. Darin wird der Ruhm des ritterlichen Fürsten erklungen sein, der sich selbst dem großen Dietrich von Bern gewachsen gezeigt hat.

3. WOLFDIETRICH

Außerhalb der Dietrichdichtung behauptet in der Spätzeit nur noch der Wolfdietrich seine Beliebtheit und wird Gegenstand lebendigen Weiterdichtens. Das alte Doppelepos von Ortnit und Wolfdietrich (Fassung A) ist in Bd. II, S. 206 ff. besprochen. Wieder hatte der Spürsinn der Sammler für Maximilians Ambraser Heldenbuch die älteste und beste Dichtung richtig erkannt und hat sie uns bewahrt. Das späte Mittelalter dagegen liebte und las eine andere, weit umfänglichere und an

Abenteuern reichere Wolfdietrichdichtung, den „Großen Wolfdietrich" (Fassung D), der in späten Handschriften des 15. Jahrhunderts
überliefert und in die bürgerliche Heldenbuchliteratur eingegangen ist.

Schon das späte 13. Jahrhundert hat an dem Stoff eifrig weitergebildet. Der alte
Wolfdietrich A hat Um- und Weiterdichtungen erfahren, und in den Fassungen B
und C folgten weit auseinandergehende Neuformungen, bis dann der letzte Kompilator D aus seinen Vorläufern ein umfangreiches Werk von der Länge des Nibelungenliedes zusammengestellt hat.

Der alte Kerngedanke war die Erzählung von dem echtbürtigen
Königssohn, der, von seinen Brüdern aus seinem Land und Erbe vertrieben, eine Schar getreuer Gefolgsleute behält und schließlich seine
Herrschaft wiedergewinnt und seine Getreuen befreit. Wolfdietrichs
Absicht, die Hilfe des mächtigen Kaisers Ortnit von Lamparten zu gewinnen, führt zur Verbindung der beiden Epenstoffe, sein Weg nach
Lamparten schafft die Möglichkeit, Abenteuererlebnisse einzuflechten,
wie es mit Maß schon im alten Wolfdietrich geschehen war. In den späteren Fassungen wird der alte Kern von Abenteuerphantastik immer
mehr überwuchert und geht auf weite Strecken ganz verloren. Doch
bleibt das letzte Ziel im Auge und wird nach unendlichen Mühsalen und
Umwegen erreicht.

So steht der „Große Wolfdietrich" neben der späthöfischen Fassung A wie die erhaltene Virginal neben der erschlossenen Erstfassung. Auch zeitlich ordnen sie sich
zusammen. Schon die Zwischenform C, eine der Vorstufen des großen Wolfdietrich,
steht unter dem Einfluß des späten Konrad von Würzburg, gehört also ans Ende des
13. Jahrhunderts. Den Großen Wolfdietrich werden wir gleich der Endfassung der
Virginal erst dem frühen 14. Jahrhundert zuweisen.

Es kann nicht unsere Aufgabe sein, die verwickelten internen Verhältnisse der verschiedenen Fassungen zueinander darzustellen, zumal
keine von ihnen in der originalen Form auf uns gekommen ist. B besitzen wir nur in der stümperhaften, zusammengestrichenen Kurzform
des Dresdner Heldenbuches, C in verhältnismäßig kleinen Bruchstücken.
Auch können wir der Geschichte der disparaten Stoffelemente nicht
nachgehen, die hier zusammengehäuft sind. Literarhistorisch wesentlich
ist es, daß auch hier der Stoff mehr und mehr die Herrschaft über Form und
Geist gewinnt, und daß damit Dichtung in einem ungezügelten Schwall
von Phantastik zu Ende geht. Doch hat es sein Interesse zu sehen,
wie die Verschiedenheit des Grundtypus von Dietrich- und Wolfdiet-
richaventiure bis zuletzt gewahrt bleibt. Die Dietrichabenteuer bleiben
räumlich an die österreichische Alpenwelt gebunden und erschöpfen
sich in Riesen-, Zwergen- und Drachenkämpfen in einer rasch zu Normen erstarrten Manier. Die Heimat Wolfdietrichs dagegen ist in den
nahen Orient verlegt (Konstantinopel, Saloniki, Athen), und damit ist
einer anderen, bunteren Abenteuerwelt der Eingang eröffnet. Zwar feh-

len natürlich auch in den Wolfdietrichgedichten Riesen, Zwerge und Drachen nicht, und es ist ja gerade ein Drachenabenteuer, das Ortnit und Wolfdietrich verbindet. Ortnit war von einer Drachenbrut verschlungen worden, Wolfdietrich gewinnt, indem er diese vernichtet, die Hand von Ortnits schöner Witwe und mit ihr deren Reich und die Mittel, sein eigenes Land wiederzuerobern. Aber während die Drachen innerhalb der Dietrichdichtung erst in der späten Virginal auftauchen und dort zu Bewohnern der unheimlichen Alpenwelt werden, sind die Drachen der Ortnit-Wolfdietrichdichtung orientalische Geschöpfe, die der böse heidnische Schwiegervater ins Land geschmuggelt hat, um Ortnit zu verderben. Die Abenteuerwelt des unheimlichen, heidnischen Orients steht dahinter, und sie macht sich in der Wolfdietrichdichtung breit. Mannstolle Heidenweiber suchen den Helden zu verlocken und zu verderben, auf Burgzinnen drohen die Köpfe von umgebrachten Christenrittern, Wolfdietrich hat mit heidnischen Burgherren und Vätern zu kämpfen und muß seine Kunst nicht im ritterlichen Gefecht, sondern z. B. im Messerwerfen bewähren. Ein weiblicher Unhold begehrt seine Minne und verwandelt sich in seinem Arm in eine schöne, von ihm erlöste Jungfrau. Der alte heidnisch-christliche Gegensatz tritt in aventiurenhafter Einkleidung beherrschend in den Mittelpunkt. Der Bösartigkeit der Heiden antwortet ein kindlich unbegrenztes Gottvertrauen des christlichen Helden, dem heidnischen Zauber ein naives Wunderwesen. Engelsbotschaften, hiebfest machende Reliquien, handgreifliche Wundertaten schützen und retten den Helden. Seine Gebete erfahren augenblicklich Erhörung, und im Handumdrehen verwandelt die Taufe den bösen Heiden in einen braven Christen oder holen die Teufel den beharrenden Bösewicht in die Hölle. Auch der Zug nach dem heiligen Lande, die siegreiche Hilfe für die bedrängten Christen fehlt im Bilde nicht, und ein Klosterleben im Stil der französischen Moniage steht am Ende von Wolfdietrichs Heldenbahn.

Diesem ganzen Typus mit seiner massiven Frömmigkeit und Wundergläubigkeit sind wir schon weit früher begegnet: in den Legendenromanen, zumal im Orendel, die wir dem späten 12. Jahrhundert zugeschrieben und in Bd. I S. 268 ff. behandelt haben. Wir haben in der Darstellung den Zweifel ausgedrückt, ob sie dort richtig eingeordnet sind. Gehören sie nicht doch auch chronologisch in die Nachbarschaft des Großen Wolfdietrich, also ins 14. Jahrhundert? Oder tauchen Denkweisen und Interessen hier wieder ans Licht, die als literarische Kost einer sozialen Tiefenschicht außerhalb des Buches das ganze höfische Jahrhundert überdauert haben?

Der Große Wolfdietrich steht auf seiten des heroischen Romans am Ende der Entwicklung zu einer bedenkenlosen Vermischung der gattungsmäßigen Sphären von heroischer Tat, artushafter Aventiure, Orientwunder und Legende, wie auf der anderen Seite – schüchtern beginnend schon bei Wirnt von Grafenberg – der höfische Aventiurenroman, etwa im Reinfried von Braunschweig oder im Apollonius des Heinrich von Neustadt, sich Stoffe, Motive und Gestalten aller Gattungen einverleibt. Alles einzelne ist schon dagewesen, aber der naive Hunger nach dem Abenteuerlichen und Wunderbaren bleibt unersättlich, und der für alle Nuancierung abgestumpfte Geschmack findet nur noch in der Häufung des Ganzen und der Kraßheit des Einzelnen sein Genüge.

LITERATUR

Allgemeine Literatur zum Heldenepos

Hermann Schneider, Das mhd. Heldenepos. ZfdA 58 (1921) S. 97–139.
ders., Germanische Heldensage. Bd. 1, Berlin 1928. 2. Aufl. Berlin 1962 (mit Bibliographie 1928–60 von Roswitha Wisniewski).
ders., Einleitung zu einer Darstellung der Heldensage. Beitr. (Tübingen) 77 (1955) S. 71–82.
Helmut de Boor, „Heldensage ist Literaturgeschichte". Zs. f. dt. Bildung 5 (1929) S. 449–66.
Justus Lunzer, Steiermark in der deutschen Heldensage. WSB 240, 1. 1927.
Karl zur Nieden, Über die Verfasser der mhd. Heldenepen. Diss. Bonn 1930.
Annemarie Laubscher. Die Entwicklung des Frauenbildes im mhd. Heldenepos. Diss. Würzburg 1954 (Masch.-Schr.).
Hans Kuhn, Heldensage und Christentum. In: Gedenkschrift . . . zur 150. Wiederkehr des Gründungsjahres der Friedrich-Wilhelm-Universität zu Berlin. Berlin 1960. Bd. 2, S. 515–24.
Otto Höfler, Die Anonymität des Nibelungenliedes. Dtsche. Vierteljahrsschr. 29 (1955), S. 167–213.
Heinz Rupp, „Heldendichtung" als Gattung der deutschen Literatur des 13. Jahrhunderts. In: Volk, Sprache, Dichtung. Festgabe für Kurt Wagner. Gießen 1960. S. 9–25.
Hans Fromm, Das Heldenzeitlied des deutschen Hochmittelalters. Neuphil. Mitt. 62 (1961), S. 94–118.

Heldenbücher

Dresdner Heldenbuch des Kaspar von der Rhön: Friedrich Heinrich von der Hagen und Alois Primisser, Der Helden Buch in der Ursprache. Tl. 2 (1825), S. 1–233.
Straßburger Heldenbuch: Adelbert von Keller, StLV 87. Stuttgart 1867.
Deutsches Heldenbuch („Berliner Heldenbuch"), hrsg. von Karl Müllenhoff u. a. 5 Bde. Berlin 1866–70.

HÜRNEN SEYFRIED

Ausg.: Wolfgang Golther, 2. Aufl., Halle 1911 (Neudrucke Nr. 81/82).
K. C. King, Manchester 1958.
Lit.: Hermann Schneider, Germanische Heldensage, Bd. 1. Berlin 1928. S. 115–24.
Ehrismann 2, Schlußband, S. 177–79.
Willy Krogmann, Verf.-Lex 4, Sp. 180–9a.
Theodor Lindemann, Versuch einer Formenlehre des Hürnen Seyfried mit Heranziehung des neuaufgefundenen Straßburger Druckes von 1563. Halle 1913 (Diss. Rostock).
H. W. J. Kroes, Untersuchungen über das Lied vom Hürnen Seyfried mit Berücksichtigung der verwandten Überlieferungen. Gouda 1924 (Diss. Groningen).

K. C. King, Siegfried's Fight with the Dragon in the Edda and the Hürnen Seyfried. London Mediaeval Studies I (1937–39) S. 77–83.

K. C. King, Das Lied vom Hürnen Seyfried: The Printers and Orthography of a Sixteenth Century German Text. Bulletin of the John Rylands Library Manchester 35 Nr. 1 (1952) S. 61–87.

H. W. J. Kroes, Der sagengeschichtliche Gehalt des Liedes vom Hürnen Seyfried. GRM 39 (1958) S. 193–206.

Siegfried Gutenbrunner, Sigfrids Tod im Hürnen Seyfrid. Ein Rekonstruktionsversuch. ZfdPh 79 (1960) S. 284–91.

Trude Kunz, Glossar und Reimwörterbuch zum „Hürnen Seyfried". Diss. Wien 1952 (Masch.-Schr.).

DARMSTÄDTER AVENTIURENVERZEICHNIS (NIBELUNGENHS. m)

Ausg.: O. Weigand, ZfdA 10 (1856), S. 142–46.

Karl Bartsch, Große Nibelungenausgabe, Leipzig 1870–80. Bd. 1, S. XXV–XXVIII.

Lit.: Helmut de Boor, Die Bearbeitung m des Nibelungenliedes (Darmstädter Aventiurenverzeichnis). Beitr. Tübingen 81 (1959), S. 176–95. Darin verbesserter Textabdruck.

Weitere Literatur siehe unter Hürnen Seyfried.

DUCUS HORANT

Ausg.: Leo Fuks, 2 Bde. Leiden 1957.

Lit.: Leonard Forster, Ducus Horant. German Life & Letters 11 (1957/58) S. 276–85.

W. Schwarz, Einige Bemerkungen zur jiddischen Gudrun. Neophil. 42 (1958) S. 327–32.

J. Carles, Un fragment judéo-allemand du cycle de Kudrun. Etudes Germ. 13 (1958) S. 348–51.

P. F. Ganz, Dukus Horant. An Early Yiddish Poem from the Cairo Genizah. Journal of Jewish Studies 9 (1958) S. 47–62.

Ingeborg Schröbler, Zu L. Fuks' Ausgabe der ältesten bisher bekannten Denkmäler jiddischer Literatur. ZfdA 89 (1958/59) S. 135–62.

Jean Fourquet, Ernst Henri Lévy (1867–1940) et le Dukus Horant. Etudes Germ. 14 (1959) S. 50–56.

James W. Marchand, Einiges zur sogenannten „Jiddischen Kudrun". Neophilologus 45 (1961) S. 55–63.

DIETRICHDICHTUNG (ALLGEMEIN)

Waldemar Haupt, Zur niederdeutschen Dietrichsage. Diss. Berlin 1914.

Justus Lunzer, Dietrich von Bern im Frauendienst. ZfdA 70 (1933) S. 257–72.

Georges Zink, Les légendes héroiques de Dietrich et d'Ermrich dans les littératures germaniques. Lyon 1950.

ders., Le Cycle de Dietrich. Morceaux choisies avec introduction, notes et glossaire Paris 1953.

Wolfgang Mohr, Dietrich von Bern. ZfdA 80 (1944) S. 117–55.

Alexander Haggerty Krappe, Der Tod der Etzelsöhne im Dietrich-Epos. ZfdA 69 (1932) S. 137–43.

Hanna-Renate Laurien, Stilelemente der historischen Dietrich-Epen. Diss. FU Berlin 1951 (Masch.-Schr.).

Georges Fenwick Jones, Dietrich von Bern as a Literary Symbol. PMLA 67 (1952) S. 1094–1102.

Erich Benedikt, Die Überlieferung vom Ende Dietrichs von Bern. In: Festschrift f. Dietrich Kralik. Horn 1954. S. 99–111.

Irma Wenzel, Dietrich von Bern und seine Kämpfe mit dämonischen Wesen. Diss. Wien 1954 (Masch.-Schr.).

Gisela Plötzeneder, Die Gestalt Dietrichs von Bern in der deutschen Dichtung und Sage des frühen und hohen Mittelalters. Diss. Innsbruck 1957 (Masch.-Schr.).

dies., Die Teufelssage von Dietrich von Bern. In: German. Abhandlungen (= Innsbrucker Beitr. zur Kulturwiss. 6), Innsbruck 1959. S. 33–40.

Wolfgang Jungandreas, Dietrich von Bern an der Mosel. Vierteljahrsbll. d. Trierer Ges. f. nützliche Forschungen 3 (1957) S. 41–44.

BUCH VON BERN (DIETRICHS FLUCHT UND RABENSCHLACHT)

Ausg.: Ernst Martin, Berlin 1866 (Deutsches Heldenbuch Bd. 2).

Konrad Zwierzina, Seckauer Bruchstücke der Rabenschlacht. Beitr. 50 (1927) S. 1–16.

Lit.: Hermann Schneider, Germanische Heldensage. Bd. 1. Berlin 1928. S. 214–32.

Ehrismann 2, Schlußband, S. 166–68.

Eberhart Klaaß, Verf.-Lex. 2, Sp. 364–66.

Hellmut Rosenfeld, Verf.-Lex. 5, Sp. 361–67.

Albert Leitzmann, Dietrichs Flucht und Rabenschlacht. ZfdPh 51 (1926) S. 46–91.

ders., Zur Reimtechnik von Dietrichs Flucht und Rabenschlacht. Beitr. 50 (1927) S. 401–07.

Alfred Götze, „Dietrichs Flucht", „Rabenschlacht" und Wernhers „Helmbrecht". ZfdPh. 51 (1926) S. 478.

Theodor Steche, Das Rabenschlachtgedicht, das Buch von Bern und die Entwicklung der Dietrichsage. Greifswald 1939

Helmut de Boor, Die Heldennamen in der historischen Dietrichdichtung. ZfdA 78 (1942) S. 234–67.

Richard von Premerstein, Dietrichs Flucht und die Rabenschlacht. Untersuchung über die äußere und innere Entwicklung der Sagenstoffe. Gießen 1957.

Gerhard Eis, Ein Rugier im „Buch von Bern"? GRM 39 (1958) S. 416–19.

DIETRICHS HEIMKEHR

Piðriks saga af Bern ed. Henrik Bertelsen, Kopenhagen 1905–1911. Kap. 414 (395) Bd. II. S. 328–357.

JÜNGERES HILDEBRANDSLIED

Ausg.: MSD³, Bd. 2, S. 26–30 (kritische Ausgabe); wieder abgedruckt: Richard Kienast, Ausgewählte ahd. Sprachdenkmäler. Heidelberg 1948. S. 79–81.

John Meier, Deutsche Volkslieder mit ihren Melodien. Bd. 1: Balladen, Tl. 1. Nr. 1. Berlin u. Leipzig 1935. S. 1–21.

Lit.: Ehrismann 2, Schlußband, S. 175–76.

Hellmut Rosenfeld, Verf.-Lex. 5, Sp. 413–16.

Walther Kienast, Altes Hildebrandslied, Thidrekssaga, Junges Hildebrandslied. Archiv 144 (1923) S. 155–69.

Helmut de Boor, Die nordische und die deutsche Hildebrandsage. ZfdPh 49 (1924) S. 149–81, 50 (1926) S. 175–210.

Andreas Heusler, Das alte und das junge Hildebrandslied. Preuss. Jbb. 208 (1927) S. 143–52; wieder abgedruckt: Kl. Schriften. Berlin 1943. S. 1–11.

John Meier, Drei alte deutsche Balladen. Nr. 1. Das jüngere Hildebrandslied. Jb. f. Volksliedforschg. 4 (1934) S. 1–37.

Ludwig Wolff, Das jüngere Hildebrandslied und seine Vorstufe. Hess. Bll. f. Vk. 39 (1941) S. 54–63.

KONINC ERMENRIKES DOT

Ausg.: Karl Goedeke, Koninc Ermenrîkes Dôt. Ein niederdeutsches Lied zur Dietrichsage. Hannover 1851.
John Meier, Deutsche Volkslieder mit ihren Melodien. Bd. I, 1. Nr. 2. Berlin und Leipzig 1935. S. 21–27.
Lit.: Hans Steinger, Verf.-Lex. 1, Sp. 585–86.
Ehrismann 2, Schlußband. S. 156.
Hermann Schneider, Germanische Heldensage, Bd. 1. Berlin 1928. S. 250–52.
ders., Studien zur Heldensage. 2. Die Ermanarichsage. ZfdA 54 (1913) S. 343–54.
Carl Wesle, Zur Sage von Ermenrichs Tod. Beitr. 46 (1922) S. 248–65.
Helmut de Boor, Das niederdeutsche Lied von Koninc Ermenrikes Dot. Beiträge zur Deutschkunde (Festschrift Siebs), Emden 1922, S. 22–38.
Walther Kienast, Hamdismál und Koninc Ermenrikes Dot. ZfdA 63 (1926) S. 49–80.
John Meier, Drei alte deutsche Balladen. Nr. 2. Das Lied von Ermenrichs Tod. Jb. f. Volksliedforschg. 4 (1934) S. 37–52.
Caroline Brady, The Legends of Ermanaric. Berkeley 1943.
Ursula Hennig, Gab es ein „jüngeres Hamdirlied"? Beitr. Tübingen 82 (1960) S. 44–69.

ALPHARTS TOD

Ausg.: Ernst Martin, Berlin 1866 (Deutsches Heldenbuch Bd. 2).
Lit.: Hermann Schneider, Germanische Heldensage. Bd. 1. Berlin 1928. S. 324–26.
Ehrismann 2, Schlußband, S. 168–69.
Hans Bork, Verf.-Lex. 1, Sp. 64–69.
Hellmut Rosenfeld, Verf.-Lex. 5, Sp. 40–43.
Otto Luitpold Jiriczek, Die innere Geschichte des Alphartliedes. Beitr. 16 (1892) S. 115–199.
Emil Kettner, Die Einheit des Alphartliedes. ZfdPh 31 (1899) S. 24–39.
Richard Mansky, Untersuchungen über „Alpharts Tod". Diss. Göttingen 1904.
Rudolf Knapp, Das Problem der Einheit von „Alpharts Tod". Diss. Tübingen 1925 (Masch.-Schr.).
Albert Leitzmann, Zu Alpharts Tod. Beitr. 50 (1927) S. 394–98.
Heinz Vogelsang, Studien zur Entwicklungsgeschichte von „Alpharts Tod". Bern 1949 (Diss. Bern).
Edeltraut Maurer, Vollständiges Glossar zu „Alpharts Tod" mit einer Einleitung über die bisherige Behandlung des Gedichtes in der wissenschaftlichen Literatur. Diss. Wien 1952 (Masch.-Schr.).

ALBRECHT VON KEMNATEN

GOLDEMAR

Ausg.: Julius Zupitza, Berlin 1870 (Deutsches Heldenbuch 5, S. 203–04).
Lit.: Hermann Schneider, Germanische Heldensage. Bd. 1. Berlin 1928. S. 269.
Eberhard Klaß, Verf.-Lex. 1, Sp. 55–57.
Ehrismann 2, Schlußband, S. 172–73.
Helmut de Boor, Albrecht von Kemnaten. In: Unterscheidung und Bewahrung, Hermann Kunisch zum 60. Geburtstag. Berlin 1961, S. 20–30.

GRIM UND HILDE

Þiðriks saga af Bern ed. Henrik Bertelsen, Kopenhagen 1905–11. Kap. 28a–29a (16–17). Bd. I. S. 34–36.

ECKENLIED

Ausg.: Julius Zupitza, Berlin 1870 (Deutsches Heldenbuch 5 S. 219–64).
Julius Zacher, Bruchstücke aus der Sammlung des Freiherrn von Hardenberg
Eckenlied. ZfdPh. 9 (1878) S. 416–20.
Konrad Schiffmann, Altdeutsche Funde aus Schlierbach: Ein Bruchstück des Ecken-
liedes. ZfdA 42 (1898) S. 227–28.
Carl von Kraus, Bruchstücke einer neuen Fassung des Eckenliedes A. Abhandl.
d. Bayer. Ak. d. Wiss. Bd. 32, Nr. 3–4. München 1926.
Lit.: Hermann Schneider, Germanische Heldensage. Bd. 1. Berlin 1928. S. 255–63.
Hans Steinger, Verf.-Lex. 1, Sp. 490–94. Mit Übersicht über die Abdrucke der ein-
zelnen Fassungen.
Hellmut Rosenfeld, Verf.-Lex. 5, Sp. 162–63.
Ehrismann 2, Schlußband, S. 171–72.
Friedrich Vogt, Zum Eckenliede. ZfdPh 25 (1893) S. 1–28.
Otto Freiberg, Die Quellen des Eckenliedes. Beitr. 29 (1904) S. 1–79.
Georg Boos, Studien über das Eckenlied. Beitr. 39 (1914) S. 135–74.
Helmut de Boor, Zur Eckensage. Mitt. d. Schles. Ges. f. Volkskunde 23 (1923)
S. 29–43.
W. E. D. Stephens, Didrikssaga and Eckenlied. London Medieval Studies I (1937/39)
S. 84–92.

SIGENOT

Ausg.: Julius Zupitza (älterer Sigenot) Berlin 1870 (Deutsches Heldenbuch 5,S.207–15).
A. Clemens Schoener, Der jüngere Sigenot, Heidelberg 1928.
Rudolf Fischer, Sigenot-Bruchstücke von Maria-Kulm. ZfdA 74 (1937) S. 271–74.
Lit.: Hermann Schneider, Germanische Heldensage. Bd. 1. Berlin 1928. S. 255–66.
Ehrismann 2, Schlußband, S. 170–71.
Hugo Kuhn, Verf.-Lex. 4, Sp. 209–12.
Gerhard Eis, Zur Überlieferung der Jüngeren Sigenot. ZfdA 78 (1941) S. 268–76.

VIRGINAL

Ausg.: Julius Zuspitza, Berlin 1870 (Deutsches Heldenbuch 5, S. 1–200).
von Heinemann, Aus zerschnittenen Wolfenbüttler Handschriften. ZfdA 32 (1888)
S. 69–123. Speziell Virginal S. 81–84.
Michael Huber, Virginalbruchstücke aus der Benediktinerstiftsbibliothek Metten.
Münchener Museum 1 (1911) S. 46–63.
Edward Schröder, Bruchstücke der Virginalhs. E. ZfdA 54 (1913) S. 412–19.
Robert Priebsch, Ein neues Bruchstück der Virginal. Archiv 145 (1923) S. 30–34.
Edward Schröder, Bruchstücke einer neuen Pergamenths. der Virginal. ZfdA 73
(1936) S. 270–76.
Lit.: Hermann Schneider, Germanische Heldensage. Bd. 1. Berlin 1928. S. 269–78.
Ehrismann 2, Schlußband, S. 169–70.
Hugo Kuhn, Verf.-Lex. 4, Sp. 701–05. Mit Übersicht über die Abdrucke der einzelnen
Fassungen.
Justus Lunzer, Über Dietrichs erste Ausfahrt. ZfdA 43 (1899) S. 193–257.
Ernst Schmidt, Zur Entstehungsgeschichte und Verfasserfrage der Virginal. Prag
1906.
Carl von Kraus, Virginal und Dietrichs Ausfahrt. ZfdA 50 (1908) S. 1–123.
Justus Lunzer, Die Virginal A und Wolframs Willehalm. ZfdA 52 (1910) S. 113–34.
ders., Arona. ZfdA 53 (1912) S. 1–61.
Albert Leitzmann, Zum Wortschatz der Virginal. Beitr. 50 (1927) S. 408–11.
Edward Schröder, Zur spätern Verbreitung der Virginal. ZfdA 74 (1937) S. 116.

Hugo Kuhn, Virginal. Beitr. 71 (1949) S. 331–86; wieder abgedruckt in: Dichtung und Welt im Mittelalter. Stuttgart 1960. S. 220–248.

Hedwig Glanz, Reimwörterbuch zur Virginal. Diss. Wien 1953 (Masch.-Schr.).

LAURIN

Ausg.: Karl Müllenhoff. Berlin 1866 (Deutsches Heldenbuch 1, S. 201–37); separat: 5. Aufl. 1926; Abdruck der 5. Aufl., Hamburg 1948.

Georg Holz, Laurin und der kleine Rosengarten. Halle 1897 (A und D).

K. Schorbach, Seltene Drucke in Nachbildungen IV. Laurin. Halle 1904.

Torsten Dahlberg, Zwei unberücksichtigte mhd. Laurin-Versionen. Lund 1948.

Wolfgang Jungandreas, Eine schlesische Handschrift des „Laurin". in: Festschrift Th. Siebs. Breslau 1933. S. 33–48.

Lit.: Hermann Schneider, Germanische Heldensage. Bd. 1. Berlin 1928. S. 267–69.

Eberhard Klaaß, Verf.-Lex. 2, Sp. 841–47.

Hellmut Rosenfeld, Verf.-Lex. 5, Sp. 530–33.

Ehrismann 2, Schlußband, S. 173–74.

Albert Leitzmann, Zu Laurin und Walberan. Beitr. 50 (1927) S. 394–98.

Jan de Vries, Bemerkungen zur Laurindichtung. Beitr. 56 (1932) S. 153–80.

Hermann Menhardt, Die Nibelungenhandschrift c, der Laurin und die Historia Gothorum des Lazius. ZfdA 84 (1952/53) S. 152–58.

Anton Stuzka, Glossar zu Laurin. Diss. Wien 1949 (Masch.-Schr.).

Stanislaw Sawicki, Zum dänischen Laurin. Arkiv 56 (1941) S. 267–74.

Torsten Dahlberg, Zum dänischen Laurin und zum nd. Lorin. Lund 1950.

Torsten Dahlberg, Laurinprobleme. Niederdt. Mitt. 8 (1952) S. 46–53.

WUNDERER

Ausg.: *B:* Georges Zink, Paris 1949 (Faksimile).

F: Adelbert von Keller, Fastnachtsspiele aus dem 15. Jh. Bd. 2. StLV Nr. 29. Stuttgart 1853. S. 547–52, Nr. 62.

H: Friedrich Heinrich von der Hagen u. Alois Primisser, Der Helden Buch in der Ursprache. Tl. 2. Berlin 1825. S. 55–73.

H_1: Friedrich Heinrich von der Hagen, Heldenbuch. Bd. 2. Leipzig 1855. S. 529–41.

K: Adelbert von Keller, Erzählungen aus altdeutschen Handschriften. StLV 35. Stuttgart 1855 S. 1–9.

L: Konrad Schiffmann, Ein Bruchstück des Wunderers. ZfdA 51 (1909) S. 416–20.

Carl Brestowsky, Zum Wunderer-Bruchstück L. ZfdA 65 (1928) S. 63–64.

Lit.: Hermann Schneider, Germanische Heldensage. Bd. 1. Berlin 1928. S. 278–82.

Ehrismann 2, Schlußband, S. 174–75.

Willy Krogmann, Verf.-Lex. 4, Sp. 1094–99.

Otto Warnatsch, Die Sage vom Wunderer und der Saligen in ihrer literarhistorischen Gestaltung, in: Festschr. d. Germanist. Ver. in Breslau. Leipzig 1902. S. 177–92.

Heinrich Hempel, Untersuchungen zum Wunderer. Diss. Halle 1914.

H. H. J. de Leeuwe, Die dramatische Komposition des Fastnachtsspiels vom Wunderer. Neophilologus 33 (1949) S. 150–60.

ROSENGÄRTEN

Ausg.: Georg Holz. Halle 1893 (krit. Ausg. von A, D und F; dort Verzeichnis der Handschriften und Abdrucke).

Wilhelm Grimm, Der Rosengarten (Fassg. C). Göttingen 1836.

Torsten Dahlberg, Das Moselfränkische Rosengartenfragment der Landesbibliothek Dessau. Vetensk. Societeten Lund. Årsbok 1947. S. 91–136.

Lit.: Hermann Schneider, Germanische Heldensage. Bd. 1. Berlin 1928. S. 286–307.
Ehrismann 2, Schlußband, S. 164–66.
Hellmut Rosenfeld, Verf.-Lex. 5, Sp. 987–91. Mit Übersicht über die einzelnen Fassungen und ihre Abdrucke.
Albert Leitzmann, Zum Rosengarten F. Beitr. 50 (1927) S. 412–13.
Carl Brestowsky, Der Rosengarten zu Worms. Versuch einer Wiederherstellung der Urgestalt (Tübinger germanistische Arbeiten 7). Stuttgart 1929.
Erich Grandy, Die Versbehandlung der Eigennamen im Großen Wormser Rosengarten. Diss. Wien 1947 (Masch.-Schr.).
Erich Benedikt, Untersuchungen zu den Epen vom Wormser Rosengarten. Diss. Wien 1951 (Masch.-Schr.).
Kurt Ranke, Rosengarten, Recht und Totenkult. Hamburg 1951.
Eduard Lachmann, Rosengarten und Gartenaere. Der Schlern 26 (1952) S. 123–30.
Hermann Steinberger, Zum Namen „Rosengarten". Der Schlern 28 (1954) S. 40–41.
Josef Nadler, Goldhort/Rosengarten/Gral, in: Festschrift f. Dietrich Kralik. Horn 1954. S. 111–29.
Helmut de Boor, Die literarische Stellung des Gedichtes vom Rosengarten in Worms. Beitr. Tübingen 81 (1959) S. 371–91.

BITEROLF UND DIETLEIB

Ausg.: Oskar Jänicke, Berlin 1866 (Deutsches Heldenbuch Bd. 1, S. 1–197).
Lit.: Hermann Schneider, Germanische Heldensage. Bd. 1. Berlin 1928. S. 326–28.
Hans Bork, Verf.-Lex. 1, Sp. 238–40.
Hellmut Rosenfeld, Verf.-Lex. 5, Sp. 99–100.
Ehrismann 2, Schlußband, S. 162–63.
Waldemar Haupt, Zur niederdeutschen Dietrichsage (Pal. 129). Berlin 1913.
Alfred Hagemeyer, Die Quellen des Biterolf. Diss. Tübingen 1926.
Reinhold Trautmann, Die Dietleibsage und die Bylinendichtung. Beitr. 66 (1942) S. 146–53.
Justus Lunzer, Die Entstehungszeit des Biterolf. Euph. Erg.-H. 16 (1923) S. 8–34.
ders., Humor im Biterolf. ZfdA 63 (1926) S. 25–43.
Hertwin Schmidtmayr, Die Technik der Redeeinführung im „Biterolf" und der „Klage". Diss. Wien 1952 (Masch.-Schr.).

DIETRICH UND WENEZLAN

Ausg.: Julius Zupitza, Berlin 1870 (Deutsches Heldenbuch Bd. 5, S. 267–74).
Edward Schröder, Das Fragment Dietrich und Wenezlan. ZfdA 70 (1933) S. 142–44.
Lit.: Hans Bork, Verf.-Lex. 1, Sp. 434–35.
Hellmut Rosenfeld, Verf.-Lex. 5, Sp. 154–55.
Ehrismann 2, Schlußband, S. 175.
Justus Lunzer, Dietrich und Wenezlan. ZfdA 55 (1917) S. 1–40.
Albert Leitzmann, Wolframianismen in Dietrich und Wenezlan. Beitr. 50 (1927) S. 411–12.
Gerhard Eis, Zu Dietrichs Slawenkämpfen. 1. Dietrich und Wenezlan. ZfdA 84 (1952/53) S. 70–77.

WOLFDIETRICH

Ausg. und *Lit.* s. Bd. 2 (4. Aufl.), S. 214 und 445.

FÜNFTES KAPITEL

GESCHICHTSDICHTUNG

Es kann nicht verwundern, daß in einer Zeit, die sich an dem idealen
Bilde menschlichen Daseins, wie die große Epik es entworfen hatte,
nicht mehr genügen ließ, die vielmehr Sinn und Blick für die Mannigfaltigkeit wie für die Fragwürdigkeit der Wirklichkeit offen hatte, die
Geschichte zu einem Bilderbuch solcher Wirklichkeit wurde. Es ist
klar, daß damit die große Geschichtskonzeption, die das 12. Jahrhundert beherrschte, der doppelte Geschichtsablauf als Heilsgeschichte und
Weltgeschichte, an bestimmender Kraft verlieren mußte, auch wenn sie
als Idee fortlebte. Im Vordergrund steht jetzt die Welt als Schauplatz
vielfältiger spannender Ereignisse, wobei Wirklichkeit zugleich die
ganze Fülle des Wundersamen, Unglaublichen und Unerhörten mit umspannte. Die Grenze zwischen Geschichte und Dichtung blieb offen;
Trojaroman und Äneasroman, Rolandslied und Alexanderroman waren
Geschichte, und die weltgeschichtlichen Darstellungen machten von ihnen
reichlich Gebrauch. Aber auch die neue Frömmigkeit mit ihrer Sehnsucht nach Nähe zum Heiligen und Göttlichen konnte den Blick auf die
Geschichte lenken. Denn sowohl das alte Testament als auch die Taten
und Wunder der Heiligen waren ja ein Stück Geschichte und gingen in
die Darstellungen der Weltgeschichte als legitime Glieder ein. Eben im
Ablauf der Geschichte, in der Erhöhung und dem Fall der Großen, in
Glück und Leiden wurde die waltende Hand Gottes sichtbar. Insoweit
gehört auch die Flut der Legenden und Legendare in deutscher Sprache
ebenso in den Bereich populärer Geschichtsschreibung wie die alttestamentliche Dichtung, die zumal im Kreise des Deutschen Ordens gepflegt
wurde. Endlich aber kehrten der Blick und das Interesse aus der zeit- und
ortlosen Weite der Artuswelt, aus der Ferne und Größe welthistorischer
und erdumspannender Universalreiche in die vertraute Wirklichkeit zeitlich und örtlich umgrenzter Vorgänge, aus der Idee ins Geschehen zurück. Wir haben früher (vgl. Bd. II S. 367 f., 375, 415) gesehen, wie
sich in der Kreuzzugsdichtung der Schwung der aus welthistorischem
Denken gespeisten Idee, die in Walther von der Vogelweide ihren letzten Verkünder gefunden hatte, bei Freidank, Neithart und Tannhäuser
zum Erlebnis einer bedrängenden Wirklichkeit wandelte. Und wie mit
dem Tode Friedrichs II. die Idee des universalen Reiches zu Grabe getragen wurde und das Gegeneinander zahlloser politischer und sozialer
Sonderkräfte als das Eigentliche des wirklichen Geschehens erkannt
wurde, wächst auch in der populären Geschichtsschreibung der Sinn

für das Begrenzte und Gegenwärtige, das doch für die Existenz der Menschen das eigentlich Entscheidende und Wichtige ist. So treten in der deutschsprachigen, d. h. für den Laien berechneten Geschichtsschreibung zwei ganz verschiedene Typen fast gleichzeitig in Erscheinung: die Weltchronik und die Regional- oder Lokalchronik. Sehr früh und ihrer Entstehungszeit nach eigentlich dem vorigen Bande zugehörig, wird abseits der großen staufischen Literatur im niederdeutschen Raum einerseits die Gandersheimer Chronik des Priesters Eberhard (1216), andererseits die Sächsische Weltchronik (ca. 1237) geschrieben. Und es ist bezeichnend, daß die beiden großen Chronisten Österreichs im späten 13. Jahrhundert, der Wiener Jansen Enikel und der Steirer Ottokar mit einer Weltchronik begannen und dann zu landesgeschichtlichen Werken übergingen, Jansen Enikel mit seinem Fürstenbuch, Ottokar mit seiner Österreichischen Reimchronik.

1. WELTCHRONIKEN

Es braucht kaum gesagt zu werden, daß alle deutsche Geschichtsdarstellung auf der lateinischen ruht, und daß nur in gegenwartsnahen Abschnitten allenfalls eigenes Wissen und Erlebnis des deutschen Verfassers eingeflossen sein kann. Das Schema weltgeschichtlicher Darstellung von der Schöpfung über das Alte Testament zu den Weltreichen und weiter zu Christi Geburt und zu Caesar als Gründer des bis in die Gegenwart fortdauernden Römischen Reiches lag ebenso fest wie die Behandlung der Reichsgeschichte als Welt- und Kirchengeschichte in der Form von Kaiser- und Papstgeschichte. Handgerechte lateinische Darstellungen standen zu Gebote, von den älteren Chroniken des Frutolf von Michelsberg und Otto von Freising über die Kompendien des Petrus Comestor (für das Alte Testament), Honorius Augustodunensis, Gottfried von Viterbo bis zu der in der späteren Zeit viel benutzten Weltchronik des Martin von Troppau. Wieviel jedes der deutschen Geschichtswerke dem einzelnen lateinischen Vorbild verdankt, wieviel es überdies aus speziellen lateinischen Werken übernommen hat und wieweit es eigenen historischen Quellenwert hat, das zu erforschen ist Aufgabe des Historikers und ist für die einzelnen Werke aus den Einleitungen zu den Ausgaben und der Spezialliteratur zu ersehen. Den Literarhistoriker beschäftigten diese Werke als Teile der zeitgenössischen deutschen Literatur.

Weltgeschichte in deutscher Sprache hat ältere Ahnen. Sie beginnt mit der Kaiserchronik des 12. Jahrhunderts (vgl. Bd. I, S. 223 ff.). Diese wirkte ins 13. Jahrhundert fort und gab das Vorbild zur Darstellung der Weltgeschichte als Herrscher- und Kaisergeschichte. Im 13. Jahrhundert wurde sie umgearbeitet und fortgesetzt. Eine um 1260 verfaßte bayrische Fortsetzung führt die Kaisergeschichte bis zum Tode Friedrichs II. weiter, eine zweite, nur fragmentarisch erhaltene schwäbische Fortsetzung hat noch weiter gereicht. Ihr Einfluß auf die Weltchronistik des 13. Jahrhunderts ist am unmittelbarsten in der Sächsischen Weltchronik zu spüren, deren jüngste Fassung C ganze Stücke aus der Kaiserchronik, mehr oder weniger stark gekürzt und flüchtig in niederdeutsche Prosa umgesetzt, eingefügt hat. Aber auch Jansen Enikels Weltchronik ist ohne Kenntnis und Vorbild der Kaiserchronik nicht zu denken.

Gegen Ende der staufischen Periode haben wir dann die Weltchronik des Rudolf von Ems kennengelernt (vgl. Bd. II S. 185 ff.), die aus einem Auftrag des letzten Staufers, Konrads IV., hervorging, aber Fragment geblieben ist. Auch Rudolfs Chronik, die zugleich eine *imago mundi* und eine wirkliche Weltchronik werden sollte, ist für die spätmittelalterliche Chronistik fruchtbar geworden. Da sie nur bis Salomo gediehen ist, vor allem also dichterische Bearbeitung des Alten Testamentes darbot, wurde sie zu einer der Grundlagen der zahlreichen „Historienbibeln“ des 14./15. Jahrhunderts in Vers und Prosa. Neben Rudolfs Weltchronik stellte ein etwas jüngerer, dichterisch unbedeutenderer Thüringer ein ebenso umfänglich geplantes weltchronistisches Reimwerk, das wir nach seinen Anfangsworten Christherre-Chronik zu nennen pflegen. Eine Ausgabe dieses in zahlreichen Handschriften verbreiteten Lesewerkes des späten Mittelalters fehlt noch. Die Christherre-Chronik ist dem thüringischen Landgrafen Heinrich dem Erlauchten (1247–1288) gewidmet, gibt in engem Anschluß an die Historia scholastica des Petrus Comestor eine eingehende Darstellung der alttestamentlichen Geschichte und bricht – gleich Rudolfs Weltchronik unvollendet – bereits im Buch der Richter ab. Diese beiden großen Torsi 13. Jahrhunderts bilden, oft miteinander verarbeitet, erweitert oder exzerpiert, die Grundlage der späteren deutschen Weltchronistik, die großenteils noch der Publikation und Erforschung harrt. Dies gilt auch für das bekannteste Werk dieser Art, die in der ersten Hälfte des 14. Jahrhunderts verfaßte Weltchronik des Heinrich von München, die nach dem, was darüber bekannt ist, eine Fortsetzung der Christherre-Chronik mit Einarbeitung von Stücken aus Rudolf von Ems und Jansen Enikel bieten will, die aber auch ganze Teile aus Konrads von Würzburg Trojanerkrieg, aus Strickers Karl, aus Ulrichs von Etzenbach Alexanderroman u. a. aufgenommen hat. Sie hat viele Umarbeitungen und Fortsetzungen erfahren, ein Werk ohne jeden künstlerischen Anspruch, aber offenbar ein beliebtes Lesebuch in den breiten Schichten des spätmittelalterlichen Publikums.

Die Darstellung der deutschen Weltchronistik des 13./14. Jahrhunderts hat mit der Sächsischen Weltchronik zu beginnen. Sie ist wichtig, weil sie eines der frühesten umfänglichen Werke in niederdeutscher Sprache überhaupt ist, und weil sie zuerst den Schritt zur Prosa als der gemäßen Form historischer Darstellung getan hat. Sie gehört damit in jenen frühen Kreis niederdeutscher literarischer Bestrebungen, die, an den Welfenhof gebunden, den Versuch einer deutschen Buchprosa gewagt haben. Vorangegangen waren der noch von Heinrich dem Löwen angeregte Lucidarius und der Sachsenspiegel des Eike von Repgau. Zu ihm steht die Weltchronik im engsten Verhältnis; denn in der Reimvorrede zur Chronik nennt sich *der van Repegouwe* als Verfasser, und die Annahme ist ansprechend, wenn auch nicht völlig sicher, daß eben der Verfasser des Sachsenspiegels auch die Weltchronik geschrieben hat. Sie hat bis ins 16. Jahrhundert hinein weite Verbreitung namentlich auch im bayrisch-österreichischen Bereich, doch auch in Mitteldeutschland gefunden und ist wie alle Weltchroniken mannigfachen Umarbeitungen, Erweiterungen, Kürzungen und Fortsetzungen ausgesetzt gewesen. Das ursprüngliche Werk wird in den 30er Jahren des 13. Jahrhunderts entstanden sein. Die Chronik ist in drei Fassungen überliefert, die der Herausgeber als das Ergebnis fortgesetzter Bearbeitung durch den Verfasser selber, also als mehrere verbesserte Auflagen ansehen möchte. Dem Literarhistoriker will das mindestens für die umfängliche Bearbeitung C nicht einleuchten. Nicht nur, daß die zahlreichen Stücke aus der Chronik Martins von Troppau chronologische Schwierigkeiten machen. Auch die Aufnahme vieler novellistisch-legendärer Abschnitte aus der Kaiserchronik widerspricht so sehr der nüchtern aufs Sachliche gerichteten Grundhaltung des alten Chronisten und ist überdies so grob und äußerlich erfolgt, daß hier die Leistung eines wesentlich jüngeren, phantasievolleren, aber achtloseren Kopfes gesucht werden muß.

Die Darstellung des Weltgeschehens läuft in den gewohnten Bahnen der lateinischen Vorbilder. Erst mit der Geschichte des Römischen Reiches wird der Chronist ausführlicher. Er gibt sie als Kaiser- und Papstreihe, erfüllt also mit der Einbeziehung der Päpste das, was der Dichter der Kaiserchronik nur einleitend versprochen hatte. Regierungsjahre und Todesdaten geben das chronologische Gerüst. Bei den Päpsten werden die Märtyrerpäpste hervorgehoben, bei jedem möglichst irgend etwas erwähnt, was er für die Ordnung der Kirche, ihre Verwaltung oder die Ausgestaltung des Gottesdienstes getan hat. Damit hat der Chronist wohl seine Stellung im Machtkampf der beiden Universalgewalten dokumentieren wollen; dem Papst ist die kirchlich-religiöse Ordnung vorbehalten.

Die Konzeption des doppelten Geschichtsablaufes wirkt darin noch nach. Aber sie bestimmt nicht mehr das Geschichtsbild des Chronisten, seine Auswahl und die Art seiner Darstellung. Sein Bestreben ist vielmehr sachlich und nüchtern auf Tatsachen gerichtet; aus der aufmerksamen Beobachtung der Gegenwart erwächst eine beachtliche historische Objektivität. Es geht ihm nicht um Verherrlichung oder Fürstenpreis. Selbst bei Kaisern, die herkömmlich in hellem Lichte stehen, wie Konstantin oder Karl, oder die dem Chronisten persönlich am Herzen liegen, wie der Sachse Lothar von Supplinburg, wird er nicht panegyrisch, und im Streit zwischen Philipp von Schwaben und Otto IV. ist er nicht betont welfisch gesinnt. Geschichte wird von den Großen gemacht. Er sieht, wie aus ihren Zwistigkeiten Unfriede, Not und Verheerungen hervorgehen, aber er sieht es ohne innere Auflehnung oder Parteinahme selbst in den brennenden Fragen seiner Gegenwart. Er ist berichtender Betrachter. Auch seine sächsischen Landsleute sieht er nicht ideal; wenn er am häufigsten und eingehendsten bei den Ereignissen seiner engeren Heimat verweilt, so nur deswegen, weil er am meisten davon weiß.

Schlicht und nüchtern, im Vergleich etwa mit der jüngeren Braunschweigischen Reimchronik trocken und dürr, ist auch sein Stil. Man könnte sich diesen Mann nicht als reimenden Dichter vorstellen, und wo er zum Verse greift – in den knapp 100 Zeilen seines Versprologes – ist es gereimte geistliche Prosa. Aber er hat sich an Hand des lateinischen Chroniken- und Annalenstils einen klaren sachlichen Prosastil geschaffen, einfache Sätze, die ohne Umschweif berichten, jede Stilblüte meiden und jedermann verständlich sind. Dabei war er ein belesener Mann, aber weder das rhetorische Latein der Theologen, noch der süße Stil höfischer Epik, die er gekannt hat, haben ihn zu einer Stilisierung verführt, die seinem tüchtigen Wesen und seiner nüchternen Geschichtsauffassung unangemessen wäre.

Der Versuch, eine deutsche Gebrauchsprosa für geschichtliche Zwecke zu schaffen, blieb auf ein Jahrhundert ohne Nachfolge und Gegenstück. Erst Christian Kuchimeisters St. Galler Chronik (1335) hat aus den besonderen Bedingungen der schweizerischen Entwicklung heraus diesen Schritt erneut gewagt. Im Bereich der allbeherrschenden höfischen Epik Oberdeutschlands konnte auch Geschichtsschreibung nur mit den Form- und Stilmitteln dieser Kunst Aussicht auf Anklang haben. So blieb es über Rudolf von Ems und die Fortsetzer der Kaiserchronik bis zu den großen Reimchronisten zu Ende des 13. und Anfang des 14. Jahrhunderts, so auch in der Spezialgeschichtsschreibung, die im 14. Jahrhundert im Deutschordensland erblühte.

Verfolgen wir zunächst die welthistorischen Darstellungen, so werden wir nach Österreich geführt.

Die Aufgabe, das Weltgeschehen als ein großes Ganzes dem Verständnis des Laien nach Sprache und Darstellungsform zugänglich zu machen, übernimmt dort ein Mann, der sich Jans oder Johans der Jansen Enikel nennt, d. h.: Johannes, der Enkel eines Jans, oder allgemeiner: der Sprößling einer Familie, die sich nach ihrem Vorfahren die Janse nennt. Er ist Bürger von Wien, bei seinem mehrfach hervortretenden Interesse für das Kürschnerhandwerk vielleicht ein Mitglied dieser Zunft.

Ein Laie, kaum des Lateins mächtig, ein Stadtbürger greift die Tradition deutschsprachiger Geschichtsschreibung auf. Zwei Werke besitzen wir von ihm, eine Weltchronik und das Fürstenbuch, d. h. eine Landesgeschichte Österreichs, speziell eine Geschichte Österreichs unter der Herrschaft der Babenberger. Beide Werke hat er in höherem Alter geschrieben. Die Weltchronik dürfte bald nach 1276 entstanden sein; das Fürstenbuch, das mitten im Satz bei den Vorbereitungen zu der Schlacht an der Leitha (1246) abbricht, ist das spätere Werk, das Jans nicht mehr hat zu Ende führen können.

Die Weltchronik steht in der Nachfolge der gereimten Chroniken, der Kaiserchronik, die Jans in einer späteren Bearbeitung gekannt und benutzt hat, und Rudolfs von Ems. Dem theologisch gebildeten Geistlichen des 12. Jahrhunderts, dem höfisch gebildeten, schulgelehrten Ritter der späten Stauferzeit folgt der ungelehrte, aber wißbegierige Stadtbürger. So wandeln sich auch Weltbild und Geschichtsauffassung. Hinter dem Dichter der Kaiserchronik steht das große augustinische Geschichtsbild, der Plan Gottes, das Widerspiel von Heilsgeschichte und Weltgeschichte. Dem staufischen Ritter ging es um die Fülle der Welt, die sich in der Fülle geschichtlicher Erscheinungen offenbart. Dem Wiener Stadtbürger wird Geschichte ein Bilderbuch. Nicht Gelehrsamkeit suchte er bei seinen geistlichen Freunden im Wiener Schottenkloster, sondern Erzählstoff, den er sich in unbekümmerter Freiheit zu eigen machte. Gaben für die Weltgeschichte die großen lateinischen Standardwerke, die Imago mundi des Honorius Augustodunensis, die Historia scholastica des Petrus Comestor den Grundriß her, so ist die Art der Darstellung ganz das Eigentum von Jans. Und er mischt unbedenklich ein, was er an legendären und anekdotischen Erzählungen in sich aufgenommen hat. Neben der lateinischen Chronistik steht hinter seinem Werk der breite Erzählschatz der vortragenden Wanderdichter, von dem uns nur Teile in der Schwank- und Novellendichtung der Zeit erhalten sind. Endlich hat Jans, was literar- und kulturhistorisch besonders interessant ist, zur alttestamentlichen Legendenerzählung der Juden Zugang gehabt und sie in sein Werk verarbeitet. Der Stadtbürger hatte seine Beziehungen zu der nicht kleinen und geldwirtschaftlich bedeutenden Gemeinde der Wiener Juden.

Man darf Jansen Enikel nicht als Historiker sehen und geschichtliche Aufschlüsse von ihm erwarten. Ereignisse interessieren ihn nicht als solche; wo sich Historie nicht zur spannenden Geschichte steigern läßt, hört seine Anteilnahme auf. Die deutschen Kaiser bedeuten ihm nichts. Zwischen Karl dem Großen, der mehr legendär als historisch gesehen ist, und dem Staufer Friedrich II. hört er auf zu dichten und füllt die Lücke mit knappster Annalistik in Prosa. Und schon ist die Figur Friedrichs II., unter dessen Regierung Jans geboren sein muß, von

Sagen und Anekdoten umsponnen. Die historischen Ereignisse der
Stauferzeit verschwimmen, Friedrich Barbarossa und Friedrich II.
gehen dem Chronisten durcheinander. Rätselhaft und fremdartig steht
der letzte große Staufer im Gedächtnis einer Generation, die in den Wirren des Interregnums und der Böhmerherrschaft in Österreich groß
geworden ist, seltsame, unheimliche Dinge weiß man von ihm zu berichten, und schon beginnt die Sage vom entrückten Kaiser sich an
Friedrich zu heften. Mit ihm endet für Jans in einem instinktiven Gefühl
für den Bruch der Zeiten die Weltgeschichte.

Nimmt man Jans nicht als Historiker, sondern als das, was er ist, als
Geschichtenerzähler, so ist er nicht so schlecht wie der Ruf, den sein
Herausgeber ihm geschaffen hat. Er ist kein Dichter, aber ein Mann mit
anschaulicher Darstellungsgabe. Er kann einen Stoff nicht aufbauen und
gliedern; wo er ihn nicht vorgeformt gefunden hat, wird er hölzern, unklar und weitschweifig. Aber man lese seine Nacherzählung der alttestamentlichen Patriarchengeschichte. Da wird ihm alles lebendig, gegenwärtig und voll naiver Anschaulichkeit. Theologisches belastet ihn nicht;
an keiner Stelle wird ihm das Alte Testament präfigurativ bedeutsam, und
unbekümmert formt er an der heiligen Geschichte und mischt spannende
Legenden in den biblischen Stoff. Wo ihm ein Stoff in verschiedener Gestalt zu Ohren gekommen ist, notiert er es, trifft seine laienhafte Entscheidung oder begnügt sich mit der Überzeugung, daß Gott das Richtige
schon wissen werde. Er trägt den Drang seiner Zeit nach handgreiflicher
Nähe und unmittelbarer Anschaubarkeit im Blut wie die Dichter des religiösen Dramas, der Passionserzählungen, der Marienleben.

Alle Geschichte ist ihm Gegenwart. Er ist aber zugleich Erbe von
Generationen, die menschliches Leben dichterisch gestaltet und in der
Dichtung die gültigen Formen für die Möglichkeit des Erlebens und
Geschehens geprägt hatten. Enikel setzt Geschichte nicht in die un-
mittelbare, sondern in die durch Dichtung vorgeprägte Gegenwart um.
Die Helden des Alten Testaments sind nach dem Typus des Ritters, die
Frauen nach dem Typus der Damen des Aventiure- und Minneromans
gezeichnet. Die Geschichte von Joseph und der Frau des Potiphar – die
bei ihm zur Frau des Pharao wird – von Moses und der ägyptischen
Königin erhalten wesentliche Züge von Minnedienst und Minneroman-
tik. Goliath ist ein Riese im Kostüm der ritterlichen Riesen aus dem
Dietrichkreis, Davids Kampf mit ihm ist Wagnis des Lebens um die als
Preis gesetzte Hand der Königstochter, der Kampf selber ist ein Rechtsstreit mit Herausforderung, Reizrede und dem typischen Gegenspiel von
plumper Riesenkraft und heldenmäßiger Gewandtheit. Die Geschichte
bezieht ihr Leben aus der gültigen Literatur.

Das gilt freilich nur für die Darstellungsform, nicht für Sprache und
Stil. Soweit Enikel darin von der klassischen Dichtung gelernt hat,

bleiben es tote Prägungen. Die elegante Nachblüte höfischen Stils in der Schule Konrads von Würzburg, die im alemannischen Südwesten überall spürbar ist, hat diesen Wiener Bürger ebensowenig erreicht wie seinen Landsmann Heinrich von Neustadt. Vers und Reim sind ihm ein Zwang, dem er sich recht und schlecht fügt. Sein Erzählstil erforderte im Grunde Prosa; er ist ein deutliches Zeichen, daß die Möglichkeit des Verses erschöpft ist und zu Ende geht.

Enikels Weltchronik hat die Breitenwirkung gehabt, die ihr Streben nach Anschaulichkeit und Vereinfachung erwarten läßt. In Österreich waren seine beiden Werke weit verbreitet. Aber die Weltchronik ist über Österreich hinausgedrungen, von früh an als ein wirkliches Bilderbuch mit zahlreichen Bildern geschmückt. Eine Gruppe von Handschriften zeigt ihre Verbreitung in Mitteldeutschland. Wie schon die Weltchronik des Rudolf von Ems ist auch Enikels Weltchronik mit anderen Chroniken in Berührung und Austausch getreten, teils aus ihnen ergänzt und interpoliert, teils mit ihnen zu jener breiten Masse spätmittelalterlicher Weltchronistik des 14./16. Jahrhunderts verarbeitet, die bislang weder gesichtet noch publiziert ist.

2. DIE GROSSEN ÖSTERREICHISCHEN LANDESCHRONIKEN

Mit Enikels Fürstenbuch erreichen wir den zweiten Typus der Reimchronistik, die Lokal- oder Landesgeschichte. Es ist im Grunde die Ausführung einer Prosaskizze, die er im Anschluß an seine Kaiserreihe in die Weltchronik aufgenommen hatte. Auch in diesem der Gegenwart und dem persönlichen Interesse des Dichters näheren Geschichtswerk wird Geschichte anekdotisch erfaßt. Die großpolitischen Ereignisse der späten Stauferzeit, die Rolle Leopolds VI. im Wechselspiel der staufisch-päpstlichen Weltmachtkämpfe kann dieser Mann nur in der naiven Sicht privater Bestrebungen, Emotionen und Entschlüsse begreifen und durch anekdotische Geschichtchen illustrieren. Wiener Lokalpatriotismus beherrscht sein Denken, das Verhältnis des Landesherrn zu seinen Bürgern von Wien bestimmt sein Urteil. Erst bei dem letzten Babenberger Friedrich II. wird er breiter; die Schlacht und der Sieg bei Laa gegen den König von Böhmen nimmt das ganze letzte Drittel des Fragmentes ein. Auch hier herrscht das private Detail, der anekdotische Einzelzug vor. Die großen Herren im böhmischen Heer werden mit Kleidung, Wappen und Gefolge präsentiert wie Helden eines Ritterromans, und die Schlacht spitzt sich zum Doppelzweikampf zweier Brüderpaare zu, der in allen Einzelheiten nach der Technik ritterlicher Zweikämpfe und den Vorschriften ritterlicher Ehre durchgeführt wird. Mitten im sinkenden Rittertum, dessen Verrohung die Zeitsatire geißelt, macht sich dieser Wiener Bürger die nahe Vergangenheit, die er als Jüngling miterlebt hat, noch einmal aus der ritterlichen Literatur heraus lebendig und versucht, der Wirklichkeit ein wenig Glanz des

Artusrittertums überzuwerfen. Die Schlacht an der Leitha und der Tod Friedrichs II. hätten Anlaß geben können, noch einmal ein solches Gemälde aus einem Gemisch von Naivität, bürgerlichem Respekt vor den hohen Herren und literarischer Topik zu entwerfen. Ob er die drückende und wirre Zeit der Böhmerherrschaft Ottokars in Österreich wohl darzustellen beabsichtigt hat? Und wie hätte er sich damit abgefunden?

Etwa zwei Jahrzehnte später als Jansen Enikel ist der zweite große Reimchronist Österreichs tätig gewesen, der Steiermärker Ottokar. Wir hätten ihn zunächst als den dritten Weltchronisten in deutscher Sprache zu nennen. Allein seine als Kaisergeschichte gestaltete, bis zum Tode Friedrichs II. reichende Weltgeschichte, die er im Eingang seiner österreichischen Reimchronik erwähnt, ist uns nicht erhalten, und ob von seinem geplanten Parallelwerk, einer Papstgeschichte, irgend etwas fertig geworden ist, wissen wir nicht. Wir kennen ihn nur als den Verfasser einer österreichischen Landesgeschichte.

Der Steiermärker Ottokar ist von der neueren Forschung überzeugend mit Ottokar ûz der Geul (geb. zwischen 1260 und 1265, gest. zwischen 1319 und 1321) identifiziert worden, einem auch im politischen Leben seiner Zeit nicht unbedeutenden Ministeralen der Lichtensteiner, der Otto von Lichtenstein, den Sohn Ulrichs, seinen Herrn nennt. Sein Werk überragt das des bürgerlichen Wiener Vorgängers nicht nur durch seinen Umfang.

Ottokars Österreichische Reimchronik ist noch in ihrem ückenhaften Überlieferungsstand ein riesenhaftes Werk von rund 100000 Versen, in dem die österreichische Landesgeschichte und die Reichsgeschichte seit dem Tode des Babenbergers Friedrich II. (1246) und des Staufers Friedrich II. (1250) ausgebreitet werden. Unsere Handschriften brechen mitten im Satz bei Ereignissen des Jahres 1309 ab; das Werk wird in den beiden ersten Jahrzehnten des 14. Jahrhunderts herangewachsen sein. Die Weltgeschichte, die Ottokar in der Reimchronik erwähnt, wird also noch ins Ende des 13. Jahrhunderts gehören. Auch Ottokars Werk beschäftigt uns hier nicht als Geschichtsquelle, nicht die Frage nach der Herkunft seiner historischen Kenntnisse und der Zuverlässigkeit seiner Mitteilungen. Für uns gilt es, ihn in die literarischen Zusammenhänge seiner Gattung, der deutschen Reimchronistik, einzuordnen.

Nachdem Ottokar die Zeit bis zum Tode Friedrichs II. im Stil der Weltchronik dargestellt hatte, schreibt er aus dem sicheren Gefühl, daß mit dem Zusammenbruch des staufischen Imperiums die Epoche universaler Reichspolitik zu Ende gegangen ist, die Geschichte der nahen Vergangenheit und Gegenwart als Geschichte seines Heimatstaates Österreich. Auch in der Geschichte verliert die universale Überschau nach

Zeit und Raum, nach Weltaltern und Weltreichen ihr Interesse vor dem räumlich und zeitlich Nahen und Nächsten, der Landschaft, dem Landesfürstentum. Die politischen und sozialen Auseinandersetzungen zwischen Landesfürsten und Adel, Hochadel und Rittertum, Land und Stadt, geistlichen oder fürstlichen Stadtherren und Bürgertum, das sind die bewegenden Fragen der Zeit. Hier war Jansen Enikels Fürstenbuch vorangegangen, und in Norddeutschland hat es in Gottfried Hagens Kölnischer Chronik und in der Braunschweigischen Reimchronik seine Entsprechung.

Die großen Mächte des Mittelalters, Reich und Kirche, Imperium und Sacerdotium, bleiben indessen gerade bei Ottokar im Blickfeld. Aber sie sind in ihrer absoluten Gültigkeit nicht mehr unangetastet. Sie sind in die Wirrnis der Zeiten verflochten, König oder Kaiser und Papst sind nicht mehr nur Repräsentanten der universalen Mächte. Sie sind menschlich gesehen, handeln und irren als Personen und sind darum beurteilender und verurteilender Kritik ausgesetzt.

Das Verhältnis des Dichters zu seinem Stoff muß sich damit grundlegend ändern. Gegenwartsnahe, realistische Geschichtsschreibung wird von der Umwelt bestimmt sein, in der der Verfasser lebt, von den politischen Anschauungen, die ihn beherrschen, von der Partei, die er ergriffen hat. Sie wird zugleich bestimmt sein von den sozialen, ethischen und religiösen Traditionen, in denen er steht und aus denen er die Grundsätze entwickelt, nach denen er sein Geschichtsbild formt.

Ottokar schreibt seine Chronik als Ritter. Er ist von der Bedeutung des ritterlichen Standes durchdrungen, daher nach Denken und Urteil von der Gültigkeit der ständischen Ordnung überzeugt, aus der das Rittertum seine Geltungsansprüche herleitete. Das heißt, Ottokars Denken ist in einer Zeit, die die Zersetzung der alten Ordnungen und den Verfall des Rittertums erlebte, konservativ. Er sieht als politisch denkender Mann die neuen Erscheinungen und ordnet sie ein. Er berichtet mit Sympathie vom Freiheitskampf der flandrischen Städte gegen Philipp den Schönen von Frankreich, und es ist in der Ordnung, daß ihr Führer ein Weber ist. Dagegen mißbilligt es Ottokar, daß Philipp zur Auffüllung seiner schweren Verluste unritterliche Leute zu Rittern macht. Noch persönlicher aber berührt es den Steiermärker, daß der Abt von Admont Bauernsöhne aus dem Ennstal zu Edelknechten machen wollte (V. 26 173 ff.). Das empfindet er als Schändung seines Heimatlandes und findet Töne, die an den Meier Helmbrecht gemahnen.

Zugleich aber ist ihm der Sieg der flandrischen Städte ein Sieg der Gerechtigkeit gegen das Unrecht, das Philipp getan hat durch die trügerische Gefangenschaft der flandrischen Grafen, für deren Freiheit die Städte kämpfen, und zumal durch die Notzucht an der flandrischen Grafentochter, die sein ritterliches sittliches Bewußtsein tief verletzt.

Gerechtigkeit als ein waltendes Prinzip herrscht in Ottokars Geschichtsbild und gibt ihm in dunkler Zeit einen optimistischen Zug: schon auf Erden straft Gott das Unrecht. Am eindrücklichsten erfahren wir das in seinem Urteil über die Niederlage und das Ende Ottokars von Böhmen. Der Anblick des nackten, geplünderten Leichnams des glanzvollen Ritters und Fürsten auf dem Schlachtfeld erschüttert ihn und entzündet ihn zu dem großartigen Nachruf, der unter dem Leitmotiv vom Lohn der Welt steht (V. 16 735 ff.). Letzter Sinn dieses jammervollen Unterganges aber ist Gottes strafende Gerechtigkeit für das Unrecht, das Ottokar getan hat, unter anderem wieder die gegen die Berufung des Rittertums zum Schutz der Schwachen verstoßende Mißhandlung einer fürstlichen Frau, nämlich die erbarmungslose Vertreibung der Herzogin Gertrud, der nicht einmal bei einem hereinbrechenden Unwetter ein schützendes Dach erlaubt worden war. Fast noch mehr aber ist es Gottes Strafe für ein weit zurückliegendes Unrecht: Ottokar hat Karl von Anjou geraten, den unschuldigen Stauferjüngling Konradin hinzurichten.

Dies Unrecht empört Ottokar besonders, weil es gegen das Reich gerichtet ist. Denn in Ottokars historisch-politischem Denken ist das Reich noch eine ideale Größe. Auch darin lebt er rückgewandt aus einer großen Tradition. Er ist noch „staufisch" gesinnt; in Friedrich II. verkörpert sich die Reichsidee, und die italienischen Wirren nach Friedrichs Tode schildert er mit leidenschaftlicher staufischer Parteinahme. Dort geschieht eigentlich „Reichsgeschichte", während die deutsche Geschichte des Interregnums blaß und rasch abgetan wird. Keiner der Bewerber um die Krone verkörpert ihm das Reich. Aber auch die Kurfürsten tun es nicht; ihr Verhalten ist nichts als ein Spiel der Intrigen und Bestechungen, ein Zerrbild fürstlicher Würde. Bis dann mit der Wahl Rudolfs von Habsburg das Reich wieder einen echten Herrn erhält und die Prophezeiung sich erfüllt, daß der Adler – der Reichsadler – im Neste des Löwen – des roten Löwen der Habsburger – nisten werde. Wie Ottokar im historischen Denken staufisch gesinnt ist, so ist er im gegenwärtigen habsburgisch gesinnt. Die Wahl Adolfs von Nassau nach Rudolfs Tod ist wiederum die Folge von Machenschaften der geistlichen Kurfürsten, zumal des Erzbischofs von Mainz; mit der Wahl des Habsburgers Albrecht kehrt das Reich wieder in die rechten Hände zurück. Albrechts Ermordung erschüttert Ottokar aufs tiefste; Johann Parricida wird unter dem Bilde von Judas gesehen. In einer dem geistlichen Schauspiel entnommenen Beratungsszene der Teufel wird die Untat beschlossen und Johann durch Satanas dazu verführt. Mit solcher Parallele wird das Reich und sein Träger in gottgewollter Heiligkeit gesehen. Rudolf von Habsburg ist Ottokars Held; er stellt ihn am Beginn und am Ende seines Königtums als den idealen ritterlichen Fürsten dar, und in der Gelassenheit seiner letzten Fahrt nach Speyer, um dort bei

seinen Vorfahren zu ruhen, zeichnet er den Zug des stoischen Helden
in sein christliches Herrscherbild ein.

Für einen Geschichtsschreiber, dem das Imperium noch eine gültige
Größe ist, wird die andere Weltmacht, das Sacerdotium und seine Verkörperung in Papst und Kurie, ebenfalls nicht nur ein Stein im politischen Brettspiel sein. Er wird seinen Standpunkt grundsätzlich wählen,
und für einen Mann, dessen Denken noch von staufischer Reichs-
gesinnung bestimmt ist, wird Rom eine dunkle Macht sein. Ottokar hat
den Fall von Akkon als den letzten Zusammenbruch einer 200jährigen
religiösen und politischen Idee mit derselben tiefen Erschütterung erlebt wie seine ganze Zeit. Er hat ein großes, lebendig bewegtes Bild dieses Ereignisses entworfen, und dieser Teil seines Werkes, fast 10 000
Verse, ist der einzige, der über Österreich hinaus, nach Alemannien,
nach Thüringen verbreitet worden ist. Man kann seine Schilderung
nicht ohne Bewegung lesen, und man sieht, wie sich schon den Mitlebenden ein welthistorisches Ereignis mit Zügen der Sage und Legende
umspinnt. Der Verlust von Akkon ist ein Werk des Teufels, um den
Weg zum Himmel, den die Pilgerfahrt zu den heiligen Stätten und der
Tod im Kampf um ihre Erhaltung eröffnet, zu versperren. Ein Bild
friedlichen Verkehrs von Christen und Heiden wird entworfen, bis der
Fanatismus und die Intriganz des Kardinallegaten dem gedeihlichen
Dasein ein Ende macht. Die Schuld an Unglück und Untergang trifft die
Kurie und ihre Anhänger in Akkon, denen das milde und vornehme
Bild des heidnischen Sultans entgegengestellt wird unter ausdrücklicher
Heraufbeschwörung des edlen Heidenbildes, das Wolfram von Eschen-
bach in seinem Willehalm entworfen hatte (V. 45 313 ff.). Die ganze Be-
lagerung Akkons, die mit dem Fall Trojas verglichen wird, schildert
Ottokar von der Seite der heidnischen Belagerer her. Ihre zielbewußten
Anstrengungen und Erfolge werden mit der Passivität und dem Zwist
im Lager der Christen kontrastiert, kreuzzugshafter Opfermut aus re-
ligiöser Gewißheit herrscht bei den Heiden, nicht bei den Christen. Erst
im letzten Verzweiflungskampf erwacht ritterlicher Heldenmut in den
Herzen der Ordensritter. Die erhoffte Hilfe der Heimat bleibt aus. König
Rudolf, der dazu bereit war, stirbt, die anderen Könige versagen. Vor
allem aber ist es wieder die Kurie, die den Kreuzzug, den der Papst aus-
rufen will, hintertreibt: Akkon fällt. Doch selbst als der christliche
König von Äthiopien die Möglichkeit schafft, Akkon und das heilige
Land wiederzugewinnen, und eine Gesandtschaft an den Papst sendet,
um dessen Mitwirkung zu erreichen, lehnt die Kurie den Plan ab, weil
ihr die Eroberung Siziliens wichtiger ist.

Hinter der Geschichtswirklichkeit, die Ottokar darzustellen hat, und
in der die Zerrissenheit der Zeit, die Zerspaltung in zahllose Sonder-
bestrebungen, das ganze Ringen lokaler und sozialer Gebilde um Gel-

tung und Daseinsrecht zur Anschauung kommen, steht für ihn noch die
große Konzeption universaler Ordnungen, die er mit den Augen
Walthers von der Vogelweide sieht. Wie jener zeichnet er das Widerspiel von Imperium und Sacerdotium vom Reich her. Wie für Walther
ist für Ottokar die Kurie die störende Instanz, gegen die selbst der gute
Wille des Papstes nicht aufkommt, wie Walther flucht er der Konstantinischen Schenkung (V. 51 565 ff.) als dem Grundquell aller Verwirrung. Durch sie ist die Kirche von dem durch Petrus gewiesenen Wege
der Wahrung und Verbreitung des Glaubens auf den Weg des weltlichen Machtstrebens gedrängt worden. Macht- und Besitzgier der Pfaffen, Einsetzen der kirchlichen Machtmittel für weltliche Zwecke ver-
schulden die Wirrnis der Zeiten, den Fall von Akkon, die Zerrissenheit
des Reiches. Und was in Rom geschieht, setzt sich in Deutschland fort.
Es sind vor allem die geistlichen Kurfürsten, die am Verfall des Reiches
schuld sind, und selbst in den engeren österreichischen Verhältnissen
wird die Wirrnis vor allem durch die geistlichen Landesherren erzeugt.

Fügen wir diesem Welt- und Geschichtsbild Waltherscher Prägung noch die von
Wolfram gelernte ritterliche Humanisierung des Heidentums hinzu, so wird zugleich
begreiflich, daß sich Ottokar auch in Stil und Darstellung als Erbe der klassischen
Tradition fühlt. Er ist in der klassischen Dichtung belesen, wenn er sie auch selten
nennt. Mit der größten Wärme spricht er von Wolfram; unter den Zeitgenossen beruft er sich nur einmal auf Heinrich Frauenlob. Beides entspricht seiner Neigung zur
geblümten Rede. Bezeichnend ist für ihn die Schilderung, die er gleich zu Anfang
(V. 308 ff.) von dem literarischen Treiben am Hof König Manfreds entwirft. Dieser
italienische Staufersproß hat einen ganzen Stab von deutschen Dichtern um sich versammelt; nicht weniger als 16 zählt Ottokar auf, von denen uns sonst höchstens einer
(vgl S. 279) als Dichter bekannt ist. Er nennt sie alle „Meister", d. h. gelehrte Dichter.
Doch wenn er sie auch gegen die Schar der namenlosen „Fiedler" absetzt, so spricht
er verächtlich von ihnen, ihrem Treiben und ihrer Aufgeblasenheit, selbst von Konrad
von Rotenburg, als dessen Schüler in der Dichtkunst er sich doch bekennt. Ottokar,
der Ritter, distanziert sich von jenen gewerbsmäßig wandernden, begehrlichen Literaten, über die wir S. 407 ff. zu sprechen haben, und er mag im stillen Manfreds Hof
mit dem Wiener Hof der Babenberger verglichen haben, wo ritterliche Dichtung ihre
Heimstatt gehabt hatte.

Ottokar ist nicht Chronist, er ist gestaltender Darsteller. Anderes von
ihm zu erwarten, heißt nicht nur ihn, sondern die Geschichtsdichtung
des Mittelalters überhaupt modern überfordern. Er benutzt die Mittel
zur Darstellung einer fürstlichen und ritterlichen Welt, die die klassische
Dichtung geschaffen hatte. Dort fand er die Darbietungsform für fürstliches und ritterliches Dasein in Fest und Schlacht, fand er das Idealbild
des Fürsten und des Ritters, an dem er die Gestalten der Geschichte und
Gegenwart abmaß. Der Mensch beschäftigte ihn mehr als der Vorgang,
das Ethische mehr als das Politische. Was er zu berichten hat, steht ge-
genständlich vor ihm. Er läßt die Menschen sich in Rede und Dialog
offenbaren, er weiß, daß das Charakteristische im Anekdotischen lebt, er

rundet das Zufällige oder ihm nur ungenau Bekannte zum geschlossenen Bild. Er nimmt lebhaften Anteil an seinem Stoff und seinen Gestalten und ist immer zu sittlicher Beurteilung, zu Preis oder Rüge bereit. Wie die Darstellungsmittel der klassischen Dichtung benutzt er auch ihre Stilmittel. Er lebt in ihr weit tiefer als Jansen Enikel, und wir glauben ihm, daß er durch eine Schule des Dichtens gegangen ist. Es hat dabei wenig Wert, nach speziellen Vorbildern zu fragen und ihn einer „Schule" einzuordnen. Er gehört bereits einer Generation an, für die alle stilistischen Möglichkeiten der großen Dichtung unscheidbar zusammengeflossen waren, und er ist kein Mann der stilistischen Verfeinerung wie Konrad von Würzburg und des Manierismus wie Albrecht von Scharfenberg. Er ist gesunder Durchschnitt, der nicht an seinem Stil bastelte. So ist er auch in der metrischen Form lässig. Sein Vers ist mit klassischen Maßstäben nicht zu messen. In einer Zeit, da Konrad von Würzburg das äußerste Gleichmaß des Erzählverses erreicht hatte, mischt er unbekümmert echte zwei- und dreihebige Verse in das klassische Viertaktermaß ein.

Das Werk Ottokars hat keine große Nachwirkung gehabt. Die handschriftliche Verbreitung ist auf Österreich beschränkt, nur das weltgeschichtliche Ereignis des Falles von Akkon reizte außerhalb Österreichs zu Lektüre und Abschrift. Doch ist der landesgeschichtlich beschränkte Inhalt wohl nicht der einzige Grund der geringen Verbreitung. Die Denkweise, aus der dieser Zeit- und Artgenosse des sogenannten Seifried Helblinc Geschichte betrachtete und darstellte, war die einer vergehenden, vornehmeren Zeit und erfüllte nicht die Erwartung auf Unterhaltung und Sensation, die das breitere Lesepublikum der Spätzeit an geschichtliche Darstellungen knüpfte.

3. ANDERE LOKALCHRONISTIK

Deutsche Spezial- und Lokalchronistik wird, wie gesagt, erst im späten 13. Jahrhundert lebendig. Nur ein Werk liegt zeitlich weit früher, aber auch räumlich abseits von der großen Literatur: die niederdeutsche Gandersheimer Reimchronik des Priesters Eberhard. Dies ansprechende kleine Geschichtswerk ist noch um 20 Jahre älter als die Sächsische Weltchronik, um 1216 von einem Gandersheimer Geistlichen, offenbar dem 1204 und 1207 urkundlich genannten Everard, Diakon und Notar des Klosters, verfaßt. Wie es scheint, ist Eberhard seinen lateinischen Quellen, einer Gründungsgeschichte des Klosters und Widukinds Geschichtswerk, in ziemlich genauer Paraphrase gefolgt. Mitten in den schweren Auseinandersetzungen des Klosters mit dem Bischof von Hildesheim um seine exempten Rechte ist Eberhards Werk nicht so sehr durch historisches Interesse als durch propagandistische Zwecke bestimmt: die Laien – vor allem die Dienstmannen des Klosters – im Auftrag der regierenden Äbtissin Mechthild von den uralten Vorrechten des Klosters zu überzeugen.

Darum ist der erste Teil der eigentlich wichtige und, wie seine Schlußwendung mit der Namensnennung des Verfassers (V. 880) zeigt, der
zunächst allein geplante und ausgeführte gewesen. Er gilt der Gründung und der ersten Frühzeit des Klosters und schärft ein, daß alle seine
Rechte und seine religiöse Bedeutung ihm schon in den Anfängen mitgegeben sind. Das Gründerpaar, Herzog Ludolf und seine Gemahlin
Oda, reist selbst nach Rom, um die Exemption durch den Papst zu erreichen, Ludolf und seine Söhne begeben sich zu König Ludwig, um
die Reichsunmittelbarkeit zu erwirken. Hinzu kommt die Übertragung
der höchsten Gerichtsbarkeit auf Anstoß von Ludolfs Tochter, der
fränkischen Königin Gertrud. Damit sind jene Rechte und Privilegien
begründet, um die das Kloster zu kämpfen hatte. Der Romfahrt Ludolfs
und Odas entspricht in der Gegenwart die dreimalige Romfahrt der
Äbtissin Mechthild, der Exemption durch Papst Sergius, deren Bestätigung durch Innozenz III.

Großen Wert legt Eberhard aber auch auf die Ausstattung des Klosters mit Reliquien, namentlich mit der kostbarsten, dem heiligen Blute
Christi, die ebenfalls in die karolingische Frühzeit des Klosters verlegt
ist. Denn neben der politischen liegt ihm die religiöse Bedeutung des
Klosters am Herzen, die im Besitz kostbarer Reliquien zum Ausdruck
kommt. Mit Arnulf von Kärnten, der die Blutreliquie vom Papst erhielt und sie nach Gandersheim gab, schließt der ursprüngliche Teil
sinn- und sachgemäß ab.

Doch reizte es Eberhard, der weiteren Geschichte der Ludolfinger nachzugehen;
der zweite Teil ist dem sächsischen Kaiserhause von Heinrich I. bis zu Heinrich II. gewidmet. Er ist von sächsischem Stammesgefühl getragen und entfaltet eine Reihe er-
baulich-panegyrisch gezeichneter Herrscherbilder, wobei naturgemäß Seitenblicke
auf ihr Verhältnis zu Gandersheim fallen. Danach erlischt sein sächsisches Interesse. Dürre Prosareihen der Kaiser und der Äbtissinnen von Gandersheim leiten
zur Gegenwart und zu einem kurzen abschließenden Preis der regierenden Fürst-
äbtissin Mechthild über.

Die Chronik ist deutlich das Werk eines Geistlichen. Warme Frömmigkeit und tiefe Anhänglichkeit an das Heimatkloster bestimmen den
Ton milder Erbaulichkeit, den Stil predigthafter Hinwendung an den
Hörer. Weltlicher Adel ist ohne Wert gegen den Adel der Seele. Aber
dieser wird nicht höfisch, sondern geistlich gesehen. Reichtümer, Pracht
und Geburt sind nichts, wo die Frömmigkeit fehlt, und an der einzigen
Stelle, wo der Dichter das Wort *hövesch* gebraucht (V. 185), geschieht es,
um die von weltlichem Hochmut Besessenen abzuurteilen und ihnen die
Bezeichnung *hövesch* und *edele* abzusprechen. Die christlichen Tugenden
bestimmen sein Herrscherbild. Herzogin Oda erfüllt alle jene Pflichten
christlicher Demut und Barmherzigkeit, die Matthäus 25, 42 f. zusammengefaßt sind und in aller Weltgerichtsdichtung den Maßstab abgeben, nach dem Christus richtet.

Eberhard dichtet ohne Berührung mit der höfischen Dichtung seiner Zeit. Die überall eingereimten lateinischen Bibelzitate mit deutscher Interpretation entsprechen ebenso dem Stil der vorhöfischen geistlichen Dichtung wie die Freiheit seiner Reime. Eberhards Verskunst und Versgefühl weiß nichts von der metrischen Glättung der zeitgenössischen ritterlichen Dichtung. Er baut jene schweren, senkungsreichen Verse, die auch sonst die niederdeutsche Dichtung auszeichnen und die ihm Raum geben für die predigthafte Breite seiner Mitteilungsform.

Ganz kurz erwähnen wir, daß 100 Jahre später, in der ersten Hälfte des 14. Jahrhunderts, einige bayrische und österreichische Klöster ihre fabelhafte Gründungschronik erhalten. Am interessantesten und umfänglichsten, gegen 10000 Verse, ist die noch ungedruckte, legendär gefärbte Ansiedlungs- und Gründungsgeschichte der Schottenmönche in Regensburg. Sie wird mit der Karlssage verbunden. Karl der Große erobert und bekehrt das heidnische Regensburg und stiftet für die gefallenen christlichen Märtyrer eine Kirche, die durch Petrus selber wunderbar geweiht wird. Das einer lateinischen Vorlage nachgedichtete Machwerk ist etwa um 1320 in Regensburg entstanden. Kurz sind die Gründungsgeschichten der beiden Klöster Waldsassen und Kastl in der bayrischen Oberpfalz und Zwettl und St. Bernhard im österreichischen Waldviertel. Waldsassen, ein reichsunmittelbares Kloster, erfindet seine Gründungslegende aus ritterlichem Geist: ein Ritter Gerwich stiftet es, nachdem er in einem Turnier seinen hohen Freund, den Markgrafen Diepold von Vohburg, verwundet hatte. Die drei anderen Klöster sind Hausklöster vornehmer Familien; ihre Gründung wird mit einer fabulösen Vor- und Ursprungsgeschichte der Stifterfamilien verbunden und aus ihr abgeleitet. Literarische Bedeutung hat keines dieser Werkchen; außer der großen Regensburger Legende hat auch keines Verbreitung über das Heimatkloster hinaus gefunden. Ihr Sinn ist Dokumentation des Alters, der Bedeutung und des Besitzes des Klosters vor Laien, die daran interessiert sein konnten; wie in Gandersheim geht es um Belehrung der klösterlichen Hintersassen und dazu um Werbung neuer Gönner.

An die Gandersheimer Klosterchronik schließen wir die zweite niederdeutsche Reimchronik an, die rund 80 Jahre später entstanden ist, die Braunschweigische Fürstenchronik (ca. 10000 Verse) eines unbekannten braunschweigischen Geistlichen, der wegen der mehrmaligen besonderen Hervorhebung des Hl. Autor vielleicht ein Geistlicher zu St. Ägidien war, wo die Gebeine dieses Trierer heiligen Bischofs ruhten. Die Chronik will eine Geschichte des braunschweigischen Hauses sein, verfaßt zum Preise des ruhmreichen Herzogs Albrecht I., mit dessen Tode im Jahre 1279 und der Totenklage um ihn sie abschließt. In den ersten Abschnitten wirkt sie wie eine breite Ausführung der Skizze, die Eberhard von Gandersheim gegeben hatte. Die ältere Geschichte ist auch diesem Chronisten Kaisergeschichte, die er für die Kaiser des sächsischen Hauses breiter nimmt, für die übrigen rasch durcheilt, bis er mit V. 1571 aufatmend bei dem „rechten Lauf" seines Dichtwerkes, dem *künne von Bruneswich*, angelangt ist. Seine großen Helden sind Heinrich der Löwe, Otto IV. und eben jener Albrecht I., zwischen deren Biographien die ganze verwickelte Vielfalt und Wirrnis kleinräumiger Territorialgeschichte ausgebreitet wird. Der Verfasser ist ein gewissenhafter Chronist, der seine Darstellung auf sorglich gesammelte, zuweilen kritisch gesichtete Quellen zu gründen bemüht ist. Er hat etwas von der Pflicht des Historikers zur Objektivität begriffen. Gehässigkeit und Parteileidenschaft sind ihm fremd, so sehr auch sein ehrliches dynastisches und heimatverbundenes Empfinden den Ton seiner Darstellung bestimmt.

Seinen Stil bildet der Dichter am ritterlichen Epos Oberdeutschlands. Der Geistliche, so sicher er sich geltend macht, tritt hinter dem epischen Schilderer zurück. Er lebt aus der Ehrfurcht vor fürstlichem Gottesgnadentum. In Gottes Ordnung sind die Fürsten als die Besten zu fürstlicher Höhe erhoben worden; Gottes gerechte Gnade hat sie erwählt. So sind seine Sachsenfürsten Beispiele fürstlicher Tugend, beginnend mit Widukind, den außer dem Glauben alle fürstlichen Tugenden zierten – ein edles Heidenbild aus sächsisch-dynastischem Patriotismus – und der, als auch der Glaube ihm noch zuteil wurde, zum Bekehrer seines Volkes umstilisiert werden konnte. Die sächsisch-braunschweigischen Herzöge sind ritterliche Fürsten; als ritterliche Erscheinung erfaßt er seinen Herzog Albrecht mit seiner ewig unruhigen Lust an Krieg und Fehde. Alle barbarischen Züge mittelalterlicher Kriegsführung hindern den Braunschweiger Clericus nicht, Bilder von Schlachten, Festen und Turnieren mit den Farben der großen Epik zu malen, und es ist zu spüren, daß die klassischen Vorbilder hier weniger abgegriffen sind als in Oberdeutschland. In seiner aus Hochdeutsch und heimischem Niederdeutsch gemischten Dichtersprache klingen sie frischer und unverbrauchter als in den gleichzeitigen Spätlingen der ritterlichen Epik. Auch in der Form strebt der Braunschweiger dem klassischen Formideal des gebändigten Vierhebers nach und gestaltet die Verse, die er aus der Gandersheimer Chronik nimmt, entsprechend um, und im Dreireim als Abschnittsbezeichnung greift er ein Formmuster auf, das bis zum Wigalois des Wirnt von Grafenberg zurückführt. So wird diese Braunschweigische Chronik zugleich zu einem Zeugnis der späten Weitenwirkung und Rezeption der großen staufischen Epik im niederdeutschen Bereich.

Ganz anders klingt das *Boech van der stede van Coelne*, die Chronik der Stadt Köln, die im Jahre 1270 Meister Godefrit Hagen verfaßt hat. Hatten es der Steiermärker Ottokar und der Braunschweiger mit Territorien zu tun, die schon durch ihre landesfürstlichen Familien tief in die Reichsgeschichte verflochten waren, so gibt es für Gottfried Hagen nur seine Stadt, die „heilige Stadt Köln“. Keine Kaiserreihe führt auf die Gegenwart zu. Seine Geschichte beginnt mit dem heiligen Maternus, dem Bekehrer Kölns, um über die kölnischen Heiligen Ursula mit ihren 11000 Jungfrauen, Cordula, Gereon alsbald zu dem – von Papst Silvester bei der Konstantinischen Schenkung eingerichteten! – Kurfürstenkollegium und zu der Führerstellung Kölns in diesem Kollegium und von dort alsbald in die Gegenwart hinüberzuführen. Und wo jene anderen Territorialchroniken bei aller Bekundung von Zuneigungen und Abneigungen doch Betrachter eines Geschehens bleiben, das sich abseits von ihnen und in Größenordnungen vollzieht, an die sie sozial nicht heranreichen, ist Gottfried Hagen leidenschaftlicher Parteimann in den städtischen Wirren, die er berichtet. In den schweren Auseinandersetzungen der Stadt mit dem Erzbischof um ihre Rechte und Freiheiten ist er ganz Stadtbürger, in dem von den Erzbischöfen Konrad und Engelbrecht geschürten Zwist der *burger*, d. h. des Patriziats, und der *gemeinde*, d. h. der Zünfte, ist er ganz Optimat, in der verhängnisvollen Zwietracht endlich zweier großer kölnischer Herrengeschlechter, der Weisen und der Overstoltze, ganz Parteigänger der letzteren. Hier endlich tritt zum erstenmal die Stadt als gültige politische und soziale Struktur in Erscheinung, ist die traditionelle Dreierordnung – Pfaffen, Ritter, Bauern – außer Kraft gesetzt. Hier endlich erscheint ein Mann auf dem literarischen Plan, der ganz nur Stadtluft atmet und den allein die sozialen Verflechtungen und Spannungen in den Mauern seiner Stadt etwas angehen. Objektivität darf der Historiker von diesem Manne nicht erwarten, wohl aber Vertrautheit mit tausend Einzelheiten, die uns einen interessanten Einblick in die Bestrebungen, Emotionen und Machenschaften der im engen städtischen Raum aufeinanderstoßenden, sich ausgleichenden, oft auch fast zersprengenden Kräfte bieten. Freilich müssen wir uns das Bild eher selber machen, als daß es uns dargeboten würde. Gottfried selbst fügt die Einzelheiten – oft sehr lebendige Einzelheiten, wie die Geschichte von der gezähmten Maus, die den gefangenen Patriziern die Werkzeuge zu ihrer Befreiung entdeckt, oder von dem Verräter, der ein Haus an der Burgmauer erwirbt, um von ihm aus einen Gang unter der Mauer zu graben – nicht zu anschaulicher Einheit zusammen. Gottfried Hagen ist kein begabter Erzähler. Er hat keinen dichterischen Ehrgeiz, auch keinen Zusammenhang mit der Kunstepik Oberdeutschlands. Dietrich von Bern, Heime und Witege sind die einzigen literarischen Figuren, auf die er anspielt. Seine Sprache ist ungebrochen mundartlich, kölnisch oder doch jedenfalls ripuarisch, und zieht aus der Mundart eine gewisse Ursprünglichkeit, Treffsicherheit und sprichwörtliche Geprägtheit.

4. CHRONISTIK DES DEUTSCHEN ORDENS

Aus dem Zentrum niederrheinischer Stadtkultur auf altem römischem Kulturboden führt die Chronistik des Deutschen Ordens hinüber in den äußersten Nordosten, den deutsche Siedlungsarbeit erreicht hat, aus dem

Widerspiel politischer und sozialer Kräfte auf engstem Raum in die noch ungebrochene, ihrer Erschließung erst harrende Weite der Wald- und Sumpfniederungen Preußens und des Baltikums. Hier war Neubeginn in mehr als einer Hinsicht, und das Wagnis des Neubeginns prägt die beiden deutschen Ordenschroniken, die in unsere Epoche fallen, die ältere Livländische Reimchronik eines Unbekannten und die jüngere *Kronike von Pruzinlant* des Nicolaus von Jeroschin. Äußerlich betrachtet sind auch sie Darstellung von Territorialgeschichte. Neuartig aber ist schon der Träger dieses Territoriums, ein geistlicher Ritterorden.

Der Deutsche Orden, der jüngste der drei aus den Kreuzzügen hervorgegangenen geistlichen Ritterorden, wurde während des Barbarossakreuzzuges 1191 durch Barbarossas ältesten Sohn Friedrich gegründet. Getragen von dem großen Gedanken des Gottesrittertums vereinigten die Ritterorden mönchische und kriegerische Ideale, ordensmäßiges Leben mit den mönchischen Gelübden der Armut, der Keuschheit und des Gehorsams und kriegerische Leistung im Dienste Gottes unter den ritterlichen Forderungen der Ehre, Treue und Tapferkeit. So waren auch die Aufgaben zwiefach, Werke der Barmherzigkeit in der Form der Krankenpflege – Ausgangspunkt war das Marienhospital in Jerusalem – und Werke des Kampfes um die heiligen Stätten der Christenheit. Die entscheidende, zukunftsvolle Wendung in der Geschichte des Deutschen Ordens trat ein, als der bedeutende Hochmeister Hermann von Salza (1210 bis 1239) nach den Rückschlägen im heiligen Lande seinem Orden neue Aufgaben kreuzzugshafter Art an der Grenze der Christenheit anwies. Nach einem kurzen Zwischenspiel in Ungarn bot im Jahre 1226 die Schenkung des Kulmer Landes durch den Herzog Konrad von Masovien an den Deutschen Orden den Ansatzpunkt, von dem aus die jahrhundertelange Leistung des Ordens ausgehen sollte, die Eroberung, Christianisierung und Besiedlung des deutschen Nordostens und die Gründung eines Staates von besonderem Gepräge, der sich in der Reformationszeit zum Herzogtum Preußen umwandelte, durch Erbanfall 1618 an Brandenburg kam und die Grundlage des preußischen Königtums wurde. Diese große Geschichte des Ordensstaates begann, als Hermann von Salza im Jahre 1230 den westfälischen Ordensritter Hermann Balk aussandte, um das geschenkte, aber erst zu erobernde Land in Besitz zu nehmen. Nicolaus von Jeroschin schildert uns anschaulich die erste „Burg" des Ordens östlich der Weichsel gegenüber Thorn: ein Eichbaum, in dessen Ästen holzverkleidete Postenstände angebracht wurden und der mit sieben Rittern besetzt wurde – so winzig war das Samenkorn, aus dem Tat und Staat des Ordens emporwuchsen.

Dieses unter schwerer Mühe und Aufopferung von einer frei gewählten, religiös befeuerten Gemeinschaft von Rittern in jahrzehntelangen Kämpfen geschaffene und ausgebaute Territorium war zwar ein Teil des „Reiches", es war aber so sehr auf sich selbst und seine Leistung gestellt und daher seiner selbst bewußt, daß es ein eigenes Wert- und Geschichtsbewußtsein entwickelte und von dem Augenblick seiner kriegerischen und politischen Konsolidierung an eine eigene Literatur hervorbrachte. Diese Literatur war weitgehend deutschsprachig; denn sie wurde für Ritter gedichtet, die keine lateinische Schulbildung besaßen, und sie war vorwiegend religiösen Inhaltes, Bibel- und Legendendichtung, der wir im Rahmen der religiösen Dichtung der Zeit ein eigenes Kapitel zu widmen haben. Daneben aber war sie historisch gerichtet. Die ständige Besinnung auf die große Aufgabe verlangte es, die Anfänge und den Aufbau im Bewußtsein der Ordensglieder lebendig zu erhalten. So gibt es eine ganze Kette von Geschichtswerken des Deutschen Ordens, lateinisch oder häufiger deutsch verfaßt, anfangs in der zeitüblichen Form der Reimchronik, später zur Geschichtsprosa übergehend. Wahrscheinlich sind die ersten deutschen Darstellungen über die Anfänge des Ordens im Preußenlande, der sogenannte Bericht Hartmanns von Heldrungen über die Vereinigung des Livländischen Schwertbrüderordens mit dem Deutschen Orden und der sogenannte Bericht Hermanns von Salza über die Kämpfe der ersten zwanzig Jahre schon um die Mitte des 13. Jahrhunderts gedichtet worden, aber nur in späten Prosaauflösungen erhalten. Das älteste bewahrte Werk, die Livländische Reimchronik, gehört noch dem Ende des 13. Jahrhunderts an. Es folgt die lateinische Chronik des Peter von Dusburg, die 1326 abgeschlossen wurde und in Nicolaus von Jeroschins *Kronike von Pruzinlant* sofort eine freie Übertragung in deutsche Verse fand. Bald nach dem Werk Jeroschins scheint die Kurze Reimchronik von Preußen entstanden zu sein, von der wir nur dürftige Bruchstücke besitzen, und um die Jahrhundertmitte die Jüngere Livländische Reimchronik des Bartholomäus Hoeneke, die wir nur in einer späteren Prosaumschrift kennen. Gegen Ende des 14. Jahrhunderts erreichte die deutsche Ordenschronistik ihren letzten selbständigen Höhepunkt in der Reimchronik des Wiegand von Marburg. Auch von ihr sind nur dürftige Reste erhalten; wir kennen sie nur aus einer lateinischen Übersetzung des 15. Jahrhunderts, die uns ahnen läßt, daß sie ein mächtiges Opus von rund 20000 Versen gewesen sein muß.

Die Geschichtsschreibung des Deutschen Ordens beginnt für uns also mit der Livländischen Reimchronik, d. h. der Geschichte der alleröstlichsten Gebiete christlicher Missionierung und deutscher Besiedlung, von Gebieten überdies, die nicht von Anfang an im Arbeitsfelde des Deutschen Ordens lagen, von ihm vielmehr erst später übernommen wurden. Sie blieben für den Orden lange ein abseitiger Außenbezirk, in dem sich seine Ansprüche mit denen der nordischen Reiche und der russischen Fürsten kreuzten. Das im letzten Jahrzehnt des 13. Jahrhunderts verfaßte Werk beginnt nicht mit einer Kaisergeschichte und weiß nichts vom „Reich". Es beginnt vielmehr mit dem Missionsauftrag an die Apostel und ist schon mit V. 120 beim Gegenstand: nun will ich euch berichten, wie das Christentum nach Nieflant (d. i. Livland) gekommen ist. Kauffahrtei bringt die ersten Deutschen ins Land ihnen folgt der erste christliche Bekehrer, der Priester Meinhart, der 1143 der erste Missionsbischof wird. In V. 524 wird zum ersten Male Riga genannt, und die Aufzählung der heidnischen Völker (V. 325 ff.): Litauer, Semgallen, Letten, Kuren, Esten, Liven steckt den Bereich ab, in dem die Ereignisse der Chronik sich bewegen. Dann erst folgt die Gründung des Schwertbrüderordens (1202), der den Schutz und die Eroberung des Landes übernahm und sich 1237 mit dem Deutschen Orden verschmolz.

Die Chronik trägt als Ganzes ein einheitliches Gepräge, obwohl sich bei genauer Analyse Spuren älterer Vorlagen, namentlich einer niederdeutschen, für die frühen Zeiten der ersten 2000 Verse nachweisen lassen. Sie sieht das Geschehen vom Orden her und stellt dessen doppelte Aufgabe der Eroberung und Christianisierung programmatisch an den Anfang. Die uns am größten scheinenden Leistungen der Besiedlung und staatlichen Organisierung bleiben dagegen ganz außer dem Blickfeld des Verfassers. Er war eher ritterlicher Laie als Geistlicher. Von der doppelten Aufgabe wird im Verlauf der Darstellung fast nur die kriegerische sichtbar. Er ist kein großer Historiker; er reiht Einzelereignisse mit *dann, danach, darauf* rein zeitlich aneinander, ohne sie in Zusammenhänge einzuordnen. Er gibt auch kein chronologisches Gerüst, kaum einmal eine Jahreszahl. Die sich ablösende Reihe der Ordensmeister mit ihren Regierungszeiten bezeichnet das Fortschreiten der Zeit. Das ist der alte Stil der Welt- und Kaisergeschichten, doch vom Universalen gelöst und den Lebensbedingungen des Ordenslandes angepaßt. Vers und Reim stehen noch in der guten Formtradition, aber der Reimvorrat ist mager, die Formelhaftigkeit der Sprache eher Armut als bewußte Stilgebung. Die Darstellungsfähigkeit ist gering. Von dem Wesen der heidnischen Gegner erfahren wir wenig, selten prägt sich ein bemerkenswertes Ereignis durch lebendige Erzählung ein. Die Mühsale und die Unwegsamkeit des Landes, die Zähigkeit der kleinen, auf verstreute Stützpunkte verteilten Posten, die Gnadenlosigkeit des Kampfes gehen unter in farblosen unbewegten Formeln von Morden, Rauben, Brennen, Verheeren auf beiden Seiten, auch in jenen Partien, in denen eigenes Miterleben spürbar wird.

Weit umfänglicher, mannigfaltiger und durchdachter gegliedert ist die Kronike von Pruzinlant des Nicolaus von Jeroschin. Das Hauptverdienst daran fällt freilich seiner Quelle zu, der trefflichen lateinischen Chronik des Ordens, die der Ordenspriester Peter von Dusburg (das ist wohl Duisburg) 1326 abschloß und später bis 1330 fortführte. Die Übertragung des lateinischen Werkes durch Nicolaus muß fast unmittelbar danach begonnen worden sein. Ihr Anreger war der Hochmeister Luder von Braunschweig (1331–1336), der Sohn jenes Albrecht, den die Braunschweigische Chronik verherrlichte. Vollendet wurde sie im Auftrag von dessen Nachfolger Dietrich von Altenburg (1336–1341),

dem zweiten der „literarischen" Hochmeister, nachdem ein erheblich
weit fortgeschrittener erster Entwurf von Neidern vernichtet worden
war.

Nicolaus wird seinem Herkunftsnamen nach wohl aus dem Ordenslande selber
stammen und Geistlicher gewesen sein. Er war vorher schon durch eine deutsch gedichtete Vita des heiligen Adalbert hervorgetreten, des ersten Missionars und
Märtyrers im Preußenlande, des Hauptheiligen des Königsberger Doms. Von dieser
Dichtung besitzen wir nur ein kurzes Bruchstück.

Peter von Dusburg hatte seine Chronik in vier Teile gegliedert, von
denen die drei ersten die Gründung des Ordens, die Aufnahme der Arbeit in Preußen und die Kämpfe des Ordens mit den heidnischen Bewohnern darstellten, während der vierte ein kurzer Abriß des allgemeinen
Weltgeschehens seit Gründung des Ordens ist. Der gelehrte Chronist
versuchte also, eine wenigstens äußerliche Synopse der allgemeinen
und der speziellen Geschichte herzustellen. Nicolaus hat diese Gliederung beibehalten, den weltgeschichtlichen Teil „von Päpsten und Kaisern" aber aufgegliedert und als *zurede* in die Ordensgeschichte eingefügt. Die Verbindung bleibt auch hier ganz äußerlich, Wichtiges und
Wesenloses steht nebeneinander. Die Abgesondertheit des Landes und
seiner Geschicke von den bewegenden Vorgängen des Reichs wird
durch diese Zwischenpartien fast deutlicher als durch das Schweigen der
Livländischen Chronik. Schon sind die Guelfen und Ghibellinen legendär geworden; sie sind auf zwei Brüder Gelphus und Gibbelin zurückgeführt, deren einer die Partei der Kirche, der andere die des Reiches
verfocht. Und die alte Aufgabe des Ordens im heiligen Lande war vor
den Kämpfen der Gegenwart bereits so in den Hintergrund getreten, daß
Jeroschin bei dem eingehender behandelten und beklagten Fall von Akkon (V. 21 422 ff.) des Ordens und seiner Verluste dort überhaupt nicht
Erwähnung tut. Ordensgeschichte ist ihm bereits ganz Preußen-
geschichte geworden.

Geblieben aber ist die Kreuzzugsgesinnung in ihrer ganzen Unbedingtheit und Unerbittlichkeit. An den Beginn der preußischen Geschichte des Ordens setzt Peter von Dusburg und nach ihm Nicolaus
von Jeroschin eine lange geistliche Betrachtung über die *nûwe forme* des
Streites, der nicht nur mit leiblichen, sondern auch mit geistlichen Waffen
geführt wird, eine lange Allegorese von den fleischlichen und geistlichen Waffen, in der jedes einzelne Stück der ritterlichen Rüstung mit
einer christlichen Tugend gleichgesetzt wird. Das mönchische Rittertum und seine doppelte Aufgabe der Eroberung und Bekehrung wird so
zur Grundthese der ganzen Darstellung gemacht und – im Gegensatz
zur Livländischen Chronik – auch wirklich durchgehalten. Hier ist kein
Raum für ein Verständnis des Gegners, für ein edles Heidenbild, in der
erbarmungslosen Wirklichkeit so wenig wie in ihrer dichterischen Ab-

schilderung. Wie im alten Rolandsliede, das zu den gelesenen Büchern in den Ordenshäusern gehörte, gibt es nur Vernichtung oder Bekehrung. Der kreuzzughafte Geist und Auftrag ist dem Orden geblieben und wird ihm in der Chronik immer wieder eingeschärft. Als Kreuzzug galten in der Zeit auch die Züge ritterlicher Scharen, die oft unter Führung eines Fürsten dem Orden zeitweiligen Zuzug leisteten, so auch der berühmte Preußenzug Ottokars von Böhmen (1254/55), bei dem die Feste Königsberg gegründet wurde und dem Böhmenkönig zu Ehren ihren Namen erhielt.

Wie in der Livländischen Chronik steht das kriegerische Geschehen im Mittelpunkt des Interesses, nicht das Werk der Besiedlung und politischen Organisation. Das Buch ist für Ritter und vom Blickpunkt der Ritter verfaßt, aber für geistliche, nicht für höfische Ritter. Höfisches Denken bleibt dem Chronisten fern und prägt seinen Stil nicht. Wie bei dem lateinischen Vorbild wird sein Stil durch die geistlichen Einschläge bestimmt; biblische Parallelen, predigthafte Ermahnungen oder Betrachtungen geben der Darstellung ihr Gepräge. Doch war Nicolaus, der zur Blütezeit der Ordensliteratur dichtete, formal nicht ungewandt. Seine Sprache ist die auf mitteldeutscher Grundlage entwickelte Literatursprache der Ordensdichtung. Gleich seinem Zeitgenossen Heinrich von Hesler (vgl. S. 513 ff.) beschäftigt ihn die Theorie des Verses. Er gründet sie wie jener bereits auf das mechanische Prinzip der Silbenzahl, doch indem er, ausgehend von der Normalzahl 7, eine Schwankungsbreite von 6 bis 9 Silben zuläßt und sich die Freiheit vorbehält, zwei kurze Silben statt einer langen zu setzen, d. h. zweisilbige Senkungen zu verwenden, bleibt er praktisch in der Rhythmik des klassischen Epenverses. Er fordert den reinen Reim und ist mit der maßvoll geblümten Rede vertraut, die aus der Schule Konrads von Würzburg stammt. Gleich der ganzen guten Ordensdichtung der ersten Hälfte des 14. Jahrhunderts steht auch Nicolaus von Jeroschin formal noch fest in der Tradition der klassischen Versepik.

Die Leistung des Deutschen Ordens in der Geschichtsschreibung wird in ihrem Wert erst deutlich, wenn wir daneben den anderen Ritterorden in Betracht ziehen, der auf deutschem Boden Fuß gefaßt hat, den Johanniterorden. Nur ein einziges kleines und dürftiges Werk befaßt sich mit seiner Geschichte, das Gedicht Von dem Spitale von Jerusalem. Ein Angehöriger des Ordens, vermutlich des 1266 zuerst erwähnten Straßburger Ordenshauses, hat es vor 1291, dem Jahr des Falles von Akkon, verfaßt. Ein Geschichtswerk kann man es kaum nennen. Es erzählt eine legendärfabulöse Vorgeschichte des Johanniterspitals von Jerusalem. Gegründet 350 vor Christi Geburt, wird es während und nach der Lebenszeit Christi zu einer Art Mittelpunkt und Zufluchtsort seiner Anhänger. Es steht unter der Leitung von Johannes' Vater Zacharias, danach unter der des Täufers selber. Nach dessen Tode leiten es die Apostel, und als sie in Gottes Auftrag lehrend in die Welt ziehen, setzen sie einen Siebenerausschuß ein, dessen erster Vorstand Stephanus war. Dort geschehen die Erscheinungen Christi vor seinen Jüngern, dort findet Maria Zuflucht und übt Werke der

Barmherzigkeit. Kaum 250 Zeilen gelten dem Orden selber. Wir hören nichts von historischen Personen oder Ereignissen, nur das Wesen des Ordens als Heidenkämpfer, Kranken- und Waisenpfleger und geistliche Gemeinschaft wird kurz skizziert, wobei der Nachdruck auf die Werke der Barmherzigkeit fällt. Der Orden war außerhalb des heiligen Landes ohne große Aufgabe und darum ohne Geschichte. Es wird uns bewußt, wie die von Generation zu Generation weitergegebene Aufgabe des Deutschen Ordens nicht nur ein Selbstbewußtsein erzeugte, an dem jedes einzelne Glied des Ordens mit Stolz teilhatte, sondern auch ein Geschichtsbewußtsein, das die Leistung von Generationen als eine Einheit zu erfassen und darzustellen vermochte.

5. GESCHICHTSDICHTUNG ALS FÜRSTENPREIS

Im Westen und Osten wächst Spezialgeschichte aus politischen und sozialen Bedingungen besonderer Art, der Stadt bei Gottfried Hagen, des Grenzlandes in der Ordenschronik, und ihr Ton wird durch Miterleben und Parteinahme bestimmt. Ganz anders ein historisches Werk, das einen einzelnen Mann einer entfernteren Vergangenheit zum Helden wählt und aus seiner Biographie nur einen, freilich entscheidenden Abschnitt heraushebt: Landgraf Ludwigs Kreuzfahrt. Es führt uns literaturgeographisch in das Böhmen Wenzels II., des königlichen Minnesängers und Förderers einer späten Hofkultur auf kolonialem Boden. Wir sind dieser deutschen Hofkultur und ihren literarischen Interessen bei Heinrich von Freiberg und Ulrich von Etzenbach begegnet. In der Nachfolge Ulrichs steht der unbekannte Dichter der Kreuzfahrt Ludwigs III. von Thüringen. Seine Huldigung für böhmische Adelsgeschlechter thüringischer Herkunft, zumal aber für das Przemyslidenhaus und König Wenzel bezeichnet den literarischen Raum, in dem er groß geworden ist. Der eigentliche Anreger und Gönner des Werkes dagegen war ein schlesischer Piastenfürst, Bolko I., Herzog von Schweidnitz, der im Jahre 1301 starb, und in eben dieses Jahr müssen Abfassung und Vollendung des Gedichtes fallen.

Das Gedicht greift – ein Jahrzehnt nach dem Fall von Akkon – in die große Zeit der Kreuzzüge zurück. Sein Held, Landgraf Ludwig III. von Thüringen, der Vater Hermanns von Thüringen, war Teilnehmer an dem dritten Kreuzzug, namentlich an der Belagerung von Akkon, und starb im Jahre 1190 auf dem Schiff, das ihn erkrankt oder – wie unser Dichter berichtet – verwundet in die Heimat zurückbringen sollte.

Das Gedicht ist historisch gemeint. Es beginnt in chronistischer Manier mit der Geschichte des Königreichs Jerusalem als Geschichte seiner Könige von Gottfried von Bouillon bis zu dem nicht nur in dem Gedicht höchst zweideutigen Guido von Lusignan der, 1186 gekrönt, zur Zeit der Ereignisse die Krone des 1187 verlorenen Jerusalem trug. Bis dahin sind die lateinischen Quellen nachweisbar, aus denen der Dichter schöpfte. Aber auch der Hauptteil ist chronistisch konzipiert und weiß

so viele bezeichnende Einzelheiten zu berichten, daß wir mit einer verlorenen lateinischen Quelle rechnen müssen. Andererseits ist das Gedicht panegyrisch gemeint. Es stellt seinen Helden nicht nur in den
Mittelpunkt der Geschehnisse; es hebt ihn in strahlender Glorie über
alle anderen empor. Er ist der große Heerführer, dem sich alle, selbst
der Kaiser Barbarossa – der allerdings damals schon tot war und niemals
bis Akkon gelangt war – unterordnen. Er ist der vorbildliche Ritter,
unbezwinglich im Kampf, unermüdlich im persönlichen Einsatz, Trost
und Retter in der Bedrängnis, empfindlich in seiner Ehre, höfisch ge-
sittet in seinen Umgangsformen, geachtet und geehrt auch von seinen
Feinden. Er ist der Glaubensstreiter, dem der heilige Georg mit ritterlichen Engelscharen unsichtbar zur Seite reitet und dem er sein Glaubens-
banner, ein rotes Kreuz in weißer Seide, wunderbarlich überträgt, und
er ist umgeben von einer Schar ebenso edelgesinnter thüringischer
Herren, voran seinem Bruder Hermann, der an dem Kreuzzug gar nicht
beteiligt war, und dem zu seinem Bruder gemachten Deutschordens-
meister Konrad von Thüringen, der in der Tat sein Neffe war und erst
1239 Ordensmeister wurde. So wird das Gedicht zur Aristie des thüringischen Adels und des Landgrafenhauses.

Wie willkürlich der Dichter mit den historischen Tatsachen umgeht, ist schon aus
diesen Angaben zu sehen. Wie aller mittelalterlichen Geschichtsschreibung kam es
auch ihm nicht auf die wirkliche, sondern auf die exemplarische Richtigkeit an. Personen und Ereignisse sind in eine schon ungreifbare Ferne gerückt. Selbst über seinen
Haupthelden ist sich der Dichter im unklaren; er macht ihn zum Gemahl der heiligen
Elisabeth, verwechselt ihn also mit seinem Neffen Ludwig IV., der als Teilnehmer des
4. Kreuzzuges 1227 vor der Überfahrt in Otranto starb. Diese beiden großen Kreuzzüge gehen ihm überhaupt durcheinander. Unter der Tünche ritterlicher Idealität treten seltsam realistische Züge der Mühsal und Grausamkeit hervor, nationale Eifer-
süchteleien und Überheblichkeiten zwischen Deutschen und Franzosen, Feigheit und
Insubordination. Das ist der Blick auf das Kreuzzugserlebnis, wie wir es von Freidank, Neithart und dem Tannhäuser aus dem Kreuzzug von 1227/28 kennen. Und wir
werden damit rechnen dürfen, daß der um 1250 geborene Dichter seine Vorstellung
von der Kreuzzugswirklichkeit noch aus Erzählungen hat schöpfen können, die er
von Teilnehmern an jenem Kreuzzug gehört hat.

Die Farben ritterlicher Idealität aber hat der Dichter der späten höfischen Epik entnommen, zumal den Werken Ulrichs von Etzenbach.
Hatte doch auch Ulrich seinen pseudohistorischen Helden Wilhelm von
Wenden zum höfischen Kreuzritter stilisiert und unserem Dichter damit
für den Typus wie für die Einzelheiten das Vorbild gegeben. Durch
Ulrich ist ihm vor allem auch das edle Heidenbild Wolframs übermittelt,
das er auf Saladin und die sarazenische Ritterschaft überträgt. Von hier
aus sind solche Szenen konzipiert wie der strahlende Minneritter Arfax,
der sich nach heldenhaftem Zweikampf mit Ludwig vor der Größe
seines Gegners verneigt, ihm statt des ermüdeten Pferdes ein herrliches

Roß zur Verfügung stellt und dem Landgrafen zu Ehren aus der Schlacht ausscheidet. Von dort her ist auch Saladin gesehen, der seinen verwundeten Gegner mit chevaleresker Geste einlädt, sich bei ihm von arabischen Ärzten gesundpflegen zu lassen, und ihm nach der höflichen, religiös begründeten Ablehnung Wein, Früchte und andere Geschenke übersendet. Doch bleibt solch heidnisches Ritterbild ohne Wolframs seelische Vertiefung. Es sind doch die verworfenen Heiden, die gnadenlos hingemäht werden. Der immer wiederholte Gegensatz, daß die Christen für Gott, die Heiden für den Ruhm der Welt fechten, die Christen im Tod die Märtyrerkrone gewinnen, die Heiden der Hölle verfallen, zerbricht den Anschein gemeinsamer Idealität, und der unauflösbare Zwiespalt wird nicht, wie von Wolfram, als dunkles Leid empfunden.

So sehr der Dichter dieses höfisch stilisierten Geschichtswerkes im Gefolge Ulrichs von Etzenbach steht, so fehlt ihm doch das glatte, leichte Formgefühl des Meisters. Seine Verse sind tot, seine Reime klanglos und oft nur durch harte Enjambements und Verdrehungen der Satzstellung erpreßt. Man hat streckenweise den Eindruck, daß der Dichter seinen Entwurf in Prosa niedergeschrieben und auf dem Papier gewaltsam zu Versen gezwungen hat. Er gleicht darin auffallend dem Manne, der Ulrichs Alexandreïs um das 11. Buch erweitert hat. Die Möglichkeit muß offen bleiben, für beide Dichtungen denselben Verfasser anzunehmen.

In dieser posthumen Kreuzzugsdichtung ist ein einzelner Mann und ein ihn auszeichnendes Ereignis, die Belagerung von Akkon, herausgegriffen, um aus Geschichte mit den Mitteln ritterlicher Idealdichtung einen Fürstenpreis zu gestalten. Mit anderen Mitteln und aus anderem Geist ist hier dasselbe erstrebt, das im althochdeutschen Ludwigslied getan worden war. Ähnlichen Absichten dienen zwei sehr andersartige knappe Gedichte, die etwa gleichzeitig, um 1300, am Mittelrhein verfaßt worden sind. Sie sind uns nur bruchstückhaft erhalten, wecken aber unser Interesse, weil sie Ereignisse der Gegenwart oder einer noch nahen und lebendigen Vergangenheit behandeln.

Das eine, die Böhmerschlacht, gilt der Schlacht auf dem Marchfeld (1278), der Entscheidungsschlacht zwischen Rudolf von Habsburg und Ottokar von Böhmen. Die geschichtliche Realität in ihrer Vielfalt ist hier bereits verwischt oder gleichgültig. Außer den beiden Königen werden keine anderen Namen genannt, und die Schlacht ist nur noch Kulisse um den Zweikampf der Könige, der in Wirklichkeit nie stattgefunden hat, und in dem der Sieg Rudolfs über Recht und Glück entschied. So sah es das Denken des Volkes, so hat das Epos Entscheidungen gesehen. Wie im alten Ludwigslied singen die Kämpfer den *leysen:*

„In Gottes Namen fahren wir", und der König beginnt seinen Ritt in die Schlacht mit einem Gebet. Noch mehr wird die Zusammenraffung auf das symbolisch Gültige in der Bedeutung der Wappen lebendig. Die Wappentiere selber stehen im Kampfe, der weiße böhmische Löwe gegen den Adler des Reiches, und hinter dem Reichsadler steht der weiße Habsburger Löwe. Wir denken an die Prophetie, die Ottokar von Steiermark uns berichtet, daß sich der Adler im Neste des Löwen bergen werde. Nicht zwei Heere oder zwei Menschen, sondern zwei Mächte stehen gegeneinander: Reich und Fürstentum. Der Dichter fühlt mit Rudolf, *des rîches trôst, der werlde heil* (V. 39), aber er kann beide Gegenspieler werten; beide sind sie in den Glanz vorbildlichen Rittertums getaucht.

Das zweite Gedicht gilt der Schlacht bei Göllheim (1298), in der Adolf von Nassau gegen Albrecht von Österreich Krone und Leben verlor. Abermals ein Entscheidungskampf zwischen zwei Großen, einem, der die Krone trug, dem anderen, der sie erstrebte. Aber der Aspekt ist völlig verändert. Hier dichtet einer über Ereignisse jüngster Vergangenheit nach Augenzeugenberichten. Er nimmt entschieden Partei für Adolf und verherrlicht die Ritterschaft des nassauischen Mittelrheins, die auf Adolfs Seite focht, durch preisende Nennung zahlreicher einzelner Teilnehmer an der Schlacht. Keine symbolische Verdichtung eines geschichtlichen Augenblicks in den Figuren der beiden Führer, die sich nur in einer kurzen, episodischen Begegnung treffen, sondern ein Gewoge ritterlicher Kämpfer, das aus der Vielheit der einzelnen ein reales Gesamtbild der Schlacht entstehen lassen möchte.

Man hat beide Gedichte, die etwa gleichzeitig in demselben engeren Sprachbereich entstanden sind, der literarisch sonst wenig hervorgetreten ist, ziemlich unbedenklich dem gleichen Verfasser zugeschrieben. Doch abgesehen von der Tatsache, daß das eine Gedicht habsburgisch, das andere antihabsburgisch gesinnt ist, regt sich das Bedenken, ob die Zeitferne des einen, die Zeitnähe des anderen Gedichtes genügt, um den Unterschied der Darstellungsart zu erklären. Sind es nicht doch sehr verschiedene Konzeptionen und Erlebnisweisen von Geschichte, die dahinter stehen, und die dazu drängen, zwei verschiedene Dichterpersönlichkeiten zu fordern?

Man hat noch vier weitere, fragmentarisch erhaltene mittelrheinische Gedichte derselben Handschriften diesem Dichter zugewiesen, und ihr letzter Herausgeber hat versucht, sie mit dem einzigen Dichternamen zu verbinden, den wir in dieser Zeit aus dieser Gegend kennen, dem Spruchdichter Cilies (Cyriacus) von Seyn. Die sieben Spruchstrophen, die die Jenaer Liederhandschrift unter seinem Namen bringt, sind nach Gedankengehalt und Form so durchschnittlich, daß ernsthafte Anhaltspunkte für die Charakterisierung dieses Dichters daraus nicht zu gewinnen sind. Der Dichter – oder die Dichter – der hier behandelten Stücke scheint mir ritterlicher, seßhafter, der Gesellschaft, für die er dichtet, näher verbunden, eher ein Ministerial als ein Fahrender, auch sicherer und eigentümlicher in seinen künstlerischen Mitteln. Wir wissen gerade aus dieser Gegend viel zu wenig von ihrem literarischen Leben, um sichere Zuweisungen wagen zu können.

Die vier Gedichte, die hier neben den beiden soeben behandelten stehen, haben mit Historie nichts zu tun. Wir besprechen sie hier anhangsweise, weil sie nach der handschriftlichen Überlieferung zusammengehören, und weil sie ihr Herausgeber demselben Verfasser zuschreibt wie die historischen Dichtungen. Sie alle spielen in der ritterlichen Gesellschaft des Landes, deren Mitglieder preisend erhoben werden, in ihnen allen spielt der Dichter selber mit, eine Art Zeremonienmeister oder Herold ihres Ruhmes.

Der Minnehof ist eine Minneallegorie, in der eine Dame sich an das Gericht der Minne wendet, um zu entscheiden, welchen Lohn sie ihrem treuen Ritter schulde, ein Casus nach Art der Verhandlungen, wie sie Andreas Capellanus vor menschlichen Minnehöfen durchführt. Der Dichter vertritt die Sache der Dame vor dem Minnegericht unter Beistand des Ritters Kraft von Greifenstein und erhält den Bescheid, daß die Dame zu Lohn verpflichtet sei, doch dürfe er ihre Ehre nicht berühren.

Auch die Ritterfahrt ist ein allegorisches Minnegedicht vom Typus der Feldzugsallegorie. Irmgard, die Gemahlin Wilhelms I. von Katzenellenbogen, ruft als Landvögtin der Minne zum Zuge gegen Schloß Limburg an der Lahn auf, dessen Herrin sich gegen die Rechte der Minne vergangen hat. In der Aufzählung der Teilnehmer an diesem Zuge, lauter Damen und Herren des Landadels, bricht das Fragment dann ab.

Ein drittes, das Turnier, zeigt den Dichter als Zuschauer bei einem Turnier. Er gibt einer Dame – oder ist es Frau Ehre? – Auskunft über einen Ritter, der sich in dem Turnier besonders auszeichnet. Auf diese Weise kommt ein kleines Preisgedicht auf einen rheinischen Ritter, Adolf von Windhövel, zustande.

Das vierte, der Ritterpreis, ist das interessanteste. Es wirkt wie die Beschreibung eines kleinen, auf drei Tage (Neujahr bis 3. Januar) verteilten Festspiels. Auch hier stellt sich der Dichter als Ratgeber einer Dame vor, deren Unterkleid die Keuschheit, deren Oberkleid weibliche Scham ist, die also eine allegorische Figur sein wird. Er ist ihr behilflich, hohe Auszeichnungen an vollkommene Ritter zu verteilen, die ebenso hervorragend im Kampf wie untadelig im Benehmen gegen Frauen sind. Am ersten Tage werden 12 sagenberühmte Schwerter verteilt, am zweiten ein kostbarer Schapel, am dritten ein kostbarer Ring. Beides sind Gaben, die Penthesilea vor Troja verschenkt hatte, beide lassen sich nur von untadligen Rittern tragen. Gestalten und Dinge aus Sage und Dichtung werden heraufbeschworen und mit der Gegenwart vermischt, um die bei einem höfischen Fest versammelten Herren des Adels auszuzeichnen, höfische Maskerade. Es ist das bei weitem beste der Gedichte, nie eintönig, trotz des eintönigen Themas. Bewegte Rede und Gegenrede, Klage um vergangene Zeiten, Ausrufe der unmittelbaren Teilnahme des Dichters am Geschehen lockern es lebendig auf, und durch spannendes Hinhalten, durch Erratenlassen des gemeinten Ritters aus seinem Wappen läßt der Dichter das Interesse nicht erlahmen.

War das Preisgedicht auf Rudolf von Habsburg vom Symbolgedanken der hohen Schildzeichen, Adler und Löwe, getragen, so gründet 60 Jahre später ein nicht ungewandter Dichter das Lob Ludwigs des

Bayern auf die zeitgemäße Form der Allegorie. Wir besitzen erhebliche Reste eines umfänglichen Lobgedichtes auf Ludwig den Bayern, das jedenfalls nach seiner Kaiserkrönung 1328, wahrscheinlich erst nach 1342 gedichtet ist. Der Dichter wird von den allegorischen Gestalten als Schreiber angeredet, was wohl wirklich seine Berufsstellung meint. Der Sprache nach ist er Alemanne. Die alte Vermutung, daß sich hinter dem „Schreiber" der kaiserliche Protonotar Ulrich von Augsburg verberge, dürfte nicht zu halten sein. Er könnte sich selber kaum einen *tumben knaben* nennen, auch scheint seine Sprache weiter nach Westen zu weisen. Doch ist es sehr wahrscheinlich, daß der Dichter der kaiserlichen Kanzlei angehört hat. Der verlorene Anfang muß nach dem Typus der Minneallegorien gebildet gewesen sein; ein Spaziergang scheint den Schreiber zunächst auf die Burg Solialt (Sonnenhöh) zu Frau Venus geführt zu haben, die ihm Hilfe verspricht. Die erhaltenen Teile spielen am Hof von Frau Ehre, bei der ihn Frau Venus einführt. Die alten höfischen Hochziele also, Minne und Ehre, sind diesem Dichter noch gültige Werte. Neben der Entfaltung höfischer Pracht und Festlichkeit am Hofe von Frau Ehre erfüllt der hochtönende Preis des Kaisers und der Kaiserin durch den Schreiber selbst, durch Frau Ehre und ihr Gefolge, die sieben höfischen Tugenden, den Hauptteil der erhaltenen Fragmente. *er mîn trût, ich sîn amîe*, so zeichnet Frau Ehre in höfischer Stilisierung ihr Verhältnis zum Kaiser, und sie nennt sich innigste Vertraute und Freundin der Kaiserin.

Indessen schimmert auch eine Handlung durch. Der Schreiber ist ausgegangen, um für den Kaiser ein Schwert zu suchen. Er erbittet es von Frau Ehre, und seine Herstellung wird eingehend geschildert. Damit enthüllt sich der politische Hintergrund des Gedichtes. Es knüpft an die Zwei-Schwerter-Theorie an: dem Kaiser soll das Schwert der Frau Ehre dazu helfen, die unheilvolle Wirkung des Zwiespaltes der beiden Schwerter zu überwinden und die kaiserliche Aufgabe des Schutzes von Glauben, Recht und Frieden wirksam zu erfüllen. Mit dieser Außerkraftsetzung der Zwei-Schwerter-Theorie durch das neue Schwert der Frau Ehre erweist sich der Schreiber nicht nur als Anhänger Ludwigs, sondern als Verfechter der Loslösung der Kaiserwürde aus der Abhängigkeit von der päpstlichen Krönung, der Autonomie der Königswahl und der Theorie, daß die Königswahl dem Gewählten auch Recht und Titel des Kaisers zuspricht. In der Propaganda dieser Theorien, die in der Kaiserkrönung Ludwigs durch Vertreter des römischen Volkes verwirklicht, durch den Kurverein von Rense (1338) legalisiert wurden, dürfte der eigentliche Sinn und Zweck des Gedichtes liegen.

Als literarische Leistung interessiert es uns vor allem durch das lebendige Verhältnis dieses so späten, politisch so modernen Dichters zu der höfischen Idealität in Lebensstil und Denkweise und durch die vollkommene Beherrschung der höfischen Stil- und Formmittel. Sein Vers ist klassisch glatt und gewandt, sein Reim rein und leicht, sein Stil steht in der besten Nachfolge Konrads von Würzburg. Gäbe die historische Beziehung nicht die Sicherheit des zeitlichen Ansatzes, so würde man das Gedicht auf Grund der formalen und stilistischen Kriterien getrost ins Ende des 13. Jahrhunderts versetzen – wieder einmal ein warnendes Beispiel für die Unsicherheit aller Datierungen auf Grund des formalen Befundes.

LITERATUR

CHRISTHERRE-CHRONIK

Lit.: Ehrismann 2, Schlußband, S. 34–35.
Gustav Ehrismann, Verf.-Lex. 1, Sp. 375–76.

HEINRICH VON MÜNCHEN

Lit.: Ehrismann 2, Schlußband, S. 35.
Gustav Ehrismann, Verf.-Lex. 2, Sp. 316–17. Mit Nachtrag 5, Sp. 349.
Georg Leidinger, Die Weltchronik des Heinrich von München. Forschungen u. Fortschritte 12 (1936) S. 55–56.
Hermann Menhardt, Eine Kärntner Hs. der Weltchronik Heinrichs von München. Carinthia I 126 (1936) S. 29–31.
Paul Gichtel, Die Weltchronik Heinrichs von München in der Runkelsteiner Hs. des Heinz Sentlinger. München 1937.

SÄCHSISCHE WELTCHRONIK

Ausg.: Ludwig Weiland, MGH Deutsche Chroniken II. Hannover 1876.
Lit.: Ehrismann 2, Schlußband, S. 437–38.
Claudius v. Schwerin, Verf.-Lex. 1, Sp. 518–20.
Gustav Roethe, Die Reimvorreden des Sachsenspiegels. Abh. d. Kgl. Ges. d. Wiss. zu Göttingen, Phil.-hist. Kl. NF. Bd. II Nr. 8. Berlin 1899.
Karl Zeumer, Die Sächsische Weltchronik, ein Werk Eikes von Repgow. In: Festschrift H. Brunner. Weimar 1910. S. 135–74 u. 839–42.
Hermann Ballschmiede, Die Sächsische Weltchronik. Jb. d. Ver. f. nd. Sprachforschg. 40 (1914) S. 81–140.
Udo Illig, Das Salzburger Fragment der Sächsischen Weltchronik. Unters. u. hrsg. Graz 1924.
Hans Voltelini, Der Verfasser der Sächsischen Weltchronik. WSB Phil.-hist. Kl. Bd. 201, Abh. 4 (1924) S. 1–60.
Marg. Neumann, Die sogenannte „Erste bairische Fortsetzung" der Sächsischen Weltchronik und ihre Beziehungen zum Oberrhein. Diss. Greifswald 1925.
Karl August Eckhardt, Die Entstehungszeit des Sachsenspiegels und der Sächsischen Weltchronik. Abh. d. Ges. d. Wiss. zu Göttingen, Phil.-hist. Kl. NF. Bd. 23 Nr. 2. Berlin 1931.

JANSEN ENIKEL

Ausg.: Philipp Strauch, MGH Deutsche Chroniken III 1. Hannover 1891.
Lit.: Ehrismann 2, Schlußband, S. 430–32.
Bernhard Schmeidler, Verf.-Lex. 2, Sp. 575–80.

Philipp Strauch, Studien über Jansen Enikel. ZfdA 28 (1884) S. 35–64.

Gertrude Matzke, Die Reimverhältnisse in Jansen Enikels Weltchronik Vers 1 bis 10000. Diss. Wien 1953 (Masch.-Schr.).

Leopoldine Polly, Die Reimverhältnisse in Jansen Enikels Weltchronik Vers 10000 bis 20000. Diss. Wien 1953 (Masch.-Schr.).

Francis Lee Utley, Noah's Ham and Jansen Enikel. Germ. Rev. 16 (1941) S. 241–49.

Otto Brunner, Das Wiener Bürgertum in Jans Enikels Fürstenbuch. MIÖG 58 (1950) S. 550–74; wieder abgedruckt in dem Sammelwerk des Verf.: Neue Wege der Sozialgeschichte. Göttingen 1956. S. 116–35.

Trude Stiegler, Reimwörterbuch zu Enikels „Fürstenbuch". Diss. Wien 1951 (Masch.-Schr.).

OTTOKAR VON STEIERMARK

Ausg.: Joseph Seemüller, MGH Deutsche Chroniken V 1–2. Hannover 1890–93.

Lit.: Ehrismann 2, Schlußband, S. 432–33.

Anna Krüger, Verf.-Lex. 5, Sp. 834–42.

Fedor Bech, Sprachliche Bemerkungen zu der von Joseph Seemüller hrsg. Österreichischen Reimchronik Ottokars. ZfdA 27 (1895) S. 25–51.

Emil Henrici, Die Nachahmung des Iwein in der steirischen Reimchronik. ZfdA 30 (1886) S. 195–204.

Milos Vystyd, Die steirische Reimchronik und die Königsaaler Chronik. Eine quellenkritische Untersuchung. MIÖG 34 (1913) S. 218–95.

Hans von Voltelini, Ottokars österreichische Reimchronik und der Schwabenspiegel. ZRG germ. Abt. 50 (1930) S. 385–88.

Walter Heinemeyer, Ottokar von Steier und die höfische Kultur. ZfdA 73 (1936) S. 201–27.

Anna Krüger, Stilgeschichtliche Untersuchungen zu Ottokars österreichischer Reimchronik. Leipzig 1938 (Diss. Berlin).

Eberhard Kranzmayer, Die steirische Reimchronik Ottokars und ihre Sprache. WSB Bd. 226, 4. Abh. Wien 1950.

Marjatta Wis, Weinnamen bei Ottokar von Steiermark. Neuphil. Mitt. 59 (1958) S. 99–109.

Otto Mick, Die Reimverhältnisse in Ottokars österreichischer Reimchronik (Vers 1–10000). Diss. Wien 1954 (Masch.-Schr.).

Evamaria Petrasch, Die Reimverhältnisse in Ottokars österreichischer Reimchronik, Vers 10000–20217. Diss. Wien 1951 (Masch.-Schr.).

Franz Newerkla, Die Reimverhältnisse in Ottokars österreichischer Chronik, Vers 20218 bis 30000. Diss. Wien 1951 (Masch.-Schr.).

Maria Schölm, Die Reimverhältnisse in Ottokars österreichischer Chronik, Vers 30000 bis 40000. Diss. Wien 1951 (Masch.-Schr.).

Elfriede Weiß, Die Reimverhältnisse in Ottokars österreichischer Chronik, Vers 40000 bis 50000. Diss. Wien 1951 (Masch.-Schr.).

Martin Grillmayr, Die Reimverhältnisse in Ottokars österreichischer Chronik, Vers 50000 bis 60000. Diss. Wien 1950 (Masch.-Schr.).

Emilie Reisser, Die Reimverhältnisse in Ottokars österreichischer Chronik, Vers 60000 bis 70000. Diss. Wien 1952 (Masch.-Schr.).

Alfred Wimmer, Die Reimverhältnisse in Ottokars österreichischer Chronik, Vers 70000 bis 80000. Diss. Wien 1952 (Masch.-Schr.).

Hermann Scherzer, Die Reimverhältnisse in Ottokars österreichischer Chronik, Vers 80000 bis 90000. Diss. Wien 1953 (Masch.-Schr.).

Maja Loehr, Der Steirische Reimchronist: her Otacher ouz der Geul. MIÖG 51 (1937) S. 89–130.

Julius Franz Schütz, Zur Stoffbibliographie der Steirischen Reimchronik des Ottokar. Graz 1954.

PRIESTER EBERHARD

GANDERSHEIMER REIMCHRONIK
Ausg.: Ludwig Weiland, MGH Deutsche Chroniken II. Hannover 1877.
Ludwig Wolff, Halle 1927 (Altd. Textbibl. 25).
Lit.: Ludwig Wolff, Verf.-Lex. 1, Sp. 470–74; 5, Sp. 160–61.
Ehrismann 2, Schlußband, S. 429–30.
Edward Schröder, Zur Überlieferung des Eberhard von Gandersheim. Neues Archiv
d. Ges. f. ältere dt. Geschichtskunde 45 (1924) S. 119–26.
Ludwig Wolff, Die Reimchronik Eberhards von Gandersheim. Jb. d. Ver. f. ndd.
Sprachforschung 50 (1924) S. 31–45.
ders., Sprachliches, Textkritisches und Stilistisches zu Eberhard von Gandersheim.
ZfdA 64 (1927) S. 307–16.
Wilhelm Seelmann, Heimatbestimmung mnd. Dichtungen: Die „Gandersheimer
Reimchronik". Jb. d. Ver. f. ndd. Sprachforschung 60/61 (1934/35) S. 20–21.
Torsten Dahlberg, Die Mundart Eberhards von Gandersheim. Jb. d. Ver. f. ndd.
Sprachforschung 63/64 (1937/38) S. 183–85; vgl. ders., Stud. Neophil. 10 (1938)
S. 119–23.
Wilhelm Seelmann, Zur Mundart Eberhards von Gandersheim. Jb. d. Ver. f. ndd.
Sprachforschung 65/66 (1939/40) S. 40–42.
Elfriede Stutz, Studien zum Zeilenbau in der Gandersheimer Reimchronik. Nd. Mitt.
14 (1958) S. 5–58.

KLOSTERGRÜNDUNGSCHRONIKEN

Ausg.: St. Bernhard: H. J. Zeibig, Das Stiftungsbuch des Klosters St. Bernhard.
Fontes rerum austriacarum II, 6. Wien 1853. S. 125 ff.
Waldsassen: Die Gründung des Klosters Waldsassen. Hrsg. von Friedrich Keinz.
München 1885.
Kastl: Jos. Moritz, Stammreihe und Geschichte der Grafen von Sulzbach. Abhh.
Bayr. Ak. d. Wiss. 1833, Bd. 1, Tl. II, 2. Abt.
Zwettl: Johann von Frast, Fontes rerum austriacarum II, 3. Wien 1851.
Lit.: Wilhelm Brauns, Verf.-Lex. 5, Sp. 517–21.
Karl Münzel, Mittelhochdeutsche Klostergründungsgeschichten des 14. Jahrhun-
derts. Diss. Berlin 1933.
Arthur Witte, Verf.-Lex. II, Sp. 760–62 unter dem Titel: Karl der Große und die
schottischen Heiligen (betr. das Regensburger Schottenkloster).
Charles Copland Perry, Die Sprache des spätmittelhochdeutschen Gedichtes „Karl
der Große und die schottischen Heiligen". Diss. Marburg 1892.

BRAUNSCHWEIGISCHE FÜRSTENCHRONIK

Ausg.: Ludwig Weiland, MGH Deutsche Chroniken II. Hannover 1877.
Lit.: Ehrismann 2, Schlußband, S. 430.
Ludwig Wolff, Verf.-Lex. 3, Sp. 1041–46.
Rudolf König, Stilistische Untersuchungen zur Braunschweigischen Reimchronik.
Halle 1911 (Diss. Halle).

GOTTFRIED HAGEN

CHRONIK DER STADT KÖLN
Ausg.: Eberhard von Groote, Köln 1834.
H Cardauns, Chroniken dt. Städte 12. Leipzig 1875.

Lit.: Ehrismann 2, Schlußband, S. 430.
Jan van Dam, Verf.-Lex. 2, Sp. 143–45.
Ernst Dornfeld, Untersuchungen zu Gottfried Hagens Reimchronik der Stadt Köln
nebst Beiträgen zur mittelripuarischen Grammatik. Breslau 1912 (Diss. Marburg).

LIVLÄNDISCHE REIMCHRONIK

Ausg.: Leo Meyer, Livländische Reimchronik. Mit Anmerkungen, Namensverzeichnis und Glossar. Paderborn 1876.
Lit.: Ehrismann 2, Schlußband, S. 670.
Wilhelm Brauns, Verf.-Lex. 5, Sp. 956–67.
Richard Linder, Zur älteren livländischen Reimchronik. Leipzig 1891.
Paul Eckl, Die livländische Reimchronik. Diss. Greifswald 1910.
Werner Meyer, Stilistische Untersuchungen zur livländischen Reimchronik. Diss.
Greifswald 1912.
Karl Helm u. Walther Ziesemer, Die Literatur des Deutschen Ritterordens. Gießen
1951. S. 147–49.
Lutz Mackensen, Zur deutschen Literaturgeschichte Alt-Livlands. In: Baltische
Lande. Bd. 1 (1939) S. 385–414.
ders., Zur deutschen Literatur Altlivlands. Ostdtsche Beitr. aus d. Göttinger Arbeitskreis. Bd. 18. Würzburg 1961.

NICOLAUS VON JEROSCHIN

Ausg.: Vita des heiligen Adalbert: Ernst Strehlke, in: Scriptores rerum Prussicarum Bd. 2. Königsberg und Leipzig 1863. S. 423–28.
Kronike von Pruzinlant: Ernst Strehlke, in: Scriptores rerum Prussicarum Bd. 1.
Leipzig 1861. S. 291–648.
Lit.: Ehrismann 2, Schlußband, S. 670–71.
Willy Krogmann, Verf.-Lex. 3, Sp. 588–99.
Walther Ziesemer, Nicolaus von Jeroschin und seine Quelle. Berliner Beitr. z. germ.
u. rom. Phil. XXXI, Germ. Abt. Nr. 18. Berlin 1907.
Karl Helm u. Walther Ziesemer, Die Literatur des Deutschen Ritterordens. Gießen
1951. S. 151–62.
Carl von Kraus, Die metrischen Regeln bei Heinrich von Hesler und Nicolaus von
Jeroschin. In: Festschr. M. H. Jellinek . . . dargebracht. Wien 1928. S. 51–74.
Hans Erhard Schulz, Studien zum Sinnbezirk von „êre" im „Buch der Makkabäer in
mitteldeutscher Bearbeitung" und in Nicolaus von Jeroschins „Kronike von Pruzinlant". Diss. Freiburg i. Br. 1957 (Masch.-Schr.).

VON DEM SPITALE VON JERUSALEM

Ausg.: Arnold Küster (Diss. Straßburg 1897).
Lit.: Ehrismann 2, Schlußband, S. 410.
Günther Jungbluth, Verf.-Lex. 4, Sp. 249.
Edward Schröder, Das Gedicht vom Spitale zu Jerusalem. ZfdA 58 (1921) S. 300.

LANDGRAF LUDWIGS KREUZFAHRT

Ausg.: Hans Naumann, MGH, Dt. Chroniken IV 2. Berlin 1923.
Lit.: Ehrismann 2, Schlußband, S. 85–87.
Erich Gierach, Verf.-Lex. 2, Sp. 947–48.
Friedr.-Wilh. Wentzlaff-Eggebert, Kreuzzugsdichtung des Mittelalters. Berlin 1960.
S. 284–87.

BÖHMERSCHLACHT UND SCHLACHT BEI GÖLLHEIM

Ausg.: Adolf Bach, Die Werke des Verfassers der Schlacht bei Göllheim. Rhein. Archiv Bd. 11. Bonn 1930.
ders., Ein neues Bruchstück der „Ritterfahrt". ZfdA 69 (1932) S. 90–96.
Lit.: Ehrismann 2, Schlußband, S. 433–34.
Adolf Bach, Verf.-Lex. 4, Sp. 1144–51.
Emil Schmidt, Die Frage nach der Zusammengehörigkeit der poetischen Fragmente von dem Minnenhof, der Böhmerschlacht, der Göllheimer Schlacht und dem Ritterpreis. Marburg 1908 (Diss. Marburg 1907).

LOBGEDICHT AUF LUDWIG DEN BAYERN

Ausg.: Franz Pfeiffer, WSB. Phil.-hist. Kl. 41 (1863) S. 328–67. Auch in dem Sammelband: Forschungen und Kritik auf dem Gebiete des deutschen Altertums. Tl. 1. Wien 1863. S. 45–85.
Englert, Zwei neue Bruchstücke des Gedichtes auf Kaiser Ludwig den Baiern. ZfdA 30 (1886) S. 71–75.
Herbert Thoma, Ein neues Bruchstück des Gedichtes auf Kaiser Ludwig den Baiern. ZfdA 58 (1921) S. 87–92.
Lit.: Ehrismann 2, Schlußband, S. 506.
Arthur Witte, Verf.-Lex. 3, Sp. 186–88.
Emil Schaus, Das Gedicht auf Kaiser Ludwig den Baiern. ZfdA 42 (1898) S. 97–105.

SECHSTES KAPITEL

KLEINEPIK

1. ALLGEMEINE EINFÜHRUNG

Während die große Epik der Spätzeit in allen ihren Möglichkeiten die klassische Epik formal wie inhaltlich zur Voraussetzung hat und an ihr fortdichtet, treten seit der späten Stauferzeit Gattungen neu hervor, die in Frankreich schon seit der Mitte des 12. Jahrhunderts nachweisbar sind und um 1200 in voller Blüte stehen, in Deutschland aber bisher kaum haben Fuß fassen können. Es handelt sich um erzählende Kleindichtung von großer Spannweite sowohl des Inhalts als auch der Stilform und der inneren Haltung, Gedichte, die ihrem Umfang nach von einigen Dutzend Verszeilen bis zu etwa 2000 reichen. Was in vor- und hochhöfischer Zeit auch nur annähernd vergleichbar wäre, ist rasch aufgezählt. Die Kaiserchronik kennt solche in sich abgeschlossenen Kleinerzählungen novellistischen oder legendären Charakters. Aber sie sind in ein großes Geschichtswerk von religiöser Grundhaltung verwoben und auf dessen Thematik bezogen. In der klassischen Zeit wäre allenfalls Hartmanns Armer Heinrich zu nennen, der nach Stoff und Umfang etwa entspricht und daher auch in Sammelhandschriften solcher Kleinepik aufgenommen worden ist. Aber er steht nach Wesen und Absicht der späteren, unterhaltend-belehrenden Literatur dieser Art sehr fern und hat in ihr denn auch keine Nachfolge gefunden. Das einzig wirklich vergleichbare Stück ist die Versnovelle von Moriz von Craûn (vgl. Bd. II S. 145 ff.), die wesentliche Merkmale der späteren novellistischen Kleinepik vorwegnimmt, in ihrem spekulativ belasteten Prolog und in ihrer Anlage als Minnekasus aber doch eigene Wege geht. Sie hat auch weder augenblicklichen Erfolg gehabt noch späteren Nachhall geweckt. Die Versuche, andere Stücke ähnlicher Art, so namentlich die Erzählung von Dulciflorie (vgl. S. 275), in die frühe Zeit zu datieren, sind nicht überzeugend.

Die Stunde der kurzen, unterhaltenden und belehrenden Verserzählung kommt in Deutschland erst in und nach der späten Stauferzeit. Wir können zwei Dichternamen an den Anfang stellen. Als der erste deutsche Schwankdichter gilt der Stricker, der etwa 1235/40 mit Gedichten dieses Genres begonnen haben wird. Wir dürfen ihn wirklich als den Schöpfer der Gattung des Schwankes bezeichnen, werden freilich sehen, daß Wesen und Werk dieses vielseitigen Mannes damit nicht erfaßt ist. Wenn wir daneben Konrad von Würzburg für die Novellendichtung an die Spitze stellen, so nicht in demselben Sinne eines eigentlichen Neuschöpfers einer Gattung. Es hat neben und gewiß auch schon vor ihm Novellendichtung gegeben. Aber es scheint, daß er ihr den Zugang zur anerkannten, „hohen" Literatur geöffnet und das Stilvorbild geschaffen hat, das für viele der besten Novellenerzähler unmittelbar oder mittelbar maßgebend geworden ist.

Die Blütezeit dieser Dichtart liegt etwa in dem Jahrhundert von 1250 bis 1350. Wenn auch die Stoffe weiter wirksam und lebendig bleiben, weil sie zeitlos sind, so versiegt doch seit der Mitte des 14. Jahrhunderts das dichterische Gestaltungsvermögen. Denn die Kleinerzählung nimmt an den Stilmitteln der großen Epik teil, spricht ihre Sprache, formt an ihrem Vorbild ihren glatten, raschen, geregelten Vers. Sie verarmt und verroht wie jene und geht wie sie als Kunstwerk zugrunde.

Diesem Zeitansatz entspricht die Entstehungszeit der bedeutendsten Sammelhandschriften, denen wir vor allem die Kenntnis dieser Literaturart verdanken. Die älteste, die Wiener Handschrift 2705, ist auf ca. 1280 zu datieren. Es folgen die beiden Geschwisterhandschriften aus Heidelberg (Cod. Pal. germ. 341) und aus der ungarischen Bischofsstadt Kalocsa. Die Sammlung, aus der diese drei Handschriften hervorgegangen sind, muß im ersten Drittel des 14. Jahrhunderts in Böhmen entstanden sein. Sie gehört also etwa in dieselbe Zeit wie die großen Sammlungen deutscher Minnelyrik (vgl. Bd. II, S. 231 ff.) und ist uns zugleich ein weiteres Zeugnis für das große Interesse an deutscher Literatur in diesem Lande. Die Sammel- und Abschreibetätigkeit setzt sich durch das 14. und 15. Jahrhundert fort und bezeugt die weitere Beliebtheit dieses Genres. Noch im 14. Jahrhundert ist die Melker Handschrift R 18, ganz am Ende des Jahrhunderts (1393) die Wiener Handschrift 2885 geschrieben. Im 15. Jahrhundert folgen – um nur einige genau datierte Handschriften zu nennen – die Dresdner Hs. 68 (geschrieben 1447) die Karlsruher Handschrift 408 und die Handschrift des Innsbrucker Ferdinandeums (geschrieben 1456). Endlich ist die große Donaueschinger Handschrift von 1433 zu nennen; sie ist früh bekannt geworden, weil sie der romantisch begeisterte Sammler und Liebhaber Freiherr Joseph von Laßberg unter dem Titel Liedersaal 1820/22 in einem Privatdruck hat erscheinen lassen.

Diese großen Handschriften zeigen uns die ganze Fülle und Mannigfaltigkeit dessen, was das Interesse der Sammler erweckt hat. Das meiste ist literarhistorisch und auch textlich noch gar nicht aufgearbeitet. Das Interesse der Forschung hat sich vor allem solchen Dichtungen erzählenden Inhaltes zugewendet, die sich in unsere geläufigen Gattungsbegriffe der Novelle, des Schwankes, der Fabel einordnen lassen. Aber im Gesamtbestand einer solchen Sammlung machen diese nur einen Teil, und für die Sammler wohl nicht einmal den wichtigsten Teil aus. Überblicken wir rasch die 213 Nummern der großen Heidelberger Hs. 341, die in der tabellarischen Inhaltsbeschreibung von Rosenhagens Ausgabe in den Deutschen Texten des Mittelalters Band 17, S. XXXVff. leicht überschaubar sind, so ist der Eindruck verwirrend bunt. Ein beträchtlicher Teil ist rein religiösen Themen gewidmet. Die Sammlung beginnt, sich

gleichsam damit segnend, mit drei lyrischen Marienpreisen: der Goldenen
Schmiede Konrads von Würzburg, dem Leich Walthers von der Vogelweide und dem Marienleich Reinmars von Zweter. Neben weiteren
Stücken religiöser Lyrik stehen religiös-legendäre Erzählungen, zumal
eine Sammlung von Marienlegenden, die aus dem Passional (vgl. S. 529)
entnommen sind, und Stücke religiöser Belehrung und andächtiger Betrachtung, die gar nicht oder kaum erzählenden Charakter haben. Auch
rein weltliche Lehrdichtung, wie die Sprüche des Cato (vgl. S. 386 ff.), hat
in der Sammlung Aufnahme gefunden. Dazwischen stehen erzählende
Stücke; viele darunter gehören dem gleich zu erläuternden Typus des
Bispel an, bei dem nicht die Erzählung, sondern die allegorische oder
die moralische Ausdeutung den Nachdruck trägt. Bedenken wir, daß
auch die eigentlichen Erzählungen schwankhafter oder novellistischer
Art ausdrücklich oder implicite der moralischen Belehrung dienen
sollen, so wird uns klar, daß diese Sammlungen nicht unter literarischem
Blickpunkt zur Pflege bestimmter Gattungen zusammengestellt sind. Sie
wollen kein unterhaltendes Lesebuch sein. Ihre einheitliche Grundabsicht
liegt in religiöser Erbauung und moralischer Belehrung.

Für uns freilich verschieben sich die Gesichtspunkte. Wir fassen diese
kleinen Gedichte als Literatur, werten sie nach ihrer künstlerischen Bedeutung und heben diejenigen heraus, die nach Inhalt und Gestaltung
über den Zweck hinaus von ihren Verfassern als Dichtwerk gemeint sind.
Schon mit dem Stichwort „Kleinepik" haben wir eine Auswahl getroffen;
wir lenken den Blick damit auf die erzählerischen Stücke. Auch hier
bleibt die Breite der Möglichkeiten noch sehr groß und verlangt Abgrenzung und Gliederung, wobei unsere Gattungsbegriffe nicht aus-
reichen und die Grenzen zwischen den einzelnen Gattungen nicht ohne
Willkür zu ziehen sind, weil sie tatsächlich ineinander verfließen.

Wir scheiden hier die Gattung der Legende aus und behandeln sie als wichtige
Gruppe der religiösen Erzähldichtung auf S. 521 ff. Dort wird sich freilich zeigen, wie
sehr sich die Legende bei dem Drang des späten Mittelalters nach Nähe und Vertrautheit mit den überweltlichen Mächten, zumal in den Marienlegenden, aber auch
in den Teufelsgeschichten, novellistischer oder schwankhafter Behandlung annähern
kann. Dem Märchen oder märchenhafter Erzählweise werden wir kaum begegnen.
Märchenhaftes Geschehen ist dem Abenteuerroman eigen. Die Kleinerzählung, die
uns hier beschäftigt, erstrebt aber gerade etwas ganz anderes; sie hat es mit Menschen
und Dingen der Wirklichkeit, oft des Alltags zu tun und gewinnt daraus ihre Beliebtheit. Die Fabel im Sinne der äsopischen Fabel beginnt hervorzutreten. Die Spruchdichter haben sie in ihrem Repertoire, der Schulmeister Hugo von Trimberg (vgl.
S. 380 ff.) verwendet sie in seiner großen Sittenlehre. Als geschlossene Einzelerzählung
ist sie noch selten. Einige Fabeln, wie die von der Teilung der Beute durch den Löwen, vom Löwen und der Maus, vom Raben mit den Pfauenfedern finden sich in der
Bispelsammlung, die Franz Pfeiffer ZfdA VII, 319 ff. herausgegeben hat (vgl. S. 377ff.).
Die große Zeit der Fabel beginnt erst mit dem Edelstein des Berner Dominikaners
Ulrich Boner um 1350 und dem niederdeutschen Äsop des 15. Jahrhunderts.

Es verbleiben im wesentlichen die erzählenden Gattungen der Novelle und des Schwankes, wenn wir ihnen alle Erzählungen zuordnen, in denen eine einfache, unverzweigte Handlung zwischen wenigen Personen in raschem Erzählschritt einer Pointe, einer überraschenden oder fesselnden Lösung zugeführt wird. Es entspricht dem lehrhaften Bedürfnis dieser Zeit, daß man der Pointe gern ein *fabula docet* mitgibt. Dabei können sich die Gewichte so sehr verschieben, daß die Lehre ganz in den Vordergrund tritt und die Erzählung keine eigene Bedeutung mehr hat, sondern nur noch um der Lehre willen da ist. Für diese Gattung können wir den mittelhochdeutschen Terminus *bîspel* verwenden, dessen Grundbedeutung „Bei-Erzählung" die Rangordnung zwischen Erzählung und Deutung gut ausdrückt. Im engen Sinne können wir Bispel solche Gedichte nennen, bei denen Stoff und Deutung schon in der Konzeption die Umkehrung erkennen lassen, indem die Lehre das primär Beabsichtigte ist, für das ein Erzählstoff erfunden wird. Ein Beispiel macht es klar: In dem Gedicht Die irdenen Gefäße erzählt der Stricker (No 146), daß ein König die irdenen Gefäße für seinen Haushalt selber verfertigte. Diejenigen Gefäße, die heil aus dem Brennofen kamen, vergoldete er, die einen Sprung hatten, warf er auf den Scherbenhaufen. Und das bedeutet: Gott ist der König, die Menschen die Gefäße, der Brennofen das irdische Leben, in dem Gott den Menschen erprobt, die ganzen und zerbrochenen Gefäße die guten und bösen Menschen, Vergoldung und Scherbenhaufen Seligkeit und Verdammnis. Aus der alten Metapher – Gott der Töpfer, der Mensch der Ton – wird eine Erzählung gemacht, die als solche nach Form und Inhalt ohne Eigenwert ist, die nur ein Gerüst abgeben soll, um eine auslegende und mahnende Belehrung daran zu knüpfen. Das kommt auch in den äußeren Proportionen zum Ausdruck. Im typischen Bispel überwiegt der lehrhafte Teil auch an Umfang beträchtlich; in unserem Beispiel um mehr als das Zehnfache: auf 14 Zeilen Erzählung folgen 146 Zeilen Auslegung. Doch greift der Typus Bispel weiter. Auch eine in sich geschlossene, verständliche und erzählbare Geschichte kann als Bispel behandelt werden. Die moralische Geschichte von der halben Decke (Kotzemaere) ist ein beliebter Erzählstoff. Von den sechs Fassungen, die wir kennen, behandelt ihn die eine deutlich in der Form des Bispels mit dürftiger Erzählung und breiter Auslegung. Bispel ist dann nicht so sehr eine Gattung als vielmehr eine Darbietungsform.

Das Mittelalter kannte denn auch keine festen Gattungsbestimmungen, wie wir sie anstreben. Man hat die beiden mittelhochdeutschen Bezeichnungen *mære* und *bîspel* zu gattungsmäßiger Unterscheidung verwendet und *mære* zum Unterschied von *bîspel* das benannt, was wir hier als Schwank oder Novelle bezeichnet haben. Das entspricht nicht der sorglosen mittelalterlichen Gepflogenheit. Ein zweifellos bispelhaftes Stück wie Der Heller der armen Frau (Pal. 341 Nr. 34) nennt sich selber ein *mære*, ein ebenso deutlich schwankhaftes Stück, Die drei Mönche von Kolmar, bezeichnet sich selber als *bîspel*. Der Stricker verwendet innerhalb desselben rein betrachtenden sozialethischen Stückes Herrenlob und Gotteslob (Schwab Nr. 147) an einer Stelle dafür die Bezeichnung *bîspel*, an einer anderen *mære*. Auch die Spruchdichtung schwankt in ihrer Terminologie. Rûmelant von Sachsen nennt den bîspelhaft gefaßten Spruch vom Blinden mit der Kerze IV, 10 (HMS III, S. 57) eine *aventiure*, Meister Kelin II, 2 (HMS III, S. 22) und Stolle I, 13 (HMS III, S. 5 f.) bezeichnen Sprüche ohne Erzählung nur wegen ihres belehrenden Inhalts als *bîspel*. Für uns wird es praktisch sein, die Benennung Bispel für Stücke der oben beschriebenen Art beizubehalten.

Die Schwank- und Novellendichter haben ihre Stoffe selten erfunden. Stofflich haben wir es mit Erzählgut zu tun, das über die ganze Welt gewandert ist. Für viele Stoffe können wir eine weite Verbreitung nachweisen, die von Indien und Ägypten bis in alle europäischen Literaturen des Mittelalters reicht. Bei anderen ist die Verbreitung geringer, aber selbst bei den vereinzelten Geschichten, zu denen sich weder in der französischen noch in der antiken oder orientalischen Literatur Parallelen nachweisen lassen, haben wir es schwerlich mit einer Erfindung des Dichters zu tun, vielmehr auch hier mit einem Wanderstoff, den wir nur nicht fassen können.

Bei dieser Sachlage ist es begreiflich, daß sich das Interesse der Forschung lange einseitig der Stoffgeschichte zugewendet hat. In solchen Untersuchungen waren die deutschen Gedichte nicht mehr als eine in der Regel recht späte und unwesentliche Etappe auf dem Wege von literarischen Weltenwanderern, die im geheimnisvollen Orient, zumal in Indien, ihre Wanderung begannen, um auf verschiedenen Wegen, deren Verlauf die Forschung generell festzulegen versuchte, dem Abendlande zuzukommen und dort zuerst in Frankreich aufgenommen zu werden. Gegen diese Forschungsweise und ihre Methoden hat der Franzose Joseph Bédier in seinem grundlegenden Werk über die französischen Fabliaux mit gewohntem Temperament Einspruch erhoben und stattdessen eine Behandlung der Schwänke als Ausdruck ihrer Zeit und ihrer Dichtung gefordert, eine literarhistorische Betrachtung also statt einer folkloristischen. Die Frage nach Entstehung und Wanderung der weltläufigen Erzählstoffe wird immer berechtigt bleiben. Die literarhistorische Darstellung der deutschen Schwank- und Novellendichtung wird sich dagegen mit der unmittelbaren Quellenfrage begnügen und den Nachdruck auf die Lebensbedingungen und Erscheinungsformen in der deutschen Literatur legen.

Doch auch ein literarhistorisch orientiertes Quellenstudium, wie wir es bei den großen Romanen betreiben, nämlich der Versuch, unmittelbare Abhängigkeiten von einem bestimmten literarischen Vorbild nachzuweisen, ist bei den Kleinerzählungen nur in seltenen Fällen möglich. Sie sind weit weniger quellengebunden, sie schalten mit dem Stoff freier und unbekümmerter. Wir können das insbesondere in solchen Fällen

studieren, wo derselbe Stoff mehrfach behandelt worden ist. Als Musterbeispiel greifen wir die Geschichte von der halben Decke heraus, oder –
wie sie in der Literaturgeschichte betitelt wird – das Kotzemære (*kotze*
= grobe Decke, Pferdedecke). Ein alter Mann, der seinem Sohn seinen
Besitz überlassen hat, lebt bei ihm im Hause kümmerlich und vernachlässigt in einem elenden Winkel, wo er den Unbilden des Winters ausgesetzt ist. Einzig ein kleiner Enkel nimmt sich des Großvaters an. Eines
Wintertages bittet der Alte den Enkel um eine alte Decke, damit er sich
vor dem Frost schützen könne. Der Kleine wendet sich an den Vater, der
die Decke hergibt, aber zerschneidet, da die Hälfte für den Alten genug
sei. Das Kind bittet sich die andere Hälfte aus, und nach dem Grund
gefragt, antwortet es, es wolle sie für den Vater aufbewahren, wenn
dieser einmal alt sei. Der Mann erkennt sein Vergehen gegen das vierte
Gebot; er bittet seinen alten Vater um Vergebung und hält ihn fortan
in Ehren.

Von dieser beliebten Geschichte sind sechs mittelhochdeutsche Bearbeitungen auf uns gekommen. Schon die verschiedene Länge, zwischen 122 und 370 Verszeilen, zeigt, wie verschieden der Stoff behandelt
worden ist. Eine Fassung ist in ritterliches, andere sind in bürgerliches
oder bäuerliches Milieu verlegt. In den meisten liegt die Schuld ganz
bei dem Sohn, in einer wird sie auf die böse Schwiegertochter abgewälzt.
In einer Fassung soll der Alte aus dem Hause gejagt werden und nur die
Decke mitbekommen. In den übrigen bleibt er im Hause, wird aber
elend untergebracht: unter der Treppe, in einem Verschlage, in einer
Scheune. In der einen Fassung zerschneidet der Vater die Decke aus
Geiz, und der Knabe erbittet die andere Hälfte, in einer anderen zerschneidet der Knabe selber die Decke mit der Begründung, daß er die
andere Hälfte künftig für seinen Vater benötige. Die längste Erzählung,
deren Dichter sich der Hufferer nennt, zeigt echte Erzählfreude; sie
beginnt mit der Ehe des alten Ritters, der Geburt des Sohnes, dem Tode
seiner schönen Frau, der Verheiratung des Sohnes mit der bösen Schwiegertochter. Die kürzeste und jüngste des Heinrich Kaufringer (um
1400) behandelt sie als Bispel und berichtet knapp und dürr.

Als Quelle für den Stoff läßt sich die französische Erzählung *C'est de
la houce* vermuten, aber jede einzelne Fassung gestaltet ihn ganz frei. Und
ganz allgemein werden wir in der blühenden, so viel früheren französischen Literatur der Lais und Fabliaux nicht nur den Anstoß zur deutschen Kleinerzählung überhaupt, sondern sehr oft die Quelle des einzelnen Gedichtes zu sehen haben. Daneben kann aber auch die lateinische
Literatur das Vorbild gegeben haben. Die literarische Unterhaltung ist
dem Kloster nicht unbekannt, und längst, ehe ein deutscher Dichter die
Geschichte vom Schneekind erzählte, war sie im frühen 11. Jahrhundert
Stoff einer lateinischen Dichtung gewesen. Sie steht in jener Zeit nicht

allein, und die Lust an der witzig pointierten Erzählung in Vers oder Prosa ist in der Klosterschule auch später nicht erloschen.

Seit langem gab es Sammlungen erbaulicher und moralischer Erzählungen in lateinischer Sprache für den Schulunterricht und als Hilfsmittel für den Prediger, der solche „Predigtmärlein" einflechten konnte, um das Interesse der Zuhörer für die daran geknüpften Auslegungen und Mahnungen zu wecken. Ansätze davon finden sich schon in der Fecunda ratis (dem reichbeladenen Schiff) des Egbert von Lüttich, einem für Schulzwecke bestimmten Lesebuch aus der Zeit um 1000. Ein Jahrhundert später verfaßte der zum Christentum übergetretene spanische Jude Petrus Alfonsi seine – angeblich aus dem Arabischen übersetzte – Disciplina Clericalis, eine durch einen Rahmen zusammengefaßte Sammlung von Sentenzen und novellenartigen Erzählungen mit moralisch-lehrhafter Zuspitzung. Über den bekannten, weit verbreiteten Dialogus miraculorum des Caesarius von Heisterbach (ca. 1222), der, für die Novizenlehre abgefaßt, vorab legendären Erzählstoff enthält, und das Solsequium des Hugo von Trimberg (vgl. S. 380), ein Schullehrbuch aus dem späten 13. Jahrhundert, kommen wir zu dem verbreitetsten Geschichtenbuch des späten Mittelalters, den Gesta Romanorum. Sie sind selbst wohl erst ein Werk des späten 13. oder frühen 14. Jahrhunderts (älteste Handschrift von 1342) und haben ihre Breitenwirkung erst nach der hier behandelten Epoche bis über die Reformationszeit hinaus gefunden. Aber sie sind natürlich aus älteren Quellen zusammengestellt und lassen uns die gleiche Freude an moralisierendem Geschichtenerzählen in der gelehrten Schule wie in der Lektüre des gebildeten Laien erkennen.

Endlich darf man vermuten, wenn auch nicht überbewerten, daß solche Stoffe durch die Predigt und durch die Erzählung der wandernden Literaten volksläufig geworden sind und in ungeformter mündlicher Erzählung gelebt haben. Es ist also immer in Betracht zu ziehen, daß ein Poet seinen Stoff aus der volkstümlichen Tradition aufgegriffen und der Literatur wieder zugeführt hat. Wir sind weit davon entfernt, für die einzelnen Gedichte bestimmte Aussagen über ihre unmittelbaren Quellen machen zu können. Es ist auch zu bezweifeln, ob sich die Quellenfrage im Sinne klarer literarischer Abhängigkeiten überhaupt wird lösen lassen.

Die kleinen Geschichten suchen einen anderen und breiteren Hörerkreis als die höfischen Epen der Stauferzeit. Das Bürgertum ist als Publikum für sie nicht wegzudenken. Doch darf man sie darum nicht volkstümlich nennen. Die großen Sammelhandschriften setzen begüterte Besteller voraus. Konrad von Würzburg fand Liebhaber für seine Kleinerzählungen in denselben vornehmen Kreisen wie für den Partonopier und den Trojanerkrieg. Herrand von Wildonie, Ritter und Schwiegersohn des vornehmen Ulrich von Lichtenstein, hat seine kleinen Erzählungen sicher für dasselbe Publikum gedichtet wie seine Minnelieder, für den Adel seiner steirischen Heimat. Zweifellos haben solche kleinen, oft anspruchslos erzählten Geschichten auch zum Vortragsrepertoire wandernder Literaten gehört, und sie haben damit auch in breiteren städtischen und bäuerlichen Schichten Anklang gefunden. Die spätere

Vergröberung in Stoff und Stil dürfte beweisen, daß die Erzählung solcher Geschichten in tiefere Publikumsschichten absank. Geschaffen aber war die Kleinepik des 13. und frühen 14. Jahrhunderts als Typus wie in ihren Einzelstücken für ein Publikum mit literarischen Interessen, nicht mehr so wählerisch wie die gebildeten Höfe der Stauferzeit, aber doch, wie die Verwendung der Form- und Stilmittel des großen höfischen Romans zeigt, nicht ohne Ansprüche.

Es wäre auch schief, wenn man bei diesen Kleinerzählungen von einer Schöpfung des Bürgertums reden wollte. Auch wo die Stadt und der Bürger ins Blickfeld treten, ist diese Dichtart nicht in dem Sinne bürgerlich, wie die höfische Dichtung ritterlich war. Sie entwickelt kein neues, bürgerlich-städtisches Lebensideal, stellt keine neue „Haltung" der ritterlich-adeligen gegenüber. Doch auch ritterlich ist diese Dichtung nicht mehr. Es gibt eine Gruppe spezifisch höfischer Novellen, die um adlige Probleme kreisen, und deren Held nur als Ritter denken und handeln kann. Es wäre auch ein erstaunlicher Traditionsbruch, wenn es das nicht gäbe. Aber eine höfische Novelle in der Reinkultur von Konrads Herzemaere ist kaum wiederzufinden. Wo die Figuren solcher Erzählungen noch Ritter sind, haben sie nicht mehr dieselbe Funktion wie die Ritter der höfischen Romane: sie sollen nicht mehr ritterliches Wesen idealisierend ausdrücken. Darum konnten auch immer wieder andere Motive und Blickweisen in solche ritterlichen Erzählungen eindringen.

Das eigentlich Neue liegt vielmehr gerade darin, daß sich Dichtung hier von ständischer Gebundenheit löst, daß es ihr grundsätzlich vielmehr um den Menschen und menschliches Verhalten geht. Die ständische Ordnung ist eine Gegebenheit der menschlichen Existenz; nur in ihr kann sich das Menschliche vergegenständlichen. Aber geburtsständische oder berufsständische Anliegen sind damals noch selten Ziel dieser Gedichte. Der Meier Helmbrecht schafft keinen Typus, und er hebt, wie wir sehen werden, die soziale Frage in die Höhe grundsätzlicher Problematik. Auch Ständekritik und Ständesatire bedienen sich damals noch nicht der Erzählung als ihrer Mittel. Am ersten könnte hier der Feldbauer (d. h. der Bergmann; Pal. 341 Nr. 56) genannt werden, eine Geschichte aus dem Bergwerksgewerbe. Ein Mann berichtet darin von seinen Erlebnissen mit einem Bergwerksspekulanten, der ihn beredet hat, sich an der Erschließung eines „Feldes", d. h. eines Erzganges zu beteiligen, und der dem Erzähler unter immer neuen Vorwänden mit kostbarer Mundfertigkeit immer wieder Geld aus der Tasche zieht, bis sich zuletzt das Ganze als Schwindel herausstellt. Daraus wird die Lehre gezogen, daß man sich von Bergbauspekulationen fernhalten, vielmehr den sicheren Berg der Gnade Gottes bauen soll.

Die ständische Ordnung schafft nur das Milieu, liefert das Kostüm, in das der Mensch mit seinen allgemein menschlichen Vorzügen und

Fehlern sich kleidet. Daher ist, wie wir am Kotzemære sahen, das Milieu vertauschbar. Die verschiedenen Fassungen derselben Geschichte spielen bald in ritterlicher, bald in bürgerlicher oder bäuerlicher Umwelt, weil das Geschehen und die Charaktere allgemein menschlich und überall gültig sind. Darum ist auch das Milieu oft so wenig deutlich gezeichnet, weil es nicht bezeichnend ist. Die handelnden Personen sind gern namenlose Figuren in einem kaum gestalteten Raum: ein Mann, eine Frau, oder auch ein Ritter, Bauer, Kaufmann, ein Mönch, ein Schüler, eine Magd, ein Trinker, eine Kupplerin, typische Erscheinungsformen menschlicher Existenz. Die klassische Dichtung hatte es vermocht, aus dem ritterlichen Stand die höfische Idee zu entwickeln und an sie glauben zu machen. Sie stellte ein hohes Menschenbild in eine reale Welt hinein, mit der es wenig gemein hatte. Sie bezahlte ihre Sublimierung mit einer Verengung des Kreises, in dem sie gültig war, und mit einer strengen Auswahl der Gegenstände, die sie sich erlaubte, um das Höchste zu erreichen. Jetzt aber fielen die Grenzen, und es öffnete sich die Welt. Unzählige Dinge und Situationen wurden darstellbar, die aus dem idealen Raum der höfischen Dichtung ausgeschlossen waren. Das Alltägliche, das Häßliche, das Ungezügelte, das Komische, das Groteske wurden erlaubt, weil es zum vielfältigen Wesen des Menschen gehörte, wie er war oder sein konnte. Und wie der Mensch so war die Umwelt, in der er lebte, vielfältig. Die Vertauschbarkeit des Milieus bedeutet zugleich, daß jedes Milieu verwertbar war. Der Ritter ist nur noch eine Erscheinungsform unter vielen. Hier endlich wurde die Stadt entdeckt; der Bürger trat ins Blickfeld, nicht weil eine bürgerliche Dichtung erstrebt wurde, sondern weil auch er eine wesentliche menschliche Daseinsform ist. Die Lust an den Realitäten der Welt, hier konnte sie sich freien Lauf lassen, und wir spüren die Begier, mit der sie in dieser von keiner Tradition belasteten Dichtung ergriffen wurde.

Doch bei aller Freude am Erzählen und am Erzählten geschieht es selten um seiner selbst willen. Die Erzählung hat ein Ziel, und auch in diesem unterscheidet sich die Kleindichtung grundsätzlich vom höfischen Roman. Die große klassische, aus der Idee geschaffene Epik stellte ein Vorbild auf. Die aus der Realität entsprungene Kleinepik zieht ausgesprochen oder unausgesprochen eine Lehre. Sie hat darin nach Inhalt und Verhalten einen breiten Raum. Von ernster religiöser Mahnung an die Vergänglichkeit (Konrads von Würzburg Weltlohn) über moralische Besserung (Kotzemære) kann sie bis zu heiterer oder gelassener Welterfahrung gehen (Strickers Pfaffe Amîs). Und damit kehrt das Einzelne wieder ins Allgemeine zurück, wird das Zufällige zum Gültigen, die Figur zum Typus. Nur so kann Dichtung für mittelalterliches Denken Wert haben. Daß sie den Wert jetzt auf dem Wege der Didaktik sucht, ist das besondere Wesensmerkmal der Spätzeit.

Wer waren die Dichter dieser Kleinerzählungen? Viele sind uns anonym überliefert, andere nennen einen Dichternamen. Indessen sind es für uns in der Regel nicht mehr als Namen, die mit einem einzelnen, zufällig erhaltenen Gedicht verbunden sind. Dichter, von denen wir ein „Werk" besitzen und darum über ihre Person und Wesensart etwas aussagen können, sind selten. Es sind eigentlich nur die drei schon früher genannten: die bürgerlichen Dichter der Stricker und Konrad von Würzburg, der Ritter Herrand von Wildonie. Herrand ist uns wichtig, weil er uns die Beteiligung des Adels an dieser Literatur bezeugt. Sonst wissen wir das sicher nur noch von dem elsässischen Ritter Egenolt von Staufenberg, aber der dichtet auch eine Familiensage aus seinem eigenen Geschlecht. Von den übrigen Namen ist keiner sicher als adlig festzulegen, manche als Namen eines ritterlichen Geschlechtes denkbar. Die meisten aber müssen wir außerhalb der ritterlichen Sphäre suchen, eine ganze Reihe ist mit Sicherheit als bürgerlich zu betrachten, so die nach ihrer städtischen Herkunft sich nennenden Johannes von Freiberg, der Dichter des Rädlein (G. A. Nr. 58), eines ziemlich lasziven Schwankes, oder Ruprecht von Würzburg, dem wir eine gute Erzählung von erprobter Frauentreue verdanken, das Gedicht von den „zwei Kaufleuten" (N. G. A. Nr. 37). Auch Dichter mit einem eigentlichen Familiennamen sind städtischer Herkunft, so der Augsburger Hermann Fressant, der Verfasser der Novelle vom Hellerwertwitz oder Heinrich Rafolt, der Dichter der Geschichte vom Nußberg, der sich als einen des Schreibens unkundigen Grobschmied bekennt, oder Jakob Appet, der alemannische Verfasser eines der vielen lockeren Schwänke von dem betrogenen Ehemann, der Ritter unterm Zuber (G. A. Nr. 41). Wo der bloße Name genannt wird, wie Sibote, der die Geschichte von der Widerspenstigen Zähmung erzählt, oder beim armen Konrad, dem Verfasser eines der beliebten Kupplerinnenschwänke, da nähern wir uns schon in der Namengebung der Sphäre der wandernden Literaten und Fahrenden. Wenn sich dann der Dichter der lustig und spannend erzählten Wiener Meerfahrt den Freudenleeren, der Dichter der grausigen Groteske von den drei Mönchen zu Kolmar Niemand nennt, so sind wir bei den Pseudonymen angelangt, die sich solche Wandernden gerne beilegten. Es ist möglich und wahrscheinlich, daß Schwankerzählungen, in denen der fahrende Schüler und Student eine beliebte Figur wird, auch von Männern aus dieser Schar verfaßt worden sind. Aber die ganze Gattung ausschließlich oder auch nur in der Hauptsache diesen lateinisch gebildeten, zeitweise oder dauernd in das Vagantentum abgeglittenen jungen Klerikern zuzuweisen, geht mindestens für Deutschland nicht an. Bei der Spruchdichtung werden wir über die soziale Herkunft und Stellung der „wandernden Literaten" eingehender zu reden haben.

Die kurze Erzählung findet nicht nur ihre Dichter vorzüglich in dieser Gruppe. Sie führt auch ihr literarisches Leben in diesem Kreise. Wir müssen sie uns als Programmnummern wandernder Literaten vorstellen, von ihren Dichtern zum mündlichen Vortrag geschaffen. Aber sie bleiben nicht nur Eigentum des eigentlichen Dichters. Sie werden bald auch in den gedächtnisstarken Köpfen anderer Vortragender zu Hause gewesen sein und waren so der mündlichen Verbreitung ausgeliefert. Gewiß werden die Novellen und Schwänke auch durch Abschrift von Buch zu Buch weitergegeben. Unsere Sammelhandschriften hängen weitgehend voneinander ab, sei es, daß die eine direkt aus der anderen hervorgegangen ist, sei es, daß sie aus älteren handschriftlichen Vorstufen abzuleiten sind. Aber in dem weiten Auseinandergehen der Texte spüren wir doch die Folgen eines Lebens in mündlichem Vortrag, eines „Zersagens". Und wo wir, wie beim Kotzemaere oder bei der Heidin, mehrere individuelle Gestaltungen desselben Grundstoffes besitzen, ist doch andererseits nachzuweisen, daß die verschiedenen Fassungen textlich untereinander zusammenhängen oder voneinander abhängen, daß der Neudichter die älteren Behandlungen des Stoffes gekannt hat. Diese kleinen Geschichten sind in weit höherem Maße Gemeingut der Erzähler wie des Publikums als die großen Buchepen.

Wenn ich jetzt zur Einzelbehandlung übergehe, so muß ich ein paar Worte zu der Art der Zitierung sagen. Ich zitiere abgekürzt nach den Ausgaben, die im Literaturverzeichnis mit ihrem genauen Titel aufgenommen sind. Für den Stricker führe ich die Nummer in der Werkliste bei Ute Schwab, Bispelreden des Strickers S. 15 ff., an, die auf den Vorarbeiten von Konrad Zwierzina beruht. Dort ist die handschriftliche Überlieferung und die Publikationsstelle jedes einzelnen Gedichtes verzeichnet, und die vorbereitete Gesamtausgabe durch Ute Schwab wird die Gedichte in dieser Anordnung bringen. Für Konrad von Würzburg und Herrand von Wildonie sind die Ausgaben von Edward Schröder/Ludwig Wolff bzw. von Hanns Fischer maßgeblich. Bei den übrigen, weit verstreut publizierten Novellen und Schwänken, gebe ich in der Regel die Nummern in von der Hagens Gesamtabenteuer (G. A.) und Niewöhners Neuem Gesamtabenteuer (N. G. A.) an. Soweit andere Ausgaben vorliegen, sind sie aus dem Literaturverzeichnis ersichtlich. Die Textabdrucke der beiden Sammelhandschriften aus Melk und Heidelberg in den Deutschen Texten des Mittelalters Bd. 4 bzw. Bd. 17 werden mit den Stichwörtern Melk bzw. Pal. 341 mit der zugehörigen Nummer zitiert.

2. DER STRICKER

Wir überblicken die Spannweite der ganzen, in diesem Kapitel zusammengefaßten Gruppe der Kleinepik am besten, wenn wir die drei Dichter voranstellen, die wir als Schöpfer oder Wegbereiter der Gattung schon mehrfach genannt haben: den Stricker, Konrad von Würzburg und Herrand von Wildonie. Und es ist nicht nur chronologisch berechtigt, wenn wir mit dem Stricker beginnen.

Dem Namen dieses Dichters sind wir schon früher begegnet. Er hat sich in den geläufigen höfischen Gattungen bewegt, in seinem „Karl" eine vielgelesene Erneuerung des Rolandsliedes geliefert und sich mit dem „Daniel vom blühenden Tal" im Artusroman, mit seiner „Frauenehre" in höfischer Minnelehre versucht. Aber seine Eigenart, die schon in jenen Werken zu spüren ist und die bei den Hütern höfischer Tradition kritischen Widerspruch gefunden hatte, entfaltete sich erst frei, als er sich aus dem Bann der traditionellen Dichtung löste und in der Kleinerzählung schwankhafter und lehrhafter Art das Feld seiner Meisterschaft fand.

Von dem Leben des Stricker wissen wir wenig. Rudolf von Ems erwähnt ihn lobend in seinen literarischen Übersichten, ohne bestimmte Werke zu nennen, doch wird er dabei in erster Linie an den „Karl", vielleicht auch an den „Daniel" gedacht haben. Diese Werke waren also um 1230/40 bekannt. Der Name deutet auf bürgerlichen Ursprung, die sprachlichen Eigenarten weisen auf Franken als die Heimat des Dichters. Ein paar Anspielungen in seiner Kleindichtung beziehen sich dagegen auf Österreich, speziell auf niederösterreichische Verhältnisse. Dort muß der Stricker wenigstens zeitweise tätig gewesen sein. Die Art seiner Dichtung und einige Bemerkungen in seiner „Frauenehre" ordnen ihn dem Kreis der Fahrenden zu, seine Thematik zeigt ihn in Beziehung zu ritterlichen wie zu geistlichen Kreisen. Die große Gruppe von Gedichten, die sich mit religiösen Gegenständen beschäftigen, läßt Vertrautheit mit theologischen und kirchenpolitischen Fragen der Zeit erkennen. Insbesondere ist nachgewiesen, daß er sich mit wichtigen Entscheidungen des dritten Laterankonzils von 1215 beschäftigt hat. Doch ist damit nicht gesagt, daß seine religiöse Dichtung schon so früh begonnen haben muß. Die Wirkung dieses Konzils und die Diskussion über seine Bestimmungen dauerten lange nach und sie erregten auch die Laienwelt. Die in den geistlichen Gedichten hervortretende Auseinandersetzung mit Irrlehren der Katharer deutet eher auf die Zeit nach 1230, und wenn es sich als richtig erweist, daß der Stricker in seiner religiösen Dichtung unter Einfluß des Franziskanerordens gestanden hat, so werden wir ihn eher noch weiter in die 40er Jahre hinaufrücken, in die Zeit der großen franziskanischen Prediger David von Augsburg und Berthold von Regensburg, zumal wenn diese Dichtungen in Österreich entstanden sind, wo der Franziskanerorden erst spät und zögernd Fuß faßte. Eigene theologische Schulbildung wird man diesem Dichter, der in seinem Gedicht von den Edelsteinen der Schulwissenschaft so frei gegenübersteht, kaum zutrauen. Man wird eher annehmen dürfen, daß sich die Franziskaner mit ihren Bestrebungen der Laienlehre der raschen und gewandten Feder des bekannten Dichters bedient haben, um Dinge gefällig zu propagieren, an denen ihnen gelegen war.

Damit kommen wir etwa in die 40er Jahre. Auch mit diesem Zeitansatz würde die Leistung des Stricker mindestens teilweise vor dem Jahre 1250 liegen. Seine epische und didaktische Kleindichtung erst hier zu behandeln, rechtfertigt sich daraus, daß er mit ihr aus dem höfischen Bereich herausgetreten ist und einer Gattung zum Durchbruch verholfen hat, die in ihrer Entfaltung dem späten Mittelalter zugehört. Wie Neithart und Freidank wird der Stricker zu einem Prototyp. Die große Masse der Kleindichtung in unseren Sammlungen ist anonym. Eine Reihe von ihnen wird von den Sammlern der Handschriften ohne Gewähr als Ge-

dicht des Stricker bezeichnet. Die Aussonderung echten Strickergutes
aus der Menge des Überlieferten wird immer schwierig bleiben.
Der heute gültige Kanon der Gedichte des Stricker umfaßt 164 Stücke,
die weit verstreut publiziert sind. Sie schließen sich nicht zum Bild einer
ausgeprägten Persönlichkeit zusammen. Derselbe Dichter, der in seinen
religiös-moralischen Dichtungen die Simonie als schwere Sünde geißelt,
schafft in seinem Pfaffen Amîs den Prototyp des geistlichen Schlaukopfs,
der unter bedenklicher Ausnutzung kirchlich-religiöser Mittel die Toren
und Törinnen prellt, und doch läßt er ihn als Abt eines Klosters selig
sterben. Während die Trunkenheit ihm in den Schwänken als belachte
Torheit erscheint, bezeichnet er in der Auslegung eines Ausspruchs
Salomos den Wein neben der Habsucht und der Hurerei als eines der drei
Dinge, die Gott aus seinem Hause, nämlich dem Herzen des Menschen,
vertreiben. Derselbe Mann, der in seiner „Frauenehre" und einer Reihe
höfischer Bispelreden noch die Hohe Minne preist, der in seinen Schwän-
ken mit der listigen Untreue spielt, kann in seiner religiös-moralischen
Dichtung alle außer der Ehe liegenden Beziehungen von Mann und
Frau als Hurerei eifrig verdammen. Die Vorstellung einer inneren
Wandlung, eines Bekehrungserlebnisses und damit eine Auffassung sei-
ner religiösen Dichtung als Alterswerk läge nahe. Aber nichts in den
Gedichten deutet wie bei Hartmann, Walther oder Neithart auf einen
solchen Wandel hin, nichts Persönliches klingt ein. Auch fehlen alle
Zeitanspielungen, die eine chronologische Ordnung ermöglichten. Alles
ist auf den gleichen Ton unpersönlicher Sachlichkeit und Nüchternheit
gestimmt, in denselben klaren, schmucklosen Stil gekleidet. Einzig dieser
Stil faßt die so disparate Menge der Gedichte zu einer Einheit zusammen.
Auch hier wieder werden wir daran gemahnt, daß im Mittelalter nicht
allein die Persönlichkeit des Dichters, daß vielmehr das Gesetz der Gattung entscheidend ist. Und wir müssen daran denken, daß gerade bei
einem wandernden Dichter, der gewerbsmäßig von seiner Kunst lebt,
die Wahl von Thema und Behandlungsweise nicht von ihm selbst getroffen, sondern durch den Auftraggeber oder durch die Berechnung auf
den Geschmack eines bestimmten Hörerkreises diktiert wird. Auch den
Stricker werden wir wie Konrad von Würzburg, nur auf einer anderen
Ebene und mit anderen dichterischen Mitteln, vom Kunsthandwerk her
begreifen müssen. Konrad ist der Virtuose, der für die feingebildete
Oberschicht der oberrheinischen Städte arbeitet, der Stricker sucht seinen
Wirkungskreis eher im landsässigen Adel Österreichs und der behäbigen
Bürgerschaft österreichischer Städte, oder er stellt seine rasche, einfach
prägende Begabung, wie erwähnt, in den Dienst franziskanischer Laien-
lehre.

Legen wir den heute gültigen Kanon von Strickers Gedichten, hinter dem sich
doch vielleicht eine „Strickerschule" verbergen könnte, unserer Darstellung zugrunde,

so gibt er uns die Möglichkeit, die Vielfalt der ganzen Gattung moralisch-didaktischer Kleindichtung auszubreiten.

Am bekanntesten ist der Stricker als Schwankdichter; hier sah man seine eigentliche literarische Bedeutung. Allein die Schwänke machen kaum ein Zehntel seiner gesamten Kleindichtung aus, und für seine Zeit werden sie vielleicht als die unterhaltsamsten, kaum als die wesentlichsten Teile seines Gesamtwerkes gegolten haben. Au h die Schwänke sind stets belehrend gemeint und in der Regel mit einer ausdrücklichen Nutzanwendung versehen. Es ist falsch, sie nur als ergötzliche Erzählungen zu lesen. Sie gehen von der neuen oder doch als Gegenstand der Dichtung neu erkannten Einsicht in die Unvollkommenheit der Welt und des Menschen aus. Geistliche Lehre und Dichtung hatten sich von je damit beschäftigt. Aber sie führten sie auf das Urphänomen des Bösen und der Sünde zurück. Die Welt war dieser Dichtung wesenhaft schlecht, der Mensch unausweichlich sündenbeladen; Welt und Menschen waren daher der Vergänglichkeit, dem Tode und der Verdammnis verfallen. Rettung war nur in Gottes Erbarmen zu finden, das in seinem Erlösungstode offenbar wurde, und zu dem die Zuflucht über Reue und Buße offenstand. So hatten es die geistlichen Dichter des 11./12. Jahrhunderts ausgesprochen, so klingt es vielstimmig wieder aus der religiösen Dichtung der Spätzeit. Für solche grundsätzliche Betrachtung der Welt als Ort der Sünde und des Todes sind die realen Einzelerscheinungen von geringer Bedeutung. Die geistlichen Dichter der vorhöfischen Zeit haben sie selten beachtet. Sie verwarfen die Welt als Ganzes oder begnügten sich mit den theoretischen Spezifizierungen der Sünden in den Beichtspiegeln. Doch damit war es jetzt nicht mehr getan, seit die Stauferzeit die Welt und das Diesseits als einen eigenen Wert entdeckt und in ihrer großen Dichtung zu gestalten versucht hatte. Die Welt blieb als eine Wirklichkeit gültig, auch nachdem das Bemühen der höfischen Dichtung um eine Weltdeutung und Weltgestaltung aus einer Idee und damit um eine Versöhnung von Gott und Welt sehr rasch als Illusion erkannt war. Aber es blieb die reale Existenz der Welt. Sie war nicht vollkommen, sie war brüchig und schlecht, aber sie existierte in ihrer verwirrenden Vielfalt und mußte bewältigt werden, wie sie war.

Diese Aufgabe setzen sich in der Dichtung der Schwank und die moralische Novelle. Beide gehen von der Vorstellung einer gültigen Ordnung des menschlichen Zusammenlebens aus, die von Ehe und Familie zu Hausgenossenschaft, Siedlungsgemeinschaft, Beruf und Stand aufsteigt. Diese Ordnung einzuhalten, ist die Forderung eines sittlichen oder religiösen Gebotes. In der Wirklichkeit indessen durchbricht sie der Einzelne mit seinen Trieben und Wünschen und schafft um sich eine Sphäre der Ordnungslosigkeit. Das ist die Erkenntnis, aus der sowohl die moralische Novelle wie der Schwank ihre Handlung entwickeln. Man kann sich dieser Erkenntnis gegenüber verschieden verhalten. Man kann versuchen, die Menschen zu belehren und zu bessern. Das tut eine Erzählung wie das Kotzemære. Die in der sozialen Ordnung der Familie notwendige Forderung des vierten Gebotes ist durchbrochen; die Handlung führt zu dem Punkt, wo Einsicht die Ordnung wieder herstellt. Man kann aber auch das Gegenspiel von gültiger Ordnung und dem Geltungswillen des Einzelnen als eine aus menschlichem Wesen entspringende Gegebenheit anerkennen und darstellen. Dabei kann eine andere „Ordnung" sichtbar werden in der Überlegenheit des Schlauen über den Dummen, des Unbedenklichen über den Ängstlichen, des Kühnen über den Feigen. Sie ist weder religiös noch moralisch begründet, aber es gibt sie, und sie bestimmt den Lauf der Welt. Sie zu durchschauen, sich mit ihr abzufinden oder sie lächelnd zu verstehen, ist eine Möglichkeit, die Wirklichkeit zu bewältigen. Eine Dichtung, die aus solcher Haltung hervorgeht, wird andere Maßstäbe anlegen. Sie wird nicht auf Sünde oder Laster, sondern auf Torheit zielen, und sie wird nicht mit der Bestätigung einer moralischen Forderung, sondern mit der Feststellung einer Erfahrung enden. Der Stricker erzählt die bekannte Geschichte von den drei Wünschen (Nr. 16) und schließt sie mit einer bezeichnenden Betrachtung über die Torheit ab, die am theologischen Traktat gelernt hat, Kategorien zu bilden. Drei Sorten Toren gibt es: die Dummen, die nicht wissen und nicht können; die Trägen, die nicht wissen wollen; die Bösen, die wissen und können und doch das Schlechteste tun. Das sind die Kategorien, die im Schwank dargestellt und bloßgestellt werden.

Für diese Haltung, die die Welt durchschaut aber nicht verurteilt, sondern in ihrer Torheit mit verstehender Überlegenheit bloßstellt, hat der Stricker den angemessenen Stil gefunden, den Ton eines sachlichen Berichtes ohne stilistische oder darstellerische Effekte. Er erzählt die grausige Geschichte von der Frau, die ihren Mann so beherrscht, daß er alles glaubt und tut, was sie sagt, und sich zuletzt sogar durch den Pfaffen, den Liebhaber seiner Frau, lebendig begraben läßt (Der begrabene Ehemann Nr. 17), ebenso sachlich wie die vergnügliche von dem Gauner, der sich als der heilige Martin ausgibt und dem betrunkenen Bauern seine Kühe aus dem Stalle stiehlt (Die Martinsnacht Nr. 51).

Geht es in diesen beiden Geschichten um die Überlegenheit des Bedenkenlosen und Schlauen über den Schwächling und Toren, so zeigt die Geschichte vom klugen Knecht (Nr. 50), wie *kündikeit mit vuoge*, der wohlüberlegte Gebrauch der Schlauheit, zum Guten führen kann. Hier wird erzählt, wie ein Knecht beobachtet, daß die Hausfrau es mit dem Pfaffen hält. Er weiß es so einzurichten, daß er mit dem Bauern überraschend heimkehrt, während die Frau den Pfaffen mit Leckerbissen traktiert. Der Liebhaber und die guten Speisen werden rasch versteckt, dem Bauern und dem Knecht wird karge Kost vorgesetzt. Da erzählt der Knecht, wie er einmal einem Wolf ein geraubtes Ferkel abgejagt habe, so groß wie das gebratene Ferkel dort drüben, wie er ihn mit einem Stein getroffen habe, so groß wie der Kuchenfladen dort hinten, und wie dabei soviel Blut geflossen sei, wie Met dort in der Kanne. Schließlich habe er den Wolf in die Enge getrieben, daß er ihn so voll Angst angestarrt habe wie der Pfaffe unter der Bank. Der Pfarrer wird hervorgezogen und muß sich mit schwerem Geld loskaufen, die Frau wird verprügelt, der Knecht steht fortan bei seinem Meister in hohen Ehren. Denn – so endet der Stricker seine Betrachtung – hätte der Knecht dem Bauern nur gesagt, daß die Frau ihn betrügt, dann hätte sie ihn leicht als Verleumder hinstellen können; aber seine *gefuoge kündikeit* hat ihn den richtigen Weg finden lassen.

Nicht Tugend und Laster also, sondern Schlauheit und Torheit sind Thema dieser Gedichte. Im „Begrabenen Ehemann" geht es dem Stricker nicht etwa um die grausige Verruchtheit eines verbuhlten Weibes. Die kurze Schlußbetrachtung gilt der Torheit des Pantoffelhelden, der sich von seiner Frau beherrschen läßt. Die Grausigkeit des Exemplum darf so wenig als Fühllosigkeit aufgefaßt werden wie in manchen Geschichten von Wilhelm Busch. Wenn der Stricker im Heißen Eisen (Nr. 18) das Motiv des gefälschten Gottesurteils verwendet, so tut er es nicht wie Gottfried von Straßburg, um eine Institution ironisch zu vernichten; er will zeigen,wie ein törichter Mensch sich in der eigenen Schlinge fängt, die der *kündige* schlau vermeidet.

Die Mehrzahl der Strickerschen Schwänke hat das Verhältnis von Mann und Frau zum Thema. Doch finden wir bei ihm nicht den erotischen Schwank; diesem werden wir in unerschöpflicher Mannigfaltigkeit erst später begegnen. Der Stricker ist ein ehrbarer Dichter. Die Beziehung der Geschlechter außerhalb der Ehe interessiert ihn nicht als solche, kaum auch nur die Erotik in der Ehe. Wo Untreue, Verführung und Buhlerei erscheinen, sind sie nur ein notwendiges, im Sachlichen verbleibendes Stück einer Handlung, die anderswohin zielt. Wir sahen soeben, daß die Geschichte vom „Begrabenen Ehemann" nicht das Laster der Buhlerin, sondern die Torheit des Pantoffelhelden treffen will. Darin wird klar, daß es dem Stricker um die Ehe als soziale Ordnung geht, die durch Torheit gestört, durch Klugheit bewahrt oder wiederhergestellt werden kann wie im „Klugen Knecht" oder im „Heißen Eisen". Mit weit mehr Behagen schildert der Stricker die zänkische und häßliche als die buhlerische Frau. So in dem kostbaren E h e s c h e i d u n g s - g e s p r ä c h (Nr. 137), das eigentlich gar keine Geschichte, sondern nur ein Dialog ist. Ein Mann faßt den Mut, seinem Urbild von einem boshaften und häßlichen Weibe die Ehe aufzukündigen. Er steigert sich immer mehr in der Terminsetzung, beginnend mit „übers Jahr", endend mit „noch heute". Und dann legt die Frau los. Sie schiebt, scheinbar zustimmend, den Termin immer weiter hinaus bis zum „niemals", und endet mit der Drohung: „ich zerquetsche dich wie ein Huhn, wenn du ein Wort dawiderredest". Zitternd fleht der Mann um Vergebung und, alle seine Schelte widerrufend, malt er seine Frau mit allen Redeblüten des hohen Minnesangs als Vorbild von Schönheit, Reinheit und Tugend. Da nahm der Zorn ein Ende, so schließt das Gedicht; sie schlüpften ins Ehebett, wo die Versöhnung gefeiert wurde. Die Ehe ist gerettet, die Ordnung – im Augenblick wenigstens – wiederhergestellt.

Ein zweites Thema, das der Stricker gern behandelt, ist die Trunkenheit. Auch die Trunksucht wird nicht als Laster verworfen, sondern als Torheit verlacht. So der trunkene Bauer in der schon genannten „Martinsnacht", der sich von dem Rinderdieb einreden läßt, er sei der heilige Martin, der gekommen sei, um das Vieh seines treuen Verehrers zu segnen. So in der Geschichte vom Durstigen Einsiedel (Nr. 53), dem Zechbruder, der beschließt, seine Sünden als Einsiedler zu büßen, der aber stufenweise zu seinem alten Leben zurückkehrt und wieder in seiner Taverne endet, wo er sich von seinen Kumpanen für seine erbaulichen Reden freihalten läßt. Auch der Trunkenbold hat eine „Ordnung", in die er gehört, aus der er als Einsiedel herausgetreten war und die zuletzt wieder hergestellt ist. Und in dem Weinschlund (Nr. 52), einer Vorform des großartigen „Weinschwelg" (vgl. S. 284 ff.), gibt der Stricker im Dialog zwischen dem Ehrbaren und dem Trinker aus dem Munde des Trunkenen eine Art Apologie der Trunkenheit, die der Ehrbare am Schluß zwar verflucht, zu der der Dichter aber keine Stellung nimmt: *also schieden si sich*; jeder bleibt in seiner Welt, der er zugeordnet ist.

Noch andere Schwänke gelten harmloseren Bereichen. Der bloße Ritter (Nr. 79) zeigt, wie verkehrt es gehen kann, wenn man einem anderen gegen dessen Willen etwas Gutes aufzwingen will, Der nackte Bote (Nr. 78) warnt vor blindem Eifer, Die drei Wünsche (Nr. 16) ist, wie schon erwähnt, eine der zahlreichen Varianten der Geschichte, wie Toren die Chance dreier Wünsche verspielen und am Ende wieder da stehen, wo sie zuvor gestanden haben. Auch hier bewährt sich die „Ordnung" der Welt als gültig und richtig, weil Torheit ein Wesensmerkmal des Menschen ist.

Das Hauptwerk des Stricker im Bereich des Schwankes ist die Schwankkette vom *Pfaffen Amîs*. Mit Recht hat man ihn mit dem späteren Eulenspiegel verglichen; dieselben oder gleichartige Wandergeschichten sind hier an einen englischen Geistlichen namens Amîs geknüpft. Das Milieu ist ein anderes; im 13. Jahrhundert ist der überlegene Schlaukopf noch nicht der Wandergeselle des 16. Jahrhunderts. Er ist geistlichen Standes, kein fahrender Schüler, vielmehr ein Geistlicher in Amt und Würden. Schon deswegen darf man das Werk nicht zu leicht und unterhaltsam, zu sehr als Vorstufe des picarischen Romans nehmen. Die Apotheose der vergangenen Zeit höfischer „Freude und Ehre" am Anfang, die nicht nur die übliche Klage des Fahrenden ist,

rückt die Dichtung in eine ernsthaftere Beleuchtung. Der reiche geistliche Herr lebt so lange ein Leben ruhiger, offener Gastlichkeit, die das
Zeichen höfischer Gesinnung ist, bis ihm die Wirklichkeit der Welt in
zwei Erlebnissen entgegentritt: in dem Neid seines Bischofs, der ihm sein
Geld abpressen will, und in der Leichtgläubigkeit der Menschen. Erst
jetzt entschließt er sich, aus dieser Leichtgläubigkeit Nutzen zu ziehen
und wird der erste Mann, der *liegen und triegen anevienc.* Eine Art Urgeschichte des Truges also will der Stricker geben; sein Pfaffe Amîs ist
sozusagen der Ursprungsheld alles listig durchtriebenen Wesens in der
Welt. Er macht sich auf, zieht durchs Land von Paris bis Konstantinopel
und prellt die Toren, die er in allen Ständen findet: Fürsten (Nr. 3 und 4),
Ritter (Nr. 6), Geistliche (Nr. 10), Kaufleute (Nr. 11 und 12), Bauern
(Nr. 5 und 7). Nach dem letzten Streich in Konstantinopel kehrt er in
die Heimat zurück und nimmt sein freigebiges Leben wieder auf: „wofür er gepriesen sein soll" (V. 2479). Nach dreißig Jahren tritt er in ein
Zisterzienserkloster ein, dem er seine ganze Habe vermacht; er wird
dort Abt, verwaltet es trefflich und stirbt eines seligen Todes.

Das Werk ist nach dem Muster des Aventiurenromans entworfen.
Ein Erlebnis gibt den Anstoß zum Auszug des Helden in die Welt; er
besteht erfolgreich eine Reihe von Abenteuern und kehrt ruhmreich in
die Heimat zurück, wo er, gleich manchem Helden von Aventiurenro-
manen, sein Leben fromm im Kloster beschließt. Freilich Antrieb und
Tat sind von Grund aus anders, die höfische Welt, deren Vergehen im
Eingang des Werkes beklagt wird, ist auch im Gedicht selber verschwunden. Sie versinkt dem Helden des Gedichtes; die Augen für die
Wirklichkeit gehen ihm auf, und er ergreift sie mit seinen Gaben des
Verstandes. Im Amîs vollendet der Stricker, was er im Daniel innerhalb
einer falschen Gattung angesetzt hatte. Die wirkliche Welt wird begriffen als eine Welt der Eitlen, der Leichtgläubigen, der in Konven-
tionen befangenen Toren. Solche Erkenntnis macht auch vor Religion
und Frömmigkeit nicht Halt. Wiewohl der Schlaukopf selber ein angesehener Geistlicher ist, nutzt er in mehr als einer Geschichte die stupide
Wunder- und Reliquiengläubigkeit für seine Zwecke aus. Mit erstaunlicher Vorurteilslosigkeit und Illusionslosigkeit sieht der Stricker die
Welt, darin ein Artgenosse des Reinhart-Fuchs-Dichters Heinrich (vgl.
Bd. II, S. 399 ff.). Wie jener enthüllt er die Scheinhaftigkeit der Welt in
einer auch kompositorisch ähnlichen Dichtung. Wie der Fuchs Reinhart ist der Pfaffe Amîs ein Prototyp. Der Stricker gestaltet direkter,
ohne die Verhüllung im Tierbilde, aber er tut es heiterer, weniger in-
grimmig, rationalistisch-flacher. Er zersetzt nicht die gültige Ordnung
wie der Dichter des Reinhart. Er läßt sie bestehen, stellt in ihr nur Torheit als eingeborene Wesensart des Menschen fest, die sich in allen Gliedern der sozialen Ordnung in deren spezifischer Lebensform enthüllt.

Für solche Erkenntnis bietet ihm auch die Tiergeschichte geeigneten Stoff. Jakob Grimm hat sechs Geschichten des Stricker vom Wolf seiner klassischen Reinhartausgabe beigefügt. Sie sind nicht dem Reinhartkreise entnommen, denn der Fuchs kommt in ihnen nicht vor, aber sie sind aus ihm entwickelt. Solche Geschichten hatte schon der alte Spruchdichter Herger (vgl. Bd. II, S. 395 ff.) gekannt und in knappste Spruchform gegossen. Die Geschichten des Stricker sind von ihrer Erfindung her mehr auf eine bestimmte Lehre oder Erfahrung zugeschnitten, also bispelhafter als die echten Wolf-Geschichten, und dementsprechend ist die Auslegung ziemlich breit und detailliert. Sie gehen entweder aus dem geprellten Wolf (Der Wolf und der Biber Nr. 67; Der Wolf und das Weib Nr. 38) und enthüllen menschliche Torheit, oder vom Typus des Wolfs als bereuendem Sünder (Der Wolf und die Gänse Nr. 39; Der Wolf und sein Sohn Nr. 40) und lehren, daß sich die Natur nicht verändern läßt, sondern in ihre alte Ordnung zurückfällt.

Noch mehr in den Typus des Bispel gehen andere Tiergeschichten, wie die vom „Kater als Freier" (Nr. 22) oder Die Eule und der Habicht (Nr. 47), die erzählt, wie die Eule von Jovis, dem Gott der Vögel, die Gnade erbittet, so schön wie der Habicht zu werden. Sie wird ihr gewährt, und sie lebt ein stolzes Habichtleben, bis die ihr unbekannte Mauser einsetzt und sie ihre schönste Feder verliert. Da kehrt sie erschrocken zu ihrem alten Leben in der Dunkelheit zurück und vertrauert ihre Tage. Die breite Auslegung deutet die Eule auf einen bösen Menschen, der sich bei einem Herren einschmeichelt, von ihm mit Ehre und Reichtum überhäuft wird, bis der Herr Dienste von ihm verlangt – das ist der Verlust einer Feder in der Mauser – und der Böse verbittert die Treue gegen den Herrn verrät – das ist die Flucht vor dem Tage in die Dunkelheit. Dem Bereich der Fabel entspringt die auch von Hugo von Trimberg benutzte Geschichte vom „Raben mit den Pfauenfedern" (Nr. 87) und die hübsch erzählte Geschichte vom Esel (Nr. 65), der, des Säcketragens müde, in ein Land entflieht, wo man keine Esel kennt, dort als unbekanntes Untier zunächst Schrecken verbreitet, bald aber von den beherzten Bewohnern durchschaut, eingefangen und schließlich wieder zum Säcketragen verwendet wird. Immer wieder ist der Leitgedanke, daß die Ordnung der Natur sich nicht durchbrechen läßt, daß Torheit und Bosheit sich verkleiden, aber auf die Dauer nicht verbergen können. Immer ist es Enthüllung einer Weltordnung, die nicht aus der Idee gefordert, sondern aus der Wirklichkeit erfahren ist und sich zuletzt doch mit allen Mängeln und Unvollkommenheiten als gültig und gerecht erweist.

Auch die Parabel finden wir beim Stricker verwendet, beispielsweise in der bekannten Geschichte vom Waldschratt (Nr. 56), in der die Doppelzüngigkeit des Menschen an dem Atemhauch demonstriert wird, mit dem er bald wärmen bald kühlen kann. Oder die Demutslehre in der Erzählung vom klugen Ratgeber (Nr. 30). Ein junger Königssohn verbittert durch seinen Hochmut sein Volk gegen sich. Sein kluger Ratgeber redet ihm ein, daß sein Vater einen Edelstein am Hut getragen habe, der die Kraft hatte, ihn bei jedem, der ihn sah, wert und angesehen zu machen. Der Ratgeber läßt einen solchen steingeschmückten Hut anfertigen, und der König neigt vor jedem sein Haupt, damit der Stein

recht deutlich sichtbar wird. Die Leute nehmen dies für einen freundlichen Gruß und gewinnen Vertrauen, sie tragen ihre Sorgen vor den
König, und der Ratgeber redet diesem ein, daß der Stein seine Kraft ver-
liere, wenn sein Träger nicht für Recht und Ordnung sorge. Es ist die
Lehre von *kündikeit mit vuoge*, die hier auf anderer Ebene wiederholt
wird. Ähnliches lehrt die Geschichte vom reichen und armen
König (Nr. 29), die erzählt, wie ein mächtiger König seinem armen
Nachbarkönig Rache androht, weil er ihn im Traum beleidigt hat, und
wie der arme König den reichen dem Spott ausliefert, indem er ihm als
Sühne für die Traumbeleidigung das Spiegelbild seiner Ritter im Wasser
anbietet.

Auch das Märchen kann einmal in der Geschichte vom Tursen (Nr. 155) vor-
kommen. Zugrunde liegt das Märchen „Ich rieche rieche Menschenfleisch". 12 Männer geraten in das Haus eines Tursen (Waldungeheuer) und werden von dessen Frau
verborgen. Aber das Märchen bekommt eine neue Wendung, um die Lehre zu bestätigen, daß Einigkeit stark macht. Als der Turse die Männer entdeckt, fordert er von
ihnen einen als Fraß, und sie liefern den Schwächsten aus. So geht es fort, bis nur noch
ein letzter übrig ist. Als dieser sich zur Wehr setzen will, gibt der Turse selber ihm die
Lehre: hättet ihr zusammengehalten, so hättet ihr euch meiner erwehren können. Ihr
habt euch verraten; jetzt bist du allein zu schwach, um mir zu widerstehen.

Mit solchen, auf eine bestimmte Lehre zugeschnittenen, breit ausgelegten Erzählungen treten wir in den Bereich des Bispel ein. Sein Wesen wird, wie früher dargelegt, am deutlichsten offenbar, wo die erzählte Geschichte keinen Eigenwert mehr hat, sondern allein von der
Lehre her entwickelt ist. Ein Beispiel stehe für die vielen im Werk des
Stricker. Das Bispel vom wahren Freund (Nr. 144) erzählt von einem
Mann, der die Huld seines Herrn verloren hatte, nichts tat, um ihn zu
versöhnen, und auf Leben und Tod vor Gericht geladen wurde. Er
bittet seine Freunde um Hilfe. Der erste gibt ihm ein Tuch als Augen-
binde bei der Hinrichtung mit, der zweite geleitet ihn bis zum Tor des
Herrn und beklagt ihn, der dritte kommt mit ihm und bittet ihn frei. Es
ist eine Geschichte ohne Pointe in sich; sie erhält sie erst durch die Ausdeutung. Der Mann ist der Mensch im Augenblick des Todes, der Herr
ist Gott. Der erste Freund ist sein Besitz; er gibt ihm nur das Bahrtuch
mit. Der zweite Freund sind seine Angehörigen; sie geleiten ihn klagend
zum Grabe als dem Tor der Ewigkeit. Der dritte sind die guten Werke,
die ihm nachfolgen und ihn beim Jüngsten Gericht freikaufen.

Eine solche Stofferfindung und ihre Deutung setzten die allegorische
Bibelexegese und allgemeiner die theologische oder moralische Sinndeutung aller Erscheinungen der Welt voraus. Es ist eine bestimmte
Art und Weise, die Welt in ihrer Vielfalt als einen Kosmos zu begreifen
und dem einzelnen Ort und Wert im Ganzen zu geben und es mit Gott
als dem Urgrund aller Dinge zu verbinden. Solcher Höhe der Aufgabe
nicht immer bewußt, kann die deutende Allegorese zu bloß virtuoser

Technik werden. Da alle Dinge eine Reihe von Qualitäten besitzen, deren jede einzeln das *tertium comparationis* einer Deutung abgeben kann, da andererseits jede Lehre verschiedene Aspekte hat, die verschiedene Anknüpfungen ermöglichen, so ist das Netz der Beziehungsmöglichkeiten unabsehbar. Der Löwe kann als Symbol den Evangelisten Markus bedeuten. Als König der Tiere kann er den Herrscher, aber auch Gott oder Christus, den Löwen von Juda, bedeuten. Aber als der Löwe, der sucht, wen er verschlinge, kann er auch den Teufel vertreten. Und die naturwissenschaftliche Qualität, daß er mit seinem Schwanz seine Spur verwischt, kann ebensowohl auf die Menschwerdung Christi gedeutet werden, der seine Gottheit vor dem Teufel in der Menschengestalt verbarg, wie – beim Stricker (Nr. 122) – auf die Reue und Buße des Sünders, die die Spuren der Sünden tilgt, so daß sie beim Gericht nicht mehr gezählt werden. Allein das Verwischen der Spur gibt hier den Vergleichspunkt zum Verhehlen oder Austilgen her. Solche Deutungsmöglichkeiten waren systematisch gesammelt und standen dem Kundigen zumal als Predigthilfe zur Verfügung.

Die Bezugsetzungen können uns als sehr willkürlich erscheinen. Nicht immer sind sie so bedacht auf einander abgestimmt wie in dem eben besprochenen Bispel „vom wahren Freund". In dem kleinen Bispel von den Fliegen und der Milch (Nr. 99) ist das Ausgangsbild die Gewohnheit der Fliegen, die warme Milch aufzusuchen und zu verunreinigen, die heiße Milch auf dem Feuer aber zu meiden. Nicht ohne weiteres leuchtet ein, daß die Milch das Gebet ist, die Fliegen weltliche Gedanken während des Betens, das Feuer aber die Minne des heiligen Geistes, die uns durch die Compassio im Denken an Christi Leiden entzündet. Und noch willkürlicher wird uns die Deutung anmuten, die das Gedicht von den Herren zu Österreich (Nr. 164) der Erzählung von dem Fresser gibt, der sich schließlich so überaß, daß er alles wieder von sich geben mußte und zum größten Faster wurde. Es meint den österreichischen Adel, der sich früher an Freigebigkeit nicht genug tun konnte, jetzt aber alle *milte* aufgegeben hat. Einzig der Umschwung von einem Extrem ins andere gibt hier den Vergleichspunkt her. Und es mag uns erstaunen, wie im Bispel Die wandelbaren Juden (Nr. 124) sozusagen in Umkehrung der Relationen die biblische Geschichte vom goldenen Kalb auf ungetreue Dienstmannen gedeutet wird, die einem guten Herren aufkündigen, weil ein reicher, aber böser Herr mehr Gewinn verspricht (d. i. das Gold des Kalbes).

Die Fülle auch nur der Strickerschen Bispeldichtungen kann hier nicht behandelt werden. In ihrer ganzen Breite entzieht sich diese Gattung einer Einzelbehandlung in einer literarhistorischen Überschau. Sie ist auch nach Stoff und dichterischer Leistung ohne Eigenwert und geht uns nur als Gattung etwas an. Es muß genügen, ihre Spielarten an Hand der Strickerschen Bispeldichtungen kurz zu skizzieren. In den Schwänken ging es um die Erfassung der Welt, wie sie ist; ihr *fabula docet* war nicht Belehrung, sondern Feststellung einer Lebenserfahrung. Auch im Bispel kann es um Erfahrung gehen, dann aber zumeist um bestimmte soziale Realitäten. So stellt das Bispel „vom Hofhund und den Jagdhunden" (Nr. 81) den Hofhund als den bäuerlichen Parvenu dar, der bei Hof Einfluß gewinnt. Das eben besprochene Bispel „von den Herren zu Österreich" und „Der Roßtäuscher" (Nr. 54) warnen vor dem Dienst bei einem ungetreuen Herren und andere mehr.

Eine kleine Gruppe kreist noch um die höfischen Begriffe von Ehre und Minne, jenen Bereich, dem der Stricker auch in seinem allegorischen Gedicht von der „Frauenehre" (vgl. Bd. II, S. 416 f.) gehuldigt hatte. Dem ritterlichen Ehrbegriff gelten einige Stücke wie Der Waidmann (Nr. 41), eine Jagdallegorese, in der edle Jagdhunde und Dorfköter kontrastiert werden, wobei die Jagd die Ehre, der Jäger den nach Ehre strebenden Mann bedeuten, die Jagdhunde, die den Hirsch unablässig verfolgen, bedeuten das Streben nach Ehre, die Dorfhunde, die bald ablassen und in ihr Dorf zurückkehren, die „Halbritter", denen es um Besitz statt um Ehre geht, und die, wenn auch zeitweise sich vordrängend, doch bald in ihre Unwürde zurückfallen. Oder Die milde Königin (Nr. 32), ein Sinnbild der Ehre und des rechten Weges zu ihr, wobei der edle Arme zu der Königin gelangt und von ihr belohnt wird, während der stolze Reiche den falschen Weg reitet und von Mördern erschlagen wird, d. h. vor Gott und der Welt tot ist. In Nr. 55 wird das Wesen richtiger und falscher *milte* an dem Bild zweier Ritter abgehandelt, die sachgemäße und unsachgemäße Vogelbeize treiben. Wer in der richtigen Weise zu rechter Zeit zu geben versteht, der gewinnt dadurch Ehre, die immer mit Gott zusammen ist, und durch sie gefällt er Gott und der Welt.

Der höfisch aufgefaßten Minne gelten Gedichte wie Der Krämer (Nr. 46), in dem zwei Kaufleute kontrastiert werden, deren einer gute Ware teuer, der andere schlechte Ware billig feilbietet. Der letztere ist der falsche Minner, auf dessen äußeren Schein törichte Frauen rasch hereinfallen, der erste der treu und beständig werbende Mann, der schließlich die Minne einer Frau erringt, die den wahren Wert zu erkennen und zu schätzen vermag. Oder in dem Bispel Das Wildbret (Nr. 21) werden echte und falsche Minne kontrastiert: der gute Jäger ißt nur selbsterlegtes Wild, der *vrâz* begnügt sich mit schlechtem gekauften. Daran wird das Wesen der höfischen Minne mit allen Merkmalen höfischen Minnedienstes und mit allen Stichwörtern höfischer Minnedichtung entwickelt.

Die große Masse der Bispelgedichte ist jedoch religiös-moralisch gewendet. Die mannigfaltige Thematik entspricht dem, was in der Didaxe der Zeit immer wiederkehrt: die Welt und ihre Verlockungen im allgemeinen. So in dem Bispel ‚Der Gast und die Wirtin' (Nr. 131), wo das Bild der Welt als Wirtshaus, der Frau Welt als Wirtin aufgenommen wird, die den Gast gut empfängt, wenn er aber sein Gut verzehrt hat, in eine stinkende Pfütze, das ist in die Hölle, hinauswerfen läßt, oder Des Teufels Ammen (Nr. 111), das sind die falsche Welt und die menschliche Natur. Sie säugen den Menschen an ihren Brüsten. Die beiden Brüste der Welt sind Hochfahrt und Habsucht, die der menschlichen Natur Unmäßigkeit und Unkeuschheit. In der Regel aber zielt der Stricker auf ein Laster in konkreter Form: Trunk, Spiel, Geiz, geschlechtliche Unmoral, wobei er mehrfach auch auf Homosexualität zu sprechen kommt (Die Männler Nr. 60; Die gepfefferte Speise Nr. 93). Ständische Fragen bewegen ihn selten. Das oben erwähnte Gedicht „von den Herren zu Österreich" klagt über den Verfall des ritterlichen Daseins. In dem interessanten Dialoggedicht Die beiden Knechte (Nr. 163) disputieren zwei Knappen über Vorteil und Nachteil der Ritterwürde. Auch für den Adligen ist sie nicht mehr unbedingt erstrebenswert. Der eine Disputant führt praktische Gesichtspunkte für die Bequemlichkeit (*gemach*) des unritterlichen Daseins an, der andere verficht die hohe, fordernde Ehrenpflicht, die dem Adligen durch Auftrag und Segen Gottes auferlegt ist und ihm Wohlgefallen bei Gott und der Welt einträgt.

Nicht weniger beschäftigt den Stricker der geistliche Stand. Die alten Vorwürfe der Unkeuschheit und der Geldgier, zumal in der Form der Simonie, werden auch bei ihm wieder laut. Dem ersten gilt etwa das Gedicht Die Pfaffendirne (Nr. 103), das kaum noch ein Bispel, eher eine kurze Rügerede ist: wer ein Kirchengefäß stiehlt, ist des Todes schuldig, wieviel mehr eine Frau, die Gott sein Gefäß, den Priester, stiehlt. Auf Totschlag eines Pfaffen steht siebenfache Buße: wie soll ein Weib büßen, das seine Seele tötet! Die Simonie trifft das Bispel Der ungetreue Knecht (Nr. 104). Es erzählt von einem Herrn, der seinen Knecht mit Geschenken zu seiner Braut sendet. Der Knecht verrät seinen Herrn, indem er vorgibt, die Gaben kämen von ihm, und den Dank der Braut dafür erntet. Der Knecht sind die Geistlichen, die die Heilsmittel der Kirche gegen Entgelt spenden und damit die Ehre für sich beanspruchen, die Gott allein zukommt. Das Bispel Die tumben Pfaffen (Nr. 101) enthält einen eigenen Abschnitt über die Bischöfe, in dem pflichtvergessene Bischöfe mit den Wachthunden eines Herrn verglichen werden, die sich von Dieben durch Leckerbissen zum Schweigen bringen lassen, so daß diese in das Haus des Herrn, die Kirche, einbrechen können.

Ganz für sich steht das Gedicht von den Gäuhühnern (Nr. 27), das, auf ein unmittelbares Vorkommnis anspielend, von sozialrevolutionären Bewegungen des Bauernstandes, von Aufruhr und Burgenbruch zu berichten weiß. Auch hier wählt der Stricker die Form des Bispel. Ein Ritter wollte auf einer Burgstätte bauen, aber erst vernichtete ein Erdbeben, dann ein Blitzschlag den Bau, und so oft er es wieder versuchte, die Stätte wehrte sich gegen ihn. Sie ist „das Gäu", die bäuerliche Unterschicht der Gäuhühner, die sich gegen die Bedrückung durch die Herren gewaltsam auflehnt, „wie es zu Kirchling geschah". Das Ereignis, von dem wir nichts wissen, muß auf den Dichter einen starken Eindruck gemacht haben; nirgends sonst geht er vom Aktuellen aus oder auf Aktuelles ein. Das ist nicht mehr die Torheit der Welt, die er lachend enthüllt, das ist die unmittelbare Bedrohung der gefügten sozialen Ordnung, die er beschwört. Doch auch hier bleibt der Stricker seinem Wesen treu. Er urteilt nicht und nimmt nicht Partei, weder für die Herren noch für die Bauern. Er beobachtet die Wirklichkeit und warnt, indem er sie verbildlichend beschreibt.

Solches Gefühl für die Erschütterungen, die der gültigen Ordnung drohen, tut sich umfassend kund in dem in seiner Weise großartigen Altersgedicht, das während des Interregnums verfaßt sein muß, und das wir Die Klage (Nr. 153) nennen. Es beginnt persönlicher als irgend ein anderes Gedicht dieses Mannes mit einem bitteren Rückblick auf sein eigenes Schaffen. Was er bisher gedichtet habe, sei zur Kurzweil gemacht worden; jetzt wolle er in anderem Ton dichten. Da niemand mehr mit Freude zu tun haben will, sondern mit Jammer, will er sich dem Zuge der Zeit nicht entziehen; er will *klagen unde klagen*. Und in 24 Abschnitten, die alle mit *ich klage* oder *ich wil klagen* einsetzen, erhebt er bald ganz knapp, bald weit ausgreifend seine Klage über den Zustand der Welt. Ein bestimmter Aufbau hat ihm vorgeschwebt und ist ziemlich gut durchgehalten.

Er beginnt mit der Klage über das Verhalten gegen Gott und die Frauen (1–3), also mit den beiden Grundwerten des höfischen Denkens: Gottesminne (*die höchsten minne* V. 47) und Frauenminne. Die Klagen 4–7 gelten den politischen Verhältnissen: der Schwäche des Kaisers und der daraus folgenden Rechtlosigkeit; dem Laster des Hofes, wo von den vier Stühlen der Alten, der Weisen, der Edlen, der Reichen nur noch der letzte besetzt ist; den schlechten Ratgebern; den schlechten Richtern. Mit Klage 8 über die *lôsære* (Verleumder, Zwischenträger) wendet er sich gesellschaftlichen Zuständen zu. Alle höfische Freude an Turnier, Gesellschaft, Stand, Natur ist dahin (8 und 9); Lotterleben *(wîn und armiu wîp)* gilt mehr als Frauendienst (10). Tugend ist nicht mehr geachtet (11 und 12); Lug und Trug zerstört das Vertrauen (13). Die Klage 14 über das Eintreten in fremde Dienste leitet zur nächsten Gruppe von der Geldgier über: Streben nach unrechtem Gut (15); gewissenloses Streben der Armen nach Reichtum (16); Mangel im Lande, weil die Ernten aus Geldgier außer Landes verkauft werden (17). Der nächste Abschnitt gilt dem Verhältnis der Geschlechter: Klage um den guten Mann, der eine böse Frau hat und umgekehrt (18 und 19); Sieg von *unfuoge* und *unzuht* über *vuoge* und *zuht* bei Herren und Damen (20); Schwinden der *stæte* in der Minne zugunsten einer rasch gewährenden Sinnlichkeit (21). Sehr ausführlich wird in Klage 22 über Homosexualität gehandelt. Diese verabscheuenswerte Perversion im Geschlechtlichen führt zu der noch verhaßteren Perversion im Religiösen. Klage 23 wendet sich mit besonderer Emphase gegen die Ketzerei und gibt eine interessante Schilderung von der Anbetung des Teufels als Demiurgen, eines Gott an Kraft ebenbürtigen Schöpfers. Wie ein loser Anhang wirkt dann Klage 24 über die spezielle Unsitte, sein Gut bei Lebzeiten Gott vorzuenthalten, um es erst im Tode als Seelgerät zu stiften. Aber der Gedanke, daß alles irdische Gut nur

Gabe Gottes ist und ohnehin ihm gehört, daß Besitz von Gut also bedeutet, Gott sein Eigentum vorzuenthalten, hat den Stricker viel beschäftigt und mag dem Alternden als ein sinngemäßer, ihm am Herzen liegender Abschluß erschienen sein.

Die religiösen Dichtungen des Stricker, sofern sie nicht bloße Gebete sind oder sich in allgemeinen moralischen Betrachtungen oder geläufigen Vorstellungen von der Flüchtigkeit des Irdischen, der Gewißheit des Todes, der Sorge um das Heil der Seele erschöpfen, kreisen um einige wenige bevorzugte Fragen. Reue, Beichte und Buße sind die bewährten Mittel im Kampf gegen die Sünde und der Reinigung von Sünde. Die Werke – so lehrte das Bispel „von dem wahren Freunde" – folgen dem Menschen bis vor Gottes Gericht. Doch genügen selbst Werke tätiger Reue nicht; immer wieder beschäftigt den Stricker das Ineinanderwirken menschlichen Strebens und göttlicher Gnade. Am eindrücklichsten kommt das in dem Bispel Die Buße des Sünders (Nr. 142) zum Ausdruck. Gott hat einem Sünder auf dessen Bitte die Gnade gewährt, daß er nicht sterben werde, ehe er alle seine Sünden *mit sînem lîbe* gebüßt habe. Aber so ernst er es nimmt und so elend er zuletzt wird, er kann nicht sterben. Denn solange er „mit seinem Leibe", d. h. aus eigener Kraft, seine Sünden glaubt tilgen zu können, raubt er Gott die Ehre und verbleibt in der *superbia*. Damit hängt die Beschäftigung des Dichters mit dem Problem des freien Willens zusammen, der freien Einsicht, die aus der Ergebung in Gottes Gnade zur Demut führen muß, um von Gott angenommen zu werden. „Der Glaube ist ohne die Werke nichts, doch auch die Werke helfen nichts, wenn nicht der *guote wille* dabei ist", sagt er programmatisch in dem Bispel Die Tochter und der Hund (Nr. 129), in dem die Tochter Gottes die Seele, der Hund Gottes der Leib ist. Ein Weg zur Demut ist die Erkenntnis der Größe von Gottes Erlösungstat, vor allem aber die Versenkung in Christi Leiden, die Compassio. Sie ist es, die in dem eindrucksvollen Bispel vom ernsthaften König (Nr. 92) neben der Ungewißheit des Todes, dem Schicksal nach dem Tode und dem letzten Gericht dem König das Lachen verbietet. Das Bispel Das weiße Tuch (Nr. 139) wird in seiner Deutung ganz vom Gedanken der Compassio beherrscht, und in die Deutung des oben besprochenen Bispels von der Milch und den Fliegen wird dieser Gedanke fast gewaltsam einbezogen. Dagegen fehlt in der Bispeldichtung des Stricker der zeitgemäße Gedanke an die helfende Gnadenfülle Marias und der Heiligen, denen doch einige seiner Reimgebete (Nr. 10 bis 12) gelten. Aber in den bispelhaften oder traktatmäßigen Behandlungen religiöser Fragen ist sein Denken stets unmittelbar auf Gott und Christus gerichtet. Bei der großen Bedeutung, die die Compassio für die Frömmigkeitshaltung des Stricker besitzt, empört ihn in der Bekämpfung der Ketzer und ihrer Lehren, die ihm ein wichtiges Anliegen ist, insbesondere ihre Vorstellung, daß das Leiden Christi nicht notwendig war oder gar daß es kein wirkliches Leiden gewesen sei, so im Processus Luciferi (Nr. 3 V. 257 ff.) und Von der Messe (Nr. 2 V. 175 ff.). Mehrfach macht er sehr eindringlich klar, daß Christi Leiden nicht nur jedes menschliche Leiden, sondern jede menschliche Leidensmöglichkeit überstiegen habe.

Bei aller Einfachheit und Gemeinfaßlichkeit verfügt der Stricker über eine gute theologische Bildung. Er beherrscht die Stilform der Disputation, die er in mehreren Gedichten zum Bauprinzip macht. Und er weiß die Technik dialektischer Gliederung zu handhaben, so die drei Ergießungen bei Christi Leiden in „Die Fliegen und die Milch", die vierfache Ursache, daß der ernsthafte König nicht lachen kann und vieles Ähnliche. Auch recht schwierige theologische Probleme versteht er gedanklich und darstellerisch-technisch zu bewältigen. Das lange Gedicht „Vom heiligen Geist" (Nr. 1) ist ein regelrechter Traktat über Erscheinungs- und Wirkungsformen des heiligen Geistes sowie über die sieben Gaben des Geistes mit Zuordnung zu den Patriarchen, mit ihrer Wirkung im Menschen im Gegenspiel zu den sieben Hauptsünden, mit ihrer höchsten Erscheinungsform in Wesen und Leistung Christi. Ebenso ist das eben genannte Gedicht „Die Messe" (Nr. 2) ein Traktat über die sakramentale Bedeutung des Meßopfers und über das Verhältnis des Menschen zu dem Sakrament. Der interessante Processus Luciferi (Nr. 3) handelt das bekannte und im späten Mittelalter mehrfach gestaltete Thema vom Prozeß des Teufels um sein Recht auf den Menschen nicht dramatisch als Prozeß ab, sondern darlegend als eine juristische Belehrung. Er widerlegt darin den dreifachen Anspruch des Teufels auf den Menschen: aus der Verstoßung Adams, aus der Rechtsersitzung in 5000 Jahren und aus der allgemeinen Sündhaftigkeit des Menschengeschlechtes mit detaillierten Rechtsgründen, wobei er in dem dritten unter dem Bilde der Waage anschaulich macht, wie Gottes freiwilliger Opfertod die Sünde der Menschheit überwiegt. Ein theologisches oder juristisches Studium ist dennoch nicht notwendige Voraussetzung. Männer wie Brun von Schönebeck, Heinrich von Neustadt, Heinrich Frauenlob zeigen, wie viel auch ein Laie sich an theologischem Wissen anzueignen vermochte, und einen so hellen und beweglichen Geist wie den Stricker dürfen wir für fähig halten, unter Leitung geistlich gebildeter Auftraggeber auch schwierigere theologische Aufgaben zu bewältigen.

Nicht Tiefe, aber rasche Auffassungsgabe und geistige Beweglichkeit zeichnen diesen Mann aus. Sein Vorrat an überlieferten oder erfundenen Stoffen und Bildern ist unerschöpflich mannigfaltig und die Variation der Darbietungsform groß. Neben ausführlicher und lebendiger Erzählung auch im Bereich des Bispel (Der ernsthafte König; Der wahre Freund; Der reiche und der arme König u. a.) steht die knappe Stoffskizze, neben dem zweckerfundenen Stoff stehen die alten Wandergeschichten aus dem Bereich von Schwank, Fabel und Parabel. Auch biblische Erzählungen können den Ansatzpunkt hergeben; dem goldenen Kalb mit der überraschenden weltlichen Deutung sind wir schon begegnet. Zweimal bildet ein Wort Salomos den Ausgangspunkt, weiter die Juden in der Wüste, der Traum des Nebukadnezar; aus dem Neuen Testament der arme Lazarus. Oft ist der Ausgangspunkt ein bloßes Bild, gern aus der Natur bzw. der Naturlehre entnommen. „Die Fliegen und die Milch" ist ein Beispiel dafür. Ähnlich geht „Die Schlange ohne

Gift" (Nr. 118) von der Häutung der Schlange aus, „Die Katze" (Nr. 23) von der üblen Gewohnheit der Katze, zu beschmutzen, was sie von ihrer Beute nicht fressen kann, „Der Hase" (Nr. 35) von der Unzähmbarkeit des Hasen, „Der Hund und der Stein" (Nr. 95) von der Gewohnheit des Hundes, in einen Stein zu beißen, der nach ihm geworfen wird. Das stammt nicht aus dem Physiologus, das ist die Tierwelt der den Menschen umgebenden Wirklichkeit. Somit kann das seltsame Gedicht von den Edelsteinen (Nr. 121) den Abschluß bilden. Auch hier geht es um die Bloßstellung einer Torheit, aber einer wissenschaftlichen: des Glaubens an die geheimen Kräfte der Steine. Der Stricker greift ihn unmittelbar, ohne Verbildlichung an. Dem phantastischen Glauben stellt er fast herausfordernd platte Betrachtungen gegenüber. Steine sind gut als Schleifstein, Mühlstein, Wetzstein, Baustein. Aber die kostbaren Edelsteine – was nützen sie? Jedes bunte Glas schmückt ebensogut wie ein teurer Edelstein, und was man über ihre geheimen Kräfte sagt, ist Schwindel, um damit Geld zu machen. Er führt es an einzelnen Beispielen vor. In Konstantinopel hatten sie Edelsteine in Fülle, dennoch haben sie Gut, Ehre und Leben verloren. Die Kaiserkrone ist mit Edelsteinen besetzt, dennoch wurde König Philipp ermordet. Kröten und Schlangen tragen den Siegstein im Haupt; wie kann man diese Tiere dann überwinden und ihnen den Stein nehmen? Der Hahnstein soll den Durst löschen; das tut ein Schluck Wein besser. Der Topas kann kochendes Wasser aufhören lassen zu wallen; das mache ich leichter mit einem Schuß kalten Wassers. An diesem Gedicht wird noch einmal die Enge und die Bedeutung des Stricker offenbar. Er ist weit aus dem Bezirk höfischen Idealdenkens herausgetreten, fühllos für die Werte des Kostbaren, Schönen und Edlen, unfähig, die Einheit zwischen Erscheinung und Wesen zu begreifen, die auch dem edlen Unbelebten Tugenden zuspricht. Aber er ist kühn und zukunftsreich im ehrlichen Erfassen der Wirklichkeit, im Durchschauen auch der gelehrten Torheit, ein echter Vorfahr der Aufklärung, ihrer Enge und ihrer Größe. Nicht umsonst hat der Stricker den Zorn seiner Zeitgenossen erweckt. Volmar, der gelehrte Verfasser eines Steinbuches, hat gesagt, wer den Stricker erschlüge, beginge keine Sünde.

3. KONRAD VON WÜRZBURG UND HERRAND VON WILDONIE

Bei aller Vielseitigkeit des Stricker fehlen in seinem Werk wichtige Gattungen der Kleinepik, vor allem die unterhaltende und belehrende Novelle. Diese finden wir bei den beiden anderen Dichtern: Konrad von Würzburg und Herrand von Wildonie.

Die Kleinerzählungen Konrads von Würzburg haben wir im Rahmen seines Gesamtwerkes schon besprochen (vgl. S. 39ff.), wir brauchen hier nur noch einmal an ihre Verschiedenartigkeit zu erinnern. Das „Herzemære" ist der Prototyp der höfischen Minnenovelle, von Gottfrieds Minnedenken inspiriert, ein Exempel von Seligkeit und Leid der Hohen Minne. Der „Schwanritter" steht nach Stoff und Haltung der Aventiurendichtung nahe: märchenhaftes Wirken jenseitiger Mächte zum Schutz bedrängter Unschuld und zur Bewahrung von Recht und Ordnung in der Welt, aber in einer Welt, die historisch festgelegte Wirklichkeit ist, und in der der Schutz der Schwachen zum prozessualen Rechtsvorgang wird. Noch enger an die geschichtliche Wirklichkeit gebunden und aus ihr erwachsen ist der „Heinrich von Kempten". Auch diese Novelle lebt in der ritterlichen Welt, doch fern aller Aventiure bleibt sie im rein menschlichen Bereich, ein Beispiel für die Bewährung unverzagten Mannesmutes in bedrohter Situation, eine der nicht häufigen Erzählungen, die sich am Anekdotischen erfreuen und begnügen. „Der Welt Lohn" endlich ist mehr Bild als Erzählung, mehr Bispel als Novelle, eine Mahnung an die Vergänglichkeit alles Irdischen, die an der Welt der höfischen Werte exemplifiziert und mit aller Raffinesse des Kontrastes zwischen höfischer Zier und Vergänglichkeitsgrauen durchgeführt wird.

Der höfisch gerichtete Bürger Konrad von Würzburg bewegt sich ganz im Bereich des Ritterlichen und Höfischen. Der Ritter Herrand von Wildonie ist weniger exklusiv – er war Ritter, er brauchte sich nicht zu stilisieren.

Herrand (II.) von Wildonie, in der Steiermark unweit Graz zu Hause, ist eine bekannte Persönlichkeit. Er war Schwiegersohn Ulrichs von Lichtenstein; in den Wirren des Landes nach dem Aussterben der Babenberger und unter Ottokar von Böhmen war er ein führender Kopf der Adelspartei und hatte mehrfach dafür zu leiden. Urkundlich ist er zwischen 1248 und 1278 zu belegen. Seine vier Erzählungen liegen nach Stoff und Tonart weit auseinander, führen aber eben dadurch gut in die Vielfalt der Gattung ein.

Zwei dieser Geschichten bewegen sich im unerschöpflichen Bereich der Beziehung zwischen Mann und Frau. Kontrastierend aufeinander bezogen, handeln sie von Treue und Untreue einer Frau. Die treue Gattin erzählt eine Geschichte, die zuvor schon ein unbekannter Dichter kürzer und dürftiger erzählt hatte (Das Auge N. G. A. 35); möglich, daß Herrand sie von dorther gekannt hat. Ein häßlicher Ritter hat eine schöne Frau, die er über alles liebt. Im Krieg verliert er ein Auge und glaubt, so noch weiter entstellt, sich seiner Frau nicht mehr zeigen zu dürfen. Er läßt ihr durch einen Boten sagen, er wolle in die Fremde gehen und nicht wiederkommen. Da sticht sich die Frau in ihrer Kemenate mit einer Schere ein Auge aus, zeigt sich dem entsetzten Boten und trägt ihm auf, dem Gatten zu berichten, was er gesehen hat. Er könne ohne Scham wieder zu ihr kommen, sie seien nun einander wieder gleich. Innigste Liebe verbindet beide fortan, und mehr als ihre frühere Schönheit gewinnt der Frau jetzt ihre Treue die Verehrung der Welt. Die andere Geschichte, Der betrogene Gatte *(der verkêrte wirt)*, ist eine der vielen Varianten des Typus, daß die List einer buhlerischen Frau sich aus einer heiklen Situation nicht nur herauszuwinden weiß, daß sie zuletzt sogar als die Unschuldige dasteht, die der betrogene Mann noch um Verzeihung bitten und durch Geschenke versöhnen muß.

Herrand verlegt beide Erzählungen in das ritterliche Milieu. Aber wie weit sind wir hier von aller Ritterdichtung entfernt! Der Häßliche als Held einer Geschichte, die Selbstzerstörung von Frauenschönheit als preiswerte Tat bis hinab zu dem unhöfischen Instrument, mit dem sie geschieht, der Schere, liegen jenseits aller Möglichkeiten höfischen Erzählens. Inneren Adel zu preisen ist auch das Anliegen des höfischen Dichters, aber es hätte ihn gegraust, diesen an einer so handgreiflichen Tat demonstrieren zu sollen. Auch der höfische Dichter läßt die Frau in der Emphase des Schmerzes sich entstellen, die Haare ausraufen, die Brüste zerschlagen, die Wangen zerkratzen. Aber es bleiben die vorgeschriebenen Gebärden, und niemals wird er die Narben sehen, die davon zurückbleiben. Die ganz unemphatische Opfertat dieser Frau entstellt sie fürs Leben, und gerade darin liegt ihre Größe. Die Liebe, die sie dazu befähigt, entspringt aus anderen Quellen als die höfische Minne; sie ist höchste Bewährung der Treue in der Wirklichkeit des Alltags, vor der die höfische Welt der Schönheit verblaßt.

Noch weiter führt die zweite Geschichte vom Höfischen fort. Das Liebesverhältnis ist als Minnewerben des Ritters um die Dame stilisiert. Aber wo wäre es erhört, daß eine Dame sich nächtlicherweise eine Schnur an den Zeh bindet, an der der Liebhaber ziehen soll, um seine Anwesenheit zu melden, daß die Schnur über das nackte Bein des Gatten läuft, ihn mit ihrem Kitzeln weckt und den Trug verrät? Oder wo besitzt ein Ritter einen Esel, den die Frau als den vermeintlichen Buhlen unterzuschieben weiß? In beiden Erzählungen sind wir an der Stelle, wo das Ritterliche nur noch ein Kostüm ist, in dem etwas allgemein Menschliches gespielt wird. Der ganze Vorgang der zweiten Geschichte paßte besser in einen Bauernhof, und in der Tat spielt eine Parallelfassung, „Der Pfaffe mit der Schnur" (N. G. A. 22), in einem dörflichen Milieu. Das muß das Ursprüngliche sein, obwohl Herrand versichert, die Geschichte als ein wirkliches Ereignis von seinem Schwiegervater Ulrich von Lichtenstein gehört zu haben.

Die beiden anderen Gedichte können wir ebenfalls als Kontrasterzählungen betrachten. Sie zeigen uns die ganze Spannweite in den Möglichkeiten der Kleinepik von ernster religiöser Lebenslehre zu heiterem Spiel. Der nackte Kaiser, das längste von Herrands Kleinwerken,

erzählt von einem mächtigen Kaiser in Rom, der das Wort des Lukas-
evangeliums „Was sich erhöhet, das wird erniedrigt werden, was sich erniedrigt, wird erhöhet werden" in seiner Überhebung freventlich als
Lüge erklärt. Während er nackt im Bade liegt, nimmt ein Engel Kleidung und Gestalt des Kaisers an, und dieser, der im eigentlichsten Sinn
Entblößte, erfährt alle Erniedrigungen des bloßen Menschen, von rohen
Badeknechten aus dem Hause gejagt, dem Mitleid und der Brutalität ausgeliefert, und gedemütigt noch darin, daß er zusehen muß, wie der
himmlische Doppelgänger die von ihm lange vernachlässigte höchste
Aufgabe des Herrschers erfüllt, gerechtes Gericht zu halten, und dafür
hoch gepriesen wird. Von dem Engel wieder zum Kaiser verwandelt, erkennt und bereut er, gibt sein unrechtes Gut den Geschädigten zurück
und führt sein Herrscheramt nach Gottes Ordnung. Nirgends so wie
hier kann deutlich werden, daß es in solchen Geschichten um den Menschen geht, so wie er hinter allen Hüllen menschlicher Größenordnungen vor dem Auge Gottes steht, hilflos und nackt.

Und dagegen nun die reizende Geschichte Die Katze. Auch sie ist
ein Beispiel beschämter Hochfahrt, aber im Tierbild ist sie ganz und gar
anmutiges Spiel. Der Kater, gemächlich auf dem Ofen liegend, fühlt sich
zu Höherem berufen. Seine Katze dünkt ihm als Frau zu gering, nur
die Mächtigste sei seiner wert, und so geht er auf Werbungsfahrt. Er
beginnt bei der Sonne, die ihn an den Nebel weist, der mächtiger sei,
weil er sie verhüllen kann. Der Nebel weist ihn zum Wind, der den Nebel
vertreibt, dieser zur Mauer, die dem Wind widersteht, diese zur Maus,
die die Mauer untergräbt. Von der Maus aber wird er zur Katze zurück-
verwiesen, dem furchtbarsten und mächtigsten Tier, das die Maus
kennt. Er findet sie friedlich auf dem Ofen, und sie nimmt ihren reuigen
Kater nicht ohne eine ironische Gardinenpredigt zu Gnaden wieder an.
Wie der Kaiser wird der Kater durch Erfahrung zur Einsicht geführt und
kehrt gebessert in die ihm von Gott gesetzte Ordnung zurück, die jedes
der umworbenen Dinge in seiner Antwort als für sich gültig anerkennt.
Doch damit ist Herrands Gedicht noch nicht zu Ende. Gerade dieser
leichtesten Erzählung hängt er die schwerste und längste Moralisation
an, aus der wir lernen, wie nach modernem Begriff willkürlich die Auslegung sein kann. Er wendet sie ins Politisch-Soziale, eine Warnung für
unstœte Ritter, ihren alten Herren nicht zu verlassen, um in neuen Diensten
bessere Bedingungen zu suchen, die sich doch als trügerisch erweisen.

4. HÖFISCHE NOVELLEN

An dem Werk dreier Dichter haben wir einen Wegweiser für die
Überschau über die Vielzahl und Vielfalt der Kleinerzählungen gewonnen. Wir fassen zunächst eine Gruppe von Novellen zusammen, die

noch aus dem idealen ritterlichen Denken hervorgegangen oder doch
wesentlich, wenn auch oft nur noch recht äußerlich, davon beeinflußt
sind. Sie kreisen um die zentralen Begriffe von Minne, Ehre und Aventiure, sprechen die Sprache des höfischen Epos und legen den Glanz von
Schönheit und Festlichkeit um ihre Gestalten. Im „Herzemære" Konrads von Würzburg haben wir den Prototyp
der Minnenovelle gefunden, in der die überwältigende Macht der Minne
im Liebestod offenbar wird. Verwandte Erzählungen zeigen, wie sehr
der tragische Ausgang von Minne dem sentimentalisierten Geschmack
der Zeit lag, wie wir es bei dem späten Minneroman schon gesehen
haben. Altüberlieferte, immer lebendige Erzählstoffe tauchen in der
Novellendichtung wieder auf. Die antike Geschichte von Hero und
Leander – den Königskindern, die nicht zueinander kommen konnten, weil das Wasser viel zu tief war – wird von einem späten Alemannen
nacherzählt (G. A. Nr. 15). Er behält die antiken Namen der Liebenden
bei und knüpft an Ovids Heroiden an; denn in unmäßiger Breite nehmen
zwei Liebesbriefe nahezu halb so viel Raum ein wie die eigentliche Erzählung. Damit zollt er dem Geschmack der Spätzeit am hochstilisierten
Liebesbrief seinen Tribut. Die Geschichte selber wird dagegen einfach
und trocken erzählt; höfische Stilelemente, wie die Beschreibung von
Heros Schönheit, sind nur noch aufgesetzte Flitter. Es fehlt ein Konflikt, und es fehlt auch der Verräter, der die wegweisende Fackel löscht;
nur Sturm und Regen lassen Leander ermatten und ertrinken. Es
kommt vor allem auf den Schluß an, auf den Liebestod: Hero sinkt bei
der Kunde von Leanders Tode entseelt nieder. Doch wenn der Dichter in
einem Anhang auch bekennt, in Minne verstrickt zu sein und unter der
Härte der Erwählten zu leiden, so weiß er im Grunde vom Wesen der
Minne nichts. Er erzählt die Geschichte eher, um vor den Gefahren unseli-
ger Verstricktheit zu warnen und knüpft an Leanders Tod die Mahnung,
sich nicht von *tumbem muot* zu unsinnigen Taten verführen zu lassen.

Fast noch simpler wird die Geschichte von Pyramus und Thisbe (ZfdA VI,
504 ff.) nacherzählt, ein Beispiel für die Macht der Minne, die es vollbringt, daß einer
für den anderen stirbt. Und in Erfüllung zeitgemäßer Sentimentalität erhält die Geschichte in Anlehnung an den Tristanroman die Schlußwendung von den aus dem
Grabe wachsenden, sich eng verschlingenden Reben.

Um den Liebestod kreist auch eine ganze Gruppe von novellistischen
Erzählungen, in denen die geliebte Frau in einem eindrucksvollen
Schlußbild über der Leiche des Geliebten tot niedersinkt und meistens
mit ihm in einem Grabe bestattet wird. Dem Typus nach ist diese Erzählung, ähnlich wie der Moriz von Craûn, ein Minnekasus: wann und
wie darf Minnedienst seinen Lohn fordern.

Die eine Untergruppe sieht den Dienst des Helden noch ganz ritterlich. Der Liebende ist nicht nur ein Ritter, er dient der Geliebten in rit-

terlicher Form, indem er sich unbewehrt, nur in einem seidenen Hemd, zum Turnier stellt und dabei eine tödliche Wunde empfängt. Die beiden Ausgestaltungen, die wir kennen, gehen weit auseinander. Der Wiener Weltchronist J a n s e n E n i k e l knüpft die Geschichte an eine historische Figur, F r i e d r i c h v o n A u c h e n f u r t, einen Vertrauten Kaiser Friedrichs II., und eine römische Gräfin an. Der Ritter hatte lange um ihre Minne geworben. Endlich verheißt sie ihm Gewährung, wenn er in einem Frauengewande ein Turnier bestünde. Von schwerer Verwundung endlich geheilt, fodert er seinen Lohn, läßt sich aber durch die Bitten der ihrem Manne treu ergebenen Frau erweichen, davon abzusehen, wenn sie am Pfingsttage in seinem blutigen Gewande zur Kirche gehe, damit symbolisch den Lohn der ritterlichen Tat gewährend. Langes Dienen und außerordentliche Tat, Versprechen der Gewährung und eine symbolische Form des öffentlichen Bekennens, die als Preisgabe der Ehre wohl schwerer wiegt als die heimliche Hingabe oder selbst der Tod, das ist ganz aus dem Denken des hohen Minnedienstes geboren.

Anders sieht es in der zweiten Bearbeitung des Stoffes, in der Novelle F r a u e n t r e u e (G. A. Nr. 13) aus, die von einem unbekannten mitteldeutschen Dichter des frühen 14. Jahrhunderts verfaßt ist. Auch hier ist der Held ein Ritter, der seiner Dame durch den Zweikampf im bloßen Seidenhemd dient und eine schwere Wunde davonträgt. Die Angebetete aber ist die Frau eines Bürgers, das Milieu die Stadt, freilich kaum mehr als äußerlich, so wie etwa im Guten Gerhard des Rudolf von Ems. Die Frau ist nicht nur in ihrer Erscheinung mit aller Kunst höfischer Schönheitsschilderung zu einem Bilde der Vollkommenheit erhoben; zu den äußeren treten die inneren Vorzüge der edlen Dame in höfischer Idealisierung. Der Vorgang ist sentimentalisiert; nur von der Hand der Geliebten will sich der todwunde Ritter das Speereisen aus der Brust ziehen lassen, was wiederum von Rudolf von Ems aus seinem Wilhelm von Orlens gelernt ist. Schamhaft und zitternd vollzieht die Frau die Operation. Sie ist – und dies ist neu – nicht die stolze Dame des Aventiurenromans, sondern entspricht dem neuen, dem bürgerlichen Ideal der demütig keuschen Hausfrau. So gewährt sie denn auch nicht den Lohn solcher Opfertat. Als der genesende Ritter nächtlich bei ihr einschleicht, weist sie ihn zurück, und als er sie gegen ihren Willen stürmisch umarmt, bricht die Wunde wieder auf, und er verblutet. Die Einführung dieses neuen Frauenbildes hat sogleich spürbare Folgen. Bei der keuschen Zurückhaltung der Frau, bei der unerwiderten Liebe und der Zudringlichkeit des ritterlichen Liebhabers sitzt der sentimentale Schluß nicht mehr richtig: an der Leiche des in der Kirche aufgebahrten Ritters läßt die schöne Frau, alle Scham verleugnend, ihre Gewänder, Mantel, Oberkleid, Unterkleid von ihren Schultern fallen, um sie als

Opferspende am Altar darzubringen. Ihr Herz bricht, und sie sinkt tot über dem getreuen Minnediener hin. Ist das Fallenlassen der Gewänder eine Übersteigerung des Motivs vom öffentlichen Auftreten im blutigen Hemd, so stammt der Liebestod über der Leiche des Geliebten aus einem anderen Bereich, letztlich aus dem Tristan, unmittelbar aber wohl aus der verwandten Novellengruppe, die wir nach der Fassung G. A. Nr. 14 den Schüler von Paris nennen. Einfacher und reiner wird die Geschichte in zwei anderen Bearbeitungen (Rosenfeld II) dargeboten. Diese ältere erzählt von einem Grafensohn, der zu Studien in eine Stadt reist und im Hause eines Bürgers Unterkunft findet. Mit dessen schöner Tochter verbindet ihn bald innige Liebe, die bei einer Abwesenheit der Eltern ihre letzte Erfüllung findet. Doch im Übermaß der Liebeswonne bricht dem Jüngling das Herz, und bei der Bestattung sinkt die Geliebte im gleichen Übermaß des Liebesleides tot über dem Sarg zusammen. Ein Grab umschließt sie beide. Das Gedicht ist sicher noch aus dem 13. Jahrhundert, der Dichter, ein Thüringer, ist an Konrad von Würzburg stilistisch und auch gedanklich geschult. Aber indem der Prolog ein Exemplum ankündigt, das vor der *unmâze* in der Liebe warnt, verrät sich hinter dem höfischen Stil der bürgerliche Moralist. Die zweite Fassung ist wesentlich jünger. Ihre Einleitung zeigt Geschmack an der ausgebildeten Minneallegorie (Minne als Turnier), und in dem kaum verständlichen, geblümten Stil, der zu dieser Gattung gehört, schwelgt sie in Fremdwörtern und Gelehrsamkeit. Der Dichter leistet sich die barocke Übersteigerung des Schlußbildes, daß das tote Liebespaar im Sarge in liebender Umschlingung, in einem „toten Kuß" ineinandergefügt wird. Milieu und Handlungsablauf sind dieselben geblieben, neu ist vor allem die Einführung des romantisierenden Märchenmotivs, daß die Jungfrau in einem Turm eingeschlossen ist und den Jüngling an einem aus ihrer Seide geflochtenen Seil zu sich emporzieht.

Nicht mehr Werbung durch ritterliche Tat ist hier das bewegende Element. Es geht um die Überlistung der *huote* durch zwei heimlich Liebende. So ist es auch nicht mehr die verheiratete Frau des höfischen Minnedienstes, sondern das umhütete Mädchen mancher Minnehistorien; Achilles und Deidamia des Trojaromans, Floiris und Blancheflur geben das Vorbild. Wenn die Erzählung in die Stadt verlegt wird, so treten wir damit nur ganz äußerlich aus dem Rahmen, der der höfischen Minneerzählung angemessen ist. Der reiche Bürger der älteren Fassung erscheint fast fürstlich, ein Herr über Burgen und Land (V. 129), und in der jüngeren gehört der Mädchenturm in ein Königsschloß, nicht zu einem Bürgerhaus. Vor allem aber bringt das Motiv der List eine ganz neue Wendung; das Tor zum Schwank wird dadurch geöffnet. Im „Schüler von Paris" ist das schwankhafte Erzählmotiv vom Mönch als

Liebesboten eingebaut. Das Mädchen wird von dem Vater, nachdem er das Liebesverhältnis entdeckt hat, in strenger Absperrung gehalten. Sie heuchelt Krankheit, läßt einen Mönch als Beichtiger kommen, und indem sie ihm anvertraut, daß der Geliebte in der Verkleidung ihrer Schaffnerin heimlich zu ihr geschlichen sei, und ihn bittet, den Jüngling zu mahnen, er möge solch sündiges Treiben künftig unterlassen, teilt sie dem Geliebten mit, auf welche Weise er zu ihr gelangen könne. Der Stilbruch ist deutlich. Der Mißbrauch der mit allen Formeln der Reue gespielten Beichte zu amouröser List, die törichte Ahnungslosigkeit des eifrigen Mönchs – das ist eine ganz andere Sphäre als die sentimentale Liebesgeschichte. Dennoch wird sie durch einen frommen Schluß gesegnet. Der Vater, ein bürgerlicher König Marke, erkennt vor den Leichen der Liebenden sein Unrecht. Bereuend stiftet er ein Nonnenkloster, in dem das Paar bestattet wird, und er selbst endet sein Leben als büßender Pilger. Alle drei nimmt Gott in sein Himmelreich auf, offenbar ein *hövescher* Gott, der es mit den Liebenden hält.

Anders wird das Thema von der Macht der Minne in zwei Novellen behandelt, die in den Bahnen des Aventiurenromans verlaufen und darum glücklich enden: Die Heidin und Der Busant.

Die Heidin ist auf einem Kernmotiv aufgebaut, das wie ein Schwankmotiv aussieht und das wir uns vom modernen Empfinden her kaum anders als schwankhaft behandelt vorstellen können. Dem Mittelalter gab es den Stoff für eine echte Minnenovelle. Die Pointe ist die „geteilte Frau". Eine Dame will ihrem Ritter endlich lohnen, indem sie ihm einen Teil von sich gewährt. Der Gürtel zieht die Scheidelinie, der Ritter hat die Wahl. Er wählt den oberen Teil und erhält durch eine List das Ganze. Indem er „seinem" Teil verbietet, sich dem Ehemann zu gewähren, „seinem" Mund befiehlt, dem Gatten unsinnige Antworten zu geben, wird dessen Zorn so erregt, daß er die Frau gründlich durchprügelt, worauf sie sich entschließt, sich dem Liebhaber ganz zu ergeben.

List und Prügel, typische Requisiten des Schwankes, stehen hier in einer ritterlichen Novelle. Man ist versucht zu meinen, daß hier ein später Dichter ohne Gefühl für Stil und Haltung einem recht groben und lüsternen Schwank ein unangemessenes höfisch-ritterliches Kleid übergestreift habe. Allein wir finden das Motiv der „geteilten Frau" in dem führenden Lehrbuch der Minne *De amore libri tres* des Andreas Capellanus als Casus abgehandelt. In einer Disputation legt eine hochadlige Dame einem ebensolchen Ritter den Fall einer *mulier mirae probitatis* vor. Diese hatte zwei Minnediener, um sie zu prüfen, vor jene Wahl zwischen oberem und unterem Teil gestellt. Der Ritter solle entscheiden, welcher die richtige Wahl getroffen hat. Er spricht sie dem zu, der das obere Teil gewählt hat; diese Wahl allein sei menschenwürdig, die Wahl des unteren Teiles sei der tierischen Natur eigen.

Als Minnekasus muß auch die Gestaltung in der mittelhochdeutschen Novelle aufgefaßt werden, die in vier Fassungen auf uns gekommen ist. Das epische Milieu entnimmt sie den in der späten Epik so beliebten Orientabenteuern. Ein christlicher Ritter zieht aus, um die Minne der schönen Frau eines Heiden zu erwerben – das minnesängerische Motiv der Fernliebe. Als sie sich ihm verweigert, stürzt er sich sieben Jahre lang in Kriegsabenteuer, bis die Minne sich auch in das Herz der Dame einschleicht und sie in tödliche Krankheit wirft. Sie läßt den Ritter zu sich rufen und stellt ihn vor jene Wahl. Er trifft sie im Sinne des Andreas Capellanus und gelangt auf die geschilderte Weise zum vollen Liebesgenuß. In der ältesten und einfachsten Fassung ist die Orientfahrt reine Dekoration, und es entspricht dem Typus des Casus, daß der Ritter nach der Erreichung des Zieles in die Heimat zurückkehrt. Denn der Minnedienst strebt ja nicht nach dauernder Bindung in der Ehe.

Eine so ins Abenteuermilieu eingelagerte Geschichte lockte naturgemäß zur Ausgestaltung. Die späteren Fassungen II und III sprengen den Rahmen von Casus und Novelle und werden zu kleinen, episodenreichen Abenteuerromanen. Dazu bieten einerseits die Taten des christlichen Ritters im Kampf gegen die Heiden reichlich Gelegenheit. Andererseits wird der Schluß fromm-erbaulich ausgestaltet. Die Heidin wird bekehrt und folgt dem Ritter ins Abendland, wodurch weiter Gelegenheit zu einem Rachezug des heidnischen Gatten und zu einem glücklichen Ausgang mit einer höfisch-festlichen Doppelhochzeit gegeben wird. Auch der Verlockung, die delikate Situation des alten Casus handgreiflicher zu verdeutlichen, sind die späteren Bearbeiter nicht ausgewichen. Die Frau zeigt sich dem Ritter unbekleidet, damit er seine Wahl richtig treffen kann. Erst eine vierte Fassung, die selbständigste und am besten erzählte, kehrt zum äußeren und inneren Maß der Novelle zurück.

Der Busant (G. A. Nr. 16), Anfang des 14.

Jahrhunderts von einem unbekannten Elsässer gedichtet, steht stilistisch in der breiten elsässischen Nachfolge Konrads von Würzburg. Stofflich gehört die Geschichte in den Kreis von Erzählungen, die wir nach dem bekanntesten Beispiel die Magelonengeschichte nennen. In der Entführungsgeschichte klingt der Wilhelm von Orlens des Rudolf von Ems, in der Wahnsinnsepisode der Iwein und wohl auch der Partonopier des Konrad von Würzburg an. Die ganze Geschichte spielt im Bereich des höchsten Adels, die Helden sind der Sohn des Königs von England und die Tochter des Königs von Frankreich. Neu und jung ist wieder das Milieu, das Studium des Königssohnes in Paris, das ihn zur studentischen Kameradschaft mit den französischen Königssöhnen und damit zu der Beziehung zu deren lieblicher Schwester führt. Die zarte Minne wird durch die Verlobung der Jungfrau an den reichen König von Marokko bedroht. Die Entführung durch den Königssohn in Spielmannsverkleidung wird geplant und durchgeführt, während alles auszieht, um den ungeliebten Bräutigam festlich zu empfangen. Während die Liebenden in mailich prangender Natur im Walde ruhen und die Schöne im Schoß des Jünglings schläft, entführt ein Falke (Busant) einen Ring der Jungfrau. Der Prinz verfolgt den Vogel, verirrt sich und findet nicht zu der Geliebten zurück. Sie bleibt trauernd zurück und findet in einer einsamen Mühle Zuflucht, wo sie sich durch feine Handarbeiten ihren Unterhalt verdient. Ihn stürzt der Verlust der Geliebten in Wahnsinn, so daß er wie ein Tier im Walde haust. Bei einer Jagd wird er von seinem Oheim aufgespürt, eingefangen und nach Hause gebracht. Keine Feensalbe heilt hier den Wahnsinn; in einem langsamen psychologischen Prozeß vollzieht sich die Gesundung. Zumal die kleine Szene, wie ihn der Anblick eines gefangenen Busant noch einmal in tiefste Erregung zurückwirft, so daß er den Vogel zerfleischt, wie ihm aber eben dadurch die Erinnerung wiederkehrt und der seelische Krampf sich durch die Erzählung seiner Erlebnisse löst, wirkt ganz modern. In der Vereinigung des liebenden Paares klingt die Geschichte glücklich aus.

Die bisher behandelten Erzählungen kreisen um das große Thema der Minne. Sie sind damit im Bereich des höfisch-ritterlichen Dichtens und Denkens zu Hause, nach Kern und Wesen der späten höfischen Epik verwandt. Doch stießen wir allenthalben auf Indizien einer veränderten Art, zu sehen und zu werten. Das Milieu der Stadt und der Hohen Schule bezieht neue Lebensbereiche ein, auch wenn der Bürger noch höfisch stilisiert wird, der Student adligen oder königlichen Geblütes ist. Der reiche Stadtbürger kann als Mäzen solcher Dichtung wenigstens gedacht werden, der sich in kostbarem Lebensstil und verfeinertem Gefühlsleben dem Ritter gleichberechtigt dünkte. Doch gehen die Einbrüche tiefer als nur in die Verwandlung der Umwelt. Die Vorstellung vom Wesen der Minne wird unsicher. Einerseits sahen wir in der „Frauentreue“ den Typus der treuen Ehefrau einspielen, die, wie in der moralischen Novelle, den Verlockungen der Minne widersteht. Andererseits wird Minne bereits zum bloßen Sinnengenuß vereinfacht und vergröbert und damit die Sphäre des erotischen Schwankes berührt, oder sie wird vom Standpunkt ehrbarer Moral beurteilt und der Liebestod zum warnenden Exempel herabgewürdigt.

Das andere große Anliegen ritterlicher Dichtung ist die ritterliche Ehre, die sich in Ritterfahrt, Turnier und Abenteuer bewährt. Von einer eigentlichen Aventiurennovelle, die sich dem Aventiurenroman unmittelbar an die Seite stellen ließe, können wir kaum reden. Die späteren Bearbeitungen der „Heidin“ sind auf dem Wege dazu. Aber ein kleiner Kreis von Erzählungen schließt sich zusammen, in dem ein Merkmal der Aventiure, die Begegnung mit der Welt des Außerirdischen, Mythischen oder Dämonischen die erzählende Phantasie reizt. Wir können an den Schwanritter des Konrad von Würzburg anknüpfen. Nicht Minne ruft ja den geheimnisvollen Schwanritter herbei, sondern die andere große Aufgabe des Rittertums, der Schutz der bedrängten Frau, woraus sich so oft Aventiure entwickelt. Zugleich ragt die Welt des Jenseitigen in die menschliche Sphäre hinein, und aus der Eigengesetzlichkeit der Jenseitswelt, die der Mensch verletzt, ergibt sich Konflikt und Katastrophe. Dem Typus des Schwanritters am nächsten verwandt ist die Geschichte von dem Ritter Peter von Staufenberg. Der elsässische Dichter nennt sich selber Egenolt, ist aber sicher zu Recht mit dem Ritter Egenolf von Staufenberg (um 1300) identifiziert worden. Er erzählt also eine Familiensage, die als Typus der Melusinensage zugehört. Der Held, Peter von Staufenberg, der als trefflicher Ritter alle Lande durchzogen hatte, trifft, als er zum Kirchgang ausreitet, am Wege sitzend eine Frau von wunderbarer Schönheit. Sie gibt sich ihm als ein Wesen der Jenseitswelt zu erkennen und erzählt ihm, daß sie ihn unsichtbar schützend auf all seinen Fahrten begleitet hat und sich ihm nun in Minne verbinden will. Sie wird bei ihm sein, sobald er sie ruft; nur müsse er der Ehe mit einer irdischen Frau entsagen, sonst müsse er am dritten Tage nach der Hochzeit sterben. Lange lebt er so mit ihr, von Glück und Reichtum überschüttet, bis er dem Drängen seiner Verwandten nachgibt und in die ihm vom Kaiser angebotene Ehe mit der Erbin des Herzogtums Kärnten einwilligt. Beim Hochzeitsfest schiebt sich durch die Decke des Saales der wunderbar schöne Fuß einer Frau, und Peter erkennt an dem Wahrzeichen, daß sein Ende bevorsteht. Er stirbt am dritten Tage; die bräutliche Witwe zieht sich in ein Kloster zurück. Der nicht ungewandte Erzähler steht in der Tradition Konrads von Würzburg, zumal unter dem Einfluß des stofflich verwandten Feenromanes von Partonopier und Meliur. Wie dort wird die Fee mit dem christlichen Denken in Übereinstimmung gebracht. Sie ist zwar nicht in dem Grade rationalisiert wie Konrads Meliur, aber sie lebt und redet aus christlichem Denken heraus wie irgendeine ritterliche Dame. Doch, ebenfalls wie bei Konrad, wird sie von den kirchlichen Ratgebern des Helden teuflischen Wesens verdächtigt, und dort wie hier unterliegt der Held den Einflüsterungen und bangt um sein Seelenheil. Muß aber dort, im Aventiurenroman Konrads, das traditionelle glückhafte Ende erreicht werden, so bleibt hier die Gesetzmäßigkeit der Jenseitswelt erhalten und trifft den Menschen, der gegen sie verstößt, wie im Schwanritter mit voller Unerbittlichkeit.

In anderer Weise aventiurenhaft ist die schöne, noch aus ritterlichem Denken hervorgegangene Erzählung Rittertreue (G. A. Nr. 6). Ihr unbekannter Dichter von nicht sicher festzulegender Herkunft ist kein glänzender Erzähler, verrät aber noch eine gute Formschule. Ein Hauptmotiv ist das ritterliche Turnier um die Hand einer schönen Frau. Aber auch die Jenseitswelt spielt in der Erscheinung des toten Ritters ein. Der Ritter Willekin von Montabaur bewährt ritterliche Treue, indem er bei einem Kaufmann die Leiche eines Ritters auslöst, der besitzlos im Hause des Kaufmanns verstorben und, da niemand die Kosten der Bestattung aufbringen wollte, unter dem Mist verscharrt worden war. Der Aufwand, den Willekin für glänzende Prachtentfaltung und Freigebigkeit getrieben hat, macht ihn selber schließlich so mittellos, daß er sich darauf einläßt, von einem Ritter ein Roß anzunehmen unter der Bedingung, daß dem Fremden die Hälfte des Turniergewinns zufalle. Willekin erringt den Sieg im Turnier und damit die Hand der Schönen. Beim Hochzeitsfest erscheint der fremde Ritter und fordert seinen Anteil – auch an der Braut. Nach schwerem Seelenkampf bewährt Willekin auch hier seine Treue und will dem Ritter seinen Platz im Ehebett einräumen. Da gibt sich der Fremde als der tote Ritter zu erkennen; er verkündet Willekin Heil und die Huld Gottes für seine bewährte Treue und verschwindet als Engel. Ritterlich ist das Milieu, die Pracht des Aufzuges, der Turniersieg, die Frauenschönheit. Die höfischen Tugenden *milte* und *triuwe* werden V. 825 f. gepriesen, und es ist möglich, durch Bewährung ritterlicher Vorbildlichkeit Gottes Huld zu erringen. Aber auch hier gibt es neben der ritterlichen Welt eine andere, die Stadt und den reichen Bürger. Hier bedeutet das Geld etwas, darum wird der Wirt des Ritters als Münzmeister beruflich spezialisiert, und man rechnet nicht nach *milte* und *êre*, sondern nach Verlust und Gewinn. Diese andere Welt wird deutlich und anschaulich gesehen. Das Silber für die Auslösung des toten Ritters wird genau abgewogen, die Schulden Willekins bei seinem Wirt werden am Ende genau verrechnet und beglichen. In der Zeit der aufblühenden Geldwirtschaft steht der Ritter nicht mehr absolut in der Welt; er muß mit jener anderen, händlerischen Welt rechnen und sich in ihr zurechtfinden. Sie wird in der kleinen Erzählung nicht verabscheut. Der „Wirt" denkt und handelt aus der Ordnung seines Standes in Geld und Schulden, Zins und Gewinn; es ist nicht seine Sache, für die Bestattung eines verschuldeten Ritters aufzukommen. Das ist dagegen Sache des Ritters, dessen Stand in der unwürdigen Behandlung des toten Standesgenossen geschändet ist. Er hat nicht nach den Kosten, sondern nach der Ehre zu fragen. Die beiden Stände werden gegensätzlich charakterisiert, doch nicht gegeneinander ausgespielt. Der Bürger erhält von dem Ritter am Ende eine reiche Belohnung.

Die Turnierfahrt eines Ritters, seine Verarmung und Verschuldung aus der Bewährung ritterlichen Wesens in Aufwand und Freigebigkeit, die glückliche Lösung seines Lebens- wie seines Finanzproblems durch die Erwerbung einer reichen Schönen sind auch das Thema der Geschichte Der Junker und der treue Heinrich (G. A. Nr. 64). Sie gibt in ihrer Gestaltung als Brautwerbungsfahrt der Entfaltung von Aventiure breiteren Raum und nähert sich mit ihren mehr als 2000 Versen dem Roman. Freigebigkeit ist die große Tugend, durch die sich edles Wesen bestätigt. Durch seine edle *milte* verarmt, macht sich ein Ritter auf, um bei einem Turnier die Hand der Königstochter von Cypern zu gewinnen. Als einziger Begleiter hat er seinen treuen Knecht Heinrich, den Vertreter von Vernunft und Sparsamkeit gegenüber der edlen Verschwendung seines Herrn. Auf der nach dem Pilgerwege geschilderten Fahrt über Venedig nach Famagusta versteht der Ritter es immer wieder, sich die Mittel zur Entfaltung seines verschwenderischen Glanzes zu verschaffen. Die Zaubersphäre spielt ein, indem er durch einen Wundervogel in den Besitz eines Steines gelangt, durch den er sich selber in einen Vogel verwandeln kann. Auf diesem Wege gelangt er zu der Königstochter, die ihm unverzüglich ihre Minne schenkt. Nach dem Motiv vom unerkannten Ritter gewinnt er dreimal im Turnier den höchsten Ruhm und zuletzt die Hand der Königstochter. Alle Requisiten der hohen Dichtung sind in Aktion gesetzt: Ritterfahrt und Ritterpracht, gelehrte literarische Anspielung auf Artus und Alexander, zierlich geblümte Minnereden in der Unterhaltung der Liebenden, Hingabe kostbarster Geschenke der Königstochter an einen anderen, der sie im Namen der Frau von ihm fordert. Auch die Sentimentalität der Minne fehlt nicht. Sie wird einleitend hineingebracht, indem der Ritter dargestellt wird, wie er in Trauer um den Tod einer Geliebten hinkümmert, ohne daß sich daraus handlungsmäßige Folgen ergäben. Aber all das ist nur noch Requisit, und weit lebendiger sind die burlesken Züge: die ewige Geldverlegenheit des Ritters, der für sein standesgemäßes Auftreten durch den treuen Heinrich Pumpaktionen durchführen läßt, die komischen Schildzeichen, unter denen er kämpft und siegt – ein Hühnernest, ein Ofenwisch – nachdem er die Minnegaben der Prinzessin verschenkt hat, die Beratung am Königshof, welcher der an den drei Turniertagen siegreichen Ritter den Preis erhalten soll, während der König doch schon weiß, daß es alle drei Tage derselbe Ritter gewesen ist. Und mit unverkennbarer Sympathie wird der vernünftige, mit den Realitäten rechnende Knappe Heinrich dem übertriebenen Minne- und Aventiurenritter gegenübergestellt; Don Quichote und Sancho Pansa kündigen sich an. Minne ist bereits nichts anderes als leibliche Hingabe, rasch erbeten und gewährt. Auch der Erzählstil ist ein Gemisch von ererbter höfischer Übersteigerung und Trockenheit, dürftig in Wortschatz und Reim, aber nicht unwirksam in der holzschnitthaften Manier, die schon an das spätere Volksbuch gemahnt. So kann dieses mittelfränkische Werkchen als ein bezeichnendes Glied der besonderen literarischen Entwicklung gelten, die im niederrheinischen Raum zu verzeichnen ist, ganz fern der konradischen Geschmacksverfeinerung, näher verwandt der Erzählmanier des Karlmeinet und des Johan ûz dem Virgiere.

Im Bereich höfischen Erzählens verbleiben wir auch noch mit erbaulichen Geschichten von der unschuldig verleumdeten und verfolgten

Frau. Als Thema höfischer Epik sind wir ihr in der Guten Frau, in Mai und Beaflor und in Morant und Galïe begegnet. Die alte, legendär gewendete Crescentiageschichte der Kaiserchronik erscheint als eigene Erzählung neu bearbeitet in der Heidelberg-Kaloscaer Sammlung. Zu ihnen gesellt sich die Geschichte von der Königin von Frankreich und dem ungetreuen Marschall. Der alemannische Dichter des 14. Jahrhunderts nennt seinen Namen Schondoch. Wir wissen sonst nichts über ihn, besitzen aber von ihm noch die historisch-legendäre Erzählung von der Bekehrung eines Königs der Litauer, die auf S. 551 f. besprochen wird. Die Fassung der Geschichte von der Königin von Frankreich, die Schondoch bearbeitet hat, steht dem französischen Epos Macaire aus dem Karlskreise inhaltlich am nächsten. Die Geschichte erhält ihre besondere Wendung hier dadurch, daß der böse Marschall den Ritter, der die Königin im Walde töten sollte, ermordet, und daß der treue Hund des Ritters in den Palast zurückkehrt und den Mörder vor dem Angesicht des Königs grimmig anfällt. Das ergibt die Pointe: der Hund erscheint in der Rolle des Anklägers und damit in dem gerichtlichen Zweikampf, den der Stoff fordert, als Gegner des Verleumders, der sinngemäß statt mit dem Schwert mit einem Knüppel zu fechten hat. Der Marschall wird besiegt, entlarvt und bestraft. Die Königin lebt inzwischen – ähnlich wie im „Busant" – mit ihrem Kinde bei einem Köhler im Walde und erwirbt ihren Lebensunterhalt durch feine Handarbeiten, die der Köhler in der Stadt verkauft. Sie führen den König auf die Spur der verlorenen Frau; die Wiedervereinigung des Paares bildet den glücklichen Abschluß. In dem seltsamen Rechtskasus liegt offenbar der Kern und Sinn der Erzählung, die Offenbarung der göttlichen Gerechtigkeit durch die unvernünftige Kreatur.

Dem Preis der getreuen und demütigen Hausfrau gilt seit alters die Lukrezianovelle, wie sie zuerst, noch historisch an Tarquinius geknüpft, in der Kaiserchronik erzählt wird. Eine fragmentarisch erhaltene Novelle Die demütige Frau (N. G. A. Nr. 36) erzählt dieselbe Geschichte von einem Kaiser und einem Grafen. Der Graf hat offenbar dem Kaiser seine tugendhafte und gehorsame Frau gepriesen und soll seine Behauptung bei Strafe des Lebens erweisen. Sie kommen bei Nacht zu der Burg der Grafen, und der Erweis wird recht drastisch erbracht. Das Weitere ist verloren. Es scheint, daß der Kaiser dasselbe Experiment bei der Kaiserin mit negativem Erfolg versucht hat. Über den Schluß läßt sich nichts sagen; der Ton der Erzählung macht es nicht wahrscheinlich, daß sie wie die Lucrezianovelle tragisch mit dem freiwilligen Tode der Frau und der Vertreibung des Kaisers geendet hat.

Mit solchen Erzählungen von bewährter Frauentreue sind wir an der Grenze dessen angekommen, was man noch als höfische Novelle bezeichnen kann. Noch immer sind Züge vorhanden, die aus dem vollkommenen Menschenbild des höfischen Denkens stammen. Aber die Beziehung von Mann und Frau wird in der Geschichte vom Kaiser und vom Grafen nicht mehr unter dem Aspekt der Minne als höfischer Hal-

tung, sondern der Ehe als sozialer Ordnung gesehen. Die Lukrezia-
geschichte, wie sie hier erzählt wird, muß nicht mehr im ständischen
Bereich des Adels spielen, sie könnte, wie andere Geschichten von der
treuen Frau (vgl. S. 276ff.) auch bürgerlich oder bäuerlich eingekleidet
werden; sie ist der Vertauschbarkeit des Milieus ausgesetzt, und in der
Tat sind die Proben geduldiger Treue, denen der Graf seine Gattin
unterwirft, wenig adlig und höfisch. Mag die Forderung, daß die Dame
den Kaiser mitten in der Nacht im Nachtgewand empfangen soll, noch
eine Beschämung im Rahmen höfischer Etikette sein – der gehorsamen
Frau grundlos Becher und Schüssel an den Kopf zu werfen, dazu bedarf
es keines Grafen.

5. MORALISCHE NOVELLEN

Wir sind bei der moralischen Erzählung angelangt und stellen als
Prototyp noch einmal das Kotzemære gegen die bisher behandelte
Gruppe. Die Thematik gilt der Ordnung in der Familie. Drei Generationen einer Familie sind die Handelnden, ihr Verhalten ist das Problem der
Erzählung. Ihr Gegenstand ist nicht ritterliche Tat, ehrenvolle Bewährung, Schönheit der Erscheinung und der Dinge. An einer alten Decke
wird der Sinn der Geschichte entwickelt. Der Ort der Handlung ist die
Enge des Hauses; auch im ritterlichen Milieu sind es nicht die ragenden
Türme, der strahlende Palas, das festliche Gewühl. Es sind die Räume
ärmlicher Alltäglichkeit: die Küche, die Scheune, ein Verschlag. Nichts
von edler Haltung und schöner Erscheinung ist an den Menschen. Es
ist die Hilflosigkeit des Alters oder, auf der Höhe des Lebens, Hartherzigkeit, Geiz und Roheit des Gefühls. Wenn das Gebot des Er-
barmens und des Schutzes der Schwachen verletzt wird, geschieht es
nicht als Verstoß gegen ritterliche Ehrenpflicht, sondern gegen Menschlichkeit und göttliches Gebot. So ist die Welt wirklich, und so wird sie
bleiben: nicht das Gute, Edle und Schöne gilt in ihr, sondern das Böse,
Kleine und Häßliche. Und erschütternd wirkt es, wie schon das Kind in
sie hineingezogen ist. Diese Welt ist für den Knaben die gültige, und er
erwartet in der nächsten Generation die notwendige Wiederholung
dessen, was sich jetzt vor seinen Augen abspielt.

Immerhin, das Kind lebt noch in der Unschuld, und deswegen kann
von ihm eine Reinigung ausgehen. Das Gedicht gibt in dem Verhalten
des Kindes eine Lehre, und es endet damit, daß die Handelnden selber
„sich eine Lehre nehmen". Der Sohn geht in sich, das vierte Gebot und
die darauf gegründete Ordnung gewinnen die Geltung wieder, die ihnen
gebührt. Eine solche Erzählung entspricht dem Glauben an die Kraft der
Erziehung und dem pädagogischen Optimismus der Zeit, die meinte,
daß das gute Beispiel zur Einsicht führen kann.

Neben das Kotzemære stellen wir wegen der verwandten Thematik den Schlegel (Pfannmüller II). Der Dichter, ein guter, lebendiger Erzähler, nennt sich Rüedeger von Hünchoven. Er erscheint als Schreiber einer undatierten Urkunde aus Regensburg. Zeugennamen der Urkunde kehren am Ende des 13. Jahrhunderts in einer anderen Regensburger Urkunde (Corpus altdeutscher Originalurkunden Nr. 1209) wieder; damit ist der Dichter örtlich und zeitlich festgelegt.

Es ist die bekannte Geschichte von einem Mann, der schon bei Lebzeiten alle seine Habe seinen Kindern überlassen hat und nun so schlecht von ihnen gehalten wird wie der Vater im Kotzemære, bis er – auf den Rat eines alten Freundes – eine geheimnisvolle Kiste mit fünf Schlüsseln anfertigen und durchblicken läßt, daß er darin noch einen reichen Schatz verwahre, der seinen fünf Kindern nach seinem Tode zufallen solle. Jetzt wetteifern sie, den Vater mit Fürsorge zu überschütten, da dieser jedes der Kinder nur einen Schlüssel hat sehen lassen, so daß jedes hofft, von dem Vater den ganzen Schatz zu erhalten. Nach seinem Tode wird die Kiste geöffnet. Sie enthält nichts als einen Schlegel (schweren Hammer) und daran einen „Brief" des bekannten Inhalts, daß man den, der sich um seiner Kinder willen seines Gutes entblößt und selber Not leidet, damit totschlagen solle. Auch hier geht es um das vierte Gebot, wie Rüedeger einleitend ausdrücklich sagt: *daz diu jugent nâch gotes lêre vater unde muoter êre* (V. 9 f.). Auch hier wird dieses Gebot verletzt, der alte Vater in Unehren gehalten, endlich aber die so gestörte Ordnung wieder hergestellt. Dennoch besteht zwischen Kotzemære und Schlegel ein wesentlicher Unterschied. Dort erfolgt eine sittliche Wandlung des Sohnes und dadurch eine echte Wiederherstellung der Ordnung des vierten Gebotes. Hier stellt der Alte der Bosheit der Kinder die Schlauheit gegenüber; er überlistet sie und verspottet sie nach seinem Tode. Die Wiederherstellung der Ordnung ist nicht echt, weil keine innere Wandlung erfolgt. Nicht das Gute siegt, sondern die Klugheit. Der Dichter sieht die Welt, wie sie ist, illusionslos und ohne Glauben an eine innere Umkehr des Menschen. Aber es freut ihn, wenn der Böse zugleich der Dumme ist, der durch die eigene Bosheit um die Früchte seiner vermeintlichen Schlauheit betrogen wird. Das ist die Sehweise des Schwankes, und Rüedeger steht damit dem Stricker auch gesinnungsmäßig nahe. Darum stellt er neben den Hinweis auf das vierte Gebot und dessen moralische Forderung die nüchterne Lebenserfahrung, daß Kinder undankbar sind, und zieht daraus die Lehre, sich vor *der jugent ungüete* zu hüten.

Noch ein drittes Mal wird das vierte Gebot beschworen, in der bekanntesten und dichterisch bedeutendsten unserer Verserzählungen, dem Meier Helmbrecht. Sein Dichter nennt sich Wernher der Gartenære.

Wir wissen über ihn nicht mehr, als was sein Gedicht erraten läßt. Seine Sprache ist bayrisch-österreichisch, und in diesen Bereich verweist ihn auch die genaue Kenntnis der Gegend, in der er die Geschichte spielen läßt. Nur ist sie in den beiden Handschriften, die wir besitzen, verschieden. In der Ambraser Handschrift ist es das damals bayrische, jetzt österreichische Innviertel, in der Berliner Handschrift der oberösterreichische Traungau. Im allgemeinen gilt wohl mit Recht die Lokalisierung der zuverlässigen Ambraser Handschrift als die ursprüngliche. Der Zeitansatz bleibt sehr ungefähr: zwischen 1250 und 1280.

Unsicher bleibt auch der Stand des in höfischer Literatur belesenen, mit ritterlichem Denken und Wesen gut vertrauten Dichters. Die Allerweltsfigur des „Fahrenden" ist auch hier heraufbeschworen worden. Mir bleibt es unbehaglich, wenn ich mir den Dichter als einen wandernden Literaten dieser Zeit vorstellen soll. Nirgends spüren wir etwas von der eitlen Gelehrsamkeit, der beflissenen Lehrhaftigkeit, der ungenierten Direktheit im Fordern und Bitten, die wir bei einem Mann dieser Kaste erwarten. Der Dichter sieht Personen und Vorgänge vom Standpunkt des ansässigen Mannes. Das Spiel mit der Ärmlichkeit seiner Existenz im Vergleich zu einer Situation der Dichtung hat er von seinem Meister Wolfram gelernt, und auch ein ritterlicher Mann kann unterwegs gewesen sein und von Erfahrungen reden, die er auf Wanderschaft gemacht hat (V. 847 ff.). Wie hätte denn ein landsässiger Ritter den Wert bodenständigen Bauerntums nicht schätzen sollen, zumal wenn es galt, ein Gegenbild gegen den verhaßten Typus des Emporkömmlings zu schaffen, Gesundheit gegen Entartung zu stellen. Wir dürfen auch daran erinnern, daß ein so ritterlicher Mann und Dichter wie Hartmann von Aue, wo es darauf ankam, den Bauern so tüchtig, wohlhäbig und menschlich zu zeichnen vermochte wie den Meier in seinem Armen Heinrich. Ich denke mir Werner den Gärtner in ähnlichen sozialen Verhältnissen wie den Dichter des sogenannten Seifried Helblinc (vgl. S. 398 ff.), der den Meier Helmbrecht gekannt und mit viel Sympathie zitiert hat.

Wir hüten uns, den Meier Helmbrecht zu idyllisch zu nehmen und mit den Dorfgeschichten des 19. Jahrhunderts zu vergleichen. Es ist ein hartes, ja ingrimmiges Werk. Das *fabula docet* (V. 1913 ff.) bezieht sich auf etwas Engeres, auf das böse Schicksal von Kindern, die nicht auf ihre Eltern hören wollen. So werden bei dem Gericht über den jungen Helmbrecht Blendung und Verstümmelung ausdrücklich als Strafe Gottes dafür bezeichnet, daß er Vater und Mutter verunglimpft hat. Es geht also, wie in den beiden vorangehenden Geschichten, um den Bruch des vierten Gebotes. Wie jene ist es damit zunächst eine Familiengeschichte, nur mit einem dunkleren Ausgang. Es ist die Geschichte vom verlorenen Sohn, und das biblische Gleichnis wird dem Dichter vor Augen gestanden haben. Aber nur im Verlauf, nicht in ihrem Sinn und Ziel entspricht die Geschichte dem Gleichnis. Man kann das Werk geradezu eine Gegendichtung nennen. Der erbarmenden Liebe des

Vaters im Gleichnis steht die gnadenlose Härte der Verstoßung durch den Vater gegenüber. Es genügt nicht, die Tragik des alten Mannes darin zu sehen, daß er nicht nach dem Gefühl handelt, sondern nach dem Verstand. Sein Handeln entspringt aus anderen als menschlichen Qualitäten und erlaubt nicht, von Tragik zu sprechen. Wie der Vater des biblischen Gleichnisses Gottes Gnade versinnbildlicht, so der Vater des jungen Helmbrecht Gottes richtende Gerechtigkeit. Der Vater ist der Vertreter der gottgewollten Ordnung, die beständig ist; der Sohn und die von ihm verlockte Tochter brechen die Ordnung und gehen daran zugrunde. Im engeren die Ordnung von Gottes viertem Gebot, im weiteren die gültige Lebensordnung überhaupt. Nicht aus verstandesmäßigen Erwägungen, auch nicht aus bloßer moralischer Verurteilung weist der Vater den Sohn ab. Er hält ein so gnadenloses Gericht wie Gott am Jüngsten Tage. Sein Ohr ist allem Flehen verschlossen wie Gottes Ohr beim letzten Gericht. Er weist den Sohn in Elend und Untergang wie Gott den Sünder in die Gewalt der Teufel und der Hölle. Im Gewand und in der Sprache eines bayrischen Bauern vollzieht er den Auftrag einer höheren Gerechtigkeit; der Einzelfall wird zum Gleichnis.

Die Geschichte von dem Sohn, der das vierte Gebot bricht, weitet sich zu einem sozialen Gemälde. Der Verstoß gegen das Gebot vollzieht sich, indem der Sohn den Stand seines Vaters verachtet, in den er geboren ist, und aus dem er in einen höheren, ihm nicht zustehenden Stand, den Ritterstand, strebt. Eine Zeiterscheinung, die das ganze Jahrhundert bewegte, die schon Neitharts dörperliche Lyrik hervorrief, der wir bei dem Historiker Ottokar von Steiermark begegnet sind, die wir bei dem Satiriker Seifried Helblinc wieder antreffen werden, die zum Thema der Spruchdichtung wurde, wird hier Gegenstand einer grundsätzlichen Auseinandersetzung, in der die soziale Ordnung als Ausdruck göttlicher Ordnung gefaßt ist.

Der Sohn ist der Emporkömmling, der nur die Formen, nicht die Werte, nur das Äußere, nicht das Innere des Ritterstandes begreift. Die kostbare Haube, deren Anfertigung und Aussehen am Anfang mit breiter Genauigkeit geschildert wird, ist das Symbol des nur usurpierten Standes. Sie begleitet den Unseligen bis zur Verstümmelung und Verstoßung und liegt am Ende zerfetzt und zertreten am Boden. Der junge Helmbrecht tritt in den Dienst eines Ritters, bei dem er nur Rauben und Plündern lernt, und wird unter dem Namen *Slintezgöu* mit neun Genossen zum Raubritter und Wegelagerer. Nach Jahresfrist besucht er sein bäuerliches Elternhaus, wo er freudig aufgenommen wird, wie der verlorene Sohn des Gleichnisses. Doch er kommt nicht als der Verlorene, sondern als der protzige Parvenu, der sich in der gezierten, mit flämischen, böhmischen und lateinischen Brocken gemischten Hofsprache ausdrückt und das tüchtige Elternhaus verachtet. Er kehrt nicht wahrhaft heim. Trotz aller Warnung des Vaters zieht er nach einer Woche wieder los und nimmt seine Schwester als Braut für einen seiner Kumpane mit. Damit hat er die Gnade verscherzt, die dem verlorenen Sohn bereitstand. Und alsbald bricht das Gericht über ihn herein. Während des Hochzeitsfestes, bei dem es mit geraubtem Gut hoch hergeht, erscheint der Richter mit seinen Schergen. Die neun Kumpane werden gehenkt, der junge Helmbrecht als der zehnte kommt geblendet und an Hand und Fuß verstümmelt mit dem Leben davon. Das irdische Gericht ist vollzogen. Den blinden Bettler, der auf dem väterlichen Hof Unterschlupf sucht, trifft das göttliche Gericht aus dem Munde des Vaters. Er zieht elend durchs Land und wird zuletzt von Bauern, die er geschunden hatte, erkannt und aufgehängt.

Der Vater vertritt dem entarteten Rechtsbrecher gegenüber das Recht und die Ordnung. Er spricht von ihnen und in ihrem Namen. „Dein Recht ist der Pflug", mahnt er den Sohn und warnt ihn vor dem Schicksal dessen, der *wider sînen orden ringet* (V. 290 f.). Er steht sicher an seinem Platz, weil er sich und seinen Stand im Gefüge einer gottgesetzten Weltordnung ruhend weiß. Darum darf er auch im Namen des anderen Standes reden, der durch seinen Sohn geschändet wird. In den Auseinandersetzungen mit seinem Sohn zeichnet er das Bild des echten Rittertums der guten alten Zeit und kontrastiert es mit der Entartung der Gegenwart. Die Veräußerlichung des höfischen Lebens zu oberflächlichem Preziösentum wird in der kauderwelschen Sprache des jungen Helmbrecht hörbar, wie sie auch der Tannhäuser in seinem dritten Leich verspottet hatte und wie sie in dem Lied Nr. II, 2 des Herzogs von Anhalt ernsthaft gesprochen wird. Die Verrohung der Turniersitten, schon seit Wirnt von Grafenberg vielfach beklagt, wird auch hier das Merkzeichen des moralischen und gesellschaftlichen Niedergangs. Erst die Erschütterung im Gefüge des führenden Standes macht es möglich, daß seelisch plumpes Bauerntum parvenuhaft in das Rittertum eindringen kann.

Was hier geschieht, steht nicht im leeren Raum. Es geschieht hier und heute in einem geographisch genau gekannten und beschriebenen Bezirk. Es ist die Wirklichkeit einer schwankend bewegten Gegenwart, von einem klugen Mann mit wachsamen und besorgten Augen beobachtet. Der einzelne Fall, von dem das Gedicht erzählt, ist typisch für die Zeit, in der der Dichter lebt; es wird zur aktuellen Zeitsatire und Zeitkritik, und in diesem Sinne kann Werner mit Recht sagen, daß er erzählt, was ihm geschehen ist und was er mit seinen Augen gesehen hat (V. 7 f.). Weil es ein Zeitgemälde ist, darf und muß die Kritik am Ritterstand so breit genommen werden. Darum fallen denn auch Seitenblicke auf den geistlichen Stand. In der verlaufenen Nonne, die Helmbrechts Haube näht, und die *durch ir hôvescheit* dem Kloster entsprungen ist, wird die

Erschütterung der Ordnung auch im Bereich des geistlichen Standes angedeutet. Zeitkritik ist ein beliebtes Thema und wird von vielen unter Werners Zeitgenossen geübt. Er übertrifft sie alle durch die Kraft und den Ernst, mit denen er die aktuellen Zeiterscheinungen in ihrer zufälligen Vielfalt als Einheit begreift und unter den höheren Gesichtspunkt des Verstoßes gegen die göttliche Ordnung stellt.

Solche Betrachtungsweise verlangt einen Mann von Ernst des Charakters und Weite des Geistes. Ihr eine dichterische Gestalt zu geben, konnte nur einem bedeutenden Dichter gelingen. Und ein solcher ist Werner der Gärtner gewesen. Er hat die wichtigste Gabe des Epikers, wirklich erzählen zu können. Wir wollen die Erzählung über der gedanklichen Analyse des Gedichtes nicht vergessen oder gering achten. Was wir als Absicht und Idee theoretisch herausgelöst haben, ist vollständig und bruchlos in die Erzählung eingegangen. Nirgends redet Werner über das, was er sagen will, nirgends verfällt er in den Ton der Belehrung. Sein Gedicht hat alles, was wir von einer epischen Erzählung verlangen: eine spannende, klar geführte, sorgsam verknüpfte Handlung, runde Figuren, geprägte Charaktere. Alles ist gesättigt von Anschaulichkeit, sprühend von Leben, glaubhaft durch innere Notwendigkeit. Die Sprache ist klar und unverdorben, bildhaft und aus der Kraft der Mundart gespeist. Werner kennt die klassische Dichtung und ihre Stilmittel, aber an ihm können wir lernen, was eine ursprüngliche dichterische Begabung aus solchem Erbe machen kann. Vor allem hat er zwei Meister gehabt. Neithart von Reuenthal, den er bewundernd nennt, hat ihm das Vorbild für den rüpelhaften Bauernburschen in der Ritterpose gegeben und ihn gelehrt, die bäuerische Sprache dichterisch auszunutzen. Von Wolfram hat er, ohne ihn mechanisch nachzuahmen, die stilistische Manier. Er hat aus den verschiedenen Mustern etwas Neues und Ganzes gemacht; wir gäben gern manches andere her, wenn wir mehr von diesem Dichter besäßen.

Politisch-soziale Fragen sind selten Gegenstand der Erzählung oder Ziel ihrer Deutung. Der Meier Helmbrecht steht darin allein. Sie gehören in den Bereich des Spruches oder des Bispel, wo wir ihnen beim Stricker begegnet sind.

Der Ritter Herrand von Wildonie zeigte sich daran interessiert, als er der zierlichen Geschichte von der Werbungsfahrt des Katers die gewaltsame Deutung auf ritterlichen Lehensdienst gab, während der Stricker ihr die ihr innewohnende Lehre beläßt, daß jeder in seiner Ordnung bleiben soll. Auch Ständesatire gehört, wie wir schon sahen, nicht in den Themenkreis der kleinen Erzählungen. Der Pfaffe Amîs suchte und fand seine Opfer in jedem Stand und lehrte damit gerade, daß menschliche Torheit überall zu Hause ist. Der grobe und dumme Bauer ist eine beliebte Schwankfigur, aber er ist es als ererbter Typus, nicht als Ziel ständischer Satire. Am ersten kann man von einer Geistlichenkritik reden, wenn der Pfaffe zum beliebten Partner der

Ehebruchsgeschichten wird. Doch auch hier ist Ziel und Sinn der Erzählungen nicht die alte Pfaffensünde der *Luxuria*. Die Intrige spielt zwischen Mann und Frau, der Pfaffe als Mitspieler macht die Geschichte nur pikanter.

Vielleicht kann man das Gedicht von den drei Mönchen zu Kolmar (N. G. A. Nr. 30) als Geistlichensatire deuten. Nur die Ausgangssituation ist die der Eheschwänke; die schöne Frau eines reichen, aber verschwenderischen Kolmarer Bürgers wird im Beichtstuhl nacheinander von einem Dominikaner, einem Franziskaner und einem Augustiner gegen ein jeweils gesteigertes Geldangebot um ihre „Minne" gebeten. Verstört kehrt sie heim und berichtet es ihrem Mann. Der ersieht seinen Vorteil. Die Frau muß die drei Mönche zu verschiedenen Nachtstunden zu sich laden. Sobald das Geld bezahlt ist, erhebt der Mann vor der Tür einen Lärm. Die Frau läßt die erschrockenen Mönche in einen Zuber flüchten, der mit siedendem Wasser gefüllt ist, so daß sie jämmerlich den Tod finden. Die Leichen schafft das Paar aus dem Hause, indem sie einen der toten Mönche an die Hauswand lehnen und einen betrunkenen Studenten veranlassen, ihn in den Rhein zu werfen. Als der Student zurückkommt, um den ausbedungenen Lohn zu holen, sitzt wieder ein Mönch da, und ihm wird eingeredet, der Tote sei zurückgekommen. So geht es noch ein drittes Mal, und als der Student diesmal auf dem Rückweg einen Mönch trifft, packt er ihn und wirft auch ihn in den Rhein: du sollst mir endlich einmal nicht wiederkommen.

Zwei alte schwankhafte Wandererzählungen sind hier zu einer Geschichte verbunden. So viel Verruchtheit, Kaltherzigkeit und Grausamkeit will nicht als Wirklichkeit ernst genommen werden. Die Groteske hat ihre eigenen Gesetze und Möglichkeiten, ihre Figuren stehen jenseits des Bereichs von Abscheu und Mitgefühl. Aber die Ansiedlung in der Stadt Kolmar, die Spezifizierung der drei unseligen Liebhaber auf Mönche dreier in Kolmar vorhandener Orden, der Mißbrauch des Beichtstuhls durch die lüsternen Mönche rücken die Erzählung wieder in so greifbare Wirklichkeit hinein, daß sie nur als bittere Satire auf das Kolmarer Klosterleben gefaßt werden kann. Sie trifft gerade die drei jungen Bettel- und Predigerorden, die um das Recht des Beichthörens mit dem Weltklerus in scharfem Konflikt lebten. Man könnte sich einen Weltgeistlichen als Dichter denken oder doch Gönner und Auftraggeber des Dichters in diesem Kreise suchen. Jedenfalls war der Dichter, der sich weislich verhüllend Niemand nennt, Alemanne, kann also in oder bei Kolmar zu Hause gewesen sein. Er nennt seine grausige Geschichte ein *bîspel* und gibt ihr zunächst eine betont harmlose Deutung. An den Schluß anknüpfend stellt er als Erfahrung fest, daß oft ein Unschuldiger die Missetat eines Schuldigen entgelten muß. Dann warnt er mit Bezugnahme auf die drei Mönche immer noch flach und harmlos ganz allgemein davor, etwas zu verlangen, was einem nicht zukommt. Erst die beiden letzten Zeilen treffen das Eigentliche, den Mißbrauch der Beichte, den Gott nicht ungestraft läßt. Uns will scheinen, daß Gott hier seltsame Wege geht, um seine Strafe zu vollziehen.

6. ANEKDOTISCHE ERZÄHLUNGEN

Selten sind auch Gedichte anekdotischer Art, die nichts anderes wollen, als eine hübsche Geschichte mit einer amüsanten Pointe erzählen, wie wir sie bei Konrad von Würzburg im „Heinrich von Kempten" angetroffen haben.

Historisch eingeordnet wie das Gedicht Konrads ist die harmlose Geschichte Die alte Mutter und Kaiser Friedrich (G. A. Nr. 5), in der erzählt wird, wie eine alte halbblinde Edelfrau ihren Sohn wegen seines verschwenderischen Lebens vor Kaiser Friedrichs Hoftag in Nürnberg verklagen will, und wie der Sohn die alte Frau einem anderen Ritter anhängt, der trotz seiner Versicherungen, daß seine Mutter längst tot sei, verurteilt wird, künftig besser für seine Mutter zu sorgen. Der Ritter fügt sich mit Anstand, nimmt die alte Frau mit und erzählt dem wahren Sohn, wie seltsam es bei Hofe zugehe und wie mächtig der Kaiser sei: dort finde man sogar seine Mutter wieder, die seit 30 Jahren begraben sei. Alles endet mit Aufklärung und harmlosem Gelächter des Kaisers und des ganzen Hofes.

Amüsanter ist die kleine Erzählung Das Schrätel und der Wasserbär, die fälschlich dem Tristanfortsetzer Heinrich von Freiberg zugeschrieben worden ist, die aber wohl wirklich nach Böhmen gehören könnte. Sie beruht auf einer vor allem in Skandinavien und Norddeutschland verbreiteten schwankhaften Volkssage von einem Bärenführer, der in einem von einem Kobold (Schrat) geplagten Hofe einkehrt. Nachts erhebt sich ein gewaltiges Balgen zwischen dem Bären und dem Schrätel, in dem der Bär obsiegt. Am nächsten Tage erscheint das Schrätel zerkratzt und blutig bei dem Bauern, um sich zu erkundigen, ob seine große Katze noch da sei. Und als der listige Bauer sagt, sie habe auch noch fünf prächtige Junge bekommen, ob er sie nicht sehen wolle, flieht der Kobold schreiend und kehrt nie mehr wieder. Das kleine Werk, mit allen Stilmitteln höfischer Erzählkunst elegant erzählt, hat sein Interesse darin, daß es gewiß nicht aus dem Volksmund geschöpft ist, sondern eine nordische Erzählung als Quelle voraussetzt. Der Bär ist ein weißer Wasserbär, ein Eisbär also, den der König von Norwegen dem König von Dänemark als Geschenk sendet. Das ist nicht nur nordisches Milieu, das ist eine jener kleinen Erzählungen, wie sie als runde Episode (Tháttr) in den jüngeren historischen Sagas beliebt sind.

In den Bereich der Zechergeschichten, die wir vom Stricker kennen, führt uns das Gedicht von Der Wiener Meerfahrt. Der Dichter nennt sich mit einem echten Fahrenden-Pseudonym der Freudenleere und will die Geschichte von einem Burggrafen Hermann von Dewin

(Döben bei Grimma?) gehört haben. Dieser vortreffliche Dichter gehört sicher nach Böhmen und in den Kreis deutscher Dichter, die dort Förderung erfuhren.

Die Anekdote als solche ist einfach. Reiche Wiener Bürger zechen auf dem Söller eines Wirtshauses. Mit zunehmender Trunkenheit schlägt einer eine Pilgerreise ins Heilige Land vor und alle stimmen zu. Der Söller wird zum Schiff, das sie mit Speise und Wein reich versehen lassen, und bald beginnt es unter ihnen zu schwanken, so daß sie sich auf stürmischer See wähnen und Gott um Hilfe anrufen. Da entdeckt einer der Zecher einen Zechkumpan unter dem Tisch liegend und ruft aus, der sei es, um dessentwillen Gott den Sturm geschickt habe. Sie packen ihn und werfen ihn über die Brüstung des Söllers ins Meer. Er stürzt auf die Straße, bricht Arm und Bein, und die Buße, die sie dem Geschädigten zahlen müssen, ist mehr, als eine Pilgerreise sie gekostet hätte.

Auch dies ist eher eine Anekdote als eine Geschichte; alles kommt darauf an, wie sie erzählt wird, und der Freudenleere ist ein hervorragender Erzähler. Er hebt mit dem alten Topos des wandernden Dichters an, dem Preis der guten alten Zeit, da noch nicht die Gier nach Geld und Gut, sondern das Streben nach Ehre durch Freigebigkeit herrschte, und schielt dabei auf seinen Gewährsmann, den Burggrafen Hermann. Dann geht er zum Ruhm der schönen und reichen Stadt Wien über und kommt so zu seiner Geschichte. Herrlich schildert er die steigende Trunkenheit in ihren Stadien, die selige Verbrüderung der Zechgenossen, das Durcheinanderreden der Trunkenen bis zu dem Einfall mit der Pilgerreise. Und er weiß immer weiter zu steigern: wie der Söller zum Schiff wird, wie sie einander mit Tränen Weib und Kind in treue Pflege empfehlen und das alte Seefahrerlied „In Gottes Namen fahren wir" anstimmen, wie ihr trunkenes Schwanken zum Schwanken des Schiffes, zum Sturm, zur Todesangst wird, die sich im Überbordwerfen eines Schuldigen löst. Und dann kommt das bittere, nüchterne Ende. Die Angehörigen finden den Verletzten, und fast entbrennt ein bewaffneter Streit zwischen ihnen und den Zechgenossen, die noch immer im Wahn der Pilgerreise leben, dann aber getrennt und heimgeschafft werden. Drei Tage schlafen sie ihren Rausch aus und zahlen dann mit langen Gesichtern die schwere Buße.

Auch diese Geschichte geht nicht ohne Schlußmoral ab, aber der Freudenleere gibt ihr eine originelle und geschickte Wendung. Die platte Erkenntnis, daß Weintrinken mit Maßen gut und gottgefällig, im Übermaß schädlich sei, ist nur der Vorwand, um zu seinem eigentlichen Anliegen zu kommen. Wenn ein Geiziger, so fährt er fort, sich einen Rausch antrinkt, will er nichts dagegen haben; denn im Rausch ist er eher geneigt, *eine kleine miltekeit* zu üben. So knüpft er das Ende an den Anfang, den heischenden Preis der Freigebigkeit, wieder an. Wir müssen uns vorstellen, daß er das Gedicht auf böhmischen und österreichischen Adelssitzen vorgetragen hat, wo man den reichen Bürgern gerne eines ausgewischt hörte, und können an dem Nutzeffekt nicht zweifeln. Deutlicher als sonst sehen wir das Leben solcher Kleinerzählungen, ihre Absicht, ihre Verbreitung, ihre Wirkung.

Ins Anekdotisch-Amüsante geht auch die Erzählung vom Frauenturnier (G. A. Nr. 17), die wie die vorigen durch die Lagebezeichnung der Burg als „jenseits des Rheins" und die Einbeziehung des Herzogs Walram von Limburg in das Geschehnis eine pseudohistorische Fixierung erhält. Die Frauen einer Burgmannschaft spielen in Abwesenheit ihrer Männer mit deren Waffen und unter deren Namen Turnier. Eine Jungfrau, die wegen der Armut ihres Vaters unvermählt geblieben ist, wählt den Herzog Walram von Limburg als Namenspatron und tut sich unter seinem Namen rühmlich hervor. Der Herzog erfährt davon, kommt vor die Burg, verlangt das Mädchen, das unter seinem Namen so wacker gefochten hat, zu sehen und vermählt sie mit einer stattlichen Aussteuer an einen reichen Mann. Das durchschnittlich erzählte Werklein eines wohl ostfränkischen Dichters erwähnen wir vor allem deswegen, weil ein anderer, um den Effekt zu steigern, eine Schlußbetrachtung angefügt hat, die mit zweideutigem Witz das Bett als die eigentliche Turnierstätte der Frauen bezeichnet, wo sie immer unterliegen und doch den Speer des Mannes brechen.

7. EROTISCHE ERZÄHLUNGEN

Damit haben wir das Gebiet erreicht, auf dem vor allem sich die Kleinerzählung mit unermüdlicher Lust und Erfindungsgabe tummelt, die Beziehung von Mann und Frau, das Spiel der Geschlechter. Wir haben zuvor eine Gruppe von Novellen ausgesondert, in denen diese Beziehung unter dem besonderen Aspekt der höfischen Minne behandelt worden war. Diese hat in der Masse der hier gemeinten Geschichten keine Geltung; was hier Minne heißt, ist nur noch sinnliches Begehren und seine Erfüllung. Die göttliche und menschliche Ordnungsform für die Beziehung der Geschlechter in der realen Welt ist die Ehe. Sie hat einen doppelten Aspekt, einen moralischen und einen sozialen. In dem ersten Fall geht es um die eheliche Treue oder Untreue, in dem anderen um die Ordnung des Hauswesens, die Rechte und Pflichten von Mann und Frau in der Führung des Hausstandes. Im ersten Fall erscheint die Frau als Buhlerin, der Mann als Hahnrei, im zweiten Fall die Frau als herrschsüchtiger Zankteufel, der Mann als Pantoffelheld. Beiden Möglichkeiten sind wir beim Stricker begegnet, denn hier hat der Schwank seine eigentliche Stätte.

Das Hauptinteresse in diesen Geschichten liegt bei der Frau. Das hat seinen besonderen Grund in der Auflehnung gegen das Idealbild von Frauendienst und Minnedienst der höfischen Gesellschaft und ihrer Dichtung. Darum ist die Wirklichkeit, die hier gezeichnet wird, keine objektive und positive Wirklichkeit; sie lebt aus dem Kontrast. Recht selten sind Erzählungen, in denen der Ehemann der Schuldige ist (Der Hellerwertwitz, Der Borte), oder die zum Preis der getreuen Frau gedichtet sind (Herrand von Wildonies Gedicht vom ausgestochenen Auge). Fast immer ist die Frau die Schuldige, in einem Fall die Verbuhlte und Gerissene, im anderen die Boshafte und Zänkische. Das ist ein ganz anderes Frauenbild als das der höfischen Epik. Was dort die Verehrung erhöhte, scheint hier Haß und Verachtung zu erniedrigen. Ist die Frau jung und schön, so ist äußere Schönheit nicht mehr das Sichtbarwerden der inneren, sondern buhlerisches Lockmittel. Aus der Höhe minnesingerischer Sublimierung wird die Frau in die Sphäre des Geschlechts herabgezogen, die mit erstaunlicher Unbefangenheit behandelt wird. Geschlechtliche Unerfahrenheit ist nicht mehr jungfräuliche Reinheit, sondern eine allenfalls liebenswerte, freundlich belächelte oder grob belachte Torheit (Das Häslein, Der Sperber, Der schwangere Mönch u. a.).

Neben der schönen, lustvollen Frau erscheint – im höfischen Bereich undenkbar – die alte und häßliche Frau. Bei ihr ist das mit allem Behagen ausgeführte, oft ins Groteske gesteigerte Bild der äußeren Erscheinung wie in des Strickers Ehedialog in der Tat Abbild des Inneren. Sie ist ebenso häßlich wie sie boshaft, zänkisch, widersätzlich, herrschsüchtig ist, eine wahre Plage des Mannes. Prügel zwischen Mann und Frau sind nicht nur ein unerschöpfliches Ergötzen von Dichter und Hörer, sie sind eine normale und anerkannte Umgangsform. Wer den andern prügelt, hat das Heft in der Hand, so daß der verprügelte Ehemann zur ständigen Schwankfigur wird. In Nebenrollen erscheint die Frau als Dirne, die den Mann ausnimmt, als Magd, die der Herrin in ihrem Treiben beisteht, oder als die vielgewandte Gevatterin oder Kupplerin, die gegen Lohn zu jedem Dienst bereit ist.

Solche Verzerrung des Frauenbildes haben wir als Reaktion gegen das überhöhte, schließlich wesenlos verblasene Frauenbild der hohen Minnedichtung gedeutet. Dazu kommt noch etwas anderes: die Abwertung der Frau in der Theologie, zumal in der populären Moraltheologie. Evas ewige Schuld lastet auf dem ganzen Geschlecht, auch Maria als Mutter Gottes und Helferin am Erlösungswerk löscht das nicht aus. Die Frau ist im moralischen Bereich gleich Eva die Schwächere, den Verlockungen leichter Unterliegende und zugleich die Verführerin des Mannes zur Sünde der *luxuria*. Im sozialen Bereich steht sie unter dem Gebot Gottes an Eva: er soll dein Herr sein. Der Mann ist Herr des Hauses und der Familie, demütiges Fügen in den Willen des Mannes ist, wie wir zum Beispiel an der Lukrezia-Novelle sahen, höchste Frauentugend. Es hat seinen Sinn, daß fast alle diese Erzählungen im Rahmen der Ehe spielen. Es geht – außer in ein paar Geschichten, die nur ein erotischer Witz sind – gar nicht primär um die Beziehung der Geschlechter und die daraus entspringenden Probleme. Es geht um die gesetzte Ordnung dieser Beziehung in der Ehe. Der betrogene wie der geprügelte Ehemann sind mehr als nur komische Figuren; sie sind warnende

Beispiele einer gestörten Ordnung. Die abschließende Moral spricht das oft sehr deutlich aus. Kein Zweifel, daß im Einzelfall der erotische Kitzel und die Lust am Lachen überwiegen und zum Selbstzweck werden können. Nicht jeder Schwankdichter war Moralist. Aber zum Wesen der Gattung gehörte damals die moralische Anwendbarkeit.

Die Stilform für Erzählungen solcher Art hat der Stricker vorgezeichnet: einfache, schmucklose Erzählweise, Annäherung an die Alltagssprache, treffende Dialoge, Drastik und Ironie. Nicht jeder Dichter von Kleingeschichten hat eine ursprüngliche Erzählgabe. Einfachheit kann zur Trockenheit, Alltäglichkeit zur Profillosigkeit werden. Auf der anderen Seite stand die große Stiltradition der höfischen Dichtung. Sie hat mehr als einen Dichter von schwankhaften Erzählungen zu bequemem Mißbrauch verlockt. Die schöne Frau des Schwankes wird nach dem Kanon der höfischen Schönheitsbeschreibung abgebildet, der für die edle und reine, nicht für die lustvolle und lüsterne Frau geschaffen war. Die Terminologie der Hohen Minne wird unbesehen für die zugreifende Erotik des Schwankes verwendet. Das kann als bewußte Parodie oder reizvolle Dissonanz gemeint sein. Der Stricker hat das in seinem Ehestreitgespräch voll ausgekostet. Nicht immer ist man sicher, ob und wieweit ein bewußter Effekt gemeint ist. Eine Erzählung wie die Frauenlist (G. A. Nr. 26) ist stofflich einer der witzlosesten Ehebruchsschwänke. Die schöne Frau eines angesehenen Mannes schenkt ihre Gunst einem armen Schüler; der Mann sieht ihn aus dem Gemach seiner Frau kommen und wütet vor Zorn. Die Frau führt den Mann zu einer Bütte mit Wasser und heißt ihn nach seinem Spiegelbild greifen. Es zerrinnt unter seinem Griff. Solcher Sinnestäuschung, sagt sie, sei er auch unterlegen, als er den Schüler zu sehen gemeint habe. Das ist alles. Der Dichter hat daraus eine Erzählung von über 600 Versen gemacht. Er verlegt das Schwergewicht auf die Werbung des Schülers um die Gunst der Frau und stattet sie mit allen Requisiten hoher Minnedichtung aus. Der junge Schüler ist der ideale Minner von unablässiger Beständigkeit, der sich jeder Laune der Dame unterwirft. Sie ist die launische Herrin voll schnippischer Sprödigkeit, die erst, als er droht, seinem Leben ein Ende zu machen, den Lohn verspricht, der alsbald in das bedenkenlose Verhältnis des typischen erotischen Schwankes einmündet. Alle Stilmittel der hohen Dichtung sind verwendet. Der Schüler wird uns als der reine Jüngling vorgestellt, der nicht duldet, daß von Frauen schlecht und leichtfertig geredet wird: eine schlechte beweist nichts gegen tausend gute; Frauen zu ehren und Gott zu lieben, ist der Weg zu einem guten Ende; Gott hat die Engel für sich, die Frauen als Engel für uns geschaffen. Das kennen wir alles aus der hohen Minnelyrik. In einem der typischen antithetischen inneren Dialoge zwischen Hoffnung und Verzagen entschließt sich der Schüler zur Werbung, und in einem Zwiegespräch mit ihrem Herzen, das allein 70 Verse beansprucht, entscheidet sich die Dame, dem Jüngling ihre Minne zu gewähren, nachdem das Herz – und hier zeigt sich der Pferdefuß – versichert hat, es werde ihr die nötigen Listen schon eingeben. Das große Werbungsgespräch strotzt in den Reden des Schülers von Floskeln und Bildern des hohen Minnesangs bis zu Morungens kühner Steigerung, daß seine Seele im Jenseits ihr dienend untertan sein werde (V. 339 ff.). Ist das alles ernst gemeint? Ist es nicht vielmehr Parodie, die in dem Kontrast der demütigen Haltung des Jünglings und der schnippischen der Dame, in seiner sublimen Redeweise und ihrer recht drastischen zum Ausdruck kommt? Und ist etwa eben deswegen der armselige Stoff gewählt, um von dieser Wirkung nicht abzulenken?

Ähnlich kann man bei einer der gewagtesten Geschichten, Der Wirt (N. G. A. Nr. 19), fragen. Auch hier wird die Frau des Wirtes mit allen Merkmalen höfischer Schönheit und Tugend ausgestattet, das Naturmilieu mit allen Farben minnesingerischer Naturseligkeit gemalt. Unter den drei Akteuren, einem Jüngling, einem Recken, einem zauberkundigen Knecht, werden die beiden ersten im Tone des Artusromanes und mit direkter Berufung auf Artus geschildert. Die Geschichte selber aber ist ein obszöner Schwank, in dem es um eine Wette geht: wer am besten betrügen und die Frau des Wirtes vor dessen Augen beschlafen kann, geht bei der Zeche frei aus.

In der Regel aber wird die Verwendung höfischer Stilmittel bloße Bequemlichkeit sein; es fährt sich leicht in ausgefahrenen Geleisen. Wenn etwa in dem unbedeutenden dörflichen Schwank Die Meierin mit der Geiß (G. A. Nr. 40) die Dorfschöne nach allen Regeln höfischer Schönheitsbeschreibung abgemalt wird, so ist das nur Klischee. Es ließen sich viele Beispiele der schematischen Verwendung höfischer Stilmittel für Stoffe und für ein Milieu beibringen, denen sie nicht angemessen sind. Eine generelle Untersuchung, die auf den Grad der Bewußtheit und den Willen zu komischer Kontrastwirkung achtete, würde sich lohnen.

Gehen wir nun zu einer Überschau über den ganzen Kreis dieser Erzählungen in ihren Spielarten über, so lassen sich nur jeweils einzelne möglichst auch dichterisch bedeutsame Beispiele herausgreifen. Wir scheiden zunächst eine Gruppe von Gedichten aus, die nichts anderes wollen als den eindeutigen sexuellen Witz, und die sich darum nicht nacherzählen lassen. Sie zeigen uns, welcher Unbedenklichkeit schon diese Zeit neben der moralischen Erziehungsfreude und der religiösen Inbrunst fähig war. Die höfische Epik hatte einen bestimmten Kanon des verhüllenden oder metaphorischen Aussprechens von Begehren und Gewähren ausgebildet. Dem Tagelied und dem Tanzleich im Stil des Tannhäuser war schon größere Anschaulichkeit erlaubt. Aber es war eine stilisierte, normgebundene Form der Mitteilung, die sozusagen im

schönen Raum der Dichtung blieb und darum das Schamgefühl nicht
verletzte. Die Eindeutigkeit und Direktheit, mit der jetzt geschlechtliche
Dinge behandelt werden können, gehört zu der Lust an der Entdeckung
der Wirklichkeit in auch wirklich allen ihren Erscheinungen. Die große
Zeit der plumpen Zote kommt freilich erst später. Noch wirkt selbst bis
in diese Regionen hinein die höfische Tradition, die neben der gepflegten Form doch noch Reste von Geist in Form von Pikanterie verlangt.
Aus dem Gedicht „Der Borte" (vgl. S. 276) lernen wir, wieviel an erotischer Bedenklichkeit sogar im Kreise vornehmer Damen hingenommen
werden konnte, sofern Form und Darstellung einem gebildeten Geschmack entsprachen.

Mit einer gewissen Zierlichkeit und Anmut ist das Gedicht von der Nachtigall
(G. A. Nr. 25), mit einer witzigen Treffsicherheit die Geschichte vom Betrogenen
Blinden (N. G. A. Nr. 6 und 7) erzählt. Am exzessivsten in der erotischen Phantasie
ist Der weiße Rosendorn (G. A. Nr. 53), der freilich von verwandten Erzählungen
der französischen Schwankliteratur und deutschen des 15. Jahrhunderts an Drastik
noch wesentlich überboten wird. Am bekanntesten ist das Gedicht von der Halben
Birne (G. A. Nr. 10) geworden, weil es sich als Werk Konrads von Würzburg ausgibt, dessen ganzer wohlanständiger Bürgerlichkeit es mit seiner schmutzigen Raffinesse ins Gesicht schlägt. Neben der Freude am Sexuellen fehlt dieser Zeit noch die
Lust am unflätigen Spiel mit den Verdauungsprodukten, die im spätesten Mittelalter
aufkommt und bis in die Barockdichtung anhält. Das einzige Stück dieser Art in
unseren Sammlungen, dem der Herausgeber (G. A. Nr. 63) den stolzen Namen
Turandot gegeben hat, weil ein Tölpel durch Lösung von drei Aufgaben eine
Königstochter gewinnt, dessen Sieg aber ein Sieg der größeren Unflätigkeit ist, gehört
doch wohl erst ins Ende des 14. Jahrhunderts. Der Name des Dichters Heinz der
Kellner sagt uns nichts.

Solcher Unbefangenheit erscheint Erfahrung in Eroticis als selbstverständlich, Unerfahrenheit als belachenswerte Torheit. Eine Gruppe
von Erzählungen ist diesem Thema gewidmet. Am zierlichsten ist die
Geschichte vom Häslein (G. A. Nr. 21). Ein adliges Jungfräulein
möchte einem vorbeireitenden Ritter ein Häschen abkaufen, das er auf
der Jagd gefangen hat. Es sei ihm nur gegen ihre Minne feil, sagt der
Ritter. Recht gerne, antwortet das ahnungslose Kind, aber sie habe
keine. Der Ritter erbietet sich, sie zu suchen, und als er sie gefunden
hat, will das Mädchen, um ihn nicht zu übervorteilen, die Zahlung ver-
dreifachen. Als ihre Mutter aus der Kirche heimkommt, zeigt sie ver-
gnügt ihr Häslein vor und erzählt ihr, wie sie es erworben hat. Sie
wird von der Mutter dafür gescholten und gezüchtigt. Als der Ritter
wieder vorüberkommt, berichtet sie ihm ihr Mißgeschick und verlangt
ihre Minne zurück. Er zahlt sie voll aus, und sie meint, aus einem
wîp wieder *maget* geworden zu sein. An diesem Punkt schließen verwandte Erzählungen; diese führt sie witzig zu einem guten Ende. Ein
Jahr später feiert der Ritter Hochzeit mit einer reichen Dame. Mutter
und Tochter sind zu dem Fest geladen. Als sie den Saal betreten, muß

der Ritter, seines Erlebnisses gedenkend, lächeln. Die Braut verlangt, den Grund zu wissen, und als er ihr die Geschichte erzählt hat, bricht sie unvorsichtig aus: das habe ich mit meinem Kaplan hundertmal getan, aber ich war nicht so dumm, es meiner Mutter zu erzählen. Da bedenkt sich der Ritter, erkennt die süße Unschuld und erhebt das schöne Kind zu seiner Gemahlin; die erfahrene Braut aber wird „wieder heim zu ihrem Kaplan" geschickt.

Dieselbe Geschichte in gröberer Manier erzählt Der Sperber (Niewöhner, Sperber, S. 15 ff.) von einer Nonne, die auf diese Weise einen Sperber erwirbt und wieder zurückgibt, und in höfischem Gewand das fragmentarische Gedicht von Dulciflorie (Niewöhner, Sperber, S. 91 ff.). Es ist in den Bruchstücken einer mitteldeutschen Sammelhandschrift aus dem Anfang des 14. Jahrhunderts erhalten und selbst mitteldeutscher Herkunft. Das Fragment hat eine gewisse grundsätzliche Bedeutung gewonnen, weil versucht worden ist, es bis auf ca. 1200, ja bis ins 12. Jahrhundert zurückzudatieren. Danach wäre der Typus des Fabliau in der deutschen Dichtung schon in der frühen klassischen Zeit vorhanden gewesen. Um das glaubhaft zu machen, wären stärkere Beweise nötig, als sie beigebracht worden sind. Das Mädchen ist hier eine Königstochter, die streng bewacht in einem Turm eingeschlossen ist, die Episode spielt während eines höfischen Festes, die Namen der Eltern, König Confortin von der Normandie, Königin Crisante und Dulciflorie selbst stammen aus dem Bereich des höfischen Romans. Aber die Einstilisierung in das höfische Milieu kennen auch andere späte Novellen, die Einschließung des Mädchens in einen unzugänglichen Turm erscheint als Erzählmotiv z. B. auch in der jüngeren Fassung des „Schüler von Paris". Solche Stilisierung zwingt so wenig zu einem frühen Zeitansatz wie einzelne Beobachtungen formaler Art, denen man früher eine viel zu große Beweiskraft zugemessen hat. Nichts hindert, das Gedicht erst dem späten 13. Jahrhundert zuzuweisen.

Unerfahrenheit des Mannes wird an der törichten Unschuld eines Mönches in den zwei verwandten Geschichten Das Gänselein (G. A. 23) und Der schwangere Mönch (G. A. 24) verspottet. In beiden kommt ein junger Mönch, der nie etwas von der Welt gesehen hat, zum ersten Male vor die Tore seines Klosters und begegnet dem anderen Geschlecht. In dem zierlicher erzählten Gänselein wird ihm eingeredet, daß die Frauen, die er sieht, Gänslein seien. Das Mädchen, das nachts zu ihm schleicht, um seine Unerfahrenheit zu erproben, gibt sich als ein Gänslein aus und lehrt ihn die Freuden der Minne. Ins Kloster heimgekehrt preist er die Gänse so entzückt, daß der Abt ihn schließlich zur Rede stellt und in der Beichte die Wahrheit erfährt. Die Sprache verweist den unbekannten Dichter ins alemannische Gebiet, die Anspielung auf ein Kloster mit dem slavischen Namen Drahov läßt vermuten, daß er in Böhmen gedichtet hat. Die gröbere Geschichte vom schwangeren Mönch, als deren Verfasser sich der Zwingöuer nennt, überträgt ein verbreitetes Motiv von dem törichten Mann, der glaubt, schwanger geworden zu sein, auf einen unerfahrenen Mönch.

8. GESCHICHTEN VON FRAUENTREUE

Gehen wir jetzt zu den eigentlichen Ehegeschichten über, so ist hier noch einmal an die auf S. 260 behandelte Lukrezianovelle zu erinnern. Sie stellt das Ideal der demütig dem Willen des Mannes ergebenen Frau in einer Kontrasterzählung rein dar. In der Regel aber gehen die Erzählungen von einer Konfliktsituation, einer gestörten Ordnung aus, und selten sind solche, in denen es ernsthaft um die Erhaltung oder Wiederherstellung einer bedrohten Ehe geht. Am bedeutendsten ist die Erzählgruppe, die wir nach der besten und wohl auch ältesten Version den Hellerwertwitz (G. A. Nr. 35, Rosenfeld I) nennen. Als Dichter nennt sich Hermann Fressant, der einer bekannten Augsburger Familie entstammt, vermutlich derselbe, der 1352/53 als Stadtschreiber in Ulm bezeugt ist. Er bezeichnet es als sein erstes Gedicht, hat es also wohl als junger Mann verfaßt. Die Geschichte handelt von einem wohlhabenden Kaufmann, der neben seiner Frau zwei Buhlerinnen aushält. Als er auf eine Handelsreise geht, bitten die beiden Dirnen, ihnen kostbare Kleider mitzubringen, die Frau dagegen begehrt nur für einen Hellerwert Witz (d. h. Verstand). Der Kaufmann sucht vergebens nach der Ware, die seine Frau bestellt hat. Schließlich rät ihm ein weiser Alter, sich bei seiner Heimkehr so zu stellen, als habe er all seinen Besitz eingebüßt; dann werde er bekommen, was er suche. Den verarmt Heimkehrenden weisen die beiden Dirnen schnöde von der Tür; die Frau nimmt ihn liebreich auf und spricht ihm Trost zu. Die Augen werden ihm für den wahren Wert geöffnet und er erkennt, was seine kluge Frau gemeint hat, als sie sich von ihm für einen Heller Verstand gewünscht hat. Zwei jüngere, dürftiger erzählte Fassungen weichen in den wesentlichen Punkten nicht ab.

Hier ist die Frau die wahrhaft und innerlich Überlegene, die den Mann durch Vernunft und Güte für sich zurückzugewinnen und so die Ordnung herzustellen weiß. Dies Thema wiederholt sich in seiner Reinheit nicht. Denn zwar wird auch in der Novelle Der Borte (Gürtel) der Mann durch die Frau beschämt und zurückgewonnen. Indessen in der moralischen Qualität ist die Geschichte läßlicher. Sie ruht auf dem Gedanken, daß wir allzumal Sünder sind und die Verfehlungen des anderen nicht so schwer nehmen sollten, und die erotische Thematik ist beherrschender und bedenklicher. Der Dichter nennt sich Dietrich von der Glezze. Er stammt aus dem Klessengrund in der schlesischen Grafschaft Glatz und dichtet im Ende des 13. Jahrhunderts für einen Gönner, den Vogt Wilhelm von Weidenau im österreichischen Schlesien. Wieder also wird der Osten literarisch hörbar.

Die schöne Frau eines schwäbischen Edelmannes gibt sich dem Liebeswerben eines vorüberreitenden Ritters preis, um kostbare Besitzstücke:

seinen Hund, seinen Habicht und sein Roß, vor allem aber seinen sieg-
verleihenden Gürtel zu gewinnen. Dem Gatten wird von einem Knecht die
Buhlschaft der Frau hinterbracht; er verläßt heimlich Frau und Heimat
und tritt in den Dienst des Herzogs von Brabant. Die Frau zieht ihm als
Ritter verkleidet nach. Sie übertrifft dank der Tiere und des Gürtels alle
anderen auf der Jagd und im Turnier und gewinnt die Freundschaft
ihres Mannes. Dieser bittet sie eines Tages, ihr Hund und Habicht zu
überlassen. Sie ist dazu bereit, wenn er ihrem widernatürlichen Gelüste
nachgebe, und der Ritter willigt ein. Da beschämt sie ihn, indem sie sich
zu erkennen gibt: sie habe menschlich gefehlt, um für ihn den Sieggürtel
zu erwerben; er aber sei bereit gewesen, um geringeren Besitzes willen
„unchristlich" zu minnen. Sie versöhnen sich und kehren glücklich heim.
  Das Gedicht ist in Stil und Sprache ganz als Rittermaere gehalten.
Dietrich beherrscht die zierlichen und blumenreichen Stil- und Darstellungsmittel der späten höfischen Epik, wie sie in Böhmen gepflegt
wurde, und kleidet die bedenkliche Geschichte für seinen Auftraggeber
in das Gewand späthöfischer Schönheits- und Prachtbeschreibung. Doch
nur das Gewand ist höfisch. Minne ist bereits rein erotisches Begehren,
das augenblicklich aufflammt und sogleich erfüllt wird. Erstrebter Besitz wird mit solcher Minne bezahlt, und die geschlechtliche Verirrung
wird zwar verworfen, aber unbedenklich als Handlungselement verwendet. Wir müssen uns daran gewöhnen, daß solche Erzählungen in
höfischen Kreisen vorgetragen wurden, und daß auch Frauen sich
nicht scheuten, sie zu lesen. Denn das Gedicht ist von einem Mann, der
der Punzinger genannt wird, als Widmungsexemplar an eine Dame gesendet worden, um deren Gunst er damit werben wollte.
  Andere Erzählungen von treuen Frauen führen bereits in die Nähe
der Ehebruchsgeschichten. Sie erzählen, wie die Treue einer Frau erprobt wird, und es ist die bereits unerwartete Pointe, daß die Frau die
Probe besteht und ihre Treue bewährt. Es sind Kontrasterzählungen,
deren Wirkung nur möglich ist, weil der Typus der untreuen Frau
schon als das Übliche vorausgesetzt wird. Wir können sagen, es ist der
Lukreziatypus ins Bürgerliche transponiert. In heiterer, doch noch nicht
schwankhafter Weise geschieht die Probe in der Verserzählung von den
zwei Kaufmännern und der treuen Hausfrau (G. A. Nr. 68).
Als Verfasser nennt sich Ruprecht von Würzburg, ein jüngerer
Landsmann Konrads, der seinen klaren, flüssigen Erzählstil an guten
klassischen Mustern gebildet hat. Die Erzählung spielt in bürgerlichem
Milieu, durch die Nennung von Namen wird sie in die Wirklichkeit hinein-
gestellt. Sie ist nach Verdun verlegt. Zwei befreundete Kaufleute, Gilam
und Gilot, geben ihre Kinder Bertram und Irmingart, die Helden der
Geschichte, ehelich zusammen. Bertram gerät bei einer Handelsreise zu
einem Jahrmarkt in der französischen Stadt Provins in die Gesellschaft

von Kaufleuten, deren jeder über seine Frau zu klagen hat. Die eine ist
zänkisch, die andere untreu, die dritte dem Trunk ergeben. Bertram
rühmt dem gegenüber die seine als Vorbild fraulicher Tugend. Sein Gast-
freund Hogier bietet ihm eine Wette unter Einsatz des gesamten Ver-
mögens an, daß er Irmingart innerhalb eines halben Jahres verführen
würde. Sie weist alle Annäherungsversuche Hogiers ab, bis er ihr für
eine Liebesnacht 1000 Pfund bietet. Alle, ihre vertraute Dienerin
Amelin, ihre Muhme, sogar ihr Vater raten ihr, das Angebot anzunehmen; ihr Mann würde es ihr nie verzeihen, einen so reichen Gewinn aus-
geschlagen zu haben. Sie entschließt sich schweren Herzens zu dem
Schritt, schiebt aber in der Nacht ihre Magd Amelin unter. Hogier
schneidet ihr als Wahrzeichen einen Finger ab, und als er Ruhm und Gewinn der Wette einheimsen will, wird die Treue der Frau an der unversehrten Hand offenbar. Er muß die Wette mit seinem Vermögen ein-
lösen, wird aber von Bertram mit Amelin verheiratet und großzügig
ausgestattet.

Steht diese Erzählung nach Stil und Haltung noch der moralischen
Novelle nahe, so führen andere in die Sphäre des Schwankes. In den beiden
verwandten Erzählungen V r o u w e n s t æ t i k e i t (G. A. Nr. 27) und
D e r H e r r m i t d e n v i e r F r a u e n (N. G. A. Nr. 29) wird der eifer-
süchtige Zweifel an der Treue der Frau bestraft.

Um die Treue seiner Frau zu erproben, stiftet ein Mann einen anderen an, sich um
die Gunst seiner Frau zu bemühen. Und als sie endlich, um den lästigen Werber los-
zuwerden, scheinbar auf seinen Wunsch eingeht und statt dessen zu dem verabredeten
Stelldichein der eigene Mann erscheint, um die Frau zu entlarven, bezieht er die Prügel
durch die Kammermägde der Frau, die dem anderen zugedacht waren. Zwei weitere
Erzählungen, in denen Mann und Frau zusammenspielen, um einen lästigen Werber
zu vertreiben, D e r b l i n d e H a u s f r e u n d (N. G. A. Nr. 32) und D e r H e r r g o t t -
s c h n i t z e r (N. G. A. Nr. 33) haben die Beschämung und derbe Abstrafung des un-
gebetenen Eindringlings zum Ziel.

9. DIE BOSHAFTE UND DIE TREULOSE FRAU

Die große Menge der Erzählungen lebt jedoch aus dem Gegenspiel
von Mann und Frau in den beiden Möglichkeiten des Streites um die
Oberherrschaft und des listigen Ehebruchs.

Die Geschichte von A r i s t o t e l e s u n d P h y l l i s ist zum Exempel für
die unheilvolle Macht der Frau geworden, die aus einem Weisen einen
Toren machen kann. Sie tritt seit dem 13. Jahrhundert neben die alten
biblischen Exempel von Adam und Eva, Samson und Dalila, David und
Bathseba. Ein alemannischer Dichter des späten 13. Jahrhunderts bearbeitet sie (G. A. Nr. 2) zierlich im Stil Gottfrieds von Straßburg, aus
dessen Tristan er ganze Versreihen übernimmt. Er erzählt, wie die

schöne Phyllis, Hofdame am Hofe König Philipps von Mazedonien, aus Rache, daß Aristoteles ihr Minneverhältnis zu seinem Schüler Alexander unterbunden hat, den alten Weisen lüstern auf ihre Minne macht und sie ihm verspricht, wenn er sie auf sich reiten lasse. Der weise Mann läßt sich betören, der Hof beobachtet, wie die Schöne auf dem Alten, mit ihrem Gürtel als Zaum, einem Rosenzweig als Gerte und ein süßes Minnelied singend, zierlich durch den Garten reitet. Aristoteles muß vor dem Spott des Hofes weichen; nächtlich flieht er mit seinen Büchern auf ein Schiff und schreibt auf der Insel Galicia ein großes Buch über die Listen der bösen Weiber.

Als ein Gegenstück dazu erscheint die verbreitete Erzählung von Der Widerspenstigen Zähmung in zwei deutschen Versfassungen, deren Pointe es ist, daß die böse Frau oder Braut gezwungen wird, den Mann auf sich reiten zu lassen, bis sie Besserung gelobt. In der einfacheren und roheren der beiden Fassungen (N. G. A. Nr. 2) spielt die Geschichte nur zwischen Mann und Frau und lebt hauptsächlich aus dem Vergnügen an Schelt- und Prügelszenen. Der Mann bringt seinem Hunde den Zeltgang des Pferdes bei. Als die Frau darüber spottet und schilt, läßt er sie von seinen Knechten binden und schirren und bearbeitet sie mit Peitsche und Sporen so lange, bis sie klein beigibt. Weit amüsanter und eleganter erzählt die Geschichte ein thüringischer Dichter des 13. Jahrhunderts, der sich Sibote (G. A. Nr. 3) nennt und vielleicht mit dem Meister Sibot von Erfurt identisch ist, den Ottokar von Steiermark in seiner Reimchronik unter den Dichtern am Hof König Manfreds nennt. In dieser erweiterten Form hat die Erzählung große Verbreitung in mehrfachen Bearbeitungen erfahren. Hier nimmt ein junger, beherzter Ritter die böse Tochter einer bösen Frau zur Ehe und treibt ihr ihren Widerspruchsgeist wie im Märchen von König Drosselbart unterwegs aus, während er sie heimführt. Er tötet nacheinander seinen Habicht, seinen Hund und sein Roß, die sich nicht augenblicklich seinem Willen fügen. Dann verlangt er von der eingeschüchterten Frau, daß sie sich schirren und reiten lasse, da er als Ritter nicht zu Fuß gehen könne. Als sie ihn drei Speerlängen getragen hat und zusammenbricht, verspricht sie ihm Gehorsam. Er hebt sie liebevoll auf, und sie leben fortan einträchtig zusammen. Diese in sich abgeschlossene Erzählung erhält eine Fortsetzung durch die Verbindung mit dem Motiv vom Zornbraten, einer anderen Form der Heilung von Widerspenstigkeit, die hier an die böse Schwiegermutter geknüpft wird. Als die Mutter versucht, die Tochter gegen ihren Mann aufzuhetzen, behauptet dieser, ihre Bosheit sitze in zwei Zornbraten, die er ihr ausschneiden müsse. Er läßt sie von seinen Knechten binden, schneidet ihr eine starke Wunde in die Seite und holt ein Stück Fleisch, das er mitgebracht hat, aus ihrem Leibe. Trotz Scheltens und Bittens wiederholt er die Operation an der anderen Seite, und künftig genügt die Drohung ihres Mannes, er werde den Schwiegersohn holen, um sie sofort gefügig zu machen.

Wir können auch kurz erwähnen, daß die Geschichte vom Schneekind (G. A. Nr. 47), die schon im späten zehnten oder frühen elften Jahrhundert in dem sogenannten Modus Liebinc eine witzige lateinische Bearbeitung gefunden hatte, in zwei deutschen Fassungen vorhanden ist. Und wir schließen endlich die vergnügliche Geschichte von der bösen Adelheid (N. G. A. Nr. 4) an, den vielfältig gestalteten Witz von der widersätzlichen Frau, die noch im Tode den Widerspruch nicht aufgibt. Sie ist hier an einen Augsburger Kaufmann geknüpft, dessen Frau immer das Gegenteil von dem tut, was er sagt und will. Als er eines Tages mit ihr am Lech spazieren geht, warnt er sie, nicht zu nahe am Strom zu gehen und rät ihr, einen Schritt zurückzutreten. Sie macht natürlich einen Schritt nach vorn, stürzt ins Wasser und ertrinkt. Da der Kaufmann seine Frau kennt, läßt er die Leiche nicht stromabwärts, sondern stromaufwärts suchen, und als sie gefunden ist, geht er befriedigt nach Hause.

Kein Thema aber ist so beliebt wie die Ehebruchsschwänke, in denen die List der Frau über die Torheit des Mannes obsiegt und er zuletzt noch als der Beschämte oder Verprügelte dasteht. Solchen Erzählungen sind wir bei Herrand, beim Stricker und anderwärts schon mehrfach begegnet; wir haben das Bild nur noch zu ergänzen. Der des Lesens und Schreibens unkundige Grobschmied Heinrich Rafold verlegt seine Erzählung Der Nußberg (G. A. Nr. 19), die nur fragmentarisch erhalten ist, in offenbarer Anlehnung an eine Episode in Salman und Morolf in ein orientalisches Kreuzzugsmilieu. Der Nußberg ist eine Burg an der Grenze eines heidnischen Königreiches. Der Ritter vom Nußberg hat den heidnischen König gefangen und während seiner Abwesenheit seiner Frau zur Obhut anvertraut. Sie verliebt sich in den Heiden, läßt ihn frei und entflieht mit ihm. Die verwandte, in vielem sehr abweichende pseudohistorische lateinische Erzählung von Rudolf von Schlüsselberg, dem Angehörigen eines fränkischen Freiherrngeschlechtes der Bamberger Gegend, läßt vermuten, daß der Ritter die untreue Frau verfolgt hat, dabei in die Gewalt des heidnischen Königs gefallen ist, sich aber schließlich befreit und den Entführer samt der ungetreuen Frau tötet. Wie weit die sadistische Verworfenheit der Frau, die besonders qualvolle Martern für den Mann aussinnt und sie noch verschärft, indem sie sich vor seinen Augen dem Heiden hingibt, auch dem Gedicht des Rafold angehört hat, können wir nicht ermessen.

In einer Reihe unbedeutender Erzählungen (Der Ritter und die Nüsse, N. G. A. Nr. 26; Der Ritter unterm Zuber, G. A. Nr. 41; Der Liebhaber im Bade, N. G. A. Nr. 25) liegt die Pointe darin, daß die von ihrem Mann überraschte Frau den Mann auf das Versteck des Liebhabers ausdrücklich hinweist und damit erreicht, daß er es für Scherz hält und gerade dort nicht nachsucht. Dann erfindet sie eine List, durch die sie den Liebhaber glücklich aus dem Hause bringen kann. In dem Ritter unterm Zuber des Schweizers Jakob Appet, den der Dichter des Reinfried von Braunschweig erwähnt, geschieht das, indem eine hilfreiche Nachbarin, die Bäckerin, von der der Zuber entliehen war, einen alten Schuppen anzündet, so daß der Mann auf den Feuerlärm hinauseilt und der Liebhaber entwischen kann.

Einen ähnlichen Schluß hat die Erzählung Die treue Magd (G. A. Nr. 42). Es ist ein singulärer Fall, daß von diesem Gedicht neben einer hochdeutschen Fassung eine Übertragung ins Niederdeutsche vorhanden ist, wohl nach einer mittelfränkischen Vorlage, die im Zuge der literarischen Strömung vom Niederrhein nach Niedersachsen gekommen ist. Dafür spricht die Rolle, die die Verehrung der hl. Gertrud (von Nivelles) darin spielt. In dieser stark höfisch eingefärbten Erzählung ist es ein wandernder Schüler, der auf dem Hofe eines Ritters von dessen Frau aufgenommen wird und durch sie die Wonnen der Liebe erfährt. Durch eine treue Magd wird das Paar, das in so liebend umschlungener Einheit schläft wie Tristan und Isolde bei ihrer letzten Entdeckung, dadurch gerettet, daß sie bei Rückkunft des Mannes eine Scheune anzündet und so den Mann aus dem Hause entfernt. Seltsam ist der erbauliche Einschlag in dieser unerbaulichen Geschichte. Der Schüler ist ein unschuldiger, tugendsamer Jüngling, ein besonderer Verehrer der hl. Gertrud, die denn auch der treuen Magd den rettenden Gedanken mit der Scheune eingibt. Und erstaunlich ist die blasphemisch anmutende, aber sicher treuherzig gemeinte Schlußmoral, die die Treue der Magd für ihre Herrin nicht nur rühmt, sondern darüber hinaus Gott und Maria bittet, daß wir vor dem Jüngsten Gericht so treu erfunden werden wie diese Magd.

In solchen Geschichten wird die Helferin der trügerischen Frau, die Magd, die Gevatterin, zu einer wesentlichen Figur. Es gibt einen Schwanktypus, in dem die Kupplerin die eigentliche Hauptperson ist. In diese Sphäre führt die in Würzburg spielende Geschichte Frau Metze die Käuflerin (N. G. A. Nr. 11) ein. Der Dichter, der sich der arme Konrad nennt, ist natürlich nicht Konrad von Würzburg. Wir sehen in die Praxis solchen Gewerbes hinein, wenn die Alte, um sich Mittel für ein fröhliches Pfingstfest zu verschaffen, einem Domprobst, dessen Name Heinrich von Rotenstein genannt wird, vorspiegelt, sie wisse eine schöne Frau, die nach seiner Minne brenne, und dann die Frau eines reichen Bürgers zu einem Stelldichein mit einem angeblichen Anbeter beredet. Als der Probst im letzten Augenblick durch Amtsgeschäfte verhindert wird, sucht die Alte schnell nach einem Ersatz. Die Pointe ist, daß sie unglücklicherweise den Ehemann der Frau erwischt und eine Situation heraufbeschwört, die die Frau geistesgegenwärtig dadurch löst, daß sie den Mann nicht zu Worte kommen läßt, sondern mit Vorwürfen über seinen geplanten Seitensprung überhäuft. Eine zweite ähnliche Geschichte ist Schampiflor (N. G. A. Nr. 10), in der der verhinderte Liebhaber ein studierender Königssohn aus England ist und die Schöne einen romanhaften Namen trägt, der an Dulciflorie der Sperbergeschichte erinnert.

10. DIE „BÖSE FRAU" UND DER „WEINSCHWELG"

Der Typus der Ehebruchsschwänke ist damit klar; weitere Beispiele können nichts Neues mehr bringen. Die Fabel ist bald simpler, bald witziger, bald feiner, bald schamloser, die Erzählkunst oft dürftig, selten so gewandt wie in einigen der behandelten Stücke. Ich stelle zwei Gedichte ans Ende des Kapitels, die als Schwänke in die Literaturforschung eingegangen sind und auch wirklich zwei schwankhafte Themen, das böse Weib und den Trinker, behandeln: Die böse Frau *(Von dem übelen wîbe)* und Der Weinschwelg. Der Herausgeber Edward Schröder verlegt beide Gedichte nach Tirol und in die Zeit bald nach 1250 und er hält es für wahrscheinlich, daß beide Gedichte das Werk desselben Mannes sind. In der Tat sind sie ihrem Wesen nach verwandt und heben sich aus dem Kreise der verwandten Dichtung als unverkennbar geprägte Leistungen von unwiederholbarer Eigenart heraus. Will man nicht annehmen, daß am gleichen Ort und zu gleicher Zeit zwei kongeniale Dichter im gleichen Genre am Werk gewesen sind, so hat Schröders Hypothese viel Wahrscheinlichkeit für sich.

In ihrer Thematik haben die beiden Gedichte Verwandte und doch wohl unmittelbare Vorläufer in Schwänken des Stricker, die Böse Frau in dem „Ehestreitgespräch" (vgl. S. 236), der Weinschwelg in dem „Weinschlund" (vgl. S. 237). Nicht nur stofflich stehen die Tiroler Gedichte denen des Stricker nahe. Der Stricker hat in jenen beiden Gedichten die Figuren des bösen Eheweibes und des Zechers als Prototypen dargestellt. Sie sind nicht Helden einer lustigen Geschichte, aus der sich eine Schlußmoral ergibt. Beides sind gar keine Erzählungen, sondern Situationen, in denen sich dialogisch das Wesen des bösen Weibes und des Pantoffelhelden einerseits, des Trinkers andererseits enthüllt.

Eben dieses ist nun auch der Sinn der beiden Gedichte, mit denen wir es hier zu tun haben. Sie geben ihren Figuren urbildhafte Bedeutung, und zwar mit ganz anderer dichterischer Kraft und Phantasie als der Stricker. Die Gedichte des Stricker verbleiben im Gutmütig-Gemütlichen. Der Ehezwist endet mit einer zum Durchschnittsleben zurückkehrenden *suone* im Ehebett, und das Paar singt sein wiedergewonnenes – wenn auch dubioses – Glück *in einer hôhen wîse*. Der Weinschlund bleibt, wenn auch von dem ehrbaren Gesprächspartner verflucht, in seinem Milieu, und wenn wir die zweite Trinkergeschichte des Stricker, den „durstigen Einsiedel" hinzuziehen, so kehrt dieser aus seinem Einsiedlerdasein in das Behagen seiner Taverne zurück, ein Zecher unter Zechkumpanen. Ganz anders in diesen beiden Geschichten. Auch in der „Bösen Frau" wird von der Umwelt eine *suone* gestiftet. Aber als der halb totgeschlagene Ehemann wieder zum Leben erwacht, gehen sie nicht zusammen ins Ehebett, sondern *sî saz dort, ich saz hie*. Und als er einen Stoßseufzer ausstößt und fragt, *waz rechet ir, frouwe, an mir?*, fährt sie sofort wieder auf ihn los: *hâst du rede in dir*, hast du noch etwas zu sagen? Und er schwieg still „wie eine Maus". Nach den 45 Prügeleien, die er hinter sich hat, zieht die sechsundvierzigste schon wieder herauf – so wird es für den Mann der bösen Frau immer bleiben bis ans Ende. Und der Weinschwelg braucht nicht die Nestwärme von Taverne und Bruderschaft; er braucht auch kein Gegenüber, um sich zu rechtfertigen. Er steht allein mit dem Wein als einzigem Partner, ein *ungenôz*, wie er selber sich nennt, einer, der nicht seinesgleichen hat.

Beide Gedichte verwenden den Kunstgriff des komischen Epos, sie messen sich an der großen Epik und wenden deren Stilmittel auf den unheroischen Stoff an. Beide sind voll von direkten Anspielungen auf die hohe Dichtung. In der „Bösen Frau" erscheinen Asprian aus dem König Rother, Dietrich, Hildebrand und Witege aus der Dietrichepik, das Paar Walther und Hildegund sowie Dietleib aus der sonstigen Heldendichtung, Äneas und Dido, Pyramus und Thisbe, Erec und Enite, Tristrant und Isalde, Gahmuret und Belacane, Parzival und Feirefiz, die ganze klassische Epik in all ihren Gattungen. Im Weinschwelg sind die unmittelbaren Anspielungen geringer; sie fehlen aber nicht, und auch hier ist der ganze Kreis – heroische Dichtung, Äneas- und Trojaroman, Artusepik und wieder Pyramus und Thisbe – vertreten, und nicht nur die Namen, die ganze Motivik der höfischen Dichtung wird komisch-parodistisch verwendet.

Die Böse Frau ist eine Klage, die monologische Klagerede eines Mannes, der unlöslich an ein böses Weib gebunden ist. Er vergleicht sein lebenslanges Martyrium mit dem der heiligen Märtyrer. Sie wurden gebraten, geschunden, gerädert, aber sie haben ein kurzes Leben um ein ewiges hingegeben. Ihr Martyrium währte nicht länger als einen Tag, und der Heiligenschein winkte als Lohn. Wer aber ein böses Weib hat, lebt ununterbrochen, schlafend und wachend, in einem dauernden Ungemach ohne Aussicht auf himmlischen Lohn.

Das Gedicht gliedert sich in zwei Teile. Der erste (V. 1–256) ist eine allgemeine Klage über das Wesen seiner Frau, in der nicht nur das Leiden, sondern auch die Unterlegenheit des Mannes bereits sichtbar wird. Der zweite ist die beispielhafte Schilderung eines solchen Martyriums des Mannes in einer grandiosen Prügelszene. Mit bewußter Irreführung beginnt indessen das Gedicht mit dem Preis der *süezen stunde*, da Gott selber den Ehestand stiftete, so als solle Lob und nicht Klage erklingen. Die rechte Ehe führt nicht in die Hölle, und gottlob, er und seine Frau werden nicht in der Hölle wohnen, denn sie sind beide *ein lîp*. Aber von diesen alten Minne- und Eheformeln schlägt es unmittelbar um: *seht ob daz sî ein triuwe*. Er gedenkt der Hochzeitsnacht. Am Morgen wird ihnen das übliche Frühmahl gebracht: *eier in dem smalze*. Aber sogleich wird es allegorisch gedeutet. Die Eier sind Angst und Not, gesalzen mit Trauer, geschmälzt mit *untriuwe*. Der dazu kredenzte Morgentrunk aber ist ein Gegenstück des Minnctrankcs aus dem Tristan, ein Unminnetrank, gemischt aus Zorn und Haß, Wirrnis und Bosheit. *daz selbe trinken trunken wir*, sagt er, und seitdem sind sie einander immerdar gram. Und nun schildert er in einer atemlosen und schier endlosen Antithesenkette den *ungelîchen muot*, die ewige Gegensätzlichkeit und Widerwärtigkeit des durch die Ehe unlöslich gebundenen Paares.

Im zweiten Teil folgt dann die epische Schilderung eines ehelichen Streites. Wie dort der Märtyrer, wird hier der heroische Held zum Gegenbild. Mit dem Stichwort *Witegen nôt* gibt gleich die erste Zeile (V. 257) den Stil an. Und wie dort der Märtyrer ist hier der Held dem geplagten Ehemann nicht zu vergleichen. Mit dem Aufgebot aller Stilmittel heroischer Kampfschilderungen führt der klagende Mann aus, wie Dietrich und seine Helden tagelang fochten, ohne sich totzuschlagen oder zu verwunden. Er dagegen sei wohl 45 mal von seiner Frau *wunt* geworden, Kleinigkeiten wie Ohrfeigen und Haarausraufen nicht gerechnet. Und damit hebt die Schilderung der ehelichen Zweikämpfe an, zuerst wirklich wie komprimierte Aventiuren eines Heldenromans im Aufreihungsstil: *diu êrste nôt*; *daz ander leit*; *mîn drittiu klage*; *der vierde kampf*, um dann auf die große letzte Kampfszene überzugehen, die den eigentlichen Inhalt des zweiten Teiles bildet. Der gigantische Zweikampf erhält seinen besonderen Reiz dadurch, daß er mit den Gegenständen des bäuerlichen Haushaltes: Schüreisen, Stock, Spinnrocken, Holzscheit, Schemel im Raum von Haus und Hof durchgefochten, aber mit den Stilmitteln der hohen Epik dargestellt und durch literarische Anspielungen dauernd zu ihr in Beziehung gesetzt wird. Endlich wird der Streit von hinzueilenden Freunden geschieden. Der halbtote Mann wird mühsam wieder zum Leben erweckt, das Weib wird von drei Männern kaum gebändigt und vermißt sich, es mit der ganzen Heidenschaft aufzunehmen, wenn sie morgen das Kreuz nähme. Darauf folgt der oben schon angedeutete, mit dem Gedicht des Stricker bewußt kontrastierende Abschluß, der kein Ende ist, sondern den Anfang des nächsten Streites schon in sich birgt – so wird es weitergehen *ad infinitum*.

Wie die Böse Frau ist der Weinschwelg ein monologisches Gedicht. War jenes nach außen gerichtete Klage und lebte aus dem Stil des heroischen Epos, so ist dieses an den Gegenstand, den Wein, gewendeter Hymnus. Nur die allerersten Zeilen skizzieren die Situation mit dem Bericht des Dichters über den gewaltigen *vorlouf aller swelhen*, das Urbild des Trinkers. Mit V. 14 bereits setzt der große Monolog des Zechers ein, nur unterbrochen von immer größeren, immer tieferen Trünken. Das

Gedicht ist höchst kunstvoll gebaut. Als lyrisch-hymnischer Erguß ist es in freie, strophenähnliche Abschnitte gegliedert durch die refrainhaft wiederkehrende Zeile: *dô huob er ûf unde tranc.* Sie reimt jeweils auf die letzte Zeile der Rede, mit der der Weinschwelg jeden seiner Trünke begleitet, und zwar mit fast gelehrter Künstlichkeit in alphabetischer Anordnung der Reimwörter, beginnend mit *banc* über *blanc, klanc, kranc* – mit k an der Stelle des lateinischen c – *danc, dranc* usw. bis zu *getwanc* des letzten Abschnitts.

Die so inhaltlich wie formal frei-strophisch gegliederte Kette wird aber wieder zu fester Einheit gebunden, indem die Refrainzeile einerseits an die Rede des Trinkers angereimt ist und einen Abschluß zu versprechen scheint, andererseits aber syntaktisch von ihr abgesetzt und unmittelbar an den Anfang der neuen Strophe gebunden ist und diese einleitet, z. B. *dô huob er ûf unde tranc/einen trunc von zweinzec slünden.* Der raffinierte Effekt, daß der scheinbar abschließende Refrain zum Beginn des neuen Abschnittes wird, gibt dem ganzen Gedicht ein pausenloses und atemloses Vorwärtsdrängen: Trunk und Rede, Trunk und Rede ohne Ablaß und Unterbrechung.

Diese Kette von strophenhaften Monologen ist aber zugleich eine Klimax. Die Trünke werden immer größer, phantastisch überdimensionaler, und mit jeder Rede wird es auch die Gestalt des Trinkers selber in seinen Hymnen an den Wein. Wie die böse Frau aus dem Stil des heroischen Epos lebt, so leben die Reden des Weinschwelg aus der hohen Lyrik. Die erste Rede ist ein allgemeiner Preis des Weines und seiner Wirkung auf den Menschen. Wie er selber *tugent, schœne* und *grôze güete* hat, so gibt er *hôchgemüete* und macht den Feigen kühn, den Traurigen froh, den Armen reich. In der nächsten preist er den Wein vor allen höfisch-geselligen Freuden, vor Buhurt, Tanz und Kleiderpracht. Der Wein hat in seinem Herzen

> 51 ff. *mîn minne alsô behûset,*
> *versigelt und verklûset:*
> *wir mugen uns niht gescheiden.*

Das sind Minnegesangstöne in gottfriedischer Färbung. Die dritte Strophe mißt die Wonne der Natur und ihre Kräfte an denen des Weins. Die Formeln des lyrischen Natureingangs klingen an, und Zeilen wie V. 70 ff. könnten ein Stück aus einem Minnelied sein. Die vierte preist den Wein als Freudenspender mit einer jener anaphorischen Wiederholungen des Leitwortes *fröide,* die abermals gottfriedisch sind. Und so setzt jeder Abschnitt den Wein in andere Beziehungen und rühmt ihn, daß er sie alle übertrifft: die Jagd, die Wissenschaft, die Minne. Oder er greift in die soziale Ordnung: wüßten die Bauern von Ruhm und Ehre des Weines, dann lägen Hacke und Pflug müßig.

Zugleich wird der Zecher sich selber immer mehr zum Heros. „Wo soll man, wenn ich sterbe, einen Mann finden, der trinken kann wie ich?" „Vier der besten Trinker könnten nicht mehr als einen Tag lang mit mir Schritt halten." Oder wieder anaphorisch preist er sich als den großen Trinker und die Mutter, die ihn geboren hat: *sælec sî si küneginne,| sælec sî diu süeze minne | und diu wîle, dô si mich erranc* (V. 255 ff.), bis er sich (V. 380) als den Herrn der Welt fühlt, dem sich alles neigen und alles zu Gebote stehen muß. Und damit ist er an der Grenze des Menschlichen angelangt. Menschliches Maß wird gesprengt, symbolisch dargestellt darin, daß der letzte Trunk seine Kleidung zerreißt. Doch einen Urheros ficht das nicht an. Er läßt sich in eine Hirschhaut schnüren und einen Eisenpanzer umlegen und ist nun auch mächtiger als der Wein selber, der ihn *ungezerret* lassen muß. Und so *huob er* wieder *ûf unde tranc*. Mit dieser Refrainzeile klingt das Gedicht aus. Das Gedicht ist zu Ende, nicht aber das Trinken. Die Zeile weist ins Unendliche, wie der Abschluß der Bösen Frau. Dies Urbild des Zechers wird weiter *ûf heben unde trinken* bis ans Ende der Tage.

Nicht zu Unrecht stehen diese beiden Gedichte am Ende des Kapitels. Es handelte von Gedichten, die die Welt in ihrer wirklichen Vielfalt ergreifen, wie sie ist, die sie aufzeigen mit ihren Freuden und Leiden, ihren Torheiten und Gebrechen. So ist die Welt, sagt ihr vielstimmiger Chor; man muß sie kennen und erkennen, um mit ihr fertig zu werden. Darin liegt ihre Buntheit, ihr Reiz und ihre Wirkung. Man hat diese Art des Dichtens mit einem modernen Terminus realistisch genannt. Darin liegt eine Gefahr. Man kann und darf den Ausdruck Realismus verwenden, sofern man ihn auf die Einzelheiten beschränkt, auf die Mittel der Vergegenständlichung, die diese Dichter in einer vorher nicht gekannten Fülle und Unvoreingenommenheit verwenden. Das ist eine wahrhafte Neuentdeckung der Spätzeit, der sich, wie wir immer wieder gesehen haben, auch der späte ritterliche Idealroman nicht entziehen konnte und wollte. In der weniger traditionsgebundenen Kleindichtung kann sich die Lust am realistischen Detail freier und bedenkenloser ausleben, und sicher fanden die bloß geschickten Literaten dieser Gattung darin ihr Genüge.

Doch die wirklichen Dichter wollen mehr als nur eine Wirklichkeit abbilden. Sie sehen hinter dem Zufälligen das Gültige, sie wollen nicht das Individuum, sondern den Typus. Das wird um so deutlicher, je bedeutender die Dichter sind. Werner der Gärtner, so wirklichkeitsgesättigt sein Meier Helmbrecht in allen Einzelheiten ist, sieht hinter dem „Fall" die große göttliche Ordnung und erhebt ihn aus dem Zufälligen zu symbolischer Gültigkeit. Und die beiden zuletzt besprochenen Gedichte lassen auf anderem Wege die bloße Wirklichkeit hinter sich. Weder eine Frau und eine Ehe noch einen Trinker wie diese hat es in der

Wirklichkeit gegeben oder kann es in ihr geben. Sie sind mehr als nur gesteigerte Realität, mehr auch als nur Typen. Sie sind zu Urbildern geworden, wie ja auch der Stricker seinen Pfaffen Amîs als Urbild, als den ersten Mann bezeichnete, der Lug und Trug begann. Die neuentdeckte „reale" Welt erlangt Gültigkeit erst wieder dadurch, daß sie zur Idee gesteigert wird, die sich in Figuren von vorbildhafter Haltung verkörpert. Und darin wird bei aller Gegensätzlichkeit in den Stoffen und im äußeren Erscheinungsbild der innere Zusammenhang mit der großen Dichtung der klassischen Zeit offenbar. Wir haben bei den Geschichten von der Bösen Frau und vom Weinschwelg von parodistischer Wirkung gesprochen. Man könnte auch von Gegensätzlichkeit reden. Aus dem Abmessen an zwei vollkommenen Vorbildern, dem Märtyrer und dem Heros, enthüllt sich das Wesen dieser Figuren. Auch die neue Realität wird erst gültig, wenn sie als Idee erscheint.

LITERATUR

Vorbemerkung:

Im Text ist bei den einzelnen Erzählungen in der Regel auf den Abdruck in den beiden bekannten Sammlungen verwiesen:
Friedrich Heinrich von der Hagen, Gesamtabenteuer (GA), 3 Bde. Stuttgart und Tübingen 1850. Auch photomechan. Nachdruck Darmstadt 1961.
Heinrich Niewöhner, Neues Gesamtabenteuer (NGA), Bd. 1 (mehr nicht erschienen). Berlin 1937.
In den folgenden Literaturangaben wird bei solchen Stücken, die außerdem noch in anderen Ausgaben vorliegen, nicht noch einmal auf die beiden Gesamtabenteuer verwiesen.

Zu den Handschriften:

Albert Leitzmann, Die Lehrgedichte der Melker Handschrift. DTM 4, Berlin 1904.
Gustav Rosenhagen, Die Heidelberger Handschrift cod. Pal. germ. 341, DTM 17, Berlin 1909.
Alois Bernt, Zur Heidelberger Handschrift cod. Pal. germ. 341. ZfdA 52 (1910), S. 245–59.
Konrad Zwierzina, Die Calocsaer Handschrift. In: Festschrift H. M. Jellinek ... dargebracht. Wien 1928. S. 209–32.
Konrad Zwierzina, Die Innsbrucker Ferdinandeumshandschrift kleiner mittelhochdeutscher Gedichte. In: Festgabe für Samuel Singer. Tübingen 1930. S. 144–66.
Heinrich Niewöhner, Der Inhalt von Laßbergs Liedersaalhandschrift. Beitr. 66 (1942) S. 153–96.
Adelbert von Keller, Erzählungen aus altdeutschen Handschriften. StLV 35. Stuttgart 1855.
Hans Lambel, Erzählungen und Schwänke. (Deutsche Klassiker des Mittelalters Bd. 12). 2. Aufl. Leipzig 1883.

DER FELDBAUER

Ausg.: Franz Pfeiffer, Germania 1 (1856) S. 346–56.
Gustav Rosenhagen, Berlin 1909 (DTM 17). S. 36–44.

Franz Kirnbauer und Karl Leopold Schubert, Wien 1955.
Lit.: Erich Gierach, Verf.-Lex. 1, Sp. 196–97.
Ehrismann 2, Schlußband, S. 117.
Anton Wallner, in: Reinhartfragen. ZfdA 63 (1928) S. 183–85.

STRICKER

Ausg.: Übersicht über Handschriften und Drucke: Konrad Zwierzina, in: Carl von Kraus, Mhd. Übungsbuch. 2. Aufl. Heidelberg 1926. S. 279–87.
Gustav Rosenhagen, Mären von dem Stricker. (Altd. Textbibl. 35) Halle 1934.
Ute Schwab, Die bisher unveröffentlichten geistlichen Bispelreden des Strickers. Göttingen 1959.
Heinz Mettke, Fabeln und Mären von dem Stricker. Halle 1959 (Altdt. Textbibl. Halle 35).
Hanns Fischer, Der Stricker. Fünfzehn kleine Verserzählungen. (Altdt. Textbibl. 53) Tübingen 1960.
Ute Schwab, Der Stricker: Tierbîspel. Tübingen 1960 (Altdt. Textbibl. 54).
Lit.: Ehrismann 2, Schlußband, S. 106–09.
Gustav Rosenhagen, Verf.-Lex. 4, Sp. 292–99.
Siegfried Sudhof, Verf.-Lex. 5, Sp. 1069–72.
Ludwig Jensen, Über den Stricker als Bîspel-Dichter, seine Sprache und seine Technik unter Berücksichtigung des „Karl" und „Amis". Als Einleitung zu einer Ausgabe kleinerer Strickerscher Gedichte. Marburg 1886. (Diss. Marburg 1885.)
Hans Mast, Stilistische Untersuchungen an den Kleinen Gedichten des Strickers mit besonderer Berücksichtigung des volkstümlichen und formelhaften Elementes. Basel 1929.
Clair Baier, Der Bauer in der Dichtung des Strickers. Eine literarhistorische Untersuchung. Tübingen 1938.
Hanns Fischer, Strickerstudien. Ein Beitrag zur Literaturgeschichte des 13. Jh.s. Diss. München 1953 (Masch.-Schr.).
Erhard Agricola, Die Komik der Strickerschen Schwänke, ihr Anlaß, ihre Form, ihre Aufgabe. Diss. Leipzig 1954 (Masch.-Schr.).
ders., Die Prudentia als Anliegen der Stricker'schen Schwänke. Eine Untersuchung im Bedeutungsfeld des Verstandes. Beitr. Halle 77 (1955) S. 197–220.
Ute Schwab, Göttingen 1959 S. 13–43. (Titel s. oben).
ders., Beobachtungen bei der Ausgabe der bisher unveröffentlichten Gedichte des Strickers. Beitr. Tübingen 81 (1959) S. 61–98.
Hermann Menhardt, Zu Strickers kleinen Gedichten. Beitr. Tübingen 82 (1960) S. 321–45.
Anton Avanzin, Anmerkungen zu den Strickerschen bîspels der Melker Handschrift. In: Germanist. Abhandlgn. (Innsbrucker Beitr. zur Kulturwiss. 6). Innsbruck 1959. S. 111–27.

PFAFFE AMÎS

Ausg.: Hans Lambel. In: Erzählungen und Schwänke. Leipzig 1883 (2. Aufl.). S. 1–102.
Lit.: Albert Leitzmann, Zum Text des Amis. ZfdA 81 (1944) S. 84.
Hanns Fischer, Zur Gattungsform des „Pfaffen Amis". ZfdA 88 (1957/58) S. 291–99.

EINZELNE GEDICHTE

Gabriele Schieb, Das Bloch. Beitr. 73 (1951) S. 422–29.
Heinrich Niewöhner, Des Strickers ‚Welt'. ZfdA 63 (1926) S. 99–102.
Gerhard Eis, Ein Fragment von Strickers „Welt". ZfdA 83 (1951/52) S. 128–29.

HERRAND VON WILDONIE

Ausg.: Karl Ferdinand Kummer, Wien 1880.
Hanns Fischer, (Altdt. Textbibl. 51) Tübingen 1959.
Lit.: Ehrismann 2, Schlußband, S. 109–10.
Elisabeth Karg, Verf.-Lex. 2, Sp. 429–30.
Edward Schröder, Herrand von Wildon und Ulrich von Lichtenstein. GGN 1923, S. 33–62.
Alfred Kracher, Herrand von Wildonie. Politiker, Novellist und Minnesänger. Blätter f. Heimatkunde [Graz] 33 (1959) S. 40–53.

HERO UND LEANDER

Ausg.: Von der Hagen GA. Bd. 1 Nr. 15 S. 317–30.

PYRAMUS UND THISBE

Ausg.: Moriz Haupt, ZfdA 6 (1848) S. 504–17.
Lit.: Ehrismann 2, Schlußband, S. 118.
Hermann Paul, Zu Pyramus und Thispe. Beitr. 1 (1874) S. 208.

FRIEDRICH VON AUCHENFURT

Ausg.: Jansen Enikels Weltchronik (s. d.) Vers 28 205–532. Auch Von der Hagen GA. Bd. 3 Nr. 67 S. 337–49.
Günther Jungbluth, Kritische Beiträge zur „Heidin IV". Beitr. Tübingen 80 (1958) S. 449–65.

FRAUENTREUE

Ausg.: Kurt Burchardt, Das mhd. Gedicht von der „Frauentreue". Diss. Berlin 1910.
Lit.: Hans-Friedrich Rosenfeld, Verf.-Lex. 1, Sp. 658–59.
Ehrismann 2, Schlußband, S. 112.
Wilhelm Stehmann, Die mhd. Novelle vom Studentenabenteuer. Berlin 1909. S. 157–62.

DER SCHÜLER VON PARIS

Ausg.: Hans-Friedrich Rosenfeld (sämtliche Fassungen kritisch hrsg,), in: Mhd. Novellenstudien. Leipzig. 1927. S. 163–524: Die Novellengruppe vom Schüler von Paris.
Lit.: Ehrismann 2, Schlußband, S. 112.
Hans-Friedrich Rosenfeld, Verf.-Lex. 4, Sp. 114–17.
Wilhelm Stehmann, Die mhd. Novelle vom Studetenabenteuer. Berlin 1909. S. 146–53.
Albert Leitzmann, Zu von der Hagens Gesamtabenteuer I, 14: Der Schüler von Paris. Beitr. 48 (1924) S. 61–63.
Hans Heinz Tögl, Das mhd. Gedicht: „Der Schüler von Paris". Diss. Wien 1952 (Masch.-Schr.).

DIE HEIDIN

Ausg.: I/III: Ludwig Pfannmüller, Die vier Redaktionen der Heidin. Berlin 1911.
IV: Ludwig Pfannmüller, Bonn 1912 (Kl. Texte f. Vorlesungen und Übungen 92).
Erich Henschel, Ulrich Pretzel unter Mitarbeit von Richard Kienast. Leipzig 1957 (Altdt. Quellen 4).
Lit.: Ehrismann 2, Schlußband, S. 111.
Hans-Friedrich Rosenfeld, Verf.-Lex. 2, Sp. 241–444.
Albert Leitzmann, Zu von der Hagens Gesamtabenteuer I, 18: Die Heidin. Beitr. 48 (1924) S. 67–70.
Wilhelm Stehmann, Die mhd. Novelle vom Studentenabenteuer. Berlin 1909. S. 140 bis 45.
Günther Jungbluth, Kritische Beiträge zur „Heidin"IV". Beitr. Tübingen 60 (1958) S. 449–65.

DER BUSANT

Ausg.: Heinrich Meyer-Benfey, in: Mhd. Übungsstücke. 2. Aufl. Halle 1921. Nr. 14.
S. 121–31.
Bruchstücke: Robert Priebsch, Beitr. 46 (1922) S. 45–51.
Lit.: Hans-Friedrich Rosenfeld, Verf.-Lex. 1, Sp. 338–39.
Ehrismann 2, Schlußband, S. 111–12.
Reinhold Köhler, Das altdeutsche Gedicht ‚Der Busant' und das altfranzösische
‚L'escoufle'. Germania 17 (1872) S. 62–64; wieder abgedruckt in: Kleinere Schriften.
Bd. 2. Weimar 1900. S. 351–55.
Eugen Glaser, Über das mhd. Gedicht: Der Busant. Diss. Göttingen 1904.
Albert Leitzmann, Zu von der Hagens Gesamtabenteuer I, 16: Der Busant. Beitr. 48
(1924) S. 64–66.
Herbert Sauer, Das mhd. Gedicht: Der Busant. Diss. Wien 1952 (Masch.-Schr.).

PETER VON STAUFENBERG

Ausg.: Edward Schröder, Zwei altdeutsche Rittermären, 2. Aufl. Berlin 1913 (wichtig
wegen der Einleitung), 4. Aufl. Berlin 1929.
Lit.: Carl Wesle, Verf.-Lex. 1, Sp. 507–11, mit Nachtrag (unter Egenolf von Staufen-
berg) 5, Sp. 174.
Ehrismann 2, Schlußband, S. 89–90.
Paul Jaeckel, Egenolf von Staufenberg, ein Nachahmer Konrads von Würzburg.
Diss. Marburg 1898.
Gertrud Kürmayr, Reimwörterbuch zu Konrads von Würzburg „Alexius", „Der Welt
Lohn", „Herzmaere" und zum „Peter von Staufenberg". Diss. Wien 1947 (Masch.-
Schr.).
Ottilie Dinges, Peter von Staufenberg. Diss. Münster 1948 (Masch.-Schr.).

RITTERTREUE

Ausg.: Ludwig Pfannmüller, Berlin 1933 (Kl. Texte für Vorlesungen und Übungen 95).
Herbert Thoma, Heidelberg 1923.
Ludwig Pfannmüller, Die Straßburger Handschrift der Rittertreue. Beitr. 40 (1915)
S. 381–95.
Albert Leitzmann, Erfurter Fragment der Rittertreue. Beitr. 60 (1937) S. 305–20.
Lit.: Ehrismann 2, Schlußband, S. 112.
Heinrich Niewöhner, Verf.-Lex. 5, Sp. 984–85.
Carl von Kraus, Zur Kritik der Rittertreue. ZfdA 48 (1906) S. 103–28.
Rudolf Kapp, Sind die Rittertreue und der Meier Helmbrecht alternierend abgefaßt
oder nicht? Diss. Freiburg i. Br. 1922 (Masch.-Schr.).
Albert Leitzmann, Zu von der Hagens Gesamtabenteuer I, 6: Rittertreue. Beitr. 48
(1924) S. 58–61.
Edward Schröder, Zur Datierung der Rittertreue. ZfdA 74 (1937) S. 95–96.
Helmut Aumayr, Die Rittertreue. Eine mhd. Novelle. Reimwörterbuch und Behand-
lung der bisher erschienenen wissenschaftlichen Literatur. Diss. Wien 1952 (Masch.-
Schr.).
Hannelore Lenz, Idealismus und Realismus in der Novelle Rittertreue. In: Beitr. zur
dt. und nord. Lit. Festgabe f. Leopold Magon. Berlin 1958 S. 54–68.

DER JUNKER UND DER TREUE HEINRICH

Ausg.: Karl Kinzel, Berlin 1880.
Sebastian Englert, Würzburg 1892 (Dillinger Hs.).
Lit.: Ehrismann 2, Schlußband, S. 111.
Walter Johannes Schröder, Verf.-Lex. 5, Sp. 494–96.

SCHONDOCH, DIE KÖNIGIN VON FRANKREICH

Ausg.: Heinrich Heintz, Schondochs Gedichte, untersucht und herausgegeben. Breslau 1908.
Lit.: Ehrismann 2, Schlußband, S. 111.
Ruth Westermann, Verf.-Lex. 4, Sp. 95–96.
Curt Rassek, Der „Littauer" und die „Königin von Frankreich", zwei Gedichte von Schondoch. Diss. Breslau 1899.
Wilhelm Stehmann, Die mhd. Novelle vom Studentenabenteuer. Berlin 1909. S. 134–35.

LUKREZIA

Ausg.: Heinrich Niewöhner, NGA Bd. 1. Nr. 36. S. 158–60.

KOTZEMÆRE

Ausg.: I Joseph von Laßberg, Liedersaal. Bd. 1. Nr. 78. S. 583 ff.
II Von der Hagen GA. Bd. 2, Nr. 48. S. 387–99.
III Ludwig Pfannmüller, ZfdA 54 (1913) S. 239–47.
IV Von der Hagen GA. Bd. 3, S. 729–36.
V Hans-Friedrich Rosenfeld, Beitr. 54 (1930) S. 367–90.
Lit.: Ehrismann 2, Schlußband, S. 114.
Hans-Friedrich Rosenfeld, Verf.-Lex. 2, Sp. 933–35. Mit Nachtrag 5, Sp. 569.
Wilhelm Stehmann, Die mhd. Novelle vom Studentenabenteuer. Berlin 1909. S. 173–79.

RÜEDEGER VON HÜNCHOVEN, DER SCHLEGEL

Ausg.: Ludwig Pfannmüller, Berlin 1933 (Kl. Texte f. Vorlesungen und Übungen 95).
Lit.: Ehrismann 2, Schlußband, S. 113–14.
Hans-Friedrich Rosenfeld, Verf.-Lex. 5, Sp. 1006–08.
Alexander Reifferscheid, Der Schlegel. ZfdPh 6 (1875) S. 38–41.
Otto Lippstreu, Der Schlegel, ein mhd. Gedicht des Rüedger Hünchovær. Diss. Halle 1894.
Albert Leitzmann, Zu von der Hagens Gesamtabenteuer II, 49: Rüdegers von Hünkhofen schlägel. Beitr. 48 (1924) S. 268–71.
Ludwig Pfannmüller, Die Überlieferung des Schlegels. ZfdA 54 (1913) S. 231–39.
Edward Schröder, Schlegel 650. ZfdA 59 (1922) S. 164.

WERNHER DER GARTENÆRE, MEIER HELMBRECHT

Ausg.: Friedrich Panzer, 6. Aufl. besorgt von Kurt Ruh, Tübingen 1960 (Altdt. Textbibl. 11).
Charles E. Gough, (2. Aufl.) Oxford 1947.
Lit.: Ehrismann 2, Schlußband, S. 101–06.
Anton Wallner, Verf.-Lex. 4, Sp. 921–26.
Fritz Martini, Der „Meier Helmbrecht" des Wernher der Gartenære und das mittelalterliche Bauerntum. Zs. f. Deutschkde. 51 (1937) S. 414–26.
Friedrich Neumann, Meier Helmbrecht. Wirk. Wort 2 (1951/52) S. 196–206.
Friedrich Wilhelm, Zur Abfassungszeit des Meier Helmbrecht und des jüngeren Titurel. Münch. Museum 3 (1918) S. 226–28.
Konrad Schiffmann, Die Heimat des Helmbrecht. Beitr. 64 (1940) S. 43–46.
Eduard Lachmann, Der Verfasser des Meier Helmbrecht ein Südtiroler? Der Schlern 25 (1951) S. 146–51.

Charles E. Gough, The Homeland of Wernher der Gartenære. Proceedings of the Leeds Philosophical and Literary Society, Literary and Historical Section VII 2 (1953) S. 107–12.

Eduard Lachmann, Die Heimat Wernhers des Gartenære. Der Schlern 28 (1954) S. 25–29.

Ludwig Pfannmüller, Meier-Helmbrecht-Studien. Beitr. 43 (1918) S. 252–57, 549–51.

Max Ittenbach, Helmbrechts Haube. Deutsche Vierteljahrsschr. 10 (1932) S. 404–11.

Günther Weydt, Zur Deutung und Namengebung des „Helmbrecht". ZfdPh 62 (1937) S. 39–45.

Leonard Forster, Gotelind and the Constables. MLR 43 (1948) S. 410–11.

Luise Berthold, Beobachtungen zum Meier Helmbrecht. GRM 34 (1953) S. 242–44.

George Nordmeyer, Helmbrechts Souvenirs. MLQ 8 (1947) S. 211–16.

ders., The Judge in the Meier Helmbrecht. MLN 63 (1948) S. 95–104.

Erika Wirtz, menen in ‚Meier Helmbrecht'. 247 and 307. MLR 47 (1952) S. 55–56.

dies., Meier Helmbrechts Cap. MLR 49 (1954/55) S. 442–50.

Siegfried Gutenbrunner, Zum Meier Helmbrecht. ZfdA 85 (1954) S. 64–66.

H. Walter, Contribution à l'étude de la diffusion de «Helmbrecht le fermier». Études Germ. 9 (1954) S. 155–59.

Leopold Schmidt, Zur Erdkommunion im Meier Helmbrecht. GRM 35 (1954) S. 150–52.

Herbert Seidler, Der „Meier Helmbrecht" als deutsches Sprachkunstwerk. ZfdPh 69 (1944/45) S. 3–35.

Josef Theodor Guth, Syntaktische Bemerkungen zum Meier Helmbrecht. Diss. Wien 1950 (Masch.-Schr.).

Leopoldine Steininger, Wörterbuch zum „Meier Helmbrecht" von Wernher dem Gartenære. Diss. Wien 1947 (Masch.-Schr.).

Marianne Wallnstorfer, Reimwörterbuch und Reimwortverzeichnis zum „Meier Helmbrecht" von Wernher dem Gartenære. Diss. Wien 1947 (Masch.-Schr.).

George Nordmeyer, Structure and Design in Wernher's Meier Helmbrecht. PMLA 67 (1952) S. 259–87.

W. T. H. Jackson, The Composition of Meier Helmbrecht. MLQ 18 (1957) S. 44–58.

Hanns Fischer, Gestaltungsschichten im „Meier Helmbrecht". Beitr. Tübingen 79 (1957) S. 85–109.

Fritz Tschirch, Wernhers „Helmbrecht" in der Nachfolge von Gottfrieds „Tristan". Zu Stil und Komposition der Novelle. Beitr. Tübingen 80 (1958) S. 292–314.

NIEMAND, DIE DREI MÖNCHE ZU KOLMAR

Ausg.: Heinrich Niewöhner, NGA. Bd. 1. Nr. 30. S. 127–32.

Lit.: Ehrismann 2, Schlußband, S. 121.

Hans-Friedrich Rosenfeld, Verf.-Lex. 3, Sp. 564–67.

Walther Suchier, Der Schwank von der viermal getöteten Leiche in der Literatur des Abend- u. Morgenlandes. Literaturgeschichtlich-volkskundliche Untersuchung. Halle 1922.

VOLRAT, DIE ALTE MUTTER UND KAISER FRIEDRICH

Ausg.: Von der Hagen, GA. Bd. 1. Nr. 5. S. 85–100.

Moriz Haupt, ZfdA 6 (1848) S. 497–503 (II. Fassung).

Lit.: Ehrismann 2, Schlußband, S. 117.

Hans-Friedrich Rosenfeld, Verf.-Lex. 4, Sp. 720–22.

Albert Leitzmann, Zu von der Hagens Gesamtabenteuer. I, 5: Volrats Alte Mutter. Beitr. 48 (1924) S. 56–57.

DAS SCHRÄTEL UND DER WASSERBÄR

Ausg.: bei Alois Bernt, Heinrich von Freiberg, Halle 1906. S. 249–258.
Lit.: Ehrismann unter Heinrich von Freiberg.
Erich Gierach, Verf.-Lex. 4, Sp. 102–0.
Julius M. Wiggers, Heinrich von Freiberg als Verfasser des Schwankes Vom Schrätel und vom Wasserbären. Diss. Rostock 1887.
Reinhold Bechstein, Zu Heinrichs von Freiberg Schwank vom Schrätel und vom Wasserbären. Romanist. Forschgn. 5 (1890) S. 172–82.

DER FREUDENLEERE, DER WIENER MEERFAHRT

Ausg.: Hans Lambel, in: Erzählungen und Schwänke. Leipzig 1883 (2. Aufl.) S. 225 bis 50.
Richard Newald, Heidelberg 1930.
Lit.: Hans-Friedrich Rosenfeld, Verf.-Lex. 1, Sp. 675–77.
Ehrismann 2, Schlußband, S. 116–17.
Edward Schröder, Zu der Wiener Meerfahrt. ZfdA 29 (1885) S. 354–57.
Wendelin Toischer, Zu der Wiener Meerfahrt. ZfdA 30 (1886) S. 212–14.
Wilhelm Uhl, Der Freudenleere. ZfdA 41 (1897) S. 291–94. Dazu: Edward Schröder, a. a. O. S. 294 f.
Anton Wallner, Der Freudenleere. Beitr. 33 (1908) S. 544–46.
ders., in: Reinhartfragen. ZfdA 63 (1928) S. 185–90.
Albert Leitzmann, Zu von der Hagens Gesamtabenteuer. II, 51: Der Wiener Meerfahrt. Beitr. 48 (1924) S. 271–72.

DAS FRAUENTURNIER

Ausg.: Von der Hagen, GA. Bd. 1 Nr. 17. S. 367–82
Lit.: Hans-Friedrich Rosenfeld, Verf.-Lex. 1, Sp. 659–60.
Ehrismann 2, Schlußband, S. 113.
Eduard Heydenreich, Über ein neugefundenes mhd. Hs.-Bruchstück der Freiberger Gymnasialbibliothek und über das Gedicht von der vrouwen turnei. Arch. f. Lit.-Gesch. 13 (1885) S. 145–75.
Edward Schröder, Der Frauen Turnei. ZfdA 59 (1922) S. 160 u. 327.
Albert Leitzmann, Zu von der Hagens Gesamtabenteuer. I, 17: Der Frauen turnei. Beitr. 48 (1924) S. 66–67.

FRAUENLIST

Heinrich Niewöhner, NGA. Bd. 1. Nr. 13, S. 43–50.
Ausg.: Erich Henschel, Leipzig (2. Aufl.) 1951.
Lit.: Hans-Friedrich Rosenfeld, Verf.-Lex. 1, Sp. 643–44.
Ehrismann 2, Schlußband, S. 121.
Wilhelm Stehmann, Die mhd. Novelle vom Studentenabenteuer. Berlin 1909. S. 132 bis 33.
Albert Leitzmann, Zu von der Hagens Gesamtabenteuer II 26: Frauenlist. Beitr. 48 (1924) S. 263–64.
Erich Henschel, Zur „Frauenlist". Beitr. 74 (1952) S. 303–09.

DER WIRT

Ausg.: Heinrich Niewöhner, NGA. Bd. 1. Nr. 19. S. 75–82.
Lit.: Heinrich Niewöhner, Verf.-Lex. 4, Sp. 1034–35.

DIE MEIERIN MIT DER GEISS

Ausg.: Heinrich Niewöhner, NGA. Bd. 1. Nr. 23. S. 96–98.
Lit.: Ehrismann 2, Schlußband, S. 121.

Hans-Friedrich Rosenfeld, Verf.-Lex. 3, Sp. 334–35.
Karl Langosch, Verf.-Lex. 5, Sp. 674.
Albert Leitzmann, Zu von der Hagens Gesamtabenteuer II 40: Die meierin mit der
geiß. Beitr. 48 (1924) S. 268.

DIE NACHTIGALL

Ausg.: Von der Hagen, GA. Bd. 2, Nr. 25. S. 71–82.
Lit.: Ehrismann 2, Schlußband, S. 119.

DER BETROGENE BLINDE

Ausg.: Heinrich Niewöhner, NGA. Bd. 1. Nr. 6–7. S. 22–24.

DER WEISSE ROSENDORN

Ausg.: Von der Hagen, GA. Bd. 3, Nr. 53 S. 17–28.
Lit.: Ehrismann 2, Schlußband, S. 122.
Albert Leitzmann, Zu von der Hagens Gesamtabenteuer III 53: Der weiße Rosendorn.
Beitr. 48 (1924) S. 273.

DIE HALBE BIRNE

Ausg.: Von der Hagen, GA. Bd. 1, Nr. 10 S. 207–24.
Lit.: Ehrismann 2, Schlußband, S. 122.
Eduard Hartl (unter Konrad von Würzburg), Verf.-Lex. 2 Sp. 923.

HEINZ DER KELLNER, TURANDOT

Ausg.: Von der Hagen, GA. Bd. 3, Nr. 63 S. 175–85.
Lit.: Ehrismann 2, Schlußband, S. 117.
Hans-Friedrich Rosenfeld, Verf.-Lex. 2, Sp. 370–71.

DAS HÄSLEIN

Ausg.: Von der Hagen, GA. Bd. 2, Nr. 21 S. 1–18.
Lit.: Ehrismann 2, Schlußband, S. 119.
Hans-Friedrich Rosenfeld, Verf.-Lex. 2, Sp. 222–23.
Heinrich Niewöhner, Der Sperber und verwandte mhd. Novellen. Berlin 1913.
S. 69–90.
Albert Leitzmann, Zu von der Hagens Gesamtabenteuer II, 21: Das häselein. Beitr.
48 (1924) S. 258–60.

DER SPERBER

Ausg.: Heinrich Niewöhner, Der Sperber und verwandte mhd. Novellen. Berlin 1913.
Lit.: Ehrismann 2, Schlußband, S. 119.
Hans-Friedrich Rosenfeld, Verf.-Lex. 4, Sp. 229–31.

DULCIFLORIE

Ausg.: Heinrich Niewöhner, in: Der Sperber und verwandte mhd. Novellen. Berlin
1913. S. 91–126.
Bruchstück: Alois Bernt, Altdeutsche Findlinge aus Böhmen. Brünn/München/Wien
1943. S. 57–66.
Gerhard Eis, Ein Florie-Fragment. Stud. Neophil. 23 (1950/51) S. 1–16.
Lit.: Ehrismann 2, Schlußband, S. 119.
Hans-Friedrich Rosenfeld, Verf.-Lex. 4, Sp. 229–31.

DAS GÄNSELEIN

Ausg.: Von der Hagen, GA. Bd. 2. Nr. 23. S. 37–48.
Franz Pfeiffer, ZfdA 8 (1854) S. 95–105.

Lit.: Ehrismann 2, Schlußband, S. 119.
Hans-Friedrich Rosenfeld, Verf.-Lex. 2, Sp. 3.
Albert Leitzmann, Zu von der Hagens Gesamtabenteuer II, 23: Das gänselein.
Beitr. 48 (1924) S. 260–61.

DER ZWINGÄUER, DER SCHWANGERE MÖNCH

Ausg.: Von der Hagen, GA. Bd. 2. Nr. 24. S. 49–69.
Ehrismann 2, Schlußband, S. 119.
Hans-Friedrich Rosenfeld, Verf.-Lex. 4, Sp. 1167–72.
Albert Leitzmann, Zu von der Hagens Gesamtabenteuer II, 24: Zwickauers Des mönches not. Beitr. 48 (1924) S. 261–63.
Edward Schröder, Der Zwingöuwer, ZfdA 63 (1926) S. 176.

HERMANN FRESSANT, DER HELLERWERTWITZ

Ausg.: Hans-Friedrich Rosenfeld, in: Mhd. Novellenstudien. Leipzig 1927. S. 1–162.
Lit.: Hans-Friedrich Rosenfeld, Verf.-Lex. 1, Sp. 673–74.
Ehrismann 2, Schlußband, S. 118.
Wilhelm Stehmann, Die mhd. Novelle vom Studentenabenteuer. Berlin 1909. S. 162–65.

DIETRICH VON DER GLEZZE, DER BORTE

Ausg.: Otto Richard Meyer, Der Borte des Dietrich von der Glezze. Heidelberg 1915.
Lit.: Hans-Friedrich Rosenfeld, Verf.-Lex. 1, Sp. 426–28.
Ehrismann 2, Schlußband, S. 120.
Rudolf Brendel, Über das mhd. Gedicht Der Borte von Dietrich von der Glezze. Halle 1906 (Diss. Halle).
Otto Richard Meyer, Das Quellen-Verhältnis des ‚Borten‘. ZfdA 59 (1922) S. 36–46.
Dietrich von Kralik, Der Borte des Dietrich von Glesse in ursprünglicher Gestalt. ZfdA 60 (1923) S. 153–93.
Albert Leitzmann, Zu von der Hagens Gesamtabenteuer I, 20: Dietrichs von der Gletze Gürtel. Beitr. 48 (1924) S. 70–72.
Maria Hebenstreit, Der Borte des Dietrich von der Glezze. Reimwörterbuch und Glossarium. Diss. Wien 1955 (Masch.-Schr.).

RUPRECHT VON WÜRZBURG, VON DEN ZWEI KAUFLEUTEN

Ausg.: Heinrich Meyer-Benfey, in: Mhd. Übungsstücke. 2. Aufl. Halle 1921. S. 97 bis 111 Nr. 13.
Heinrich Niewöhner, NGA. Bd. 1. Nr. 37. S. 161–72.
Lit.: Ehrismann 2, Schlußband, S. 113.
Günter Hahn, Verf.-Lex. 3, Sp. 1151–53.
Albert Leitzmann, Zu von der Hagens Gesamtabenteuer II, 68: Ruprecht von Würzburgs Zwei kaufmänner. Beitr. 48 (1924) S. 289–90.
Günter Hahn, Ruprecht von Würzburg. Leipzig 1931.

FROUWEN STÆTEKEIT

Ausg.: Heinrich Niewöhner. NGA. Bd. 1. Nr. 28, S. 113–18.
Lit.: Ehrismann 2, Schlußband, S. 119.

DER HERR MIT DEN 4 FRAUEN

Ausg.: Heinrich Niewöhner, NGA. Bd. 1. Nr. 29. S. 119–26.

DER BLINDE HAUSFREUND

Ausg.: Heinrich Niewöhner, NGA. Bd. 1. Nr. 32. S. 138–43.

DER HERRGOTTSCHNITZER

Ausg.: Heinrich Niewöhner, NGA. Bd. 1. Nr. 33. S. 144–46.
Lit.: Ehrismann 2, Schlußband, S. 122 unter Der Maler mit der schönen Frau.

ARISTOTELES UND PHYLLIS

Ausg.: John L. Campion, MPh. 13 (1915/16) S. 347–60.
Lit.: Hans-Friedrich Rosenfeld, Verf.-Lex. 1, Sp. 123–25. Mit Nachtrag 5, Sp. 61.
Ehrismann 2, Schlußband, S. 118.
Albert Leitzmann, Zu von der Hagens Gesamtabenteuer I, 2: Aristoteles und Phyllis. Beitr. 48 (1924) S. 49–52.
Gisela Josephson, Die mhd. Versnovelle von Aristoteles und Phyllis. Diss. Heidelberg 1934.
A. Borgeld, Aristoteles en Phyllis. Een bijdrag tot de vergelijkende litteratuurgeschiedenis. Groningen 1902.

FRAUENZUCHT

Ausg.: Heinrich Niewöhner, NGA. Bd. 1. Nr. 2. S. 12–14.

SIBOTE, DER WIDERSPENSTIGEN ZÄHMUNG

Ausg.: Heinrich Niewöhner, NGA. Bd. 1. Nr. 1. S. 1–11.
Lit.: Ehrismann 2, Schlußband, S. 117.
Hans-Friedrich Rosenfeld, Verf.-Lex. 4, Sp. 193–96.
E. Strauch, Vergleichung von Sîbotes Vrouwenzuht mit den anderen mhd. Darstellungen derselben Geschichte. Programm Breslau 1892.
Edward Schröder, in: Erfurter Dichter des XIII. Jh.s, ZfdA 51 (1909) S. 154–56.
Wilhelm Stehmann, Die mhd. Novelle vom Studentenabenteuer. Berlin 1909. S. 122–25.
Albert Leitzmann, Zu von der Hagens Gesamtabenteuer. I, 3: Sibotes Frauenzucht. Beitr. 48 (1924) S. 52–56.

DAS SCHNEEKIND

Ausg.: Von der Hagen, GA. Bd. 2. Nr. 47. S. 379–85.
Lit.: Ehrismann 2, Schlußband, S. 122.
Hans-Friedrich Rosenfeld, Verf.-Lex. 4, Sp. 87–88.
Wilhelm Stehmann, Die mhd. Novelle vom Studentenabenteuer. Berlin 1909. S. 181–82.

DIE BÖSE ADELHEID

Ausg.: Heinrich Niewöhner, NGA. Bd. 1. Nr. 4. S. 18–20.

HEINRICH RAFOLT, DER NUSSBERG

Ausg.: Von der Hagen, GA. Bd. 1, Nr. 19. S. 441–47.
Anton E. Schönbach, Studien zur Erzählungsliteratur des Mittelalters 5. Die Geschichte des Rudolf von Schlüsselberg. WSB. phil.-hist. Classe Bd. 145 (1903) Nr. VI. S. 1–65.
Lit.: Ehrismann 2, Schlußband, S. 113
Heinrich Niewöhner, Verf.-Lex. 5, Sp. 925.

JAKOB APPET, DER RITTER UNTERM ZUBER

Ausg.: Heinrich Niewöhner, NGA. Bd. 1. Nr. 24. S. 99–104.
Russel Wieder Gilbert, Jacob Appet, Der Ritter underm Zuber. Diss., Philadelphia 1943.

Lit.: Hans-Friedrich Rosenfeld, Verf.-Lex. 1, Sp. 99–100.
Ehrismann 2, Schlußband, S. 121.

DIE TREUE MAGD

Ausg.: Von der Hagen, GA. Bd. 2. Nr. 42. S. 309–31.
Lit.: Ehrismann 2, Schlußband, S. 121.
Hans-Friedrich Rosenfeld, Verf.-Lex. 3, Sp. 205–07.
Wilhelm Stehmann, Die mhd. Novelle vom Studentenabenteuer. Berlin 1909.
S. 125–28.

DER ARME KONRAD, FRAU METZE DIE KÄUFLERIN

Ausg.: Heinrich Niewöhner, NGA. Bd. 1. Nr. 11. S. 35–40.
Lit.: Ehrismann 2, Schlußband, S. 120–21.
Heinrich Niewöhner, Verf.-Lex. 5, Sp. 534–35.

SCHAMPIFLOR

Ausg.: Heinrich Niewöhner, NGA. Bd. 1. Nr. 10. S. 29–34.
Lit.: Heinrich Niewöhner, Verf.-Lex. 4, Sp. 43.

DIE BÖSE FRAU

Ausg.: Moriz Haupt, Leipzig 1871.
Edward Schröder, Zwei altdeutsche Schwänke, 3. Aufl. Leipzig 1935. S. 15–42.
Karl Helm, Tübingen 1955 (Altdt. Textbibl. 46).
Lit.: Ehrismann 2, Schlußband, S. 115–16.
Hans-Friedrich Rosenfeld, Verf.-Lex. 4, Sp. 867–69.
Franz Brietzmann, Die böse Frau in der deutschen Literatur des Mittelalters. Berlin
1912.
Karl Helm, Von dem übelen wîbe. Beitr. 34 (1909) S. 292–306.
Edward Schröder, Zur Kritik des mhd. Gedichts ‚Von dem übeln Weibe'. GGN
1913. S. 88–103.
Anton Wallner, Zu dem Schwank von der bösen Frau. Beitr. 40 (1915) S. 137–45.

DER WEINSCHWELG

Ausg.: Karl Lucae, Halle 1886.
Edward Schröder, Zwei altdeutsche Schwänke. 3. Aufl. Leipzig 1935. S. 43–56.
Hanns Fischer in seiner Strickerausgabe, Tübingen 1960 (Altdt. Textbibl. 53). S. 158
bis 171.
Lit.: Ehrismann 2, Schlußband, S. 116.
Hugo Kuhn, Verf.-Lex. 4, Sp. 890–91.
Ludwig Wolff, Reimwahl und Reimfolge im Weinschwelg. ZfdA 72 (1935) S. 280–81.

SIEBENTES KAPITEL

DIE SPÄTE LYRIK

1. ALLGEMEINE EINFÜHRUNG

In diesem Kapitel wird ausschließlich von der eigentlichen Minnelyrik die Rede sein. Die alte Aufgliederung der mittelhochdeutschen Lyrik in die beiden Gattungen des Liedes und des Spruches ist in der neueren Forschung mehrfach als unzutreffend abgelehnt worden. Ich halte sie trotz mancher verständlicher Grenzverwischungen immer noch für sachlich berechtigt und werde mich mit dieser Frage in dem Kapitel über die Spruchdichtung näher auseinandersetzen. Jedenfalls erweist sie sich als Darstellungsgrundlage brauchbar.

Wer sich der Beschäftigung mit der nachstaufischen Minnelyrik zuwendet, sieht sich einer verwirrenden Fülle von Dichternamen gegenüber. Aber dieser Reichtum ist trügerisch. Nur von ganz wenigen bleibt der Eindruck einer dichterischen Leistung. Die meisten sind als Personen gleichgültig; die Gedichte wären zwischen ihnen austauschbar, ohne daß ein falscher Ton entstände. Man muß von der Grunderkenntnis ausgehen, daß es nicht um Dichterpersönlichkeiten geht, sondern um den von ihnen gleichmäßig repräsentierten Typus. Es ist eine falsche, von modernen Vorstellungen ausgehende Fragestellung, die notwendig zu falschen Antworten führt, wenn wir an die Lyrik des späten 13. Jahrhunderts mit der Forderung der Originalität herangehen. Nach Inhalt und Stimmung, Erlebnis und Haltung war alles vorgegeben. Wer nach individuellem Erlebnis und dessen lyrischem Ausdruck sucht, wird diese Gedichte enttäuscht beiseite legen. Was uns ermüdet, die inhaltliche Eintönigkeit, das eben war für die Zeit die gewollte Norm, von der abzuweichen ein Verstoß war. Wie empfindlich diese Gesellschaft darauf reagieren konnte, das hat schon Walther von der Vogelweide mit seinem vorbrechenden individuellen Temperament an der Ablehnung der Wiener Hofgesellschaft zu spüren bekommen.

Der späte Minnesang ist als Typus eine Kunst der Variation, nicht der Erfindung. Dichten heißt, sich mit Gewandtheit und Geschmack in vorgeschriebenen Bahnen bewegen. Wo der Inhalt feststeht, ist Dichtung vor allem Formkunst. Wir müssen uns von der einseitigen Vorstellung lösen, daß Form vom Inhalt, Gestalt vom Gehalt bestimmt werde. Das Wesen mittelhochdeutscher Lyrik geht nur dem auf, der bereit ist, Form als einen Eigenwert anzuerkennen und sich in die bis zur Raffinesse gehenden Feinheiten der Form zu versenken. Die Geschichte der späten Lyrik müßte zum guten Teil als Geschichte ihrer Metrik, Rhythmik und Strophik und – wenn wir sie besäßen – ihrer Komposition geschrieben werden. Doch dazu fehlen, von Ansätzen abgesehen, noch die Grundlagen. Wir müssen uns das geschärfte Gehör und die subtile Auffassungsgabe anerziehen, die wir bei der Gesellschaft voraussetzen müssen, für die diese Dichtung geschaffen war, und das intellektuelle Vergnügen nachzuerleben versuchen, mit dem das feine, in seinen Spitzen virtuose Spiel der Reime, Klänge und Rhythmen genossen wurde. Was wir beim Lesen oft nur mit Mühe aufspüren und wieder lebendig machen können, setzt die Mitwirkung der Komposition und eine geschulte Vortragskunst voraus. Die freundlichen Talente adliger Dilettanten begnügen sich oft damit, sich in einfacheren Formen zu bewegen, die mit den traditionellen Mitteln auskommen. Den eigentlichen Virtuosen wie Konrad von Würzburg gelingen noch formale Steigerungen über die Formbeherrschung hinaus, die im Kreise Neifens und Winterstettens erreicht war.

Zu der formalen Variationskunst gesellt sich die stilistische. Mit dem Inhalt sind auch die Ausdrucksmöglichkeiten verbindlich vorgeformt. Auch hier konnte es nicht darauf ankommen, neu zu sein; es galt, das Gegebene in immer neuen Arabesken auszuformen. Und auch hier müssen wir uns vorstellen, daß die höfische Gesellschaft dort, wo wir Eintönigkeit empfinden, feinhörig genug war, die leisesten Abwandlungen zu bemerken und zu würdigen. Wenn Trostberg die umworbene Dame *mîns herzen ôsterspil* nennt, so hat er damit eine Abwandlung einer bis zu Morungen, Reinmar und Walther zurückgehenden Bildprägung gefunden, die die Geliebte den *ôstertac, ôsterlîchen tac* genannt hatte. Und eben darauf kam es an, der kanonischen Prägung der klassischen Vorbilder eine neue Nuance abzugewinnen. Nicht anders ist es, wenn Trostbergs Zeitgenosse Jacob von Wart in einem winterlichen Natureingang sagt: *des waldes hœhe grîse siht man gar*. Der vom Reif graue Wald ist längst vorgegeben; andere hatten die Baumwipfel z. B., vermutlich nach Neitharts Vorbild, *tolde* (= nhd. Dolde) genannt. Jacob findet neu *des waldes hœhe*. So wagt es Heinrich von Frauenberg in einem Tagelied, statt des Morgensterns den Orion das Nahen des Tages anzeigen zu lassen, was seinerseits wohl wieder auf einem Mißverständnis des auch sonst im Tagelied vorkommenden Fremdwortes *ôrient* beruht. Dem Variationsschatz der klassischen Termini, Metaphern und Bilder muß man nachgehen, wenn man die späte Lyrik richtig beurteilen will. Der bei Morungen und Walther zuerst in Erscheinung tretende *rôte munt*, den Neifen zum bevorzugten Gegenstand seines unerschöpflichen Variationsstils gemacht hatte, wird eine immer neu gewendete Leitform der späten Lyrik, an deren monographischer Untersuchung ihr Wesen sich geradezu ablesen ließe.

Bei so strenger Bindung der Lyrik nach Thematik, Stil und Form an die klassischen Vorbilder darf man auf sie den in der Einleitung entwickelten und modifizierten Begriff des Epigonalen mit noch mehr Recht als auf die höfische Epik anwenden. Über mehr als einen dieser Späten ist wirklich nicht mehr zu sagen, als daß er oft Gesagtes anmutig wiederholt. Aber die Variationsmöglichkeiten haben ihre Grenzen, und je näher wir der Jahrhundertwende kommen, um so deutlicher wird das spürbar. In der Suche nach neuen Varianten wird die Grenze unversehens überschritten, und kleine Züge stellen sich ein, die man mit der gebotenen Vorsicht als realistisch bezeichnen könnte. Es bedeutet nicht viel, wenn der Kranz der Blumen und die Schar der Vögel in den Natureingängen über die klassischen Sinnbilder hinaus vermehrt und spezialisiert werden. Konrad von Würzburg entdeckt mit einem echten Empfinden den Reiz der weißen Schlehenblüte am schwarzen Dorn und gibt damit unversehens einem in sich häßlichen Gegenstande, dem schwarzen, dornigen Ast, Heimatrecht in einer Schönheitsbeschreibung. Aber er verwendet ihn auch nur, um die Farben Schwarz und Weiß in die alte Skala der sommerlichen Farbenfreude einzufügen. Hetzbold von Weißensee entdeckt die Grübchen in den Wangen der Geliebten als einen neuen Reiz anmutiger Frauenschönheit. Wahsmuot von Mühlhausen versucht es, die Weichheit der Frauenhand an dem realen Eindruck zu schildern, daß man nicht glauben könne, daß sie harte Knochen enthält. Wir nehmen solche kleinen Züge wichtig als leise Anzeichen, daß die neue Art des Welterlebens als Wirklichkeit, die in der Kleinepik freien Durchbruch fand, auch in den streng umhüteten Bereich der Minnelyrik einzusickern begann. Aber wir müssen uns klar sein, daß es für den Dichter und seine mitlebenden Hörer nichts anderes waren als geglückte Variationen. Das gilt auch, wie S. 327 dargelegt wird, für das berühmte Beispiel, das alle jene Liebhaber entzückt hat, die modernes Empfinden in der alten Lyrik gesucht haben, für das Kindheitslied des Wilden Alexander mit der Erdbeersuche im Wald. Wir dürfen solche Beobachtungen nur als Symptome bewerten. Jene Sänger waren keine Männer revolutionärer Neuerungen, und wenn sie von einem *niuwen sange* reden, so meint das kein Programm.

Das gilt auch dort, wo wir nicht nur in einzelnen Wendungen oder Motiven einen leisen Wandel spüren, sondern einer neuen Gattung oder doch dem Strukturwandel einer überlieferten Gattung zu begegnen meinen. Ich denke etwa an die episch-lyrische Schilderung konkreter Ereignisse seines Minnedienstes bei Hadloub (vgl. S. 343) und an die ganz neue Konzeption des Tageliedes bei Günther von dem Forste (vgl. S. 348 f.). Auch hier ist nichts Neues als Ablehnung oder Ablösung der ausgebrauchten Formen und Motive des Minnesangs bewußt gewollt. Auch das ist bei Dichtern, die sich sonst im Rahmen der traditionellen

Formen von Minnedienst und Minnesang bewegen, noch als Variation von größerer Breite zu verstehen, freilich aber auch als Symptome, die deutlicher als jene Einzelheiten anzeigen, daß der übliche Minnesang verbraucht ist.

Wir wissen auch von bewußter Ablehnung des üblichen Minnewesens. Ulrich von Winterstetten klagt darüber, daß Minnedienst und Minnesang dem Spott der Jugend ausgesetzt sind: *êst ein argez minnerlîn, jehnt nû die jungen.* Aber von eigentlichem „Gegensang", der dem schmachtenden Dienen eine realistische Erotik entgegenstellt, wie sie sich im Schwank unbekümmert auslebt, ist wenig auf uns gekommen. Unter dem geachteten Namen Gottfrieds von Neifen hat einiges Derartige Unterschlupf gefunden (vgl. Bd. II, S. 354); anderes werden wir S. 351 ff. zusammentragen. Aber selbst eine verbreitete Gattung wie die Pastourelle, die in Frankreich und in der lateinischen Lyrik derVaganten Heimatrecht hatte, vermag sich nicht durchzusetzen, und auch sonst ist Vagantisches so gut wie gar nicht zu finden. Die Liebhaber feiner Sangeskunst haben derartiges in ihren Sammlungen nicht geduldet. Doch gehört es zu den Spielregeln einer preziös werdenden Gesellschaft, daß sie sich am Kontrast ergötzen und sich aus ihm sozusagen bestätigen kann, indem sie bestimmte Gattungen in ihren Kanon aufnimmt und *intra muros* damit spielt. So war die dörperliche Poesie Neitharts hoffähig geworden und fand ihre Nachfolger in der späten Lyrik. Die Absage des Schweizers Steinmar an Minne und Mai zugunsten herbstlichen Prassens und Schlemmens wird zur „Gattung", in der sich nicht nur der vielgewandte und ehrsame Bürger Hadloub ergeht, die alsbald auch im fernsten Norden des Sprachgebietes bekannt und von dem fürstlichen Sänger Wizlav von Rügen aufgenommen wird. Hadloub findet eine neue, pikante Form, die Hohe Minne zu preisen, indem er sie mit dem Alltagselend seines ärmlichen Ehestandes kontrastiert. Nur muß man wissen, daß all dieses nicht als „neue Wirklichkeit" gemeint ist, sondern seine Berechtigung aus dem Kontrast zieht, und daher alsbald wieder aufgehoben wird, indem die Dimensionen der Wirklichkeit ins Unwirkliche übersteigert und dadurch gesprengt werden. Nur so wird Realität im Bereich des idealen Spieles möglich.

Aus dem bisher Gesagten wird klar, daß es nicht angängig ist, die mittelhochdeutsche Lyrik im modernen Sinne zu isolieren und individuell zu verabsolutieren. Darüber ist schon aus Anlaß der klassischen Lyrik das Nötige gesagt. Sie ist und bleibt Gesellschaftskunst, wie Tanz, gepflegte Unterhaltung und Zeremoniell ein Teil einer feinen gesellschaftlichen Konvention. Nur möge man den Begriff der Konvention nicht zu äußerlich und obenhin oder gar abschätzig nehmen. Konvention ist anerkannte Regel eines Spiels in einem Kreise von Zugehörigen, und es ist soviel Ernst darin, wie in jedem echten Spiel. Solange es lebendig ist, ist es eine wirkliche Aufgabe, schlägt seine Teilnehmer in seinen Bann und prägt sie. Es ist immer möglich, daß ein wirkliches Gefühl sich in konventionellen Formen ausdrückt, und wie es falsch ist, von der späten Lyrik Unmittelbarkeit des Empfindens zu verlangen, so ist es falsch, ihr jeden Gefühlswert abzusprechen. Niemand kann sagen, wieviel echtes Gefühl der Liebe, Hingabe und Verehrung bei einem einzelnen Dichter sich der konventionellen Ausdrucksformen bedient, um sich zugleich auszusprechen und zu verbergen. Die Mittelbarkeit des Ausdrucks verwehrt uns den Einblick in das Herz, das darin schlagen kann.

Freilich gilt all dies nur im Bereich des Spiels und seiner Regeln. Hier liegen die Grenzen für die Ausdrucksfähigkeit der späten Lyrik. Die Generation, die Minne in ihrer beseligenden und gefährdenden Kraft neu erlebte, sich mit ihr auseinandersetzte und sie in Formen zwang, um von ihr nicht überwältigt zu werden, war längst dahin. Von Minne als formender und erfüllender Grundkraft werden wir hier nichts mehr spüren. Die betörende Magie Gottfrieds, die Lichtentzückung Morungens, die bedrängende Auseinandersetzung zwischen Minne und Gott der Kreuzzugslyrik kehren nicht wieder. Minne ist ein deutlich abgegrenzter Lebensbezirk, ungültig außerhalb der ihr zugewiesenen Bereiche, gesellschaftlich domestiziert und ihrer Gefährdung beraubt.

Wir haben das schon bei einem Manne wie Ulrich von Lichtenstein gesehen, dessen Leben uns ziemlich deutlich bekannt ist. Es ist das Leben eines bedeutenden Mannes in einer politisch bewegten Zeit, beansprucht von vielseitigen Aufgaben politischer, kriegerischer und wirtschaftlicher Art. In seiner Dichtung hinterläßt das alles kaum Spuren. Er nahm seinen Minnedienst und sein Dichten so wichtig, daß er ihm ein umfängliches Werk, den Frauendienst, gewidmet hat. Aber es ist ein ganz eigener, von dem realen Leben abgegrenzter Bereich. Hier können wir sehen, mit welcher Intensität dies Spiel getrieben werden konnte, auch mit welcher Anteilnahme die Gesellschaft es mitspielte. Ulrichs Tun und Treiben war völlig gültig und echt – als Spiel und in der Region des Spieles, und die Gedichte waren ein wesentlicher Teil davon; Ulrich ordnet sie exakt in den Bericht seines Minnelebens ein und gibt Hinweise darauf, wie sie entstanden, wie sie wirkten und wie sie zu beurteilen sind. Bei späteren Lyrikern, deren Leben von öffentlicher Bedeutung war und daher aus Urkunden und der zeitgenössischen Chronistik für uns überschaubar ist, wie dem Schenken Konrad von Landeck und dem Grafen Wernher von Honberg, ist es nicht anders. Wir besitzen ein Klagegedicht auf den Tod Wernhers von Honberg (Schweizer Minnesinger, S. CLXXVI ff.). Es vergißt zwar seinen Minnedienst nicht. Aber in dem allegorischen Gedicht ist Frau Ehre die eigentlich Getroffene, und von ihren Begleiterinnen, Frau Minne und Frau Mannheit, führt die zweite das weit gewichtigere Wort. Frau Minne klagt um ihren treuen Diener, nicht aber um den Dichter. Denn das Minnelied ist nur ein selbstverständlicher Teil in dem Spiel des Minnedienstes.

Die Kenntnis der späten Lyrik verdanken wir vor allem dem systematischen, fast wissenschaftlichen Sammeleifer jener Männer, die unsere in Bd. II S. 231 ff. genannten großen Sammelhandschriften zusammengestellt haben. Es sind nicht zufällig Handschriften, die in den Städten des rheinischen Südwestens, in Straßburg, Konstanz und Zürich entstanden sind. Es sind dieselbe Landschaft und dieselbe Schicht, in denen auch die höfische Kunst Konrads von Würzburg Liebhaber und Gönner fand: das gebildete Großbürgertum der kulturell fortgeschrittenen Städte des Oberrheins. Der Züricher Bürger und Dichter Johannes Hadloub gibt uns Einblick in solche literarischen Kreise seiner Heimatstadt. Er erzählt uns, wie er, der Stadtbürger, sich in den ritterlich vorgeprägten Formen des Minnedienstes übt, und wie die Herren der städtischen Oberschicht und des mit ihr gesellschaftlich und verwandtschaftlich verbundenen landsässigen Adels ebenso wie die Spitzen der Geistlichkeit an diesem geselligen Spiel mitwirken. Und von ihm hören wir den Namen der Züricher stadtadligen Familie der Manesse, die uns aus den Urkunden der Stadt mannigfach entgegentritt, als Ratsmitglieder an der politischen Leitung der Stadt maßgeblich beteiligt, als begüterte Herren mit vielfältigen wirtschaftlichen Interessen in die Landschaft ausgreifend, mit manchen Gliedern der Familie in die hohe geistliche Schicht eingefügt. Einen Zweig dieser Familie, den Stadtritter Rüedeger Manesse und seinen Sohn, den Domküster Johannes, zeichnet uns Hadloub als die Liebhaber und Sammler *vil edels sanges*, dem der gelehrte Bürger schon den Titel *meistersanc* gibt. Einer auf anderem Boden gewachsenen Kunst, der Leistung einer feinen, versinkenden Adelskultur, widmen sie ihr ehrfürchtiges Interesse. Sie haben nach Hadloubs Bericht viel zusammengebracht und sind bestrebt, ihre Sammlungen noch weiter zu ergänzen. Was sie gesammelt haben, wird die Grundlage der großen prächtigen Bilderhandschrift, die wir mit Recht die Manessische nennen.

Diesen Sammlern sind die Namen wichtig; ihrem antiquarisch-gelehrten Interesse verdanken wir es, daß uns die Fülle der Dichternamen bekannt ist. Für Zweck und Wesen der Gedichte bedeuten die Namen dagegen nicht viel. Wie man die Dichter der sogenannten Volkspoesie den Mund des dichtenden Volkes genannt hat, so hätte man ein Recht, die späten Minnesänger als den Mund zu bezeichnen, der die konventionellen Anliegen einer gebildeten Gesellschaft ausspricht. Kein Wunder daher, daß sie dort, wo das antiquarische Interesse fehlt, in die Anonymität eingehen. Schon unsere großen Sammlungen sind in der Zuordnung der Lieder zu den einzelnen Dichtern unsicher; oft ist ein Lied in den verschiedenen Sammlungen verschiedenen Dichtern zugeschrieben, es kann sogar in derselben Sammlung ein Lied zweimal bei verschiedenen Dichtern erscheinen. Wir meinen auch, daß einzelne Dichternamen ganz zu streichen sind, daß es sich vielmehr um Namen von Besitzern kleiner Liederhefte handelt, die Liedgut verschiedener Dichter aufgenommen haben. Das gilt wohl für die Namen: Gedrut, Geltar, Niune, Rubin und Rüedeger, Kunz von Rosenhein. In späteren Sammlungen sind die Lieder daher anonym. Aus den lebendigen Schilderungen der Limburger Chronik, die der Stadtschreiber Elhen Tilemann in der zweiten Hälfte des 14. Jahrhunderts abfaßte, erhalten wir einen Einblick in die Lebensweise solcher Lieder. Aus dem Augenblick und für ihn geschaffen, gehen sie mit ihm wieder unter. Es gibt bereits das Modelied des Jahres: „In diesem Jahre sang man und pfiff man . . .", heißt es an einer Stelle. Der Publikation der Berliner Liederhandschrift Germ. Fol. 922 (15. Jahrhundert) hat die Editorin den Titel gegeben „Zwischen Minnesang und Volkslied". Er trifft das Richtige, wenn man statt „Volkslied" sagen würde „Gesellschaftslied". Aus dem Minnesang wird ein Stück der musikalischen Unterhaltungen gebildeter bürgerlicher Kreise. Als solcher lebt er, sich wandelnd, bis in die geselligen Musikfreuden der Barockzeit fort und wird auf diesem Wege zu dem, was wir heute Volkslied nennen.

Aus all dem ergeben sich Folgerungen für die literarhistorische Darstellung. Chronologische und literaturgeographische Gesichtspunkte sind hier wie stets von Bedeutung und dürfen nicht vernachlässigt werden. Allein sie sind schon aus äußeren Gründen nicht geeignet, Anordnung und Gruppierung zu tragen. Für viele der uns namentlich bekannten Dichter ist die zeitliche und örtliche Zuordnung sehr unsicher. Die Handschriften nennen uns nur Namen. Die Bemühungen, diese Namen auf Grund urkundlicher Belege zu fixieren, haben oft nur sehr unsichere Ergebnisse. Die Namengebung nach Herkunft oder Ansitz ist oft zweifelhaft. Sie kann innerhalb einer Familie nach äußeren Umständen wechseln, Brüder oder Vettern können jeder den Namen seines speziellen Burgsitzes führen, wie wir es bei den Burggrafen von Regensburg und von Rietenburg (vgl. Bd II S. 247 f.) gesehen haben. Sogar derselbe Mann kann sich nach verschiedenen Besitzungen verschieden nennen. Dienstmannen können sich des Namens ihres Dienstherren bedienen, wie es z. B. Hartmann von Aue getan hat. Auch unadlige Männer tragen als Namen oft Herkunftsbezeichnungen, so daß nicht einmal immer feststeht, ob wir es mit einem ritterlichen oder bürgerlichen Dichter zu tun haben. Dieselben Ortsnamen wiederholen sich in verschiedenen Landschaften, und wir wissen oft nicht, welchem der gleichnamigen Geschlechter wir einen Dichter zuzuordnen haben. Aber auch dort, wo sich die Familie mit genügender Sicherheit feststellen läßt, sind wir oft unsicher über die Person. Nicht nur, wenn die Sammler uns den Vornamen vorenthalten: der von Trostberc; von Buochein; der Marcgrave von Hohenburc; der Schenke von Limpurc. Auch wo der Vorname genannt ist, bleibt oft eine große Unsicherheit. Die meisten Namen sind Allerweltsnamen: Heinrich, Rudolf, Werner, Konrad, die sich auch innerhalb eines Geschlechtes immer wiederholen, so daß nicht selten mehrere gleichnamige Personen zur Verfügung stehen. Zudem tritt nicht jeder in die zufällige Beleuchtung einer urkundlichen Bezeugung. Mehr als einmal melden sich Zweifel, ob der urkundlich feststellbare Namensträger nach Ort und Zeit der Dichter sein kann. Man muß *i*mmer mit Namensvettern rechnen, die, wenn auch nicht *in actis*, so doch *in mundo* gewesen sind.

Für eine landschaftlich-geographische Ordnung und Betrachtung macht sich ein anderer Umstand störend fühlbar. Unsere drei großen Sammelhandschriften gehören dem alemannischen Südwesten an. Zumal die größte, die Manessische, die für viele Dichter die einzige Quelle ist, trägt ein deutlich landschaftliches Gepräge. Diesen Sammlern war ihre nähere Umwelt am bekanntesten. Die Schweiz und das Bodenseegebiet haben in ihrer Auswahl ein Übergewicht, das schwerlich der literarischen Wirklichkeit entspricht. Selbst wenn der Oberrhein und seine vorgelagerten Landschaften wohl wirklich die führenden Gebiete der ritterlich-höfischen Dichtung gewesen sind, würde eine auf Grund unserer Handschriften angelegte Karte der lyrischen Dichtung ein schiefes Bild ergeben. Der dicht mit Lyrikern bevölkerten Schweiz und ihren nächsten Nachbarn käme allenfalls Österreich noch nahe, während schon das Main-Rheingebiet sehr spärlich, Mitteldeutschland kaum vertreten wäre. So hat die Wirklichkeit bestimmt nicht ausgesehen. Die wenige Lyrik in der Jenaer Liederhandschrift und neuerlich ein kleiner Fund aus Kassel zeigen sofort, daß es in Mitteldeutschland mehr gegeben hat, als die großen oberdeutschen Sammlungen vermuten ließen.

In allen diesen realen Vorfragen der literarischen Betrachtung, in Biographie und Chronologie der einzelnen Dichter, aber auch in Textform und Textbestand, in der Scheidung echten und unechten Gutes, muß eine literaturgeschichtliche Gesamtdarstellung auf den Ergebnissen der Spezialforschung aufbauen. Im allgemeinen ist mir darin gültig, was der große Kenner Carl von Kraus in den „Liederdichtern des 13. Jahrhunderts" und die einzelnen Artikel in Stammlers Verfasserlexikon abschließend zu sagen wissen.

Aus solcher chronologischen Unsicherheit hat es sich ergeben, daß einige Lyriker, die nach der Meinung von C. von Kraus und anderer Forscher wohl noch der Zeit vor 1250 angehören könnten, erst hier unter der Masse der späten Dichter behandelt werden. Das gilt auch für einiges, was in der Schar der Namenlosen untergebracht ist. Als einen kleinen, aber wichtigen Nachtrag greife ich hier ein Ströphchen aus einer St. Galler Handschrift des 12. Jahrhunderts auf (Kr. S. 222), das Hartmanns Kreuzlied 218, 5 eigentümlich ergänzt. Der Dichter klagt über seine verlorenen Jahre, die ihm in der „falschen Minne" der Welt „erstorben" sind. Und wie Hartmann stellt er der falschen Minne den erweckenden Anruf der wahren Minne gegenüber, die sich in Christi Menschwerdung offenbart hat. Nur hat dieser Dichter nicht im Kreuzzug die Lösung gefunden, sondern im Mönchtum: diese Minne hat ihn in den „grauen Orden" der Zisterzienser gebracht. Mit Hartmanns Gregoriusprolog und dem „Trost in Verzweiflung" läßt auch dieses kleine Lied die innere Bedrohtheit der neuen, höfischen Weltfreude erkennen.

Doch auch der andere Weg einer stilistischen Gruppierung der Dichter oder der Gedichte oder gar einer Zusammenfassung zu bestimmten „Schulen" ist nur bedingt gangbar und erfolgversprechend, und zwar vor allem auch deswegen, weil die meisten Dichter in unseren Sammelhandschriften nur mit ganz wenigen Liedern vertreten sind. Häufig sind nicht mehr als vier, selten mehr als zehn Lieder eines Dichters vorhanden. Sicherlich haben sie mehr gedichtet, und wenn auch die Vermutung zu Recht besteht, daß eine vermehrte Kenntnis ihrer Gedichte das Bild kaum wesentlich verändern oder bereichern würde, so bleibt es doch mißlich, Gruppenbildungen auf so schmaler Basis zu wagen. Dennoch sehe ich darin die einzige Möglichkeit, zu einer übersichtlichen Darstellung zu kommen, die bei aller Gefahr der Vereinfachung und sogar Verzeichnung künftiger Spezialforschung nützlich sein kann.

Die nachstaufische Lyrik ist eine Dichtung, die ein großes literarisches Erbe übernommen hat. Sie ist sich dessen bewußt und verwaltet es mit Ehrfurcht. Die alte donauländische Lyrik mit ihrer Langzeilenstrophik und ihrer unbefangenen Minneauffassung ist im höfischen Bereich nicht mehr wirksam und erwacht nicht wieder zum Leben. Aber auch die hohe Minnelyrik der Barbarossazeit hat kaum noch befruchtende Kraft. Ihre Formen sind veraltet und werden nicht mehr nachgebildet. Sie ist abgelöst und überlagert durch die Wiener Schule Reinmars, Walthers und ihrer meist anonymen Artgenossen. Diese „Wiener Schule" einer stark auf Reflexion gerichteten Gedankenlyrik hat fortwirkende Kraft. Motivik und Phraseologie dieser Lyrik tauchen in der Spätzeit unermüdlich wieder auf, und ihr Prinzip des dreigliedrigen Strophenbaues mit metrisch-rhythmischer Kontrastierung von Stollenteil und Abgesang bleibt beherrschend. Es gehört zum Stil der späten Lyrik, sich mit Zitaten oder Variationen aus der Dichtung Reinmars und Walthers zu schmücken; auch Morungen ist ein nicht selten beanspruchtes Vorbild. Die Forschung von Generationen – zusammengefaßt in dem Anmerkungsband zu von Kraus' Liederdichtern des 13. Jahrhunderts – hat die mehr oder weniger wörtlichen Anklänge der späten Lieder an die Dichtung der „Klassiker" aufgespürt und gesammelt. Dennoch wird es immer schwer sein abzuschätzen, wieweit es sich hier um wirkliche Schülerschaft handelt, d. h. um eine unmittelbare und bewußte Bildung am Stil und an den Formen der großen Klassiker, wieweit nur um einen Zitatenschatz, der für jeden gebildeten Dichter bereit lag.

Denn zwischen jenen alten Wienern und den Dichtern der zweiten Jahrhunderthälfte stehen zwei Gestalten, die für die Lyrik der Spätzeit eigentlich entscheidend geworden sind: Ulrich von Lichtenstein und

Gottfried von Neifen. In ihnen können wir die Vorbilder sehen, an denen sich die Masse der späteren Talente und Talentchen gebildet hat. Dabei ist Lichtenstein selber ein Schüler der Wiener und hat die klassische Reflexionslyrik für die Bedürfnisse höfischer Gesellschaftskonvention zubereitet und so den Nachkommen vermittelt. Neifen dagegen – und neben ihm Winterstetten – haben jene Form höfisch-gefälligen Minnesangs geschaffen, die der Spätzeit recht eigentlich angemessen war. Er hat den Natureingang zu einem integrierenden Bestandteil des lyrischen Gedichtes gemacht und den neuen Typus der Frauenschönheit von anmutig bewegter Sinnlichkeit geschaffen. Und er hat dem Liebesschmerz das konventionelle Gepräge gegeben, das die Gesellschaft erträgt, nicht mehr Erschütterung oder Ergriffenheit aus der Tiefe, sondern die angenehme und interessante Blässe der Sentimentalität, echt genug, um noch zu interessieren, aber nicht tief genug, um zu erschrecken. Dazu ist er der erste Meister einer raffiniert gekonnten, scheinbar lässig dargebotenen Kunst der Variation, die mit einem geringen Bestand an Gedanken, Bildern und Ausdrucksmitteln immer wieder zu erfreuen versteht.

Das war genau, was die Gesellschaft der Spätzeit wollte und brauchte und was sie daher in immer neuer spielender Variation genoß. Es gibt kaum einen der späten Lyriker, der vom Einfluß Neifens frei wäre. Man könnte zumal die ganze Generation zwischen etwa 1240 und 1280 mit wenigen Ausnahmen unter dem Stichwort der Neifenschule zusammenfassen, sofern man sich mit einzelnen Anklängen an Neifen begnügte. Die Nachwirkung Neifens ist auch in der nächsten Generation noch spürbar, die bis über die Jahrhundertwende fortgelebt und fortgedichtet hat. Für eine speziellere Gruppierung wäre damit wenig gewonnen. Was ich hernach mit „Neifenschule" bezeichne, nimmt nur solche Dichter auf, die alle Merkmale der Neifenschen Kunst aufweisen und wenig oder nichts Eigenes darüber hinaus.

Erst mit dem Ende des Jahrhunderts werden eigentlich neue Ansätze spürbar. Neifens formales und stilistisches Bestreben ging auf eine raffinierte Einfachheit aus. Die Verkünstelung des blümelnden Stiles lag nicht in seiner Linie. Diese setzt, soweit es um die Form geht, bei Winterstetten ein. Wir hatten seine Überzüchtung der Form als kunsthandwerklich bezeichnet und gesehen, daß er sie vor allem der großen Kunstform des Leichs vorbehalten hatte. Jetzt überträgt man sie gern auch auf das Lied, wobei vereinzelte Virtuosenstücke in der klassischen Lyrik zur Rechtfertigung dienen konnten. Greift die Verkünstelung auch auf den Stil, die Epitheta, die Bildwahl, die Wahl seltener Worte über, so gelangen wir zu dem, was wir in Anwendung eines mittelhochdeutschen Terminus die „geblümte Rede" nennen. Wir haben oben S. 28 f. gesehen, daß es vor allem Konrad von Würzburg war, der sie in die Lyrik einführte, und haben sie dort durch Beispiele illustriert. Indessen ist Konrads Vorbild in der Lyrik nicht so stark durchgedrungeu wie in der Epik, zumal der Kleinepik. Man kann nur selten von einer eigentlichen Schule Konrads von Würzburg reden. Die Dichter zwischen 1240 und 1280 sind noch streng an die Vorbilder der hohen und späten Stauferzeit gebunden. Erst vor und nach der Jahrhundertwende wird die Traditionsgebundenheit aufgelockert, und neben den in den alten Bahnen fortdichtenden Durchschnittsbegabungen erscheinen Gestalten von eigenartigerem und eigenständigerem Gepräge, die bei aller selbstverständlichen Verbundenheit mit der großen Vergangenheit eigene Wege suchen und nicht mehr einfach in „Schulen" einzuordnen sind.

Wenn ich jetzt zur Einzelbehandlung übergehe, so beziehen sich die Stellenhinweise auf die beiden großen Sammelausgaben, C. von Kraus' (Kr.) Liederdichter des 13. Jahrhunderts und Bartschs Schweizer Minnesinger (Schw. M.), sofern nicht wie für Konrad von Würzburg, den Marner und Frauenlob Einzelausgaben vorliegen.

2. DIE NEIFENGRUPPE

Zu der Neifenschule oder besser Neifengruppe im engeren Sinne rechne ich solche Liederdichter, die das Neifensche Aufbauschema aus Natureingang und Minneklage durchaus oder vorwiegend übernehmen, die leichte Rhythmik der Verse Neifens und seine spielenden Reimfügungen nachzubilden bestrebt sind und das Neifensche Ideal weiblicher Schönheit, vorab den „roten Mund", variierend sich zu eigen machen. Sie alle stellen sich in der sentimentalen Pose des Minneleidens dar, dessen Phraseologie sie in rascher Glätte beherrschen. Zumal der Tod aus unerwiderter Liebe, einst schon von Reinmar in den Motivschatz vorbildlicher Minnehaltung aufgenommen und von dem jungen Walther als sentimentale Pose verspottet, wird zur beliebten konventionellen Phrase. Die Jüngeren unter ihnen zeigen in ihrem Streben nach kunstvollen Strophenformen auch Kenntnis und Einfluß von Ulrich von Winterstetten.

Diese Gruppe ist stark vertreten. Begreiflicherweise gehören ihr eine Menge von Durchschnittstalenten an, die sich von Neifens scheinbarer Leichtigkeit zur Nachahmung verlocken lassen. An die Spitze stellen wir zwei Lieder, die nicht wegen ihres dichterischen Wertes, sondern wegen der Person des Dichters ein wehmütiges Interesse haben. Sie sind in der Manessischen Handschrift König Konrad dem Jungen (Kr. Nr. 32) zugeschrieben, in dem man mit Recht den jungen Konradin sieht. Es sind zwei jugendlich altkluge Versuche des unglücklichen letzten Staufersprosses in Neifens Ton und mögen vor dem verhängnisvollen Zuge nach Italien (1267) entstanden sein. Auch der Fünfzehnjährige ge-

fällt sich schon in der Pose des Minnetodes; echt aber klingt das kindliche Bekenntnis am Schluß des zweiten Liedes, daß er, *der jâre ein kint*,
nicht wisse, was Minne sei.

Sonst genügt es bei einer ganzen Reihe dieser liebenswürdigen Dilettanten, ihre
Namen zu nennen. Hierher gehören der Südbadener **Brunwart von Oughein**
(Kr. Nr. 4), urkundlich belegt von 1272 bis 1303, der **Badener von Buochein** (Kr.
Nr. 5), der sich auch als Spruchdichter betätigt hat und durch seine Klage um den Tod
eines Grafen von Calw eine Datierung auf 1263 erlaubt, der zeitlich nicht festlegbare
Elsässer **Gœsli von Ehenheim** (Kr. Nr. 14). Vor allem ist es eine Gruppe von
Schweizern, die der Neifenmode huldigen: der am Thuner See ansässige **Heinrich
von Stretelingen** (Schw. M. Nr. IX), 1258 bis 1294 belegt, der in einem Refrain
Walthers einfaches *Tandaradei* kunstvoll zu übertrumpfen sucht, der Aargauer **Hesse
von Rinach** (Schw. M. Nr. X), kaum der seit 1239 als Geistlicher nachgewiesene
Träger dieses Namens, der begüterte **Walther von Klingen** (Schw. M. Nr. XI),
1286 in Basel verstorben, bedeutsamer denn als Dichter durch die Gründung des
Nonnenklosters Klingenthal in Basel und durch die fürstliche Freigebigkeit in frommen Stiftungen, der zeitlich und örtlich unsicher einzuordnende **Heinrich von
Tettingen** (Schw. M. Nr. XVII), der in dem ersten seiner beiden Lieder das Spielen
mit dem Worte *liep* ins Exzessive treibt (14mal in sechs Zeilen), der Thurgauer
Jacob von Wart (Schw. M. Nr. XXII), vielleicht der zwischen 1272 und 1331 bezeugte Bruder des unseligen Königsmörders Rudolf von Wart, der St. Galler Dienstmann **Konrad von Altstetten** (Schw. M. Nr. XXIV), der dem späten 13. Jahrhundert angehören muß. Hier wären wohl richtiger auch die schon in Bd. II, S. 335 f.
erwähnten Schweizer **Wernher von Teufen** und **Heinrich von Sax** einzu-
reihen, die dort sicher zu früh angesetzt sind. Endlich mag auch noch **Albrecht,
Marschall** der mächtigen Grafen **von Rapperswil** (Schw. M. Nr. XXX), in
diesem Zusammenhang erscheinen, ein nicht ungewandter Dichter der Jahrhundertwende. Er hat wohl neben Neifen und Winterstetten auch schon Konrad von Würzburg gekannt und benutzt. Der Natureingang des ersten Liedes, die Schlagreime des
dritten weisen zu ihm hinüber, ein paar hübsche, leicht preziöse Motive – die Nachtigall läßt sich zur Ruhe zwischen den aufspringenden Knospen nieder, der Dichter
weissagt künftiges Liebesgeschehen aus den Sternenaugen seiner Frouwe – sprechen
nicht dagegen.

Keiner aber läßt die lange und tiefe Nachwirkung Neifens so sehr
spüren wie Konrad von Landeck (Schw. M. Nr. XXI), Schenk von
St. Gallen, zwischen 1271 und 1306 vielfach bezeugt. Er war 1276 Teilnehmer an der Belagerung von Wien durch Rudolf von Habsburg
(Lied 5). Von ihm besitzen wir eine wirkliche Menge von Liedern, 22 im
ganzen, und eben deswegen wird die intensive Nachbildung hier so deutlich. Alle Lieder zeigen den konventionellen Aufbau aus Natureingang
und Minneklage. Alle bewegen sich in demselben engen Kreise der
stereotypen Motivik mit einem kleinen, genormten Vokabular. Wie
Neifen vermeidet Konrad das handgreifliche Bild, die auffällige Metapher, das individuelle Gepräge; wie bei Neifen kann man sagen, daß man
alle Lieder kennt, wenn man eines kennt. Alles ist aufs Anmutige,
Hübsche, Verschwebende gestellt, auch das Minneleid ist sanft rührende
Gebärde, zarte Sinnlichkeit. Wesen und Nerv dieser Lyrik ist leichtes

Spiel der Klänge und Reime, süßes Wiegen in tänzerisch schreitendem
Rhythmus. Das Lied 5, vor Wien gesungen und von dort in die Heimat
gesandt, weiß nichts von dem verzehrenden Ferneerlebnis, und wenn der
Gruß aus Frankreich (Lied 13) einmal aufhorchen läßt durch die geo-
graphische Realistik und die echt klingende Sehnsucht nach der Lieblichkeit des Frühlings am Bodensee, so läuft er doch wieder auf das un-
persönliche Lob von *wîp* hinaus, dem die letzte Strophe mit einem übertriebenen Spiel mit diesem Wort gewidmet ist. Einzelne thematische oder
wörtliche Anklänge an den klassischen Minnesang vermögen den einheitlichen Grundeindruck der Neifenschule so wenig zu verwischen wie
ein einzelner pastourellenhafter Anklang im Natureingang von Lied 19:
manic dirne singet, diu nâch bluomen in den anger gert.

Ein paar Dichter, die z. T. örtlich und zeitlich dem Kreise um die
Staufersöhne nahestehen, sind mit ihrer Lyrik ebenfalls Neifen verpflichtet, lassen aber doch daneben unmittelbaren Zusammenhang mit
der klassischen Wiener Dichtung erkennen. Neben Natureingang, be-
schwingtem Rhythmus und der bewegten Anmut des schönen Frauenbildes haben sie noch die Neigung zu reflektierender Zergliederung, die
sie von Reinmar und Walther gelernt haben, und verwenden die Stilmittel solcher Dichtweise, die rhetorische Frage, die Revocatio, die
hypothetisch-konditionale Diktion. Man mag sich vorstellen, daß sie
neben Neifen und unter seiner überlegenen Führung an der Umprägung
des klassischen, reflektierenden Minnesanges zu dem neuen anmutig-
tänzerischen und lustvollen Typus beteiligt waren. In erster Linie ist
hier der Schenk von Limburg (Kr. Nr. 34) zu nennen, Mitglied
eines der dem Stauferhof unmittelbar verbundenen mächtigen schwäbischen Ministerialengeschlechter, wegen des Refrains zu Lied IV, der
bereits an Winterstetten gemahnt, wohl jener Konrad von Limburg, der
seit 1256 bezeugt ist und mit Konradin nach Italien zog, wo Lied III
gedichtet ist. Die nahe Verwandtschaft mit Neifen ist in allen sechs Liedern deutlich genug. Aber viele Einzelheiten weisen über Neifen zurück
auf den klassischen Minnesang: das echte Ferneerlebnis des dritten, die
Traumerfüllung des zweiten, daktylischen Liedes, das Walthersche Spiel
mit Nennung und Verhüllung des Namens in Lied IV, die Anheim-
stellung von Singen oder Schweigen in den Willen der Frouwe in Lied I,
und überall Prägungen und Wendungen, die nicht von Neifen gelernt
sein können. Neben ihn stellen wir Bruno von Hornberg (Kr. Nr. 3)
aus einem Breisgauer Geschlecht. Wohl eher Zeitgenosse als Nachfahr
Neifens, erscheint er in seinen drei erhaltenen Minneliedern – das vierte
ist ein Tagelied – als ein anspruchsloser Reimer. Das erste Lied steht nahe
bei Neifen, aber Lied III und IV, ohne Natureingang, reflektieren über
die Minne. Lied II spricht von *zwîvel*, der ihn anfechten will, und könnte

mit der Formel *ich bin an sî verdâht* bis auf Friedrich von Hausen zurück-
weisen. Und auch das vierte Lied, aus lauter Motiven und Formeln gebaut, die Allgemeingut sind, könnte unmittelbar am klassischen Minnesang geschult sein und scheint mit dem Motiv der Beseligung durch
ihren Händedruck etwas Eigenes zu bieten. Ähnlich steht es mit den
fünf Liedchen des Schwaben Hug von Werbenwag (Kr. Nr. 27),
bezeugt zwischen 1258 und 1279, durch die politische Anspielung in
Lied I schon auf 1246/47 festgelegt. Auch er also war Zeitgenosse und
Landsmann Gottfrieds von Neifen. Der Sommerfreudenton des vierten,
die Wortspielerei des fünften Liedes ordnen ihn dem Neifenkreise zu.
Aber Lied III ist auf Reinmars berühmtes Preislied *sô wol dir wîp* bezogen,
und sein erstes Lied, das das Motiv des Rechtsstreites mit der Geliebten
breit und sachkundig durchführt, ist eher von Hohenfels als von Neifen
gelernt. Er bettet es in die politische Realität der Gegenwart ein. Er will
den Prozeß bis vor den König Konrad und den Kaiser (Friedrich II.)
ziehen und, wenn sie versagen, sich an den jungen Gegenkönig aus
Thüringen, das ist Heinrich Raspe, und den Papst wenden.

Demselben Kreise wie Werbenwag gehört der Schwabe Konrad
von Kilchberg (Kr. Nr. 33) an, den ich für den 1255 bis 1268 bezeugten Träger dieses Namens halte. Der nicht unbegabte Dichter ist mit der
Kunst Gottfrieds von Neifen vollkommen vertraut; er folgt seinem
kompositorischen Aufbau des Liedes und beherrscht seine anmutig bewegte Rhythmik. Er weiß sich aber wohl noch stärker als Werbenwag
mit den Klassikern verbunden. Wie Hug und noch deutlicher als dieser
variiert er in Lied IV Reinmars Preislied. Er spielt in Lied III graziös auf
Reinmars Lied 178, 29 an. Die umworbene Dame fürchtet aus dem Gewähren der Minne den Tod, der Dichter macht schalkhaft geltend, daß
gerade das Versagen diese Gefahr in sich berge. Er greift wesentliche
Themen Walthers auf: die Pflicht der Frauen, die Männer zu unterscheiden, den Vorrang der *liebe* vor der *minne* und führt sie mit bei
Walther gelernten Formulierungen durch.

Ein wenig jünger ist der Elsässer Konrad von Hohenburg, in der
Handschrift der Püller (Kr. Nr. 43) genannt, Teilnehmer am Zuge
Rudolfs von Habsburg gegen Ottokar von Böhmen 1276/78. Von dort
sendet er seine Lieder der Geliebten *gen Elsâzenlant*; und in dieser stärker
vordringenden Realistik von Heerfahrt und Königsdienst liegt das
Eigene des sonst ganz in Neifenschen Bahnen sich bewegenden Dichters.
Der Schweizer Graf Kraft von Toggenburg (Schw. M. Nr. VI) –
unsicher, welcher Träger dieses erblichen Familiennamens – ist ein erfreulicher, zarter, aber eigenständiger Schüler Neifens. Seine sieben
Lieder haben sämtlich Natureingang. Er beherrscht die kunstvolle tänzerische Form der schwäbischen kurzen Reimketten (Lied Nr. 5), und
die anmutsvolle Schönheitsbeschreibung in dem gleichen Liede ist von

dort gelernt. Neifens „rotem Mund" vermag er in Lied 1 einen neuen Reiz abzugewinnen, indem der Kuß die rote Rose ist, die der Liebende vom Mund der Dame pflückt, wo danach ihr roter Mund eine noch tausendfach schönere Rose erlacht. Und eben dieses Rosenlachen stellt er Walthers unmutigem Gedicht gegenüber: *rôter munt, wie dû dich swachest, lâ dîn lachen sîn*. Die Minneklage von Lied 2, die Hinwendung mit seiner Klage an alle mit der Aufforderung *nu merkent* – solche und andere Zeichen machen deutlich, daß sich der Toggenburger unmittelbar an klassischen Mustern geschult hat.

Ähnlich ist sein vermutlicher Landsmann, der von Trostberg (Schw. M. Nr. XXV) zu charakterisieren. Er hat gutes rhythmisches Gefühl und weiß den Natureingang wie den Preis der Frauenschönheit mit einem Tone echter Innigkeit zu erfüllen. Eigentümlich ist das letzte seiner sechs Lieder, dessen vier erste Zeilen ein fast wörtliches Neifenzitat sind. Es ist ein Wechselgespräch des Dichters mit der Dame, von fern an Johansdorfs bekanntes Gesprächslied anklingend, freilich leichter an Gehalt. Die Dame weist die Schuld an den Leiden des Dichters ab: die Männer wollen die Frauen ohne deren Wissen im Herzen tragen; sie sollten es lieber ehrlich aussprechen, dann würden sie erfahren, ob sie Trost zu erwarten haben. Diesen Rat – das ist die elegante Pointe – wendet der Dichter in der Schlußstrophe alsbald auf die Dame selber an, bekennt ihr seine Minne und verlangt von ihrer Gnade Hilfe in seinem Minneleid. Gleichgültiger ist der zeitlich und örtlich unsicher einzuordnende Heinrich von Frauenberg (Schw. M. Nr. XIII), vielleicht ein Schweizer der Jahrhundertmitte, der in dem letzten seiner fünf Lieder zeigt, daß er sich im Stil und Denken der Wiener Schule zu bewegen weiß.

Diese Überschau zeigt den geradezu überwältigenden Einfluß, den Neifens leichtere, anmutigere und lustvollere Kunst auf seine Zeitgenossen und die folgenden Generationen geübt hat. Dennoch zeichnet sich eine gewisse Begrenzung ab. Die Anhänger der „schwäbischen Schule" sind fast ausschließlich im Alemannischen zu Hause. Elsaß, Baden, Schwaben sind vertreten, vor allem aber gehört eine ganze Gruppe dieser Dichter wahrscheinlich oder sicher in die Schweiz. Dagegen sind keine Bayern und Österreicher dabei, die unseren Sammlern sonst gut bekannt sind, und auch aus Mitteldeutschland bringen unsere Sammelhandschriften nichts. Da kommt in jüngster Zeit die Veröffentlichung von mitteldeutschen Gedichten aus den Kollektaneen des Mainzer Domdekans Rudolf Losse, eines gebürtigen Eisenachers des 14. Jahrhunderts. Sie bringt ein formal sehr kunstvolles, inhaltlich gleichgültiges dreistrophiges Minnelied eines bisher unbekannten Dichters, des aus oberhessischem Geschlecht stammenden Schenken von Lissberg. Mit seinen übermäßigen, den syntaktischen Zusammenhang mehrfach zerreißenden Reimspielen weist es mehr auf Winterstetten als auf Neifen als Vorbild. Es ist uns wichtig, weil es uns einmal einen kleinen Blick auf das vernachlässigte Mitteldeutschland vergönnt. Doch bleibt der Eindruck einer regionalen Konzentration bestehen. Es zeichnet sich so etwas wie eine Neifen-Landschaft ab.

3. NACHFAHREN DER WIENER SCHULE

Mit derselben Vorsicht wie bei der ersten Gruppe verfahren wir bei einer zweiten. Sie soll solche Lyriker umfassen, deren Zusammenhang mit der klassischen Lyrik, vorab mit den Wienern, aber auch mit Morungen, gelegentlich sogar bis zu Hausen hinüber unmittelbarer und lebendiger erscheint als auch bei den zuletzt behandelten Gliedern der Neifengruppe. Daß wir hier vor allem mit dem Einfluß Walthers zu rechnen haben, ist bei seiner Bedeutung fast selbstverständlich. Dennoch wird man gut tun, ein unverbindlicheres Stichwort zu wählen und vom Wiener Hofton zu sprechen. Denn einerseits hat gerade das Eigenste von Walther, die Lebensfrische seiner Mädchenlieder und die herzliche Durchwärmung seiner Lieder der ebenen Minne, weniger nachgewirkt als die reflektierenden Elemente, andererseits dürfen wir ja den Wiener Hof nicht ausschließlich unter dem Zeichen Walthers und Reinmars sehen, sondern müssen die Menge namenloser Durchschnittspoesie hinzunehmen, die in den Handschriften unter den Namen Walthers, Reinmars, Rugges und Dietmars von Eist Unterschlupf gefunden hat. Im einzelnen bleibt solche Grenzziehung immer willkürlich. Auch die „Unmittelbarkeit" kann nicht starr gemeint sein; vermittelnde Zwischenglieder sind immer im Auge zu behalten. In der Schweiz scheint Singenbergs Walthernachfolge wenig nachgewirkt zu haben. Im österreichischen Gebiet aber steht ja Ulrich von Lichtenstein als bedeutender Vermittler zur Verfügung, und mindestens bei einigen ihm zeitlich und örtlich nahestehenden Dichtern dürfte es angebracht sein, von einer Nachfolge Lichtensteins zu reden. Wie weit sein Einfluß reichte, ist schwer abzuschätzen, und vollends für die spärlich vertretenen fränkischen und mitteldeutschen Bereiche müssen wir mit unbekannten Zwischengliedern rechnen.

Auf der anderen Seite bedeutet eine solche Gruppenbildung natürlich nicht, daß der weitreichende Einfluß der schwäbischen Schule vor diesen Dichtern Halt gemacht hätte. Hatte doch Ulrich von Lichtenstein selber in seiner zweiten Liederperiode die neuen Anstöße sogleich aufgenommen und in Neifenschem Ton zu singen begonnen. Aber man kann eine ganz primitive Stichprobe machen: man sehe die Dichter nach ihrem Verhältnis zum Neifenschen Natureingang an. Die allermeisten der hier zusammengefaßten Dichter verwenden ihn zwar gelegentlich, aber er ist für sie nicht bezeichnend. Die Mehrzahl ihrer Lieder hat ihn gar nicht, in anderen ist er nur rudimentär oder abgewandelt verwendet. Wenn das erste Lied des von Obernburg beginnt: *sich fröit der süeʒen sumerʒît erd unde luft und swaʒ diu beidiu bernde sint*, so sind diese zwei knappen Zeilen, auf die der Natureingang beschränkt ist, nicht aus dem Stil Neifens zu verstehen, nichts von den anmutigen Requisiten seines Sommerbildes, nichts auch von der tänzerischen Sommerfreude des Menschen. Oder man nehme einen so verkürzten Eingang wie den im zweiten Liede des Hartmann von Starkenberg: *Mit manger hande varwe mischet sich diu heide und ouch der plân*. In den Liedern I, VI und VII des Wahsmuot von Künzich wird nicht wie im Neifentyp erst die Sommerwonne illustriert und sie dann zum Minneschmerz kontrastiert, sondern alsbald und knapp mit dem Kontrast eingesetzt: obwohl der Wald grün ist (I), was hilft mir die schöne Zeit (VI), was tröstet mich das Lob des Maien (VII). Und ganz neu, weit mehr nach Walther als nach Neifen empfunden ist die weitere, bildhaft-anschauliche Ausmalung dieses Gedankens: wenn ich bis zum Gürtel in taunassen Rosen wanderte, so wäre mein Gemüt doch arm an Freuden. So ließen sich recht viele Gedichte dieser Gruppe anführen, die auch im Natureingang von Neifen deutlichen Abstand haben.

Dies wäre nicht die einzige Stichprobe, die die Unterschiede anschaulich machte. Man könnte danach fragen, wie die höfischen Begriffe *ʒuht*, *mâʒe*, *êre*, namentlich wie die bei Neifen neu gedeuteten Stichwörter *fröide* und *hôher muot* verwendet werden. Man müßte bei dieser Formkunst vor allem auch Strophenbau und Rhythmik untersuchen und zeigen, wie weit hier die bevorzugten Formen der Wiener nach- und weitergebildet werden. Aber das würde den Rahmen unserer Darstellung sprengen. Mir scheint es im ganzen möglich, zu einer typologischen Festigung zu kommen.

Auch diese Gruppe enthält Namen, die so unbedeutend oder so spärlich repräsentiert sind, daß ihre bloße Erwähnung genügt. Das einzige Lied eines weder örtlich noch zeitlich festlegbaren Hug von Mülndorf (Kr. Nr. 26) lebt aus dem Ton der Verfallsklagen des späten Walther. Unter dem Namen des Regensburger Ministerialen Reinmar von Brennenberg (Kr. Nr. 44) sind neben einer Reihe pompös überladener Minnesprüche auch einige recht anspruchslose Liedchen überliefert, die man sich schwer als Werk des gleichen Dichters vorstellen kann. Die drei Lieder eines Waltram (oder Alram) von Gresten (Kr. Nr. 64), wohl eines Bayern, gehen in der Handschrift A unter anderen Namen. Die zweite ist ein z. T. daktylisches Reimspiel, das Reimkunststücke wie das des Bernger von Horheim (MF 115, 27) zum Vorbild hat. Auch Rudolf der Schreiber (Kr. Nr. 50), wohl ein Oberdeutscher, ahmt in dem ersten seiner drei Lieder ein bestimmtes Kunststück, das Vokalspiel Walthers, nicht ungeschickt nach, greift in der Schlußstrophe des dritten Liedes Reinmars Preislied auf den Namen *wîp* auf und steht im ganzen so fest in der Wiener Tradition, daß er schon aus Zeitgründen nicht mit dem Augsburger Stadtschreiber Rudolf identifiziert werden kann, der dort 1280 bis etwa 1300 tätig war.

Beachtenswerter ist eine Gruppe meist wenig bedeutender Österreicher, die mit größerer oder geringerer Sicherheit in die Nachbarschaft oder Nachfolge Ulrichs von Lichtenstein gestellt werden können. Der nach Zeit und Ort unsichere, am ersten doch dem steirischen Geschlechte zuzuweisende von Obernburg (Kr. Nr. 40) kommt aus der Schule der Wiener Hofkunst, die er mit den Reim- und Stilkünsten der Schwaben zu verbinden trachtet. Doch ist er zu gravitätisch, um Neifens leichte Anmut, zu wenig geprägt, um Walthers frische Kraft zu erreichen. Er bleibt bei dem durchschnittlichen und blassen Reflektieren, das wir schon von den vielen namenlosen Reinmarepigonen kennen. Hartmann von Starkenberg (Kr. Nr. 18) greift in Lied I das alte Botenmotiv in origineller Abwandlung auf. Er hat eine Wallfahrt zu einem Heiligen unternommen, um ihn, der jedem eine Bitte gewährt, anzuflehen, seiner Frouwe seinen Kummer zu künden. Da die Bitte offenbar unerfüllt geblieben ist, will er sich auf niemanden mehr verlassen, sondern die Botschaft seinen Liedern anvertrauen. Noch aufschlußreicher ist das dritte Lied, das davon spricht, daß Schild und Speer im Dienste der Dame *erkrachen* müssen, daß also Minne durch Rittertat erworben werden soll. Das aber ist von Ulrich von Lichtenstein gelernt, der ritterliche Tat zum Zentrum seines Minnewerbens gemacht hatte. Auch die epische Vokabel *erkrachen* weist in diese Richtung. So wird Hartmann doch wohl ein Österreicher gewesen sein und sich einer Gruppe von Nachbarn und Freunden des steirischen Minneritters zuordnen. Die wenigen Lieder des von Wildonie (Kr. Nr. 66), der doch wohl der Novellendichter Herrand von Wildonie, Ulrichs Schwiegersohn, ist, und des Herrn von Suonegge (Kr. Nr. 57) sind anspruchslose, stärker von Neifen beeinflußte Dilettantenleistung. Rudolf (?) von Stadeck (Kr. Nr. 54), südlich von Graz zu Hause und von 1243 bis 1261 bezeugt, erweist sich als eigentlicher Eklektiker, der in seinen drei Liedern den Neifenschen Natureingang mit klassischer Reflexion zu verbinden weiß: in Lied I reflektierendes Abwägen von *schœne* und *güete*, in Lied III Dienstaufkündigung, erfüllt mit Reminiszenzen an Walther und Lichtenstein. Ein wenig fülliger, mit sieben Liedern, ist (Ulrich) von Sachsendorf (Kr. Nr. 51) vertreten, ein Niederösterreicher, bezeugt 1249, erwähnt in Lichtensteins Frauendienst. Auch für ihn ist die Mischung von schwäbischen und Wiener Tönen bezeichnend. Lied I etwa paart Neifenschen Natureingang und weit verbreitete Minneklagen mit einem Wiener reflektierenden Schluß über das eigene Singen, das er wegen *der ungemuoten haz* unterlassen möchte, wenn nicht die *güete* der Herrin sein Singen forderte. Lied III fällt schon in der gewichtigen Breite seiner Sechs- und Achtheber ganz aus Neifens leichtbeschwingter Manier und ist an den klassischen Stilmitteln gebildet. Lied VI aber, das mit der Anrede *Ritter guot* beginnt, weist spezifisch zu Lichtenstein und seinen *âzreisen* hinüber, und wenn er in Lied IV in neuem Tone *niuwiu liedel* singen möchte, d. h. Lieder des Sommertanztypus, so bekennt er mit Recht, daß ihm diese Kompositionsform *(wîse) an der kunst ze snel* ist. Es ist nicht die ihm gemäße Art; diese bricht in dem rittermäßig ausgedrückten Wunsche durch, des Nachts der Schildgefährte der *Frouwe* zu sein, und in der Schlußwendung, die ganz real auf Verletzungen im Turnier anspielt, die sich der Dichter im Dienst der Dame zugezogen hat. So mag denn auch Heinrich von der Muore (Kr. Nr. 22) mit einem in verschiedenen Landschaften bezeugten Geschlechtsnamen am besten dem steirischen Geschlecht zuzuordnen sein, das auch Ulrich von Lichtenstein erwähnt, und in dem der Name Heinrich 1282 bezeugt ist. Gerne hätten wir von diesem persönlich geprägten Dichter mehr als die vier überlieferten Lieder. Nicht nur die Strophenformen von Lied II und IV entsprechen dem Wiener Typus, auch die Eingangsanrede an die *stæten vriunde* (Lied II), denen er sein Leid klagt, die Zwiesprache mit dem eigenen Herzen, die *grôʒe schulde* der *frouwe*, die mannhafte Überwindung des Verzagens (Lied IV) sind von dort gelernt. In späteren Jahren ist Heinrich den Weg der inneren Einkehr und Weltabkehr gegangen; Lied I ist eine Einzelstrophe, die von seinem Eintritt in den geistlichen Stand berichtet.

Schon durch eine reichlichere Überlieferung – 10 Lieder – hebt sich der Südtiroler Walther von Mezze (Kr. Nr. 62) heraus, der um 1270 gestorben sein muß. Er gehört zu den eigenständigeren und einfallsreichen Dichtern dieser Gruppe, nach Temperament und Prägekraft ein wirklicher Nachfahr Walthers von der Vogelweide. Das gilt schon für die Vers- und Strophenform, die von der Kunst Neifens fast unberührt ist. Das gilt aber auch für die Fähigkeit zu prägnanter Bildwahl und epigrammatischer Zuspitzung. So sieht er sich, da er um ihretwillen alle anderen Frauen meidet, während sie ihn ungetröstet läßt, zwischen zwei Stühlen sitzen, wo sie ihn achtlos sitzen läßt (Lied I b). Lied VII, das bedeutendste dieses Dichters, lebt ganz aus klassischer Motivik. Es reflektiert über die Antithesen von *stæte* und *unstæte*, *wolgezogen* und *ungezogen*. Leicht sei es, einen sommerlangen *varnden lôn* zu erringen, der *unstæte* sei wie der Klee. Er begehre solche leichte Minne nicht, ihn freue immer noch mehr *ein lieber wân* auf endliche Erfüllung wahrer Minne. Wenn man sieht, wie die *ungezogenen* durch Lug und Trug ihr Ziel erreichen, warum solle er dann aus innerer Wahrhaftigkeit vergeblich werben? Auch er könne so gut trügen wie die, die ihre Haare färben. Solchen Erwägungen antwortet die Frouwe – Nachklang der alten Wechsel und Botenlieder – daß sie ihm zwei Boten gesandt habe, ihre *triuwe* und ihre *stæte*; deren Rat solle er folgen, um recht zu handeln. Hier ist alles auf den Ton Walthers gestimmt, die Antithesen, das geprägte Bild vom gefärbten Haar, die Antwort der Dame, die erzieherische Kraft wahrer Minne. Nicht anders steht es mit Lied VI, das um die Fragen des Traurigen in der Welt der höfischen Freude, um Reden oder Schweigen kreist – wohlbekannte Motive Reinmars und Walthers –

und das die Forderung auf Gegenseitigkeit aufnimmt in dem Bilde, daß Liebe mit der Waage Gegenliebe zuwägen muß. Und ganz waltherisch ist die abschließende Geleitstrophe, Absage an die Welt, deren *gesinde* er war und von der er *urloup* fordert, da sie falsch und wankelmütig die Ehrlosen ehrt und damit dem Teufel zu Dank handelt. So ließe sich bei jedem Lied die gute Schulung an Walther zu eigener Ausdrucksfähigkeit zeigen. Auch Reinmars Gedanken- und Ausdruckswelt ist ihm geläufig. Sie wird am deutlichsten in Lied III, dessen Anfang und Themenstellung *Mir ist liep mîn herzeclîchiu swære* zu Reinmars schönem Trauern hinüberweist, das Thema aber mannhafter und kraftvoller durchführt. Doch auch dieser Dichter hat Prägungen aus Neifens Schönheitsschilderungen aufgenommen: die *lôsen blicke* und *lôsen ougen* in Lied III, den mit weißen Zähnen wohlbezinnten roten Mund in Lied VI. Und wenn in Lied IX die für Walther so wesentliche Fähigkeit des Scheidenkönnens zwischen Guten und Bösen in spielerischer Form den Blumen zugebilligt wird, so daß man die *wandelbæren* Frauen an ihrem *krumben bluomenhuot* erkennen könnte, oder in Lied X dieselbe Aufgabe den Vögeln zugewiesen wird, so daß die Nachtigall dem Tugendreichen, Kuckuck und Distelfink dem Tugendlosen singen sollten, so werden hier Elemente des Natureingangs originell, aber preziös umgewandelt. Das ist eine jüngere Zeit, und hier wird man sich Lichtenstein als Vermittler denken können.

Wir gliedern hier den Namen Ulrich von Munegiur (Kr. Nr. 37) an, mit dem sich kein bekannter Ortsname verbinden läßt. Die wenigen Lieder (drei) geben kaum Anhaltspunkte. Bayern-Österreich erscheint als die wahrscheinlichste Heimat, zeitlich mag er eher noch in die Epoche vor 1250 fallen. Dafür spricht vor allem der Bau des ersten Liedes, eines daktylischen Achtzeilers mit durchlaufendem Reimband (ababbaaa). Das ist eine Form, die der frühen Gruppe um Friedrich von Hausen eignet und sich in Bayern noch bis zu dem Markgrafen (Diepold) von Hohenburg und zu Hiltbolt von Schwangau (vgl. Bd. II, S. 324 ff.) forterbt. Ebenso weist Lied III in frühe Zeit, ein Wechselgespräch zwischen Dichter und Dame, in dem sie bereit ist, das Schickliche (*sus gefüeger dinge*) zu gewähren, nicht aber das, was ihn froh macht, sie aber unfroh, d. h. die Hingabe. Auch Lied II, um das Thema der Gedankenminne kreisend, wäre in früher Zeit am Platze. Man kann bedauern, daß wir über die Person und von dem Werk dieses Dichters so wenig wissen.

Bisher haben wir uns vornehmlich in Österreich bewegt. Offenbar hat hier der Wiener Hofton über Lichtenstein, Rubin und andere am stärksten und längsten nachgewirkt, so daß man auch hier von einer literarischen Landschaftsbildung wird reden dürfen. Jenseits ihrer Grenzen ist die Ernte bescheiden, selbst wenn wir den auf S. 337f. behandelten Züricher Meister Heinrich Teschler dieser Gruppe noch zurechnen.

Bei Kreuznach an der Nahe ist der 1263 bis 1281 bezeugte Wilhelm von Heinzenburg (Kr. Nr. 67) zu Hause, ein wenig bedeutender Epigone, dessen Vorliebe für einstrophige Liedchen wohl nicht Anknüpfung an frühe Formen ist, sondern nur Zeugnis für die Bescheidenheit seines Talentes ablegt. Ein wenig interessanter ist Wahsmuot von Künzich (Kr. Nr. 60), den ein Reim mit einem n-losen Infinitiv eher ins Fränkische als ins Schwäbische verweist. *Swer nie leit durch liep gewan, der enweiz ouch niht, wie herzeliebe lônen kan,* solche Thematik weist auf ihren Ursprung bei Reinmar von Hagenau und – mit dem Stichwort *herzeliebe* – bei Walther. Er ist in der Tat ein sanfter, schmachtender Reinmarepigone ohne Walthers Prägekraft, aber auch ohne die Subtilität von Reinmars Selbststilisierung. Kleine Originalitäten sind ihm nicht abzusprechen: aus ihren Augen fliegen Pfeile, die ihn mitten ins Herz treffen, und ihr roter Mund ist der einzige Meister, der die tödlichen Wunden heilen könnte. Im ganzen trifft ihn wohl der Spott über seine blutleere Sentimentalität zu Recht, den ein handfester Zeitgenosse über ihn ausgießt: Läge Wahsmuot bei „ihr mit dem roten Munde", er ließe sie vor Seligkeit unberührt.

Ganz ausgesprochen in die Nachfolge Walthers und Reinmars gehören die zehn Lieder des Rudolf von Rotenburg (Kr. Nr. 49). Er ist sicher Alemanne; die Zuordnung zu den Schweizern, speziell die Identifizierung mit dem 1257 bezeugten Luzerner dieses Namens scheint mir immer noch sehr erwägenswert. Dafür spricht, daß Rudolf die Gattung des ernsten Minneleichs gepflegt hat, die uns sonst in dieser Zeit nur noch von schweizerischen Dichtern, dort aber gleich sechsmal bezeugt ist, und die in der verlorenen, aber sicher bezeugten Leichdichtung Hartmanns von Aue ihren Ahnherrn haben könnte. Dafür spricht auch, daß der Schweizer von Gliers in der Aufzählung seiner verstorbenen Vorgänger neben den Klassikern des Leichs: Gutenburg, Hausen, Rugge und Hartmann nur noch seinen Schweizer Landsmann Otto zum Turne und eben Rudolf von Rotenburg zu nennen weiß. Damit wären auch die hochalemannischen Einschläge in seiner Sprache am leichtesten verständlich. Rudolf bevorzugt besonders die Kunstform des Leichs. Darüber werde ich im Zusammenhang S. 361 f. handeln; hier gehe ich nur auf Rudolfs Lieder ein. Sie sind in ihrem Strophenbau ganz an dem Wiener Typus geschult und lieben feste Verkettungen der Strophen eines Liedes untereinander. In Lied VIII erklingt die Anrede: *frouwe – sælic frouwe – mîns herzen frouwe* steigernd in den ersten Stollen aller drei Strophen, in Lied XIV erscheint *ôwê* bzw. *wê* in allen fünf Strophen, in den beiden ersten und der letzten, das Lied damit zur Einheit verklammernd, als erstes Wort der Strophe. In Lied XIII nimmt jeder Stropheneinsatz das letzte tragende Wort aus der Schlußzeile der vorangehenden Strophe anaphorisch wieder auf. Der Natureingang ist Rudolf mit einer Ausnahme (Lied XV) ebenso fremd wie die Schönheitsmerkmale der Neifenschule. Alles ist auf gemessene Reflexion gestellt. Die Freude, von der er singt, ist die Walthersche Freude der höfischen Existenz, die zu mehren Pflicht des höfischen Mannes und insbesondere des Dichters ist, während die *verzagten* – ein Walthersches Wort – nicht an sie glauben und an ihr nicht teilhaben. Auch auf ihm lastet das Versagen und die Ungnade der Herrin, und es scheint, daß auch er einen schmerzlichen Bruch erfahren hat. Ein Wort aus ihrem Munde hat ihn in der Tiefe getroffen, aber mit der noblen Haltung Hartmanns von Aue nimmt er wie dieser die

Schuld auf sich: *dâne was ich ir niht wert,* und, von ihr scheidend, will er den gemeinsamen Besitz so teilen, daß: *ir sî wol, sô sî mir iemer wê.* Ihr bleibt sein Herz, ihm das *sende leiden* bis zu seinem Tode (Lied XIV). So erscheint Rudolf in seinen Liedern neben Rubin (vgl. Bd. II S. 336 f.) und Walther von Mezze als der würdigste Fortführer der großen klassischen Tradition.

4. EINZELNE EIGENSTÄNDIGE DICHTER

Die beiden großen Gruppen, die sich bilden ließen und die landschaftlich auseinandertreten, betreffen vorwiegend Dichter, deren Blüte um die Jahrhundertmitte oder bald danach gelegen haben muß. Zumal Dichter, die in lebendigem Zusammenhang mit den Klassikern stehen, werden kaum später als 1270 etwa zu denken sein, während das Vorbild Neifens bis in die späten Generationen weiterwirkt. Noch ist der Minnesang fast ausschließlich in ritterlichen Händen, literarischer Besitz einer bildungsmäßigen Elite innerhalb einer ständisch geschlossenen Gesellschaft, dichterische Leistung mehr oder weniger begabter adliger Dilettanten. Außer bei Rudolf dem Schreiber und vielleicht bei den ganz unbedeutenden, unsicher und dürftig überlieferten Hug von Mülndorf und von Buochein besteht nirgends Anlaß, an einen unadligen Dichter zu denken. Im ganzen gilt noch der Grundsatz, daß Minnesang ein adliges Reservat ist.

Gegen das Ende des Jahrhunderts hin löst sich diese Einheitlichkeit auf. Die großen Vorbilder fahren zwar fort, wirksam zu sein, die Macht der Tradition bleibt groß. Aber ihre unbedingte Verbindlichkeit gilt nicht mehr; auch wo sich nicht eigentliche Opposition zu Worte meldet, spürt man, wie, bewußt oder unbewußt, sich Neues und Eigenes zu regen beginnt. Für die literarhistorische Betrachtung geht es nicht mehr um Schul- und Gruppenbildung, sondern um die Charakterisierung einzelner Erscheinungen. Das hat mindestens zum Teil soziologische Hintergründe. Mit dem Verschwinden der großen literarischen Höfe fehlen die Zentren, die einen bestimmenden Einfluß ausüben konnten. Bei keinem der hier behandelten Dichter wissen wir von einem fürstlichen Gönner. Jeder steht für sich und übt seine Kunst offenbar in dem lokalen Bereich, in den ihn Geburt oder Lebensschicksal gestellt haben. Das literarische Elitebewußtsein des Adels schwindet, die Stadt und ihre gebildete Führungsschicht macht auch literarisch ihre Ansprüche geltend. Der Basler Gœli gehört einem stadtritterlichen, der Züricher Heinrich Teschler einem angesehenen stadtbürgerlichen Geschlecht an. Konrad von Würzburg siedelte sich dauernd in Basel an, Johans Hadloub entstammte der Züricher breiten Bürgerschicht, beides schreibkundige und

gelehrte Leute. Dem gelehrten Stande gehören der Schulmeister von
Eßlingen und der Kanzler an, der wohl Schulmeister in Offenburg (Baden) war. Am frühesten unter den bürgerlichen Literaten versuchte sich
wohl der Marner, ein schulgebildeter, aber nicht seßhaft gewordener
Mann, neben dem Spruch auch in eigentlicher Minnelyrik. Der Wilde
Alexander, der Dürner, der Dürinc, Hawart und Winli schließen sich an.
Doch auch im Rittertum wird der Umschwung spürbar. So eigentümliche Gestalten wie Steinmar in der Schweiz – falls er überhaupt ritterlichen Standes war – oder Hetzbold von Weißensee und Günther von
dem Forste in Thüringen sind erst in der Spätzeit möglich.

Wir stellen auch hier Konrad von Würzburg voran (vgl. dazu
auch S. 363 ff.). Der große Formvirtuose hat sich in verschiedenen Gattungen versucht; neben Spruchserien stehen 22 Minnelieder, zwei Tagelieder und je ein weltlicher und ein religiöser Leich. Hier beschäftigen
uns zunächst die Minnelieder. Ganz unzweifelhaft ist Konrad von Neifen und Winterstetten ausgegangen, um daraus etwas Eigenes zu entwickeln. Natur und Minne sind einziger Inhalt, der Natureingang ist
bis auf eine Ausnahme (Nr. 28) obligatorisch, das elegante Spiel von
Rhythmik und Reim, wie zu erwarten, vollkommen beherrscht, Refrain
ist in fünf Liedern verwendet. Die Wiederholung der Stollenrhythmik
im Schluß des Abgesanges ist schon fast völlig durchgeführt. Es gibt
eine Reihe von Liedern, die in ihrer Formkunst kaum über das hinaus-
gehen, was schon von Neifen und Winterstetten entwickelt war. Daneben aber treten immer kunstvollere Formen auf, verschlungene
Rhythmen- und Reimspiele, die freilich bei diesem empfindlichen
Rhythmiker selbst bei Schlagreimen nicht zu der sinnzerreißenden Zer-
hackung der syntaktischen Bindungen führen, wie wir sie bei Winterstetten und manchem seiner Nachahmer finden. So steigert sich Konrads virtuose Spielfreude bis zu eigentlichen Kunststücken, die nur noch
ein Jonglieren mit Worten und Klängen sind. Lied 13 hat nicht nur das
Spiel des Schüttelreims gefunden (*blüete guot/ güete bluot*; *flüete wuot / wüete
fluot* usw.), sondern damit auch noch grammatische und rührende Reime
verbunden. Lied 23 baut Reimketten mit 16fachem Reim. Den Gipfel bilden dann die Lieder 26 und 30, die schon oben S. 28 f. bei der Behandlung von Konrads Gesamtwerk als Beispiele seiner virtuosen Kunstfertigkeit behandelt sind.

Der konventionelle Gehalt bleibt für Konrad verbindlich. Auch hier
geht er von Neifen und Winterstetten aus. Doch nur wenige Lieder, vor
allem Nr. 27 und 28, sind wie dort die persönliche Minneklage des Dichters und verwenden auch sparsam das Vokabular der Neifenschen
Schönheitsbeschreibung. Aber verglichen mit anderen Dichtern aus Neifens Nachfolge vermeidet Konrad diese Terminologie; denn im ganzen

dienen seine Lieder nicht der einzelnen Frouwe. Das gesellige Spiel des Minnedienstes hat der verheiratete Bürger Konrad persönlich offenbar nicht mitgespielt. Die Menge seiner Lieder gilt dem allgemeinen Preis der Frauen, mehr noch dem Preis der Minne. Die Erscheinung der Frau bleibt ganz blaß; nur die üblichen Epitheta *reine, guot, süeze, minneclîch* fallen dem großen Sprachkünstler hier ein. Sein Frauenpreis sucht mehr die geblümte Metaphorik als die Anschauung: *bernder wunne ein meienrîs*; *heiles wünschelrîs*; *berndez minnezwî*; *leitvertrip*. Überhaupt ist ihm wesentlicher als die Frau selber die Lust der Minne, die durch die Frau erweckt wird, und Minne ist ihm nicht Dienst, Werben, Sehnen, sondern eine zarte, delikate Sinnenlust in liebender Vereinigung. Aus Natur und Minne, Sommerwonne und Liebeslust erfließt ein sanft beseligendes, schattenloses Wonnegefühl, für dessen leidenschaftslose Lieblichkeit dieser Meister des Sprachklanges in seinen schmeichelnd schwebenden Rhythmen und Reimspielen den vollkommenen Ausdruck findet.

In dem traditionellen Zweiklang von Natur und Minne ist ihm indessen die Natur wichtiger und offenbar unmittelbarer zugänglich. Die Naturteile seiner Lieder sind weit mehr als durchschnittliche Natureingänge. Sie haben Bedeutung in sich. In manchen Liedern sind zwei der drei Strophen der Natur, nur eine dem Preis der Minne gewidmet, in anderen flicht sich, seinem dichterischen Erlebnis gemäß, der Preis der Natur und der Minne durch das ganze Gedicht ineinander, und höchster Ruhm der Frau ist es, wenn Konrad sie mit den Blumen vergleicht oder über sie erhöht. Wer im Winter *mit herzeliebe jârlanc spilnder wunne pfliget,* der klagt nicht über Lilien und Rosen, der vergißt die *zîtelôsen* (Krokus), dem ist besser zumute als beim Pflücken von Veilchen. Frauen soll man mehr preisen als Blumen und Vogelsang, singt er in Lied 12.

Das Naturbild Konrads bleibt das traditionelle Bild mit den konventionellen Ausdrucksmitteln, die er vorgebildet fand; hier so wenig wie sonst ist er ein Neuerer. Er kann es dank seiner Sprachmächtigkeit nur reicher nuancieren. Selten haben wir den Eindruck, daß Konrad einen eigentlich neuen Zug einsetzt. Meines Wissens ist er der erste, der im Natureingang eines Minneliedes Quellen aus Felsenspalten entspringen läßt (Lied 7), was aus dem Naturbild des *locus amoenus* der Pastourelle oder des allegorischen Spaziergangs übernommen ist, und es ist bezeichnend für die Macht literarischer Traditionsgebundenheit, daß weder Konrad selber noch einer seiner Nachahmer dieses Wagnis wiederholt haben. Die personifizierende Metaphorik im Naturbild, die zuerst von Neithart als Kunstform gepflegt worden war, hat Konrad, den bilderreichen, nicht gereizt; er bleibt meistens bei dem konventionellen Bilde des Kleidens oder Entkleidens der Bäume, des Waldes, der Heide. Ihm geht es mehr um die unmittelbare Impression; zumal die bunte Blumenfülle, der Farbenrausch des sommerlichen Planes haben es ihm angetan. Wie

die weißen Blüten aus dem schwarzen Dorn brechen – dies glückliche
Augenerlebnis, das sein dichterisches Eigentum ist, hat ihn offenbar hoch
entzückt, und ihm gelingt zuweilen etwas von so unmittelbarer Wirkung
wie der reizende Eingang des auch rhythmisch höchst anmutigen Liedes
20 mit den im Tau sich entfaltenden, von den Vögeln besuchten Blüten-
knospen. Indem er die persönliche Minneklage aufgibt, entbindet er den
Natureingang von seiner alten Aufgabe, in Zusammenklang oder Kontrast lediglich Resonanzboden innermenschlicher Gefühlsbeziehungen
zu sein. Es ist wohl kein Zufall, daß eines seiner beiden Minneklage-
lieder (Nr. 28) das einzige ist, das auf den Natureingang gerade verzichtet. Die Natur wird frei zum eigenen, unmittelbaren Erleben. Die konventionellen, zeichenhaften Farb- und Klangeindrücke, die Linde, die
Blume, die Vögel genügen ihm noch, in variierender Entfaltung sein
Naturempfinden auszudrücken, sie schließen sich nicht zum Realerlebnis
von Garten, Wiese, Landschaft, von Stimmung und Beleuchtung zusammen. Aber die Natur tritt nun doch als ein selbständiges Element eines lustvollen Lebensgefühls neben die Minne, ja sie überwächst sie, wird das we-
sentlichere Element – der Weg zum reinen Naturgedicht scheint geöffnet.

In Lied 7 stehen nebeneinander das grüne Gras, die gelben Krokus,
die roten Rosen, die blauen Veilchen, die weißen Blüten am schwarzen
Dorn, und Konrad faßt das zusammen: *die sehs varwe treit der walt.* Der
gelehrte Mann tritt hervor, der gewichtig aufzählt. Die Lehrhaftigkeit
des bürgerlichen Literaten wird ein Element in der Minnelyrik. Wir dürfen sie im Bild von Konrads Lieddichtung nicht vergessen. Gerade
Lied 20 mit seinem reizenden Naturbild, geht dann zur Warnung vor
Falschheit in der Minne über, und alsbald stellt sich ein realistisches Bild
ein, der diebische Nachbar, das in den Stil des Spruches, nicht aber in
Konrads lyrischen Stil gehört. Stärker wird dasselbe in Lied 17 spürbar,
in dem der Dichter den Wunsch ausspricht, edle Frauenminne möge
argen herren so wohl bekommen, wie ein *stift* (Stachel, Dorn) einer Zehe.
Vollends das Lied 23 travestiert das Minnelied in den Lehr- und Scheltspruch. Sein leichter Rhythmus aus kurzen Reimketten ist der des Tanzliedes. Mit einer Sommerstrophe beginnend, geht es, wie ein Minnelied,
zur Klage des Herzens über. Aber ganz unerwartet gilt diese Klage nicht
dem Minneleid, sondern der Schande der reichen Herren *umb den Rîn.*
Diese Grenzverwischung zwischen Lied und Spruch, die nicht nur den
Inhalt, sondern auch den Stil und die Wortwahl betrifft, finden wir bei
Konrad nicht allein. Doch scheint mir, daß er, der ebensosehr Meister des
Liedes wie des Spruches ist, der bewußte Erfinder dieser Vermischung
gewesen ist, deren Reiz in der unerwarteten Dissonanz liegt.

Als Lyriker hat Konrad viel weniger Schule gemacht als in der Epik.
Unter den späten Spruchdichtern steht eigentlich nur der Kanzler (Kr.

Nr. 28), den man mit einem gleichnamigen Schulmeister der badischen Stadt Offenburg (1312 und 1323 belegt) identifiziert hat, in einem unmittelbaren Abhängigkeitsverhältnis zu Konrad von Würzburg. Der tüchtige, formal nicht ungewandte Mann hat gewiß nicht die literarische Breite Konrads, auch nicht die souveräne Beherrschung der rhythmischen und sprachlichen Mittel. Die unverkünstelten, flüssigen Strophen aus sieben bis zehn Zeilen in einigen seiner Lieder sind ihm wohl gemäßer als die kunstvollen Spielformen, die der Zeitgeschmack und sein dichterischer Ehrgeiz ihm abverlangten. In der langen Reimkette von Lied XIII – 20 Zeilen auf einen einzigen Reimklang gestellt – in dem Schlagreimwirbel von Lied XIV erkennen wir das Vorbild Konrads von Würzburg wieder. Dessen blühende Sprachfülle erreicht der Kanzler nicht; er ersetzt sie durch Rhetorik, namentlich durch Ketten von Anaphern, die den Eindruck der eindringlichen Ergriffenheit erwecken sollen. Im Aufbau seiner Lieder folgt er wieder ganz Konrad. Einem sehr ausführlichen Natureingang, der doch Konrads Farbigkeit nie erreicht, schließt er den Preis von Frauen und Minne an, der wie der Konrads ohne eigenen Minnedienst im Allgemeinen gehalten ist. Von ihm hat er den Zwieklang von Natur und Minne, den Preis der Frau durch Überhöhung über die Sommerwonne und Blumenlust gelernt. Seine Vorstellung von Minne ist biederer, weniger sinnenhaft als die des Würzburgers; sie ist *dienest*, der doch nicht mehr meint als artige Huldigung in einer angenehmen Geselligkeit. Mit Konrad teilt der Kanzler endlich die Neigung, ins Spruchhafte umzuschlagen und dann realistische Bilder einzuflechten. Das virtuose Reimspielgedicht XIII geht über Natureingang und Minnepreis zu der *arebeit* über, die der Dichter duldet. Aber diese ist, wie in Konrads Lied 23, überraschend nicht das erwartete Minneleid, sondern die Schande der *kargen*, und mit einem spruchgemäßen Bild ist Schande stark wie ein Elefant, versteckt sich Milte wie ein Fasan.

Sein Berufsgenosse, der Schulmeister von Eßlingen (Kr. Nr. 10, vgl. S. 432; 462), wird durch seine scharfen Invektiven gegen Rudolf von Habsburg zeitlich festgelegt. Er ist fast ausschließlich Spruchdichter und als solcher ein Mann mit Profil. Die beiden Minnelieder, die wir von ihm kennen, bleiben dagegen mit Natureingang und Minneklage thematisch im gewohnten Gleise. Und so leidenschaftlich der Stil des politischen Pamphletisten in seinen Sprüchen gegen Rudolf von Habsburg ist, so frostig zurechtgemacht ist der geschraubte Stil der beiden Minnelieder. Das zweite (Nr. VII) ist dazu noch eine durchgeführte Allegorie. Wie die Natur eine Kleidung trägt, die der April angemessen, der Mai zugeschnitten hat, so trägt seine Frouwe eine noch viel herrlichere Kleidung, die sowohl von Tugenden wie aus Tugenden gefertigt ist. Er aber ist nackt und bloß; darum soll die Frouwe ihren Mantelzipfel um ihn schlagen, was als ein *umbevâhen* angedeutet wird, und ihm dieses Kleid *volleclîch* zumessen.

Hier lassen sich zwei weitere Dichter rasch anschließen, von denen wir vermuten, daß sie bürgerlichen Standes waren, von denen wir aber nicht mehr wissen als die Namen: der Dürner und Winli. Den ersten hat man im Schwäbischen gesucht, den zweiten wegen der Namensform für einen Schweizer gehalten. Vom Dürner (Kr. Nr. 9) besitzen wir ein einziges Lied, das in der breiteren Ausmalung der Neifenschen Schönheitsformeln und in der Traumallegorie vom Rosenbaum, dessen Äste den Dichter umfangen, den blümelnden Spätling verraten. Von Winli (Schw. M. Nr. XV) besitzen wir acht Lieder, darunter das Fragment eines Tageliedes, die ihn als einen Nachahmer von Konrad von Würzburg erkennen lassen. Virtuose Reimspiele und die Ausformung der Natureingänge weisen auf den Meister hin. Inhaltlich freilich bleibt es bei der Klage um unerwiderte Minne in starker Sentimentalisierung.

Als letzten in der Gruppe gelehrter Literaten, die neben dem Spruch auch den Minnesang gepflegt haben, nennen wir den Marner, obwohl er rein chronologisch wohl der älteste ist. Dieser Schwabe, der in der Tradition, nicht aber in der handschriftlichen Überlieferung den Namen Konrad trägt, muß eine gelehrte Schulbildung genossen haben, denn er verstand auch lateinisch zu dichten. Neben einem lateinischen Spruch, der die sieben Artes und den auf ihnen aufbauenden höheren Studiengang (Theologie, Naturkunde, Medizin, Metaphysik, *Nigromanzie*, Alchimie) aufzählt, hat er ein für seine Chronologie wichtiges Preisgedicht auf den Propst Heinrich von Maria Saal verfaßt, dessen im Jahre 1231 erfolgte Wahl zum Bischof von Seckau er darin propagiert. Er ist ein landfahrender Mann gewesen, ein *clericus vagans*, der sich der deutschen Dichtung zugewendet hat, hochmütig in giftige literarische Fehden verwickelt. Er hat es, obwohl verheiratet, offenbar nicht, wie Konrad von Würzburg, zu dauernder Seßhaftigkeit gebracht. Als blinder alter Mann wurde er ermordet, wie eine Klagestrophe Rûmelants von Sachsen auf seinen Tod berichtet.

Wir besitzen von dem Marner neben einer Fülle von Sprüchen acht lyrische Gedichte, darunter zwei Tagelieder. Wenn er Walther von der Vogelweide seinen Meister nennt, so hat er ihn natürlich gekannt, einzelne Formulierungen von ihm gelernt, aber sich nicht eigentlich an ihm gebildet. Seine wirklichen Meister im Minnelied sind vielmehr formal wie stilistisch Neifen und Winterstetten. Auch die Sommertanzstrophe IV, 1 ist in ihrer Thematik keine unmittelbare, sondern eine über Winterstetten gegangene Neithartnachfolge. Die vier reinen Minnelieder IV, V, VII, VIII haben den Neifenschen Aufbau aus Natureingang und Minneklage. Am eigentümlichsten ist der Natureingang in Lied V, wo der gelehrte Mann die Freude der Natur als Freude der vier Elemente beschreibt. Gemischte Daktylen und Jamben zeigen tänzerischen Rhythmus, Lied IX und z. T. Lied V haben Refrain. Die zuweilen kunstvoll verschleierte Wiederholung des Stollens oder wesentlicher Stollenteile im Schluß des Abgesangs deutet auf späte Kunstübung. Die Minneauffassung ist sensualistisch (z. B. Lied IX und X), die Terminologie der niederen Minne (*minnemüemel* VII, 2) spielt ein. Mit Konrad von Würzburg teilt er die Neigung zu didaktischer Wendung im Gewand des Minneliedes mit realistischen Bildern aus der Sphäre der Spruchdichtung: Zucker ist süß, aber Senf beißt in die Augen; das Hermelin ist weiß, hat aber einen schwarzen Schwanz; am weichen Finger steht ein harter Nagel vor (Lied X).

Mit all diesen einheitlich zusammenhängenden Merkmalen kommt man für die Lyrik des Marner, isoliert betrachtet, in die Zeit nach der Jahrhundertmitte. Das führt zu einer chronologischen Schwierigkeit. Das lateinische Gedicht auf Heinrich von Maria Saal ist zeitlich sicher auf 1230/31 festgelegt. Es besteht kein Grund, die Überschrift *Marner* in den Carmina Burana, die das Lied überliefern, zu bezweifeln, zumal ein deutsches Gedicht (Nr. X Str. 1–2) fast genau die gleiche Strophenform verwendet. Damals also mußte der Marner schon ein erwachsener Mann, mindestens ein begabter Student gewesen sein. Verlegen wir seinen Minnesang in die Zeit des Maria Saaler Gedichtes oder gar noch davor, so käme dem Marner eine sehr bedeutsame Stellung in der Geschichte des Minnesangs zu. Er wäre der erste bürgerliche Wanderdichter, der schon so früh die adlige Kunst des Minnesangs usurpiert und sie selbständig weiterentwickelt hätte und er stände neben Neifen als einer der Schöpfer des „neuen Stils“, und die zahlreichen Beziehungen zu Winterstetten und Konrad von Würzburg, die der Herausgeber Strauch gesammelt hat, müßten dazu führen, in dem Marner einen Vorläufer und Lehrer dieser bedeutenden Lyriker zu sehen. Zu so hoher Bewertung geben die erhaltenen Minnelieder des Marner keinen Anlaß.

Nun besteht die auffällige Tatsache, daß zwischen jenem lateinischen Frühgedicht und dem nächsten leidlich sicher datierbaren Gedicht des Marner, einem Spruch auf Hermann von Henneberg (XV, 4), der wohl 1247 entstanden sein könnte, eine lange Lücke des Schweigens klafft. Die Mehrzahl seiner politischen Sprüche setzt das Interregnum voraus, der letzte datierbare Spruch, auf Konradin, fällt in das Jahr 1267. Als deutschen Dichter brauchen wir uns den früheren Lateinschüler nicht vor dieser Zeit zu denken. In der wichtigen Programmstrophe (XV, 14) zählt er auf, was das Publikum von ihm zu hören verlangt. Es sind meist Stoffe der Heldendichtung, also epische Lieder oder Kurzepen, die neben den großen Buchepen lebendig waren. Aber er sagt auch, daß manche nichts anderes hören wollen als *hübschen minnesanc*. Auch dieser also gehörte ins Vortragsprogramm des wandernden Dichters, wie wir ja auch von den Liederheften wissen, die solchen Wandersängern gehört haben. Er scheint mir daher erwägenswert, daß diese gewandten Leute solche

Minnelieder für ihren Vortrag selber verfertigten und daß auch der Marner das getan hat. Seine Minnelieder wären dann reine Programmdichtung aus der Zeit, da wir ihn auch sonst als wandernden Dichter nachweisen können, verfaßt in dem damals modernen Stil der Neifen, Winterstetten und auch schon Konrads von Würzburg. Ihnen fehlt auch noch die letzte Verbindlichkeit, die gesellschaftliche, die für den adligen Dilettanten noch bestand. Sie sind nur noch angefertigt, mit dem Geschick, das ein gewiegter und begabter Dichter und Vortragender wie der Marner für diese Aufgabe mitbrachte.

Bei eigentümlicher geprägten Persönlichkeiten wird es nicht so leicht angehen, die Minnelyrik als Nebenleistung aus ihrem Gesamtwerk herauszulösen. Bei jenem Manne, der sich der Wilde Alexander (Kr. Nr. 1) nennt, ist nur aus Minnelied, Spruch und religiösem Gedicht ein Gesamtbild der dichterischen Persönlichkeit zu gewinnen. Der Name ist ein Dichtername, wie die wandernden Literaten sich ihn beilegten, doch schon die Namenwahl hebt ihn eigentümlich aus der Schar der Zunftgenossen heraus. Wie man ihn auch deute – ein wandernder Dichter, der den weltdurchfahrenden Eroberer Alexander zum Namenspatron wählt, bezeugt damit ein hohes Selbstbewußtsein. Er ist kein *Rûmelant* oder *Suchenwirt*. So fehlen unter seinen Sprüchen ebensosehr die Bittsprüche wie die Scheltsprüche, und er steht außerhalb des neidischen Gezänkes seiner Artgenossen. Er weiß von den Nöten des wandernden Lebens, aber er vermag sich mit jenem überlegenen Ingrimm damit auseinanderzusetzen, wie wir ihn aus manchen Sprüchen Walthers (Tegernseespruch) kennen. In Spruch II, 16 schildert er seinen Zustand als den eines Mannes, der vom Pferd in eine trübe Pfütze gefallen ist, aber keiner hilft ihm, und man lacht ihn nur aus. Doch löst er die Bitternis ins Spiel durch das durchgeführte Jonglieren mit rührendem Reim. In einem zweiten Spruch (II, 24) überwindet er ein peinliches persönliches Erlebnis ironisch, indem er es mit einem ähnlichen Erlebnis Gaweins im Wigalois vergleicht. Alexander wird vom Selbstbewußtsein des Künstlers getragen. Für ihn ist „Kunst" nicht *ars* im Sinne der Schulgelehrsamkeit wie bei vielen der bürgerlichen Literaten. Sie ist in der Tat die Kunst des Sanges, von Königen einst gepflegt, jetzt zwar *durch der werlde unmüezekeit*, das eilige Gewinnstreben der Welt, herabgesunken und in der Hand einer *armen diet* auf Mäzenatentum angewiesen, aber ihres königlichen Ursprungs bewußt und fähig, wieder zu ihm emporzusteigen (II, 12/13). Es ist ein Kunstbewußtsein, dem Wolframs verwandt. Er ist kein gelehrter Dichter; seine Dunkelheit ist nicht die des Mannes, der tiefgründiges Wissen zur Schau trägt, sie ist die dunkle, geblümte Stilform der Spätzeit wie die des ritterlichen Dichters des Jüngeren Titurel.

Seiner Sprache nach hält man diesen Dichter für einen Alemannen. Sein Spruch II, 4 wird in seiner Bilderverrätselung mit Recht auf Ereignisse der Jahre 1285 bis 1288 gedeutet und damit seine Lebenszeit auf die Zeit vor der und um die Jahrhundertwende festgelegt. Dem entspricht die Weltuntergangsstimmung, die durch seine Gedichte geht. Der Spruchkomplex II, 17 bis 21 kreist um das Erscheinen des Antichrist. Die schöne Strophe IV, 1 mit dem Einsatz *Sion trûre* ist in ihrem apokalyptischen Ton vielfach dunkel, aber der Verfall der Wehrmauern der Burg Sion, das Herausbrechen des *ortsteines*, der sie zusammenhält, die ganze Gerichtsstimmung, in der die Strophe ausklingt, das ist doch wohl unter dem Eindruck des Falles von Akkon (1291) entstanden und ein Widerhall der Erregung, die dieser Zusammenbruch eines politisch-religiösen Hochzieles zweier Jahrhunderte in der ganzen Christenheit hervorrief. Es ist etwas von der Stimmung von Walthers Weckruf 13,5 darin – namentlich denkt man an die zweite Strophe. Der späte Dichter ist in der Form kunstvoller, im Stil dunkler als Walther, aber die Höhe des echten dichterischen Pathos, das Gefühl des säkularen Vorganges ist ihnen gemein, dort noch Aufruf zur Tat, hier nur noch Trauer über den Zusammenbruch.

Auch das berühmte „Kindheitslied" Alexanders mit den erdbeersuchenden Kindern im Walde endet ja mit dem Hinweis auf die törichten Jungfrauen und mit dem Gerichtsbilde. Wieder wird man an Walther erinnert. Denn das Gedicht beginnt wie Walthers Elegie mit dem Rückblick des alten Mannes auf die Jugend. Auch hier hat sich die Welt verwandelt. Nur sieht der Dichter der Spätzeit anders, enger, und wir dürfen wohl sagen: individueller. Er sieht nicht die Landschaft – der greise Walther ist wohl der erste, der wirklich „Landschaft" zu erfassen vermochte. Er sieht die Wiesen, wo sie als Kinder Veilchen pflückten und wo jetzt – eine viel realere Antithese – Rinder weiden. Die Kindheitsbilder sind nicht unmittelbar, sondern nach literarischen Mustern stilisiert. Veilchenpflücken, Kranzwinden und Tanz sind Elemente des Neifenschen und auch Neithartschen Natureingangs, und für das Erdbeersuchen im Walde, wo die Schlangen lauern, hat Edward Schröder den literarischen Ursprung in Vergils dritter Ekloge gezeigt. Dennoch – die lebendige, wirklichkeitsvolle Zeichnung dieses Kindheitsidylls ist ein neuer, eigener Ton, eine der lieblichsten Entdeckungen der Wirklichkeit in der Dichtung dieser Zeit. Doch darf man nicht vergessen, daß das idyllische Bild nicht um seiner selbst willen da ist und da sein darf; es erhält erst Wert, weil es etwas bedeutet. Das Erdbeerlesen ist die Weltlust, die sie alle „befleckt" hat, die Schlangen sind die Sünde, die Stimme des Hirten ruft warnend, den Wald, d. h. die Welt, beizeiten zu verlassen. Und das drohende Bild der törichten Jungfrauen, das etwa gleichzeitig zum Stoff eines erschütternden Weltgerichtsdramas wurde, schließt dieses Lied ab.

Allenthalben spüren wir bei diesem fahrenden Manne eine echte innere Beziehung zu Walther, zur hohen Ritterzeit überhaupt. Er liebt das ritterliche Bild. Sein schönes Weihnachtslied (I) kennt nicht das Idyll der Krippe mit Mutter und Kind. Er sieht Christi Erscheinen auf Erden als das des Helden auf dem Kampfplatz, den menschlichen Leib als das Kriegsgewand, die Engel als lobsingende Gefolgschaft, die den *iungelinc* zum „Ringe" geleitet; nur die letzte Strophe gilt dem Wunder der jungfräulichen Geburt. Wie er sich bei dem peinlichen Erlebnis vor Burgau als Ritter Gawein sieht, so liebt er auch sonst ritterliche Wendungen. Im Minneleich und in Lied VI erlebt er sich als *schiltgeverten* der Minne, und er spinnt das Bild des von seiner Frouwe nicht erhörten Mannes als eines einsam unterm Schilde reitenden Ritters weit aus. Ja, das Bild neu wendend, teilt er der Minne einen Schild zu, unter dem manch einer turniert hat, und auf dem im roten Feld Amor als Schildzeichen steht. Die Frage scheint mir nicht unberechtigt, ob dieser „Fahrende" wohl nicht nur der Gesinnung, sondern auch dem Stande nach ein Artgenosse Walthers gewesen ist.

Im Werke des Wilden Alexander ist die Minnelyrik nur ein Teil und gegenüber der religiösen Dichtung nicht der wichtigste. Zwei Lieder, eine Gegenstrophe gegen die Sion-Strophe und der Leich sind alles, was wir von ihm auf diesem Felde besitzen. Die Lieder sind nicht seine bedeutendsten Leistungen. Sie verwenden den blumigen Spätstil; das eine (Lied III) häuft in Strophe 3 kostbare Epitheta, in Strophe 4 Neifensche Schönheitsformeln und überlädt Strophe 5 mit der Anapher von *wol mich*. Das andere (Lied VI), das lange Leid der Trennung nach kurzen Tagen der Freude besingend, spielt mit den modernen Erscheinungen von Brief und Urkunde: die Minne wünscht, daß er von seinem Leid „schreibe" und beruft sich für die Notwendigkeit des Minneleides auf ihren Privilegienbrief, in dem dieses als ihre Pflicht verzeichnet sei. Der Minneleich aber schlägt in die Gattung der Allegorie. Amors Bild auf dem Schilde der Minne wird genau beschrieben und daran die *glôse*, die Auslegung in allen Einzelheiten, angefügt, und Alexander führt den *dôn*, den Klagegesang der Minne qual, auf den Trojaner Paris zurück.

5. THÜRINGEN UND DER OSTEN

Zu der Zunft der bürgerlichen Fahrenden dürfte ein Dichter gehören, den die Handschrift den Dürinc (Kr. Nr. 8) nennt. Er war wohl wirklich ein Thüringer, den seine Wanderungen nach Süddeutschland geführt haben. Denn im Gegensatz zu einer gleich zu behandelnden Gruppe thüringischer Dichter gehört er nach Form und Stil zu den Nachfahren Neifens und ist dann unter den entscheidenden Einfluß von Konrad von Würzburg geraten. Er kann sich in den einfacheren, glatten Formen der Neifenschule bewegen (Lied VI und VII) mit Natureingang und Minneklage, mit dem ausgeführten Bild des roten Mundes als Rose und getragen von der Formelwelt des klassischen Minnesangs. Doch bedeutet ihm Kunst in der Regel ein künstliches Formspiel an einem unerheblich gewordenen Inhalt. Die sichere Leichtigkeit Konrads fehlt ihm; das Zerreißen des syntaktischen Gefüges, ja selbst des Wortgefüges durch die überreichen Binnen- und Schlagreime scheint für ihn fast ein Formprinzip zu sein. Wie ein gewolltes Übertrumpfen des Konradschen Reimkunststücks in Lied 30 wirkt sein Lied I, in dem Silbe um Silbe gegenläufig reimt, die erste mit der letzten, die zweite mit der vorletzten und so fort, bis sie sich in der Mitte treffen. Bild und Sprache sind bei ihm verschnörkelter als bei Konrad, mehr dem dunklen Stil zugeneigt. Dem Satzbau um des Verses willen Gewalt anzutun, wird so wenig als Mangel empfunden wie die schweren Enjambements. Es gehört zu dem Sonderbaren und Ungewöhnlichen, das gesucht wird. Die inhaltlichen Kulissen sind bei ihm anders gestellt als bei Konrad. Natur bedeutet diesem Dichter wenig, Minne gilt der individuellen Frouwe, nicht dem weiblichen Geschlecht. Doch mit gleicher, innerlich unberührter Kunstfertigkeit wird das Leid der unerfüllten wie das Glück der erfüllten Minne behandelt. Ob nicht auch dies alles bestellte Ware ist?

Es scheint, als habe der Minnesang in Thüringen eine späte Renaissance erlebt, und vielleicht wüßten wir mehr davon, wenn die Jenaer Liederhandschrift den Minnesang nicht so ganz zugunsten des Spruches vernachlässigt hätte. Ihr fürstlicher Besteller stand also nicht in der Tradition der thüringischen Minnedichtung. Wohl aber mag der Markgraf Heinrich von Meißen in seiner langen Regierungszeit (1218 bis 1288) das Interesse seines Vaters geerbt und fortgeführt haben, und wie er selber sich als Minnesänger vernehmen ließ, mag er auch anregend und schützend über der Kunst in seinem Bereich gestanden haben. So darf man hier wohl noch einmal eine landschaftliche Gruppierung vornehmen. Es sind die Namen: Günther von dem Forste, Wahsmuot von Mühlhausen, Kristan von Luppin und Heinrich Hetzbold von Weißensee. Dazu kommen einige ost- und norddeutsche Fürsten, die selber den Minnesang gepflegt haben, und endlich als letzter Heinrich Frauenlob aus Meißen.

Günther von dem Forste (Kr. Nr. 17) ist in seiner zeitlichen Einordnung ebenso umstritten wie in seiner geographischen. Diese letztere ist durch den Nachweis einer Menge thüringischer Reime wohl endgültig entschieden; die frühere Verlegung nach Bayern ist aufzugeben. Zeitlich scheint mir die eigentümliche Umbildung des Tageliedes (V.) in ein halb episches, halb didaktisches Zwiegespräch entscheidend für eine späte Datierung zu sprechen, die darum nicht gleich das 14. Jahrhundert zu sein braucht. Dieser Thüringer steht außerhalb des Strahlungsbereiches von Neifen, Winterstetten und Konrad von Würzburg. Er dichtet schlicht im Tone Walthers und Reinmars fort und gehört insoweit zu der Gruppe der Nachfahren der Wiener Schule. Das verbietet einen zu späten Ansatz; es macht auch wahrscheinlich, daß Günther ritterlichen Standes war. Aber seine Hinwendung zur Gesellschaft ist eine andere als die Reinmars, der sich in der Pose des Ratlosen oder Mißverstandenen gefällt. Günther sieht nur ein Publikum, dem er berichtet, so im Tagelied (vgl. S. 348 f.), so auch im Traumlied VI. Endlich ist auch Lied IV in seinem Bau, einem daktylischen Reimpaar und einem breiteren jambischen Refrain, und in seinem Inhalt, der eigentlich nichts ist als eine leichte Kette von 12 preisenden Epitheta, aus der Wiener Schule nicht ableitbar, sondern ein jüngerer Spieltyp.

Wahsmuot von Mühlhausen (Kr. Nr. 61) ist jedenfalls Mitteldeutscher, am wahrscheinlichsten nach der thüringischen Stadt Mühlhausen benannt. Der Eingang von Lied IV verrät gelegentliche Bekanntschaft mit dem geblümten Schwulst der Spätzeit; man wird Wahsmuot etwa für einen Zeitgenossen Konrads von Würzburg und wegen der Anrede *juncherrelîn*, die das Mädchen in Lied II an ihn richtet, für einen Mann ritterlichen Standes halten dürfen. Dem Neifenkreise steht er fern; nur eines der fünf Lieder (V) hat Natureingang, und auch dieser ist nicht im Neifenstil. Seine Schönheitsformeln sind anders als die Neifens (gelbes Kraushaar, schneeweiße Kehle) und stehen anders im Gefüge. Seine Minne ist nicht galante Konvention wie im Neifenkreise, nicht Klage, sondern Drang. Drang sinnlicher Leidenschaft und brennender Verehrung. Beides erklingt in Tönen echter Beseligung; die sanfte Glut des Kusses ist erlebt, nicht nur geredet, und selbst eine so abgegriffene Hyperbel wie: wäre ich König, ich gäbe meine Krone um sie, gewinnt wieder Leben. Ihre Liebe ließe ihn auffahren und sich in der Sonne verjüngen wie der Adler. Sie leuchtet klarer als die Sonne, und Lied V wagt einen an Blasphemie grenzenden Einbruch in die religiöse Bildwelt. Jeder Stropheneinsatz mit seiner dreifachen Anapher *(sumer, sumer, sumerzît)* ist Aufschwung. Die zweite, einsetzend *Frouwe, frouwe, frouwe mîn*, macht aus dem Dreiklang eine Trinität, wagt die trinitarische Formel *du bist diu drî und bist du ein* und spinnt den Gedanken weiter zu Maria hinüber: *du bist diu vierde diech dâ mein*. Doch naht er der Frouwe auch menschlich in dem Gesprächslied II, in dem sie die *huote* von Vater und Mutter beklagt, die es ihr unmöglich macht, ihn *ûz arebeiten zu læsen*, und ihn zur Geduld mahnt. Hier ist sie also Mädchen und redet ihn als *juncherrelîn* an. Man wird bei Wahsmuot schwerlich textliche Beziehungen zu Morungen nachweisen können, und doch ist etwas von der Leuchtkraft und verehrenden Hingabe Morungens in seinen Liedern.

Auch Kristan von Luppin (Kr. Nr. 31), in Rotenburg bei Kelbra am Kyffhäuser zu Hause und zwischen 1292 und 1312 urkundlich bezeugt, ist nicht einfach in die Neifennachfolge einzuordnen. Weit weniger originell als Wahsmuot bewegt er sich in den rhythmischen und stilistischen Formen der Spätzeit, mit Mischung von Daktylen und Jamben, mit Binnen- und Schlagreimen, mit den Neifenschen Schönheitsingredienzien. Doch wirken seine Lieder exaltierter als die der süddeutschen Epigonen, mit einem gewaltsameren und zugleich kälteren Minnefuror als Wahsmuot. Auch Kristan wagt kühne Hyperbeln. Nur um ihretwillen möchte er ins Himmelreich kommen, erringt er sie aber schon hier, so bliebe er lieber auf Erden und überließe Gott die Würdigen (Lied I). Klingt die Zeile *wirt si mir niht hie, secht, sô wirt sie mir dâ* nicht wie eine Verplattung von Morungens letztem Liede (vgl. Band II, S. 281 f.)? Und wenn die Dame darauf antwortet: „Wenn er töter als tot stürbe, ich tröste ihn nicht", so erscheint sie als eine nicht sehr *süeze senfte tôterinne*. Auch bei Luppin scheint ein letzter flacher Nachhall von Morungen denkbar. Ich spüre ihn auch im Schluß des Liedes VII mit dem mehrfachen *jâ* wie in Morungens Lied 137,10, ich spüre es auch gelegentlich in seiner Rhythmik. Ein Stückchen späte Realistik klingt ein in Luppins wiederholter Faszination durch ihre Hände, die nicht nur weiß sind, sondern so weich, daß man sich keine Knochen darin vorstellen kann.

Der jüngste der Reihe endlich, Heinrich Hetzbold von Weißensee (nördlich Erfurt. Kr. Nr. 20), ist von 1312 bis 1345 bezeugt. In seinen acht Liedern lassen Rhythmus, Bildsprache und Text das Nachwirken Morungens auf Schritt und Tritt erkennen und bestätigen damit die bei Wahsmuot und Kristan angedeutete Traditionskette. Thüringen bleibt eine Morungenlandschaft. Der soeben gemachte Fund eines namenlosen Liedes im Morungenstil in den Kollektaneen des Rudolf Losse zeigt das erneut. Doch sind bei dem so späten Heinrich Hetzbold die Zeichen einer tiefen Umbildung des Minnesingens und Minnedenkens überaus deutlich. Den Schwung der Daktylen erkauft Hetzbold mit schweren Beugungen des Worttons; denn er gehört schon einer Generation an, die die Silben nicht mehr wog, sondern zählte, und bei allen Morungenschen Licht- und Freudentönen ist Minne in biedere Bürgerlichkeit umgedeutet. Die Geliebte ist zwar mit allen Merkmalen der Frauenschönheit ausgestattet, die ihren Minnenamen *der Schœne Glanz* rechtfertigen. Aber dieser Glanz ist kein Morungenscher. Wenn *ir mündel vreche* so aussieht, als spräche es „fünf", wenn sie ein *zuckerkrûtken*, ein *trût herzen trûtken* genannt werden kann, wenn der Dichter ihre *grüebelîn* mit einem Hopfgarten vergleichen kann, so ist sie keine *Vênus hêre*, sondern eben ein *zertel*, ein reizendes Bürgerkind des Städtchens Weißensee, und wenn Hetzbold in Lied I seinen Namen nennt, so ist das nicht nur ein Bruch mit der Tradition, sondern abermals bürgerliche Sanktionierung eines wohlanständigen Werbens weit abseits von heimlicher Minne. Und nicht minder wird die Demutsformel bürgerlich handfest, wenn er sich in Lied I *ich tummer affe* nennt. Hier sind wir an der

Stelle, wo der Minnesang alles ritterliche *hôchgemüete* abstreift und jenen neuen Ton warmer, biederer Zärtlichkeit gewinnt, der durch das bürgerliche Gesellschaftslied erklingen sollte, bis hin zu Simon Dachs Ännchen von Tharau.

Der mittlere Osten Deutschlands erhebt in der Lyrik wie in der Epik und der religiösen Dichtung vernehmlich seine Stimme. Und hier geschah es – worauf in Bd. II schon hingewiesen wurde – daß die Sangeskunst, wie der Wilde Alexander es wünschte, wirklich von den „armen Leuten" zu den Königen und Fürsten zurückkehrte. Der geschmackvollen Epigonenkunst Heinrichs von Meißen ist schon in Bd. II, S. 344 f. gedacht. Die Reihe fürstlicher Minnesänger im deutschen Osten setzt sich fort in Herzog Heinrich von Breslau, König Wenzel II. von Böhmen, Otto IV. mit dem Pfeil, Markgraf von Brandenburg, und Wizlav von Rügen.

Von Herzog Heinrich von Breslau (1270 bis 1290; Kr. Nr. 23) sind uns zwei Lieder erhalten; seine Autorschaft ist wohl zu Unrecht bezweifelt worden. Lied I ist ein freundliches kleines Gedicht in einfachster Form, das zweite durchaus eigentümlich und, wie mir scheint, fürstlich gebildet. Der Dichter erhebt vor allen Instanzen – der Sommerlust, dem Mai, der Heide, dem Klee, dem Wald, der Sonne und vor Frau Venus – Klage gegen die hartherzige Geliebte. Alle versprechen ihm Hilfe und Rache; sie wollen ihr Sommer- und Minnelust versagen. Doch den Dichter ergreift Mitleid mit der zarten Geliebten. Er bittet um Gnade für sie, und der alte Topos: *lât mich ê sterben, sî genesen* wird zum effektvollen Schluß. Hier dichtet ein Mann, der selber Gericht zu halten und Gnade gegen Recht abzuwägen weiß, eine lebendige Gerichtsszene. Das Lied klingt wie eine Gegendichtung gegen ein namenloses Lied der Haager Liederhandschrift (Kr. S. 285), in dem der Dichter ebenfalls die Natur, den Winter, den Wind, den *sommergrüenen plân* gegen die hartherzige Geliebte aufruft, und das mit derselben Eingangsformel *Ich klage dir* einsetzt, dem aber die lösende Pointe der Gnadenbitte fehlt.

Wenzel II. von Böhmen (1278 bis 1305; Kr. Nr. 65), Sohn des großen Ottokar, ist jener Böhmenkönig, der deutsche Dichtung an seinem Hofe pflegte und Ulrich von Etzenbach protegierte. Damit ist seine literarische Geschmacksrichtung bestimmt; wir erwarten von ihm den preziösen Prunkstil, den seine drei Lieder zeigen. Lied III ist ein Tagelied. Das zweite steht offensichtlich in Dankesschuld zu Konrad von Würzburg: nach Wintereingang ein allgemeiner Preis der Frauen, die besser sind als sommerliche Rosen. Nur schreitet das Gedicht in schweren Rhythmen und Sätzen, wo Konrad virtuose Leichtigkeit hat. Sein Schluß aber nimmt auf Lied I Bezug, das in ungewöhnlicher Direktheit den Augenblick des gewährten Kusses preisend schildert, zugleich aber

sich einer Minne rühmt, die schonend „die Rose nicht brach, deren er
doch Gewalt hatte". Das zweite Lied widerruft solchen Stolz auf die
Josephsminne. Sie solle es ihm vergeben, aber wäre er mit ihr allein,
dann würde zunichte, wessen er sich im Liede vermessen hatte.
Den äußersten nördlichen Vorposten deutschen Minnesangs stellen
die Lieder des Fürsten Wizlav III. von Rügen (1302 bis 1325) dar,
eines Bruders der für deutsche Dichtung interessierten Königin Eufe-
mia von Norwegen, die deutsche Epen – zum ersten Male im Norden –
in epischen Reimversen übersetzen ließ. Im Kleinen wiederholt sich
hier, was in Böhmen geschehen war; ein ursprünglich slavisches Fürsten-
haus sucht auch literarisch Anschluß an die große deutsche Kultur. Lobsprüche zweier wandernder Dichter, des Goldener und des Frauenlob,
zeigen, daß deutsche Dichter hier Aufnahme und Anerkennung fanden.
Wizlav versucht sich in den beiden lyrischen Gattungen, im lehrhaften
und religiösen Spruch und im Minnelied. Beides wird er von dem
Manne gelernt haben, den er als seinen Lehrer preist, dem Ungelârten.
Der Name erweist ihn als einen Mann aus der Zunft der wandernden
Literaten, ein urkundlicher Eintrag in das Stralsunder Stadtbuch von
1300 bezeugt ihn als verheirateten Bürger in Stralsund. Doch ist er, wie
Konrad von Würzburg in Basel, ein in der Stadt ansässig gewordener
Zugewanderter. Er wird Wizlav die Kenntnis des späten oberdeutschen Minnesangs vermittelt haben, die dessen anspruchslose Lieder
verraten. Denn Wizlav beruft sich in Lied IV (HMS III S. 81) darauf,
daß *der Ungelârte* eine *senende wîse* gemacht habe, die ihm zum unerreich-
ten Muster gedient habe. Vor allem ist es die leichte, tänzerische Form
der Neifenepigonen, die Wizlav mit einem rührend unbehilflichen Eifer
nachzubilden bestrebt ist. Interessanter ist, daß ihm auch der Typus des
schlemmerischen Herbstliedes im Stil Steinmars vertraut ist, das er in
einem leider nur fragmentarisch erhaltenen Gedicht nachzuahmen versucht, und in dem Lied XII (HMS III S. 83) könnte man vielleicht sogar
einen Anklang an Hadloubs Klagen spüren, daß der Winter den angenehmen Anblick der im Sommer in leichter Kleidung lustwandelnden
Frauen versagt. Die Sprache macht Wizlav mehr Mühe als die nicht ungeschickte rhythmische Komposition. Er bemüht sich, die mitteldeutsche Literatursprache zu sprechen, aber sein heimisches Niederdeutsch
gerät ihm dazwischen. Zumal in den Reimketten, die er nach der Manier
Neifens und Winterstettens zu bilden versucht, kann er niederdeutsche
Formen nicht entbehren.

Demgegenüber dichtet Otto mit dem Pfeil, Markgraf von Brandenburg (1266
bis 1308; Kr. Nr. 42) in einfachen Formen. Seine sieben Liedchen, ein- bis dreistrophig,
zeigen anspruchslose, meist nur sechs- bis achtzeilige rhythmische Gefüge ohne kunstvolle Reimspiele. Dieser ganz unvirtuosen Art entspricht der Stil, freundliche Reminiszenzen an die Klassiker, Walther und – bei diesem Ostdeutschen – auch hier wieder

Morungen. Von dem Einfluß Neifens ist so viel da, wie in später Dichtung fast unvermeidlich ist. Die prononziertere Virtuosität Winterstettens oder gar Konrads von Würzburg ist ganz ohne Einfluß.

Zu diesen Fürsten oder doch zu diesen Fürstenhäusern des Nordostens stand Heinrich Frauenlob aus Meißen (gest. 1318) in Beziehung. Der Schwerpunkt seines Dichtens und damit sein Anspruch auf Dichterruhm liegt in seiner umfänglichen Spruchdichtung, die auf S. 466 ff. behandelt werden wird. Seine Minnelyrik ist nur Gelegenheitswerk eines Mannes, dessen Ehrgeiz auf anderem Felde lag.

Von den 13 Liedern, die neben einem Minneleich (vgl. S. 363 f.) dem Meißner Virtuosen zugeschrieben werden, läßt der beste Kenner, Helmuth Thomas, nur sieben (Nr. I–IV und VII–IX) als sicher echt bestehen. Zweifellos unecht sind das Tagelied Nr. XI und die beiden letzten Lieder Nr. XII und XIII, die in der großen Heidelberger Liederhandschrift unter dem Namen des Jungen Meißner stehen. Zweifelhaft bleiben die Lieder V und VI und das unwesentliche Liedbruchstück X.

Frauenlob hat Konrad von Würzburg gekannt und geschätzt, wie sein Klagespruch (Nr. 313) auf Konrads Tod zeigt, und natürlich kann einem literarisch so gebildeten Mann die Dichtung Neifens und Winterstettens und die Phraseologie ihrer so weit verbreiteten Schule nicht unbekannt gewesen sein. Doch strebte er nach anderem Ruhm, als ein begabter Nachahmer Neifens oder Konrads zu sein. Gerade jene Lieder, die in ihrer kunstvollen Form, mit ihrem Natureingang und wegen ihrer Minneauffassung zu diesen Dichtern hinüberweisen könnten, sind aus ganz anderen, sprachlichen und sachlichen Erwägungen heraus, als unecht erkannt worden.

Frauenlobs Ziel ist es, die großen Klassiker zu übertrumpfen, auch im Liede „aus dem Grunde des Kessels zu schöpfen", wo sie nur „den Schaum abgeschöpft" hatten. Die meisten echten Lieder dieses großen Formkünstlers und Strophenerfinders zeigen die einfachen Formen der klassischen Lyrik. Ihnen allen fehlt der Natureingang, nur Lied IV spielt graziös mit ihm. Es hebt wie mit einem Sommerfreudenruf an: *Ahî wie blüet der anger mîner ougen*, aber dieser „Anger der Augen" ist die geliebte Frau. Und alle Lieder sind Lieder des Dienstes für die *frouwe*. Seine Minneauffassung hat nichts von Konrads unverbindlicher Allgemeinheit oder von Neifens anmutiger Sinnlichkeit. Sie ist spekulativ und steht in der Nachfolge Reinmars von Hagenau. Frauenlobs Eigentum, mit dem er die Klassiker übertrumpft, ist sein bei der Spruchdichtung näher zu beschreibender maniert-schwülstiger Stil, der von Konrads leichter und heller Virtuosität weit abliegt. Seine Klagestrophe über Konrad von Würzburg ist ein Musterbeispiel dieses dunklen Schwulstes. Man kann zweifeln, ob Konrad, *der helt von Wirzeburc*, diesem Nachruf trotz reichlicher Anklänge an die Goldene Schmiede Geschmack abgewonnen hätte.

Frauenlobs Lieder zeigen, daß er den Namen nicht zu Unrecht trägt. Reinmars und Morungens im Ethischen, ja Religiösen gegründete Frauenverehrung wird hier in neuer, von der Scholastik gelernter gedanklicher Durchdringung zu letzter Konsequenz gebracht. Lied V übersteigert Reinmars Preislied auf *wîp* in einer Fülle anaphorisch gereihter, manieristischer Metaphern. Die alte Anrede und Anrufung der Minne wird im Stil des gelehrten Disputes zwischen der Minne und dem Dichter weiterentwickelt, wie auch sonst die Form des dialektischen Disputierens und Formulierens diesem gelehrten Manne liegt: die Geliebte überwindet ihn mit ihm selber; „ich suchte mich, da fand ich mich nicht zu Hause, stattdessen ein Ding, das mich mit Lust töten wollte", so drückt er in Lied VIII str. 3 aus, daß die Geliebte in seinem Herzen wohnt. Solchem Manierismus ist auch die Allegorie nicht fremd; die Geliebte wird in Lied III unter dem Bilde eines herrlichen Gartens der Lust geschildert, in dem er die Frucht des Minneleides gepflückt hat. Vor allem aber ist es seine Minneauffassung selber, die ihn als Nachfahren der Klassiker erweist. Wenn die Minne ihn darüber belehrt: *du bist ganzlich ir und si niht dîn* (Lied IX), so ist damit die absolute Überlegenheit der Frau statuiert. Und dasselbe Lied nimmt den Gedanken der Minne als Sinnenverwirrung auf in der Vorschrift der Minne: du sollst in dir toben, als seiest du von Sinnen gekommen. Frauenlob steigert sich bis zu dem Wagnis, theologische Bilder für die Erhabenheit der Frau zu benutzen. Lied IV wendet die Bilder des Physiologus, den Panther, den Adler, den Phönix, den Löwen in einer privaten Neudeutung statt auf Göttliches auf die Frouwe an. Der alte Topos des Minnesterbens wird übersteigert zu der pseudoreligiösen Formulierung: in ihren Augen liegt mein Tod und mein Auferstehen (Lied I). Das Preisgedicht auf das *wîp* (Lied V) nähert sich in Stil und Metaphern sehr stark dem Marienpreise an *(dîn gebênedîter nam)* und spricht in einer religiösen Verzückung von der Frau. Wenn er, der Gelehrte, es als Aussage der Schrift bezeichnet: *von dir müezen wir ze himelen komen*, so ist damit Wesen und Wirken Marias, des exemplarischen Weibes, auf das ganze Geschlecht übertragen. Der Gedanke der Erziehung und Reinigung des Mannes ist zu letzter Konsequenz gesteigert: wer der Frauen wert wird, der wird auch des Himmels wert, weil die Frau eine „Schule voller Tugend" ist, die den Mann zur Tugend erzieht, und ihr *reinez leben* reinigt den Mann nicht nur, sondern heiligt ihn.

6. SPÄTE SCHWEIZER

Neben den Thüringern und Ostdeutschen mit ihrem besonderen Gepräge steht endlich eine Gruppe später Schweizer, die in sich weder ständisch noch literarisch einheitlich ist, dafür aber reizvoll durch einige scharf profilierte Köpfe.

Der Graf Wernher von Honberg (Schw. M. Nr. XXVI) hat in der Geschichte eine nicht unbedeutende oder unwürdige Rolle gespielt, ein großer Herr und Kriegsheld, 1304 an einem Zuge nach Litauen beteiligt, später im Dienste Heinrichs VII. in wichtigen verwaltungsmäßigen und vor allem kriegerischen Aufgaben in der Schweiz und in Italien tätig, nach Heinrichs Tode (1313) bei Friedrich dem Schönen von Österreich, endet er früh (1320) sein rastloses ritterlich-kriegerisches Leben. In seinen Liedern ist etwas von dem Schwung und dem freien Atem eines solchen ritterlichen Abenteuerlebens. Die galante und sentimentale Mode des Neifenstils liegt ihm nicht, nur Lied 7 hat Natureingang, nur Lied 4 eine Schönheitsbeschreibung in Neifenscher Art. Sonst ist er schon in der Form gewichtiger und fester; pompöse Strophen in breitgeschwungenen langen Zeilen sind ihm eigentümlich. Das Ferneerlebnis ist bei diesem umgetriebenen Manne echt. Lied 3 läßt vermuten, daß die Fernelieder von dem Jüngling vor und auf dem Litauenzuge gedichtet sind. Das Hausensche Erlebnis des Herzens, das bei der Frouwe verbleibt, während der Mann die Lande durchzieht, wird wieder wach, doch die Ergriffenheit des Kreuzzuges wird von dem frommen Ziel der Preußenfahrt nicht wiedererweckt. Bei aller Dienstgebärde ist Wernhers Wertgefühl groß. Kein früherer Sänger hätte so leidenschaftlich den Gatten der Angebeteten mit einer verächtlichen Handbewegung ins Nichts der Unwürdigkeit verwiesen, den eigenen Dienst der würdigen kriegerischen Tat dagegengestellt und sich an die Stelle *des selben tiuvels* gewünscht, wie Wernher es in Lied 6 tut. Hier ist das unpersönlich Verschwebende des konventionellen Minnedienstes durchbrochen, die Wirklichkeit eines einmaligen Minneverhältnisses tut sich auf. Aber gerade auf dem Hintergrunde solchen Wertgefühls und leidenschaftlichen Begehrens erhält auch die Demutsgebärde Farbe und Kraft. Wenn ein solcher Mann staunend fragt, wie es möglich sei, daß er eine Frau so sehr fürchtet – dieses ungewöhnliche Verbum verwendet er in Lied 8 – und wenn er bekennt: *ich dunk mich niht ir selben wert*, so gewinnen abgegriffene Formeln plötzlich neues Leben.

Aus verwandter, ritterlich-adliger Gesinnung dichtet Otto zum Turne (Schw. M. Nr. XXXI), Sprößling einer freiherrlichen Familie aus dem Wallis, selber aber bei Luzern ansässig und zwischen 1312 und 1331 urkundlich nachweisbar. Auch er kann sich in der Neifenschen Manier ausdrücken (Lied 4), in spielenden Daktylen mit Binnenreimen sich bewegen (Lied 5). Aber seinen eigenen Ton sucht er in einem erhöhten Stil, den dieser ausgesprochen ritterlich empfindende Mann doch nicht bei Konrad von Würzburg lernt, sondern bei Albrecht, dem ritterlichen Dichter des Jüngeren Titurel. Zwei seiner fünf Lieder (Nr. 1 und 2) verwenden die Titurelstrophe, und das erste setzt mit der bezeichnenden Wendung ein: *Swer ritters orden zieret.* Das ritterliche Bild des

adligen Falken greift er wieder auf, um sein Liebesgefühl auszudrücken
(Lied 3), aber auch die unerreichbare Höhe seiner Dame erlebt er unter
dem Bilde des hochaufsteigenden Adlers, dessen Namen *adelar* er als „von
adliger Art" deutet (Lied 4). Doch wie sein Stil ist auch sein Gefühlsleben preziös übersteigert; den abgegriffenen Gedanken des Sterbens aus
Minneleid übertrumpft er durch den Wunsch des Todes vor Minneseligkeit in den Armen der Geliebten, damit sie ihn beweine und sein
toter Leib doch noch ihre Gnade finde. Das ist die Haltung der sentimentalen Liebesnovelle.

Der gleichen spätesten Zeit gehört auch Rost, Kirchherr von Sarnen (Schw.
M. Nr. XXXII) an, ein geistlicher Herr adliger Herkunft, sicher der Züricher Chorherr
Heinrich der Rost, der 1316 bis 1330 bezeugt ist. Seine neun Lieder sind mehr durch-
schnittliche Ware der Spätzeit, letzter Nachklang Neifens, aber sprachlich schon ab-
sinkend, ungewandt in Vers und Satz, unsicher im Rhythmus und anfällig gegen
Mundart und Umgangssprache.

Damit sind wir nach Zürich gelangt, in die Stadt der Manesse und des
Hadloub. Eine Generation früher hat dort ein Mitglied eines angesehenen Bürgergeschlechtes den Minnesang geübt: Meister Heinrich
Teschler (Schw. M. Nr. VIII). Ein Heinrich Teschler ist 1251 bezeugt
und erscheint 1256 im Rat der Stadt. Ob es derselbe ist, der 1286 als
Magister Heinricus dictus Teschler erwähnt wird, steht dahin. Hadloub
mag ihn als älteren Mann noch gekannt haben. Die Art seines Dichtens
weist auf einen Mann der Jahrhundertmitte. Heinrich Teschler gehört
zu den wenigen Schweizern, die sich im Wiener Hofton bewegen. Vielleicht ist Ulrich von Lichtenstein der Vermittler gewesen. Denn wenn er
von Reinmar die Fügung eines Liederzyklus gelernt haben könnte, so
teilt er mit dem Lichtensteiner die Doppelheit einer unerwiderten, mit
einem Bruch endenden (Lied 1 bis 6) und einer glückhaften Minne
(Lied 8 bis 13), und wie jener verwendet er für die beiden Liedergruppen
verschiedene Formen, schwerere, breit gelagerte Sechs- bis Achttakter
in der ersten, leichtere Strophenformen in der zweiten Gruppe. Beide
sind durch das Tagelied 7 getrennt. Dem ernsten Bürger fehlt alles Be-
schwingte, Galante des Neifenschen Typus und jede Beziehung zur
Natur. Auch in der zweiten Gruppe ist sein Dichten reine Reflexions-
poesie. Überall stoßen wir auf Reinmarsche, seltener auch Walthersche
Töne. Wie Reinmar nimmt er seine Minne und sein Leiden bitter ernst.
Auch das erste Minneverhältnis war anfangs freundlicher. Damals war
sie gut und er ihrer Güte froh, jetzt aber versagt sie ihm sogar den Gruß,
den jedermann von ihr empfängt – sie schneidet ihn (Lied 4). Darüber
grübelt er nach, doch fehlt ihm die Fähigkeit Reinmars, sich am Minneleid emporzustilisieren. Er stellt immer wieder seine Unschuld, ihre
Schuld fest, er ist bereit, der Minne zu verzeihen, wenn sie Besserung
verspricht (Lied 5). Der ganze erste Zyklus ist wie eine Gewinn- und

Verlustrechnung eines seines ehrlichen Gebarens bewußten Geschäftsmannes. Die kleinere zweite Gruppe beginnt, zuerst noch in den schweren Rhythmen der ersten, mit einer Klage darüber, daß die Minne ihm alsbald eine neue Last auferlegt. Doch endet sie mit dem Lobpreis der Geliebten, die ihm *gar gewert* hat. Man hat das sichere Gefühl, daß dieses zweite *liep* seine Frau gewesen sein muß; nur in einer Ehe traut man diesem ehrenwerten Bürger ein glückhaftes Ende zu.

Nichts kann einander ferner liegen als der biedere Ernst dieses verbürgerlichten Reinmar und der kühne Schwung und die lebendige Mannigfaltigkeit in den 14 Liedern Steinmars (Schw. M. Nr. XIX).

Der für ihn verwendete volle Name Berthold Steinmar von Klingnau beruht auf einer alten Vermutung, der neuerdings mit beachtlicher Begründung widersprochen worden ist. Die ritterliche Herkunft Steinmars ist trotz des Titels *her* in der Manessischen Handschrift zweifelhaft. Zeitlich wird Steinmar durch die Teilnahme an der Belagerung von Wien durch Rudolf von Habsburg (1276) und an einem Winterfeldzug gegen Meißen, wahrscheinlich demjenigen Adolfs von Nassau (1294/95 oder 1295/96), festgelegt.

Dieser neben dem Wilden Alexander echteste und kraftvollste unter den Dichtern des späten 13. Jahrhunderts ist am bekanntesten durch seinen Gegensang gegen den hohen Minnesang, sein Herbstlied und seine Lieder der niederen Minne. Doch darf man nicht vergessen, daß die reichliche Hälfte seiner Lieder eigentliche Minnelyrik ist. Auch in ihnen ist dichterische Kraft spürbar. Lied 3, das sicher frühe Grußlied aus Wien, und Lied 6 zeigen mit Natureingang, Minneklage und Refrain am stärksten Neifenstil, untermischt mit Formeln des klassischen Minnesangs. Ihnen steht, ohne Natureingang und Refrain, das wenig gewichtige Lied 2 nahe. Doch schon in diesen drei Liedern spürt man hier und da eine gewisse Intensität der Erlebnisfähigkeit. In dem Falkenbild von Lied 2, in dem schmerzlichen Zusammenzucken, das in seinem Herzen *rûschet* (Lied 6), im Sonnenglanz der Augen, dem Verstummen vor ihrer Schönheit werden alte Formeln neu lebendig. Stärker noch löst sich Lied 4 trotz Sommergruß und Refrain aus der Konvention. Es ist kein Lied eines jener *armen minnerlîn*, deren das Herbstlied spottet. Trotz aller Formelhaftigkeit leuchtet der Sommer und leuchtet die Frouwe, und der wilde Drang des Herzens ist nur noch in drastischen Bildern einzufangen: wie ein Schwein in einem Sack rumort sein Herz, wie ein wilder Drache drängt es aus seiner Brust zu ihr hin. Der persiflierende Zug in Steinmars Dichtung kundigt sich in diesen Bildern an, die ein Lied des Burkhart von Hohenfels parodierend übertrumpfen (vgl. Bd. II S. 348). Daneben steht im Refrain von Lied 10 das hübsche Bild von der Ente, die vor herabstoßenden Falken taucht, eines der ganz seltenen, wirklich gesehenen Naturbilder des Minnesangs. Doch ist Parodie nicht der Sinn dieses Liedes; es ist hohes Minnelied, in dem die Intensität des Minne-erlebens den sanften Geschmack derb durchbricht. Lied 13 vollends behält nur noch die Hülle des Neifenschen Natureingangs bei. Der Sinn dieses Eingangs, zeichenhafter Gleich- und Widerklang des Liebes-empfindens zu sein, wird erstaunlich neu und persönlich begriffen in der vollkommenen Einschmelzung des Menschen in die Natur: ich will mit der Saat grünen, so sagt Steinmar, nicht etwa „wie die Saat", mit den Blumen blühen, den Vögeln singen, dem Walde mich belauben, mit dem Tau des Maien tauen. Gibt es solche Verdichtung inneren Er-lebens sonst im Minnesang wieder?

Daß Steinmar keine „Entwicklung" vom hohen zum niederen Minne-sang durchgemacht hat, wie man lesen kann, zeigt das Lied 12, auf der Meißenfahrt fast 20 Jahre nach dem Wiener Lied gedichtet. Es ist immer noch hoher Minnesang, immer noch Neifentypus mit Natureingang und Refrain. Aber wie durchleuchten jetzt die Sommerfreude und der helle Glanz der Frouwe, der „Rose im süßen Tau", die kalte Winternacht der Feldwache auf dem Zuge gegen Meißen. Das Ferneerlebnis ist nicht nur durch die Realistik der Situation, die sich den Tannhäuserschen Kreuzzugserlebnissen vergleicht, ein Einbruch der Wirklichkeit. Es ist es auch in der Intensität des Gegensatzerlebnisses zwischen äußerer Er-bärmlichkeit und innerem Glanz. Und wenn auch hier in dem Wunsche, sich wenigstens mit einem Trunk Bier erquicken zu können, wieder die Drastik Steinmars zu Worte kommt, so müssen wir wohl auch in diesem Liede die bewußte Dissonanz als Protest nicht gegen den hohen Minne-sang als solchen, sondern gegen die blasse Konventionalität der durch-schnittlichen Dichter verstehen. Lied 9 endlich gibt sich ganz als kon-ventionelles Lied mit Natureingang, Minneklage und Refrain. Allein die schmachtenden Übersteigerungen der dritten Strophe: ein harter Fels wäre von seinen Klagen erweicht worden; bis zum Meeresgrunde möch-ten seine Klagen gedrungen sein – solch steinerweichender Jammerton weckt bei diesem Dichter den Verdacht der Persiflage, und er wird ver-stärkt durch das Verbum *wüefen*, das ein lautes Jammergeschrei be-zeichnet.

Ein solcher Mann mag sich leicht zum wirklichen Gegensang ge-reizt gefühlt haben. Die Tageliedparodie (Lied 8) mit Knecht und Dirne im Heuschober und dem Horn des Viehhirten als Künder des Morgens ist eine vollkommene und bei aller Deutlichkeit saubere dichterische Leistung. Auch hier ist Steinmar kein bloßer Spaßmacher. Seine Auf-lehnung gegen das konventionell gewordene Tagelied geht tiefer, wie Lied 5 zeigt. Er setzt sich darin mit der fiktiven Situation des Tageliedes ernsthaft auseinander, indem er sie mit der Wirklichkeit konfrontiert. Wie kann man sich, so fragt er, einem Wächter anvertrauen, der ja eben durch das Einlassen des Gastes schweren Treubruch an seinem Herrn begangen hat? Er würde sich in einer so glücklichen wie heiklen Situation nur auf sich selber verlassen und sich höchstens einem bewährten Freunde anvertrauen. Dutzende hatten konventionelle Tagelieder gedichtet; dieser eine erlebt es durch – und parodiert es dann. Drei Lieder (7; 11; 14) sind im eigentlichen Sinne Lieder der niederen Minne. Ihr Gegenstand ist eine hübsche Bauernmagd. Lied 7 ist das zarteste. Das Mädchen geht in neuer Sommerzeit auf die Heide, um Blumen zum Kranze zu brechen, wo der Dichter sie trifft. Ihre Mutter paßt auf sie auf, aber er beredet sie, die *huote* zu brechen und sich ihm zu ergeben. Das ist eine Verbindung von Pastourellensituation (Blumenpflücken auf der Heide) und Neithartischer Motivik (die Mutter). Die Stimmung des Tones auf die Terminologie des hohen Minnesanges darf man doch wohl nicht als bloße Neithartnachahmung deuten. Diese *süeze selderin* ist eher in der Art von Walthers *herzeliebem frouwelīn* aus der Gefühlswelt der hohen Minne erlebt. Weit derber sind die Lieder 11 und 14, die einzigen Winterlieder Steinmars, nächst verwandt dem Lied vom zerbrochenen Kruge, das fälschlich unter Neifens Gedichte geraten ist (vgl. Bd. II S. 354). Hier geht es um die praktischen Realitäten, handfeste Geschenkforderungen des Mädchens für die unbedenklich zugesagte Hingabe, ein Hemd, Schuhe, eine Truhe, Armutsklage des Dichters, der den versprochenen Lohn nicht zahlen kann oder zu zahlen bereit ist. Minne heißt hier: zu sich auf den Strohsack lassen, und hier ist der zarte Natureingang, die Einflechtung höfischer Termini sicherlich parodistisch gemeint.

Am berühmtesten indessen ist das erste Lied der Steinmarschen Sammlung, das Herbstlied, das mindestens für unser Wissen ein neues Genre schafft. Steinmar erfindet den Typus des Schlemmers, der die Genüsse des Herbstes preist, schwellende Schüsseln stark gewürzter Speisen und Ströme von Wein, die wie ein Mühlbach durch die Straße seines Schlundes rinnen. Solche Orgien handfesten Genusses stellt er dem Märtyrertum der *armen minnerlîn* gegenüber, der schmachtenden Liedleinsänger, aus deren Schar er sich löst, um *inz luoder* zu treten und Gefolgsmann des Herbstes zu werden. Steinmar hat in seinen eigenen Minneliedern die konventionelle Sentimentalität längst hinter sich gelassen. Das Herbstlied darf nicht isoliert gesehen werden; es ist nur die letzte Konsequenz einer Revolte echten dichterischen Kraftgefühls gegen eine völlig entleerte Tradition. So viel er auch vom Formen- und Ausdrucksschatz dieser Tradition beibehält, er durchblutet sie neu und ist in der ganzen späten Lyrik vielleicht der einzige bewußt revoltierende Neuerer.

Ein eigentümlicher Nachbar Steinmars ist der von Buwenburg (Schw. M. Nr. XXIII), eher einem schwäbischen als einem schweizerischen Geschlecht angehörig und sicher jünger als Steinmar, dessen

Herbstfreude er mehrfach als Farbfleck in seine sechs Lieder einsetzt. In der Sommerwonne denkt er an den Herbst als den Spender von Ernte und Nahrung (Lied 1 und 3), der damit die sichere Grundlage der „Freude" schafft; im Winter sind die Gaben des Herbstes ein Trost (Lied 2 und 5). Buwenburg ist also nicht Nachahmer Steinmars; er greift ein Motiv von ihm auf und bildet es weiter. Er hat Steinmars Originalität, aber nicht seine Frische. Er erlebt die Natur nicht; er macht sie zum Gegenstand überraschender Bilder. Die Blumen blicken heimlich durch das Gras, als wollten sie den Menschen einen Gruß abscherzen (Lied 3). Die Natur war im Maienglanz in die Sünde der Hochfahrt verfallen; der Winter zwingt sie zur Buße, so daß sie in den „grauen Orden" eingetreten ist (Lied 6). Solche Bilder zeigen den Quellpunkt von Buwenburgs Kunst. Es ist die Suche der geblümten Rede nach dem überraschenden Effekt. So müssen wir auch die scheinbare Realistik seiner Wendungen und Bilder in der Beschreibung seines Minneleides beurteilen: sein Herz will „sich zerstoßen" (Lied 1) oder sich vor Qual „zerspannen" (Lied 5); die Minne läßt keinen Faden Freude an seinem Leibe (Lied 2); er „warf" die Geliebte mit den Augen in sein Herz, und dabei verrenkten sie sich, und seine Kehle wäre fast an ihr erwürgt (Lied 5); ihre Ehre ist so groß, daß kein Lob den Zins (Zehnten) dafür aufbringen könnte (Lied 6). Auch die gelehrten und literarischen Einschläge gehören zu diesem Spiel. Wie der harte Diamant durch Bocksblut erweicht wird, so könnte ihr Herz durch Gnade erweicht werden (Lied 3). Die *güete* der Frauen ist eine gralmäßige Hilfe zum Heil der Menschen (Lied 3). In diesen Zusammenhang gehört auch Lied 4, das statt von guten von *swachen* Frauen singen will und das ein schönes, aber wankelmütiges Weib aus Ypern bedroht. All das ist nicht unmittelbar, es ist gesuchte Originalität, berechnete Überraschung. Auch dies ist ein Stück Spätzeit mit ihrem Überdruß an der konventionellen Glätte des genormten Durchschnitts. Aber es ist nicht Durchbruch zu einem unmittelbaren Gefühlsleben und Suche nach dessen Ausdrucksmöglichkeiten, es gehört in den Bereich der Kontrastwirkung durch Übersteigerung der Wirklichkeit. Ob ein minder originelles, stärker auf Reimkünste als auf Überraschung des Ausdrucks gestelltes Gedicht eines Ulricus de Boumburg in Losses Kollektaneen wirklich hierher gehört, ist mir nicht ganz sicher.

An den Abschluß der Epoche können wir mit Fug den Züricher Bürger Johans Hadloub (Schw. M. Nr. XXVII) stellen, der im Jahre 1302 dort durch einen Hauskauf bezeugt ist. Einen Abschluß bildet er nicht nur deswegen, weil er uns die Beschreibung der Manessischen Liedersammlung, der Grundlage der großen Heidelberger Liederhandschrift, gibt, sondern auch deswegen, weil das Dichten dieses Züricher Bürgers ein Ende dessen bedeutet, woran wir denken, wenn wir von

Minnesang reden. Wir erkannten Minnesang als notwendigen Teil eines adligen Gesellschaftsspieles, das nach konventionellen Regeln verlief und dem Minnelied seine bestimmte Stelle und seine traditionellen Formen vorschrieb. Der Minnesänger war selber Mitglied dieser Gesellschaft, in seinem Wesen ihr gleichgestimmt. Was er tat und sang, konnte jedes Mitglied der Gesellschaft in sich nachvollziehen oder, sofern die Begabung vorhanden war, ebenso darstellen. In den letzten Jahrzehnten des 13. Jahrhunderts sahen wir, wie sich Minnesang von diesem alten Wurzelboden zu lösen begann, in der Hand unritterlicher Dichter seine gesellschaftliche Funktion aufgab und zu reiner Artistik, zu bloßer Literatur wurde. Hadloub ist der uns am deutlichsten sichtbare Vollender dieser späten Entwicklung, weil wir von ihm erstens eine große Fülle von Gedichten besitzen, im ganzen 54, und weil er uns zweitens selber lebendige Bilder von seinem Tun entwirft. Er ist neben und nach Ulrich von Lichtenstein, wenn auch in ganz anderer Weise, ein Biograph seines Minnedienstes. Er spielt das adlige Spiel des Minnedienstes, aber nicht als gleichberechtigtes Mitglied jener städtischen Oberschicht, die bewußt das Erbe der höfischen Bildung und Dichtung übernimmt und pflegt. Als ein kleiner Mann, wohl ein Berufsschreiber, spielt er es vor den Augen und zum Ergötzen jener neuen Gesellschaft, die „ihren" Minnesänger zuschauend unterstützt und fördert.

Hadloub ist kein Virtuose wie Konrad von Würzburg, er ist überhaupt kein großer Künstler. Seine Verse sind mühselig; wo sie kunstvoll werden, sind sie auf dem Papier erdacht und gemessen. Sie sind ohne Schwung, und das Anzeichen des Silbenzählens, die starke Beugung des Worttons, stellt sich ein. Aber er ist erfindungsreich. Er versucht sich nicht nur in Gattungen aller Art, in hohem Minnesang und niederem, in Tönen Neitharts und Steinmars, in Tagelied und Leich. Er gewinnt ihnen auch neue Züge und Wirkungen ab, namentlich dort, wo er seinen lebendigen Sinn für die Wirklichkeit spielen lassen kann.

Die reichliche Hälfte seiner Lieder ist, wie zu erwarten, hoher Minnesang, vorwiegend nach dem konventionellen Typus mit Natureingang und Minneklage. Doch kennt er auch den eingliedrigen Typus ohne Natureingang mit reflektierendem Einschlag. Seine Strophik ist mannigfaltig, aber nicht eigentlich virtuos. Die der Spätzeit eigentümliche Stollenwiederholung am Ende des Abgesangs ist bereits die Regel. Die Sprache ist eher trocken als blühend; Einfluß von Konrad von Würzburg, den Hadloub sicher gekannt hat, ist selten. Hadloub fehlt durchaus die sprachliche Fülle Konrads. Zuweilen, doch nicht stilbestimmend, tauchen realistische Wendungen auf. Die Abweisung der Frouwe „pfriemt" sein Herz (Lied 25); in Lied 28 nennt er im winterlichen Natureingang zwei scharfe Winde, die *bise* und den *twer*; in Lied 45 heißt ein unhöfischer Mann ein *ungesalzen man*. Zum bewußten Stilelement macht solche realistischen Einschläge nur Lied 17, das Steinmars „Schwein im Sack" zitiert und die Mühsal des Minners mit der des Köhlers und Kärrners vergleicht. Hadloubs Natureingänge erheben sich nicht über den Durchschnitt, aber der Städter fügt einen neuen Zug ein, die im „Baumgarten" lustwandelnden Frauen in leichter Sommerkleidung, die dem Auge allerhand Erfreuliches freigibt, während im Winter die Frauen vermummt sind und in den Stuben bleiben. Kleine charakterisierende Züge sind eingeflochten: die großen, den Blick verwehrenden Hüte der Frauen in Österreich (Lied 11); das Charmieren zwischen kecken jungen Männern und verschämten Frauen (Lied 21). Im ganzen heben sich Hadloubs Minnelieder wenig aus dem Durchschnitt heraus.

Jene kleinen Züge aus dem Leben wirken wie die Keime zu den Erzählliedern, die die eigentümlichste Schöpfung Hadloubs sind. Für sich steht Lied 8, die bekannte, literatur- und kulturhistorisch wichtige Schilderung der Manessischen Liedersammlung. Ihr Ziel ist richtig angegeben: Sammlerinteresse an einer vergehenden Kunst als Teil einer höfischen Gesellschaftskultur. Die übrigen Erzähllieder gelten Hadloubs eigenem Minnetreiben und schildern Situationen daraus. Lied 1 berichtet, wie er als Pilger verkleidet der Dame bei der Heimkehr vom Frühgottesdienst einen Brief ans Gewand heftet, sicherlich ein „Büchlein", wie auch Lichtenstein es seiner Dame gesandt hatte, eine *tief rede von der minne*. Die Lieder 2 und 5 zeigen die gesellschaftliche Regie von Minneszenen. Im Kreise einer hochedlen Gesellschaft, hohen Geistlichen, landsässigen Edelleuten und Stadtpatriziern, die der kleine Bürger mit stolzem Eifer aufzählt, wird eine solche Szene gestellt, lebende Bilder mit dem schmachtenden, vor Seligkeit in Ohnmacht hinsinkenden Anbeter und der widerstrebenden Dame, deren Sträuben aus einem gesunden Empfinden für das Unechte wohl das Wirklichste in der ganzen, peinlich theatralischen, aber mit verbissenem Ernst durchgespielten Szene ist. In Lied 5 schließt sie sich in ihrer Stube ein und verweigert die Mitwirkung, in Lied 2 beißt sie ihn in die Hand – *ir bîzen was sô zartlîch wîplîch fîn* – als er ihre Hand zu lange hält und wirft ihm unwillig das abgezwungene Minnezeichen, ihr *nâdelbein*, zu. Unmittelbarer wirken Lied 4 und 6. In dem ersten sieht er sie ein Kind herzen und küßt es dort, wo ihr Mund es berührt hat. In dem anderen trifft er sie bei einem Spaziergang vor der Stadt in einem Kreise schöner Frauen, doch entzieht sie sich seiner Annäherung; sie steht auf und geht weg. Sogleich ist er verzweifelt. Aber ein Ritter tröstet ihn; sie habe nach ihren *gesellen* gefragt, und er ist wieder aufgerichtet. Blasser ist Lied 13, das das alte Motiv vom Verstummen vor der Geliebten zur Ich-Erzählung ausbreitet. Auch das Lied vom leidigen Ehestande des armen Mannes (7) mag hier seine Stelle finden: die leere Speisekammer, die scheltende Frau, die heulenden Kinder, das ist das reale Elend des unbegüterten Ehemannes. Doch auch dies Lied ist Huldigung aus dem Kontrast: mag Haussorge wehtun, tiefer schmerzt das hartnäckige Versagen meiner Frouwe. Endlich gehört auch die Episierung des Tageliedes in Lied 51 in diesen Zusammenhang. Hadloub schildert hier den Vorgang, wie der Minner nächtlich geschlichen kommt, anpocht, von der Dame empfangen und heimlich in ihr Schlafzimmer geleitet wird, wo das Weitere dann recht unverblümt geschildert wird. In den Liedern dieser Gruppe gibt Hadloub sein Eigenartigstes, Anschauung einer erlebten oder nacherlebten Wirklichkeit. Eben damit erweist er sich zugleich als Kind und als literarischen Mitgestalter seiner Zeit.

Aus Hadloubs mannigfachen Versuchen im *Genre objectif* und im Gegensang können wir ablesen, was davon bereits als mustergültig akzeptiert war. Natürlich das Tagelied, das in vier Exemplaren vorhanden ist. Natürlich auch Neithart, dessen Bauernmilieu der Winterlieder er nur in einem Liede (15) übernimmt, jedoch abwandelt. Nicht der Ritter ist im Konflikt mit den Bauern, sondern zwei Bauernburschen streiten um ein Mädchen. Doch statt der drohenden Rauferei wird eine Schlichtung daraus; Kunz, der ihr eine Geiß und hundert Eier gegeben hat, läßt sich ihre Minne um zwei Geißen und ein Huhn abhandeln. Das ist nicht uninteressant; denn auch hier wird ein unrealistischer literarischer Typus in wirklichkeitsnahe Realistik abgewandelt. Aus Neithartischer Motivik sind auch die drei Erntelieder Hadloubs (22; 24; 43) neuartig entwickelt. Der Stadtbürger erlebt Ernte als Sommerlust im Freien, wo die streng geregelten Formen zerbrechen und sich Liebesgenuß im Stroh und in der Scheune ungehindert rasch erfüllen kann. Aber auch diese Lieder ziehen ihre Berechtigung aus dem Kontrast, sie enden mit der Klage um die unerfüllte Minne zu seiner Frouwe. Steinmars Herbstlied ist bereits zum anerkannten Typus geworden (Lied 18; 20; 44). Auch hier wandelt Hadloub ab. Nicht nur die herbstlichen Genüsse sind minder hyperbolisch; die Wirklichkeit des Schlachtfestes und des Heurigen steht dahinter. Hadloub fehlt Steinmars Mut zur Absage an alles Minnewesen. Auch hier kann er den Einbruch der Wirklichkeit nur in der Form des Kontrastes vollziehen. Alle drei Lieder biegen in Minnesangsthemen zurück, Klage um das Schwinden des Sommers, das dem beglückten Auge auch den Anblick schöner Frauen in leichter Sommerkleidung entzieht und die obligate Trauerklage um die Härte der Geliebten. Aus der Pastourelle sind die beiden Lieder 35 und 41 entwickelt, die nur Variationen mit fast gleichem Wortlaut sind. Beides sind Wunschtraumlieder, in denen sich Hadloub mit seiner Frouwe in die Situation von Walthers *Under der linden* hineinträumt, dessen Zartheit erst an solcher Nachahmung ganz bewußt wird. Das Blumenlager wird bei Hadloub zu einer in allen Einzelheiten programmatisch aufgezählten Veranstaltung, und die Hingabe zur Überwältigung – handfeste Realistik, die in den Zauber des Zartesten einbricht. Vielleicht spürt man an solchem Wandel des Zarten ins Grobe, das doch nicht Rückkehr in die Unbefangenheit vagantischer Liebesdichtung ist, am stärksten, daß eine Epoche der Lyrik mit dem sicheren Stilgefühl für das Zulässige und Mögliche zu Ende geht.

7. DIE „OBJEKTIVEN" GATTUNGEN, DER GEGENSANG

Soeben, bei Steinmar und Hadloub, sind wir im Gesamtwerk von höfisch dichtenden Männern auf Gedichte ganz anderer Art gestoßen. Bei Steinmar hatten wir sie als Reaktion einer gesunden Kraft, nicht gegen den hohen Minnesang überhaupt, vielmehr gegen den erstarrten Betrieb des konventionellen Minnesangs zu deuten versucht. Bei Hadloub haben wir die Auswahlkarte von rezipierten Gattungen vor uns, die aus dem Kontrast den traditionellen Minnesang bestätigen. Zu diesen Gattungen gehört vor allem das Tagelied. Es ist im Repertoire der späten Lyrik reichlich vertreten. Von einigen Dichtern besitzen wir nur Tagelieder, so zwei von dem Burggrafen von Lüenz (Lienz an der Drau. Kr. Nr. 36), vermutlich Heinrich von Lienz, 1231 bis 1269 nachgewiesen und dem engeren Kreise um Ulrich von Lichtenstein zugehörig, vier des von Wizzenlô (Wiesloch südlich Heidelberg. Kr. Nr. 68), nach Person und Zeit unbestimmbar, endlich eines von Walther von Breisach (Kr. Nr. 63), vermutlich einem zwischen 1271 und 1294 nachgewiesenen Schulmeister in Freiburg i. B., von dem sonst nur Sprüche und ein Marienlied überliefert sind. Das Tagelied überlebt die Zeit des höfischen Ausklangs. Es geht in die Gesellschaftslyrik der bürgerlichen Gesellschaft ein, wandelt sich zum Volkslied und durchdringt sich in der Form der Kontrafaktur mit den religiösen Warn- und Weckliedern. Das Liederbuch der Klara Hätzlerin aus dem 15. Jahrhundert enthält nicht weniger als 27 Tagelieder. Es ist seit der klassischen Zeit als Gattung anerkannt, eines der Ventile für die hinter aller Sublimierung drängenden Forderung der Sinne, freilich nur als Fiktion, nicht als unmittelbarer Durchbruch zur Erotik als Lebenswirklichkeit. Das wird vor allem in der außer aller Realität stehenden Figur des Wächters und des inhaltlich auf die Situation bezogenen Wächterrufes deutlich, wogegen ja auch Steinmars kräftiger Wirklichkeitssinn Einspruch erhob. Nicht als Erlebnisdichtung, sondern als Illusionsdichtung wurde das Tagelied ein typisiertes literarisches Genre. Es war durch Wolfram und seine Zeitgenossen durchgeprägt worden (vgl. Bd. II, S. 328 ff.), hat aber eine größere Variationsbreite als der eigentliche Minnesang. Als Normaltypus können wir eine episch-lyrische Szene mit drei handelnden und redenden Personen feststellen: die Dame, der Ritter, der Wächter. Im Tagelied wird dem Liebhaber durchgängig die Bezeichnung „Ritter" zuteil, die das Minnelied meidet, wieder ein Beispiel dafür, bis in welche Einzelheiten hinein der Gattungstypus festgelegt ist. Dem Wächter fällt der warnende Weckruf bei herangrauendem Tage zu. Unter dem Paar hat die Frau die bewußtere Rolle. Sie vernimmt den Ruf, klagt über das Ende der Liebesnacht, mahnt zum Aufbruch. Hier ist ihr die im Minnesang verwehrte Möglichkeit gegeben, Liebessehnsucht und Liebesglück auszusprechen. Dem Ritter ist weit weniger Entfaltung gegönnt. Der Augenblick des Abschieds bringt eine letzte schmerzliche Steigerung der liebenden Hingabe. Der Abschied selber, bei dem auch der Ritter zu Worte kommt, ist kein notwendiger, aber ein häufiger Bestandteil. Eine berichtende Einleitung, ein berichtender Schluß, verbindender Bericht im Inneren können breiter entfaltet oder rudimentär sein. Dem Dreischritt des Aufbaus entsprechend ist der normale Grundbau dreistrophig.

Der so durchgeformte Typus bleibt der vorherrschende bis in die späte Zeit. Wir finden ihn leicht abgewandelt in einem der Tagelieder Ottos von Botenlauben (XIII), bei Ulrich von Singenberg (14), bei Ulrich von Lichtenstein mit dem Ersatz des Wächters durch das Hoffräulein, in den fünf Tageliedern des Ulrich von Winterstetten. Aber schon von der staufischen Zeit an wird mit dem Tagelied lebhaft experimentiert. Wolfram variiert stark innerhalb des gegebenen Typus: Walthers Tagelied (88, 9) ist im Grunde nur ein Minneduett, ein liebendes Zwiegespräch des am Morgen erwachenden Paares. Rubins Tagelied (XX) ist ihm verwandt. Das Tagelied (V) des Hohenburger Markgrafen ist reine Zwiesprache zwischen Wächter und Dame. Nicht Ruf, sondern Rede warnt die Dame; sie wirft dem Wächter vor, er wecke (nicht singe!) zu früh. Erst jetzt droht der Wächter im Verantwortungsgefühl für den Ritter mit dem weckenden Hornruf. Otto von Botenlauben (IX + IV) fügt als neue Szene das Eintreffen des Ritters, sein Wechselgespräch mit dem Wächter, den von Liebe und Angst überströmenden Empfang durch die Dame hinzu. Ottos drittes Tagelied (XIV) spielt sehr frei mit dem Grundmotiv. Die liebende Frau steht ganz im Mittelpunkt, in Strophe 1 die sehnsüchtig wartende, in Strophe 2 die beglückte; der Wächter ist nur stummes Gegenüber zur Auslösung der Frauenrede. Auch Lichtenstein (XXXVI) schickt dem Normaltypus als Einleitung die Ankunft des Ritters mit liebender Wechselrede und die Liebesnacht in Hingabe und Ruhe voraus, ehe er in den Normaltyp einlenkt. Und in Lied XL erscheint abermals etwas Neues: der Ritter, vom Tage überrascht, wird von der Dame heimlich dabehalten; erst die zweite Nacht läuft nach dem Normaltypus ab.

So werden wir auch in der Spätzeit neben dem Normaltypus mancherlei Varianten zu erwarten haben, wobei der Grundriß mehr oder weniger gewahrt bleibt. Wo die Abschiedsstunde dargestellt wird, fehlt meistens Wolframs bildhafte Kühnheit in der Ausmalung des Sinnlichen, des letzten Aufglühens vor der Trennung. Wo es nicht ganz außer Sicht bleibt, wird es auf die zeichenhaften Wörter *kus, umbevâhen* eingeschränkt, die auch im Minnelied zugelassen sind, oder Wenzel von Böhmen zieht sich auf die epische Formel *dâ ist ouch mê geschehen* zurück. Kühner ist eine Gruppe später, bürgerlicher, der Realistik zuneigender Dichter: Walther von Breisach in seinem stark geblümten Tagelied (II), Konrad von Würzburg, zumal in Lied 15, Heinrich Teschler (Lied 7) und ein wenig auch Hadloub (Lied 34).

Die Wächterrolle ist, bis auf die große Ausnahme des Günther von dem Forste, im späten Tagelied obligatorisch; an ihr wird weit mehr weitergedichtet als an dem liebenden Paar. Die Rede des Wächters hat zwei tragende Motive: Tagesanbruch und Warnung. Es ist die erste Morgenfrühe, das graue Licht, der graue Tag, der von Osten her – *von Kriechen* sagen gelehrtere Dichter – heraufzieht, die Wolken grau durchlichtet. Tag und Nacht ringen, was bei dem fürstlichen Dichter Wenzel von Böhmen zum Thronstreit wird. Das Morgenrot wird erst von Konrad von Würzburg mit seinem Blick für die Natur entdeckt. Zunächst dient es auch bei ihm dazu, das früheste Morgengrauen als die Zeit vor der Morgenröte zu kennzeichnen (Lied 15), und Wenzel von Böhmen spricht ihm das nach. Erst in Lied 14 läßt Konrad Morgenrot und Vogelsang zur Impression des frühen Lichtes zusammenstimmen. Zeichen der Morgenfrühe ist sonst der Morgenstern, den Frauenlobs unechtes Tagelied in eine ganze Astronomie auflöst, und der Vogelsang. Die Sorge des Wächters gilt den Liebenden, insbesondere dem seiner Obhut anvertrauten Ritter, während die Sorge um die Ehre der Frau dem Ritter in seinen Abschiedsworten zugehört. Bei den biederen bürgerlichen Dichtern mischen sich gelehrte oder lehrhafte Töne ein: Belehrung über die Gefahr der *huote* bei Walther von Breisach, Trojas Zerstörung und Tristans Schicksal als warnende Beispiele beim Marner, Warnung vor *unmâze*, Mahnung zu *bescheidenheit* beim Teschler. Die spätere Zeit nimmt den Wächter nicht mehr nur als Stimme, sondern als Person. Er fordert Lohn – angedeutet schon beim Burggrafen von Lüenz (I) – er ruft mitten in der Nacht und muß durch Versprechungen oder Gaben der Dame bewogen werden, bis zum Tagesgrauen durchzuhalten (Heinrich von Frauenberg, Wenzel). Die Sorge um die eigene Sicherheit wird in der Wächterrolle bei Hadloub zu einer besonderen Nuance entwickelt. Lied 14 ist reine Wächterrede, in der dieser seine eigene heikle Situation bangend erwägt (*ich vürhte mir sô sêre*). Lied 50 zieht vollends die Konsequenz daraus. Der Wächter, hier vor der Kemenatentür stehend gedacht, schleicht davon: „Der Herr sehe selber zu", sagt er, „ich komme schon davon." Die Dame muß hier das Morgengrauen selber entdecken. Dieser bestochene, um seine Sicherheit bangende Wächter ist die Illustration zu Steinmars ritterlicher Auflehnung gegen das Tagelied. Der Bürger Hadloub entdeckt die Zweifelhaftigkeit der Wächterrolle von ganz anderer Seite her, vom Gesichtspunkt städtischen Sekuritätswillens. Wiederum zeigt sich, wie Illusionsdichtung sich ad absurdum führt, wenn ihr zeichenhaftes Gepräge in die Welt der Realitäten eingeordnet wird.

Szenische Erweiterungen treten hinzu. Es kommt zu einem Zwiegespräch der Dame mit dem Wächter nach dem Wächterruf, so schon im Tagelied des Hohenburgers und Kristans von Hamle. Das ermöglicht die Bestechungsszene bei Frauenberg und Wenzel. Der Ritter, überhaupt die eigentliche Liebesszene, können dadurch ganz in den Hintergrund

gedrängt werden. Lied I des von Wizzenlô ist reine Wechselrede von
Wächter und Dame; in Lied III redet der Wächter überhaupt allein, auch
die Morgenklage der Frau ist hier zum Bericht des Wächters stilisiert.
Andererseits wird die bei Otto von Botenlauben eingeführte Vorszene
der Ankunft des Ritters durch den Burggrafen von Lüenz (I) wieder aufgenommen. Eine Jungfrau verständigt den Wächter, dem *zer miete gâch*
ist, von dem erwarteten Kommen des Ritters; er wird vom Wächter eingelassen, von der Dame liebend empfangen. Dann lenkt das Lied in die
Bahn des normalen Tageliedes ein. Ähnliches malt sich Hadloub in der
erträumten Tageliedsituation des Liedes 51 aus.

Dem liebenden Paar wird neben oder statt der letzten Hingabe eine eigentliche
Aufbruchsszene mit trauernden, segnenden oder neue Begegnung verheißenden
Abschiedsreden gegeben. Das war bei Wolfram schon vorgebildet, von Singenberg,
Lichtenstein und Winterstetten fortgeführt. Auch hier hat die Frau die führende
Stimme; aus ihrem Munde klingen beim Lienzer Burggrafen, bei Wizzenlô und
Günther von dem Forste sehr innige und warme Töne. Auch die vereinzelte, unter
dem Namen des Winli überlieferte Strophe ist die schöne Abschiedsrede einer
Frau. Dem gefühlsarmen Hadloub dagegen fällt hier nichts ein als vernünftige Er-
wägungen über die Notwendigkeit rechtzeitiger Trennung.

Bleiben so, mit mannigfachen Variationen, die späten Dichter von
Tageliedern im Rahmen der Tradition, so steht das Tagelied des Günther
von dem Forste (V.) in dieser Zeit ganz für sich und weist mit seiner
balladesken Form in die Zukunft. Schon die Länge ist ungewöhnlich:
23 Strophen, wo wir sonst drei bis sieben gewöhnt sind. Ganz neu ist die
Einbeziehung des Publikums mit einer werbenden Anrede an die Zuhörer, einer Schlußstrophe, die als *fabula docet* stilisiert ist, und ein-
gestreuten Hinwendungen, die die Aufmerksamkeit wachhalten sollen.
Das ist eine ganz andere Beziehung zum Publikum als die des ritterlichen
Sängers im höfischen Kreis. Das ist ein Vortragender, der einem neu-
gierigen Hörerkreis spannende Erzählung bietet. Stärker als andere
Tagelieder arbeitet dieses daher mit dem epischen Bericht und erfindet
eine Vorszene, eine durch die Aufpasser verhinderte Zusammenkunft
der Liebenden. Diese glückt erst in Strophe 4 und wird in Strophe 5
dezent ausgemalt. Der Tagesanbruch – doch ohne Wächterruf – scheucht
die Liebenden auf (Strophe 20), und unter innigen Abschiedsreden müssen sie sich trennen. Alles ist auf das Erlebnis und die Stimmung der
Liebenden konzentriert. All das ist noch der Grundriß des Tageliedes.
Aber zwischen Strophe 5 und Strophe 20 liegt ein langes Minnegespräch
des liebenden Paares. Darauf kam es dem Dichter offenbar an. Die beiden
Partner sind in ihrem Liebesempfinden differenziert. Dem Manne, von
Leidenschaft getrieben, bangend vor der Trennung und der Möglichkeit,
daß die Liebe enden könnte, steht die Frau gegenüber, ruhend in einer
aus der Sicherheit nie endender Liebe entspringenden *mâze*; in un-

begrenzter Hingabebereitschaft lenkt sie ihn sanft zu solcher sicheren *mâze* hin. Wer hier leeres Gerede spürt, irrt. Es ist psychologische Entwicklung der männlichen und weiblichen Erlebnisweise, feiner als wir sie sonst in der konventionell typisierenden Psychologie des Minnesangs gewöhnt sind. All dieses – die durch Refrain unterstrichene balladeske Darstellungsweise und Vortragsform wie die neuartige psychologische Erfassung – zeigen einen eigenständigen Dichter, der, unbefriedigt von den traditionellen Formen und Stilmitteln, diese durchbricht und neue Wege sucht.

Die dörperliche Dichtung Neitharts von Reuenthal war, wie wir Bd. II, S. 307 f. gesehen haben, zum Verdruß Walthers von der Vogelweide von der höfischen Gesellschaft alsbald begierig aufgenommen worden. Die Manier Neitharts bleibt höfisch anerkannt. Die großen Liederhandschriften, vor allem die Manessische, geben ihm Raum, und Hadloub, der Vielversuchende, singt Lieder in Neitharts Manier. Dennoch erscheint unter den namentlich bekannten Dichtern der Spätzeit der Ton Neitharts recht selten. Wir können nur drei Dichter nennen, die im eigentlichen Sinne Nachahmer und Weiterbildner Neitharts sind, und von denen wir ausschließlich solche Gedichte kennen. Es ist der von Scharpfenberg (Kr. Nr. 52), ein nicht sicher zu identifizierendes Mitglied eines in Krain, Kärnten und Steiermark verbreiteten Ministerialengeschlechtes, das auch bei Ulrich von Lichtenstein erscheint, der von Stamhein (Kr. Nr. 55), den manche für einen Österreicher, andere für einen Schwaben halten, und her Gœli (Schw. M. Nr. XII), in dem Bartsch einen Basler Stadtritter Diethelm Gœli wiedererkannt hat, der von 1254 bis 1276 urkundlich bezeugt ist. Es ist nicht zu erwarten, daß die adligen Dilettanten, deren Minnesang ein Teil des konventionellen Minnedienstspieles war, sich um diese ganz andersartige Gattung bemüht hätten. Auch Steinmar, der im Typus des niederen Minnesangs die Möglichkeit zur Auflehnung gegen den leer gewordenen hohen Minnesang fand, hat nicht im Tone Neitharts gedichtet. Bei der breiten Schicht der konventionellen Sänger hat nur die bildkräftige Art Neithartischer Natureingänge nachgewirkt. Andererseits dürfen wir sicher annehmen, daß in der hier behandelten Epoche Nachbildungen von Neithart wesentlich beliebter gewesen sind, als unsere Überlieferung erkennen läßt. Der Name Neithart war Begriff und Programm geworden. Was in seinem Ton gedichtet war, wurde von ihm angesogen und lebte unter seinem Namen fort. Auch die Lieder des Gœli und das einzige des Stamhein sind in einem Teil der Handschriften bei Neithart eingeordnet. Das „Neithartcorpus" der späten Handschriften, schon das in der Manessischen Handschrift, enthält eine Masse von Gedichten im Neithartstil, die man sicher oder mit großer Wahrscheinlichkeit als un-

echt ausgeschieden hat. Nicht wenige von ihnen wird man für das späte
13. und frühe 14. Jahrhundert in Anspruch nehmen dürfen. So wird ein
Pseudo-Neithart (Haupt S. XXVII) von erotischer Zweideutigkeit schon
von Heinrich von Freiberg als ein Lied Neitharts zitiert (Tristan V. 3779).
Wir behandeln als Beispiele der Neithartnachbildung hier nur die
drei namentlich bekannten Dichter. Die vier Lieder des Gœli sind sämtlich auf dem gleichen Grundriß aufgebaut. Es sind dem Natureingang
nach Sommerlieder, verlegen aber den Inhalt der Winterlieder, Bauern-
tanz und Bauernstreit, ins Freie unter die Linde. Sie haben auch, wie
Neitharts Winterlieder, stolligen Strophenbau. Sie suchen die persönliche Erlebnisform von Neitharts Winterliedern und das individuelle Por-
trät des Bauernstutzers – mit Glück vor allem Lied 4 – nachzubilden, nicht
aber jene parodistische Verbindung hoher höfischer Formelelemente
mit derb mundartlichen Ausdrücken, die Neitharts Winterlieder so besonders charakterisiert. Die gröbere und simplere Natur der Neithart-
epigonen hat das selten begriffen. Einen Ansatz dazu finden wir in dem
einzigen Liede des von Stamhein. Das lange Gedicht ist als Sommer-
tanzlied komponiert, doch in stolliger Strophenform, setzt mit Natureingang und Minneklage des Dichters ein, der sich beim Sommertanz
über sein Minneleid trösten will. Es verbindet geschickt das Gespielinnengespräch mit der Mutter-Tochter-Szene. Der ehrbaren mütterlichen
Mahnung, in ihrer Jugend sei es nicht anständig gewesen, als Mädchen
zum Tanz auf die Heide zu laufen, erwidert die Tochter schlagfertig,
dann hätten sie es daheim um so schlimmer getrieben, und droht mit
Enthüllungen. So wird die Mutter zahm. Ähnlich kehrt solches Mutter-
Tochter-Gespräch im Pseudo-Neithart S. XIV wieder. Der zweite Teil
führt zu Tanz und Ballspiel höfisch stilisierter Bauernmädchen auf die
Heide und lenkt mit einem Schlußseufzer von dieser Maienfreude zum
Minneleid des Dichters zurück. Stamhein steht darin wohl in der Nachfolge Winterstettens. Von den beiden Liedern des Scharpfenbergers
ist das erste ein – unstolliges – Mutter-Tochter-Gespräch ziemlich durch-
schnittlicher Art mit der Warnung vor der Wiege, das zweite ein eigen-
artigeres Gespielinnengespräch, in dem zwei Mädchen sich ihren Kummer über den ungetreuen Geliebten klagen, während eine dritte hin-
zukommend sich ihres Geliebten rühmt.

Außerhalb dieser anerkannten Typen ist nur wenig von „objektiven
Gattungen" oder Gegensang bewahrt. Was in unseren auf hohen Minnesang gerichteten Sammlungen durchgeschlüpft ist, sind nur zufällige
Reste einer sicherlich verbreiteten Kleindichtung, die weit ab von der
konventionellen Überhöhung des Minnewesens unverkünstelt und
sinnenhaft erlebte und besang, vom Zarten bis zum eindeutig Obszönen.
Volkstümliches, Vagantisches, aber auch Töne und Motive des frühen

donauländischen Minnesangs klingen nebeneinander und ineinander. Den genormten Begriff der „niederen Minne" halten wir besser fern; er deckt höchstens einen Teil dessen, was hier zur Darstellung kommt. Wir verwenden besser die Bezeichnung Gegensang.

Es ist ein glücklicher Zufall, wenn solche Lieder in die Sammlung eines bekannten Dichters geraten und unter seinem Namen mit abgeschrieben worden sind, wie wir es bei Gottfried von Neifen gesehen haben. Nicht ganz weniges werden wir auch in dem unechten Gut finden, das unter den Namen Dietmar von Eist und Reinmar aufgenommen ist. Ergiebig für den Gegensang sind gerade einige Namen der großen Handschriften, die uns nicht mehr als Dichternamen gelten, sondern als Namen von Besitzern kleiner Vortragshefte, wie sie sich wandernde Literaten angelegt hatten. Die Sammler der großen Handschriften haben sie für die Dichter der darin zusammengetragenen Lieder gehalten und sie als solche in ihre Sammlungen aufgenommen. Dabei stehen dann Lieder echten Minnesangs neben anonymer Spottdichtung und anderem Gegensang. Sie belehren uns darüber, daß solche Art flüchtiger Dichtung zum Vortragsrepertoire von Wandersängern gehört hat. Natürlich kann auch eigene Produktion der Heftbesitzer dabei sein. Zu diesen Namen gehören Gedrut und Geltar (Kr. Nr. 13), die C. von Kraus für die gleiche Person hält, und Niune (Kr. Nr. 39). Unter die Gegensänger, deren Name für uns nichts aussagt, möchte ich auch Friedrich den Knecht (Kr. Nr. 11) einreihen, der in Lied IV über verschwundene *milte* klagt und für die Geliebte aufwenden will, was er ein ganzes Jahr lang durch Heischen zusammengebracht hat, der also schwerlich ritterlicher Herkunft ist, so wie Kol von Niunzen (Kr. Nr. 29), dessen Name Kol wohl ebenso nach Österreich weist wie die Langzeilenform des ersten seiner vier Liedchen. Undurchsichtig ist endlich auch die Figur des Taler (Schw. M. Nr. IV), dessen kunstvoller Minneleich (1.) zu den beiden unter dem gleichen Namen gehenden Liedern gar nicht passen will. Die Zuweisung zu einem schweizerischen Dienstmannengeschlecht ist doch sehr zweifelhaft. Ganz offenbar ist es eine ganz andere, höfisch nicht akzeptierte Schicht von Dichtern, die solchen Gegensang wagte und trug.

Wir ziehen in der Darstellung die Grenzen so weit und sorglos wie möglich und begreifen sehr Verschiedenartiges ein, wobei jede Möglichkeit zeitlicher Festlegung fehlt. Was nach Form und Inhalt altertümlich oder volkstümlich wirkt, darf man darum nicht gleich für alt halten. Otto Schumann hat gezeigt, daß die meisten deutschen Verse in den Carmina Burana der jüngsten Zeit um 1300 angehören. Sie sind durchsetzt mit dem Formelschatz des ausgebildeten Minnesangs, aber einfach in Rhythmik und Strophik, schlichter in der Syntax, simpler und direkter in Inhalt und Ausdruck. Es ist gewiß keine große Dichtung, sondern rasch hingeworfenes Kleingut, aber eben deswegen ein Stück Leben der Zeit und unserer besonderen Beachtung wert, wo der Zufall es einmal auf das Pergament rettete.

Unter dem Namen Niune (Kr. Nr. 39) überliefert die kleine Heidelberger Handschrift eine ganze Masse von Liedern, die in der Manessischen Handschrift mit Recht anderen Dichtern zugeordnet sind. Es handelt sich also um eines jener Vortragshefte, die oben erwähnt sind. Das Heft enthielt auch ein paar kleine Einzelstrophen, die uns einen Einblick in das Fort-

leben der einheimischen Liebeslyrik des donauländischen Typus nach
Form und Inhalt gewähren. Sie waren nicht mehr hoffähig, aber sie hatten verständlicherweise ihr Publikum. Fünf solche Liedchen hat v.
Kraus unter dem Namen Niunes bestehen lassen, ein sechstes ist als namenlos
in Minnesangs Frühling 6, 5 aufgenommen worden. Die kleinen ein-
strophigen Lieder I und V sind einfacher Ausdruck liebender Zuneigung
des Mannes zu seiner Frouwe, aus dem Geiste des Minnedienstes zwar
geschaffen, aber weder der Reinmarschen Reflexion noch der gesellschaftlichen Konvention des späten Minnesangs verpflichtet und fern aller formalen Virtuosität. Es ist der hohe Minnesang sozusagen zurückgeführt
auf seine einfachsten Elemente. Ähnliches bieten manche deutsche Strophen der Carmina Burana. Die Form, reiner Reim und einfache, doch gepflegte Strophik, zeigt, daß die Liedchen erst nach Walther gedichtet
sein dürften. Wichtiger sind die beiden Frauenstrophen II und IV, weil
sie inhaltlich als unmittelbare Nachfahren des früheren donauländischen
Minnesangs erscheinen, formal aber die voll entwickelte Strophik des
nachwaltherschen Minnesangs voraussetzen. Lied II ist Ausdruck beglückten Stolzes auf *den vil lieben herren mîn*, dem sie *undertân* ist. Es bewegt sich ganz in der Terminologie der frühen Frauenstrophen. Lied IV
ist Klage und Trennungsschmerz *umbe ein friundes scheiden*, also die Situation des frühen Minnesangs: der frei reitende Ritter, die sehnsüchtig
gebundene Frau, die im Lied ihrem Kummer Ausdruck gibt. Aber die
kunstvolle Form mit Binnenreimen und die Sentimentalisierung, die
deutlich gegen die Verhaltenheit der frühen Frauenstrophen absticht,
lassen an einen Dichter eher nach als vor 1250 denken. Wir sehen, wie
eine alte Gattung sich in neuen Formen am Leben erhält.

Tun wir von hier einen Blick auf die zahlreichen unechten Lieder bei
Dietmar von Eist und Reinmar von Hagenau, so begegnet uns diese Wei-
terführung der alten donauländischen Sangesweise in einer ganzen
Reihe von Gedichten. Die Form des Wechsels kehrt im Dietmarcorpus
mehrfach wieder (35, 15; 36, 5; 39, 30), so einfach in der Form, daß
diese Lieder einer frühen Zeit angehören, ebensowohl aber auch Beispiele langen Fortlebens des Einfachen sein können. Der Wechsel dagegen, der 198, 4 unter Reinmars Namen steht, weist mit der Spielerei
durchgeführter grammatischer Reime in eine vielleicht viel spätere Zeit
und zeigt abermals, daß alte Gattungen sich in eine neue Formensprache
hinüberhäuten. Ebenso ist der Zank-Wechsel 40, 19 (unter Dietmar) mit
seiner vertrackteren Psychologie und dem Motiv der Probenacht erst
nach Reinmar möglich. Auch das Frauenlied lebt einfacher oder verkün-
stelter weiter. Einfache Frauenstrophen stehen bei Dietmar (35, 32) und
Carmina Burana Nr. 106a. Ganz auf den alten Ton der Liebesbe-
glückung ist auch das zweistrophige Lied bei Reinmar 203, 10 gestimmt,
das den Geliebten „Ritter" nennt und unbefangen von der Seligkeit der

liebenden Umarmung redet. Könnten diese drei Liedchen noch dem
12. Jahrhundert angehören, so wirken die drei umfänglichen Frauen-
lieder Reinmar 199, 25; 195, 37 und zumal 192, 25 wesentlich jünger.
199, 25 dehnt die einfach-herzlichen Gefühle der Frau über sechs kunstvolle Strophen aus, verwässert sie und füllt sie mit Gedanken und Erwägungen auf, die eher dem Manne des hohen Minnesanges zukämen.
Aber es ist die alte Situation der gebundenen Frau und des freien Ritters,
und sie spricht unbefangen von den Freuden des *bîgeligens* ihres *gesellen*.
Auch 195, 37 ist ein umfängliches, sechsstrophiges Lied, eingeleitet mit
der Frage des Dichters an die Dame, warum ihre Schönheit so geschwun-
den sei, erfüllt mit Sehnsucht, Hoffnung und Verzagen der liebenden
Frau, deren ganzes Glück von der Nähe des Geliebten abhängt. Auch
hier ist *nâhen ligen* das ausgesprochene Sehnsuchtsziel, ist die Frau die
Treibende, wenn sie sich ausmalt, wie sie ihn – pastourellenhaft – auf-
fordern wird, „Blumen auf der Heide zu brechen". Noch ein Stück mehr
ins Höfische stilisiert ist das Lied 192, 25, Reinmarscher Frauenlyrik in
differenzierender Seelenanalyse verpflichtet, gesprochen von einer in
Liebe verstrickten Frau, *diu minnet und daz aber angestlîchen tuot*, die aber
im Herzen ihre Niederlage schon weiß. Das Dienstverhältnis des hohen
Minnesangs ist vorausgesetzt, und auf ein solches glaubte sie sich ein-
zulassen. Sie hätte eher gedacht zu sterben, als daß er über sie *gewaltic*
würde, doch: *ez solte eht sîn*. All dies – zeitlich nicht festlegbar –
führt auf alle Fälle eine ganz andere Auffassung von Minne und deren
dichterischen Ausdruck ins 13. Jahrhundert hinein und wohl durch
das ganze Jahrhundert fort. Es bestätigt zugleich die Bd. II, S. 288
ausgesprochene Vermutung, daß Reinmar im Kreise des Wiener
Hofes solcher seiner Idee widersprechenden Dichtung begegnet sein
muß.

In den Kreis des Gegensanges gehört auch **Friedrich der Knecht**
(Kr. Nr. 11), der sich selber in Lied II einen *frôidelôsen kneht* nennt. Die
Lieder II und IV gehören in den Kreis der sogenannten niederen Minne.
Denn in dem ersten wird der Winter verflucht, weil er die ungeschützten
Füße der Geliebten rötet, im zweiten wird darüber geklagt, daß die
Kargheit der Herren den Dichter daran hindert, durch einen Pelz die
Gunst der Geliebten zu erkaufen. Lied II nimmt dazu noch ein Neit-
hartisches Motiv auf: der Bruder der Geliebten hält ihre Kleider unter
Verschluß. Beide Lieder aber sind auf die erlesensten Töne im Preis der
äußeren und inneren Vorzüge der Geliebten gestimmt und von gefühls-
voller Minneklage erfüllt. Das ist entweder ein sentimentaler Versuch im
Stil der Waltherschen Mädchenlieder, oder es ist parodierendes Spiel mit
den Tönen des späten sentimentalisierten Minnesangs. Für die zweite
Auffassung spricht Lied III, das zweifellos eine Parodie ist, indem es
mit recht banalem Witz höfische Formeln zu Absurditäten macht. Sein

Leid wäre dahin, wenn sie ihm glauben wolle – daß er lieber auf Erden laufen als hängen wolle; sein Leid ist so groß, daß er niemals schläft – wenn er wach ist, daß er niemals froh ist – wenn er nicht herzlich lacht. Lied V endlich mit der Dissonanz zwischen der Minneklage des eigentlichen Liedes und der offensichtlichen, wenn auch in seinen persönlichen Anspielungen nicht durchschaubaren Ausgelassenheit des Refrains macht ebenfalls eher den Eindruck einer Parodie als eines ernstgemeinten Minneliedes. So gerät auch Lied I mit dem von Neithart gelernten Namenspiel von „Je länger je lieber" (Name der Geliebten) und „Je länger je leider" (Name des Dichters) in den Verdacht, nicht ernst gemeint zu sein, und in der letzten, nicht durchsichtigen Strophe wirkt die Formel *ich sold ir wachen bî*, statt *slâfen* oder *ligen bî* wie ein parodistischer Schlußeffekt. Auf alle Fälle ergibt sich aus allen fünf Liedern ein einheitliches Stilbild. Sie alle verwenden die Stil- und Ausdrucksmittel des ausgebildeten höfischen Minnesangs nach Neifen, alle suchen aber – parodierend oder nicht – einen Überraschungseffekt. Ich sehe darin den wirksamen Kunstgriff eines fahrenden und gehrenden Mannes, als den Lied IV den Dichter ausweist, und halte es für unmöglich, ihn mit dem Friedrich zu identifizieren, den Geltar zusammen mit einem Alram und einem Ruprecht wegen seiner Sentimentalität im Frauendienst verspottet. Friedrich der Knecht ist eher ein Gesinnungsgenosse als ein Antipode Geltars.

In Geltar (Kr. Nr. 13) haben wir einmal einen jener resoluten Gegner des sentimentalen Minnedienstes und Minnesangs, über die Ulrich von Winterstetten klagt. Mit giftigem Spott zieht er in Lied Ia gegen Wahsmuot von Künzich (vgl. S. 317 f.) los, macht sich über ein uns nicht erhaltenes Lied dieses Dichters lustig und behauptet, wie wir schon gesehen haben, von ihm, wenn er bei der Geliebten läge, würde er sie vor lauter Seligkeit unberührt lassen. Dem stellt er sich selbst gegenüber: er wäre so *ungefüege*, ihren roten Mund zu küssen und es damit nicht genug sein zu lassen. Ein anderes Lied (I) nimmt drei uns unbekannte Minnesänger aufs Korn, um den Minnedienst junger Leute *(knehte)* für die Frau ihres Dienstherrn zu geißeln, zugleich aber spottet er über die Leute, die bei ihrer Minneklage fett werden und die längst hingestorben sein müßten, wenn in ihren Klagen wirklicher Ernst wäre. Abermals in einem anderen Liedchen (II) kontrastiert er seine, des Fahrenden, offene und ehrliche Bitte um Kleider mit dem unsauberen heimlichen Minnewerben modischer Kavaliere und bricht aus: *slahen ûf die minnesenger die man rûnen siht*. Er selber dichtet zwei kleine Lieder, ein ausgelassenes Tanzliedchen (III) und ein Mutter-Tochter-Gespräch in Neithartischem Stil (IV).

Ausgesprochen parodistisch ist auch das erste der beiden vom Taler (Schw. M. Nr. IV) überlieferten Lieder. Parodistisch in doppelter Weise, indem es erstens den Begriff „Minnemärtyrer" ganz realistisch faßt: die umworbene Dame hat dem Dichter auferlegt, ein Jahr lang ein Lederkoller auf der bloßen Haut zu tragen, zu fasten und sich des Weines zu enthalten. Aber auch das war vergebens. Andererseits trifft seine Parodie gleich der Geltars die feinen Herren wie den Neifen. Die mögen vom rosigen Mündlein ihrer Damen (*ir tugende schrîn!*) singen. Die sind fein gekleidet, sein Liebchen aber muß in Fetzen laufen. Jene anspruchsvolle Schöne entpuppt sich also als Bauernmagd. Auch das zweite seiner Lieder ist offenbarer, wenn auch inhaltlich unklarer Gegensang. Der Dichter versucht darin, zwei Kumpane, *Küenzlîn* und *Heinzlîn*, anzuwerben, *der minneclîchen frouwen, nâch der mîn sendez herze ie ranc* Brief und Lieder zu überbringen. Schon dies führt in eine reale, epische Situation hinein. Auch hier scheint es sich um eine bäuerliche Geliebte zu handeln, denn Küenzlin weigert sich aus Angst, im Kornfeld ermordet zu werden, und die Anspielungen der letzten Strophe mögen leicht sehr unzweideutige Umschreibungen des Minnespiels im Kornfeld sein. Nach diesen beiden Liedern zu urteilen ist der Taler weder ein Ritter noch so früh anzusetzen, wie es geschieht, und es erscheint zweifelhaft, ob das unter seinem Namen stehende Bruchstück eines kunstvollen Minneleichs dem gleichen Manne angehören kann.

Reiner Gegensang sind endlich die vier Liedchen des Kol von Niunzen (Kr. Nr. 29). Das erste Lied, zwei Strophen aus je sieben echten Langzeilen, ist eine der wenigen echten Pastourellen in deutscher Sprache, nach Ton und Art der vagantischen Pastourelle nächst verpflichtet und unmittelbar zusammenhängend mit dem sehr eindeutigen deutsch-lateinischen Mischgedicht 146 der Carmina Burana. Derselben Sphäre gehört das fälschlich unter Reinmars Namen stehende, in Kraus' Ausgabe von Minnesangs Frühling S. 286 f. mitgeteilte Lied an, das das erotische Thema in fünf kunstvollen Strophen in einer Art Trutzwechsel, drei Strophen des Mannes, zwei des Mädchens, durchführt. Die beiden Ströphchen II und IV gehören in die Gruppe des pseudo-neifenschen Büttnerliedes (vgl. Bd. II S. 354), die Übertragung handwerklicher Betätigung und ihrer Werkzeuge in die Sphäre des Geschlechtlichen. In Lied II ist die weibliche Scham das immer sprießende Äckerlein *(lehen)*, das der Dichter allein zu bearbeiten wünscht, in Lied IV wird das Handwerk des Webens oder Stickens entsprechend verwertet. Lied III endlich kehrt den Witz sozusagen um. Der Beginn des Satzes bis zum Reimwort der Zeile läßt grob Sexuelles erwarten, der Schluß biegt es in harmlose höfische Formeln um. Der Vortrag wird am Zeilenende eine wirkungsvolle Pause eingelegt haben. All das ist indessen nicht raffiniert, sondern von jener sozusagen fröhlichen und unschuldigen Direktheit, die vielfach die vagantische Erotik auszeichnet. Keiner der deutschen Dichter steht dem Vagantentum so nahe wie dieser.

So finden wir denn Entsprechendes in den Carmina Burana nicht nur in dem schon erwähnten Liede 146, sondern auch in dem nahe verwandten deutsch-lateinischen Bruchstück 145 und in dem Ströphchen 125a, einem rein deutschen Bruchstück einer Pastourelle. Nahe steht die Mädchenstrophe 141a, in der das Mädchen zum Blumenpflücken und Kranzwinden auf die Heide gehen will und der Refrain den *gesellen* herbeisehnt. So mögen auch die tanzliedhaften Stücke 100a; 103a und 136a mit erwähnt werden, und noch manch anderes zeitloses Lied in jüngeren Sammlungen könnte gewiß hier noch seinen Platz beanspruchen.

8. DER LEICH

Die Kompositionsform des Leichs verlangt eine besondere Betrachtung, nicht wegen seiner inhaltlichen, sondern wegen seiner formalen Bedeutung. Wir sind ihm als kompositorisches Kunstwerk bereits begegnet. Seit der romanisch gebildeten frühstaufischen Gruppe von Dichtern um Friedrich von Hausen gehört der Leich zu den in der Lyrik gepflegten Gattungen. Von Anfang an wird er für die beiden großen Themen der Zeit verwendet, Religion und Minne. Der religiöse Leich erscheint in der religiös bewegten Epoche der Kreuzzüge; Rugges Kreuzleich und Walthers Trinitäts- und Marienleich sind die uns bekannten Beispiele. Ob die für Friedrich von Hausen und Hartmann von Aue durch den von Gliers bezeugten Leiche religiösen Inhalts waren, wissen wir nicht, könnten es aber bei diesen beiden Kreuzzugsteilnehmern vermuten. Dann klingt der religiöse Leich mit Reinmar von Zweters Marienleich aus. Wir treffen ihn erst gegen Ende des Jahrhunderts wieder. Der Leich Konrads von Würzburg, der in der Erlösungstat Gottes die Mutter Gottes preist, wird für den gleichen Zweck gedichtet worden sein wie die Goldene Schmiede, also zum Straßburger Dombauunternehmen der 80er Jahre in Beziehung stehen. Noch jünger sind die beiden Leiche (Marienleich und Kreuzleich) Frauenlobs und der Marienleich des Spruchdichters Hermann Damen. Unbestimmten Alters ist die religiöse Kontrafaktur des ersten Leichs von Rudolf von Rotenburg und der anonyme Marienleich, den Bartsch in seiner Ausgabe der „Erlösung" S. 190 f. mitteilt. Es sind also späte, gelehrte Spruchdichter, die diesen Typus wieder aufnehmen.

Der Minneleich, zuerst bei Ulrich von Gutenburg greifbar, wird von Otto von Botenlauben und Ulrich von Lichtenstein weitergeführt, jener offenbar in romanischer Tradition stehend, dieser ein vieles versuchender Dichter, dessen rasches Formtalent durch die schwierige Kunstform gereizt wurde. Der Leich ist eine kompositorische Aufgabe, die an den Künstler hohe Anforderungen stellt, und von keinem Dichter der Stauferzeit wissen wir, daß er sich dieser Mühe mehr als einmal unterzogen hat. Erst im spätstaufischen Kreise um die Söhne Friedrichs II. sehen wir den Leich zu einer gern geübten Kunstform werden: beim Tannhäuser und dessen Schüler Ulrich von Winterstetten. Konnten wir bei den Früheren den Leich als ein konzertierendes Vortragsstück bezeichnen, so fanden wir beim Tannhäuser und bei Winterstetten eine neue, leichtere Form, die inhaltlich auf den Tanz Bezug nahm und die daher als Tanzleich bezeichnet worden ist. Wir sind noch nicht in der Lage, gültige Aussagen darüber zu machen, ob die beiden Leichtypen auf verschiedene Grundrisse zurückzuführen sind. Doch bleibt es nicht nur nach dem Inhalt und der Intention, sondern auch nach dem rhythmischen Klang und Fluß berechtigt, zwischen dem ernsten Minneleich und dem Tanzleich zu unterscheiden.

In der Spätzeit haben, wie zu erwarten, die virtuosen Dichter in dieser Kunstform geglänzt. Die Schweiz erscheint als die Landschaft, in der sie besondere Pflege fand, doch kann das die Folge der Überlieferungslage sein. Zwei Schweizer Dichter sind uns nur als Leichdichter bekannt, der von Gliers (Schw. M. Nr. XX) und der ältere Otto zum Turne (Schw. M. Nr. XVIII). Der von Gliers, aus dem – heute französischen – Berner Jura stammend, dürfte Wilhelm von Gliers sein, der mindestens bis 1308 gelebt hat. Otto zum Turne, dessen der von Gliers als verstorben gedenkt, ist vermutlich ein älterer Angehöriger desselben Geschlechts, dem der gleichnamige, sehr viel spätere Liederdichter angehört. Von dem von Gliers sind drei Stücke überliefert, deren zwei sich zu einem Doppelleich zusammenschließen. Von Otto zum Turne stammt ein unter dem Namen Winli überlieferter Leich; ein zweiter, den die Manessische Handschrift unter seinem Namen verzeichnet, wird ihm abgesprochen. Die fünf echten Leiche des Rudolf von Rotenburg sind alles Minneleiche; die oben erwähnte religiöse Kontrafaktur seines Leichs I stammt von einem späteren Dichter. In die Schweiz gehört ferner Heinrich von Sax mit einem Minneleich und der Taler, unter dessen Namen das Fragment eines sehr kunstvollen Leichs überliefert ist. Hadloub hat sich natürlich auch als Leichdichter versucht; wir besitzen von ihm drei Minneleiche. Auch Konrad von Würzburg, der neben seinem Erlösungsleich einen Minneleich verfaßt hat, dürfen wir bei den Schweizern einordnen. Außerhalb der Schweiz kennen wir nur noch den Wilden Alexander und Heinrich Frauenlob als Dichter von weltlichen Stücken dieser Gattung.

Unsere Einsichten in die Formgeschichte des deutschen Leichs sind noch wenig entwickelt. Noch mehr als das Lied ist der Leich eine musikalische Komposition, so daß seine Struktur von der Musik her erfaßt werden müßte und die Beurteilung von der sprachlich-metrischen Form her unvollkommen bleibt. Wir besitzen aber nur von einem einzigen Leich, dem des Wilden Alexander, eine überlieferte Melodie in der Jenaer Liederhandschrift, sonst läßt sich nur für einen Teil eines Tannhäuser-Leichs eine später überlieferte Melodie anpassen. Über die Interpretation dieser Reste hat die musikwissenschaftliche Forschung bislang noch keine unzweideutige Auskunft gegeben. So viel ist indessen zu ersehen, daß die sprachlich-metrische und die musikalische Form nicht notwendig übereinstimmen.

Unter diesen Umständen ist zunächst nicht mehr erreichbar als eine vorsichtige Formbeschreibung des sprachlichen Aufbaus. Sie müßte für jeden Leich gesondert geschehen, was im Rahmen einer Gesamtdarstellung bei der großen Zahl der Stücke undurchführbar ist. Versuchen wir Kompositionstypen zu bilden, so ergeben sich zwei verschiedene Grundstrukturen. Wir können die beiden Haupttypen an den beiden Stücken des Konrad von Würzburg entwickeln. Der eine Typus ist in seinem religiösen Leich verwendet. Er baut sich aus lauter verschiedenen Versikeln auf, deren jeder in sich paarig gegliedert ist. Eine einmal verwendete Form wird nicht oder nur ganz selten noch einmal aufgenommen, und es ist nicht unwahrscheinlich, daß die musikalische Komposition auch in diesen Fällen abgewichen ist. Jedenfalls sehen wir, daß dies bei dem im gleichen Typus gebauten Leich des Wilden Alexander bei der einzigen metrischen Reprise der Fall ist. Wir haben hier einen Reihungstypus vor uns, den wir auch den Sequenzentypus nennen können, weil er der Sequenz im Bau verwandt und wohl aus ihr entwickelt ist. Diese kunstvolle Form verwendet Konrad wohl nicht zufällig für ein religiöses Thema. Ganz anders Konrads Minneleich. Er ist im großen deutlich zweiteilig wie die Tanzleiche des Tannhäuser. Jeder Teil hat seinen eigenen Aufbau; beide beruhen auf dem Prinzip der Wiederholung verhältnismäßig weniger Versikelformen. Bezeichnen wir die einzelnen Versikel mit großen Buchstaben, so ergäbe sich für den ersten Teil eine Versikelfolge: A B C A D C A E, für den zweiten: F A G H I A G H G A. Deutlich ist dabei, daß sich einzelne Versikel öfter wiederholen. Der Typus A durchzieht wie ein Kettfaden den ganzen Leich, im zweiten Teil gesellt sich Typus G hinzu. Da aber in Teil I die Formen D und E nur leichte Varianten von Typus B sind, und da Typ C mit A nächstverwandt ist, erweist sich dieser als ein Wechselspiel von A und B mit leichten Varianten in der Folge : A B A A B A A A, also das genaue Gegenteil des Reihungstypus der Erlösungssequenz. Und da im zweiten Teil G und I nahe verwandt sind, wird auch dessen Aufbau vereinfacht.

Beide Typen kehren bei anderen Dichtern wieder, und wie bei Konrad treten auch beide Formen im Werk desselben Dichters auf. Doch gibt es keine schematischen Regeln, und es muß feinerer Einzeluntersuchung vorbehalten bleiben festzustellen, ob man Mischformen oder weitere eigene Grundtypen anzusetzen hat. Der eigentlichen Sequenz stehen wohl die beiden religiösen Prunkstücke des Frauenlob am nächsten, zumal der Marienleich mit sehr umfänglichen, kunstvollen und prächtigen Doppelversikeln in immer neuer, nie wiederholter Gestalt. Doch verwendet Frauenlob nicht die Wiederholung im Großaufbau (Doppelkursus), den die entwickelte Sequenz kennt.

Reinen Reihungstyp fast ohne jede Reprise zeigen die Stücke des von Gliers (I), des Wilden Alexander und der kleine Leich IV Rudolfs von

Rotenburg. Dagegen ist der Leich III desselben Dichters sehr deutlich auf Reprisen und Leitversikel komponiert: A A A A – B C C C – B D B D – B E E E – B F B F – B G H. B ist der durchlaufende Versikel, der Aufbau geschieht aus symmetrischen Gruppenbildungen mit besonderer Behandlung von Anfang und Schluß, im Anfang vierfache Wiederholung eines nachher nicht wiederkehrenden Versikels, am Ende eine Gruppe aus drei verschiedenen Versikeln. Ähnlich baut Gliers seinen großen Doppelleich. Er verwendet fast ausschließlich volle Viertakter, so daß die einzelnen Versikel sich nur durch Zeilenzahl und wechselnde Reimstellungen unterscheiden. Die Gruppenbildung ist sehr regelmäßig, je ein sechszeiliger Leitversikel (B) und je dreimal wiederholte Einzelversikel: A A A B – C C C B – D D D B – E E E B – F F F B. Der zweite Teil des Doppelleichs wiederholt genau den ersten, Anfang und Schluß sind nicht nuanciert. Ob die musikalische Komposition diese Differenzierung unterstrich, oder ob der Bau aus lauter rhythmisch gleichen Einzelzeilen auf eine sehr einfache, sich immer wiederholende Melodie deutet, wissen wir nicht. Bei Otto zum Turne finden wir das Wiederholungsprinzip abgewandelt. Der Bau von Leich I ergibt das Bild: A B B B B – C D E – C D E – C D E – F, wobei F als Erweiterung von B zu fassen ist. Hier haben wir etwas, das man als Gruppenreprise bezeichnen könnte, mit einem eigenen Eingangsteil und einem einzelnen Schlußversikel, die in der Form ein Stück des Eingangsteils variierend wieder aufnimmt. Der unechte Leich II hat eine ähnliche Anlage. Die bei Konrad von Würzburg beginnende Einschränkung auf sehr wenige Bauelemente hat Hadloub dann konsequent durchgeführt. Verwendet Leich 53 noch vier Glieder (A A B B C C B B D D B B D D B B), so hat Leich 54 deren nur noch drei mit ganz leichten Varianten in der Binnenreimgliederung, Leich 52 vollends im Grunde nur noch zwei, da eine dritte Form (C) sich als ganz leichte Variante von B erweist. Diese Behandlungsweise entspricht Hadloubs geringer Erfindungsgabe. Sein Interesse ist den Einzelversikeln zugewendet, die er sehr künstlich und handwerklich mit vielen Binnen- und Schlagreimkünsten ohne Gefühl für sprachlichen Rhythmus auf dem Papier errechnet.

Diese Beispiele machen klar, daß es in der Abfolge der Versikel bestimmte Aufbauprinzipien gegeben haben muß. Sehr viel schwieriger ist die Frage nach einer Großgliederung zu beantworten. Versuche dazu sind von der metrischen Form wie vom Inhalt her gemacht worden. Beides bleibt ohne Kenntnis der musikalischen Komposition ungewiß. Der Doppelkursus, d. h. die Großresponsion ganzer Versikelketten, wie die durchgebildete Sequenz sie kennt, findet sich selten und nirgends als ein voll durchgeführtes Prinzip. Ebensowenig sind besondere Einleitungs- und Abschlußteile obligatorisch, wiewohl sie nicht selten sind. Die Zweigliederung des Tanzleichs, die wir beim Tannhäuser antrafen, scheint mehrfach beabsichtigt zu sein. Aber hier spielt schon nicht nur der Formenbau eine Rolle, sondern auch die inhaltliche Zweigliederung. Die schematische volle Übereinstimmung der beiden Teile im Doppelleich des von Gliers steht für sich. Im Minneleich des Konrad von Würzburg, den er selber einen *tanz* nennt, ist ziemlich genau in der Mitte eine auch formale Gliederung spürbar. Der erste Teil baut sich ganz aus zwei leicht variierten Versikelformen auf, der zweite führt neue Versikelformen ein und verflicht sie andersartig unter sich und mit dem Leitversikel. Dieser formalen Zweigliederung entspricht eine inhaltliche. Der erste Teil schildert die trostlosen Zustände, die in der Welt durch den Einbruch des *her Mars* in das Reich der *feine Vênus* herrschen, der zweite ruft den Fürsten *Amûr* zur Gegenwehr und zur Wiederaufrichtung der Herrschaft der Minne auf. Ähnlich gliedert sich der Leich des Heinrich von Sax, ebenfalls ein Tanzleich, in zwei genau gleich lange, im formalen Aufbau variierte Teile; der erste enthält die obligaten Minneklagen, der zweite (*So wil ich doch dien jungen singen* V. 65) ist ein mit breitem Natureingang einsetzender Tanz. Auch Frauenlobs langer Minneleich scheint zweiteilig gemeint zu sein. Ein erster, etwas längerer Teil steigt ohne Reprisen zu Versikeln mit immer längeren Zeilen, zuletzt vorwiegend Acht- und Zehntaktern, auf, der zweite, wieder schlanker einsetzend, ist reich an Reprisen und schließt mit einem kunstvollen Schlußversikel ab. Inhaltlich läuft der erste, gelehrte Teil in eine Versikelkette mit dem anaphorischen Einsatz: *noch süezer* . . . aus, der zweite, um die Deutung der Buchstaben des Wortes *wîp* gruppiert, in eine Kette anaphorischer rhetorischer Fragen.

Wo aber solche inhaltlich-stilistische Großgliederung nicht sehr deutlich greifbar ist, werden die Versuche, zu gegliederten „Großstrophen" zu kommen, ohne Kenntnis der musikalischen Komposition bedenklich. Und vollends das Bestreben, einen Aufbau zu erkennen, in dem formale und inhaltliche Gliederung sich decken, steht in der Gefahr, eine Harmonisierung in die Stücke hineinzuinterpretieren, die nicht beabsichtigt ist. Es gibt Stücke, wie der dritte Leich des Rotenburgers, die solch harmonischen Aufbau deutlich durchführen. Aber zumal beim Minneleich ist es sehr wohl denkbar, daß er nicht einen logisch fortschreitenden Aufbau erstrebt, sondern wie das Lied denselben Grundgedanken in immer neuer Variation umkreist.

Sehr viel Kunst ist auf die Variation der einzelnen Versikel verwendet. Paarigkeit ist fast überall die Regel. Entweder sind die einzelnen Versikel in sich paarig gebaut und reimend gebunden, oder frei gebaute und gegliederte unpaarige Versikel werden mit oder ohne reimende Bindungen als Doppelversikel wiederholt. Einfache unpaarige Versikel erscheinen vor allem im Schluß des Leichs, selten als innere Abschnittsgliederung. Daneben kommen ungeradzahlige Versikelketten vor. Nirgends aber dringt der dreigliedrige, stollige Aufbau der Liedstrophe in den Leich ein; Lied und Leich sind im Strophenbau bewußt unterschieden. Ebenso unterscheiden sich Leich und Lied in der Behandlung der Strophengrenzen. Während im Lied die Strophen eine geschlossene syntaktische und inhaltliche Einheit bilden, die nur sehr selten durchbrochen wird (Strophensprung), lieben die Leichdichter in wechselnder Häufigkeit das Überfließen von Satz und Sinn aus einem Versikel in den nächsten. Im Bau der einzelnen Versikel herrscht größte Freiheit, da ja Variation die Grundabsicht der Leichkomposition ist. Neben der bewußten Einfachheit des Gliersschen Doppelleichs mit der Einschränkung auf einen einzigen rhythmischen Baustein stehen kunstvollste Gefüge. Die Länge der Versikel kann sehr wechseln, von kleinen Zweizeilern bis zu den Riesengebilden in den religiösen Leichen Frauenlobs. In den einfacheren Stücken eines Wilden Alexander, Otto zum Turne, Heinrich von Sax und Rudolf von Rotenburg sind vier- bis achtzeilige Versikel die Regel und Vier- oder Sechstakter die eigentlichen Träger des rhythmischen Baues. Für die virtuosen Formkünstler: Hadloub, Konrad von Würzburg, Frauenlob – auch der Dichter des unter dem Namen des Taler überlieferten Leichs gehört dazu – wird der Leich recht eigentlich zum Probestück meisterlicher Kunstfertigkeit. Noch mehr als im Lied werden alle Künste von Rhythmus und Reim spielen gelassen. Mit einfacheren Formen einsetzend wird das Stück zu immer neuen, kunstvolleren Versikeln gesteigert. Lange Ketten durchgereimter kürzester Zeilen, Bindungen verschiedener Kadenzen und verschieden langer Zeilen, ein Feuerwerk von Binnen- und Schlagreimspielen bringen wachsende Bewegung in die Komposition, immer neue, überraschende Effekte werden gesucht, und die musikalische Komposition sowie ein pointierter Vortrag werden das Ihre dazu getan haben, um die virtuose Kunst des Meisters leuchten zu lassen.

Inhaltlich bieten die Leiche wenig Neues und Eigenes. Wort und Satz sind eben nicht Inhaltsträger, sondern formbare Materie. Dem Minneleich ist der Inhalt genau so vorgeschrieben wie dem religiösen Leich. Das Problem, vor das schon Gutenburg bei seinem Minneleich gestellt war, in einem breiten Vortragsstück mit demselben Inhalt auszukommen, der ein Lied angemessen ausfüllte, bleibt weiter bestehen. Es führt bei erfindungsarmen Dichtern wie Hadloub zu wortreichem Hin- und Herwenden derselben, genormten Gedanken, ob es sich nun um allgemeinen Frauenpreis (52; 53) oder den Preis der Geliebten (54) handelt. So sind auch die fünf Stücke des Rudolf von Rotenburg nach Haltung und Inhalt nicht anders zu beurteilen als seine Lieder (vgl. S. 318 f.). Sie haben wie jene die männlich-schöne Haltung, die diesen begabten und empfindenden Nachfahren Walthers auszeichnet. Wie die Lieder nehmen sie nicht oder nur ganz flüchtig (Leich IV) auf die Natur Bezug und kreisen reflektierend um die Themen des hohen Minnesangs: um die Frage nach echter und falscher Minne, um die *nîdære*, um die Ferne von der Geliebten, die vielleicht – nach Leich I – im romanischen Westen zu suchen ist. Wie Gutenburg schmückt Rotenburg seine Leichdichtung mit literarischen Anspielungen auf Epenhelden, die durch Minne in Not geraten sind: in Leich III auf Parzival, Meljot, Cliges, in Leich V auf Gawan, auf einen uns sonst unbekannten Helden Guraze, der – gleich Leander – im Meer ertrank, weil er eine Frau ohne Maßen liebte, und auf die Helden des Trojanerkrieges. Bemerkenswert sind die Einschläge des leichteren Tanzleichs, die sich auch bei diesem ernsten Dichter finden. Formal gehören hierher die langen hüpfenden Ketten kurzer Zweitakter in den nahe verwandten Stücken I und II, weniger prononciert auch in III und IV. Doch auch thematisch spürt man diesen Einfluß mehrfach. In dem wohlgegliederten Leich III zeigt der formal herausgehobene Mittelteil (E 14–16) mit dem Refrainruf *ohei ohei* Tanzleichstil. In I nennt er die Geliebte, der er seit 20 Jahren zu dienen behauptet, im Stil des Tanzleichs *kint*, und Leich II weist eine ganze Partie (D 8–112) auf, in der sich der Dichter die Erfüllung des Minneglücks im Stil der Pastourelle mit Blumenbrechen vor dem grünen Walde, *umbevâhen* und Kuß ausmalt. So wird es auch vom Tanzleich herkommen, wenn im Schluß von Leich III Elemente der anmutig leichten Schönheitsbeschreibung im Stil Neifens auftauchen mit der originellen und sensuellen Wendung, daß der Mund der Geliebten aussieht, als spräche er: *küsse küsse mich*, wobei es Aufmerksamkeit verdient, daß nicht mehr wie bei Walther der *vlîʒ* Gottes, sondern der Natur dies Schönheitsbild zustandegebracht hat.

Auch die Stücke des von Gliers bleiben in den gewohnten Gedankenbahnen. Der erste Leich ist reine Minneklage, und auch die hyperbolische Steigerung des Schlusses: Verzicht auf die Macht eines Caesar oder des Kaisers, Ertragen von Reichsacht und päpstlichem Bann um ihrer Minne willen, sind realistische Abwandlung alter Topoi. Der umfängliche Doppelleich 2 + 3 ist bewußter aufgebaut. Der erste Teil ist eine büchleinhafte Abhandlung über das Thema der Minne mit einem Natureingang und der Darstellung der Mühsal, der Wirkungen, der Hoffnung des Minnedienstes, um mit der Ergebung in die Gewalt der Minne zu seinem eigenen Minnedienst überzugehen und damit zum zweiten Teil, dem Preis der eigenen Frouwe. In dem anmutigen Leich des Otto zum Turne steht die Gestalt der Geliebten ganz im Mittelpunkt. Die Einleitung spricht von den Gefühlen des Dichters, der Schluß nimmt seine kühnen Wünsche in einem Gespräch mit der Minne wieder auf, die ihn in die Grenzen der reinen Minne verweist. Der große Mittelteil aber ist eine strahlende Schilderung der Geliebten, ihres Wesens, ihrer Schönheit, ihrer freude- und segenspendenden Wirkung, von der Frühlingsglanz, Gesundheit und Glück ausgehen.

Der Tanzleich des Tannhäuser mit der inhaltlichen Unabhängigkeit seiner beiden Teile bot reiche Möglichkeiten thematischer Variation. Aber er hat keine unmittelbare Nachfolge gefunden. Winterstetten hatte den zweiteiligen Tanzleich wieder in die Bahn des reinen Minneleichs zurückgelenkt, in dem der erste Teil der Minneklage gewidmet war. In diesem Stil bewegt sich der Tanzleich des Heinrich von Sax, der in seinem ersten Teil von seiner Minnenot handelt, dann mit dem Entschluß, den Jungen zum Tanze zu singen, in den Tanzteil überleitet und – abermals wie Winterstetten – sich selbst als den Minnekranken im Kreise der Tanzenden darstellt.

Als Typus lebt der zweigliedrige Leich, wie er vom Tannhäuser und von Winterstetten gepflegt wurde, in den drei originellsten Leichen weiter, die von der Monotonie der Minneklage und Minnereflexion loszukommen versuchen und Inhalte anstreben, die fähig sind, ein groß komponiertes Stück zu erfüllen. Der Minneleich des Konrad von Würzburg (vgl. auch S. 50 f.) ist episch-spruchhaft. Er schildert im ersten Teil die Rechtlosigkeit der Zeiten und die Verrohung des Rittertums. Venus ist entschlafen, Mars herrscht, der den *werden got Amûr* vertrieben hat, und mit ihm Discordia, an der Troja zugrunde gegangen ist. Im zweiten Teil ruft er Amor zum Widerstande und Venus zum Erwachen auf, damit unter ihrer Herrschaft die Sitten sich sänftigen und milder Friede einzieht. Es ist nicht nur Zeitkritik; es ist die Friedenssehnsucht des Stadtbürgers, die innere Abneigung gegen den Krieg als ritterliche Lebensform, auch darin ist Konrad ein Nachfahr Gottfrieds von Straßburg. Auch der Wilde Alexander (vgl. auch S. 326 ff.) verwendet die antike Figur des Amor; er benutzt sie zu der modernen Form der Allegorie. Auf die Einleitung mit der persönlichen Minneklage folgt als erster Teil die Schilderung des Minnedienstes als ritterliches Werk unter dem Schilde der Minne. Der zweite Teil beschreibt diesen Schild, dessen Zeichen ein Bild Amors ist, des geflügelten Kindes mit Bogen und Fackel in den Händen. Dieses Bild wird in der *glôse* erklärt, d. h. in all seinen Einzelheiten allegorisch ausgelegt. Den Abschluß bildet die Aufforderung an die Schildgefährten der Minne, dem Tone zu folgen, den Paris über See brachte, als Troja fiel: dem Ach und Weh. Das Minneleid gehört zum Minnedienst. Aus ganz anderer Gesinnung als Konrad von Würzburg dichtet dieser Alemanne. Aus ritterlichem Denken erlebt er den Minnedienst als Ritterdienst, während Konrad Ritterwesen und Minnewesen kontrastiert hatte, und ganz verschieden steht das Bild des zerstörten Troja in beiden Stücken: bei Konrad als warnendes Beispiel kriegerischer Zerstörung, beim Alexander als abschließendes „dennoch" der Minne selbst in Not und Tod.

Der gelehrte Zug, der sich beim Wilden Alexander in der *glôse* geltend macht, beherrscht, wie zu erwarten, den großen Minneleich des Frauenlob. Er beginnt wie eine scholastische Abhandlung mit einem dreigeteilten Argument. Aus drei Gründen soll man Frauen ehren: *durch geselleschaft, durch der formen kleit, durch der hôhsten vrouwen minnne*, d. h. wegen ihres Umgangs, ihrer Schönheit, ihrer Krönung in der Person Marias. Der erste Teil ist dem Wesen der Frau gewidmet. *Her Sin* soll dem Dichter dieses Wesen verdeutlichen. Er tut es wiederum im Dreieraufbau durch drei Beispiele: Esther aus dem Alten Testament, die Natura aus dem Anticlaudianus des Alanus ab Insulis und das Zwitterbild des Selvon. Durchflochten und umwoben sind diese gelehrten Partien von Frauenpreis mit anaphorischem Einsatz (*Ô wîp* Str. 1; *Ô wîp* Str. 8; *Sît wîp* Str. 15), der dann zu einem breiten Hymnus aufschwillt in unendlicher Anapher bildhafter Vergleiche. Auch der zweite Teil ist wieder um ein dreigliedriges Argument gebaut, um die trinitarische Formel: *meit*, *wîp*, *frouwe* als Einheit. *Meit* wird ganz knapp in vier Zeilen abgetan, breit dagegen sind *wîp* und *frouwe* abgehandelt, jeweils erst charakterisiert, danach in einer anaphorischen Fragenreihe (*Wer kan* . . . 24 ff.; *Wâ lît* . . . 34 ff.) gepriesen. Den Abschluß bildet, das dritte Glied des Eingangsargumentes aufnehmend, ein preisender Hinweis auf Maria, um derentwillen man alle Frauen ehrt.

Die religiösen Leiche sind inhaltlich alle auf zwei Themen gerichtet, den Preis Marias und den Preis des Erlösungswerkes und daher sachlich keiner eingehenden Behandlung bedürftig.

Ein hymnischer Anruf Marias ohne konkreten Gehalt ist das kurze Gedicht im Leichstil, das Bartsch (Erlösung S. 190 f.) mitteilt, wenn es nicht nur der Anfang eines umfänglicheren Stückes ist. Die geistliche Kontrafaktur des ersten Leiches von Rudolf von Rotenburg (Kr. S. 380 ff.) ist Preis Marias aus ihrer Rolle als Gottgebärerin und damit Teilhaberin am Erlösungswerk. Das Gedicht beginnt daher mit der Antithese Eva–Maria und der Sünden- und Todesverlorenheit der gesamten Menschheit, bis Maria, die Blume an der Gerte Jesse, von der siebenfältigen Gabe des Geistes erfüllt, die Heilsmöglichkeit brachte. Der Hauptteil, der mitten in einem Satzgefüge vom berichtenden Ton in das anredende Du übergeht, reiht die bekannten präfigurativen Bilder der jungfräulichen Empfängnis aneinander, unterbrochen von preisenden Anrufen und endend mit einem ganzen Orchester lobpreisender Musikinstrumente.

Der Leich des späten Spruchdichters Hermann der Damen (HMS III S. 160) verbindet den Preis Marias mit dem ihres Sohnes, mit dem sie *ân anegenge* zusammengewesen ist. Der spekulative Gedanke von der Präexistenz Marias als der göttlichen Sapientia ist uns schon in der Goldenen Schmiede Konrads von Würzburg begegnet und kehrt auch sonst in der deutschen Dichtung um 1300 wieder. Ihn bei diesem, der Gelehrsamkeit sonst abholden Dichter anzutreffen, setzt in Erstaunen und läßt ahnen, wie begierig in der Laienwelt alles aufgenommen wurde, was Maria zu erhöhen geeignet war. Ein Mann von einfacher

Frömmigkeit hat diesen Leich gedichtet, ebenso fern von dunkler Gelehrsamkeit wie von hymnischem Überschwang, ein Spruchdichter, der den religiösen Spruch hier einmal ins Große getrieben hat. Maria ist für ihn ganz nur die immer bereite Helferin, die ihren Dienern *hilfet durch daz jâr* und die den Sünder vom Strick der Sünde entbinden kann, wenn er sich ihrer Gnade anvertraut und durch Reue und Buße das Seine getan hat. Der zweite Teil gilt dem Erlösungstode Christi. Er ist nicht aufs Dogmatische oder Spekulative, sondern auf Darstellung der Tatsachen gerichtet mit besonders eingehender Behandlung der Zeichen, die den Tod begleiteten, und dem Heil, das dem Sünder dadurch gebracht ist.

Was hier nacheinander behandelt wird, der Preis Marias und der Erlösung, das hatte Konrad von Würzburg in seinem religiösen Leich ineinander verflochten. Es ist seiner Anlage nach ein Erlösungsleich und wird im Gebetsstil als Anrede an Gott durchgeführt. Im Zentrum steht das Wunder der Menschwerdung Gottes als Grundvoraussetzung unserer Erlösung. In immer neuen Bildern aus der Präfiguration, aus dem Physiologus und aus realer Verbildlichung: als Weben eines Kleides, Färben des Lichtes durch die Farbe des Glases, Eindrücken des Siegels in Wachs wird das Geheimnis dieses Vorgangs umkreist. Aus ihm ergeben sich die übrigen heilswichtigen Tatsachen: Taufe, Passion, Überwindung von Hölle und Teufel. In der Menschwerdung Gottes aber liegt zugleich die Leistung und der Ruhm Marias. Die Hymnik von Konrads Gedicht hat ihren Sinn und ihr Ziel in der steten Verflechtung des Preises der Erlösung und des Preises Marias als der Gottgebärerin und Teilhaberin am Erlösungswerk. So richtet sich denn auch das abschließende Gebet zugleich an Maria, die *gar uns von houbetsünden læsen* möge, und auf Gott. Das Ganze ist in die virtuose Pracht geblümter Rede gekleidet, verwirrend durch den raschen Bildwechsel (vgl. das Beispiel auf S. 29), aber immer von klarer Verständlichkeit, fern der bewußt schwer verständlichen Dunkelheit, die Frauenlob über seine beiden religiösen Leiche breitete.

Denn auf dunkle, schwer verständliche Erhabenheit sind diese beiden großen Preisgedichte Frauenlobs über die erhabenen Geheimnisse des christlichen Glaubens gestimmt. Das Verständnis des Textes fällt nicht nur uns schwer; schon die Zeitgenossen und Nachfahren haben diese Kunstwerke offenbar mehr bewundert als verstanden. Davon zeugt die ungewöhnlich schwere Verderbnis der Texte auch bei dem früher und breiter überlieferten Marienleich, der auch in die große Heidelberger Liederhandschrift und die Würzburger Handschrift des Michael de Leone Aufnahme gefunden hat.

Von den beiden Stücken ist der Kreuzleich der formal und textlich einfachere, systematischer angelegte. Die einzelnen Strophen bleiben übersichtlich, nehmen, im Großen gesehen, nach Umfang allmählich zu und erreichen mit zweimal 12 Zeilen in der letzten Strophe vor dem Schlußgebet ihre höchste Zeilenzahl. Das eigentliche manieristische Bemühen Frauenlobs ist auf die Reimkünste verwendet, auf ganze Schlagreimzeilen und lange Reimketten, denen zuliebe die Sätze verrenkt, der Sinn verdunkelt werden. Das Gedicht ist ein Preis der Erlösungstat, als deren Werkzeug, Zeichen und Sinnbild das Kreuz in den Mittelpunkt gestellt wird. Ihm gilt der ganze zweite Teil des Leichs; in Str. XIII, die von den sieben Sprüngen Christi handelt, wird es als vierter Sprung Christi ans Kreuz erstmals erwähnt und in die Mitte der Reihe gestellt. Die Strophen XIV–XXI sind dann dem Kreuz gewidmet, dem sich Frauenlob von immer neuen Seiten nähert. Str. XIV handelt von dem Kreuzestod als liebender Erlösungstat, Str. XV von der Kreuzholzlegende, Str. XVI von dem tieferen Sinn des Kreuzeszeichens, mit dem der Christ sich zeichnet. In Str. XXI wird mit der Umschreibung des Kreuzes als *Helênen vinden* auf die Kreuzfindung angespielt. Str. XVII–XXI häufen atemlos und ohne Systematik Bilder für das Wesen und die Heilswirkung des Kreuzes: als Kelter, Amboß, fruchttragender Ast, Tisch, Altar, Gottes Fleischbank, auf der das Lamm geschlachtet wurde, als Frau, die das lebende Leben gebar, als Brücke über die verderbliche Kluft zwischen Gottes Zorn und Adams Fall, als Jakobsleiter. Die kriegerischen Bilder fehlen nicht; das Kreuz erscheint als Schild, Streitfahne, Banner, *krîestange* (vexillum), Siegesschwert, Christi Waffenkleid. Und – wie im alten Ezzoliede – ist das Kreuz der lebende Mastbaum auf der Fahrt über das *kumbertragende* Meer.

Der erste Teil, aus lauter Dreiergruppen von Strophen aufgebaut, gilt der dogmatischen Grundlegung für das Erlösungswerk. In äußerst schwierigen Formulierungen wird in Str. I–VI die Wesenheit der Trinität, in I–III zumal das Wesen des Sohnes in seinem Verhältnis zum Vater zu definieren gesucht. Scholastische Formulierungen klingen ein: *der êrsten sache ein sechec dinc = causae primae causa causata*. Christus, der Sohn, ist nach der alten Trinitätsformel die *ratio*, der *rât*, und Frauenlob findet die preziöse Formel: *Gott gienc ʒe râte, nam dich mit dir*. Aus solchen Formulierungen wird nicht nur klar, daß es eine dem Lateinischen adäquate deutsche Wissenschaftssprache noch nicht gibt. Nicht weniger deutlich wird, daß Klarheit hier so wenig wie sonst Frauenlobs erstrebtes Ziel ist; auch Gelehrsamkeit ist ihm nur Wirkungsmittel eines Wort- und Bildrausches, der nicht klären, sondern geheimnisvoll verrätseln will (vgl. S. 469). Die nächsten drei Strophen, IV–VI, sind eigentlich trinitarisch. Str. IV sucht zu verdeutlichen, wie der Geist aus dem Sohn durch die *minne* von Vater und Sohn, *mâjestas* und *vernunft*, „entsproß". In der Mitte steht Str. V, die einzige trinitarisch aus drei Versikeln gebildete, die die drei grammatischen Personen: *ich, du, er* jeweils wieder in den drei Kasus: *mich, mir, mîn* usw. in spielender Bezugsetzung zum Bilde der Trinität macht. Ist so die Wesenheit Gottes bestimmt, so gelten die nächsten Strophen der daraus erfließenden Leistung Gottes in der Heilsgeschichte. Str. VII–IX häufen Beispiele für Gottes helfendes Wirken im Alten Testament; denn auch die Erwähnung der apokalyptischen Vision des Johannes gilt den 12 Stämmen Israels. Das führt zu der Erlösungstat des Neuen Testamentes hinüber. Str. X–XII kreisen um das Erscheinen Christi auf Erden, die Verkündigung und die mit vielen Bildern versinnbildlichte jungfräuliche Empfängnis und Geburt. Mit Str. XIII von den sieben Sprüngen, die das Ganze der Heilsleistung umspannen, vom ersten Sprung aus der Ewigkeit des Vaters bis zum letzten, gegenwärtigen in die reinen Menschenherzen, ist dann der Erlösungstod am Kreuz erreicht.

Noch wesentlich prunkvoller, üppiger und unruhiger ist Frauenlobs Marienleich. Das beginnt schon in der äußeren Form. Die einzelnen Strophen sind umfänglicher; die meisten übertreffen selbst die größten Strophen des Kreuzleichs bis zu den Riesengebilden der Strophen 19; 12 und 13 mit 34 bzw. 38 und 46 Zeilen. Auch die einzelnen Zeilen sind pompöser. Das rhythmische Gefüge des Kreuzleichs ist vorwiegend durch Verse von 4–6 Hebungen bestimmt. Im Marienleich verwendet Frauenlob schwerere rhythmische Bausteine. Ganze Strophen sind aus Sechs- bis Zehnhebern aufgebaut, in die er knappe Zweiheber einstreut, um starke rhythmische Kontrasteffekte zu erzielen, und natürlich prunkt auch dieser Leich mit virtuosen Reimkünsten und seltenen Wörtern.

Der Leich setzt ohne gebethafte Einleitung sogleich mit der apokalyptischen Vision der schwangeren Frau mit der Sternenkrone (Apok. 12, 1) in Ich-Form *(ei ich sach in dem trône)* berichtend ein. In Str. 2 geht Frauenlob zur Du-Anrede an die *frouwe* = Maria über, bis er sie in Str. 8 auffordert, selber zu sprechen. Von Str. 9 an ist alles Weitere Marias Rede über sich selbst, ihr Wesen, ihre Beziehung zum göttlichen Bräutigam, ihre Beteiligung am Schöpfungs- und Erlösungswerk, ihre Herrlichkeit und Helfermacht – ein Marienpreis aus dem Munde der Gepriesenen, die Selbstoffenbarung einer göttlichen Person. Doch bedeutet dieser Wechsel in der Redeform keine kompositorische Aufgliederung, wie überhaupt in diesem ruhelos zwischen den verschiedenen Aspekten der Mariologie hin und her schweifenden, in Bildern sich überstürzenden Hymnus ein Aufbauprinzip nicht zu entdecken ist.

Die geläufigen Präfigurationen und Symbole, die Frauenlob im Kreuzleich verwendet hatte, genügen ihm hier nicht; weder der brennende Busch oder das Fell Gideons, noch der Meerstern oder der durch das Glas scheinende Sonnenstrahl kommen hier vor. Er strebte nach originelleren Effekten. Maria kann nicht einfach sagen: mein Sohn. In Str. 9 nennt sie Christus mein Hermelin *(hermelwisel)*, das *den slangen beiz*, meinen

Morgentau, der den harten Kiesel des Fluchs durchbrach, meine Wün-
schelrute, die ungespalten *(sunder zwisel)* den schwarzen Höllenaussatz
(helle misel) abwischte, womit zugleich die Gelegenheit zu einer erstaunlichen Reimkette gewonnen wird. Ist Christus in geläufigen Bildern
Löwe, Phönix und Pelikan (Str. 14), so nennt sich Maria die Stimme des
Löwen, die Flamme des Phönix – weil der alte Gott sich in ihr zum
Kinde verjüngte – das Blut des Pelikans, d. h. überall das Mittel, durch
das die Heilstaten Christi wirksam werden konnten. Die Strophe setzt die
Bildkette weiter fort. Maria nennt sich einen blühenden Anger, einen
Acker, der den Weizen trägt, den man in *gotes tougen*, d. h. in der Eucharistie, genießt (V. 25 ff.). Damit nicht genug; dies tiefsinnige Bild für
die Gottesmutterschaft wird realistisch ausgesponnen: ich drasch, ich
mahlte, ich buk, und das Brot (der Eucharistie) ist nicht hart, sondern
linde, weil sie es mit Öl (der Gnade) bestrich. Unmittelbar auf dieses
Bäckergleichnis, das freilich seine lateinischen Vorbilder hat, folgt ein
erhabenes Bild; Maria nennt sich den Thron (Gottes) und steigert sich
zu höchster Höhe, indem sie aussagt, daß von ihr, dem Thron, die Göttlichkeit *(gotheit)* nie mehr wich, seit Gott sich in sie stahl. Und in V. 33
spricht sie ihre Vergottung in letzter Zuspitzung aus: *ich got.* In Str. 17
nimmt Marias Selbstaussage in dunkel-weihevoller Rede den für Frauenlob wesentlichen Begriff der Natura als gestaltender und fortwirkender
Teilhaberin am Schöpfungswerk auf und überträgt ihn auf Maria selber,
die so zur präexistenten Teilhaberin am Werk und Bestand der Schöpfung wird.

Doch ist Marias Erhöhung bis zur Göttlichkeit nicht der einzige, nicht
einmal der führende Gedanke dieses Preisgedichtes. In Michael de
Leones Hausbuch trägt es die Überschrift: *Hie hebt sich an cantica canti-
corum Meister heinrichs von missen des frauwen lobs der ze Mencze ist begraben.*
Der Leich ist also als Paraphrase des Hohen Liedes aufgefaßt; nicht zu
Unrecht, denn er ist in der Tat ganz auf diesen biblischen Liebesgesängen
in ihrer Deutung auf das mystische Verhältnis Gottes zu Maria aufgebaut
und lebt aus deren Bildwelt. Und hier spricht Frauenlob aus einem anderen Ton. Das Hohe Lied ist aus der Erlebnisform christusbräutlicher
Gottesminne mit jener sensualistischen Gefühlserhitzung erfaßt, die uns
an dem sentimental-erotischen Brauterlebnis mystisch bewegter Nonnen
oft so seltsam berührt. Nur ist es bei Frauenlob nicht ein echtes, wenn
auch verbogenes Frömmigkeitserlebnis wie bei jenen. In einem bewußten, bis zur Zweideutigkeit eleganten Spiel projiziert er es in Marias
Seelenleben hinein und läßt sie ihre Liebeserlebnisse mit dem himmlischen Bräutigam zur Schau stellen. Die Ausdrucksformen dafür findet
Frauenlob bei der späten Minnenovelle; höfischer und religiöser Ge-
fühlsüberschwang fließen zusammen. Gott – d. h. hier Christus – ist
nicht nur der höfische *jungelinc* und der *vriedel.* Maria kann ihn *mîn amîs*

kurtois nennen (Str. 11, 21), ja ihn sogar als *der göteliche minnendiep* bezeichnen (Str. 15, 17). Sie fordert ihre Zuhörer auf, ihren Selbstbericht als ein *alsô hübschez mære* anzuhören (Str. 19, 1). Gewiß wird kein zusammenhängendes *mære* daraus, wie es Brun von Schönebeck (vgl. S. 498) in seiner Paraphrase des Hohen Liedes biederer und sachlicher zusammengestellt hatte. Aber in wechselnden Situationen und Erlebnissen wird, weit raffinierter und zwielichtiger als bei Brun, die erotische Substanz des biblischen Buches erkannt und ausgekostet. Das auch sonst vorkommende erotische Bild für die Beteiligung der Trinität an der Empfängnis wird in offener Direktheit ausgesprochen: *ich slief bî drîn* (Str. 11, 8), und wenn Maria mit den Worten des Hohen Liedes von ihren Locken, ihren Brüsten, ihren Hüften spricht, so spürt man lustvolles Erzittern darin.

So wird der ganze Marienleich zu einem unruhig glitzernden Prunkwerk, Bilder auf Bilder häufend und sie in doppelter und dreifacher Metaphorik übersteigernd und damit auflösend, Tiefsinn mit Spiel vermischend und das Ganze in eine wortgewaltige Rätselsprache hüllend. Ein solches Werk setzt theologische Kenntnisse voraus. Frauenlob muß die Bibel genau gekannt haben, neben dem Hohen Lied die Apokalypse und die salomonischen Bücher, aus denen er sein Werk kaleidoskophaft zusammenstellt. Er muß auch für seine Bilder und ihre Deutungen Hohe-Lied-Kommentare und mariologische Schriften benutzt haben. Er selbst nennt, außer einmal flüchtig und unverbindlich Augustinus (Str. 15, 4), keine Gewährsleute. Aber man hat Einschläge von Meister Eckharts Mystik bei ihm festgestellt; er hat die Naturlehre des Alanus ab Insulis (vgl. S. 70f.) und die spekulative Gleichsetzung: Maria – *sapientia* – *natura* gekannt, und ohne unmittelbare oder mittelbare Kenntnis des Thomas von Aquin sind die spekulativen Züge des Gedichtes nicht denkbar. Wie tiefgründig und umfassend die gelehrte Bildung Frauenlobs war, wie weit es nur von einem wachen Geist rasch aufgesammeltes und verarbeitetes Wissensgut war, darüber sind bei der durch und durch unsystematischen, auf Wirkung gestellten Intelligenz dieses in vielem noch so rätselhaften Mannes gültige Aussagen heute kaum schon zu machen. Sie können nur aus einer eingehenden Analyse seines Gesamtwerkes gewonnen werden, die uns noch fehlt.

LITERATUR

Die Publikationsstelle jedes einzelnen Dichters und Gedichtes in den beiden kritischen Sammelausgaben:

Carl von Kraus, Deutsche Liederdichter des 13. Jahrhunderts, 2 Bde. Tübingen 1952 und 1958.

Karl Bartsch, Die Schweizer Minnesänger. Frauenfeld 1886.

ist im Text angegeben. Die alte Ausgabe von
Friedrich Heinrich von der Hagen, Minnesinger, 4 Bde. Leipzig 1838
hat für die Minnelyrik nur noch historische Bedeutung, während sie für die Spruchdichtung (vgl. Kap. 9) noch unentbehrlich ist. Zu erwähnen ist noch die vielfach
nützliche Auswahlausgabe
Karl Bartsch, Deutsche Liederdichter des 12.–14. Jahrhunderts. 8. Aufl. von Wolfgang Golther. Berlin 1928.
Die Behandlung der einzelnen Dichter bei Ehrismann geht über eine kurze Aufzählung meist nicht hinaus; die in ihrem Wert sehr unterschiedlichen Artikel im Verf.-
Lex. sind leicht auffindbar. Zur Entlastung des Literaturverzeichnisses sind daher
alle Namen ausgeschieden, für die über die dort angeführte Literatur hinaus Ausgaben oder Untersuchungen nicht vorliegen.

KÖNIG KONRAD (KONRADIN)

Ausg.: Carl von Kraus, Liederdichter Nr. 32. Bd. 1. S. 230–31; Bd. 2. S. 279–81.
Lit.: Ehrismann 2, Schlußband, S. 286.
Elisabeth Karg-Gasterstädt, Verf.-Lex. 2, Sp. 929–31.
Karl Weller, König Konrad IV. und der Minnesang. Württ. Vierteljahrsschr. f.
Landesgesch. 34 (1928) S. 37–43.
Edward Schröder, Das Abschiedslied König Konradins. GRM 20 (1932) S. 385–89.
Hans Naumann, Die Hohenstaufen als Lyriker und ihre Dichterkreise. Dichtung
und Volkstum 36 (1935) S. 47–49.

VON BUOCHEIN

Ausg.: Carl von Kraus, Liederdichter Nr. 5, Bd. 1. S. 30–32; Bd. 2. S. 26–31.
Lit.: Kurt Halbach, Verf.–Lex. 1, Sp. 328–29.
Ehrismann 2, Schlußband, S. 282.
Peter Albert, Ritter Albrecht „Pilgrim" von Bucheim, ein Minnesinger des 13. Jahr-
hunderts (Zwischen Neckar und Main 16). Buchen 1937.

HEINRICH VON TETTINGEN

Ausg.: Karl Bartsch, Die Schweizer Minnesänger. Frauenfeld 1886. Nr. XVII.
S. CII–CIV; 163–165.
Lit.: Ehrismann 2, Schlußband, S. 275.
Elisabeth Karg, Verf.-Lex. 2, Sp. 352.
Otto Futterer, Die Heimat des Minnesängers von Dettingen. Bodensee-Rundschau
1936, S. 196–208.
K. Hoppstädter, Die mutmaßliche Heimat des Minnesängers Heinrich von Tettingen.
Saarbrücker Hefte 2 (1955) S. 51–58.
K. Preisendanz, Die badischen Minnesänger I 1949. S. 90.

KONRAD VON LANDECK

Ausg.: Karl Bartsch, Die Schweizer Minnesänger. Nr. XXI. S. CXXVIII–CXXXVII;
207–46.
Lit.: Ehrismann 2, Schlußband, S. 277.
Gustav Rosenhagen, Verf.-Lex. 2, Sp. 899–900.
Joachim Kirchner, Herr Konrad der schenke von Landeck ein epigone des minne-
sangs. Diss. Greifswald 1912.

SCHENK VON LIMBURG

Ausg.: Carl von Kraus, Liederdichter Nr. 34. Bd. 1. S. 239–44; Bd. 2. S. 287–91.
Lit.: Ehrismann 2, Schlußband, S. 275.
Elisabeth Karg-Gasterstädt, Verf. -Lex.3, Sp. 53–54.

Emil Kost, Der Schenk von Limburg, ein ritterlicher Minnesänger der Hohenstaufen-
zeit. Württembergisch Franken NF. 20/21 (1940) S. 215 ff.
ders., Schenk von Limpurg. Minnesänger. Zweite Hälfte des 13. Jahrhunderts. In:
Schwäbische Lebensbilder. Bd. 1. Stuttgart 1940. S. 346–49.

HUG VON WERBENWAG

Ausg.: Carl von Kraus, Liederdichter. Nr. 27. Bd. 1. S. 181–84; Bd. 2. S. 242–44.
Lit.: Elisabeth Karg, Verf.-Lex. 2, Sp. 535.
K. Preisendanz, Die badischen Minnesänger I. S. 10; II S. 242–44.

KONRAD VON KILCHBERG

Ausg.: Carl von Kraus, Liederdichter Nr. 33. Bd. 1. S. 232–38; Bd. 2. S. 281–87.
Lit.: Ehrismann 2, Schlußband, S. 275.
Elisabeth Karg-Gasterstädt, Verf.-Lex. 2, Sp. 998–99.
Hedwig Drescher, Konrad von Kilchberg, v. Stammheim und Herr Geltar, drei Ver-
treter der höfischen Dorfpoesie. Diss. Breslau 1922 (Masch.-Schr.).
Edward Schröder, Graf Konrad von Kilchberg. ZfdA 67 (1930) S. 108.
Helmut de Boor, Zu Konrad von Kilchberg. Beitr. Tübingen 80 (1958) S. 288–91.

VON TROSTBERG

Ausg.: Karl Bartsch, Die Schweizer Minnesänger. Nr. XXV. S. CLVI–CLXI;
270–76.
Lit.: Ehrismann 2, Schlußband, S. 278.
Elisabeth Karg-Gasterstädt, Verf.-Lex. 4, Sp. 503–04.
Alban Stöckli, Der Minnesänger von Troßberg. Eine literarische Studie. Wohlen
1940.

SCHENKE VON LISSBERG

Ausg.: Edmund E. Stengel u. Friedrich Vogt, Zwölf mhd. Minnelieder u. Reimreden Nr. V. Köln u. Graz 1956. S. 28–30.

VON OBERNBURG

Ausg.: Carl von Kraus, Liederdichter Nr. 40. Bd. 1. S. 302–06; Bd. 2. S. 355–58.
Lit.: Ehrismann 2, Schlußband, S. 268.
Alfred Kracher, Der von Obernburg – ein Steirer? in: Festschrift für Dietrich Kralik.
Horn 1954. S. 162–68.

(ULRICH) VON SACHSENDORF

Ausg.: Carl von Kraus, Liederdichter Nr. 51. Bd. 1. S. 397–402; Bd. 2. S. 490–96.
Lit.: Ehrismann 2, Schlußband, S. 270.
Elisabeth Karg-Gasterstädt, Verf.-Lex. 4, Sp. 2.
Eduard Kranner, Ulrich von Sachsendorf. Ein höfischer Minnesänger im babenbergi-
schen Österreich. Wien u. Leipzig o. J. (1944).

HEINRICH VON DER MUORE

Ausg.: Carl von Kraus, Liederdichter Nr. 22. Bd. 1. S. 157–59; Bd. 2. S. 186–88.
Lit.: Ehrismann 2, Schlußband, S. 268.
Elisabeth Karg, Verf.-Lex. 2, Sp. 317–18.
Alban Stöckli, Der Minnesänger Herr Heinrich von der Mure. Eine literarische
Studie. Wohlen 1941.

KONRAD VON WÜRZBURG

Ausg.: Edward Schröder, in: Kleinere Dichtungen Konrads von Würzburg III.
2. Aufl., Berlin 1959 (mit Nachwort von Ludwig Wolff).

Lit.: s. oben zu Kap. 2.
Alwin Wode, Anordnung und Zeitfolge der Lieder, Sprüche u. Leiche Konrads von Würzburg. Diss. Marburg 1902.
Ludwig Sig, Das Konrad von Würzburg zugeschriebene Ave Maria. Diss. Straßburg 1904.
Hugo Kuhn, Minnesangs Wende. Tübingen 1952. S. 123–25.
Erika Essen, Die Lyrik Konrads von Würzburg, Marburg/Lahn 1938. (Diss. Marburg).

DER KANZLER
(siehe in Kap. 9 Spruchdichtung)

DER SCHULMEISTER VON ESSLINGEN
(siehe in Kap. 9 Spruchdichtung)

DER MARNER
Ausg.: Philipp Strauch, Straßburg 1876.
ders., Egregius dictator Marnarius dictus. ZfdA 23 (1879) S. 90–94.
Lit.: Ehrismann 2, Schlußband, S. 299–300.
Elisabeth Karg-Gasterstädt, Verf.-Lex. 3, Sp. 265–68.
Alfred Götze, Der Name Marner. ZfdPh 53 (1928), S. 184–86.
John Lancaster Riordan, Additional Notes to a Spruch of Der Marner. MLQ 3 (1942) S. 605–10.
ders., Additional Notes to the Marner's „Tagelieder". MLQ 7 (1946) S. 329–36.
ders., More Notes to Marner's „Minnelieder". MLQ 11 (1950) S. 146–55.

DER WILDE ALEXANDER
Ausg.: Carl von Kraus, Liederdichter Nr. 1. Bd. 1. S. 1–19; Bd. 2. S. 1–17.
Lit.: Anton Wallner, Verf.-Lex. 1, Sp. 59–61.
Hellmut Rosenfeld, Verf.-Lex. 5, Sp. 32–33.
Ehrismann 2, Schlußband, S. 295–96.
Edward Schröder, Meister Alexanders Kindheitslied. ZfdA 42 (1898) S. 371–372.
Günther Hase, Der Minneleich Meister Alexanders und seine Stellung in der mittelalterlichen Musik. Halle 1921.
Mark Berger-Wollner, Die Gedichte des wilden Alexander. Diss. Berlin 1916 (Teildruck).
Fritz Loewenthal, Das Rätsel des wilden Alexander. ZfdA 57 (1920) S. 277–82.
Rudolf Haller, Der Wilde Alexander. Beiträge zur Dichtungsgeschichte des XIII. Jhs. Würzburg 1935 (Diss. Bonn).
Hugo Kuhn, Minnesangs Wende. Tübingen 1952. S. 134–36.
Helmut de Boor, Das Antichristgedicht des Wilden Alexander. Beitr. Tübingen 82 (1960) S. 346–51.

HEINRICH HETZBOLD VON WEISSENSEE
Ausg.: Carl von Kraus, Liederdichter Nr. 20. Bd. 1. S. 148–52; Bd. 2. S. 177–82.
Lit.: Ehrismann 2, Schlußband, S. 284.
Gustav Rosenhagen, Verf.-Lex. 2, Sp. 368–69.
Karl Helm, Heinrich Hetzbolt von Wizensê. GRM 29 (1941) S. 247.

WIZLAV (III.) VON RÜGEN
Ausg.: Ludwig Ettmüller, Des Fürsten von Rügen Wizlâw's des Vierten Sprüche und Lieder. (Bibl. d. gesammten deutschen National-Literatur Bd. 33.) Quedlinburg und Leipzig 1852.

Friedrich Heinrich von der Hagen, Minnesinger. Bd. 3. S. 78–85.
Karl Bartsch, Deutsche Liederdichter. Nr. 84. S. 328–30.
Lit.: Ehrismann 2, Schlußband, S. 285–86.
Erich Gülzow, Verf.-Lex. 4, Sp. 1042–44.
Anton Wallner, Wizlav. Beitr. 33 (1908) S. 541–42.
ders., Wizlaw HMS III, 79b (I, 5). Beitr. 44 (1920) S. 115.
Albert Dölling, Die Lieder Wizlavs III. von Rügen, klanglich und musikalisch untersucht. Diss. Leipzig 1926 (Masch.-Schr.).
Friedrich Gennrich, Zu den Melodien Wizlavs von Rügen. ZfdA 80 (1944) S. 86–102.
R. J. Taylor, A Song by Prince Wizlav of Rügen. MLR 46 (1951), S. 31–37.

HEINRICH FRAUENLOB

(siehe in Kap. 9 Spruchdichtung)

STEINMAR

Ausg.: Karl Bartsch, Die Schweizer Minnesänger. Nr. XIX. S. CVI–CXXI; 170–88
Lit.: Ehrismann 2, Schlußband, S. 280–81.
Karl Stackmann, Verf.-Lex. 4, Sp. 267–71.
Alfred Neumann, Über das Leben und die Gedichte des Minnesingers Steinmar. Leipzig 1885 (Diss. Leipzig).
R. Meissner, Berthold Steinmar von Klingnau und seine Lieder. Diss. Göttingen 1886.
Franz Schultz, Steinmar im Straßburger Münster. Ein Beitrag zur Geschichte des Naturalismus im 13. Jh. Berlin und Leipzig 1922.
Robert Auty, Studien zum späten Minnesang mit besonderer Berücksichtigung Steinmars und Hadlaubs. Diss. Münster 1937 (Masch.-Schr.).

VON BUWENBURG

Ausg.: Karl Bartsch, Die Schweizer Minnesänger. Nr. XXIII. S. CXLVII–CLII; 256–64.
Lit.: Ehrismann 2, Schlußband, S. 275.
Fritz Karg, Verf.-Lex. 1, Sp. 339–40.
Edmund Stengel und Friedrich Vogt, Zwölf mhd. Minnelieder und Reimreden Nr. VI
Köln und Graz 1956. S. 10–14 u. 31–32.

JOHANS HADLOUB

Ausg.: Karl Bartsch, Die Schweizer Minnesänger. Nr. XXVII. S. CLXXXIV bis CXCVIII; 283–361.
Lit.: Ehrismann 2, Schlußband, S. 281–82.
Samuel Singer, Verf.-Lex. 2, Sp. 141–43.
Edward Schröder, Hadlaub und Manesse. ZfdA 70 (1933) S. 136–42.
Günther Weydt, Johannes Hadlaub. GRM 21 (1933) S. 14–32.
Robert Auty, Diss. Münster 1937 (Titel s. bei Steinmar).
Hugo Kuhn, Minnesangs Wende. Tübingen 1952. S. 125–26.
Hedwig Lang, Johannes Hadlaub. Berlin 1959.

VON WIZZENLO

Ausg.: Carl von Kraus, Liederdichter Nr. 68. Bd. 1. S. 593–95; Bd. 2. S. 644–46.
Lit.: Ehrismann 2, Schlußband, S. 283.
Helga Reuschel, Verf.-Lex. 4, Sp. 1036–37.
K. Preisendanz, Die badischen Minnesänger I (1949) S. 8.

GELTAR

Ausg.: Carl von Kraus, Liederdichter Nr. 13. Bd. 1. S. 76–79; Bd. 2. S. 76–83.
Lit.: Fritz Karg, Verf.-Lex. 2, Sp. 14.
Ehrismann 2, Schlußband, S. 271.
Hedwig Drescher, Diss. Breslau 1922. (siehe unter Konrad von Kilchberg)
Mihail Isbăşescu, Gedrud oder Geltar? ZfdPh 65 (1940) S. 172–76.
Erwin Schneider, Spruchdichtung und Spruchdichter in den Handschriften J und C.
ZfdPh 66 (1941) S. 16–36. Speziell S. 32 ff.

DEUTSCHE STROPHEN DER CARMINA BURANA

Ausg.: Andreas Schmeller, Carmina Burana. StLV Nr. 16. 1847
Friedrich Lüers, Die deutschen Lieder der Carmina Burana. (Lietzmanns Kleine Texte
Nr. 148.) Bonn 1922.
Lit.: Otto Schumann, Die deutschen Strophen der Carmina burana. GRM 14 (1926)
S. 418–37.
Wilhelm Brauns, Zur Heimatfrage der Carmina Burana. ZfdA Bd. 73 (1936) S. 177–95.

ACHTES KAPITEL

DIDAKTISCHE DICHTUNG

Didaktische Dichtung ist nichts Neues in der mittelalterlichen Literatur. Neu ist die Intensität, mit der sie aus einem fast rührenden Glauben an die Besserung der Menschen und der Welt durch Belehrung betrieben wird. Die Dichtung des Mittelalters hat stets unter dem Aspekt erzieherischer oder bildender Aufgaben gestanden. Deutsche Dichtung der Kirche war von jeher Vermittlung von Kenntnissen der heiligen Geschichte und der Tatsachen des Glaubens oder Mahnung zu gottgefälligem Leben nach der Sittenlehre der Kirche gewesen. Ihre Aufgabe war die Erziehung des Menschen zum Christen. Die höfischen Dichter der staufischen Zeit waren einer Idee verpflichtet, der sie in großen Kunstwerken Gestalt gaben. Aber wie Hartmanns Prolog zum Iwein (V. 1 ff.), Wolframs Epilog zum Parzival (827, 19 ff.), Gottfrieds Exkurs über den Wert der Lektüre seines Werkes (V. 172 ff.) zeigen, schrieben sie ihren Werken auch eine bildende Wirkung zu. Die ritterliche Dichtung der höfischen Zeit wollte auch Vorbilddichtung sein, die Beispiele der idealen Haltung höfischer Menschen vor Augen stellte und Kräfte im Menschen zu wecken bestrebt war, sich nach ihnen zu bilden. Die Wandlung in der Lehrdichtung der Spätzeit, wie sie sich aus den veränderten Zeitverhältnissen, der Umordnung im sozialen Gefüge und dem neuen Verhältnis zur Welt ergab, ist einleitend bereits grundsätzlich dargestellt worden. Wir sahen, wie ritterlich-höfische Haltungslehre ihre Wirkung verlor, wie religiöse Impulse neue erzieherische Kraft gewannen und der lehrende Aufruf wieder den Menschen unabhängig von seiner ständischen Ordnung suchte und ihm für sein Verhalten in der Welt die Richtung weisen wollte.

In einer so stark auf Tradition gegründeten Denk- und Dichtweise kann es nicht erstaunen, daß alte Inhalte und Vorstellungen fortdauern. Begriffe und Forderungen der ritterlichen Bildungslehre bleiben lebendig. Zumal die Spruchdichtung redet die „Herren" an und mahnt sie an ihre Pflichten; auch die erziehende und veredelnde Macht der Minne bleibt ein oft behandeltes Thema. Sie findet in der allegorischen Dichtung eine neue Form, die den Zeitraum dieses Bandes überdauert und erst in seinem zweiten Teil als Gesamterscheinung zur Behandlung kommen wird. Aber wir werden sehen, wie die alten Begriffe sich verbrauchen oder in ihrem Inhalt verändern. Eine ritterliche Tugendlehre, wie wir sie im Winsbecken (vgl. Bd. II S. 408 ff.) angetroffen haben, kann so nicht mehr wiederkehren. Die führende Stellung, die die Kirche und mit ihr die religiöse Dichtung wiedergewinnt, ist einleitend hervorgehoben, der Einfluß religiöser Antriebe auf die Lehrdichtung ist damit gegeben. Doch die Erfahrung der Welt als Eigenwert, auf der die höfische Dichtung beruhte, ging nicht wieder verloren. War ihr verklärender Glanz erloschen, so blieb sie als Wirklichkeit gültig und forderte ihre Bewältigung. Der Gradualismus der hochscholastischen Ordnungslehre, die allen Dingen und Lebensformen ihren Platz im Ganzen und damit in ihrem Verhältnis zu Gott anwies, ermöglichte eine Morallehre, die das Leben in der Welt und unter den Bedingungen der Welt regelte. Die alten Denkgrundlagen kirchlicher Sittenlehre, das System der Tugenden und Laster, blieben dabei ebenso gültig wie die Heilsmittel der Kirche, die durch die Reue über Beichte und Buße zur Gnade führten, und immer behielten die alten Zuchtmittel – die Vergänglichkeit der Welt, die Gewißheit des Todes und die Schrecken des Gerichtes – ihre überzeugende Kraft.

Will man den entscheidenden Unterschied gegen die geistliche Lehrdichtung des 11. und 12. Jahrhunderts knapp und vereinfachend bezeichnen, so war diese darauf gerichtet, den Menschen auf das Leben nach dem Tode hin zu erziehen, während jetzt die Hinweise auf Tod und Gericht Erziehungsmittel zu moralischem Verhalten in der Welt geworden sind. Aus dieser neuen Blickrichtung ergibt sich, daß neben den religiösen Antrieben auch die praktische Lebenserfahrung, das uralte Anliegen spruchhafter Lehrdichtung, wieder in ihre Rechte tritt. Neu ist es auch, daß sich ein Interesse des Laien an der gelehrten Bildung der Zeit bemerkbar macht, und daß gelehrte Gegenstände damit in die Lehrdichtung eindringen. So tritt neben den moralisch-belehrenden Spruch der gelehrte Spruch, der Fragen der Theologie und der Naturwissenschaft behandelt, nicht um auf die Lebensführung zu wirken, sondern um Wissen zu vermitteln oder oft genug wenigstens zur Schau zu stellen.

Die alten Formen didaktischer Dichtung leben weiter und erhalten starken neuen Auftrieb. Der Spruch wurde uns in der alten Form des strophischen Sangspruches sichtbar, sobald deutsche Lieddichtung überhaupt schriftlich aufgezeichnet wurde. Den zufälligen Resten, die als Beispiele in Notkers Schriften bewahrt sind, folgen mit Herger und Spervogel Spruchreihen in einfacher oder kunstvollerer Form, in denen die alten Themen der Lebenserfahrung, der religiösen Lehre, des Gebetes, des Fürstenpreises u. a. angeschlagen sind. Walther von der Vogelweide macht den Spruch zu einer hoffähigen Gattung und aktualisiert ihn zu politischer Werbung. Sein bedeutendster Nachfahr, Reinmar von Zweter, lebt schon in die zweite Hälfte des 13. Jahrhunderts hinein und trägt bereits mancherlei Merkmale des belehrenden und gelehrten Stils der Spätzeit an sich. Er wird zum Ziel gehässiger Angriffe des

Marner, des ersten eigentlichen Repräsentanten der gelehrten Zunft wandernder Literaten. Diese wird zum Hauptträger literarischer Didaxe in immer kunstvolleren Formen.

Neben dem anspruchsvollen Sangspruch steht der knapp geprägte Spruch in unsanglichen Reimpaaren, dessen Prototyp wir in Freidanks Bescheidenheit (vgl. Bd. II S. 411 ff.) gefunden haben. In diesem ständisch nicht gebundenen, auf allgemeine Lebenserfahrung gerichteten Dichter kann man den Mann sehen, der diesen Typus spätmittelalterlicher Didaktik einleitete. Sein Name ist wie der Neitharts und später der des Teichner zu einem Begriff geworden, der sich von der Person löst und eine Gattung bezeichnet. Wie bei jenen ist in seinem Genre fortgedichtet worden, Namenloses hat sich um Freidanks Namen gesammelt und keiner wird so viel zitiert wie er. Neben ihn tritt in unserer Periode die Verdeutschung der Disticha Catonis, einer spätantiken Sammlung von lateinischen Lebensregeln, Lehrstoff der Klosterschule, den Notker der Deutsche in einem uns verlorenen Werk interpretiert hat und der jetzt seine Stunde fand.

Endlich wird auch das breite Lehrgedicht, das mehr oder weniger systematisch ein moralisches Lehrgebäude errichten oder eine eingehende praktische Erziehungslehre darbieten will, weitergepflegt. Der Wälsche Gast des Thomasin von Cirklære (vgl. Bd. II S. 403 ff.) hatte diesen Typus in der höfischen Zeit vertreten. Die große Zahl der Handschriften zeigt seine fortdauernde Beliebtheit in der Spätzeit. Er hat im „Renner" des Hugo von Trimberg mit seinen rund 25 000 Versen einen Nachfolger von bürgerlichem Biedersinn gefunden. Kleinere Lehrgedichte, vielfach kaum der Erwähnung wert und zeitlich schwer bestimmbar, haben in die Sammelhandschriften der Kleindichtung Aufnahme gefunden.

1. BISPELDICHTUNG

Hier muß der Name des Stricker noch einmal genannt werden. Sein Gesamtwerk, das auf S. 231 ff. eingehend behandelt worden ist, steht unter dem Zeichen der Lehre. Er hat dafür die neue, wirksame Form der kurzen Erzählung schwankhafter oder bispelhafter Art geschaffen, die eine Lehre enthält oder auf eine Lehre zugespitzt ist. Dort ist Form und Wesen des Bispel entwickelt, das seiner Art nach stärker der didaktischen als der erzählenden Dichtung angehört, da bei ihm die Lehre das Primäre, die Erzählung in sich gleichgültig ist oder doch nebensächlich behandelt wird. Um diese didaktische Gattung hier noch einmal zu veranschaulichen, werfen wir einen Blick auf die hübsche Bispelsammlung, die Franz Pfeiffer in ZfdA Bd. VII S. 318 ff. zusammengestellt hat. Einige Stücke darunter gehören dem Stricker; die meisten sind namenlos. Dichter und Zeitbestimmung sind unwesentlich. Da sie aus den großen Sammelhandschriften des 14. Jahrhunderts entnommen sind, gehören sie sicher der hier behandelten Periode an. Sie interessieren uns, weil sie das am Stricker gewonnene Bild ergänzen und bereichern. Da findet sich einmal die Form der Tierfabel, die auch der Stricker gekannt, doch nicht besonders bevorzugt hat. Bekannte, bis heute lebendige Geschichten tauchen zum erstenmal in deutscher Sprache auf: der Fuchs und die Trauben, der Löwenanteil, der Löwe und die Maus, der Frosch und der Ochse, der Wolf und der Kranich, dazu aus dem Pflanzenreich die Geschichte von der Eiche und dem Schilfrohr. Sie alle gehören nach Ursprung und Wesen in den Bereich von Lebenserfahrung und daraus gewonnener Lebensregel, der alten Domäne von Fabel und Spruch. Sie sind so knapp, kurz und sachlich erzählt, wie es dem Bispel zukommt. Selten hat es einmal einen Dichter gelockt, die Erzählung um ihrer selbst willen auszugestalten (Nr. XXIX, Gauch und Withopf). Der Nachdruck liegt auf der Lehre, die eingehend und allen verständlich, oft mit deutlichem Übergewicht des auslegenden Teils, vorgetragen wird. Wie wenig es auf die gerundete Geschichte ankommt, zeigt die Behandlung der Fabel vom Löwen und der Maus. Sie ist bekanntlich zweigliedrig. Ihr erster Teil erzählt, wie der Löwe die Maus, die ihn im Schlaf gestört hat, auf ihre Mahnung hin freigibt, daß auch der Mächtige einmal die Hilfe des Kleinen benötigen kann. Der zweite erweist die Wahrheit dieses Wortes, indem die Mäuse das Netz zernagen, in dem der Löwe gefangen war, und ihn so befreien. Diese Geschichte kennen wir in zwei deutschen Bispelerzählungen, jedoch in keiner von beiden vollständig. Die bei Pfeiffer Nr. XXV abgedruckte erzählt nur den ersten Teil, weil es dem Dichter auf die Lehre ankam, daß dem Armen Demut, dem Reichen Edelmut geziemt, die andere (DTM XVII, Nr. 87) nur den zweiten, weil es um die Lehre geht, daß man den Geringen nicht verachten soll. Für beide war nicht die gerundete Geschichte wesentlich, sondern die Lehre, für die der Dichter ein Bispel suchte und den für seinen Zweck wichtigen Teil isolierte.

Eine andere eigenartige Gruppe hat Pfeiffer vor allem aus der Wiener Hs. 2705 und aus Michael de Leones Hausbuch zusammengestellt, die dem in dieser Gattung nicht sehr häufigen Thema von Frauen und von Minne gilt und die wenigstens zum Teil auch stilistisch zusammengehört. Die Erzählung geht von einem kleinen Naturbild aus, das auf die Minne oder doch die Beziehung von Mann und Frau gedeutet wird: eine schöne Linde, die von einem Dorn erstickt wird (II), ein Baum mit einem dürren Ast (IV), eine vom Reif zerstörte Blume (III und V), eine von Fröschen überschrieene Nachtigall (XXX) und andere. Sie beginnen wie eine Ich-Erzählung des Dichters: ich kam, ich ritt u. ä., da fand ich ... (I–IV; VI; XXX). Es ist der Eingang der allegorischen Erzählung, zu-

mal auch der Minne-Allegorie, der Spaziergang oder Ausritt, der den
Dichter zu den allegorischen Figuren seiner Dichtung führt. Wieder
einmal sehen wir, wie Gattungen ihren Stil fordern; wo von Minnelehre
die Rede ist, stellt sich die Spaziergangssituation ein. Die Deutungen
sind verschieden. Sie handeln von der Unfähigkeit der Frau, ihre Wahl
nach dem inneren Wert der Männer zu treffen; sie wählt den bunten
Finken statt der unscheinbaren Nachtigall (VII). Oder von der Verderb-
lichkeit böser Nachrede für den Ruf der Frau; die schönste Rose wird
vom Reif zerstört (V). Nr. XI, Weib und Geiß, ist eine Schutzrede für
die Schwachheit der Frauen, deren Natur sie ebenso zwingt, das Gebot
ihres Mannes zu übertreten, wie die Geiß es nicht lassen kann, die zarten
Triebe der Bäume zu beknabbern. Dagegen helfen keine Schläge; man
soll es großmütig übersehen. Andere wieder handeln von dem Unglück
der jungen Frau, die aus materiellen Gründen an einen alten Mann verheiratet wird, und auch dafür wird die vom Reif zerstörte Blume zum
Bilde (III), oder von der guten Frau, die einen bösen Mann hat (II). Das
alles hat mit Minne im Sinne des hohen Minnedienstes und Minnesangs
nichts mehr zu tun. Noch werden Formeln und Epitheta verwendet, die
aus der Minnedichtung stammen. Sie gelten aber der ehrbaren, tugend-
samen Frau. Minne ist die erlaubte eheliche Liebe, und es sind Situationen
des ehelichen Daseins, die im Naturbild veranschaulicht und beurteilt
werden. Die Situation des Minnesangs, die verheiratete Frau, die sich
von einem anderen Manne umwerben läßt, wird in Nr. VI wie im Gedicht des Stricker von den Minnesängern aus der Perspektive des soliden Ehestandes gesehen und verworfen. Ein Vogel, der auf einer Rose
sitzt, fliegt auf eine Distel und sticht sich an ihr sein Auge aus. So handelt eine Frau, die einen guten Mann hat, sich aber einem schlechten ergibt. Nr. XIV, worin berichtet wird, wie ein Falkner seinen Falken *(terzel)*
auf der Jagd überfordert, bis der Falke seinen Dienst verweigert und
gar nichts mehr leistet, warnt ganz realistisch vor der Erschöpfung durch
übertriebenen Liebesgenuß.

Die Reihe der von Pfeiffer mitgeteilten Bispelgedichte ist damit nicht
zu Ende. Sie erbringen indessen nichts Neues mehr. Sie bewegen sich
um die immer wieder behandelten Themen von Habgier und Geiz,
Mächtig und Gering, gutem und schlechtem Rat, Torheiten menschlichen Verhaltens. Sie sind, was durch die Auswahl bestimmt ist, kaum
religiös begründet oder auch nur berührt. In den Sammlungen stehen
sie neben Stücken christlicher Moral- und Glaubenslehre, die als Einzelerscheinungen unwesentlich und kaum noch unter dem Begriff der
Literatur einzuordnen sind, die nur als für die Zeit und ihr Denken
wichtiges Phänomen in ihrer Gesamterscheinung Beachtung verdienen.
Als geistige und doch auch literarische Leistung sind dagegen die umfänglichen Lehrdichtungen einer eingehenden Behandlung wert.

2. HUGO VON TRIMBERG

Mehr als alle anderen Didaktiker hat es der Bamberger Schulmeister Hugo von Trimberg verstanden, in seinem Renner Ton und Geschmack seiner Zeit zu treffen. Über 60 Handschriften und noch ein Druck des 16. Jahrhunderts erweisen seine Beliebtheit als moralisches Lehr- und Erbauungsbuch durch das ganze späte Mittelalter, und ein so gebildeter Mann wie der Würzburger Protonotar Michael de Leone, Kenner und Liebhaber der höfischen Literatur, hat dem Renner die liebevolle Pflege eines gewissenhaften Herausgebers angedeihen lassen.

Hugo von Trimberg – oder de Werna, wie er sich in seinen lateinischen Werken nach seinem Geburtsort nennt – stammt aus dem Würzburgischen. Er ist etwa 1230 geboren und um 1313 gestorben. Über 40 Jahre lang hat er das Amt eines Schulmeisters in der Bamberger Vorstadt Teuerstadt (jenseits der Regnitz) am Stift St. Gangolf geübt, zu dessen Gründung einst Ezzo seinen Heilshymnus gedichtet hatte. Er war ein fleißiger Schriftsteller und nennt sich in seinem Alterswerk, dem Renner, als Verfasser von sieben deutschen und viereinhalb lateinischen Schriften. Von den lateinischen sind uns drei bewahrt. Sie wollen praktische Bedürfnisse erfüllen.

Neben seiner verlorenen Briefmustersammlung *(Codicellus multarum literarum)* steht die Laurea sanctorum, eine knappe Aufzählung von zweihundert Kalenderheiligen mit ihren Kalendertagen. Sie ist als Schulbuch gemeint, wichtig in einer Zeit, die noch vorherrschend nach Heiligentagen zu datieren pflegte. Das Solsequium kann man in einer gewissen Verbindung mit dem Renner sehen. Es ist eine Sammlung von Exempla, großenteils aus bekannten älteren Sammlungen übernommen, wie der Prediger und Lehrer sie für die moralische Unterweisung brauchte, wie sie Hugo in seinem Renner vielfach angebracht hat und wie sie in der Bispeldichtung popularisiert wurden. Am berühmtesten ist sein Registrum multorum auctorum, eine in Vagantenversen abgefaßte Literaturgeschichte solcher antiker und mittelalterlicher Poeten, die in metrischer, d. h. in antiker Form gedichtet haben. Es ist nicht die älteste, aber eine in Prinzip und Auswahl selbständige Zusammenstellung von etwa 80 Autoren, die in der Schule gelesen wurden oder gelesen werden konnten, ein Programmheft für den Unterricht. Jeder Autor wird mit seinen Schriften genannt, kurz charakterisiert und der Anfang jedes Werkes knapp zitiert. Das Büchlein ist in drei Distinctiones geteilt, von denen die mittlere den theologischen, die erste und letzte den moralischen Dichtern gewidmet ist. Diese sind in *Ethici maiores* und *minores* geschieden, was keine Wertordnung, sondern eine Schulordnung meint: Oberstufe und Unterstufe des Unterrichts. So erhalten wir durch einen erfahrenen Schulmeister Einblick in die Fülle dessen, was der Unterricht bieten konnte.

Von den deutschen Werken ist der Renner allein erhalten. Er ist sein Alterswerk, dessen Abschluß Hugo auf das Jahr 1300 datiert, das also im letzten Jahrzehnt des 13. Jahrhunderts entstanden ist. Der Titel stammt nicht von Hugo selbst; Michael de Leone hat ihn gegeben, veranlaßt durch das Bild des Hin- und Herrennens, das der Dichter selber vielfach für die um- und abschweifende Darstellungsweise seines Werkes verwendet hat. Im Epilog erwähnt Hugo ein älteres Werk, das er 34 Jahre früher verfaßt hat; er nennt es den Samener, d. h. den Sammler, den er jetzt in seinem Spätwerk aufgehen läßt.

Hugo versucht, eine umfassende Morallehre zu entwickeln und sie als gelehrter und belesener Mann systematisch zu gliedern. Die Grundlage bildet die Lehre von den sieben Hauptsünden. Eine allegorische, dem Zeitgeschmack entsprechende Einleitung will sie vereinheitlichend zusammenfassen. Es ist wieder die typische Allegorese des Spaziergangs, verbunden mit dem biblischen Gleichnis vom Sämann. In einem anmutigen Tal findet er einen Birnbaum, dessen Früchte teils in die umgebenden Dornen, teils in eine Quelle oder eine Lache, teils auf grünes Gras fielen. Es ist ein Menschheitsbaum. Der Rain, auf dem er wuchs, ist Adam, der Baum Eva, die Früchte die Menschen. Dorn, Quelle und Lache sind verschiedene Sünden, in denen die Menschen verderben, das grüne Gras ist die Reue, die zur Seligkeit führt.

Dies Bild war als Zusammenhalt des ganzen Werkes geplant und taucht denn auch hin und wieder in dem Wust moralischer Betrachtungen auf. Doch wie Hugo schon nicht die gestaltende Kraft gehabt hat, für jede der sieben Sünden ein allegorisches Gegenbild zu finden, so fehlt ihm erst recht die Gabe einer straffen Ordnung und Durchführung des gesamten Stoffes. Der Hauptteil ist in sechs Distinctionen aufgeteilt, deren jede einer Hauptsünde zugewiesen ist; *ira* und *invidia* sind dabei in einer Distinction zusammengefaßt. Dieser Teil ist mit Vers 16 955 abgeschlossen. Der letzte Teil kehrt nach einer langen, von Hugo entschuldigten Abschweifung zum Eingangsbild des Birnbaums zurück. Er wolle nun von den Birnen reden, die auf dem grünen Grase lagen, d. h. von den Guten, die Gottes Gebot halten und ihre Sünden bereuen. Hier handelt er von den Heils- und Gnadenmitteln der Reue, Beichte und Buße und gibt dem Ganzen mit Betrachtungen über den Tod und das Jüngste Gericht seine grundsätzliche religiöse Begründung.

Indessen ist dieses Darstellungsgerüst von der breiten Redseligkeit des Schulmeisters völlig überwuchert. Hugo ist zwar ein gelehrter und belesener, aber kein in systematischem Denken geschulter Mann. Sein Denken und damit seine Darstellung verlaufen assoziativ; es ist in der Tat ein schweifendes Roß, von dem er sich hin und her tragen läßt, anstatt es zu zügeln. Im Grunde ist in jeder Distinction von allen Sünden die Rede. Und wenn der alten Rangordnung nach die Ursünde der *superbia* – die Dornhecke des allegorischen Bildes – am Anfang steht, so bewegt Hugo doch am meisten die *avaritia*, Habsucht und Geiz, und ihre Schwester, die Heuchelei. Die *gîtikeit* ist die eigentliche Verderbnis der Seele, die Wurzel aller Wirrnis der Gegenwart. Wir haben (Bd. II S. 421) gesehen, wie die *avaritia* auf Kosten der *superbia* schon in spätstaufischer

Zeit vorzudringen begann. Die Vorrangstellung der *superbia* hatte theologisch-heilsgeschichtliche Gründe; es war Luzifers Sünde, die seinen Fall hervorrief. Eine aus dem menschlichen Verhalten und der praktischen Erfahrung entwickelte Morallehre sieht in der Gier des Menschen nach Besitz den die Moral erschütternden Trieb. Und eine Zeit der sozialen und wirtschaftlichen Umschichtung, des Zerfallens alter Ordnungen und ihrer Ideale läßt dem nackten Besitztrieb die Zügel schießen, und Hugo, stolz auf seine Gelehrsamkeit, gedrückt in seinen Lebensumständen, sieht mit dem scharfen Auge des Mannes, dem nur ein bescheidenes Glück im Winkel gegönnt ist.

Hugo von Trimberg ist sicherlich nicht adliger Herkunft, und als Schulmeister in Bamberg war er Mitglied einer städtischen Gemeinschaft. So mag man ihn als „bürgerlich" bezeichnen, und sein Renner hat seinen breiten Leserkreis gewiß im aufkommenden Stadtbürgertum gefunden. Dennoch gilt auch für ihn, daß aus seinem Werk kein neues, aus dem Wesen des Bürgertums entwickeltes Lebensgefühl spricht. Sein ganzes Denken bewegt sich in alten Ordnungsbahnen. Soweit er von Ständen spricht, nennt er die alte Dreiheit: Pfaffen, Ritter, Bauern; der Bürger wird selten einmal beiläufig erwähnt, und die Habsucht wird fast nie am Bürger als Kaufmann und Händler exemplifiziert. Unter allen Ständen erscheint am häufigsten und profiliertesten der geistliche Stand. Ihn treffen die härtesten Urteile, weil bei ihm als Führer und Lehrer der Laien die Laster am verwerflichsten sind und die schädlichsten Folgen haben. Die scharfen Invektiven gegen Rom entsprechen der allgemeinen Zeitstimmung, aber neben der Härte des Urteils steht eine große Ehrerbietung vor dem geistlichen Stand als solchem, und Hugo, der arme Schulmeister in einer Bischofsstadt, der vom Wohlwollen der geistlichen Oberen abhängig ist, spricht oft mit deutlicher Vorsicht, indem er die Allgemeinheit seiner Betrachtungen betont, die Anwendung auf spezielle Erscheinungen ablehnt oder sogar Bamberger Verhältnisse ausdrücklich ausnimmt.

Wie sich bei Hugo im Sozialen die alte Ständedreiheit, in Untergruppen gegliedert, forterbt, so im Moralischen die alten typisierten Laster und Sünden der Moraltheologie und Moralpredigt. Die sieben Hauptsünden, die das Einteilungsprinzip hergeben, sind jeweils von einem Schwarm spezialisierter Sünden umgeben, wie die Sünden- und Lasterkataloge sie darbieten. Gewiß handelt Hugo von allgemeinmenschlichen Qualitäten. Aber er nimmt wie alle Morallehre der Zeit seinen Ausgang stets einseitig von den menschlichen Fehlern und Gebrechen. Daher fehlt den Menschen, an denen er seine Lehren exemplifiziert, die runde Fülle der Wirklichkeit. Er ist kein Psychologe; er ist weder gewillt noch fähig, den Menschen als ein Ganzes zu erfassen. Seine Gestalten sind typische Figuren, die jene Sünden und Laster personifizieren, die er im Anschluß an die kirchliche Morallehre begrifflich vereinzelt und systematisch katalogisiert. Er geht von der Abstraktion aus und nicht von der Wirklichkeit; das macht es bedenklich, bei ihm von „bürgerlichem Realismus" zu reden. Realistisch ist nicht seine grundsätzliche Haltung, sondern die praktische Menschenkenntnis, die er sich in seinem langen Schulmeisterdasein erworben hat, und die in vielen Einzelheiten zu Worte kommt.

Bei dieser Verwurzelung Hugos in der abstrakten Morallehre fehlt ihm, ganz im Gegensatz zum Dichter des Seifried Helblinc, jedes Interesse an der Gegenwart als einer lebendigen Realität. Politische Ereignisse berühren ihn nicht. Wir hören nichts von den verworrenen Zuständen des Interregnums, und der die Christenheit bewegende Fall von Akkon ist ihm neben dem von Karthago und Troja nur ein Exempel dafür, wie Lasterhaftigkeit eine Stadt zu Fall bringen kann (V. 15 879 ff.). Der Tod Adolfs von Nassau, die Herrschaft Albrechts werden außer im Epilog, wo sie der Datierung dienen, nur einmal (V. 8 995 ff.) beiläufig erwähnt, und mehr bewegt den armen Schulmeister die Verschwendung von gutem Wein, die er einmal an der königlichen Tafel Adolfs mit angesehen hat (V. 4 719 ff.). Auch Bamberg, die Welt, in der Hugo doch lebt, wird nirgends in ihrem Leben, ihren politischen Schicksalen oder sozialen Nöten sichtbar. Daß „die Juden in Franken erschlagen wurden", ist ihm wieder nur eine Terminangabe zur Datierung seines Werkes. Die Schlechtigkeit der Zeit wird nicht aus einer Analyse der Gegenwart verstanden, sie wird als betrübliche moralische Tatsache immer wieder festgestellt. Darum ist bei ihm die „gute alte Zeit", die Hugo gleich allen seinen Zeitgenossen preist, keine reale Vergangenheit, wie die Herrschaft der Babenberger für den Dichter des Seifried Helblinc, die Kaiserzeit der Staufer für den Steiermärker Ottokar. Sie ist ganz allgemein eine frühere Zeit, in der Frömmigkeit und einfacher Sinn das Leben bestimmten. Sie realisiert sich dem Schulmeister nur aus seinem engsten Lebenskreise, der Schule. Darüber macht er sich Gedanken (V. 17 411ff.) und rühmt die Vergangenheit, da noch gute Schulzucht herrschte und die Angehörigen sich nicht durch die Klagen der Kinder bewegen ließen, in die Schule hineinzureden, und da die Meister die rechte Mitte zwischen *ze süeze* und *ze sûr*, zwischen Nachgiebigkeit und Härte, zu halten wußten.

Hugo will nicht begreifen, er will lehren. Er ist ein Musterbeispiel für den aufklärerischen Glauben seiner Zeit an die Erziehbarkeit des Menschen durch Einsicht. Sein Werk könnte den Titel „Der Tadler" oder „Der Aufseher" tragen wie eine moralische Wochenschrift des 18. Jahrhunderts. Er geht wie die geistliche Moralpredigt von der Sündhaftigkeit des Menschen aus. Aber indem er an die Möglichkeit glaubt, den Menschen durch Einsicht und Belehrung zu bessern, führt er den Begriff der Sünde aus dem Grundsätzlichen ins Rationale und ist in Gefahr, die Sünden zu Torheiten zu verharmlosen. Hugo arbeitet bezeichnenderweise mit dem Begriffspaar *wîse* und *tump* und schilt die uneinsichtigen Menschen Narren. Bei ihm und seinesgleichen beginnt der Weg, der zur Narrendichtung des 15. und 16. Jahrhunderts führt.

Das bedeutet nicht, daß Hugo auf religiöse Betrachtungen und Begründungen verzichtet. Auch er kann die ernsten Hinweise auf die Flüchtigkeit des irdischen Daseins und auf das Schicksal der Seele nach dem Tode nicht entbehren, um moralisch zu wirken; er wird nicht müde, solche Warnungen zu wiederholen. Aber er wird nicht zum asketischen Eiferer der Weltabkehr; es geht ihm ja um die richtige Lebensführung in der Welt. Er verbleibt dabei in dem einfach-volkstümlichen Dualismus von Gott und Teufel, Himmel und Hölle. Hugo war theologisch belesen; er vermag seine Urteile durch zahlreiche Zitate aus den Kirchenvätern, zumal aus den praktisch-seelsorgerischen Schriften Gregors des Großen zu bestätigen; aber er war nicht Theologe; er nennt sich selber einen Laien (V. 184; 20 640). So ist er auch nicht eigentlich wissenschaftlich interessiert. Seine Ablehnung theologischer Tiefsinnigkeit zugunsten einfacher Verständlichkeit entspringt nicht nur aus der Zweckbestimmung seines Buches für Laien, sie entspricht seinem eigenen Wesen, und man hat den Eindruck, daß sein wiederholt hervorbrechender Sarkasmus gegenüber theologischer Spitzfindigkeit und Grübelei ein bestimmtes Ziel hat und sich gegen die aufblühende Hochscholastik richtet. Neben den Kirchenvätern zitiert er aus jüngerer Zeit mit Vorliebe Bernhard, einmal auch Hugo von St. Victor. Aber er erwähnt niemals Dominicus, nur einmal beiläufig Franziskus, und er nennt keinen der großen mystischen oder scholastischen Theologen seines Jahrhunderts. Er ist von der alten Schule und eher von der demütigen Frömmigkeit einfacher Laienkreise berührt. Mehr als 64 Jahre sei er zur Schule gegangen, sagt er V. 17 905 ff., aber er könne noch nicht einmal das Abc *der künste diu gein himel ziuhet,* deren Meister der wäre, der *lûter einfeltic* auf Erden lebte.

Sein Erfolg beruht einerseits auf der Gabe echter Popularisierung. Er bleibt einfach und verständlich und läßt doch soviel Gelehrsamkeit einfließen oder durchblicken, daß er als Autorität erscheint und dem Leser das angenehme Gefühl erweckt, an dem Wissen der Zeit verstehend teilzunehmen. Seine Morallehre ist leicht eingängig. Sie erhebt keine hohen Forderungen, stellt kein Hochbild menschlicher Werte auf, dem es zuzustreben gilt. Die alten Leitwörter *êre, triuwe, zuht, milte, mâze* kehren bei ihm wieder, aber sie sind des höfisch-ritterlichen Pathos entkleidet. Treue und Ehre bedeuten Zuverlässigkeit und Ehrbarkeit; „weltliche Ehre" und Ruhm bedeuten nichts, Ritterwesen ist Hochfahrt und Torheit. *kiusche* meint Enthaltsamkeit von Sinnenlust, *minne* im

Sinne des hohen Minnedienstes ist aus seinem Vokabular verschwunden. Helena wird wegen Ehebruch, Hochfahrt und unrechter Minne zum Unheil für Troja. Sein Begriff der *mą̂e* ist der der behaglichen Mitte: nicht zu reich oder zu arm, zu süß oder zu sauer, wohlüberlegte, den Mitteln angepaßte Freigebigkeit, braves Maßhalten in allen Dingen. Im Grunde ist es ein kleiner, sich ständig wiederholender und variierender Kreis von moralischen Anschauungen, Mahnungen und Ratschlägen, und will man den Kern daraus lösen, so ist es ein solider, bedachtsamer Anstand, eine einfache und sittsame Behäbigkeit der Lebensführung.

Wie die höfische Ethik, so ist ihm die höfische Dichtung kein gültiger Wert mehr. An zwei Stellen (1217 ff.; 21639 ff.) urteilt er über die großen Werke der höfischen Epik (Parzival, Tristrant, Erec, Iwein, Wigalois), daß sie lügenhaft und ohne Nutzen seien. Und wenn er V. 1179 ff. den Untergang des höfischen Minnesangs beklagt und in einer recht eigentümlichen Auswahl einige Lyriker lobend hervorhebt, so zeigt doch seine Rangstufung, die von Walther über Reinmar von Zweter und einen uns unbekannten Peterlîn zu Konrad von Würzburg und über diesen noch zum Marner aufsteigt, seine Geistesrichtung. Es ist mehr die Spruchdichtung als die reine Lyrik, die ihm wert ist. Auf sie zielt sein Lob Walthers, daß er *rîch sinniges muotes* gewesen sei. Bei Konrad von Würzburg wie bei dem Marner schätzt er die Gelehrsamkeit und rühmt bei diesem, daß er deutsch und lateinisch dichten konnte. Er selbst fühlt sich als gelehrter Dichter und preist den, der *tihten, schrîben, lesen kan tiutsch und latîn* (V. 17837 f.). Seine Meister sind die Alten; wie könnten wir dichten, wenn die Alten es nicht erdacht und weise vollbracht hätten (V. 22506 ff.). Daher zitiert er gern antike Autoren, auch solche, die er nur vom Hörensagen kennen konnte: Sokrates, Demosthenes, Empedokles. Dagegen spricht Hugo, der ansässige, wenn auch bescheiden lebende Schulmeister mit Verachtung von den wandernden Sängern, die die Gunst der Höfe suchen.

Die zweite Quelle seines Erfolges sind die zahlreichen moralischen oder moralisch ausgelegten Geschichten, die er einflicht. Sie sind kunstlos, rein stofflich, oft nur anspielend erzählt, wie der Stil der Bispels es verlangt. Eine seiner Hauptquellen ist die Bibel, zumal das Alte Testament, dessen erzählende Bücher von der Genesis bis zu den Königsbüchern er gründlich kennt und ausschöpft. Dagegen fehlt die Heiligenlegende so gut wie ganz. Eigene Erlebnisse und anekdotische Begebnisse werden gern einmal eingeflochten. Literarhistorisch wichtig ist Hugos Vorliebe für die Äsopische Fabel; mit ihrer moralisch-lehrhaften Zuspitzung kommt sie der Denkweise und Absicht Hugos entgegen.

Ganz anderer Art dagegen ist die moralische Zoologie, die den größten Teil des freien Einschubes nach dem Abschluß der sechs Distinctionen ausmacht. Sie geht, gleich dem Physiologus und z. T. aus diesem abgeleitet, von den wirklichen oder als wirklich geglaubten Eigenschaften der Tiere aus und gibt ihnen eine moralische Auslegung mit. Der Typus des Bestiarius moralizatus erscheint hier zum erstenmal in deutscher Sprache. Einige weitere moralisierte Naturdinge schließen sich an, vor allem ein umfänglicher Abschnitt über Quellen und Gewässer. Vielleicht sind solche geschlossenen, dem Thema nur lose zugehörigen Einschübe Teile aus den älteren, uns verlorenen deutschen Werken Hugos.

Hugo von Trimberg steht nicht mehr unter dem Einfluß der klassischen Formtradition. Dichten heißt ihm: Verse machen können. Wenn er die Kunst preist, so meint er damit *ars* im schulgemäßen Sinne und die Nachtigall, die schöne Sängerin des Minnesangs, ist ihm ein unnützer Vogel, ein Sinnbild törichter Weltfreude. Sein Reim ist noch rein, aber für die Sprache befürwortet er in einem Kapitel *von manigerleie sprâche* ausdrücklich eine verständige Verwendung mundartlicher Eigenheiten (V. 22 285 ff.). In seinem Stil mischen sich zwei ganz verschiedene Gattungstraditionen. Auf der einen Seite steht der Stil der Moralpredigt. Ihr verdankt er die breite Redseligkeit mit allen Möglichkeiten der schulmäßigen Rhetorik: Anrede an den Hörer, rhetorische Frage, wirksame, oft bis zum Übermaß getriebene Anapher, lange, asyndetische Aufzählungsketten, Wortspiele, Personifikationen, logische Aufgliederungen und Schlußketten. Es ist eine gelernte und trockene Rhetorik; weder Pathos noch Ironie kommen bei ihm aus einem eingeborenen Temperament wie etwa bei Heinrich von Melk, und Humor ist ihm trotz seiner Neigung zur Drastik fremd. Auch das Exempel, das „Predigtmärlein", gehört in den Predigtstil.

Auf der anderen Seite gibt ihm sein geliebter Freidank, der meistzitierte Autor, das Stilvorbild des knapp geprägten Spruches. Er gelingt Hugo oft nicht schlecht, aber wenn ein Freidankzitat gegeben wird, spürt man den Unterschied. Hugo neigt auch dann zu schulmeisterlicher Redseligkeit; neben der Prägnanz Freidanks wirkt er blasser und verwaschener. Er selbst ist sich darüber klar; V. 5 169 ff. kontrastiert er seine lange Rede mit einem Freidankschen Sechszeiler, der alles enthält, was Hugo breit ausgewalzt hatte. Oft stehen lange Ketten solcher spruchhafter Prägungen ohne wesentliche Beziehung unter sich und zum Thema hintereinander, und mindestens bei dem langen Einschub V. 5 767 ff., den Hugo selbst als Abschweifung vom Thema der *gîtikeit* und als *gemeine rede*, allgemeine Betrachtungen, heraushebt, stellt sich die Frage, ob nicht hier ein ganzes Stück des älteren Samener wesentlich unverändert aufgenommen worden ist.

3. DISTICHA CATONIS

Der Renner vertritt uns die Form des breiten, vielseitig ausgreifenden Lehrgedichtes. Der Typus des knappen Lehrspruchs, für den Freidank das unerreichte Vorbild geschaffen hatte, kehrt in den deutschen Übersetzungen der vielgelesenen und allgemein verbreiteten Disticha Catonis wieder.

Es handelt sich um eine Reihe von Lebenslehren, die sich aus Lebenserfahrungen ableiten und begründen. Der Text, wie er im Mittelalter

gelesen wurde, gliedert sich in eine als Epistola bezeichnete kurze Vorrede, eine Kette in knappste Prosa gepreßter Lebensregeln *(breves sententiae)* und die eigentlichen Disticha, je zwei Hexameter zu sachlich-
sprachlicher Einheit verbunden. Die Disticha sind ihrerseits in vier
Bücher gegliedert, jedes mit einem eigenen kleinen Vorspruch versehen,
doch ohne in sich geschlossene Einheiten zu bilden. Die gelegentlich
auftretende Bezeichnung nach den vier Kardinaltugenden ist eine durch
den Inhalt nicht gerechtfertigte Systematisierung des Mittelalters. Die
Disticha müssen im dritten oder spätestens vierten Jahrhundert nach
Christi Geburt entstanden sein, während die *breves sententiae*, die fast ausschließlich aus den Disticha abgeleitet sind, als Zusatz der Karolingerzeit gelten. Der Name Cato wird durch den Text nirgends bezeugt,
haftet aber schon im vierten Jahrhundert an den Distichen, wie ein Zitat
in einem Brief des Arztes Vindicianus an den Kaiser Valentinian beweist.
Ob es sich dabei um den wirklichen Namen des Dichters handelt oder
um eine Fiktion, sei es schon des Autors selber, sei es eines Späteren, um
den Lehren durch die Anknüpfung an den ehrwürdigen Namen des
Cato Ansehen und Gewicht zu geben, läßt sich nicht entscheiden.

Die Epistola stempelt das Werk durch die Anrede *fili carissime* zu einer Lehre des
Vaters an den Sohn und ordnet es damit einem üblichen Genus ein. In den Disticha
selber deutet nichts auf diese Beziehung; erst die deutschen Übersetzungen haben die
Anrede *sun* vielfach hineingetragen. Viel eher wirken die Disticha wie die Unterweisung eines Lehrers an einen Schüler. Sie sind zum Lesen verfaßt, wie sie überhaupt
den Bildungswert des Buches und des Lesens betonen.

Die Grundlage der vorgetragenen Lebenslehre ist ein gemäßigter
Stoizismus; sie ist nicht eben tiefgründig, aber klar und leicht faßlich.
Es wird keine Idee einer sittlichen oder menschlichen Vollkommenheit
aufgestellt, deren Verwirklichung erstrebt oder erwartet wird. Die Welt
bietet sich dar, wie sie ist; Aufgabe des Menschen ist es, sich ehrenhaft
in ihr zu bewegen und zu behaupten, ihre Güter zu ergreifen, aber nicht
zu überschätzen, ihre Unsicherheit und ihre Wechselfälle zu erkennen
und gelassen zu ertragen und ohne Todesfurcht die Gewißheit des Todes
vor Augen zu haben. Gelassenheit kann als Kern der Lebenslehre bezeichnet werden. Die Tugenden, die gepriesen werden: Maßhalten,
Bedachtsamkeit im Urteilen und Handeln, Verschwiegenheit (*virtus prima*
I, 3), Zurückhaltung, Geduld (*maxima morum patientia virtus* I, 38) führen
zu ihr hin oder stehen mit ihr in Beziehung. Der Mensch lebt in der
Gemeinschaft; Vereinzelung ist ein Übel. Gesehen und gewertet wird
nur der Mann. Liebe ist keine beflügelnde oder bindende Kraft; die Frau
erscheint selbst als Gattin verdächtig. Die Grundforderung in den
menschlichen Beziehungen ist Zuverlässigkeit. Festeste Bindung ist die
Freundschaft; ein erprobtes Vertrauen, ein offenes Herz und eine offene
Hand für den Freund verbinden die Gleichgesinnten. Dem Unzuver-

lässigen gilt berechtigtes Mißtrauen, ihm gegenüber ist auch Verstellung und Trug erlaubt. Ein gesunder Egoismus – *semper tibi proximus esto* I, 40 – ist nötig, um sich zu behaupten. Religiöse Gesichtspunkte spielen kaum eine Rolle. Selbst die einleitende Anempfehlung, Gott zu ehren, kleidet sich in einen Bedingungssatz: *si deus est animus nobis, ut carmina dicunt* (I, 1). Auch der Singular *deus* führt nirgends auf christliche Gottesauffassung: kein Hinweis auf Gottes Gebot, keine Ergebung in Gottes Willen im Unglück, in Gottes Gnade im Tode. Noch in später Erstarrung atmet hier antiker Geist.

Als Erbe der Spätantike trat der Cato in den Kanon trivialer Schulbildung ein; mit seiner leichten lateinischen Diktion wurde er zum Elementarbuch des Lateinunterrichts. Von dort strahlt seine breite Wirkung auch als moralisches Lehrbuch aus. In der Karolingerzeit wurde er eifrig gelesen und zitiert; Alkuins *Praecepta vivendi* benutzen ihn auf Schritt und Tritt. Remigius von Auxerre schrieb in seiner *Expositio in Catonem* den gültigen Kommentar; auf ihn dürfte sich Notkers verlorene kommentierende Übersetzung gegründet haben. Im späteren Mittelalter entstand eine ganze Reihe von lateinischen Erweiterungen und Umdichtungen des Originals.

Die große Stunde des Cato, wo er aus der Lateinschule heraustrat und zum moralischen Lehrbuch des Laien wurde, sollte erst spät schlagen. Für die Reformzeit des 11./12. Jahrhunderts von Notkers Memento mori bis zu Heinrich von Melk mit ihrer durchaus heilsdogmatisch gerichteten und im Moralischen auf Sündenbewußtsein, Weltabkehr und Jenseitsfurcht gegründeten Laienlehre konnte das weltoffene Distichenwerk nichts bedeuten. Aber auch das höfische Rittertum mußte daran vorbeigehen, selbst wenn manche seiner Forderungen und Qualitäten im Cato ihre Entsprechung haben. Die höfische Ethik ist ständisch bedingt, stellt ein adliges Hochbild auf und gibt der Frau und damit dem Gefühl eine erziehende Rolle, die dem Cato weltenfern ist. Aber das Unwirksamwerden der höfischen Idee, der Drang, sich in einer unruhig werdenden Welt und zerfallenden Ordnung zu orientieren und zu behaupten, konnten Wegleitung in einem Werke finden, das, durch alte Tradition bestätigt, illusionslos, aber mannhaft feste moralische Standorte anwies. Leicht faßlich in seinem Inhalt, einprägsam in seiner knappen Form, konnte es auch von der breiten Laienschicht begriffen werden.

So entstand bald nach 1250 die erste deutsche Übersetzung der Disticha Catonis. Ihr folgten im Lauf des 14. und 15. Jahrhunderts zahlreiche Bearbeitungen und Übertragungen in allen Teilen und Mundarten des deutschen Sprachgebietes. Sie wurden, lateinisch und deutsch, immer wieder gedruckt und blieben bis über die Reformationszeit hinaus lebendig. Sebastian Brant hielt es für wert, eine neue Übersetzung zu versuchen, und noch Martin Opitz hat den Cato als Lehrbuch für seinen Zögling, einen Grafen Dohna, ins Deutsche übertragen.

Die älteste und wichtigste – wenn auch nicht die beste – Übersetzung dürfte in Österreich verfaßt sein. Offensichtlich fand die moralische Laiendidaxe außerhöfisch-bürgerlicher Artung in Österreich einen besonders günstigen Boden, während die alte „höfische" Landschaft des alemannischen Oberrheins für sie unergiebig ist. Diese erste Cato-Übersetzung besitzen wir am reinsten, wenn auch nicht unentstellt, in einer Handschrift des frühen 14. Jahrhunderts aus dem niederösterreichischen Kloster Zwettl. Sie überträgt den ganzen Cato mit wenigen, wohl nur zufälligen Auslassungen fast genau in der Reihenfolge des Originals. Der „Brief" ist in fortlaufenden Reimpaaren wiedergegeben, die *breves sententiae* in Zweizeilern, die je zwei bis drei Sentenzen zusammenfassen, die Distichen selbst in Vierzeilern aus je zwei Reimpaaren. Diese Form ist für alle weiteren Bearbeitungen und Neuübersetzungen im wesentlichen vorbildlich geblieben. Brief und Sentenzen können fehlen; einzelne späte Fassungen erweitern durch gelehrte und moralisierende Glossierungen. In einer jungen Gruppe werden drei kleine geschlossene Gedichte: von den Männern, von den Frauen und eine aus dem Novus Cato (vgl. S. 390) abgeleitete Tischzucht einverleibt. Dem Textverständnis boten sich wenige Schwierigkeiten; wo sie vorlagen, sind sie durch verwaschene Wendungen oder freie Neudichtung umgangen. Sachlich abliegende *(servi; forum)* oder religiös bedenkliche Stellen ließen sich ohne Schwierigkeit anpassen. Im ganzen ist die Übersetzung unter Berücksichtigung der mittelhochdeutschen Übersetzungsfreiheit getreu; dichterisch ist sie nicht bedeutend. Dem Übersetzer fehlte die konzentrierte Knappheit Freidanks, um den zwar einfachen, aber geprägten und rhetorisch geschulten Formulierungen des Originals gerecht zu werden.

Diese erste Gesamtübersetzung fand weite Verbreitung. Sie ist uns in einer Reihe von Handschriften des 15. Jahrhunderts überliefert, die, in ihren Zusammenhängen und Überkreuzungen noch nicht genau untersucht, ihre Hauptverbreitung in Bayern und Schwaben haben. Es handelt sich um mehr oder weniger tief eingreifende Umarbeitungen des alten Textes, teils freie Abweichungen, teils aber auch recht interessante Annäherungen an den lateinischen Text, die zeigen, wie der deutsche Cato immer wieder am lateinischen Urtext kontrolliert wurde. Auch der sogenannte ostmitteldeutsche Cato, der in Schlesien entstanden ist und der auf weite Strecken als Neuübersetzung bezeichnet werden darf, hat doch den alten österreichischen Cato gekannt und einzelne Zeilen aus ihm unverändert übernommen. Endlich ist auch der Neusohler Cato, aus einer deutschen Sprachinsel in der Slowakei stammend, ein Abkömmling dieser Gruppe; er ist ein Mischtext aus mehreren Versionen des alten österreichischen und des schlesischen Cato.

Dieser vollständige Cato wurde schon sehr früh, noch im 13. Jahrhundert, einer kürzenden, selten auch erweiternden und nach inhaltlichen Gesichtspunkten umordnenden Bearbeitung unterworfen. Die älteste deutsche Catohandschrift überhaupt, die aus Melk stammt, repräsentiert diesen „Rumpfcato", der lange als die deutsche Originalfassung galt. Er bleibt wichtig, weil er auf einer guten alten Handschrift beruht und nicht selten dem Original näher steht als der Zwettler Text. Auch diese gekürzte Fassung war weit verbreitet.

Neben diesen aus Oberdeutschland stammenden und von dort aus
sich verbreitenden Fassungen besitzt Niederdeutschland seine eigenen
Catoübersetzungen, unter denen ihrerseits Beziehungen bestehen. Eine
nach Verständnis und Übersetzungsfähigkeit schwächere mittelniederländische Übertragung ohne Epistola und Sentenzen ist seit dem
14. Jahrhundert handschriftlich belegt; eine mit viel größerem Geschick dem Urtext nahe bleibende niederrheinische kennen wir erst seit
dem Ende des 14. Jahrhunderts. Sie muß aber vor 1350 entstanden
sein, da sie in der niederdeutschen Catoübersetzung des Meister
Stephan bereits benutzt ist. Dieser Dorpater Scholasticus hat außer
dem Cato auch das später zu behandelnde Schachbuch des Jacobus de
Cessolis übersetzt, dessen Widmung es auf die Zeit zwischen 1359 und
1375 festlegt. In dieser Zeit, und zwar vermutlich vor dem Schachbuch, ist der Cato ebenfalls im Ordensland verfaßt worden, wie in der
Übersetzung von Sentenz 23 *(pugna pro patria)* der Hinweis auf die
Heiden als Feinde bezeugt. Es ist die interessanteste der jüngeren Catobearbeitungen, denn es ist die einzige mit einem deutschen Kommentar.
Die Wiedergabe der Sentenzen und Distichen selbst läßt die Form-
schablone der älteren Übertragungen noch als Muster erkennen: Zwei-
zeiler für die Sentenzen, Vierzeiler für die Distichen. Doch scheut Stephan vor umfänglicheren, sechs- und mehrzeiligen Übersetzungen nicht
zurück, die dann schon Erläuterungen enthalten. Danach aber folgt bei
vielen Sentenzen und fast allen Distichen eine kürzere oder längere
Auslegung, getragen von Berufungen auf Autoritäten. Unter ihnen erscheinen die Bibel, vor allem die salomonischen Bücher und Paulus, die
Kirchenväter, aber keiner der großen Theologen des Mittelalters, und
antike Autoren, vorab Aristoteles und Seneca. Ein lateinischer Kommentar oder eine kommentierte Ausgabe, die den Remigiuskommentar
benutzt hat, muß zugrunde liegen.

Der alte Cato erhielt im 12. Jahrhundert eine Fortführung in gereimten Hexametern, die sich selbst als Ergänzung des Cato empfiehlt und als
Novus Cato oder – seit Hugo von Trimbergs Registrum – als *Catonis*
supplementum bezeichnet wird. Erst Drucke des 15. Jahrhunderts übertragen darauf den Namen Facetus, den man vermeiden sollte. Er gebührt einem anderen didaktischen Werke, dessen erster Hexameter mit
dem Worte *facetus* (d. h. wohlerzogen, gebildet) schließt. Auch der
Novus Cato hat seit dem späten 14. Jahrhundert Übersetzungen erfahren, die in vielen Catohandschriften den Disticha folgen. Die stoische
Haltung des alten Cato ist zum Lob der goldenen Mitte verflacht, die
spärlichen religiösen Anweisungen sind im Sinne christlich-kirchlicher
Erziehung ergänzt. Ein großer Teil dieser Distichen gibt nicht mehr
Sittenlehre, sondern Anstandslehren: gute Manieren bei Tisch, Höflich-

keit im Umgang mit Höher- und Gleichgestellten, Verhalten auf Reisen und in der Fremde.

Ein drittes Schulbuch bedarf nur knapper Erwähnung: der Cornutus, d. h. der „Gehörnte", der Geselle oder Schüler, der sich die Hörner noch nicht abgelaufen hat. Dieses Heftchen, von dem gelehrten Engländer Johannes de Garlandia im 13. Jahrhundert abgefaßt, ist keine Sitten- oder Anstandslehre, sondern ein Übungsheft für Fortgeschrittene in einem geradezu abstrus schwülstigen Latein. Es ist mit seltenen lateinischen Wörtern vollgestopft, vor allem aber dicht mit griechischen Wörtern durchsetzt, ein hochmütiges Kauderwelsch, dessen Beherrschung mit gelehrter Bildung verwechselt wird. Der Inhalt ist völlig bedeutungslos, zuweilen sinnlos, schlechter Übungsbuchstil. Wenn einmal ein moralischer Satz als Inhalt gewählt wird, so nur als Substrat für ausgefallene Vokabeln. Dennoch hat dieses Buch als Schulbuch eine Rolle gespielt, in dem Novus Cornutus des Otto von Lüneburg eine artistisch noch verzwicktere Fortsetzung erhalten und deutsche Übersetzungen hervorgerufen. In diesen Übersetzungen mußte der einzige Sinn des Originals, die Wort- und Stilakrobatik, verloren gehen. Sie bemühen sich statt dessen, einen bescheidenen lehrhaften Sinn in die Verse zu bringen, und werden zu mehr oder weniger geglückten Verschen im Stil unserer Fibelreime.

4. KLEINERE DIDAKTISCHE STÜCKE

Der Renner des Hugo von Trimberg überblickt die menschliche Gesellschaft in ihrer Gesamtheit nach den üblichen Kategorien der ständischen Gliederung. Er wendet sich in besonderen Kapiteln an den Adligen, den Bauern, den Geistlichen, erkennt aber in ihnen nur besondere Formen menschlichen Daseins und findet bei ihnen allen die Sünden, Laster und Torheiten, die er bekämpft. Der Cato, der ja weit älter ist als die mittelalterlich-ständische Gesellschaftsordnung, geht vollends nicht von ihren Gliederungen aus, sondern entwirft das Bild des tüchtigen Mannes aus dem Begriff der antiken *virtus*.

Aber die Rolle des Adels als des führenden und bestimmenden Standes in der Welt dauerte in dem Bewußtsein der Menschen ebenso fort wie in der Wirklichkeit der Ordnung der Wirtschaft, des Staates, des Heeres. Die adlige Verhaltenslehre ist daher nicht nur ein immer wiederholter Gegenstand der Spruchdichtung, sie findet auch ihren Niederschlag in eigenen Lehrgedichten. Eine solche für junge Edelleute gedachte Sittenlehre ist das kleine Gedicht, das wir den Jüngling nennen. Obwohl namenlos überliefert, können wir mit Sicherheit den Dichternamen Konrad von Haslau damit verbinden, den der Seifried Helblinc (II, V 443) erwähnt; denn er spielt dabei auf das bezeichnende Motiv dieses Gedichtes, die Pfennigbuße, an. Zeitlich und örtlich werden die beiden Dichter einander nahe sein. Der Dichter des Seifried Helblinc nennt Konrad seinen Landsmann, und nicht allzu lange vor jenem Helblinc-Gedicht, etwa in den 80er Jahren, wird der „Jüngling" entstanden sein. Er ist schon wegen seiner zahlreichen österreichischen

Dialektizismen nicht weit verbreitet gewesen. Die große Heidelberger Sammelhandschrift 341, der wir die Kenntnis so vieler Kleindichtungen des 13. Jahrhunderts verdanken, hat es allein ganz bewahrt. Obwohl Konrad für adlige Jünglinge schreibt, war er selber nicht Ritter. Der Seifried Helblinc nennt ihn Meister; er selbst erwähnt, daß er ohne Lehen und auf Gabe angewiesen sei. Er war wohl einer jener wandernden Literaten, die die Gunst der Herrenhöfe suchten, und hat vielleicht als Erzieher in adligen Häusern sein wenigstens zeitweiliges Auskommen gefunden. Denn die Figur und Tätigkeit des *magezogen* sind ihm wichtig. So könnte auch das eigentlich belebende Motiv des Gedichtes aus dem Denken des Wandernden hervorgegangen sein: er fordert nach jedem Vortragsabschnitt seines Gedichtes ein Bußgeld von einem Pfennig von jedem jungen Mann, der sich der darin gerügten Fehler und Unarten schuldig macht. Er variiert das Motiv nicht ungeschickt, indem er bei besonders schweren Verfehlungen die Bußsumme erhöht, auf einen Schilling, eine Mark, oder bei besonders verächtlichen den Empfang ablehnt.

Eine solche Adelslehre des späten 13. Jahrhunderts fordert zum Vergleich mit entsprechenden Gedichten der höfischen Zeit, mit der Wertelehre des Winsbecken, der Ehrenlehre Reinmars von Zweter heraus. Die Verschiebung der Maßstäbe, das Absinken in Forderung und Wertung ist evident. Dieser unadelige Jugendlehrer gibt eine Anstands- und Verhaltenslehre, wie sie von einem wohlgesitteten jungen Mann aus anständigem Hause verlangt werden kann: Reinlichkeit, Manierlichkeit und Ehrbarkeit im Benehmen, Körperpflege und Kleidung. Es ist eine Hauszucht, die ins Öffentliche nur mit der anschaulichen Warnung vor Spiel und Wirtshausleben und mit der Mahnung zu ehrbarem Auftreten in der Kirche hinübergreift. Ein Aufsteigen vom Speziellen und Intimen zum Öffentlichen und Allgemeinen scheint geplant gewesen zu sein, ohne straff durchgeführt zu werden. Aufschlußreich ist vor allem, was in dieser Adelslehre fehlt. Sie spricht weder von Minne und von dem erzieherischen Wert des Umgangs mit edlen Frauen, noch von dem Bildungswert der höfischen Literatur, noch auch von Waffenübung, Turnierwesen und ritterlicher Tat. Sie spricht nur noch von guten Manieren. Diese Jugendlehre ist nicht mehr höfisch, kaum noch adlig. Nichts ist darin von dem hohen Selbstbewußtsein zu spüren, das aus dem Wissen um die Verantwortung und aus innerer adliger Veranlagung zur Durchbildung der ritterlichen Persönlichkeit führt. Einem jungen Mann aus gutem Bürgerhause könnte man kaum andere Lehren erteilen; auch dieses Erziehungsbuch für junge Adlige bezeugt uns die Verwischung der Grenzen, und wenn Konrad gegen Ende seiner Erziehungslehren (V. 1043 ff.) das Bild des vorbildlichen „Herren" entwirft, so geht es nur noch um die richtige Verwendung von Reichtum und Besitz, wobei er für sich selbst ein bescheiden gesichertes Dasein als Wunschziel aufstellt. An den Schluß aber setzt er einige Regeln für den Erzieher. Drei Dinge sind es, die die Kinder verderben: man soll sie nicht verzärteln, nicht zu karg halten, nicht zu hart und unbedacht strafen. Ähnlichen Anweisungen sind wir bei Hugo von Trimberg begegnet. Damit dürfte das Gedicht wirkungsvoll zu Ende gewesen sein. Die noch folgende Speziallehre, daß der junge Knappe auf dem Ritt darauf achten soll, den Herren nicht zu bestauben, steht entweder an falscher Stelle oder ist ein späterer Zusatz. Die Reime sind rein, die Versbehandlung sorglos, die Sprache voll drastischer Dialektizismen; die Sprach- und Verskultur der höfischen Dichtung ist nicht mehr verbindlich.

Weit unbedeutender ist daneben ein kleines Gedicht in derselben Heidelberger Handschrift, das sich selbst einen Erzieher nennt und von uns daher unter dem Titel Der magezoge geführt wird. Es rühmt sich, ein *spigel der tugende* zu sein und erhebt kühn den Anspruch, den Weg der Minne (d. h. der Gottesminne), des Rechtes und der *sinne* (d. h. des vernünftigen Verhaltens) zu weisen (V. 475 f.). Es ist in der Form der Lehre des Vaters an seinen Sohn gehalten und will eine kleine Adelslehre für junge Edelleute bieten. Es spricht von ritterlichen Pflichten und dem Sinn der Rittersegnung (V. 43 ff.), von den Pflichten gegen Untergebene, von dem Verhalten als Vogt, von der Treue gegen den Herren. In seinem Denken ist es „ritterlicher" als der Jüngling des Konrad von Haslau, praktischer als der auf ideelle Werte gerichtete Winsbecke; es sieht die realen Pflichten, die aus dem adligen Leben erwachsen und bettet sie in die geläufigen moralischen Mahnungen ein. Aber es entbehrt jeder Disposition, häuft seine Lehren aus ungeordneten Einzelheiten und wiederholt sich immer wieder. Künstlerische Ansprüche stellt das Gedicht nicht; die Verse sind hölzern, die Reime abgebraucht. Dennoch muß es der Zeit geboten haben, was sie suchte; außer der großen Heidelberger Sammlung haben drei weitere Handschriften es der Erhaltung wert gefunden.

Die moralisch-didaktische Dichtung, die wir in verschiedenen Formen bisher kennengelernt haben, ist in jenem eingangs behandelten Sinne Laienlehre, daß sie sich zum Ziele setzt, dem Leben in der Welt Halt und Richtung zu geben. Sie tadelte Zustände der Welt und moralische Gebrechen des Menschen. Sie warnte vor Torheit und stellte Verhaltensregeln auf. Sie bedurfte dazu religiöser Antriebe nicht; weder die zuerst besprochenen Bispelreihen noch die Lehren des Cato berufen sich auf göttliche Gebote oder drohen mit göttlicher Strafe. Doch auch bei Hugo von Trimberg, dem die religiöse Begründung des moralischen Verhaltens angelegen war, sahen wir, wie nahe sich in dieser Art Morallehre Sünde und Torheit berühren, und seine Exempel, Fabeln, Parabeln entnimmt er aus einem Erzählschatz, der zum mindesten primär menschliches Verhalten nicht an dem Wohlgefallen Gottes abmaß. In den kleinen Adelslehren endlich ist rechter Glaube und christliche Einrichtung des Lebens nur ein selbstverständlicher Teil ritterlichen Wohlverhaltens.

Doch die Weltangst blieb niemals still und zog neue Nahrung aus den verwirrten Zuständen der Zeit. Die Verlorenheit des Menschen, die Unentrinnbarkeit des Todes, die Sündhaftigkeit und Vergänglichkeit der Welt, das Jüngste Gericht als die letzte furchtbare Gewißheit konnten tiefer wirken, als daß man sich bei einem moralisch-wohlanständigen Leben beruhigte. Sie konnten zu so heftiger Erschütterung führen wie bei jenem Landgrafen Friedrich von Thüringen, der im Jahre 1322 bei der Darstellung eines Weltgerichtsspieles vom Schlage getroffen zusammenbrach und hinsiechte. Wie im 11. und 12. Jahrhundert konnten die Einsicht in die Eitelkeit der Welt und die Angst um das Heil der Seele noch immer den ganzen Menschen fordern und zu Weltabkehr und Weltverachtung aufrufen. Ähnlich wie Hartmann von Aue wird bald nach 1250 ein ritterlicher Mann, dessen Namen wir nicht kennen, durch das Todeserlebnis erschüttert und zur Abkehr von der Welt bewogen, die auch ihm die Welt der höfischen Freude und Schönheit gewesen war, und er legt in einem umfänglichen Gedicht darüber Rechenschaft ab.

Er gibt diesem Gedicht den bezeichnenden Titel Die Warnung. Nicht zufällig hat es in einer Sammlung geistlicher Gedichte seinen Platz unmittelbar vor dem Priesterleben des Heinrich von Melk. Wenn dort der geistliche Stand vor Gericht steht, so hier der zweite tragende Stand, der ritterliche.

Die große Zeitklage V. 1 669 ff. erhebt sich durch präzise Angaben über die allgemeine Verfallsklage so vieler Gedichte dieser Zeit. Der österreichische Dichter kennt das höfische Dasein in seiner Blüte und hat selber daran teilgenommen. Wir denken ihn uns am Babenberger Hofe, doch nicht zu früh; denn die lebhaften Nachklänge höfischer Lyrik in seinen Schilderungen höfischen Daseins setzen die Wirkung Gottfrieds von Neifen voraus. Aber diese Welt höfischer Freude hat der Dichter nicht nur als Erlebnis hinter sich gelassen. Sie liegt für ihn auch zeitlich weit zurück; er spricht davon als von einer fernen Vergangenheit und nennt ganz genau 24 Jahre, die seitdem verflossen sind. Seine Jugend am Wiener Hof wird also der Zeit um etwa 1230 angehören, das ernste Gedicht des reifen Mannes in den 50er Jahren entstanden sein. Tiefe politische Wirren, schwere Fehden und Klagen, völliger Verfall höfischen Daseins – das ist in Österreich die Zeit nach dem Tode des letzten glänzenden Babenbergers, Friedrichs II. (1246). Und die schweren Rückschläge im Heiligen Lande, das Gott wegen der Unwürdigkeit der Christen den Heiden überlassen hat, dabei aber das völlige Fehlen von Kreuzzugsdenken und -werben verbieten, an die von Kreuzzugsfieber erfüllte Zeit vor dem Kreuzzug des Staufers Friedrichs II. zu denken. Die Ereignisse, von denen der Dichter der Warnung spricht, sind der Verlust Jerusalems im Jahre 1244 und die sich daran anschließenden Rückschläge.

Das Gedicht, eindrücklich in seinen Einzelheiten, zerfließend und uneinheitlich in seinem Aufbau und selbst in seiner Gedankenwelt, hat philologische Kritik gereizt, durch Ausscheidung von Interpolationen und Umstellungen Ordnung zu stiften. Wir nehmen es trotz allem so, wie es ist, als Einheit. Sie liegt nicht in der Komposition, sondern in wenigen, lebhaft ergriffenen Hauptgedanken, die immer neu umkreist werden. Der Dichter ist Ritter nach Geburt und Denken. Der ritterlichen Welt innigst verbunden, überwältigt ihn die Erfahrung der Vanitas im Anblick des Todes und der Verwesung und im Erlebnis des Altersverfalls eines ihm befreundeten reichen höfischen Herren. Was er so als ganz persönliches Erlebnis ergriffen schildert (V. 2925 ff.), bestätigt sich ihm im völligen Zusammenbruch der geliebten höfischen Welt, der er die große Klage V. 1669 ff. widmet. Walthers Alterserlebnis wiederholt sich: die Erschütterung über die Scheinhaftigkeit auch jener schönen, lichten Welt, an die er geglaubt hat, der Welt gebildeter Geselligkeit, ritterlicher Ehre, Schönheit der Natur und der menschlichen Erscheinung. Ihr trauert er nach; ritterliches Denken bleibt in ihm lebendig, und gerade weil sein Herz an all diesem so sehr gehangen hat, wird uns die Kraft bewußt, mit der das Vergänglichkeitserlebnis ihn gepackt haben muß. Ich finde in dem Gedicht nichts, was zu der Vorstellung zwingt, der Dichter habe auch sein äußeres Leben gewandelt und sei in den geistlichen Stand eingetreten. Kein Wort spricht von der Kirche als Zufluchtsort vor der Welt. Von dem geistlichen Stand ist kaum anders die Rede, als daß der Mönch oder Einsiedler ein leichteres Dasein hat als ein Mann, der eine Ehe mit einem bösen Weib zu führen hat, und in dem großen Schlußabschnitt über Wesen und Kraft der Reue fehlt jeder Hinweis auf den Gnadenweg, den die Kirche und der Priester über Beichte und Buße eröffnen.

Die Welt, in die der Warner hineinspricht, ist die Welt, der er selber angehört, die ritterliche. Sie ist es, der er, sie immer noch liebend und in ihrem Glanz zeichnend, ihre Vergänglichkeit vorhält. Von hier werden seine Hauptanliegen bestimmt. Gegen die ritterliche Ehre, die ihre Erfüllung in kriegerischer Tat sucht, setzt er die höhere Ehre der Verträglichkeit, des Duldens und Leidens, preist er die Selbstüberwindung als Heldentat (V. 1115 ff.), verwirft er die Rache als die Todsünde des Zorns und stellt um der Liebe Gottes willen die Forderung: liebet eure Feinde (*durch got sult ir minnen iuren vient mit allen sinnen* V. 1037 f.). Gegen den höfischen Minnebegriff setzt er die leibliche Keuschheit als das höchste Ziel. Die Ehe ist ihm die einzige erlaubte Form des Umgangs, und in einer fast quälerischen Freude schildert er die Unverbrüchlichkeit der Ehe mit einer bösen Frau als Kreuz und Kasteiung und übersteigert sich zu der Behauptung, daß die Ehe darum heilig sei, weil sie uns von Gott als Buße für Sünde auferlegt worden ist (V. 1157 f.). Der Grundsatz des Lebens sei: laß das Böse, tu das Gute; denn allein das Meiden des Bösen genügt nicht. Aber alles Leisten und Tun ist umsonst, wenn es nicht aus der *minne* geschieht, *diu da heizzet caritas* (V. 769). Lebhaft schildert er, wie alle guten Werke, aller Verzicht, alle Askese vergeblich sind, wenn sie nicht im Zeichen der Gottesliebe geschehen.

Hinter allem aber steht, in ihrer Unerbittlichkeit tief durchlebt, die
Erfahrung der Vergänglichkeit und des Todes und die Drohung einer
ewigen Verlorenheit. Sie sind diesem Manne mehr als Topoi der moralischen Erziehung; sie werden ihm zur Grunderfahrung, die sein Leben
bestimmt. Das stellt ihn an die Seite von Männern wie Heinrich von
Melk oder der Arme Hartmann. Mit der Anrede „Sünder" hebt die
bohrende Vergänglichkeitsmahnung an, mit der er sein Werk einleitet,
ein eindringliches, bilderreiches Memento mori, das über die Mahnung
an das Gericht zu einer Schilderung der Hölle übergeht. Auch diese ist
aus der ritterlichen Sicht gestaltet. Der Dichter bedient sich der bei
Höllendarstellungen seltenen negativen Schilderung und prägt seinen
Hörern ein, was alles sie dort nicht haben werden: Krieg und Beute,
Met und Wein, Frauenminne, Spiel und Behaglichkeit, Blumen und
Vogelsang – den ganzen Inhalt ritterlich-geselliger Daseinslust. Diesem
Einsatz antwortet, das Ganze umschließend, der eindrückliche Aufruf
zur Reue aus dem Denken an die Sünde der Vergangenheit, an die Dun-
kelheit und Flüchtigkeit der Gegenwart, an das furchtbare Gericht der
Zukunft mit seinem Entscheid über Himmel und Hölle.

Dem Gedicht fehlt durch Verlust einiger Blätter der Schluß; viel
dürfte es nicht gewesen sein. Es bricht ab in der Leidensgeschichte
Christi, die als Aufforderung zur Compassio erzählt wird und damit das
Gedicht von den gedanklich verwandten des 12. Jahrhunderts deutlich
abhebt. Die letzten Zeilen gelten dem reuigen Schächer und Christi
Gnadenverheißung; hier könnte der Ausgangspunkt für eine letzte
Schlußbetrachtung gelegen haben.

Die bedeutenden Didaktiker des späten 13. Jahrhunderts waren
Laien; auch Hugo von Trimberg ist zwar ein schulgelehrter Mann, aber
nicht Geistlicher gewesen. Das lebendige Fortwirken Freidanks, die jenseits aller Kirchlichkeit stehenden Disticha Catonis ergänzen dieses Bild.
Die kirchliche Sittenlehre haben wir vielmehr in der Predigt zu suchen,
und von der Predigt kommt denn auch das einzige geistliche Dichtwerk,
das in diesem Zusammenhang zu behandeln ist.

Aus dem Dominikanerorden stammt ein lateinisches Gedicht in
rhythmischen Versen, das sich Sermones nulli parcentes nennt.
Es ist weniger eine Predigt als eine Predigtanweisung, die einleitend
die neue Zielsetzung der dominikanisch-volkstümlichen Predigt um-
schreibt. Gegen den alten Predigtstil, der in gelehrter Weise auf die
Bibel – namentlich werden alttestamentliche Themen genannt – auf
Theologie und auch auf weltliche Wissenschaft *(virtutes herbarum;
loquela Ciceronis; tirannis Neronis* u. a.) gegründet ist, setzt er das *novum
verbum* (V. 6), das *singulariter* lehren, den einzelnen Menschen an-
sprechen und ihn auf seine Möglichkeit verweisen soll, gottgefällig zu

leben. Die Predigt soll also aktuell sein, sie soll auf die Lebensbedingungen des Einzelnen und die sich daraus ergebenden sittlichen Fehler und
Forderungen eingehen. Dann folgen, jeweils in der Form der Anrede
an die *fratres*, Predigtanweisungen für alle einzelnen Stände. Der Aufbau
ist zweigliedrig, erst die geistlichen dann die weltlichen Stände, und er
ist streng hierarchisch: vom Papst bis zum Vaganten, vom Kaiser bis
zum Bauern, und zuletzt jeweils die Frauen geistlichen und weltlichen
Standes. Das Gedicht schließt mit einer Mahnung an die Prediger-
brüder, im eigenen Leben einzuhalten, was sie anderen predigen.

Der Mahner sieht die Welt vom Kloster aus. Die Spannungen innerhalb der Geistlichkeit sind sehr spürbar; die Mönche kommen mit milden Mahnungen davon, während die Weltgeistlichkeit und die Ritterorden mit bitterem Tadel und scharfen Höl-
lendrohungen bedacht werden. Auch der Adel – vom großen Landherrn bis zum
Edelknecht – wird vom Kloster aus gesehen; Bedrängung der Klöster, Schädigung
und Schändung der Kirchen stehen in seinem Sündenregister obenan. Bezeichnend
ist, daß dem Predigermönch die Stadt ein lebendiger Begriff ist. Sie tritt bei ihm als
eine eigene Lebensform mehr als bei irgendeinem seiner Zeitgenossen hervor: Vielfalt und Gefahr städtischer Zusammenballung von Menschen, große Kaufherren,
kleine Händler und eine verachtete Hefe des Volkes. Auch der Jurist und der Arzt
– noch beim geistlichen Stand untergebracht – erhalten die üblichen Vorwürfe der
Geldgier und der Hartherzigkeit gegen die Armen. Freundlicher wird der Bauer als
Nährstand behandelt, soweit er ordentlich in seiner Arbeit und seinen Pflichten verharrt. Die Frauen, geistliche wie weltliche, werden mit der herablassenden Nachsicht
behandelt, die der Mann der schwachen Natur des Weibes schuldig ist.

Dieses wohl in den Jahren um 1230 verfaßte lateinische Gedicht ist
von einem Nordbayern unter dem Namen Buch der Rügen sehr frei
in deutsche Reimpaarverse umgesetzt. Da er den Papst Johannes nennt,
ist die Entstehungszeit auf 1276/77 festgelegt. An Aufbau und Gesinnung ändert der Übersetzer nichts. Aber wie er bei der Rede an den
Papst durch die Nennung des gegenwärtigen Inhabers des Stuhles Petri
aktueller wird, so geht sein Bestreben überhaupt auf Gegenständlichkeit,
Unmittelbarkeit und volkstümliche Verständlichkeit. Darin liegt das
Interesse dieser durchschnittlichen Reimerei. Im einzelnen spürt man
den Wandel der Zeit zwischen dem Original und der deutschen Bearbeitung. Das Reich erscheint in seinem Verfall; unter Einbeziehung der
Zwei-Schwerter-Lehre wird der Papst gemahnt, das zweite Schwert dem
zu geben, dem es gebührt, und nicht *den gwelph an den gibelin* zu hetzen.
Der Ritterstand erscheint in tieferem Verfall als bei dem Lateiner. Werden die Ritter dort wie hier auf die adligen Standespflichten verwiesen,
so stellt der Deutsche den ganzen Abschnitt auf das Wortspiel, daß die
Ritter *schermære* der Witwen und Waisen sein sollten, aber *scherære* geworden sind, die Arm und Reich um ihre Habe scheren. D. h., der Ritter
wird nur noch als Raubritter gesehen. Bei den Bürgern werden die großen
Kaufherren, die bis nach Indien fahren, sanfter behandelt als die kleinen
Krämer, die mit Judas verglichen und noch härter als dieser verurteilt

werden. Besonders aufschlußreich ist die Behandlung des Bauern. Der Lateiner hatte die guten und bösen Bauern in *obedientes* und *rebelles* geschieden, also die Aufsässigkeit der Bauern getadelt, wie sie – unter sehr anderem Aspekt – der Stricker in den Gäuhühnern behandelt hatte. Der Deutsche dagegen spricht von den Bauern, die sich *zuo houeleuten geleichent*, greift also ein Thema auf, das das späte 13. Jahrhundert lebhaft bewegt hat, das Thema des Meier Helmbrecht, das auch im Seifried Helblinc und in Ottokars Reimchronik widerklingt. Es geht in diesem Gedicht um die sozialen Ordnungen und sittlichen Zustände der Zeit. Das verbindet es mit der moralischen Laienlehre, die wir zuvor behandelt haben. Aber in der Absicht, niemanden zu schonen, d. h. einseitig negativ nur Sünde und Laster zu sehen und unter Androhung der ewigen Strafen zu verdammen, verrät es sich als geistliches Werk und stellt sich abseits von jener zuvor besprochenen Laiendidaxe, die positiv auf sittliche Orientierung in den Lebensmöglichkeiten dieser Welt gerichtet ist.

5. SEIFRIED HELBLINC

An das Ende des Kapitels über die epische Lehrdichtung stellen wir ein sehr eigentümliches und nur in einem weit gefaßten und uneigentlichen Sinne zugehöriges Werk eines unbekannten Österreichers, der auf Grund einer falschen Interpretation zu dem Namen Seifried Helblinc gekommen ist. Unter diesem Namen geht eine Sammlung von 15 Gedichten, die sich zum größten Teil mit den politischen und sozialen Verhältnissen Österreichs im Ende des 13. Jahrhunderts beschäftigen, zum kleinen Teil religiösen Inhaltes sind. Sie sind uns nur in einer sehr späten, aber textlich guten Handschrift des 16. Jahrhunderts überliefert; einzig ein kleines Bruchstück des frühen 14. Jahrhunderts mit Partien aus Gedicht XV führt nahe an die Entstehungszeit heran. Den Namen Seifried Helblinc trägt eine Figur in dem Gedicht XIII, ein Fahrender, in dem der erste Herausgeber fälschlich das Pseudonym und die Selbstgestaltung des Dichters vermutete. Der Dichter ist uns unbekannt, doch ist nicht zu bezweifeln, daß er ritterlicher Herkunft war und unter dem Landadel Niederösterreichs zu suchen ist, wahrscheinlich in der Gegend von Zwettl und unter den Hintersassen des mächtigen Geschlechts der Kuenringe. Eine feste Gruppe, die Gedichte I–IV, VIII–X, XV, schließt sich durch die Fiktion des Gesprächs zwischen dem Dichter und seinem Knappen zusammen. Sie verwendet also den Typus des Lehrgesprächs, und für sie kann der gemeinsame Titel gelten, den der Dichter in Gedicht I dem Buch gibt: der kleine Lucidarius, anspielend auf die Form des Lehrgesprächs in dem an anderer Stelle zu behandelnden großen Lucidarius. Von den übrigen Gedichten schließen sich die frühen, wohl vor dem Lucidariuskreis entstandenen Gedichte V, VI und XIV nach Stil und Thematik unmittelbar, XIII loser an die zentrale Gruppe an. Auch das späte Gedicht VII mit dem Thema der Psychomachie trägt so deutlich das Stilgepräge dieses Dichters, daß man es ihm unbedenklich zuschreiben kann, so daß nur die beiden rein religiösen strophischen Gedichte XI, eine Paraphrase des Ave Maria, und XII, eine religiöse Kontrafaktur zu Walthers Vokalspiel, Zweifel an der Echtheit erwecken könnten. Aber da auch die Gedichte IX und X der Lucidariusreihe religiöse Themen anschlagen, spricht auch nichts gegen die Echtheit jener beiden anderen. Will man diese Gedichte gattungsmäßig einordnen, so bietet sich der Typus des „Büchlein" an, den wir aus Hartmanns Büchlein und den Einlagen in Ulrichs Frauendienst kennen. Der Dichter selber nennt sein Gedicht VII *daz büechel* (V. 1247).

Die zahlreichen politischen Anspielungen lassen ziemlich genaue Datierungen zu. Das älteste Gedicht XIV muß im Anfang des Jahres 1283 entstanden sein. Die Form des Lucidarius findet der Dichter frühestens 1291; die Masse der Gedichte gehört dem letzten Jahrzehnt des Jahrhunderts an. Es sind Werke eines gereiften, urteilsfähigen, gebildeten und belesenen Mannes. In Gedicht IX, einem der spätesten, religiös durchklungenen Stücke, klagt er über das Ungemach des Alters und nennt sich einen Sechzigjährigen. Wir denken ihn uns also vor 1240 geboren und bald nach 1300 gestorben. Er lebt in einer gerade für Österreich verworrenen und unruhigen Zeit. Die Babenbergische Größe hat er als Kind noch in ihrem Ausklang erlebt; sie erscheint ihm als die schöne und große alte Zeit. Jugend und Mannesalter fallen in die Zeit der Böhmenherrschaft, aber sie spiegelt sich in seinen Gedichten nicht. Seine Dichtung setzt erst mit der Zeit der Habsburger ein. Mit ihr hat er es zu tun, und die anfängliche Opposition des echten *östermannes* gegen die „Fremdherrschaft" wandelt sich in Anerkennung und Anhänglichkeit an die Person Herzog Albrechts.

Die Lucidariusreihe zeigt die Erfindungsgabe eines echten Dichters. Die Rahmensituation des Zwiegesprächs zwischen dem Dichter und seinem jungen Knappen wird mit jedem Gedicht abgewandelt, ohne daß man allzu genau nach einer fortschreitenden Handlung des Rahmens fragen dürfte. Die drei Gedichte I–III schließen sich enger zusammen. In I wird der Knappe neu eingeführt und die einfache Form des Zwiegesprächs gewählt, die dem Typus des Lucidarius entspricht. In II wird die Fiktion der *lantfrâge* durchgeführt, eines landesherrlichen Gerichtstages, bei dem nicht bestimmte Prozesse abgewickelt, sondern allgemeine Klagen über Mißstände vorgebracht werden. In den fingierten, der Wirklichkeit entsprechend dreitägigen Verhandlungen hat der Knappe die Rolle des Klägers, der Dichter die des Gerichtsherrn, der von den allegorischen Figuren der Tugenden als Beisitzern umgeben ist. Das dritte Gedicht kehrt ins Private zurück; der Dichter erholt sich in einer Badstube von den Anstrengungen der Gerichtstage.

Hier wird das Motiv des Zerwürfnisses zwischen Herren und Knappen angesponnen. Der Herr fürchtet, durch die freimütigen Äußerungen des Knappen in Ungelegenheiten zu kommen, er straft ihn und droht, ihn fortzuschicken. Damit ist die Situation der folgenden Gedichte erreicht, in denen der Knappe nicht mehr im Dienst des Herrn steht. Auf diese Weise ist nicht nur erzählerisch eine Bewegung gewonnen. Der Dichter kann jetzt heikle politische und soziale Themen freier behandeln, indem er seine Kritik in die Fragen des fürwitzigen Jungen verlegt, sich selbst aber als den ängstlich auf seine Ruhe bedachten Alten hinstellt, der den lästigen Frager schilt, bedroht und abweist. So gibt er sich in dem besonders heiklen Stück IV über die Adelsverschwörung von 1295 in doppelter Verhüllung als bloßen Berichterstatter über ein Gespräch des Knappen mit einem „alten Ritter", das er gehört haben will. Auch XV wird in die Vergangenheit verlegt, als Erinnerung an ein Gespräch auf einem gemeinsamen Ritt. Das späte Gedicht VIII von 1299 kleidet sich in die Fiktion einer Wiederbegegnung und schlägt einen freundlichen Ton an, und erst IX bringt die endgültige Trennung des Herrn von dem Knappen. Einsetzend mit dem dunklen Ton des *Dies irae* wendet es sich von den Fragen der Zeit und des Tages gleich Walthers Altersgedichten den ewigen Fragen zu. Es kreist um den Gedanken des Todes, der Vergänglichkeit, des Seelenheils und kontrastiert damit die leichten Reden des weltbefangenen Jünglings. Erst dies ist nicht mehr gespieltes, sondern grundsätzliches Zerwürfnis, Verjagung nicht nur der dichterischen Figur des Knappen, sondern Abkehr von der Welt, die diesem Manne freilich nicht mehr der schöne Schein höfischer Weltfreude, sondern eine Welt voll politischer und sozialer Wirrnis war. Und so steht mit Recht am Abschluß der Lucidariusreihe das Mariengebet X mit den angehängten Betrachtungen des alten Mannes, der Kind, Vater und Großvater gewesen ist. Sie sind nur noch Rückblick auf eine Zeit, da ihn ein *tumber kneht* mit seinen Fragen beschäftigte.

Die drei chronologisch frühesten Gedichte XIV, V, VI, die schon durch ihre Kürze von den Lucidarius-Gedichten abstechen, sind noch ohne Einkleidung. Wenn XIII nach freilich undeutlichen Anspielungen ins Jahr 1291 verlegt werden kann, vielleicht aber älter ist, so ist hier der erste Versuch einer Einkleidung gemacht. Es ist als Brief eines *hovegumpelman*, eines wandernden Spielmannes, stilisiert, der sich Seifried Helblinc nennt – *helblinc* ist der Name einer kleinen Scheidemünze vom Wert eines halben Pfennigs – und seinem Freunde Julian über die wirren Zustände in Österreich berichtet. Der Briefstil ist gut durchgehalten, die Abschnitte jeweils durch eine neue Anrede an den Empfänger gegliedert.

Allen Gedichten liegt die feste Gesinnung eines erfahrenen, an den Geschicken des Landes interessierten Mannes von konservativer Haltung zugrunde. Nur zum Teil darf man sie satirisch nennen; sie sind politisch propagandistische Auseinandersetzung. Dieser Mann ist als politischer Dichter einer der besten Nachfolger Walthers von der Vogelweide, allerdings aus einer ganz anderen Wesensart heraus als dieser.

Walther ist temperamentvoller Kämpfer, dieser kritischer Betrachter. Walther spitzt zu und trifft, dieser breitet aus und tut Meinungen kund. Dennoch ist der Vergleich instruktiv für den Wandel der Zeit. War Walther von Ideen ausgegangen, deren Geltung und Bedrohung in der gegenwärtigen Wirklichkeit ihn bewegten, so geht der Dichter des Seifried Helblinc von den augenblicklichen Realitäten aus. War das Reich Angelpunkt von Walthers politischem Denken, so ist es für diesen Dichter nur soweit von Bedeutung, als es durch das Haus der Habsburger die Verhältnisse in Österreich mitbestimmte. Der wandernde Walther überblickte auch räumlich das Reich, der seßhafte niederösterreichische Ritter sieht das Territorium und noch spezieller die engere Heimat. Für Walther ist der Begriff *tiutsch* wesentlich und wirklich, für diesen Dichter ist es der echte *ôsterman*, das österreichische Landeskind, und Schwaben und Rheinländer sind ihm so gut Ausländer wie Böhmen und Ungarn.

Für Walther ist der *wünneclîche* Wiener Hof die Stätte höfischer Dichtung und Geselligkeit, für den Dichter des Seifried Helblinc eine wichtige Instanz im politischen und sozialen Gefüge des Landes, der gegebene Hüter von Ordnung, Recht und Friede, aber auch ein kritisch betrachteter Ausgangspunkt der Überfremdung und bedenklicher Neuerungen. Bei Walther lernen wir etwas über die politischen Ideen seiner Zeit, durch den Dichter des Seifried Helblinc sehen wir mit der Anschaulichkeit des politischen Realisten die Wirklichkeit und ihre Spannungen. Der Dichter gehört im sozialen Gefüge zu der Schicht des breiten, landsässigen, nicht begüterten, aber gesicherten Kleinadels. Ihn meint das Bild des rechten Mannes und Österreichers, das er in I, 880 ff. entwirft. Von diesem Standpunkt aus wird in demselben Gedicht auch die gute Frau gezeichnet. Minnedienst und Minnesang spielen in diesem Milieu keine Rolle; Morungen wird (I, 760) nur als „Minnedieb" genannt.

Dieses landsässige Rittertum ist in seiner politischen und sozialen Geltung von oben wie von unten bedroht. Von oben durch den Herzog und dessen auf ausländische, d. h. westdeutsche Männer gestützte Politik der politischen Konzentration, ebenso aber auch durch die großen Landherren, die im Zusammenspiel oder Gegenspiel mit dem Herzog ihre Bedeutung auf Kosten der gemeinen Ritterschaft steigern. Von unten durch das Aufsteigen unadliger Elemente im Hof- und Ritterdienst. Hochadel, Landfremde und Parvenus sind Gegenstand seiner Sorge und seines Zornes, vornehmlich die beiden letzten sind Ziel seiner Satire. Sie alle bedrohen die gute alte Ordnung, als deren Blüte dem alternden Dichter die Zeit der einheimischen Babenberger erscheint, und die sich ihm in einzelnen Figuren auf der damaligen politischen Bühne, den Vätern der jetzigen Generation, verkörpert. Und mit Sorge sieht er, wie der Verfall dieser Ordnung das Recht und den Frieden untergräbt, die militärische Kraft des Landes schwächt und das Land verarmen läßt.

Der aufmerksame Beobachter sieht die Gefahren in ihren realen Anzeichen. In anschaulichen Beispielen und Szenen geißelt er die Feigheit
und Trägheit des Adels in seinen Pflichten gegen das Land, namentlich
die Drückebergerei hoher Adliger beim Ungarneinfall 1291, und die
Verwandlung ritterlicher Gesinnung in händlerische. Mit Vorsicht trifft
er die Gebrechen der Geistlichkeit. Auch die Entwicklung der Kunst
betrachtet der konservative Mann mit Mißtrauen. Der seßhafte Ritter
ist den wandernden Sängern so wenig hold wie der steirische Ritter
Ottokar (vgl. S. 199). Sie nehmen überhand (II, 1327 ff.), Wort und
Komposition sind minderwertig gegenüber den „alten Meistern". Auch
diese freilich sind ihm offenbar, vielleicht mit Ausnahme von Wolfram,
kein lebendiger Besitz. Dagegen ist ihm, wie zu erwarten, Freidank vertraut. Die hochtrabenden Dichternamen der Wandersänger werden
ebenso persifliert wie ihre übertriebene Lobhudelei der Gönner. Er hat
harte Scheltworte für sie, und das Gedicht XIII, der Brief des Helblinc
an Julian, ist Satire auf dieses Gesindel bis zur Verdächtigung einer nutz-
nießenden Teilnahme am Treiben der Raubritter.

Der eigentliche Zielpunkt seiner Satire aber sind die äußeren Anzeichen des modernen Lebensstils, die Überfremdung und modische
Entartung in Rede und Kleidung. Er trifft sich darin mit dem Dichter
des Meier Helmbrecht, den er gekannt hat. Hier kann er monoman werden, und die weiten, tief herabhängenden Ärmel gewinnen bei ihm
einen ähnlichen Symbolwert für den Verfall der gesellschaftlichen Ordnung wie Frideruns Spiegel bei Neithart von Reuenthal. Neigung und
Fähigkeit zu echtem dichterischen Realismus kommen vor allem in den
kleinen genrehaften Szenen zum Ausdruck, in denen der Dichter sich
selber und seinen Gesprächspartner erscheinen läßt. Wir erleben ihn in
der bescheidenen, dankbar genossenen Behaglichkeit seines Frühstücks
(II, 1 ff.; 457 ff.), finden ihn in III mit seinem Knecht in der Badstube,
zu der schon drei Nachbarn „mit frisch gebürstetem Haar, barfuß und
ungegürtet" spaziert waren, begleiten ihn auf dem Morgengang des
Gutsherrn durch seine Felder (VIII, 10 ff.), hören seinen Knecht berichten, wie er sich in einem rauhen Strauch versteckte, um die Verschwörer
zu belauschen, und wie er erst Laub und Gras sorglich abbürstete, ehe er
sich vor den Leuten zeigte.

Andererseits hat der Dichter des Seifried Helblinc teil an der literarischen Mode der Allegorese, aber es ist bezeichnend für ihn, wie er mit
ihr verfährt. In Gedicht IV, das sich mit den realen Verhältnissen der
Adelsverschwörung von 1295 beschäftigt, ist in V. 406 ff. eine ausführliche Jagdallegorie eingelegt, die unmittelbar an das spätere allegorische
Jagdgedicht des Hadamar von Laber und dessen Nachahmer erinnert.
Aber sie ist mitten aus einer wirklichen Jagdsituation entwickelt und
gibt durch die Namen der Hunde in allegorischer Form die reale Tat-

sache zu erkennen, daß der Knecht als heimlicher Lauscher über die Verschwörung Bescheid weiß. Insbesondere greift das Gedicht VII das alte allegorische Motiv der Psychomachie, des Kampfes der Tugenden und Laster, auf und macht es zum alleinigen Thema eines langen Gedichtes. Die Tugenden als allegorische Beisitzer der Gerichtstage des Gedichtes II bereiten darauf vor. Doch auch hier wird das Allegorische immer wieder ins Realistische gewendet, von der Wahl eines realen Ortes, Trebensee an der Donau, des Ortes der Adelsverschwörung von 1295, als Sammelplatz der Laster, über die Figur des Dichters selber, der sich in der Nacht vor dem großen Kampf ein Quartier in einem Graben herrichtet und dort ein sorglich mitgebrachtes Abendessen aus Brot, Käse und Wein verzehrt, zu den militärischen Realitäten des Kampfes selber, der mit dem Sieg der Tugenden endet. Realistisch ist auch die Behandlung der gefangenen Laster, die zur Verwahrung je in einen Menschen verbannt werden: die Lüge in einen Pferdehändler, die Falschheit in einen Richter usw., bis die Führerin der Lasterschar, die Ursünde Superbia, sich selbst einen Kardinal in Rom als Verwahrungsort aussucht. Und zu echter Schau von dichterischer Größe wird die letzte Lösung. Das Heer der Laster, der Teufel und die Höllenschar, ballt sich zu einer schwarzen schwefligen Wolke zusammen, aus der das Jammergeschrei verdammter Seelen erschallt und die südwärts über die Donau gegen die Alpen – nach Rom? – abzieht. Das Heer der Tugenden aber steigt in solchem Glanz himmelwärts, daß der Dichter niederknieend die Augen schließen muß und nur den süßen Gesang des *Gloria in excelsis* vernimmt. Als er die Augen auftut, ist er allein auf weitem Felde und kehrt nach Hause zurück, nicht ohne zu verzeichnen, daß er drei Meilen Weges zurückzulegen hatte. Und schließlich löst er das Ganze in alltägliche Realistik auf. Es ist nur ein Traum gewesen: *ich slief daheim und het gemach.*

Nehmen wir den ernsten Ton wahrer Frömmigkeit hinzu, die einfache und vor Gott demütige Lebensrückschau des alten Mannes in den spätesten Gedichten, so steht hier mitten in einer aufgeregten und verworrenen Zeit ein ritterlicher Mann vor uns, der vielleicht ein wenig beschränkt, aber aufrecht und unangefochten sein Dasein geführt hat, ein Vertreter der soliden Grundschicht, die unangekränkelt und unzerstört fortdauert, und auf der der Fortbestand des Volkes beruht, ohne daß sie viel von sich reden macht.

LITERATUR

HUGO VON TRIMBERG

Lit.: Ehrismann 2, Schlußband, S. 337–42.
Gustav Ehrismann, Verf.-Lex. 2, Sp. 530–35.
Karl Langosch, Verf.-Lex. 5, Sp. 434–36.

SOLSEQUIUM

Ausg.: Erich Seemann, Hugo von Trimbergs lateinische Werke I. Das ‚Solsequium‘ (Münch. Texte H. 9), München 1914.
Bernhard Bischoff, Das rhythmische Nachwort Hugos von Trimberg zum „Solsequium". ZfdPh 70 (1947/49) S. 36–54.

LAUREA SANCTORUM

Ausg.: H. Grotefend, Laurea sanctorum, ein lateinischer Cisiojanus des Hugo von Trimberg. Anz. f. Kde. d. dt. Vorzeit. NF Bd. 17 (Jg. 1870), Sp. 279–84 u. 301–11.

REGISTRUM MULTORUM AUCTORUM

Ausg.: Karl Langosch, Das „Registrum multorum auctorum" des Hugo von Trimberg (Germ. Studien 235). Berlin 1942.

RENNER

Ausg.: Gustav Ehrismann, StLV 247/48, 252, 256 4 Bde, Tübingen 1908–11.
Paul Göttsching, Frankfurter Rennerbruchstücke, ZfdA 70 (1933) S. 127–28.
Wilhelm Hans Braun, Der Renner. Unbekannte Bruchstücke im Friedberger Stadtarchiv. Friedberger Geschichtsbll. 13 (1938) S. 82–95.
ders., Ein Rennerbruchstück aus Friedberg i. H. ZfdA 75 (1938) S. 172.
Fritz Glauser, Ein unbekanntes Fragment des „Renners" Hugos von Trimberg. ZfdPh 78 (1958) S. 65–67.
Lit.: Franz Diel, Reimwörterbuch zum „Renner" des Hugo von Trimberg. München 1926.
Gustav Ehrismann, Hugos von Trimberg Renner und das mittelalterliche Wissenschaftssystem. In: Aufsätze zur Sprach- und Literaturgeschichte. Wilhelm Braune ... dargebracht. Dortmund 1920. S. 211–36.
Erich Seemann, Hugo von Trimberg und die Fabeln seines „Renners". Eine Untersuchung zur Geschichte der Tierfabel im Mittelalter. München 1924.
Johannes Müller, Die Bibel und der biblische Gedankenkreis in Hugos von Trimberg Renner. Diss. Greifswald 1924 (Masch.-Schr.).
Leo Behrendt, The Ethical Teaching of Hugo of Trimberg. Washington 1926.
Else Schlicht, Das lehrhafte Gleichnis im Renner des Hugo von Trimberg. Diss. Gießen 1928.
Franz Götting, Der Renner Hugos von Trimberg. Studien zur mittelalterlichen Ethik in nachhöfischer Zeit. Münster 1932.
Fritz Vomhof, Der „Renner" Hugos von Trimberg. Beiträge zum Verständnis der nachhöfischen deutschen Didaktik. Diss. Köln 1959.

DISTICHA CATONIS

Ausg.: Lat. Cato: Markus Boas, Disticha Catonis rec. et apparatu critico instruxit. Amsterdam 1952.
Friedrich Zarncke, Der deutsche Cato. Leipzig 1852.
Leopold Zatočil, Cato a Facetus. Zu den deutschen Cato- und Facetusbearbeitungen, Untersuchungen und Texte. Brünn 1952 (enthält die Texte: Z, Z¹, B, A, F, H, G).
Richard Maria Werner, Bruchstücke mittelhochdeutscher Dichtungen aus polnischen Bibliotheken: Disticha Catonis. ZfdA 34 (1890) S. 246–51 (ostmd. Cato).
Conrad Borchling, Schwiebuser Bruchstücke eines mittelhochdeutschen Cato und Facetus. ZfdA 48 (1906) S. 425–35 (ostmd. Cato).
Leopold Zatočil, Neue Berliner Bruchstücke des ostmitteldeutschen Cato. ZfdA 72 (1935) S. 81–91.
ders., Der Neusohler Cato. Ein kritischer Beitrag zur Entwicklung der deutschen Catobearbeitungen. Berlin 1935.

P. Graffunder, Catos Distichen in niederrheinischer Übersetzung. Progr. Berlin 1897 (mfrk. Cato).
ders., Meister Stephans mittelniederdeutscher Cato. Jb. d. Vereins f. nd. Sprach-forschg. 23 (1897) S. 1–50; 25 (1899) S. 1–33.
Lit.: Walther Mitzka, Verf.-Lex. 1, Sp. 370–71.
Ludwig Denecke und Karl Langosch, Verf.-Lex. 5, Sp. 131–32.
Ehrismann 2, Schlußband, S. 323–25.
Walther Mitzka, Die deutschen Cato-Dichtungen des Mittelalters. ZfdPh. 54 (1929) S. 3–20.
Albert Leitzmann, Zum ältesten Cato. ZfdA 80 (1944) S. 46–49.
Bruno Claussen, Die Rostocker Bruchstücke des mittelniederdeutschen Cato. Wiss. Zeitschrift d. Univ. Rostock 5 (1955/56) S. 217–19.

NOVUS CATO (FACETUS)

Ausg.: Carl Schroeder, Der deutsche Facetus (Palästra 86). Berlin 1911.
Leopold Zatočil (genauer Titel oben unter Disticha Catonis). Brünn 1952.
Lit.: Walther Mitzka, Verf.-Lex. 1, Sp. 600–601.
Karl Langosch, Verf. Lex. 5, Sp. 222.
Ehrismann 2, Schlußband, S. 326–28.

CORNUTUS

Ausg.: Edwin Habel, Der deutsche Cornutus.
I. Der Cornutus des Johannes de Garlandia, ein Schulbuch des 13. Jh.s in den deutschen Übersetzungen des Mittelalters zum erstenmal hrsg. Berlin 1908.
II. Der Novus Cornutus des Otto von Lüneburg in den deutschen Übersetzungen des Mittelalters zum erstenmal hrsg. Berlin 1909.
Lit.: Ehrismann 2, Schlußband, S. 329–30.
Hans Walther, Verf.-Lex. 5, Sp. 832–34 (unter Otto von Lüneburg). Mit Nachweis weiterer Handschriften.

KONRAD VON HASLAU
DER JÜNGLING
Ausg.: Moriz Haupt, ZfdA 8 (1851) S. 550–87.
Lit.: Ehrismann 2, Schlußband, S. 330.
Hans-Friedrich Rosenfeld, Verf.-Lex. 2, Sp. 894–96.
Edward Schröder, Zum Text des Jünglings von Konrad von Haslau. ZfdA 69 (1932) S. 334–35.
Anton Wallner, Konrad von Haslau. ZfdA 72 (1935) S. 261–67.

DER MAGEZOGE

Ausg.: Moriz Haupt, Der Spiegel der Tugende. Altd. Blätter 1 (1836) S. 88–105.
Gustav Rosenhagen, DTM 17 (1909) S. 21–29.
Lit.: Ehrismann 2, Schlußband, S. 328.
Edward Schröder, Der Magezoge, eine altösterreichische Spruchdichtung. ZfdA 62 (1925) S. 221–26.
Heinrich Niewöhner, Zum Magezogen. ZfdA 63 (1926) S. 269–70.

DIE WARNUNG

Ausg.: Leopold Weber, ‚Die Warnung‘, eine Reimpredigt aus dem 13. Jh. München 1913. Auch Diss. München.
Edward Schröder, Zum Text der Warnung. ZfdA 59 (1922) S. 46–47.
Lit.: Ehrismann 2, Schlußband, S. 330–31.
Walther Mitzka, Verf.-Lex. 4, Sp. 838–39.

Anton Wallner, Die Entstehungszeit des mhd. Memento mori ‚Die warnunge'. Progr. Laibach 1896.

BUCH DER RÜGEN

Ausg.: Theodor von Karajan, ZfdA 2 (1842) S. 6–92.
Lit.: Heinrich Niewöhner, Verf.-Lex. 1, Sp. 314–17.
Ehrismann 2, Schlußband, S. 331–32.
Oskar Jänicke, Die Heimat des Buches der Rügen. ZfdA 16 (1873) S. 476–78.
Bruno Wiesotzky, Untersuchungen über das mhd. „Buch der Rügen" (Quellen und Forschungen 113). Straßburg 1911.

SEIFRIED HELBLINC

Ausg.: Joseph Seemüller, Seifried Helbling, hrsg. und erklärt. Halle 1886.
Gustav Ehrismann, Zum Seifried Helbling. Germania 33 (1888) S. 370–79.
Lit.: Ehrismann 2, Schlußband, S. 335–37.
Walther Mitzka, Verf.-Lex. (s. u. Helbling) 2, Sp. 372–373.
Joseph Seemüller, Studien zum Kleinen Lucidarius. WSB. 102 (1882). S. 567–674.
Anton Wallner, Seifried Helbling. ZfdA 72 (1935) S. 267–78.

NEUNTES KAPITEL

DIE SPÄTE SPRUCHDICHTUNG

1. DER STAND DER WANDERNDEN LITERATEN

Eine Zeit, die in so hohem Maße geneigt ist, sittliche Werte und moralisches Verhalten rational zu erfassen, sie daher als lehrbar und lernbar zu betrachten, wird die alte Form des knappen, einprägsamen Sittenspruches schätzen und pflegen. In der Tat schwillt seit dem späteren 13. Jahrhundert die Zahl der Sprüche ins Unabsehbare an, und das große Interesse, das man ihnen entgegenbrachte, wird deutlich in den großen Sammelhandschriften, die ausschließlich oder überwiegend Spruchdichtung enthalten. Aus ihnen kennen wir mehrere Dutzend Spruchdichter dieser Zeit mit Namen. Wieviel uns verloren oder in namenlosem Streugut verschwunden ist, zeigt warnend die Liste von 16 deutschen „Meistern" am Hof König Manfreds, die uns durch Ottokars Österreichische Reimchronik überliefert ist, und von denen kein Name unter den Dichtern unserer Sammelhandschriften erscheint, ein einziger sich vielleicht mit dem Dichter einer Novelle identifizieren läßt (vgl. S. 279).

Zunächst ist es nötig, das Verhältnis von Spruch und Lied zu besprechen. Die Abgrenzung dieser beiden Gattungen ist in der neueren Forschung, wie mir scheint zu Unrecht, bezweifelt worden. Spruch und Lied haben formale Gemeinsamkeiten: beide bedienen sich kunstvoller Strophenformen, und beide wurden komponiert und gesungen vorgetragen. Beide gehen von verhältnismäßig einfachen Formen aus und stehen sich in ihren Anfängen formal nahe. Bei Herger und noch beim Spervogel wird man kaum von einer eigenen Spruchform reden können. Indessen schon bei Walther besteht ein grundsätzlicher formaler Unterschied zwischen Liedstrophen und Spruchstrophen, und in der ganzen späteren Spruchdichtung wird man selten zweifeln, daß ihre Strophen, breiter, schwerer, prächtiger als die Liedstrophen, nur dem Spruch, nicht dem Lied gemäß sind. Man wird es als eine stilbrechende Besonderheit empfinden, wenn einmal für den Spruch eine Form gewählt wird, die als liedmäßig anzusprechen wäre, wie etwa in Konrads von Würzburg Ton Nr. 31, in dem Lied und Spruch sich völlig durchdringen, oder wenn umgekehrt die Spruchform gewählt wird, um einen rein liedhaften Inhalt aufzunehmen, wie die Strophenserie des Reinmar von Brennenberg (Kr. Nr. 44; IV, 1–9), der den Gehalt des Minneliedes in einen schweren Spruchton gießt. Ein eigentliches

Minnelied wird aus diesen neun Strophen trotz aller Reminiszenzen an
Morungen und die Wiener Schule dennoch ebensowenig, wie aus den
sechs spruchhaften Minnestrophen HMS III, S. 452 f., die unter dem
Namen des Regenboge gehen. Solche Zwitter sind poetische Experimente, die an der formalen Unterscheidung von Lied und Spruch nichts
ändern, sie vielmehr erst recht fühlbar machen.

Die ältere Forschung fand einen durchgängigen formalen Unterschied
zwischen Lied und Spruch auch darin, daß das ausgebildete Minnelied
mehrstrophig ist, der Spruch dagegen grundsätzlich einstrophig. Auch
dies ist in der neueren Forschung bestritten worden. Es ist geltend gemacht worden, daß Sprüche des gleichen Tones auch bei großer Un-
einheitlichkeit des Inhaltes nicht nur eine geschlossene Vortragsfolge,
sondern im eigentlichen Sinne ein Lied bilden. Unzweifelhaft gibt es
Beispiele von so enger Zusammengehörigkeit mehrerer Sprüche gleichen Tones – etwa schon die drei Reichssprüche Walthers – daß sie als
Einheit wirken und aufgefaßt werden müssen. In späterer Zeit nehmen
solche Spruchgruppen zu. Eine religiöse oder moralische Erzählung erhält in einem zweiten Spruch ihre Ausdeutung, ein Rätsel seine Lösung,
und kurz vor und nach der Jahrhundertwende bahnt sich deutlich die
meistersingerische Entwicklung schon an, die grundsätzlich nicht mehr
den Einzelspruch, sondern den mehrstrophigen – meist dreistrophigen –
Bar kennt. Zumal unter den Namen des Barthel Regenbogen und Heinrich Frauenlob finden sich solche geschlossenen mehrstrophigen Spruch-
gebilde, bei denen die Einzelstrophe nicht mehr aus sich allein verständlich ist, doch die große Masse der Sprüche verharrt bei der Einstrophig-
keit. Die Gewohnheit vieler Spruchdichter, einen neuen Ton mit einer
fromm-gebethaften Strophe zu beginnen, besagt nicht, daß diese Spruchserie zeitlich oder sachlich eine Einheit bildet. Es ist der Dank an Gott
für die gelungene Schöpfung; der Ton wird damit sozusagen aus der
Taufe gehoben und kann fortan zu verschiedenen Zeiten und für verschiedene Inhalte verwendet werden. Und auch dort, wo eine inhaltlich
zusammenhängende Serie vorliegt, wie etwa bei den Frau-Welt-Strophen
des Guotære oder Friedrichs von Sonnenburg und selbst noch
bei den vielen Dreiergruppen des Frauenlob, ist der einzelne Spruch
in sich abgerundet und für sich vortragbar. An der grundsätzlichen Ein-
strophigkeit des Spruches sollte nicht gezweifelt werden.

Auch inhaltlich können Lied und Spruch sich zwar gelegentlich überschneiden,
bleiben aber in ihrem Tenor gesondert. Das Lied bleibt bis zum Ende der Epoche
so gut wie ausschließlich Minnelyrik in ihren verschiedenen Spielarten. Die Spruchdichtung greift zwar von Anfang an auch das Thema der Minne auf, und da auch das
Minnelied – das klassische übrigens stärker als das späthöfische – eine Neigung zur
theoretischen Auseinandersetzung mit dem Phänomen der Minne hat, so kann hier
eine Grenzberührung mit dem Spruch sehr wohl eintreten. Allein das Thema Minne
ist in der späten Spruchdichtung bemerkenswert selten aufgegriffen, was mit der so-

zialen Herkunft und Lage der Spruchdichter zusammenhängt; wie in der sonstigen Lehrdichtung der nachstaufischen Zeit wird das Verhältnis von Mann und Frau weit stärker unter dem Aspekt der Ehe gesehen.

Vor allem aber ist zu betonen, daß Lied- und Spruchdichtung auch in der sozialen Struktur ihr eigenes Leben führen. Die enge Verbindung und gleichmäßige Beherrschung beider Gattungen, wie sie bei Walther von der Vogelweide vorhanden war, wiederholt sich kaum. Das Minnelied ist und bleibt die Leistung ritterlicher Dilettanten, ein Teil höfischer Geselligkeit und Festlichkeit wie der Minnedienst, aus dem das Lied entspringt. Keiner der adligen Sänger würde sein Wesen durch sein Künstlertum bestimmt fühlen, so wenig wie die Umwelt ihn in erster Linie als Dichter bewertet, worüber S. 302 f. gehandelt ist. Für den wandernden Spruchdichter dagegen war seine Dichtung der eigentliche Lebensinhalt. Er gründete seine Existenz auf seine Kunst und fühlte sich durch sie in seinem Wert bestätigt, wie die lebhafte Beschäftigung der Spruchdichter mit Wesen und Würde ihres Tuns beweist. Die ständische Sonderung, die den Minnesang dem adligen Dichter vorbehielt, die Spruchdichtung dagegen dem unadligen wandernden Sänger überließ, ist gewiß in der Strenge nicht durchgeführt, wie man es früher geglaubt hat. Aber unter den späteren wandernden Spruchdichtern sind doch ritterbürtige, soweit wir es beurteilen können, bemerkenswert selten. Walthers Vorbild hat nicht stark nachgewirkt, und eine Figur wie Reinmar von Zweter, der als wandernder Dichter lebte, und dessen Wesen und Dichten von ritterlichem Denken bestimmt ist, kehrt in nachstaufischer Zeit kaum noch wieder. Ein Mann wie Hermann der Damen – oder von der Dame, wie wir heute besser sagen sollten – konnte unbesehen als ein bürgerlicher Wanderdichter gelten, bis ein zufälliges Zeugnis es sicher gemacht hat, daß er einem adligen Geschlecht der Mark Brandenburg entstammte. Der Adel hat also seinen Beitrag zu der Schicht der wandernden Literaten gestellt. Aber damit wurde nicht, wie bei Walther, die Spruchdichtung zu adliger Kunst, sondern der Adlige trat aus der Sphäre heraus, in die er geboren war, und ergab sich einer anderen Lebensform. Den Weg des Adligen in die Not des fahrenden Lebens hatte schon der Tannhäuser in seinem Bekenntnislied Nr. XIV (vgl. Bd. II, S. 375 ff.) geschildert. Hermann der Damen illustriert dasselbe in seinem Swendelerspruch V, 3 (HMS III, S. 167). Er sei dem Vorbild des „Herrn Swendeler" gefolgt, der, wenn er reiche Länder besessen hätte, sie beim Bier im Hazard aufs Spiel gesetzt hätte. So habe er in Swendelers Art viel verzehrt und altere darum in Sorgen. Es ist ein später und situationsbedingter Sonderfall, daß ein fürstlicher Dichter, Wizlav von Rügen, Lied und Spruch nebeneinander gepflegt hat.

Auch vom geistlichen Stand her hat die Schar der wandernden Literaten sicherlich Zuwachs erhalten. Von einem der ältesten, dem Marner, können wir es bestimmt sagen. Er hat als lateinischer Dichter im Dienste eines geistlichen Herren begonnen und sich auf seine Schulbildung etwas zugute getan. Andere, bei denen Schulbildung spürbar ist, oder die ein Unterkommen als Stadtschulmeister gefunden haben, dürften denselben Weg gegangen sein. Umgekehrt haben auch unadlige Dichter den Minnesang gepflegt. Von einer ganzen Reihe von Spruchdichtern zweifellos außeradliger Herkunft besitzen wir, wie wir in Kap. 7 gesehen haben, auch Minnelieder. Das beginnt schon bei dem Marner, dessen Jugend noch in spätstaufische Zeit fällt, und wiederholt sich bei späteren Zunftgenossen. Allein auch hier muß man sich klar sein, daß diese Dichter damit nicht zu Minnesängern werden. Sie eignen sich eine Gattung an, die ihnen wesensfremd ist, und man muß erwägen, ob es sich bei manchen, wie bei dem Marner, dem Schulmeister von Eßlingen oder Walther von Breisach, nicht um bestellte Arbeit handelt, die sie für einen adligen Auftraggeber geliefert haben. Erst gegen Ende des Jahrhunderts beginnt wohl der Prozeß, daß der Minnesang verbürgerlicht und zum bürgerlichen Gesellschaftsspiel wird. Eine Figur wie Hadloub ist dafür bezeichnend. Er singt wirklich Minnesang und spielt Minnedienst, aber es geschieht zum Vergnügen und vor den Augen einer patrizisch-stadtadligen Oberschicht, die seine Minnefreuden und -leiden wie ein Schauspiel genießt. Ähnlich dürfte Konrad von Würzburg in Basel seine virtuose Kunst vor der patrizischen Oberschicht dargeboten, wohl auch für sie gedichtet haben. Immerhin ist dieser vielgewandte Mann der erste, von dem wir seit Walther sagen können, daß er in gleicher Weise Lied und Spruch beherrscht hat. Aber all das sind namentlich in älterer Zeit flüchtige Grenzüberschreitungen, und es ist erst eine späte Vermischung, keine frühe Gemeinschaft zwischen Lied und Spruch.

Die Fülle der überlieferten Texte stellt zahlreiche noch ungelöste Probleme. Die späte Spruchdichtung hat keinen C. von Kraus gefunden, der für den Minnesang die kritischen Texte geschaffen und in der Frage von Echtheit und Unechtheit begründete Entscheidungen getroffen hat. Die Forderung nach einer kritischen Sichtung und Edition der Spruchdichtung, von Gustav Roethe schon 1887 erhoben, ist bis heute nicht verwirklicht, ja, außer neuestens durch Karl Stackmann in seinem Buch über Heinrich von Mügeln kaum gefördert. Noch immer sind wir für die meisten Texte auf die alte Ausgabe in von der Hagens Minnesingern oder auf die Handschriftenabdrucke angewiesen. Die Schwierigkeiten sind hier freilich auch noch größer als bei der Minnelyrik. Unter der Masse von etwa 40 Spruchdichtern sind nur ganz wenige so ausgeprägte Persönlichkeiten, daß man auf Grund stilistischer Merkmale Echtes und Unechtes scheiden könnte. Die besondere Schwierigkeit liegt indessen darin, daß die Spruchtöne der „alten Meister" für den Meistersang verbindlich geworden sind. Das 14. und 15. Jahrhundert hat ihren Tönen bestimmte Namen gegeben und in ihnen fortgedichtet: die Allmendweise des Marner, der graue, der blaue, der goldene Ton des Regenboge oder die zahlreichen „Töne", die mit Recht oder Unrecht Frauenlob zugeschrieben wurden. So finden sich in dem noch nicht durchgearbeiteten Wust der Meistersingerhandschriften des späten 14. und 15. Jahrhunderts zahlreiche

Sprüche, die, anonym überliefert, Eigentum älterer Dichter sein könnten. Aber auch dort, wo Namen genannt werden, sind wir nicht sicher, ob die Zuweisung zuverlässig ist, oder ob nicht erst jüngere Tradition auf Grund eben der Strophen- und Melodieform eine solche Zuweisung vorgenommen hat. Hier ist noch so gut wie alles zu tun, und die wenigen vorhandenen Spezialarbeiten haben keine Klärung gebracht. Als Beispiel diene der „Meißner". Die Manessische Handschrift nennt einen Dichter den „jungen Meißner", einen anderen – mit einer späteren Überschrift – den „alten Meißner". Auch die Jenaer Sammlung kennt zahlreiche Strophen unter dem Namen des Meißner, und in der polemischen Dichtung seiner Zeitgenossen wird sein Name genannt. Da endlich auch Heinrich Frauenlob aus Meißen stammte und „der Meißner" genannt werden konnte, ist es ungeklärt, mit wie vielen verschiedenen Dichtern wir hier zu rechnen haben, ganz abgesehen von der Frage, wieviel anonymes oder erst spät unter dem Namen Meißner überliefertes Gut dem oder den alten Dichtern dieses Namens zugeordnet werden kann. Bei dieser Sachlage kann jede zusammenfassende Darstellung nur ganz vorläufig sein und muß sich wesentlich an das halten, was die großen klassischen Sammelhandschriften überliefern.

Damit ist auch die Art meiner Darstellung bestimmt. Im Gegensatz zu dem Kapitel über die Minnelyrik werde ich nicht versuchen, die einzelnen Dichter zu behandeln und zu charakterisieren. Ich werde vielmehr eine eingehende Beschreibung der späten Spruchdichtung nach Inhalt und Form geben und dabei möglichst reichliche Belege aus den verschiedenen Spruchdichtern verwenden, so daß alle irgendwo zu Worte kommen. Dabei verweisen die Zitate im allgemeinen auf die bekannten Sammelwerke: von der Hagens Minnesinger (HMS), von Kraus' Liederdichter (Kr.) und Bartschs Schweizer Minnesänger (Schw. M.). Spezialausgaben von einzelnen Spruchdichtern sind meist so verstreut und schwer zugänglich, daß ich auf sie nur in den Literaturangaben verweise. Nach Einzelausgaben sind nur zitiert: der Marner (nach Strauch), Konrad von Würzburg (nach Schröder), Friedrich von Sonnenburg (nach Zingerle) und Heinrich Frauenlob (nach Ettmüller). Diese Art der Darstellung wird dadurch gerechtfertigt, daß die späte Spruchdichtung mehr soziologisches und kulturgeschichtliches als literarhistorisches Interesse hat, daß in der Tat nur die Gattung, nicht der einzelne Dichter wichtig ist.

Spruchdichtung ist Handwerkskunst, nach erlernbaren und erlernten Regeln angefertigt, *ars* in jenem weiten mittelalterlichen Sinne des Wissens und Könnens, die sowohl Gelehrsamkeit wie Technik umschließt. Wenn Konrad von Würzburg im Prolog zum Trojanerkrieg und ähnlich in seinem Spruch 32, 301 ff. bemüht ist, das Wesen der Dichtkunst zu bestimmen, so vergleicht er sie mit anderen Handwerken. Und wenn er auch den höheren Rang des Gesanges als einer geistigen Leistung vor anderen „Künsten" verficht, da er kein Handwerkszeug, wohl aber inneren *sin* verlangt, kommt doch die handwerkliche Auffassung darin zum Ausdruck. Dichtung und kunstgemäßer Vortrag von Dichtung sind Beruf und Nahrungserwerb geworden.

Damit kommen wir auf die besondere soziale Lage und Stellung der Spruchdichter zu sprechen. Es ist ein wanderndes Gewerbe und mehr als das seßhafte Handwerk auf die Gunst reicher Liebhaber angewiesen. Die Dichter sprechen von sich selber als „Fahrenden" und „Gehrenden". Das ordnet sie der alten Gruppe der wandernden Spielleute zu, wie sie in aller Epik ein unentbehrliches Zubehör des höfischen Festes sind. Seit alters steht diese sozial ungeformte Gruppe außerhalb der Rechtsordnung, ohne Geltungsanspruch in der ständisch gefügten Gesellschaft, ohne Heilsanspruch im Jenseits. Ihr wanderndes Leben, ihr wechselndes Publikum zwang zu Anpassung und gewandter Vielseitigkeit. Aus den Programmstrophen des Marner (XV, 14 und 16) können wir sehen, was alles ein solcher Wanderdichter zu bieten hatte, und bei dem durchschnittlichen Publikum werden Tiefe der Veranlagung und Ernst des künstlerischen Strebens kaum die begehrtesten und einträglichsten Qualitäten gewesen sein.

Auch der Spruch hat von je zum Reportoire der Wandernden gehört. Die neue Wertung der Dichtung in der höfischen Welt mit ihrem verfeinerten Geschmack und ihren gesteigerten Ansprüchen schuf auch dem Spruch und seinem Dichter neue Möglichkeiten. Durch Walther von der Vogelweide wurde Spruchdichtung zur anerkannten Gattung der ritterlichen Literatur, denselben hohen Ansprüchen an Form und Komposition unterworfen wie das lyrische Lied, vor derselben Gesellschaft vorgetragen und von ihr gewertet wie dieses.

Auch Walthers Lebensform war ja lange die des Fahrenden gewesen, und er hat seine bitteren Erfahrungen damit gemacht. Allein er fühlte sich von einem neuen Selbst- und Wertgefühl getragen, das auf dem Bewußtsein seiner Leistung als Künstler beruhte. Was er und vielleicht andere Dichter der höfischen Zeit – etwa der jüngere Spervogel – geleistet hatten, ging nicht wieder verloren. Die hohen formalen, und das heißt für das Denken der Zeit die eigentlich künstlerischen Ansprüche an die Spruchdichtung blieben weiter verbindlich. Der Spruch fand wie das Lied Aufnahme in lyrischen Sammlungen reicher und hochgestellter Liebhaber. Und damit blieb auch das Wertgefühl der Spruchdichter lebendig; sie leben aus dem Selbstbewußtsein des Künstlers, suchen die Höfe und beanspruchen dort nicht nur Lohn, sondern Anerkennung ihrer Leistung als Künstler.

Indessen, hier tut sich ein innerer Zwiespalt auf. Bei Walther verband sich das Hochgefühl der künstlerischen Leistung mit dem Bewußtsein ständischer Zugehörigkeit, und es stützte sich auf sein Gesamtwerk, d. h. auch und vorzüglich auf sein adliges Minnelied. Dem unritterlichen Dichter fehlte dieser feste ständische Halt, einzig sein künstlerisches Wertbewußtsein mußte ihn tragen. Ohne diese ständische Einordnung aber blieb der wandernde Dichter für das Bewußtsein der Zeit deklassiert, der Verachtung des seßhaften Ritters (Seifried Helblinc, Ottokar von Steiermark), der Verdammnis durch den Geistlichen (Buch der Rügen) ausgesetzt. Aus diesem Zwiespalt zwischen dem künstlerischen Wertgefühl und sozialer Entwertung erklärt sich Vieles und Entscheidendes im Wesen der späteren Spruchdichtung und ihrer Träger. Sie fühlen sich im Kreise der Fahrenden, dem sie nicht entrinnen können, als eine eigene, herausgehobene Gruppe und werden nicht müde, sich gegen sie abzugrenzen. In Spruch II, 8 (Kr. S. 190) schildert der Kanzler mit tiefer Verachtung das Treiben der Fahrenden: der eine betrügt, der andere spielt, der dritte ist ein Possenreißer, der vierte kauft Kleider; der eine ist ein Spötter, der andere ein Schmeichler usw. Allen gönnen die Herren Gaben, nur für die Kunst haben sie nichts übrig. Noch die Verkanntheit durch die Banausen wird hier zum Adelszeichen. Auch die instrumentale Musik als spielmännische Kunstleistung gilt ihnen als minder wertvoll gegenüber dem Gesang, in dem das Wort, der Träger aller geistigen Leistung, zu sinnvoller, oft tiefsinniger Gestaltung gelangt. In dem Spruch X, 1 (HMS III, S. 99) begründet der Meißner den Vorrang des Gesanges vor der Instrumentalmusik aus der Tatsache, daß die Engel Gottes Lob singen, und daß durch das Wort das Brot in den Leib des Herrn verwandelt wird, während „Getön ohne Wort" nur ein *tôter galm* (Schall) ist. Platter verficht der Unverzagte II, 1 (HMS III, S. 44) den Vorrang des Wortes vor dem Saitenspiel, weil es lehrreich ist, im Gottesdienst verwendet wird, und weil man es schreiben und lesen kann, weil es also *ars* im gelehrten Sinn ist. Selbst Ottokar von Steiermark, der mit Verachtung von diesen Dichtern an König Manfreds Hof spricht, hebt sie als „Meister" gegen die bloßen *fidelære* ab.

Die soziale Abwertung, der sich diese Dichter gegenübersehen, führt zu einer Übersteigerung ihres künstlerischen Wertbewußtseins, die sich leicht als eitle Arroganz äußert. Unermüdlich sind sie mit dem Wert und dem Wesen ihrer Kunst als ihrem einzigen Geltungsanspruch beschäftigt und entwickeln eine eigene Kunsttheorie. Sie finden für den Wert der Kunst eine doppelte, in sich scheinbar widersprüchliche Begründung: sie ist göttliche Inspiration, und sie ist lernbare und gelehrte *ars*. Schon in dem oben angeführten Beispiel aus Konrads Trojanerkrieg ist beides vereint. Einerseits wird die Kunst als Schöpfung oder Gabe Gottes gepriesen, z. B. durch den Meißner XV, 4 (HMS III, S. 103). Gern wird, wie in dem oben erwähnten Spruch des Meißner, auf die Engelchöre hingewiesen, die Gott geschaffen hat, damit sie ihn im Gesang preisen, und die er mit Wohlgefallen anhört. So lebt die Kunst des Gesanges vor aller irdischen Schöpfung, hat im Himmel Rang und Ansehen und in Gott ihren höchsten Liebhaber. „Alle Kunst ist gut", sagt Rûmelant von Sachsen VI, 6 (HMS III, S. 62), „denn Gott hat sie zum Guten erdacht. Wird sie mißbraucht, so trägt nicht sie die Schuld."

Bei Friedrich von Sonnenburg (Zingerle IV, 15) heißt es, daß nicht nur die Fürsten die Kunst wert halten, sondern auch Gott selber, und daß sie deswegen „heilig" ist. Sie ist Gottes Bote und Gottes Knecht. Und beim Kanzler II, 3 (Kr. S. 188) erscheint unter den sieben Gaben des Geistes auch *rehtiu kunst* als einer der Schilde, unter denen er sich decken und wodurch er Gottes Gunst erringen will. Oder aber Gott ist Spender des *sin,* aus dem das künstlerische Schaffen hervorgeht; Kunst beruht also auf göttlicher Inspiration. Was Wolfram im Prolog des Willehalm gesagt hat, kehrt bei den späten Spruchdichtern wieder, am schönsten bei Konrad von Würzburg in dem Spruch 32, 301:

> 305 *wan daz nieman gelernen kan red und gedœne singen;*
> *ûz dem herzen clingen*
> *muoz ir begin von gotes gunst.*

Auf der anderen Seite ist die Ausübung der Kunst kein irrational schöpferischer Vorgang, sondern nach Form und Inhalt erlernbar. Die immer höher gesteigerten Ansprüche an die kunstreichen Strophenformen und damit an die musikalische Komposition, die rhetorischen Stilmittel, den oft gelehrten und tiefsinnigen Inhalt erfordern eine intellektuelle Bildung und Leistung, die diese Dichter hoch über den ungelehrten Spielmann erheben. Sie fühlen sich als Teilhaber an der gelehrten Bildung ihrer Zeit und als deren Vermittler an den „Laien". Schon der schulgelehrte Marner hat die *septem artes* in einem lateinischen Gedicht verherrlicht. In späterer Zeit wiederholen der Kanzler XVI, 10 (Kr. S. 210), ebenfalls ein gelehrter Mann und Schulmeister, und Regenboge I, 2–4 (HMS II, S. 309) das Lob der sieben freien Künste in deutscher Sprache. Wenn Boppe I, 12 (HMS III, S. 407) die Engel *in hôher schuol* singen läßt, so verbindet er aufs knappste die Vorstellung vom göttlichen Ursprung der Kunst mit der Forderung schulmäßigen Lernens. Er propagiert schon den Gedanken einer Kontrolle echter Meisterkunst durch eine Prüfung vor guten Merkern, und die Manessische Handschrift stellt Frauenlob als den Leiter einer Meisterschule dar.

Die internen Auseinandersetzungen innerhalb der Zunft über Wert und Zulässigkeit gelehrter Bildung für den Dichter berühren den Kern nicht. Auch wer, wie z. B. der Henneberger I, 7 (HMS III, S. 40) bewußt gegen die „Meisterpfaffen" opponiert, die über „tiefe Fragen" und „gelehrte Erkenntnisse" singen, würde nicht leugnen, daß Kunst eine hohe intellektuelle Leistung ist, die Wissen und Können voraussetzt.

Ein solches Kunstbewußtsein aus dem Zusammenwirken von gottgeschenkter Begabung, erlerntem Wissen und technischem Können hebt die Spruchdichter nicht nur in ihrem eigenen Bewußtsein aus der Masse der Fahrenden heraus. Sie erscheinen auch uns rückschauend als ein neuer literarischer Typus, den es bisher im Bilde der deutschen

Literatur nicht gegeben hat. Die Kunst des geformten Wortes und
seiner kunstmäßigen Darbietung wird zu einem Beruf. Die Dichter
nahmen den Ehrentitel „Meister" für sich in Anspruch und verwendeten
längst vor der zunfthaften Kunstübung städtischer Handwerker für ihre
Dichtung die Bezeichnung „Meistersang". Wir könnten den Namen
aufnehmen, wenn er nicht speziell für den späten städtisch-handwerk-
lichen Typus gültig geworden wäre. Wilhelm Scherer hat in anderem
Zusammenhang von „wandernden Journalisten" gesprochen. Wir möchten diese zu einseitig auf Aktualität zielende Prägung in „wandernde
Literaten" abwandeln und für die späten Spruchdichter verwenden.

Mit solcher hohen Selbsteinschätzung ist indessen der Zwiespalt
zwischen geistiger Leistung und sozialer Geltung nur noch verschärft.
Diese gebildeten wandernden Literaten blieben in ihrer Lebensform
außerhalb der sozialen Ordnung, und das durchschnittliche Publikum
bevorzugte die handfesteren Darbietungen der Mimen, Gaukler und
Fiedler. Nicht enden wollen die Klagen über die Verständnislosigkeit
des Publikums für die Feinheit der hohen Kunst. Konrad von Würzburg macht es in Spruch 32, 166 durch ein Tierbeispiel klar. Ein edler
Hund sprang an seinem Herrn empor und wurde dafür gestreichelt. Ein
Esel, der dieses sah, versuchte dasselbe, erntete dafür aber nur Schläge.
So sollte es mit guter und schlechter Kunst sein. Aber, so fährt Konrad
fort, so handeln die Edlen nicht. Ein *künstelôser schalc* kann bei ihnen mit
seinem Eselsgeschrei reiche Gaben erringen, während der gebildete
Dichter, den sie streicheln sollten, leer ausgeht.

Es sind nicht nur Selbstbewußtsein und Eitelkeit, die solche Klagen
hervorrufen. Es ist eine brennende Existenzfrage. Die Lebensform des
wandernden Dichters ist niemals rosig gewesen. Die Klage über die
Armseligkeit eines solchen Daseins, die im 12. Jahrhundert der alte
Herger angestimmt hatte, die in Walthers Sehnsucht nach einem festen
Lehen verhaltener widerklang, durchzieht die Dichtung der wandernden Literaten der Spätzeit. Wir müssen solche Klagen ernst nehmen,
auch wenn wir die zweckbedingte Übersteigerung in Anrechnung bringen.
Unsicherheit und Armut wird das Los der meisten gewesen sein. Die
bittere Klage des Süßkind von Trimberg, der durch das Mißverständnis seines Spruches V, 2 (Kr. S. 424) zum Juden gemacht worden
ist, während er gerade sagt, er wolle, da man seinen *hovelîchen sanc* nicht
achtet, nun wie ein alter Jude (d. h. handelnd) durchs Land ziehen,
wirkt trotz des Spieles mit allegorischen Namen echt, und das Schicksal
des Marner, der als halbblinder Greis auf der Straße erschlagen wurde,
zeigt die dunkle Wirklichkeit eines solchen Lebens. Nur von wenigen
wissen wir, daß die Sehnsucht nach Seßhaftigkeit und Sicherheit sich
erfüllt hat. Konrad von Würzburg erreichte durch seine virtuose Vielseitigkeit eine feste bürgerliche Existenz in Basel, Heinrich Frauenlob

in Mainz, der Ungelârte, der uns aus eigenen Dichtungen nicht bekannte Lehrer Wizlavs von Rügen, in Stralsund. Einige fanden dank ihrer geistlichen Bildung ein Unterkommen als Schulmeister, so neben dem Schulmeister von Eßlingen wohl Walther von Breisach in Freiburg, der Kanzler in Offenburg.

Die Schwierigkeit der sozialen Lage hatte sich gegenüber der Zeit Walthers in doppelter Weise noch verstärkt. Einerseits nimmt die Zahl der Männer zu, die, angelockt vom literarischen Glanz der Höfe, aus ihrer Kunst ein Brot machen. Die Konkurrenz wächst und damit der Brotneid, der in zahlreichen häßlichen persönlichen Verunglimpfungen von Zunftgenossen zum Ausdruck kommt. Andererseits ist eben damals die Zeit der literarischen Höfe in dem alten Kulturbereich West- und Süddeutschlands vorbei. Politische Unruhe, soziale und wirtschaftliche Umschichtung mit ihren realen Sorgen zerstören den Nährboden höfischen Mäzenatentums. Der Chor der Sänger, die den Geiz Rudolfs von Habsburg bissig tadeln, zeichnet den neuen Typus des landesfürstlichen Verwalters und Sparers ohne Verpflichtungsgefühl für die Pflege der Kunst. Von fahrenden Sängern überlaufen, von den konventionell erstarrten Ideen der höfischen Kultur nicht mehr bewegt, verschließen sich die „Herren" den selbstbewußt auf ihre Leistung pochenden Forderungen der wandernden Literaten, und je mehr diese ihren Wirkungskreis auf die kleinen Herrensitze ausdehnen müssen, um so mehr stoßen sie auf jene vielbeklagte handfeste Geschmacksrichtung, die die Darbietung von Gauklern und volkstümlichen Rezitatoren bevorzugt.

Besser sieht es nur im östlichen und nordöstlichen Siedlungsbereich aus. Dem Wunsch der dortigen Fürsten, ritterliches Wesen zu pflegen und höfische Kultur um sich zu erwecken, sind wir schon bei den fürstlichen Minnesängern Böhmens und Schlesiens, Meißens, Brandenburgs und Rügens begegnet. Das kam auch den wandernden Dichtern zugute. Schon der Weg Reinmars von Zweter und des Tannhäuser führte von Wien über Böhmen in den deutschen Nordosten. Die Jenaer Liederhandschrift zeigt das vorwiegende Interesse ihres Bestellers, des thüringischen Landgrafen Friedrich des Ernsthaften, für Spruchdichtung. Die Preisgedichte der späten Spruchdichter sind überwiegend an ost- und norddeutsche Fürsten bis hinauf nach Dänemark gerichtet, und unter den Spruchdichtern selber sind Ostdeutsche bemerkenswert häufig vertreten, darunter so wesentliche wie Rumelant von Sachsen, der Brandenburger Hermann der Damen, der Meißner Heinrich Frauenlob.

So ist es kein Wunder, daß die Freigebigkeit der reichen Herren ein bevorzugtes Thema der Spruchdichtung blieb, und daß ein oft übersteigertes Fürstenlob um Gabe warb oder Freigebigkeit belohnte. Indessen darf man das nicht als bloße Bettelei abtun. Frauenlob, seines Wertes bewußt wie kein Zweiter und an den Höfen Ostdeutschlands ein angesehener Mann, schreibt in den Sprüchen 186–188 eine Apologie des Lobes und nennt es, wo es richtig angebracht wird, einen guten Fund und ein Spiel der höchsten Ehre. Es war eine gültige Form im höfischen Leben, wie das Hochzeits-, Begräbnis- oder Widmungscarmen der Humanisten oder der Barockdichtung. Gerade das empfindliche Geltungsgefühl suchte auch hier nach der sittlichen Begründung solchen Tuns und Erwerbs. Friedrich von Sonnenburg, einer der Besten, hat die grundsätzliche Frage in einer kleinen Reihe von vier Sprüchen I, 7–10 abgehandelt. Auch er beginnt mit der Abgrenzung der *wîsen gernden* von dem gemeinen fahrenden Volk und wendet sich gegen die Rede: was man den Gehrenden gibt, könne man ebensogut dem Teufel ins Maul stopfen. Denn die *wîsen gernden* leben als Christen, empfangen das Abendmahl usw., *und daz tuot kein tiuvel niht*. Damit ist das gefährliche Thema der Verworfenheit der Fahrenden vor Gott angeschlagen. Die beiden nächsten Strophen, die antithetisch vom Geben und vom Nehmen handeln, greifen diesen Ton apologetisch auf. Wer sagt, daß es Sünde sei, Gut für Ehre zu nehmen, der lügt; denn auch sonst nimmt jedermann etwas an. Sünde der Habgier ist nur, zu viel zu nehmen. Ebenso lügt, wer für Sünde erklärt, Gut für Ehre zu geben. Gut für Ehre: das ist das Stichwort, unter dem sich die wandernden Literaten sittlich rechtfertigen. Sonnenburg fügt dem die religiöse Begründung hinzu: der größte aller Geber ist Gott, denn er gibt allen, auch Juden, Heiden und Ketzern, Leib und Seele, Weib und Kind, Weisheit und Reichtum. Auch Gott gibt Gut für Ehre, nämlich das Himmelreich demjenigen, der ihn ehrt. Und er schließt die Serie mit einem biblischen Beispiel. Petrus fragte Christus, wem er Almosen geben solle, und Christus erwiderte: allen, die dich in meinem Namen bitten. Darum darf auch ich, so meint der Dichter, mit Ehre um geringe Gabe bitten. Der lügt, so nimmt er abschließend sein Thema auf, der sagt, daß solches Geben Sünde sei. Darum legen die Spruchdichter Wert auf die Feststellung, daß sie nur nach Verdienst loben, die Bösen und Kargen aber vermeiden oder schelten. Der Unverzagte macht in dem sehr hübsch antithetisch aufgebauten Spruch III, 8 (HMS III, S. 46) die Einschätzung durch die „Gehrenden" geradezu zum Maßstab für den Wert oder Unwert eines Herren.

Der Spannungszustand, den wir als Grunderlebnis des neuen Literatenstandes erkannt haben, verbunden mit der einseitigen Überbetonung der intellektuellen Leistung und des formalen Virtuosentums, wirkt wie alle intellektuelle Vereinseitigung nicht immer günstig auf den Charakter. Das Geltungsbewußtsein schlägt in Eitelkeit um, die soziale Ausgeschlossenheit erzeugt ein hochmütiges und cliquenhaftes Sondergefühl, die starke Konkurrenz führt zu Neid und Mißachtung gegenüber dem Rivalen. Es sind allgemeine Wesensmerkmale; Heinrich Frauenlob, einer der Begabtesten und Eitelsten dieser Zunft, trägt sie am Ende der Periode am aufdringlichsten zur Schau. Wir wissen von zahlreichen persönlichen Fehden zwischen einzelnen Spruchdichtern, die von dem alten Typus des Wissensstreites ausgehen, aber nur allzuleicht in robuste

Beschimpfung des literarischen Gegners überschlagen. Heinrich Clusener wehrt sich in der Einleitung seiner Marienlegende vom armen Schüler (vgl. S. 547) gegen dieses Treiben der *meisterkîn*, die sich durch persönliche Kritik zu großen Meistern aufblasen und sich ihrer *vündelîn* rühmen. Vom Marner mit seinen rohen Invektiven gegen Reinmar von Zweter bis zu dem echten Streitgedichtwechsel Frauenlobs mit Regenboge und Rûmelant um den Vorzug von *wîp* oder *frouwe* erfüllen solche Streit- und Schmähstrophen unsere Spruchsammlungen. Der Typus hat alte Ahnen in der Wissensdichtung und der ihr nahe verwandten Rätseldichtung; die Edda bietet spätnordische Beispiele dafür. Unmittelbarer dürfte die provençalische Form des Dichterwettstreits, die Tenzone, die in der deutschen Dichtung der Stauferzeit kaum Nachahmung gefunden hat, eingewirkt haben; auf diesem Vorbild dürfte das Gedicht vom Wartburgkrieg beruhen.

2. DER WARTBURGKRIEG

In der Sage vom Sängerkrieg auf der Wartburg hat sich die Zunft der wandernden Sänger eine Art Ursprungsmythus geschaffen. Der Schauplatz, der Hof des Landgrafen Hermann von Thüringen, die Teilnahme Walthers, Wolframs, des Tugendhaften Schreibers und eines Reinmar verlegen das Ereignis in die klassische, und das heißt für die Nachfahren schon mythisch umstrahlte Zeit.

Das Gedicht selber stellt vor zahlreiche, bis heute nicht gelöste literarhistorische Fragen. Da das älteste Handschriftenfragment noch aus dem 13. Jahrhundert stammt, muß das Gedicht diesem Jahrhundert angehören. So wie die Haupthandschriften, die Heidelberger, Jenaer und Kolmarer Liederhandschrift, es überliefern, ist es ein Konglomerat sehr verschiedenartiger, ursprünglich selbständiger Stücke, die sich zum größten Teil leicht auseinander lösen lassen. Aber selbst wenn man sich an den ersten Grundkern, den eigentlichen Sängerwettstreit um das Lob des preiswertesten Fürsten hält, so ist auch durch die kritische Ausgabe Rompelmanns und deren eingehende Einleitung weder die Entstehungszeit noch die Entstehungsweise einwandfrei geklärt. Während die Namen der meisten Teilnehmer in die Glanzzeit des Eisenacher Hofes zurückführen und spätere Chronisten den Sängerstreit als ein historisches Ereignis der Jahre 1205 oder 1208 betrachten, weisen die Teilnahme Reinmars von Zweter und die Auffassung des Zauberers Klingsor aus Wolframs Parzival als historische Figur in eine viel jüngere Zeit. Eine Ansetzung auch nur dieses Kernstückes in seiner überlieferten Gestalt vor 1250 kommt nicht in Frage. Alle Versuche, ältere Vorstufen zwischen der Zeit Hermanns von Thüringen und der Zeit nach 1250 zu gewinnen, müssen außer Reinmar von Zweter und Klingsor noch andere Anstöße in Einzelheiten entweder als Interpolationen ausscheiden oder durch Interpretation entkräften. Vor allem aber ist und bleibt die Hauptfigur ein Rätsel, der Herausforderer Heinrich von Ofterdingen, der am Thüringer Hofe allein das Lob des Herzogs von Österreich gegen das des Thüringer Landgrafen verficht. Historische oder mythische Figur – diese Frage bleibt ungelöst. Alle Versuche zu einer historischen Identifikation sind mehr als unsicher. Kein direktes oder indirektes Zeugnis redet von einem Manne dieses Namens, dessen dichterische Leistung groß genug gewesen sein müßte, um ihn den Heroen des klassischen Sanges gegenüberzustellen. So wird man ihn doch wohl als freie Schöpfung des Dichters vom Wartburgkrieg auffassen müssen, und auch dies müßte das Gedicht von der Zeit abrücken, in die das Ereignis verlegt wird.

Das eigentliche Gedicht vom Sängerstreit besteht aus 24 kunstvollen Spruchstrophen. In einem kaum angedeuteten epischen Rahmen tritt Heinrich von Ofterdingen vor dem Landgrafen Hermann als Herausforderer gegen alle Meister auf; er will den Ruhm des Fürsten aus Österreich verfechten und setzt dafür seinen Kopf zum Pfande. Ihm entgegnet zunächst der thüringische Sänger, der als der Tugendhafte Schreiber (vgl. Bd. II S. 345) bezeichnet wird, und erhebt das Lob seines Herren, des Landgrafen Hermann. Andere Sänger: Wolfram, Reinmar, Biterolf greifen ein, bis sich der Ofterdinger durch eine List Walthers von der Vogelweide überwunden sieht, sein verwirktes Leben aber auf Fürsprache der Landgräfin behält, um Klingsor von Ungarland als Beistand herbeizurufen. Damit endet dieser Teil des Gesamtgedichtes, eine dramatisch bewegte, wenn auch nicht dramatisch dargestellte Szene.

Der Wettstreit wird also ernst genommen und in der Form eines gerichtlichen Zweikampfes durchgeführt. Die Terminologie: *kriec, kreiz, kempfe, griezwart* ordnet ihn in diese Sphäre ein. Die Gegner verpfänden ihr Leben. Der Überwundene steht unter dem Schwert des Henkers, der in der Person des Eisenacher Scharfrichters Stempfel ganz real zugegen gedacht wird. Nur die Gnade rettet den überwundenen Ofterdingen, die Landgräfin als Fürstin und als Frau gewinnt ihm Schonung.

Das Fürstenpreislied ist eine alte Gattung. Aber eine solche Szene, in der Dichtung als sportmäßige Leistung berufsmäßiger Sänger erscheint, kann schwerlich schon in staufischer Zeit erdacht worden sein. Es sind *meister*, die sich gegenüberstehen, und auch die ritterlichen Sänger Walther und Wolfram sind bereits als *meister* gesehen. Sie üben *meisterkunst*, und dazu gehören literarische und gelehrte Anspielungen (*Alexanders buoch hân ich gelesen*, Fürstenlob 3, 11). All das setzt die Durchbildung des wandernden Literaten als Typus voraus, wie er im Marner zuerst erscheint und erst in der zweiten Jahrhunderthälfte vollendet ist.

Durch Klingsor von Ungarn wird das Fürstenlob mit der zweiten Wettstreitszene verbunden, dem Rätselspiel zwischen Klingsor und Wolfram.

Die Überlieferung ist viel uneinheitlicher als beim Fürstenlob; sie zu entwirren ist hier nicht unsere Aufgabe. Teile des Rätselgedichtes sind auch in den Anfang des

Lohengrinepos aufgenommen, worüber S. 109 gehandelt ist. Man nimmt mit Recht an, daß es sich um einen knapperen Gedichtkern handelt, in den – bei der Neigung der Zeit zu fortgesetzter Reihung von Gleichartigem – zu verschiedenen Zeiten und an verschiedenen Stellen weitere Rätsel Aufnahme gefunden haben.

Auch der Rätselwettkampf zwischen Wolfram und Klingsor ist in einen flüchtig angedeuteten Rahmen gestellt. Klingsor von Ungarland erscheint als ein reicher Krämer, der seine Ware, eben die Rätsel, zum Verkauf anbietet und damit die Aufmerksamkeit des Landgrafen auf sich zieht. Es folgt der eigentliche Rätselteil, in dem Klingsor die Rätsel stellt, Wolfram sie auflöst. Der Herausgeber weist dem Kernteil nur die beiden ersten Rätsel vom schlafenden Kinde auf dem Damm des Sees und von den Vier und Drei zu. Dann ruft Klingsor, hier also der Zauberer und Nigromant Wolframscher Prägung, den Teufel Nasion zu Hilfe, der Wolfram nicht mehr durch Rätsel, sondern durch astronomisch-astrologische Wissensfragen zu Fall bringen will, von dem frommen Dichter aber durch das Kreuzeszeichen überwunden wird.

Der Rätsel- und Wissensstreit, oft mit dem ernsthaften Hintergrund des Lebenseinsatzes, ist eine frühe, schon dem alten Norden wohlbekannte Gattung. Sie erscheint in den Rätselkämpfen der späten Spruchdichter wieder. Wie das Streitspiel des Fürstenpreises für einen wichtigen Bereich der gelehrten Spruchdichtung den mythisch-klassischen Beispielfall schafft, so das Rätselspiel für den Bezirk des gelehrten Wissens, in dem das Rätsel nur eine Sonderform ist. Die Themen der beiden Kernrätsel sind religiös-moralischen Inhalts. Das schlafende Kind auf dem Damm des Sees ist der Mensch im Sündenschlaf, die Vier und die Drei sind die Trinität, von der die vier Evangelisten künden. Wie die Rätsel, die wir sonst im Spruchschatz der Wanderdichter vorfinden (vgl. S. 458 ff.), sind auch die Rätselketten des Wartburgkrieges nicht präzise auf ein konkretes Einzelding bezogen. Sie betreffen abstrakte und gelehrte Zusammenhänge, die sie in ihre einzelnen Glieder auflösen und jedes einzeln verrätseln. Ihre Technik ist die Umkehrung der gelehrten Allegorie und setzt diese voraus.

Daß das Rätselspiel nicht von demselben Dichter stammt wie das Fürstenlob, ist schon am Stil zu spüren. Er ist dunkler, was freilich Gattungsmerkmal sein könnte, stärker von Wolframscher Diktion bestimmt. Auch dieses Gedicht kann ich nicht für älter als die Jahrhundertmitte halten, weil es ebenfalls die volle Ausbildung des Typus des wandernden Literaten mit seinen gelehrten Ansprüchen voraussetzt. Die Verbindung beider Teile ist sekundär; sie wird zunächst nur durch die Figur Klingsors hergestellt. Die späteren Zusätze haben zwischen den nun schon verbundenen Teilen weitere Verklammerungen hergestellt.

Dieser Doppelkern ist vermutlich zwischen 1250 und 1260 entstanden und zusammengefügt worden. Er hat weitere Einzelstücke in der gleichen oder einer ähnlichen Strophenform an sich gezogen, die von Hause aus mit ihm nichts zu tun haben. Die Jenaer Liederhandschrift fügt eine pompöse Totenklage um zwei Fürsten, den Henneberger und den Thüringer, hinzu. Nach den Feststellungen des letzten Herausgebers wird es sich um Boppo VII von Henneberg (gest. 1245) und den thüringischen Landgrafen Heinrich Raspe (gest. 1247) handeln. Das Gedicht braucht nicht alsbald nach dem Tode Heinrichs verfaßt zu sein; die Vereinigung zweier verstorbener Großer läßt eher an eine gewisse Rückschau denken, so daß man mit etwa 1250 als Entstehungszeit rechnen kann. Die Klage ist den beiden thüringischen Dichtern Biterolf und dem Tugendhaften Schreiber zugeteilt und in eine breite allegorische Szene gekleidet, einen Traum des Schreibers, in dem er erlebt, wie die allegorischen Frauengestalten der ritterlichen Tugenden mit Hilfe der Jungfrau *Erbarmikeit*, Marias besonderer Dienerin, den strengen Sinn der Gerechtigkeit erweichen, so daß sie den Seelen der beiden Fürsten den Weg in die Seligkeit freigibt. Es ist eine spezifische Abwandlung des Streites der Töchter Gottes um die Erlösung des gefallenen Menschen. Zum Preis des lebenden Fürsten fügt sich so ein weiteres Thema der Spruchdichtung, die Klage um den toten.

Ein letzter umfänglicherer Zuwachs ist das Gedicht von Aurons Pfennig. Auron ist ein neutraler Engel, der als Urheber der Simonie gilt. Sein Pfennig meint also Geld, das durch den Verkauf von Gnadenmitteln der Kirche unrecht erworben ist. Das Stück führt in die Zwistigkeiten der Pfarrgeistlichen mit den jungen Bettelorden hinein, die sich überall in die Seelsorge eindrängten, und, da sie jeden Entgelt ablehnten, viel Zulauf fanden. Speziell liegen turbulente Szenen bei einem Mainzer Konzil von 1233 zugrunde. Das Gedicht muß nicht unmittelbar nach den Ereignissen entstanden sein, da die Zwistigkeiten zwischen der Weltgeistlichkeit und den Bettelorden nicht aufhörten und das Mainzer Vorkommnis auch später eine aktuelle und propagandistische Wirkung behalten konnte. Immerhin dürfte es älter sein als die beiden Kernteile des Wartburgkrieges. Mit diesen ist es erst später und flüchtig durch die Figur des Zauberers Klingsor verbunden worden, der als der Empfänger des Briefes eingeführt wird, in dem Auron sein Leben und seine Taten schildert. Politisch-soziale Kritik ist abermals eines der Hauptanliegen in der Dichtung der wandernden Literaten. Weitere kleine und späte Zuwachsstücke einzelner Handschriften können außer Betracht bleiben.

Alle Teile des Konglomerates weisen mehr oder weniger deutlich auf Thüringen als Ort ihrer Entstehung. Sie alle gehören in den Themenbereich der gelehrten Spruchdichtung, wählen dieselben, nahe verwandten schweren Strophenformen und prunken mit dem dunklen, manirierten, schwer verständlichen Stil, der als Wahrzeichen echter Meisterkunst beansprucht wird. Ihre religiöse Haltung weist mehrfach in Kreise, die franziskanischer Frömmigkeit nahestanden. Setzen wir das Gedicht von Aurons Pfennig nicht zu früh, die Kerngedichte nicht zu spät an, so kommen wir auf die Zeit zwischen 1240 und 1260 für alle wesentlichen Teile des Sammelwerkes. Der Blick scheint sich auf eine „Thüringische

Dichterschule" zu eröffnen, auf Männer, die sich als Nachfolger und Weiterbildner der großen Meister der klassischen Zeit, namentlich Wolframs, empfanden. In diesem Kreise könnte der Gedanke erwachsen sein, im „Fürstenpreis" die alten Meister um den großen Freund und Schützer der Literatur, Hermann von Thüringen, zu versammeln und den Glanz seines literarischen Hofes noch einmal heraufzubeschwören, um sich und ihr Kunststreben darin zu bestätigen und zu verherrlichen. War der Haupteld des Fürstenpreises Walther, so hat ein anderer im Rätselwettstreit die Aristie Wolframs hinzugefügt, ein dritter in der Totenklage den thüringischen Lokalgrößen, Biterolf und dem Tugendhaften Schreiber, die Hauptrolle gegeben. Man könnte sich vorstellen, daß das Gedicht vom Wartburgkrieg, wie es in unseren Handschriften vorliegt, aus einer Sammlung hervorgegangen ist, die einige Gleichstrebende aus ihren Gedichten zusammengestellt haben.

3. DIE THEMENKREISE

Das Gedicht vom Wartburgkrieg gibt Einblick in die Interessenbereiche der späten Spruchdichtung, die sich bei allen Variationen auch stofflich als eine gattungsbestimmte Einheit erweist. In dem reichlich überlieferten Spruchwerk des Marners, eines der ältesten der Gruppe, dessen Anfänge noch in die Stauferzeit zurückreichen, finden wir die ganze Musterkarte der Thematik: Lob und Schelte, Politik und soziale Kritik, Gebet und theologisch-gelehrte Betrachtung, Moral und Lebenserfahrung, Rätsel, Lügenspruch und Programmstrophen für das Vortragsrepertoire eines wandernden Sängers. Endlich fehlt die Minne, der der Marner auch Lieder gewidmet hat, als Gegenstand spruchhafter Betrachtung nicht.

a) Lob- und Scheltsprüche

Der Fürstenpreis als Werbung oder Dank ist seit je die Aufgabe des wandernden Sängers gewesen. Das Preislied ist eine uralte germanische Dichtgattung, und so wenig wir dort – oder später bei Walther – von unwürdiger Liebedienerei reden, dürfen wir es bei den wandernden Literaten tun, selbst wenn die Konkurrenz zu immer stärkeren Effekten mit rasch abgebrauchten Superlativen verführt.

Adressaten sind naturgemäß vorwiegend immer noch die Könige und Fürsten. Geistliche Herren fehlen nicht ganz. Konrad von Würzburg preist seinen Gönner, den kunstfrohen Straßburger Bischof Konrad von Lichtenberg, eine in den Wartburgkrieg verirrte Strophe den Erzbischof Siegfried von Köln wegen seines Auftretens auf einem Hoftag in Würzburg (1287), eine Strophe Frauenlobs gilt dem Bischof Giselbrecht von Bremen. Doch reicht das Lob auch tiefer hinab. Ein tirolischer Adliger Ulrich von Reifenberg wird von Rûmelant von Schwaben und von Friedrich von

Sonnenburg, ein Volkmar von Kemnaten ebenfalls von Rûmelant von Schwaben und Meister Kelin, ein Herdegen von Grindelach (Bayern) vom Meißner, in Niederdeutschland etwa ein pommerscher Ritter Johan von Gristow durch Hermann den Damen gepriesen. Die Stadt tritt noch kaum hervor; Konrad von Würzburg hat seine reichen Basler Gönner nicht verherrlicht, und Hadloubs Lob der Manesse gilt ihrem literarischen Sammeleifer, nicht ihrer persönlichen Gunst. Es ist, wie wir sahen, nicht nur Zufall der Überlieferung, sondern zeitbezeichnend, daß die Fürsten Nord- und Ostdeutschlands bei weitem überwiegen. Das Fürstenlob tönt über die Sprachgrenze bis nach Dänemark hinauf, getragen von den engen politischen und persönlichen Beziehungen, die zwischen den norddeutschen Fürsten und den dänischen Königen bestanden. Rûmelant von Sachsen zumal wendete seinen Blick dorthin. Er preist den Dänenkönig Erik Menved (seit 1286), empört sich über die Ermordung Erik Glippings (1286) und richtet sogar einen Scheltspruch gegen einen dänischen Kunstgenossen, den Sänger Harald (IV, 25; HMS III, S. 59).

Der Preisspruch war nicht nur auf die unmittelbare Wirkung im Angesicht des Gepriesenen berechnet, nicht selten betonen die Dichter, daß sie mit ihren Sprüchen den Ruhm eines Gönners weit im Lande verbreiten, auch hören wir, daß sie ihre Sprüche dem Umworbenen aus der Ferne zusenden.

Dem Lob des Guten entspricht die Schelte der Bösen, dem Preislied das Rügelied. Der sonst unbedeutende Litschouwer spricht I, 6 (HMS III, S. 47) von dem Zorn hoher Fürsten, den er sich durch solche Rügelieder zugezogen haben will. Der Unverzagte II, 2 (HMS III, S. 44) rühmt sich seiner Kenntnis der Höfe und droht, auf die Kargen mit seinen Sprüchen einzuhauen, so daß ihr Ruhm gering wird. Aber solche persönlichen Scheltsprüche auf Einzelne sind uns nicht überliefert. Eine Ausnahme macht nur Rudolf von Habsburg, dessen Kargheit das Ziel heftiger Invektiven ist. Aber hier diktiert zugleich leidenschaftliche politische Parteinahme den Ton, so namentlich in den treffsicheren Scheltsprüchen des Schulmeisters von Eßlingen, die sich an Schärfe und Pointierung mit Walther vergleichen lassen. Sie sind gegen die Hausmachtpolitik des kleinen Grafen gerichtet, der unersättlich zusammenrafft, ohne zu geben und zu lohnen. Rudolfs Raffgier macht auch vor Himmel und Hölle nicht halt. In Spruch II, 1 (Kr. S. 62) warnt der Schulmeister Petrus vor Rudolfs Begehrlichkeit, und in dem Doppelspruch III (Kr. S. 63 f.) stellt er sich als Schiedsrichter zwischen Gott und Rudolf bzw. dem Teufel und Rudolf dar und schließt mit der meisterlichen Pointe, daß er Rudolf den Himmel abspricht, aber desto mehr von der Hölle zuspricht.

Sonst aber bleibt die Schelte gegen karge und unwürdige Herren in unverbindlicher Allgemeinheit. Um so deutlicher zeigen diese Dichter, wessen sie fähig sind, in den persönlichen Fehden und Scheltsprüchen gegen konkurrierende Kunstgenossen. Mit infamer Eleganz persifliert Reinmar der Fiedler III, 1 (Kr. S. 335) die eifrige Sangeslust Leutholds von Seven: Gott wolle oder nicht, der von Seven singt. Meist ist

die Invektive gröber, witzloser bis zum Unflat wie in dem Scheltspruch
Kelins I, 8 (HMS III, S. 21) oder Boppes III, 2 (HMS II, S. 384) gegen
einen Ungenannten, die dem Gegner einen wahren Kranz aus Schimpf-
wörtern flechten. Der Marner scheint ein hochfahrender und streit-
süchtiger Mann gewesen zu sein. Wir besitzen von ihm einen Scheltspruch gegen Reinmar von Zweter (XI, 3), einen anderen gegen einen
Namenlosen (XIII, 3), vielleicht gegen seinen Feind, den Meißner, die
an Pöbelhaftigkeit nichts zu wünschen übrig lassen. Gegen und für den
Marner hat sich ein ganzer Streit entsponnen. Rûmelant von Sachsen IV, 4–6 (HMS III, S. 56) und der Meißner II, 18 und XII, 1–4
(HMS III, S. 91 bzw. S. 100 f.) wenden sich gegen seine gelehrte Überheblichkeit und weisen ihm Irrtümer nach, worauf Gervelin III, 4
(HMS III, S. 38) den Marner wieder in Schutz nimmt. Auch der ironische Lobspruch Konrads von Würzburg (32, 20) auf den Meißner
dürfte in diesen Streitkomplex gehören. Erst das traurige Ende des
greisen Marner, den der Meißner als Wunderkind mit grauem Bart verspottet hatte, läßt den Streit verklingen; die Totenklage des Rûmelant
von Sachsen I, 9 (HMS III, S. 53) hebt alle Feindschaft auf. Ebenso
hat Frauenlobs überheblicher Tiefsinn Angriffe herausgefordert. Hermann der Damen V, 4–7 (HMS III, S. 167 f.) warnt den jungen
Kunstgenossen, den er mit *kint* anredet, freundlich belehrend vor alt-
kluger Überheblichkeit. Regenboge I, 4–6 (HMS III, S. 344 f.) fordert
ihn zum Wettstreit heraus, ihm den Kranz abzugewinnen, den die sieben
freien Künste ihm geflochten haben. Und in II, 1–3 (HMS III, S. 346 f.)
erwidert er scharf auf Angriffe des gelehrten Gegners, der ihn offenbar
wegen seiner Herkunft als Schmied verhöhnt hatte. Doch auch diesen
Streit löscht der Tod aus. In VI, 5 (HMS III, S. 356), einem Gebet an
Maria, hofft Regenboge im Himmel Frauenlob wiederzufinden und will
mit ihm Marias Gnadenwirken teilen.

b) Politische Sprüche

Wie Persönliches sich mit Politischem mischt, haben wir soeben beim
Schulmeister von Eßlingen gesehen. Der politische Spruch, von
Walther geschaffen, bleibt Repertoirestück der wandernden Literaten.
An ihm wird naturgemäß der Wandel der Zeiten am unmittelbarsten
deutlich. Die zwei Sprüche I, 9 und 10 (HMS II, S. 136) des schon in
Bd. II, S. 417 kurz erwähnten Hardegger aus spätstaufischer Zeit
mögen hier überleitend ihre Stelle finden. Sie beziehen sich auf die Ereignisse der Jahre 1234/35 und sehen mit Besorgnis den Zwist zwischen
Friedrich II. und seinem Sohn Heinrich sowie die gärende Auflehnung
gegen die staufische Herrschaft unter dem jungen König Konrad. Das
ist nicht mehr die Sicherheit der politischen Idee, die Walthers Spruch-

dichtung getragen hatte. Es sind warnende Anzeichen des kommenden Zusammenbruchs. Die Späteren hatten sich damit auseinanderzusetzen. Die Stauferzeit ist vorbei; sie steht in der Spruchdichtung wie in der Historiendichtung als eine verklärte oder verketzerte Vergangenheit im Hintergrund der ungewissen Gegenwart. Nur das italische Nachspiel mit Manfred und Konradin ragt noch in diese Gegenwart hinein. Die zwei ersten Sprüche des entschieden päpstlich gesinnten Schweizer Herren von Wengen (Schw. M. Nr. VII) gehören noch den letzten Jahren Friedrichs II. an. Sie verfechten das Recht des Papstes, den Kaiser abzusetzen und huldigen dem Gegenkönig Heinrich Raspe, sind also ein Stück Propaganda der päpstlichen Partei aus den Jahren 1245/46. Auch Friedrich von Sonnenburg denkt in dem Spruch II, 7 päpstlich, wenn er über Friedrich II. nach dessen Tode wegen seiner Habsucht ein ungünstiges Urteil fällt und der Meinung der *pfaffen* beistimmt, daß ihm die Hölle gewiß sei. Dagegen nimmt Meister Sigeher II, 2 (HMS II, S. 361) zur Wahl Wilhelms von Holland (1247) ebenso entschieden die staufische Partei, während es schon zweifelhafter ist, ob sich Spruch XV, 4 des Marner auf dieselbe Königswahl bezieht und den Grafen Hermann von Henneberg dafür empfehlen will. Der Spruch ist reiner Lobspruch ohne politische Substanz, und später ist der Marner staufisch gesinnt. Sein Spruch XV, 5 – in gleichem Ton wie der Hennebergerspruch – grüßt den jungen Konradin vor dem verhängnisvollen Italienzug 1267 als künftigen König und Kaiser und erinnert an die Größe seiner Ahnen. An seine Hinmordung mahnt warnend der Meißner XIV, 2 (HMS III, S. 102). Für den Schulmeister von Eßlingen sind auch die staufischen Spätlinge Manfred und Konradin nur noch historische Exempla, die er mit böser Prophetie König Rudolf bei seinen Plänen gegen Karl von Anjou vor Augen hält. Und in der unter Regenboges Namen gehenden Spruchgruppe vom Endkaiser II, 13–15 (HMS III, S. 348) ist Friedrich II. wie bei Jansen Enikel bereits der Träger dieser mythischen Rolle.

Die Zeit des Interregnums mit seinen ausländischen Schattenkönigen kennt keine profilierte Persönlichkeit, die zu politischer Huldigung und Propaganda anreizt. In der Unpersönlichkeit der politischen Sprüche spiegelt sich der Zustand im Reich. Wir hören erschütternde Sprüche über die Wirrnis, Friedlosigkeit und Dunkelheit der Zeit; am eindringlichsten in Spruch 33 des Pseudo-Freidank (Kr. S. 274): leere Hufen, wüstes Land statt der alten Wohlhabenheit; kein Huhn oder Hahn kräht dort, kein Vieh geht auf den Weiden, kein Glockenklang weckt mehr aus dem Schlaf. Das Reich – sofern es überhaupt noch gesehen wird – erscheint als Tummelfeld fürstlicher Eigensucht und Uneinigkeit, wobei die geistlichen Fürsten und die Kurie besonders heftigen Angriffen ausgesetzt sind. Das Volk ersehnt die Wahl eines starken Königs, der Recht und Ordnung schafft. Hier sind die Dichter wirklich einmal der Mund des Volkes. An Walthers Reichsspruch anknüpfend spricht der Meißner XVI, 3 (HMS III, S. 104) von der Mücke, die einen König, von der Biene, die einen Weisel hat, und mißt daran die volksverderbenden Zustände im Lande. Den Staufern Friedrich und Konrad gab man Schuld an den Mißständen im Reich, sagt Helleviur I, 3 (HMS III, S. 34), wo ist jetzt der bessere König der Fürsten? Jetzt sieht man, daß sie keinen wollen. Wir haben genug von den Pfaffenkönigen, zürnt Meister Kelin III, 10 (HMS III, S. 24), wir wollen einen wirklichen König, der dem Volk Frieden bringt und den Übermut der Fürsten dämpft. Die Sage von den läutenden Bildern der unterworfenen Länder in Rom wird vom Marner XIV, 4 und von Sigeher IV (HMS II, S. 361) herangezogen, um den schutzlosen Zustand des Reiches daran abzumessen, und der Marner wendet XIV, 6 die Fabel von der Königswahl der Frösche, die erst vor dem Storch, der sie frißt, Respekt hatten, auf die Zustände im Reich an und ruft sehnsüchtig: *storche, wenne kumestû*.

Sobald in Rudolf von Habsburg wieder eine starke Persönlichkeit erschien, ertönte um ihn auch wieder eine politische Dichtung. Selbst die glänzende Figur Ottokars von Böhmen tritt dagegen zurück. Der böhmische Hof als Sammelpunkt deutscher Dichter ist uns schon vielfach begegnet. Unter den Spruchdichtern hat vor allem der tüchtige Meister Sigeher dem böhmischen Hofe nahegestanden. Sein Spruch VI, 2 (HMS II, S. 362) gilt noch Ottokars Vater Wenzel. In Spruch VII, 5 rühmt er Ottokar als neuen Alexander den Großen – hat er dabei die Alexandreïs des Ulrich von Etzenbach im Sinn? – und unterstützt in VI, 1 Ottokars Ansprüche auf die deutsche Königskrone. Friedrich von Sonnenburg hat Ottokars Ungarnzug 1271 mitgemacht und gepriesen. Aus derselben Gesinnung entspringt der Lobspruch I, 12 (HMS III, S. 88) des Meißner auf Ottokar, in dem er Rudolf den gutgemeinten Rat gibt, sich mit dem mächtigen Böhmenkönig gut zu stellen.

Aber Rudolf siegte nicht nur äußerlich. Der kleine Graf vom Oberrhein, der plötzlich zur höchsten Würde aufstieg und – unter anderen Aspekten als die Staufer – Reichspolitik zu treiben begann, weckte bestürztes oder bewunderndes Staunen. Seine Sparsamkeit und seine Hausmachtpolitik wurden als Habgier und Geiz verschrieen; der Schulmeister von Eßlingen (vgl. S. 323) ist der ingrimmigste und stoßkräftigste literarische Fechter der antihabsburgischen Partei. Aber von dem Volk wurde die kräftige, oft harte Hand, die der fürstlichen Eigensucht wehrte und Recht und Frieden stärkte, zumindest anerkannt, wenn nicht freudig begrüßt. Schon in dem ironischen Lob Rudolfs durch Meister Stolle I, 11 (HMS III, S. 5) und den Unverzagten III, 1 (HMS III, S. 45) steckt ein gutes Stück widerwilliger Anerkennung eines Herrschers, der es nur an Freigebigkeit fehlen läßt und damit die Lebensgrundlage der fahrenden Dichter bedroht. **Konrad von Würzburg** 32, 316 ff. preist den *adelarn von Rôme* als glückhaften Friedensbringer und Ordnungsstifter, dem auch „ein Löwe aus Böhmen" sich habe beugen müssen. Der Preis seiner Krönung zu Aachen mit den echten Reichsinsignien (1273), die seit Friedrich II. keiner getragen hatte, durch **Rûmelant von Sachsen** V, 7 (HMS III, S. 61), sein Vergleich mit Karl dem Großen durch **Boppe** II, 1 (HMS II, S. 383) zeigen das lebendige Fortwirken der Reichs- und Kaiseridee im Volk, und zum erstenmal wieder sehen wir eine bewußte politische Propaganda im Stil Walthers von der Vogelweide erstehen. **Friedrich von Sonnenburg**, einer der besten und einfallsreichsten der späten Literaten, der von Walther noch gelernt hat, Pointen zu setzen, stand zunächst Ottokar von Böhmen nahe. Dann scheint er, von Ottokar enttäuscht (IV, 23), einen Frontwechsel vorgenommen zu haben. Auch ihn beeindruckt die Aachener Krönung Rudolfs, zumal das Zeichen göttlicher Erwählung in der wundersamen Erscheinung eines Kreuzes in den Wolken während des Krönungsaktes. Schon dies kann beauftragte Propaganda gewesen sein, wie es gewiß die beiden Sprüche vom 26. September 1274 sind, in denen das Sendschreiben Gregors X., das die Aufforderung des Papstes zur Anerkennung Rudolfs enthält, paraphrasiert und propagandistisch ausgewertet wird. Zugleich findet darin Sonnenburgs politische Grundüberzeugung Ausdruck, daß das Heil der Welt und des Reiches in der Eintracht von Papst und Kaiser beruht, die er in dem oben genannten Spruch gegen Friedrich II. vermißt hatte.

Mit Rudolfs Tode ermattet das politische Interesse. **Boppes Spruch** I, 12 (HMS II, S. 380), ein Rätsel von einem schlechten Herrscher über alle deutschen Lande, könnte sich bei Boppes habsburgischer Gesinnung auf Adolf von Nassau deuten lassen. Sonst erscheinen weder dieser noch Albrecht von Österreich in den späten Sprüchen. Der Spruch des **Kanzlers** II, 7 (Kr. S. 190), der eine Spannung zwischen Kaiser und Papst voraussetzt, wird ohne genügende Gewähr auf die Zeit Ludwigs des Bayern bezogen; in dem Spruch Nr. 341 des **Frauenlob** wird Ludwig ausdrücklich angeredet und zur Wahrung der königlichen Rechte gegen die Machtansprüche der Kurie aufgefordert. Die Zeit des reichspolitischen Interesses ist vorüber; selbst der Fall von Akkon hat in der Spruchdichtung außer bei dem **Wilden Alexander** (vgl. S. 326ff.) erstaunlich geringe Resonanz hinterlassen. Lokale Ereignisse, wie der schändliche Ehebruchsprozeß Ludwigs des Strengen von Bayern gegen seine Gemahlin Maria von Burgund im Jahre 1256 (Stolle I, 16 und 17: HMS III, S. 6), die Ermordung des Dänenkönigs Erik Glipping im Jahre 1286 erregen Aufmerksamkeit und Empörung.

c) Sozialkritische Sprüche

Jedenfalls wird eine Zeit der Wirrnis, der Unsicherheit und Umschichtung den Blick stärker auf Zustände als auf Personen oder Geschehnisse lenken, mehr von der gestörten Ordnung sprechen als von tragenden Figuren. Die späte Spruchdichtung ist stärker sozial-ethisch und sozial-kritisch als politisch gerichtet. Sie zeigt dieselbe statische Verhaftung in dem alten Ordnungsdenken wie die übrige didaktische Poesie der Zeit. Die alte Ständeordnung ist die von Gott gesetzte, verbindliche und unerschütterliche Ordnung. Die soziale Unruhe der Zeit vermögen diese Dichter daher nicht als Zeichen einer Umschichtung zu deuten. Sie ist ihnen nur die Störung einer gültigen Ordnung, die beklagt wird, und zu deren Wiederherstellung sie aufrufen. Diese Ordnung galt ihrer Vorstellung nach früher unverbrüchlich; alle Spruchdichtung ist daher *laudatio temporis acti*.

Auch in der Spruchdichtung gründet sich das Ordnungsgefüge auf die Zweiheit *pfaffen unde leien* oder auf die Dreiheit: Geistliche, Ritter, Bauern, wobei die beiden führenden Stände, Geistlichkeit und Adel, ganz im Vordergrund stehen. Die Allegorese der Antichristsprüche des Wilden Alexander II, 17 bis 21 (Kr. S. 7 f.) spricht von zwei Königstöchtern, die in der Auslegung zunächst als *geistlich unde werltlich leben* bezeichnet, dann aber als *stôle* und *swert*, d. h. als Geistlichkeit und Adel, präzisiert werden. Eine eingehendere Ständelehre entwickeln noch Regenboge I, 1 (HMS II, S. 309) und Frauenlob Str. 244 ff. Sie bauen ihr Weltbild auf der Dreiheit der Stände als der ursprünglichen Ordnung auf, weisen den beiden ersten Ständen das Führungsrecht zu und sehen auf ihrem Zusammenstehen (Regenboge) und ihrer Reinerhaltung (Frauenlob) das Wohlergehen der Menschen gegründet. Auch diese beiden späten Dichter scheiden die Stadt und den Bürger aus ihren Betrachtungen aus. Die Stadt als politisches Eigengebilde, der Bürger als soziale Eigenerscheinung treten überhaupt erstaunlich selten ins Blickfeld. In dem schon erwähnten Rätselspruch des Boppe I, 12 von einem bösartigen Herrscher werden die Bürger in den Städten als Zeugen seiner Zerstörungslust aufgerufen, nicht als Stand, sondern als Leidende unter einer politischen Gegebenheit. Bemerkenswert früh nimmt der Hardegger, ein ernster, tüchtiger Mann und nicht unbegabter Dichter der späten Stauferzeit, in den beiden Sprüchen I, 12 und IV (HMS II, S. 136 f.) die „starken Städte" in eine Reihung politischer Mächte, den „Kaufmann" in eine solche sozialer Ordnungen auf. Sonst ist erst bei dem späten Kanzler, der uns im Anfang des 14. Jahrhunderts als Stadtschulmeister in Offenburg bekannt ist, etwas von der Stadt zu spüren. In seiner üblichen Klage über den Verfall adliger Tugend XVI, 12 (Kr. S. 211) tadelt er die reichen Herren, daß sie ihre Kleidergaben nicht mehr den Künstlern, sondern Weibern, Fischern, Scherern, Maurern, also Leuten städtischen oder wandernden Gewerbes zukommen lassen. Und seine Anspielung auf Parteiungen in den Städten im Spruch XVI, 8 (Kr. S. 209) ist eigentlich die einzige Stelle, wo das soziale Leben in den Städten ganz flüchtig anklingt. Sonst ist eher vom

Kaufmann die Rede, mehr aber noch vom *wuocher* als Ausdruck der vielgescholtenen Habgier. Der Unverzagte III, 9 (HMS III, S. 47) vergleicht den Wucherer drastisch mit einem Mastschwein; wie dieses stiftet er erst nach seinem Tode Nutzen.

Damit wird die wirtschaftliche Umwälzung durch die Geldwirtschaft berührt. Aber Besitz heißt doch meist noch unverbindlich *guot* und wird eher durch Gold und Silber als durch Geld präzisiert. Meister Stolle sieht in dem Spruch I, 28 (HMS III, S. 9) mit Besorgnis das Hochkommen Unadliger, die durch Wucher und Pfandleihe reich geworden sind. Ähnlich bedauert Boppe I, 21 (HMS II, S. 382), daß alle höfischen, ritterlichen und gelehrten Vorzüge nichts gegen die „Pfennige" wiegen, und Hermann der Damen IV, 8 (HMS III, S. 166) klagt den Pfennig als Ehrendieb an. Präziser benützt Rûmelant von Sachsen VII, 5 (HMS III, S. 64) Münzwert und Münzverschlechterung als Bild für die Falschheit reicher Herren.

Der Bauer vollends ist als Stand nicht wert, daß die gelehrten Literaten ihn beachten. Seine Leiden, Nöte und Bestrebungen werden nicht bemerkt. In einem Spruch wie dem des Meißner I, 5 (HMS III, S. 86), der belegen will, daß Art nicht von Art läßt, steht der Bauer mit Vogel, Hund, Fuchs, Wolf und Mäusebussard in einer Reihe. Nur der entlaufene Bauernsohn als Raubritter wird auch in der Spruchdichtung beachtet.

Der geistliche Stand ist seit Walthers Vorgang das Ziel vielfacher Kritik. Die meisten politischen Spruchdichter sahen wir antirömisch eingestellt. In der Geistlichenkritik treten die alten Themen der Simonie und der Unkeuschheit zurück vor der Macht- und Besitzgier des hohen Klerus, vor dessen Verweltlichung und seiner Lust am kriegerischen Wesen. Gemeint sind solche „Pfaffenfürsten" wie die Kölner Erzbischöfe in Gottfried Hagens Kölner Stadtchronik. Die Bischöfe reiten *under helme*, die geistlichen Insignien, Stola und Krummstab, sind zu Schwert und Speer geworden, die nicht um Seelen, sondern um Gold fechten (Marner XII, 2). Ähnliches beklagt in breiterer Ausmalung der kriegerischen Ausrüstung der Kanzler III, 1 (Kr. S. 195), der in dem großen Verfallsspruch XVI, 8 (Kr. S. 209 f.) insbesondere auch *nît* und *haz* der Geistlichen und die Besitzgier der Orden hervorhebt. Spezieller handelt Stolle I, 13 (HMS III, S. 6) von der Vernachlässigung des Rechtsschutzes durch den Papst, der Meißner II, 7 (HMS III, S. 89) vom rechten und unrechten Bann, derselbe XVII, 13 (HMS III, S. 108) von den überreichen Vergabungen an Klöster. Selten wird die hohe Würde des Priesters als Lehrer und Spender der Sakramente gepriesen, so von Boppe I, 15 (HMS II, S. 380 f.) und von Frauenlob Str. 3 ff.

Weit intensiver kreist Denken und Dichten dieser fahrenden Literaten um den Stand, auf dessen Gunst ihre Existenz beruht: Adel und Ritterschaft. Wie im Seifried Helblinc spüren wir auch in der Spruchdichtung die soziale Umschichtung, die größer gewordene Kluft und Spannung zwischen den Fürsten, dem großen Adel und dem ritterlichen Kleinadel.

Natürlich gibt es auch weiter das statisch-verbindliche Bild des Adels und seiner Tugenden, unter denen die Freigebigkeit eine verständliche Hauptrolle spielt. Doch wäre es, wie schon gesagt, verkehrt, den unermüdlichen Preis der *milte* allein der Begehrlichkeit oder Lebensnotwendigkeit der wandernden Dichter zuzuschreiben. Sie ist ganz allgemein eine Herrentugend, ein notwendiger Teil und Halt des Lehenswesens. Und wie sie in der höfischen Epik dem ritterlichen Gefolgsmann zugute kommt, so wissen auch die späten Spruchdichter nicht nur von der persönlichen, sondern auch von der sozialen Rolle der *milte*. Als bezeichnend möge hier der Spruch des Unverzagten III, 2 (HMS III, S. 45) genannt sein, der in schöner Weise das Verhältnis des *rîchen herren* zu seinen Rittern und Knappen mit wahrhaft epischen Wendungen malt. Der Herr soll willig leihen und geben, die Knechte den Herren nicht im Stich lassen, wo es gilt, die *helme* zu *houwen*, und wo *friunt bî friunde stât*. Der Herr soll ein *wirt des hûses* sein und seine Leute gut halten. Über die soziale Auffassung der *milte* bei Frauenlob vgl. S. 470. Der Herr soll aber auch gegenüber dem Fremden mit Gruß und Frage nicht sparen. Er soll leutselig sein – *gemeine* sagt Friedrich von Sonnenburg II, 5, *geslaht* Regenboge IV, 2 (HMS III, S. 350) – und er soll zuverlässig sein: dies meint *endelich* im Spruch II, 20 des Meißner (HMS III, S. 91), in dem auch Gott als *endelich* gepriesen wird. Das offene Haus, das Verhältnis von *wirt* und *gast*, das schon Walther bewegt hatte, ist ein nicht seltenes Thema. Doch auch hier geht es den besseren Dichtern nicht nur um Gabe und Quartier, es geht ihnen wie oben dem Unverzagten um Gruß und Frage, die würdige Aufnahme, die höfliche Behandlung. Sehr hübsch wird das in den Wechselreden zwischen *wirt* und *gast* im Spruch I, 14 (HMS III, S. 88) des Meißner illustriert und in der Empfindlichkeit Sonnenburgs (IV, 22), der von dem *wirt* verlangt, daß er ihn nicht duzt.

Für einen solchen Haushalt, in dem auch der Gast willkommen und begehrt ist, erscheint der Ausdruck *hûsêre*. So stellt sie der Kanzler XVI, 12 (Kr. S. 211) in eine Reihe mit den alten Herrentugenden *milte, triuwe, stæte, bescheidenheit*. Und noch eindringlicher preist der Meißner in seinem Spruch I, 4 (HMS III, S. 86) einen Haushalt, in dem *hûsêre* herrscht, eine gut besetzte Tafel, ein leutseliger Hausherr, ein dienstwilliges, wohlerzogenes Gesinde, Gastfreundlichkeit zu jeder Zeit des Tages. Ein solches Leben ist gottgefällig; denn *hûsêre leschet sünde*. Es ist nach Wortprägung und Inhalt kein Wort der höfisch-idealen Sphäre und ihres Lebensstils; es meint ohne ständische Schranken den wohlgeregelten, anständigen Haushalt des seßhaften, begüterten Mannes.

Mit der *milte* ist natürlich die Adelsethik in den Sprüchen nicht erschöpft. Manche bieten kleine Adelsspiegel dar, und die alte höfische Wertelehre klingt lebendig oder doch als Formel darin fort. Der Hardegger, noch der späten Stauferzeit angehörig, entwickelt in dem Spruch I, 1 (HMS II, S. 134) das System höfischer Tugenden sehr hübsch in

einer aufsteigenden Reihe, in der eine Tugend sich aus der anderen ergibt und die Gottesminne den Gipfel bildet. Auch der schöne namenlose Spruch bei Kraus S. 280 (III, 3 n) könnte in seinem lebhaften Empfinden für ritterliche Art und Würde noch aus der staufischen Zeit
stammen. Gerne nehmen derartige Sprüche die Form der Jugendlehre
an. Zwei allegorische Bilder kehren dabei immer wieder, beide von Gottfried von Straßburg gelernt: die Schwertleite und das Ritterkleid. In
mehr oder weniger ins einzelne gehender Allegorese wird die ritterliche Kleidung auf ritterliche Tugenden ausgelegt. Konrad von Würzburg 32, 196 rät dem unbegüterten Ritter, sich ein Kleid aus *triuwe* und
manheit zu schneidern, das er kühnlich vor dem Bösen im Purpurkleid
tragen könne. Der Henneberger, überhaupt ein erfreulicher Dichter,
fordert in dem Spruch I, 1 (HMS III, S. 39) den jungen Ritter bei der
Schwertleite auf, die Tugend als das allerhöchste Kleid anzulegen und
damit Ehre vor den Fürsten und Lob der tugendhaften Frauen zu erwerben. Rittertat (Schwert) und Friedensschirm (Schild) sind seine
höchsten Aufgaben. Hier klingen noch „klassische" Töne, wie auch in
dem schwungvollen Spruch I, 18 (HMS II, S. 381) des Boppe, der –
als ob das alles noch gültig wäre – von den alten Prägeworten getragen
ist: *schiltes ambet, swertes segen, milte unde manheit,* Schutz der Witwen und
Waisen, Frauendienst. Wenn Meister Singûf I, 1 (HMS III, S. 49)
dieselbe Allegorese des Ritterkleides spezialisierend aufgliedert, kommt
kaum noch mehr als eine allgemeine Tugendtypologie heraus. Der dreistrophige Bar des Regenboge IV, 1–3 (HMS III, S. 350 f.) mischt
alte Ritterformeln mit späten Haushalterqualitäten.

Der entartete Ritter wird als „Lotterritter" gebrandmarkt. Meister Kelin malt ihn
in dem Spruch III, 2 (HMS III, S. 22) als ein greuliches Fabelwesen, Rûmelant von
Sachsen überschüttet ihn in Spruch I, 6 (HMS III, S. 52) mit einem wilden Fluch, der
Meißner XX, 1 und 2 (HMS III, S. 109) macht ihn unter dem Bild der Schwalbe
verächtlich, die im Mittelalter ein minderwertiger Vogel war, Meister Stolle I, 10
(HMS III, S. 5) schildert sein Wesen in einer ironischen Jugendzuchtlehre. Und spezieller dem Raubritterwesen, dem der Unfriede im Lande Vorschub leistet, widmet
Rûmelant von Sachsen die zwei Sprüche IV, 7 und 8 (HMS III, S. 57), in deren
zweitem er wie der Meier Helmbrecht die entlaufenen Bauernsöhne als die schlimm-
sten Bauernschinder brandmarkt.

Nicht immer entspricht das Verhältnis von Herr und Lehensmann
dem idealen Bild, das der Unverzagte entworfen hatte. Wenn Meister
Stolle I, 12 (HMS III, S. 5) es gleich jenem als Herrntugend preist,
werde ritter zu lieben und sie für den Einsatz des Lebens zu belohnen,
so ruft er in I, 39 (HMS III, S. 10) *Sô wê dir armer riterschaft* und klagt
über die Armut der Ritter, die der Willkür der Herren ausgeliefert sind.
Da klingen die Spannungen zwischen den Rittern und den großen
Herren an, die wir aus dem Seifried Helblinc kennen. Die Abgrenzung
des hohen gegen den niederen Adel ist schärfer geworden, die ideelle

Einheit des Standesgefüges aufgespalten. Die „Herren", d. h. die größeren und kleineren Fürsten und Landesherren als soziale Eigengruppe, spielen in den Sprüchen eine vorher nicht bekannte Rolle; sie sind es ja zugleich, um deren Gunst die wandernden Dichter werben. Die Könige und die Fürsten, deren Macht und Eigensucht in den politischen Sprüchen sichtbar wurde, bilden die oberste Schicht. Ihnen ist die alte Königspflicht auferlegt, Friede und Recht zu wahren, wobei das Recht als Vorbedingung des Friedens erscheint. Walthers Bild der Rechtsordnung unter den Tieren greift der Meißner XVI, 3 (HMS III, S. 104) auf, um wie jener die Ordnungslosigkeit der Menschen damit zu kontrastieren und zur Besinnung aufzurufen. Den Kaiser Trajan hält der Henneberger I, 10 (HMS III, S. 41) den Fürsten als Spiegel vor. Im hübsch erzählten Bispel von dem Gärtner, der in seinem Garten einen Galgen aufrichtete, um das Unkraut daran zu hängen, mahnt Stolle I, 9 (HMS III, S. 5) zur Wahrung strengen Rechtes und bemüht in dem schon erwähnten Spruch I, 12 (HMS III, S. 6) Bilder aus dem Physiologus, Löwen und Strauß, um Fürstenpflicht und Fürstentugend zu demonstrieren, und in dem mannigfachen Chor der Klagen über den Rechtsverfall klingt bei Rûmelant von Sachsen ein Ton eigener Einsicht, deren politische Tragweite man freilich nicht überschätzen soll. Wichtiger als Herren, sagt er in Spruch VII, 3 (HMS III, S. 64), sind uns gute Gerichte. Was er angreift, sind Mißstände in der Rechtspflege, vor allem das Richteramt als Einnahmequelle, nicht die Macht und politische Bedeutung der Landesherren.

Direkte Angriffe gegen diese werden wir in den Sprüchen vergeblich suchen. Die Spruchdichter sprechen von guten und bösen Herren, preisen Herrentugend, sparen nicht mit scharfen Invektiven gegen den argen, kargen, tugendlosen Herren. Aber sie verbleiben im Allgemeinen, moralisch Typisierenden, formelhaft Geprägten. Die Institution selber ist ein unantastbarer Teil der gesetzten Ordnung. So verbergen sie ihre heftigsten Angriffe im Anonymen; sie treffen nicht die Herren, sondern deren Umgebung: die Ratgeber, Schmeichler, Verleumder, Ohrenbläser. Der Ratgeber, uralter Zubehör fürstlicher Willensbildung, wichtige Figur in der epischen Dichtung seit dem heroischen Liede, Wirklichkeit auch in der politischen Gegenwart, wird die beliebteste Zielscheibe der sozialethischen Kritik.

Der Meißner II, 19 (HMS III, S. 91) zeichnet das Bild des wahren Ratgebers: ehrenhaft, mannhaft, freigebig, weise, barmherzig, treu. Solchen Ratgebern sollten die Fürsten ihr Ohr leihen. Aber er fügt hinzu, daß sie bei den Fürsten heute durch böse Räte vertrieben sind. Der Kanzler II, 5 (Kr. S. 189) schiebt die Schuld für Mißgriffe edler Herren auf den *valschen rât;* der Guotære I, 7 (HMS III S. 42) vergleicht den falschen Ratgeber eines jungen Herren mit einem faulen Apfel, der einen Haufen gesunder ansteckt. Zumal der junge Herr wird immer wieder vor falschen Ratgebern gewarnt. Der Kanzler XVI, 21 (Kr. S. 215) tut es z. B.

unter dem Bilde junger Falken, die ein Uhu aufzieht und ihnen statt edler Falken-art nächtlichen Mäusefang beibringt. So sehr ist die Schelte auf den bösen Ratge-ber zum Topos geworden, daß sich ein originellerer Kopf wie der Henneberger I, 5 (HMS III, S. 40) dagegen auflehnt. Er tritt für die Selbstverantwortung des Herrn ein. Tausend böse Ratgeber könnten den edlen Mann nicht von dem Rat seines Herzens abbringen; ein *krankez herze* aber findet auch ohne Rat den Weg zur Schande.

Nehmen wir diese Sprüche vom schlechten Ratgeber zusammen mit den Klagen, daß die reichen Bösen bei Hofe mehr gelten als die edlen Armen, und mit den Invektiven gegen die Schmeichler und Verleumder, die als *hoveschalc* oder *hovegalle* gescholten werden, so entsteht ein trübes Bild vom Zustand der Höfe, das weit von dem *wünneclîchen hof ze Wiene* der Waltherzeit abliegt. Fuchs und Dachs, Esel und Rind, Hund und Schwein sind die Tierbilder, unter denen der Wilde Alexander II, 14–15 (Kr. S. 6) das Hofgesinde als arglistig, unhöfisch und unkeusch abbildet. Der Hof als leuchtendes Zentrum geselliger Bildung, als der Sammelplatz von Schönheit, Freude und Kunst existiert kaum noch als Sehnsuchtsbild, nicht mehr als Wirklichkeit. Der Wartburgkrieg kennt einen solchen Hof nur noch als Rahmen, nicht mehr als lebendige Ge-stalt. Aus einer kulturellen ist eine politisch-soziale Erscheinung ge-worden, ein Hofhalt mit seinen Gliederungen, seinen typischen Fi-guren und typischen Schäden und wenn die Wertschätzung von Kunst und Künstler Aufgabe und Merkmal des guten „Herren" bleibt, so wird Mäzenatentum doch weit mehr von wirtschaftlichen Bedürfnissen be-stimmt als von geistiger Verpflichtung. In Sonnenburgs Spruch IV, 27 ist aus dem Sprachschatz der höfischen Bildung das Wort *gebûre* für den Unedlen noch bewahrt; aber in den Antithesen dieses Spruches zwischen *edel man* und *gebûre* geht es nicht mehr um gesellschaftliche Bil-dung, sondern um moralische Qualitäten; *gebûre* ist synonym geworden mit *arc*. Bei dem gelehrten Kanzler I, 6 (Kr. S. 187) entspricht es einem lat. *rusticus* und meint den ungebildeten *künstelôsen*. Der treffliche Guotære weiß noch etwas von der Verpflichtung höfischen Daseins, wenn er in Spruch I, 6 (HMS III, S. 42) den jungen Edelmann vor der Gefahr des *gemaches* warnt und ihn an die geselligen Pflichten mahnt unter dem Bild des Obstbaumes, der verwildert, wenn er aus der Pflege des Menschen kommt. Vereinzelt steht Gervelins Preis des Turniers als ritterlichen veredelnden Sportes in dem Spruch II, 6 (HMS III, S. 36). Als Topos gehört die Wertschätzung des tugendhaften Mannes durch edle Frauen noch zum Bestand adliger Tugendlehren. Aber der Preis des Minnedienstes als „höchster Schatz" und eigentliches Wesens-merkmal höfischen Daseins bei Meister Kelin III, 7 (HMS III, S. 24) bleibt, wenn wir von Frauenlob (vgl. S. 470) absehen, vereinzelt, und ist auch bei ihm nur noch Teil einer Klage um verschwundene bessere Zeiten.

d) Minnesprüche

Das Fortklingen des Minneliedes im Stil höfischer Liebeslyrik läßt erwarten, daß das Phänomen der Minne auch der Lehrdichtung dieser lehrfreudigen Zeit nicht entgangen sein kann. Minnelehre und Minneallegorie bilden, wie eingangs gesagt, eine eigene Gattung, in der der Minnespruch nur einen Teil und nicht den wichtigsten bildet. Er kann hier kurz abgemacht werden. Bei Dichtern, die auch den eigentlichen Minnesang gepflegt haben, wie dem Marner, Konrad von Würzburg, Johann von Ringgenberg, sind die Minnesprüche als Preis der Frau und der Minne in ihrer Thematik wenig von den Liedern unterschieden, und sogleich stellt sich auch die Anmuts- und Schönheitsterminologie des Liedes im Spruch ein. Je mehr in der späteren Dichtung der Begriff der Minne entleert wird und zu abstrakter Thematik erstarrt, um so mehr wird der Minnespruch Anlaß, Schwulst und Gelehrsamkeit zu entfalten. Es wirkt noch gemäßigt, wenn der Junge Meißner in seinem gekünstelten und stark sensuellen Minnespruch I, 1 (HMS II, S. 222) Pyramus und Thisbe heraufbeschwört, um die Kraft der Minne zu illustrieren. Aufdringlicher wird Boppe in seinem Spruch I, 22 (HMS II, S. 382), indem er die üblichen Prototypen menschlicher Qualitäten: Salomos Weisheit, Absaloms Schönheit, Simsons Stärke, Aristoteles' Gelehrsamkeit, Senecas Tugend, Horants Sangeskunst, Vergils Zauberkunst u. a. häuft, nur um zu sagen, daß er um der Gunst seiner Frouwe willen auf dies alles verzichten wolle. In ähnlich hypertropher Steigerung sammelt die unter dem Namen des Kanzler gehende, doch erst dem 14. Jahrhundert angehörende Strophe II, 10 (Kr. S. 193) alle Erscheinungen der Erde an, um ein tugendhaftes Weib höher zu preisen als sie alle zusammen. Boppe walzt in der Spruchserie VIII, 1–5 (HMS II, S. 385) das Tannhäusersche Motiv von der Dame, die von dem Dichter für ihre Gunst lauter unmögliche Dinge verlangt, noch breiter aus, und wird dadurch nicht witziger, daß er noch mehr Gelehrsamkeit entfaltet als sein Vorbild. Alte Themen wie die heimliche Minne oder die *huote* – diese vom Wilden Alexander II, 10; 22; 23 (Kr. S. 5 und 8) besonders anmutig behandelt – behalten ihre Bedeutung, und der berühmte Streit um *wîp* und *frouwe* im Kreise um Frauenlob zeigt ebensosehr das Fortwirken alter Thematik wie das dreistrophige Streitgedicht zwischen Frau Schœne und Frau Liebe des Reinmar von Brennenberg IV, 10–12 (Kr. S. 330 f.), das die immer wieder behandelte Frage äußerer und innerer Schönheit im Stil der Allegorese neu aufgreift.

Interessanter ist, daß auch hier das aus höfischer Kultur Geborene in die Sphäre sozialer Ethik hinüberwächst. Wie in der Lyrik, etwa bei Konrad von Würzburg, das Frauendienstlied in den allgemeinen Preis

der Frau umgewandelt wird, so noch stärker in dem zum Allgemeinen
strebenden Spruch. Und der Preis der Frauentugend, des *reinen biderben
wîbes* mag auch dort, wo er im Allgemeinen bleibt, mehr die ehrbare und
anständige Frau als die hohe Dame des klassischen Minnesangs meinen.
Ein Mann etwa wie der biedere Freiburger Schulmeister Walther von
Breisach wird in dem blühenden Schwulst seines Spruches I, 4 (Kr.
S. 576) unter Scham, Keuschheit und Treue die Tugenden der wohl-
erzogenen braven Ehefrau verstehen, und wenn er ausruft *getriuwer man*,
getriuwez wîp, so wird er ein würdiges Paar durch die Straßen von Freiburg wandeln sehen. An nichts anderes wird auch Regenboge I, 5
(HMS II, S. 309) bei der Aufzählung der fünf weiblichen Tugenden:
weibliche Ehre, Zucht, Bescheidenheit, Keuschheit, Milte gedacht haben.
Die Frau ist in ihrer sozialethischen Stellung gesehen. Die Sprüche des
Stolle I, 38 (HMS III, S. 10) und des Süßkind von Trimberg III, 2
(Kr. S. 423) wenden denn auch die alten verherrlichenden Termini unmittelbar auf die Ehefrau an. Dem entspricht der Tadel der treulosen Ehefrau
in einem namenlosen Spruch (Kr. S. 267 Nr. 12), der das Minneverhältnis
zu einem anderen Mann nur noch als ehebrecherisch wertet, und der
Unverzagte I, 3 (HMS III, S. 43) wünscht einem geizigen Reichen ein
ehebrecherisches Weib an. Er solle eines anderen Mannes Kleider in
seinem Bett finden, dann sei er so reich an Kleidern wie an Schande.
Aus der sozialethischen Sicht heraus behandeln der Meißner II, 9 und
VI, 6 (HMS III, S. 90 bzw. 96) und Meister Gervelin II, 8 (HMS III,
S. 37) die Verkehrung der Ordnung, die Gott für Adam und Eva fest-
gesetzt hat, wenn die Frau das Schwert, der Mann die Spindel hat. Solche
Sprüche rühren an ein Thema, das die Schwankdichtung liebt, und wie
ein liebenswürdiger kleiner Schwank klingt Kelins zierlicher Spruch
(HMS III, S. 408) von Algast, wohl einem Rätselnamen für Amor, der
durch die Welt wandernd einen alten Mann mit einer jungen Frau, einen
jungen Mann mit einer alten Frau unglücklich findet und durch einen
Tausch alles in Ordnung bringt und alle glücklich macht.

e) Sittenlehre

Die allgemeine Sittenlehre, die uralte Domäne aller Spruchdichtung,
beansprucht auch im Dichten der wandernden Literaten ihren breiten
Raum. Sie läßt sich nicht säuberlich als Sondergattung abgrenzen. Sie
ist der Grundboden, aus dem auch der Lob- und Scheltspruch, der politische Spruch, die Standeslehre ihre Nahrung ziehen, und die religiös begründete Ethik des Christentums läßt ethische und religiöse Spruchdichtung sich innig verflechten. Weniger noch als bei allen bisherigen
Gruppen läßt sich hier auf alle Einzelheiten eingehen. Es gilt, das

Wesentliche der Weltbetrachtung und der sich daraus ergebenden Wertungen zu erfassen.

Wir finden das Wesentliche auch hier zunächst in der statischen Genormtheit der Begriffe, die dem einzelnen Dichter nur den Raum virtuoser Variation, stilistischer Effekte, überraschender und einprägsamer Bilder beläßt. Die einzelnen menschlichen Qualitäten erscheinen wie im Renner als feste und isolierte Typen. Nicht nur der Neid, der Geiz, die Lüge oder die Treue, die Demut, die Wahrheit sind genormte Begriffe. Sie verkörpern sich ebenso isoliert in dem Geizigen, dem Lügner, dem Demütigen als menschlichen Figuren. Es gibt keine Psychologie, am wenigsten eine gemischte Psychologie, es gibt nur Typen.

Wir werden uns dabei hüten, von einem System zu reden. In den zahlreichen Sprüchen, die Tugenden oder Laster aufreihen, ist von einer einheitlichen Systematik nichts zu spüren. Die Tugenden in der Farbensymbolik beim Meißner XVII, 6 (HMS III, S. 106) sind andere als in dem Tugendpreis des Kanzler III, 3 (Kr. S. 195). Auch das theologische System der Haupttugenden und Todsünden schafft keine Verbindlichkeit, selbst nicht in der Spruchserie des Boppe VI, 2–4 (HMS II S. 385), die mit ihrer Siebenzahl und dem typologischen Herausheben von Erbarmen und Gerechtigkeit vor Gottes Antlitz Erwartungen in dieser Richtung erweckt. Boppe läßt dann mit *triuwe, êre, schame, milte* und *zuht* eher traditionell höfische als theologische Begriffe folgen, wie ähnlich Süßkind von Trimberg I, 2 (Kr. S. 421), an Hartmanns Kräuterzauber aus Kerlingen anknüpfend, die fünf Ingredienzien *triuwe, zuht, milte, manheit, mâze* zu einer Latwerge gegen die Wunden des Lasters und die Krankheit der Schande mischt und sie – hierin ein Realist der Spätzeit – in die Büchse des Leibes füllt.

In ungebrochen dualistischer Denkweise sind die menschlichen Qualitäten nach den Begriffen gut und böse angeordnet und gerne dialektisch kontrastiert. Dabei durchdringen sich, wie in dem eben behandelten Spruch des Süßkind, zwei grundsätzliche Wertungsweisen: eine religiöse und eine sozialethische. Die eine wertet nach Tugend und Laster bzw. Sünde; sie legt die moraltheologischen Begriffe zugrunde. Die andere wertet nach Ehre und Schande; sie legt die Begriffe einer sozialen Ethik zugrunde, deren Maßstäbe und Terminologie zunächst in der ritterlichen Dichtung der klassischen Zeit erarbeitet worden sind, und die als Erbe übernommen werden. „Neid" etwa ist theologisch gesehen eine der Hauptsünden, weswegen Luzifer *des nîdes vater* genannt werden kann. Im sozialethischen Raum ist er Mißgunst, die aus der Begehrlichkeit nach fremdem Gut, Verleumdung und Intrige mit ihren sozialen Schäden erwächst. Während jene erste Wertung aber in einem uralten unveränderlich gültigen, theologisch festgelegten System der Tugenden und Sünden wurzelt, sind diese von Wertmaßstäben abhängig, die sich mit der wechselnden sozialen Struktur verändern können. Nicht alle in gleichem Maße: Lüge und Geiz etwa sind sittlich verwerfliche Erscheinungen in sich, die zu jeder Zeit und unter jedem Aspekt Abscheu erwecken. Hier kann es sich nur um die Akzentsetzung handeln, die von der Zeit und der persönlichen Haltung bedingt ist. Die große Rolle des Geizes in der späten Spruchdichtung und die Emphase seiner Verurteilung erwächst einerseits aus der Veränderung des wirtschaftlichen Systems, das zu berechnender Genauigkeit führt, andererseits aus der sozialen Lage der Spruchdichter, deren Lebensunterhalt von der Freigebigkeit abhängt. Typisch höfische Begriffe dagegen wie *êre, mâze, milte, zuht, kiusche* können sich von ihren ursprünglichen Gehalten entleeren und entweder als tote Stichwörter fortgeschleppt werden oder einen neuen Inhalt aufnehmen. Wenn der Begriff des *hôhen muotes* sich wandelt und auf den des Hochmuts einengt, wenn *bescheidenheit* die alte Bedeutung von „Einsicht, Urteilsfähigkeit" aufgibt und die heute gültige Bedeutung annimmt, wenn *stolz* aus einem preisenden zu einem kritischen Beiwort werden kann, so wird solche Wandlungsfähigkeit darin deutlich. Die späte Spruchdichtung mit ihrer ethischen Gerichtetheit ist für solche Abwandlungen ein ergiebiges Feld, das noch weithin der Untersuchung harrt.

Man wird indessen sagen dürfen, daß sich in der späten Spruchdichtung wie in der Lehrdichtung überhaupt ein Wandel von einer Gesinnungslehre zu einer Verhaltenslehre vollzieht. Der alte Grundbegriff der Ehre, der stets inneres Wertgefühl und äußere Anerkennung umspannt hatte, veräußerlicht sich deutlich. Doch darf das nicht schematisch genommen werden; bei ernsten Dichtern der Spätzeit ist der innere Wert der Ehre nicht vergessen. Der namenlose Spervogelschüler Kr. S. 271, Nr. 24 weiß noch, daß niemand *mit senfte êre* haben kann, und ein ritterbürtiger Mann wie Hermann der Damen begreift noch sehr spät etwas von Hartmanns *arbeitsamem last der êre*, wenn er in dem kleinen Siebenzeiler II, 5 (HMS III, S. 162) von der Bürde der Ehre spricht, die man bereit sein müsse zu tragen, wenn man auf äußere Ehre Anspruch erheben wolle. Weit öfter jedoch verflacht der Begriff der Ehre zu dem der äußeren Ehrenstellung, des Lobes, der Reputation. Die Scham wird ungemein häufig sowohl als Zeichen wie als Vorbedingung der Ehre gewertet; sie lehrt den Menschen, was die Ehre von ihm fordert, und wie er sich vor Schande bewahrt. Aber wie Ehre und Schande zu Begriffen äußerlicher Bewertung werden, so wird auch Scham aus einem Qualitätsbegriff zu einer Verhaltensweise. Der Kanzler spricht davon in der Spruchgruppe XVI, 14–16 (Kr. S. 212 f.), die von echter und falscher Scham handelt. Er exemplifiziert dabei auf Geistliche und Mönche, die sich der Zeichen ihres Standes, der Tonsur und des Haarschnitts schämen, die bei echter Ehrauffassung ihnen gerade Ehre machen würden. Die von Wolfram und anderen entwickelte Bedeutung der *kiusche* als Reinheit der Gesinnung kehrt weitgehend wieder in die enge Sphäre des Geschlechtlichen zurück. Bestimmt durch den Sündenbegriff der *luxuria* wird *unkiusche* zum Terminus der Fleischeslust, und von hier wird, ins Popularethische rückwirkend, *kiusche* zu einem Anstandsbegriff.

Die im höfischen Denken so wesentliche *mâze* als Beherrschung triebhafter Leidenschaft war unter Verwendung des aristotelischen Begriffs der μεσότης schon von dem gelehrten Hartmann als ein Mittleres zwischen zwei Extremen definiert worden. Ein Mann von dem Format Friedrichs von Sonnenburg hält mit seinem Preis von *zuht* und *mâze* als zwei Freunden noch die Vorstellung einer gebändigten Haltung fest (IV, 29). Von Selbstbeherrschung spricht auch der Meißner XIII, 2 (HMS III, S. 101), wenn er den Menschen preist, der *den muot betwinget.* Aber er sieht den Wert der Selbstbeherrschung darin, daß sie den Menschen vor Schaden bewahren kann, und für sie verwendet er das Stichwort *mâze* gerade nicht. Diese ist ihm vielmehr die sichere, ruhige Mittelmäßigkeit, die er durch den Begriff der *mittelmâze* spezifiziert: *Die mittelmâze, seht die prîse ich vür die mâze* heißt es X, 4 (HMS III, S. 100). Unermeßlich, maßlos ist Gottes Gnade und Kraft; der Mensch ist geschaffen, die *mittelmâze* zu halten. Und in dem Spruch XVII, 12 (HMS III, S. 108) reiht er, ausgehend von dem *rechten model* des Zimmermanns, zahllose Überschreitungen der *mittelmâze* und deren Schäden auf: „Zu früh" stört Schlaf und Behagen, „zu spät" nimmt Würde und versäumt Aufgaben. So geht es durch die ganze Strophe, um am Schluß mit der *mittelmâze* die *bescheidenheit* zu verbinden, die hier schon auf dem Wege ist, zum modernen Begriff des „sich Bescheidens" zu werden. Ähnlich betrachtet Hermann der Damen in dem Spruch IV, 6 (HMS III, S. 165) über vorbedachtes Reden und Handeln die Begriffe der *mâze* und *unmâze* unter dem Gesichtspunkt von Weisheit und Torheit, und Johann von Ringgenberg V. 79 ff. (Schw. M. S. 374) faßt *mâze* und *unmâze* nicht mehr haltungsmäßig, sondern moralisch als Tugend und Laster, die zum Himmel bzw. zur Hölle führen.

Aus der Vorstellungswelt der höfischen Dichtung wird der Topos vom äußeren und inneren Adel übernommen und weitergeführt. In einem Lehrspruch an die adlige Jugend 18, 11 ff. greift Konrad von Würzburg die Lehre vom äußeren und inneren Adel noch in ihrer ständischen Spezialisierung auf; erst beides zusammen, die *edelkeit von tugenden* und *von künne*, macht den wahren Edelmann. Aber andere weiten die Antithese aus und machen ein allgemeinmenschliches Axiom daraus. Der innere Adel entscheidet. Der Kanzler I, 2 (Kr. S. 185) ruft aus: soll ich den edel nennen, der ohne Tugend ist? Der Unverzagte III, 3 (HMS III, S. 45) stellt fest, ein Herr ist ein gewöhnlicher Mensch, wenn er nicht seinem Adel entsprechend handelt. Der Meißner I, 10 (HMS III, S. 87) und Süßkind von Trimberg I, 1 (Kr. S. 421) ziehen die letzte Konsequenz: edel ist, wer edel handelt; unadliges Verhalten verwirkt den Anspruch auf Adel. Der ständische Begriff ist zu einem moralischen geworden.

Wo der alte Dualismus von Gut und Böse unter dem doppelten Aspekt religiöser und sozialethischer Wertung steht, muß auch das alte Kernproblem der höfischen Dichtung: „Gott und der Welt gefallen" weiter die Gemüter bewegen. Doch beruhigt sich das popularmoralische Denken in der Regel bei dem Bewußtsein, daß moralisches Verhalten nach beiden Seiten genug tut. So können die beiden unzählig oft wiederholten Gedanken, daß die Guten Ehre, die Bösen Schande ernten, und andererseits, daß die Guten im Jenseits Lohn, die Bösen Strafe zu erwarten haben, in eines zusammengefaßt werden. Am unmittelbarsten geschieht es in der Prägung des Guotære II, 1 (HMS III, S. 42), daß Gott und Ehre ungeschieden sind. So kann er denn auch das Schicksal der Menschen beim Jüngsten Gericht unter die Stichworte Ehre und Schande statt Himmel und Hölle stellen. Den Kanzler hat das Problem mehrfach beschäftigt, und er bringt es in dem Spruch III, 3 (Kr. S. 195), der als Ganzes ein adliger Tugendspiegel ist, noch unter die alte Formel *gotes hulde – der welte lop*. Oft wird die Doppelbeziehung durch ein einfaches ‚hier‘ und ‚dort‘ nur angedeutet, so in dem schönen und noch grundsätzlich sehenden Spruch des Konrad von Würzburg 25, 21 ff. über Furcht (vor Gott) und Scham (vor der Welt).

Vor allem ist es die *milte*, der solche Doppelwirkung in deutlich formelhafter Erstarrung und Verflachung zugesprochen wird, wie umgekehrt der Meißner II, 12 (HMS III, S. 90) der Habgier den Haß der Welt und den Zorn Gottes bescheinigt und Sonnenburg IV, 14 den Verlust von Ehre und Seligkeit effektvoll als Schlußpointe eines Spruches verwendet, der über die Achtlosigkeit der Herren gegen gute Kunst klagt. Eigentümlicher und schwungvoller preist der Meißner IX, 1 (HMS III, S. 99), anknüpfend an den Logosbegriff, die Macht des guten Wortes, *gotes hulde unde ouch der werlde gunst* zu gewinnen. In einem Spruch des Regenboge IV, 1 (HMS III, S. 350) endlich wird noch einmal die Stufung von *utile*, *honestum* und *summum bonum* hörbar. Die Tugendlehre endet mit der Verheißung: durch Tugend gewinnst du *êre unde guot*, und deine Seele wird nicht verloren sein.

Beharren im Überkommenen und Anpassung an eine gewandelte Zeit tut sich in solchen Verschiebungen der Wortinhalte als Wesenszug der späten Spruchdichtung kund. Verloren ist der Glaube an die Möglichkeit autonomer Vervollkommnung des Menschen durch die Kraft einer Idee, von dem die höfische Dichtung getragen war. Die Wirklichkeit bestätigt die Erfahrung von der grundsätzlichen Verdorbenheit und Sündhaftigkeit der Welt. Von dem Hochgefühl höfischen Daseins ist nur noch das Bewußtsein einer besseren Vergangenheit geblieben, gegen die die schlechte Gegenwart traurig absticht. Die unermüdliche *laudatio temporis acti* entspringt aus der politischen und sozialen Wirrnis der Zeit, deren Dunkelheit als Verfall alter Sitte und Ordnung gewertet wird.

Der Pessimismus zerstörter Illusionen geht durch die Spruchdichtung der Zeit und entlädt sich im moralischen Urteil. Alle bisher behandelte Spruchdichtung ist Morallehre, und alle Morallehre neigt mehr dazu, das Negative zu sehen als das Positive, mehr Sünde und Laster zu schelten als Tugenden anzuerkennen. Und da gibt es außer im speziellen Bezirk der Preissprüche kein erhebendes Gegenbild. Alles Gute ist in Abnehmen und Verfall. Die unentwegten Klagen über das Schwinden der *milte* sind nur die situationsgegebene Leitform; um andere Tugenden steht es nicht besser. Bezeichnend sind solche Sprüche, in denen eine Tugend und ein Laster in allegorischen Figuren einander gegenübergestellt werden. Meister Stolle I, 8 (HMS III, S. 4) läßt die Treue auf der Straße der Untreue mit ihrem großen Heer begegnen, die sich vermißt, *der hôhen ingesinde* sein zu wollen. Derselbe stellt I, 40 (HMS III, S. 10) Wahrheit und Unwahrheit im raschen Dialog über ihre Geltung an den Höfen einander gegenüber. Die Wahrheit muß der triumphierenden Unwahrheit weichen; sie will sich zu den *armen tugenthaften* flüchten. Ähnlich konfrontiert Meister Kelin in den Gegensprüchen III, 3 und 4 (HMS III, S. 23) die klagende Frau Ehre mit Frau Schande, die stolzierend durchs Land zieht, Schwaben und Franken schon erobert hat und sich nun zum Zuge gegen Bayern und nach Wien aufmacht.

Die armen tugenthaften: eine Prägung, die in manchen Variationen wiederkehrt. Die Antithese reich – arm in religiöser wie sozialer Sicht beherrscht neben böse–gut die späte Spruchdichtung, und beide decken sich oft. Dem Reichtum haftet das Odium des Verderblichen und Verderbten an. Ein reicher, böser und geiziger Freiherr lag im Sterben, erzählt Stolle I, 20 (HMS III, S. 7). Er, der Dichter, kam als Geistlicher verkleidet zu ihm und nahm ihm die Beichte ab. Aber – das ist die Pointe – er spricht ihn nicht frei, sondern verdammt ihn: *wol hin dem tiuvel in den ars*. Der Armut bleibt der Trost inneren Wertes. Aus eigener Lebenslage fühlen sich die wandernden Dichter den Armen verbunden. Es wäre zu viel gesagt, wollte man von einem Durchbruch reden, sei es religiös zum Armutsideal franziskanischer Haltung, sei es sozial zu einem Mitgefühl mit den Enterbten oder gar zu einer revolutionären Oppositionsstimmung. Wir haben gesehen, wie fest diese Dichter im überkommenen sozialen Ordnungsdenken stehen, wie wenig sie die soziale Lage der städtischen oder bäuerlichen Unterschicht bewegt. Auch Armut wird statisch als ein gegebener Zustand aufgefaßt, der nicht diskutiert wird. Daher ist der „edle Arme" nicht konkretisiert; er ist eine abstrakte Figur.

Diese Dichter haben dem ritterlichen Idealbild des König Artus und seiner Tafelrunde keine geformtes Gegenbild gegenüberzustellen. Doch auch Artus bedeutet ihnen nichts mehr. Wo sie Leitbilder fürstlichen oder ritterlichen Daseins aufzustellen suchen, verwenden sie nur noch sehr selten und beiläufig Gestalten der ritterlichen Epenwelt. Sie sind rationale Moralisten und denken in Tugenden und Lastern, nicht in Bildern dichterischer Phantasie. Sehr vereinzelt ist die Spruchserie HMS II, S. 152 f., in der Keie als Vertreter der heute gültigen schlechten Hofsitte auftritt, Gawan die gute alte Sitte verficht. Sie wird in der Manessischen Handschrift dem Tugendhaften Schreiber, in der Jenaer Handschrift Meister Stolle zugeschrieben, dürfte aber jünger sein als beide Dichter. Frauenlob verwendet den Vergleich mit Figuren aus Wolframs Werken in seinen Fürstenpreisgedichten (vgl. S. 469), eines der vielen Anzeichen dafür, wie bewußt er die Anknüpfung an die klassische Dichtung sucht.

Es wäre falsch zu meinen, daß das statische Denken in genormten Typen zu der Vorstellung von der Unveränderlichkeit des Menschen führen müsse. Es gibt Anzeichen eines solchen Denkens, aber sie sind selten. Der Litschouwer I, 3 (HMS III, S. 47) und Frauenlob Str. 43 sprechen von Bösen und Guten als von unveränderlichen Gegebenheiten. Johann von Ringgenberg (Schw. M. Nr. XXIX S. 380) läßt den Bösewicht in naivem Bewußtsein seiner Bosheit zu sich selber sagen, er wolle die Menschen mit süßer Rede betrügen, dann merke man nicht, *daz du ein valschez herze habest*. Grundsätzlicher spricht der Urenheimer I, 1 (HMS III, S. 38) von einem *natûric bœsen und argen man*, und meint, aus der gleichen Naturanlage müsse der *milte* freigebig sein, solange er lebt. Und gelehrter verbindet Rûmelant VII, 4 (HMS III, S. 64) die *kranke* oder *swache* Naturanlage mit der astrologischen Konstellation zur Erklärung der Argheit reicher Herren.

Dennoch schließt er diesen Spruch mit der Mahnung an die Herren zu guter Sitte und guter Gesinnung. Denn bei aller Mutlosigkeit über die trübe Gegenwart bleibt diesen Moralisten der tröstliche Glaube ihrer Zeit an die Möglichkeit der Besserung durch Einsicht. Sie alle sind von pädagogischem Ethos getragen, sie wollen zur Tugend erziehen und das Laster bekämpfen. Mit Vorliebe kleiden sie ihre pädagogischen Mahnungen daher in die Form der Jugendlehre.

Indes will man auch hier im Bewußtsein des Abstiegs oft verzagen. Regenboge erzählt in der Spruchreihe I, 1–3 (HMS III, S. 344) von Nebukadnezars Sohn, der die Leiche seines Vaters in 300 Teile zerhauen und an Geier verfüttern ließ, aus Angst, der Vater könne wiederkehren, und er meint, viele Fürstensöhne möchten heute ähnlich handeln. Mehrfach werden die ehrenreichen Alten mit der heutigen Jugend kontrastiert und der Aufruf daran geknüpft, den Vätern nachzueifern und zur alten Ehre zurückzukehren. Der Marner XV, 13 und der Junge Meißner I, 2 (HMS II, S. 222) wissen, daß sich früh krümmt, was ein Häkchen werden will, und in dem Spruch XV, 3 (HMS III, S. 103) mahnt der Meißner: Kind lerne, wenn du unter 20 Jahren bist; mit 30 ist nichts mehr zu hoffen, mit 50 zwingt dich das Alter. In dem Spruch über „soll und will" IV, 8 (HMS III, S. 93) fordert er die Väter auf, aus dem kindlichen „will" ein „soll" zu machen; denn *kindes wille* ist schädlich. Auch fehlt es – wie beim Winsbecken – nicht an der grobianischen Umkehrung in der ironischen Jugendlehre des Stolle I, 10 (HMS III S. 5), die zu lauter Ungezogenheiten und Lastern mahnt, so wie in dem virtuosen Spruch VII, 4 (HMS III, S. 97) des Meißner, in dem jede Zeile so gebaut ist, daß sie je nach den syntaktischen Verknüpfungen zu bösem oder gutem Verhalten mahnt.

f) Lebenserfahrung

Die große Masse der Sprüche, die wir bisher behandelt haben, geht auf moralische Wertung aus, nach Gut und Böse, Tugend und Laster oder Ehre und Schande. In anderen Bereichen didaktischer Dichtung sind wir einer anderen Betrachtung von Welt und Menschen begegnet, die beobachtet und Erfahrung ausspricht. Lebenserfahrung, aus der Lebenslehre entwickelt wird, ist von Hause aus Domäne des Spruches. Die älteste deutsche Spruchdichtung des Herger und des Spervogel bewegt sich noch weitgehend in diesem Bereich, und Freidank ist sein letzter bedeutender Vertreter. Die Fabel und der Schwank bieten mit oder ohne *fabula docet* Lebenslehre aus Lebenserfahrung in eindrücklichen Bildern. Wo sie unterscheiden, geht es ihnen nicht um gut und böse, sondern um klug und dumm, weise und töricht. Der Reinhart Fuchs (vgl. Bd. II, S. 399 ff.) wie der Pfaffe Amîs des Stricker (vgl. S. 237f.) bezeugen, erbittert oder lachend, die uralte Erfahrung, daß nicht der Edle, sondern der Schlaue vorankommt, und daß man die Welt betrügen solle, weil sie betrogen werden will.

Solche Erfahrung wäre einer Zeit besonders gemäß, die von den Mitlebenden als Auflösung der sozialen und sittlichen Ordnung empfunden wurde. Sie kommt daher auch in der Spruchdichtung zu Wort, aber doch bei weitem nicht in dem Maße, wie die Tradition der Gattung und die Stimmung der Zeit es erwarten ließen. Die wandernden Literaten sind eifernde Moralisten, nicht weise Betrachter. Es scheint, daß die Unruhe der Zeit nicht die gelassene Distanz erlaubte, aus der solche Weltbetrachtung möglich wird, und es mag die eigene äußere Unsicherheit gewesen sein, die diesen wandernden Dichtern die innere Überlegenheit verwehrte. Ihr Geltungsstreben, ihr Bildungshochmut läßt sie sich als Lehrer und Erzieher gebärden, die durch ihr Wort den Lauf der Welt ändern und bessern zu können meinen.

Es ist kaum ein Zufall, daß die weltbetrachtende Art vor allem in einer namenlosen Spruchreihe (Kr. S. 265 ff.) zu Worte kommt, die als Anhang der Heidelberger Freidankhandschrift angefügt ist, und es ist bezeichnend, daß diejenigen Sprüche daraus, die in die großen Liederhandschriften gelangt sind, dem Spervogel zugeschrieben sind (C) oder unter dem Stichwort der Junge Spervogel (A) gehen. Es ist unsicher, wohl nicht einmal wahrscheinlich, daß diese rund 40 Sprüche in 14 verschiedenen, teils sehr einfachen, zuweilen sehr kunstvollen Tönen einem einzigen Dichter angehören. Sicher ist, daß viele von ihnen (etwa 20) inhaltlich und textlich zu Freidank in Beziehung stehen. Wir fassen sie mit C. von Kraus als frühe Umformungen von Freidanksprüchen in sangbare Spruchstrophen, deren Dichter aus der Schule des Spervogel hervorgegangen sind. Die meisten vermitteln Lebenserfahrungen oder gehen auch dort, wo sie ethische oder religiöse Wertungen ausdrücklich aussprechen, von der Erfahrung aus. Bezeichnend ist ein Spruch wie Str. 4, der den mehrfach in der Spruchdichtung wiederkehrenden Traum des Nebukadnezar von dem Standbild mit goldenem

Haupt und tönernen Füßen behandelt. Andere Dichter geben eine ins einzelne gehende moralische oder politische Deutung. Dieser schließt den skizzenhaft gedrängten Bericht mit dem einfachen Satz: wir werden wohl die Füße sein. Aus der Gruppe heben wir jene hervor, die von der Bescheidung des Menschen in seinen Grenzen (*schône in sîner mâze* Str. 10) sprechen und für das Glück, frei nach seinem Willen zu leben, nicht mit dem Kaiser tauschen wollen. Nicht um schandbar erworbenen Reichtums willen, sagt Str. 19, wolle er ein griechischer Kämmerer, d. h. ein Eunuch im byzantinischen Palast sein. Das Leben nehmen, wie es ist, und dabei ehrenhaft bleiben, ist Weisheit. Die Sprüche kennen die alte Erfahrung, daß Freude in Leid vergeht. Sie wissen von dem trügerischen Lohn der Welt (Str. 13; 15; 23; 29), von der Unentrinnbarkeit des Todes; sie wissen aber auch, daß Lebenshoffnung aller Welt Trost ist (Str. 1). Wo die Sprüche von den Dunkelheiten des Lebens reden, tun sie es mit Gelassenheit.

Wenig ist außer in den spezifisch religiösen Sprüchen von Tugend und Sünde oder Laster die Rede, mehr von Weisheit und Torheit, soweit überhaupt gewertet wird. An einer Reihe von törichten Verhaltensweisen demonstriert Str. 3 das Wesen des Toren, abschließend mit jenem, der zehn Dinge zugleich anfängt und keines zu Ende führt. Bildhaft macht Str. 9 den Toren sichtbar als einen, der dem Blinden winkt, dem Tauben raunt, und sie beklagt den, der von einem Toren abhängig ist. Der Tor vertraut sich einem schwachen Zweig an, wenn er nach einem Nest klettert (Str. 31). Eines Narren Witz, eines Toren Schatz, eines *armen wîssagen* Rat sind nach Str. 30 rasch zerronnen. Doch geht es in der Welt nicht, wie es sollte: Toren leben gut, Weise leben in Not- schließt Str. 18 ihre Weltbetrachtung ab. Aber ihr Dichter lehnt sich nicht dagegen auf, er sagt, daß Gott es so gibt.

Solche Betrachtungsweise hat wenig Nachfolge gefunden, mindestens nicht in der Gelassenheit des Betrachtens. Wir möchten glauben, daß der junge Marner sie gepflegt hat, und daß die kleine, auch formal einfache Spruchreihe VI, 1–3 seiner Frühzeit angehört. An einfachen Tierbildern werden einfache Verhaltenslehren entwickelt: Trug mit Trug vergelten (VI, 1), umsichtig in der Wahl des Freundes sein (VI, 2), den Toren sein Wesen treiben lassen (VI, 3). In der großen Mehrzahl der Fälle ist der Gegensatz von weise und töricht moralisch oder religiös gemeint. Der Tor ist der Mensch, der die moralischen Forderungen nicht erkennt und damit das Heil seiner Seele gefährdet oder verspielt.

Meister Stolle I, 26 (HMS III, S. 8) trägt *eselbæren herren* die Eselmär vom Esel in der Löwenhaut vor. Der Kanzler XVI, 13 (Kr. S. 211 f.) erzählt die Fabel vom Raben und Fuchs, biegt sie aber in das ausgefahrene Gleis der Klage über die Torheit der Herren um, die ihre Gaben schlechten Sängern zukommen lassen. Vom unbedachten Reden des Toren spricht Hermann der Damen IV, 6 (HMS III, S. 165 f.), von seiner Unbelehrbarkeit Kelin I, 2 (HMS III, S. 20). In der Menge der Sprüche, die wir von Rumelant von Sachsen besitzen, ist von Toren und Torheit mehrfach die Rede. Von *tôren sin* und *affen rât* handelt IV, 27 (HMS III, S. 60). Die Schwalbe mit ihrem Mückenfang, Zickzackflug und Zwitscherton wird in IV, 2 (HMS II, 369) zum Bild des Toren. Doch auch dies wird eingeschränkt auf den schlechten Künstler, der an dem guten mäkelt. Den Weisen und den Toren zeigt der Bispelspruch VI, 4 (HMS III, S. 61 f.) als Wandergesellen, aber es ist nur eine allegorische Einkleidung der alten Leib-Seelen-Kontroverse. Und, soweit ich sehe, ein einziges Mal in der Spruchdichtung taucht in IV, 28 (HMS III, S. 60) das Bild des Toren auf, wie die Schwankdichtung es zeichnet. Man soll den Toren betrügen und ihm Gold versprechen, aber Steine reichen; denn dem Toren Gutes zu tun, ist ein undankbares Beginnen.

Ganz offenbar: das im spätesten Mittelalter so zugkräftige Thema der Welt als Tummelplatz der Narren ist diesen ernsthaften Moralisten nicht gemäß. Wie denn überhaupt Welt- und Lebenserfahrung ohne moralische Indignation nicht in ihrem Wesen liegt. Wo sie zu Worte kommt, geschieht es ohne Leichtigkeit. Die späte Spruchdichtung bleibt gravitätisch; sie kennt grobe Komik und bittere Ironie, aber nicht das gelassene Lächeln oder heitere Lachen des weisen Humors.

In einer ordnungslosen Welt sucht der Einzelne Halt und Einbettung in den engsten Gemeinschaften. Eine ganze Gruppe von Sprüchen entnimmt ihre Thematik aus diesem Bereich. Hier ist noch einmal an das oben behandelte Verhältnis von Gast und Wirt zu erinnern; die trüben Erfahrungen des wandernden Lebens kommen in der Bitterkeit und dem Mißtrauen zu Worte, die die meisten dieser Sprüche prägen. Die Familie wird kaum Gegenstand sozialer Kritik und sittlicher Lehre. Nur im persönlichen Klagespruch wird häusliches Elend berührt, am ergreifendsten in jenem schon erwähnten Spruch des Süßkind von Trimberg Nr. V, der zu seiner Auffassung als Jude geführt hat. Wesentlicher erscheinen Verwandtschaft und Freundschaft. Doch auch hier spricht das Mißtrauen böser Erfahrung. Freundschaft wird höher gewertet als Verwandtschaft, die im Verdacht des Eigennutzes, der Berechnung auf die Erbschaft steht, so bei Konrad von Würzburg 32, 136 ff., bei Reinmar dem Fiedler III, 3 (Kr. S. 336), beim Kanzler XVI, 11 (Kr. S. 211). Erprobte Freundschaft wird als hohes, aber seltenes Gut gepriesen. Alle Pforten seiner Sinne hat Hermann der Damen II, 3–4 (HMS III, S. 162) aufgetan, um erprobte Freunde zu loben. In der trüben Wirklichkeit ist offenbar der falsche Freund, der verstellte Feind (Walther von Breisach I, 5: Kr. S. 576), der Wolf im Schafspelz (Namenlos: Kr. S. 268) zu erwarten.

Was sonst als Ertrag von Lebenserfahrung eingebracht wird, ist rasch zu überblicken. Zwei gute Sprüche Konrads von Würzburg 25, 81 und 101 (S. 46 f.) prägen den Satz ein, daß man nicht allen gefallen könne. Eine Ahnung vom Wesen der Individualität scheint hier durch das moralische Typendenken durchzubrechen: Gottes Kraft hat alle Menschen verschieden geschaffen; unter Hunderttausenden sind nicht zwei an äußerem Aussehen und innerem Wesen gleich. So begnüge man sich, sein Bestes zu tun und das Lob der Meisten zu erringen. Doch auch dies ist nicht Konrads eigener Einfall. Wir finden die Ungleichheit aller menschlichen Gesichter als Antwort auf die Scharfsinnsfrage: welches ist das größte Wunder, das Gott im Kleinen vollbracht hat? Sie ist schon in dem sehr alten Väterbuch zu finden, in der Legende von einem Bischof und dem Apostel Andreas. Konrad macht eine moralische Lehre daraus. Rûmelant von Sachsen IV, 26 (HMS III, S. 59 f.) preßt denselben Gedanken, nicht allen gefallen zu wollen, wieder in das übliche Typendenken: er will den Guten gefallen und nicht den Bösen. Gescheiter und unschematischer rät der treffliche Sonnenburg (IV, 31 und 32) zu fragen, wie Jesus seine Jünger gefragt hat, was man von ihm sagt, um sich am Urteil der Menschen zu bilden. Vom schwankenden Sinn des Menschen sprechen einige Sprüche des Meißner, so II, 15 (HMS III, S. 90 f.) vom halben und ganzen Tun und von entschiedenem Handeln mit gutem Vorbedacht; X, 6 (HMS III, S. 100) vom „gleich tun" und „nicht verschieben": nach drei Tagen ist der Fisch verdorben und der Gast unwillkommen. Spruch IV, 10 (HMS III, S. 93 f.) handelt von „Ja" und „Nein", von „ich glaube" und „wollte Gott". An einem biblisch-legendären Bispel, wie Jesus sich weigerte, einen Mann zu retten, der ins Wasser gefallen war, demonstriert Rûmelant von Sachsen IV, 18 (HMS III, S. 58) den Satz: hilf dir selbst, so hilft dir Gott, und scheinbare Torheit enthüllt sich als Klugheit am Bispel vom Blinden mit der Fackel IV, 10 (HMS III, S. 57), der, nach der Torheit seines Beginnens gefragt, erwidert: meine Fackel leuchtet den Sehenden bei Nacht, so daß sie mich sicher führen.

g) Vom Glück

In der unsicher gewordenen Welt fühlt sich der Mensch den Mächten ausgeliefert. Auch die Spruchdichtung läßt die neue Inbrunst spüren, mit der die Menschen Zuflucht bei Gott oder der Kirche suchen. Indessen steht zu allen Zeiten daneben die zweite unfaßbare Macht von Schicksal und Glück. Immer wieder hören wir in den Sprüchen die Stichworte *heil, sælde, gelücke.* Die Wechselfälle im Leben des wandernden Dichters lassen ihn das launische Wechselspiel des Glücks besonders hart fühlen, und Walthers alte Klage, daß ihm das Glück stets den Rücken wende, kehrt in mancherlei Variationen wieder. Die Unberechenbarkeit und die krummen Wege des Glücks beklagt der Meißner I, 6 und XVI, 9 (HMS III, S. 87 bzw. S. 105), speziell im Herrendienst tut es Rûmelant von Sachsen VIII, 5 und 6 (HMS III, S. 65 f.). Grundsätzlicher beschäftigt das Wesen des Glücks Konrad von Würzburg 32, 151 (S. 60): es läßt den *hôchvertegen schalc* steigen, um ihn um so tiefer stürzen zu können. Und der Kanzler XVI, 7 (Kr. S. 209) läßt es in seiner Unbegreiflichkeit, seinem rätselhaften Ursprung und durch die Frage, mit welchem *dienst* man seine Hilfe erstreben könne, als eine Art göttlichen Wesens erscheinen. Noch eigentümlicher vergöttlicht Meister Kelin II, 1 (HMS III, S. 21 f.) das Glück, indem er ihm einen himmlischen Ursprung zuschreibt und eine Art Teleologie seines scheinbar sinnlosen Wirkens entwickelt. Es läßt die Guten arm sein, um sie in seinem himmlischen Hof zu versammeln, die Argen aber macht es reich, damit sie in Schande alt werden. Das Glück erscheint hier wie ein beauftragter Handlanger Gottes. So sind natürlich auch die antiken Verkörperungen von Glück und Schicksal nicht unbekannt. Der gelehrte Marner kennt die antiken Parzen *(schepfen)* und klagt in Spruch XV, 2 über das Seil, das sie ihm geflochten haben. Auch fehlt Fortuna, Frau Sælde, mit ihrem Rade nicht. Johann von Ringgenberg (Schw. M. Nr. XXIX S. 377 f.) bezieht dessen vier Phasen auf Reichtum und Armut. Meister Sigeher VI, 1 (HMS II, S. 362) geht von der bildlichen Darstellung des Glücksrades mit den vier Gestalten aus, die wir z. B. aus den Carmina Burana kennen, und knüpft daran eine Fürstenlehre, die er Konrad IV. auf seinen Italienzug mitgibt. Dietmar der Setzer I, 3 (Kr. S. 52 f.) verbindet das Glück ähnlich wie Kelin in eigentümlicher Weise mit der Vorstellung von Gottes Lenkung. Steigen und Fallen des Glücksrades ist ihm der Erweis, daß Gott die Übermütigen zu Fall bringt. Dem Fatalismus, der aus solchem Schicksals- und Glücksdenken entspringt, tritt Wizlav von Rügen I, 9 (HMS III, S. 80) überlegen entgegen. Die Leute sagen: „Mir geschieht nur, was mir bestimmt ist" und „es muß so sein", aber hinter solchen Redensarten birgt sich die bequeme Entschuldigung für unrechtes Handeln.

h) Religiöse Sprüche

Die Glückssprüche bleiben eine Randerscheinung in der Flut der frommen oder gelehrten Sprüche, die den Weg zu Gott suchen. Man täte diesen Dichtern Unrecht, wollte man ihre religiöse oder theologische Dichtung als innerlich unbewegte Zweckdichtung und Formkunst abtun. Aus zahlreichen Gebetssprüchen und religiösen Preissprüchen spricht echte, nicht selten ergriffene Frömmigkeit und tiefes Sündenbewußtsein, und die anspruchsvolle Form will so gut der Ehre Gottes dienen wie das reiche Bild- und Schmuckwerk der bildenden Kunst.

Das Gebet kann Paraphrase gültiger Gebete sein. Spruch XII, 3 des Marner verbindet Vaterunser und Ave Maria. Spruch XVIII (Kr. S. 216) des Kanzler paraphrasiert das Vaterunser allein. Oft wird in Dankbarkeit ein Gebet an den Anfang einer Spruchreihe gleichen Tones gestellt, und in diesen Gebeten zeigt sich wieder die gewaltige Bedeutung, die der Kult Marias im 13. Jahrhundert gewonnen hat. Sonst richten sich die Gebete noch ausschließlich an Gott, an die Trinität und ihre Personen. Der Heiligenkult als persönliche Beziehung des einzelnen Menschen zu einem ihm besonders vertrauten Heiligen spielt erstaunlicherweise noch garkeine Rolle. Das einzige Heiligengebet, der vielleicht unechte und späte Spruch des Meister Stolle I, 22 (HMS III, S. 7), ist Litanei, nicht Einzelgebet. Er beginnt mit Gott, durchschreitet die ganze himmlische Hierarchie, um seine Krönung auch hier im Anruf Marias zu finden. Und vereinzelt bleibt des Hardegger Anruf an die zwölf Apostel I, 3 (HMS II, S. 134 f.).

Maria gelten zahllose Gebets- und Lobsprüche. Soweit sie nicht bloßer Preis aus dem Schatz der Marienepitheta sind, kreisen sie um drei Hauptvorstellungen: die Gottgebärerin, die Himmelskönigin, die Fürbitterin. In der Anrede des Marner XII, 1: Maria Mutter und Jungfrau, Trösterin der Sünder, Herrin aller Heiligen und Königin im Himmel sind sie knapp vereinigt. Maria wird heilsgeschichtlich gesehen; aus dem heilsgeschichtlichen Augenblick ihres Lebens, der Heilandsgeburt, ergibt sich ihr Ruhm und ihre Macht. Die Wortklangbeziehung des Ave zu dem Namen Eva erweist die heilsgeschichtliche Bedeutung der Verkündigung. Das Wunder der Empfängnis wird deutlich in der Antithese des engen Mutterleibes, der den allumfassenden Gott umfing. Die jungfräuliche Geburt wird vom Meißner V, 2 (HMS III, S. 94) aus den Prophetien und dem Lukasevangelium erhärtet. In dem sehr gelehrten dreistrophigen Bar II, 1–3 (HMS II, S. 368) des Rûmelant von Sachsen wird sie am Einhorn exemplifiziert. Es fehlt auch in der Spruchdichtung nicht an Beispielen dafür, daß, wie in Frauenlobs Marienleich, die Terminologie des Minnesangs für den geheimnisvollen Augenblick der Vereinigung Gottes mit Maria verwendet wird. Aber nur ein so selbständiger Dichter wie Friedrich von Sonnenburg wagt, damit zu spielen. In dem Spruch I, 2 verlangt er von Maria *miete*, damit er ihre heimlichen Minnebeziehungen zu einem „hohen Manne", ja, zu deren dreien nicht verrät, ein Spiel, das später ein neunstrophiges, dem Boppe fälschlich zugeschriebenes Ave-Maria-Lied (HMS III, S. 405) knapp *(si het drî friedel minniklîch)*, der Meistersinger Suchensinn weitläufig wieder aufnimmt.

Erstaunlich selten begegnet man in den Sprüchen der Auffassung Marias als menschlich liebende Mutter. Selbst in den Weihnachtssprüchen Sonnenburgs IV, 28, Rûmelants von Sachsen IX, 3 (HMS III, S. 67) und des Hardegger I, 5 (HMS II, S. 135) fehlt jede Innigkeit der Krippenszene, Ochse und Esel, Josef, die Hirten, die Könige, die in der epischen Dichtung und im Weihnachtsspiel vorherrschen. Sonnenburg sagt *nativitas* und scheucht schon damit jede Traulichkeit fort. Mutter und Kind in menschlicher Beziehung gibt es kaum. Wenn der Marner XIII, 2 die Küsse Marias erwähnt, so wird auch hier die vertraute Nähe vermieden, indem das Kind als *der süeze Altissimus* bezeichnet wird. Und wenn Konrad von Würzburg 32, 31 (S. 56) nicht ohne Sinnlichkeit von den Brüsten Marias und der Milch spricht, die sie spendeten, so geschieht es in einem Spruch vom Jüngsten Gericht, da Maria, auf die Zeichen der Mütterlichkeit hinweisend, den Zorn des Sohnes besänftigen soll. In der schönen Anrede der fürbittenden Maria an ihren Sohn läßt der Henneberger I, 8–9 (HMS III, S. 40) Maria selbst auf Simeons Schwert und den Schmerz bei Christi Tode hinweisen, also auch hier, wie bei Konrad von Würzburg, eine himmlische Szene, keine Darstellung von Marias Leiden auf Erden. Marias ganzes Erdenleben tritt zurück; die zahlreichen lateinischen und deutschen Marienleben haben in der Spruchdichtung so wenig Spuren hinterlassen wie die zutraulichen Marienlegenden. Es gibt als eigenes Thema eines Spruches keine Maria unter dem Kreuz, keine Pietà, keine Marienklage. Flüchtig erwähnt der Marner XIV, 8 Marias Weinen, das späte, dem Boppe zugeschriebene Ave-Maria-Gedicht Str. 7 Marias Schmerz bei Christi Tode. Meister Stolle I, 3 (HMS III, S. 3 f.) empfiehlt, Maria bei dem Anruf um Fürbitte an die Geburt des Sohnes, den Schmerz bei seiner Kreuzigung, die Freude bei seiner Auferstehung zu mahnen. Nur systematisiert ist von Marias irdischem Dasein die Rede bei den Freuden Mariae, deren der Meißner IX, 2 (HMS III, S. 99) fünf, Sonnenburg IV, 8 sieben aufzählt.

Die Göttlichkeit Marias überleuchtet alle Menschlichkeit. Sie ist nächst Gott die Höchste im Himmel, so sagt z. B. Stolle I, 2 (HMS III, S. 3). Der Meißner XIX, 1 (HMS III, S. 109) und Friedrich von Sonnenburg IV, 8, vielleicht auch Boppe VI, 1 (HMS II, S. 384) wissen von jener letzten Steigerung Marias, daß sie, wie in der Goldenen Schmiede des Konrad von Würzburg und dem Marienleich Hermanns des Damen, in die Präexistenz bei Gott vor aller Schöpfung aufgenommen ist. So ist ihrer Bereitschaft zur Hilfe eine Macht des Helfens gegeben, die keine Grenzen kennt. Ihre Hilfe ist auch beim Jüngsten Gericht noch wirksam. Während die epischen Dichtungen und die Weltgerichtsspiele die Gnadenlosigkeit des letzten Gerichtes gerade an der Vergeblichkeit von Marias Fürbitte demonstrieren, rufen die Spruchdichter eben ihre Hilfe vor dem Gericht an. Rûmelant von Sachsen I, 3–5 (HMS II, S. 367 f.) veranschaulicht diese Hilfe in einer kleinen dramatischen Szene zwischen Maria und Christus. Maria wendet sich unter Berufung auf ihre Brüste, ihren Schoß, ihre Schmerzen an den Sohn, und dieser nimmt Maria bei der Hand und tritt vor den Vater, um für den Sünder unter Berufung auf seinen Erlösungstod Gnade zu erbitten. Hier, in der himmlischen Szene, werden unter dem Eindruck des religiösen Dramas das irdische Verhältnis von Mutter und Sohn und das menschliche Leiden sichtbar. Doch anders als im Weltgerichtsspiel wird Christus hier von dem Wort der Mutter bezwungen.

In und mit Maria war ihr Sohn gepriesen. Anruf und Preis Gottes erklingen in zahlreichen, oft sehr schönen Gebetsstrophen. Ausdrücklich oder unausgesprochen ist es Trinitätspreis, auch wenn eine Person stärker heraustritt. Die großen heilsgeschichtlichen Ereignisse – Schöpfung, Erlösung, Gericht – stehen im Vordergrund preisender oder flehender Andacht, wie in Boppes Preisstrophe auf Christus I, 13 (HMS II, S. 380) der ganze Bogen der Heilsgeschichte von der Schöpfung bis zum Gericht durchlaufen wird. Die Schöpfung erscheint als die große Wundertat Gottes; aus der geschaffenen Natur erwächst der Preis des Schöpfers. Der Kosmos als Tat und Ordnung Gottes beschäftigt den Sinn dieser gelehrten Dichter; indem sie seinen Wundern betrachtend oder erläuternd nachdenken, wird ihnen Gottes Größe klar.

Für viele mögen hier zwei Prachtsprüche des Walther von Breisach I, 1 und 2 (Kr. S. 575) beispielhaft stehen. Die erste ist ein Preis der Trinität aus ihrer Unermeßlichkeit, erhaben über Zeit und Raum. Die Ewigkeit ist ohne Anfang und Ende, und doch trägt Gott beides, Anfang und Ende, in seiner Hand. In der Mitte, also in der Zeitlichkeit, steht seine Kraft, auch dort ohne Maß und umzirkenden Zwang. Diese Mitte ist der Kosmos, der durch die Kraft Gottes geschaffen ist und erhalten wird. Daraus erwächst der Gottespreis des zweiten Spruches. Das Zusammenwirken der Elemente, der Gang von Sonne, Mond und Planeten, die atmosphärischen Erscheinungen, die runde Weite des Firmamentes – „wie die Bücher es nennen " – schließlich die Menschenschöpfung sind die Wunder Gottes, die zur Anbetung zwingen.

Dieser kosmologische Aspekt, dem neben dem Größten auch das Kleinste zugesellt werden kann – die Tropfen des Meeres, die Körner des Sandes beim Marner XIV, 11, die Milbe neben den kosmischen Erscheinungen bei demselben I, 3 – wiederholt sich einfacher oder gelehrter vielfältig. Der Preis Gottes aus der Schöpfung, kosmogonisch oder kosmologisch, kehrt auch in den Eingangsgebeten der religiösen Epik immer wieder. Er erweist sich damit als eine zeittypische Form.

Wo die Erlösungstat zum Gegenstand andächtigen Preises oder Gebetes wird, tritt naturgemäß die Gestalt des Sohnes in den Vordergrund. Es wiederholt sich das bei Maria Beobachtete: das Menschliche tritt vor dem Dogmatischen zurück. Es ist Gottes unfaßbarer Gnadenentschluß, die Menschheit von der Verfallenheit an Tod und Hölle zu erlösen. Die Geburt und Fleischwerdung als Ausführung des Entschlusses wird, wie wir sahen, vor allem von Maria her als das Eingehen des Unendlichen ins Endliche gesehen und zu ihrem Lobpreis verwendet. Soweit Christi Leiden und Tod überhaupt in ihren erzählerischen Einzelheiten erwähnt werden – am ausführlichsten bei Helleviur I, 1 (HMS III, S. 33) – geschieht es unter heilsgeschichtlichem Aspekt. Die Auswahl wird vom Glaubensbekenntnis bestimmt, nicht von den Evangelienberichten, und die apokryphen Erweiterungen kommen nicht zu Worte. Die Haltung der Compassio oder Imitatio, die sich in Christi menschliches Leiden und Sterben, in Blut und Wunden versenkt, treffen wir nicht an. Der Meißner zählt in Spruch VI, 2 (HMS III, S. 95) die Zeichen beim Tode Christi auf, ohne von seinen Leiden zu sprechen oder sich gar darein zu versenken. Es bleibt schon vereinzelt, wenn Hermann der Damen III, 8 (HMS III, S. 163) von den Martern Christi aussagt, daß sie die Marter aller Heiligen übertroffen haben. Das menschliche Leben Christi zwischen Geburt und Passion bleibt außer Blickweite. Die Wunderberichte der Evangelien werden nicht als Parallelfälle bei Bitten um Hilfe herbeigerufen. Wenn das Stichwort *wunder* fällt, meint es, wie die *miracula Christi* im Ezzoliede, die großen heilsgeschichtlichen Wundertaten der Schöpfung und Erlösung. In all dem wiederholt sich in der Spruchdichtung, was wir für die Struktur der neutestamentlichen Epik feststellen werden.

Am seltensten tritt der Heilige Geist hervor und stets als Teil der Trinität. Der Meißner X, 5 (HMS III, S. 100) stellt den Heiligen Geist in den Vordergrund und bittet ihn, uns mit seinem Geiste zu erfüllen *(geisten)*. Hermann der Damen IV, 2 (HMS III, S. 165) preist den Heiligen Geist als den Inspirator des Vaters und des Sohnes im Erlösungsentschluß und Marias in der Empfängnis; auch hier wird er angerufen, uns zu *geisten*; vgl. schon Reinmar von Zweter, Spruch 10.

Gebet und Preis sind von tiefem Sündenbewußtsein und Verlorenheitsgefühl durchklungen. Wie in den ethischen Sprüchen die Flüchtigkeit und Wertlosigkeit irdischen Besitzes im Angesicht von Tod und Ewigkeit das immer wiederholte Argument gegen Reichtum, Habgier und Geiz sind, so kehren in den religiösen Sprüchen das *Memento mori* und die Eitelkeit der Welt als Mahnung zu Buße und Weltabkehr wieder. In zwei Sprüchen, die nur aus christlichem Denken gedichtet sein können, spricht Süßkind von Trimberg IV, 1 (Kr. S. 423) und I, 3 (Kr. S. 422) von der Ohnmacht aller menschlichen Vorzüge vor dem alles gleichmachenden Tode und, mit der alten Dreiheit: was ich war, bin und sein werde, von der Flüchtigkeit des Daseins.

Hermann der Damen IV, 9 (HMS III, S. 166) kennt die alten Bilder vom Leben als Traum und vom stürzenden Baum, Stolle I, 7 (HMS III, S. 4) das Bild vom Eis, das in der Sonne schmilzt. Konrad von Würzburg häuft in Spruch 32, 256 (S. 63) realistische Bilder der Vergänglichkeit und klagt in dem schönen Spruch 32, 271 (S. 64) über die Unwiederbringlichkeit der rasch enteilenden Zeit. Der gelehrte Marner spricht XIV, 2 von den Straßen der Welt und mahnt in geordneter Distinktion, seinen Blick zurück (auf sein bisheriges, sündhaftes Leben), voraus (auf den Tod), hinauf (zum Himmel), hinab (zur Hölle) zu richten und dadurch zur Weltabkehr zu gelangen, und der Meißner entwickelt in II, 2 (HMS III, S. 88 f.) das Bild der Welt an der Rose, die rasch verblüht, mit Dornen sticht und eine Frucht trägt, die außen schön, innen wertlos ist.

Eine schöne Spruchreihe, die in der Kolmarer Meistersingerhandschrift unter dem Namen des Regenboge überliefert ist (HMS III, S. 344 f.), kleidet den Gedanken des *Memento mori* in ein Gespräch des Dichters mit dem Tode, das zum Ackermann aus Böhmen hinüberweist. Der Dichter bittet den ihm erscheinenden Tod um Schonung; dieser gewährt ihm Aufschub, bis er seine Boten sendet: graues Haar und grauen Bart und die Beschwerden des Alters. Sie kommen allzu schnell. Der Tod erscheint von neuem, ein Streit hebt an, der letzte Todeskampf. Die Rüstung des Dichters sind schlechte Leintücher, der Priester salbt ihn mit der letzten Ölung. Der Tod schlägt ihm Beine und Arme, Haupt und Augen, zuletzt schlägt er ihm das Herz entzwei. Aber, so sagt die letzte Strophe, damit ist der schwerste Streit noch nicht gefochten. Es ist der Streit von Himmel und Hölle um die Seele, und die Strophenreihe endet mit einem eindringlichen Gebet an Maria um Hilfe und an Gott um Gnade. Denselben Gedanken, den Tod als Kampf, zu dem der Dichter mit geistlichen Waffen von einem Priester und einer Jungfrau (Maria) gerüstet werden möchte, greift das Mariengebet VI, 1–5 (HMS III, S. 354) noch einmal auf.

Solcher Welthaltung muß sich in dieser allegorienfrohen Zeit die Figur der Frau Welt anbieten. Zu einer breiten, gewiß durch Konrad von Würzburg angeregten Darstellung hat sie der Guotære in einer Serie von fünf Sprüchen, I, 1–5 (HMS III, S. 41 f.) entwickelt. Sie erscheint hier (Str. 1–2) einem Ritter auf dem Totenbett; die böse Rückseite wird drastisch veranschaulicht. Drei weitere Strophen gelten der Deutung, dem emphatischen *Memento mori* – der Tod zieht täglich einen Tagemarsch weit gegen uns heran – und der Aufforderung, Maria um Hilfe anzurufen. Hier ist wieder des bedeutenden und eigentümlichen Friedrich von Sonnenburg zu gedenken. Auch er weiß von der Vergänglichkeit und Verführung der Welt. In dem Rätselspruch IV, 17 schildert er Frau Welt als eine chimärische Erscheinung mit einem Bauch aus Stahl, einem Rücken aus Blei, befiederten Füßen und von schwer durchschaubarem Sinn; sie ist weise und töricht. Sie hat den Teufel zum Ehegemahl, und in IV, 18 weiß der Dichter, daß ihr Lohn am Ende jammervolles Leid ist. Aber in der pointierten Schlußzeile von IV, 17 sagt er, Gott hat uns die Welt gegeben zu Schaden und zu Nutzen. Eine andere Weltsicht spricht sich darin aus. Sie geht von der Welt als Schöpfung Gottes aus, einer Sicht, die in dem vielfältigen Lob des Schöpfers aus der Schöpfung widerklingt. Sonnenburg hat sie in der einzigartigen Spruchserie IV, 1–5 zum Thema gemacht. Hier können wir einen Stropheneingang hören wie: *O wol dir, gotes wundertal, ich mein dich, tiuriu welt* (IV, 2), und er wagt den Ausspruch: *swer dich beschiltet, welt, der schiltet got.* Welt ist hier fast mit Natur identisch, die seit dem späten 13. Jahrhundert, in der Spruchdichtung vor allem bei Frauenlob (vgl. S. 472 f.), als eine positive, schaffende und gestaltende Macht erscheint, Helferin und Dienerin Gottes bei der Schöpfung und Erhaltung der Welt. Wir mögen solchen Weltpreis nicht überbewerten; Sonnenburg begründet ihn theologisch. Wer die Schöpfung schilt, der setzt in ihr den Schöpfer herab. Aus der Welt hat Gott das Fleisch der Menschwerdung genommen, seine Mutter gewählt, seine Heiligen bekommen. Er birgt sich im Brot, womit die Erde den Himmel „übersteigt". Und in IV, 4 bestreitet er, daß man „der Welt entsagen" könne; man entsagt nur der freien Lebensweise und der Sünde; denn selbst der Tote verbleibt in der Welt. Dennoch klingen solche tiefempfundenen Töne neu und einmalig, ein neues Weltgefühl vorverkündend, und man meint, sehr Modernes zu hören, wenn Sonnenburg IV, 1 sagt: die Welt ist ohne Fehl, wo nicht die Menschen sich in Sünde verstricken. Ein Gedanke, den schon der Hardegger III, 1 (HMS II, S. 137) rationaler ausgedrückt hatte, wenn er die Welt von aller Missetat freispricht, weil sie nicht handelt, sondern nur unverändert i s t, wie Gott sie geschaffen hat, aller Kreatur zur Verfügung, ein Spielbrett, auf dem wir die Steine rücken. Kein Wunder, daß der gelehrte Frauenlob solch zweiseitiges Denken über die Welt aufnimmt und durchdiskutiert. In dem großen Streitgespräch zwischen Minne und Welt (Str. 424 ff.) kennt er das Doppelbild der Welt mit der schönen Vorderseite und dem wurmzerfressenen Rücken und ihren vergänglichen Lohn. Sie darf aber von sich selber auch aussagen, daß sie *ein gotes garte vîn* (Str. 441) sei, und er führt den Gedanken des Hardegger von der ruhenden Welt weiter, die vom Tun und Handeln der Menschen unberührt ist.

i) Gelehrsamkeit

All dies zeigt sehr deutlich, daß wir es mit gelehrten Dichtern zu tun haben. Es gehört zu den bezeichnendsten Merkmalen der späten Spruchdichtung, wie sehr sie zur gelehrten Dichtung geworden ist. Es ist ein allgemeines Zeitphänomen, daß die Laien am Schulwissen teilhaben wollen, theologische und naturwissenschaftliche Fragen aufgreifen, sie selbständig diskutieren und breiteren Kreisen vermitteln. Was wir in der umfänglichen Paraphrase des Hohen Liedes durch den Magdeburger Schöffen Brun von Schönebeck im Großen sehen werden (vgl. S. 497 ff.), geschieht vielfältig auch in der knappen Form des Lehrspruches. Es ist aus Raumgründen, aber weitgehend auch sachlich noch nicht möglich, die gelehrte Bildung der einzelnen Spruchdichter auf Umfang und Herkunft zu bestimmen und sie quellenmäßig in die gelehrte Literatur der Zeit einzuordnen. Wir werden uns damit begnügen müssen, sie in ihrem Umfang, ihren Typen und ihrer Bildsprache zu beschreiben. Wenn ein Dichter wie der Marner Schulwissen ausbreitet, so wissen wir, daß er aus einer geistlichen Vergangenheit kommt; bei dem Kanzler und dem Schulmeister Walther von Breisach wird es nicht anders sein. Doch auch andere, zweifellos Laien, wagen sich in diese Bereiche, und es fehlt nicht ganz an Opposition gegen den Einbruch in den Bezirk der geistlichen Bildung. Aus einem echten Gefühl der Unangemessenheit bestreitet der Henneberger I, 7 (HMS III, S. 40) Recht und Fähigkeit des *tumben leien*, in Gottes Schöpfungswunder einzudringen; selbst einem *wîsen pfaffen* sei das zu schwer. Nicht so glaubwürdig und eher ein Stück persönliche Streitdichtung scheint die Invektive des Rûmelant von Sachsen III, 3 (HMS III, S. 55 f.) gegen die *leienbæren pfaffen* und *wânpropheten*, da er selber nicht ungern theologisches und kosmologisches Wissen ausbreitet. Und noch unmittelbarer zielt die Warnung Hermanns des Damen vor tiefgründiger Gelehrsamkeit in den Sprüchen V, 4 und 6 (HMS III, S. 167 f.) auf den frühreifen Wissensdünkel des jungen Frauenlob. Im allgemeinen ist doch Gelehrsamkeit, gern in dunkler Sprache vorgetragen, ein Adelszeichen des „Meisters".

So wird allerhand Gelehrsamkeit, biblische, theologische und profane um ihrer selbst willen dargeboten. Der Kanzler I, 1 (Kr. S. 185) und Frauenlob Str. 32 erzählen die Geschichte von Noahs Trunkenheit als Ursprung der Stände, Sigeher VII, 4 (HMS II, S. 363) demonstriert Gottes strafende Macht an Belsazar. Der Meißner VI, 2 (HMS III, S. 95) zählt die sieben Zeichen beim Tode Christi auf und wendet sie gegen die Juden, wie auch Gervelin II, 10 (HMS III, S. 37) Christi Taufe, Kreuztragung und Höllenfahrt den Juden entgegenhält und daraus ihre Verlorenheit vor dem Jüngsten Gericht ableitet. Eigentümlich kehrt Stolle I, 21 (HMS III, S. 7) das bekannte biblische Gleichnis von den beiden Wegen um. Der Weg zum Himmel ist in diesem Spruch eben, der zur Hölle schmutzig, krumm und naß; dem volkstümlichen Denken muß alles schön sein, was zum Himmel, alles häßlich, was zur Hölle gehört. Über die Teleologie des Bösen macht sich Rûmelant von Sachsen in dem ersten Spruch der Serie I (HMS II, S. 367) Gedanken. Es ist nötig, damit man das Gute unterscheiden und erkennen kann. Daher hat der Sündenfall seinen Sinn; durch die Sünde der Menschen wurde Maria zur Würde der Mutter Gottes erhöht. Gottes Lob würde nicht ertönen, wenn er die Menschen nicht hätte. Der Henneberger I, 6 (HMS III, S. 40) leitet die hohe Würde des Menschen – *menschentier* sagt dieser eigenständige Dichter – daraus ab, daß Gott menschliche Gestalt, *der formen kleit*, annahm und die menschliche Natur mit der göttlichen verschmolz. Mit den Christen hat er Gestalt und

Namen gemein, das erhöht den Menschen über die Engel, denen das nicht zuteil geworden ist. Ähnlich preist Boppe I, 16 (HMS II, S. 381) den *hôhen, werden, wîsen* Menschen, weil Gott ihm die Herrschaft über alle Dinge der Natur gegeben und weil er sich selbst ihm zur Speise geschenkt hat.

Boppe beruft sich für seine Weisheit mehrfach auf „König Tirols Buch". Er muß damit Fassungen des in Bd. II S. 410 f. besprochenen Lehrgedichtes von Tirol und Fridebrant meinen, die uns bei dem fragmentarischen Zustande der Erhaltung nicht bekannt sind. Ähnlich beruft sich Rûmelant von Sachsen II, 1 (HMS III, S. 53 f.) auf „den weisen Heiden Cato", der gesagt haben soll, daß er die Sünde um ihrer selbst willen verabscheuen würde, selbst wenn er wüßte, daß die Götter sie nicht straften und niemand sie erführe, was freilich in den Disticha Catonis nicht steht. Hier werden also profane Autoritäten für christliche Morallehren aufgerufen. Auch profanes Wissen geht in die Spruchdichtung ein. Der gelehrte Marner verwendet in den Sprüchen XIV, 15 und 17 sein naturgeschichtliches Elementarwissen, das er von der Schule mitgebracht hat. Hermann der Damen IV, 5 (HMS III, S. 165) weiß von den wunderbaren Eigenschaften des Vogels *Krappanie* zu berichten, eines Seevogels, der nur in der Christnacht an Land kommt, und der weiß, wann ein Schiff untergehen soll. Und in der Spruchserie I, 5–10 (HMS II, S. 378 f.) breitet Boppe seine Kenntnisse über fabelhafte Tiere (*Galadrius, Taphart, Pardus, Antilopus*), Sterne (*Cometa*) und Steine (*Kamahu*) aus, vorgeblich zu moralisierenden Zwecken, in Wirklichkeit doch nur, um seine Gelehrsamkeit zur Schau zu stellen,

Vor allem sind es doch kosmologische Spekulationen und Erkenntnisse, um die sich diese Dichter bemühen oder mit denen sie prunken. Der intensiven Beschäftigung mit dem Wunder der Schöpfung sind wir schon im preisenden Gebet begegnet. Sie wiederholt sich in der gelehrten Betrachtung. Nur dürfen wir keine wissenschaftliche Haltung moderner Art erwarten, ein Fragen nach Ursachen und Wirkungen, nach Herkunft und Gesetz. Die Schöpfung bleibt, statisch gesehen, der einmalige Akt Gottes als deren erste und einzige Ursache, unveränderlich in ihrem Bestehen, unbegreiflich in ihrem Sein. Aber die Schöpfung wird doch als das Jetzt gesehen, das uns umgibt, nicht nur als das Siebentagewerk der Anfangszeit. In der Betrachtung der Schöpfung als Fülle der Erscheinungen liegt das Neue und Bezeichnende. Die Schöpfung bleibt „Wunder" – dies Stichwort fehlt kaum einem der Sprüche – vor dessen Unerklärbarkeit der Mensch staunend und demütig steht. Aufgabe des gelehrten Meisters ist es, die Größe des Wunders zu erfassen, es in seinen Einzelheiten zu beschreiben und anschaulich zu machen. Kein zweiter ist darin so eifrig wie der Meißner. Er kennt in I, 2 (HMS III, S. 86) und XIII, 4 (HMS III, S. 102) die bloße Aufreihung vieler einzelner kosmischer, atmosphärischer und geschöpflicher Erscheinungen. Er kann aber auch einzelne Phänomene herausgreifen, etwa die vier Elemente in ihrem Zusammenwirken, um Leben zu ermöglichen. So in V, 4 (HMS III, S. 95), freilich nur, um daran die allegorische Deutung des Salamanders als Teufel, des Chamäleons als die bösen Reiche zu knüpfen. Oder er betrach-

tet in VI, 1 (HMS III S. 95) staunend den Flug der Wolken, den Wechsel
von Tag und Nacht, von Sonne und Mond. Hier wie anderwärts verbindet er die Betrachtung des Schöpfungswunders mit dem der Trinität
und mit ihrem Preis. Ausgehend von dem Wunder der Einheit von
Leib und Seele und von der Geistnatur der Seele, knüpft er in VII, 1
(HMS III, S. 97) ein Zahlenspiel an, das irdische Zahlen zum Bilde der
göttlichen Drei-Einheit macht: die Einheit Mensch, die Zweiheit Leib-
Seele, die Dreiheit Leib-Seele-Geist. Oder er spricht in VII, 3 (HMS III,
S. 97) von den drei Fingern Gottes, die die Welt halten, in der Trinitätsformel: Weisheit, Gewalt, Erbarmen. Der schulgelehrte Kanzler II,
10–11 (Kr. S. 191 f.) bietet seine astronomischen Kenntnisse auf, um
die Unbegreiflichkeit der Schöpfung zu illustrieren, und schwelgt in gelehrter Terminologie: *eccentricôs, paralellen, orizonten, zodiacus, polus
enpireus*. Rûmelant von Sachsen III, 2 (HMS II, S. 368) sucht die
Schöpfungstat anschaulich zu machen, indem er Gott als den großen
Baumeister mit Zirkel und Winkelmaß darstellt, Hermann der Damen V, 2 (HMS III, S. 167) sinnt der Frage nach, woran Himmel und
Erde im Raume hängen; er spricht von Gottes Zange, die sie hält, leicht
wie ein Sandkorn. Gottes Unermeßlichkeit wird an der Endlichkeit des
Kosmos gemessen. Wie der Meißner XIII, 4 (s. o.) verbinden der gelehrte Marner I, 2 und der späte Ritter Johann von Ringgenberg
(Schw. M. Nr. XXIX S. 372) die Schöpfungswunder in genauer Distinktion mit den vier Erstreckungen des Raumes: Höhe, Tiefe, Länge, Breite,
die Gott nicht zu umfassen vermögen.

Die Dichter bemühen sich, das Unbegreifliche in immer neuen Bildern auszudrücken. Aber das Bild ist mehr als nur poetische Veranschaulichung, es ist Erklärung und Beweis. Alle Dinge haben nicht nur Erscheinung, sondern auch Bedeutung; sie sagen eine tiefere und eigentliche Wirklichkeit aus. Gott selber hat in der Schrift, zumal im Alten
Testament, in Bildern gesprochen, die mit der Methode der allegorischen
Interpretation zu deuten Aufgabe menschlichen Erkennens ist. Die
wandernden Literaten haben die alte präfigurativ-allegorische Exegese
von den Theologen gelernt und übernommen. Der Traum des Nebukadnezar aus dem Buch Daniel kehrt außer im Freidank-Anhang (s. o.
S. 442 f.) noch bei Kelin I, 1 (HMS III, S. 20), bei Wizlav von Rügen
I, 7–8 (HMS III, S. 79 f.) und bei Rûmelant von Sachsen IV, 3–5
(HMS II, S. 369 f.) wieder. Die Deutungen zeigen die Vielheit der Be-
zugsmöglichkeiten. Während Kelin und Wizlav die gängige Beziehung
auf die Weltzeiten aufnehmen und die Gegenwart als die kupferne auffassen, stellt Rûmelant eine Beziehung der Teile der Statue zu den
Lebensaltern des Menschen her. Zugleich gibt er uns ein Beispiel für das
häufig nicht logisch durchkomponierte, sondern vereinzelnde Bezug-
setzen. Der zermalmende Stein ist nicht, wie bei dieser menschlichen

Deutung zu erwarten wäre, der Tod, sondern Christus, und dieser wieder nicht, was noch verständlich wäre, der Richter, sondern in Anwendung einer gängigen Deutung der menschgewordene Gottessohn, da der Berg, von dem sich der Stein löst, auf Maria gedeutet wird. Beliebte Präfigurationen bieten die Geschichten der Exodus, die Wunder des Moses vor Pharao bei dem Meißner X, 2–3 (HMS III, S. 99 f.), das Rote Meer und die Wüstenwanderung bei demselben VI, 7–8 (HMS III, S. 96) und bei Regenboge V, 9–11 (HMS III, S. 353). Auch hier wieder ist die Bezugsetzung verschieden; bei Regenboge ist die *glôse* heilsgeschichtlich, beim Meißner zielt sie auf den sündigen Menschen und seine Lebensführung in der Welt.

Allegorische Deutung als wissenschaftliche Erkenntnisweise geht weit über die Präfiguration hinaus. Eine vierstrophige Serie, die in der Manessischen Handschrift Walther von der Vogelweide, in der Jenaer Handschrift Rûmelant von Sachsen zugeschrieben wird (HMS I, S. 267 f.), setzt die vier Elemente zu den Leiden Christi in Beziehung. Der Meißner VIII, 4 (HMS III, S. 98) faßt den menschlichen Leib Christi als das Kleid auf, das die Gottheit anzog. Der Physiologus ist nach wie vor eine beliebte Quelle allegorischer Bezugsetzung. Der Meißner IV, 5 (HMS III S. 92 f.) nimmt den Vogel *Caladrius*, der erkennt, wer sterben muß oder genesen kann, und der diesem die Krankheit aus dem Munde saugt, als Bild Christi, der den Unbußfertigen dem ewigen Tode überläßt, den Reuigen errettet. In dem Doppelspruch XII, 3 und 4 (HMS III, S. 101) deutet er den Kampf des Pelikans mit der Schlange in seinen Einzelheiten auf den Kampf Christi im Erlösungswerk gegen den Teufel. Der Marner XV, 15 reiht sechs Tiere des Physiologus auf, deren *bezeichenunge* auf das Erlösungswerk zielt. Es kommt auch vor, daß die Allegorie des Physiologus aus dem religiösen in den profanen Bereich übertragen wird. Stolle I, 12 (HMS III, S. 5) verwendet Löwe und Strauß als Bilder für Fürstentugenden. Der Kanzler XVI, 2 (Kr. S. 207) setzt die Wiedergeburt des Phönix aus der Asche zum Verhalten der Adligen in Beziehung. Er wünscht den *biderben* die Kraft des Phönix, sich zu verjüngen, den *bœsen* dagegen seine Unfruchtbarkeit, während Frauenlob Str. 192 ihn zum Bild der Jugend macht, die in Ehren alt wird.

Allegorische Auslegung hat mit mystischer Erlebnisweise nichts zu tun. Sie ist ein rationaler Akt und bleibt in ihrer Gottbezogenheit immer mittelbar. Mystischen Erguß, mystisches Empfinden oder Erleben von Gotteinheit werden wir in der gelehrten Spruchdichtung nicht antreffen. Sogar als Stilphänomen begegnet die Sprechweise der Mystik selten. Ein paar Anklänge mögen hier hinweisend notiert werden. Sonnenburgs Spruch II, 1, eine Anrede Gottes an den Menschen, läßt an mystische Sprache denken: zünde dein Licht an, du sehender Blinder, gehe in dich und suche, nimm dich mit dir. Er spricht davon, daß das Licht des Menschen entzündet wird, daß Gottes *sin* den Menschen *durchgründet* hat. Aber es geht Sonnenburg nicht um Versenkung, sondern um Erkenntnis. Rûmelants von Sachsen Eingangsgebet zu der Spruchserie VI (HMS III, S. 61) kennt das Bild des aus Gottes Herzen strömenden Flusses der Gnade und empfindet Christi Haltung am Kreuz mit den ausgebreiteten Armen und dem geneigten Haupt als *umbevank* und *kus*. In Spruch IV, 9 (HMS III, S. 93) des Meißner zeigt die Anrede an Gott *du nihtes iht unde ihtes niht* Kenntnis der mystischen Sprechweise. So mag noch diese und jene Einzelheit zu finden sein; sie verliert sich in der Masse der religiösen Spruchdichtung und nirgends ist sie auch nur im Einzelspruch ein Ausdruck mystischer Erlebnisweise.

Gelehrtem Vorbild ist die Form der Disputation entnommen, die in der lateinischen Poesie als *altercatio* ein vielbenutztes Mittel lebendiger dichterischer Darstellung ist. Sie ist ebenso in den oben S. 440 behandelten Streitgesprächen zwischen Wahrheit und Lüge, Treue und Untreue, Ehre und Schande, Minne und Welt verwendet. Im religiösen Bereich treffen wir den alten Disput mit den Juden über die christlichen Glaubenstatsachen wieder. Am ausführlichsten und anschaulichsten geschieht es in einer Spruchserie des Regenboge V, 1–8 (HMS III, S. 351 ff.). Er wählt im Anschluß an den Wartburgkrieg das Bild des Turniers. Seine Waffen gegen die Juden sind die bekannten christologisch und mariologisch gedeuteten Prophetenstellen, doch ruft er auch Seneca als Zeugen auf. Auch die oben (S. 456) erwähnte Spruchgruppe V, 9–11 wendet ihre präfigurativen Deutungen der jüdischen Geschichte gegen die Juden. Ähnlich bringt der Meißner XV, 2 (HMS III, S. 103) den Trinitätserweis aus der irdischen Dreieinheit Wasser, Schnee und Eis und aus dem meist der Eucharistie geltenden Bild vom zerbrochenen Spiegel, dessen Teile alle die volle Spiegelungskraft behalten, in Anrede an Ketzer, Juden und Heiden.

Der Disput ist auch die Form der Auseinandersetzung zwischen den Dichtern selber. Als meisterliche Form haben wir ihn als epischen Grundriß des Wartburgkrieges gefunden. Er fehlt auch sonst in der Spruchdichtung nicht. In der Spruchserie XII, 1–4 (HMS III, S. 100 f.) wendet sich der Meißner disputierend gegen die eben erwähnte Physiologusstrophe XV, 15 des Marner, ohne einen Namen zu nennen. Er behauptet herausfordernd, dessen Darstellung über Strauß, Phönix und Pelikan sei verkehrt, und er stellt andere Auffassungen als richtig dagegen. Würdiger ist nach Fragestellung und Tonart der Disput des Stolle mit dem Hardegger über die Rolle der göttlichen Gnade in der Sündenvergebung. Der Hardegger hatte in dem Spruch I, 6 (HMS II, S. 135) Christus den Apostel Petrus dahin belehren lassen, daß der Sünder erlöst werden kann, wenn er beichtet und „vergilt, was unvergolten ist". Beichte und Buße also können hier als einzige und genügende Mittel der Sündenvergebung erscheinen. Dieser auf das Werk gegründeten Rechtfertigungslehre stellt Stolle I, 6 (HMS III, S. 4) die Frage entgegen, wie wir aus eigener Kraft alles Unvergoltene vergelten können, und betont die entscheidende Rolle der unerschöpflichen Gnade Gottes und des reuigen Vertrauens auf diese für die Vergebung der Sünden.

Zur Invektive wird der Disput in dem Streit zwischen Meister Singûf und Rûmelant um das von Singûf gestellte Rätsel vom Schlaf I, 3 (HMS III, S. 49). Singûf fordert darin überheblich den Rätsellöser auf, noch drei scharfsinnige Meister zu Hilfe zu rufen. Rûmelant löst in zwei Antwortstrophen (HMS III, S. 49) nicht nur das Rätsel, sondern weist dem Gegner dazu noch einen Fehler nach – der Schlaf sei nicht, wie Singûf behauptet hatte, so alt wie der Mensch; Adam war früher geschaffen als der Schlaf – und in den Strophen VIII, 2–3 (HMS III, S. 65) kanzelt er Singûf wegen seiner Überheblichkeit ab und nennt ihm gleich drei Meister, die, gelehrter als Singûf, dem Meißner helfen würden, Singûfs Kunst zunichte zu machen.

k) Rätsel

Damit sind wir zum Rätselwettkampf gelangt, den wir als konstitutives Element des Wartburgkrieges schon kennen. Das Rätsel als Scharfsinns- und Wissensprobe ist eine uralte Gattung volkstümlicher Poesie. Sein eigentliches Leben führt es abseits des Buches in mündlicher Verwendung und Weitergabe. Literarisch und buchmäßig wird es dort, wo es systematisiert wird. Entweder werden ganze Gruppen von Rätseln durch einen losen epischen Rahmen zusammengefaßt, in dem ein Fragender und ein Antwortender sich gegenüberstehen. Oder das einzelne Rätsel wird inhaltlich kompliziert und dichterisch breit ausgeformt. Beides ist im Wartburgkrieg der Fall.

Die Form der Rätselkette kennen wir im Norden in den sogenannten Heidreksrätseln, die in die Hervararsaga eingelagert sind. Auf deutschem Boden und in deutscher Sprache treffen wir sie im Traugemundsliede, das in einer Straßburger Handschrift des 14. Jahrhunderts erhalten und wohl nicht sehr viel früher im alemannischen Sprachbereich verfaßt worden ist. Ein solches Rätselgedicht ist in der Anlage mit dem Lehr- und Wissensgespräch verwandt: ein Fragender und ein Antwortender, ein Wissender und ein Nichtwissender stehen sich gegenüber. Nur wird hier die Wissensprobe zur Scharfsinnsprobe, und die Rollen überkreuzen sich. Der Fragende ist hier der Wissende, der die Lösung kennt; der Antwortende ist der Ratende, d. h. der Nichtwissende. Dennoch bleibt er der Überlegene, indem er das Rätsel löst, das Verhüllte also nicht nur, wie der Fragende, kennt, sondern im Augenblick erkennt. Das Rätselspiel wird zum geistigen Wettkampf, bei dem es um einen ernsten Einsatz gehen kann. In den nordischen Heidreksrätseln wie im Wartburgkrieg steht der Kopf zum Pfande. Verwandt ist auch jener Typus von Scharfsinnsfragen, auf dem der Eingang von Strickers Pfaffen Amîs aufgebaut ist. Scheinbar unlösbare

Fragen sollen dem Befragten verderblich werden, doch löst er sich durch schlaue Antworten, die das Unmögliche dem Frager wieder zuspielen, aus der Schlinge. Das Traugemundslied bleibt harmloser; es geht nur um die Ehre des Wissens. Der Fragende will Traugemund, wenn er die Rätsel löst, für einen *wætlichen knappen* einschätzen, der Antwortende will den Frager „an die Ehre sagen", d. h. doch wohl, ihm die Ehre der Überlegenheit rauben.

Die Person des Antwortenden ist in dem Traugemundslied durch diesen Namen als der überlegen Wissende charakterisiert. Es ist die volkstümliche Anpassung des arabischen Wortes *targoman* = ,Ausleger, Dolmetscher', latinisiert als *dragumanus* u. ä., fortlebend in nhd. *Dragoman*. Der Name ist ein Typus. Im Wiener Oswald und im Orendel heißt der weltbefahrene Pilger Tragemund, im Münchner Oswald wird er weiter zu Wârmund eingedeutscht. So ist auch im Rätselgedicht Traugemund ein fahrender Mann. Er hat sein Wissen wahrhaft „erfahren"; denn er hat 72 Länder, d. h. die ganze Welt durchwandert.

Das aus 12 lockeren Strophen gebildete Lied zeichnet in den beiden ersten Strophen die epische Situation. Der seßhafte Frager erkundigt sich nach den Lebensumständen des fahrenden Mannes; dieser zeichnet sein Leben – der Himmel mein Dach, die Rosenhecke mein Schlafgemach – in poetischer Verklärung und nennt sich, den wandernden Literaten an Selbstgefühl gleich, einen *stolzen knappen*. Darauf folgen in fünf Strophenpaaren Rätsel und Antworten jeweils durch die gleichen Formeln eingeleitet und abgeschlossen. Die Rätsel sind aufs einfachste priamelhaft gereiht, vier je einzeilige Fragen erhalten ebensolche Antworten. Sie sind zunächst der lebendigen Umwelt, nicht dem gelehrten Buch entnommen: der Storch, die Fledermaus, die Scharbe; der Wacholder, der Schnee, der Berg, die Nacht. Im zweiten Teil meldet sich die Vorstellungswelt des ritterlichen Zeitalters: von Minne sind die Frauen *liep*, von Wunden sind die Ritter kühn, durch Heerfahrten sind die Schilde verblichen. Und als Typus der Untreue erscheint eine literarische Verkörperung, der treulose Sibeche der Dietrichdichtung. Ein den Rahmen rundender Abschluß fehlt.

Solche einfache, reihende Rätseldichtung wird ein beliebtes gesellig-literarisches Spiel der bürgerlichen Gesellschaft des spätesten Mittelalters, wofür in den Anmerkungen der Ausgabe in Müllenhoff-Scherers Denkmälern reichliche Beispiele gegeben sind, und sie leben als volkstümliche Belustigung bis in die Neuzeit fort.

Ganz anders sieht das Rätsel in der Spruchdichtung der gelehrten Meister aus. Sie fragen nicht nach konkreten Einzeldingen in knapper, eindeutiger Form. Sie verrätseln abstrakte Vorstellungen und verdunkeln sie, indem sie sie in ihre Teile zerlegen und jeden einzelnen verbildlichen. Sie gehen also den Weg der Allegorie, überlassen es aber dem Ratenden, die allegorischen Beziehungen aufzufinden und das Ganze daraus zusammenzusetzen. Vorbildlich zeigt diese Technik das erste

Rätsel des Wartburgkrieges von dem schlafenden Kind auf dem Mühlendamm. In drei Strophen gibt Klingsor das Rätsel auf, wie ein Vater sein Kind wecken wollte, das auf dem Damm eines Sees schlief. Er rief es, schlug es mit einer Rute, stieß in sein Horn, packte es am Haar und gab ihm einen Backenstreich, warf eine Keule nach ihm. Doch das Kind will nicht erwachen. Er klagt, daß ein Tier des Physiologus, der gallenlose Ezidemon, sein Hüter sein sollte, das Kind aber, dem Rat des Luchses folgend, in Schlaf gesunken sei. Da bricht der Damm. Auch in drei Strophen löst Wolfram dies Rätsel vom Sündenschlaf des Menschen, indem er jede Einzelheit auf ihren allegorischen Gehalt zurückführt. Der Vater ist Gott, der Hornstoß die Priester, der Rutenschlag ist Herzeleid an Verwandten, der Keulenwurf der Tod. Ezidemon ist der Schutzengel, der Luchs der Teufel. Diesen komplex-allegorischen Typus vertritt neben weiteren Rätseln des Wartburgkrieges vor allem das Mühlenrätsel des Regenboge II, 7–10 (HMS III, S. 347 f.), das an Frauenlob gerichtet ist und in Strophe 11–12 seine Auflösung erfährt. Die in vielen seltsamen Einzelheiten geschilderte Mühle ist die Welt in ihrem Aufbau aus den Elementen, der christliche Glaube, der Tod, die Sünde u. a. Aber auch wo ein einzelnes Ding verrätselt wird, ist es selten etwas Konkretes wie der Schlaf in Singûfs Rätsel, sondern, der lehrenden Tendenz der Dichter entsprechend, eine Qualität: der Neid, die Lüge, die böse Zunge. Und es wird in Einzelheiten ausgesponnen, nicht um zu verdeutlichen, sondern um gelehrt zu verdunkeln, so daß mehr als ein Rätsel für uns undeutbar ist. Es ist ein internes Spiel gelehrter Dichter, wird darum auch als Herausforderung an Kunstgenossen ausgesprochen, und ist nur dem auflösbar, der im Gebrauch der Allegorese und ihrer Sprechweise zu Hause ist.

4. FORM UND STIL

Wir wissen, wie sehr die Form als die eigentliche Aufgabe des Dichters betrachtet wurde; man wird der späten Spruchdichtung nicht gerecht, wenn man sie nur nach dem genormten Inhalt beurteilt. Wie in der Minnelyrik ist die Formvariation die wesentliche Leistung des Dichters, seit Walther von der Vogelweide die kunstvolle Sangstrophe der hohen Lyrik für den Spruch verwendet hatte. Es sind die „Töne", d. h. die Strophen und die Melodien, nicht die Inhalte, die die Meistersinger an den „alten Meistern" bewunderten, mit Namen bezeichneten und für verbindlich erklärten.

Gewiß bleiben auch die einfachen, schmucklosen Formen bis zum kleinen Siebenzeiler aus schlichten Vierhebern im Gebrauch. Sie sind kein Altersmerkmal. Wir treffen sie ebensowohl unter den Tönen des

Freidank-Anhangs und des jungen Marner (Ton VI) wie bei dem späten Hermann dem Damen (Ton II: HMS III, S. 162). Aber weit häufiger geht der dichterische Ehrgeiz auf kunstvolle und großartige Formen. Auch das ist von Anfang an da, vom Frau-Ehrenton Reinmars von Zweter (vgl. Bd. II, S. 419) oder dem zwanzigzeiligen „langen Ton" XV des Marner bis zu der sechsunddreißigzeiligen Riesenstrophe Hermanns des Damen in Ton VI (HMS III, S. 169) und den riesigen Versikeln von Frauenlobs Marienleich. Man kann nicht von Formentwicklung sprechen, nur von Formvariation.

Der Spruch stellt von seinem Inhalt her andere Anforderungen an die Form als das Minnelied. Die einzelne Strophe soll, in sich abgeschlossen, wesentliche Inhalte aufnehmen und Gedankenfolgen durchführen. So sieht man schon bei Walther von der Vogelweide, daß seine Spruchtöne in der Regel stattlicher sind als seine Liedtöne. Die späte Minnelyrik zeigt ihre Fähigkeiten in der zierlichen, verschlungenen Filigrantechnik schlanker, von kunstvollen Reimspielen durchklungener Strophengebilde. Der Spruch darf den Sinn vom Klang nicht übertönen lassen; er sucht Breite und Pracht. Stolliger Aufbau ist die fast ausschließliche Regel. Walthers Experimente mit unstolligen Spruchstrophen haben wenig Nachfolge gefunden. Die klare Systematik des dreiteiligen Aufbaus gab dem gedanklichen Aufbau ein erwünschtes Gerüst. Die Spruchstrophe verwendet seltener kurze Zweiheber, häufig lange und überlange Zeilen, die bis zu 12 Hebungen anschwellen können. Sie ist gerne mehrstöckig gebaut; statt der einfachen zwei- bis dreizeiligen Stollen erscheinen vier- und mehrzeilige. Damens eben genannte Riesenstrophe hat einen zehnzeiligen Stollen, der als Ganzes im Abgesang wiederkehrt. Gewaltige Abgesänge gliedern sich zwei- und mehrstufig in umfängliche Untergruppen. Regenboges *lange wîse* V (HMS III, S. 351) hat z. B. einen vierzehnzeiligen Abgesang, der sich in vier Untergruppen unterteilen läßt. Verwirrende Reimspiele – Binnenreime, Schlagreime, Körner – sind selten; sie würden den gedanklichen Aufbau stören. Wo Virtuosität im Reim gezeigt werden soll, wählt man eher Kettenreime, so Rûmelant von Sachsen Ton VIII (HMS III, S. 65), Reinold von der Lippe I (HMS III, S. 50), Urenheimer I (HMS III, S. 38), Meißner I (HMS II, S. 222), aber auch diese sind selten so exzessiv wie in der Lyrik. Der Reim gliedert und bindet; wie die Schlußzeilen der beiden Stollen durch Reim gebunden sind, so kehrt der Abgesang gern zum Schlußreim der Stollen zurück und bindet so die Strophe zur geschlossenen Einheit. Mit dem Liede teilt der Spruch fortschreitend die Neigung, den Stollen am Ende des Abgesangs teilweise oder ganz zu wiederholen, in Metrik und Melodie also zum Stollen zurückzukehren und so die Einheit und Abrundung der Strophe noch deutlicher hörbar zu machen.

Zur formalen Variationskunst tritt die stilistische, die – ohne dahin schon eingehend untersucht zu sein – an den Regeln der Rhetorik und Poetik geschult ist. Walthers großartige Kunst der Komposition eines Spruches als ein durchdachtes Ganzes, das auf eine Pointe zugespitzt ist, findet sich selten wieder. Die Besten – Konrad von Würzburg, Friedrich von Sonnenburg, der Schulmeister von Eßlingen, der Wilde Alexander – haben einiges davon gelernt, und ihnen gelingen noch geschlossene, pointierte Leistungen. Ich erinnere etwa an den Nebukadnezarspruch des Freidank-Anhangs, an einige der Welt-Sprüche Sonnenburgs, an Konrads von Würzburg Sprüche über die Unmöglichkeit, allen zu gefallen, an die letzte Strophe der Antichristreihe des Wilden Alexander in der handschriftlichen Form und an die prachtvoll zugespitzten politischen Invektiven des Schulmeisters von Eßlingen gegen Rudolf von Habsburg. Weit häufiger suchen die späten Spruchdichter jedoch mehr rhetorische als kompositorische Wirkung. Der politische, preisende und vor allem lehrhafte Inhalt des Spruchs verlangt Eindringlichkeit und Anschaulichkeit. Die wandernden Literaten beherrschen die dafür vorgebildeten Stilmittel, aber in dem Wunsch, ihre virtuose Kunst glänzen zu lassen, übersteigern sie sie gern und zerstören damit ihren Effekt.

Das alte Mittel der Eindringlichkeit ist die Wortwiederholung, die zum reinen virtuosen Spiel werden kann. In der besonderen Form der Anaphora erscheint sie etwa in dem gebethaften Anruf an Maria beim Marner XIII, 1. Ein thematisches Leitwort tritt anaphorisch am Beginn jeder oder der meisten Zeilen auf, so in den antithetischen Doppelsprüchen Boppes I, 3 und 4 (HMS II, S. 378) und des Kanzler VI, 18 und 19 (Kr. S. 213 f.) über *milte* und *kerge*, in dem Spruch IV, 40 des Sonnenburgers über *abgunst*, in dem Spruch 18, 1 (S. 35) des Konrad von Würzburg über *milte*. Oder ein knapper tragender Leitsatz wird einhämmernd wiederholt, so in dem Spruch des Cilies von Seyn I, 1 (HMS III, S. 25) über gute und schlechte Höfe mit dem Wechsel Zeile um Zeile zwischen *so wol dem hove* und *so wê dem hove*, oder politisch wirkungsvoll in den Sprüchen des Stolle I, 11 (HMS III, S. 5) und des Schulmeisters von Eßlingen I, 1 (Kr. S. 61). Stolles Spruch schlägt in der ersten Zeile das Thema an: *der künec von Rôme ne gît ouch niht*, um dann jede Zeile mit *er ne gît ouch niht* zu eröffnen und daran jedesmal preisende Worte zu schließen, die zusammen ein hohes Fürstenbild ergeben, und im Schluß effektvoll den Namen zu verkünden: *er ne gît ouch niht, der künec Ruodolf*. Bitterer und härter beginnt der warnend an die Fürsten gerichtete Spruch des Eßlinger Schulmeisters mit dem Ruf *wol ab*, dem Widerspiel zu dem frohgemuten *wol ûf*, der in der Bedeutung „hinunter mit ihm" zu verstehen ist.

Noch häufiger ist das Spiel mit einem Wort oder einer Wortsippe in freier Stellung durch die ganze Strophe. Auch dies kann aus echter Ein-

dringlichkeit zu bloß virtuosem Spiel werden. Ein guter Dichter wie der
Henneberger vermag in I, 2 (HMS III, S. 39) durch die unübertrie-
bene Wiederholung von *vriunt* und *vriuntschaft* Wert und Würde der
Freundschaft angemessen hervorzuheben. Auch bei dem Meißner wird
in dem religiösen Spruch X, 5 (HMS III, S. 100) die Erfüllung des
menschlichen Geistes durch den Heiligen Geist, das *geisten*, durch starke
Wortwiederholungen eindringlich erfleht, in XIII, 2 (HMS III, S. 101)
die Thematik des Spruches über die Selbstbeherrschung durch wiederholende Hervorhebung der Wörter *muot, man, zoum* profiliert, in
Rûmelants Karfreitagsspruch II, 9 (HMS III, S. 54) durch das etymologische Spiel mit *vrîtac, vrî, vride*, die befreiende und befriedende Macht
des heiligen Tages im Wort hörbar. Aber ein Strophenanfang wie
Rûmelant von Sachsen III, 1 (HMS II, S. 368)

> *Got der aller wunder wunder wundert,*
> *der hat sunderlich besunder wunder ûz gesundert*

oder in derselben Strophe die Zeile

> *Mit listen aller liste list verliste*

sind nur noch virtuoses Spiel. Der sonst geschmackvolle Friedrich
von Sonnenburg hat sich in I, 12 solchem virtuosen Spiel hingegeben, indem er in den 16 Zeilen der Strophe 37mal das Wort *got* unter-
bringt, und das Homonymenspiel mit den Wortgruppen *rat, leit, arm,
stat* beim Meißner XIII, 3 (HMS III, S. 101 f.) verzichtet vollends auf
Sinngehalt und Sinnverständnis.

Es kann hier nicht die Aufgabe sein, alle sprachlich-stilistischen Mittel aufzuführen, mit denen diese gelehrten Sprachjongleure zu glänzen
und aufzufallen suchen. Seltene Wörter, ungewöhnliche Reime, unerwartete Wendungen führen zu Effekten, die als „geblümte Rede" im
Minnelied, im Minnebrief, in der Minneallegorie systematisch zu Mitteln eines hohen, dunklen Stils ausgebaut worden sind. Konrad von
Würzburg und Frauenlob werden in ganz verschiedener Weise zu
Meistern und Mustern dieser Stilform (vgl. S. 469). In der Spruchdichtung bereichert sich die geblümte Rede mit den Stilmitteln der gelehrten
Abhandlung – verwickelten Sätzen, abstrakten Deduktionen und Defini-
tionen – zu einem oft aufdringlich schwülstigen Gehaben, das das Sinnverständnis erschwert und uns lästig vorkommt. Doch müssen wir auch
diese Entwicklung aus einer Zeit zu verstehen suchen, deren Kenn-
zeichen der Verlust der *mâze* ist. Die großen Dichter der Stauferzeit hatten den Sinn dafür geweckt, daß Dichtung ihre eigene, gepflegte, von
der Rede des Alltags distanzierte Sprache verlangt, und die Späteren
empfanden sich auch darin als Verwalter eines Erbes, das zu mehren und

zu steigern ihr Anliegen wurde. Nur geschah es in einem entleerten Raum, in dem die höfischen Begriffe fiktiv geworden waren, und gerade in der Spruchdichtung durch Männer mit ganz anderen Interessen und Wertungen. Die Sprache der Dichtung verlor die sichere Kontrolle an dem Lebensstil, aus dem sie erwachsen war. Sie wurde Gegenstand artistischen Selbstzwecks, der Stolz jener, die sie beherrschten, die Bewunderung jener, die sie wie ein equilibristisches Kunststück bestaunten oder, selbst preziös verstiegen, genossen.

Indessen wird das Abstrakte und Theoretische der Spruchdichtung immer wieder aufgehoben durch eine lebendige Bildhaftigkeit von Sprache und Darstellung, die einen anderen Zug der Zeit, den Drang zur realen Anschaulichkeit, befriedigt. Die Lehre durch Bilder faßbar zu machen und einzuprägen ist ein legitimes Mittel der moralischen Didaxe. Sie lebt vom Bilde; im Rahmen der didaktischen Dichtung sind Fabel, Bispel, Gleichnis erwachsen. Die deutsche Spruchdidaktik macht davon keine Ausnahme. Seit dem alten Memento mori Nokers und – im weltlichen Bereich – seit Herger ist sie von Bildhaftigkeit erfüllt.

Am unmittelbarsten und mannigfaltigsten sind die Bilder aus der Natur, zumal das Tierbild. Am Beispiel des Naturbildes sollen die Möglichkeiten der Spruchdichtung knapp skizziert werden. Eine ganz andere Umwelt tut sich auf als in dem stilisierten Naturbild des Minnesangs. Nicht Lilie, Rose, *zîtelôse* wachsen im Spruch, sondern der Holunderbaum mit stinkendem Laub und duftender Blüte bei Sonnenburg IV, 36; Weizen und Rade beim Meißner XVI, 6 (HMS III, S. 104); Äpfel, die faulen, Obstbäume, die verwildern beim Guotære I, 7 und 8 (HMS III, S. 42). Und wenn bei Konrad von Würzburg 32, 61 (S. 57) die Rose erscheint, so brennt man daraus Duftwasser, das die Ehre bedeutet, die man aus einem edlen Herzen brennt, oder sie trägt beim Meißner II, 2 (HMS III, S. 88 f.) und beim Litschouwer I, 1 (HMS II, S. 386) die Hagebutte, die außen schön rot, innen unbrauchbar ist. Weit häufiger ist das Tierbild, aber auch dieses ist gattungsmäßig ganz anders als im Minnesang, wo ja nur die Vögel mit ihrem Gesang zeichenhaft für den Sommer stehen. Hier sind es nicht Nachtigall und Drossel, sondern es ist die Schwalbe mit ihren verachteten Eigenschaften bei Rûmelant von Sachsen IV, 2 (HMS II, S. 369) und dem Meißner XX, 1–2 (HMS III, S. 109 f.), der Eisvogel im Spruch II, 2 des Meißner (HMS II, S. 222), der Specht, der hackend um den Baum läuft, beim Schulmeister von Eßlingen V (Kr. S. 64 f.), die Fledermaus bei Konrad von Würzburg 24, 18 (S. 42) und 25, 67 (S. 45) und bei Boppe III, 1 (HMS II, S. 384). Wenn vom Gesang der Vögel die Rede ist, so bezieht er sich auf die Sangeskunst der Meister. Das Zirpen der Schwalbe steht bei Rumelant IV, 2 (HMS II S. 369) für kunstlosen Gesang gegen Nachtigall und Lerche, der Unverzagte I, 4 (HMS III, S. 43) warnt den jungen Vogel im Neste, fliegen zu wollen, ehe er flügge ist, und zielt dabei auf junge, unfertige Kunstgenossen.

Solche Bilder sind aus der unmittelbaren Anschauung der Natur genommen und mindestens in ihrer Häufigkeit ein Ausdruck neuer Wirklichkeitsfreude. Sie müssen darum nicht unmittelbar gefunden sein. Eine gute Schlußpointe wie die des Guotære I, 6 (HMS III, S. 42): eine kluge Maus läuft einem schlafenden Fuchs nicht in den Rachen, ist nicht nur der Prägung, sondern auch der Herkunft nach dem Sprichwort zu verdanken, ebenso wie Frauenlobs verblüffende Frage Str. 196: *wirt apfelmuos ûz bônen bluot?* Die knappe Formel des Freidankschülers h16 (Kr. S. 268) *innen wolf und ûzen schâf* setzt das biblische Gleichnis voraus, das als „Wolf im Schafspelz" stehende Redewendung geworden ist. Damit ist ein zweiter Bezirk betreten, aus dem das Tierbild genommen wird. Der Fabel als deutschem Erzählgut sind wir schon beim Stricker und im Renner begegnet; sie ist auch den Spruchdichtern bekannt und willkommen. Der listige Fuchs ist ein Stück Wirklichkeit, aber er ist von dem Fuchs der Tiergeschichte und Tierfabel nicht mehr zu trennen. Er kann zeichenhaft knapp stehen, aber er kann auch echter Fabelheld sein, wie beim Kanzler XVI, 13 (Kr. S. 211 f.), der die Fabel vom Fuchs und Raben bîspelhaft erzählt. Ebenso wird die Fabel vom Esel in der Löwenhaut bald in knapper Anspielung vorausgesetzt, so etwa beim Kanzler I, 5 (Kr. S.186), bald von Stolle I, 26 (HMS III, S. 8) ausführlich erzählt und ausgelegt. Die Schlange und ihr verderblicher Stich als Bild des Verrats ist ein Geschöpf der Wirklichkeit, das sprichwörtliche Geltung hat, so etwa bei Dietmar dem Setzer (Str. 2 Kr. S. 52). In der Geschichte vom Mann, der eine froststarre Schlange an seinem Busen wärmt und als Dank von ihr gestochen wird, ist sie ein Wesen der Fabel, die Stolle I, 37 (HMS III, S. 9) breit erzählt und ausdeutet, Frauenlob Str. 204 knapper berichtet. Der Marner liebt das Tierbeispiel. Aus dem Bereich des Reinhart Fuchs stammt die Geschichte vom Wolf, den der Fuchs beredet, seinen Anspruch auf den Esel auf ein Fangeisen zu beschwören, in dem der Wolf hängenbleibt (XV, 7). Aus der Fabel sind die Geschichten vom Storch als Froschkönig (XIV, 6) und von der Königswahl der Tiere (XIV, 14) entnommen, die politisch verwendet werden. Die Geschichte vom Hund und seinem Spiegelbild im Wasser erzählt und deutet Kelin III, 5 (HMS III, S. 23). Auch Konrad von Würzburg wußte die Fabel wirksam zu benutzen. Dem Spruch vom edlen Hund und vom Esel sind wir schon begegnet (S. 415). Die wenig bekannte Fabel vom Löwen, der sich bei seinem Anblick im Spiegel seiner Kraft bewußt wird, hat Konrad nicht nur in dem Spruch 18, 31 (S. 26), sondern auch – in Anlehnung an Statius' Achilleis – im Trojanerkrieg (V. 28486 ff.) benutzt.

Die alte kriegerische und herrscherliche Tiersymbolik, die in Helm- und Schildzeichen Macht, Stärke, Mut ausdrückt, kehrt in den Preissprüchen so häufig wieder, daß Rûmelant von Sachsen in seinem Spruch auf Herzog Ludwig von Bayern VI, 9 (HMS III, S. 63) die elegante Steigerung findet, daß kein Tierbild hinreiche, die hohe Würde des Fürsten auszudrücken.

Löwe, Panther, Leopard, solche Tiere, die in diesem Zusammenhang genannt werden, gehören nicht mehr in die reale Umwelt. Es sind literarische Tiere, und sie führen in den Bereich der gelehrten Zoologie, die den wandernden Meistern besonders am Herzen lag. Der Physiologus und die buchmäßige Naturwissenschaft liefern reichliche Beiträge für das Tierbild im Spruch. Einige davon, Einhorn, Phönix, Pelikan, Salamander, dürften der allgemeinen Bildung vertraut gewesen sein. Anderes wird man für gelehrtes Sonderwissen halten müssen. Dann verliert das Bild die unmittelbare Kraft der Veranschaulichung. Vielmehr ist es jetzt umgekehrt das Bild, das der Erläuterung bedarf, um verständlich zu werden. Wenn von der Schlange Aspis die Rede ist, muß ihr Wesen erst erklärt werden: ein Ohr drückt sie gegen die Erde, das andere verstopft sie mit dem Schwanz, um nichts zu hören. Konrad von Würzburg 25, 1 (S. 43) und Friedrich von Sonnenburg IV, 32 verwenden sie bildlich, aber da hier keine feste Vorstellung bindet, in ganz verschiedener Weise. Konrad wünscht den Herren die Art des Aspis, damit sie für böse Einflüsterungen taub sind, Sonnenburg sieht ihn umgekehrt als Bild der Verstockten, die auf gute Lehren nicht hören wollen. Der Biber, so berichtet Konrad von Würzburg 32, 331 (S. 67) beißt, wenn er gejagt wird, seinen Geil ab und läßt ihn *zeiner miete* fallen, damit man ihn nicht weiter verfolgt. Darin sieht Konrad ein Bild der *milte*: so sollten die Edlen tun, wenn sie der Kummer fahrender Leute jagt. Und, ein zweites Bild assoziativ einmischend, rät er, sie sollen zur Ehre fliehen wie das Einhorn zur Jungfrau. Der Meißner XVII, 6 (HMS III, S. 106) berichtet vom Chamäleon (*gamalion*), daß es jede Farbe annehmen kann, die es sieht, und knüpft daran eine aus der Farbensymbolik entwickelte Tugendlehre.

Die Fülle von Bildmöglichkeiten ist hiermit nicht erschöpft, nur an einem bestimmten Bereich beispielsmäßig vorgeführt. Auch die Formen, in denen das Bild erscheinen kann, sind darin vertreten. Sie gehen vom einfachen Vergleich – still wie eine Maus – über knappe Anspielung und sprichworthafte Prägung zum ausgeführten Gleichnis und zur erzählten Geschichte mit angefügter Ausdeutung.

5. HEINRICH FRAUENLOB

Es hat sich als fruchtbar erwiesen, die späte Spruchdichtung als Gattung zu behandeln und die einzelnen Dichter nur als ihre Repräsentanten zu Worte kommen zu lassen. Doch als Abschluß versuchen wir, soweit das heute möglich ist, das Bild des Mannes zu skizzieren, der Krönung und Abschluß des Typus ist, des Heinrich Frauenlob aus Meißen. Diesem Dichter stand die frühe germanistische Forschung ratlos gegenüber, so daß man ihn allen Ernstes für verrückt erklärte, was noch bis in Ehrismanns Literaturgeschichte nachklingt.

Wir dürfen nicht behaupten, seitdem wesentlich weitergekommen zu sein. Von keinem Spruchdichter außer von Reinmar von Zweter besitzen wir eine so reiche Überlieferung. Die Ausgabe Ludwig Ettmüllers verzeichnet 448 Spruchstrophen, und so viel Unechtes und Untergeschobenes dabei sein mag, so bleibt ein imposantes Gesamtwerk übrig. Aber die einzige Ausgabe, die wir besitzen, ist 120 Jahre alt, eine damals erstaunliche, heute unzulängliche Leistung des gelehrten Herausgebers. Ein vorläufiger Versuch, aus dem Knäuel des Überlieferten echtes und unechtes Gut Frauenlobs auszuscheiden, und ein paar auf das unzureichende Textmaterial gegründete Einzeluntersuchungen sind alles, was zur Verfügung steht. Wir warten auf eine kritische Ausgabe. Wir wissen wenig über Frauenlobs Wortschatz und seine Stilmittel, über Grad und Art seiner gelehrten Bildung, seine Einordnung in die geistige und dichterische Umwelt. Alle Aussagen über ihn sind einstweilen tastende Versuche.

Wenn wir Frauenlob als einen Abschluß der Gattung bezeichnet haben, so nicht, weil er der Jüngste unter den wandernden Literaten gewesen ist, sondern weil seine Kunst die nicht mehr überbietbare Steigerung eines in der Spruchdichtung besonders gepflegten Manierismus des Stils ist. Seine Heimat dürfte das Land Meißen gewesen sein, nach dem er sich benennt. Sein Leben war das eines wandernden Hofsängers. Das früheste Datum ergibt sich aus der Mitteilung von Str. 135, daß er zur Zeit des Konfliktes zwischen Rudolf von Habsburg und Ottokar, d. h. in den Jahren 1276/78, in Böhmen war. Er wird also zwischen 1250 und 1260 geboren sein. Seine Wanderungen scheinen ihn gelegentlich in den Südosten, nach Bayern, nach Tirol und Kärnten geführt zu haben. Im Jahre 1299 erhält er aus der Kasse des Grafen von Tirol einen ansehnlichen Betrag. Aber seinen Halt und seine Gönner fand er doch an den Höfen des Nordens und Ostens, deren kunstfreundliche Fürsten er preist. 1286 war er bei der Schwertleite Wenzels II. zugegen, 1311 besingt er in hohen Tönen das große Ritterfest, das Waldemar von Brandenburg vor Rostock veranstaltete. Danach fand er in Mainz, wohl durch die Gönnerschaft des Erzbischofs Peter von Aspelt, der ihn von Prag her kennen konnte, eine späte Heimstatt und ist dort im November 1318 gestorben.

Das ehrenvolle Begräbnis, das ihm zuteil wurde, spricht von der großen Verehrung, die er genoß. Sein Grabstein, dessen Inschrift und Aussehen wir kennen, war am Dom neben der Tür der Schule angebracht. Aus dem Grabstein, auf dem dargestellt ist, wie allegorische Frauenfiguren seinen Sarg tragen, und aus seinem Beinamen Frauenlob entsprang früh die Erzählung, daß Mainzer Frauen den Sarg zu Grabe getragen haben sollen; schon um die Mitte des 14. Jahrhunderts berichtet das der Freiburger Chronist Matthias von Neuenburg.

Frauenlob scheint ein frühreifes und früh beachtetes Wunderkind gewesen zu sein. Der ältere Kunstgenosse Hermann der Damen warnt den jungen Dichter, den er mit *kint* anredet, in der Spruchserie V, 4–7 (HMS III, S. 167 f.) in väterlich ruhigem Ton vor eitler Überheblichkeit, und wenn der Spruch 266, den Ettmüller als Teil eines Sängerstreites mitteilt, auf Frauenlob gemünzt ist, so vervollständigt er das Bild. Der unbekannte Dichter redet ihn als einen kaum Dreizehnjährigen an und bezeugt ihm den Ruf, daß man seinesgleichen an Gelehrsamkeit in seinem Alter nie gesehen habe. Jedenfalls hat er früh durch Kunst und Gelehrsamkeit Aufsehen erregt, und als das Wunderkind zum Virtuosen wurde, ist ihm ein eitles Selbstbewußtsein erhalten geblieben, das offenbar in der Hochschätzung, die seine Person und seine Kunst errangen, seine Bestätigung fand. Es scheint ihm vergönnt gewesen zu sein, ohne die kleine Not der Fahrenden zu leben. Seine Preissprüche wenden sich an fürstliche Herren des Ostens und Nordens bis hinauf nach Dänemark (Str. 370) in hochgeblümtem Stil, doch ohne Devotion und bettelndes Heischen, wie überhaupt der angelegentliche Bittspruch seinem Repertoire fehlt. Wir möchten uns gerne vorstellen, daß Frauenlob an den späten Höfen des Nordostens mit ihren literarischen Bestrebungen die Rolle eines wenn auch nicht dauernd eingeordneten, so doch geachteten Hofpoeten gespielt hat.

Worin liegt die Besonderheit dieses Mannes, was hob ihn aus dem Schwarm der zahlreichen dichtenden Literaten heraus, machte die Sammler auf ihn aufmerksam, so daß seine Gedichte in so großer Zahl aufbewahrt sind, was ließ ihn zum Prototyp werden, unter dessen Namen herrenloses Gut sich sammeln konnte, und warum erhoben die Meistersinger ihn zu einem der verehrten, nachahmenswerten Vorbilder? Frauenlob war gewiß kein Neuerer, der die Jugend faszinierte, indem er gegen alte, überlebte Traditionen zu Felde zog. Im Gegenteil, er lebte und schöpfte aus der klassischen Tradition. Er selber meinte, aus demselben Kessel zu schöpfen wie die großen Dichter der Stauferzeit, nur glaubte er, es tiefer zu tun. Er war vielleicht rückgewandter als manche seiner Zeitgenossen. Seine Themen und Stoffe sind dieselben wie bei ihnen. Der gesamte Bereich der Spruchdichtung, den wir überblickt haben, kehrt bei ihm wieder: religiöse Sprüche und ethische, soziale Kritik und Jugendlehre, Gelehrsamkeit und Lebenserfahrung, Politik und Kunsttheorie. Auch in der Form ist Frauenlob nicht grundsätzlich neu. Seine Strophen sind zwar meistens umfänglich und kompliziert, aber sie sind nach dem alten Aufbauprinzip aus Stollen und Abgesang gebaut und nicht kunstvoller als die des Marner oder späterer Spruchdichter. Seine Neigung, ein Thema in einer Strophengruppe, meist einer Dreiergruppe zu behandeln, läßt ihn als Dichter der späten Zeit erkennen, aber er hat diese Form nicht erfunden und steht damit nicht allein. Sein gelehrtes Wissen ist vielleicht umfänglicher als das seiner Zeitgenossen, vielleicht vermag er es auch nur besser zur Schau zu stellen, aber es unterscheidet sich grundsätzlich nicht von dem, was andere zu bieten hatten, auch nicht in der Art und Weise des Vortrags. Frauenlob war vielmehr der Vollender der meisterlich-gelehrten Spruchkunst. Was ihn auszeichnete, war eine Beherrschung von Form und Sprache, die nur bei Konrad von Würzburg ihresgleichen hat. Aber sein Virtuosentum unterscheidet sich von Grund aus von dem Konrads. Der Würzburger war an Gottfried geschult und pries ihn als seinen Meister. Sein geblümter Stil sucht den Glanz der Oberfläche, das Helle, Anmutige, redselig Zierliche, Süße des Klanges, Klarheit des Bildes. Frauenlob nennt weder Gottfried noch die Gestalten seines Tristan-romans. Er nennt Wolfram und die Gestalten des Parzival, Willehalm und Titurel. Ein Vergleich mit Vivianz (Str. 134) oder Rennewart (Str. 130) dient zum Ruhm der von ihm gepriesenen Herren. Er sucht die dunkle Tiefe der Sprache. Er umgibt Gelehrsamkeit mit dem Nimbus der Schwerverständlichkeit; seine Strophen fordern die *glôse*, wie Wolfram nach Gottfrieds Reizwort des Kommentators bedurfte. Die über-quellende Fülle seiner Metaphern, Bilder und Gleichnisse vergisst die ursprüngliche Aufgabe dieser Stilform, zu verdeutlichen und anschau-lich zu machen. Sie lösen gerade jede Anschauung auf; sie verrätseln das Einfache wie die Kenninge der Skalden und oft mit ähnlichen Mit-teln, und verlangen vom Hörer, daß er ihren Sinn errate. Alles ist bei ihm, wie Gottfried sagen würde, *verwortet unde vernamet*; das Wort ge-winnt, vom Sinn gelöst, ein körperloses Eigenleben in einem leeren Raum. Es ist ein Rausch der Sprache, aber es ist die bewußte Berau-schung eines Rationalisten, der berechnete Effekt eines Virtuosen.

Denn Frauenlob kann auch anders. Das zeigt die Serie seiner Sprüche in seinem „Kurzen Ton". Eine ganz schlichte achtzeilige Strophe aus einfachen Vierhebern nimmt hier einen Inhalt auf, der, selber einfach, in unverschnörkelter Sprache dargeboten wird. In Lebenserfahrung und Lebenslehre tut sich ein offener Blick für die Realitäten kund, ob der Dichter nun von einem würdigen Bitten und Gewähren spricht (Str. 180 bis 182), oder ob er gar nicht unsinnige Verhaltensregeln für das Liebeswerben und die Liebesgewährung gibt, die er von der Pflicht der Scham entbindet (Str. 214–216). Wieder einmal wird deutlich, wie sehr die Gattung den Stil bestimmt, wie Form, Sprache und Inhalt in be-dachter Relation zueinander stehen.

Indessen nicht auf diesen einfachen Sprüchen beruht der Ruhm Frauenlobs. Wie er selbst sich auf dunkle Erhabenheit bewußt stilisierte, müssen seine Hörer die manierierte Kostbarkeit seines Stils bewundert haben. Nur ein exklusiver Kreis preziöser Damen und Herren kommt als Publikum in Frage, dem dieser Virtuose sich selbst und seine hochstilisierte Kunst darbot. Wir suchen es an jenen ost- und norddeutschen Höfen, deren Fürsten eine späte Hofkultur zu züchten bestrebt waren. Frauenlob ist der eigentlich höfische Dichter dieser späten Zeit und dieser jungen Lande und durfte sich als Fortsetzer und Vollender der großen höfischen Dichtung Walthers und Reinmars von Zweter fühlen. Kein anderer der wandernden Literaten ist so wenig bürgerlich oder volkstümlich wie Frauenlob. Wir merken es der Art seiner Lehrsprüche an. Kein anderer erlebt den Hof so sehr als eine gesellschaftliche Wirklichkeit, in der er zu Hause ist, keiner spricht so viel vom Ritter, von ritterlicher Tat und ritterlicher Gesinnung. Wenn er von *milte* redet und sie als fürstliche Tugend preist, so fast nie, um sie für sich zu beanspruchen. Ihn bewegt immer wieder die Frage eines gesunden Verhältnisses zwischen Herren und Gesinde, auf dem die militärische Kraft des Fürsten und damit die Wahrung von Besitz, Recht und Ordnung im Lande beruht. Er verkündet eine ritterliche Ethik mit den alten Werten der Hohenstauferzeit, und in der adligen Jugendlehre Str. 44, die sich auf *manheit* und *minne* gründet, gesteht er, Wolfram folgend, auch den Heiden diese Werte zu. Seine Verfallsklage hat einen anderen Klang als die der meisten Wanderdichter, denen um den eigenen Broterwerb bangte. Ihm geht es um das Elitebewußtsein; in Str. 52 klagt er Frau Ritterschaft an, daß sich *Dörperheit* ihr zugesellt habe, und daß der Hof nicht mehr zu unterscheiden vermöge. Und in der interessanten Spruchgruppe Str. 78 bis 80 von dem lebenden Toten und dem toten Lebenden wagt er es, den Nachruhm nicht nur als ein Leben nach dem Tode, sondern – in ausdrücklicher Berufung auf die Johannes-Apokalypse – als Auferstehung zu preisen: *in vil vürsten orden die tôten ûferstanden sint, al an prîses horden* (Str. 79, 4–5).

Zu den ritterlichen Werten gehört für Frauenlob auch die höfische Minne. Den volltönenden, blumenreichen Preis der Frau teilt er mit anderen Dichtern seiner Zeit. Mehr als anderen aber ist ihm Frauenkult ein Stimulans ritterlicher Sitte und ritterlicher Tat. Den von ihm gepriesenen Grafen Gerhard von Hoya nennt er der *Minnen schüeler* (Str. 130). Darum kehrt bei ihm auch Walthers Vorwurf gegen die Frauen wieder, daß sie die Männer nicht richtig wählen und „scheiden" können.

Frauenlobs nicht sehr zahlreiche politische Sprüche kreisen alle um das alte Walthersche Problem des Verhältnisses von Imperium und Sacerdotium. Ihm ist das Reich immer noch ein heiliger und gültiger Begriff. So scharf wie Walther greift er die Kurie in ihren Machtansprüchen und ihrer Geldgier an, und immer noch ist es die Konstantinische Schenkung (Str. 301; 335), auf die Frauenlob wie Walther das Unheil in der Welt zurückführt. Wenn Frauenlobs Tadel auch den „Pfaffenfürsten" gilt, so ist das ein Thema seiner Zeit, die die Bildung

starker geistlicher Territorialmächte und damit den Typus der kriegerischen und landesherrlich verwaltenden Kirchenfürsten erlebte. In seinem
Lobspruch auf Bischof Giselbrecht von Bremen (Str. 128) stellt er dagegen das Ideal des wahren, seinen geistlichen Aufgaben hingegebenen
Bischofs. Frauenlob warnt vor dem Einfluß geistlicher Berater an den
Höfen, und seine scharfe Invektive gegen die Franziskaner (Str. 255) ist
durch ihren Einfluß am päpstlichen Hof und auf die päpstliche Welt-
machtsideologie hervorgerufen. Diese entschiedene politische Stellungnahme Frauenlobs bedeutet so wenig wie bei Walther eine Kritik an der
Kirche als solcher. Er spricht mit tiefer Ehrfurcht vom Amt des Priesters und der Heilswirksamkeit der Kirche (Str. 3 ff.). Spezielle Ereignisse und Namen nennt Frauenlob selten. Einmal erwähnt er in langer
Rückerinnerung Rudolf von Habsburg, einmal mahnt er in einem späten
Spruch Ludwig den Bayern zur Festigkeit gegen die päpstlichen Ansprüche. Er bleibt im Grundsätzlichen, und seine politischen Sprüche
entziehen sich damit einer genaueren zeitlichen Festlegung. Die gesteigerten Machtansprüche des Papstes auf Oberherrlichkeit über das
Reich und den Kaiser als Lehensmann des Papstes, ebenso auch die
finanziellen Forderungen der Kurie gab es während der ganzen Lebenszeit des Dichters.

In all diesen Dingen knüpft Frauenlob sehr bewußt an die Denkweise
und die Dichtung der Stauferzeit, zumal Walthers von der Vogelweide
an. Wir haben bei seinen wenigen Minneliedern gesehen, wie er auch
darin den Anschluß an die Wiener Schule sucht. Es ist angebracht, diesen
„höfischen" Frauenlob stärker gegen den „gelehrten" Frauenlob heraus-
zuheben, der das durchschnittliche Bild dieses späten Hofdichters allzu
einseitig beherrscht. Indessen gehört die Ausbreitung tiefsinniger oder
tiefsinnig sich gebender Gelehrsamkeit in sein Bild hinein. Seine Kunst
ist *ars* im Sinne der mittelalterlichen Wissenschaftslehre. Aber darin
unterscheidet er sich höchstens gradmäßig von seinen Zeit- und Berufs-
genossen seit dem gelehrten Marner. Wir spüren es an der Wahl der bei
Frauenlob nicht häufigen Bispelerzählungen. Er entnimmt sie der gelehrten Literatur, so Alexander und das Giftmädchen (Str. 46) und Alexanders Paradiesfahrt (Str. 167), Midas und die Eselsohren (Str. 47), der
Amazonenstaat (Str. 99). Oder sie stammen aus dem Alten Testament:
Noahs Trunkenheit (Str. 31–33), David und Bathseba (Str. 35–37),
David und Goliath (Str. 38–40). Auch das selbstgebildete Bispel ist
gelehrt konstruiert. In Strophe 247 läßt er einen in sein Schwert ge-
bannten teuflischen Geist die Kritik an den Fürsten vorbringen, in
Strophe 264 erzählt er, wie die Ehre sich einem Reichen zu Dienst anbot,
der sie in eine Truhe schloß und den Schlüssel dem Glück anvertraute;
als das Glück die Truhe aufschloß, flog sie als Kuckuck davon. Die großen Themen Frauenlobs sind wie bei anderen theologische und kosmo-

logische Fragen. Zweifellos hat Frauenlob gelehrte Bildung besessen; er versteht sich auf dialektische Auseinandersetzung und logische Distinktion, er hat Bibelkenntnis und scholastische Schulung. Umfang und Grenzen seines Wissens sind zur Zeit noch schwer abzuschätzen. Sein frühreifer Intellekt hat Wissen rasch aufgenommen und gespeichert. Hermanns des Damen Warnung an den jungen Dichter trifft seine gelehrte Überheblichkeit, und die Streitstrophe 266 beginnt mit der Frage: *Wâ bistu gewest ze schuole, daz dû sô hôhe bist gelârt?* Doch halte ich die Ansicht für richtig, daß Frauenlob im wesentlichen von seinem frühen Schulwissen zehrt, ohne es später zu pflegen oder auszubauen. Es scheint mir aufschlußreich, daß er nirgends theologische Autoritäten zitiert. Er reproduziert aus dem Gedächtnis, ohne sich zu kontrollieren. Es kommt ihm auf Irrtümer nicht an. In den Sprüchen über David und Goliath erinnert er sich, daß David gegen Saul gekämpft hat, und er verlegt die Goliathgeschichte in diese Kämpfe und macht den Riesen zu einem Kämpen des Saul, während in der biblischen Erzählung der Knabe David Goliath gerade im Dienste Sauls überwindet. In Str. 265 hält er Pegasus für den Namen der griechischen Dichterquelle, und in Str. 237 bringt er den Phönix und den Pelikan durcheinander. Man sollte in Frauenlobs Sprüchen nicht nach einem System suchen; er ist Dichter, nicht Denker. Gelehrtes Wissen und tiefe Fragen sind für ihn wesentlich als Ansatzpunkte, um ein Wort- und Bildkunstwerk zu entwickeln, in dem die gelehrten Probleme eher tiefsinnig verrätselt als logisch geklärt werden. Wichtiger als sein Wissen sind seine Terminologie und sein Bildschatz, deren systematische Erfassung uns Frauenlobs Wesen vermutlich besser erschließen würde als die Untersuchung seiner theologischen Kenntnisse.

Unter allen gelehrten Fragen, die Frauenlob aufgreift, scheint mir am eindrucksvollsten seine Beschäftigung mit dem Begriff und der Vorstellung der Natur als einer schöpferischen Macht. Wie Heinrich von Neustadt in seinem Gedicht von Gottes Zukunft (vgl. S. 69 ff.) nimmt er seinen Ausgang von Alanus ab Insulis, von dessen *Liber de planctu Naturae* und dessen *Anticlaudianus* überhaupt entscheidende Wirkungen auf die Spekulation des 13. und 14. Jahrhunderts über die Natur ausgegangen sind. Frauenlob, der sonst Berufungen auf gelehrte Autoritäten ganz vermeidet, nennt ihn ausdrücklich in Str. 5 seines Minneleichs, wo er das Wesen der Natur zu dem der Frau in Relation setzt. In den Sprüchen 231 und 232 entwickelt er seine Auffassung der Natur als einer gestaltenden und formenden Kraft in der Schöpfung. Die Gewalt über alle Dinge, die sie nach Str. 231 besitzt, wird in Str. 232 in ihrer weiten Geltung einzeln auseinandergelegt. Sie beherrscht nicht nur alles Lebende, sondern den ganzen Kosmos. Ihr Bereich wird durch Himmel und Hölle begrenzt, seine Erstreckung im Raum durch Oben, Unten und Mitte, in der Zeit durch Vergangenheit, Gegenwart und Zukunft umschrieben. Sie erscheint damit als eine weltenweit und immer neu wirkende, schöpferische Kraft. In ihrer Personifizierung, die er bei Alanus vorfand, nennt er sie eine *feine* (Fee). Damit deutet er ihre überirdische Macht, zugleich aber ihre Distanz von der schöpferischen Allmacht Gottes an. Denn sie ist nicht autonom. Zwar ist ihr gegeben, *daz si daz wesen unt daz leben in manege schrenke vlihtet* (Minneleich Str. 7), daß sie *tirmet* (= lat. *terminat*). Aber sie tut es *mit gote, durch got*; sie *tirmet in gote, swaz er tirmen lât* (Str. 231). Sie ist also beauftragte Helferin Gottes in der Formung aller Dinge, und Gottes Allmacht durchbricht ihre Ordnung im Wunder, zumal in dem Wunder der Menschwerdung Christi und der jungfräulichen Geburt.

Eine gelehrte Form, die Frauenlob liebte, ist die Disputation. Auf ihr beruht der bekannte Streit mit Regenboge, in den auch Rûmelant eingegriffen hat (Str. 150 ff.), der also zu einem wirklichen Sängerkampf ausgewachsen ist. Der alte Streit über den Vorzug von *wîp* oder *frouwe* wird mit ausdrücklicher Beziehung auf Walther und Reinmar (Str. 164 f.) wieder aufgenommen. Frauenlob verficht den Primat von *frouwe*, Regenboge den von *wîp*, während Rûmelant (Str. 163) den Streit für irrelevant erklären möchte. Er wird auf der Basis meisterlicher Gelehrsamkeit ausgefochten. Etymologische Spielereien werden ins Feld geführt, und im Mittelpunkt steht die Frage, wie das Wort *mulier* in der Anrede Christi an seine Mutter bei der Hochzeit von Kana und unter dem Kreuz zu interpretieren sei. Auch Str. 265 f. haben wir schon als den Rest eines vermutlich von Frauenlob ausgefochtenen Sängerstreits kennengelernt, und in Str. 424 ff. besitzen wir ein kleines Lehrgedicht Frauenlobs in Disputationsform. Nach dem bekannten Vorbild des Leib-Seelen-Disputes streiten hier Minne und Welt vor dem Dichter, der in zwei einleitenden Strophen seine Ratlosigkeit bekennt, wem er den Vorrang zuerkennen soll. Die Welt wird nicht verworfen. „Ich will von ihr singen und ihr dienen", sagt der Dichter von sich selbst. Wenn die Minne in Str. 440 das bekannte zwiegestaltige Frau-Welt-Bild heraufbeschwört, so antwortet ihr die Welt in Str. 441 mit der von Friedrich von Sonnenburg vorgeprägten Wendung: *ich bin ein gotes garte vîn*, und sie nimmt den Gedanken des Hardegger (vgl. S. 452) auf, daß nicht sie für das Verhalten der Menschen verantwortlich gemacht werden kann. Sie hat gute und böse Geister, sie hat Christen, Juden und Heiden. Gott hat ihnen den freien Willen gegeben: *si lebent in vrîer willekür, ir lân ir tuon ich wênec spür.* „Welt" ist hier, ähnlich wie bei Sonnenburg, mit Natur gleichgesetzt, so wie Frauenlob diesen Begriff entwickelt hat. Denn sie sagt von sich selber aus: „Ich nahm meinen Ursprung in Gottes Ewigkeit, ich bin, was die vier Elemente hervorbringen, mein ist alles, was Himmel und Erde trägt." Und sie hält der Minne vor, daß sie nur in ihr wirke, ihre Existenz aus der Welt ziehe. Das bedeutende Gedicht mit seiner für Frauenlob ungewöhnlich klaren, einfachen Diktion ist nur in der späten Weimarer Meistersingerhandschrift aus der Mitte des 15. Jahrhunderts erhalten. Es entbehrt eines echten Abschlusses und ist auch sonst wohl vielfach nicht in Ordnung; es verdiente eine eingehende Analyse.

Die Frage, wie Heinrich Frauenlob in die Entwicklung der späten Spruchdichtung einzuordnen sei, ist noch nicht sicher zu beantworten. Die alte Formel, nach der Frauenlob den Übergang von der mhd. Spruchlyrik zum Meistersang darstellt, ist in dieser Einfachheit zweifellos untauglich. Der Meistersang leitet sich ganz allgemein nach Form und Thematik aus der Kunst der „alten Meister" ab und hat in Frauenlobs virtuoser Form und dunkler Gelehrsamkeit ein besonders attraktives Vorbild gesehen. Aber als Typus hat Frauenlob mit der zünftlerischen Kunstübung bürgerlich seßhafter Handwerker, mit ihrer Kunstauffassung und ihrem Kunstbetrieb weniger zu tun als manche andere der späten Spruchdichter. Sein Geltungsbewußtsein speist sich aus anderen Quellen, einem ganz unbürgerlichen Elitebewußtsein. Wir haben gesehen, wie sehr er sich als Hofdichter empfunden hat, sich nach Denkweise und Lebensstil mit den ritterlichen Dichtern der Stauferzeit verbunden fühlte und ihren dichterischen Auftrag zu vollenden meinte.

Wenn ich eine Einordnung wage, so scheint mir Frauenlobs Stil am ersten aus jenem Kreise von Dichtern ableitbar, denen wir die einzelnen Teile und die Kompilation des Wartburgkrieges verdanken. Wenn die Vorstellung richtig ist, daß sich eine Gruppe thüringischer Dichter um oder bald nach der Jahrhundertmitte die Fiktion des Sängerstreites am Hofe Hermanns von Thüringen und den dunklen, aus Wolfram entwickelten Stil geschaffen hat, in den sie ihn kleideten, so dürfte man sich den frühreifen Knaben aus Meißen in der Zeit um 1270 als ihren Schüler vorstellen. Hier war der Glanz eines literarischen Hofes der Stauferzeit noch einmal bildhaft heraufbeschworen worden, um dem eigenen Dichten und Treiben eine Legitimation zu geben. Gerade die klassischen Autoren, in denen Frauenlob seine Vorbilder sah, Walther, Wolfram und Reinmar, traten hier leibhaft noch einmal auf, selbstbewußte und streitbare Vertreter jener tiefsinnigen Gelehrsamkeit, die Frauenlob pflegte, und Meister des dunklen, manierierten Stils, in dem er seinen Ruhm suchte und fand. Als junger Mann erlebte er das Erscheinen der großen epischen Werke: des Jüngeren Titurel und des Lohengrin, die nach Auffassung und Stil mit dem Wartburgkrieg zweifellos zusammenhängen, und in denen die Idee des kämpferischen Rittertums noch einmal dichterische Verkörperung fand. Dort scheint mir der Wurzelboden zu liegen, aus dem Frauenlobs Vorstellung von der Aufgabe und dem Wesen des Dichters erwuchs, von dorther scheint mir seine Kunst bestimmt zu sein.

LITERATUR

Da die Spruchdichter nicht einzeln behandelt sind, werden die Dichter hier in alphabetischer Reihenfolge aufgeführt. Die wichtigen Sammelausgaben s. bei Kap. 7 Lyrik. Dazu:
Ausg.: Georg Holz, Franz Saran, Eduard Bernoulli, Die Jenaer Liederhandschrift. 2 Bde. Leipzig 1901.
Karl Bartsch, Untersuchungen zur Jenaer Liederhandschrift. Leipzig 1923.
Friedrich Heinrich von der Hagen, Minnesinger (HMS). 4 Bde. Leipzig 1838. Für die Spruchdichtung vor allem Bd. 2 und 3.
Lit.: Gustav Roethe, Die Gedichte Reinmars von Zweter. Leipzig 1887. Mit einer für die Geschichte der Spruchdichtung grundsätzlich wichtigen Einleitung.
Erwin Schneider, Spruchdichtung und Spruchdichter in den Handschriften J und C. ZfdPh 66 (1941) S. 16–36.
Karl Stackmann, Der Spruchdichter Heinrich von Mügeln. Heidelberg 1958.

Spruch und Lied

Friedrich Maurer, Die politischen Lieder Walthers von der Vogelweide. Tübingen 1954.
ders., Walthers „Sprüche". Wirk. Wort. 3. Sonderheft (1961) S. 51–67.
Albrecht Schlageter, Untersuchungen über die liedhaften Zusammenhänge in nachwaltherscher Spruchdichtung. Diss. Freiburg i. Br. 1953 (Masch.-Schr.).
Hugo Moser, Minnesang und Spruchdichtung? Euphorion 50 (1956) S. 370–87.
ders., „Sprüche" oder „politische Lieder" Walthers? Euphorion 52 (1958) S. 229–46.
ders., „Lied" und „Spruch" in der hochmittelalterlichen deutschen Dichtung. Wirk. Wort. 3. Sonderheft (1961) S. 82–97.

WARTBURGKRIEG

Ausg.: Karl Simrock, Der Wartburgkrieg. Stuttgart 1858.
Tom Albert Rompelman, Der Wartburgkrieg, kritisch herausgegeben. Amsterdam 1939.
Lit.: Ehrismann 2, Schlußband, S. 75–79.
Willy Krogmann, Verf.-Lex. 4, Sp. 843–64.
Hugo Baumgarten, Der sogenannte Wartburgkrieg. Diss. Göttingen 1934.
Walter Fischer, Textkritisches zu einer Ausgabe des Wartburgkrieges. Beitr. 64 (1940) S. 49–82.
Hans Naumann, Der Prosabericht vom Wartburgkrieg, in: Gedicht und Gedanke. Halle 1942. S. 43–54.
Johannes Siebert, Wolframs und Klingsors Stubenkrieg auf der Wartburg. Beitr. 75 (1953) S. 365–90
Henrik Becker, Der Wartburgkrieg und Heinrich von Ofterdingen. Wiss. Zs. d. Friedr.-Schiller-Univ. Jena. Ges.- und sprachwiss. Reihe 4 (1954/55) S. 323–26.
Friedrich Mess, Wartburgkrieg und Sachsenspiegel. Zs. d. Savigny-Stiftg. f. Rechtsgesch. German. Abt. 74 (1957) S. 241–56.
Willy Krogmann, Studien zum Wartburgkrieg. ZfdPh 80 (1961) S. 62–83.

DER WILDE ALEXANDER

Lit. im Kap. 7 Lyrik

BOPPE

Ausg.: HMS Nr. 138 II, S. 377–86; III, S. 405–08.
Bartsch-Golther, Liederdichter Nr. 70. S. 285–86.

Georg Tolle, Der Spruchdichter Boppe. Versuch einer kritischen Ausgabe seiner Dichtungen. Programm Sondershausen 1894.
Lit.: Fritz Karg, Verf.-Lex. 1, Sp. 259–60.
Ehrismann 2, Schlußband, S. 300.
Georg Tolle, Der Spruchdichter Boppe, sein Leben und seine Werke. Göttingen 1887 (Diss. Göttingen).
Hans-Friedrich Rosenfeld, Zu Boppe V 1 ff. Neophilologus 13 (1928) S. 14–16.

DIETMAR DER SETZER

Ausg.: Carl von Kraus, Liederdichter Nr. 7, Bd. 1, S. 52–53; Bd. 2, S. 53–55
Lit.: Kurt Halbach, Verf.-Lex. 1, Sp. 417–18.
Ehrismann 2, Schlußband, S. 297.

FRAUENLOB

Ausg.: Ludwig Ettmüller, Quedlinburg u. Leipzig 1843
Bartsch-Golther, Liederdichter Nr. 79. S. 309–21.
Bert Nagel, Ausgewählte Gedichte mit versgetreuer Übersetzung. Heidelberg (1951).
Ludwig Pfannmüller, Frauenlobs Marienleich. Straßburg 1913.
Walter Friedrich Kirsch, Frauenlobs Kreuzleich. Dillingen 1930 (Diss. Bonn 1928).
Karl Heinrich Bertau u. Rudolf Stephan, Wenig beachtete Frauenlobfragmente. ZfdA 86 (1955/56) S. 302–20.
Lit.: Gustav Rosenhagen, Verf.-Lex. 1, Sp. 644–57. Nachtrag Bd. 5, Sp. 233.
Ehrismann 2, Schlußband, S. 301–04.
Ludwig Pfannmüller, Frauenlobs Begräbnis. Beitr. 38 (1913) S. 548–59.
Frodewin Illert, Beiträge zur Chronologie der historischen Sprüche Frauenlobs. Diss. Halle 1923 (Masch.-Schr.).
Rudolf Biedermann, Die Einwirkung der Kolmarer Meisterliederhandschrift (t) auf die Textgestaltung der Gedichte Heinrichs von Meißen, genannt Frauenlob. Diss. Berlin 1897.
Helmuth Thomas, Untersuchungen zur Überlieferung der Spruchdichtungen Frauenlobs (Palästra 217). Leipzig 1939.
Kurt Plenio, Strophik von Frauenlobs Marienleich. Beitr. 39 (1914) S. 290–319.
Gustav Rosenhagen, Frauenlobs Marienleich 9, 14–26. ZfdPh 53 (1928) S. 158–60.
M. O'C. Walshe, Frauenlob – Profile of a late Medieval Poet. German Life and Letters 5 (1951/52) S. 121–25.
Oskar Saechtig, Über die Bilder und Vergleiche in den Sprüchen und Liedern Heinrichs von Meißen genannt Frauenlob. Diss. Marburg 1930.
Herbert Kretschmann, Der Stil Frauenlobs. Jena 1933.
Joseph Kron, Frauenlobs Gelehrsamkeit. Beiträge zu seinem Verständnis. Straßburg 1906 (Diss. Straßburg).
Helmut Kißling, Die Ethik Frauenlobs (Heinrichs von Meißen). Halle 1926.
Brunhilde Peter, Die theologisch-philosophische Gedankenwelt des Heinrich Frauenlob. Speyer 1957 (Diss. Mainz 1955).
Stuart A. Gallacher, Frauenlob's Bits of Wisdom. Fruits of his Environment, in: Middle Ages-Reformation. Volkskunde, Festschrift J. G. Kunstmann. Chapel Hill 1959. S. 45–58.
Rudolf Krayer, Der smit von oberlande. Motivgeschichtlicher Versuch zu Frauenlobs Marienleich II 1–5. Annali. Istituto Universitario Orientale. Sezione Germanica. Vol. II, S. 51–81. Neapel 1959.
ders., Frauenlob und die Natur-Allegorese. Motivgeschichtliche Untersuchungen. Ein Beitrag zur Geschichte des antiken Traditionsgutes. Heidelberg 1960.
Irmentraud Kern, Das höfische Gut in den Dichtungen Heinrich Frauenlobs. Berlin 1934.

Karl Heinrich Bertau, Untersuchungen zur geistlichen Dichtung Frauenlobs. Diss. Göttingen 1954 (Masch.-Schr.).

Johannes Siebert, Die Astronomie in den Gedichten des Kanzlers und Frauenlobs. ZfdA 75 (1938) S. 1–23.

Johannes Siebert, Der Spruch Frauenlobs von der Astronomie. ZfdA 83 (1951/52) S. 185–88.

FRIEDRICH VON SONNENBURG

Ausg.: Oswald Zingerle, Innsbruck 1878.
Lit.: Fritz Karg, Verf.-Lex. 1, Sp. 697–98.
Ehrismann 2, Schlußband, S. 295.
Hennig Brinkmann, Zur geistesgeschichtlichen Stellung des deutschen Minnesangs. Deutsche Vierteljahrsschr. 3 (1925) S. 615–41; darin S. 639–40.

GAST

Ausg.: Karl Bartsch, Die Schweizer Minnesänger Nr. XVI, S. CI–CII; 161–62.
Lit.: Ehrismann 2, Schlußband, S. 280.
Kurt Halbach, Verf.-Lex. 2, Sp. 3–5.

GERVELIN

Ausg.: HMS III. Nr. 10, S. 35–38.
Lit.: Ehrismann 2, Schlußband, S. 298.
Kurt Halbach, Verf.-Lex. 2, Sp. 44–46.

DER GOLDENER

Ausg.: HMS III Nr. 19, S. 51–52; IV, S. 715–16.
Lit.: Ehrismann 2, Schlußband, S. 299.
Kurt Halbach, Verf.-Lex. 2, Sp. 57.

DER GUOTÆRE

Ausg.: HMS III Nr. 13, S. 41–43.
Bartsch-Golther, Liederdichter Nr. 89. S. 346–48.
Lit.: Ehrismann 2, Schlußband, S. 297.
Fritz Karg, Verf.-Lex. 2, Sp. 128–29.

DER HARDEGGER

vgl. Bd. 2 (4. Aufl.), S. 427

HAWART

Ausg.: Carl von Kraus, Liederdichter Nr. 19. Bd. 1, S. 143–47; Bd. 2, S. 175–77.
Lit.: Ehrismann 2, Schlußband, S. 292.
Kurt Halbach, Verf.-Lex. 2, Sp. 228–30. Nachtrag Bd. 5, Sp. 338.
K. Preisendanz, Oberrhein. Heimat 27 (1940) S. 395–96.

HELLEVIUR

Ausg.: HMS III. Nr. 9, S. 33–35.
Lit.: Ehrismann 2, Schlußband, S. 297.
Elisabeth Karg, Verf.-Lex. 2, Sp. 479–80.

DER HENNEBERGER

Ausg.: HMS III Nr. 12, S. 39–41.
Lit.: Ehrismann 2, Schlußband, S. 298.
Kurt Halbach, Verf.-Lex. 2, Sp. 401–02.

HERMANN DER DAMEN

Ausg.: HMS III Nr. 28, S. 160–70.
Helena Onnes, De gedichten van Herman der Dâmen. Diss. Groningen 1913.
Paul Schlupkoten, Herman Damen. Untersuchung und neue Ausgabe seiner Gedichte. Diss. Marburg 1914.
Bartsch-Golther, Liederdichter Nr. 78. S. 307–09.
Lit.: Fritz Karg, Verf.-Lex. 1, Sp. 401.
Ehrismann 2, Schlußband, S. 301.
Margarete Lang, Zwischen Minnesang und Volkslied, Die Lieder der Berliner Hs.
Germ. Fol. 922. Berlin 1941. S. 52–53; 80–83; 89.

JOHANN VON RINGGENBERG

Ausg.: Karl Bartsch, Die Schweizer Minnesänger. Nr. XXIX, S. CC–CCVI; 371–380.
Lit.: Ehrismann 2, Schlußband, S. 279.
Samuel Singer, Verf.-Lex. 2, Sp. 622–23.
Albrecht Schlageter, Untersuchungen über die liedhaften Zusammenhänge in der nachwaltherschen Spruchlyrik. Diss. Freiburg./Br. 1953 (Masch.-Schr.) S. 289–307.

DER KANZLER

Ausg.: Carl von Kraus, Liederdichter Nr. 28. Bd. 1, S. 185–217; Bd. 2, S. 244–64.
Lit.: Ehrismann 2, Schlußband, S. 296.
Elisabeth Karg-Gasterstädt, Verf.-Lex. 2, Sp. 757–59.
Harald Krieger, Der Kanzler. Ein mhd. Spruch- und Liederdichter um 1300. Diss. Bonn 1931.
Johannes Siebert, Die Astronomie in den Gedichten des Kanzlers und Frauenlobs. ZfdA 75 (1938) S. 1–23.
ders., Zwei Sprüche des Kanzlers von Himmel und Erde. ZfdA 83 (1951/52) S. 184 bis 85.

MEISTER KELIN

Ausg.: HMS III Nr. 3. S. 20–25; 408
Lit.: Ehrismann 2, Schlußband, S. 297.
Elisabeth Karg-Gasterstädt, Verf.-Lex. 2, Sp. 781–82.
Anton Wallner, Kelin HMS III 21 b, 9. Beitr. 44 (1920) S. 116–17.
Albrecht Schlageter (Titel s. oben unter Johann von Ringgenberg) S. 49–83.

DER LITSCHOUWER

Ausg.: HMS II Nr. 139. S. 386–87; III Nr. 15. S. 46–47.
Lit.: Ehrismann 2, Schlußband, S. 298.
Edward Schröder, Der Litschower. ZfdA 69 (1932) S. 335.

DER MEISSNER

Ausg.: Der junge Meißner: HMS II Nr. 114. S. 222–24.
Der alte Meißner: HMS II Nr. 115. S. 224.
Der Meißner: HMS III Nr. 24. S. 86–110.
Lit.: Ehrismann 2, Schlußband, S. 300.
Elisabeth Karg-Gasterstädt, Verf.-Lex. 3, Sp. 349–50.
Adolf Frisch, Untersuchungen über die verschiedenen mhd. Dichter, welche nach der Überlieferung den Namen Meißner führen. Diss. Jena 1887.
Anton Wallner, Meißner HMS III 109a. Beitr. 44 (1920) S. 115–16.

REGENBOGE

Ausg.: HMS II Nr. 126. S. 309; III. S. 344–54; 452–53; 468 k–m. Dazu (unter Frauenlob) die Streitstrophen gegen Frauenlob II. S. 344–46.
Bartsch-Golther, Liederdichter, Nr. 94, S. 353–54.
Lit.: Ehrismann 2, Schlußband, S. 301.
Hermann Kaben, Verf.-Lex. 3, Sp. 1013–18.
Anton Wallner, Regenbogen. Beitr. 33 (1908) S. 542–44.
Hermann Kaben, Studien zu dem Meistersänger Barthel Regenbogen. Diss. Greifswald 1930.
Heinrich Niewöhner, Barthel Regenbogen. Beitr. Halle 78 (1956) S. 485–89. (Mitteilung über eine in Moskau befindliche Handschr. des 15. Jhs.).

REINMAR VON BRENNENBERG

Ausg.: Carl von Kraus, Liederdichter, Nr. 44. Bd. 1, S. 325–33; Bd. 2, S. 385–96.
Lit.: Ehrismann 2, Schlußband, S. 269–70.
Gustav Rosenhagen, Verf.-Lex. 3, Sp. 1066.
Brembergerballade: John Meier, Deutsche Volkslieder mit ihren Melodien, Bd. I. 1. Nr. 16. S. 161–70.
ders., Drei alte deutsche Balladen. Jb. f. Volksliedforschg. 4 (1934) S. 56–65.

REINMAR DER FIEDLER

Ausg.: Carl von Kraus, Liederdichter, Nr. 45. Bd. 1, S. 334–36; Bd. 2, S. 396–98.
Lit.: Ehrismann 2, Schlußband, S. 297.
Gustav Rosenhagen, Verf.-Lex. 4, Sp. 1067.
Helmut de Boor, Ein Spruch Reinmars des Fiedlers. Beitr. Tübingen 83 (1961) S. 162 bis 66.

REINOLT VON DER LIPPE

Ausg.: HMS III Nr. 18. S. 50–51.
Lit.: Ehrismann 2, Schlußband, S. 298.
Ludwig Wolff, Verf.-Lex. 5, Sp. 975–77.
Hermann Schönhoff, Reinolt von der Lippe. ZfdA 50 (1908) S. 124–28.

RÛMELANT VON SACHSEN

Ausg.: HMS II Nr. 136 (Meister Rûmzlant), S. 367–71; III Nr. 20 (Meister Rumelant), S. 52–68.
Bartsch-Golther, Liederdichter, Nr. 66 S. 280–81.
Lit.: Ehrismann 2, Schlußband, S. 300–01.
Elisabeth Karg-Gasterstädt, Verf.-Lex. 3, Sp. 1134–36.
Friedrich Panzer, Meister Rûmzlants Leben und Dichten. Diss. Leipzig 1893.

RÛMELANT VON SCHWABEN

Ausg.: HMS III Nr. 21. S. 68–69.
Bartsch-Golther, Liederdichter, Nr. 66. S. 278–79.
Lit.: Ehrismann 2, Schlußband, S. 301.
Elisabeth Karg-Gasterstädt, Verf.-Lex. 3, Sp. 1136–37.

DER SCHULMEISTER VON ESSLINGEN

Ausg.: Carl von Kraus, Liederdichter, Nr. 10. Bd. 1, S. 61–67; Bd. 2, S. 63–67.
Lit.: Ehrismann 2, Schlußband, S. 296.
Elisabeth Karg-Gasterstädt, Verf.-Lex. 4, Sp. 117–18.
Helmut de Boor, Zu Beiträge 53, 454 [betr. Schulmeister von Eßlingen, Ton III = von Kraus I, 1]. Beitr. 56 (1932) S. 90.

MEISTER SIGEHER

Ausg.: HMS II Nr. 134. S. 360–64; III S. 468 q–t.
Bartsch-Golther, Liederdichter Nr. 63, S. 272–75.
Lit.: Ehrismann 2, Schlußband, S. 294.
Elisabeth Karg-Gasterstädt, Verf.-Lex. 4, Sp. 207–08.
Heinrich Peter Brodt, Meister Sigeher. Breslau 1913.

MEISTER SINGUF

Ausg.: HMS III Nr. 17. S. 49.
Bartsch-Golther, Liederdichter, Nr. 67, S. 279–80.
Lit.: Ehrismann 2, Schlußband, S. 301.
Elisabeth Karg-Gasterstädt, Verf.-Lex. 4, Sp. 221–22.

MEISTER STOLLE

Ausg.: HMS III Nr. 1. S. 3–10.
Bartsch-Golther, Liederdichter, Nr. 68. S. 281–82.
Lit.: Ehrismann 2, Schlußband, S. 298.
Elisabeth Karg-Gasterstädt, Verf.-Lex. 4, Sp. 282–83.
W. Seydel, Meister Stolle nach der Jenaer Handschrift. Diss. Leipzig 1893.

SÜSSKINT VON TRIMBERG

Ausg.: Carl von Kraus, Liederdichter, Nr. 56. Bd. 1, S. 421–25; Bd. 2, S. 513–16.
Lit.: Ehrismann 2, Schlußband, S. 296–97.
Karl Stackmann, Verf.-Lex. 4, Sp. 349–50.

TRAUGEMUNDSLIED

Ausg.: MSD 3. Aufl., Bd. 1, S. 192–95; Bd. 2, S. 305–12.
Lit.: Ehrismann 2, Schlußband, S. 352–54.
Edit Perjus, Verf.-Lex. 4, Sp. 491–92.

DER UNVERZAGTE

Ausg.: HMS III Nr. 14. S. 43–46.
Lit.: Ehrismann 2, Schlußband, S. 298.
Helga Reuschel, Verf.-Lex. 4, Sp. 662–63.

DER URENHEIMER

Ausg.: HMS III Nr. 11. S. 38–39.
Lit.: Ehrismann 2, Schlußband, S. 299.
Helga Reuschel, Verf.-Lex. 4, Sp. 667.

WALTHER VON BREISACH

Ausg.: Carl von Kraus, Liederdichter, Nr. 63. Bd. 1, S. 575–81; Bd. 2, S. 624–26.
Lit.: Ehrismann 2, Schlußband, S. 282.
Helga Reuschel, Verf.-Lex. 4, Sp. 789–90.

VON WENGEN

Ausg.: Karl Bartsch, Die Schweizer Minnesänger. Nr. VII. S. LXI–LXIV; 84–88.
Lit.: Kurt Halbach, Verf.-Lex. 1, Sp. 337–38.
Ehrismann 2, Schlußband, S. 279.

CILLIES VON SEYN

Ausg.: HMS III Nr. 4. S. 25–26.
Adolf Bach, Die Werke des Verfassers der Schlacht bei Göllheim (Rhein. Archiv 11),
Bonn 1930, S. 255.
Lit.: Ehrismann 2, Schlußband, S. 299.
Adolf Bach, Verf.-Lex. 4, Sp. 1145–46.

ZEHNTES KAPITEL

RELIGIÖSE DICHTUNG

1. ALLGEMEINE EINFÜHRUNG

In der deutschen Literatur seit dem späten 13. Jahrhundert fordert das religiöse Schrifttum unsere besondere Aufmerksamkeit. Nicht wegen seiner dichterischen oder auch nur literarischen Bedeutung, auch nicht wegen der Fülle und Verschiedenartigkeit seiner Stoffe, seiner Gattungen, seiner Gesichtspunkte. Sondern deswegen, weil es die veränderte geistige und literarische Situation am entschiedensten kennzeichnet, und weil es neben der ja weithin selber religiös begründeten didaktischen Dichtung den Wandel der geistigen Bedürfnisse am deutlichsten erkennen läßt, der sich aus der Verschiebung in der sozialen Schichtung ergibt. Darüber ist in der Einleitung das Grundsätzliche schon gesagt.

Soziale Schichten, die abseits der geschriebenen Literatur gelebt hatten, beginnen an ihr teilzunehmen. Ihrer selbst nur dumpf bewußt und noch nicht fähig, sich auszusprechen, verlangen sie Halt und Führung von oben. Das höfisch gebildete Rittertum, das in der ständischen Schicht des Adels selbst nur eine kleine, herausgehobene Gruppe bildete, hatte in seiner exklusiven Verfeinerung nie an eine solche Aufgabe gedacht. Sie war ihr jetzt um so weniger gewachsen, als die führenden Höfe verödet, die beflügelnde Kraft der höfischen Bildungsidee erstarrt oder gebrochen war. Soweit sie in bürgerliche Kreise der Stadt hinübergewirkt hat, erreichte sie auch dort nur eine dünne, gebildete Oberschicht, die sie sich sammelnd oder nachahmend aneignete, aber weder willens noch fähig war, Neues zu entwickeln, noch die Pflicht empfand, die geistige Leitung der breiteren Schichten zu übernehmen. Wie wenig diese selbst schon vorbereitet waren, aktiv am kulturellen Leben teilzunehmen und damit eine eigene Literatur hervorzubringen, zeigt die Erscheinung der wandernden Literaten, die aus der bürgerlichen Seßhaftigkeit gerade ausscheiden mußten, um ihrem dichterischen Beruf zu leben. Nichts kann bezeichnender sein als die Tatsache, daß eine Erscheinung wie der bürgerlich-zünftlerische Meistersang damals noch nicht möglich war. Die bürgerlichen, oder vielmehr außerständischen Literaten waren daher bei aller Gelehrsamkeit und moralischen Lehrhaftigkeit nicht geeignet, für jene Schichten adliger und bürgerlicher seßhafter Wohlanständigkeit, um die es hier geht, Halt und Führung zu sein. Wir haben gesehen, welch skeptische Ablehnung man ihnen dort entgegenbrachte. Sie sprechen denn auch diese Schichten nicht an, halten vielmehr die Fiktion eines höfischen Daseins aufrecht und richten Lob und Tadel, Bitte und Lehre an eben jene Schicht, die sich die kulturelle und literarische Führung aus den Händen gleiten ließ: die Höfe und den höfischen Adel.

Es gab nur eine Instanz, die ihre Berufung zur Leitung und Erziehung des Volkes niemals aufgegeben hatte und die bereit und fähig war, in diesem Augenblick wieder hervorzutreten: die Kirche und ihre Träger, die Geistlichkeit. Nur literarisch, nicht wirklich war sie in der hohen Stauferzeit zurückgedrängt. In ihr waren die entscheidenden Schritte getan, die von der verwandelten Zeit gefordert wurden. Die scholastische Theologie hatte die theologische Situation von dem neuen, positiven und aktiven Weltverhältnis her neu durchdacht und in ihrem Gradualismus ein neues, theologisch begründetes Weltverständnis erarbeitet. Und sie hatte durch die neuen Predigerorden der Dominikaner und Franziskaner die erzieherische Macht der Predigt wiederentdeckt und eine neue Form der Predigt entwickelt, die von dem Bestreben ausging, das Volk zu verstehen und von ihm verstanden zu werden, und eine Seelsorgepflicht übernommen, die ihm den Halt gab, den es bedurfte. Im „Buch der Rügen" (vgl. S. 396ff.) sind wir einer Anweisung für den neuen Predigtstil begegnet. Die ungeheure Wirkung der Predigten eines Berthold von Regensburg und eines Meister Eckhart verrät das tiefe Bedürfnis nach Trost und sittlicher Führung in einer Zeit der wankenden Ordnung.

Die eminente massenpsychologische Bedeutung der Predigt des 13. und 14. Jahrhunderts wird erst später behandelt werden; hier mußte sie erwähnt werden, um die Entstehung und Wirkung einer religiösen Literatur seit dem späten 13. Jahrhundert verständlich zu machen. Religiöse Thematik durchzieht die Spruchdichtung der wandernden Literaten und bildet den festen Hintergrund der allgemeinen Didaktik, die wir in den vorigen Kapiteln behandelt haben. Eine ganze Flut von religiöser Gebrauchs- und Erbauungsliteratur bricht herein und breitet sich im spätesten Mittelalter immer weiter aus. Es sind Gebete, Traktate, fromme Betrachtungen und Ergießungen aller Art, anfangs noch in der traditionellen Versform, später mehr und mehr zur Prosa übergehend. Vieles ruht noch in den Handschriften, das meiste ist unbearbeiteter Rohstoff. Als literarische Erscheinung läßt sich das alles kaum noch werten, geschweige denn im einzelnen behandeln. Es hat nur Interesse als Zeugnis für den Durst der Menschen nach Trost und Erbauung und für den emsigen Eifer, mit dem sich die kirchliche Seelsorge dieses Bedürfnisses annahm.

Vor dieser im späten 13. Jahrhundert einsetzenden Entwicklung wird deutlich, wie dünn und esoterisch die höfische Bildungsschicht gewesen ist, wie wenig ihre Ideen in die Tiefe wirkten und wie rasch ihr Schwung erlahmte. Das Bild, das uns die Dichtung des Jahrhunderts von etwa 1170 bis 1270 von dem geistigen Leben der Zeit vorspiegelt, ist sicher trügerisch. Sie läßt nur wenig von der religiösen Erregung spüren, die wir als Ganzes mit dem Stichwort der Laienfrömmigkeit bezeichnen können, von ihrer Unruhe, ihren Sehnsüchten und Irrwegen und von den Bemühungen der Kirche, sie einzufangen und zu lenken oder sie zu bekämpfen und auszurotten. Die Ketzerbewegungen des 12. und 13. Jahrhunderts, die auch in Deutschland ihre große Rolle gespielt haben, wie ihre häufige leidenschaftliche Erwähnung in der Literatur des späten 13. Jahrhunderts und die harte Wirksamkeit der Inquisition beweisen, die raschen Erfolge der Franziskaner und Dominikaner, die tiefe Erregung um die Kreuzzugspläne Friedrichs II. und seiner päpstlichen Gegner zeigen zur Genüge die Tiefe des religiösen Bedürfnisses in der Laienwelt. In der Dichtung kommen sie, wenn wir von der ritterlichen Kreuzlieddichtung absehen, sehr wenig zum Ausdruck und in unserer Literaturgeschichtsschreibung, die sich mit Recht der großen höfischen Dichtung zuwendet, kaum zur Darstellung. Wir sind überzeugt, daß unter der dünnen Decke höfisch-adliger Gesellschaftskultur und ihrer Dichtung der breite Strom religiösen Lebens und religiöser Lehre fortströmt, nur daß er sich nicht der dichterischen Form als Ausdruck bedient. In der Zeit der Hochblüte ritterlicher Dichtung verschwinden geistliche Dichter fast ganz. Auch der religiöse Stoff, wo er einmal zu dichterischer Behandlung kommt, so in der Legendendichtung von Heinrich von Veldeke bis Konrad von Würzburg wird von adligen oder höfisch gebildeten Dichtern mit den Stilmitteln und aus den Forderungen und Bedürfnissen einer höfischen Gesellschaft gestaltet. Selbst die Frömmigkeit will in jenen Kreisen stilisiert sein.

In dieser Zeit der Stille bereitet sich der Wandel vor, der die religiöse Dichtung der nachhöfischen Zeit von der der vorhöfischen unterscheidet. Die geistliche Dichtung des 11./12. Jahrhunderts war eine aristokratische Dichtung gewesen.

Die geistlichen Dichter, damals zweifellos selbst Sprößlinge adliger Familien, sprachen vor allem ihre weltlichen Standesgenossen an. Ezzo richtet sein Heilsgedicht an *iu herron*, d. h. an adlige Hörer; das Annolied, der Propaganda von Annos Heiligsprechung gewidmet, mußte die Großen des Landes erreichen. Das Gedicht von der Hochzeit formt das alte, dem biblischen Liebesgesang des Hohen Liedes entnommene Bild für das Werben Gottes um die Seele des Menschen und die Vereinigung der Seele mit Gott zu einem prächtigen ritterlichen Brautzuge aus. Und die beiden letzten großen Prediger der Weltabkehr, der arme Hartmann und Heinrich von Melk, sprechen in die Welt beginnender höfisch-ritterlicher Kultur hinein und werden von uns mit Recht als Männer ritterlichen Standes betrachtet.

Die religiöse Dichtung seit dem späten 13. Jahrhundert geht am Adel gewiß nicht vorbei, aber sie bezieht ihn in einen viel breiteren Wirkungskreis ein, wie auch der geistliche Stand selbst gerade in seinen aktivsten Gliedern, den Bettel- und Predigerorden, das adlige Monopol längst durchbrochen hatte. Am deutlichsten wird der Wandel literarisch wohl im religiösen Drama spürbar, das eine neue literarische Form in engem Zusammenwirken von Pfarrgeistlichkeit und städtischem Bürgertum entwickelt. Aber auch die sonstige religiöse Dichtung läßt diese Umformung und Erweiterung spüren, und zwar nicht nur am Publikum, sondern auch am Dichter. Religiöse Dichtung ist nicht mehr ein Monopol des geistlichen Standes. Die wandernden Dichter vom Marner und Stricker bis zu Frauenlob wagen sich an schwierige theologische Fragen, der gelehrte Arzt Heinrich von Neustadt unternimmt es, den Alanus ab Insulis zu verdeutschen, der Magdeburger Schöffe Brun von Schönebeck schreibt einen umfänglichen deutschen Kommentar zum Hohen Lied, und schon ist es vom Werk her nicht mehr zu entscheiden, ob Heinrich von Hesler, der dichtende Bearbeiter des Nicodemusevangeliums und eines so schwierigen biblischen Buches wie der Johannesapokalypse, Geistlicher oder adliger Laie war.

In dieser sozialen Umschichtung von Publikum und Dichtern sehe ich den wesentlicheren Unterschied gegenüber der geistlichen Dichtung der vorhöfischen Zeit als in ihrer Thematik. Die großen Themen der christlichen Glaubens- und Lebenslehre stehen ebenso unveränderlich fest wie der religiöse Erzählstoff in Bibel und Legende. Nur die Akzente können anders gesetzt sein. Sie erscheinen im Bereich der Glaubenslehre theologisch gelehrter und spezialisierter. Die Methoden allegorischer Exegese und theologischer Kommentierung werden dem Laien unbedenklich zugemutet, dogmatische Streitfragen vor ihm ausgebreitet. Das deutet darauf hin, daß die Laienwelt an solchen Fragen interessierter war, und daß sie besser vorbereitet war, auch diffizileren theologischen Gedankengängen zu folgen.

Andererseits wird die religiöse Dichtung stoffbestimmter, handgreiflicher und zugleich persönlich-gefühlsbetonter. Die Distanz zwischen der erhabenen göttlichen Trinität und dem Menschen wird geringer. Die Heiligen, allen voran Maria, gewinnen eine zuvor nicht vorhandene Bedeutung. Sie stehen als Vermittler zwischen Gott und den Menschen, eine Zwischenwelt, die das religiöse Empfinden bis zur Bedrohlichkeit absorbieren kann. Die großen Legendare und die Masse der Einzellegenden legen dafür dichterisches Zeugnis ab. Die Frömmigkeit sehnt sich nach Nähe und Anschaulichkeit. Gottes erbarmende Gnadenfülle, die im Erlösungswerk offenbar wird, veranschaulicht sich im Anschluß an eine bekannte Predigt Bernhards von Clairvaux in der Beratung der Töchter Gottes mit der Trinität über die Erlösungsmöglichkeit und in dem persönlichen Entschluß des Sohnes zur Opfertat. Patriarchen und Propheten treten leibhaft als Boten und Künder Gottes hervor. Das apokryphe Nicodemusevangelium, das Christi Höllenfahrt und die Bezwingung der Hölle schildert, wird vielfach Gegenstand volkssprachiger Dichtung und gibt dem knappen Satz des Glaubensbekenntnisses: „niedergefahren zur Hölle" Anschauung und Fülle. Das Leben Marias, für das die Evangelien kaum Stoff hergeben, wird in allen Teilen Deutschlands immer wieder gedichtet, ein unendlicher Legendenkranz um die Helferin des sündigen Menschen geflochten. Christi Leiden wird in all seinen Einzelheiten erfaßt, im Passionsspiel mit einer bis ins Krasse gehenden Realistik dargestellt und in einer innigen Neigung zur Compassio, unmittelbar oder im Leiden der Mutter gespiegelt, nacherlebt. Die Klagen Marias unter dem Kreuz, das Bild der Pietà, der Mutter mit dem Leichnam des Sohnes im Schoß oder über den Toten hingestreckt, werden in der Dichtung wie in der Malerei unermüdlich wiederholt. Aber auch die letzten Dinge stehen in furchtbarer Unmittelbarkeit den Menschen vor Augen. Vom Erscheinen des Antichrist über die schrecklichen Vorzeichen des Gerichts bis zum Gericht selber mit der Anklage des Teufels, dem unerbittlichen Spruch des Richters, der Verzweiflung und dem Sturz der Verdammten, der Seligkeit der Erlösten werden die Vorgänge mit einer packenden Anschaulichkeit und einem Reichtum an Einzelheiten geschildert, die früher unbekannt waren. Auch hier wieder ist das religiöse Drama, das alle diese Vorgänge unmittelbar vor Augen stellte, die typischste Form, die das späte Mittelalter für den Ausdruck seiner religiösen Bedürfnisse geschaffen hat. Doch auch die erzählende Dichtung, die an dieser Stelle allein zur Darstellung kommt, legt Zeugnis für das innige Bedürfnis der Frömmigkeit nach Nähe und Anschaulichkeit ab.

2. DER DEUTSCHE ORDEN

Wird so die ritterlich-höfische Dichtung gegen Ende des 13. Jahrhunderts von einer religiösen Dichtung beiseitegedrängt, so gibt es eine Stelle, wo Rittertum selber an dieser Dichtung schaffend und hörend Anteil hatte, nämlich dort, wo es sich selber ins kirchliche Leben einordnete: in den geistlichen Ritterorden, in denen sich die Idee des Gottesrittertums praktisch und organisatorisch verwirklichte. Vor allem ist es naturgemäß der Deutsche Orden, in geringem Umfang aber auch der Johanniterorden, der religiöse Dichtungen hervorrief. Die aus dem Deutschen Orden hervorgehende Literatur wird durch das Wesen des Ordens bestimmt. Das Ordensland war ein geistliches Territorium; die Ordensmitglieder waren in den strengen Ernst des Kampfes und des politischwirtschaftlichen Aufbaues gestellt. Darum fand höfisches Rittertum hier keinen Platz. Aus dem Orden ist kein Minnesänger und kein Artusroman hervorgegangen. Die Ordensbibliotheken enthielten keinen Parzival und keinen Tristan, wohl aber war das Rolandslied in der jüngeren Bearbeitung des Stricker dort zu finden, die Verherrlichung eines Gottesrittertums, dem sich die Ordensritter verwandt fühlten. Die

Ordensburgen waren Männergemeinschaften, geistlich bestimmt, aber nicht geistlich gebildet. Ihr mönchisch geregeltes Gemeinschaftsleben verlangte die gemeinsamen Andachtsübungen, die gemeinsamen Mahlzeiten mit ihren Vorlesungen. Für diesen ritterlichen Konvent, der des Lateins unkundig war, mußte eine deutsche Literatur geschaffen werden, die dem Wesen des Ordens entsprach. *Heb an, leser, unde sprich* – ein solcher Vers aus dem Daniel (V. 3388) führt unmittelbar in die Situation der Tischlektüre hinein. Die Geschichte der Literatur des Deutschen Ordens von Helm-Ziesemer umgrenzt den Inhalt dieser Literatur mit dem Satz: „Deshalb werden mit ganz geringen Ausnahmen nur zwei des Ordens würdige Stoffe behandelt: die Religion und die Ordensgeschichte." Von den Geschichtswerken des Ordens ist früher die Rede gewesen; hier wenden wir uns der religiösen Dichtung zu.

Wir werden in der Ordensdichtung keine Theologie erwarten, oder doch nur Theologie in einer sehr popularisierten Auswahl und Zubereitung. Wir werden bei diesen Männern des Kampfes und der Verwaltung auch keine mystische Versenkung erwarten; es gibt keine Mystik des Deutschen Ordens oder des Ordenslandes. Was hier vorgetragen wurde, mußte zugleich erbaulich und verständlich sein, darum begegnen wir in der Literatur des Ordens vor allem der religiösen Erzählung, der Bibeldichtung und der Legende. Wir werden in unserer Darstellung immer wieder auf Leistungen des Ordens stoßen. Sie konzentrieren sich auf zwei Hauptperioden. Die eine liegt um 1300, nachdem der Orden über die großen kriegerischen und organisatorischen Aufgaben so weit Herr geworden war, seinen Besitz in Preußen und im deutschen Binnenland so weit gefestigt hatte, daß auch geistige Interessen Entfaltungsraum fanden. Im deutschen Stammland und im eroberten Preußen wacht das literarische Interesse auf. Bruder Philipp der Karthäuser widmet sein Marienleben den Marienrittern des Deutschen Ordens. Der Südbadener Ordensritter Hugo von Langenstein dichtet seine umfängliche Legende von der heiligen Martina. Die ersten alttestamentlichen Erzähldichtungen erscheinen: die Esther und vielleicht die Judith. Damals entstehen die großen, auch literarisch bedeutenden Legendare – Passional und Väterbuch – und der theologisch gebildete Heinrich von Hesler schreibt seine erzählenden und auslegenden Werke.

In der zweiten Periode zwischen 1330 und 1350 geht die literarische Tätigkeit auf die unmittelbare Wirksamkeit zweier bedeutender Hochmeister des Ordens zurück: Luder von Braunschweig (1331–35) und Dietrich von Altenburg (1335–41). Luder von Braunschweig hat sich selbst dichterisch versucht; er schrieb eine Legende der heiligen Barbara und gilt wohl mit Recht als Verfasser des deutschen Makkabäerbuches. Er regte die Ordenschronik des Nicolaus von Jeroschin (vgl. S. 207) an, der zuvor schon eine Vita des heiligen Adalbert verfaßt hatte

In die Zeit der beiden großen Hochmeister fallen die alttestamentlichen Gedichte: Daniel, Hiob, Esra und Nehemia sowie das Erlösungsgedicht des Tilo von Kulm. Danach sinkt die Ordensdichtung rasch ab; um 1350 bilden die Historien der alden ê einen traurigen Ausklang.

Die Bibeldichtung ist zu Ende; sie wird von der Bibelübersetzung in Prosa abgelöst, die in der Prophetenübersetzung des Claus Cranc und der gleichzeitigen Apostelgeschichte eine erstaunliche Höhe erreicht. Neben sie tritt eine Prosaapokalypse und eine ungedruckte, heute wohl verlorene Übersetzung der Aurea catena, eines Evangelienkommentars des Thomas von Aquin, in einer Königsberger Prachthandschrift.

In dieser ritterlichen Umwelt ist noch bis in die Mitte des 14. Jahrhunderts etwas von dem Formgefühl der klassischen Zeit zu spüren. So hölzern und prosanahe die Verse vielfach sind, so stoßen wir hier – und nur hier – auf eine Beschäftigung mit dem Problem des Verses. Zwei Ordensdichter, Heinrich von Hesler und Nicolaus von Jeroschin, entwickeln, wie wir schon S. 209 sahen, in ihren Dichtungen eine Theorie des epischen Verses. Sie ist bereits veräußerlicht, da sie statt von der rhythmischen Struktur von der Silbenzählung ausgeht. Doch indem der eine die Silbenzahl auf sechs bis neun, der andere auf sieben bis zehn festlegt und gelegentliche Überschreitungen gestattet werden, ist der geglättete Vers eines Rudolf von Ems oder Konrad von Würzburg in allen seinen rhythmischen Möglichkeiten darin eingeschlossen, und praktisch weicht der Vers dieser Dichter der älteren Periode um 1300 von den klassischen Vorbildern kaum ab. Anders wird es, wenn einige Dichter der jüngeren Periode nur noch eine einzige feste Silbenzahl zulassen, so der Dichter der Makkabäer und Tilo von Kulm acht Silben, der Verfasser des Daniel sieben Silben. Damit würden nur noch ganz wenige rhythmische Typen des klassischen Epenverses möglich bleiben, und praktisch hört hier ein wirklich rhythmischer Versbau auf, da die strenge Einhaltung der Silbenzahl die Sprache und den Reim in eine Zwangsjacke preßt und jeder stilistischen Freiheit Grenzen setzt. Hier wird in der starren Regel das Ende des rhythmischen Versgefühls ebenso spürbar wie anderwärts in der regellosen Freiheit der spätesten Versepik.

Ein großer Teil der religiösen Ordensdichtung ist uns in einer umfänglichen Prachthandschrift aus der Zeit um 1400 erhalten, die, aus der Bibliothek der zentralen Ordensburg Mergentheim stammend, heute eine Kostbarkeit der Stuttgarter Landesbibliothek bildet. Eine solche Handschrift kann nur aus einem offiziellen Auftrag hervorgegangen sein. Sie sollte zusammenfassen, was damals an erzählender biblischer Dichtung im Deutschen Orden bekannt war. Eine „gereimte Ordensbibel" darin zu sehen, geht wohl zu weit, wie auch ein so hochgestecktes Ziel den literarisch interessierten Hochmeistern kaum vorgeschwebt hat. Gerade die entscheidenden Teile des Alten Testamentes fehlen, sowohl die Patriarchengeschichte wie die große Zeit des Judentums, die Bücher der Richter und Könige. Es sind vielmehr die späten Ereignisse der jüdischen Geschichte, die Verstreuung und Sammlung in der Auseinandersetzung mit der heidnischen Umwelt, die heroische Zeit der Bewährung in Zusammenbrüchen und Aufschwüngen, von Judiths einsamer Heldentat bis zu den verzweifelten Kämpfen der Makkabäer, die unmittelbaren Widerhall in einer ritterlichen Gemeinschaft fanden, die sich in einer heidnischen Umwelt trotz gelegentlicher Hilfe auf sich selbst und ihre einsame Leistung gestellt sah.

3. ALTTESTAMENTLICHE DICHTUNG

Das Alte Testament als Teil der offenbarten heiligen Schrift erhält seinen Wert erst vom Neuen Testament her als Vorverkündung des Heils. Patriarchen, Propheten, Psalmisten bilden eine Kette der Verheißung in der fünftausendjährigen Geschichte der Verlorenheit zwischen dem Sündenfall und dem Erscheinen des Erlösers auf Erden. Aber auch in den geschichtlichen und erzählenden Büchern des Alten Testamentes ist allenthalben ein tieferer, auf Glaube und Lehre des Christentums gerichteter Sinn verborgen, den die allegorisch-dogmatische oder -moralische Auslegung aufzudecken hat. Der bloße Bericht des Alten Testaments ist dagegen ein Stück Weltgeschichte und geht infolgedessen, wie wir gesehen haben, in die Weltchronistik ein. Wo sonst Teile des Alten Testamentes zum Gegenstand epischer Nacherzählung werden, wird die Sinndeutung sich überall mehr oder weniger einstellen.

Alttestamentlicher Erzähldichtung begegnen wir, wie aus dem Vorangehenden verständlich sein wird, fast ausschließlich im Bereich des Deutschen Ordens mit seinen zugleich historischen und religiösen literarischen Interessen. Nur unwesentliche und geringe Bruchstücke könnten eine weitere Verbreitung alttestamentlicher Epik verraten, sofern sie nicht Reste von Weltchroniken sind.

Das gilt sicher von dem Jakobssegen, der dem unten zu besprechenden Gedicht von Esther in der Berliner Handschrift unmittelbar vorangeht und von dem Herausgeber Karl Schröder nachträglich (Germanistische Studien, hrsg. von Karl Bartsch, Bd. II (1875), S. 159 f.) als ein Stück aus der Christherrechronik (vgl. S. 189) identifiziert worden ist. Die Reste einer seinerzeit aus Privatbesitz publizierten Handschrift enthalten Stücke aus dem Buch Judith und den historischen Büchern (II. Samuelis, I. Könige), Reste einer Hildesheimer Handschrift bieten Stücke aus Jesaias und dem Buch Esra. In beiden Fällen handelt es sich um sehr primitive mitteldeutsche Nachdichtungen aus dem 14. Jahrhundert, deren Entstehung im Bereich des Ordens nicht ausgeschlossen wäre.

An die Spitze der Ordensdichtung stellen wir die Judith aus dem Mergentheimer Kodex. Die Einordnung in die Ordensdichtung ist umstritten. Denn die klare Datierung: 1221 Jahre nach Christi Tode führt auf das Jahr 1254 als Entstehungsjahr, und es bedarf einer leichten Textänderung, um auf 1304 und damit in die erste Periode der Ordensdichtung zu kommen. Schwerer wiegt es, daß das kleine Buch eine sehr persönliche Widmung des ungenannten Dichters an einen ebenfalls ungenannten jungen Mann trägt, den er mehrfach *vriunt unde bruoder mîn* anredet. Dieser Freund, ein junges Herz mit gereiftem Sinn (V. 2 3 1 7), hat sich an ihn mit der Bitte um Wegleitung aus der Lehre der heiligen Schrift gewendet. Der Dichter mahnt den Jüngling, wie Josef zu handeln, den Lockungen der Weltlust zu widerstehen und den Mantel weltlicher Weisheit hinter sich zu lassen, um sich in Demut der göttlichen Weisheit anzuvertrauen. Solch ein persönliches Vertrauensverhältnis von geistlichem Lehrer und Schüler fügt sich nicht in den Stil des Ordens, wo der Dichter der Gemeinschaft dient und die Widmungen daher entweder dem Orden als Ganzem oder einem verehrten Oberen gelten. So muß man die Möglichkeit offenhalten, daß die frühe Datierung echt ist, und daß das Gedicht nicht im Orden entstanden, sondern von ihm in den Kreis seiner Vorlesungsstücke aufgenommen worden ist.

Und hierher paßt es vortrefflich. Die Geschichte von dem heroischen Wagestück der Frau, die sich in das Heer der Feinde einschleicht, den gewaltigen Feldherrn der Heiden umgarnt, trunken macht und erschlägt, die triumphierend mit dem Haupt des Feindes heimkehrt und die Mutlosigkeit der Juden in Kampfeslust und Sieg verwandelt, hatte schon in vorhöfischer Zeit gezündet und im 1 2. Jahrhundert zwei deutsche Dichtungen hervorgerufen. Wie mußte sie erst in der ritterlichen Gesellschaft wirken, deren Burgen stets vom Heidentum umdroht waren. Der Judithstoff hat in seinem Gange etwas von einem heroischen Liedstoff und ist doch von Vertrauen in die Hilfe Gottes für die Seinen erfüllt, die sich im Erfolg herrlich offenbart.

Der Stoff prägt auch diesen mittelmäßigen Dichter, der mit den Mitteln ritterlicher Erzählkunst recht und schlecht zu wirtschaften weiß. Er war auch kein großer Theologe. Die Bitte des jungen Freundes, ihn mit dem Trank zu laben, den die Schrift „in ihrer Lehre beschlossen hat", verlangt die Deutung, und der Dichter verspricht ihm, sie in der Mitte und am Ende des Buches zu geben. Aber in der Mitte finden wir nur die Warnung, das Gedicht nicht als eine *fabula*, eine interessante Erzählung, zu nehmen, und am Ende kommt es nicht über die Deutung und Bedeutung einiger Orte und Völker hinaus, die von Holofernes bezwungen worden sind. Sehr viel nützliche Lehre kann der „Freund und Bruder" nicht daraus geschöpft haben.

In die Zeit der ersten großen Ordensdichtung im Anfang des 14. Jahrhunderts gehört dagegen sicher die Esther, die wir ebenfalls aus der Mergentheimer Handschrift kennen. Auch dieses wenig beachtete biblische Buch führt in die Zeit der Bedrängung des jüdischen Volkes unter den benachbarten heidnischen Großreichen, und auch hier erweist sich Gottes sichtbare Hilfe für sein Volk durch eine von ihm erwählte und gelenkte Frau. Der Dichter erzählt schlicht, ohne poetischen und theologischen Ehrgeiz, ohne Auslegung und Deutung. Der Stoff als solcher in seiner Durchdringung von geschichtlichem und religiösem Gehalt bot sich als geeignete Lektüre für die Ordensgemeinschaften an, und es ist wohl denkbar, daß die Geschichten von Judith und Esther, den gotterfüllten Frauen, in bewußtem Gegensatz zum Minnesang und zum höfischen Roman mit ihrem durch die Minne bestimmten Frauenbild, das manch ein Ordensritter aus seiner weltlichen Jugend mitgebracht haben wird, an den Anfang der großen Sammelhandschrift gestellt worden sind.

In die zweite Blütezeit der Ordensdichtung, die Zeit um 1330/40 setzen wir ein drittes, rein erzählendes Dichtwerk, die Übertragung der Bücher Esra und Nehemia. Auch diese Bücher stehen in apokrypher Abseitigkeit, und auch sie führen in die Zeit der Verstreuung der Juden nach der Zerstörung Jerusalems und berichten von Heimkehr und Wiederaufrichtung. Zumal das Buch Nehemia mußte für den Orden von Interesse sein. Im Ich-Bericht erzählt es, wie Nehemia die Gunst des Perserkönigs Artaxerxes gewinnt und hinabziehen darf nach Jerusalem, um die Stadt wieder aufzubauen, und es enthält die großartige Schilderung des Mauerbaues von Jerusalem unter dem drohenden Haß der umwohnenden Völker und berichtet, wie der Bau vollendet wurde, mit dem Schwert in der einen, der Kelle in der anderen Hand, wie die Juden sich einteilten in Bauende und Kämpfende und welche Sicherheitsmaßnahmen sie trafen, um die wehrhafte Mannschaft rasch an jeder bedrohten Stelle zusammenziehen zu können. Solche Erzählung voll kriegerischer Einzelheiten mußte in einer ritterlichen Gemeinschaft unmittelbaren Widerhall wecken, die wie jene Juden im Namen Gottes und für Gott in Bauen und Kämpfen mitten unter den Heiden ihre Lebensaufgabe fand.

Als letztes, in seiner Weise interessantestes Werk aus der jüdischen Spätzeit schließt sich das Makkabäerbuch an. Es ist das kriegerischste, im eigentlichen Sinne heroische Buch des Alten Testamentes. Es verbindet den christlich deutbaren Geist glühender Gotterfülltheit mit jener Selbstbehauptung im Untergang, die das Wesensmerkmal heroischer Dichtung ist. Die Makkabäer wurden unter die christlichen Heiligen aufgenommen, und ihr Märtyrertod unter Antiochus Epiphanes erzählt. Ihre Geschichte läßt sich ohne tiefere Veränderung als eine Erzählung vom Gottesrittertum auffassen, wie es dem Denken und Tun des Ordens entsprach. In diesem Sinne war schon einmal in der Kreuzzugszeit eine Makkabäerdichtung entstanden, deren erhaltene Reste deutlich heroische Stilisierung zeigen (vgl. Bd. I, S. 173). Der Deutsche Orden war die Stelle, wo sie sinnvoll wieder aufgenommen werden konnte. Hat er sich doch selber als „neue Makkabäer" gesehen, und

Papst Honorius III. ihn in einer Bulle von 1221 als *novi sub tempore gratiae Machabei* angeredet. Eine Makkabäerdichtung aus dem Kreise des Ordens ist in der Mergentheimer Handschrift enthalten. Der Dichter bezeichnet sich als Laien; er war also Ordensritter, und vieles spricht für die Annahme des Herausgebers, Karl Helm, daß der Dichter kein anderer war als der spätere Hochmeister Luder von Braunschweig. Wir wissen, daß er nicht nur für Dichtung interessiert war, sondern daß er wirklich deutsche Gedichte verfaßt hat. Der spätere Ordenschronist Wigand von Marburg teilt es mit, und Nicolaus von Jeroschin nennt eines seiner Werke, eine uns verlorene Barbaralegende.

Wenn die Makkabäer von ihm sind, so war er als Ordenslenker größer denn als Dichter. Mühsam setzt er die biblische Erzählung in seine achtsilbigen Verse um, deren Zwang sich in seinem Stil und seiner Diktion auf Schritt und Tritt bemerkbar macht. Unter allen Bibeldichtern des Ordens ist dieser am stärksten historisch interessiert. Zwar kennt er die klassischen Kommentare des Hrabanus Maurus, dessen beide Widmungsbriefe er mit übersetzt, und des Walahfrid Strabo sowie das gängige Handbuch, die Historia scholastica des Petrus Comestor, aber die Gelehrsamkeit, die er daraus schöpft, bezeugt eher sein historisches als sein theologisches Interesse. Er schreibt ein Stück jüdische Geschichte, in der sich sein Orden wiedererkennen konnte. Darum führt er die Geschichte der Makkabäer über die biblischen Bücher fort bis zum Tode des Herodes, und er ordnet sie durch einen breiten Exkurs über Alexander den Großen und dessen Nachfolger weltgeschichtlich ein. Dem entspricht die Stilform des einfachen, sachlichen Berichtes ohne die Einstilisierung in die Formen heroischer Dichtung. Solch weitblickendes historisches Interesse darf man bei einem Manne erwarten, der in größeren politischen Aufgaben steht und in weiteren Zusammenhängen zu denken gewöhnt ist. So zeigt einzig dieser Fürstensproß unter den biblischen Dichtern Interesse für die Gegenwart und das Reich. In raschester Überschau wirft er (V. 777 ff.) einen Blick auf die Geschichte *der monarchien kraft*, d. h. der Weltreiche von Alexanders Weltbezwingung über die Römer zu den Deutschen, denen das Reich mit Recht zusteht, und er bittet Gott, den Namen dessen „breitzumachen", der der Christenheit am nützlichsten sei. Das heißt, er sieht mit Sorge in die Gegenwart und in die Unsicherheit des Reiches, die durch die Doppelwahl Ludwigs des Bayern und Friedrichs des Schönen hervorgerufen worden ist. Damit würde der Beginn des Gedichtes in die Zeit vor 1323, also in die Jugend des späteren Hochmeisters fallen.

Die bisher genannten Werke wollten vor allem erzählen, selbst wenn sie einzelne Auslegungen und Erklärungen einflochten. Auch die Judith ist trotz der deutenden Absicht ihres Dichters ein erzählendes Werk geblieben. Anders fassen zwei weitere Dichtungen aus dem Kreise des Ordens ihre Aufgabe an; sie verbinden die Übersetzung mit einem erklärenden Kommentar. Es sind der Daniel und der Hiob. Es geschieht natürlich mit der Methode der Exegese nach dem mehrfachen Schriftsinn, wie wir sie seit Otfrieds Evangelienbuch kennen, und in Anlehnung an die gültigen Kommentare.

Der unbekannte, sicher geistliche Dichter des Daniel teilt in seinem Epilog mit, daß er seine Arbeit als bejahrter Mann auf den Wunsch des Hochmeisters Luder von Braunschweig unternommen habe; in den Jahren von dessen Amt muß es vollendet worden sein. Das Werk fügt sich in den Kreis der bisher behandelten Dichtungen stofflich ein; auch der Daniel gehört in die Spätzeit des Judentums und spielt am Hofe Nebukadnezars, Belsazars und Darius' nach der Zerstreuung der Juden ins Exil.

Wichtige Stücke dieses Bibelbuches gehören dem verbreiteten Wissen der Zeit an: die Geschichte der drei Jünglinge im feurigen Ofen, deren Lobgesang zu den liturgischen Cantica der Kirche gehört, der Traum Nebukadnezars von der Statue aus verschiedenen Stoffen vom goldenen Haupt bis zu den tönernen Füßen, dessen Auslegung auf die Weltalter ein beliebtes Thema der Spruchdichtung ist, Daniels Gesicht von den vier Tieren, das abermals die Weltreiche und den Antichrist bedeutet, Belsazars Menetekel, Daniel in der Löwengrube.

Bei allem erzählenden Gehalt ist der Daniel jedoch ein prophetisches Buch, das in besonderem Maße nach allegorischer Exegese verlangt. In der Darstellungsweise schließt sich der Dichter des Daniel der voranliegenden Erzähldichtung so weit an, daß er die einzelnen Kapitel geschlossen überträgt und danach erst die Glosse folgen läßt, so daß der stoffliche Inhalt zusammenhängend überschaubar und vortragbar bleibt.

Jedem Kapitel folgt die Glosse, die, Einzelheiten des erzählten Textes herausgreifend, breit ausschwellen kann. Das vierte Kapitel etwa erzählt das Traumgesicht Nebukadnezars von einem die Welt überschattenden, danach abgehauenen, doch aus den Wurzeln neu aufwachsenden Baum, das Daniel auf das künftige Schicksal des Königs deutet. Die Glosse dagegen bezieht den Baum auf Christus, seine göttliche Herrschaft, seinen Tod und seine Auferstehung und erzählt dabei in fast 700 Versen nicht nur die Legende vom Kreuzesbaum, sondern die ganze Geschichte Christi von der Passion bis zur Himmelfahrt, Zug um Zug als die Erfüllung der alttestamentlichen Prophetie. Noch weiter schwillt die Auslegung des dritten Kapitels an, die an eine einzige Stelle, die Errichtung einer göttlich verehrten Bildsäule des Königs auf dem Felde Duram anknüpft (Dan. 3, 1). Hier ist der Bibeltext nur noch der Anstoß zu einer freien Allegorese. Sie nimmt nicht einen vorgegebenen Stoff, hier also den Bibeltext, zum Anlaß allegorischer Auslegung. Sie geht vielmehr wie die Bispeldichtung von der beabsichtigten Lehre als dem Primären aus, und der Dichter schafft sich in losester Anknüpfung an den Text die dazu geeignete Grundlage. Er will die beliebte Form der Pflanzenallegorie anwenden und läßt dazu auf dem Felde Duram 15 Gewächse – Blumen, Kräuter und Bäume – wachsen, von denen in der Bibel nichts steht. Er weiß sie – zumal die Getreidearten – in hübscher Anschaulichkeit abzubilden, nach Auswahl und realistischer Schilderung fern der zeichenhaften Natur des Minnesangs. Erst in der Lyrik Hugos von Montfort werden wir eine ähnliche Gabe zur Beobachtung der wirklichen Naturgebilde finden. Diese Pflanzen werden der Reihe nach auf Gruppen der menschlichen Ordnung – Priester, Mönche, Ritter, Bauern, Frauen, aber auch auf Mildtätige, Büßer, freiwillig Arme usw. – ausgelegt, und sie werden danach nochmals in gegenwartsbezogener Sittenkritik *moraliter* in bezug auf den sündhaften Verfall der Zeit durchgenommen. Solche Auslegungen erscheinen willkürlich und untereinander wie zum Ganzen beziehungslos. Dennoch kreisen sie um ein bevorzugtes Anliegen des Dichters, das Bußsakrament mit den Stufen der Reue, Beichte und Buße, zu dem die Dinge immer wieder in Beziehung gesetzt werden, und mit dem das ganze Gedicht auch ausklingt.

Wenige Jahre später, 1338, vollendete im Ordensland ein ebenfalls unbekannter Dichter die Übersetzung und Paraphrase des Buches Hiob. Es ist die einzige alttestamentliche Ordensdichtung, die nicht jüdische Spätgeschichte behandelt. Er widmet sein Werk dem Hochmeister Dietrich von Altenburg, von dem daher wohl die Anregung ausgegangen sein wird. Der Versuch, den Dichter mit dem gleich zu nennenden Tilo von Kulm (vgl. S. 509 ff.), dem Verfasser des Buches von den sieben Insigeln, gleichzusetzen, ist mindestens sehr unsicher. In Sprache, Verstechnik und Stil bestehen wesentliche Unterschiede. Wichtiger noch erscheint mir die ganz verschiedene Auffassung von Ziel und Aufgabe der Interpretation in beiden Werken. Tilos Gedicht ist, anschließend an seine lateinische Quelle, ganz auf die gelehrte Methode der allegorischen Einzelinterpretation gestellt. Der Dichter des Hiob legt es auf Verständlichmachung des Textes an; seine Auslegung ist überwiegend popularisierende Umschreibung. Er stellt einleitend (V. 495 ff.) sein Programm auf; er will den Text *lichtlich und slecht* auslegen, so gut er kann. Und dieser Absicht ist er treu geblieben. Sein Werk enthält wenig theologische Gelehrsamkeit, und wo er sie, wie namentlich in den letzten Kapiteln, anbringt, ist es Physiologusweisheit mit anschaulichem Interesse für Lebens- und Wesensart der Tiere. Obwohl er Gregors des Großen Hiobkommentar, die bekannten Moralia in Job, natürlich gekannt hat, baut er seine Auslegungen nicht auf Gregor auf, sondern mit Auswahl und Freiheit auf den gängigen populartheologischen Handbüchern, der Glossa ordinaria und der jüngst erschienenen Postille des

Nicolaus von Lyra. Dementsprechend wählt er seine Methode der Darstellung. Er flicht Übersetzung und Auslegung eng ineinander. Jedem Kapitel schickt er eine einleitende, den Inhalt skizzierende und beurteilende Vorrede voran und folgt dann dem biblischen Text Vers um Vers, überträgt ihn aber verbreiternd und damit schon erläuternd. Kern- und Hauptstück des biblischen Buches ist der Disput Hiobs mit seinen drei Freunden, der nur knapp in den epischen Rahmen der Wette zwischen Gott und Teufel und der Erprobung Hiobs im Unglück gestellt ist. Der Dichter hält an dieser Struktur der Darstellung fest, indem er weitgehend seine Auslegungen in die Gesprächsform einbezieht und sie als erweiternde und erklärende Ausführungen den Redenden selber in den Mund legt.

Der Dichter faßt Hiob naturgemäß wie das ganze Mittelalter als den Prototyp der Geduld auf. Dementsprechend müssen die Klagereden Hiobs (Kap. 3), der den Tag seiner Geburt verflucht und den Tod herbeisehnt, so interpretiert werden, daß sie nicht als Auflehnung gegen Gottes Schickung erscheinen. Der Vorwurf von Hiobs Freunden, daß er gewagt habe, mit Gott zu „diskutieren", wird dahin berichtigt, daß es in der Form bescheidener Fragen des Schülers an seinen „Meister" geschehen sei, und die gewaltige Rechtfertigungsrede Gottes in Kap. 38 bis 41 wird zur Belehrung, der sich der Schüler demütig beugt. Als Kern der Auseinandersetzungen Hiobs mit seinen Freunden ist die Frage nach Gottes Gerechtigkeit erkannt und mit bemerkenswerter Einheitlichkeit durchgeführt. Sie ist unter christliche Sicht gestellt. Die Freunde vertreten den „Irrglauben", daß Gott dem Menschen Leid und Unglück als Strafe für seine Sünden schickt, daß er aber den Gerechten schon im irdischen Leben wieder aufrichtet und ihm auf Erden wiedergibt, was er ihm genommen hat. Dem gegenüber verficht der Dichter durch den Mund Hiobs und in eigener Darlegung die Auffassung, daß Gottes Gerechtigkeit sich erst im Jenseits offenbart und erfüllt. Glück und Leid auf Erden sind nicht nach dem Maße menschlicher Gerechtigkeit verteilt, das Leid ist Prüfstein für die Ewigkeit, wo es seinen Lohn findet.

Dem Verfasser geht es um die Sache; Form und Stil sind einfach, sachlich und ohne dichterischen Anspruch. Von der dichterischen Kraft des biblischen Textes hat er nichts verspürt. Er weiß, daß er zu Laien spricht und was man ihnen zumuten kann. So spürt man nicht selten an seiner Diktion, daß diese Laien Ritter sind, denen er sich aus ihrer Lebensaufgabe heraus verständlich machen will. Es ist eine zweckentsprechende Lektüre für geistliche Ritter ohne literarische oder gelehrte Ansprüche.

Am Ende dieser Ordensdichtung steht ein Werk, das sich die Historien der alden ê nennt, also eine Zusammenfassung des Alten Testamentes. Dieses um 1340 verfaßte Gedicht bedeutet tatsächlich das

Ende einer Epoche, den letzten trüben Ausklang einer literarischen Bewegung, die ihre Impulse von der klassischen Dichtung der hohen
Stauferzeit empfing, wie im höfischen Roman Wisse-Colins Neuer Parzival, im heroischen Roman die jüngste Bearbeitung der Virginal. Formal wie kompositorisch ist es in der Tat ein „schlechthin unerfreuliches
Werk", wie Helm-Ziesemers Geschichte der Ordensliteratur es nennt.
Der große Stoff – von Adam bis zu den Makkabäern – wird in rund
6000 Versen in einer erbärmlichen Kürze und Dürre abgehandelt.
Diese Kürze ist nicht Konzentration, denn der Verfasser kann in Einzelheiten recht weitschweifig sein; es ist chronistische Skelettierung. Er
wolle, so erklärt er, aus der heiligen Schrift, die schwer und allzu lang
sei, nach seinem Verstande die *historien* auswählen, das sind, wie er sagt,
„Werke, die im Alten Testament geschehen sind".

Seine Auswahl ist bezeichnend. In der Patriarchengeschichte zählt er z. B. mit großer Sorgfalt die Geschlechtsregister der Söhne Adams oder Noahs auf, dagegen übergeht er so eindrucksvolle Geschichten wie die Opferung Isaaks oder Jakobs Betrug um
die Erstgeburt. Ähnlich geht es bei der Geschichte von Jakob und Josef. Man erfährt
nichts von den spannenden Erlebnissen und Schicksalen Josefs. In zehn Zeilen hören
wir, daß Jakob in den Hungerjahren nach Ägypten fuhr, von seinem Sohn Josef
liebevoll aufgenommen wurde, Pharao über sein Alter Bescheid gab, seine Söhne seg-
nete und verschied. Und dann folgen 40 Zeilen, in denen die Söhne Jakobs mit ihren
Eheverbindungen und Nachkommen aufgeführt werden.

Das ist der Stil des Annalisten, der keinerlei historische Zusammenhänge sucht und sieht, sondern aus dürren Jahresfolgen – oder für die
alten Zeiten aus Geschlechterfolgen – ein Gerüst aufschlägt, in das er zu-
sammenhanglos einzelne Ereignisse einschiebt, die ihm erwähnenswert
erscheinen. Das Werk will als Nachbildung der zahlreichen lateinischen
annalistischen Abrisse verstanden sein, die das Mittelalter hervorgebracht
hat. So ist denn auch das Alte Testament selber gar nicht die eigentliche Quelle, auf die es sich gründet, sondern die Historia scholastica, die ja selber schon die Umsetzung des Alten Testamentes in ein Hi-
storienwerk ist. Von dort übernimmt der Dichter seinen Titel: Historien
der alden ê. Daher kommt es auch, daß der Verfasser trotz seines Dran-
ges nach Kürze über die biblischen Berichte hinaus sagenhafte oder geschichtliche Ereignisse einflicht. Petrus Comestor hat die Berichte des Alten Testamentes mit der übrigen Weltgeschichte harmonisiert, indem er
die Geschichte der Weltreiche Babylons, Persiens, Alexanders einbezog,
und die deutschen Weltchroniken seit Rudolf von Ems sind ihm darin
gefolgt. Was dort Überfülle wurde, erscheint hier in der Form magerster,
ungeschickter Exzerpte. Man kann die Historien der alden ê als einen
deutschen Abriß der Geschichte bezeichnen, den der Verfasser neben das
große Geschichtswerk des Lateiners stellt, eine erste, nach seiner Meinung faßliche Einführung für Laien, d. h. für die Ritter des Ordens.

So wird auch die bodenlose Vernachlässigung der Form begreiflich. Keiner der bisher behandelten Ordensdichter war ein großer Künstler, allen ging es mehr um den Inhalt als um die Form. Aber sie hatten in ihrer Silbenzählung doch noch ein, wenn auch mechanisiertes, Formbewußtsein. Diesem Mann war der Vers nur noch eine lästige Tradition; der Reim ist das einzige, was ihn von der Prosa trennt. Aber er war zu unselbständig, den folgenreichen Schritt zur Prosa zu tun, den ein Jahrzehnt später Claus Cranc mit soviel Erfolg gewagt hat.

Es gibt Bücher der Bibel, die als reine Erzähldichtung nicht verwendbar sind, sondern zu exegetischer Behandlung herausfordern. Das Buch Hiob gehört dazu, ebenso im Neuen Testament die Johannesapokalypse (vgl. S. 517f.). Noch ausschließlicher bedarf das Hohe Lied der Auslegung; nur aus dem allegorischen Verständnis heraus waren diese Liebesgesänge als Stück der heiligen Schrift dem Mittelalter überhaupt zugänglich. Die drei Möglichkeiten der allegorischen Exegese des Hohen Liedes liegen von früh an fest. In allen ist Salomo, der Bräutigam, das irdische Gegenbild Gottes. Der Auffassung der Braut als der Kirche sind wir bei Williram von Ebersberg, als der menschlichen Seele und als Maria, dem Prototyp menschlicher Gottbräutlichkeit, im St. Trudberter Hohen Lied begegnet. Jetzt treffen wir auf einen erneuten Versuch, das Hohe Lied für Laien verständlich zu machen. In den Jahren 1275/76 verfaßte der Magdeburger Brun von Schönebeck seine kompendiöse Versparaphrase des Hohen Liedes. Er war selbst ein Laie, und er schrieb für Laien; er wählte die dafür traditionelle Versform.

Von dem Dichter wissen wir einiges. Er gehörte dem zunftähnlich organisierten Stadtpatriziat Magdeburgs, den Konstabeln, an und hat im gesellschaftlichen Leben der Stadt eine Rolle gespielt. Als jüngerer Mann hat er ein patrizisch-stadtbürgerliches Fest organisiert, das als „Gral" bezeichnet wird und jedenfalls die Formen ritterlicher Festturniere in artushafter Ausstattung nachahmte. Er hat die gereimten Ladebriefe an die benachbarten Städte dazu entworfen und das Fest in einem uns verlorenen „deutschen Buch" beschrieben. Was wir von ihm besitzen, ist ausschließlich religiöse Dichtung. Neben einer umfänglichen, uns nur fragmentarisch erhaltenen Mariendichtung auf der Grundlage des Ave Maria und – wenn einige Bruchstücke, die wir besitzen, richtig gedeutet sind – einem Leben Jesu stehen ein paar bispelhafte Kleindichtungen über Salomo, die im Zusammenhang mit seinem Hohen Lied, vielleicht als Vorarbeiten dazu, entstanden sein könnten. Endlich kennen wir zwei gereimte Bildunterschriften erbaulichen Inhalts, die lateinische Unterschriften verdeutlichen. Die interessantere gehörte zu einer farbigen Abbildung eines nackten Amor und wertet irdische Liebe aus religiös-moralischer Sicht ab.

Hier interessiert das Hauptwerk, das Hohe Lied. Es ist ein sehr gelehrtes Werk und schüttet eine Fülle lateinischer Zitate aus der Bibel, den Kirchenlehrern, zumal Augustin und Bernhard, aber auch aus profanen Schriftstellern (Horaz, Ovid u. a.) aus, die dann übersetzt und ausgelegt werden. Auch wenn sie nicht eigener Lektüre der Originale, son-

dern |mariologischen Florilegien und Hohelied-Kommentaren zu ver-
danken sind, und auch wenn dem Verfasser theologisch gebildete Berater
zur Seite standen, bleibt die Leistung für einen Laien imponierend. Mit
Recht kann Brun auf seine Schulbildung, deren er mehrfach gedenkt,
stolz sein.

Das Gedicht zeigt eine eigentümliche – von Brun selbständig erfun-
dene? – Anlage. In zwei kurzen Teilen von zusammen rund 1 000 Versen
macht er, um dem Verbalsinn des biblischen Buches gerecht zu werden,
aus den Liebesgesängen eine Art Minnenovelle zwischen dem irdischen
König Salomo und der Königin von Saba zurecht. Nach der Schilderung von Salomos Weisheit, Macht und Schönheit läßt Brun den König
durch einen Boten (Fortitudo) einen werbenden Minnebrief an die
Königin überbringen, in dem aus den Schönheitspreisungen des Hohen
Liedes eine schulgerechte Schönheitsbeschreibung der Königin von den
Haaren bis zu den Beinen zusammengestellt ist. Nach dem Werbungsgespräch mit dem Boten, das noch einmal Salomos Herrlichkeit leuchten
läßt, bricht die Königin zu Salomo auf. Im zweiten Teil wird aus Monologen und Dialogen des Bibeltextes eine Art Minneszene aufgebaut, die
dann im Hochzeitsfest endet. Ihm wird aus apokryphen Quellen die Auffindung der Mandragora eingefügt, die im Bibeltext nur einmal (Kap. 7,
13) flüchtig erwähnt wird und die hier als eine schöne Frau ohne Kopf
erscheint, der Salomo auf Bitten der Braut einen goldenen Kopf schafft.

Auf der so zusammengestellten Geschichte beruht die zehnmal so
umfängliche Auslegung in drei Teilen. Der erste Teil, auf die Schönheitsbeschreibung des Minnebriefes gegründet, führt die Deutung auf Maria
durch, der zweite Teil, auf Minnegespräche und Hochzeit bezogen, die
Deutung auf die menschliche Seele. Der dritte Teil wirkt uneinheitlich
und zusammengerafft. Er geht von den vier Bräuten Salomos aus, die aus
der Schrift herausgelesen werden. Doch ist eine offenbar geplante
Systematik zerbrochen und in einzelne Exkurse aufgelöst, deren einer
sich im Anschluß an die Mandragora sehr eingehend mit dem Antichrist, den 15 Zeichen des Gerichtes und dem Gericht selber befaßt, ein
anderer, vielleicht als Huldigung an seine franziskanischen Freunde und
Berater gedacht, vom Wirken der Prediger handelt.

Bruns exegetische Technik ist die bekannte der allegorischen Einzel-
auslegung. Doch hat sie ein Element der Konzentration in den einheitlichen Grundgedanken der beiden ersten Teile, die alle Einzelheiten
immer wieder auf Maria bzw. das Verhältnis der Seele zu Gott zurückführen. Andererseits verleitet das assoziative Denken zu weitschweifigen
Exkursen, die vom Thema abführen und gewaltsam zum Thema zurück-
gebogen werden müssen. Bruns aufrichtige Frömmigkeit, die sich zumal
in einer innigen Marienverehrung ausdrückt, hat nichts von der mystischen Versenkung, die sein Gegenstand nahelegt. Weder gedanklich

oder erlebnismäßig noch sprachlich ist Einfluß der Mystik zu spüren. Eher ist in der streng numerierenden Aufgliederung der Qualitäten eines Gegenstandes und ihrer aufzählenden allegorischen Ausdeutung etwas, das wenigstens in der Darstellungsart an die scholastische Methode denken läßt. Selten sind erzählende Exempla, unter ihnen ist die Theophiluslegende das wichtigste und am breitesten ausgesponnene. Die Legende kehrt auch in den Bruchstücken des Ave Maria wieder, wo sie als Beispiel von Marias Helfermacht am Platze ist. Sie wird also wohl dort entstanden und in die Hohelied-Paraphrase übernommen worden sein.

Der Darstellungsstil Bruns ist von der lebendigen Rede her geprägt. Die dauernden Anreden an die Hörer, die immer wiederholte Bezugnahme auf sich selbst, seine Aufgabe, seine Meinung lassen an die Predigt als Vorbild denken. Mir scheint das Katheder der Schule noch wichtiger, die Anrede des Lehrenden an die Lernenden, ihre Fragen und Einwürfe, die sich bis zum Stil des Lehrer-Schüler-Gesprächs der Lucidariusform entwickeln können. Soll diese Stilform dazu dienen, die theoretischen Darlegungen lebendig zu machen, so führt doch ihr Übermaß zur Ermüdung. Brun ist kein großer Sprachkünstler, noch weniger ein großer Dichter. Sprache und Vers machen ihm sichtlich Mühe, schon deswegen, weil er, der Niederdeutsche, sich jener mitteldeutschen Sprache anzupassen bestrebt ist, die seit den Tagen Eilharts von Oberge und Wernhers von Elmendorf die Buchsprache der Niedersachsen geworden ist. Sein Vers ist der freiere und fülligere der niederdeutschen Dichtung, freilich auch hier mit dem Versuch einer zuchtvollen Bändigung nach klassischem Vorbild. Denn der adlige Patrizier steht nicht nur in seinem Lebensstil dem ritterlichen Wesen nahe, er kennt auch die ritterliche Dichtung, zumal seinen Wolfram, und er gewinnt von dort seine formalen Maßstäbe.

4. NEUTESTAMENTLICHE DICHTUNG

Anders als die auf dem Alten Testament ruhende Dichtung des Deutschen Ordens, die entweder reine Erzähldichtung war oder den Text mit reichlicher Deutung nach der Technik der mehrfachen Bibelauslegung versah, ist die wiederaufblühende neutestamentliche Dichtung unter eine bestimmte Idee gestellt. Sie will kein Leben Christi sein wie die alten Evangeliendichtungen der Karolingerzeit, Heliand und Otfried, und noch das Leben Jesu der Frau Ava. Sie will Erlösungsgeschichte darstellen und damit ein Stück des großen Heilsplanes Gottes und der *historia divina*. Der Leitfaden solcher Darstellung ist das apostolische Glaubensbekenntnis, das die heilsgeschichtlich wichtigen Ereignisse heraushebt: Geburt, Leiden und Tod, Höllenfahrt, Auferstehung, Himmelfahrt, Gericht. Das irdische Leben Christi, seine Predigt, seine Wunder bleiben grundsätzlich außerhalb dieser Linienführung. Nur die Taufe im Jordan als Ursprung des Taufsakraments ist regelmäßig über die Stationen des Apostolicums hinaus in den Erzählkanon aufgenommen. Dagegen nennt das Credo Ereignisse, die im Neuen Testament als episch nacherzählbarer Bericht fehlen: Höllenfahrt und Gericht. Hier müssen andere Quellen eintreten, und sie haben es schon früh getan: für die Höllenfahrt das apokryphe Nicodemusevangelium, für das Gericht die Vorstellungen und Darstellungen, in denen sich allmählich ein Kanon der letzten Dinge herausgebildet hat, vom Antichrist über die 15 Vorzeichen des Gerichtes bis zum Erscheinen des Richters und dem Vollzug des Gerichts. Ihre bestimmende Zusammenfassung fanden die Vorstellungen vom Antichrist im 10. Jahrhundert in dem Libellus de Antichristo des Adso von Montier-en-Der, die Vorstellungen vom Jüngsten Gericht und seinen Vorzeichen im 12. Jahrhundert im Elucidarium des Honorius Augustodunensis. Zu den Ereignissen des Apostolicums treten dann Schöpfung und Sündenfall aus dem Alten Testament als Vorgeschichte und Vorbedingung des Erlösungswerkes, und mit dem Sturz Luzifers und der aufrührerischen Engel wird wieder ein apokryphes Stück in den Erzählkanon aufgenommen. Prophetie und Präfiguration verbinden die Urgeschichte mit dem Erlösungswerk.

Dieser Grundriß ist frühzeitig fertig. Das frühe Ezzolied (vgl. Bd. I, S. 145 ff.) ist nach ihm aufgebaut, und im episch breiten Leben Jesu der Frau Ava (vgl. Bd. I, S. 161 ff.) ist er doch zu spüren. Im Ezzolied finden wir auch schon die Form ausgebildet, in der Christi Erdenwirken einbezogen wird. Es ist eine ganz knappe, reihende Aufzählung seiner Wundertaten: die Blinden machte er sehen, die Lahmen gehen usw. ohne jedes Detail und ohne Einzelerzählung. Derselbe Grundriß ist auch für die Dichtung unserer Epoche verbindlich. Er ist nicht starr und verbietet nicht die Aufnahme einzelner Ereignisse aus den Evangelien. Es sind vor allem solche, in denen sich die Göttlichkeit Christi offenbart: der zwölfjährige Jesus im Tempel, die Versuchung, die Verklärung. Das Weinwunder bei der Hochzeit von Kana kann als erstes Wunder Christi stellvertretend für seine ganze Wundertätigkeit erzählt werden. Die Salbung durch Maria Magdalena und die Erweckung des Lazarus nach drei Tagen im Grabe werden als Vordeutungen auf Christi Tod, Grablegung und Auferstehung zu heilsgeschichtlicher Bedeutung erhoben, und aus der wachsenden Marienfrömmigkeit wird der im Evangelium stummen Mutter des Heilands – auch dies schon bei Frau Ava – die Klage unter dem Kreuz gegönnt.

Vier epische Darstellungen der gesamten Heilsgeschichte mit dem Schwerpunkt in Christi Erlösungstat und stofflich daher im Neuen Testament, die alle der Zeit um und nach 1300 angehören, lassen sich zu einer Gruppe zusammenfassen. Im Hessischen entsteht bald nach 1300 das vortreffliche Werk eines unbekannten Verfassers, das wir die Erlösung nennen. Ungefähr gleichzeitig dichtet der uns als Verfasser des Apolloniusromans schon bekannte Wiener Arzt Heinrich von

Neustadt seine Darstellung von Gottes Zukunft und der Steier-
märker Gundacker von Judenburg seinen Christi Hort. Eine
Generation später endlich, im Jahre 1331, vollendet ein Geistlicher im
Deutschordensland, Tilo von Kulm, sein Buch Von den sieben
Insigeln. Dazu kommen Dichtungen, die sich auf Teile des großen
Gesamtgeschehens beschränken.

Das schöne Gedicht von der Erlösung steht in lebendiger Nachfolge der klassisch-höfischen Form. Der Dichter beherrscht noch den
fließenden Vers, die belebende Brechung, den reinen Reim der höfischen
Zeit. Er eröffnet sein Gedicht mit einem kunstvollen Prolog aus Strophen
von vier durchgereimten Vierzeilern, der bewußt an Gottfrieds Tristan-
prolog anknüpft. Darin lehnt er es ab, seine Worte zu zieren; er will
âne allez flôrieren dichten, und er meint damit die Dichtweise Hartmanns,
Wolframs und Gottfrieds. Geblümte Rede, so sagt er, gehört zu Iwein,
zum Gral, zu Tristan; seine Rede dagegen sei *ernestlîch gevar* und gehe
mit blôzen worten unde bar einher. Dennoch weiß er die Stilmittel Hartmanns und Gottfrieds wohl zu gebrauchen; wo der Gegenstand es verlangt, findet er Schwung und Fülle der Diktion. Ein so breit ausgeführ-
tes Bild wie das von der Dichtung als Segelfahrt (V. 893 ff.) hat in
Gottfrieds klassisch geschulter Bildgebung sein Vorbild. Die Begegnung
des Herodes mit den drei Königen verläuft nach höfischem Zeremoniell
mit zierlicher Rede und Gegenrede, und Herodes grüßt die Könige,
abermals wie die Herren und Damen Gottfrieds, mit der französischen
Anrede *dê vô bênîe* (V. 3 507). Und ganz mit den Stilmitteln des antithetischen psychologischen Monologs der höfischen Epik seit Veldekes
Laviniamonolog ist Marias Gebet gestaltet, die Mutter des Heilands
werden zu dürfen (V. 2 654 ff.). Der Dichter interpretiert das Gebet ausdrücklich in diesem Sinn, als *widersatz* zweier sich streitender Seelen-
regungen: Gefühl der Unwürdigkeit und Begier der Erwählung.

Die Ablehnung des höfisch-geblümten Stils im Prolog entspringt vor
allem aus dem Bewußtsein des Gattungsunterschiedes; der religiöse
Stoff stellt andere Anforderungen an den Stil. Die alte Scheidung von
Wahrheit und Lüge, von Heilsgeschichte und Unterhaltung steht dahinter, wenn der Dichter sein Werk gegen das der höfischen Epiker
durch das Stichwort *ernestlîch* abgrenzt, wie schon der Priester Wernher
in seinem Marienleben (vgl. Bd. I, S. 215) gesagt hatte: *hie get ez an den
ernst*, als er zu der Darstellung der Evangelienberichte überging. Der
Dichter will die Heilsgeschichte gegen die Artus- und Tristangeschich-
ten setzen. Er will sie als spannendes Epos dichten. Ihm geht es um die
Geschehnisse, nicht um Erklärung oder Auslegung, die, wo sie erscheint,
doch nur ein dem geistlichen Dichter geläufiges Beiwerk bleibt. Er
erzählt einfach, klar und gewandt; er versteht es, Szenen aufzubauen und
den Dialog zu führen.

Der Prolog ist, wie der Gottfrieds, auf Leitworte gestellt. Das führende Wort ist *wunder*. Gott wird – wie in der zeitgenössischen Spruchdichtung – in seiner Größe aus der Ordnung des Kosmos erkannt, von
den Elementen und dem Sternenlauf bis zu den Wundern des organi-
schen Lebens, die aus unmittelbarer Anschauung erfaßt werden: wie die
Rose sich der Sonne erschließt, der Vogel aus dem Ei schlüpft. Seine
Erzählung setzt mit der fertigen Schöpfung ein, die als vollendete Ordnung der Natur geschildert ist. Es folgen Menschenschöpfung und
Sündenfall, wobei Luzifers Sturz nachgetragen wird. Zu seiner höchsten dichterischen Leistung erhebt sich der Dichter in der großartigen
Ratsversammlung (V. 349 ff.), in der das Erlösungswerk beschlossen
wird. Auf prachtvoll geschildertem Thron sitzt Gott-Vater, ein kaiser-
licher Herrscher im Kreise seiner Mannen, der Engel, die ihre Harfen
und Fideln weggelegt haben. In großer Anrede an Fürsten und Mannen
verlangt Gott das Urteil über den in Sünde gefallenen Menschen. Die
vier Töchter Gottes führen ihren Rechtsstreit vor Gott als dem höchsten Richter. Keiner wagt, ein Urteil zu fällen, bis der Sohn ums Wort
bittet, um seinen Vorschlag vorzubringen. Die *klâre majestât* erteilt es
ihm *gezogenlîche* und – mehr wie ein irdischer König denn wie ein Glied
der göttlichen Dreieinheit – verspricht er dem Sohn die Herrschaft über
alle Königreiche, wenn er den rechten Ausweg findet. Der Sohn nun
entwickelt, indem er sich *hovelîch* an die vier streitenden Schwestern
wendet, den Erlösungsplan, in dem Wahrheit und Gerechtigkeit mit
Friede und Barmherzigkeit versöhnt sind, und der unermeßliche Jubel
der Heerscharen schließt die himmlische Ratsversammlung ab.

Wer so erzählt, will ein Epos darbieten, eine Messiade gegen die
Epenwelt des Artuskreises setzen. Wir müssen das Gedicht in diesem
Sinne lesen und bewerten, auch wenn es sich an keiner Stelle wieder in
Gestaltung und Stil zu solcher Höhe erhebt. Die Propheten werden als
Boten ausgesandt, um den Ratschluß Gottes in der Welt zu verkünden.
Die traditionelle Kette der Prophetien rollt in guter Ordnung ab, beginnend mit den Patriarchen bis Salomo, denen sich die kleinen Propheten anschließen. Es folgen drei außerbiblische Zeugen: die Sybille
(griechisch), Nebukadnezar (orientalisch), Vergil (römisch), und die vier
großen Propheten machen den Schluß, bis mit Simeon das Neue Testament und die erfüllte Zeit Christi erreicht ist. Mit der Verkündigung
der Geburt des Johannes beginnt dann der Evangelienbericht, der außer
dem oben skizzierten Erzählkanon das Weinwunder von Kana und die
Bergpredigt aufnimmt, je ein Beispiel der Wunder- und der Lehrtätig-
keit des irdischen Jesus. Die Leidensgeschichte folgt der Bibel; auch
hier wahrt der Dichter die *mâze* in der Darstellung und verbleibt ohne
Aufforderung zur Compassio im epischen Raum. Ebenso maßvoll
bleibt die nur 14 Zeilen füllende Marienklage unter dem Kreuz. Die

Höllenfahrt, die entsprechend dem Credo, aber gegen die Ordnung des religiösen Dramas, dogmatisch richtig vor der Auferstehung eingeordnet ist, trifft eine geschickte Auswahl aus dem Nicodemusevangelium. Sie läßt unter den Erlösten diejenigen Christus begrüßen, die – beginnend mit Adam – Gott oder Christus in ihrem Leben gesehen hatten und daher wiedererkennen konnten. Die Auferstehungserweise werden durch die Frauen am Grabe, durch Maria Magdalena und durch Thomas gegeben, über Himmelfahrt, Pfingstwunder und Jüngeraussendung wird das Ende des biblischen Berichtes erreicht. Marias Tod und Himmelfahrt werden hymnisch, doch ohne legendäre Ausschmückung erzählt. Die letzten Dinge – Antichrist, Zeichen des Gerichtes und das Gericht selber – verlaufen nach dem festen Erzählkanon. Das eigentliche Gericht wird kaum dargestellt; es bleibt neben der großen Gerichtsszene des Anfangs blaß und knapp: keine verdammende Zornrede des richtenden Christus, keine vergebliche Fürbitte Marias, vor allem kein episch erzählter Höllensturz der Verdammten. Es ist wahrhaft ein Gedicht von der Erlösung und eilt daher dem Abschluß zu in dem gewaltigen, göttlichen Freudenfest der Seligen, auch darin eine religiöse Kontrafaktur des Artusepos mit seinem abschließenden Freudenfest.

Der belesene Dichter hat die apokryph-legendären Quellen gekannt, aber er hat sein Epos nicht mit Stoffmassen überlastet; er bleibt bei dem *ernest* der biblischen Wahrheit. Auch in solcher klaren Linienführung ist er ein Schüler der guten klassischen Epik. Die Vorgeschichte Marias bleibt ebenso außerhalb wie die legendäre Kindheitsgeschichte Jesu und die legendären Züge in Christi Leidensgeschichte aus dem Nicodemusevangelium. Von Marias Tod ist nur das für die Erzählung Notwendige aus Melito von Sardes übernommen.

Die Zusammenhänge, die zwischen der „Erlösung" und dem religiösen Drama bestehen, sind in der Forschung besonders hervorgehoben worden, und in der Tat finden sich Dialogpassagen aus dem Epos in späten Dramentexten wieder. Allein die Frage nach Zusammenhang und Wechselwirkung von biblischer Epik und Dramatik stellt sich grundsätzlicher. Hat hier zweifellos das Epos in das Drama hinübergewirkt, so bleibt die Wirkung des religiösen Oster- und Passionsspiels, von der kirchlichen Feier bis zum lateinischen und deutschen Spiel, auf die erzählende Darstellung noch zu untersuchen. Sie ist durch den gemeinsamen Grundrißkanon gegeben. Schon bei Frau Ava hatten wir darauf hingewiesen, daß ihre Darstellung von Descensus und Auferstehungserweis die Kenntnis näher bestimmbarer lateinischer Feiern oder Spiele voraussetzt. Dasselbe scheint mir nicht nur für die Erlösung, sondern auch für Gundacker von Judenburg und Heinrich von Neustadt zu gelten. Von der Frühstufe der deutschen Osterdramatik wissen wir recht wenig, so daß ein Vergleich schwierig ist. Aber wenn ich recht sehe, so ist in den Erscheinungsszenen der Erlösung – Visitatio, Maria Magda-

lena, Thomas – die Auswahl des alten westdeutschen Osterspiels übernommen. Und wenn Maria Magdalena entgegen den biblischen Berichten nach der Visitatio klagend allein am Grabe zurückbleibt, wenn Jesus
ihr „mit einem Spaten in der Hand" erscheint, so leuchten bekannte
Szenenanordnungen und -anweisungen der Dramen unmittelbar durch.
Hessen, die Heimat des Dichters der Erlösung, ist die führende Landschaft in der religiösen Dramatik des frühen 14. Jahrhunderts. Das
sogenannte Rheinische Osterspiel gehört nach Mainz, das Zehnjung-
frauenspiel nach Hessen-Thüringen, und in Frankfurt wächst ein älteres,
einfacheres Passions- und Osterspiel im Anfang des 14. Jahrhunderts zu
dem ersten großen, zweitägigen religiösen Volksschauspiel heran. Hier
scheint die fruchtbare Begegnung von Drama und Epos zuerst geschehen zu sein.

Ein anderes, der guten Form nach zu urteilen etwa gleichzeitiges, thüringisches
Gedicht mit der Eingangszeile *Sich hûb vor gotes trône* behandelt den gleichen Stoff-
komplex in größter Knappheit. Das Hauptgewicht liegt für den Dichter auf der
Streit- und Beratungsszene der vier Töchter Gottes vor Gottes Thron, die der Dichter
als *bîspel* ankündigt, und auf dem Erlösungsentschluß des als „Weisheit" benannten
Sohnes. Die lebendige, rasch fortschreitende, ganz dramatisch geformte Szene erfüllt
280 der 485 Verse; alles weitere: die Prophetenworte, Christi Erdenleben, Passion,
Höllenfahrt, Auferstehung bis zur Himmelfahrt, erscheint als ein Anhang von ab-
rißhafter Kürze.

Auch dem als Dichter weit geringeren und unbeholfeneren G u n d -
a c k e r   v o n   J u d e n b u r g geht es in seinem Werk, das sich C h r i s t i
H o r t nennt, mehr um Erzählung als um Auslegung. Von dem Leben
dieses Steiermärkers wissen wir wenig. Der Grad seiner theologischen
Kenntnisse macht es in dieser Zeit nicht mehr nötig, ihn für einen Geistlichen zu halten, und wenn wir seinen Angaben V. 1314 ff. trauen, so
war er ein Laie mit vorzeitig abgebrochener Schulbildung. Er klagt
dort, daß er seinem Meister „so früh entronnen" ist, und daß ihn bei
allem guten Willen seine *unchunst* an einer sachgemäßen Darstellung
hindere, wobei wir „Kunst" hier vor allem eben als *ars*, als schulmä-
ßige Bildung aufzufassen haben. Er konnte seine Quellen, vor allem
die Bibel und das Nicodemusevangelium, lateinisch lesen, aber er besaß
keine theologische Durchbildung. Er wird dem Typus des gelehrten
wandernden Literaten nahegestanden haben.

Sein Gedicht ist aus mehreren stilistisch und darstellerisch merkwürdig disparaten Teilen aufgebaut, so als ob es erst allmählich und
nachträglich zusammengesetzt worden wäre. Es beginnt ohne jede Einleitung alsbald mit einer knappen und dürren Darstellung von Schöpfung, Engelsturz und Sündenfall, bis die *minne* Gott beredete, zur Erlösung der Menschen selber Mensch zu werden. Erst nach diesen, offenbar später hinzugefügten 170 Versen setzt das Gedicht neu ein mit dem

notwendigen Eingangsgebet, der Nennung des Dichternamens (V. 188 f.) und der Auseinandersetzung mit Tadlern und Kritikern. Dann folgt, bis V. 1305, die Geschichte Christi von der Verkündigung bis zur Gefangennahme. Bei wesentlich erzählendem Inhalt wählt der Dichter die Form des litaneihaften Gebetsanrufs, indem jeder Abschnitt mit *ich man dich* einsetzt, den Inhalt als Du-Anrede an Christus berichtet und mit knappsten allegorischen Wendungen Hilfe, Trost und Erbarmen erfleht. Inhaltlich ist der heilsgeschichtliche Grundriß deutlich, doch ist er um eine Reihe biblischer Erzählungen erweitert: die Berufung der Jünger, das Wandeln auf dem Meer, die Speisung der 5000 u. a. Dennoch behält auch Gundacker (V. 983 ff.) die alte Reihungsformel für Christi Wunderheilungen bei. Der Abschnitt endet (V. 1304) mit einem Schlußgebet und Amen.

Mit V. 1305 setzt der Dichter ganz neu ein: *aller erste wil ich tichten*. In einem neuen Eingangsgebet gibt er die oben angeführten Aufschlüsse über seine unzulängliche Schulbildung und erzählt in rein epischem Bericht die Leidensgeschichte bis zum Pfingstwunder. Er zieht nunmehr eine neue Quelle, das Nicodemusevangelium heran, aus dem er die legendäre Ausgestaltung der Leidensgeschichte, vor allem aber die Legende von Joseph von Arimathia ausführlich übernimmt. Mit dem Pfingstwunder endet die biblische Erzählung, und jetzt vertraut sich Gundacker ganz dem Nicodemusevangelium an. In den Geschichten, wie die Juden die Ausbreitung des christlichen Glaubens zu verhindern trachten, wird Nicodemus selber zur zentralen Person, und in der Erscheinung der Simeonssöhne Karicius (Karinus) und Leucius wird der Bericht von der Höllenfahrt Christi, der zuvor an der dogmatisch richtigen Stelle nur ganz knapp und offenbar nach dem Typus der lateinischen Osterdramatik behandelt worden war, ausführlich nachgeholt. Mit der Übergabe der Niederschriften der beiden Zeugen von Christi Höllenfahrt an Pilatus setzt als letzter Teil die Pilatuslegende ein, die – mit erheblicher historischer Verwirrung der Kaiser Claudius, Nero und Vespasian – breit und in einem ganz neuen, am klassischen Epos sprachlich und darstellerisch geschulten Stil bis zum schändlichen Selbstmord des Pilatus berichtet wird. Man hat den Eindruck, als sei hier eine eigene, fertige, vielleicht nicht einmal von Gundacker gedichtete Pilatuslegende äußerlich und oberflächlich an den Nicodemusteil angearbeitet worden.

Dieses Werk, das als ein seltsames Konglomerat erscheint, will, wie das hessische Erlösungsgedicht, Geschehnisse berichten. Aber Gundacker faßt seinen Stoff nicht als Epiker an, sondern als Historiker. Die heilsgeschichtliche Ordnung ist ihm nur der überlieferte und darum gültige Rahmen, das Wichtige und Interessante ist ihm die historisch beglaubigte Darstellung des Nicodemusevangeliums. In der Einleitung dieses Teiles wird Nicodemus als Augenzeuge vorgestellt, der alles hörte und sah und darum über die Vorgänge wahrhaft berichten konnte. Ebenso sind für die Höllenfahrt Christi Karicius und Leucius die unwiderleglichen Augenzeugen, deren schriftliche Berichte von Gundacker als *brieve*, als Urkunden, charakterisiert werden. So fehlt denn auch nach dem Pfingstwunder der weitere heilsgeschichtliche Verlauf, Tod und Himmelfahrt Mariae und vor allem das Jüngste Gericht. Vielmehr führt, anknüpfend an den ersten Teil des Nicodemusevangeliums, die Acta Pilati, die Pilatuslegende mit ihren historischen römischen Kaisern und der nicht mehr dargestellten, aber in Aussicht gestellten Zerstörung Jerusalems und der Verstreuung der Juden, den irdisch-historischen Ablauf zu seinem Ende.

Erscheint schon diese Legende als ein ursprünglich selbständiges oder zum mindesten eigenständiges Gedicht, so werden wir auch die Geschichte Christi bis zur Passion in ihrer litaneihaften Anrufform als eine nicht ursprünglich zugehörige Ergänzung des Nicodemus-Kernes nach rückwärts auffassen dürfen, sei es, daß ein ganz anders konzipiertes, fertiges Gedicht äußerlich angefügt oder daß es aus anderer Stimmung und Haltung neu zugedichtet worden ist. Und als letztes schließlich scheint die Vorgeschichte der Erlösung, Schöpfung und Sündenfall, zur heilsgeschichtlichen Abrundung flüchtig vorangestellt worden zu sein, nachdem der eigentliche Anfang mit Eingangsgebet und Verfassernotizen schon fertig war. Sind hier stilistisch so verschiedene Teile zu notdürftiger Einheit gefügt, so erhebt sich bei diesem Gedicht wirklich einmal die Frage nach der Verfassereinheit. Ist jener tief reuige Sünder Gundacker von Judenburg, der aus der Geschichte Christi eine Kette von Anrufen um Hilfe und Erbarmen macht, derselbe wie jener Nicodemusdichter mit seinem historischen Interesse, der der Lehre seines Meisters vorzeitig entlaufene Schüler? Und ist einer von diesen beiden derselbe, der das endgültige Werk zusammenstellte? Eine eingehende Analyse, die diese Fragen beantwortete, steht noch aus.

Wird in Gundackers Gedicht der heilsgeschichtliche Gesichtspunkt zugunsten eines historisch-legendären zurückgedrängt, so geschieht dasselbe in noch stärkerem Maße in einem weiteren neutestamentlichen Erzählwerk, dem wir mit einer Formulierung seines Dichters (V. 73) den Verlegenheitstitel Der Sælden Hort (Der Schatz des Heils) geben. Ein unbekannter Schweizer Dichter hat dieses in mancher Hinsicht beachtliche Werk bald nach dem Tode König Adolfs von Nassau (1298) vermutlich in Basel verfaßt. Der Dichter will einem Laienpublikum „im Überblick" zugänglich machen, was in lateinischen Werken „von Gott, dem Täufer Gottes und der Sünderin Magdalena" berichtet wird. Ein Leben Jesu also, mit besonderer Hervorhebung der beiden biblischen Heiligen, des großen Bußpredigers, den schon ein Gedicht des 12. Jahr-

hunderts als den Meister der *riuwesêre* gefeiert hatte, und der großen
Sünderin und Büßerin, der Heiligen des jüngst gegründeten Ordens der
Reuerinnen. Evangelienbericht und Legende sind hier ineinander-
geflochten, und die Legende, namentlich die Magdalenenlegende, überwuchert den Evangeliengehalt. Reue und Buße als Weg zur Gnade,
Askese und Enthaltung von fleischlicher Lust als die Forderungen einer
gottgefälligen Lebensführung sind die Grundlagen der Frömmigkeit
dieses Dichters. Der Ton einer süßlichen Sentimentalität, wie ihn die
späten Andachtsschriften lieben, klingt in seinen frommen Ergießungen
an, so etwa im Kult des Knaben in der Krippe und vor allem in den
breiten Sündenklagen der reuigen Magdalena. Er richtet seine Anreden
und Mahnungen mit Vorliebe an Frauen; man könnte sich den Dichter
als geistlichen Berater eines Kreises von vornehmen Basler Damen denken, oder, sofern man einige Stellen ernst nehmen darf, die sich persönlicher an eine einzelne richten, als Erzieher eines Mädchens aus vornehmem Hause. Denn er hat eine höfisch gebildete Gesellschaft vor Augen,
wenn er sich das Ziel setzt, die Lektüre des Wigalois oder Tristan zu verdrängen. Er malt die Lockungen der Welt und des Teufels mit Farben,
die sich die höfische Dichtung bereitet hatte, um ihrer neuen Weltfreude Ausdruck zu geben, und entwirft Bilder edler Schönheit, fürstlichen Hofhaltes und ritterlicher Lebensführung, wo sein Stoff ihm dazu
Gelegenheit gibt – oder wo er sie sich schafft. Doch spürt man, daß der
Dichter in der Stadt zu Hause ist, am deutlichsten in der Einleitung, wo
er, die Realität umkehrend, das burgsässige Leben der Adligen tadelt,
weil sie „aus den Städten gezogen sind" und wie Gefangene ihrer eigenen
Hoffart auf Burgen hausen. Auch die Schilderung von Marias Burg
Magdala als Verkehrsknotenpunkt in üppig reicher Landschaft gleicht
bei aller Vollkommenheit ihrer Wehranlagen eher einer volkreichen
Siedlung als einer ritterlichen Feste.

Die Grundlage bildet ein Leben Jesu von der Geburt bis zur Himmelfahrt, und wie
bei allen diesen Gedichten ist der Sündenfall als Ursache der Menschwerdung Christi
vorangestellt. Aber das Ziel ist kein Erlösungsgedicht; es will Christi Erdendasein als
Hintergrund der Lebensgeschichte der beiden heiligen Personen zeichnen, um die es
dem Dichter vor allem geht, die Jugendgeschichte Christi bis zur Taufe im Jordan
für Johannes, die spätere, einsetzend mit der Hochzeit zu Kana, die in der mittelalterlichen Tradition als Hochzeit des Jüngers Johannes mit Maria von Magdala galt,
für Maria Magdalena.

Uns interessieren vor allem einige Partien des Werkes, in denen der
Dichter als gestaltender Erzähler eigentümlich hervortritt. Unter ihnen
sind das Gastmahl des Herodes, die Geschichte vom verlorenen Sohn
und das Jugendleben Maria Magdalenas und ihrer Geschwister vor der
entscheidenden Begegnung mit Jesus die beachtlichsten.

Das Gastmahl des Herodes wird als Hoffest eines großen Lehens-
und Landesherren mit aller Pracht und Lust geschildert. Das Auftreten

und der Tanz der jungen Tochter der Herodias weckt die Imagination einer sinnlich aufreizenden Schönheit und Anmut. Mit dem Stichwort *welsch* wird ihr eine bestimmte kritische Note gegeben, die in dem ehrbaren Basel in ihrer Stoßrichtung auf das nahe üppige Burgund richtig verstanden worden sein wird. Faszinierend vermag der Dichter die makabre Stimmung zu zeichnen, die den Saal erfüllt, als das junge Mädchen mit dem Haupt des Täufers auf smaragdener Schüssel ihr Spiel treibt, wie die Gäste verstummen, sich scheu aus dem Saal drücken und von panischer Angst gepeitscht davonreiten. Auch realistische Drastik steht dem Dichter zu Gebote, so wenn er von Herodes sagt, er habe sich satter als ein Schwein gefressen. Die Geschichte vom verlorenen Sohn, mit dem er auf sich selber exemplifiziert, gibt reichlich Gelegenheit zu drastisch-anschaulicher Schilderung, die sich in der Auslegung mit der Bezeichnung Gottes als „das feiste Gnadenkalb" bis zu unfreiwilliger Komik steigern kann.

Mit besonderer Liebe wird das Weltleben der Geschwister Lazarus und Maria ausgemalt. Sie entstammen fürstlichem Geschlecht und sind reich mit Gütern gesegnet. Lazarus führt das Leben eines Turnier- und Aventiurenritters. Um dem Verfall des Rittertums, der mit Gegenwartsfarben eines Seifried Helblinc gemalt wird, Einhalt zu gebieten, reitet er „heimlich in Frauenritterweise" durch die Lande und überläßt die Wirtschaft der als ehrsame Haushalterin gezeichneten Schwester Martha. Maria aber, erbittert, daß sie von ihrem Bräutigam Johannes um Jesu willen verlassen worden ist, führt ihr üppiges Weltleben von ihrer Burg Magdala aus, die eingehend geschildert wird, zugleich uneinnehmbare Feste und reich ausgestatter Wohnsitz unter einem herrlichen Klima. Vom Hafen mit Zöllen und Gülten über fruchtbare Äcker, wildreiche Wälder, fischreiche Gewässer bis zu den Bienen und Heilkräutern ist nichts vergessen, was mittelalterliches Herrenleben mit Freude erfüllt, ein handfest-bürgerlich gesehener *locus amoenus*, eine Wunderburg ganz anderer Art als die des höfischen Romans.

Hier und an anderen Stellen, etwa in dem spannungsreich geführten minniglichen Dialog des Fürstenpaares von Marsilia, dem Gott auf Bitten Magdalenas einen Sohn beschert (V. 10 661 ff.), hören wir einen Erzähler von nicht geringer Gestaltungskraft, bewandert in höfischem Wesen, vertraut mit den Stilmitteln höfischer Dichtung. Man meint zu spüren, daß er sie dem Hofdichter des Basler Patriziates, Konrad von Würzburg, abgelauscht hat, wenn seinen holprigen Versen auch die formale Virtuosität des Meisters fehlt. Ganz anders aber gibt er sich, wo er biblische Geschichte erzählt. Da ist er – zumal im zweiten Teil – ganz einfach, fast trocken und dürr. Nichts weiter will er dann, als die heilige Erzählung möglichst textnahe wiedergeben, und sie erlaubt nur Auslegung, nicht freie, erzählerische Ausgestaltung und den Schmuck des

weltlichen Stils. Nichts kann einem die völlige Zwieschichtigkeit des
Stils anschaulicher machen, als wenn man die Schilderung des üppigen
Herrenlebens der Geschwister mit der Nacherzählung des biblischen
Berichtes von der Erweckung des Lazarus (V. 8 963 ff.) vergleicht. Als
ob von Lazarus und seinen Schwestern noch nie die Rede gewesen wäre,
hebt der Dichter an: Johannes berichtet von einem Kranken, Lazarus
in Bethanien, und seinen Schwestern Maria und Martha. Sie sind nun
nichts als die schlichten Personen des Evangelienberichtes, der Schritt
um Schritt übertragen wird. Und hier liegt das methodische Interesse
des Gedichtes. Wären beide Stücke einzeln überliefert, würde niemand
es wagen, sie dem gleichen Dichter oder gar demselben Gedicht zuzuschreiben – ein Warnzeichen für alle Scheidungs- und Zuweisungsver-
suche auf Grund stilkritischer Analyse. Der Gattungsstil kann bestimmender sein als der Personalstil.

Während die bisher behandelten Gedichte vor allem erzählen wollen,
geht es den beiden anderen der vier oben zusammengestellten Haupt-
werke um die heilsgeschichtliche Bedeutung der erzählten Ereignisse.
Aber für beide in ganz verschiedener Weise.

Heinrichs von Neustadt Gedicht von Gottes Zukunft ist bereits oben
(vgl. S. 69 ff.) bei der Würdigung seines Gesamtwerkes behandelt worden. Wir erkannten, daß es unter dem Zeichen der Bernhardischen Frömmigkeit der Compassio
steht, und daß bei aller Gelehrsamkeit des studierten Dichters nicht gelehrte Auslegung,
sondern mitfühlende Betrachtung sein eigentliches Anliegen ist. Ihm geht es einerseits
um andächtige Ergießung, etwa in der Übertragung der dort erwähnten Predigt
Bernhards und in den Marienszenen, oder um Verbilderung in der großen Allegorese
des Alanusteiles, in der Verritterung Christi, in der Bevorzugung der Zeichen von
Christi Geburt vor der Geburtsgeschichte selber und in vielen anderen Einzelheiten.
Es geht um Veranschaulichung im Bild, nicht um Belehrung aus einer Deutung von
Bildern.

Um Belehrung aber geht es ganz und gar dem Ordensdichter Tilo
von Kulm. Sein Gedicht Von siben Ingesigeln ist die stark kürzende Übertragung eines lateinischen Traktates Libellus septem si-
gillorum, der, noch nicht herausgegeben, in einer Handschrift der
Königsberger Bibliothek (Ms. 1767) vorhanden war und vorerst wohl
als verloren gelten muß. Auch die einzige Handschrift des deutschen
Gedichtes war in Königsberg. Der Dichter nennt sich selbst als *magister
Tylo de Culmine* und ist uns urkundlich später als Domherr des Bistums
Samland bezeugt. Der Abschluß der Niederschrift ist genau auf den
8. Mai 1331 datiert, die Widmung gilt dem Hochmeister Luder von
Braunschweig. So gehört Tilos Gedicht in den Kreis jener Werke, die
dieser große Förderer der Ordensdichtung angeregt hat, und auch die
strenge Silbenzählung als metrisches Prinzip ordnet das Gedicht der
Gruppe der Makkabäer und des Daniel zu. Die erstrebte, nicht immer

erreichte Siebenzahl der Silben im Verse nimmt oft nicht mehr Rücksicht auf den natürlichen Wortton. Das deutsche Werk ist gleich seiner lateinischen Vorlage ein Traktat. Die Absicht des Buches erhellt schon aus dem Titel. Indem die sieben Siegel des apokalyptischen Buches mit den sieben Heilstatsachen: Menschwerdung, Taufe, Passion, Auferstehung, Himmelfahrt, Pfingstwunder, Gericht gleichgesetzt werden, wird es Aufgabe des Traktates, diese zu *entsliezen*, sie aufzulösen, d. h. in ihrer wahren Bedeutung zu erkennen. Die Methode des Erkennens ist auch hier die der mehrfachen Schriftauslegung und für das Alte Testament namentlich der Präfiguration. Der Dichter selbst drückt dies in einem jener Stücke geblümter Rede aus, mit der er gelegentlich seinen sonst dürren Abhandlungsstil schmückt: Er will etliche Morgen Acker aus dem Alten Testament schneiden, um darauf Veilchen, Rosen und saftigen Klee zu suchen, die sich aus dem alten Hügel in die *niuwe ê* flechten. Um den heilsgeschichtlichen Bogen voll auszuziehen, stellt er eine Darstellung der Vorgeschichte von der Engelschöpfung bis zum Sündenfall und des Erlösungsentschlusses mit dem Streit der beiden Töchter Gottes, Barmherzigkeit und Gerechtigkeit, voran. Gott könnte den Teufel mit einem *wortelîn* überwinden, aber das wäre Gewalttat. Christus entschließt sich zu der Erlösungstat, weil er sich als die letzte Ursache von Luzifers Neid und damit des Sündenfalles erkennt. Kein Engel, dem die Menschheit fehlt, kein Mensch, dem die Stärke fehlt, könnte das Werk vollbringen; allein die Gott-Menschheit Christi ist dazu fähig. Über die Prophetien und die im Stil des Hohen Liedes als Hochzeit auf dem Bett Salomonis gepriesene Verkündigung und Empfängnis wird das erste Insigel erreicht.

Die sieben Hauptstücke sind sehr ungleich behandelt. Breit ausladend, mit 1900 Versen fast ein Drittel des Gedichtes füllend, ist nur das erste Insigel, die Geburt Christi behandelt. Ihr kommt nur das dritte Insigel, der Passionsteil, mit seiner weit größeren Stoffmenge nahe, alle anderen sind mit wenigen hundert Verszeilen abgetan. Doch darf man das kaum nur der Ermüdung des Dichters zurechnen, der rasch zum Abschluß kommen wollte. Es liegt vielmehr an der ausgesprochenen Marienfrömmigkeit des geistlichen Verfassers und des Ordens, für den er dichtete. Und da er sich stofflich streng an die Bibel band und nichts Legendäres aufnahm, ist die Kindheitsgeschichte Jesu: Geburt, Darstellung und Beschneidung die einzige Stelle, wo Maria eine bestimmende Rolle spielt. Hier kann sich der Dichter entfalten und sein frommes Gefühl breit strömen lassen.

An diesem ersten Abschnitt wird auch klar, worum es ihm geht. Die Tatsachen der Kindheitsgeschichte werden in dem ganzen Stück kaum andeutend erwähnt. Wesentlich ist das, was er die *glôse* nennt und in

V. 1920 als *des geistes hoch gewin* preist. Er meint damit eben die mehrfache Auslegung der heiligen Schrift als Aufgabe der Theologie. Die Geburt Christi ist ihm nichts anderes als das Geheimnis der Menschwerdung Gottes und der jungfräulichen Geburt, die aus der Fülle der Prophetien und Präfigurationen belegt und erläutert werden. Sein Interesse ist vor allem mariologisch und trinitarisch, und der vor dem ersten Insigel eingeschaltete heftige Exkurs gegen die Ketzer und ihren Wortführer Arrian (d. i. Arius) zielt vor allem auf ihre Leugnung der Jungfrauengeburt und der Trinität. Sein gelehrtes Rüstzeug zieht er ausschließlich aus der Bibel selber, deren Kenntnis er bei seinen ritterlichen Hörern voraussetzen durfte. Kaum einmal erfolgt eine Berufung auf die Kirchenväter.

Wie die Geburtsgeschichte ist auch das dritte Insigel, die Passion, in ihren Ereignissen kaum erwähnt, sondern vorausgesetzt. Das ganze Erdenleben Christi ist für Tilos Absichten irrelevant. Auch die Ereignisse, die mit dem Einzug in Jerusalem auf die Passion unmittelbar zuführen, bleiben außerhalb der Betrachtung. Erst mit Gethsemane setzt Tilo ein und beginnt alsbald mit der allegorischen Ausdeutung. Der Garten Gethsemane wird *mystice* dahin ausgelegt, daß der Teufel, der den Menschen in einem Garten überwand, in einem Garten überwunden werden mußte. *Moraliter* wird das *wesserlin*, das Christus überschreitet, um in den *lustic garte* zu gelangen, als die Mühsal des irdischen Lebens gedeutet, die man durchschreiten muß, um zur Seligkeit zu gelangen. Man sieht wieder, wie diese Art der Exegese die Einzelheiten isoliert. Im Augenblick ist nur die Relation: Garten im Blickfeld, und in der Beziehung auf den Himmelsgarten wird für Gethsemane die uns erstaunende Bezeichnung als ein „lustvoller Garten" möglich. Jesu Seelenkampf wird auf den Kampf zwischen Leib und Seele um die Herrschaft über das Leben des Menschen bezogen, und der Auslegung schließt sich eine predigthafte Ermahnung an. Judas „bedeutet" habgierige und simonistische Geistliche, aber auch alle, die das Sakrament unwürdig empfangen. Der Judaskuß wird zu den vier Küssen des Priesters in der Messe in Beziehung gesetzt, der Strick, an dem sich Judas erhängte, ist Sinnbild der ewigen Verdammnis aller seiner Nachahmer. Die beiden Mägde in der Geschichte von Petri Verleugnung „bedeuten" Fleischeslust und weltliche Weisheit, die zur Hölle führen. Der Name des Pilatus wird in der beliebten etymologischen Exegese als der „Hämmerer" übersetzt und bedeutet die unrechten Richter. Bei solcher exegetischen Blickrichtung verwundert es nicht mehr, daß Tilo die Ereignisse von Christi Martern „kurz übergeht" und ihre einzelnen Stationen vielmehr den einzelnen Zeiten der gottesdienstlichen Tagesordnung zuordnet. Zur Matutin gehört der Verrat, zur Prim das Verhör vor Pilatus und die Verspottung, zur Terz die Verurteilung, Dornenkrönung und Kreuztragung usw. Erst in dieser Zuordnung zum heilwirkenden Tageslauf der Kirche erhalten die bloßen Ereignisse dauernde und gegenwärtige Bedeutung. In solcher Abstraktion wird das Leiden Christi zu einer bloß dogmatischen Tatsache. Als Erlebnis ist es unwesentlich, und die Möglichkeit der Compassio, des menschlichen Nacherlebens, ist damit aufgehoben. Tilos Exegese ist ausgesprochen *moraliter* gerichtet; der Deutung folgt die Paränese, und das bestimmt Tilos Stil. Er verwandelt den Stil des Traktates in den der Predigt mit eindringlicher Mahnung unter unmittelbarer Hinwendung an einen Kreis von Hörern.

Die gleiche exegetische Auflösung der erzählten Vorgänge betreibt ein weiteres Gedicht, das nicht mehr den ganzen heilsgeschichtlichen Ablauf, sondern speziell die Passionsgeschichte behandelt, der K r e u z i - ger, d. h. der Kreuzträger, des J o h a n n e s v o n F r a n k e n s t e i n. Der Dichter, der aus dem schlesischen Städtchen Frankenstein stammt, nennt sich selber einen *krûzigêre*; er war Mitglied des Johanniterhauses in Wien und dichtete auf Anregung des dortigen „Schaffners" Seidel nach einer lateinischen Vorlage.

Das Gedicht endet mit der Angabe, daß es 1300 Jahre nach der Geburt Christi verfaßt worden sei. Indessen macht die Entdeckung der lateinischen Vorlage diese Datierung zweifelhaft. Es ist ein Passionstraktat, der unter dem Namen des erst um 1340 geborenen Matthäus von Krakau geht, eines geschätzten Theologen des späten 14. Jahrhunderts. Das würde bedeuten, daß Johannes' Gedicht erst dem Ende des 14. Jahrhunderts angehören könnte. Einer so späten Datierung widerstrebt meinem Empfinden nach die Tatsache der Übertragung eines lateinischen Traktates in deutsche Verse – damals wäre eine Prosaübersetzung wahrscheinlicher – und speziell die gute Beherrschung der Versrhythmik, die noch lebendige Schulung am klassischen Vers verrät. Solange die Verfasserschaft des Matthäus von Krakau nicht zweifellos feststeht, werden wir den Traktat und damit das Werk des Johannes für älter halten dürfen. Andererseits macht die abrupte Beendigung des deutschen Gedichtes mit der Jahreszahl, ohne Schlußgebet und Empfehlung in die Fürbitte der Leser, stutzig. Es sieht so aus, als fehle in der einzigen Handschrift der letzte Abschluß – bzw. er habe in deren Vorlage gefehlt – und in diesem Abschluß konnte eine Fortsetzung der Datumsangabe mit Zehnern und Einern enthalten gewesen sein. So werden wir die genaue Entstehungszeit in der Schwebe lassen, bis etwa urkundliche Belege uns festere Anhaltspunkte über den Dichter oder den Anreger des Werkes geben. Doch bleibt mir die Entstehung in der ersten Hälfte des 14. Jahrhunderts wahrscheinlich.

Das Gedicht ist also, wie das des Tilo von Kulm, die Verdeutschung eines gelehrten Traktates, d. h. es ist auf die *glôse* gerichtet. Aber in einer anderen Weise als bei Tilo oder bei Heinrich von Neustadt. Es ist nicht Schriftauslegung, sondern scholastischer Kommentar. Nach einem auch hier kosmologisch orientierten Einleitungsgebet beginnt die Dar- stellung mit dem Palmsonntagsgeschehen. Der ersten Erwähnung des Wortes *pascha* folgt eine Darlegung über die siebenfache Bedeutung, die dieses Wort haben kann, und eine eingehende Erörterung über die

Chronologie der biblischen Ereignisse. Bei der Erzählung von der Salbung Christi werden die verschiedenen Evangelienberichte miteinander verglichen und die Meinung der patristischen Autoritäten: Hieronymus, Johannes Chrysostomus, Augustin, Gregor, Beda darüber diskutiert. Zu den einzelnen Gegenständen: Salbe, Alabastergefäß, Narde werden Sacherklärungen gegeben; die Frage, ob nur Judas oder alle Jünger wegen der Verschwendung der kostbaren Salbe gemurrt hätten, wird ausgleichend dahin entschieden, daß alle gemurrt, Judas sie aber angestiftet hätte, und daß Judas es aus *bitterkeit*, die anderen aus gutem Willen getan hätten. Im Bericht über Gethsemane wird die Frage diskutiert, ob es dem reinen Leib Christi möglich gewesen sei zu schwitzen, und dahin beantwortet, daß die irdische Nahrung, die er zu sich genommen habe, auch bei ihm ihre Unreinheit durch Schweiß und andere Ausscheidungen abgeben mußte. Die verschiedenen Sünden, die Judas durch den Verrat des Herrn begangen hat, werden in sauberer Distinktion auseinandergelegt, Divergenzen zwischen der griechischen und der römischen Kirche über die Art des Abendmahlsbrotes – gesäuert oder ungesäuert – und über den Tag des Abendmahls diskutiert. So geht es fort in über 10000 Versen bis zur Grablegung Christi.

Der Unterschied zu Tilo von Kulm wird klar. Tilos Methode ist die alte der mehrfachen Bedeutung des Bibelwortes, der allegorisch-mystischen, die vor allem als Präfiguration erscheint, und der moralischen, die Anlaß zu predigthafter Mahnung gibt. Johannes dagegen bedient sich im Anschluß an seine lateinische Quelle der scholastischen Methode der Sacherklärung seltener Wörter, fremder Zustände und Vorgänge, der Diskussion schwieriger oder widersprüchlicher Textstellen nach der Methode des *sic et non*, des theologischen Ausgleichs oder der Entscheidung auf Grund kirchenväterlicher Autoritäten, die bei Tilo gar keine Rolle spielen. Mit zwei Stichworten kann man Tilos Werk als Auslegung, Johannes' Werk als Kommentar bezeichnen, denen Heinrichs von Neustadt Gedicht als fromme Betrachtung gegenübersteht. So erhalten wir Beispiele für drei verschiedene Möglichkeiten, den Laien ohne schulgerechte Vorbildung die theologische Problematik verständlich zu machen und sie über das Wortverständnis der Bibel hinaus zu einem Sinnverständnis zu führen.

Hier nun tritt noch einmal ein nicht unbedeutender Dichter des Deutschen Ordens hervor: Heinrich von Hesler. Es ist am wahrscheinlichsten, daß er ein Mitglied eines thüringischen Adelsgeschlechtes ist, das in der Nähe von Naumburg ansässig war. Manches spricht dafür, daß seine Dichtungen um oder bald nach 1300 entstanden sind, und im allgemeinen wird angenommen, daß er seine Werke als ritterlicher Laie verfaßt hat. Die theologische Gelehrsamkeit, die namentlich in seiner

Auslegung der Johannesapokalypse zu Wort kommt, spricht um 1300 nicht mehr gegen eine solche Annahme; in dem Magdeburger Konstabler Brun von Schönebeck mit seiner gelehrten Exegese des Hohen Liedes hätte er einen artverwandten Vorgänger. Andererseits ist es verlockend, ihn mit einem Propst und Komtur Henricus de Hesler zu identifizieren, der vielleicht schon 1333, sicher 1341/42 in Zschillen bei Rochlitz in der thüringischen Ordensballei nachweisbar ist. Dann müßte seine Dichtung entweder später liegen, oder er müßte in sehr jungen Jahren gedichtet haben und wie Hugo von Langenstein, der Dichter der Martinalegende (vgl. S. 537 ff.), erst später in den geistlichen Stand eingetreten sein.

Wir kennen von ihm drei Werke, eines davon, dem man den wenig passenden Namen die Erlösung gegeben hat, nur in dürftigen Fragmenten. Von den beiden vollständigen Werken, der Apokalypse und dem Nicodemusevangelium, nennt das zweite den Namen des Dichters nicht. Doch kann es auf Grund sehr bezeichnender Stileigenheiten und der Gleichartigkeit in wichtigen theologischen und religiösen Interessen Heinrich mit großer Sicherheit zugeschrieben werden. Da jede der drei vollständigen Handschriften den Text an einer anderen Stelle abbricht und einen eigenen Abschluß zufügt, die am weitesten geführte Schweriner Handschrift aber einen echten Abschluß vermissen läßt, ist es sehr möglich, daß uns der eigentliche Schluß des Gedichtes und in ihm die Nennung des Dichters überhaupt verloren ist.

Die kleinen Bruchstücke der sogenannten Erlösung handeln von Luzifers Sturz, dem Sündenfall und den Gründen für die unterschiedliche Behandlung, die Gott dem gefallenen Engel und dem gefallenen Menschen zuteil werden ließ. Ob damit wirklich eine Darstellung und Behandlung der Erlösungstat eingeleitet wird, können wir nicht wissen. Man möchte eher daran zweifeln, da ja Heinrich in seinem Nicodemusevangelium eine eigene Darstellung eben dieser Erlösungstat gegeben hat, so daß man denken möchte, er habe hier nur die Vorgeschichte dazu erzählen wollen. Wie dem auch sei: die drei Werke Heinrichs umspannen das gesamte Heilsgeschehen von den Uranfängen in der „Erlösung" über Christi Heilstat im Nicodemusevangelium zu den letzten eschatologischen Dingen in der Apokalypse. Andererseits darf man die drei Gedichte schwerlich als einen bewußt komponierten Zyklus auffassen. Denn Nicodemusevangelium und Apokalypse sind in der Art ihrer Stoffbehandlung völlig verschieden.

Das Nicodemusevangelium ist vor allem eine geschlossene Erzählung des Lebens und Wirkens Christi, zunächst nach den vier Evangelien, die in der Passionsgeschichte durch die Dokumentarberichte des Nicodemus ergänzt werden. Dann folgt die geschlossene Erzählung des Nicodemusevangeliums mit der Einkerkerung und wunderbaren Befreiung des Joseph von Arimathia und dem großartigen Descensus. Die PilatusVeronikalegende und die Zerstörung Jerusalems schließen das Werk a-b. Die heilsgeschichtliche Einordnung geschieht durch eine Einleitung in Form eines Lehrer-Schüler-Gesprächs über ein Thema, das

Heinrich immer wieder beschäftigt hat: wie konnte Gott zulassen, daß der Teufel den Menschen versuchte und verleitete, ja, wie konnte er die Möglichkeit dazu schaffen, indem er den verbotenen Baum in das Paradies setzte, während er in seiner ewigen Präscienz wußte, daß der Fall Adams geschehen würde? Und wo liegt die Schuld Adams, da sein Fall von Gott ja ebenso vorbedacht und vorgewußt war wie die Erlösung? Es ist das brennende Problem von Vorbestimmung und freiem Willen, das Heinrich in allen drei Dichtungen beschäftigt. Wenn er den Gedanken der mechanischen Prädestination ablehnt, so gelingt es ihm doch nicht, eine klare Lösung zu finden. Auf welchen Quellen Heinrichs Versuche zu einer Lösung beruhen, ist nicht zu sagen, da eine befriedigende Untersuchung über Heinrichs theologisches Wissen noch fehlt.

Von der Einleitung abgesehen sind theologische Einschläge nur gering an Zahl und Umfang, eher knappe Anmerkungen als Exkurse. Der einzige umfängliche Exkurs (V. 1931–2165), eine breite Betrachtung über Christi Wort: „mein Gott, warum hast du mich verlassen", und über die Problematik des Leidens des Gottmenschen Christus, findet sich nur in der Schweriner Handschrift und weckt den Verdacht, eine spätere Zudichtung zu sein, die sich glatt herauslösen läßt. Aus Heinrichs Interessenkreis stammt dagegen seine Beschäftigung mit dem Problem der Juden in dem großen Schlußexkurs V. 4714 ff. Er teilt den allgemeinen Abscheu seiner Zeit vor dem Volke, das Christus dem Tode überliefert und sein Herz gegen alle Zeichen seiner Göttlichkeit verhärtet hat, und das sich nicht nur gegen das Neue Testament, sondern auch gegen das Alte vergangen hat, indem es sich nicht an die Gebote hält, die Moses ihm gegeben hat. Er sieht aber auch – darin ein Kind der Spätzeit – das soziale Problem, das sich aus dem Aufkommen der Geldwirtschaft ergibt, nämlich die Macht, die die Juden als Finanzberater und Gläubiger der Fürsten und des hohen Adels gewonnen haben. Darum fordert er die Herren auf, die Juden zwar nicht zu vertilgen, sie aber in Zucht zu halten und ihre Gemeinschaft zu meiden. Doch beschäftigt ihn auch die Möglichkeit ihrer Errettung. Er mahnt sie zur Bekehrung, und er kennt den tröstlichen Ausblick, daß sie sich unter dem Antichrist zu Gott bekennen und damit die Seligkeit erringen werden.

Neben die Erzählung des Nicodemusevangeliums tritt die Exegese der Apokalypse. Die Offenbarung Johannis ist ein biblisches Buch, das seinem Wesen nach weniger zur Erzählung als zur Erklärung auffordert. Da indessen Heinrich von Hesler der typischen Methode der isolierenden Exegese folgt, erhalten wir keine geschlossene Interpretation, weder äußerlich noch innerlich. Wie der Dichter des Hiob übersetzt Heinrich Vers um Vers schon mit verdeutlichenden Umschreibungen und läßt dann die eigentliche Exegese folgen. Sowohl der biblische Text wie die Neigung des Dichters weisen in heilsgeschichtliche Richtung, und daraus ergibt sich doch noch eine gewisse Einheitlichkeit der interpretatorischen Haltung.

Die Einzelauslegungen kreisen um den Sündenfall, wieder mit der Fragestellung nach Schuld und Willensfreiheit, um das Erlösungswerk, um die Kirche, die durch ihre Priester und zumal ihre Prediger das Heil verwaltet und verkündet, und um die letzten Dinge. Neben den Juden stehen die verworfenen Ketzer als Feinde Gottes; die gesteigerte und stark emotionale Aufmerksamkeit, die auch Heinrich den Ketzerbewegungen widmet, zeigt die wachsende Unruhe im kirchlichen und religiösen Leben des späten Mittelalters. Wegleitend waren für Heinrich die führenden Kommentare, beginnend mit Beda, und für die Darstellung des Antichrist wie stets Adsos Libellus de Antichristo.

Heinrich von Hesler steht formal noch unter der Ausstrahlung der klassischen Form- und Stilkunst und vermag noch, einen dichterischen Stil von unverkennbarer Eigenheit zu bilden. Sein lockeres silbenzählendes Prinzip, von dem früher (vgl. S. 209) die Rede gewesen ist, gestattet ihm einen ebenen, den Wortakzent nicht verletzenden rhythmischen Bau seiner Verse. Er hat wortprägende Begabung in der Bildung und Verwendung kraftvoller Komposita, zumal im Bereich der schmückenden Adjektive. Er weiß von dem Spiel der Wortwiederholungen und -abwandlungen als dichterischem Schmuck und als Steigerung der Intensität. Die Eingangsverse des Nicodemusevangeliums können das illustrieren:

Do got der werlde began,
und er geschuf den ersten man –
ich sprich iz anderweide:
got geschuf sie beide
den edeln boum und den man
do er der werlde began,
daz obez unde sinen smac,
da er tot inne lac,
und den man der iz az.

Man hört sofort, daß ein solcher Stil unmittelbar oder mittelbar von Gottfried von Straßburg gelernt ist. Und wie Gottfried seinen Prolog durch bestimmte Leitwörter gliedert und das Wesentliche durch das immer wiederholte Erklingen des entscheidenden Wortes oder Wortstammes einprägt, so tut es auch Heinrich von Hesler zumal in seinen lehrhaften Partien. Dieser einprägenden Technik begegnen wir auch sonst (Erlösung, Der Sünden Widerstreit), aber mir ist kein anderer Dichter bekannt, der so bewußt und kunstvoll diese Stilform Gottfrieds nachgebildet hat, um sie in den Dienst religiöser Belehrung zu stellen. Ich möchte annehmen, daß hier eine unmittelbare Nachwirkung von Gottfrieds Kunst zu sehen ist, deutlicher als bei manchem anderen Dichter, den man der Gottfriedschule hat zuteilen wollen.

LITERATUR ZUR BIBELEPIK

ZUR DEUTSCHORDENSDICHTUNG

Karl Helm und Walther Ziesemer, Die Literatur des Deutschen Ritterordens. Gießener Beitr. z. deutschen Philologie, Bd. 94. Gießen 1951.

ALTTESTAMENTLICHE BRUCHSTÜCKE

Ausg.: Karl Schröder, Bartschs Germanist. Studien Bd. 1 (1872), S. 291–95 (Jakobssegen).
ders., Bartschs Germanist. Studien Bd. 2 (1873) S. 159.
W. Gemoll, Germania 19 (1874) S. 339–43.
Karl Euling, Bruchstücke einer mitteldeutschen Bearbeitung des Esra. Beitr. 14 (1889) S. 122–26.

JUDITH

Ausg.: Rudolf Palgen, Altdt. Textbibl. 18. Halle 1924.
Lit.: Ehrismann 2, Schlußband, S. 674.
Hans Steinger, Verf.-Lex. 2, Sp. 720–21.
Helm-Ziesemer S. 71–74.
Max Hering, Untersuchungen über Judith. Halle 1907 (Diss. Halle 1906).
Karl Helm, Zum mitteldeutschen Gedicht von der Judith. Beitr. 43 (1918) S. 163–68.

ESTHER

Ausg.: Carl Schröder, Germanist. Studien 1 (1872) S. 247–315.
Lit.: Hans Steinger, Verf.-Lex. 1, Sp. 591–92.
Ehrismann 2, Schlußband, S. 674.
Helm-Ziesemer S. 74–75.

ESRA UND NEHEMIA

Ausg.: Samuel Dickinson Stirk, Esdras und Neemyas. Eine Deutschordensdichtung aus dem 14. Jh. Breslau 1938.
Lit.: Hans Steinger, Verf.-Lex. 1, Sp. 590–91.
Ehrismann 2, Schlußband, S. 674.
Helm-Ziesemer S. 115–17.
Edgar Krebs, Esra und Nehemia, eine Deutschordensdichtung. Diss. Marburg 1923 (Masch.-Schr.).

MAKKABÄER

Ausg.: Karl Helm StLV 233, Tübingen 1904.
Lit.: Ehrismann 2, Schlußband, S. 674.
Willy Krogmann, Verf.-Lex. 3, Sp. 222–27.
Helm-Ziesemer S. 95–100.
Hans Erhard Schulz (Titel s. zu Kap. 5 unter Nikolaus v. Jeroschin).

DANIEL

Ausg.: Arthur Hübner, DTM 19. Berlin 1911.
Lit.: Walther Ziesemer, Verf.-Lex. 1, Sp. 403–04.
Ehrismann 2, Schlußband, S. 674–75.
Helm-Ziesemer S. 100–07.
Arthur Hübner, Daniel, eine Deutschordensdichtung. Berlin 1911.

HIOB

Ausg.: T. E. Karsten, DTM 21. Berlin 1910.
Lit.: Ehrismann 2, Schlußband, S. 675.
Hans Steinger, Verf.-Lex. 2, Sp. 463–65.
Helm-Ziesemer S. 112–14.
Walther Holz, Ist die md. poetische Hiobparaphrase ein Werk des Tilo von Kulm?
Diss. Frankfurt 1923 (Masch.-Schr.).

HISTORIEN DER ALDEN Ê

Ausg.: Wilhelm Gerhard, StLV 271. Leipzig 1927.
Lit.: Ehrismann 2, Schlußband, S. 675.
Hans Steinger, Verf.-Lex. 2, Sp. 467–69.
Helm-Ziesemer S. 117–20.
Wilhelm Gerhard, Die Historien der alten ê, eine Deutschordendsdichtung. Diss.
Frankfurt 1921 (Masch.-Schr.).

BRUN VON SCHÖNEBECK

Ausg.: Arwed Fischer, StLV 198. Tübingen 1893.
F. Breucker, Gedichte Brunos von Schonebeck. Jb. d. Ver. f. nd. Sprachforschg. 30
(1904) S. 81–146.
Edward Schröder, Kasseler Bruchstück des Brun von Schonebeck. ZfdA 40 (1896)
S. 101–02.
W. Norlind, Neuaufgefundene Bruchstücke des „Ave Maria" Bruns von Schone-
beck. Jb. d. Ver. f. nd. Sprachforschg. 53 (1927) S. 59–87.
Peter Karstedt u. Herbert Wegener, Ein neues Bruchstück des Brun von Schone-
beck. Jb. d. Ver. f. nd. Sprachforschg. 63/64 (1937/38) S. 53–58.
dazu: Albert Bauers, Die neuaufgefundenen Handschriftenfragmente zu Brun von
Schönebeck. Jb. d. Ver. f. nd. Sprachforschg. 56/57 (1930/31) S. 111–61.
Lit.: Ludwig Wolff, Verf.-Lex. 1, Sp. 296–303; 5 Sp. 110–111.
Ehrismann 2, Schlußband, S. 358–59.
Arwed Fischer, Das Hohe Lied des Brun von Schonebeck. Breslau 1886.
Fedor Bech, Zur Kritik und Erklärung des Brun von Schonebeck. ZfdA 40 (1896)
S. 63–101.
Albert Leitzmann, Zu Brun von Schönebeck. ZfdA 53 (1912) S. 61–69.
Albert Bauers, Zur Frage nach den Quellen des „Ave Maria" Bruns von Schönebeck.
Korrespondenzbl. d. Ver. f. nd. Sprachforschg. 45 (1932) S. 36–38.
Edward Schröder, Bruno von Braunschweig und Bruno von Schönebeck. ZfdA 60
(1923) S. 151–52.

ERLÖSUNG

Ausg.: Friedrich Maurer, Die Erlösung. Eine geistliche Dichtung des 14.Jahrhun-
derts. Dtsche. Lit. in Entwicklgsreihen. Geistl. Dichtung d. Mittelalters Bd. 6. Leip-
zig 1934.
Lit.: Friedrich Maurer, Verf.-Lex. 1, Sp. 582–85.
Ehrismann 2, Schlußband, S. 360–61.
Carl Schmidt, Studien zur Textkritik der Erlösung. Diss. Marburg 1911.
Friedrich Maurer, Überlieferung und Textkritik der Erlösung. ZfdA 68 (1931)
S. 196–214.
Albert Leitzmann, Elisabet und Erlösung. Beitr. 38 (1913) S. 529–47.
Friedrich Maurer, Über Gleichsetzung der Verfasser bei anonymen altdeutschen
Dichtungen und die Einheit von Erlösung und Elisabeth. ZfdPh 56 (1931) S. 146–83.
ders., Zur Erlösung. In: Fragen u. Forschungen im Bereich u.Umkreis der Germani-
schen Philologie. Festgabe f. Th. Frings. Berlin 1956. S. 342–48.

SICH HÛB VOR GOTES TRONE

Ausg.: Karl Bartsch, Die Erlösung. Quedlinburg u. Leipzig 1858. S. VIII–XXI.

GUNDACKER VON JUDENBURG

Ausg.: J. Jaschke, DTM 18. Berlin 1910.
Lit.: Carl Wesle, Verf.-Lex. 2, Sp. 108–09.
Ehrismann 2, Schlußband, S. 365–66.
Albert Leitzmann, Zu Gundacker von Judenburg. Beitr. 43 (1919) S. 540–44.
Kurt Stübiger, Untersuchungen zu Gundacker von Judenburg. Berlin 1922.
Othmar Wonisch, Wer war Gundacker von Judenburg? in: Siedlung, Wirtschaft
u. Kultur im Ostalpenraum. Festschrift . . . F. Popelka. Graz 1960. S. 287–91.

DER SAELDEN HORT

Ausg.: Heinrich Adrian, DTM 26. Berlin 1927.
Lit.: Ehrismann 2, Schlußband, S. 382–83.
Arthur Witte, Verf.-Lex. 4, Sp. 3–4.
Heinrich Adrian, Das alemannische Gedicht von Johannes dem Täufer und Maria
Magdalena. Diss. Straßburg 1908.
Carl von Kraus, Zum „Saelden Hort" und zu Seifrits „Alexander". MSB Phil.-hist.
Abt. Jg. 1940, Nr. 1.
Heinrich Adrian, Nachträge zur Ausgabe von der Saelden Hort. ZfdA 87 (1956/57)
S. 295–317.
ders., Nachlese zu Der saelden hort. ZfdA 89 (1958/59) S. 69–75.
Charlotte Liersch, Motivgeschichtliche und stilistische Untersuchungen zur ale-
mannischen Magdalenenlegende. Marburg 1936 (Diss. Marburg).
Frieda Eder, Studien zu „Der Saelden Hort". Ein Beitrag zur gesellschaftlichen Be-
stimmtheit mittelalterlicher Dichtung. Berlin 1938 (Diss. Berlin).
Walter Henß, Tatians Diatessaron im „Saelden Hort". Diss. Marburg 1953 (Masch.-
Schr.).

HEINRICH VON NEUSTADT

GOTTES ZUKUNFT

Ausg. u. Lit.: siehe zu Kap. 2.

TILO VON KULM

Ausg.: Karl Kochendörffer, DTM 9. Berlin 1907.
Lit.: Ehrismann 2, Schlußband, S. 675.
Hans-Friedrich Rosenfeld, Verf.-Lex. 4, Sp. 473–78.
Helm-Ziesemer S. 107–11.
Gerhard Reißmann, Tilos von Culm Gedicht Von siben Jngesigeln. Berlin 1910.

JOHANNES VON FRANKENSTEIN

Ausg.: Ferdinand Khull, StLV 160. Tübingen 1882.
Lit.: Ehrismann 2, Schlußband, S. 366.
Willy Krogmann, Verf.-Lex. 2, Sp. 590–92.
Ferdinand Khull, Über die Sprache des Johannes von Frankenstein. Progr. Graz 1880.
M. Reinhildis Ferber O. P., Die Quellen des „Creuziger" des Johannes von Fran-
kenstein. Diss. München 1935.

HEINRICH VON HESLER

Lit.: Ehrismann 2, Schlußband, S. 672–73.
Hans Steinger, Verf.-Lex. 2, S. 276–82.

Helm-Ziesemer S. 75–91.
Helmut de Boor, Stilbeobachtungen zu Heinrich von Hesler. In: Vom Werden des deutschen Geistes. Festgabe Gustav Ehrismann. Berlin u. Leipzig 1925. S. 124–48.
Carl von Kraus (Titel s. Kap. 5 bei Nikolaus v. Jeroschin).

ERLÖSUNG

Ausg.: O. von Heinemann und Elias Steinmeyer, ZfdA 32 (1888) S. 111–17; 446–49.

EVANGELIUM NICODEMI

Ausg.: Karl Helm, StLV 224. Tübingen 1902.
ders., Ein neues Hesler-Bruchstück. Beitr. 69 (1947) S. 463–65.
Lit.: ders., Untersuchungen über Heinrich Heslers Evangelium Nicodemi. Beitr. 24 (1899) S. 85–187.
ders., Eine Quelle Heinrichs von Hesler, Beitr. 43 (1918) S. 345–47.
Gerhard Eis, Zur Überlieferung von Wolframs Willehalm und Heslers Evangelium Nicodemi. ZfdPh 73 (1954) S. 103–10 u. S. 336.
Arthur Klatscher, Zur Metrik und Textkritik von Heinrich Heslers Evangelium Nicodemi. Progr. Eger 1908/09.

APOKALYPSE

Ausg.: Karl Helm, DTM 8. Berlin 1907.
Gerhard Eis, Ein neues Fragment aus Heslers „Apokalypse". MLN 67 (1952) S. 361–68.
Lit.: Curt Schumann, Über die Quellen der Apokalypse Heinrichs von Hesler. Diss. Gießen 1912.
F. E. A. Campbell, Die Prosa-Apokalypse der Königsberger Hs. Nr. 891 und die Apokalypse Heinrichs von Hesler. Diss. Greifswald 1912.
Toni Herrmann, Der Bilderschmuck der Deutsch-Ordensapokalypse Heinrichs von Hesler. Königsberg 1934 (Diss. Königsberg).

5. LEGENDE

Mehrfach, am stärksten im Sælden Hort, sind wir auf das Einspielen legendärer Elemente in die biblische Erzählung gestoßen. Damit erreicht unsere Darstellung eine literarische Gattung, die im späten Mittelalter eine immer größere Bedeutung erlangen sollte. Der rein epischen Bibeldichtung steht die Ablehnung der Kirche gegen alle Übersetzung der heiligen Schrift in Volkssprachen im Wege. Sie bleibt daher in so starkem Maße auf den Sonderfall des Deutschen Ordens als einer geistlichen Gemeinschaft ohne geistliche Schulbildung beschränkt. Die Legende dagegen war solchen theologischen Bedenken nicht unterworfen; sie war vorzüglich geeignet, dem Volke als Lese- und Erzählstoff dargeboten zu werden. Erbaulich und exemplarisch belehrend, tröstlich und verheißungsvoll, war sie zugleich unterhaltsam und interessant. Denn sie breitete eine ganze Welt voll wunderbarer und spannender Begebnisse aus. Es ist eine geschlossene Welt mit ihren festen Gesetzen des Geschehens und Handelns, aber von äußerster Variabilität der Vorgänge. Ihre Gestalten sind nicht Individuen, sondern Typen, die aus ihrem Wesen heraus sich so und nicht anders verhalten müssen. Spiel und Gegenspiel, streng auf Gut und Böse verteilt, verlaufen nach bestimmten Regeln zu im voraus festgelegten Zielen. Es ist zugleich eine ideale Welt, in der es zugeht, wie es zugehen soll, anders als die verworrene Welt der gegenwärtigen Wirklichkeit. Das Gute und Reine triumphiert über das Böse und Verworfene, und höhere Mächte stehen der gerechten Sache bei. Das Wunderbare ist das Natürliche, und Leiden und Sterben finden Sinn und Rechtfertigung durch den Sieg im Tode und einen Lohn in ewiger, leidloser Freude. Sehr vieles erinnert grundsätzlich an die ideale Welt des Artusrittertums mit ihren spannenden Begebenheiten, ihrer höheren Gültigkeit, ihrem Sieg des Edlen über das Rohe. Aber während die Welt des Artus nur eine poetische Wirklichkeit besitzt, ist die Welt der Legende von der höchsten, gültigsten Wirklichkeit erfüllt und getragen: von der Wirklichkeit Gottes. Überall ist Gott handgreiflich gegenwärtig, und das Wunderbare ist deswegen das Natürliche, weil es die selbstverständliche Form göttlichen Handelns ist. Ebenso handgreiflich gegenwärtig ist aber auch der Teufel in tausendfacher Gestalt, immer bereit zu versuchen und zu verführen, aber immer von den Heiligen durchschaut und im Namen Gottes und mit dem Zeichen des Kreuzes bezwungen. So wird jede Legende zu einem Stück der großen Auseinandersetzung zwischen dem Urguten und Urbösen, zwischen Gott und dem Teufel, und damit zu einem Stück der Heilsgeschichte, irdischhistorische Verwirklichung eines ewigen Vorgangs, und darum von bleibender Gültigkeit auch in der Gegenwart und für die Gegenwart.

Die Geschichte der Heiligen ist mit ihrem Leben nicht zu Ende. Wunder sind nicht nur für die heiligen Kämpfer Gottes geschehen, sie geschehen auch durch sie, wie in ihrem Leben so fortwirkend nach ihrem Tode bis in die Gegenwart. So sind Legenden auch nicht nur Erzählungen von Dingen, die einmal geschehen sind. Der Heilige ist und bleibt gegenwärtig in seinen Kirchen und Bildern, seinem Grab und seinen Reliquien. Was einmal geschah, kann jeden Tag wieder geschehen, wunderbare Hilfe für den, der sich dem Heiligen gläubig anvertraut. Als Helfer und Tröster erfüllen die Heiligen den Raum zwischen dem kleinen, sündigen Menschen und der gewaltigen Majestät des dreieinigen Gottes. Menschen wie wir, zu himmlischer Glorie eingegangen durch ihren Sieg über die Welt, aber doch während ihres irdischen Lebens der Sünde, der Anfechtung und jedem Leiden ausgesetzt, sind sie fähig, den sündigen und leidenden Menschen zu verstehen und ihm aus diesem Verständnis heraus zu helfen. So wird die Legende neben dem religiösen Drama zu dem geistigen Brot, das die Kirche in ihrer wiedergewonnenen Führungsstellung jenen breiteren Laienschichten darbietet, die, vom ritterlich-höfischen Denken nicht berührt oder seiner überdrüssig, nach geistiger Nahrung verlangen, ohne sie sich selbst schaffen zu können. Sie wird zu einer Leitform spätmittelalterlicher Literatur, geht seit dem 14. Jahrhundert mehr und mehr zur Prosa über und gibt den Anspruch auf literarischen Wert zugunsten des erbaulichen auf. Die Masse der späten Legenden und Legendare, vielfach noch nicht herausgegeben und gesichtet, hat nur noch literatursoziologisches, nicht mehr dichtungsgeschichtliches Interesse.

Die Legendendichtung, die im späten 13. Jahrhundert voll einsetzt, darf nicht isoliert betrachtet werden. Sie muß im Zusammenhang und Kontrast mit der früher behandelten weltlichen Dichtung gesehen werden, mit der sie ausgesprochen oder unausgesprochen in Konkurrenz tritt. Noch immer hat die Welt der ritterlichen Aventiure ihre Faszination, und zugleich mit der Legendendichtung blüht die weltliche Kurzerzählung auf, die unterhaltsame Novelle und der kurzweilige Schwank. Immer wieder müssen wir uns die spannungsreiche Vielfalt der literarischen Erscheinungen im späten Mittelalter vor Augen halten, hinter der wir die kräftige, aber verwirrende Vielheit des Lebens spüren. Neben der konsequenten asketischen Weltverachtung im Legendenkranz um die frühchristlichen Wüstenheiligen steht die bis ins Mythische sich steigernde Verherrlichung handfesten Lebensgenusses im Weinschwelg oder dem Herbstlied Steinmars. Die fromme Wundergläubigkeit, der Herzpunkt der Legende, wird vom Pfaffen Amîs listig ausgebeutet und damit *ad absurdum* geführt. Fromme Erbauung und ritterliche Weltverklärung oder unbedenkliche Weltergreifung haben im Werk und Wirkungskreis desselben Mannes Platz. Konrad von Würzburg findet Besteller für seinen Feenroman Partonopier wie für seine Legenden im Basler Großbürgertum, und der Stricker dichtet mit gleicher Überzeugungskraft seine Schwänke und seine religiös-erbaulichen Bispelgedichte. Von beiden Seiten her kann der Kreis sich schließen. In der Geschichte von den Mönchen zu Kolmar wird die Gestalt der keuschen Frau, einer Lieblingsfigur der Legende, zum Anlaß einer Schwankerzählung von grotesker Grausigkeit, und im Erzähltypus des Schülers von Paris verschmilzt das Opfer der Minne mit dem kultischen Opfer vor dem Altar. Auf der anderen Seite können Legenden, zumal manche Marienlegenden, aus dem Erbaulichen ins Heiter-Gemütvolle und Legenden vom überwundenen Teufel ins Schwankhafte hinüberspielen.

Der deutschen Verslegende sind wir schon früher begegnet, zunächst eingebettet in andere Dichtgattungen, heilsgeschichtlich (Mittelfränkische Reimbibel, vgl. Bd. I, S. 177) oder moralisch-vorbildhaft (Vorauer Sündenklage; Armer Hartmann vgl. Bd. I, S. 197 bzw. S. 182) bestimmt, dann in der zweiten Hälfte des 12. Jahrhunderts als freier Erzählung. Damals erschienen sie als Versuche, mit der aufblühenden ritterlichen Dichtung zu konkurrieren, wie sie jetzt die ausblühende verdrängen sollen. Die höfische Dichtung nahm die Legende schon mit Veldekes Servatius in den Kreis ihrer Gattungen auf, seltener aus innerer Bedrängnis durch das Gott-Welt-Problem wie Hartmann von Aue in seinem Gregorius, meist als die Möglichkeit, auch frommen

Erzählstoff in Geist und Form höfischer Dichtung zu behandeln: als Ritterlegende im Heiligen Georg des Reinbot von Durne, verbunden mit einem Minneroman in Ottes Eraclius. Hier fand dann Konrad von Würzburg das Stilvorbild für seine Legenden, und bis ins Ende des Jahrhunderts spürt man, daß Legendendichtung durch höfische Formzucht gegangen ist.

Wir nehmen „Legende" in einer losen und weiten Bedeutung. Den Kern bilden die eigentlichen Heiligenviten in ihren verschiedenen Typen: die Eremiten- und Anachoretenlegenden mit ihren ältesten Vorbildern in den orientalischen Wüstenheiligen, die Märtyrerlegenden aus der Zeit der Christenverfolgungen, die Geschichten der großen Päpste und Kirchenväter als Baumeister kirchlicher Organisation und Lehre. Zu ihnen gesellen sich jetzt die neuen Heiligentypen der jüngsten Vergangenheit, die Gründer der neuen Orden, Franziskus und Dominicus, streitbare Prediger und Verfechter der Kirche in bedrohlicher Zeit und Vertreter einer neuen, inbrünstigen Demutshaltung und Selbstverleugnung, für die neben ihnen und durch sie bestimmt die heilige Elisabeth das weithin leuchtende Vorbild wird.

Neben solchen eigentlichen, aus der Vita entwickelten Legenden stehen legendäre Erzählungen anderer Art. Die entscheidenden Personen und Ereignisse der biblischen Geschichte sind, wie wir schon bei der Bibeldichtung sahen, frühzeitig mit legendären Zügen umsponnen worden. Da ist die liebliche legendäre Ausschmückung der Kindheit Jesu nach dem Pseudomatthäusevangelium bei Konrad von Fussesbrunnen und die legendäre Ausgestaltung der Passion, der Höllenfahrt und des Schicksals von Joseph von Arimathia in den deutschen Bearbeitungen des Nicodemusevangeliums. Auch die Longinuslegende, die Pilatus-Veronika-Legende, die Stephanus-Legende und bis zu einem gewissen Grade die Legende von Maria Magdalena können wir als Schößlinge der biblischen Geschichte betrachten. Vor allem gehört das Leben Marias in diesen Kreis; das Marienleben des Priesters Wernher (vgl. Bd. I, S. 214 ff.) findet in dieser Epoche der höchstgesteigerten Marienverehrung zahlreiche Nachfolger. Doch auch das Alte Testament kennt legendäre Ausschmückung. Die Jünglinge im feurigen Ofen und die Makkabäer werden als christliche Glaubenshelden und Märtyrer stilisiert. Jansen Enikel hat, wie wir sahen, aus jüdischer Tradition legendenhafte Züge z. B. in die Geschichte Noahs eingeflochten. Vor allem hat das Leben des Urelternpaares nach der Vertreibung aus dem Paradies die Phantasie beschäftigt und einen Kranz von Erzählungen erzeugt, die, in einem lateinischen Adambuch zusammengefaßt, zur Grundlage deutscher Dichtung geworden sind. Durch die Paradiesfahrt von Adams Sohn Seth, der von dort Samen oder einen Zweig des Lebensbaumes mitbringt, aus dem das Holz des Kreuzes Christi erwächst, wird der heilsgeschichtliche Bogen in der Geschichte vom Kreuzesholz auch legen-

där gezogen und in den Legenden von Helenas Kreuzfindung und der
Wiedergewinnung und Erhöhung des Kreuzes durch Eraclius wird die
Geschichte des heiligen Kreuzes Christi fortgeführt.

Wo Denken und Dichten so innig damit beschäftigt sind, die heiligen
Gestalten der Vergangenheit menschlich nahe an sich heranzuziehen,
erscheint auch die Gegenwart erfüllt mit dem wunderbar nahen Wirken
und Walten des Göttlichen und Heiligen. Das gegenwärtige Leben ist
davon erfüllt, das Alltägliche kann jeden Augenblick in seinen Strahlungsbereich treten. Erbauliche Erzählungen legendenhafter Natur geben dafür Zeugnis. Vor allem sind es die zahlreichen Marienlegenden,
die wir hier einordnen dürfen. Sie sind anders zu beurteilen als die Gra-
bes- und Gebetswunder der Heiligen. Bei diesen sind sie der notwendige
Erweis ihrer Heiligkeit. Maria bedarf solchen Erweises nicht; ihre Heiligkeit ist tiefer, weil heilsgeschichtlich begründet. Die Marienlegenden
sind der immer erneute Beweis ihrer unerschöpflichen und unbegrenzten
Hilfsbereitschaft für den sündigen Menschen, der sich an sie wendet.
Was die Schutzmantelmadonnen bildlich ausdrücken, das sagt der
Kranz der Legenden um die himmlische Helferin erzählerisch aus.
Schon früh (vgl. Bd. I S. 182) ist uns die Legende von Theophilus begegnet, dem Teufelsbündler, den Maria aus dem Pakt mit dem Teufel
befreit. Sie ist sozusagen der heroische Urtyp der Marienlegende, die
Himmelsherrscherin als Siegerin im Kampfe Gottes mit dem Satan um
den Menschen. Die Marienlegenden, die wir jetzt im Passional und
anderwärts lesen, sind rührender, anheimelnd erbaulicher, bürgerlich
alltäglicher; sie konnten Gottfried Kellers behaglich-ironische Erzählfreude reizen. Neben den Marienlegenden gibt es noch andere fromme
Erzählungen wunderbarer Art, in denen Gottes Walten in der Gegenwart sichtbar wird: der Erzähltyp des Mönchs von Heisterbach oder
das fromme Kind, mit dem das Jesuskind spielen kommt u. a.

Die Legende gehört zu den Erzählgattungen, die nicht auf das Buch angewiesen
sind. Sie lebt in Predigt und frommer Unterhaltung weithin ein mündliches Leben
und ist wie Märchen, Sage und andere Gattungen den Schicksalen und Gesetzen
mündlichen Erzählens ausgeliefert. Bei aller Festigkeit der von der Gattung bestimmten Erzählstruktur ist sie in den stofflichen Einzelheiten veränderlich und auswechselbar. Legendenforschung hat sich der Methoden zu bedienen, die für die Erfassung des
mündlichen Erzählgutes maßgeblich sind. Sie wird einerseits Motivforschung sein,
d. h. bestimmten Einzelmotiven in ihrer Wiederkehr und Abwandlung in verschiedenen Legenden nachgehen, z. B. der Auslieferung heiliger Jungfrauen an ein Freudenhaus und die wunderbare Bewahrung ihrer Jungfräulichkeit in ihren verschiedenen
Ausgestaltungen. Sie wird andererseits in einer Überschau über die Gesamtüberliefe-
rung einer einzelnen Legende zur Feststellung von Erzählvarianten kommen, die sich
zu zeitlichen und örtlichen Gruppen zusammenschließen. Dann wird man das historische Wandern und Werden eines Legendenstoffes feststellen können, wie etwa die
Verwandlung der Georgslegende von dem orientalischen Typus des Heiligen mit
dem unzerstörbaren Leben, den uns das althochdeutsche Georgslied noch darbietet,

zum Typus des ritterlichen Drachenkämpfers in der abendländischen Georgslegende. Aber man wird selten quellenmäßige Abhängigkeiten feststellen können. Das wird man auch dort im Auge haben müssen, wo es sich, wie bei der Verslegende, um Schriftwerke handelt, bei denen eine lateinische Vorlage sicher oder wahrscheinlich ist. Gewiß ist eine gewaltige Wirkung von der Legenda aurea des Jacobus de Voragine (etwa 1270) ausgegangen. Aber nicht jeder Legendenerzählung, die im Aufbau mit dem betreffenden Stück der Legenda aurea übereinstimmt, muß notwendig gerade dieses Werk als Quelle zugrunde liegen, und nicht jede Abweichung von der ermittelten „Quelle" verlangt notwendig die Ansetzung einer weiteren schriftlichen Vorlage in dem Sinne, daß der Autor mehrere Buchfassungen gekannt und ineinander verarbeitet haben müßte. Die Legende gehört dem Wissens- und Erzählschatz der Geistlichen an, und jeder Erzähler wird ein Glied in der Kette abwandelnder Gestaltungen.

Denn die dichterische Form hat bestimmenden Einfluß auf das Gesicht der Legende. Sie kann bei der knappen sachlichen Nacherzählung von wenigen hundert Versen verbleiben, wie wir es bei Verslegenden der vorhöfischen Zeit gesehen haben. Sie kann wie die ritterliche Legendendichtung der höfischen Zeit zu einem breiten Erzählwerk mit allen Stil- und Darstellungsmitteln des höfischen Epos werden. In beiden Erzähltypen lebt die Legende weiter fort, und wie die kurze Novelle an den stilistischen und formalen Errungenschaften der höfischen Epik teilnimmt, so kann es auch die kurz erzählte Legende tun; Konrad von Würzburg wird auch hier vorbildlich. Dem geistlichen Dichter wird es nahe liegen, die Legendenerzählung mit frommer Betrachtung und Ermahnung zu erfüllen. Sie kann sogar zum Gegenstand gelehrter Exegese werden, wofür die Martina des Hugo von Langenstein das extreme Beispiel liefert.

Als ein neuer Typus tritt das umfängliche Legendar, die Legendensammlung, in die deutsche Legendendichtung ein. Der sehr alte Ansatz dazu in dem früher sogenannten Mittelfränkischen Legendar hat zunächst keine Nachfolge gefunden. Lateinische Legendensammlungen hat es schon längst gegeben, aber erst die fromme Erzählfreudigkeit des späteren 13. Jahrhunderts scheint den Boden für ihre Breitenwirkung bereitet zu haben. Die Legenda aurea bedeutet einen Durchbruch und steht in vielen Fällen unmittelbar oder mittelbar hinter der deutschen Legendenerzählung. Solche Legendare können nach sachlich-historischen Grundsätzen zusammengestellt sein wie die Vitas Patrum oder die Apostellegenden. Vor allem aber ist es der Heiligenkalender, auf dem die späten Legendare aufgebaut sind; sie erzählen zu jedem Tage der frommen Erinnerung und Verehrung die entsprechende Geschichte.

6. LEGENDARE

Für die Geschichte der deutschen Literatur sind die großen Legendare bedeutsamer als die Einzellegenden, unter denen nur wenige wegen ihres künstlerischen oder sachlichen Interesses nähere Beachtung verdienen. Meist verliert sich die Einzellegende in den Niederungen andächtiger Gebrauchsliteratur.

Wir treffen im letzten Viertel des 13. Jahrhunderts auf zwei große, auch dichterisch bedeutende Werke: das Väterbuch und das Passional. Das Väterbuch ist in der Hauptsache eine freie Übertragung großer Teile der Vitas Patrum, einer aus zahlreichen Einzelgeschichten gefügten Schilderung des Lebens und der Wunder der alten Anachoreten in den Wüsten des vorderen Orients, die als Väter und Prototypen des Mönchstums verehrt werden. Die Vitas Patrum gehen in ihrem Kern in sehr frühe Zeit zurück, wenn auch die Verfasserschaft des Hieronymus, dem dieses Legendenwerk lange zugeschrieben wurde, allenfalls für die ersten Ansätze aufrecht erhalten werden kann.

Es ist eine eigene Welt mönchischer Lebenshaltung, eine sanfte Frömmigkeit der Demut und Geduld ohne die blutigen Ekstasen des Martyriums, eine unpathetische Askese äußerster Bedürfnislosigkeit, eine Weltflucht, die zu einer ganz unaufdringlichen Weltüberwindung wird, weil sie so selbstverständlich ist, eine freie Gemeinschaft, die nicht aus klösterlicher Organisation, sondern aus Eintracht erwächst, eine große Freiheit des Einzelnen in der Art, sein Eremitenleben zu gestalten, und ein unbedingter Gehorsam des Jüngeren gegen den alten Vater aus innerstem Bedürfnis gottdienender Verehrung, Respekt vor der Einsamkeit des Einzelnen und Sanftmut im Zusammenleben und Verkehr. Ein Anachoret, so erzählt eine Geschichte, wird in seiner Zelle von Räubern heimgesucht. Er ehrt auch darin Gottes Willen, empfängt sie sanftmütig, läßt sie klaglos sein ärmliches Eigentum erraffen, und als er nach ihrem Abzug in einer Ecke noch einen Sack entdeckt, den sie übersehen haben, ruft er ihnen nach: „Meine lieben Brüder, ihr habt noch dies Säcklein vergessen; nehmt es mit." Und solche Sanftmut rührt und bekehrt die bösen Leute.

Der Einfachheit des Gemüts liegen theologische Fragen fern. Glaube und Liebe sind erlebte Grundfesten des Daseins, nicht dogmatische Begriffe. Mit unschuldiger Selbstverständlichkeit ragt das Jenseits in das Diesseits hinein, Engel und Teufel sind täglicher Umgang, göttliches Wunder und teuflische Anfechtung werden ohne Erstaunen erfahren.

Ein Engel zählt die Fußstapfen eines gebrechlichen alten Einsiedlers, der mühselig täglich den langen Weg zu einer entfernten Quelle macht, und als der fromme Mann es gewahr wird, gibt er den Gedanken, sich näher am Wasser anzusiedeln, auf und verlegt seine Hütte noch weiter fort. Den heiligen Apollonius, der fürchtet, in Hochmut zu verfallen, weist eine Stimme an, nach seinem Nacken zu greifen, und er erfaßt ein schwarzes Teufelchen, das er vor sich in den Sand tritt. So einfach dualistisch sieht die Welt dieser Anachoreten aus, so handgreiflich ist der Sieg des Guten über das Böse. Die Natur lebt mit den Mönchen im Einklang. Dem heiligen Paulus bringt ein Rabe täglich ein halbes Brot, und als der heilige Antonius bei ihm zu Besuch ist, bringt der Vogel fürsorglich ein ganzes. Ein Krokodil trägt einen anderen Vater treu übers

Wasser, der verwundete Löwe kommt zutraulich zu Hieronymus, wird geheilt und hütet den Esel der Mönche auf der Weide.

Dieses Werk hat der deutsche Dichter, der sicher Geistlicher war, aus innerer Verwandtschaft des religiösen Denkens und frommen Empfindens ins Deutsche übertragen. Er findet einen angemessenen einfachen Stil von sachlicher Wärme, an der klassischen Dichtung geschult, doch ohne die Zierlichkeit Konrads von Würzburg. Er vermag einen Dialog gut zu führen und besitzt die Gabe, Einzelheiten liebevoll und anschaulich auszumalen. Sein Vers ist von freier Regelmäßigkeit, noch am klassischen Vers erzogen, ein wenig hausbacken und ohne Musik. In Auswahl und Anordnung ist der Dichter seiner Quelle gegenüber frei. Er stellt die Geschichten um den heiligen Antonius, den Vater des Anachoretentums, und um seinen Schüler Paulus an den Anfang. Mit dem Einsiedler Johannes (V. 3391) beginnt er den Reisebericht der Jerusalemer Mönche, deren Namen er jedoch nicht nennt, im Ichstil und führt damit seine Übersetzung mit V. 11 498 zu einem vorläufigen Abschluß. Dann setzt er mit eingehenden Mitteilungen über die Vitas Patrum, das griechische Original, die lateinische Übersetzung des Pelagius und Johannes und über sein eigenes Unternehmen neu ein. Es folgen zahlreiche, unter sich nicht zusammenhängende Einzelgeschichten, teils vitenmäßig an namentlich genannte Heilige geknüpft, teils beispielmäßig von Versuchungen, Lebensformen, Lehrgesprächen unbenannter „Väter" berichtend. Zuletzt sind einige einzelne Legenden angefügt, die weder in den Vitas Patrum stehen, noch durch ihre Helden deren Kreis zugehören. Sie verraten Kenntnis der Legenda aurea. Den Abschluß bildet eine Schilderung des Jüngsten Gerichtes und der Schicksale der Verdammten und der Seligen in einer dem Gegenstand angemessenen eindringlicheren und schwungvolleren Sprache, die sich formal bis zu lyrisch-hymnischen Versen erhebt, ein Zeichen, daß dieser Dichter seine Stilmittel zu wählen und zu beherrschen verstand.

Noch umfänglicher als das Väterbuch ist das große, über 100 000 Verse umfassende Passional. Es gibt sich diesen Titel nicht ganz zu Recht, denn er kommt eigentlich nur einem Märtyrerbuche zu. Dies Werk ist vielmehr ein Legendar, wobei auch dieser Name noch sehr weit gefaßt werden muß. Es ist von seinem Verfasser in drei Bücher geteilt. Das erste soll nach seiner Angabe „von Gott und Maria" handeln. Wir werden es in erster Linie als ein Marienleben zu betrachten haben. Es beginnt mit Mariae Geburt, führt bis zu ihrem Tode und ihrer Himmelfahrt und endet gleich einer Heiligenlegende mit einem Kranz von Wundern, die Maria verrichtet hat. Den Abschluß bildet ein langes schönes Marienlob, in dem sehr eindrücklich der Aufstieg Marias durch die neun Engelchöre im Dialog der Jungfrau mit den Engeln geschildert wird. Aus dem Leben Christi werden diejenigen Ereignisse herausgehoben, an denen Maria teil hat, vor allem also die gesamte Geburtsgeschichte bis zur Flucht nach Ägypten und die Kindheitslegenden aus der apokryphen Infantia Christi. Dann springt die Erzählung sogleich zur Passion über und handelt hier in der Tat vorwiegend „von Gott", d. h. von den sehr drastisch dargestellten Leiden Christi bis zum Pfingstwunder. Und hier kommt der geistliche Lehrer zum Wort im Stil einer erbaulich betrachtenden Exegese, der sich vom Stil des sachlichen Berichtes in den legendären Teilen des Werkes merklich abhebt, wieder ein Beispiel von der Macht des Gattungsstils. Aber der Dichter sucht doch auch in diesem Teile Maria immer in Blicknähe zu halten. Er kennt die Marienklage unter dem Kreuz, betont die Beteiligung Marias an den leid- und freudvollen Ereignissen des Todes, der Auferstehung, der Erscheinungen des Auferstandenen, der Himmelfahrt und des Pfingstgeschehens, und sucht zu erklären, warum die biblischen Berichte so wenig über Maria sagen.

Dem Marienbuch folgt als zweites das Apostelbuch, das den Legendenkreis um die biblischen Gestalten enthält, außer den eigentlichen Aposteln auch Paulus und Barnabas sowie den Täufer Johannes und Maria Magdalena, die beide als Verkünder Christi den Aposteln gleichgestellt werden. Da der Erzengel Michael auch einen Kalendertag hat, wird ihm ebenfalls ein Abschnitt gewidmet. Das letzte, bei weitem umfänglichste Buch erst ist eine eigentliche Legendensammlung, eine Serie von 75 Heiligenleben, nach dem Kalender angeordnet, beginnend mit der Adventszeit (Nicolaus, d. 6. Dezember), endend mit Katharina (25. November). Ein Lobgesang auf Gott in ungleichen lyrischen Strophen schließt das Buch und das Werk ab, und schon die Katharinenlegende ist durch den lyrischen Wechsel von knappen zweihebigen und vierhebigen Verszeilen in den inspirierten Reden der Heiligen als Abschluß des Werkes hervorgehoben und führt zu dem rhythmisch ähnlich gebauten Lobgesang hinüber. Das Gesamtwerk ist also eine Verbindung einer hierarchisch-historischen Ordnung der beiden ersten Bücher mit einer kalendarischen des dritten.

Als hauptsächlichste Quelle hat dem Dichter die Legenda aurea gedient. Er bietet eine Auswahl, ohne daß sich ein durchgehendes Auswahlprinzip feststellen ließe. Doch liebt er einerseits die großen Lehrer der Kirche – Gregor, Leo, Hieronymus, Augustin, Ambrosius – mit deren Werken er auch aus eigener Lektüre vertraut zu sein scheint, andererseits ist ihm das Mönchtum deutlich angelegen; von Benedikt zu Bernhard und weiter zu Franziskus und Dominicus sind die Ordensstifter mit ausführlichen Legenden vertreten. Und zu den beiden letzten als den Erneuerern des Ideals völliger Armut und barmherziger Demut tritt die heilige Elisabeth als lebendige Verkörperung dieses neuen Ideals, die Fürstin im Demutskleide.

Der Dichter des Passional erzählt mit derselben frommen Sachlichkeit und Anschaulichkeit wie der des Väterbuches. Die einzelnen heiligen

Gestalten erscheinen, soweit die Typologie der Legende es zuläßt, plastisch: der mutige Bekenner, der Reiche, der alles Gut hinter sich läßt, der weise Lehrer, der fromme Einsiedler. Zumal, wo hinter der Legende eine differenziertere Biographie steht, wie bei Augustinus oder Franziskus, gelingen sehr persönliche Lebensbilder. Die Kraßheit der Leiden wie der Wunder sind in dieser Welt ebenso sachliche Wirklichkeiten wie die Drachen, Riesen und Zauberschlösser im Aventiurenroman, und indem ein frommer und doch kraftvoller Sinn sich ihnen hingibt und sie ohne Exaltation und Sensationslust darstellt, erscheinen sie weder abscheulich noch lächerlich.

Mit derselben Sachlichkeit sind auch die bezaubernden Marienlegenden erzählt, die in naiver Unmittelbarkeit die unbegrenzte Hilfsbereitschaft der Mutter Gottes anschaulich machen. Für die ruhige Gläubigkeit dieses Mannes und seiner Zuhörer gibt es die Gefahr des Abgleitens ins Schwankhafte nicht, die in diesen Geschichten lauert. Wie einen Kranz flicht der Dichter die 25 Legenden zusammen, die er erzählt, indem jede mit der Zeile schließt: *des sî gelobet die kuningîn.* Auch er erzählt ganz unpathetisch die ernsthafte Geschichte vom Teufelsbündler Theophilus. Aber er erzählt ebenso ernsthaft auch die Geschichte von dem Dieb, der bei seinem schändlichen Gewerbe doch nie vergaß, zu Maria zu beten, und dem, als er gehängt wurde, Maria zu Hilfe kam, indem sie drei Tage lang ihre Hände unter seine Füße hielt, so daß die Schlinge sich nicht zuzog, und er endlich lebendig vom Galgen gelöst wurde. Oder er erzählt von der Witwe, deren Sohn gefangen lag, und die lange Zeit Maria vergebens um seine Befreiung angefleht hatte. Bis sie endlich vor das Bild Marias trat, ihr das Kind vom Schoß nahm und es so lange zu behalten drohte, bis ihr Sohn frei wäre, worauf denn Maria in der folgenden Nacht den Kerker erschloß, den Sohn befreite und ihr Kind zurückforderte. Sehr anmutige Züge findet diese vertrauende Gläubigkeit in der Geschichte, wie das Bild Marias ihr Kind von ihrem Schoß nimmt, auf den Altar setzt und demütig vor ihm hinkniend für einen schweren Sünder Gnade erfleht, bis das Kind nach langer Weigerung zustimmt: „liebe Mutter, komm und nimm mich wieder auf deinen Schoß", und rührend ist die Erzählung, wie aus dem Grabe eines einfältigen Mannes, der nie mehr lernen konnte als die beiden Worte Ave Maria, eine wunderbare Blume entsproß, auf deren Blättern diese beiden Worte in goldenen Buchstaben prangten.

Man hat früh die nahe Verwandtschaft von Väterbuch und Passional erkannt und für beide denselben Dichter vermutet. Mancherlei Beobachtungen von Wortgebrauch, Stil und religiöser Auffassung haben das immer wieder bestätigt. In der Tat ist dieselbe Frömmigkeitshaltung beiden Werken gemeinsam. Wie sie in den Vitas Patrum vorgebildet und von dem Dichter im Väterbuch lebendig nachempfunden war, so bestimmt sie auch die Legenden des Passional. Die mönchischen Tugenden Gehorsam, Armut und Keuschheit, die aus den Grundkräften der Demut und der Geduld erwachsen, sind hier wie dort die Wahrzeichen echten Christentums. Darum ist den Mönchsheiligen im Passional ein so großer Raum gewährt. In unaufdringlicher Sachlichkeit, ohne zelotischen Eifer und erzieherische Redseligkeit wird das Vorbild der Heiligen hingestellt, wirksam durch die Überzeugungskraft ihres Lebens und Handelns. Im Epilog des Väterbuches wird ausdrücklich ausgesprochen, daß die Geschichten *durch bezzerung* erzählt werden, damit sich die Leute *nach irem bilde* stellen, und das fromme Werk wird dort betont gegen ritterliche Torheit und Aventiure abgesetzt, wie sie „einst und jetzt, hie und da" getrieben worden ist, Formulierungen, die sie ins Unbedeutende verweisen. Der Dichter will ein Gegenwerk gegen die Romandichtung schaffen. Darum werden die Heiligen in beiden Gedichten immer wieder mit Ausdrücken der ritterlichen Dichtung als *ritter, helt, degen, wigant* bezeichnet, ihr Tun und Leiden mit der Terminologie des Krieges und des Turniers geschildert. Die *militia Christi* wird gegen die weltliche Ritterschaft gestellt. Beiden Werken gemeinsam ist auch eine kräftig gestaltende Auffassung bei beschränkter, ein wenig hölzerner formaler Begabung, die doch dank ihrer Bildung am klassischen Vers zu beachtlicher Leistung gelangt, deren Grenzen aber namentlich in den etwas dürren und klappernden Rhythmen der lyrischen Versuche am Ende der beiden Werke spürbar werden.

So können wir mit großer Zuversicht die beiden großen Legendenwerke demselben Dichter zuweisen. Wir dürfen ihn wirklich einen Dichter nennen, insofern er seinen Stoff aus innerer Notwendigkeit ergriffen und die Menschen, von denen er erzählt, aus innerer Anschauung begriffen hat, und insofern er dazu die Darstellungsgabe besaß, sie überzeugend, weil selbst überzeugt, im Gedicht lebendig werden zu lassen.

Seiner Sprache nach stammt der Dichter aus dem westlichen Mitteldeutschland, und seinen eigenen Angaben nach war er Priester. Er stand zweifellos zum Deutschen Orden in Beziehung; seine Werke haben in Stil und Wortschatz auf die spätere Ordensdichtung großen Einfluß gehabt. Die Zeit seines Dichtens wird durch die Hauptquelle des Passional, die Legenda aurea, bestimmt, die um 1270 in Italien verfaßt, schwerlich vor etwa 1280 in Deutschland bekannt geworden sein kann.

Die Reihenfolge und die Beziehung der beiden großen deutschen Legendenwerke untereinander ist nicht mehr sicher festzustellen. Wir neigen dazu, an ein Nebeneinander der Entstehung zu denken. Die deutliche Gliederung innerhalb des Väterbuches, von der oben die Rede war, könnte den Gedanken an Arbeitspausen nahelegen, und man könnte sich etwa vorstellen, daß der Dichter, nachdem er das Väterbuch bis zu jenem ersten Abschluß mit V. 11498 geführt hatte, das neue Legendenwerk des Italieners kennengelernt und einzelne Stücke daraus übertragen hat. Daneben mag er an seinem Väterbuch weitergedichtet und den Ertrag in dem zweiten, weit weniger disponierten Teil gesammelt haben, dem er auch passende Stücke, wie die Geschichte vom Löwen des Hieronymus, aus anderen Quellen einfügte. Endlich hat er, nachdem der Kalenderteil des Passional abgeschlossen vorlag und bei der kalendarischen Anordnung weitere Einzelstücke schwer einzuschieben waren, einige später bearbeitete Heiligenlegenden am Schluß des Väterbuches anhangsweise untergebracht und das Ganze mit dem wohl ursprünglich selbständigen Gedicht vom Jüngsten Gericht wirkungsvoll abgeschlossen. So etwa könnte es sich zugetragen haben. Um 1300 werden beide Werke fertig vorgelegen haben. Sie haben eine weitreichende Wirkung gehabt; einzelne Legenden, zumal die Marienlegenden, haben weitere Verbreitung gefunden, und spätere Legendensammlungen haben beide Legendare reichlich benutzt.

Ein Menschenalter später, um 1320/30, ist noch einmal ein deutsches Verslegendar in kalendarischer Anordnung entstanden, das Märtyrerbuch. Der Verfasser war ein schwäbischer Geistlicher, der als Anregerin eine Gräfin von Rosenberg nennt. Mehrere Adelsgeschlechter dieses Namens sind bekannt; am ersten kommt eine Angehörige jener Familie in Frage, die in Schwaben und Franken begütert war. Der Dichter, sofern man ihn so nennen darf, hat das Passional nicht gekannt. Er gibt an, seine Stoffe aus verschiedenen lateinischen Werken zusammengesucht zu haben. Wahrscheinlicher ist doch, daß ihm eine lateinische Legendensammlung zur Hand gewesen ist. Die Beziehungen, die zwischen dem Märtyrerbuch und der gewaltigen lateinischen Legendensammlung des ausgehenden 12. Jahrhunderts bestehen, die wir als Magnum Legendarium Austriacum bezeichnen, sind noch nicht geklärt. Verglichen mit dem Passional ist es seiner Auswahl nach in der Tat ein Märtyrerbuch. Weder die friedlichen Wüstenheiligen noch die späteren Anachoreten und Mönchsheiligen – Ägidius, Benedikt, Bernhard, Franziskus, Dominicus – sind zu finden. Den Dichter interessiert die Zeit der Christenverfolgungen und ihre blutige Ernte. Auch wo er in jüngere Zeit greift – König Oswald, Thomas von Canterbury – sind es Heilige, die für den Glauben den Tod erlitten haben. Selbst Maria, die in einer langen Marienklage zu Wort kommt, wird um ihres schmerzensreichen Lebens willen als Märtyrerin bezeichnet.

Wenn wir vom Passional kommen und die Legenden vergleichen, die in beiden Sammlungen vertreten sind, so spüren wir den gewaltigen Abstieg. Dort ein gestaltender Dichter, der noch aus der Tradition klassischer Dichtung lebt, hier ein trockener Nacherzähler ohne eigene Gestaltungskraft, der Stil und Vers nicht mehr meistert. Nicht zufällig hat man die Christherre-Chronik und Heinrich von München als seine Vorbilder festgestellt. Er schreibt Chronistenstil, dem der Vers nur noch tote Tradition war; dichten hieß für diesen Mann nur noch Reime finden. Auch hier wieder sind wir an der Grenze angelangt, wo die Nachwirkung der großen Dichtung der Stauferzeit erlischt. Wie die große Reimchronik eine Form der Nachklassik ist, die seit der Mitte des 14. Jahrhunderts keine wirkliche Nachfolge mehr gehabt hat, so auch das umfängliche Legendar. Es verlangt eine Gemeinschaft oder einen Mäzen, die, des Lateins unkundig, durch deutsche Vorlesung an dem Gange des Jahres durch die Feste der Heiligen teilhaben wollen und die dabei noch in der Tradition adliger Dichtung stehen: der Ritterorden dort, die vornehme, begüterte Dame hier. Das hört seit der Mitte des 14. Jahrhunderts auf.

Denn das lückenhaft bewahrte, bisher nur auszugsweise veröffentlichte Gedicht, das sich Der maget kr ône nennt (heute als Cod. germ. 5264 in der Münchener Staatsbibliothek) ist, auch wenn wir an der alten Datierung auf Mitte des 14. Jahrhunderts festhalten, kein Legendar mehr, sondern ein preisendes Marienleben, um das wie ein schmückender Kranz das Leben und Leiden von zehn heiligen Jungfrauen geflochten ist. Das Legendar geht zur Prosa über. Nicht lange nach dem Märtyrerbuch hat Hermann von Fritzlar sein Heiligenleben zusammengestellt, und es sind bezeichnend genug Heiligenpredigten, die er sammelt oder auf denen er aufbaut. Es ist ein Hilfsmittel religiöser Volkserziehung. Etwa gleichzeitig entstand eine Prosaübersetzung der Legenda aurea im Elsaß in einer wenig gewandten Sprache. Als aber um 1400 auf der Grundlage älterer deutscher Legendendichtung ein neues großes Legendar geschaffen wurde, das wir nach dem ältesten Druck (Augsburg 1471) Der Heiligen Leben zu nennen pflegen und das in Handschriften und Drucken weiteste Verbreitung fand, da war deutsche Prosa bereits zu einer anerkannten und erzogenen Form literarischer Darbietung geworden.

7. EINZELNE HEILIGENLEGENDEN

Die großen Legendare sind eine fest umrissene literarische Erscheinung, in wissenschaftlichen Publikationen zugänglich und von der Forschung vielfach beachtet. Dasselbe gilt nicht von den zahlreichen Einzellegenden, die neben ihnen gedichtet wurden. Sie gehören der anspruchslosen Kleinliteratur an wie der Schwank und die unterhaltsame Novelle, nach Ort, Zeit und Dichter meist ungreifbar, zufällig in ihrer Aufzeichnung und Bewahrung. Auch die Einzellegende geht seit der Mitte des 14. Jahrhunderts zur Prosa über. Verse werden in Prosa aufgelöst, neue Prosabearbeitungen entstehen in bisher nicht übersehbarer Fülle. Aber die Verslegende behauptet sich daneben. Sie wird abgeschrieben, umgedichtet, in jüngere Sprachformen und andere Mundarten umgesetzt bis in die Zeit des Buchdrucks hinein. Wo einmal ein bedeutender Dichtername bekannt ist, wie bei den Legenden Konrads von Würzburg, fanden sie als Teile seines Gesamtwerkes Beachtung in der wissenschaftlichen Forschung. Sonst sind wir auf den Zufall weit verstreuter, schwer zugänglicher und oft unzulänglicher Publikationen angewiesen, und vieles ruht noch in den Handschriften. Es mag die Fülle des Vorhandenen illustrieren, daß schon 1843 Maßmann acht gereimte deutsche Alexiuslegenden, Lambel in seiner Ausgabe einer umfänglichen mitteldeutschen Katharinenlegende acht weitere Behandlungen der Legende aus dem 13. und 14. Jahrhundert kannte, und daß eine jüngere Arbeit über die Margarethenlegenden über 20 lateinische und deutsche Texte zusammengetragen hat. Im ganzen zeigt es sich, daß wir es mit dichterisch anspruchslosen Kleinwerken zu tun haben, die nur als Gattung und Typus Bedeutung haben, als geistige und literarische Nahrung neuer, breiter Schichten und als Zeugen einer Frömmigkeitshaltung, wovon grundsätzlich schon die Rede war. Wie im Kult der Heiligen so erfüllt sich auch in der Dichtung von ihnen das religiöse Bedürfnis im Einzelnen, Nahen und Handgreiflichen. Der Überschwang an Wundern, Leiden und Greueln wird begierig aufgenommen, der krasse Gegensatz von Gut und Böse verlangt keine psychologische Begründung, der Triumph des Guten in Leid und Tod, einst im heroischen Liede die Bewährung einer autonomen sittlichen Persönlichkeit, erhält aus der Gotterfülltheit religiösen Heldentums einen neuen Sinn. Die Legendendichtung wird selbst zum gottgefälligen Werk, wie man aus den Legenden Konrads von Würzburg sieht, die, auf Bestellung wohlhabender Basler Bürger oder Geistlicher gedichtet, eine Stiftung zu Ehren des Heiligen sind gleich einem Altarbild oder einem Reliquiar.

Formal stehen diese Verslegenden des 13. und 14. Jahrhunderts naturgemäß noch stark im Strahlungsbereich der klassischen Epik; wie die großen Legendare, Väterbuch und Passional, so verwenden auch zahlreiche Einzellegenden die klassischen Stilmittel und sind an dem flüssigen Vers der Klassik geschult. Doch sind stilkritische Methoden und darauf gegründete zeitliche Festlegungen bei dieser Art Literatur nur mit großer Vorsicht verwendbar. Es gibt Verslegenden von ungeschlachter rhythmischer Form und primitiver Reimtechnik, und man ist zu leicht geneigt, sie auf Grund solcher Stilmerkmale in vorhöfische Zeit zurückzudatieren.

Eine Margarethenlegende aus einer österreichischen Handschrift des 15. Jahrhunderts mit allen Zeichen mundartlicher Lässigkeit und später Verwilderung gilt als ein frühes Werk, seit Moriz Haupt sie mit geradezu genialer Textkritik in die Formen des 12. Jahrhunderts umgegossen hat. Aber im Text wird die erst 1235 kanonisierte heilige Elisabeth erwähnt, und man muß die Stelle als späteren Einschub ausscheiden, um die frühe Datierung zu ermöglichen. Das sollte man nicht ohne Not tun. Ähnlich steht es um eine Christophoruslegende aus zwei späten österreichischen Handschriften, die Wilhelm Grimm aus ähnlichen stilistischen Gründen dem 12. Jahrhundert zuweisen wollte. Hier kommt zu der freien Form und dem unreinen Reim noch die ganz unkonventionelle, volkstümlich episierende Art der Stoffbehandlung, die an die Legendenromane von Oswald und von Orendel denken läßt. Die frühe Datierung – die ja auch für den Oswald und namentlich den Orendel immer zweifelhafter wird – ist für den Christophorus längst aufgegeben. Aber es fragt sich, ob man deswegen gleich ins 15. Jahrhundert gehen muß, wie die jüngste Behandlung des Gedichtes es tut.

Diese und andere Beispiele formaler und stilistischer Freiheit sollten nachdenklich machen. Wir müssen mit der Möglichkeit rechnen, daß ältere, freiere und einfachere Formen neben und abseits der strengen Formzucht, der höfischen Dichtung weitergelebt haben, nicht nur im niederdeutschen Bereich, wo niemand sie leugnen kann, sondern auch im oberdeutschen. Man wird auch im 13. Jahrhundert mit einer literarischen Unterströmung namentlich in Stücken des mündlichen Vortrags rechnen müssen, die eine ununterbrochene Verbindung zwischen den freien Formen des 12. Jahrhunderts und denen des 14. und 15. Jahrhunderts herstellt. Ich könnte mir denken, daß die heroischen Stoffe, die z. B. der Marner in seiner Programmstrophe (XV, 14) anbietet, die freieren Formen des 12. Jahrhunderts bewahrt haben, und daß die Christophoruslegende formal und stilistisch aus solcher Tradition gelernt hat. Gerade kirchlich-klösterliche Gebrauchsliteratur mit ihrem ausgesprochen stofflichen Interesse, wie die eben genannten Legenden oder wie das Gedicht von den Zeichen des Gerichtes (vgl. S. 566f.) und die Vrône botschaft (vgl. S. 559f.) mag von der verfeinerten Formkultur der gebildeten ritterlichen Oberschicht unberührt geblieben sein und sich an Formvorbilder der geistlichen Dichtung des 12. Jahrhunderts angelehnt haben, die ja in den Klöstern weiter abgeschrieben und gelesen wurde.

Doch auch dort, wo die Formgesetze der höfischen Zeit gültig sind, helfen stilkritische Untersuchungen wenig zu genauerer Zeitbestimmung. Es bleibt die weite Zeitspanne von den ersten Jahrzehnten des 13. Jahrhunderts bis zur Mitte des 14. Jahrhunderts, in der Dichtungen von einer ebenen, höfisch bestimmten Form- und Stilhaltung entstanden sein können.

Wieder ist es eine Margarethenlegende, die dafür ein lebendiges Beispiel liefert. In einer Konstanzer Handschrift aus der Zeit um 1400 ist eine Margarethenlegende enthalten, als deren Verfasser sich Wetzel von Bernau nennt. Nun erwähnt Rudolf von Ems in dem Literaturexkurs seines Alexanderromans um 1235 seinen *vriunt her Wetzel* als den Verfasser einer Margarethenlegende; hier haben wir also die Möglichkeit einer festen, frühen Datierung. Es ist ein anspruchsloses, stilistisch farbloses Gedicht; Rudolfs Erwähnung dieses Mannes im Kreise vorbildhafter Dichter wird mehr dem Freunde als dem Dichter gelten. Wenn wir Rudolfs Zeugnis nicht besäßen, würde nichts hindern, das Werklein um 100 Jahre später zu datieren. Auch hier stellt sich eine Christophoruslegende daneben, die in einer Prager Handschrift des 15. Jahrhunderts überliefert ist. Sie wird durch die Bezeichnung von Palermo als Residenz des Kaisers auf die Zeit Friedrichs II. festgelegt, und die Erwähnung seines guten Verhältnisses zum Papst läßt die genauere Datierung auf die Zeit zwischen 1220 und spätestens 1239 zu. Stil und Form der flüssigen Erzählung fügen sich dieser Datierung gut. Doch auch hier wäre ohne solche festen Anhaltspunkte ebensogut das Ende des 13. Jahrhunderts als Entstehungszeit möglich. Bei den meisten Verslegenden indessen fehlen solche sachlichen Anhaltspunkte, und der Stil allein entscheidet nichts.

Es gibt nur einen Fall, wo vom Stil her eine gültige Aussage gemacht werden kann. Die letzte große Erneuerung des höfischen Stils durch Konrad von Würzburg ist in der Legendendichtung wie in der Novellendichtung sofort spürbar, wenn ein Dichter in Konrads Schule gegangen ist. Wir haben ihn als den großen Könner kennengelernt, dessen virtuose Beherrschung und Weiterbildung aller höfischen Stilelemente die Dichtung der nächsten zwei Generationen in den Bann seiner Formkultur zog. Form wurde durch ihn noch einmal ein absoluter künstlerischer Wert, der gleichmäßig auf alle Stoffe und Gattungen anwendbar war. Seine drei in Basel gedichteten Legenden haben uns eine Anschauung gegeben, wie Legendendichtung im Stil Konrads aussieht. Sie erreichen durch die rein stilistische Ausschmückung eine buchmäßige Breite; die große Disputationsszene der Silvesterlegende umspannt mit ihrem ausführlichen und theologisch gegründeten Redewechsel an 2500 Verszeilen, ohne in ihrer Mannigfaltigkeit und Lebhaftigkeit ermüdend zu wirken. Und auch die beiden anderen Legenden, der Alexius und der Pantaleon, die weniger Anlaß zu breiter Szenen- und Redeentfaltung boten, streben nach der stilistischen Breite des Buches.

Konrad hat darin Nachfolge gefunden. Eine Legende vom heiligen Nikolaus, von der umfängliche Bruchstücke einer Handschrift des ausgehenden 13. Jahrhunderts erhalten sind, konnte Karl Bartsch auf Grund stilistischer Merkmale als ein Jugendgedicht Konrads von Würzburg auffassen und herausgeben. Doch ist sie wohl einem mitteldeutschen Konrad-Schüler zuzuschreiben, der die knappe Legende stilistisch zu einem Werk von schätzungsweise 4500 Versen aufzuschwellen verstand. Ebenso liebt eine bruchstückhaft erhaltene Dorotheenlegende des 14. Jahrhunderts den wortreichen, leicht geblümten Stil des späten Konrad von Würzburg. Auch sie scheint es, sanft und anmutig hinschreitend, auf zwei- bis dreitausend Verse gebracht zu haben, ohne den Stoff zu vermehren.

Wir holen zunächst etwas Versäumtes nach, wenn wir eine umfängliche Behandlung der Legende von Barlaam und Josaphat hier einrücken. Dieser alten Anachoretenlegende sind wir schon unter den Werken des Rudolf von Ems (vgl. Bd. II, S. 180f.) begegnet. Der Laubacher Barlaam, so nach dem Fundort der Handschrift bezeichnet, sollte besser nach seinem Dichter, Bischof Otto (II.) von Freising, benannt werden. Das Gedicht liegt zeitlich noch vor Rudolfs Werk; Otto II. von Freising, ein namhafter Träger der staufischen Politik, ist 1220 gestorben. Er hat sein Werk anonym herausgegeben; erst ein rühmender Epilog von anderer Hand, der aber noch zu Lebzeiten des Bischofs geschrieben wurde, nennt uns seinen Namen. Damit wird die Entstehungszeit bis in die Periode der klassischen staufischen Dichtung hinaufgerückt.

Merkmale der Form, Verwendung leichter Reimunreinheiten bei Beachtung klassischer Ansprüche in der Metrik könnten sogar an die letzten Jahrzehnte des 12. Jahrhunderts, an Nachbarschaft etwa zu Priester
Wernhers Marienleben und zum Herzog Ernst denken lassen.
Die Legende, eine Verchristlichung der alten indischen Buddha-
legende, ist im 6. Jahrhundert angeblich von Johannes Damascenus
griechisch verfaßt worden. Sie atmet den Geist der alten Mönchs-
legenden der Vitas Patrum und ist auch von Otto in diesem Sinne aufgefaßt worden. Barlaam, der Bekehrer des Fürstensohnes Josaphat, ist
als Wüstenheiliger stilisiert, und mehrfach wird auf den hl. Antonius
als Prototyp dieses asketisch-eremitischen Daseins Bezug genommen.
Der erzählerische Inhalt ist einfach: der heidnische indische Fürstensohn
Josaphat, in fürstlicher Pracht und fern von allen Härten der Welt erzogen, wird von Unruhe ergriffen, als er die Vergänglichkeit des Irdischen gewahrt, und öffnet Ohr und Herz den Lehren des Mönches
Barlaam. Er behauptet gegen Anfechtungen und Versuchungen seinen
Glauben und seine Reinheit, und nachdem er sein Reich und zuletzt auch
seinen heidnischen Vater dem wahren Glauben gewonnen hat, zieht er
sich ins Eremitendasein bei seinem geistlichen Vater Barlaam zurück.
Den großen Umfang gewinnt schon die lateinische Barlaamlegende des
12. Jahrhunderts, der Otto genau folgt, durch die breiten Lehrgespräche,
die überall entfaltet werden. Allein die lange Katechese Josaphats durch
Barlaam im Stil des Lehrer-Schüler-Gesprächs und die anschließende
Taufbelehrung beanspruchen rund 6000 der 16500 Verse des Gedichtes,
und Disputationsszenen mit Vertretern des Heidentums, breite Ansprachen Josaphats an seinen Vater und an sein Volk, umfängliche Gebete geben weiteren Anlaß zu Lehre und erbaulicher Betrachtung. Sachlich am interessantesten sind die langen Auseinandersetzungen über die
verschiedenen heidnischen Religionen, den Elementar- und Sternen-
glauben der Chaldäer, den Anthropomorphismus der Griechen, den
Tier- und Pflanzenkult der Ägypter (V. 10879 ff.) und die Entwicklung
der euhemeristischen Lehre (V. 13602 ff.), den Grundlagen, auf denen die
Vorstellungen des Mittelalters vom heidnischen Glauben beruhen.
Diese lehrhaften Gehalte der alten Erzählung waren es, die den Bischof
vor allem gereizt haben, und die er in aller Breite entwickelt hat. Anschließend sei erwähnt, daß sich außerdem noch ein kleines Bruchstück
einer dritten Bearbeitung der Legende aus dem späten 13. Jahrhundert
in einer Handschrift der Züricher Wasserkirchbibliothek erhalten hat.
Sie war offensichtlich knapper und sachlicher gehalten als das Werk des
Freisinger Bischofs.

Nur kurz braucht die Stephanuslegende erwähnt zu werden, als deren Dichter
in der späten und schlechten Handschrift Havich der Kölner, Dienstmann zu St. Stefan
in Passau genannt wird. Während der Herausgeber darin eine Verlesung aus Hartwich

der Kelner vermutete und auf einen Passauer *cellerarius, scholasticus* und *physicus* dieses Namens verwies, der 1285 gestorben ist, wird man mit Edward Schröder vielmehr Hauch (d. h. Hug) zu lesen haben, wodurch auch der Datierung freier Spielraum gegeben ist. Die Legende des Protomartyr, des ersten Märtyrers nach Christi Tode, ist auch im Passional enthalten. Sie berichtet über Leben und Tod des Stephanus kaum mehr, als was die Apostelgeschichte Kap. 6–7 dafür bietet. Der Hauptteil der Legende ist der Translation seiner Gebeine nach Rom, seiner Beisetzung im Grabe des Laurentius und seinen Wundern gewidmet. Havich füllt seinen Bericht über Stephans Leben und Tod mit unklaren Reminiszenzen aus den Legenden des Nicodemus und des Joseph von Arimathia, aus der Veronika-Tiberius-Legende und aus den biblischen Erzählungen vom ungläubigen Thomas und von Christi Himmelfahrt auf. Er legt Stephanus umfängliche Bekenntnisreden vor dem Rat der Juden in den Mund und berichtet Wunder an seinem Grabe. Havich hat für seine Legende gute alte Quellen besessen, die von den Fassungen der Legenda aurea und des Passional abweichen. Als dichterische Leistung ist Havichs Werk sehr gering, trotz reichlicher Anleihen bei der klassischen Dichtung dürftig in der Form, ungeschickt in der Darstellung, eine Zweckreimerei, die ebensowohl erst einer späteren Zeit angehören könnte.

War hier buchmäßige Breite durch die Art des Erzählens erreicht, so schließen wir nun einige umfängliche Buchlegenden an, die in anderer Weise ein individuelles Interesse haben. Die bis dahin in Deutschland kaum bekannte Heilige Martina wurde zum Gegenstand einer kompendiösen Dichtung, als deren Verfasser sich Hugo von Langenstein nennt. Sie hat ihre Eigenart darin, daß Hugo die Methode der allegorischen Interpretation, die für die Bibel ausgebildet war, auf eine Legende angewendet hat. Hugo von Langenstein ist der Sproß eines im Bodenseegebiet begüterten Adelsgeschlechtes. Sein Vater Arnold trat 1272 mit seinen vier Söhnen dem Deutschen Orden bei und schenkte ihm seinen gesamten Besitz, darunter die reiche Insel Mainau. Hugo war geistlich gebildet; er erscheint zuletzt 1298 als Priester in Freiburg im Breisgau. Die Martinalegende dichtete er auf Wunsch einer Dominikanernonne, die ihm nach langem Suchen die Quelle in einem Martyrologium nachwies. Er datiert sein Werk auf das Jahr 1293.

Als Stoff bietet die Legende nichts Ungewöhnliches. Martina ist eine jener vielen heroischen Jungfrauen, die unter zahlreichen Martern standhaft ihre Jungfräulichkeit und ihren Glauben bewahren und nach mancherlei Wundern und Bekehrungen den Märtyrertod erleiden. Ihre Geschichte ließe sich in ein paar hundert Versen abhandeln. Hugo macht daraus einen Koloß von 33 000 Versen. Eines seiner Mittel ist die gewaltige Redseligkeit seines Stils. Um den Höllenstank zu veranschaulichen, zählt er in 49 Versen (64, 9 ff.) priamelhaft alle möglichen Aromata auf, die es in der Hölle nicht gibt, um sie dann zusammenzufassen: alle überhaupt denkbaren Wohlgerüche gibt es dort nicht, und um endlich positiv Pech und Schwefel als die Höllenrüche zu nennen. Oder um den Wert der sechsten Tugendblume, der Weisheit, zu charakterisieren, gibt Hugo (44, 22 ff.) eine lange Schilderung des Winters und seiner Unbilden, ausgehend von der Topik höfischer Wintermerkmale, aber fortschreitend zu einer Realistik winterlichen Ungemachs, die ihn als einen Dichter von nicht geringer Anschauungskraft erweist. Er spricht davon, wie Kinder und alte Leute frieren müssen, wie der kalte Wind den Schnee ins Gesicht treibt, wie die Hirsche Spuren im Schnee hinterlassen, sodaß der Jäger sie leicht aufspüren kann, und er weiß und legt dar, wie uns erst aus dem Kontrast zu den Unbilden des Winters die Sommerfreude voll bewußt wird. Und erst damit kommt er zu dem Vergleichspunkt: so schön ist die Tugendblume wie ein *meienris* nach kalter Winterzeit.

Eine ähnliche realistische Durchbrechung der höfischen Zeichensprache treffen wir in der Aufzählung der Blumen, die Martinas Tugendblumen nicht gleich kommen (27, 1 ff.). Beginnend mit Rose, Lilie und Zeitlose, die auch in der höfischen Lyrik blühen, gelangen wir schließlich zu Hahnenfuß, Fenchel und Dill. Hugo liebt breit ausgeführte Bilder und Vergleiche, die zu ganzen Reihen von untereinander nicht zusammenhängenden Metaphern geschwellt werden können. Er dehnt Reden, Monologe, Gebete wortreich, aber flüssig und oft eindrücklich in die Länge und beherrscht die Stilkünste der geblümten Rede, so wenn sich in einer Anrede Gottes an Martina (77, 85 ff.) die Antithese

du mîn gemahel unde brût,
ich dîn friedel und dîn trût

in fünfzehnmaliger Variation durch 30 Zeilen fortspinnt, oder wenn sich 89, 70 ff. über 70 Zeilen hin das Wort *minne* 35 mal wiederholt. Wir erkennen Hugo als Schüler des späten Konrad von Würzburg, den er bei seinen nachweislichen Beziehungen zum Ordenshaus Beuggen bei Basel persönlich gekannt haben könnte. Er übertrifft den Meister noch in der Kunst, gewaltige Arabesken und Girlanden aus Worten zu flechten. Wir dürfen solches Übermaß der Rede nicht als bloße Geschwätzigkeit abtun. Es ist eine Form der Verehrung. Wie ein Reliquienschrein mit Dutzenden von Figuren ausgestattet, mit Zieraten aller Art geschmückt wird, um das Heilige würdig zu umschließen, so wird hier ein pomphaftes Wort- und Versgeflecht um die Gestalt der Heiligen gesponnen, um ihr zu huldigen.

Doch wäre mit noch so exzessiver sprachlicher Ornamentik der mächtige Umfang des Werkes nicht erreichbar gewesen. Es ist wie gesagt zugleich ein Werk theologisch-allegorischer Exegese. Jeder Anlaß wird benutzt, um von einem Stichwort aus in der assoziativen Denkform des Mittelalters sachlich nicht zugehörigen Stoff einzubeziehen oder allegorische Auslegungen anzuknüpfen. Aus den Wunden Martinas fließt in wunderbarer Weise Milch statt Blut, und in diesem Zusammenhang fällt das Stichwort: Quelle. Es ist Anlaß genug, um in mehreren hundert

Versen die Möglichkeiten allegorischer Bedeutung von „Quelle" darzulegen. Oder an einer Stelle wird das Wort zitiert: seid klug wie die
Schlangen, woran sich eine kleine Abhandlung über die fünf Klugheiten
der Schlange knüpft. An einer dritten Stelle fällt das Stichwort Panther,
und der Weg zur allegorischen Naturwissenschaft des Physiologus ist
offen. Er führt über die Gleichung Panther = Christus zu einem ganzen
Kursus der Leidens- und Erlösungsgeschichte Christi. Solche „Exkurse"
können zu ganzen Büchern eigenen Gehaltes von mehreren tausend
Versen aufschwellen. An Martinas Kleider wird die übliche allegorische
Auslegung jedes Kleidungsstückes auf Tugenden geknüpft. Nicht genug
damit – der Kranz auf Martinas Haupt gibt erneuten Anlaß, die bekannte
Blumenallegorie einzuführen. Und in den mehrstöckigen Assoziations-
gebäuden führt die fünfte Blume, der Gehorsam, zu Christi Gehorsam
und damit zur Einfügung einer Erlösungsgeschichte von rund 2000 Versen mit Bernhardzitaten und Bernhardischer Einfühlsamkeit. So entfaltet sich eine allegorische Tugendlehre von nahezu 5000 Versen, ehe
Hugo zum Thema der Legende zurückfindet. Ähnlich ruft an anderer
Stelle die grausame Verblendung des bösen Kaisers Alexander die
drohende Vorstellung des Jüngsten Gerichtes herauf, und aus ihr entwickelt sich ein eigener Traktat über die letzten Dinge, der wiederum
mehrere tausend Verse beansprucht. So wächst Hugos Riesenwerk
heran, formal an die gelehrte Glosse anknüpfend, aber nicht eigentlich
als Belehrung gemeint. Vielmehr legt Hugo die Fülle seiner Gelehrsamkeit der verehrten Heiligen als Devotion zu Füßen. Wie der Prunk des
Stils wird die Fülle der moralischen und dogmatischen Gelehrsamkeit
aufgeboten, um die Heilige zu schmücken und zu erheben, ein ins
Gigantische getriebenes „goldenes Geschmeide" Konradischen Stils,
unter dem die bescheidene Figur der jungfräulichen Märtyrerin, die einfache Vita, völlig erdrückt wird. Auch dieses seltsame Werk ist eine
Dichtung aus dem Kreise des Deutschen Ordens, und Hugo ist ein Zeitgenosse des Dichters von Väterbuch und Passional. Wieder stehen wir
vor der Spannweite spätmittelalterlicher Geistigkeit in der völligen Verschiedenheit, mit der ein frommer Sinn sich kundtun kann. Beim Dichter
des Väterbuchs eine schlichte Sachlichkeit, die fromme Gestalten und
ihre Geschichten von innen her nacherlebt und nacherzählt, bei Hugo
der höchste intellektuelle Aufwand von Kunstfertigkeit und Gelehrsamkeit, um eine schlichte Heilige von außen her prunkvoll zu um-
kleiden.

Abermals in einen neuen Bezirk spätmittelalterlicher Frömmigkeit
treten wir ein mit der Elisabethlegende, die ein mitteldeutscher
Dichter bald nach 1300 verfaßt hat. Die heilige Elisabeth gehört nicht
in das heroische Zeitalter des Christentums, die Zeit der Mönchsväter
und Märtyrer. Im Jahre 1207 als Tochter des Ungarnkönigs Andreas

geboren, als Kind dem jungen Landgrafen Ludwig von Thüringen vermählt, der auf dem Kreuzzug Friedrichs II. 1227 zugrunde ging, 1231
gestorben, gehört sie selber in die aufgewühlte Frömmigkeitsbewegung
des 13. Jahrhunderts hinein. Neben dem hl. Franziskus, dem reichen
Kaufmannssohn, der die Armut zu seiner *frouwe* wählte, steht die junge,
zarte Fürstin, die allen Glanz der Welt hinter sich ließ, um in letzter
Selbstentäußerung ihr Leben dem demütigen Dienst an den „Gottes-
kindern", den Armen, Kranken und Elenden zu weihen. Sie geht nicht
ins Kloster wie fürstliche Frauen früherer Zeit, sie gründet keinen neuen
Orden, sie überwindet auch die Lockung zum Eremitendasein, um tätig
und helfend in der Welt zu bleiben, und unterwirft sich in widerspruchs-
losem Gehorsam der harten Hand ihres ihr vom Papst gestellten Zuchtmeisters, des Ketzerrichters Konrad von Marburg, selbst da, wo er ihr
das Übermaß barmherziger Selbstverschwendung untersagt. Es ist eine
neue, private Form religiöser Lebensgestaltung, ein Ich, das sich gegen
die Widerstände der Welt durchsetzen und nach seiner eigensten Sehnsucht erfüllen will. Ihre Versenkung in Gott ist nicht mystisch. Ihre
visionären Erlebnisse sind durchschnittlich und für ihr Wesen nicht entscheidend; ihr fehlt die gestaltende Kraft, die solche Erlebnisart fordert.
Ihre religiöse Form ist die Nachfolge Christi in der Compassio. Artver-
wandt mit Franziskus und darin Ausdruck der Zeit, die für ihren religiösen Drang in der institutionellen Ordnung der Kirche keine Er-
füllungsmöglichkeit mehr fand, ist sie doch von ganz eigener Prägung.
Ihr fehlt die stille Würde des Poveretto, die Größe seiner die ganze
Kreatur umfassenden Liebeskraft. Ihre Hingabe ist weiblich; sie ist Verschwendung ihrer selbst in einer Mildtätigkeit, die kein Maß und keine
Grenzen kennt, und in der Selbsterniedrigung ihrer persönlichen Lebensführung, zumal in der Pflege ekelerregender, von der Gemeinschaft aus-
gestoßener Kranker, die sie bis zur Ekstase betreibt.

Dieses früh vollendete Leben, das Bild der Fürstin im frei gewählten Bettlerkleide,
hat in seinem Kontrast die Phantasie der Zeit wie kein zweites beschäftigt. Von der
höfischen Welt, ihrer Schwiegermutter Sophie, der Gemahlin des großen Landgrafen
Hermann, ihrem Schwager, dem ehrgeizigen Heinrich Raspe, verachtet und verstoßen,
von den Frommen im Lande bewundert und verehrt, wurde sie alsbald nach ihrem
Tode als Heilige betrachtet und schon 1235 kanonisiert. Die Kanonisationsakten
bewahrten viele Einzelheiten ihres privaten Lebens, die Landesgeschichte hielt das
Andenken an sie als Gattin des Landgrafen Ludwig fest. Auf so authentischer Grundlage verfaßte der Dominikaner Dietrich von Apolda 1289 die lateinische Vita
der Heiligen, die zu einer Quelle der deutschen Elisabethlegende wurde.

Der Verfasser der deutschen Verslegende ist unbekannt; jedenfalls ist
dieser dichterisch recht armselige Mann nicht, wie man früher meinte,
derselbe, der die weit bedeutendere „Erlösung"(vgl. S. 501f.) verfaßt hat.
Als Dichtwerk ist diese weitschweifig dahinplätschernde Nacherzählung der lateinischen Vita mit einem Zusatz erbaulicher Betrachtung

wenig beachtlich. Aber sie ist als Typus von Interesse, weil sie die Umwandlung des historischen Stoffes in Legende aufschlußreich illustriert. Dank des reichlichen Materials aus einer nahen Vergangenheit haben Vita und Gedicht noch das Gepräge einer echten Biographie mit anschaulichen, unmittelbar lebendigen Einzelheiten aus der Lebensführung der Heiligen. Aber man sieht, wie diese Realitäten in den Typus Legende einstilisiert werden. So wird etwa die Vertreibung Elisabeths von der Wartburg und ihr elendes Dasein in Eisenach als Verfolgung der Gottesbraut durch die Großen der Welt an den Typus der Märtyrerlegende herangerückt, und von Elisabeth selber wird diese Verfolgung als Nachleben der Leiden Christi empfunden. Oder das geduldige Ertragen der Schläge ihres Zuchtmeisters Konrad wird mit der Geduld des gegeißelten Christus in Parallele gesetzt. Am bezeichnendsten für diesen Formungsvorgang ist die Einbeziehung des sagenhaften Wartburgkrieges in die Legende, nicht als ein höfisches Ereignis, sondern als die Gelegenheit, bei der der ungarische Zauberer Klingsor die Geburt Elisabeths in den Sternen liest. So wird die Geburt der künftigen Heiligen mit einem Schimmer des Wunderbaren umgeben und auch darin zur Nachfolge Christi: der Magier liest ihre Geburt in den Sternen.

Elisabeth wird ein Prototyp: die Fürstin, die, ohne Nonne zu werden, ein Leben asketischer Armut wählt. Aber keine andere erreicht ihre Popularität. Hedwig, eine Schwester von Elisabeths Mutter, wird Gemahlin Herzog Heinrichs I. von Schlesien; sie stirbt 1243 und wird 1247 kanonisiert. Doch ihr Kult bleibt auf Schlesien und Polen beschränkt. Noch weniger hat sich die ungarische Königstochter Margaretha (gest. 1271) durchsetzen können. Von beiden gibt es keine deutschen Legenden vor dem 15. Jahrhundert.

Hier reiht sich eine entsprechende, legendär stilisierte Lebensbeschreibung einer Dame aus vornehmem Hause ein, die es nicht zur Heiligsprechung gebracht hat: das Leben der Gräfin Iolande von Vianden des Bruder Hermann. Iolande ist etwa 1230 geboren, das Kind eines der großen Adelshäuser in Luxemburg, die tief nach Frankreich hinein versippt und begütert waren. Ihre Großmutter, deren Namen sie trägt, war Iolande von Hennegau, vermählt mit Peter von Courtenay, Kaiser des lateinischen Kaisertums in Byzanz. Von Kind an ist in ihr die Sehnsucht nach dem Leben im Kloster als Braut Christi lebendig und bricht, nach einer kurzen Periode der Weltfreude in ihrer ersten Mädchenzeit, bei einem Gespräch mit dem Trierer Dominikanerprior Walther von Meisenburg unwiderstehlich wieder durch. Sie will in den jungen Dominikanerorden eintreten und wählt sich das eben erst gegründete Kloster Marienthal als geistliche Heimstatt. Sie findet den erbitterten Widerstand ihrer Familie, zumal ihrer weltstolzen Mutter, die nicht nur ihre weltliche Verwandtschaft, sondern auch geistliche Herren und Damen aufbietet, um Iolande umzustimmen. Denn schwer erträglich ist es für hochadliges Denken, daß die Tochter aus großer Familie nicht wenigstens einen der alten Orden und ein renommiertes adliges Kloster wählt, sondern den demokratischen neuen Orden und ein unbedeutendes Kloster ohne Tradition. Die Zisterzienser bemühen sich, von der Familie begünstigt, das vornehme Mädchen für sich zu gewinnen; ein Stück intriganter Ordenseifersucht wird dahinter sichtbar. Doch Iolande bleibt fest, wie Elisabeth ihres persönlichen Frömmigkeitsbedürfnisses gewiß. Das junge Mädchen setzt seinen Willen gegen alle Widerstände durch: gegen den Vater, der die Lieblingstochter nicht hergeben will, gegen die Mutter, die eine Eheverbindung anbahnt, gegen die hohen Prälaten der Verwandtschaft, und gelangt im Jahre 1248 ans Ziel ihrer Wünsche. Sie wird Nonne in Marienthal, steigt 1258 zur Würde der Priorin auf und stirbt, viel verehrt, im Jahre 1283.

Dieses Leben hat ein Bruder Hermann in Versen erzählt. Wir werden ihn zuversichtlich mit einem Dominikanerpriester Hermann gleichsetzen, der zu Marienthal und zu Iolande in enger Beziehung stand und der im Auftrag Iolandes eine uns verlorene Versübersetzung der Dominikanerregel gedichtet hat. Bald nach dem Tode der verehrten Priorin wird er ihre Vita zusammengestellt haben.

Sie ist nur durch eine sorgfältige Abschrift des 17. Jahrhunderts nach einem heute verlorenen Pergamentkodex aus Marienthal auf uns gekommen. Mit Iolandes Eintritt ins Kloster bricht sie unvermittelt ab, weil die Handschrift schon damals verstümmelt war. Der Abschreiber, der Jesuit Alexander Wiltheim, hat auch eine lateinische Vita Iolandes verfaßt und drucken lassen (Antwerpen 1674). Er spricht darin von den *miracula Yolandae*, und in der Titelangabe seiner Abschrift der deutschen Legende nennt er sie *B.* (d.i. *Beata*) *Yolendis*. Die Vita des Hermann war auf die Legende hin stilisiert und offensichtlich mit dem Ziel einer Kanonisierung der frommen Priorin abgefaßt. Dem jungen Kloster mußte an dem Besitz einer Heiligen gelegen sein; vielleicht war auch die Familie daran interessiert, eine Heilige zu den Ihren zu zählen. Doch scheint es zu eigentlichen Versuchen einer Kanonisierung nicht gekommen zu sein.

Das zweckbestimmte Gedicht ist keine große Poesie. Bruder Hermann erfüllt im allgemeinen die formalen Forderungen des 13. Jahrhunderts; seine Verse sind glatt, seine Reime rein. Aber er spricht nicht die Sprache Hartmanns oder Gottfrieds, zeigt auch keinen Einfluß Konrads von Würzburg. Er schreibt seine moselfränkische Mundart, abseits von der oberdeutschen Literaturtradition. Er trifft den Stil der legendär einstilisierten Biographie und weiß aus intimer eigener Kenntnis eine Menge anspruchsloser kleiner Episoden anschaulich und freundlich zu berichten.

8. BIBLISCHE LEGENDEN

Wir haben gesehen, wie die fromme Phantasie danach strebte, die Lücken auszufüllen, die die heilige Schrift im Leben Christi und der Personen seiner Umgebung beließ, und wie die frühchristlichen Erzählungen über die Kindheit Jesu, die Höllenfahrt Christi und das Leben

Marias seit dem Ende des 12. Jahrhunderts zum Gegenstand volkssprachiger Dichtung und damit zum Eigentum der Laienwelt wurden,
die sie in ihrem Wunsch nach Anschaulichkeit und Vertraulichkeit begierig aufnahm. Wir erinnern hier noch einmal daran, weil auch diese
neutestamentlichen Apokryphen in dem bunten Bild spätmittelalterlicher Legendendichtung nicht vergessen werden dürfen.

Das Alte Testament bot eine Fülle frommen Erzählstoffes, aber nicht
den Anreiz, sich aus unmittelbarer Glaubensbeziehung mit seinen Personen und Ereignissen legendär fortdichtend zu beschäftigen. Einzig
zu dem Urelternpaar Adam und Eva bestand eine solche Unmittelbarkeit, und ihr Leben nach der Vertreibung aus dem Paradiese reizte die
Phantasie. Auch hier liegen sehr alte jüdische Erzählungen, offenbar
schon aus vorchristlicher Zeit, zugrunde, die im dritten oder vierten
Jahrhundert die für das Abendland maßgebende lateinische Darstellung
als Vita Adae et Evae erhielten. Auf dieser Vita beruhen die volkssprachigen Versionen. Wir kennen mehrere knappe deutsche Nachdichtungen des 13. und 14. Jahrhunderts, darunter eine aus der Heidelberg-
Kaloczaer Sammlung (Gesamtabenteuer I, 1), eine zweite als späteren
Einschub in die Weltchronik Rudolfs von Ems. Die ausführlichste und
bedeutendste Nachdichtung ist die Adamslegende des Lutwin (d. i.
Liutwin) Von diesem Dichter wissen wir nichts als seinen Namen, da
er sonst keine Angaben über sich macht. Er war wohl Geistlicher und
stammte aus Österreich; nach Stil und Lebensauffassung wird er erst ins
14. Jahrhundert zu setzen sein. Auch Lutwin folgt seiner lateinischen
Quelle, einer erweiterten Fassung des lateinischen Adambuches, ziemlich genau.

Nach der Vertreibung aus dem Paradiese versuchen Adam und Eva,
Gott durch eine Buße zu versöhnen. Eva soll 30 Tage im Tigris, Adam
als der Stärkere 40 Tage im Jordan bis ans Kinn im Wasser stehen. Doch
der Teufel macht auch diese Buße zuschanden, indem er Eva in Engels-
gestalt erscheint und ihr vorspiegelt, Gott habe Adams Gebet erhört, so
daß Eva die Buße vorzeitig abbricht. Der Teufel rechtfertigt sein Verhalten mit einer erstaunlichen Begründung. Als Gott Adam geschaffen
hatte, führte Michael den neugeschaffenen Menschen den Engeln zu, die
ihn anbeteten, weil sie das Bild Gottes in ihm erkannten. Luzifer aber
weigerte sich dessen, da er früher, höher und schöner als Adam geschaffen worden sei. Diese Widersetzlichkeit gegen Gottes Gebot ist
die Superbia, die seinen Sturz herbeiführt. Neben die große kosmische
und heroische Szene von Luzifers Aufruhr als Zusammenstoß zweier
Urgewalten tritt hier eine kleinere, privatere, aus menschlicher Psychologie geborene, die dem Geschmack der Spätzeit entgegenkam.

Weiter berichtet die Vita, daß Adam und Eva sich trennen; Adam
geht nach Osten, Eva nach Westen. Dort wird Kain geboren. In ihren

Schmerzen bittet Eva die Sonne und die Sterne, wenn sie nach Osten kommen, Adam Botschaft zu bringen und ihn zu rufen, und die Gestirne erfüllen ihre Bitte. 12 Engel stehen Eva bei der Geburt bei. So kommt Kain zur Welt; er kann sofort laufen und bringt seiner Mutter ein heilendes Kraut. Die Vita erzählt dann, wie Adam unter Anleitung Michaels Ackerbau und Viehzucht lernt, sich auch sonst im irdischen Leben einrichtet und 30 Söhne und 30 Töchter erzeugt. Als er sein Ende nahen fühlt, sendet er Eva und seinen Sohn Seth zum Paradies, um das Öl der Barmherzigkeit zu erbitten. Es wird ihnen von Michael verweigert, doch ein Ölbaumzweig wird ihnen mitgegeben, durch den Adam Genesung finden soll, wenn der Zweig Frucht trägt. Damit ist die Legende vom Kreuzesholz angeknüpft; denn dieser Zweig wächst zum Baum und wird zum Kreuz, an dem Christi Erlösungstod die Frucht der Barmherzigkeit trägt. Adams Tod ist von denselben Zeichen umwittert wie der Tod Christi, dem Erlöschen der Himmelslichter und dem Erbeben der Erde. Evas Klage über dem Toten gemahnt an Marias Klage, und die ganze Natur stimmt in die Totenklage ein.

So wie Lutwin diese Legende erzählt, ist sie eine tröstliche Erzählung. Überall ist das Leben Adams von göttlicher Fürsorge umgeben, stehen Adam und Eva mit Engeln in traulichem Verkehr, klingt die Verheißung künftiger Erlösung ein. Gottes Nähe und Liebe zu Adam, d. h. zum Menschengeschlecht, ist überall spürbar und steigert sich zu der großen Szene, da Gott selber bei Adams Tod erscheint, seine Hand der Seele Adams aufs Haupt legt, sie dem Erzengel Michael anempfiehlt und ihr als seiner *handgetât* künftige Erlösung und einen Platz in seinem höchsten Throne verheißt. Engel bereiten die Leiche zum Grabe, und Gott selber geht mit im Grabgeleit. Mit einem Gebet des Dichters, das wie ein Abschluß des Buches wirkt, endet dieser Teil.

Doch führt Lutwin das Gedicht weiter. Auf die langen Klagereden Evas folgt zunächst Evas Tod. Dann gibt Lutwin einen neuen, von dem ersten abweichenden Bericht von Seths Paradiesfahrt und knüpft die Legende vom Kreuzesholz an, die gleich näher zu behandeln ist. Er führt sie aber nur bis zum Ölzweig der Taube nach der Sintflut, der ein Zweig von dem Baum auf Adams Grabe ist.

Lutwins eigener Anteil an der anziehenden Schönheit der Adamslegende ist gering; sie ist das Verdienst der Quelle. Lutwin hat die Breite des Erzählens mittelmäßiger Dichter, wiewohl ihm Einzelheiten gut gelingen, so Evas rührende Bitte an die Gestirne oder die Trauer aller Kreatur um Adam und ihre Rückkehr in die Freude des Daseins. Was er selber hinzutut, läßt ihn eher als einen biederen Moralisten mit kleinbürgerlichem Gesichtskreis erscheinen. In einen bürgerlichen Hausstand führt die realistische Aufzählung von Hausrat und Küchenzutaten in der negativen Schilderung von Adams und Evas armseligem Leben nach der Vertreibung aus dem Paradiese (V. 732 ff.; 939 ff.). Biedere Bürgerlichkeit atmet die kleine Tugendlehre, die Adam seinem Sohn Kain auf den Lebensweg mitgibt (V. 1844 ff.), und aus dem gleichen Geiste ist die in V. 1088 ff. eingelegte Moralrede an Männer und Frauen entsprungen, mit ihren Betrachtungen über die Schwachheit des Weibes, der Mahnung zur Sittsamkeit, der Warnung vor Verführung durch sittenlose Männer oder Frauen. Minne ist bereits geschlechtlicher Umgang. Nach vollendeter Buße im Jordan überfällt Adam diese Minne (V. 1514ff.), und köstlich ist es, wie Lutwin daraus den Streit des Urelternpaares entwickelt, der ihre Trennung begründet. Eva preist die Wonne solcher Minne höher als das Paradies, Adam dagegen sieht sie in hausbackener Realität: sie stillt nicht Hunger und Durst, und sie macht müder als man vorher war. Eva muß erst die Schmerzen der Geburt leiden, ehe auch sie die Fragwürdigkeit dieser irdischen Wonne begreift.

Lutwins schlichte, wenig gebildete Verskunst steht doch noch im letzten Strahlungsbereich höfischer Formpflege. Wir sehen es zumal daran, daß er den Dreireim als Markierung von Erzählabschnitten durchführt, der, in der Dichtung der Spätzeit weiter verbreitet, sich letztlich von Wirnts Wigalois herleitet.

Lutwin hat seine Erzählung bis an die Legende vom Kreuzesholz heran und ein kleines Stück in sie hinein geführt. Nach dieser weit verbreiteten legendären Erzählung ist das Kreuz Christi aus dem Holz des Baumes gefertigt, der aus den paradiesischen Samen entsproß, die Seth seinem Vater Adam ins Grab mitgab. Die bildende Kunst deutet diesen Ursprung des Kreuzesholzes aus Adams Grab oft durch Schädel und Gebein unter dem Bilde des Gekreuzigten an.

Die Legende vom Kreuzesholz schlägt denselben Bogen von Schöpfung und Sündenfall zur Erlösungstat wie die theologisch-heilsgeschichtliche Konzeption. Aber sie tut es in der gegenständlichen Symbolik des Kreuzesholzes und seiner Geschichte. Von Anbeginn ist Gottes Barmherzigkeit mit dem Gedanken der Erlösung beschäftigt. Heilsgeschichtlich veranschaulicht sich das im Streit der Töchter Gottes vor Gottes Thron. In der Legende wird es zum greifbaren Bild in Seths Paradiesesschau, als er von seinem sterbenden Vater nach dem Öl der Barmherzigkeit gesendet wurde. Der nach dem Sündenfall verdorrte Baum der Erkenntnis, von dessen Früchten Adam und Eva gegessen hatten, reckt sich zum Weltenbaum, in dessen Wipfel das göttliche Kind, das wahre Öl der Barmherzigkeit, ruht, und dessen Wurzeln in die Hölle reichen, wo Seth seinen Bruder Abel erblickt, ein Zeichen, daß auch die Guten unerlöst sind. Aus den drei Samenkörnern, die der Engel nach dieser Version der Legende Seth mitgibt, damit er sie dem toten Adam in den Mund lege, entsprießen drei Gerten. Wie in der heilsgeschichtlichen Konzeption die Erlösungshoffnung als Präfiguration oder Prophetie von

Patriarchen und Propheten durch die Zeit des Alten Testamentes getragen wird, so geht die legendäre Geschichte des Kreuzesholzes über Noah, Abraham, Moses zu David und Salomo. David bringt die drei Gerten nach Jerusalem, wo sie, ein Sinnbild der Trinität, wunderbar zu einem Baum verschmelzen. Salomo läßt den Baum abhauen, um ihn bei seinem Tempelbau zu verwenden. Aber der Balken will sich nicht einfügen; stets ist er, trotz allen Abmessens, zu kurz oder zu lang. Denn nicht im Judentum und seinem Tempel, sondern im Christentum und seiner auf dem Kreuz gegründeten Kirche erfüllt sich das Heil. Wegen seiner Wunderkräfte wird der Balken aus dem Paradiesbaum von den Juden verfolgt und schließlich als Steg über einen Bach gelegt, damit er mit Füßen getreten wird. Doch die Sybille, die zugleich als *Regina Austri* erscheint, erkennt die Heiligkeit des Holzes; demütig watet sie durch den Bach, um es nicht zu betreten. Voll Anschaulichkeit und Gegenwärtigkeit geht so die beziehungsreiche Geschichte des Baumes durch die Zeiten, um endlich seine Bestimmung zu erfüllen und als Kreuz des Erlösungstodes die verheißene Frucht, das Öl der Barmherzigkeit, zu tragen.

So erzählt die lateinische Legende, die in zwei Hauptfassungen verbreitet ist. Aber auch hier versagt die Methode einer rein stammbaumhaft denkenden Handschriftenanalyse. Die beiden deutschen Dichtungen vom Kreuzesholz, die wir neben dem betreffenden Kapitel des Passional besitzen, sind sogenannte „Mischredaktionen", was nur besagt, daß ihren Verfassern oder deren lateinischen Gewährsmännern Erzählvarianten geläufig waren, deren sie sich frei bedienten.

Die eine Dichtung stammt von Heinrich von Freiberg, den wir als Vollender von Gottfrieds Tristan schon kennen (vgl. S. 64 ff.). Er erzählt die Geschichte sachlich und zügig bis zur Kreuzigung in dem glatten, säuberlichen Stil der höfischen Spätblüte in Böhmen. Die andere, das Mære vom heiligen Kreuz, gibt als ihren Verfasser einen Mann namens Helwig an, dessen in der einzigen Handschrift verdorbener Beiname als von Waldirstet zu lesen sein wird. Der thüringische Dichter nennt als seinen Auftraggeber Friedrich von Baden, jedenfalls einen der beiden badischen Herren dieses Namens, die in der ersten Hälfte des 14. Jahrhunderts gelebt haben. Auch Helwig erzählt, stilistisch und formal simpler als Heinrich, offenbar getreu eine lateinische Quelle nach. Aber er führt die Geschichte des Kreuzes über den Tod Christi fort. Er schließt die Legende des Wiederauffindens des von den Juden vergrabenen Kreuzes durch Helena, die Mutter Kaiser Konstantins, und die Wiedergewinnung des von dem Perserkönig Kosdras entführten Kreuzes durch den Kaiser Eraclius an. In diesen Teilen gibt Helwig eine freie, kürzende Nacherzählung der Legenda aurea zu den Festtagen der Kreuzfindung und Kreuzerhöhung und rundet so sein Gedicht zu einer Gesamtgeschichte des heiligen Kreuzes ab.

9. LEGENDÄRE ERZÄHLUNGEN

Eine Zeit, die das Wunderbare gläubig in den Alltag hineinwirken weiß und bereit ist, ihm auf Schritt und Tritt zu begegnen, erfreut sich an Geschichten, die von solchen Wundern im Alltag und in der Gegenwart berichten. Die lateinischen Sammlungen von Predigtmärlein, z. B. der vielbenutzte Dialogus de miraculis des Caesarius von Heisterbach (ca. 1180 bis 1240), bieten die Fülle solcher wunderbaren Erzählungen. In unreflektiertem Dualismus stehen Gott und die Heiligen dem Teufel und der Welt der Dämonen, Gottes Gnadenhilfe der teuflischen Anfechtung gegenüber. Alles ist voll unmittelbarer Anschauung. Solche Erzählungen sind auch zum Gegenstand deutscher Dichtung geworden. Es sind meist anspruchslose kleine Werke, deren Bedeutung mehr im Stoff als in der dichterischen Behandlung liegt. Was hier beispielhaft davon vorgeführt wird, soll nur die Vielgestaltigkeit und vielfache literarische Verflechtung dieses Erzähltypus zur Anschauung bringen.

Vor allem wären noch einmal die Marienlegenden zu erwähnen, deren wichtigste Sammlung im Passional wir S. 529 behandelt haben. Die Zahl der Marienlegenden ist unübersehbar. Eine unerschöpfliche Kraft frommer Phantasie offenbart sich in diesen Geschichten, ernster oder heiterer, anekdotisch knapp oder reich ausgesponnen, immer aber getragen von einem gläubigen Vertrauen in die Hilfsbereitschaft und Helfermacht der göttlichen Jungfrau. Nach dem Typus der Marienlegenden, wie wir sie aus dem Passional kennen, ist die Legende Vom armen Schüler geformt, als deren Verfasser sich Heinrich Clusener nennt. Er ist offenbar ein frommer Laie, der seinen Stoff einem Predigermönch, dem Görlitzer Guardian Pilgrim, verdankt und das Gedicht im Auftrag des jungen Königs Wenzel II. von Böhmen, also bald nach 1278, verfaßt hat. Wieder kommen wir, wie bei Landgraf Ludwigs Kreuzfahrt, in den böhmisch-schlesischen Kulturkreis mit seinen späten höfischen Interessen, die auch bei Heinrich trotz seines frommen Stoffes deutlich zu spüren sind. Er macht gute Verse, kennt den Dreireim als Gliederungsprinzip und stellt sein Gedicht unter einen höfischen Aspekt: er will *durch kurzewîle*, also zur Unterhaltung, *von hovelîchen sachen*, d. h. von in höfischen Kreisen willkommenen Dingen berichten. Die Geschichte selber freilich hat mit höfischen Interessen nichts zu tun. Sie erzählt von einem armen, frommen, aber einfältigen Schüler, der, dem Dienste Marias ergeben, am Feste von Mariae Himmelfahrt aus dem Chor verwiesen wird, weil er keine Schuhe besitzt und barfuß bei so festlicher Gelegenheit nicht geduldet wird. Vergeblich fleht er Maria um ein Paar Schuhe an. Doch er wird in seiner Verehrung nicht irre. In einem stillen Winkel betend, will er Maria, obwohl sie ihm die Schuhe versagt hat, mit Kleidern beschenken, indem er für jedes Kleidungsstück 100 Ave Maria betet. Da erscheint ihm die Himmelskönigin in herrlicher Gewandung, in die die Ave's des Schülers eingestickt sind. Sie will ihm jede Bitte gewähren, doch mehrfach weist der törichte Knabe sie störrisch ab: sie habe ihn mit den Schuhen im Stich gelassen, jetzt wolle er nichts mehr von ihr haben. Da bietet sie ihm geduldig lächelnd die Wahl zwischen zwei Gnaden: 30 Jahre lang Bischof des Landes zu werden oder nach drei Tagen zu sterben und in die himmlische Seligkeit aufgenommen zu werden. Solche Wahl mag von der Salomolegende inspiriert sein, und der Tor wählt weise das bessere Teil: den frühen Tod als Weg zur Seligkeit. Dafür trägt Maria ihm auf, der Welt ein Geheimnis zu künden: daß sie – was viele nicht glauben wollen – wahrhaft mit ihrem irdischen Leibe zum Himmel gefahren sei. Der Knabe versäumt, von dem Wunder ergriffen, die Schule und wird von seinem Lehrer deswegen gescholten und geschlagen, bis er sein Erlebnis und seinen Auftrag offenbart. Er wird als Schützling Marias erkannt und geehrt und stirbt vom feierlichen Zeremoniell der Kirche umgeben. Maria selber empfängt ihn im Himmel. Das gut erzählte, doch durch breite erbauliche Betrachtungen aufgeschwemmte Gedicht hat ein doppeltes Interesse, ein literarisches und ein theologisches. Literarisch interessant sind seine Ausfälle gegen die *meisterkîn*, d. h. die gelehrten Spruchdichter, die sich eitel aufblasen, zumal gegen einen, der sein unmäßiges Lob allerhand irdischen Frauen zugewendet hat statt der einen himmlischen, d. h. gegen Heinrich Frauenlob, der in den 70er und 80er Jahren zu Böhmen in Beziehung stand. Sein theologisches Interesse liegt in dem Nachdruck, mit dem aus Marias eigenem Munde ihre leibliche Himmelfahrt bestätigt wird, um Ungläubige zu überzeugen. Offenbar ist die Propaganda dieser Lehre – die erst 1950 zum Dogma der katholischen Kirche erhoben wurde – der eigentliche Grund der ganzen, von höchster Stelle angeregten Dichtung.

Sehr viel unbedeutender ist eine aufs Erbauliche gerichtete Mariendichtung, der Frauentrost. Die fromme Frau eines rohen Ritters, der sich einem wilden Leben ergeben hat und seine Frau vernachlässigt und mißhandelt, will in ihrer Verzweiflung ihrem Leben durch Erhängen ein Ende machen. Da erscheint ihr in unscheinbarem grauen Gewande eine Frau, die, von der Lebensmüden mehrfach unwirsch abgewiesen, sich ihr schließlich als Maria offenbart. Sie bewahrt sie vor der Judassünde des Verzweiflungstodes, indem sie sie auf ein Marterbild Christi hinweist, das auf wunderbare Weise an der Wand ihrer Kammer erscheint und sie mahnt, ihr kleines Leiden im Hinblick auf sein großes Leiden geduldig zu ertragen. Die demütige Freudigkeit, mit der die Frau danach dem Manne begegnet, führt auch ihn zur Umkehr, und sie leben hinfort friedlich zusammen bis zum seligen Ende. Es ist eine Legende, die aus dem Geiste der Compassio, der demütigen Nachfolge Christi geschaffen ist. Sie verändert auch die Erscheinung Marias; sie tritt nicht als die strahlende Himmelskönigin hervor, sie wandelt im schlichten grauen Gewande des elisabethischen Armutsideals. Dem Dichter, der sich Siegfried der Dorfer nennt, scheint ein lateinisches Predigtexempel als Quelle gedient zu haben, wenn auch die uns bekannten lateinischen Texte erst später sind. Er erzählt die kleine Legende nicht ungewandt, aber blaß in deutschen Versen nach.

Abermals andersartig sieht die Marienlegende aus, die an die Jugendzeit des hl. Thomas Becket, Erzbischofs von Canterbury, geknüpft ist und ihren heutigen Titel von dessen verdeutschtem Namen Thomas von Kandelberg trägt. Der Dichter ist unbekannt, Zeit und Ort sind ungewiß, ebenso das Verhältnis der beiden überlieferten Versionen zueinander. Aufgebaut auf einem schwankhaften Motiv aus dem Typus der Studentenabenteuer, wird die Erzählung dadurch legendär gewendet, daß einer der Beteiligten als besonderer Verehrer Marias von dieser in einer sehr weltlichen Verlegenheit Hilfe erbittet und auch erhält. Bei einem Gelage verabreden 12 Studenten in übermütiger Stimmung, sich am nächsten Sonntag wiederzutreffen. Jeder solle dann ein Liebespfand seiner *frouwe* mitbringen; wer das geringste habe, solle die Zeche bezahlen. Ein armer, frommer Teilnehmer, der keine weltliche *frouwe* hat, wendet sich betrübt an das Marienbild der Kirche um Hilfe. Das Kind auf dem Schoß des Bildes hat ein Büchslein in der Hand; Maria erbittet es von ihrem „lieben Sohn, Herren und Vater" für ihren treuen Verehrer. Das Kind gibt es her und Maria reicht es dem Scholaren. Als er es seinen Gesellen vorweist und öffnet, entfaltet sich daraus ein herrliches Meßgewand, vordeutend auf seinen Aufstieg zum Bischof.

Die Versuche, die ursprüngliche Fassung des kleinen Gedichtes ins frühe 13. oder gar ins späte 12. Jahrhundert zurückzudatieren, scheinen mir verfehlt. Die Überlieferung in der Heidelberg-Kaloczaer Sammlung legt die obere Grenze auf das Ende des 13. Jahrhunderts fest. Die höfische Stilisierung des Anfangs, das zierliche Zwiegespräch der Madonna mit dem Kinde und das schwankhafte Grundmotiv empfehlen einen so frühen Ansatz nicht. Andererseits fehlt der stilistische Einfluß Konrads von Würzburg, so daß am ersten die Mitte des 13. Jahrhunderts als Entstehungszeit in Frage kommt. Auch die Verbreitung in lateinischen Exempelsammlungen liegt nicht vor dieser Zeit. Ursprünglich war die Geschichte nicht an einen bestimmten Namen geknüpft; noch der Dichter der älteren Version leugnet ausdrücklich, einen Namen zu wissen. Erst eine spätere Zufügung identifiziert den Schüler, der Bischof wird, mit dem heiliggesprochenen Thomas von Canterbury, der 1170 ermordet wurde. In die offizielle Becket-Legende – etwa im Passional – ist diese schwankhafte Jugendgeschichte nicht eingegangen.

War hier die Legende auf Situation und Personal der Schwankdichtung gegründet, so schmilzt Kunz Kistener in seinen Jakobsbrüdern einen bestimmten Novellenstoff zur Legende um. Es handelt sich um die Freundschaftsgeschichte vom Typus des Amicus und Amelius, die Konrad von Würzburg in seinem Engelhard zu einem kleinen höfischen Roman ausgestaltet hatte. Die beiden Freunde, die ihre Treue gegenseitig bewähren, der Sprößling eines reichen bayrischen Grafenhauses und der Sohn eines verarmten schwäbischen Ritters aus Haigerloch, werden zu Jakobspilgern stilisiert, die ganze Handlung wird unter das Walten des großen Pilgerapostels gestellt. Wie die beiden Helden von Konrads Roman sich als höfische Knappen auf der Reise zum dänischen Königshofe treffen, so diese beiden als Pilger auf dem Wege nach Compostella. Der zweite Teil, die Heilung des aussätzigen Freundes durch das Blut der Kinder des anderen, war leicht auf den Ton der Legende zu stimmen. Sie war ohnehin durch die Wiedererweckung ins Wunderbare stilisiert, und das Erweckungswunder brauchte nur dem hl. Jacobus zugeschrieben zu werden. Schwieriger stand es um den ersten Teil, dessen rein weltliche, im Zusammenhang mit einem Liebeserlebnis stehende Freundschaftsprobe für die Legende unbrauchbar war. Die neue Erfindung Kisteners, daß der Grafensohn unterwegs stirbt, die Leiche von dem armen Freunde bis nach Compostella mitgetragen und dort von dem Heiligen wiedererweckt wird, bleibt spürbar eine Notlösung. Als Einleitung ist die Geburt des Grafensohnes vorangestellt nach dem verbreiteten Erzählschema von dem kinderlosen Ehepaar, dem Gott – oder hier Jacobus – auf ihre Gebete hin endlich einen Sohn beschert.

Der Dichter ist ein Straßburger Bürgerkind; sein Gedicht gilt als ein später Ausläufer der im Elsaß besonders lange nachwirkenden Schule Konrads von Würzburg und wird um 1350 datiert. Daß er Konrads Werke, zumal den Engelhard, gekannt hat, ist sicher. Aber in seinem Stil dürfte man höchstens die aufgeregte Sentimentalisierung des Gefühlslebens zu Konrad und der von ihm ausgehenden späten Epik in Beziehung setzen. Sie ist nicht das Beste an Kisteners Gedicht. Seine Vorzüge liegen vielmehr gerade in der gedrungenen Raschheit des Erzählens, die sich keine feinen Stilarabesken erlaubt, und in den anschaulichen Wirklichkeitsbildern aus einer tüchtigen Lebensführung, die auch da, wo es sich um das Leben und den Haushalt der reichen Aristokratie handelt, das Gepräge braver, bürgerlicher Wohlbehäbigkeit tragen.

Die Wunderwelt des Orients hat, wie wir sahen, seit den Kreuzzügen die Phantasie lebhaft beschäftigt. Zahlreiche Erzählungen von ritterlichen Orientabenteuern hatten damit geendet, daß die schöne Heidin dem wahren Glauben gewonnen wurde und dem christlichen Ritter in seine Heimat folgte. Wie bei Arabele-Gyburg wirkten Gottesminne und Ritterminne Hand in Hand. In der kleinen Legende von der Sultanstochter im Blumengarten fallen die beiden zusammen; Jesus selbst ist der Bräutigam, der die schöne Heidin gewinnt und entführt. In dem wunderbaren Garten ihres Vaters entzündet sich vor einem herrlichen

Lilienbusch ihre Liebe zu dem Schöpfer so vieler Schönheit. Und am Tage vor der erzwungenen Brautnacht mit einem heidnischen Herren entführt sie ein Engel als Bote Christi in ein Nonnenkloster, wo sie Aufnahme findet, zur Äbtissin aufsteigt und nach 30 Jahren von dem Engel in die Freudenwelt des himmlischen Bräutigams berufen wird. Wir kennen diese rührselig erzählte Verslegende nur aus einer späten Handschrift des 15. Jahrhunderts, und die in Deutschland, England und Skandinavien verbreiteten Varianten sind sämtlich noch jünger. Doch mag die ursprüngliche Fassung des nicht schlecht erzählten Gedichtes noch in unsere Periode fallen und in der ersten Hälfte des 14. Jahrhunderts entstanden sein. Mit dem betonten Lob der Keuschheit und dem Kult des himmlischen Bräutigams läßt sich das Gedicht als empfindsame Nonnenlektüre in dieser von mystischer Christusminne erfüllten Zeit sehr wohl denken.

Von dem bitteren Ernst der Auseinandersetzung zwischen Christentum und Heidentum auf dem Boden des heiligen Landes ist freilich in dieser sentimentalisierten geistlichen Kontrafaktur des Orient-Minne-Romans nichts zu spüren. Die heroische Zeit der Kreuzzüge ist vorbei; Kreuzzugsgeist lebt nur noch im Deutschen Orden und seinen Kämpfen in Preußen. Hier allein war noch der Boden, aus dem die Bildung von Kreuzzugslegenden erwachsen konnte. Die grausame Härte der Kämpfe im Ordensland spiegelt sich in der Ordenschronistik wieder. Die Legende konnte versöhnende Züge einflechten. Ein alemannischer Dichter aus der Nachfolge Konrads von Würzburg, ein ungefährer Zeitgenosse Hugos von Langenstein, der sich selbst nicht nennt, in der Tradition aber den Namen Schondoch trägt, ist der Verfasser eines legendären Gedichtes, das wir den Littauer nennen. Als Dichter einer rein weltlichen Novelle ist uns Schondoch (vgl. S. 260) schon begegnet. Die kleine Legende weist ihrem Stoff nach in den Kreis des Deutschen Ordens. Sie erzählt von der Bekehrung eines litauischen Fürsten; man denkt wohl mit Recht an den bedeutenden Litauer Mindowe, der 1251 getauft wurde. Die Geschichte seiner Bekehrung ist auf dem Grundriß einer Eucharistielegende aufgebaut. Das Wunder der Wandlung in der Messe wird dem Ungläubigen sichtbar und faßlich, indem er Christus selber in menschlicher Gestalt in der Hand des Priesters erblickt. Der Judenknabe in der Legende vom Jüdel sieht Christus als „das allerschönste Kindlein", von dem der Priester abbricht, ohne es zu schädigen. In der kriegerischen Umwelt hat auch das Erlebnis des Heidenfürsten eine männlichere Färbung. Der Littauer steht darin einer Legende von Widukinds Bekehrung näher, die uns freilich erst aus der Mitte des 14. Jahrhunderts überliefert ist. Der Litauerfürst bereitet einen Überfall auf Thorn vor. Er sendet einen Getreuen heimlich in die Stadt, um zu erkunden, worauf die wunderbare Stärke der Ordensritter beruhe. Der Heide wohnt heimlich einer Messe bei und sieht, wie der Priester einen riesenstarken Mann in drei Teile zerbricht, die wieder zu ganzen „unverzagten, frommen Helden" zusammenwachsen, und wie er jedem Ritter einen solchen Kämpen in den Mund schiebt. Das will der Fürst selber erproben, und ihm wird derselbe Anblick zuteil. Er begehrt von dem Priester gegen hohe Bezahlung, vier solche starken Männer in den Leib geschoben zu bekommen, wird über den christlichen Glauben belehrt und läßt sich taufen. Die Geschichte ist hübsch und klar erzählt, vor allem versteht es Schondoch, mit leicht überlegenem Humor das Erlebnis aus der magischen Vorstellungswelt des Heiden zu erfassen. Die Heiden halten den Priester für einen verkleideten Ritter, sie stellen sich vor, daß die Ritter einen zweiten Krieger in sich tragen, der an ihre Stelle tritt, wenn sie verwundet werden oder fallen, und deshalb will der Fürst gleich vier dieser wunderbaren Ersatzkrieger in sich aufnehmen. Die Belehrung und Bekehrung freilich geht so rasch und stereotyp vor sich, wie die Legende es gewöhnt ist.

Gerne ist es die kindliche Frömmigkeit der geistig und leiblich Armen, die schlichte Demut, die der hochmütigen Verachtung der Gescheiten ausgesetzt ist, von der liebenden Gnade der himmlischen Mächte aber angenommen wird, so daß der Hochmut beschämt dasteht. So erzählen schon die Vitas Patrum von dem einfältigen Paulus, dem Schüler des Vaters Antonius, so wird in den Marienlegenden des Passional der geistig arme Bruder, der nie mehr als die Worte Ave Maria lernen konnte, noch in seinem Grabe geehrt. So ist im Thomas von Kandelberg der Schützling Marias der ärmste und schüchternste im Kreise der Sodalen, die sich auf seine Beschämung freuen. So ist der arme Schüler bei Heinrich Clusener dem rohen Hochmut seines Schulmeisters ausgesetzt, der sich beschämt vor dem Zögling beugen muß, und dieser Schüler ist wirklich noch ein Kind mit der frommen Unschuld des Kindes. Ebenso ist es im Jüdel (vgl. Bd. II, S. 379) ein Judenknabe, der das Bild Marias pflegt, und dem das Christuskind im Wunder der Eucharistie leibhaft sichtbar wird. Das alte Wort Jesu: lasset die Kindlein zu mir kommen, steht hinter solcher Legendenbildung.

Wiederum ist es das Kind, dem in der lieblichen Legende vom Zwölfjährigen Mönchlein das Wunder der Gottesbegegnung zuteil wird. Ein Alemanne des frühen 14. Jahrhunderts, ein Schüler Konrads von Würzburg, erzählt von einem Knaben, der, als Kind einem Kloster übergeben, von der Geschichte der Geburt Christi so erfüllt ist, daß sein sehnlichster Wunsch danach geht, das göttliche Kind zu sehen. Das Christuskind erscheint ihm am Weihnachtstage und spielt mit einem Apfel, den es mitbringt – dem Symbolbild der Weltkugel – mit dem Mönchskinde. In den weiten Ärmel seiner Kutte schlüpfend be-

gleitet das Jesuskind das Mönchlein in die Messe. Und wieder wird die
Ahnungslosigkeit der Großen in dem Abt beschämt, der das Mönchlein
mit rascher Hand züchtigt, weil es, ganz von seinem Erlebnis erfüllt, den
Chor durch seine Unaufmerksamkeit stört, und der sich reuevoll vor
dem begnadeten Kinde beugen muß. Noch am gleichen Tage ruft Christus das Kind zu sich in seine Herrlichkeit. Wie Cluseners Schüler wird
auch dieses Kind durch einen frühen seligen Tod vor den Gefahren und
Befleckungen der Welt gerettet.

Solch einfacher, kindlicher Gläubigkeit steht das zweifelnde Forschen
und Grübeln über Gottes unfaßliches Wesen und unerforschliches Tun
gegenüber, das Gott in wunderbarer Weise in die Grenzen menschlicher
Demut verweist. Wir haben oben (vgl. S. 453) gesehen, wie in der Dichtung der wandernden Literaten der Gegensatz von gelehrtem Ein-
dringenwollen in die Geheimnisse Gottes, zumal der Schöpfung, und
sich bescheidender Anerkennung menschlicher Unzulänglichkeit eine
Rolle spielt. Wie der Preis demütiger Einfalt schon früh in anschaulichen Exempeln erzählerische Bildhaftigkeit gewann, so auch die göttliche Zurechtweisung des grübelnden Gelehrten in der bekannten Geschichte, wie Augustin ein Kind am Meeresstrande fand, das das Meer
mit einem Napf auszuschöpfen suchte, und die Belehrung erhielt, daß in
solchem kindlichen Tun sich Augustinus' vermessenes Streben spiegele,
Gottes Unermeßlichkeit mit menschlichem Verstand erschöpfen zu
wollen.

In sehr alte Zeit geht der Stoff des Gedichtes vom Engel und Waldbruder zurück. Aus altorientalischem Erzählschatz stammend, ist die
Legende in christlicher Stilisierung zuerst in den Vitas Patrum vorhanden und in das Väterbuch (V. 26 893 ff.) aufgenommen.

In dieser ältesten Form begehrt ein frommer Einsiedler, in Gottes geheimes Walten
eingeweiht zu werden. Gott schickt ihm einen Engel in Gestalt eines frommen Bruders. Auf einer gemeinsamen Wanderschaft tut der Engel scheinbares Unrecht, er
stiehlt einem guten Bruder einen Napf und gibt diesen einem hartherzigen Wirt, der
sie widerwillig und schlecht aufnimmt, als Zahlung, und er tötet einen Zögling des
guten Bruders. Als der entsetzte Einsiedler sich von seinem Begleiter trennen will,
offenbart sich dieser als Engel und belehrt den Einsiedler darüber, wie das scheinbare
Unrecht aus der höheren Weisheit Gottes seinen guten Sinn erhält.

Diese Geschichte lebt in mannigfaltigen Variationen weiter und wird
von einem Alemannen des früheren 14. Jahrhunderts, breiter ausgestaltet, in deutsche Verse gebracht. Hier wird eine Demutslehre daraus gemacht, indem der Waldbruder als Lohn für sein frommes Leben begehrt, Christus schauen zu dürfen. Was dem kindlichen Sehnen des
Mönchleins der vorigen Legende gewährt wird, erregt hier als über-
hebliches Pochen auf ein tugendhaftes Leben Gottes Zorn. Der Engel
erscheint als gewalttätiger Räuber, steckt die Hütte des Waldbruders in

Brand und zwingt ihn, gemeinsam mit ihm zu wandern, wobei die sich steigernden Untaten des Begleiters das wachsende Entsetzen des Bruders erregen. Zuletzt enthüllt auch hier der Engel den Sinn dieser Wanderung, warnt vor Überheblichkeit gegen Gott und verspricht dem Bruder, daß sein Begehren, Christus zu schauen, in drei Jahren erfüllt werden wird. Der Waldbruder, von dem Engel in Schlaf versenkt, erwacht in seiner unversehrten Klause und stirbt nach drei Jahren eines seligen Todes. Die Geschichte ist lebendig erzählt, der Widerstreit in der Brust des Waldbruders durch knappe Monologe und Dialoge anschaulich gemacht, das Milieu der einzelnen Stationen – das nun schon vorzüglich städtisch gesehen ist – mit dem Sinn der Spätzeit für reale Einzelheiten rasch und sicher gezeichnet. Der Abschluß läßt ohne viel erklärende Worte das Ganze sich in die Irrealität von Traum oder Vision verflüchtigen; der Engel, und damit Gott, wird so von wenn auch nur scheinbaren Untaten entlastet.

Auf demselben Grundgedanken beruht ein legendäres Predigtmärlein, das uns als der Mönch von Heisterbach am bekanntesten ist. Auch hier wird die Unbegreiflichkeit Gottes durch den menschlichen Geist in ein konkretes Bild gefaßt, und zwar anhand des Problems von menschlicher und göttlicher Zeit, von Zeitlichkeit und Ewigkeit. Psalm 90 V. 4 hatte dem in der geprägten Formulierung Ausdruck gegeben, daß vor Gott tausend Jahre wie ein Tag seien. Die Legende berichtet von einem frommen Mönch, der, über diesen Satz grübelnd, eines Morgens durch den wundersamen Gesang eines Vogels verlockt wird, ihm in den nahen Wald zu folgen. Als er nach dem Verschwinden des Vogels zurückkehrt, findet er in seinem Kloster alles verändert und kennt keinen der Mönche mehr. Aus alten Klosterchroniken wird endlich festgestellt, daß vor Hunderten von Jahren ein frommer Insasse des Klosters geheimnisvoll verschwunden war. Der Mönch hat durch Gottes Wunder einen Augenblick in der göttlichen Zeit gelebt und kehrt aus ihr in die irdische Zeitlichkeit zurück.

Diese Geschichte ist zuerst im 12. Jahrhundert in lateinischer Prosa aus Frankreich bekannt. Im legendenfreudigen 13. Jahrhundert hat sie mehrere deutsche Versbearbeitungen erlebt.

Neben dem kleinen Bruchstück eines mitteldeutschen Gedichtes steht eine ebenfalls mitteldeutsche Reimpredigt, die ein adliges Publikum vor der vergänglichen Freude an der Sommerwonne und an kostbarem Besitz warnt. Die Geschichte vom verschwundenen Mönch ist zunächst, ohne innere Beziehung zu diesem Thema, bispelhaft eingeflochten. Denn das Bispel ist gegen das falsche Grübeln des Zweifels gerichtet, der Mönch als Zweifler charakterisiert, dem das Psalmenwort unglaubhaft erscheint. Erst die Schlußbetrachtung stellt die Beziehung zum Thema her: wenn schon der Gesang eines einzigen Engels solche Wonne erzeugt, daß der Mensch alle Zeit darüber vergißt, wie groß muß erst die Wonne des Himmelreichs sein, wo tausend Engelscharen singen. Darum soll der Mensch sein Streben dorthin richten, indem er auf die vergänglichen, irdischen Freuden verzichtet. Aus dem tiefsinnigen Zeitproblem ist eine durchschnittliche Paränese geworden.

Dieses Gedicht vom Zweifler oder dessen Quelle muß der Verfasser des umfänglicheren und bedeutenderen Gedichtes vom Mönch Felix gekannt haben, vermutlich ein Mönch in einem thüringischen Zisterzienserkloster. Er beherrscht die Mittel der klassischen Kunst noch voll, dürfte also noch im 13. Jahrhundert gedichtet haben. Wie die Schlußbetrachtung des Zweiflergedichtes gibt er die echte Frage der Erzählung nach der göttlichen und der irdischen Zeit zugunsten der Unfaßlichkeit der himmlischen Wonnen auf. Und er zieht die Konsequenz, indem er nicht mehr von der Psalmenstelle ausgeht, sondern von einem Wort aus 1. Kor. II, 9, das von der Herrlichkeit der himmlischen Freuden spricht, und der Zweifel des frommen Mönches richtet sich auf die Möglichkeit solcher Freudenüberfülle. Daher ist der Ausmalung der Wonne, die der Vogelsang im Herzen des Mönches erweckt, alle Kunst des Dichters gewidmet, und die Schlußbetrachtung entspricht genau der des Zweiflergedichtes. Mit besonderer Liebe behandelt der Dichter aber auch die Rückkehr des Mönches ins Kloster, die Verwirrung und die Aufklärung seines wunderbaren Erlebnisses. Er verlegt dabei das Hauptgewicht auf das lange Wechselgespräch zwischen Felix und dem Bruder Pförtner, der dem Fremden unwirsch den Eintritt verweigert. Hier wird deutlich, daß der dichtende Mönch nicht nur erbauen, daß er erzählen will. Es geht ihm um die Spannung, und in der Figur des polternden Pförtners scheut er jene leichte Drastik nicht, die die höfische Dichtung für körperliche Figuren, den Fährmann, der den jungen Parzival über den Fluß setzt, den Fischer, der Gregorius auf den Stein bringt, bereit hat.

10. TEUFELSLEGENDEN

Solche Vermessenheit, wie sie im Erzähltyp vom Engel und Waldbruder zurechtgewiesen wird, mochte leicht als Einflüsterung des Teufels verstanden werden, und die Vitas Patrum sind voll von Geschichten, in denen der Teufel die Frommen gerade durch ihre Frömmigkeit zu Fall zu bringen sucht. Der Teufel als Versucher kann überall und in jeder Gestalt gegenwärtig sein; er kann auch als Priester, er kann wie in der Adamslegende sogar als Engel erscheinen. Die Welt ist voll Teufel, und die Phantasie ist mit den Teufeln fast noch mehr als mit den Heiligen beschäftigt. Das Väterbuch ist eine wahre Fundgrube für Erzählungen, in denen der Teufel in den mannigfaltigsten Verkleidungen als Versucher an den Menschen herantritt. Viele Marienlegenden sind wie der Theophilus Teufelslegenden. Der Himmelskönigin und den Heiligen gegenüber ist der Teufel der ohnmächtig Unterlegene. Wo er im menschlichirdischen Alltag sein Wesen treibt, gilt es, sich zu hüten. Einige solche Teufelslegenden, die sicherlich noch dem hier behandelten Zeitraum angehören, mögen es illustrieren.

Der Teufel kann lange unerkannt bleiben und eine ganze Gemeinschaft verderben. In dem Erzähltyp vom Bruder Rausch, der vor allem in Niederdeutschland zu Hause ist, lebt der Teufel in einer klösterlichen Gemeinschaft und untergräbt die Klosterzucht. Die Geschichte wird meist schwankhaft mit kräftigem niederdeutschem Humor erzählt. Dem gleichen Typus gehört die Geschichte vom Raubritter und seinem Kämmerer an, die das Passional unter seinen Marienlegenden erzählt. Der Teufel ist hier der Kämmerer eines Ritters, der seine schmalen Einkünfte durch Straßenraub aufbessert, um sein großartiges Leben fortführen zu können. Eines Tages wird ein heiliger Mönch von den Raubgesellen aufgegriffen und ausgeplündert. Er bittet den Ritter, vor dem Gesinde Gottes Wort verkünden zu dürfen. Als die Leute versammelt sind, vermißt der Mönch den Kämmerer, der herbeigeholt wird und unter dem Bann des frommen Bruders bekennen muß, daß er ein Teufel ist, ausgesandt, den Ritter für die Hölle zu gewinnen. Er muß weichen, der Ritter und sein Gesinde bereuen und bessern ihr Leben. Die Geschichte wird zur Marienlegende, indem der Ritter trotz seines schandbaren Lebens nie vergaß, Maria täglich anzurufen, und der Teufel bekennt, daß er machtlos war, so lange der Ritter unter dem Schutz des Marienanrufs stand. Die Verknüpfung mit Maria ist nicht nötig; ursprünglich dürfte der wandernde Mönch selber ein Engel oder ein Heiliger gewesen sein. Denn er weiß, daß der Kämmerer ein Teufel ist und läßt ihn deswegen herbeiholen. Damit ordnet sich die Geschichte dem Typus zu, der in den Vitas Patrum von einem Bischof vertreten ist, bei dem sich der Teufel als schöne, fromme Jungfrau einschlich und seine Begier weckte, und den der Apostel Andreas errettete, indem er als Pilger verkleidet den Teufel durch eine verfängliche Frage entlarvte (Väterbuch V. 15927 ff.).

Wo der Schutz des Gebetes und der Heiligen fehlt, ist der Mensch verloren. So in der dem Stricker fälschlich zugeschriebenen Erzählung vom Richter und dem Teufel, die wir wieder den großen Sammelhandschriften von Kleindichtung verdanken. Ein Richter, der sich durch unrechtes Gericht bereichert hat, begegnet einem vornehmen Fremden. Dieser gibt sich auf des Richters Drohung als der Teufel zu erkennen, der sich auf dem Wege zum Markttag in der Stadt befindet, die dem Amt des Richters untersteht. Er darf dort heute alles für sich behalten, was ihm im Ernst geschenkt wird. Der Richter besteht trotz der Warnung des Teufels darauf, ihn auf seinem Wege zu begleiten. In steigernder Reihe geschieht es, daß ein ungebärdiges Schwein, ein störrisches Rind, zuletzt ein unartiges Kind dem Besitzer bzw. der Mutter den ungeduldigen Ruf entlockt, daß der Teufel es holen solle. Aber jedesmal lehnt der Teufel ab zuzugreifen, weil die Gabe nicht ernst gemeint sei. Zuletzt kommt eine arme Witwe vorbei, der der Richter zu Unrecht die einzige Kuh aus dem Stalle genommen hat, und verflucht ihn zum Teufel in der Hölle. Da greift der Teufel zu – denn dies war ernst gemeint – und entführt den Richter durch die Luft.

Bleibt diese Geschichte noch in der Nähe des Schwankes und überläßt es dem Hörer, sich das Schicksal des vom Teufel geholten Bösewichts auszumalen, so führt die interessante Legendenerzählung von Erzbischof Udo von Magdeburg das furchtbare Schicksal des Bösen nach dem Tode unmittelbar und schrecklich vor Augen.

Die Udolegende ist aus zwei Kernen zusammengefügt. Beides sind Visionserzählungen. Die eine berichtet, wie ein Magdeburger Kleriker nächtlich im Dom Zeuge des himmlischen Strafgerichts über den Erzbischof für sein schändliches Leben und Treiben wird. Gott selbst schlägt im Dom seinen Richtstuhl auf, Maria und die Heiligen bilden den Gerichtshof, der hl. Mauritius, der Schutzpatron der Kirche, tritt als Kläger auf, das Todesurteil wird gefällt, und ein himmlischer Henker vollzieht es. Der entsetzte Zeuge des Vorgangs meldet es, der Leichnam wird gefunden, ein unverwischbarer Blutfleck bleibt vor dem Altar zurück.

Auch die zweite Erzählung wird auf das Zeugnis eines Miterlebenden gestützt. Ein reisender Kleriker wird in einer öden Gegend von der Nacht überrascht und muß sie unter einem Baum zubringen. Da sieht er zitternd, wie eine Schar von Teufeln dem Höllenfürsten die Seele des Udo zuführt. Luzifer begrüßt seinen „Freund" mit ironischer Herzlichkeit und empfängt ihn wie einen Gast mit Bad, Ruhebett und Trank, aber alles ist Feuer und glühende Qual. In dreifacher Stufung wird dem Verdammten der Fluch auf den Tag seiner Geburt, auf die ganze Schöpfung und endlich der entscheidende Fluch auf Gott selber abgepreßt, durch den er jetzt erst endgültig höllenreif ist und von den Teufeln in einen feurigen Brunnenschacht, den Eingang zur Hölle, gestürzt wird. Der entsetzte Zeuge entgeht selber nur mit Mühe den Teufeln und berichtet, was er gesehen hat.

Diese beiden Kernerzählungen haben in der deutschen Verslegende Erweiterungen erfahren. Einerseits wird eine Marienlegende vom Typus des Armen Schülers vorangestellt. Als Knabe ist Udo ein Schüler der Domschule, unbegabt und von seinem Lehrer hart behandelt. Maria verleiht ihm auf wunderbare Weise Weisheit und Verstand und verheißt ihm das erzbischöfliche Amt und himmlischen Lohn, wenn er es treu zu führen bereit sei. Alles geschieht so, doch Udo vernachlässigt die Pflichten seines hohen Amtes und lebt in Unzucht mit der Äbtissin eines nahen Klosters, bis dann das himmlische Gericht über ihn hereinbricht. Andererseits erhält die Geschichte ein Nachspiel. Der tote Leib des Erzbischofs gibt keine Ruhe. Er wird in einen Sumpf versenkt, er wird verbrannt und die Asche in die Elbe gestreut, aber die Fische fliehen aus dem verseuchten Fluß. Es bedarf vieler kirchlicher Zeremonien, bis der tote Bösewicht Ruhe gibt und die Fische zurückkehren.

Nicht die dichterische Leistung macht diese Legende interessant, sondern ihre Struktur. Sie ist zu einer Art Vita Udonis ausgebaut, zu einer Antilegende, wie sie in der Judas- und der Pilatuslegende vorgebildet war. Ganz zweifellos hat die Pilatuslegende das Vorbild für den Schluß abgegeben. Indessen ist der Held nicht mehr einer der Urbösewichte der heiligen Geschichte; er ist eine nach Zeit, Ort und sozialer Stellung festgelegte Person. Die Legende wird als ein historisches Ereignis berichtet, die Augenzeugen werden durch Eigennamen beglaubigt wie der Erzbischof selbst. Freilich hat es einen Erzbischof Udo von Magdeburg nicht gegeben. Vermutlich liegt der Ansatz zu der Legendenbildung bei dem Bischof Udo von Hildesheim (1079–1114), einem Parteigänger Heinrichs IV., an den die zweite Kernerzählung, der Empfang des Bischofs durch den Teufel, geknüpft worden ist, ein Stück Haßpropaganda der päpstlichen Partei im Investiturstreit. Es ist wohl zu vermuten, daß die Übertragung auf Magdeburg ebenfalls ihre reale politische Absicht gehabt hat.

Aber die Legende hat noch ein zweites grundsätzliches Interesse. Sie transponiert nicht nur den Gedanken, sondern auch Formen des letzten Gerichts auf das Schicksal des einzelnen Menschen unmittelbar bei und nach seinem Tode. Gott selbst erscheint, schlägt feierlich sein Gericht mit dem „Umstand" der Heiligen auf, Maria steht an seiner Seite, Anklage und Urteil erfolgen, und das Urteil wird vollzogen, aber vollzogen als leibliche Hinrichtung des Bösewichts. Die Teufel empfangen ihn, und wie in dem Gedicht von Gottes Zukunft des Heinrich von Neustadt die Verdammten des Jüngsten Gerichts den dreifachen Fluch ausstoßen, so wird er hier dem unseligen Bischof abgezwungen und damit seine Verfallenheit an die Hölle besiegelt. Einzelschicksal und Endschicksal verlaufen in gleichen Bahnen. Die Frage, wie sich das Schicksal der einzelnen Seele nach dem Tode und das Gesamtschicksal am Jüngsten Tage zueinander verhalten, hat die Zeit beschäftigt und wird auch uns sogleich (vgl. S. 560ff.) zu beschäftigen haben.

Der Teufel ist nicht nur der böse Teufel, der Versucher. Er kann auch der arme Teufel sein. Denn der aus der Himmelswonne Verstoßene leidet selber alle Qualen der Sehnsucht nach der Herrlichkeit, die er nie vergißt, und die ihm ewig versagt bleibt. Erwächst daraus sein Haß und Neid gegen die Menschen, die er verführt, um auch ihnen den Himmel zu rauben, so vermag ein psychologisierendes Denken auch die Sehnsuchtsqual des Teufels fast mitleidig nachzuerleben und sie in Erzählungen anschaulich zu machen. Eine solche ist die Teufelsbeichte. Sie bildet in allen Handschriften mit einem Gedicht vom Jüngsten Gericht und dem gleich zu besprechenden Gedicht von Frau Welt eine feste Gruppe. Die Quelle ist ein lateinisches Predigtexempel, das sich zuerst in dem Dialogus de miraculis des Caesarius von Heisterbach findet. Ein Teufel sitzt über der Tür einer Kirche. Er sieht die Leute befleckt und schmutzig eintreten und nach der Beichte rein und leuchtend wie Gold wieder herauskommen. Da ergreift ihn die Sehnsucht, auch so weiß und rein zu werden. In menschlicher Gestalt tritt er zu dem Priester und bittet ihn, auch ihm die Reinheit zu geben. Der Priester fordert seine Beichte und erkennt an den gebeichteten Taten: Verführung Evas und Adams, Verführung des Judas und des Pilatus, wen er vor sich hat. Er bindet ihn mit der Stola und zwingt ihn, sich zu erkennen zu geben. Doch verheißt er ihm Absolution, wenn er wahre Reue zeige. Aber der Teufel muß bekennen, daß er dazu unfähig sei, denn die dafür nötige Gnadenhilfe Gottes sei ihm versagt. Der Dichter erzählt nicht ungewandt und malt hübsch das wachsende Erstaunen und allmähliche Entsetzen des Pfaffen, als er begreift, mit wem er es zu tun hat. Aber er hat nicht die selbständige Kraft zu einheitlich klarer Gestaltung. Der Teufel sehnt sich nach der leuchtenden Reinheit; er nennt sich selber einen „armen bösen Geist" (V. 157; 202), aber er rühmt sich zugleich seiner Verführungskünste. Er bekennt die Gnadenfülle Gottes, von der er noch aus der Zeit vor seiner Verstoßung weiß, und er hofft auf Errettung durch sie vor dem Jüngsten Gericht. Dennoch weiß er zugleich, daß ihm die Gnadenhilfe Gottes zur Reue versagt ist, und wehrt sich schreiend gegen die Absolutionsformel, weil kein Teufel Gnade und Heil erwarten darf. Hier rührt der Dichter an Grenzen; wo das Böse als Prinzip anthropomorph verkörpert ist, muß der Versuch, es psychologisch zu fassen, an seinem inneren Widerspruch scheitern.

11. ESCHATOLOGISCHE GEDICHTE

Es führt an die Grenze dessen, was noch zum Bereich der Legende gerechnet werden kann, wenn ich die Darstellung der Legende mit Dichtungen abschließe, die vom Schicksal der Seele nach dem Tode und von den letzten eschatologischen Dingen handeln. Ich stelle sie hierher, weil es mir scheint, daß sie ein würdiger Abschluß des großen religiösen Kapitels sind, ja eine sinnvolle Abrundung des ganzen Bandes, der von einer Zeit handelt, in der die Sicherheit der sozialen und seelischen Existenz in der Welt bedrohlich erschüttert ist und das Denken der Menschen sich in Furcht und Hoffnung wieder dem Jenseits zuwendet.

Ich stelle ein seltsames Stück voran, das zwar in der historischen Gegenwart spielt, das aber apokalyptische Töne anschlägt und eine himmlische Stimme mit dem baldigen Ende der Welt und dem Gericht drohen läßt. Wir nennen es Vrône botschaft.

Seinem Stoff nach gehört es zum Typus der Himmelsbriefe, darum fehlt auch die Aufforderung zum Abschreiben und Weiterverbreiten

nicht (V. 482 ff.). Das wundersame Ereignis, bei dem Gott unmittelbar
zu seinem Volke spricht, spielt im Kreuzzugsbereich; die himmlische
Botschaft erscheint als Marmortafel auf dem Petrusaltar in Jerusalem.
Sie wird von einem Engel vor dem Patriarchen und dem Volke verlesen
und durch eine himmlische Stimme weiter erläutert. Der Brief hat den
apokalyptischen Ton, der solcher himmlischen Kündung gebührt. Dunkel und dräuend kündigt er Strafen an, Plagen ägyptischer Artung, Auslieferung in die Hand der Heiden wie in alttestamentlicher Prophetie, als
Gipfel die Drohung mit Weltzerstörung und Gericht, das genau auf den
10. September datiert ist. Neben der allgemeinen Verderbnis und Sündhaftigkeit ist das eigentliche Thema von Gottes Zornreden die Vernachlässigung der Sonntagsheiligung. Als unüberhörbare Thematik zieht
sich die Formel von *mînem heiligen suntach, den niemen wol vol êren mach*
durch das ganze Gedicht. Lateinische Himmelsbriefe des 12. Jahrhunderts liegen zugrunde und werden recht genau übertragen. Auch sie
haben die Sonntagsheiligung zum eigentlichen Thema, und wir erinnern
uns, daß in dieser Zeit der Überarbeiter des Vorauer Ezzoliedes eine
Strophe mit eindringlicher Aufforderung zur Sonntagsheiligung einschiebt. Die lateinischen Quellen weisen in das bayrische Kloster Weihen-
stephan, wo auch das Gedicht entstanden sein mag. Der Verfasser war
geübt in Predigt und Katechese, deren eindringlicher Stil in dem Gedicht
zu spüren ist, aber er war kein Dichter. Die Vrône botschaft gehört zu
den Gedichten, die man wegen der Freiheit der metrischen Form früh
datieren zu müssen glaubte. Aber die mindestens mundartliche Reinheit der Reime warnt vor zu frühem Ansatz. Mir scheint auch hier wieder
ein Fall vorzuliegen, wo in einem literarisch abseitigen Kloster die alten
Freiheiten der Form weitergelebt haben. Wenn die Handschrift den Ansatz im 13. Jahrhundert fordert, so ist trotz der formalen Freiheiten die
Mitte dieses Jahrhunderts, die Zeit der Rückschläge im Heiligen Lande
als Entstehungszeit keineswegs ausgeschlossen. Immerhin möchte man
nicht über den endgültigen Verlust von Jerusalem im Jahre 1244 hinaus-
gehen.

Die apokalyptischen Töne und die Drohung mit dem baldigen Herein-
brechen des Gerichtstages rufen uns ins Gedächtnis, wie tief und angst-
voll die Zeit von dem Gedanken an den Tod und das Gericht bewegt
war. Wie seit je gehen die beiden Vorstellungsreihen, die wir schon im
althochdeutschen Muspilli verbunden fanden, nebeneinander her: das
allgemeine Weltgericht und das Schicksal der einzelnen Seele nach dem
Tode. Weckt das große Weltgerichtsgemälde mit der entsetzlichen Endgültigkeit seiner Entscheidung schaudernde Erschütterung, so gilt die
bedrängende Angst des einzelnen Menschen doch noch mehr der gewissen Nähe des persönlichen Todes und dem, was unmittelbar danach
folgt. In der Vorstellungswelt des durchschnittlichen Laien verfließt die

Grenzlinie zwischen dem Endschicksal und dem personellen Schicksal nach dem Tode; er sieht sich der Entscheidung zwischen Himmel und Hölle unmittelbar ausgeliefert, Hoffnung und Furcht richten sich auf ein baldiges Eingehen in die Seligkeit, eine sofortige Verfallenheit in die Gewalt des Teufels. Der böse Richter wird vom Teufel sogleich in die Höllenqual entführt, der arme Schüler und das zwölfjährige Mönchlein werden von Maria oder Christus unmittelbar in die himmlische Seligkeit erhoben. In der Udolegende sahen wir, wie Motive und Vorstellungen des Endgerichts ohne weiteres auf das Einzelschicksal angewendet werden konnten. So zeigen die Visionen Himmel und Hölle ohne die Entscheidung des letzten Gerichts mit Seligen und Verdammten bevölkert.

Doch rief, wie wir gesehen haben, die Frage nach dem Verbleib der Seelen bis zum Jüngsten Gericht schon früh konkrete Vorstellungen über eine Zwischenzeit und ein Zwischenreich hervor, in dem der gläubig und reuig Verstorbene seine Sünden abbüßen kann, ohne der endgültigen Verdammnis verfallen zu sein. Festen Vorstellungen eines solchen Zwischenreiches, wie es sich in Dantes geordneter Stufung von Hölle, Purgatorium und Himmel veranschaulicht, begegnen wir in der deutschen Literatur unseres Zeitabschnittes noch nicht. Wohl aber sehen wir in der frommen Praxis der Seelgerätstiftungen für Verstorbene, daß es ein Bewußtsein der Vorläufigkeit gibt, auf der die Möglichkeit der Seelenhilfe beruht. Aus zahllosen Urkunden über fromme Stiftungen spricht der Wunsch nach solcher Seelenpflege für sich selbst oder für teure Angehörige. Und in der Dichtung haben wir gesehen, wie Kriemhild im Nibelungenlied Seelengaben für Siegfried in verschwenderischer Fülle opfert, und wie Hartmann von Aue die Hälfte seiner Verdienste aus dem Gottesstreit im Kreuzzug der Seele seines verstorbenen Herren zugute kommen lassen wollte.

Kein Wunder, daß die bangende Phantasie, wenn sie sich mit dem Schicksal der Seele nach dem Tode beschäftigt, gerade in dieser Zeit nach der Anschaulichkeit in fest geformten Bildern strebt. Hier hat die Visionsliteratur einen ihrer Ursprünge, der wir in der alten Visio Sancti Pauli und in der überhitzten Tundalusvision schon im 12. Jahrhundert begegnet sind. Heinrich von Melk bedient sich ihrer in der Szene des Sohnes, den er an das Grab seines Vaters führt, und hier ordnet sich der verbreitete Typus des Streites zwischen Leib und Seele ein. Für das späte Mittelalter ist diejenige Form am wichtigsten geworden, die als Vision eines Mannes namens Fulbert berichtet wird. Wir sind ihr als Visio Filiberti unter den Gedichten Heinrichs von Neustadt begegnet (vgl. S. 73).

Doch hat sich die dichterische Phantasie noch andere, persönlichere und einer epischen Gestaltung leichter zugängliche Bilder dieser bänglichen Zwischenwelt geschaffen und erzählend ausgestaltet. Ein solches Stück ist die sogenannte Vorauer Novelle. Sie steht der Visionsliteratur insofern nahe, als bei ihr die Schilderung der Leiden der Seele im Jenseits durch einen wiederkehrenden Toten gegeben wird. Aber dies Kernstück ist in eine ausgedehnte novellistische Erzählung eingebettet.

Leider ist uns von diesem vortrefflichen Gedicht nur der erste Teil in einem Vorauer Sammelkodex bewahrt, der in der Hauptsache lateinische Predigten und Abhandlungen enthält. Für das Ganze, zumal auch für die Erscheinung des Toten und seinen Jenseitsbericht, sind wir auf die lateinische Vorlage angewiesen, die uns in der ersten der beiden sogenannten Reuner Relationen aus dem böhmischen Kloster Rein bei Graz erhalten ist. Die Novelle erzählt von zwei Klosterschülern, die der strengen Schulzucht entfliehen, in einem fremden Land (Toledo?) Gott absagen, sich dort dem Studium der *Nigromanzie* ergeben und ein ausschweifendes Leben führen. Der eine der beiden verfällt in eine tödliche Krankheit. Er sieht sich verloren, und keine Mahnung seines Freundes, sich in wahrer Reue der Gnade Gottes anzuvertrauen, vermag ihn seiner hoffnungslosen Verzweiflung zu entreißen. Da bittet ihn sein Freund, ihm am dreißigsten Tage nach seinem Tode auf einem bestimmten Berge zu erscheinen und ihm von seinem Schicksal nach dem Tode zu berichten. Der Sterbende verspricht es, wenn er es kann. So weit reicht der deutsche Text. Die entscheidende Szene bleibt uns vorenthalten, in der der Tote, von höllischen Begleitern umgeben, im nächtlichen Bergwald erscheint und die höllischen Qualen schildert, die er zu erleiden hat. Und es fehlt der Abschluß, die reuige Umkehr des Überlebenden, sei es als Rückkehr in das Kloster, sei es in der Form asketischen Büßertums.

Die lateinische Vorlage war durch spezielle Klosterinteressen bestimmt. Das Kloster, dem die Schüler entfliehen, ist ein cluniazensisches Kloster, dessen harte Zucht rühmend gegen die gelindere Lebensform der Zisterzienser abgehoben wird. Dem deutschen Dichter ging es um die allgemein menschliche Frage von Sünde und Gnade; ihm wird die Erzählung zu einem Exemplum der Desperatio, der Todsünde der Verzweiflung an Gottes Gnadenwillen, jener Sünde, die im Selbstmord des Judas exemplarischen Ausdruck gefunden hatte. Er wendet seine ganze Kunst an das Gespräch der beiden Freunde, um die Qualen der Verzweiflung und des Bewußtseins der Verlorenheit anschaulich zu machen. Überhaupt ist der Wille zur Freiheit von der Vorlage bei diesem Dichter bemerkenswert; er sieht sich im Bilde des Schmiedes, der das „schöne Latein" zerbrechen und einschmelzen will, um es in der Esse seines Herzens wieder zusammenfließen zu lassen. Er will umschmelzen, nicht übersetzen, Zeichen eines starken und freien künstlerischen Willens in einer Zeit, der die Autorität des Buches so hoch stand. Er schildert uns die beiden Schüler als sündlose Kinder, erfüllt vom heiligen Geiste, entzündete Kerzen, und er schiebt die Schuld an ihrem Abfall der allzu harten Zucht des Meisters zu, der selber dadurch Schaden an seiner Seele nahm. Er wendet die Tendenz der lateinischen Quelle zum Preise der harten Klosterzucht geradezu ins Gegenteil.

Wir begegnen in diesem unbekannten Alemannen einer der seltenen wirklich bedeutenden dichterischen Begabungen der Spätzeit. Wenige gibt es, die so anschaulich zu schildern, einen Dialog von innen her so spannend zu führen, seelische Vorgänge so meisterhaft zu durchleuchten vermögen. Dabei beherrscht der Dichter die Stilmittel der großen klassischen Kunst souverän. Mit Recht nennt der Herausgeber den Dichter einen Schüler Gottfrieds von Straßburg. Wir stellen ihn in die Nähe Konrads von Würzburg, nicht als dessen Schüler oder Nachahmer, sondern als einen Ebenbürtigen. Er läßt den Meister der *Nigromanzie* die Schüler mit einem französischen Grußwort empfangen (V. 147), er kennt das elegante Spielen mit Wortklängen, das bedeutsame und auffallende Wort im Reim, das ausgeführte poetische Gleichnisbild, und er vermag es, diesen Glanz des Stils mit dem Ernst des Stoffes in Gleichklang zu halten. Soviel an seinem Stil von Vorbildern gelernt ist, es ist nicht bloße virtuose Formkunst, der wir hier begegnen, sondern Form als adäquater Ausdruck des Gehaltes. Konrad von Würzburg fiel das Glückslos, für die Folgezeit zum maßgeblichen Muster zu werden. Wir ahnen hier, daß Konrad nicht allein stand, daß vielmehr nach der Jahrhundertmitte die große klassische Dichtung eine eigenständige Nachblüte erzeugt hat, von der nicht sehr viel bewahrt ist: neben Konrad allenfalls der Reinfried von Braunschweig und dieses Bruchstück eines Dichters, der uns verrät, daß er zuvor schon anderes gedichtet hat: *Ich wil ez aber wâgen* lautet die erste Zeile der Vorauer Novelle.

Zwei weitere Erzählungen kommen der Vorstellung von einem fegefeuerartigen Zwischenzustand näher. In mehreren späten Sammelhandschriften kleiner religiöser Stücke ist ein Gedicht von Frau Welt überliefert; in den Handschriften nennt es sich: von der schönen verlorenen Frau. Es ist das Werk eines in der Pfalz oder im nördlichen Elsaß beheimateten, doch vermutlich in Straßburg tätigen Dichters aus der Mitte des 14. Jahrhunderts. Es weckt unsere Aufmerksamkeit durch seine Thematik. Wir kennen die Allegorie der Frau Welt als schöne höfische Dame mit den Zeichen der Verwesung im Rücken aus Walthers berühmtem Gedicht der Weltabsage, aus der Erzählung Konrads von Würzburg und aus der späten Spruchdichtung (Guotære; Frauenlob). Auch in dem hier zu besprechenden Gedicht erscheint Frau Welt dem Dichter als schöne Frau, kostbar gekleidet, mit einer Krone auf dem Haupt. Aber noch enthüllt Frau Welt nicht ihre schauderhaften Zeichen der Vergänglichkeit, und es bleibt nicht bei der stillen Begegnung im Gemach. Sie fordert den Dichter vielmehr auf, mit ihr in ihr Reich zu kommen, und in Anlehnung an den Spaziergangstopos der späten allegorischen Dichtung gelangen sie an einen lustvollen Ort, erfüllt mit kostbarem Gezelt und einer festlichen Menge, die den Tag mit höfischer Lustbarkeit, mit Ritterspielen, Gesang und Tanz, mit Spiel und Trunk hinbringt. Doch die Freude endet, als ein Pilger in grauem Gewand mit zwölf rot gekleideten Rittern erscheint, Christus mit den Aposteln. Er gebietet der Lust ein Ende und zwingt die stolze Herrscherin, ihr Wesen als Lug und Trug und Sünde zu enthüllen, ihre kostbare Kleidung abzulegen und ihren Leib zu entblößen, an dem jetzt erst alle schauerlichen Zeichen der Verwesung sichtbar werden. Und nun teilt sie ihren Lohn aus: die schöne Landschaft verwandelt sich in ein Feuermeer, in dem die Diener der Welt Qualen erdulden. Es ist ein an sich großartiger Gedanke, Welt und Gott in den beiden Gestalten der reichgeschmückten Frau und des grauen Pilgers einander unmittelbar gegenüberzustellen und den höfischen Gedanken des Ausgleichs von Gott und Welt damit augenscheinlich ad absurdum zu führen. Denn es ist die höfische Welt, mit der hier abgerechnet wird. Darum sind dem ritterlichen Treiben im Reich der Welt die Apostel als Ritter gegenübergestellt, als die wahren Ritter Gottes im roten Gewand der Märtyrer. Christus aber erscheint im grauen Demutsrock, und der franziskanische Gedanke wird ausgesprochen, daß Gott für die Armen erschienen sei.

Zur Schilderung des Schicksals der Welt und ihrer Diener verwendet der Dichter Farben aus der Schilderung des Jüngsten Gerichtes in der Verzweiflung der Verdammten und in den richtenden Worten des göttlichen Pilgers. Dennoch ist das, was geschieht, kein Jüngstes Gericht. Es fehlt die für mittelalterliches Denken unerläßliche Bannung des Gerichtes mit all seinen Zeichen, es fehlen die Beisitzer und der Ankläger, das Feuer wird nicht höllisch genannt, und kein Teufel erscheint, um sich der Verurteilten zu bemächtigen. Wir haben vielmehr einen Versuch zu sehen, das Fegefeuer auszumalen, ohne daß dem Dichter dafür feste Vorstellungen zu Gebote standen, oder daß er sie entwickelt hätte. Mit der Erzählung ist das Gedicht nicht zu Ende; der Stoff ist dem Dichter nur ein Exemplum, dem er eine ebenso umfängliche Bußpredigt über das Thema des Jüngsten Gerichtes folgen läßt, in der er zu einem Gott wohlgefälligen Leben mahnt und insbesondere gegen die indezenten Kleidermoden loszieht, die sich eingebürgert haben. Aus ihrer eingehenden Schilderung gewinnen wir einen Anhalt, das Gedicht um die Mitte des 14. Jahrhunderts anzusetzen.

In dieselbe Zeit und geistige Haltung gehört ein Gedicht, das in mehreren stark voneinander abweichenden Fassungen spät und schlecht überliefert und unzulänglich herausgegeben ist. Es nennt sich *daz Jad von Wirtemberg*, d. h. Die Jagd von Württemberg, erscheint aber in der Literaturgeschichte unter dem schlechteren Namen Der Württemberger.

Bei einer Jagd, die der Graf von Württemberg ausgerufen hat, verirrt sich ein Ritter und sieht eine ritterliche Schar, je einen Herrn mit einer Dame, durch den Wald reiten. Sie achten nicht auf seinen Gruß, doch er schließt sich einer Dame an, die am

Schluß des Zuges allein reitet. Sie klärt ihn darüber auf, daß es ein Zug von Toten ist, die in einem unrechten Minneverhältnis gestanden haben und dafür büßen. Auch sie ist eine Tote; ihr Liebhaber *(zuoman)*, der sich als ein guter Freund des Ritters herausstellt, lebt noch, und sie will ihm durch den Ritter eine warnende Botschaft zukommen lassen. Sie mahnt den Ritter, nichts zu berühren, solange er sich im Bereich der Toten befindet. Sie kommen zu einer schönen Burg, im Grase werden kostbare Tische aufgeschlagen und reichliche Speisen aufgetragen. Der Ritter lagert sich bei der Dame; trotz ihrer Warnung greift er nach einem Fisch. Sofort verbrennen ihm vier Finger, und nur ein Kreuz, das ihm die Dame mit seinem Messer in die Hand ritzt, löscht durch das vorquellende Blut den Brand. Ritterspiel und Frauentanz heben an, denen sich der Ritter auf die Warnung der Dame hin fern hält. Da sieht er durch die Helmschlitze der Ritter das höllische Feuer glänzen, in dem sie brennen.

Wieder ist es die ritterliche Welt, die in ihrer Verdammnis vorgeführt wird. Die Ritter und Damen büßen, weil sie der höfischen Minne gehuldigt haben, und ihre Buße besteht darin, daß sie ihr ritterliches Dasein in feuriger Pein fortführen müssen. Der Grundgedanke ist wohl dem Wigalois des Wirnt von Grafenberg entnommen, wo der Held ebenfalls einer brennenden Ritterschar in einer brennenden Burg begegnet, und wo sein Speer in Flammen auflodert, als er ihn gegen einen der toten Ritter versticht. Deutlicher als im vorigen Gedicht ist hier eine Fegefeuersituation gesehen; die Leidenden dürfen, wie die Dame dem Ritter mitteilt, auf Erlösung hoffen. Im Wigalois geschieht es in der Form der Aventiure; indem der Held das Abenteuer besteht, löst er den Fluch. Hier ist das Motiv wirklich religiös gewendet. Soweit die defekte Überlieferung erkennen läßt, kehrt der Ritter heim und berichtet von seinem Erlebnis. Der Minnegefährte der toten Dame und der Ritter selber ziehen als Kreuzritter ins heilige Land, um der Seele der Toten aus der Qual zu helfen, wobei dem Ritter mit der halben Hand das Wunder geschieht, daß die Hand jedesmal ganz wird, wenn er sich zum Kampf gegen die Heiden wappnet.

Für das Schicksal der Seele nach dem Tode fehlen feste Vorstellungen. Daher sind so individuelle Erzählungen legendärer Art möglich, wie wir sie angetroffen haben. Anders steht es um die Vorstellungen von dem letzten Gericht. Auch darüber hat sich die bangende Phantasie genaue Bilder gemacht. Aber hier handelt es sich um ein festes, schon biblisch vorgebildetes Stück des christlichen Glaubensbekenntnisses: von dannen er kommen wird, zu richten die Lebendigen und die Toten. Es ist der letzte furchtbare Abschluß des mit der Schöpfung beginnenden Weltgeschehens. Kaum eines der größeren religiösen oder didaktischen Dichtwerke – Väterbuch und Passional, Bruns Hohes Lied, Hugos Martina oder der Renner des Hugo von Trimberg – lassen es sich entgehen, die Schrecken des Gerichts auszumalen, und in den Märtyrerlegenden stehen sie drohend über den heidnischen Peinigern. Die Vorstellungen darüber lagen längst vor unserer Zeit in allen Einzelheiten fest; wer sie in Erzählung, Predigt oder Spruch heraufbeschwor, war an einen strengen Kanon gebunden, frei nur in der Auswahl, der Akzentsetzung und der Kraft der Ausmalung. Das Endschicksal verläuft in drei Phasen: dem Erscheinen, Herrschen und Sturz des Antichrist, den Vorzeichen des Gerichts, in denen sich die Auflösung der natürlichen Ordnung und die Vernichtung der Welt vollzieht, und im Gericht selber. Sie bilden den festen Ausklang aller heilsgeschichtlich gerichteten Dichtung, sind aber auch Gegenstand eigener Darstellung geworden.

Dem Antichrist sind wir im 12. Jahrhundert im Linzer Antichrist (vgl. Bd. I, S. 175 f.) begegnet; wir werden die dramatische Gestaltung des Stoffes seit dem lateinischen Tegernseer Antichristspiel noch kennenlernen.

Die Zeichen des Jüngsten Gerichtes, traditionell auf die Zahl fünfzehn und die letzten fünfzehn Tage vor dem Erscheinen Christi zum Gericht festgelegt, haben lateinisch und in allen Volkssprachen unzählige Behandlungen gefunden; die zusammenfassende Darstellung im Verfasserlexikon weiß mehr als 120 nachzuweisen, darunter 33 deutsche. Die meisten gehören dem spätesten Mittelalter an oder stehen in größeren Zusammenhängen. Ein deutsches Gedicht, das speziell den 15 Zeichen gilt, ist in einer Münchner Handschrift aus dem Jahre 1347 in einem sehr korrupten Zustand erhalten.

Es wird auf Grund seiner extrem freien Reim- und Versbehandlung in die vorhöfische Zeit datiert. Ich halte solche Datierung nicht mehr für unbedingt berechtigt. Auch der übliche Ansatz um 1180 muß, wenn man nicht tief in die Textgestalt eingreifen will, mit einer erstaunlichen Rückständigkeit der Form rechnen. Hier wie anderwärts (vgl. S. 534, 560) stellt sich mir die Frage nach einem Fortleben früher Formen unter der Decke höfischer Formzucht und ihr Wiederauftauchen in einer geistlichen Dichtung, die, abseits allen höfischen Formstrebens und vielleicht in bewußter Opposition dagegen, die alten freieren Formen mündlicher Dichtung buchmäßig wieder aufnimmt.

Das Gedicht selber wendet sich im Predigtstil an ein adliges Publikum, das mit *Ir herren* (V. 6) angeredet wird, und handelt die 15 Zeichen unter Berufung auf Hieronymus als Untergang der Welt ab. Das Gedicht hat sein stoffliches Interesse darin, daß es in Art und Anordnung der Zeichen von den großen Autoritäten Beda, Petrus Comestor, Thomas von Aquin vielfach abweicht und einen durchdachten systematischen Aufbau erkennen läßt, wie ihn nur ein belesener und gelehrter Theologe erarbeiten konnte. Wir werden auf eine lateinische Abhandlung als Vorlage geführt, deren Systematik der unbedarfte deutsche Dichter freilich nicht begriffen oder doch unachtsam verwirrt hat. Die Zeichen werden als ins Ungeheure gesteigerte Naturkatastrophen gesehen und aus der gültigen Naturwissenschaft erläutert. In dieser Richtung lag offenbar auch das Interesse des deutschen Dichters; denn er fügt bei den Zeichen des sechsten und siebenten Tages, dem Untergang der Landtiere und der Vögel, selbständig breite Exkurse über einige Tiere aus dem Physiologus mit allegorischer Ausdeutung ein. Auch dafür scheint er gelehrte Quellen gehabt zu haben, die selbständig von der durchschnittlichen Physiologusweisheit abweichen. Als dichterische Leistung dagegen ist das Gedicht nach Stil und Form sehr unbeholfen und mit Ausnahme der Physiologusexkurse knapp und kärglich. Seine Eindrücklichkeit gewinnt es aus dem Stoff, den es für sich sprechen läßt.

Unter den eigentlichen Gerichtsdarstellungen heben wir das umfängliche und bedeutende Gedicht hervor, das in die bekannten Sammelhandschriften didaktischer und religiöser Kleindichtung Aufnahme gefunden hat, und das wir mit seinem Herausgeber V o n d e m j u n g e s t e n T a g e nennen. Es steht noch in der besten Formtradition und ist mit dem Zeitansatz 1270/80 eher etwas zu spät datiert. Der alemannische Dichter ist unbekannt; jedenfalls stand er den neuen Predigerorden nahe, wie das betonte Lob zeigt, das er diesen Orden aus dem Munde des richtenden Christus zuteil werden läßt (V. 669–690). Nach allem zu urteilen, werden wir uns den Dichter als einen geschulten Franziskanerprediger vorstellen müssen.

In seinem Aufbau folgt das Gedicht dem traditionellen Ablauf. Nach den knapp erwähnten Vorzeichen wecken Engel mit Posaunen *(herhorn)* die Toten zum Gericht, zu dem Gott in den Wolken erscheint, mit den Heiligen und Engeln als Beisitzern, mit Kreuz und Speer, Dornenkrone und Nägeln als Zeichen der Gerichtsstätte. Gottes gnadenlose Rede trifft die Sünder, die von ihren Sünden angeklagt werden. Die sechs Werke der Barmherzigkeit nach Matth. 25, 42 f. werden wie stets zum Merkmal, nach dem die Verdammten und die Erlösten geschieden werden, der Höllensturz und die Jammerklage der Verdammten, der Einzug der Erlösten in den Himmel unter Jubelchören schließen das Gedicht ab.

All das ist jedermann geläufig. Es gilt nicht, die Hörer über die Vorgänge zu belehren, es gilt, diese in ihrer furchtbaren Endgültigkeit mit allen Mitteln sprachlicher Eindringlichkeit zu vergegenwärtigen. Der Grundton ist die gnadenlose Härte des Gerichtes, vor das niemand ohne Beben treten kann. Die Diktion ist darauf abgestellt. Die Posaunen erschallen *vil grimme* (V. 91), die Stimme, die die Toten aufruft, spricht von dem Gericht als von der Rache Gottes (V. 38), wie auch die Sünden als Ankläger die Rache Gottes auf den Sünder herabrufen (V. 330). *Dies domini amara* (V. 46) ist das Leitwort, unter dem die Klage der Sünder steht, die Christus einen „zornigen Richter" nennen. Unermüdlich wird die Not, die Angst, die Verzweiflung der Sünder ausgemalt, unerbittlich, gnadenlos und endgültig fällt der Spruch:

> 355 *Vil armer sünder, ganc von mir,*
> *Trost und gnade versage ich dir.*

Unablässig werden die Qualen der Hölle in den schrecklichsten Bildern heraufbeschworen. Hier, und nicht in dem Jubel der Erlösten, liegt der Schwerpunkt des Gedichtes. Darum wird das nicht zum Kanon der Gerichtsschilderungen gehörige Motiv vom Streit der Seele mit dem Leibe einbezogen, das erlaubt, alle Register der Verzweiflung und der Verdammnis noch einmal zu ziehen. Dafür wird der Augenblick der Wiedervereinigung von Leib und Seele bei der Auferstehung gewählt, bei der die Seele den Leib mit ihren verzweifelten Vorwürfen überschüttet, der Leib sich die kommenden Qualen in bitterer Klage ausmalt.

In dem Höllensturz der Verdammten (V. 455 ff.) und der liebreichen Anrede Christi an die Erlösten (V. 541 ff.) wird die Gesinnung des Dichters deutlich. Er ist ein feuriger Moralist und behandelt seinen Stoff nicht theologisch, sondern paränetisch. Als eifernder Bußprediger weiß er in den Details der Hölle besser Bescheid als in denen des Himmels, und er hat ein schärferes Auge für die Sünden als für die Güte der Menschen. Nur im Höllensturz der Verdammten geht er auf reale Einzelheiten ein. Er sieht darin, wie die bildlichen Darstellungen des Jüngsten Gerichts, die Vertreter der führenden Stände, Geistliche und Adlige, und führt sie in ihren ständischen Hierarchien vor, von den Kardinälen – die Päpste scheut er sich zu nennen – bis zum einfachen Priester und Mönch, vom Kaiser bis zum freien Herren. Er zählt auch Vertreter einzelner Laster auf: Wucherer, Pfandleiher, trügerische Händler; Diebe, Meineidige, Mörder, Spieler, Trinker. Sein besonderer Zorn gilt den Sitten der höheren Gesellschaft, der Unkeuschheit, womit besonders das Minnewesen gemeint ist, dem Kleiderluxus und gesellschaftlichen Vergnügungen; sie gelten zumal bei den Frauen als besonders verdammenswert. Preist doch selbst Christus an den erlösten Frauen, daß sie um seinetwillen auf Tanzen und Springen, Reigen und Singen, auf *schapel, borten unde swanz* (Schleppen; V. 578) verzichtet haben. Die Erlösten dagegen gliedert der Dichter nach dem alten Aufbau der himmlischen Hierarchie in Patriarchen, Propheten, Apostel und Heilige, in Jungfrauen, Witwen und unschuldige Kinder. Soweit er hier auf die irdische Ordnung eingeht, wird die vor allem franziskanische Liebe zu den einfachen, armen, gedrückten Ständen deutlich. Er läßt Christus vor allem solche Herren und Knechte zu sich berufen, die in seinem Geiste gelebt haben, und verheißt zumal den Bauern Freude und Sicherheit vor der Bedrückung derer, *die iuwer herren waren e* (V. 667). So werden in Christi preisender Anrede die Bettelmönche als eine *niuwe ritterschaft* (V. 681) bewußt der alten ständischen Ritterschaft entgegengestellt. Und der geistliche Dichter kann es sich nicht versagen, nach den Märtyrern die heiligen Päpste, reinen Bischöfe, lieben Priester durch Jesus willkommen heißen zu lassen und unter den *mägeden clâr* die Klosterleute, Einsiedler und Klausner besonders hervorzuheben.

Hier steht der Dichter dieses bedeutenden Werkes, ein Vertreter nicht nur der franziskanischen Denkweise, sondern auch der neuen Predigtweise der Bettel- und Predigerorden. Ihm ist dazu die Macht des Wortes gegeben. Er spricht gebildet und doch packend. Er kennt die Stilmittel der guten Dichtung ebenso wie die der schulmäßigen Rhetorik. Dabei ist er sich seiner Wirkung bewußt; aber er berechnet sie nicht; er spricht mit dem Pathos der Überzeugung und vermag damit eine Erschütterung hervorzurufen, die wir noch heute nachfühlen können.

LITERATUR ZUR LEGENDE

VÄTERBUCH

Ausg.: Karl Reißenberger, DTM 22. Berlin 1914.
Bruno Schier, Das Braunauer Bruchstück des Väterbuchs. Jb. d. Dt. Riesengebirgsvereins 18 (1930) S. 77–82.
Walther Ziesemer, Ostpreußische Findlinge II. ZfdA 71 (1934) S. 102.
Lit.: Ehrismann 2, Schlußband, S. 381.
Gerhard Eis, Verf.-Lex. 4, Sp. 677–81.
Helm-Ziesemer (Titel s. S. 517 oben) S. 48–70.
Joseph Haupt, Über das mitteldeutsche Buch der Väter. Wien 1871 (WSB Phil.-hist. Kl. 69, S. 71–146).
Karl Hohmann, Beiträge zum Väterbuch. Halle 1909.
Lee M. Kaiser, Das Väterbuch and the Legenda aurea. MLN 68 (1953) S. 473–74.
Anna Geisendorfer, Die Reimverhältnisse im Väterbuch, Vers 1 bis 10446. Diss. Wien 1953 (Masch.-Schr.).
Franz Bobek, Die Reimverhältnisse im Väterbuch, Vers 10447 bis 20808. Diss. Wien 1953 (Masch.-Schr.).

PASSIONAL

Ausg.: Karl August Hahn, Das alte Passional. Frankfurt 1845 (1. und 2. Buch).
Friedrich Karl Köpke, Das Passional. Quedlinburg u. Leipzig 1852 (3. Buch).
Franz Pfeiffer, Marienlegenden. 2. Aufl. Wien 1863.
C. Kläden, Über die im Besitze v. d. Hagen's befindliche Handschrift des Passionals. Germania (von der Hagen) 7 (1846) S. 249–72.
Hans Ferdinand Maßmann, Nochmals das alte Passional. Germania (von der Hagen) 7 (1846) S. 274–315.
Ignaz Zingerle, Über zwei tirolische Handschriften. I. Altes Passional. ZfdPh 6 (1875) S. 13–33.
Friedrich Ranke, Eine neue Handschrift des gereimten Passionals. In: Königsberger Beiträge. Festgabe zur 400jährigen Jubelfeier der Staats- und Universitätsbibliothek zu Königsberg i. Pr. 1929. S. 301–15.
Alois Bernt, Legende aus dem alten Passional. In: Altdeutsche Findlinge aus Böhmen. Brünn, München, Wien 1943. S. 67–71.
Gerhard Eis, Bruchstücke aus dem Passional. Idg. Forschgen. 60 (1952) S. 94–96.
Lit.: Ehrismann 2, Schlußband, S. 379–80.
Willy Krogmann, Verf.-Lex. 5, Sp. 863–67.
Helm-Ziesemer S. 48–70.
Josef Wichner, Die Legenda aurea Quelle des alten Passionales. ZfdPh 10 (1879) S. 255–80.

Edward Schröder, Zwei Editionen des Passionals. ZfdA 40 (1896) S. 301–04.
R. Latzke, Über die Proömien und Epiloge zum mittelhochdeutschen Passional.
Progr. Korneuburg 1903.
Maria Ossenich, Die Elisabethlegende im gereimten Passional. ZfdPh 49 (1923)
S. 181–95.
Ernst Tiedemann, Passional und Legenda aurea. Berlin 1909.
Gerhard Thiele, Der Ursprungsraum des Passionals. Weimar 1936 (Diss. Berlin,
Teildruck).

MÄRTYRERBUCH

Ausg.: Erich Gierach, DTM 32. Berlin 1928.
Lit.: Erich Gierach, Verf.-Lex. 1, Sp. 311–14.
Ehrismann 2, Schlußband, S. 381.
Josef Haupt, Über das mhd. Buch der Märterer. Wien 1872 (WSB Phil.-hist. Cl. 70,
S. 101–88).
Gerhard Eis, Die Quellen des Märterbuches. Reichenberg 1932.
Gerta Lahofer, Die Gestaltung des Nachsatzes im Märterbuch. Diss. Wien 1950
(Masch.-Schr.).

DER MAGET KRÔNE

Ausg.: Ignaz V. Zingerle, WSB Phil.-hist. Cl. 47 (1864) S. 489–564.
Lit.: Ehrismann 2, Schlußband, S. 401.
Jan van Dam, Verf.-Lex. 5, Sp. 643.
Edward Schröder, Der maget krône. ZfdA 67 (1930) S. 48.

MARGARETHENLEGENDE

Ausg.: Moriz Haupt, ZfdA 1 (1841) S. 151–93.
Lit.: Gerrit Gijsbertus von den Andel, Die Margarethalegende in ihren mittelalterlichen Versionen. Eine vergleichende Studie. Groningen 1933 (Theol. Diss. Amsterdam 1933; darin auch die Texte).
Weitere Lit. s. Bd. 2, S. 388 f.

CHRISTOPHORUSLEGENDE

Ausg.: Anton E. Schönbach, ZfdA 17 (1874) S. 85–136 Text A und 26 (1882) S. 20–84
Text B.
Lit.: Hans-Friedrich Rosenfeld, Der hl. Christophorus. Seine Verehrung und seine
Legende. Eine Untersuchung zur Kulturgeographie und Legendenbildung des
Mittelalters. Leipzig 1937 (darin Text C. Text A ZfdA Bd. 17, S. 85 ff., Text B ZfdA
Bd. 26, S. 20 ff.
Weitere Lit. s. Bd. 2, 4. Aufl. S. 389 und 454.

LEGENDE VOM HEILIGEN NIKOLAUS

Ausg.: Karl Bartsch, Wien 1871 (in der Ausg. von Konrads von Würzburg Partonopier und Meliur S. 333–42).
Lit.: Elias Steinmeyer, Neue Bruchstücke von S. Nicolaus. ZfdA 19 (1876) S. 228–36.
ders., Die Quellen des S. Nicolaus. ZfdA 21 (1877) S. 417–25.
Edward Schröder, S. Nicolaus. ZfdA 74 (1937) S. 130–32.

DOROTHEENLEGENDE

Ausg.: Lotte Busse, Die Legende der hl. Dorothea im deutschen Mittelalter. Langen-
salza 1930 (Diss. Greifwald)
Lit.: Lotte Busse, Verf.-Lex. 1, Sp. 448–52.
Ehrismann 2, Schlußband, S. 395–96.

LAUBACHER BARLAAM

Ausg.: Adolf Perdisch, StLV 260. Tübingen 1913.
Lit.: Josef Klapper, Verf.-Lex. 1, Sp. 170–71.
Ehrismann 2, Schlußband, S. 28.
Adolf Perdisch, Der Laubacher Barlaam. Vorstudien zu einer Ausgabe. Diss. Göttingen 1903.

HAVICH (HAUG) DER KELLNER

STEPHANUSLEGENDE
Ausg.: Reginald J. McClean, DTM 35. Berlin 1930.
Lit.: Ruth Westermann, Verf.-Lex. 2, Sp. 230–31.
Ehrismann 2, Schlußband, S. 391.
Emil Baumgarten, Lateinische und deutsche Stephanuslegenden. Diss. Halle 1924 (Masch.-Schr.).
Carl von Kraus, Zu Haugs Stephansleben. ZfdA 76 (1939) S. 253–63.

HUGO VON LANGENSTEIN

MARTINA
Ausg.: Adelbert von Keller, StLV 38. Stuttgart 1856.
Lit.: Ehrismann 2, Schlußband, S. 401–03.
Hans Hansel, Verf.-Lex. 3, Sp. 290–94.
Karl Stackmann, Verf.-Lex. 5, Sp. 426–31.
Helm-Ziesemer S. 44–47.
Reinhold Köhler, Quellennachweise zu Hugos von Langenstein Martina. Germania 8 (1863) S. 15–35.
Friedrich Lauchert, Die Sprache der Martina des Hugo von Langenstein. Alemannia 17 (1889) S. 211–38.
Paul Dold, Untersuchungen zur Martina Hugos von Langenstein. Diss. Straßburg 1911.
Erich Wiegmann, Beiträge zu Hugo von Langenstein u. seiner Martina. Diss. Halle 1920.
Ernst Ochs, „Martina" wirft Licht auf Otfrid. In: Festschrift E. Öhmann zu s. 60. Geburtstag. Helsinki 1952. S. 151–52.

ELISABETHLEGENDE

Ausg.: Max Rieger, StLV 90. Stuttgart 1868.
Edward Schröder, Das Fragment B der Elisabeth. ZfdA 54 (1913) S. 295–96.
ders., Bruchstück der hl. Elisabeth. ZfdA 54 (1913) S. 425–26.
Lit.: Friedrich Maurer, Verf.-Lex. 1, Sp. 551–53.
Ehrismann 2, Schlußband, S. 404–05.
Ilse Siegel, Reimuntersuchungen zum „Leben der heiligen Elisabeth". Diss. Heidelberg 1924 (Masch.-Schr.).

BRUDER HERMANN

IOLANDE VON VIANDEN
Ausg.: John Meier, Bruder Hermanns Leben der Gräfin Iolande von Vianden. Breslau 1889.
Lit.: Ehrismann 2, Schlußband, S. 406.
Carl Wesle, Verf.-Lex. 2, Sp. 413–14.
Joh. Franck, Zu Bruder Hermanns Jolande. ZfdA 35 (1891) S. 379–88.
Albert Leitzmann, Zu Bruder Hermanns Iolande. ZfdPh 66 (1941) S. 129–31.

LUTWIN

ADAM UND EVA

Ausg.: Konrad Hofmann u. Wilhelm Meyer, StLV 153. Tübingen 1881.
Lit.: Ehrismann 2, Schlußband, S. 357–58.
Hans-Friedrich Rosenfeld, Verf.-Lex. 3, Sp. 202–04.
Konrad Hofmann u. Wilhelm Meyer, Die Textkritik von Lutwins Adam und Eva.
MSB 1880. S. 598–616.
A. C. Dunstan, The Middle High German „Adam and Eve" by Lutwin and the
Latin „Vita Adae et Evae". MLR 24 (1929) S. 191–99.
Gerhard Eis, Heimat, Quellen und Entstehungszeit von Lutwins „Adam und Eva".
In: Beiträge zur mhd. Legende und Mystik (German. Studien 161). Berlin 1935.
S. 25–106; ebenda: Verzeichnis der Reime in Lutwins „Adam und Eva". S. 355–73.
A. C. Dunstan, Lutwin's Latin Source, in: German Studies. Presented to Professor
H. G. Fiedler... Oxford 1938. S. 160–73.

ANDERE ADAMSLEGENDEN

Ausg.: Friedrich Heinrich von der Hagen, Gesamtabenteuer Bd. 1 Nr. 1. S. 5–16.
Hermann Fischer, Die Buße Adams und Evas. Germania 22 (1877) S. 316–41.
Lit.: Jan van Dam, Verf.-Lex. 1, Sp. 4–8.

HEINRICH VON FREIBERG

Lit.: siehe zu Kap. 3.

HELWIG VON WALDIRSTET

MÄRE VOM HL. KREUZ

Ausg.: Paul Heymann, Helwigs Märe vom heiligen Kreuz. Berlin 1908.
Lit.: Ehrismann 2, Schlußband, S. 383.
Jan van Dam, Verf.-Lex. 2, Sp. 393–94.
Helm-Ziesemer S. 48.
Edward Schröder, Helwig, ZfdA 69 (1932) S. 124.

HEINRICH CLUSENER

Ausg.: Karl Bartsch, Mitteldeutsche Gedichte. StLV 53. Stuttgart 1860. S. 1–39.
Lit.: Ehrismann 2, Schlußband, S. 371 u. 408.
Erich Gierach, Verf.-Lex. 2, Sp. 289–90.
Edward Schröder, Heinrich Clusenere. ZfdA 67 (1930) S. 152–54.

SIEGFRIED DER DORFER

FRAUENTROST

Ausg.: Franz Pfeiffer, ZfdA 7 (1849) S. 109–28.
Friedrich Heinrich von der Hagen, Gesamtabenteuer Bd. 3. Nr. 72. S. 429–50.
Lit.: Ehrismann 2, Schlußband, S. 371.
Hans-Friedrich Rosenfeld, Verf.-Lex. 4, Sp. 204–06.

THOMAS VON KANDELBERG

Ausg.: Friedrich Heinrich von der Hagen, Gesamtabenteuer Bd. 3 Nr. 87 S. 573–86
(Fassung I).
Richard Scholl, Thomas von Kandelberg. Eine mittelhochdeutsche Marienlegende.
Leipzig 1928. (Fassung I und II).
Lit.: Ehrismann 2, Schlußband, S. 406.
Hans-Friedrich Rosenfeld, Verf.-Lex. 4, Sp. 453–55.

Wilhelm Stehmann, Die mittelhochdeutsche Novelle vom Studentenabenteuer. Berlin 1909. S. 130–31.
Edward Schröder, ‚Thomas von Kandelnberg'? ZfdA 61 (1924) S. 233–36.

KUNZ KISTENER

JAKOBSBRÜDER
Ausg.: Karl Euling, Die Jakobsbrüder von Kunz Kistener. Germanist. Abhandlungen
Bd. XVI. Breslau 1899.
Lit.: Ehrismann 2, Schlußband, S. 409–10.
Albert Leitzmann, Bemerkungen zu Kisteners Jakobsbrüdern. ZfdPh 32 (1900)
S. 422–30 u. 557–63.
Karl Helm, Zu Überlieferung und Text von Kunz Kisteners Jakobsbrüdern. Beitr.
26 (1901) S. 157–66.

DIE SULTANSTOCHTER IM BLUMENGARTEN
Ausg.: Johannes Bolte, ZfdA 34 (1890) S. 18–31.
Lit.: Ehrismann 2, Schlußband, S. 384.
Hans Eggers, Verf.-Lex. 4, Sp. 317–18.
Johannes Bolte, Zu Zs. 34, 27: Die Sultanstochter im Blumengarten. ZfdA 36 (1892)
S. 95–96.

SCHONDOCH
DER LITTAUER
Ausg. u. Lit. siehe zu Kap. 6 (Kleinepik) Die Königin von Frankreich.

DAS ZWÖLFJÄHRIGE MÖNCHLEIN
Ausg.: Maurer von Constant, Schaffhausen 1842.
Theodor Kirchhofer, Die Legende vom zwölfjährigen Mönchlein. Diss. Schaffhausen 1866.
Lit.: Ehrismann 2, Schlußband, S. 407–08.
Kurt Ruh, Verf.-Lex. 5, Sp. 691–92.

ENGEL UND WALDBRUDER
Ausg.: Anton E. Schönbach, WSB Phil.-hist. Cl. Bd. 143, Abh. Nr. XII. Mitteilungen aus altdeutschen Handschriften. Siebentes Stück. Wien 1901.
Lit.: Ehrismann 2, Schlußband, S. 408–09.
Arthur Witte, Verf.-Lex. 1, Sp. 568–70.
Otto Rohde, Die Erzählung vom Einsiedler und dem Engel in ihrer geschichtlichen
Entwicklung. Leipzig 1894 (Diss. Rostock 1893).

MÖNCH FELIX
Ausg.: Erich Mai, Das mittelhochdeutsche Gedicht vom Mönch Felix. Berlin 1912
v. Hardenberg, Geistliches Gedicht des XIII. Jahrhunderts. Germania 25 (1880)
S. 339–344 (der Zwivelere).
Franz Pfeiffer, Bruchstücke mittelhochdeutscher Gedichte. ZfdA 5 (1845) S. 433–34.
Lit.: Ehrismann 2, Schlußband, S. 407.
Louis L. Hammerich, Verf.-Lex. 3, Sp. 425–27.
Fritz Müller, Die Legende vom verzückten Mönch, den ein Vöglein in das Paradies
leitet. Leipzig 1912 (Diss. Erlangen 1910).

BRUDER RAUSCH
Ausg.: Heinrich Anz, Jb. d. Ver. f. nd. Sprachforschg. 24 (1898) S. 76–112.
Robert Priebsch, Zwickau 1920 (Faksimileausg. d. ältesten nd. Druckes).

Lit.: Ludwig Wolff, Verf.-Lex. 1, Sp. 292–94.
Ehrismann 2, Schlußband, S. 483.
Heinrich Anz, Die Dichtung vom Bruder Rausch. Euphorion 4 (1897) S. 756–72.
Robert Priebsch, Die Grundfabel u. Entwicklungsgeschichte der Dichtung vom
Bruder Rausch. In: Untersuchungen u. Quellen zur german. u. roman. Phil., Johann
von Kelle dargebracht. Tl. 1. Prag 1908. S. 423–34.

DER RAUBRITTER UND SEIN KÄMMERER

Ausg.: Franz Pfeiffer, Marienlegenden. 2. Aufl. Wien 1863. Nr. 14, S. 94–104.
Vgl. auch die beim Passional angeführte Literatur.

DER RICHTER UND DER TEUFEL

Ausg.: Friedrich Heinrich von der Hagen, Gesamtabenteuer Bd. 3 Nr. 69. S. 383–93.

UDO VON MAGDEBURG

Ausg.: Karl Helm, Neue Heidelberger Jbb. 7 (1896) S. 95–120.
Lit.: Ehrismann 2, Schlußband, S. 392.
Hugo Kuhn, Verf.-Lex. 4, Sp. 554–55.
Anton E. Schönbach, Die Legende vom Erzbischof Udo von Magdeburg. WSB
phil.-hist. Cl. 145 (1902) Abh. Nr. II mit Nachträgen in Abh. Nr. VI. S. 78–91.
Edvin Öhgren, Die Udolegende. Ihre Quellen und Verbreitung, mit besonderer
Berücksichtigung ihrer Übersetzung ins Russisch-Kirchenslavische. (Publications
de l'institut slave d'Upsal Nr. VIII.) Uppsala 1954.

DIE TEUFELSBEICHTE

Ausg.: August Closs, Weltlohn, Teufelsbeichte, Waldbruder. Beitrag zur Bearbeitung
lateinischer Exempla in mhd. Gewande. Heidelberg 1934.
Lit.: Cola Minis, Verf.-Lex. 5, Sp. 1084–85.
August Closs, Die Teufelsbeichte, ein mittelhochdeutsches Exemplum. MLR 27
(1932) S. 293–306.

VRÔNE BOTSCHAFT

Ausg.: Robert Priebsch, Graz 1895.
Lit.: Ehrismann 2, Schlußband, S. 367.
Wolfgang Lange, Verf.-Lex. 5, Sp. 104–06.

VORAUER NOVELLE

Ausg.: Anton E. Schönbach, Studien zur Erzählungsliteratur des Mittelalters. II. Teil.
Die Vorauer Novelle. WSB Phil.-hist. Cl. Bd. 140 Abh. IV. Wien 1899
Lit.: Ehrismann 2, Schlußband, S. 374.
Arthur Witte, Verf.-Lex. 3, Sp. 628–29.
Albert Leitzmann, Zur Vorauer Novelle. In: Altdeutsches Wort und Wortkunst-
werk. Georg Baesecke zum 65. Geburtstag. . . Halle 1941. S. 190–94.

REUNER RELATIONEN

Ausg.: Anton E. Schönbach, WSB Phil.-hist. Cl. 139, Abh. V. Studien zur Erzählungsliteratur des Mittelalters. 4. Teil. Wien 1898.

WELTLOHN

Ausg.: August Closs, Titel s. unter „Teufelsbeichte".

DIE JAGD VON WÜRTTEMBERG

Ausg.: Adelbert von Keller, Erzählungen aus altdt. Handschriften. StLV 35. Stuttgart 1855 S. 80–92.

ZEICHEN DES JÜNGSTEN GERICHTES

Ausg.: Hans Eggers, Beitr. 74 (1952) S. 355–409.
Lit.: Hans Eggers, Verf.-Lex. 5, Sp. 1139–48.

VON DEM JUNGESTEN TAGE

Ausg.: L. A. Willoughby, Von dem jungesten Tage, a middle high german poem of the thirteenth century. Oxford 1918.
Lit.: Ehrismann 2, Schlußband, S. 367.
James M. Clark, Verf.-Lex. 5, Sp. 353.

BIBLIOGRAPHISCHER ANHANG

Zur Ergänzung der jedem Kapitel angeschlossenen Literaturangaben werden hier in Auswahl die seit 1962 erschienenen Arbeiten über das Forschungsgebiet des 3. Bandes (1. Teil) genannt sowie einige wichtige Titel aus der früheren Zeit nachgetragen.

II. KAPITEL
Seite 27–76

KONRAD VON WÜRZBURG

Hans Joachim Gernentz, Konrad von Würzburg. Charakter und Bedeutung seiner Dichtung. Weimarer Beiträge 7 (1961) S. 27–45.

Brigitte Morgenstern, Studie zum Menschenbild Konrads von Würzburg. Diss. Tübingen 1962. (Masch.-Schr.).

Heinz Rupp, Rudolf von Ems und Konrad von Würzburg. Das Problem des Epigonentums. Deutschunterricht 17 (1965) H. 2, S. 5–17.

David M. Blamires, Konrads von Würzburg Verse Novellen, in: Medieval Miscellany. Festschrift Eugène Vinaver. New York 1965. S. 28–44.

Wolfgang Monecke, Studien zur epischen Technik Konrads von Würzburg. Das Erzählprinzip der „wildekeit". Stuttgart 1968 (mit einem Geleitwort von Ulrich Pretzel). (Germanistische Abhandlungen 24).

Ayse Baykal, Die Nachstellung des attributiven Adjektivs bei Konrad von Würzburg. Diss. Wien 1969. (Masch.-Schr.).

ENGELHARD

Ausg.: Paul Gereke. 2. neubearb. Aufl. von Ingo Reiffenstein. Tübingen 1963 (Altd. Textbibl. 17).

Lit.: Erich Kaiser, Das Thema der unheilbaren Krankheit im „Armen Heinrich" Hartmanns von Aue und im „Engelhard" Konrads von Würzburg und weiterer mhd. Gedichten. Diss. Tübingen 1965.

Barbara Könneker, Erzähltypus und epische Struktur des „Engelhard". Ein Beitrag zur lit.-hist. Stellung Konrads von Würzburg. Euphorion 62 (1968) S. 239–77.

Peter Kesting, Diu rehte warheit. Zu Konrads von Würzburg „Engelhard". ZfdA 99 (1970) S. 246–59.

Karl-Heinz Göttert, Tugendbegriff und epische Struktur in höfischen Dichtungen. Heinrichs des Glîchezâre „Reinhart Fuchs" und Konrads von Würzburg „Engelhard". Köln, Wien 1971 (zugleich Diss. Köln).

C. W. Edwards, Ein neues Exemplar des „Engelhard" Konrads von Würzburg. ZfdA 101 (1972) S. 145.

PARTONOPIER

Ausg.: Karl Bartsch, Wien 1871. Nachdruck Berlin 1970 (mit einem Nachwort von Rainer Gruenter in Verbindung mit Bruno Jöhnk u. a.) (Deutsche Neudrucke. Reihe: Texte des Mittelalters).

TROJANERKRIEG

Ausg.: Adelbert von Keller, Stuttgart 1858. Nachdruck Amsterdam 1965.

Karl Bartsch, Anmerkungen zu Konrads Trojanerkrieg. Tübingen 1877. Nachdruck Amsterdam 1965.

Lit.: Peter Ochsenbein, Neuentdeckte Bruchstücke vom Trojanerkrieg Konrads von Würzburg. ZfdA 99 (1970) S. 148–56.

HERZEMÆRE

Ausg.: Heinz Rölleke (mhd. Text nach der Ausgabe von E. Schröder), Stuttgart 1968 (Reclams Universal-Bibliothek 2855/55a).

Lit.: Wolfgang Stammler, Wolframs Willehalm und Konrads Herzmære in mittelrheinischer Überlieferung. ZfdPh 82 (1963) S. 1–29.

Heinz Rölleke, Zum Aufbau des Herzmære Konrads von Würzburg. ZfdA 98 (1969) S. 126–33.

Ursula Schulze, Konrads von Würzburg novellistische Gestaltungskunst im „Herzmære", in: Mediævalia litteraria. Festschrift Helmut de Boor. München 1971. S. 451 – 84.

HEINRICH VON KEMPTEN

Ausg.: Karl August Hahn, Quedlinburg und Leipzig 1838. Nachdruck Amsterdam 1969.

DER WELT LOHN

Zum Lesartenapparat in Edward Schröders Ausgabe von Konrads von Würzburg „Der Welt Lohn". Beitr. (Tüb.) 94 (1972) S. 198–201.

PANTALEON

Winfried Woesler, Textkritisches zu Konrads „Pantaleon". ZfdA 101 (1972) S. 213–24.

GOLDENE SCHMIEDE

Ausg.: Edward Schröder. 2. unveränderte Aufl. Göttingen 1969.

TURNIER VON NANTES

Helmut de Boor, Die Chronologie der Werke Konrads von Würzburg, insbesondere die Stellung des Turniers von Nantes. Beitr. (Tüb.) 89 (1967) S. 210–69.

JÜNGERER TITUREL

Ausg.: Werner Wolf, Bd. 2 (Strophe 1958–4394). Berlin 1968 (DTM 61).

Lit.: Werner Wolf, Der Jüngere Titurel, „das Haubt ob teutschen Puechen". Wirk. Wort 6 (1955) S. 1–12. Jetzt auch Wirk. Wort Sammelband 2 (1963) S. 209–20.

Walter Röll, Studien zu Text und Überlieferung des sogenannten Jüngeren Titurel. Heidelberg 1964 (Germanische Bibliothek. Reihe 3). *Vgl. dazu folgende Besprechungen:* Werner Schröder in: AfdA 76 (1965) S. 27–39. Kurt Nyholm in: Beitr. (Tüb.) 87 (1965) S. 442–60.

Michel Huby, Vers une nouvelle édition scientifique de „Der Jüngere Titurel"? Études Germaniques 20 (1965) S. 363–66.

Walter Röll, Über die kritische Herausgabe des sogenannten Jüngeren Titurel. Études Germaniques 21 (1966) S. 588–89.

Hanspeter Brode, Untersuchungen zum Sprach- und Werkstil des „Jüngeren Titurel' von Albrecht von Scharfenberg. Diss. Freiburg/Br. 1966.

Hans Georg Maak, Zu Füetrers Fraw eren hof und die Frage nach dem Verfasser des Jüngeren Titurel. ZfdPh 87 (1967) S. 42–46.

R. William Leckie, Bestia de funde. Natural science and the „Jüngere Titurel". ZfdA 96 (1967) S. 263–77.

ders., Gamaniol, der Vogel. Natural science and the „Jüngere Titurel" II. ZfdA 98 (1969) S. 133–44.

ders., Albrecht von Scharfenberg and the „Historia de preliis Alexandri Magni" ZfdA 99 (1970) S. 120–39.

Joachim Bumke, Zur Überlieferung von Wolframs Titurel. Wolframs Dichtung und der Jüngere Titurel. ZfdA 100 (1971) S. 390–431.

HEINRICH VON NEUSTADT

Gesamtausg.: Samuel Singer, Berlin 1906. Nachdruck Dublin, Zürich 1967.

GOTTES ZUKUNFT

Ingeborg Pelker, Heinrich von Neustadt. Von Gottes Zukunft und Visio Philiberti. Reim- und Sprachuntersuchung. Diss. Wien 1963. (Masch.-Schr.).

Peter Ochsenbein, Das Compendium Anticlaudiani. Eine neuentdeckte Vorlage Heinrichs von Neustadt. ZfdA 98 (1969) S. 81–108.

Harald Fuchs, Zum Text des Compendium Anticlaudiani. ZfdA 99 (1970) S. 259–64.

III. KAPITEL

S. 77–135

ALLGEMEINES

Peter Kobbe, Funktion und Gestalt des Prologs in der mhd. nachklassischen Epik des 13. Jh. DVjs. 43 (1969) S. 405–57.

PLEIER

GAREL VOM BLÜHENDEN TAL

Helmut de Boor, Der Daniel des Strickers und der Garel des Pleiers. Beitr. (Tüb.) 79 (1957) S. 67–84. Jetzt auch: Helmut de Boor, Kleine Schriften I. Berlin 1964.

Armin Wolff, Untersuchungen zu Garel von dem blühenden Tal von dem Pleier. Diss. München 1967.

KONRAD VON STOFFELN

GAURIEL VON MUNTABEL

Ausg.: Ferdinand Khull. Graz 1885. Nachdruck Osnabrück 1969 (mit einem Nachwort und Literaturverzeichnis von Alexander Hildebrandt).

WISSE-COLIN

NEUER PARZIVAL

Werner Besch, Vom „alten" zum „nüwen" Parzival. Deutschunterricht 14 (1962) H. 6, S. 91–104.

HEINRICH VON FREIBERG

TRISTAN

Ausg.: Reinhold Bechstein. Leipzig 1877. Nachdruck Amsterdam 1966.

REINFRIED VON BRAUNSCHWEIG

Wolfgang Harms, „Epigonisches" im Reinfried von Braunschweig. ZfdA 94 (1965) S. 307–16.

Gunda Dittrich-Orlovius, Zum Verhältnis von Erzählung und Reflexion im Reinfried von Braunschweig. Göppingen 1971 (zugl. Diss. Marburg).

JOHANN VON WÜRZBURG

WILHELM VON ÖSTERREICH

Helmut Rehbock, Epischer Vorgang und Aufbaustil im „Wilhelm von Österreich". Diss. Göttingen 1963.

Eckart Frenzel, Studien zur Persönlichkeit Johanns von Würzburg. Berlin 1930. Nachdruck Nendeln/Liechtenstein 1967.

Eugen Mayser, Studien zur Dichtung Johanns von Würzburg. Berlin 1931. Nachdruck Nendeln/Liechtenstein 1967.

FRIEDRICH VON SCHWABEN

Edwin Bonsack, The Vǫlundarqviða, the Friedrich von Schwaben, and the Heliand. Washington 1964.

ders, More on the Vǫlundarqviða, the Friedrich von Schwaben, and the Heliand. Washington 1965.

ULRICH VON ETZENBACH

WILHELM VON WENDEN

Rolf Schulmeister, Aedificatio und imitatio. Studien zur intentionalen Poetik der Legende und Kunstlegende. Hamburg 1971 (= Geistes- u. sozialwiss. Diss. 16).

ALEXANDREÏS

Horst Preiss, Bemerkungen zur Alexandreïsforschung. Jb. für fränkische Landesforschung 20 (1960) S. 345–66.

Dieter Richter, Ein neues Fragment des Alexander von Ulrich von Etzenbach. ZfdA 94 (1965) S. 58–80.

D. J. A. Ross, Two New Mss. of the Alexander of Ulrich von Etzenbach. ZfdA 96 (1967) S. 239–46.

HERZOG ERNST D

Hans-Friedrich Rosenfeld, Herzog Ernst D und Ulrich von Eschenbach. Leipzig 1929. Nachdruck New York, London 1967.

PROSAROMAN VON LANZELOT

Ausg.: Reinhold Kluge, Bd. 2. Berlin 1963 (DTM 47).

Lit.: Uwe Ruberg, Die Suche im Prosa-Lancelot, ZfdA 92 (1963/64) S. 122–57.

Rolf Schäftlein, Die Sprache der Amorbacher Bruchstücke und des Heidelberger Lancelot. Wiss. Zs. d. Univ. Jena 13 (1964) S. 143–47.

Uwe Ruberg, Raum und Zeit im Prosa-Lancelot. München 1965.

Horst Koch, Studien zur epischen Struktur des Lancelot-Prosaromans. Diss. Köln 1965.

Hans-Hugo Steinhoff, Zur Entstehungsgeschichte des deutschen Prosa-Lancelot, in: Probleme mittelalterlicher Überlieferung und Textkritik. Oxforder Colloquium 1966. Hrsg. von Peter F. Ganz u. Werner Schröder. Berlin 1968. S. 81–95.

Rudolf Voß, Der Prosa-Lancelot. Eine strukturanalytische und strukturvergleichende Studie auf der Grundlage des deutschen Textes. Meisenheim 1970 (Dt. Studien 12).

KARLMEINET

Ausg.: A. M. Duinhoven. Zwolle 1969 (Ausgabe des mittelniederländischen Textes und der Karlmeinet-Kompilatie).

Adelbert von Keller. Stuttgart 1858. Nachdruck Amsterdam 1971.

Lit.: Theodor Frings und E. Linke, Rätselraten um den Karlmeinet, in: Mediaeval German Studies. Festschrift Frederick Norman. London 1965. S. 219–30.

Dagmar Helm, Untersuchungen zur Sprache des Karlmeinet. Diss. Leipzig 1966.

Cola Minis, Über die vermutliche Grundlage von „Karl und Galie". Verhandlungen des 2. Internationalen Dialektologen-Kongresses. Marburg/Lahn 1965. S. 556–60.

ders., Über Karl und Galie. s'Hertogenbosch 1967. (Tilliburgis publikaties van de Katholieke leergangen 20).

Eckhard Ludwig Wilke, Der mitteldeutsche „Karl und Elegast". Studien zur vergleichenden Literaturwissenschaft. Marburg 1969. (Marburger Beiträge zur Germanistik). (zugl. Diss. Marburg).

Dagmar Helm, Schreiberwillkür oder Gesetzmäßigkeiten? Fehler und Entstellungen in den Reimen von Karlmeinet I. Beitr. (Halle) 92 (1970) S. 349–87.

H. Vekeman, De verhaaltechniek in Karel ende Elegast. Spiegel der Letteren 13 (1970/71) S. 1–9.

A. M. Duinhoven, Elegast maakt sich bekend. Textkritiek op de „Karel ende Elegast". Spiegel der Letteren 13 (1970/71) S. 81–111.

Cola Minis, Bibliographie zum Karlmeinet. Amsterdam 1971 (= Beschreibende Bibliographien 1).

RIPUARISCHE TRISTANBRUCHSTÜCKE

Gilbert de Smet und M. Gysseling, Die niederfränkischen Tristanbruchstücke. Cod. vind. Ser. Nova 3968. Studia Germanica Gandensia 9 (1967) S. 197–234.

Gilbert de Smet, De nederfrankische Tristant-fragmenten. Handelingen van det dertigste Nederlands Filologencongres. Groningen 1968. S. 111–12.

IV. KAPITEL

S. 136–186

ALLGEMEINE LITERATUR ZUM HELDENEPOS

Viktor Schirmunski, Vergleichende Epenforschung 1. Berlin 1961.

Heinrich Hempel, Niederdeutsche Heldensage. Die Nachbarn. Jb. für vergleichende Volkskunde 3 (1962) S. 7–30. Jetzt auch: Heinrich Hempel, Kleine Schriften. Heidelberg 1966. S. 134–52.

Gerald T. Gillespie, The Significance of Personal Names in German Heroic Poetry, in: Mediaeval German Studies. Festschrift Frederick Norman. London 1965. S. 16–21.

Wolfgang Mohr, Spiegelung von Heldendichtungen in mittelalterlichen Epen. Beitr. (Tüb.) 88 (1966/67) S. 241–48.

Hermann Schneider, Das mhd. Heldenepos. ZfdA 58 (1921) S. 97–139. Jetzt auch: Das deutsche Versepos. Darmstadt 1969. S. 182–224 (Wege der Forschung 109).

Heinz Rupp, „Heldendichtung" als Gattung der deutschen Literatur des 13. Jahrhunderts, in: Volk, Sprache, Dichtung. Festgabe für Kurt Wagner. Gießen 1960. S. 9–25. Jetzt auch: Das deutsche Versepos. Darmstadt 1969. S. 225–42 (Wege der Forschung 109).

HELDENBÜCHER

Straßburger Heldenbuch: Adelbert von Keller, StLV 87. Stuttgart 1867. Nachdruck Hildesheim 1966.

HÜRNEN SEYFRIED

John L. Flood, Neue Funde zur Überlieferung des Hürnen Seyfried. ZfdPh 87 (1968)
S. 22–30.

DARMSTÄDTER AVENTIURENVERZEICHNIS (NIBELUNGENHS. m)

Helmut de Boor, Die Bearbeitung m des Nibelungenliedes. Beitr. (Tüb.) 81 (1959)
S. 176–95. Jetzt auch: Helmut de Boor, Kleine Schriften II. Berlin 1966. S. 212–28.

DUCUS HORANT

Ausg.: P. F. Ganz, F. Norman und W. Schwarz (mit einem Exkurs von S. A. Birnbaum). Tübingen 1964 (Altd. Textbibl., Ergänzungsreihe 2).

Lit.: Siegfried Colditz, Das hebräisch-mittelhochdeutsche Fragment vom Dukus
Horant. Forschungen und Fortschritte 40 (1966) S. 302–06.

Werner Schwarz, Die weltliche Volksliteratur der Juden, in: Judentum im Mittelalter. Beiträge zum christlich-jüdischen Gespräch. Hrsg. von Paul Wilpert. Berlin
1966 (Miscellanea Mediaevalia 4).

Walter Röll und Christoph Gerhardt, Zur literarhistorischen Einordnung des sogenannten Dukus Horant. DVjs. 41 (1967) S. 517–27.

DIETRICHDICHTUNG (ALLGEMEIN)

Jan de Vries, Theoderich der Große. GRM 42 (1961) S. 319–30.

Georges Zink, Chansons de geste et epopées allemandes. Études Germaniques 17
(1962) S. 125–36.

Theodore M. Andersson, Cassiodorus and the Gothic Legend of Ermanaric. Euphorion 57 (1963) S. 28–43.

Hans Kuhn, Dietrichs dreißig Jahre, in: Märchen, Mythos, Dichtung. Festschrift
Friedrich von der Leyen. München 1963. S. 117–20.

P. B. Wessels, Dietrichepik und Südtiroler Erzählsubstrat. ZfdPh 85 (1966) S. 345–69.

John L. Flood, Some Notes on German Heroic Poems. The Library 22 (1967)
S. 228–42.

Hugo Kuhn, Hildebrand, Dietrich von Bern und die Nibelungen, in: Hugo Kuhn,
Text und Theorie. Stuttgart 1969. S. 126–40.

Horst Peter Pütz, Studien zur Dietrichsage. Mythisierung und Dämonisierung Theo-
derichs d. Großen. Diss. Wien 1969. (Masch.-Schr.).

Daton Arnold Dodson, A Formula Study of the MHG Heroic Epic Wolfdietrich A,
Wolfdietrich B, Rosengarten. Diss. University of Texas at Austin 1970 (DA 71/72.
3995 A).

Horst P. Pütz, Heimes Klosterperiode. Ein Beitrag zur Quellenfrage der Thidrekssaga.
ZfdA 100 (1971) S. 178–95.

Walter Haug, Die historische Dietrichsage. Zum Problem der Literarisierung geschichtlicher Fakten. ZfdA 100 (1971) S. 43–62.

BUCH VON BERN

Dietlind Bindheim, Die Dialogtechnik in Dietrichs Flucht und der Rabenschlacht. Eine vergleichende Untersuchung der beiden Epen. Diss. München 1966.

JÜNGERES HILDEBRANDSLIED

Wolfgang Harms, Der Kampf mit dem Freund oder Verwandten in der deutschen Literatur bis um 1300. München 1963 (Medium Aevum 1).

W. B. Lockwood, Die Textgestalt des jüngeren Hildebrandliedes in jüdisch-deutscher Sprache. Beitr. (Halle) 85 (1963) S. 433–47.

Ludwig Wolff, Das jüngere Hildebrandslied und seine Vorstufe. Hess. Bll. f. Vk. 39 1941) S. 54–63. Jetzt auch: Ludwig Wolff, Kleinere Schriften zur altdeutschen Philologie. Berlin 1967. S. 350–58.

KONINC ERMENRIKES DOT

Helmut de Boor, Das niederdeutsche Lied von Koninc Ermenrikes Dot. Beiträge zur Deutschkunde. Festschrift Siebs. Emden 1922. S. 22–38. Jetzt auch: Helmut de Boor, Kleine Schriften II. Berlin 1966. S. 42–57.

Helmut de Boor, Wie der Fuß dem Fuß, die Hand der Hand, in: Beitr. (Tüb.) 86 (1964) S. 298–300.

Klaus von See, Die Sage von Hamdir und Sörli, in: Festschrift Gottfried Weber. Berlin 1968. S. 47–75.

ALBRECHT VON KEMNATEN

GOLDEMAR

Helmut de Boor, Albrecht von Kemnaten, in: Unterscheidung und Bewahrung. Festschrift Hermann Kunisch. Berlin 1961. S. 20–30. Jetzt auch: Helmut de Boor, Kleine Schriften I. Berlin 1964, S. 198–208.

ECKENLIED

Helmut de Boor, Zur Eckensage. Mitt. d. Schles. Ges. f. Volkskunde 23 (1923) S. 29–43. Jetzt auch: Helmut de Boor, Kleine Schriften II. Berlin 1966. S. 1–12.

Georges Zink, À propos d'un épisode de la Crône (vv. 9129–532), in: Festschrift Jean Fourquet. Paris, München 1969. S. 395–405.

ders., Eckes Kampf mit dem Meerwunder. Zu „Eckenlied" L 52–54, in: Mediævalia litteraria. Festschrift Helmut de Boor. München 1971. S. 485–92.

SIGENOT

John L. Flood, Unbekannte Bruchstücke zweier Drucke des Jüngeren Sigenot. ZfdA 93 (1964) S. 67–72.

Joseph Benzing, Eine unbekannte Ausgabe des Sigenot vom Ende des 15. Jh. Gutenberg-Jb. 39 (1964) S. 132–34.

John L. Flood, Studien zur Überlieferung des Jüngeren Sigenot. ZfdA 95 (1966) S. 42–79.

Hellmut Rosenfeld. Ein neues handschriftliches Sigenot-Fragment. ZfdA 96 (1967) S. 78–80.

VIRGINAL

Wolfram Schmitt, Bruchstücke einer Virginalhs. in der Württembergischen Landesbibliothek Stuttgart. Stud. Neophil. 35 (1963) S. 269–74.

LAURIN

P. B. Wessels, König Laurin. Quelle und Struktur. Beitr. (Tüb.) 84 (1962) S. 245–65.

Manfred Zips, König Laurin und sein Rosengarten. Ein Beitrag zur Quellenforschung, in: Tiroler Heimat 35 (1972) S. 5–50.

John L. Flood, Das gedruckte Heldenbuch und die jüngere Überlieferung des Laurin D. ZfdPh 91 (1972) S. 29–48.

V. KAPITEL

S. 187–220

ALLGEMEINES

Rossell Hope Robbins, Historical Poems of the XIVth and XVth centuries. New York 1959.

CHRISTHERRE-CHRONIK

Edgar Papp, Fragment der Christherre-Chronik. ZfdA 98 (1969) S. 215–16.

SÄCHSISCHE WELTCHRONIK

Ausg.: Hans Ferdinand Massmann (Hrsg.), Eike von Repkow, Das Zeitbuch in ursprünglich niederdeutscher Sprache und in früher lateinischer Übersetzung. Stuttgart 1857. Nachdruck Amsterdam 1969.

JANSEN ENIKEL

Estelle Morgan, Two Notes on the Fürstenbuch. Modern Language Review 60 (1965) S. 395–99.

OTTOKAR VON STEIERMARK

Werner Kindig, Judenburg im Spiegel der Steirischen Reimchronik Ottokars aus der Gaal. Ein Beitrag zur Stadtgeschichte 1245–1309. Judenburg 1970 (Judenburger Museumsschriften 5).

PRIESTER EBERHARD

GANDERSHEIMER REIMCHRONIK

Ausg.: Ludwig Wolff. 2. rev. Aufl. Tübingen 1969 (Altd. Textbibl. 25).

Lit.: Albert Leitzmann, Zur Gandersheimer Reimchronik (aus dem Nachlaß des Verfassers). ZfdPh 85(1966) S. 83–93.

GOTTFRIED HAGEN

CHRONIK DER STADT KÖLN

Elmar Neuß, Das sprachhistorische Problem von Godefrit Hagens Reimchronik der Stadt Köln. Rheinische Vjbll. 33 (1969) S. 297–329.

NICOLAUS VON JEROSCHIN

Evald Johansson, Die Deutschordens-Chronik des Nicolaus von Jeroschin: Eine sprachliche Untersuchung mit komparativer Analyse der Wortbildung, ein Beitrag zur Erforschung der Ordenssprache und ihrer Rolle in der Entwicklung der neuhochdeutschen Schriftsprache. Lund, Kopenhagen 1964 (Lunder germanistische Forschungen 36) (zugl. Diss. Lund).

ders., Studien zu Nicolaus von Jeroschins Adalbertübersetzung. Lund 1967 (Lunder germanistische Forschungen 40).

ders., Noch ein Beitrag zum Verfasser-Lexikon. Beitr. (Tüb.) 90 (1958) S. 113–15.

Hans-Georg Richert, Über einige Fragmente geistlicher deutscher Dichtung. Beitr. (Tüb.) 91 (1969) S. 302–12.

BÖHMERSCHLACHT UND SCHLACHT BEI GÖLLHEIM

Adolf Bach, Ein neues Bruchstück der „Ritterfahrt". ZfdA 69 (1932) S. 90–96. Jetzt auch: Adolf Bach, Germanistisch-historische Studien. Gesammelte Abhandlungen. Bonn 1964. S. 545–50.

Günter Kötz, Die Katzenelnbogener Grafen, Burg Rheinfels und die Dichter. Rhein. Vjbl. 34 (1970) S. 340–47.

VI. KAPITEL

Seite 221–297

ZUR VORBEMERKUNG

Lassberg, Freiherr von, Lieder-Saal, das ist: Sammlung altteutscher Gedichte aus ungedrukten Quellen, 3 Bände 1820, 1822 und 1825. Nachdruck Darmstadt 1968.

Heinrich Niewöhner, Neues Gesamtabenteuer. Bd. 1, 2. Aufl. Dublin, Zürich 1967 (hrsg. von Werner Simon).

ZU DEN HANDSCHRIFTEN

Hans-Georg Richert, Kàlosca Cod. 1. Beitr. (Tüb.) 88 (1966/67) S. 347–54.

ALLGEMEINES

Hanns Fischer, Probleme und Aufgaben der Literaturforschung zum deutschen Spätmittelalter. GRM 40 (1959) S. 217–27.

Lutz Röhrich, Erzählungen des späten Mittelalters und ihr Weiterleben in Literatur und Volksdichtung bis zur Gegenwart. Sage, Märchen, Exempel und Schwänke. Bd. 1. Bern, München 1962.

Hanns Fischer, Mhd. Novellistik, in: Reallex. d. dt. Lit.-Gesch. 2. Aufl. (1963). Bd. 2. Sp. 701–05.

Helmut de Boor, Über Fabel und Bîspel. München 1966 (SB Bayr. Akad. H. 1).

Klaus Hufeland, Die deutsche Schwankdichtung des Spätmittelalters. Beiträge zur Erschließung und Wertung der Bauformen mhd. Verserzählungen. Bern 1966 (zugl. Diss. Basel).

Hanns Fischer, Eine Schweizer Kleinepiksammlung des 15. Jahrhunderts. Tübingen 1966 (Altd. Textbibl. 65).

Ursula Winter, Ein neues Bruchstück mhd. Schwank- und Legendendichtung. Beitr. (Halle) 90 (1968) S. 395–99.

Hanns Fischer, Studien zur deutschen Märendichtung. Tübingen 1968.

Arend Mihm, Überlieferung und Verbreitung der Märendichtung im Spätmittelalter. Heidelberg 1967 (Germanische Bibliothek, Reihe 3).

Karl-Heinz Schirmer, Stil- und Motivuntersuchungen zur mhd. Versnovelle. Tübingen 1969 (Hermaea N. F. 26) (zugl. Habil.-Schr. Hamburg).

Frauke Frosch, Schwankmären und Fabliaux. Ein Stoff- und Motivvergleich. Göppingen 1971 (zugl. Diss. Tübingen).

DER FELDBAUER

Herbert Wolf, Das Märe vom Feldbauer. Zur Überlieferung, lit.- und sprachgeschichtlichen Einordnung des mhd. Gedichts. ZfdPh 87 (1968) S. 372–86.

STRICKER

Ausg.: Ute Schwab, Tierbîspel. 2. erg. Aufl. Tübingen 1968 (Altd. Textbibl. 54).

Hanns Fischer, Verserzählungen. 2. neubearb. Aufl. Tübingen 1967 (Mit e. Anh.: Der Weinschwelg).

Wolfgang W. Moelleken, Der Stricker „Von übelen wîben". Bern 1970 (= Europäische Hochschulschrr. Reihe 1. Bd. 25).

Wolfgang W. Moelleken, Liebe und Ehe. Lehrgedichte von dem Stricker. Mit Wort- und Sacherklärungen. Chapel Hill: University of North Carolina Press 1970.

Lit.: Hermann Menhardt, Der Stricker und der Teichner. Beitr. (Tüb.) 84 (1962) S. 266–95.

Ute Schwab, Zum Thema des Jüngsten Gerichts in der mhd. Literatur III. Das bîspel „Die beiden Königinnen" von dem Stricker ‹ed. Nr. 132 = 146›. Motivverwandtschaften und Überlegungen zur inneren Kritik. AION IV (1963) S. 11–73.

Wolfgang Spiewok, Der Stricker und die Prudentia. Wiss. Zs. d. Univ. Greifswald 13 (1964) S. 119–26.

Otmar Werner, Entwicklungstendenzen in der mhd. Verserzählung zur dramatischen Form. Studien zum Stricker: Das heiße Eisen. ZfdPh 85 (1966) S. 369–406.

Werner Fechter, Gliederung thematischer Einheiten, beobachtet an drei mhd. Verserzählungen. Beitr. (Tüb.) 87 (1965) S. 394–405.

Martin Wierschin, Einfache Formen beim Stricker? Zu Strickers Tierbîspel und seinen kurzen Verserzählungen, in: Werk, Typ, Situation. Festschrift Hugo Kuhn, Stuttgart 1969. S. 118–36.

Hans-Georg Richert, Über einige Fragmente geistlicher deutscher Dichtung. Beitr. (Tüb.) 91 (1969) S. 302–12.

Karl-Heinz Göttert, Theologie und Rhetorik in Strickers Weinschlund, in: Beitr. 93 (1971) S. 289–310.

HERRAND VON WILDONIE

Ausg.: Hanns Fischer. 2. rev. Aufl. Tübingen 1969.

Lit.: Richard C. Clark, Two Medieval Scholars. German Quarterly 32 (1959) S.133–42.

Michael Curschmann, Zur literarhistorischen Stellung Herrands von Wildonie. DVjs. 40 (1966) S. 56–79.

ders., Ein neuer Fund zur Überlieferung des Nackten Kaiser von Herrand von Wildonie. ZfdPh 86 (1967) S. 22–58.

John Margetts, Scenic Significance in the Work of Herrand von Wildonie. A Note on 11.235 f. of „der verkerte wirt". Neoph. 54 (1970) S. 142–48.

DER SCHÜLER VON PARIS

Ausg.: Hans-Friedrich Rosenfeld, Mhd. Novellenstudien. Leipzig 1927. Nachdruck New York, London 1967.

RÜDIGER VON MUNRE, IRREGANG UND GIRREGAR

Theodore M. Andersson, Rüdiger von Munre's ,Irregang und Girregar': A Courtly Parody? Beitr. (Tüb.) 93 (1971) S. 311–50.

RITTERTREUE

Ausg.: Marlis Meier-Branecke, Die Rittertreue. Kritische Ausgabe und Untersuchungen. Hamburg 1969 (zugl. Diss. Hamburg).

Lit.: Werner Fechter, Gliederung thematischer Einheiten, beobachtet an drei mhd. Verserzählungen. Beitr. (Tüb.) 87 (1965) S. 394–405.

WERNHER DER GARTENÆRE, MEIER HELMBRECHT

Ausg.: Friedrich Panzer. 8. neubearb. Aufl. Tübingen 1968 (Altd. Textbibl. 11).

Manfred Lemmer. Halle 1964 (Literarisches Erbe 4).

Helmut Brackert, Winfried Frey, Dieter Seitz (mit Übersetzung). Frankfurt/M. 1972 (= Fischer Bücher des Wissens 6024).

Lit.: Herbert Kolb, Der Meier Helmbrecht zwischen Epos und Drama. ZfdPh 81 (1962) S. 1–23.

S. Benatzky, Österreichische Kultur- und Gesellschaftsbilder auf Grund zeitgebundener Dichtungen. Diss. Wien 1963. (Maschr.-Schr.).

Friedrich Neumann, Meier Helmbrecht. Wirk. Wort 2 (1951/52) S. 196–206. Jetzt auch: Wirk. Wort, Sammelband 2 (1963) S. 240–50.

Kurt Ruh, Hartmann und Gregorius. Beitr. (Tüb.) 85 (1963) S. 102–06.

Frank G. Banta, The Arch of Action in Meier Helmbrecht. JEGP 63 (1964) S. 696–711.

Achim Bonawitz, Helmbrecht's Violation of „Karles reht". Monatsh. 56 (1964) S. 177–82.

Ojars Kratins, Ethical Absolutism in Meier Helmbrecht. Symposium 18 (1964) S. 307–12.

Werner Fechter, Gliederung thematischer Einheiten, beobachtet an drei mhd. Verserzählungen. Beitr. (Tüb.) 87 (1965) S. 394–405.

Bruno Boesch, Die Beispielerzählung von Helmbrecht. Deutschunterricht 17 (1965) H. 2, S. 36–47.

Uta Prasse, Helmbrechts Kleidung. ZfdA 95 (1966), S. 165–68.

Harald Scholler, Das Proömium (V. 1–8) des Helmbrecht. Inhalt, Form, Entstehung. Beitr. (Tüb.) 88 (1966/67) S. 311–33.

Kurt Ruh, Der ursprüngliche Versbestand von Wernhers Helmbrecht. ZfdPh 86 (1967) Sonderheft, S. 3–14.

Elke Heinke, Das Märe vom Helmbrecht als episches Sprachkunstwerk. ZfdPh 87 (1967) S. 31–41.

Peter F. Ganz, On the Text of Meier Helmbrecht. Oxford German Studies 2 (1967) S. 25–40.

Yoshio Ichiba, Über Satire und Ideal in „Meier Helmbrecht". Tôhoku. Doitsubungaku Kenkyû. Zs. f. Germ. Hrsg. vom Dt. Sem. der Tôhoku Univers. Sendai. 9 (1965) S. 16–28 (Japanisch mit deutscher Zusammenfassung).

Bruno Friedrich Steinbruckner, Dichter und Schauplatz des Helmbrecht. Euphorion 62 (1968) S. 378–84.

Friedrich Neumann, Meier Helmbrecht. Wirk. Wort 2 (1951/52) S. 196–206. Jetzt auch: Friedrich Neumann, Kleine Schriften. Berlin 1969.

Bernhard Sowinski, Helmbrecht der Narr. Beitr. (Tüb.) 90 (1968) S. 223–42.

Günter Lange, Das Gerichtsverfahren gegen den jungen Helmbrecht. Versuch einer Deutung nach dem kodifizierten Recht und den Landfriedensordnungen des 13. Jh. ZfdA 99 (1970) S. 222–34.

Ernst von Reusner, Helmbrecht. Wirk. Wort 22 (1972) S. 108–22.

John Margetts, Gotelind and Helmbrecht. Neophil. 56 (1972) S. 50–66.

William E. Jackson, Helmbrecht the Father. Neophil. 56 (1972) S. 175–80.

DER FREUDENLEERE, DER WIENER MEERFAHRT

Leif Ludwig Albertsen, Die Moralphilosophie in „Der Wiener Meerfahrt". ZfdA 98 (1969) S. 64–80.

DER WIRT

Stephen L. Wailes, An Analysis of „Des wirtes mære". Monatsh. 60 (1968) S. 335–52.

DER WEISSE ROSENDORN

Werner Schröder, Von dem Rosen Dorn ein gut red, in: Mediævalia litteraria. Festschrift Helmut de Boor. München 1971. S. 541–64.

DAS HÄSLEIN

Helmut de Boor, Zum Häslein V. 1–4. Beitr. (Tüb.) 87 (1965) S. 200–03.

Stephen L. Wailes, The Hunt of the Hare in „Das Häslein". Seminar 5 (1969) S. 92–101.

DULCIFLORIE

Hans-Friedrich Rosenfeld, Zur Dulciflorie. ZfdA 91 (1961/62) S. 138–46 und 227–28.

DER ZWINGÄUER, DER SCHWANGERE MÖNCH

Ursula Winter, Ein neues Bruchstück mittelhochdeutscher Schwank- und Legenden-dichtung, in: Beitr. (Halle) 90 (1968) S. 395–99.

RUPRECHT VON WÜRZBURG, VON DEN ZWEI KAUFLEUTEN

Ausg.: Christoph Gutknecht, Ruprecht von Würzburg: Von zwein koufmannen. Hamburg 1966.

ARISTOTELES UND PHYLLIS

Hellmut Rosenfeld, Aristoteles und Phillis. Eine neu aufgefundene Benediktbeurer Fassung um 1200. ZfdPh 89 (1970) S. 321–36.

Otto Springer, A Philosopher in Distress: A Propos of a Newly Discovered Medieval German Version of Aristotle and Phyllis. Festschrift Edward Henry Sehrt. Coral Gables. Florida 1968. S. 203–18.

SIBOTE, DER WIDERSPENSTIGEN ZÄHMUNG

Ausg.: Cornelie Sonntag, Frauenzucht (mhd. und nhd.). Kritischer Text und Unter-suchungen. Hamburg 1969.

DIE BÖSE FRAU

Ausg.: Ernst A. Ebbinghaus. 2. neubearb. Aufl. Tübingen 1968 (Altd. Textbibl. 46).

Lit.: Franz Brietzmann, Die böse Frau in der deutschen Literatur des Mittelalters. Berlin 1912. Nachdruck New York, London 1967.

Ernst A. Ebbinghaus, Daz buoch von dem übeln wibe: Critical Remarks Toward a New Edition. Modern Language Notes 83 (1968) S. 406–19.

Jean Carles, La sagesse dans la farce. Le récit De la Méchante Femme (Von dem übeln wibe). Festschrift Jean Fourquet. München, Paris 1969. S. 43–58.

VII. KAPITEL
S. 298–373

ALLGEMEINES

Ingeborg Glier, Der Minneleich im späten 13. Jh., in: Werk, Typ, Situation. Festschrift Hugo Kuhn. Stuttgart 1969. S. 161–83.

KONRAD VON WÜRZBURG

Manfred Brauneck, Die Lieder Konrads von Würzburg. Diss. München 1965.

DER MARNER

Ausg.: Philipp Strauch. Straßburg 1876. Nachdruck Berlin 1965 (mit einem Nachwort, einem Register und einem Literaturverzeichnis von Helmut Brackert).

DER WILDE ALEXANDER

Joachim Schulze, Das Lied „Ach owê, daz nâch liebe ergât" des Wilden Alexander und seine Bearbeitungen. ZfdPh 84 (1965) S. 361–68.

Thomas Cramer, Das Zion Lied des Wilden Alexander. Euphorion 65 (1971) S. 187–93.

Jürgen Biehl, Der wilde Alexander. Untersuchungen zur literarischen Technik eines Autors im 13. Jahrhundert. Diss. Hamburg 1970.

WIZLAV (III.) VON RÜGEN

Ausg.: Wesley Thomas und Barbara Garvey Seagrave, The Songs of the Minnesinger Prince Wizlaw of Rügen. With Modern Transcriptions of His Verse. Chapel Hill, North Carolina 1967.

STEINMAR

Eckehard Simon, Literary Affinities of Steinmar's Herbstlied and the Songs of Colin Muset. Modern Language Notes 84 (1969) S. 375–86.

JOHANS HADLOUB

Rena Leppin, Der Minnesänger Johannes Hadloub. Monographie und Textkritik. Diss. Hamburg 1961 (Masch.-Schr.).

F. R. Schröder, Hadloub und Ovid? GRM 43 (1962) S. 317.

DEUTSCHE STROPHEN DER CARMINA BURANA

Ausg.: Alfons Hilka und Otto Schumann, Bd. I, 1: Die moralisch-satirischen Dichtungen. Heidelberg 1930 (Text). Otto Schumann, Die Liebeslieder. Heidelberg 1941 (Text). Otto Schumann und Bernhard Bischoff, Die Trink- und Spiellieder – Die geistlichen Dramen. Heidelberg 1970 (Text). Alfons Hilka und Otto Schumann, Bd. II, 1: Die Handschrift der Carmina Burana. Die moralisch-satirischen Dichtungen. Heidelberg. 2. unver. Aufl. 1961 (Kommentar).

Lit.: Peter Dronke, A Critical Note on Schumann's Dating of the Codex Buranus. Beitr. (Tüb.) 84 (1962) S. 173–83.

J. A. Huismann, Drei Kontrafakturen zu Carmina Burana 79, 85 und 157, in: Miscellanea litteraria in commemorationem primi decennii instituti edita. Groningen 1959. S. 55–65.

Reinhold Merkelbach, Eine Strophe der Carmina Burana. Mittellateinisches Jahrbuch 2 (1965) S. 130 (Festschrift Langosch).

Bruce A. Beatie, Carmina Burana 48–48 a: A Case of „Irregular Contrafacture". Modern Language Notes 80 (1965) S. 470–78.

Olive Sayce, Carmina Burana 180 and the Mandaliet Refrain. Oxford German Studies 2 (1967) S. 1–12.

Theodor Frings, Stolz, Carmina Burana 180a ⟨141⟩. Studien zur Goethezeit. Festschrift Lieselotte Blumenthal. Weimar 1968. S. 53–60. Jetzt auch: Beitr. (Halle) 91 (1971) S. 539–47 (Theodor Frings, Kleine Schriften).

VIII. KAPITEL

Seite 375–406

ALLGEMEINES

Wolfgang Heinemann, Zur Ständedidaxe in der deutschen Literatur des 13.–15. Jh. Beitr. (Halle) 88 (1966/67) S. 1–90 und Beitr. (Halle) 89 (1967) S. 290–403 und Beitr. (Halle) 92 (1970) S. 388–437.

Helmut de Boor, Über Fabel und Bîspel. München 1966 (SB Bayr. Akad. H. 1).

HUGO VON TRIMBERG

RENNER

Ausg.: Gustav Ehrismann, StLV 247/48, 252, 256. 4 Bde. Tübingen 1908–11. Nachdruck Berlin 1970.

Lit.: Kurt Ruh, Neue Fragmente d. Renner Hs. X. GRM 44 (1963) S. 14–22.

Eva Wagner, Sprichwort und Sprichworthaftes als Gestaltungselemente im Renner Hugos von Trimberg. Diss. Würzburg 1963.

Heinz Rupp, Zum Renner Hugos von Trimberg, in: Typologia litterarum. Festschrift Max Wehrli. Zürich, Freiburg i. B. 1969. S. 233–59.

Herbert Wolf, Wetterauer Fragmente einer unbekannten Handschrift von Hugo von Trimbergs „Renner". Hess. Jb. f. Landesgesch. 19 (1969) S. 124–46.

Bernhard Schemmel, Hugo von Trimberg, in: Fränkische Lebensbilder. Hrsg. im Auftrag der Gesellschaft für fränkische Geschichte von Gerhard Pfeiffer. Würzburg. Bd. 4: 1971. S. 1–26.

DER KLEINE RENNER

Wolfgang Bührer, Der kleine Renner. Bamberg 1969.

DISTICHA CATONIS

Dieter Harmening, Neue Beiträge zum deutschen Cato. ZfdPh 89 (1970) S. 346–68.

A. Brunner, On Some of the Vernacular Translations of Cato's „Distichs". Festschrift Helen Adolf. New York 1968. 3. 99–125.

SEIFRIED HELBLINC

S. Benatzky, Österreichische Kultur- und Gesellschaftsbilder auf Grund zeitgebundener Dichtungen. Diss. Wien 1963. (Masch.-Schr.).

IX. KAPITEL

Seite 407–481

ALLGEMEINES

Burghart Wachinger, Die Bedeutung der Meistersinger-Hss. des 15. Jh. für die Edition der Spruchdichtung des 13. Jh. Kolloquium über Probleme altgermanistischer Editionen. Wiesbaden 1968. S. 114–22.

Hermann Bausinger, Exemplum und Beispiel. Hess. Bll. f. Volkskunde 59 (1968) S. 31–43.

Frederic C. Tubach, Strukturanalytische Probleme. Das mittelalterliche Exemplum. Hess. Bll. f. Volkskunde 59 (1968) S. 25–29.

Kurt Ruh, Mhd. Spruchdichtung als gattungsgeschichtliches Problem. DVjs. 42 (1968) S. 309–24.

Burghart Wachinger, Rätsel, Frage und Allegorie im Mittelalter, in: Werk, Typ, Situation. Festschrift Hugo Kuhn. Stuttgart 1969. S. 137–60.

Hugo Moser (Hrsg.), Mhd. Spruchdichtung. Darmstadt 1972 (Wege der Forschung 154).

SPRUCH UND LIED

H. Tervooren, „Spruch" und „Lied". Ein Forschungsbericht, in: Mhd. Spruchdichtung. Darmstadt 1972 (Wege der Forschung 154).

WARTBURGKRIEG

Friedrich Mess, Die Ent-Romantisierung Heinrichs von Ofterdingen. Ruperto-Carola 14 (1962) Bd. 32. S. 51–56.

ders., Heinrich von Ofterdingen, Wartburgkrieg und verwandte Dichtungen. Weimar 1963. (Einführung, Ausgabe, Kommentar).

Willy Krogmann, Heinrich von Ofterdingen. GRM 46 (1965) S. 341–54.

Wolfgang Mohr, Mittelalterliche Feste und ihre Dichtungen, in: Festschrift Klaus Ziegler. Tübingen 1968. S. 37–60.

FRAUENLOB

Ausg.: Ludwig Ettmüller, Quedlinburg und Leipzig 1843. Nachdruck Amsterdam 1966.

Lit.: Alexander Hildebrand, Uz kezzels grunde gât mîn kunst. Zu Frauenlob 165, 7. Euphorion 61 (1967) S. 400–06.

Helmut de Boor, Frauenlobs Streitgespräch zwischen Minne und Welt. Beitr. (Tüb.) 85 (1963) S. 383–409.

Karl Heinrich Bertau, Wenig beachtete Frauenlob-Fragmente. ZfdA 86 (1955/56) S. 302–20 und ZfdA 93 (1964) S. 215–26.

Herbert Thoma, John of Neumarkt und Heinrich Frauenlob, in: Mediaeval German Studies. Festschrift Frederick Norman. London 1965. S. 247–54.

Roland Köhne, Die beiden mhd. Lobgedichte auf Otto Grafen von Ravensburg. Jahresbericht des Histor. Vereins f. d. Grafschaft Ravensburg 65 (1966/67) S. 57–64.

Karl Heinrich Bertau, Genialität und Resignation im Werk Heinrich Frauenlobs. DVjs. 40 (1966) S. 316–27.

Barbara Völker, Die Gestalt der vrouwe und die Auffassung der minne in den Dichtungen Frauenlobs. Diss. Tübingen 1966.

Jörg Schaefer, Walther von der Vogelweide und Frauenlob. Beispiele klassischer und manieristischer Lyrik im Mittelalter. Tübingen 1966 (Hermaea N. F. 18) (ersch. 1964 als Diss. d. Univ. of Massachusetts).

Irmentraud Kern, Das höfische Gut in den Dichtungen Heinrich Frauenlobs. Berlin 1934. Nachdruck Nendeln/Liechtenstein 1967.

DER KANZLER

Ursula Aarburg, Artikel: (Der) Kanzler, in: Musik in Geschichte und Gegenwart 7 (1958). Sp. 647–48.

REGENBOGE

Reinhold Schröder, Vorüberlegungen zu einer Regenbogen-Edition. Kolloquium über Probleme altgermanistischer Editionen. Wiesbaden 1968. S. 138–42.

REINMAR VON BRENNENBERG

Arne Holtorf, Eine Strophe Reinmars von Brennenberg im Rappoltstainer „Parzival". ZfdA 96 (1967) S. 321–28.

SÜSSKINT VON TRIMBERG

Ludwig Rosenthal, Süßkind von Trimberg. Der jüdische Spruchdichter aus der Gruppe der deutschen Minnesänger des Mittelalters. Hanau 1969 (Hanauer Geschichtsblätter 24).

X. KAPITEL

Seite 482–575

Literatur zur Bibelepik

ALLGEMEINES

Max Wehrli, Sacra poesis. Bibelepik als europ. Tradition, in: Max Wehrli, Formen mittelalterlicher Erzählung. Zürich, Freiburg i. B. 1969. S. 51–71 (zuerst in: Festschrift Friedrich Maurer. Stuttgart 1963. S. 262 ff.)

JUDITH

Ausg.: Rudolf Palgen. 2. Aufl. besorgt von Hans-Georg Richert. Tübingen 1969 (Altd. Textbibl. 18).

ERLÖSUNG

Ausg.: Friedrich Maurer, Die Erlösung. Eine geistliche Dichtung des 14. Jh. Leipzig 1934. Nachdruck Darmstadt 1964.

Karl Bartsch, Quedlinburg und Leipzig 1858. Nachdruck Amsterdam 1966.

Lit.: Ludwig Wolff, Ein Laubacher Fragment der „Erlösung", in: Mediævalia litteraria. Festschrift Helmut de Boor. München 1971. S. 499–506.

Ursula Hennig, Die Ereignisse des Ostermorgens in der „Erlösung". Ein Beitrag zu den Beziehungen zwischen geistlichem Spiel und erzählender Dichtung im Mittelalter, in: Mediævalia litteraria. Festschrift Helmut de Boor. München 1971. S. 507–529.

GUNDACKER VON JUDENBURG

Kurt Stübinger, Untersuchungen zu Gundacker von Judenburg. Berlin 1922. Nachdruck Nendeln/Liechtenstein 1967.

Karl Ernst Geith, Eine Quelle zu Gundackers von Judenburg Christi Hort. ZfdA 97 (1968) S. 57–68.

Helmut de Boor, Der Osterbericht in „Christi Hort" des Gundacker von Judenburg, in: Sprache und Bekenntnis. Festschrift Hermann Kunisch. Berlin 1971. S. 7–22 (Sonderband des Literaturwissenschaftlichen Jahrbuches der Görresgesellschaft).

HEINRICH VON HESLER

Helmut de Boor, Stilbeobachtungen zu Heinrich von Hesler, in: Vom Werden des deutschen Geistes. Festgabe Gustav Ehrismann. Berlin und Leipzig 1925. S. 124–48. Jetzt auch: Helmut de Boor, Kleine Schriften I. Berlin 1964. S. 1–20.

Literatur zur Legende

VÄTERBUCH

Karl Mollay, Eine neue Handschrift des mhd. Väterbuchs. Beitr. (Halle) 83 (1961) S. 231–41.

Stanley N. Werbow, Zur mittelhochdeutschen Vita patrum-Prosa. ZfdPh 86 (196) S. 15–19 (Sonderheft).

Hans-Georg Richert, Über einige Fragmente geistlicher deutscher Dichtung. Beitr. (Tüb.) 91 (1969) S. 302–12.

PASSIONAL

Ausg.: Friedrich Karl Köpke, Das Passional. Quedlinburg und Leipzig 1852 (3. Buch). Nachdruck Amsterdam 1966.

Hans-Georg Richert, Marienlegenden aus dem Alten Passional. Tübingen 1965. (Altd. Textbibl. 64).

Lit.: Michael Murjanoff und Halina Szczerba, Leningrader Passional-Fragmente. Beitr. (Halle) 84 (1962) S. 236–48 (mit buchstabengetreuem Abdruck der Fragmente).

Hans-Georg Richert, Studien zum Passional. Die Marienlegenden. Diss. Hamburg 1963.

ders., „Vnde so wunderlik gestalt!" Niederdeutsche Fragmente des Alten Passionals in Stockholm, in: Festschrift Ulrich Pretzel. Berlin 1963. S. 55–63.

ders., Niederdeutsche Passionalfragmente in Stockholm. Niederdeutsches Jb. 86 (1964) S. 49–58 (mit Texten).

Michel Murjanoff, Zweites Leningrader Passional-Fragment. Beitr. (Halle) 87 (1965) S. 465–70.

Hellmut Rosenfeld, Ein neues Passionalfragment (M). ZfdA 99 (1970) S. 157–58.

Klaus Grubmüller, Die Nikolsburger Passionalhandschrift in München. ZfdPh 88 (1969) S. 476.

MÄRTYRERBUCH

Konrad Kunze, Die Hauptquelle des Märterbuches. ZfdPh 88 (1969) S. 45–57.

ders., Das Märterbuch. Grundlinien einer Interpretation. ZfdPh 90 (1971) S. 429–49.

VON DEM JUNGESTEN TAGE

Volker Mertens, „Von dem iungsten tage". Eine Predigt aus dem Umkreis des Predigtbuches des Priesters Konrad. Würzburger Prosastudien 1 (1968) S. 102–21.

HISTORISCHE ÜBERSICHT

Die Übersicht weicht in Zweck und Anlage von den Zeittafeln der beiden ersten Bände ab. Bei der inneren Einheit und dem zeitlichen Ineinandergreifen der beiden Teile des dritten Bandes kann eine Gesamtübersicht über die literarischen Daten erst am Ende des zweiten Teiles für die ganze Periode gegeben werden. Der vorliegende Band bringt statt dessen eine historische Übersicht für das Jahrhundert von 1250 bis 1350, diese aber ausführlicher, da einerseits die Gestalten und Ereignisse dieser Epoche im allgemeinen weniger bekannt sind, andererseits das Bild der Geschichte vielgestaltiger wird. Daher folgen der Übersicht über die Reichsgeschichte kurze Tabellen für einzelne Gebiete, die für die literarische Geschichte dieses Bandes besonders bedeutsam sind.

1. Reich und Kirche 2. Italien nach dem Tode Konrads IV. 3. Das Heilige Land 4. Der Deutsche Orden 5. Österreich 6. Böhmen 7. Thüringen

1. REICH UND KIRCHE

1245..... Konzil von Lyon, Papst Innozenz IV. (1243–54) läßt Friedrich II. zum Ketzer erklären und absetzen.
1246–47.. Heinrich Raspe, Landgraf von Thüringen, Gegenkönig.
1247–56.. Graf Wilhelm von Holland vom Papst bestätigter und unterstützter Gegenkönig.
1250..... Tod Kaiser Friedrichs II.

1250–54 Konrad IV., Sohn Friedrichs II.

1251..... Italienzug Konrads.
1254..... Rheinischer Städtebund.
1254..... Konrad IV. in Italien gestorben.
1256..... Wilhelm von Holland in Friesland erschlagen.

1256–73 Interregnum

1257..... Doppelwahl: Richard von Cornwall, Bruder König Heinrichs III. von England (welfisch),
Alfons von Kastilien, Enkel Philipps von Schwaben (staufisch).
1257–59.. Richard von Cornwall in Deutschland.
1272..... Richard von Cornwall gestorben.

1273–91 Rudolf von Habsburg

1273..... Wahl Rudolfs von Habsburg in Frankfurt, Krönung in Aachen.
1275..... Zusammenkunft Rudolfs mit Papst Gregor X. (1271–76) in Lausanne. Geplante Kaiserkrönung, Rudolf nimmt das Kreuz.
1275..... Einforderung Österreichs als erledigtes Reichslehen von Ottokar von Böhmen.
1276–78.. Konflikt Rudolfs mit Ottokar.

1278..... (26. August) Sieg Rudolfs auf dem Marchfeld bei Dürnkrut, Tod Ottokars von Böhmen.

1287..... Das Nationalkonzil zu Würzburg lehnt unter Führung von Erzbischof Siegfried von Mainz die Macht- und Geldansprüche des Papstes Honorius IV. (1285–87) ab.

1291..... Gründung der Schweizerischen Eidgenossenschaft.

1291..... (15. Juli) Rudolf von Habsburg gestorben, in Speyer begraben.

1292–98 Adolf von Nassau.

1298..... Adolf von den Kurfürsten abgesetzt. Er fällt in der Schlacht bei Göllheim (2. Juli) im Kampf gegen Albrecht von Österreich.

1298–1308 Albrecht von Österreich.

1298..... Papst Bonifatius VIII. (1294–1303) verweigert die Anerkennung von Albrechts Wahl.

1301..... Absetzung Albrechts durch die rheinischen Kurfürsten geplant.

1302..... Erlaß der Bulle Unam sanctam durch Papst Bonifatius VIII., höchstgesteigerter Machtanspruch des Papstes.

1303..... Anerkennung Albrechts durch Bonifatius VIII. gegen Leistung eines Fidelitäts-(Lehens-)Eides.

1305..... Papst Clemens V. (1305–14) verlegt seinen Sitz nach Avignon.

1305–77.. „Babylonische Gefangenschaft" des Papstes.

1308..... Albrecht durch Johannes Parricida ermordet.

1308–13 Heinrich VII. von Luxemburg

1310..... Belehnung von Heinrichs Sohn Johann mit Böhmen.

1310..... Italienzug Heinrichs VII.

1312..... Kaiserkrönung Heinrichs in Rom durch Beauftragte des Papstes Clemens V.

1313..... Die Konstitution Romani principes durch Clemens V. erlassen, Forderung der päpstlichen Lehenshoheit über das Reich.

1313..... Heinrich VII. bei Siena gestorben.

1314–47 Ludwig der Bayer

1314..... Doppelwahl: Friedrich der Schöne, Sohn Albrechts von Österreich, Ludwig IV. von Bayern aus dem Hause Wittelsbach.

1316–34.. Papst Johann XXII.

1322..... Sieg Ludwigs über Friedrich bei Mühldorf am Inn. Friedrich gefangen.

1325..... Verzicht Friedrichs auf die Königskrone.

1323–24.. Konflikt Ludwigs mit Papst Johannes XXII. Anspruch des Papstes auf Approbation der Königswahl und auf das Reichsvikariat während der Vakanz. Der Papst von Ludwig als Ketzer verklagt.

1324..... Defensor pacis des Marsilius von Padua.

1327–30.. Italienzug Ludwigs des Bayern.

1328..... Kaiserkrönung Ludwigs in Rom durch Vertreter des römischen Volkes.

1338..... Kurverein von Rense. Der von der Mehrheit der Kurfürsten gewählte König bedarf keiner Approbation.

1338..... Ludwig der Bayer erweitert die Doktrin auf die Kaiserwürde, sie steht dem gewählten König ohne Krönung durch den Papst zu.

1346..... Wahl Karls von Luxemburg-Böhmen als Gegenkönig.

1347..... Tod Ludwigs des Bayern.

1346–78 Karl IV.

1348–52.. Der schwarze Tod. Geißlerzüge.

2. ITALIEN NACH DEM TODE KONRADS IV.

3. DAS HEILIGE LAND

4. DER DEUTSCHE ORDEN

5. ÖSTERREICH

6. BÖHMEN

7. THÜRINGEN

1227..... Landgraf Ludwig IV., Sohn Hermanns von Thüringen, Gemahl der hl. Elisabeth, auf dem Kreuzzug Friedrichs II. gestorben.

1227–47.. Heinrich Raspe, Bruder Ludwigs IV. Mit ihm starb das Haus der Ludowinger aus.

1231..... Elisabeth in Marburg gestorben.

1235..... Kanonisierung der hl. Elisabeth.

1247–64.. Thüringischer Erbfolgestreit. Thüringen fiel an Heinrich den Erlauchten von Meißen aus dem Hause Wettin (1221–88), Hessen an Elisabeths Tochter Sophie von Brabant und deren Sohn Heinrich.

seit 1262. Teilung der Wettiner Lande unter Heinrichs Söhne und daraus folgende Erbstreitigkeiten.

1310..... Wiedervereinigung der Wettiner Lande durch Friedrich den Freidigen.

NAMEN- UND TITELVERZEICHNIS

Die schrägen Ziffern verweisen auf die Hauptstellen

PETER DRONKE

DIE LYRIK DES MITTELALTERS

Eine Einführung. Aus dem Englischen übersetzt von Peter Hasler.
304 Seiten. Paperback DM 28,–

Peter Dronke, einer der besten Kenner des Gegenstandes, gibt hier
einen knappen Überblick über die mittelalterliche Lyrik von 850 bis
1300, von den Anfängen bis zu Dante. Er bietet damit das erste zusammenfassende Werk zur europäischen lyrischen Dichtung des Mittelalters überhaupt. Dronkes Buch richtet sich an ein breites Publikum –
Romanisten, Germanisten, Anglisten, Historiker –, vor allem an jeden
aus diesen einzelnen Fachrichtungen, der sich über die Grenzen seines
Fachs hinaus orientieren will.

PETER WAPNEWSKI

DIE LYRIK WOLFRAMS VON ESCHENBACH

Edition, Kommentar, Interpretation. IX, 278 Seiten mit sieben Abbildungen
Leinen DM 10,80

»Peter Wapnewski bietet in dieser Edition Wolframscher Lyrik alles,
was man bieten kann (und manchmal auch ein bißchen mehr als das):
von jedem Gedicht die photographische Wiedergabe der Handschriften,
den diplomatischen Abdruck aller überlieferten Fassungen, Anmerkungen zur Überlieferung, zur Form, zur Textgestalt, Interpretation und
schließlich die Übersetzung. In einem Essay über ›Der Wächter und das
Tagelied‹ begründet er seine Anordnung der Tagelieder, die sich ihm
aus der Variierung der Rolle des Wächters ergibt, einem dialektischen
Moment also, und nicht aus privat-entwicklungsgeschichtlichen Vermutungen über den Autor.«   Die Zeit

VERLAG C. H. BECK MÜNCHEN

WOLFGANG SPEYER

DIE LITERARISCHE FÄLSCHUNG IM HEIDNISCHEN
UND CHRISTLICHEN ALTERTUM

Ein Versuch ihrer Deutung. 1971. XXIV, 343 Seiten. Leinen DM 65,–
(Handbuch der Altertumswissenschaft I, 2)

»Eine abseitige Provinz der Geistesgeschichte wird hier in sorgsamer
Sicht detailliert durchleuchtet; natürlich werden auch mancherlei Ku-
riosa hervorgekramt, Abstrusitäten angemerkt. Im Grunde genommen
müßte bei dem gegenwärtigen Gout für das Absonderliche, Außerordentliche der Band zum literarwissenschaftlichen Bestseller werden . . .
Hier wird in einer herkulischen Arbeit in einer Art ungewöhnlichem
Negativbild beschrieben und beleuchtet, was in vielen Jahrhunderten –
und für viele Jahrhunderte – geistig formende und fordernde Kräfte geworden sind.«   Frankfurter Allgemeine Zeitung

HANS-GEORG BECK

GESCHICHTE DER BYZANTINISCHEN VOLKSLITERATUR

1971. XXII, 233 Seiten. Leinen DM 38,–
(Handbuch der Altertumswissenschaft XII, 2, 3)

»Gegenstand dieses Bandes ist alles, was in der byzantinischen Literatur
nicht unter dem Diktat eines klassizistischen Verpflichtungsgefühls
steht, das der gelehrte Byzantiner gegenüber der Antike hegte, Werke
also, die nicht von vornherein und dominierend unter dem Druck quasi-
attizistischer Sprachmaßstäbe stehen . . . Das Handbuch bietet die Geschichte dieser Literatur vom 12. bis etwa zum 16. Jahrhundert . . . es
dürfte für jeden Literaturhistoriker von Bedeutung sein.«
                                                    Bibliotheca Orientalis

VERLAG C. H. BECK MÜNCHEN